I0828353

Oración del pobre

Majzor Kabbalístico para Sucot

KABBALAH CENTRE PUBLISHING

es.kabbalah.com

Copyright © 2004 Kabbalah Centre International, Inc. Todos los derechos reservados.

Ninguna parte de esta publicación puede ser reproducida o
transmitida en forma alguna, o por ningún medio,
electrónico o mecánico, incluyendo fotocopiado, grabado o mediante
ningún sistema de recuperación de datos electrónico o mecánico,
sin el permiso por escrito de la editorial, excepto en el caso de un crítico
que desee citar breves pasajes relacionados con un comentario
para la inclusión en una revista, periódico o emisión.

The Kabbalah Centre
155 E. 48th St., New York, NY 10017
1062 S. Robertson Blvd., Los Ángeles, CA 90035
es.kabbalah.com

Primera edición en español, julio 2014

Impreso en Estados Unidos

ISBN13: 978-1-57189-878-4

TABLA DE CONTENIDO

A LA GRANDEZA DEL VALOR DE LA FUENTE ASHURIT

Y entonces debes abrir tu boca con sabiduría y decir *Kriat Shemá* con intención. Esto quiere decir que debes entender las palabras que estás diciendo y que, cuando recites las palabras de *Kriat Shemá* (del libro de rezos), debes visualizar la forma de cada palabra y sus letras. Por ejemplo, cuando dices la palabra "*Shemá*", debes visualizar las letras *Shin*, *Mem* y *Ayin* frente a tus ojos en la forma que están escritas en la fuente *Ashurit*. Luego debes visualizar cada palabra de la misma manera hasta el final. Debes visualizar las vocales y las entonaciones que están sobre cada letra en la misma forma que están en este libro de rezos y, al hacerlo, merecerás que cada palabra se eleve en su forma a los Mundos Celestiales y cada letra irá a su lugar y a su raíz, para activar acciones milagrosas y *tikunim* (correcciones) relacionadas contigo. Y hacer esto (escanear la fuente *Ashurit*) de manera diaria, te permitirá (y esto ha sido demostrado) eliminar todos los pensamientos negativos y tonterías que interfieren con la pureza de tu pensamiento e intención durante las oraciones. Cuanto más escaneo de la fuente *Ashurit* haga una persona con el *Kriat Shemá* y cualquier otra parte de la oración, más pureza será añadida a sus pensamientos durante la oración. Esta meditación es una acción sencilla y se te garantizará un aprendizaje exitoso con tu oración y todo será deseado por Dios al igual que el buen aroma. Amén, que así sea.

(*Séder HaYom* por Rav Yosef Jayim, el Ben Ish-Jai).

"Cuando vas a dormir, debes visualizar el Nombre del Tetragrámaton (יהוה), bendito sea Él, como si estuviera escrito en letra *Ashurit* mayúscula. Los ojos siempre deben volverse a Dios y Dios lo protegerá de caer en alguna trampa".

(*Tsiporen Shamir*, par. 68 v. 121 por Rav Jayim Yosef David Azulai – El Jidá 1724-1806)

GUÍA GENERAL

De acuerdo con Rav Yitsjak Luria (el Arí) y Rav Shalom Sharabi (el Rashash), todas las palabras de intención, nombres sagrados y nombres de ángeles que están escritos en este libro, aunque formen parte del texto, no deben ser pronunciados. Cuando llegues a una palabra de este tipo, debes escanearla y no pronunciarla.

EN MATERIA DE SUCOT

(TOMADO DE *LA PUERTA DE LAS MEDITACIONES* Y *PRI ETS JAYIM*)

MEDITACIONES DE LA MIKVE PARA LA VÍSPERA DE YOM TOV (FESTIVIDAD)

En la víspera de la festividad es necesario hacer *Mikve*. Y debes meditar en los Nombres: יוד הי ויו הי אלף הי יוד הי, que juntos tienen el valor numérico de la palabra "festividad" (*réguel* = 233), y debes meditar en que la *mikve* tiene el valor numérico del Nombre: אלף הה יוד הה, que es 151. Y debes recitar el siguiente verso y meditar en los Nombres que son derivados de éste:

vayikrá ויקרא

אלף למד הי יוד מם

ע"ב יוד הי ויו הי

Elohim אלהים

אלף למד הי יוד מם

ס"ג יוד הי ואו הי

layabashá ליבשה

אלף למד הה יוד מם

מ"ה יוד הא ואו הא

érets ארץ

אלף למד הא יוד מם

ב"ן יוד הה וו הה

yamim ימים kará קרא hamáyim המים ulemikve ר"ת ולמקוה

(con sus nueve letras = 121) יהוה אלהים

EL SECRETO DE LA FESTIVIDAD DE SUCOT

Como hemos aprendido, el mundo fue creado en *Rosh Hashaná* y, debido a esto, todo regresa a su estado original cada año en este período de *Rosh Hashaná*, lo que significa que *Zeir* y *Nukvá* están unidos 'Espalda con Espalda'. Necesitamos el proceso del Aserrado para llevarlos a la Unificación en modo 'Cara a Cara', lo cual ocurre durante el período desde *Rosh Hashaná* hasta *Simjat Torá*.

Desde *Rosh Hashaná* hasta *Yom Kipur*, las Diez *Sefirot* de *Nukvá-Rajel* son aserradas de la espalda de *Zeir Anpín*, por lo cual *Nukvá-Rajel* todavía no está lista para la Unificación y, durante todos estos días (desde *Rosh Hashaná* hasta *Simjat Torá*), la Unificación es entre *Yisrael* (o *Yaakov*) y *Leá*.

En consecuencia, todos los días entre *Rosh Hashaná* y *Yom Kipur* están en el secreto del versículo "*Su brazo izquierdo está bajo mi cabeza*", lo cual significa que el abrazo (el proceso de endulzamiento de los Juicios) proviene de la Columna Izquierda. Como sabemos, la razón para el proceso de Aserrado es transferir el Juicio severo de la espalda de *Zeir Anpín* hacia la *Nukvá*, de modo que Él (*Zeir Anpín*) quede solamente con Misericordias y Ella (*Nukvá*) quede con todos los Juicios. Y a fin de endulzar los Juicios de Ella, *Zeir Anpín* la abraza con Su izquierda (*Guevurá*), porque sabemos que los Juicios pueden ser endulzados sólo por su raíz; y después es el momento para el Aserrado. Estos tres aspectos (la transferencia de los Juicios, el endulzamiento de los Juicios y el Aserrado) están ocurriendo todos de una vez mediante el proceso de *Dormita* (sueño). Y esto es llamado el Abrazo de la Izquierda.

Durante *Yom Kipur*, la *Nukvá* (cuando todos Sus juicios han sido aserrados), es elevada a *Ima* Celestial y recibe Cinco Juicios de *Ima* misma.

Después de *Yom Kipur* hasta el día antes de *Simjat Torá* está el secreto de la continuación del versículo "*y Su brazo derecho está abrazándome*", lo cual significa que *Nukvá* está recibiendo ahora Misericordias (Columna Derecha). Hay dos aspectos de Misericordias: uno de *Ima* Celestial y otro de *Zeir Anpín*. Y en cada uno de estos dos aspectos de Misericordias hay dos Iluminaciones: Luz Interna y Luz Circundante.

La atracción de la Luz Interna de *Ima* Celestial se logra (sin acción alguna) mediante los días desde *Yom Kipur* hasta *Sucot*. Y la atracción de la Luz Circundante de *Ima* Celestial se logra mediante la acción de sentarse en la *Sucá*.

La atracción de la Luz Interna de *Zeir Anpín* se logra mediante la acción de agitar el *Lulav*. Y la atracción de la Luz Circundante de *Zeir Anpín* se logra a mediante la acción de rodear la *bimá* con el *Lulav* (para aclarar: todas las Misericordias que entran en *Nukvá* son para su construcción a fin de que sea un *Partsuf* completo).

En general, la expansión de las Misericordias es siempre de Arriba a Abajo, es decir, primero se expandirá en *Jésed* y luego en *Guevurá*, etc. pero durante los días desde *Yom Kipur* hasta *Sucot*, la Luz Interna de *Ima* Celestial entra desde lo más bajo a lo más elevado. La razón para este cambio es:

Hasta ahora (en *Yom Kipur*), la *Nukvá* está llena de Juicios y si el aspecto interior de las Misericordias entra en Ella en orden normal, de Arriba a Abajo, éstas podrían ser anuladas (porque cada día sólo un aspecto de la Luz Interna de Misericordia entra en la *Nukvá*). E incluso si el aspecto más elevado y más fuerte (*Jésed* de *Jésed*) entrara primero, se desvanecería debido a los fuertes Juicios. Y la razón por la que las Misericordias entran en *Nukvá* es para endulzar los Juicios, y es por ello que en el primer día necesitamos que el *Jésed* más bajo y débil (la iluminación general de las Misericordias) entre en la *Nukvá*; si bien este *Jésed* será anulado por los Juicios, aún creará una impresión de corrección. Y en el segundo día, un *Jésed* más elevado entra en *Nukvá* y causa mayor impresión hasta el último día, cuando el *Jésed* más elevado entra en *Nukvá* y, entonces, tiene el poder de superar a todos los Juicios y endulzarlos.

Este es el orden de entrada de las Misericordias:
En los días 9 y 10 de *Tishrei*, la Iluminación general de las Misericordias entra en *Maljut* y *Yesod* de *Nukvá*. En el día 11, el quinto *Jésed* entra en Su *Hod*. En el día 12, el cuarto *Jésed* entra en Su *Nétsaj*. En el día 13, el tercer *Jésed* entra en Su *Tiféret*. En el día 14, el segundo *Jésed* entra en Su *Guevurá*.

En el día 15, que es el primer día de *Sucot*, entran dos aspectos de las Misericordias. Del aspecto del día, el *Jésed* más elevado (el primer *Jésed* y el último del aspecto de la Luz Interna de *Ima*) entra en *Jésed* de *Nukvá*. Del aspecto de la *Sucá*, el *Jésed* más elevado (el primer *Jésed* y el primero del aspecto de la Luz Circundante de *Ima*) también entra en *Nukvá*.

Eso explica por qué el primer día de *Sucot* (el 15 de *Tishrei*) es una festividad. Primero, en este día todos los aspectos de las Misericordias completan su entrada en *Nukvá*. Segundo, el *Jésed* Celestial, que es llamado *Yomam*, entra. Tercero, en este día comienza la entrada de las Misericordias de la Luz Circundante (que están más elevadas que las Misericordias del aspecto de la Luz Interna). Cuarto, como se mencionó antes, entra el aspecto más elevado de la Misericordia de la Luz Circundante.

Y debes saber que el aspecto de "*y Su brazo derecho está abrazándome*" comienza sólo en el día 15 de *Tishrei*, el primer día de *Sucot*, mientras la esencia de la corrección de la *Nukvá* se realiza mediante las Misericordias, y en especial mediante las Misericordias que provienen de la Luz Circundante, que es llamada Abrazo. Por lo tanto, el primer día del Abrazo comienza y es por ello que dice "*Y lo tomarás para ti mismo en el primer día*", a pesar de que la expansión de las Misericordias ya haya empezado antes de *Yom Kipur*, las Misericordias Circundantes no han entrado aún. Y es por ello que el dia 15 de *Tishrei* es una festividad completa. Pero los días siguientes (del 16 al 21 de *Tishrei*), a pesar de que las Misericordias Circundantes continúan y entran, no se consideran *Yom Tov* (festividad) completa sino sólo *Jol Hamoed*.

EL SECRETO DE LA SUCÁ

La *Sucá* representa la Luz Circundante de la *Nukvá* desde el aspecto de las Misericordias de *Ima*. Y nosotros (los israelitas que nos sentamos dentro de ésta y somos llamados Hijos de Reyes, Hijos del Reino, donde *Maljut*-Reino es *Rajel-Nukvá* de *Zeir Anpín*) quienes construimos la *Sucá*, nos sentamos bajo la sombra de esta Luz Circundante que es erogada en Ella (la *Nukvá*), rodeando y envolviéndola como una *Sucá*, para que podamos atraer de esta Luz Circundante; como los sabios dicen, la *Sucá* corresponde a las nubes de honor que estaban en el desierto, una nube corresponde a la Misericordia como dice el versículo "*Y la nube del Señor estaba sobre ellos de día*"; siendo "día" un código para Misericordia. Y es por ello que las nubes de honor estaban conectadas a Aharón, (éstas desaparecieron cuando él murió) hombre de Misericordia. Y hay siete nubes que corresponden a los siete Entornos de Misericordia que entran en las Siete *Sefirot* Inferiores de *Nukvá*, de *Jésed* a *Maljut*, y también corresponden a los siete días de *Sucot*.

Y la *Sucá* es el aspecto de *Ima* Celestial que cubre y protege a Sus hijos (*Zeir Anpín* y *Nukvá*) en tres clases diferentes de Luz Circundantes: Una clase para *Zeir Anpín* mismo; una clase para *Nukvá* misma; y una clase para ambos. Y es por ello que la palabra "*basucot*" (en las *Sucot*) aparece tres veces en la Torá (Levítico 23;42-43) dos veces sin la letra *Vav* (corresponden al entorno de *Zeir Anpín* por Sí mismo y al entorno de *Nukvá* por Sí misma) y la tercera vez con la letra *Vav* (que corresponde al entorno de ambos).

La palabra *Sucá* sin la *Vav* tiene el mismo valor numérico del Nombre אלהים (= 86), que es un código para *Zeir Anpín* o *Nukvá* cuando Ellos están por Sí solos. Y la palabra *Sucá* con *Vav* tiene el mismo valor numérico de los Nombres יהוה (*Zeir Anpín*) y אדני (*Nukvá*) cuando Ellos están juntos y rodeados por *Ima* Celestial.

Las paredes de la *Sucá* representan a *Nétsaj*, *Hod* y *Yesod* de *Ima* de la Luz Circundante, pero la *sejaj* (el techo de la *Sucá*) es el aspecto de la mitad inferior de *Tiféret* de *Ima* (desde Su Pecho hacia abajo), que es como un techo sobre Su *Nétsaj*, *Hod* y *Yesod*. Y sabemos que este aspecto de *Tiféret* es el *Kéter* (corona) de *Zeir Anpín* que se encuentra por encima de todo lo que se asienta debajo de Él. Y, por lo tanto, el techo de la *Sucá* no puede ser más alto que veinte *amá* (unos 13 pies), dado que *Zeir Anpín* y *Nukvá*, que están debajo, tienen cada uno Diez *Sefirot* (juntos veinte *amá*) incluyendo el techo, que es el *Kéter* de *Zeir Anpín*.

Se sabe que el *Kéter* incluye a todas las nueve *Sefirot* debajo de Él. De la misma manera, *Tiféret* de *Ima*, de donde vienen todas las Iluminaciones, incluye el *Kéter* de *Zeir Anpín*. También se sabe que cien Luces son atraídas de *Ima* hacia *Zeir Anpín* (el secreto de las cien bendiciones que una persona recita cada día), que es atraída del Nombre יוד הי ואו הי (= 63, de *Ima*) y Su *milui* (= 37. Todos juntos = 100). Y debido a que estas cien Luces están pasando por *Kéter* de *Zeir Anpín*, dejan una impresión allí y es por esto que el techo de la *Sucá* se llama *sejaj*, puesto que es igual a 100.

EL SECRETO DEL LULAV

Fue explicado que mediante agitar el *Lulav* (la hoja de palmera) siete aspectos de Misericordias de la Luz Interna de *Zeir Anpín* entran en las Siete *Sefirot* Inferiores de *Rajel-Nukvá*; una Misericordia cada día de los siete días de *Sucot*. Y aunque cada día agitamos el *Lulav* completamente (a seis extremos cuatro veces) para atraer estas Misericordias a Ella, sólo una Misericordia entrará. En el primer día, la primera Misericordia entrará en Su *Jésed*, en el segundo día la segunda Misericordia entrará en Su *Guevurá*, y así sucesivamente hasta el séptimo día (que es llamado *Hoshaná Rabá*), cuando el aspecto general de las Misericordias entra en Su *Maljut*. Y la razón para agitar el *Lulav* es atraer las Misericordias desde *Dáat* de *Zeir Anpín* que son bloqueadas por *Yesod* de *Ima* y, mediante la agitación del *Lulav*, Su Iluminación baja con las Misericordias que se despliegan en las Siete *Sefirot* Inferiores de *Zeir Anpín* (el secreto de las cuatro especies, como será explicado más adelante) y desde ahí hacia *Nukvá*. Luego rodeamos la *bimá* (el podio sobre el cual se lee la Torá) una vez cada día con el *Lulav* y sus especies para atraer las Misericordias (que fueron mencionadas anteriormente), pero ahora desde el aspecto de la Luz Circundante hacia la *Nukvá* que es llamada *bimá*. No agitamos el *Lulav* mientras rodeamos la *bimá* porque queremos que se revele la Luz Circundante. De la misma forma que descienden las Misericordias de la Luz Interna, también hay siete aspectos en la Luz Circundante, y cada día desciende una Iluminación y entra en *Zeir Anpín* y luego en *Nukvá*. Y dado que normalmente la Luz Interna entra primero, agitamos el *Lulav* primero y sólo después rodeamos la *bimá*. Agitamos el *Lulav* y sus especies en cuatro períodos hacia los seis bordes, tres veces cada uno, los cuales suman en total 72 agitaciones como el valor numérico de la palabra *Jésed* (Misericordia חסד) que se despliega cada día.

Las cuatro especies corresponden a las cuatro letras del Nombre יהוה, que está en *Zeir Anpín* de la siguiente manera: La letra *Yud* י es *Jésed*, *Guevurá* y *Tiféret* de *Zeir Anpín* y corresponde a los tres *hadasim* (ramas de mirto); la letra *Hei* ה es *Nétsaj* y *Hod* de *Zeir Anpín* y corresponde a las dos *aravot* (ramas de sauce); la letra *Vav* ו es *Yesod* de *Zeir Anpín* y corresponde al *Lulav*; y la última letra *Hei* ה es *Maljut* de *Zeir Anpín* (la Diadema de *Yesod* de *Zeir Anpín*; la Cabeza de los Justos, pero no Su *Nukvá*) y corresponde al *Etrog* (cidro).

El *Lulav* es el *Yesod* y, por lo tanto, su forma es larga y recta como la médula espinal (desde *Dáat* —el cerebro— hasta el *Yesod* —el órgano reproductor masculino—). Y es por ello que el punto de conexión entre el *Lulav* (*Yesod*) y el *Etrog* (la Diadema del *Yesod*) será en la parte inferior final del *Lulav*. Asimismo, como corresponde a *Yesod*, el *Lulav* debe estar más arriba que las demás especies porque necesita alcanzar al Cerebro y desde allí obtener la gota de simiente.

Los tres *hadasim* corresponden a los tres patriarcas y a *Jésed*, *Guevurá* y *Tiféret*, donde cada uno incluye a los demás (los tres incluyen a tres), razón por la cual cada mirto debe tener tres hojas que provengan del mismo pecíolo.

Las dos *aravot* son *Nétsaj* y *Hod* (como se mencionó).

Y aquí explicamos que las cuatro especies corresponden a los siete aspectos de las Misericordias que se despliegan en las Siete *Sefirot* Inferiores de *Zeir Anpín*, (*Jésed*, *Guevurá*, *Tiféret*, *Nétsaj*, *Hod*, *Yesod* y la Diadema de *Yesod*), pero no son las Siete *Sefirot* como tales.

Por lo tanto, cuando agitamos el *Lulav* y sus especies hacia adelante (*holajá*, lejos de nosotros), los elevamos a su raíz, que es *Dáat* de *Zeir Anpín*, y reciben gran Iluminación. Entonces sacudimos el *Lulav* hacia atrás (*havaá*, hacia nuestro pecho) y meditamos en atraer esta Iluminación a la *Nukvá* para construir en Ella el aspecto de las Siete Misericordias Internas durante los siete días de *Sucot* (dado que la Cabeza de la *Nukvá* está en el Pecho de *Zeir Anpín*, tenemos que hacer que la parte inferior final del *Lulav* toque el pecho). Y sin la sacudida, Ellos no podrían recibir esta Iluminación porque está bloqueada, como se dijo antes, y a través de la sacudida es despertada e Ilumina.

Dáat está compuesta de Seis Bordes y (otros) Seis Bordes están sujetados a Ésta. Los Seis Bordes de *Dáat* son los seis aspectos de Misericordias que son la raíz y la fuente de las seis Misericordias que se despliegan en *Tiféret* con los (otros) Seis Bordes, que son cinco Misericordias desde *Jésed* a *Hod* y otro aspecto de Misericordia (el aspecto general) en *Yesod*. Y estas Misericordias inferiores son el *Lulav* y sus especies. Y esta es la razón por la que los sacudimos hacia las seis direcciones (Sur, Norte, Este, arriba, abajo y Oeste) que representan a los Seis Bordes Superiores de *Dáat*, a fin de atraer Iluminaciones desde las Seis Superiores hacia las Seis Inferiores.

El orden de las direcciones de la sacudida del *Lulav* es como el orden de los Seis Bordes Celestiales de *Dáat*. Comenzamos hacia el Sur-*Jésed*, luego hacia el Norte-*Guevurá*, después hacia el Este-*Tiféret*, y mientras apuntamos al Este sacudimos hacia arriba-*Nétsaj* y luego hacia abajo-*Hod*. Después, agitamos hacia el Oeste-*Yesod* como el aspecto general de las Misericordias. Y la razón por la que sacudimos tres veces hacia cada dirección es que corresponden a los tres *Mojín* que existen en la Cabeza de *Zeir Anpín* (*Jojmá*, *Biná* y *Dáat*). Hay dieciocho agitaciones, y esta es la razón por la que *Yesod* es la última ya que recibe de los dieciocho aspectos de los *Mojín* que existen en los Seis Bordes Celestiales de *Dáat*, y *Yesod* es llamado *Jai Haolamim* (la Vida de los Mundos; *jai* tiene el valor numérico de 18).

Los tres *Mojín* son representados por las tres letras יהו - *Yud* י en *Jojmá*, *Hei* ה en *Biná* y *Vav* ו en *Dáat*. Y dado que cada Borde de los Seis Bordes de *Dáat* incluyen a los tres *Mojín*, será llamado también con el Nombre יהו pero con un orden diferente, como está a continuación:
יהו con el *milui* יוד הי ויו en el Sur; הוי con el *milui* הי ואו יוד en el Norte; ויה con el *milui* ואו יוד הא en el Este; יוה con el *milui* יוד ויו הי hacia arriba; היו con el *milui* הי יוד ואו hacia abajo y והי con el *milui* ואו הא יוד en el Oeste.

Y medita en atraer Iluminación de estas dieciocho letras de *Dáat*, que son las secuencias del Nombre יהו que va a la *Nukvá*, que ahora está de pie en el Pecho de *Zeir Anpín* (y hacia donde nosotros regresamos el *Lulav*). También medita en conectar la letra *Hei* ה, que está en la *Nukvá*, con las tres letras יהו para completar el Nombre יהוה.

HOSHANÁ RABÁ

En *Yom Kipur*, *Rajel* toma Cinco *Guevurot* (Juicios) de *Ima* a través de las cinco oraciones y no mediante *Zeir Anpín*. Y a fin de que las fuerzas negativas externas no tengan acceso a estos Juicios, porque Ellos están en *Yesod* de *Nukvá*, Ella es sellada en Su *Yesod* para proteger a estos Juicios. Y este sello es el חוֹתם—Sello principal y esencial que se hace a través de tres Nombres (אלף הה יוד הה—אלף הא יוד הא—אלף הי יוד הי, Quienes tienen el valor numérico de la palabra Sello—חוֹתם =454 + 1), que están en *Nétsaj*, *Hod* y *Yesod* de *Ima*, y las fuerzas negativas no pueden acceder a *Ima* y tampoco pueden tocar los Juicios.

Y en la noche de *Hoshaná Rabá* (el séptimo día de *Sucot*) se realiza otro Sello: el Sello Externo en el secreto del Sello dentro de un Sello, y se le da en Su *Maljut*, que es la Diadema de Su *Yesod*. En efecto, este Sello es menor que el primer Sello y se realiza mediante el *milui* de los tres Nombres (לף ה וד ה—לף א וד א—לף י וד י, que junto con los otros tres Nombres tienen el valor numérico de la palabra "secundario"; מִשְׁנֶה = 395) dado que es secundario al Sello principal, porque el Sello principal está en el *Yesod*. Pero también está hecho de *Ima* y tiene el poder de rechazar a las fuerzas negativas exteriores y por esto es que también será llamado Sello-חוֹתם. Y en el momento del Sello de *Yesod* el mundo fue sentenciado y las personas fueron juzgadas y selladas para la vida o la muerte, ocurre de igual manera en el momento del segundo Sello de *Maljut*, en el cual el mundo es sentenciado y las personas son juzgadas una segunda vez.

La diferencia es que en el tiempo del primer y principal Sello era el momento exacto del Juicio, el decreto y el veredicto. Pero ahora (en *Hoshaná Rabá*) es el Sello externo, significando que las notas con el veredicto que fue sellado en *Yom Kipur* son entregadas ahora a los mensajeros para reprender a la gente con calamidades. Por lo tanto, el principal aspecto del Juicio se hace y se finaliza a la medianoche de *Hoshaná Rabá* y, sólo entonces, el Sello es finalmente sellado en Su *Maljut*. Y si alguien (Dios no lo permita) es sentenciado a muerte, se puede ver a través de su sombra bajo la luz de la Luna (faltaría la cabeza de dicha persona). Y es en este momento en el que vamos a inspeccionar nuestra sombra bajo la luz de la Luna después de la medianoche.

No obstante, a pesar de que las notas son entregadas a los mensajeros a la medianoche, ellos no pueden activar el veredicto sino hasta después de *Simjat Torá*, y todavía hay tiempo de cambiar el veredicto durante la noche de *Hoshaná Rabá*. Es por ello que estudiamos en esta noche, especialmente leyendo el libro de Deuteronomio, que es llamado la Torá Secundaria, y meditamos que con esta lectura creamos el Sello secundario en Su *Maljut* y, al hacer esto, podemos devolver las notas con el veredicto negativo. Y esa es la razón por la que el día de *Hoshaná Rabá* se considera un día con un poco de juicio, a pesar de que el juicio termine durante la noche. Como dijimos anteriormente, los mensajeros no pueden activar el veredicto sino hasta después de *Simjat Torá*. Y una persona debe prestar mucha atención a sus acciones y pensamientos durante las oraciones de *Hoshaná Rabá*, porque todavía hay opción de corregir y cambiar el veredicto.

Debes saber que debido a que el Sellado se hace a media noche y así el Juicio es activado, es por ello que la inspección de la sombra se hace después de la medianoche y específicamente bajo la luz de la Luna y no mediante una vela. La razón es que la Luna es el secreto de la *Nukvá* de *Zeir Anpín*, que es llamada *Rajel*, y el Sellado de Su *Maljut* es realizado en la medianoche. Entonces es el momento de Su irradiación, y Ella va a Iluminar el mundo a través del Sello que se dio en Ella, como es sabido: que los Juicios son como los jueces que juzgan al mundo. Y debido a que el Juicio le es entregado en Sus manos, a través de Su gobierno Ella notifica y muestra los decretos en el mundo. Y es por ello que el decreto es imperceptible a excepción de cuando se observa en la sombra con la luz de la Luna.

SHEMINÍ ATSÉRET Y SIMJAT TORÁ

Como ya se ha explicado que en todos los días desde *Rosh Hashaná* hasta ahora (*Sheminí Atséret*) todas las Unificaciones son entre *Yisrael* o *Yaakov* y *Leá*, pero *Rajel* ha sido corregida y reconstruida paso a paso, lentamente durante estos días (debido al pecado de Adam que ocurrió en *Rosh Hashaná*). Y ahora (en *Sheminí Atséret*) Su Cuerpo es corregido y construido, y Ella fue aserrada y regresada a la forma Cara a Cara, y recibió todos los aspectos de la Misericordia de *Ima* y *Zeir Anpín* (para la corrección de Su Cuerpo y motivos de Unificación) y Ella tuvo los dos Sellos, como se mencionó anteriormente. También, en *Hoshaná Rabá*, mediante la acción de batir las ramas de sauce (costumbre que fue creada por los Profetas) construimos para la *Nukvá* una vasija con *Mayin Nukvín* (aguas femeninas, despertar desde Abajo), que son los Cinco Juicios de *Ima* y todos los aspectos de Ella son completados. Y es por ello que en este día (*Sheminí Atséret*) se le dan Cinco Juicios nuevos a *Rajel* en el secreto de la Unificación de parte de *Zeir Anpín* (y no de *Ima*) y es por eso que estos Cinco Juicios son más endulzados, porque Ellos son de *Zeir Anpín* (en el secreto de la Unificación). Y este día es llamado *Simjat Torá* (la Felicidad de la Torá) dado que *Zeir Anpín* es llamado Torá, y está feliz de unificarse con Su pareja real y verdadera, que es *Rajel*, como es sabido.

Y estos Cinco Juicios (los endulzados) son en realidad las *Mayin Nukvín* de *Nukvá*, puesto que los Cinco Juicios que Ella recibió en *Hoshaná Rabá* sólo fueron la Vasija para las *Mayin Nukvín* y es por esto que ésta (la Vasija) fue completada por *Ima*. Pero los Juicios que son las *Mayin Nukvín* verdaderas provienen de la Unificación real con *Zeir Anpín*, y entonces Él le da a Ella (desde el secreto de la Unificación) la gota de *Mayin Dujrín* (aguas masculinas, despertar desde Arriba). Y en la oración de *Musaf* (y no antes) de *Sheminí Atséret* es el momento de la Unificación entre *Zeir Anpín* y *Rajel*, cuando Ellos son iguales. Y en esta Unificación, *Zeir Anpín* le da Cinco Juicios a Ella (en el secreto de la gota de la Unificación, cuando hay Juicios masculinos y femeninos) y es por ello que mencionamos la lluvia (cambiamos de la conexión de verano a la conexión de invierno) en *Musaf* y decimos "Él, que hace al viento soplar y a la lluvia caer" ya que los Juicios son llamados "lluvia" (y después, en *Pésaj*, Él le da Misericordias a Ella).

EL ORDEN DE LAS ORACIONES Y LA ELEVACIÓN DEL MUNDO EN LAS FESTIVIDADES

En *Minjá* de la víspera de la festividad, meditamos en que *Maljut* se eleva a su lugar antes de la acusación (antes de que cayera de *Atsilut* a *Briá*).

En cada oración de una Festividad, como explicamos acerca de las siete bendiciones en las oraciones de *Shabat*, debes meditar en los siete Nombres que provienen de las siete letras del Nombre: אה"יה יה"ו. No obstante, como decimos, las Festividades son sólo *Mikraéi Kódesh* (de *Ima*) y no *Kódesh* (de *Aba*); por lo tanto, meditamos en los Nombres de אלה"ים y אה"יה, los cuales están en *Ima* Celestial de la siguiente manera:

En *Maguén Avraham*, medita en el Nombre: אלף הי יוד הי, (una *Álef* en la forma de *Yud-Vav-Yud*).

En *Mejayéi Hametim*, medita en el Nombre: אלף הי יוד הי, (una *Álef* en la forma de *Yud-Vav-Dálet*).

En *HaEl Hakadosh*, medita en el Nombre: אלף הא יוד הא.

En *Mekadesh Israel*, medita en el Nombre: אלף הה יוד הה.

En la *Avodá*, medita en el Nombre: אלף למד הי יוד מם.

En la *Hodaá*, medita en el Nombre: אלף למד הה יוד מם.

Y en *Sim Shalom*, medita en el Nombre: אלף למד הא יוד מם.

En *Arvit* de la Festividad, medita en que *Nétsaj*, *Hod* y *Yesod* de Ima que están en *Nétsaj*, *Hod* y *Yesod* de *Zeir Anpín* están iluminando en la *Nukvá*.

En *Shajarit* de la Festividad, durante la *Amidá* silenciosa, debes meditar que *Jojmá*, *Biná* y *Dáat* de *Zeir Anpín* se elevan en *Nétsaj*, *Hod* y *Yesod* de *Ima*; y *Kéter*, *Jojmá*, *Biná* y *Dáat* de *Nukvá* se elevan a *Dáat* de *Jésed*, *Guevurá*, *Tiféret* de *Zeir Anpín*. **Y en la repetición**, medita que *Jojmá*, *Biná* y *Dáat* de *Zeir Anpín* se elevan a *Jésed*, *Guevurá* y *Tiféret* de *Ima*; y *Kéter*, *Jojmá*, *Biná* y *Dáat* de *Nukvá* se elevan a *Dáat* de *Jojmá*, *Biná* y *Dáat* de *Zeir Anpín*.

Luego debes recitar el *Halel* completo, para recibir los *Mojín* adicionales y endulzar la Iluminación de *Ima*.

Después, cuando sacamos la Torá, recitamos los 13 Atributos de la Misericordia, y pedimos salir de la esclavitud a la libertad, tener gracia ante los ojos del hombre y tener riqueza. También pedimos venganza contra nuestros enemigos internos.

Cinco personas suben a la Torá en la Festividad; mientras *Nétsaj*, *Hod* y *Yesod* de *Aba* están revestidos por *Nétsaj*, *Hod* y *Yesod* de *Ima*, y el único aspecto revelado es las dos partes inferiores de *Nétsaj* de *Ima* y las dos partes inferiores de *Hod* de *Ima* (ya que las dos partes superiores de *Nétsaj* y *Hod* de *Ima* se quedan arriba en la cabeza de *Zeir Anpín*, como *Mojín*, y *Yesod* de *Ima* es corto y termina en el pecho de *Zeir Anpín* y no se revela hacia afuera). Y *Yesod* de *Aba* (que está en *Yesod* de *Ima*) es largo y una parte de Éste es revelado hacia afuera de *Yesod* de *Ima*. Así que juntas tenemos cinco partes que se revelan en la Festividad: las dos partes inferiores de *Nétsaj* y las dos partes inferiores de *Hod*, de *Ima*, y una parte revelada del *Yesod* de *Aba*, y en correspondencia con éstas tenemos a cinco personas que son llamadas a subir a la Torá en la festividad. Y dado que *Zeir Anpín* no puede recibir la Iluminación de *Yesod* de *Aba*, como en *Shabat*, sino que puede recibir la Diadema de *Yesod* de *Aba* y cuatro partes de *Nétsaj* y *Hod* de *Ima*, por lo tanto, sólo hay cinco personas que suben a la Torá, ya que la quinta corresponde a la Diadema de *Yesod* de *Aba* y las otras cuatro corresponden a las cuatro partes de *Nétsaj* y *Hod* de *Ima*.

En *Musaf* de la Festividad, debes meditar en que *Jojmá*, *Biná* y *Dáat* de *Zeir Anpín* se elevan a *Jojmá*, *Biná*, *Dáat* de *Ima*; y *Kéter*, *Jojmá*, *Biná* y *Dáat* de *Nukvá* se elevan a *Nétsaj*, *Hod* y *Yesod* de *Ima*. **Y en la Repetición**, ya que *Zeir Anpín* no tiene más elevación a *Kéter* como en *Shabat*, medita que en "*Kadosh*, *Kadosh*, *Kadosh*" *Nukvá* se eleva a las tres *Sefirot* del medio, y en "*Ayé*" Ella se eleva a la cima de las tres *Sefirot* de *Ima* (pero Ella nunca se eleva a *Kéter* de *Ima*).

En *Minjá* de la Festividad debes meditar que *Zeir Anpín* se eleva al lado derecho de *Kéter* de *Ima*, y *Nukvá* se eleva al lado izquierdo de *Kéter* de *Ima*.

ERUV TAVSHILÍN (MEZCLA DE COMIDAS)

Eruv Tavshilín es una ceremonia en la cual se hace una preparación mínima para *Shabat* en la noche anterior a la festividad. Si bien cocinar alimentos durante una festividad para la misma festividad está permitido, cocinar o preparar comidas para *Shabat* durante una festividad no lo está. Cuando una festividad cae un viernes, se realiza la ceremonia de *Eruv Tavshilín* a fin de permitirnos cocinar alimentos para *Shabat* durante la festividad.

Esto se hace apartando un poco de pan (mínimo dos onzas) y algunos alimentos cocidos (huevos, carne o pescado, mínimo dos onzas) para la comida de *Shabat* el viernes. El pan y los alimentos cocidos se alzan en la mano derecha y se recita la bendición de "*Al mitsvat eruv*".

Ponemos los dos elementos cocidos juntos y decimos la siguiente bendición:

בָּרוּךְ Baruj אַתָּה Atá יְהֹוָה אדניאהדונהי Adonai אֱלֹהֵינוּ Eloheinu ילה

מֶלֶךְ Mélej הָעוֹלָם haolam אֲשֶׁר asher קִדְּשָׁנוּ kideshanu

בְּמִצְוֹתָיו bemitsvotav וְצִוָּנוּ vetsivanu עַל al מִצְוַת mitsvat עֵרוּב eruv:

Y luego decimos la bendición en arameo:

בְּדֵין bedein עֵירוּבָא eiruvá יְהֵא yehé שָׁרֵא sharé לָנָא laná

לַאֲפוּיֵי laafuyei וּלְבַשּׁוּלֵי ulvishulei וּלְאַטְמוּנֵי ulatmunei

וּלְתַקּוּנֵי ultakunei (וּלְמִשְׁחַט ulmishjat) וּלְאַדְלוּקֵי uladlukei

שְׁרַגָא shraga וּלְמֶעְבַּד ulmeevad כָּל col ילי צָרְכָנָא tsarjaná

מִיּוֹם miYom ע"ה נגד, מזבח, זן, אל יהוה טוֹב Tov והו לְשַׁבָּת leShabat לָנָא laná

וּלְכָל ulejol יה אדני בְּנֵי benei הָעִיר hair בוזחר, סנדלפון, ערי הַזֹּאת hazot:

Después de decirlo en arameo, la persona debe recitar la bendición en un idioma que entienda (abajo está en hebreo y español):

בעירוב זה יהיה מותר לנו לאפות ולבשל ולהדליק הנר
ולעשות כל צרכינו מיו"ט לשבת:

"Mediante este [*eruv*] tendremos permiso de hornear, cocinar, guardar un plato [para preservar su calor], encender una luz, preparar y hacer durante la festividad todo lo que sea necesario para *Shabat*; para nosotros y para todas las personas que moran en esta ciudad".

Este *Eruv* se comerá durante la Tercera Comida de *Shabat* (debemos asegurarnos de que esté bien guardado durante la festividad y *Shabat*; si desaparece podría ser un problema).

ERUV TAVSHILÍN (MEZCLA DE COMIDAS)

Bendito seas Tú, Señor, nuestro Dios, Rey del mundo,
Quien nos ha santificado con Sus mandamientos y nos ha obligado respecto al Precepto de Eruv.

"Mediante éste [eruv] será permitido hornear,
cocinar, guardar un plato [para preservar su calor], encender una luz, preparar y hacer durante la festividad todo lo que sea necesario para Shabat; para nosotros y para todas las personas que moran en esta ciudad".

ENCENDIDO DE LAS VELAS

Encendemos las velas para atraer Luz espiritual en nuestra vida personal. Cada acción física en nuestro mundo inicia una reacción correspondiente en los Mundos Superiores. Al encender las velas físicas de la festividad con la conciencia y la intención de conectarse con la energía de la festividad en los Mundos Superiores, despertamos y traemos Luz espiritual hacia nuestro mundo físico.

Cuando una mujer enciende las velas, también está ayudando a corregir el pecado de Eva (Javá), que fue el Deseo de Recibir para Sí Mismo. La acción de encender las velas se convierte en un acto de compartir. Debido a que el esposo y los hijos son los más cercanos a la mujer, ellos reciben los beneficios de esta acción.

LESHEM YIJUD

לְשֵׁם leShem יִחוּד yijud קוּדְשָׁא Kudshá בְּרִיךְ Berij הוּא Hu

וּשְׁכִינְתֵּיהּ uShjintei (יאהדונהי) בִּדְחִילוּ bidjilu וּרְחִימוּ urjimu

(יאההויהה), וּרְחִימוּ urjimu וּדְחִילוּ udjilu (איההיוהה),

לְיַחֲדָא leyajdá שֵׁם Shem יוּ"ד Yud קֵ"י Kei בְּוָא"ו beVav קֵ"י Kei

בְּיִחוּדָא beyijudá שְׁלִים shelim (יהוה) בְּשֵׁם beshem כָּל col ילי

יִשְׂרָאֵל Yisrael, הֲרֵינִי hareini בָּאָה vaá לְקַיֵּם lekayem

מִצְוַת mitsvat עֲשֵׂה asé שֶׁל shel הַצְּדָקָה hatsedaká ע"ה ריבוע אלהים

וַהֲרֵינִי vahareini נוֹתֶנֶת noténet שְׁתֵּי shtei פְּרוּטוֹת perutot

לִצְדָקָה litsdaká ע"ה ריבוע אלהים וְעוֹד veod הֲרֵינִי hareini נוֹתֶנֶת noténet

פְּרוּטָה perutá אַחַת ajat לִצְדָקָה litsdaká ע"ה ריבוע אלהים לְתַקֵּן letakén

אֶת et שֹׁרֶשׁ shóresh מִצְוָה mitsvá זוֹ zo וְכָל vejol ילי תַּרְיָ"ג taryag

מִצְווֹת mitsvot הַכְּלוּלוֹת haclulot בָּהּ ba בְּמָקוֹם bemakom עֶלְיוֹן elyón.

Es bueno que una mujer dé tres monedas en caridad antes del encendido de las velas y prosiga a decir:

וַהֲרֵינִי vahareini בָּאָה vaá לְקַיֵּם lekayem מִצְוַת mitsvat עֲשֵׂה asé

דְּרַבָּנָן derabanán לְהַדְלִיק lehadlik נֵרוֹת nerot לִכְבוֹד lijvod

---

ENCENDIDO DE LAS VELAS - LESHEM YIJUD

Para la unificación del Santísimo, Bendito sea Él, y Su Shejiná, con temor y amor y con amor y temor, para unificar El Nombre Yud-Kei y Vav-Kei en perfecta unidad, y en el nombre de Yisrael, yo estoy lista y dispuesta a cumplir el precepto obligatorio de Tsedaká, y por lo tanto estoy dando dos monedas como Tsedaká y una más en Tsedaká para corregir la raíz del precepto de Tsedaká con todos los otros 613 preceptos que están incluidos en él, en el Lugar Celestial,
(Es bueno que una mujer dé tres monedas en caridad antes del encendido de las velas y prosiga a decir).
Yo estoy preparada para cumplir el precepto obligatorio de los sabios del encendido de las velas en honor del

יוֹם Yom ע"ה נגד, מזבח, זן, אל יהוה טוֹב Tov והו• לְתַקֵּן letakén שֹׁרֶשׁ shóresh
מִצְוָה mitsvá זוֹ zo בְּמָקוֹם bemakom עֶלְיוֹן elyón• וִיהִי vihí נֹעַם nóam
אֲדֹנָי Adonai ללה אֱלֹהֵינוּ Eloheinu ילה עָלֵינוּ aleinu וּמַעֲשֵׂה umaasé יָדֵינוּ yadeinu
כּוֹנְנָה conená עָלֵינוּ aleinu וּמַעֲשֵׂה umaasé יָדֵינוּ yadeinu כּוֹנְנֵהוּ conenehu•:

Entonces la mujer enciende las velas, cubre sus ojos con las manos y recita la siguiente bendición:

בָּרוּךְ Baruj אַתָּה Atá יְהֹוָהאדניאהדונהי Adonai אֱלֹהֵינוּ Eloheinu ילה
מֶלֶךְ Mélej הָעוֹלָם haolam אֲשֶׁר asher קִדְּשָׁנוּ kideshanu
בְּמִצְוֹתָיו bemitsvotav וְצִוָּנוּ vetsivanu לְהַדְלִיק lehadlik
נֵר ner יהה אהיה יהה אלהים יהוה אדני שֶׁל shel (en *Shabat* agregar: שַׁבָּת Shabat וְשֶׁל veshel)
יוֹם Yom ע"ה נגד, מזבח, זן, אל יהוה טוֹב Tov והו•:
בָּרוּךְ Baruj אַתָּה Atá יְהֹוָהאדניאהדונהי Adonai אֱלֹהֵינוּ Eloheinu ילה
מֶלֶךְ Mélej הָעוֹלָם haolam שֶׁהֶחֱיָנוּ shehejeyanu
וְקִיְּמָנוּ vekiyemanu וְהִגִּיעָנוּ vehiguianu לִזְמַן lazmán הַזֶּה hazé והו•:

YEHÍ RATSÓN

A través de esta bendición se nos da el poder de tener hijos justos y de tener un esposo justo. La mayor oportunidad que tiene una mujer de compartir es con su familia, que es lo que está más cerca de ella en su vida diaria. La definición de compartir con nuestro hijo o cónyuge toma todo un nuevo significado cuando se entiende desde el punto de vista kabbalístico. Para ayudarnos a entender lo que de verdad significa compartir, debemos primero comprender lo que *no* es compartir. El Kabbalista Rav Berg explica que cuando los padres crían a sus hijos, la mayoría de los actos de compartir están considerados como parte de nuestro deber como padres amorosos. En otras palabras, cuando compartimos con nuestros seres queridos, no se generan "puntos meritorios" en los Mundos Superiores. El verdadero compartir sólo ocurre cuando nos es difícil dar, cuando nos salimos de nosotros mismos y nos salimos de nuestras zonas de confort. Comúnmente jugamos con nuestros hijos o les damos a nuestros hijos cuando esto nos satisface. Obtenemos tanto placer como ellos mismos. Sin embargo, si podemos aprender a compartir y a darles nuestro tiempo y atención cuando nos es difícil, obtendremos mayores beneficios. El encender las velas de *Shabat* se considera un verdadero acto de compartir con nuestra familia.

Yom Tov para corregir la raíz del precepto en el Lugar Celestial. "Y sea la gracia del Señor, nuestro Dios, sobre nosotros y pueda Él establecer en nosotros la obra de nuestras manos y que la obra de nuestras manos pueda establecerlo a Él" (Salmos 90:17).

*Bendito eres Tú, Señor, nuestro Dios, Rey del universo, que nos has santificado con Tus mandamientos y nos has ordenado encender las velas de (***en Shabat agregar:** *del Santo Shabat y de) Yom Tov.*

Bendito eres Tú, Señor, nuestro Dios, Rey del universo, que nos has otorgado la vida y subsistencia y nos ha permitido llegar hasta el momento presente.

יְהִי yehí רָצוֹן ratsón מהש ע"ה, ע"ב בריבוע קס"א ע"ה, אל שדי ע"ה
מִלְּפָנֶיךָ milfaneja ס"ג מ"ה ב"ן יְהֹוָאדהנּיאהדונהי Adonai אֱלֹהַי Elohai
מילוי דע"ב, דמב ; ילה וֵאלֹהֵי veElohei לכב ; מילוי דע"ב, דמ"ב ; ילה אֲבוֹתַי avotai
שֶׁתָּחוּס shetajús וּתְרַחֵם uterajem ג"פ רי"ו ; וז"פ אל, רי"ו ול"ב נתיבות החכמה,
רמ"ח (אברים), עסמ"ב וט"ז אותיות פשוטות עָלַי alai, וְתַגְדִּיל vetagdil חַסְדְּךָ jasdejá
עִמָּדִי imadí לָתֵת latet לִי li זֶרַע zera אֲנָשִׁים anashim עוֹשֵׂי osei
רְצוֹנֶךָ retsoneja. וְעוֹסְקִים veoskim בְּתוֹרָתְךָ betoratjá לִשְׁמָהּ lishmá.
וְיִהְיוּ veyihyú אל (יי"א מילוי דס"ג) מְאִירִים meirim בַּתּוֹרָה baTorá
בִּזְכוּת bizjut נֵרוֹת nerot יוֹם Yom ע"ה נגד, מזבח, זן, אל יהוה טוֹב Tov והו
הַלָּלוּ halalu, כְּמוֹ quemó שֶׁנֶּאֱמַר sheneemar: כִּי qui נֵר ner מִצְוָה mitsvá
וְתוֹרָה veTorá אוֹר or רז, א"ס וְגַם vegam תָּחוּס tajós וּתְרַחֵם uterajem
ג"פ רי"ו ; וז"פ אל, רי"ו ול"ב נתיבות החכמה, רמ"ח (אברים), עסמ"ב וט"ז אותיות פשוטות

עַל al בַּעְלִי baalí

(La mujer debe mencionar aquí el nombre de su esposo y el nombre del padre de él)

וְתִתֵּן vetitén ב"פ כהת לוֹ lo אֹרֶךְ órej יָמִים yamim נלך
וּשְׁנוֹת ushnot חַיִּים jayim אהיה אהיה יהוה, בינה ע"ה
עִם im בְּרָכָה brajá וְהַצְלָחָה vehatslajá, וּתְסַיְּעֵהוּ utesayehu
לַעֲשׂוֹת laasot רְצוֹנְךָ retsonjá בִּשְׁלֵמוּת bishlemut. כֵּן quen יְהִי yehí
רָצוֹן ratsón מהש ע"ה, ע"ב בריבוע קס"א ע"ה, אל שדי ע"ה אָמֵן Amén יאהדונהי.

(מ"ב אותיות בפסוק)

יִהְיוּ yihyú אל (יי"א דס"ג) לְרָצוֹן leratsón מהש ע"ה, ע"ב בריבוע וקס"א ע"ה, אל שדי ע"ה
אִמְרֵי־ imrei פִי fi ר"ת אֶלֶף = אלף למד שין דלת יוד ע"ה וְהֶגְיוֹן vehegyón לִבִּי libí
לְפָנֶיךָ lefaneja ס"ג מ"ה ב"ן יְהֹוָאדהנּיאהדונהי Adonai צוּרִי tsurí וְגֹאֲלִי vegoalí:

YEHÍ RATSÓN

Sea agradable ante Ti, Señor, mi Dios, y Dios de mis ancestros, que tengas piedad y seas misericordioso conmigo, y puedas Tú aumentar Tu compasión hacia mí al concederme, como prole, aquellos que cumplan Tus órdenes y que se ocupen de Tu Torá por Su propio bien. Puedan ellos ser resplandecientes en la Torá gracias a estas velas, como fue dicho: "Porque el mandamiento es una vela y la Torá es Luz" (Proverbios 6:23). *Tengas también piedad y seas misericordioso hacia mi esposo* (la mujer debe mencionar aquí el nombre de su esposo y el nombre del padre de él) *y le otorgues Tú largos días y años de vida, llenos de bendiciones y éxitos, y puedas Tú ayudarlo a cumplir Tus órdenes, de manera perfecta. Sea ese Tu deseo, Amén. "Sean agradables los dichos de mi boca y los pensamientos de mi corazón ante Ti, Dios, mi fortaleza y mi redentor"* (Salmos 19:15).

MINJÁ DE ÉREV SUCOT Y SIMJAT TORÁ

El propósito de la oración de *Minjá* no es sólo hacer una conexión con la Luz del Creador, sino también aquietar la energía de juicio en el mundo. El mejor momento para hacer esto es cuando la energía de juicio aparece en su mayor magnitud e intensidad. El Kabbalista Rav Yitsjak Luria (el Arí) sólo recitaba la *Minjá* cuando el Sol se estaba poniendo. Él tenía conocimiento de que el valor numérico de la palabra *Minjá* (103) también es el número de los submundos (dentro de los cinco mundos principales), controlados por la energía de juicio de la Columna Izquierda.

El pecado del becerro de oro ocurrió durante la hora de *Minjá*, convirtiéndose entonces en la semilla que ayudaría a infundir el mundo con juicio al final de la tarde. Yitsjak el Patriarca es nuestro canal para superar el juicio. Yitsjak vino a este mundo para crear un camino que nos llevaría a suavizar el juicio en nuestra vida. Podemos escoger entre seguir creando caminos difíciles para nosotros o podemos seguir el camino de endulzar el juicio que pavimentó Yitsjak.

LESHEM YIJUD

לְשֵׁם leShem יִחוּד yijud קוּדְשָׁא Kudshá בְּרִיךְ Berij הוּא Hu

וּשְׁכִינְתֵּיהּ uShjintei (יאהדונהי), בִּדְחִילוּ bidjilu וּרְחִימוּ urjimu

(יאהדויהה), וּרְחִימוּ urjimu וּדְחִילוּ udjilu (איההיוהה), לְיַחֲדָא leyajdá

שֵׁם Shem יוּ"ד Yud קֵ"י Kei בְּוָא"ו beVav קֵ"י Kei בְּיִחוּדָא beyijudá

שְׁלִים shelim (יהוה) בְּשֵׁם beshem כָּל col ילי יִשְׂרָאֵל Yisrael,

הִנֵּה hiné אֲנַחְנוּ anajnu בָּאִים baim לְהִתְפַּלֵּל lehitpalel תְּפִלַּת tefilat

מִנְחָה minjá ע"ה ב"פ ב"ן שֶׁתִּקֵּן shetikén יִצְחָק Yitsjak ד"פ ב"ן אָבִינוּ avinu

עָלָיו alav הַשָּׁלוֹם hashalom עִם im כָּל col ילי הַמִּצְוֹת hamitsvot

הַכְּלוּלוֹת haclulot בָּהּ ba, לְתַקֵּן letakén אֶת et שָׁרְשָׁהּ shorshá

בְּמָקוֹם bemakom עֶלְיוֹן elyón לַעֲשׂוֹת laasot נַחַת־ nájat רוּחַ rúaj

לְיוֹצְרֵנוּ leyotsrenu, וְלַעֲשׂוֹת velaasot רְצוֹן retsón מהש ע"ה, ע"ב

ריבוע וקס"א ע"ה, אל שדי ע"ה בּוֹרְאֵנוּ borenu. וִיהִי vihí נֹעַם nóam אֲדֹנָי Adonai ללה

אֱלֹהֵינוּ Eloheinu ילה עָלֵינוּ aleinu וּמַעֲשֵׂה umaasé יָדֵינוּ yadeinu

כּוֹנְנָה conená עָלֵינוּ aleinu וּמַעֲשֵׂה umaasé יָדֵינוּ yadeinu כּוֹנְנֵהוּ conenehu:

MINJÁ DE ÉREV SUCOT Y SIMJAT TORÁ
LESHEM YIJUD

Para la unificación del Santísimo, bendito sea Él, y Su Shejiná, con temor y amor y con amor y temor, para unificar el Nombre Yud-Kei y Vav-Kei en perfecta unidad, y en el nombre de Yisrael, hemos venido por este medio a recitar la oración de Minjá establecida por Yitsjak, nuestro ancestro, sea la paz con él con todos sus preceptos, para corregir su raíz en el Lugar Celestial, para llevar satisfacción a nuestro Hacedor, y para satisfacer el deseo de nuestro Creador. "Y sea la gracia del Señor, nuestro Dios, sobre nosotros y pueda Él establecer en nosotros la obra de nuestras manos y que la obra de nuestras manos pueda establecerlo a Él" (Salmos 90:17).

LOS SACRIFICIOS – KORBANOT - EL TAMID – OFRENDA (DIARIA)

וַיְדַבֵּר vaydaber ראה יְהֹוָהאדניאהדונהי Adonai אֶל־ el מֹשֶׁה Moshé
מהש, ע"ב בריבוע וקס"א, אל שדי לֵּאמֹר׃ lemor צַו tsav פוי, אל אדני אֶת־ et בְּנֵי benei
יִשְׂרָאֵל Yisrael וְאָמַרְתָּ veamarta אֲלֵהֶם alehem אֶת־ et קָרְבָּנִי korbaní
לַחְמִי lajmí לְאִשַּׁי leishai רֵיחַ réaj נִיחֹחִי nijojí תִּשְׁמְרוּ tishmerú
לְהַקְרִיב lehakriv לִי li בְּמוֹעֲדוֹ׃ bemoadó וְאָמַרְתָּ veamarta לָהֶם lahem
זֶה ze הָאִשֶּׁה haishé אֲשֶׁר asher תַּקְרִיבוּ takrivu לַיהֹוָהאדניאהדונהי laAdonai
כְּבָשִׂים quevasim בְּנֵי־ benei שָׁנָה shaná תְמִימִם temimim שְׁנַיִם shnáyim
לַיּוֹם layom ע"ה נגד, מזבח, זן, אל יהוה עֹלָה olá ר"ת עשל תָמִיד tamid ע"ה קס"א קנ"א קמ"ג׃
אֶת־ et הַכֶּבֶשׂ haqueves אֶחָד ejad אהבה, דאגה תַּעֲשֶׂה taasé בַבֹּקֶר vabóker
וְאֵת veet הַכֶּבֶשׂ haqueves הַשֵּׁנִי hashení תַּעֲשֶׂה taasé בֵּין bein
הָעַרְבָּיִם׃ haarbáyim וַעֲשִׂירִית vaasirit הָאֵיפָה haefá סֹלֶת sólet
לְמִנְחָה leminjá ע"ה ב"פ ב"ן בְּלוּלָה belulá בְּשֶׁמֶן beshemen
כָּתִית catit רְבִיעִת reviit הַהִין׃ hahín עֹלַת olat ושר, אבגיתץ
(Aquí meditar en doblegar la *klipá* llamada *Tolá* usando el Nombre: אבגיתץ)
תָּמִיד tamid ע"ה קס"א קנ"א קמ"ג הָעֲשֻׂיָה haasuyá
בְּהַר beHar סִינַי Sinai נמם = ה' הויות (ה' גבורות) לְרֵיחַ leréaj נִיחֹחַ nijóaj
אִשֶּׁה ishé לַיהֹוָהאדניאהדונהי׃ laAdonai וְנִסְכּוֹ veniscó רְבִיעִת reviit
הַהִין hahín לַכֶּבֶשׂ laqueves הָאֶחָד haejad אהבה, דאגה בַּקֹּדֶשׁ bakódesh
הַסֵּךְ hasej נֶסֶךְ nésej שֵׁכָר shejar י"פ ב"ן לַיהֹוָהאדניאהדונהי׃ laAdonai

---

LOS SACRIFICIOS – KORBANOT - EL TAMID – OFRENDA (DIARIA)

"Y habló Dios a Moshé y dijo: Ordena a los Hijos de Israel y diles: Mi ofrenda, el pan para ofrenda por fuego, Mi agradable fragancia, guardarán para entregar en sacrificio a Mí en el momento especificado. Y les dirás: Esta es la ofrenda por fuego que ofrecerán a Dios: cordero de un año sin defecto, dos diarios, como una ofrenda diaria regular; un cordero ofrecerán en la mañana y el segundo cordero ofrecerán alfinal de la tarde. Y una décima de efá de harina fina, para la ofrenda de harina, mezclada con un cuarto de hin de aceite. Una ofrenda quemada permanente hecha en el Monte Sinaí para fragancia adorable y una ofrenda por fuego ante Dios. Su libación es un cuarto de hin para el cordero en el Santuario, vierte una libación de vino superior ante Dios.

וְאֵת veet הַכֶּבֶשׂ haqueves הַשֵּׁנִי hashení תַּעֲשֶׂה taasé בֵּין bein
הָעַרְבַּיִם haarbáyim כְּמִנְחַת queminjat הַבֹּקֶר habóker וּכְנִסְכּוֹ ujeniscó
תַּעֲשֶׂה taasé אִשֵּׁה ishé (elevación a *Yetsirá*) רֵיחַ réaj (elevación a *Briá*)
נִיחֹחַ nijóaj (elevación a *Atsilut*) לַיהֹוָהאדניאהדונהי laAdonai ; (elevación al Mundo Infinito):

EL INCIENSO

Estos versículos de la Torá y del *Talmud* hablan sobre las 11 hierbas y especias que fueron usadas en el Templo. Estas hierbas y especias fueron usadas con un solo propósito: Para ayudarnos a eliminar la fuerza de la muerte de cada área de nuestra vida. Esta es una de las pocas oraciones cuyo único propósito es la erradicación de la muerte. El *Zóhar* nos enseña que todo aquel que tenga juicio persiguiéndole, necesita conectarse con este incienso. Estas 11 hierbas y especias se conectan con las 11 Luces que sostienen a las *klipot* (cáscaras de negatividad). Cuando arrancamos las 11 Luces que sostienen a las *klipot* a través del poder del incienso, las *klipot* pierden su fuerza vital y mueren. Además de llevar las 11 especias al Templo, la gente llevaba resina, vino y otros elementos con propiedades metafísicas para ayudar a combatir al Ángel de la Muerte.

Está escrito en el *Zóhar*: "Ven y ve: Quien es perseguido por el juicio necesita incienso y debe arrepentirse ante su Señor, ya que el incienso ayuda a desaparecer el juicio de él". Las 11 hierbas y especias corresponden a las 11 Iluminaciones Santas que reviven a la *klipá*. Al elevarlas, la *klipá* muere. Mediante estas 11 hierbas, las *klipot* son alejadas y se elimina la fuerza energética que les daba vida. Y debido a que el Lado Puro y su sustento desaparecen, las *klipot* quedan sin vida. Por lo tanto, el secreto del incienso es que éste limpia la fuerza de la plaga y la cancela. El incienso destruye al Ángel de la Muerte y le quita su poder de asesinar.

אַתָּה Atá הוּא Hu יְהֹוָהאדניאהדונהי Adonai אֱלֹהֵינוּ Eloheinu ילה
שֶׁהִקְטִירוּ shehiktiru אֲבוֹתֵינוּ avoteinu לְפָנֶיךָ lefaneja ס״ג מ״ה ב״ן
אֶת et קְטֹרֶת ketóret י״א פעמים אדני (הנבררים מהקליפות ע״י י״א הסממנים) ;
קטרת - הק׳ באתב״ש ד׳ = תרי״ג (מצוות) הַסַּמִּים hasamim ע״ה קנ״א, אדני אלהים
בִּזְמַן bizmán שֶׁבֵּית shebeit ב״פ ראה הַמִּקְדָּשׁ hamikdash קַיָּם kayam
כַּאֲשֶׁר caasher צִוִּיתָ tsivita אוֹתָם otam עַל־ al יַד yad מֹשֶׁה Moshé מהש,
ע״ב בריבוע וקס״א, אל שדי נְבִיאָךְ neviaj כַּכָּתוּב cacatuv בְּתוֹרָתָךְ beTorataj:

Ofrecerás el segundo cordero en la tarde como la ofrenda de la mañana; su libación ofrecerás como ofrenda por fuego de una fragancia agradable a Dios" (Números 28:1-8).

EL INCIENSO

Eres Tú, Señor, nuestro Dios, ante quien nuestros antepasados quemaron las especias del incienso. Durante el tiempo en el que existía el Sagrado Templo, como habías ordenado a través de Moshé, Tu Profeta, y como está escrito en Tu Torá:

La porción del incienso

Para elevar las *Sefirot* de todas las *Noga* de *Atsilut*, *Briá*, *Yetsirá* y *Asiyá*.

וַיֹּאמֶר vayómer יְהֹוָהאדנייאהדונהי Adonai אֶל־ el מֹשֶׁה Moshé

מהש, ע״ב בריבוע וקס״א, אל שדי קַח־ kaj לְךָ lejá סַמִּים samim (*Tiféret, Nétsaj*)

ע״ה קנ״א, אדנ״י אלהים נָטָף nataf | (*Hod*) וּשְׁחֵלֶת ushjélet (*Yesod*) וְחֶלְבְּנָה vejelbená

(*Maljut*) ע״ה פוי, אל אדנ״י סַמִּים samim (*Kéter, Jojmá, Biná, Jésed, Guevurá*)

ע״ה קנ״א, אדנ״י אלהים וּלְבֹנָה ulevoná זַכָּה zacá (Luz Circundante) בַּד bad בְּבַד bevad

יִהְיֶה yihyé ייי: וְעָשִׂיתָ veasita אֹתָהּ otá קְטֹרֶת ketóret י״א פעמים אדנ״י (הנבררים

מהקליפות ע״י י״א הסממנים); קטרת - הק׳ באתב״ש ד׳ = תרי״ג (מצוות) רֹקַח rókaj מַעֲשֵׂה maasé

רוֹקֵחַ rokéaj שדי מְמֻלָּח memulaj טָהוֹר tahor י״פ אכא קֹדֶשׁ kódesh

ס״ת רוחש בכוונו לגרש החיצונים ויועיל לזכירה: וְשָׁחַקְתָּ veshajakta מִמֶּנָּה mimena

הָדֵק hadek וְנָתַתָּה venatata מִמֶּנָּה mimena לִפְנֵי lifnei הָעֵדֻת haedut

בְּאֹהֶל beóhel מוֹעֵד moed אֲשֶׁר asher אִוָּעֵד ivaed לְךָ lejá שָׁמָּה shama

קֹדֶשׁ kódesh קָדָשִׁים kodashim תִּהְיֶה tihyé לָכֶם lajem. וְנֶאֱמַר veneemar:

וְהִקְטִיר vehiktir עָלָיו alav אַהֲרֹן Aharón קְטֹרֶת ketóret י״א פעמים אדנ״י

(הנבררים מהקליפות ע״י י״א הסממנים); קטרת - הק׳ באתב״ש ד׳ = תרי״ג (מצוות) סַמִּים samim

ע״ה קנ״א, אדנ״י אלהים בַּבֹּקֶר babóker בַּבֹּקֶר babóker בְּהֵיטִיבוֹ beheitivo

אֶת־ et הַנֵּרֹת hanerot יַקְטִירֶנָּה yaktirena: וּבְהַעֲלֹת uvehaalot

אַהֲרֹן Aharón אֶת־ et הַנֵּרֹת hanerot בֵּין bein הָעַרְבַּיִם haarbáyim

ר״ת אהבה, דאגה, אחד יַקְטִירֶנָּה yaktirena קְטֹרֶת ketóret י״א פעמים אדנ״י

(הנבררים מהקליפות ע״י י״א הסממנים); קטרת - הק׳ באתב״ש ד׳ = תרי״ג (מצוות) תָּמִיד tamid

ע״ה קס״א קנ״א קמ״ג לִפְנֵי lifnei יְהֹוָהאדנייאהדונהי Adonai לְדֹרֹתֵיכֶם ledoroteijem:

La porción del incienso

"Y Dios dijo a Moshé: Toma especias de bálsamo, uña aromática, gálbano y olíbano puro, de todo en igual peso. Y deberás preparar una mezcla de incienso: la obra de un perfumador, bien combinada, pura y santa. Molerás de ella pulverizándola y la colocarás delante del Testimonio en el Tabernáculo de Reunión, en donde Yo me encontraré contigo. Será el Santo de los Santos para ti" (Éxodo 30:34-36). *Y Dios también dijo: "Aharón quemará sobre el Altar especies de incienso cada mañana cuando prepare las velas. Y cuando Aharón encienda las velas a la caída del Sol, él deberá quemar especias de incienso como una ofrenda de incienso permanente ante Dios, por todas sus generaciones"* (Éxodo 30:7-8).

Endulzar el Juicio Severo

Las funciones del incienso

El relleno del incienso tiene dos propósitos: primero, remover las *klipot* para evitar que éstas acompañen la elevación de los Mundos y, segundo, atraer Luz hacia *Asiyá*. Por lo tanto, medita en elevar las chispas de Luz de todas las *Noga* de *Atsilut*, *Briá*, *Yetsirá* y *Asiyá*.

Cuenta el incienso uno por uno usando tu mano derecha y no te saltes ni uno, porque está escrito: "Si uno omite uno de los ingredientes, es probable que reciba la pena de muerte". Y, por lo tanto, debes tener cuidado de no saltarte ninguno, porque recitar este párrafo es un sustituto de la verdadera quema del incienso.

תָּנוּ tanú רַבָּנָן rabanán פִּטּוּם pitum הַקְּטֹרֶת haketóret י״א פעמים אדני
(הנבררים מהקליפות ע״י י״א הסממנים) קטרת - הק׳ באתב״ש ד׳ = תרי״ג (מצוות);
פטום הקטרת = יְהֹוָה יֱהֹוִה מצפצ יה אדני אל אלהים מצפצ (ו׳ מרגלאין דשבת) :
כֵּיצַד •queitsad שְׁלֹשׁ shlosh מֵאוֹת meot המספר = ש׳, אלהים דיודין
וְשִׁשִּׁים veshishim המספר = מילוי הש׳ (ין) וּשְׁמוֹנָה ushmoná מָנִים manim הָיוּ hayú
בָהּ •va שְׁלֹשׁ shlosh מֵאוֹת meot המספר = ש׳, אלהים דיודין וְשִׁשִּׁים veshishim
המספר = מילוי הש׳ (ין) וַחֲמִשָּׁה vajamishá כְּמִנְיַן queminyán יְמוֹת yemot
הַחַמָּה hajamá מָנֶה mané ע״ה פוי, אל אדני בְּכָל־ bejol ב״ן, לכב
יוֹם yom ע״ה נגד, מזבח, זן, אל יהוה• מַחֲצִיתוֹ majatsitó בַּבֹּקֶר babóker
וּמַחֲצִיתוֹ umajatsitó בָּעֶרֶב •baérev וּשְׁלֹשָׁה ushloshá מָנִים manim
יְתֵרִים yeterim קס״א, קנ״א וקמ״ג שֶׁמֵּהֶם shemehem מַכְנִיס majnís כֹּהֵן Cohén מלה
גָּדוֹל gadol להח ; עם ד׳ אותיות = מבה, יזל, אום וְנוֹטֵל venotel מֵהֶם mehem
מְלֹא meló חָפְנָיו jafnav בְּיוֹם beyom ע״ה נגד, מזבח, זן, אל יהוה הַכִּפּוּרִים •haKipurim
מַחֲזִירָן majazirán לַמַּכְתֶּשֶׁת lamajtéshet בְּעֶרֶב beérev
יוֹם Yom ע״ה נגד, מזבח, זן, אל יהוה הַכִּפּוּרִים haKipurim כְּדֵי quedei לְקַיֵּם lekayem
מִצְוַת mitsvat דַּקָּה daká מִן min הַדַּקָּה •hadaká וְאַחַד veajad אהבה, דאגה
עָשָׂר asar סַמָּנִים samanim הָיוּ hayú בָהּ •va וְאֵלּוּ veelu הֵן :hen

---

Las funciones del incienso

Nuestros Sabios han enseñado: ¿Cómo se hacía la composición del incienso? Trescientas sesenta y ocho porciones estaban contenidas allí. Trescientas sesenta y cinco correspondían al número de días en el año solar, una porción para cada día: La mitad de ella en la mañana y la otra mitad a la caída del Sol. Y las tres porciones restantes, el Sumo Sacerdote (Cohén Hagadol), en Yom Kipur, se llenaba ambas manos con ellas. En la Víspera de Yom Kipur, él las llevaría de regreso al mortero para cumplir el requerimientode que debían estar muy finamente molidas. Cada porción contenía once especias:

(1 הַצֳּרִי haTsorí **(*Kéter*)** מצפצ, אלהים דיודין, י"פ ייי♦ (2 וְהַצִּפֹּרֶן vehaTsiporén **(*Yesod*)**
יהוה אדני אהיה שדי♦ (3 וְהַחֶלְבְּנָה vehaJelbená **(*Maljut*)** ע"ה פוי, אל אדני♦
(4 וְהַלְּבוֹנָה vehaLevoná **(Luz Circundante** - שהוא אור לבן והוא יוזידי הנקרא אדון יוזיד)
מִשְׁקַל mishkal שִׁבְעִים shivim שִׁבְעִים shivim מָנֶה mané ע"ה פוי, אל אדני♦
(5 מוֹר Mor **(*Jésed*)**♦ (6 וּקְצִיעָה uKetsía רהע **(*Guevurá*** - "כי מצפון תפתח הרעה",
והגבורה סוד רוזז צפון)♦ (7 וְשִׁבֹּלֶת veShibólet נֵרְדְּ Nerd **(*Tiféret*)**♦
(8 וְכַרְכֹּם veJarcom **(*Nétsaj*)** בוזזחך, סנדלפון, ערי♦ מִשְׁקַל mishkal שִׁשָּׁה shishá
עָשָׂר asar שִׁשָּׁה shishá עָשָׂר asar מָנֶה mané ע"ה פוי, אל אדני♦ (9 קֹשְׁטְ Kosht
(*Jojmá*) שְׁנֵים shnéim עָשָׂר asar♦ (10 קְלוּפָה Kilufá **(*Biná*)** שְׁלֹשָׁה shloshá♦
(11 קִנָּמוֹן Kinamón **(*Hod*)** ר"ת ג"פ ק (בסוד קדוש קדוש קדוש) תִּשְׁעָה tishá♦
בּוֹרִית borit כַּרְשִׁינָה carshiná תִּשְׁעָה tishá קַבִּין kabín♦ יֵין yein מ"כ, י"פ האא
קַפְרִיסִין Kafrisín סְאִין seín תְּלַת telat וְקַבִּין vekabín תְּלָתָא telatá אהיה קבין
וְאִם veím יוהך, מ"א אותיות דפשוט, דמילוי ודמילוי דמילוי דאהיה ע"ה לֹא lo מָצָא matsá
יֵין yein מ"כ, י"פ האא קַפְרִיסִין Kafrisín מֵבִיא meví חֲמַר jamar חִוָּר jivar
עַתִּיק atik♦ מֶלַח mélaj סְדוֹמִית Sedomit רוֹבַע rova♦ מַעֲלֶה maalé
עָשָׁן ashán כָּל col יל"י שֶׁהוּא shehú♦ רִבִּי Ribí נָתָן Natán הַבַּבְלִי haBavlí
אוֹמֵר omer אַף af מִכִּפַּת miquipat הַיַּרְדֵּן haYardén י' הויות וד' אותיות כָּל col יל"י
שֶׁהִיא shehí♦ אִם im יוהך, מ"א אותיות דפשוט, דמילוי ודמילוי דמילוי דאהיה ע"ה נָתַן natán
בָּהּ ba דְּבַשׁ devash שו' (דשופר) וי"ד (האוזז) = ש"ך דינין דגדלות פְּסָלָהּ pesalá♦
וְאִם veim יוהך, מ"א אותיות דפשוט, דמילוי ודמילוי דמילוי דאהיה ע"ה חִסֵּר jiser
אַחַת ajat מִכָּל־ micol יל"י סַמָּמָנֶיהָ samemaneha חַיָּב jayav מִיתָה mitá♦:

---

1) Bálsamo 2) Uña aromática 3) Gálbano 4) Olíbano; el peso de setenta porciones cada una. 5) Mirra 6) Acacia 7) Nardo 8) Y Azafrán; el peso de dieciséis porciones cada una. 9) Doce porciones de Costo 10) Tres de Corteza aromática 11) Nueve de Canela. Asimismo, nueve kabín de Lejía de Carsina. Y tres kabín y tres seín de Vino de Chipre. Y si uno no encontrase vino de Chipre, él deberá traer vino blanco añejo. Y un cuarto de la sal de Sodoma. Y una pequeña medida de una hierba generadora de humo. Rabí Natán, el Babilonio, también aconsejaba una pequeña cantidad de ámbar de Jordania. Si se le añadía miel, se hacía defectuoso. Si omite aunque sea una de todas las hierbas, era merecedor de la muerte.

רַבָּן Rabán שִׁמְעוֹן Shimón בֶּן ben גַּמְלִיאֵל Gamliel אוֹמֵר omer:
הַצֳּרִי haTsorí מצפ״צ, אלהים דיודין, י״פ ייי אֵינוֹ einó אֶלָּא ela שְׂרָף seraf
הַנּוֹטֵף hanotef מֵעֲצֵי meatsei הַקְּטָף haketaf. בּוֹרִית borit
כַּרְשִׁינָא carshiná לָמָּה lemá הִיא hi בָּאָה vaá כְּדֵי quedei
לְשַׁפּוֹת leshapot בָּהּ ba אֶת et הַצִּפֹּרֶן haTsiporén יהוה אדני אהיה שדי
כְּדֵי quedei שֶׁתְּהֵא shetehé נָאָה naá. יֵין yein ע׳ (כנגד ע׳ אומות העולם התלויים בסמאל)
מ״כ, י״פ האא קַפְרִיסִין Kafrisín לָמָּה lemá הוּא hu בָּא va כְּדֵי quedei
לִשְׁרוֹת lishrot בּוֹ bo אֶת et הַצִּפֹּרֶן haTsiporén יהוה אדני אהיה שדי
כְּדֵי quedei שֶׁתְּהֵא shetehé עַזָּה azá. וַהֲלֹא vahaló מֵי mei ילי רַגְלַיִם ragláyim
יָפִין yafín לָהּ la אֶלָּא ela שֶׁאֵין sheéin מַכְנִיסִין majnisín מֵי mei ילי
רַגְלַיִם ragláyim בַּמִּקְדָּשׁ bamikdash מִפְּנֵי mipnei הַכָּבוֹד hacavod לאו:
תַּנְיָא tanyá רִבִּי Ribí נָתָן Natán אוֹמֵר omer כְּשֶׁהוּא queshehú
שׁוֹחֵק shojek אוֹמֵר omer הָדֵק hadek הֵיטֵב heitev. הֵיטֵב heitev
הָדֵק hadek. מִפְּנֵי mipnei שֶׁהַקּוֹל shehakol יָפֶה yafé לַבְּשָׂמִים labesamim.
פִּטְּמָהּ pitmá לַחֲצָאִין lajatsaín כְּשֵׁרָה quesherá. לִשְׁלִישׁ leshalish
וּלְרָבִיעַ uleravía לֹא lo שָׁמַעְנוּ shamanu. אָמַר amar רִבִּי Ribí
יְהוּדָה Yehudá זֶה ze הַכְּלָל haclal אִם im יוהך, מ״א אותיות דפשוט, דמילוי
ודמילוי דמילוי דאהיה ע״ה כְּמִדָּתָהּ quemidatá כְּשֵׁרָה quesherá לַחֲצָאִין lajatsaín.
וְאִם veim יוהך, מ״א אותיות דפשוט, דמילוי ודמילוי דמילוי דאהיה ע״ה וְחִסֵּר jiser
אַחַת ajat מִכָּל־ micol ילי סַמָּנֶיהָ samemaneha חַיָּב jayav מִיתָה mitá:

Rabán Shimón ben Gamliel dice: El bálsamo era sólo una savia que rezumaba de los árboles de bálsamo. ¿Para qué se añadía la lejía de Carsina? Para frotar la uña aromática con ella y hacerlo agradable a la vista. ¿Cuál era el propósito de añadir vino de Chipre? Para remojarlo con la uña aromática. Orina es lo más apropiado para esto, pero no se lleva orina al Templo Sagrado por respeto. Se enseñaba que Rabí Natán decía: Cuando él molía, él decía: "Muélela finamente, muélela finamente". Esto es porque la voz es beneficiosa para las especias. Si combina la mitad de la cantidad es todavía válido, pero con relación a un tercio o un cuarto no poseemos información. Rabí Yehuda decía: Esta es la regla general: Si está en las proporciones correctas, la mitad es válida. Pero si él omite una de las especias, es merecedor de la muerte.

תָּנֵי tanei בַּר Var קַפָּרָא Kapará: אַחַת ajat לְשִׁשִּׁים leshishim אוֹ o
לְשִׁבְעִים leshivim שָׁנָה shaná הָיְתָה haytá בָּאָה vaá שֶׁל shel
שִׁירַיִם shiráyim לַחֲצָאִין lajatsaín. וְעוֹד veod תָּנֵי tanei בַּר Var
קַפָּרָא Kapará אִלּוּ ilú הָיָה hayá יהה נוֹתֵן notén אבגיתץ, ושר בָּהּ ba
קָרְטוֹב kartov שֶׁל shel דְּבַשׁ devash שו׳ (דשופר) וי״ד (האוזז) = ש״ך דינין דגדלות
אֵין ein אָדָם adam מ״ה יָכוֹל yajol לַעֲמוֹד laamod מִפְּנֵי mipnei
רֵיחָהּ reijá. וְלָמָּה velama אֵין ein מְעָרְבִין mearvín בָּהּ ba דְּבַשׁ devash
שו׳ (דשופר) וי״ד (האוזז) = ש״ך דינין דגדלות מִפְּנֵי mipnei שֶׁהַתּוֹרָה shehaTorá
אָמְרָה amrá: כִּי qui כָל־ jol ילי שְׂאֹר seor ג׳ מוחין דאלהים דקטנות
(ש׳ = אלהים דיודין ; א׳ כללות שם אלהים ; ר׳ = ריבוע אלהים) וְכָל־ vejol ילי דְּבַשׁ devash
שו׳ (דשופר) וי״ד (האוזז) = ש״ך דינין דגדלות לֹא־ lo תַקְטִירוּ taktiru מִמֶּנּוּ mimenu
שכן הם בחינת דינין דקטנות ודגדלות לכן נאסרה הקרבתן אִשֶּׁה ishé לַיהֹוָהאדניאהדונהי laAdonai:

Derecha

יְהֹוָהאדניאהדונהי Adonai צְבָאוֹת Tsevaot פני שכינה עִמָּנוּ imanu
ריבוע דס״ג = קס״א ע״ה וד׳ אותיות מִשְׂגָּב־ misgav משה, מהש, ע״ב בריבוע קס״א, אל שדי,
ד״פ אלהים ע״ה לָנוּ lanu אלהים, אהיה אדני אֱלֹהֵי Elohei מילוי ע״ב, דמב ; ילה
יַעֲקֹב Yaakov ז׳ הויות, יאהדונהי אידהנויה סֶלָה sela:

Izquierda

יְהֹוָהאדניאהדונהי Adonai צְבָאוֹת Tsevaot פני שכינה אַשְׁרֵי ashrei
אָדָם adam מ״ה ; יהוה צבאות אשרי אדם = תפארת בֹּטֵחַ botéaj
בָּךְ baj אדם בוטח בך = אמן (יאהדונהי) ע״ה ; בוטח בך = מילוי ע״ב ע״ה:

Bar Kapara enseñaba que una vez cada sesenta o setenta años, las sobras se acumularían hasta llegar a la mitad de la medida. Bar Kapara también enseñaba que si se le añadía un kortov de miel, ningún hombre soportaría su olor. ¿Por qué no se mezcla miel con ella? Porque la Torá ha estipulado: Porque cualquier levadura o miel, no debes quemar en una ofrenda por fuego a Dios (*Kritut 6; Yerushalmi, Yomá: cap. 4*). (Derecha) *"El Señor de los Ejércitos está con nosotros, nuestra fuerza es el Dios de Yaakov, Sela"* (*Salmos 46:12*). (Izquierda) *"El Señor de los Ejércitos, dichoso es aquel que confía en Ti"* (*Salmos 84:13*).

Central

יְהֹוָאהדונהי Adonai הוֹשִׁיעָה hoshía יהוה וש״ע נהורין הַמֶּלֶךְ haMélej ר״ת יהה

יַעֲנֵנוּ yaanenu בְיוֹם veyom ע״ה נגד, מזבח, זן, אל יהוה

קָרְאֵנוּ korenu ר״ת יב״ק, אלהים יהוה, אהיה אדני יהוה ; ס״ת = ב״ן ועם כף דהמלך = ע״ב:

וְעָרְבָה vearvá לַיהֹוָאהדונהי laAdonai

מִנְחַת minjat יְהוּדָה Yehudá וִירוּשָׁלִָם virushaláim

כִּימֵי quimei עוֹלָם olam וּכְשָׁנִים ujeshanim קַדְמֹנִיּוֹת kadmoniyot:

ANÁ BEJÓAJ (una explicación sobre el *Aná Bejóaj* se encuentra en las págs. 222-224)

El *Aná Bejóaj* probablemente sea la oración más poderosa en todo el universo. El kabbalista del siglo II Rav Najunyá ben HaKaná fue el primer sabio en revelar esta combinación de 42 letras, la cual contiene el poder de la Creación.

Jésed, domingo (*Álef Bet Guímel Yud Tav Tsadi*) אבג יתץ

אָנָּא aná בְּכֹחַ bejóaj• גְּדֻלַּת guedulat יְמִינְךָ yemineja•

תַּתִּיר tatir צְרוּרָה tserurá:

Guevurá, lunes (*Kof Resh Ayin Sin Tet Nun*) קרע שטן

קַבֵּל kabel רִנַּת rinat• עַמְּךָ ameja שַׂגְּבֵנוּ sagvenu•

טַהֲרֵנוּ taharenu נוֹרָא norá:

(Central) *"Señor, sálvanos. El Rey nos responderá el día que lo invoquemos"* (*Salmos 20:10*). *"Que el Señor encuentre la ofrenda de Yehuda y Jerusalén agradable como siempre y como en los tiempos antiguos"* (*Malaquías 3:4*).

ANÁ BEJÓAJ

Jésed, domingo אבג יתץ

Te suplicamos, con el gran poder de Tu diestra, pon en libertad a los cautivos.

Guevurá, lunes קרע שטן

Acepta el canto de Tu Nación. Fortifícanos y purifícanos, Reverenciado.

Endulzar el Juicio Severo

Tiféret, martes (***Nun Guímel Dálet Yud Caf Shin***) נגד יכש

•yijudeja יִחוּדְךָ dorshei דּוֹרְשֵׁי •guibor גִּבּוֹר na נָא

:shamrem שָׁמְרֵם quevavat כְּבָבַת

Nétsaj, miércoles (***Bet Tet Resh Tsadi Tav Guímel***) בטר צתג

•tsidkateja צִדְקָתְךָ rajamei רַחֲמֵי •taharem טַהֲרֵם barjem בָּרְכֵם

:gomlem גָּמְלֵם tamid תָּמִיד

Hod, jueves (***Jet Kof Bet Tet Nun Ayin***) חקב טנע

•tuvjá טוּבְךָ berov בְּרוֹב •kadosh קָדוֹשׁ jasín חֲסִין

:adateja עֲדָתֶךָ nahel נַהֵל

Yesod, viernes (***Yud Guímel Lámed Pei Zayin Kof***) יגל פזק

•pené פְּנֵה leamjá לְעַמְּךָ •gueé גֵּאֶה yajid יָחִיד

:kedushateja קְדוּשָּׁתֶךָ zojrei זוֹכְרֵי

Maljut, sábado (***Shin Kof Vav Tsadi Yud Tav***) שקו צית

•tsaakatenu צַעֲקָתֵנוּ ushmá וּשְׁמַע •kabel קַבֵּל shavatenu שַׁוְעָתֵנוּ

:taalumot תַּעֲלוּמוֹת yodea יוֹדֵעַ

Baruj Shem Quevod

Susurrar este verso final atrae toda la Luz de los Mundos Superiores hacia nuestra existencia física.

maljutó מַלְכוּתוֹ quevod כְּבוֹד Shem שֵׁם Baruj בָּרוּךְ יו״ה אותיות :(Susurra)

:vaed וָעֶד ריבוע ס״ג וי׳ אותיות דס״ג leolam לְעוֹלָם

Tiféret, martes נגד יכש

Por favor, Todopoderoso, a los que buscan Tu unidad, cuídalos como a la pupila de los ojos.

Nétsaj, miércoles בטר צתג

Bendícelos. Purifícalos. Otórgales siempre Tu fidelidad compasiva.

Hod, jueves חקב טנע

Invencible y Todopoderoso, con la abundancia de Tu bondad, guía a Tu congregación.

Yesod, viernes יגל פזק

Oh exaltado y orgulloso, vuélvete a Tu pueblo, aquellos que recuerdan Tu santidad.

Maljut, sábado שקו צית

Acepta nuestra plegaria y escucha nuestro clamor, Tú que conoces todo lo oculto.

Baruj Shem Quevod

"Bendito es el Nombre de la Gloria. Su Reino es para siempre y para la eternidad" (*Pesajim 56a*).

EL ASHREI

De las veintidós letras del alfabeto arameo, veintiuna de ellas están codificadas en el *Ashrei* en el orden correcto, de la *Álef* a la *Tav*. El Rey David, el autor, dejó a la letra aramea *Nun* fuera de esta oración, ya que la *Nun* es la primera letra de la palabra aramea *Nefilá*, que significa "caída". Caída se refiere a un descenso espiritual, caer en la *klipá*. Los sentimientos de duda, depresión, preocupación e incertidumbre son consecuencias de la caída espiritual. Debido a que las letras arameas son los verdaderos instrumentos de la Creación, esta oración ayuda a inyectar el orden y la fuerza de la Creación en nuestra vida, sin la energía de la caída.

En este Salmo está escrito diez veces el Nombre: יהוה por las Diez *Sefirot*. Este Salmo está escrito según el orden del *Álef Bet*, pero la letra *Nun* es omitida para evitar la caída.

אַשְׁרֵי ashrei (סוד הכתר) יוֹשְׁבֵי yoshvei בֵיתֶךָ veiteja ב"פ ראה

עוֹד od יְהַלְלוּךָ yehaleluja סֶּלָה sela: אַשְׁרֵי ashrei הָעָם haam

שֶׁכָּכָה shecaja מהש (משה), ע"ב בריבוע קס"א, אל שדי, ד"פ אלהים ע"ה לוֹ lo

אַשְׁרֵי ashrei הָעָם haam ר"ת לאה שֶׁיְהֹוָהאדניאהדונהי sheAdonai (*Kéter*)

אֱלֹהָיו Elohav ילה: תְּהִלָּה tehilá ע"ה אמת, אהיה פעמים אהיה, ז"פ ס"ג לְדָוִד leDavid

אֲרוֹמִמְךָ aromimjá אֱלוֹהַי Elohai הַמֶּלֶךְ haMélej וַאֲבָרְכָה vaavarjá

שִׁמְךָ Shimjá לְעוֹלָם leolam ריבוע ד"ס"ג ו"י אותיות ד"ס"ג וָעֶד vaed:

בְּכָל־ bejol ב"ן, לכב יוֹם yom ע"ה נגד, מזבח, זן, אל יהוה

אֲבָרְכֶךָּ avarjeca וַאֲהַלְלָה vaahalela מ"ה יהוה שִׁמְךָ Shimjá

לְעוֹלָם leolam ריבוע ד"ס"ג ו"י אותיות ד"ס"ג וָעֶד vaed:

גָּדוֹל gadol להח ; עם ד' אותיות = מבה, יזל, אום

יְהֹוָהאדניאהדונהי Adonai (*Jojmá*) וּמְהֻלָּל umehulal אדני, ללה

מְאֹד meod וְלִגְדֻלָּתוֹ veligdulató והו אֵין ein וְחֵקֶר jéker:

EL ASHREI

"Dichosos aquellos que moran en Tu casa, ellos Te alabarán, Sela" (Salmos 84:5). *"Dichosa es la nación que así es para ella y dichosa la nación de la que El Señor es su Dios"* (Salmos 145:15). *"Una alabanza de David:*

א *Yo te exaltaré a Ti, mi Dios, el Rey, y yo bendeciré Tu Nombre por siempre y por la eternidad.*

ב *Te bendeciré cada día y alabaré Tu Nombre por siempre y por la eternidad.*

ג *El Señor es grande y extremadamente alabado. Su grandeza es inescrutable.*

דּוֹר dor לְדוֹר ledor יְשַׁבַּח yeshabaj מַעֲשֶׂיךָ maaseja ר"ת דלים

וּגְבוּרֹתֶיךָ ugvuroteja יַגִּידוּ yaguidu ייז, כ"ב אותיות פשוטות (=אכא) וה' אותיות סופיות םןץףך:

הֲדַר hadar כְּבוֹד quevod הוֹדֶךָ hodeja וְדִבְרֵי vedivrei

נִפְלְאוֹתֶיךָ nifleoteja ר"ת אלהים, אהיה אדני

אָשִׂיחָה asija ר"ת הפסוק = פ"ז (בסוד כתם טהור פז):

וֶעֱזוּז veezuz נוֹרְאֹתֶיךָ noroteja יֹאמֵרוּ yomeru וּגְדוּלָּתְךָ ugdulatjá

(כתיב: וגדלותיך) ר"ת = ע"ב, ריבוע יהוה אֲסַפְּרֶנָּה asaprena ס"ת = ייא"י (מילוי דס"ג):

זֵכֶר zéjer רַב־ rav טוּבְךָ tuvjá לאו יַבִּיעוּ yabíu

וְצִדְקָתְךָ vetsidkatjá יְרַנֵּנוּ yeranenú ס"ת = ב"ן, יבמ, לכב ; ר"ת הפסוק = רי"ו יהוה:

חַנּוּן janún וְרַחוּם verajum יְהֹוָהאדני יאהדונהי Adonai (*Biná*)

חנון ורחום יהוה = עש"ל אֶרֶךְ érej ס"ת = ס"ג ב"ן אַפַּיִם apáyim ר"ת = יהוה

וּגְדָל־ ugdal (כתיב: וגדול) וָחֶסֶד jásed ע"ב , ריבוע יהוה:

טוֹב־ tov והו יְהֹוָהאדני יאהדונהי Adonai (*Jésed*) לַכֹּל lacol

יה אדני ; ס"ת ל"ז (מילוי דס"ג) וְרַחֲמָיו verajamav עַל־ al

כָּל col ילי ; עמם ; ר"ת ריבוע ב"ן ע"ה מַעֲשָׂיו maasav ס"ת = ע"ב, ריבוע יהוה:

ד *Una generación y la próxima alabarán Tus obras y narrarán Tus proezas.*
ה *Yo hablaré de la luminosidad de Tu espléndida gloria y de la maravilla de Tus actos.*
ו *Ellos proclamarán el asombroso poder de tus actos y yo hablaré de Tu grandeza.*
ז *Ellos expresarán el recuerdo de Tu abundante bondad y proclamarán dichosos Tu justicia.*
ח *El Señor es misericordioso y compasivo, lento para la ira y grande en misericordia.*
ט *El Señor es bueno para con todos, Su compasión se extiende sobre todos Sus actos.*

יוֹדוּךָ yoduja יְהֹוָאדְנָהִיאהדונהי Adonai (*Guevurá*) כָּל־ col ילי מַעֲשֶׂיךָ maaseja

וַחֲסִידֶיךָ vajasideja ר״ת = אלהים, אהיה אדני יְבָרְכוּכָה yevarjuja ס״ת = מ״ה:

כְּבוֹד quevod מַלְכוּתְךָ maljutjá יֹאמֵרוּ yomeru וּגְבוּרָתְךָ ugvuratjá

יְדַבֵּרוּ yedaberu ר״ת הפסוק = אלהים, אהיה אדני ; ס״ת = ב״ן, יבמ, לכב:

לְהוֹדִיעַ lehodía לִבְנֵי livnei הָאָדָם haadam ר״ת ללה, אדני

גְּבוּרֹתָיו guevurotav וּכְבוֹד ujvod הֲדַר hadar

מַלְכוּתוֹ maljutó ר״ת מ״ה וס״ת = רי״ו ; ר״ת הפסוק ע״ה = ק״כ צירופי אלהים:

מַלְכוּתְךָ maljutjá מַלְכוּת maljut כָּל־ col ילי עֹלָמִים olamim

וּמֶמְשַׁלְתְּךָ umemshaltejá בְּכָל־ bejol ב״ן, לכב דּוֹר dor וָדֹר vador רי״ו:

סוֹמֵךְ somej ריבוע אדני יְהֹוָאדְנָהִיאהדונהי Adonai (*Tiféret*)

לְכָל־ lejol יה אדני ; סומך אדני לכל ר״ת סאל, אמן (יאהדונהי) הַנֹּפְלִים hanoflim

וְזוֹקֵף vezokef לְכָל־ lejol יה אדני הַכְּפוּפִים hacfufim נמם:

עֵינֵי־ einei ריבוע דמ״ה כֹל jol ילי אֵלֶיךָ eleja יְשַׂבֵּרוּ yesaberu וְאַתָּה veAtá

נוֹתֵן־ notén אבג׳יתץ, ושר לָהֶם lahem אֶת־ et אָכְלָם ajlam בְּעִתּוֹ beitó:

י *Todas tus obras te agradecerán, Señor, y Tus fieles devotos te bendicen.*
כ *Ellos dirán de la gloria de Tu Reino y hablarán de Tus poderosos actos.*
ל *Él hace que el hombre conozca Sus proezas y la gloria de Su espléndido Reino.*
מ *Tuyo es el Reino de todos los mundos y Tu dominio se extiende a toda y cada generación.*
ס *El Señor sostiene a todos aquellos que caen y endereza a los doblegados.*
ע *Los ojos de todos ven con esperanza hacia Ti, y Tú les das su alimento al momento apropiado.*

Potéaj et Yadeja

Conectamos con las letras *Pei*, *Álef* y *Yud* al abrir nuestras manos con las palmas hacia arriba. Nuestra conciencia está enfocada en recibir el sustento y la prosperidad financiera de parte de la Luz a través de nuestras acciones del diezmo y compartir; nuestro *Deseo de Recibir para Dar y Compartir*. Al hacer esto, también reconocemos que el sustento que recibimos proviene de una fuente superior y no de nuestras acciones. Según los sabios, si no meditamos en esta idea en este punto, debemos repetir la oración.

פתוח (שע"ח נהורין למ"ה ולס"ה)

יוד הי ויו הי יוד הי ויו הי (וז' וזיורתי) — פותח את ידך ר"ת פאי
אלף למד אלף למד (ש"ע) — גימ' יאהדונהי זו"ן
יוד הא ואו הא (לז"א) — וחכמה דז"א ו"ק
אדני (ולנוקבא) — יסוד דנוק'

פּוֹתֵחַ potéaj אֶת et יָדֶךָ yadeja ר"ת פאי וס"ת וחתך עם ג' אותיות = דִיקָרְנוֹסָא

ובאתב"ש הוא סאל, פאי, אמן, יאהדונהי ; ועוד יכוין שם וחתך בשילוב יהוה – יְוֹחָהְתָוְכָהָ

אלף למד הי יוד מם אלף למד הי יוד מם מווזין דפנים דאוזור אלהים אלהים

להמשיך פ"ו אורות לכל מילוי דכל

אוזור דפרצופי נה"י וזג"ת — וחתך — ואוזור דפרצופי נה"י וזג"ת
דפרצוף וזג"ת דיצירה דז"א — דיצירה דרוזל הנקראת לאה
לף מד י וד ם — לף מד י וד ם
אלף למד הי יוד מם — סאל יאהדונהי — אלף למד הי יוד מם

וּמַשְׂבִּיעַ umasbía וחתך עם ג' אותיות = דִיקָרְנוֹסָא

ובא"ת ב"ש הוא סאל, אמן, יאהדונהי ; ועוד יכוין שם וחתך בשילוב יהוה – יְוֹחָהְתָוְכָהָ

אלף למד הי יוד מם אלף למד הי יוד מם מווזין דפנים דאוזור אלהים אלהים

להמשיך פ"ו אורות לכל מילוי דכל

אוזור דפרצופי נה"י וזג"ת — וחתך — ואוזור דפרצופי נה"י וזג"ת
דפרצוף נה"י דיצירה דז"א — דיצירה דרוזל הנקראת לאה
לף מד י וד ם — לף מד י וד ם
אלף למד הי יוד מם — אלף למד הי יוד מם

לְכָל־ lejol יה אדני (להמשיך מווזין ד–יה אל הנוקבא שהיא אדני)

חַי jai כל חי = אהיה אהיה יהוה, בינה ע"ה, חיים

רָצוֹן ratsón מהש ע"ה, ע"ב בריבוע וקס"א ע"ה, אל שדי ע"ה ; ר"ת רוזל שהיא המלכות הצריכה לשפע

יוד יוד הי יוד הי ויו יוד הי ויו הי יסוד דאבא

אלף הי יוד הי יסוד דאימא

להמתיק רוזל וב' דמעין שך פר

También debemos meditar en atraer abundancia, sustento y bendiciones a todos los mundos desde el *ratsón* mencionado anteriormente. Debemos meditar y enfocarnos en este versículo porque es la esencia de la prosperidad, y meditar en que Dios esté interviniendo, sustentando y apoyando a toda la Creación.

Potéaj et Yadeja

פ *Abre Tus Manos y satisface el deseo de todo ser viviente.*

צַדִּיק tsadik יוהוואוהי אדני יאהדונהי Adonai (*Yesod*) בְּכָל bejol ב״ן, לכב
דְּרָכָיו derajav וְחָסִיד vejasid בְּכָל bejol ב״ן, לכב מַעֲשָׂיו maasav יבמ, ב״ן:

קָרוֹב karov יְהֹוָהאדני יאהדונהי Adonai (*Maljut*) לְכָל־ lejol יה אדני
קֹרְאָיו korav לְכֹל lejol יה אדני אֲשֶׁר asher
יִקְרָאֻהוּ yikraúhu בֶאֱמֶת veemet אהיה פעמים אהיה, ז״פ ס״ג:

רְצוֹן retsón מהש ע״ה, ע״ב בריבוע וקס״א ע״ה, אל שדי ע״ה יְרֵאָיו yereav יַעֲשֶׂה yaasé
ר״ת רי״י וְאֶת־ veet שַׁוְעָתָם shavatam יִשְׁמַע yishmá וְיוֹשִׁיעֵם veyoshiem:

שׁוֹמֵר shomer כ״א הויות שבתפילין יְהֹוָהאדני יאהדונהי Adonai (*Nétsaj*)
אֶת־ et כָּל־ col ילי אֹהֲבָיו ohavav ר״ת אכא
וְאֵת veet כָּל־ col ילי הָרְשָׁעִים hareshaim יַשְׁמִיד yashmid:

תְּהִלַּת tehilat יְהֹוָהאדני יאהדונהי Adonai (*Hod*) יְדַבֶּר yedaber ראה פִּי pi
וִיבָרֵךְ vivarej ע״ב ס״ג מ״ה ב״ן הברכה, (למתק את ז׳ המלכים שמתו) כָּל col ילי
בָּשָׂר basar שֵׁם Shem קָדְשׁוֹ kodshó לְעוֹלָם leolam ריבוע ס״ג וי׳ אותיות דס״ג
וָעֶד vaed: וַאֲנַחְנוּ vaanajnu נְבָרֵךְ nevarej יָהּ Yah מֵעַתָּה meatá
וְעַד־ vead עוֹלָם olam הַלְלוּיָהּ haleluyá אלהים, אהיה אדני ; ללה:

צ *El Señor es justo en todos Sus caminos y virtuoso en todas Sus obras.*
ק *El Señor está cerca de todos los que lo llaman, de todos aquellos que lo llaman sinceramente.*
ר *Él cumplirá la voluntad de aquellos que le temen; Él escucha sus clamores y los salva.*
ש *El Señor protege a todos los que lo aman y destruye a los impíos.*
ת *"Mis labios proclamarán la alabanza al Señor y toda criatura bendecirá Su Santo Nombre, por siempre y por la eternidad"* (Salmos 145). *"Y bendeciremos a Dios por siempre y por la eternidad. ¡Aleluya!"* (Salmos 115:18).

ENDULZAR EL JUICIO SEVERO

ר״ת הפסוק = נפש רוח נשמה חיה יחידה ע״ה

תִּכּוֹן ticón תְּפִלָּתִי tefilatí קְטֹרֶת ketóret י״א פעמים אדנ״י לְפָנֶיךָ lefaneja ס״ג מ״ה ב״ן

מַשְׂאַת masat כַּפַּי capai מִנְחַת־ minjat עָרֶב árev: הַקְשִׁיבָה hakshiva

לְקוֹל lekol שַׁוְעִי shaví מַלְכִּי malquí וֵאלֹהָי veElohai לכב ; מילוי ע״ב, דמ״ב ; ילה

כִּי־ qui אֵלֶיךָ eleja אֶתְפַּלָּל etpalal:

MEDIO KADISH

יִתְגַּדַּל yitgadal וְיִתְקַדַּשׁ veyitkadash שד״י ומילוי שד״י ; י״א אותיות ו״ה

שְׁמֵיהּ Shmei (שם י״ה דע״ב) רַבָּא rabá קנ״א ב״ן, יהוה אלהים יהוה אדנ״י,

מילוי קס״א וס״ג, מ״ה ברבוע וע״ב ע״ה ; ר״ת = ו״פ אלהים ; ס״ת = ג״פ יב״ק: אָמֵן Amén אידהנויה.

בְּעָלְמָא bealmá דִּי di בְרָא verá כִרְעוּתֵיהּ quirutei.

וְיַמְלִיךְ veyamlij מַלְכוּתֵיהּ maljutei. וְיַצְמַח veyatsmaj

פּוּרְקָנֵיהּ purkanei. וִיקָרֵב vikarev מְשִׁיחֵיהּ Meshijei: אָמֵן Amén אידהנויה.

בְּחַיֵּיכוֹן bejayeijón וּבְיוֹמֵיכוֹן uveyomeijón וּבְחַיֵּי uvejayei

דְכָל dejol ילי בֵּית beit ב״פ ראה יִשְׂרָאֵל Yisrael בַּעֲגָלָא baagalá

וּבִזְמַן uvizmán קָרִיב kariv וְאִמְרוּ veimrú אָמֵן Amén. אָמֵן Amén אידהנויה.

La congregación y el *jazán* dicen lo siguiente:

28 palabras (hasta *bealmá*) medita en: מילוי דמילוי דע״ב (יוד ויו דלת הי יוד ויו יוד ויו הי יוד)

28 letras (hasta *almayá*) medita en: מילוי דמילוי דע״ב (יוד ויו דלת הי יוד ויו יוד ויו הי יוד)

יְהֵא yehé שְׁמֵיהּ Shemei (שם י״ה דס״ג) רַבָּא rabá קנ״א ב״ן,

יהוה אלהים יהוה אדנ״י, מילוי קס״א וס״ג, מ״ה ברבוע וע״ב ע״ה מְבָרַךְ mevaraj,

לְעָלַם lealam לְעָלְמֵי lealmei עָלְמַיָּא almayá. יִתְבָּרַךְ yitbaraj.

"Que mi oración se pose ante Ti como la ofrenda de incienso,

la elevación de mi mano como la ofrenda de harina de la tarde" (Salmos 141:2).

"Escucha el sonido de mi clamor, mi Rey, mi Dios, porque es a Ti a quien yo oro" (Salmos 5:3).

MEDIO KADISH

¡Glorificado y santificado sea su Gran Nombre! (Amén).

En el mundo que Él creó de acuerdo a Su voluntad y pueda Su Reino reinar. Y pueda Él hacer que Su redención florezca y pueda Él acercar el Mesías (Amén). *En tus vidas y en tus días y en la vida de la Casa de Yisrael, prontamente y en el futuro cercano, y dígase: Amén* (Amén). *Que Su gran Nombre sea bendito por siempre y para toda la eternidad, y bendito*

Siete palabras con seis letras cada una (שֵׁם בָּן מ״ב) medita en:

יהוה - יוד הי ויו הי - מילוי דמילוי דע״ב (יוד ויו דלת הי יוד ויו יוד ויו הי יוד)

También, siete veces la letra *Vav* (שֵׁם בָּן מ״ב) medita en:

יהוה - יוד הי ויו הי - מילוי דמילוי דע״ב (יוד ויו דלת הי יוד ויו יוד ויו הי יוד).

וְיִשְׁתַּבַּח veyishtabaj י״פ ע״ב יהוה אל אבג יתץ.

וְיִתְפָּאַר veyitpaar הי נו יה קרע שטן. וְיִתְרוֹמַם veyitromam וה כוזו נגד יכש.

וְיִתְנַשֵּׂא veyitnasé במוכסז בטר צתג. וְיִתְהַדָּר veyithadar כוזו יה וזקב טנע.

וְיִתְעַלֶּה veyitalé וה יוד ה יגל פזק. וְיִתְהַלָּל veyithalal א ואו הא שקו צית.

שְׁמֵיהּ Shemei (שם י״ה דמ״ה) דְּקוּדְשָׁא deKudshá בְּרִיךְ Verij הוּא Hu:

אָמֵן Amén אידהנויה.

לְעֵלָּא leelá מִן min כָּל col ילי בִּרְכָתָא birjatá. שִׁירָתָא shiratá.

תֻּשְׁבְּחָתָא tishbejatá וְנֶחָמָתָא venejamatá. דַּאֲמִירָן daamirán

בְּעָלְמָא bealmá וְאִמְרוּ veimrú אָמֵן Amén: אָמֵן Amén אידהנויה.

LA AMIDÁ

Cuando comenzamos la conexión, damos tres pasos hacia atrás que significan que estamos dejando este mundo físico. Después damos tres pasos hacia delante para comenzar la *Amidá*. Los tres pasos son:

1. Entrar a la tierra de Israel; para entrar en el primer círculo espiritual.
2. Entrar en la ciudad de Jerusalén; para entrar en el segundo círculo espiritual.
3. Entrar en el Sancta Sanctórum; para entrar en el círculo más interno.

Antes de recitar el primer verso de la *Amidá*, pedimos: "*Dios, abre mis labios y permite que mi boca hable*", estamos pidiendo a la Luz que hable por nosotros para que podamos recibir lo que necesitamos y no sólo lo que queremos. Con mucha frecuencia, lo que queremos de la vida no es necesariamente el deseo del alma, que es lo que verdaderamente necesitamos para estar satisfechos. Al pedirle a la Luz que hable a través de nosotros, nos aseguramos de que nuestra conexión nos traiga realización genuina y oportunidades para el crecimiento espiritual y el cambio.

---

alabado, y glorificado y exaltado, y ensalzado y honrado,
y adorado y loado, sea el Nombre del Santísimo, bendito sea Él (Amén). Más allá de todas las bendiciones, himnos, alabanzas y palabras de consolación que deben decirse en el mundo, y dígase: Amén (Amén).

Cuando la víspera de la festividad cae en la víspera de *Shabat*:
Debes meditar en elevar *Néfesh* de *Asiyá* por el Nombre: יוד הה וו הה (ב"ן),
y después a *Rúaj* del mundo de *Yetsirá* por el Nombre: יוד הא ואו הא (מ"ה),
y después a *Neshamá* de *Briá* por el Nombre: יוד הי ואו הי (ס"ג),
y después elevar todo lo mencionado anteriormente a *Néfesh* de *Atsilut*: יוד הי ויו הי (ע"ב).

אֲדֹנָי Adonai ללה (pausa aquí) שְׂפָתַי sfatai תִּפְתָּח tiftaj וּפִי ufí יַגִּיד yaguid

ייז (כ"ב אותיות פשוטות [=אכא] וה' אותיות סופיות מנצפך) תְּהִלָּתֶךָ tehilateja ס"ת = בוכו:

LA PRIMERA BENDICIÓN – INVOCA AL ESCUDO DE AVRAHAM

Avraham es el canal de la energía de la Columna Derecha de positividad, compartir y misericordia. Las acciones dadoras pueden protegernos de todas las formas de negatividad.

Jésed que se convierte en *Jojmá*

En esta sección hay 42 palabras, el secreto del Nombre de Dios de 42 letras y, por lo tanto, comienza con la letra *Bet* (2) y termina con la letra *Mem* (40).

Flexiona tus rodillas en “*Baruj*”, inclínate en “*Atá*” y enderézate en “*Adonai*”.

בָּרוּךְ Baruj אַתָּה Atá א-ת (אותיות הא"ב המסמלות את השפע המגיע) לה' המלכות

Cuando la víspera de la festividad cae en la víspera de *Shabat*:
Mientras te inclinas, debes meditar en el Nombre: אלף הי יוד הי para bajar la *Neshamá* del mundo de *Atsilut* para que sea *Mayin Nukvín* para elevar a la *Shejiná*. Y **mientras te enderezas**, debes meditar en el Nombre: יוד הי ויו הי para elevar la *Shejiná* y preparar el Mundo de *Atsilut* para que pueda recibir el mundo de *Briá*.

יְהֹוָהאדניאהדונהי Adonai (יא) אֱלֹהֵינוּ Eloheinu ילה

וֵאלֹהֵי veElohei לכב ; מילוי ע"ב, דמב ; ילה אֲבוֹתֵינוּ avoteinu.

אֱלֹהֵי Elohei מילוי ע"ב, דמב ; ילה אַבְרָהָם Avraham (*Jojmá*)

וז"פ אל, רי"ו ול"ב נתיבות החכמה, רמ"ח (אברים), עסמ"ב וט"ז אותיות פשוטות

LA AMIDÁ

“Mi Señor, abre mis labios y mi boca declarará Tu alabanza” (*Salmos 51:17*).

LA PRIMERA BENDICIÓN

Bendito eres, Señor, nuestro Dios y Dios de nuestros ancestros: el Dios de Avraham,

ע ש

אֱלֹהֵי Elohei מילוי ע״ב, דמב ; ילה יִצְחָק Yitsjak (*Biná*) ד״פ ב״ן

ט נ

וֵאלֹהֵי veElohei לכב ; מילוי ע״ב, דמב ; ילה יַעֲקֹב Yaakov (*Dáat*) ו׳ הויות, יאהדונהי אידהנויה

נ ג

הָאֵל haEl לאה ; ייא״י (מילוי דס״ג) הַגָּדוֹל hagadol האל הגדול = סיט ; גדול = להח

ד י

עם ד׳ אותיות = מבה, יזל, אום הַגִּבּוֹר haguibor ר״ת ההה וְהַנּוֹרָא vehanorá◆

כ ש

אֵל El ייא״י (מילוי דס״ג) ; ר״ת ע״ב, ריבוע יהוה עֶלְיוֹן elyón◆

ב ט ר צ ת

גּוֹמֵל gomel חֲסָדִים jasadim טוֹבִים tovim◆ קוֹנֵה koné הַכֹּל hacol

ג ח ק ב

וְזוֹכֵר vezojer חַסְדֵי jasdei אָבוֹת avot◆ וּמֵבִיא umeví

ט נ ע י

גּוֹאֵל goel לִבְנֵי livnei בְנֵיהֶם veneihem לְמַעַן lemaan

ג ל

שְׁמוֹ Shemó מהש ע״ה, ע״ב בריבוע וקס״א ע״ה, אל שדי ע״ה בְּאַהֲבָה beahavá אחד, דאגה:

Cuando digas la palabra *"beahavá"* debes meditar en dedicar tu alma a santificar el Nombre Sagrado y aceptar sobre ti mismo las cuatro formas de muerte.

פ ז ק ש

מֶלֶךְ Mélej עוֹזֵר ozer וּמוֹשִׁיעַ umoshía וּמָגֵן umaguén

ג״פ אל (ייא״י מילוי דס״ג) ; ר״ת מיכאל גבריאל נוריאל:

---

el Dios de Yitsjak y el Dios de Yaakov. El Dios grande, poderoso y reverenciado. El Dios Celestial, El que otorga benevolencia y crea todas las cosas. El que recuerda las buenas acciones de nuestros ancestros y El que trae un Redentor a los hijos de sus hijos por el bien de Su Nombre, con amor. Rey, Asistente, Salvador y Escudo.

Flexiona tus rodillas en "*Baruj*", inclínate en "*Atá*" y enderézate en "*Adonai*".

ק ו

בָּרוּךְ Baruj אַתָּה Atá

> **Cuando la víspera de la festividad cae en la víspera de *Shabat*:**
> **Mientras flexionas** las rodillas, debes meditar en: אלף הי יוד הי, a fin de bajar la *Neshamá* de *Briá*, para que sea como *Mayin Nukvín* y así elevar a la *Shejiná*. Y **mientras te enderezas**, debes meditar en: יוד הי ואו הי, para elevar a la *Shejiná* y preparar el Mundo de *Briá* para que sea elevado a *Atsilut* y pueda recibir a *Yetsirá*.

צ

יְהֹוָהאדני (יְהֹוָהאדני) יאהדונהי Adonai (הד)

י ת

מָגֵן maguén ג״פ אל (ייא״י מילוי דס״ג) ; ר״ת מיכאל גבריאל נוריאל אַבְרָהָם Avraham

וז״פ אל, רי״ו ול״ב נתיבות החכמה, רמ״ח (אברים), עסמ״ב וט״ז אותיות פשוטות:

LA SEGUNDA BENDICIÓN

LA ENERGÍA DE YITSJAK ENCIENDE EL PODER DE LA RESURRECCIÓN DE LOS MUERTOS

Mientras que Avraham representa el poder de compartir, Yitsjak representa a la Columna Izquierda, energía de Juicio. El Juicio acorta el proceso de *tikún* y prepara la vía para nuestra resurrección final.

Guevurá que se convierte en *Biná*

En esta sección hay 49 palabras que corresponden a las 49 Puertas del Sistema Puro en *Biná*.

אַתָּה Atá גִּבּוֹר guibor לְעוֹלָם leolam ריבוע ס״ג וי׳ אותיות דס״ג אֲדֹנָי Adonai ללה

(ר״ת אַגְלָא והוא שם גדול ואמיץ, ובו היה יהודה מתגבר על אויביו. ע״ה אלד, בוכו).

מְחַיֵּה mejayé ס״ג מֵתִים metim אַתָּה Atá. רַב rav לְהוֹשִׁיעַ lehoshía.

מוֹרִיד morid הַטָּל hatal יוד הא ואו, כוזו, מספר אותיות דמילואי עסמ״ב ; ר״ת מ״ה:

Si por error dices "*Mashiv harúaj*" y te das cuenta de ello antes del final de la bendición ("*Baruj Atá Adonai*"), debes regresar al comienzo de la bendición ("*Atá guibor*") y continuar normalmente. Pero si sólo te das cuenta de ello después del final de la bendición, debes iniciar la *Amidá* desde el principio.

Bendito seas Tú, Señor, Escudo de Avraham.

LA SEGUNDA BENDICIÓN

Tú, Señor, eres poderoso por siempre. Tú revives a los muertos y eres muy capaz de redimir.
El que hace caer el rocío.

מְכַלְכֵּל mejalquel וְחַיִּים jayim אהיה אהיה יהוה, בינה ע"ה בְּחֶסֶד bejésed
ע"ב, ריבוע יהוה. מְחַיֵּה mejayé ס"ג מֵתִים metim בְּרַחֲמִים berajamim
(בְּמוֹכְסָז) מצפצ, אלהים דההין, י"פ ייי רַבִּים rabim (טלא דעתיק). סוֹמֵךְ somej
(אכדטם) כוק, ריבוע אדני נוֹפְלִים noflim (זו"ן). וְרוֹפֵא verofé חוֹלִים jolim
וחולה = מ"ה וד' אותיות. וּמַתִּיר umatir אֲסוּרִים asurim. וּמְקַיֵּם umekayem
אֱמוּנָתוֹ emunató לִישֵׁנֵי lishenei עָפָר afar. מִי mi ילי כָּמוֹךָ jamoja
(debes pronunciar la letra *Ayin* en la palabra "*Báal*") בַּעַל báal גְּבוּרוֹת guevurot
וּמִי umí ילי דּוֹמֶה domé לָּךְ laj. מֶלֶךְ Mélej מֵמִית memit
וּמְחַיֶּה umejayé ס"ג (יוד הי ואו הי) וּמַצְמִיחַ umatsmíaj יְשׁוּעָה yeshuá:
וְנֶאֱמָן veneemán אַתָּה Atá לְהַחֲיוֹת lehajayot מֵתִים metim:
בָּרוּךְ Baruj אַתָּה Atá יְהֹוָואדניה(יְהֹוָאדנִי)אהדונהי Adonai
מְחַיֵּה mejayé ס"ג (יוד הי ואו הי) הַמֵּתִים hametim ר"ת מ"ה וס"ת מ"ה:

NAKDISHAJ – LA KEDUSHÁ

Toda la congregación recita esta oración.

Levantar un cofre pesado lleno de vastos tesoros es imposible si usas un simple hilo. El hilo se rompe porque es muy débil. Sin embargo, si nos unimos y combinamos numerosos hilos, finalmente construiremos una soga. Una soga puede fácilmente levantar el cofre con los tesoros. Al combinar y unir las oraciones de la congregación, nos transformamos en una fuerza unida, capaz de halar los tesoros espirituales más valiosos. Más aún, esta unidad ayuda a las personas que no están bien versadas o no conocen bien las conexiones. Al unirnos y meditar como una sola alma, todos recibimos los beneficios debido al poder de la unidad, sin importar nuestro conocimiento y entendimiento. Esta oración tiene lugar entre la segunda y la tercera bendición. Representa a la Columna Central que une las Columnas Izquierda y Derecha.

En esta oración, los ángeles hablan entre ellos, diciendo: "*Kadosh, Kadosh, Kadosh*" ("Santo, Santo, Santo"). Cuando recitamos estas tres palabras, nuestros pies están juntos como si fuesen uno solo. Cada vez que pronunciamos *Kadosh*, saltamos un poco más alto en el aire. Saltar es un acto de restricción y de desafío a la fuerza de la gravedad. Espiritualmente hablando, la gravedad contiene la energía del Deseo de Recibir para Sí Mismo. Es la fuerza reactiva de nuestro planeta, siempre atrae todo para sí.

Tú sostienes a los vivientes con bondad y revives a los muertos con gran compasión. Tú sostienes a los caídos, curas a los enfermos, pones en libertad a los cautivos y cumples Tu promesa con los que duermen en el polvo. ¿Quién es como Tú, Señor de fortaleza, y quién puede compararse contigo, Rey, que causas la muerte, das vida y haces crecer la salvación? Y eres fiel para resucitar a los muertos. Bendito eres Tú, Señor, que resucitas a los muertos.

Mientras decimos la *Kedushá* (Santidad) meditamos en traer la Santidad del Creador entre nosotros. Como está escrito: "*Venikdashti betoj Bnei Yisrael*" (Dios es santificado entre los hijos de Israel).

En *Shajarit* de *Jol Hamoed* Debes meditar en las letras *Guímel* ג y *Yud* י del Nombre: אבג׳יתץ (las iniciales del primer verso del *Aná Bejóaj*), las cuales ayudan fortalecer la memoria espiritual.

En *Minjá* debes meditar en las letras *Álef* א y *Bet* ב del Nombre: אבגיתץ (las iniciales del primer verso del *Aná Bejóaj*), las cuales ayudan fortalecer la memoria espiritual.

נַקְדִּישָׁךְ nakdishaj וְנַעֲרִיצָךְ venaaritsaj.

כְּנֹעַם quenóam שִׂיחַ síaj סוֹד sod מ״כ, י״פ האא שַׂרְפֵי sarfei

קֹדֶשׁ kódesh הַמְשַׁלְּשִׁים hameshaleshim לְךָ lejá קְדֻשָּׁה kedushá.

וְכֵן vején כָּתוּב catuv עַל al יַד yad נְבִיאָךְ neviaj. וְקָרָא vekará

זֶה ze אֶל־ el זֶה ze י״ב פרקין דיעקב מאירים ל״ב פרקין דרוזל וְאָמַר veamar:

קָדוֹשׁ Kadosh | קָדוֹשׁ Kadosh קָדוֹשׁ Kadosh (סוד ג׳ רישין דעתיקא קדישא)

יְהֹוָה יאהדונהי Adonai צְבָאוֹת Tsevaot פני שכינה מְלֹא meló כָל־ jol ילי

הָאָרֶץ haárets אלהים דההין ע״ה כְּבוֹדוֹ quevodó:

לְעֻמָּתָם leumatam מְשַׁבְּחִים meshabjim וְאוֹמְרִים veomrim:

(אר״א) בָּרוּךְ Baruj כְּבוֹד־ Quevod יְהֹוָה יאהדונהי Adonai ; כבוד ה׳ = יוד הי ואו הה

מִמְּקוֹמוֹ mimekomó עסמ״ב, הברכה (למתק את ז׳ המלכים שמתו) ; ר״ת ע״ב, ריבוע יהוה ; ר״ת מ״כ:

וּבְדִבְרֵי uvedivrei קָדְשָׁךְ kodshaj כָּתוּב catuv לֵאמֹר lemor:

(זו״ן) יִמְלֹךְ yimloj קדוש ברוך ימלך ר״ת יב״ק, אלהים יהוה, אהיה אדני יהוה

יְהֹוָה יאהדונהי Adonai לְעוֹלָם leolam ריבוע ס״ג וי׳ אותיות דס״ג אֱלֹהַיִךְ Eloháyij ילה

צִיּוֹן Tsiyón יוסף, ו׳ הויות, קנאה לְדֹר ledor וָדֹר vador רי״ו ר״ת אצלו (מלכות אצל ז״א – ו)

הַלְלוּיָהּ haleluyá אלהים, אהיה אדני ; ללה:

NAKDISHAJ – LA KEDUSHÁ

Te santificamos y te honramos,

según las palabras agradables de los Ángeles Santos, que recitan 'Santo' ante Ti tres veces, como está escrito por Tu Profeta: "Y cada uno llamó al otro y dijo: Santo, Santo, Santo es el Señor de los Ejércitos, todo el mundo está lleno de Su gloria" (Isaías 6:3). *Frente a ellos alaban y dicen: "Bendita sea la gloria del Señor desde Su Lugar"* (Ezequiel 3:12). *Y en Tus santas Palabras, está escrito como sigue: "El Señor, tu Dios, reinará por siempre, para toda y cada generación. ¡Sión, alaben al Señor!"* (Salmos 146:10).

LA TERCERA BENDICIÓN

Esta bendición nos conecta con Yaakov, la Columna Central, el poder de la restricción. Yaakov es nuestro canal para conectar la Misericordia con el Juicio. Al restringir nuestro comportamiento reactivo, estamos deteniendo nuestro Deseo de Recibir para Nosotros Mismos. Yaakov también nos da el poder para equilibrar nuestros actos de Misericordia y Juicio hacia otras personas en nuestra vida.

Tiféret que se convierte en *Dáat* (14 palabras).

אַתָּה Atá קָדוֹשׁ kadosh וְשִׁמְךָ veShimjá קָדוֹשׁ kadosh ר"ת = אור, רז, אין סוף.

וּקְדוֹשִׁים ukdoshim בְּכָל bejol ב"ן, לכב יוֹם yom ע"ה נגד, מזבח, זן, אל יהוה

יְהַלְלוּךָ yehaleluja סֶּלָה sela:

בָּרוּךְ Baruj אַתָּה Atá יְהֹוָה(יְהֹוָאדְנָי)יאהדונהי Adonai

הָאֵל haEl לאה ; ייא" (מילוי דס"ג) הַקָּדוֹשׁ hakadosh י"פ מ"ה (יוד הא ואו הא):

Medita aquí en el Nombre: יאהדונהי, ya que éste puede ayudar a eliminar la rabia.

LAS TRECE BENDICIONES DEL MEDIO

Hay trece bendiciones en el medio de la *Amidá* que nos conectan a los Trece Atributos.

LA PRIMERA (CUARTA) BENDICIÓN

Esta bendición nos ayuda a transformar la información en conocimiento al ayudarnos a internalizar todo lo que aprendemos.

Jojmá

En esta bendición hay 17 palabras, el mismo valor numérico de la palabra *Tov* (bueno) en el secreto de *Ets HaDáat Tov vaRá*, (Árbol de Conocimiento del Bien y el Mal), donde conectamos solamente con el *Tov*.

אַתָּה Atá חוֹנֵן jonén לְאָדָם leadam מ"ה דַּעַת dáat.

וּמְלַמֵּד umelamed לֶאֱנוֹשׁ leenosh בִּינָה biná ע"ה אהיה אהיה יהוה, ווים.

וְחָנֵּנוּ vejonenú מֵאִתְּךָ meiteja וְחָכְמָה Jojmá במילוי = תרי"ג (מצוות)

בִּינָה Biná ע"ה אהיה אהיה יהוה, ווים וָדַעַת vaDáat ר"ת וזבו:

בָּרוּךְ Baruj אַתָּה Atá יְהֹוָאדְנָיאהדונהי Adonai חוֹנֵן jonén הַדָּעַת hadáat:

LA TERCERA BENDICIÓN

Tú eres Santo y Santo es Tu Nombre, y los Seres Santos
te alaban día a día, porque Tú eres Dios, el Rey Santo, Sela. Bendito eres Tú, Señor, el Santo Dios.

LAS TRECE BENDICIONES DEL MEDIO - LA PRIMERA (CUARTA) BENDICIÓN

Tú graciosamente le otorgas conocimiento al hombre y entendimiento a la humanidad.
Concédenos con gracia, de Ti, sabiduría, comprensión y conocimiento.
¡Bendito eres Tú, Señor, que con gracia concedes conocimiento!

La segunda (quinta) bendición

Esta bendición nos mantiene en la Luz. Todos nosotros, en algún momento u otro, sucumbimos a las dudas y a la incertidumbre que el Satán constantemente nos implanta. Si cometemos el desafortunado error de retroceder y alejarnos de la Luz, no queremos que el Creador imite nuestras acciones y se aleje de nosotros. En lugar de eso, queremos que Él nos atrape. En el recuadro inferior hay algunas líneas que podemos recitar y sobre las que podemos meditar para el beneficio de otros que pudiesen estar alejándose. La guerra contra el Satán es la guerra más antigua que conoce el hombre. Y la única manera de vencer al Satán es uniéndonos, compartiendo, ayudando y meditando unos por otros.

Biná

En esta bendición hay 15 palabras, al igual que la poderosa acción de la *teshuvá* (arrepentimiento) que eleva 15 niveles en el camino hacia el *Quisé HaCavod* (el Trono de Honor). Éste pasa por siete *Rekiim* (Firmamentos), siete *Avirim* (Aires), y otro Firmamento en la parte superior de los Animales Santos (juntos suman 15). Además, hay 15 palabras en los dos versículos principales del Profeta Yeshayahu y del Rey David que hablan sobre la *teshuvá (Isaías 55:7; Salmos 32:5)*. El número 15 también es el secreto del Nombre: יה.

הֲשִׁיבֵנוּ hashivenu אָבִינוּ avinu לְתוֹרָתֶךָ letorateja (וסוד שבה – יְהֹוָאדנָי יאהדונהי)•

וְקָרְבֵנוּ vekarvenu מַלְכֵּנוּ malquenu לַעֲבוֹדָתֶךָ laavodateja•

וְהַחֲזִירֵנוּ vehajazirenu בִּתְשׁוּבָה bitshuvá שְׁלֵמָה shelemá

לְפָנֶיךָ lefaneja ס״ג מ״ה ב״ן:

> Si quieres meditar por otra persona y ayudarla en su proceso espiritual, recita:
>
> יְהִי yehí רָצוֹן ratsón מהש ע״ה, ע״ב בריבוע וקס״א ע״ה, אל שדי ע״ה
> מִלְּפָנֶיךָ milfaneja ס״ג מ״ה ב״ן יְהֹוָאדנָי אהדונהי Adonai אֱלֹהַי Elohai מילוי ע״ב, דמב ; ילה
> וֵאלֹהֵי veElohei לכב ; מילוי ע״ב, דמב ; ילה אֲבוֹתַי avotai שֶׁתַּחֲזוֹר shetajtor
> וַחֲתִירָה jatirá מִתַּחַת mitájat כִּסֵּא quisé כְּבוֹדֶךָ quevodeja וּתְקַבֵּל utekabel
> בִּתְשׁוּבָה bitshuvá אֶת et (el nombre de la persona y el nombre de su padre) כִּי qui יְמִינְךָ yeminjá
> יְהֹוָאדנָי אהדונהי Adonai פְּשׁוּטָה peshutá לְקַבֵּל lekabel שָׁבִים shavim•

בָּרוּךְ Baruj אַתָּה Atá יְהֹוָאדנָי אהדונהי Adonai

הָרוֹצֶה harotsé בִּתְשׁוּבָה bitshuvá:

La segunda (quinta) bendición

Regrésanos, Padre nuestro, a Tu Torá

y acércanos, Rey nuestro, a Tu servicio, y haznos retornar ante Ti en perfecto arrepentimiento.

> *Que sea agradable ante Ti, Señor, mi Dios y Dios de mis ancestros, que Tú seas generoso en el Trono de Tu Gloria y aceptes como arrepentido a* (el nombre de la persona y el nombre su padre) *porque Tu Mano Derecha, Señor, se extiende hacia fuera para recibir a aquellos que se arrepienten.*

¡Bendito eres Tú, Señor, que desea arrepentimiento!

LA TERCERA (SEXTA) BENDICIÓN

Esta bendición nos ayuda a alcanzar el perdón verdadero. Tenemos el poder de limpiarnos de nuestro comportamiento negativo y acciones hirientes hacia los demás a través del perdón. Esta bendición no significa que al rogar por el perdón ya nuestra pizarra quedará limpia. El perdón se refiere a la metodología para eliminar los residuos que provienen de nuestras injusticias. Hay dos formas de eliminar los residuos: física y espiritual. Acumulamos residuo físico cuando no aceptamos nuestras faltas y las leyes de causa y efecto. Nos limpiamos a nosotros mismos cuando experimentamos cualquier tipo de dolor, bien sea financiero, emocional o físico. Si decidimos limpiarnos espiritualmente, prescindimos de la limpieza física. Hacemos esto generando en nosotros el dolor que les causamos a los demás. Sentimos a la otra persona y, con un corazón sincero, recitamos esta oración mientras experimentamos la herida y el dolor que infligimos a los demás. Esta forma de limpieza espiritual evita que tengamos que pasar por una limpieza física.

Jésed

En esta bendición hay 21 palabras, el cual es el valor numérico del Nombre Sagrado: אהיה.

סְלַח selaj יהוה ע"ב לָנוּ lanu אלהים, אהיה אדני אָבִינוּ avinu ר"ת סאל, אמן, (יאהדונהי)

כִּי qui חָטָאנוּ jatanu• מְחוֹל mejol לָנוּ lanu אלהים, אהיה אדני ; מחול לנו ע"ה =

קס"א וי' אותיות מַלְכֵּנוּ malquenu כִּי qui פָּשָׁעְנוּ fashanu• כִּי qui אֵל El ייא"י (מילוי דס"ג)

טוֹב tov והו וְסַלָּח vesalaj יהוה ע"ב אַתָּה Atá: בָּרוּךְ Baruj אַתָּה Atá

יְהֹוָהאדניאהדונהי Adonai חַנּוּן janún הַמַּרְבֶּה hamarbé לִסְלוֹחַ lislóaj:

LA CUARTA (SÉPTIMA) BENDICIÓN

Esta bendición nos ayuda a alcanzar la redención después que somos limpiados espiritualmente.

Guevurá

רְאֵה reé ראה נָא na בְעָנְיֵנוּ veonyenu ר"ת רנ"ב (אברים באשה, כנגד הגבורה)

וְרִיבָה verivá רִיבֵנוּ rivenu• וּמַהֵר umaher לְגָאֳלֵנוּ legaolenu

גְּאֻלָּה gueulá מ"ה שְׁלֵמָה shelemá לְמַעַן lemaan שְׁמֶךָ Shemeja

כִּי qui אֵל El ייא"י (מילוי דס"ג) גּוֹאֵל goel וְחָזָק jazak פהל אַתָּה Atá:

בָּרוּךְ Baruj אַתָּה Atá יְהֹוָהאדניאהדונהי Adonai גּוֹאֵל goel יִשְׂרָאֵל Yisrael:

LA QUINTA (OCTAVA) BENDICIÓN

Esta bendición nos da el poder de sanar cada parte de nuestro cuerpo. Toda sanación se origina en la Luz del Creador. El aceptar y entender esta verdad nos da la abertura para recibir esta Luz. También debemos pensar en compartir esta energía de sanación con otros.

LA TERCERA (SEXTA) BENDICIÓN

Perdónanos, Padre nuestro,
porque hemos transgredido. Perdónanos, Rey nuestro, porque hemos pecado, porque Tú eres un Dios bueno y que perdona. ¡Bendito eres Tú, Señor, que eres bondadoso y perdonas de manera magnánima!

LA CUARTA (SÉPTIMA) BENDICIÓN

Mira nuestra aflicción y defiende nuestra causa; por Tu Nombre redímenos prontamente, pues Tú eres un Dios poderoso y redentor. ¡Bendito eres Tú, Señor, que redimes a Israel!

Tiféret

רְפָאֵנוּ refaenu יְהֹוָהאדניאהדונהי Adonai וְנֵרָפֵא venerafé ר״ת רי״ו.

הוֹשִׁיעֵנוּ hoshienu וְנִוָּשֵׁעָה venivashea כִּי qui תְהִלָּתֵנוּ tehilatenu

אַתָּה Atá ר״ת = ב״פ רי״ו. וְהַעֲלֵה vehaalé אֲרוּכָה arujá וּמַרְפֵּא umarpé

לְכָל־ lejol יה אדני תַּחֲלוּאֵינוּ tajalueinu. וּלְכָל־ ulejol יה אדני

מַכְאוֹבֵינוּ majoveinu וּלְכָל־ ulejol יה אדני מַכּוֹתֵינוּ macoteinu.

Para meditar por sanación para ti mismo u otras personas, agrega lo siguiente; y en los paréntesis a continuación, incluye los nombres:

יְהִי yehí רָצוֹן ratsón מהש ע״ה, ע״ב בריבוע וקס״א ע״ה, אל שדי ע״ה
מִלְּפָנֶיךָ milfaneja ס״ג מ״ה ב״ן יְהֹוָהאדניאהדונהי Adonai אֱלֹהַי Elohai מילוי ע״ב, דמב ; ילה
וֵאלֹהֵי veElohei לכב ; מילוי ע״ב, דמב ; ילה אֲבוֹתַי avotai שֶׁתִּרְפָּאֵנִי shetirpaeni
(וְתִרְפָּא vetirpá (incluye el nombre de la persona) בֶּן ben (Mujeres: בַּת bat) (incluye el nombre de su madre))
רְפוּאָה refuá שְׁלֵמָה shlemá רְפוּאַת refuat הַנֶּפֶשׁ hanéfesh
וּרְפוּאַת urefuat הַגּוּף haguf, כְּדֵי quedei שֶׁאֶהְיֶה sheehyé חָזָק jazak פהל
(Mujeres: חֲזָקָה jazaká פהל) בִּבְרִיאוּת bivriut, וְאַמִּיץ veamits
(Mujeres: וְאַמִּיצַת veamitsat) כֹּחַ cóaj, בְּמָאתַיִם bematáyim וְאַרְבָּעִים vearbaim
וּשְׁמוֹנָה ushmoná רמ״ח (אברים), אברהם, וי״פ אל, רי״ו ול״ב נתיבות החכמה, עסמ״ב וט״ו אותיות
פשוטות (Mujeres: בְּמָאתַיִם bematáyim וַחֲמִשִּׁים vejamishim וּשְׁנַיִם ushnáyim)
אֵבָרִים evarim וּשְׁלֹשׁ ushlosh מֵאוֹת meot המספר = ש = אלהים דיודין
וְשִׁשִּׁים veshishim המספר = מילוי הש׳ (ין) וַחֲמִשָּׁה vajamishá גִידִים guidim שֶׁל shel
נִשְׁמָתִי nishmatí וְגוּפִי vegufí, לְקִיּוּם lekiyum תּוֹרָתְךָ toratjá הַקְּדוֹשָׁה hakedoshá.

כִּי qui אֵל El ייא״י (מילוי דס״ג) רוֹפֵא rofé רַחֲמָן rajamán וְנֶאֱמָן veneemán

אַתָּה Atá: בָּרוּךְ Baruj אַתָּה Atá יְהֹוָהאדניאהדונהי Adonai רוֹפֵא rofé

חוֹלֵי jolei וחולה = מ״ה (יוד הא ואו הא) וד׳ אותיות עַמּוֹ amó יִשְׂרָאֵל Yisrael

ר״ת רפ״ו (להעלות הניצוצות שנפלו לקליפה דמשם באים החולאים):

LA QUINTA (OCTAVA) BENDICIÓN

Cúranos, Señor, y seremos curados. Sálvanos y seremos salvados. Porque Tú eres nuestro orgullo. Trae curación y sanación a todas nuestras dolencias, a todos nuestros dolores, a todas nuestras heridas.

Sea agradable ante Ti, Señor, mi Dios y Dios de mis ancestros, que Tú me sanes completamente (y el nombre de la persona y el nombre de su madre) *con la sanación del espíritu y la sanación del cuerpo, para que sea fuerte en salud y vigoroso en mi fortaleza en todos mis 248* (la mujer dice*: 252*) *órganos y los 365 tendones de mi alma y mi cuerpo, para que yo sea capaz de guardar Tu Santa Torá.*

Porque Tú eres un Dios sanador, compasivo y leal.
¡Bendito eres Tú, Señor, que sanas a los enfermos de Tu Pueblo, Israel!

LA SEXTA (NOVENA) BENDICIÓN

Esta bendición trae sustento y prosperidad para todo el planeta y nos provee sustento personal. Quisiéramos que todos nuestros años estuviesen llenos de rocío y lluvia, que son la corriente vital que sostiene nuestro mundo.

Nétsaj

Si por error dices "*Barej alenu*" en lugar de "*Barjenu*" y te das cuenta de ello antes del final de la *Amidá* ("*yihyú leratsón*", el segundo), entonces debes regresar y decir "*Barjenu*" y continuar normalmente. Si te das cuenta de ello después, debes comenzar la *Amidá* desde el principio.

בָּרְכֵנוּ barjenu יְהֹוָואדנישיאהדונהי Adonai אֱלֹהֵינוּ Eloheinu ילה בְּכָל־ bejol

ב״ן, לכב מַעֲשֵׂי maasei יָדֵינוּ yadeinu• וּבָרֵךְ uvarej שְׁנָתֵנוּ shenatenu

בְּטַלְלֵי betalelei רָצוֹן ratsón מהש ע״ה, ע״ב בריבוע וקס״א ע״ה, אל שדי ע״ה

בְּרָכָה brajá וּנְדָבָה unedavá בינה (וע״ה אהיה אהיה יהוה, וחיים)• וּתְהִי utehí

אַחֲרִיתָהּ ajaritá וְחַיִּים jayim אהיה אהיה יהוה, בינה ע״ה וְשָׂבָע vesavá

וְשָׁלוֹם veshalom כַּשָּׁנִים cashanim הַטּוֹבוֹת hatovot לִבְרָכָה livrajá•

Para pedir sustento para ti mismo u otras personas, añade lo siguiente; y en los paréntesis incluye los nombres::

יְהִי yehí רָצוֹן ratsón מהש ע״ה, ע״ב בריבוע וקס״א ע״ה, אל שדי ע״ה מִלְּפָנֶיךָ milfaneja

ס״ג מ״ה ב״ן יְהֹוָואדנישיאהדונהי Adonai אֱלֹהֵינוּ Eloheinu ילה וֵאלֹהֵי veElohei

לכב ; מילוי ע״ב, דמב ; ילה אֲבוֹתֵינוּ avoteinu שֶׁתִּתֵּן shetitén ב״פ כהת לִי li

(וְכֵן vején לְ le (incluye el nombre de la persona) בֶּן ben (Mujeres: בַּת bat) (incluye el nombre de su padre))

וּלְכָל ulejol יה אדני הַסְּמוּכִים hasemujim עַל al שׁוּלְחָנִי shuljaní, הַיּוֹם hayom

ע״ה נגד, מזבח, זן, אל יהוה וּבְכָל uvejol ב״ן, לכב יוֹם yom ע״ה נגד, מזבח, זן, אל יהוה

מְזוֹנוֹתַי mezonotai וּמְזוֹנוֹתֵיהֶם umezonoteihem בְּכָבוֹד bejavod בוכו וְלֹא veló

בְּבִזּוּי bevizui בְּהֶיתֵּר beheiter וְלֹא veló בְּאִיסּוּר beisur בִּזְכוּת bizjut

שִׁמְךָ Shimjá הַגָּדוֹל hagadol להח ; עם ד׳ אותיות = מבה, יזל, אום

(No pronunciar este nombre: דִּיקַרְנוֹסָא וזהך עם ג׳ אותיות - ובאתב״ש סאל, אמן, יאהדונהי)

LA SEXTA (NOVENA) BENDICIÓN

Bendícenos, Señor, nuestro Dios, en todos nuestros esfuerzos, y bendice nuestros años con el rocío de la buena voluntad, bendiciones y benevolencia. Que su conclusión sea vida, satisfacción y paz, así como otros años de bendiciones,

Sea agradable ante Ti, Señor,
mi Dios y Dios de mis ancestros, que Tú me proveas a mí y a mi hogar, hoy y todos los días, mi alimento y el de ellos, con dignidad y no con vergüenza, de forma permisible y no prohibida, en virtud de Tu gran Nombre

הַיּוֹצֵא hayotsé מִפָּסוּק :mipasuk וַהֲרִיקֹתִי vaharikoti לָכֶם lajem
בְּרָכָה brajá עַד ad בְּלִי bli דָּי dai וּמִפָּסוּק :umipasuk נְסָה nesá
עָלֵינוּ aleinu אוֹר or רז, אין סוף פָּנֶיךָ paneja ס"ג מ"ה ב"ן יְהֹוָהאדהנויאהדונהי Adonai
וְאַל veal תַּצְרִיכֵנוּ tatsrijenu לִידֵי lidei מַתְּנוֹת matenot בָּשָׂר basar
וָדָם ,vadam כִּי qui אִם im יוהך, מ"א אותיות אהיה בפשוטו מילואו ומילוי דמילואו ע"ה
מִיָּדְךָ miyadjá הַמְּלֵאָה hameleá וּמֵאוֹצַר umeotsar מַתְּנַת matnat וְחִנָּם jinam
תְּכַלְכְּלֵנִי tejalquelni וְתַשְׁפִּיעֵנִי ,vetashpieni אָמֵן Amén יאהדונהי סֶלָה .sela

כִּי qui אֵל El ייא"י (מילוי ס"ג) טוֹב tov והו וּמֵטִיב umetiv

אַתָּה Atá וּמְבָרֵךְ umevarej הַשָּׁנִים :hashanim בָּרוּךְ Baruj

אַתָּה Atá יְהֹוָהאדהנויאהדונהי Adonai מְבָרֵךְ mevarej הַשָּׁנִים :hashanim

LA SÉPTIMA (DÉCIMA) BENDICIÓN

Esta bendición nos da el poder de influir de manera positiva sobre toda la humanidad. La Kabbalah enseña que cada individuo afecta la totalidad. Nosotros tenemos un efecto sobre el mundo y el resto del mundo tiene un efecto sobre nosotros, aunque no podamos percibir esta relación con nuestros cinco sentidos. Llamamos a esta relación conciencia cuántica.

Hod

תְּקַע teká ב"פ סנדלפון ו' אותיות בְּשׁוֹפָר beshofar גָּדוֹל gadol להוז ; עם ד' אותיות =

מבה, יזל, אום לְחֵרוּתֵנוּ .lejerutenu וְשָׂא vesá נֵס nes מ"ה אדני לְקַבֵּץ lekabets

גָּלֻיּוֹתֵינוּ .galuyoteinu וְקַבְּצֵנוּ vekabetsenu יַחַד yájad מֵאַרְבַּע mearbá

כַּנְפוֹת canfot וזבו (בסגולתו להוציא ניצוצות מן הקליפות) ויכוין וַזָבוּ עם נקודותיו = ע"ב, ריבוע יהוה

הָאָרֶץ haárets אלהים דההין ע"ה ; ר"ת = אדני לְאַרְצֵנוּ :leartsenu

---

que proviene del versículo: "derramar bendiciones sobre ti hasta que no haya espacio suficiente para éstas" (Malaquías 3:10) y del versículo: "Eleva sobre nosotros la Luz de Tu rostro, Señor" (Salmos 4:7), y no necesitaremos los regalos de carne y sangre, sino sólo de Tu mano, la cual está llena, y del tesoro del regalo gratuito Tú me sostendrás y me alimentarás. Amén. Sela.

Tú eres un Dios bueno y benévolo, y Tú bendices los años. Bendito eres Tú, Señor, quien bendice los años.

LA SÉPTIMA (DÉCIMA) BENDICIÓN

Suena un gran un gran Shofar para nuestra libertad y levanta un estandarte para reunir a nuestros exiliados, y reúnenos prontamente de los cuatro confines de la Tierra en nuestra tierra.

Lo siguiente se recita durante todo el año:

La siguiente meditación nos ayuda a liberar y redimir las chispas de Luz restantes que hermos perdido a través de nuestras acciones irresponsables (en especial comportamiento sexual irresponsable):

יְהִי yehí רָצוֹן ratsón מהש ע"ה, ע"ב בריבוע וקס"א ע"ה, אל שדי ע"ה מִלְּפָנֶיךָ milfaneja
ס"ג מ"ה ב"ן יְהֹוָה(אדני)(יאהדונהי) Adonai אֱלֹהַי Elohai מילוי ע"ב, דמב ; ילה
וֵאלֹהֵי veElohei לכב ; מילוי ע"ב, דמב ; ילה אֲבוֹתַי avotai שֶׁכֹּל shecol ילי טִיפָּה tipá
וְטִיפָּה vetipá שֶׁל shel קֶרִי kerí שֶׁיָּצָא sheyatsá מִמֶּנִּי mimeni לְבַטָּלָה levatalá
וּמִכֹּל umicol ילי יִשְׂרָאֵל Yisrael בִּכְלָל bijlal וּבִפְרַט uvifrat שֶׁלֹּא sheló
בִּמְקוֹם bimkom מִצְוָה mitsvá בֵּין bein בְּאוֹנֶס beones בֵּין bein בְּרָצוֹן beratsón
מהש ע"ה, ע"ב בריבוע וקס"א ע"ה, אל שדי ע"ה בֵּין bein בְּשׁוֹגֵג beshogueg בֵּין bein
בְּמֵזִיד bemezid, בֵּין bein בְּהִרְהוּר behirhur וּבֵין uvein בְּמַעֲשֶׂה bemaasé,
בֵּין bein בְּגִלְגּוּל beguilgul זֶה ze בֵּין bein בְּגִלְגּוּל beguilgul אַחֵר ajer
וְנִבְלַע venivlá בַּקְּלִיפּוֹת baklipot, שֶׁתַּקִּיא shetakí הַקְּלִיפּוֹת hakelipot
הַנִּיצוֹצוֹת hanitsotsot קֶרִי kerí שֶׁנִּבְלְעוּ shenivleú בָּהּ ba, בִּזְכוּת bizejut
שִׁמְךָ Shimjá הַגָּדוֹל hagadol להח ; עם ד' אותיות = מבה, יזל, אום הַיּוֹצֵא hayotsé
מִפָּסוּק mipasuk: חַיִל jáyil ומב בָּלַע balá וַיְקִאֶנּוּ vayekienu ר"ת וזבו ו- ילי
מִבִּטְנוֹ mibitnó יֹרִשֶׁנּוּ yorishenu אֵל El ייא"י (מילוי דס"ג) ; ס"ת וול וּבִזְכוּת uvizejut
שִׁמְךָ Shimjá הַגָּדוֹל hagadol להח; עם ד' אותיות = מבה, יזל, אום יְוַהֲבְוֻהֵ
שֶׁתַּחֲזִירֵם shetajazirem לִמְקוֹם limkom קְדוּשָּׁה kedushá
וְהַטּוֹב vehatov והו בְּעֵינֶיךָ beeineja קס"א ע"ה ; ריבוע מ"ה עֲשֵׂה asé.

Debes meditar en corregir el pensamiento que provocó la pérdida de las chispas de Luz. También medita en los Nombres que controlan nuestros pensamientos para cada uno de los seis días de la semana como está a continuación:

Domingo	יְהֹוָה	על צבא כף ואו זין ואו טפטפיה א מן אהיה דמרגלא ושם:	*Briá*.
Lunes	יְהֹוָה	על מגן כף ואו זין ואו טפטפיה ה מן אהיה דמרגלא ושם:	*Yetsirá*.
Martes	מצפץ	צוה פוזד כף ואו זין ואו טפטפיה י מן אהיה דמרגלא ושם:	*Asiyá*.
Miércoles	אל	צוה פוזד כף ואו זין ואו טפטפיה י מן יהו דמרגלא ושם:	*Asiyá*.
Jueves	אלהים	על מגן כף ואו זין ואו טפטפיה ה מן יהו דמרגלא ושם:	*Yetsirá*.
Viernes	מצפץ	על צבא כף ואו זין ואו טפטפיה ו מן יהו דמרגלא ושם:	*Briá*.

Cada uno de estos Nombres (על צבא, כף ואו זין ואו, טפטפיה) tienen una suma total de 193, que es el mismo valor numérico de la palabra *zokef* (elevar). Estos Nombres elevan la Chispa Sagrada de los *Jitsoniyim*. Asimismo, cuando digas las palabras "*mekabets nidjei*" (en la continuación de la bendición), que tiene una suma total de 304, el mismo valor numérico de *Shin*, *Dálet* (demonio), medita en reunir todas las chispas perdidas y anular el poder de las fuerzas negativas.

Sea agradable ante Ti, Señor, mi Dios y Dios de mis ancestros, que cada una de las gotas de kerí que salieron de mí en vano, y de todo Israel en general, y especialmente no a causa de un precepto, si fue obligado o voluntariamente, con o sin intención, debido a pensamiento o acción, en esta vida o en vidas anteriores, y si fue devorado por la klipá, que ésta vomite todas las chispas de kerí en virtud de Tu gran Nombre que proviene del versículo: "Él devoró riqueza y la vomitó, y de su estómago Dios la extrajo" (Job 20:15), y en virtud de Tu gran Nombre las regresarás al Lugar Santo, y harás lo que es bueno ante Tus ojos.

בָּרוּךְ Baruj אַתָּה Atá יְהֹוָואֲדֹנָיאהדונהי Adonai ; יכוין וזבו בשילוב יהוה כזה: יְאֲהֹדֻוָנָהִי

מְקַבֵּץ mekabets ע״ב ס״ג מ״ה ב״ן, הברכה (למתק את ז׳ המלכים שמתו)

נִדְחֵי nidjei ע״ב, ריבוע יהוה עַמּוֹ amó וזבו יִשְׂרָאֵל Yisrael:

LA OCTAVA (UNDÉCIMA) BENDICIÓN

Esta bendición nos ayuda a equilibrar el juicio con misericordia. Debido a que la misericordia es tiempo, podemos emplearlo en cambiarnos a nosotros mismos antes que el juicio ocurra.

Yesod

הָשִׁיבָה hashiva שׁוֹפְטֵינוּ shofteinu כְּבָרִאשׁוֹנָה quevarishoná.

וְיוֹעֲצֵינוּ veyoatseinu כְּבַתְּחִלָּה quevatejilá ר״ת שכ״ה (דינים זכרים שביסוד) ויהוה (הממתקם).

וְהָסֵר vehaser מִמֶּנּוּ mimenu יָגוֹן yagón (סמאל) וַאֲנָחָה vaanajá (לילית).

וּמְלוֹךְ umloj עָלֵינוּ aleinu מְהֵרָה meherá אַתָּה Atá

יְהֹוָואֲדֹנָיאהדונהי Adonai לְבַדְּךָ levadeja. בְּחֶסֶד bejésed ע״ב, ריבוע יהוה

וּבְרַחֲמִים uverajamim מצפצ, אלהים דיודין, י״פ ייי ; להמתיק ברחמים דיני צדק ומשפט

בְּצֶדֶק betsédek וּבְמִשְׁפָּט uvemishpat ע״ה = ה״פ אלהים: בָּרוּךְ Baruj אַתָּה Atá

יְהֹוָואֲדֹנָיאהדונהי Adonai מֶלֶךְ Mélej אוֹהֵב ohev ממתיק דיני

צְדָקָה tsedaká ע״ה ריבוע אלהים וּמִשְׁפָּט umishpat ע״ה ה״פ אלהים:

LA NOVENA (DUODÉCIMA) BENDICIÓN

Esta bendición nos ayuda eliminar todas las formas de negatividad, ya sea que provengan de personas, situaciones o, inclusive, de la energía negativa del Ángel de la Muerte [(**no pronunciar estos nombres**) *Sa-ma-el* (aspecto masculino) y *Li-lit* (aspecto femenino), los cuales están codificados aquí], al usar el Nombre Sagrado: *Shadai* שדי, el cual está codificado matemáticamente en las últimas cuatro palabras de esta bendición y también se encuentra dentro de la *Mezuzá* con el mismo propósito.

¡Bendito eres Tú, Señor, que reúnes a los dispersos de Su Nación, Israel!

LA OCTAVA (UNDÉCIMA) BENDICIÓN

Restaura nuestros jueces, como al principio, y a nuestros consejeros, como al principio. Aparta de nosotros el pesar y los lamentos. Reina sobre nosotros pronto, Tú solo, Señor, con bondad y compasión, con rectitud y justicia. ¡Bendito eres Tú, Dios, el Rey que ama la rectitud y la justicia!

Kéter

לַמִּינִים laminim וְלַמַּלְשִׁינִים velamalshinim אַל al תְּהִי tehí תִקְוָה tikvá

וְכָל vejol ילי הַזֵּדִים hazedim כְּרֶגַע querega ג"פ אלהים עם ט"ו אותיות פשוטות

יֹאבֵדוּ yovedu• וְכָל־ vejol ילי אוֹיְבֶיךָ oyveja (סמאל)

וְכָל־ vejol ילי שׂוֹנְאֶיךָ soneja (כליל"ת) מְהֵרָה meherá יִכָּרֵתוּ yicaretu•

וּמַלְכוּת umaljut הָרִשְׁעָה harishá מְהֵרָה meherá תְעַקֵּר teaker

וּתְשַׁבֵּר uteshaber וּתְכַלֵּם utejalem וְתַכְנִיעֵם vetajniem בִּמְהֵרָה bimherá

בְיָמֵינוּ veyameinu: בָּרוּךְ Baruj אַתָּה Atá יְהֹוָהאדנה (יהואדנה) יאהדונהי Adonai

שׁוֹבֵר shover אוֹיְבִים oyvim וּמַכְנִיעַ umajnía זֵדִים zedim ר"ת = שדי:

LA DÉCIMA (DECIMOTERCERA) BENDICIÓN

Esta bendición nos rodea con absoluta positividad para ayudarnos a estar siempre en el lugar correcto en el momento correcto. También nos ayuda a atraer sólo personas positivas a nuestra vida.

Yesod

עַל al הַצַּדִּיקִים hatsadikim צדיק יסוד עולם וְעַל veal הַחֲסִידִים hajasidim

וְעַל veal שְׁאֵרִית sheerit עַמְּךָ ameja בֵּית beit ב"פ ראה יִשְׂרָאֵל Yisrael•

וְעַל veal פְּלֵיטַת pleitat בֵּית beit ב"פ ראה סוֹפְרֵיהֶם sofreihem•

וְעַל veal גֵּרֵי guerei הַצֶּדֶק hatsédek וְעָלֵינוּ vealeinu• יֶהֱמוּ yehemú

נָא na רַחֲמֶיךָ rajameja יְהֹוָהאדנהיאהדונהי Adonai אֱלֹהֵינוּ Eloheinu ילה

וְתֵן vetén שָׂכָר sajar י"פ ב"ן טוֹב tov והו לְכָל־ lejol יה אדני

הַבּוֹטְחִים habotjim בְּשִׁמְךָ beShimjá בֶּאֱמֶת beemet אהיה פעמים אהיה, ז"פ ס"ג•

LA NOVENA (DUODÉCIMA) BENDICIÓN

Para los herejes y los difamadores, que no haya esperanza. Que los impíos perezcan en un instante. Y que todos Tus enemigos y los que te odian sean pronto arrasados. Y en el caso del gobierno dañino, puedas Tú rápidamente desarraigarlo y aplastarlo, y puedas Tú destruirlo y humillarlo, con rapidez en nuestros días. ¡Bendito eres Tú, Señor, que aplastas a los enemigos y humillas a los malvados!

LA DÉCIMA (DECIMOTERCERA) BENDICIÓN

Sobre los justos, sobre los piadosos, sobre los demás de la Casa de Israel, sobre los remanentes de las academias de sus escritores, sobre los conversos sinceros y sobre nosotros, que se encienda Tu compasión, Señor, nuestro Dios. Otorga buena recompensa a todos los que verdaderamente confían en Tu Nombre.

וְשִׂים vesim וְחֶלְקֵנוּ jelkenu עִמָּהֶם imahem וּלְעוֹלָם uleolam ריבוע ס״ג ו׳ אותיות דס״ג

לֹא lo נֵבוֹשׁ nevosh כִּי qui בְךָ vejá בָטָחְנוּ batajnu

וְעַל veal חַסְדְּךָ jasdejá הַגָּדוֹל hagadol להוו ; עם ד׳ אותיות = מבה, יזל, אום

בֶּאֱמֶת beemet אהיה פעמים אהיה, ז״פ ס״ג נִשְׁעָנְנוּ nishanenu:

בָּרוּךְ Baruj אַתָּה Atá יְהֹוָהאדניאהדונהי Adonai מִשְׁעָן mishán

וּמִבְטָח umivtaj לַצַּדִּיקִים latsadikim ר״ת ימול (כל מי שנימול נקרא צדיק):

LA UNDÉCIMA (DECIMOCUARTA) BENDICIÓN

Esta bendición nos conecta con la energía de Jerusalén, la construcción del Templo y la preparación para el *Mashíaj*.

Hod

תִּשְׁכּוֹן tishcón בְּתוֹךְ betoj יְרוּשָׁלַיִם Yerushaláyim עִירְךָ irjá

כַּאֲשֶׁר caasher דִּבַּרְתָּ dibarta ראה וְכִסֵּא vejisé דָוִד David

עַבְדְּךָ avdeja פוי, אל אדני מְהֵרָה meherá בְּתוֹכָהּ vetojá תָּכִין tajín

Meditar aquí en que el *Mashíaj Ben Yosef* no sea asesinado por el malvado *Armilos* **(no pronunciar)**.

וּבְנֵה uvné אוֹתָהּ otá בִּנְיַן binyán עוֹלָם olam בִּמְהֵרָה bimherá

בְּיָמֵינוּ veyameinu: בָּרוּךְ Baruj אַתָּה Atá יְהֹוָהאדניאהדונהי Adonai

בּוֹנֵה boné ס״ג יְרוּשָׁלָיִם Yerushaláyim:

LA DUODÉCIMA (DECIMOQUINTA) BENDICIÓN

Esta bendición nos ayuda a lograr un estado personal de *Mashíaj* al transformar nuestra naturaleza reactiva en proactiva. Así como hay un *Mashíaj* global, cada uno de nosotros tiene dentro un *Mashíaj* personal. Cuando suficientes personas alcancen su transformación, se preparará el camino para la aparición del *Mashíaj* global.

---

y coloca nuestra suerte junto a la de ellos. Que nunca nos avergoncemos, porque es en Ti en quien colocamos nuestra confianza; es en Tu gran compasión en la que nos apoyamos.
¡Bendito eres Tú, Señor, que eres sostén y refugio de los justos!

LA UNDÉCIMA (DECIMOCUARTA) BENDICIÓN

Puedas Tú morar en Jerusalén, Tu Ciudad, como lo has prometido. Y puedas Tú establecer el trono de David, Tu servidor, rápidamente dentro de ella y construirlo como una estructura eterna, pronto en nuestros días.
¡Bendito eres Tú, Señor, que construye Jerusalén!

Nétsaj

Esta bendición contiene 20 palabras, que es el mismo número de palabras en el versículo "*Qui nijam Adonai Tsiyón nijam col jorvotea...*" (*Isaías 51:3*), un versículo que habla sobre la Redención Final.

אֶת et צֶמַח tsémaj יהוה אהיה יהוה אדני דָּוִד David
עַבְדְּךָ avdeja פוי, אל אדני מְהֵרָה meherá תַצְמִיחַ tatsmíaj וְקַרְנוֹ vekarnó
תָּרוּם tarum בִּישׁוּעָתֶךָ bishuateja. כִּי qui לִישׁוּעָתְךָ lishuatjá
קִוִּינוּ kivinu כָּל־ col ילי הַיּוֹם hayom ע״ה נגד, מזבח, זן, אל יהוה

Aquí debes meditar y pedir por que la Redención Final ocurra ahora mismo.

בָּרוּךְ Baruj אַתָּה Atá יְהֹוָהאדניאהדונהי Adonai
מַצְמִיחַ matsmíaj קֶרֶן keren יְשׁוּעָה yeshuá:

LA DECIMOTERCERA (DECIMOSEXTA) BENDICIÓN

Esta bendición es la más importante de todas las bendiciones, porque aquí reconocemos todos nuestros comportamientos reactivos. Hacemos referencia a comportamientos errados en general, y también especificamos algún incidente en particular. La sección dentro del recuadro nos ofrece una oportunidad para pedirle a la Luz sustento personal. El Arí afirma que a través de esta oración, inclusive en los días de ayuno, tenemos un ángel personal acompañándonos. Si meditamos en este ángel, todas nuestras oraciones deberán ser respondidas. La decimotercera bendición es uno por encima de los doce signos del Zodíaco y nos eleva más allá de la influencia de las estrellas y los planetas.

Tiféret

שְׁמַע shemá קוֹלֵנוּ kolenu יְהֹוָהאדניאהדונהי Adonai (יוד הה וו הה)
אֱלֹהֵינוּ Eloheinu ילה (אבג יתץ). אָב av הָרַחֲמָן harajamán רַחֵם rajem
אברהם, וז״פ אל, רי״ו ול״ב נתיבות החכמה, רמ״ח (אברים), עסמ״ב וט״ז אותיות פשוטות עָלֵינוּ aleinu
(קרע שטן). וְקַבֵּל vekabel בְּרַחֲמִים berajamim מצפצ, אלהים דיודין, י״פ ייי
וּבְרָצוֹן uveratsón מהש ע״ה, ע״ב בריבוע וקס״א ע״ה, אל שדי ע״ה אֶת et
תְּפִלָּתֵנוּ tefilatenu (נגד יכש). כִּי qui אֵל El ייא״י (מילוי דס״ג)
שׁוֹמֵעַ shomea תְּפִלּוֹת tefilot וְתַחֲנוּנִים vetajanunim אָתָּה Atá (בטר צתג).

LA DUODÉCIMA (DECIMOQUINTA) BENDICIÓN

La progenie de David, Tu servidor, puedas Tú rápidamente hacer florecer. Y puedas Tú exaltar su gloria con Tu salvación, porque es por Tu salvación que esperamos todo el día. ¡Bendito eres Tú, Señor, que haces florecer la salvación!

LA DECIMOTERCERA (DECIMOSEXTA) BENDICIÓN

Escucha nuestra voz, Señor, nuestro Dios, Padre misericordioso, ten piedad de nosotros. Acepta nuestra oración con compasión y favor, porque Tú eres Dios, que escuchas oraciones y súplicas.

Es bueno que estés al tanto, reconozcas y confieses tus acciones negativas del pasado y que pidas por tu sustento aquí:

רִבּוֹנוֹ Ribonó שֶׁל shel עוֹלָם ,Olam וְחָטָאתִי jatati עָוִיתִי aviti
וּפָשַׁעְתִּי ufashati לְפָנֶיךָ lefaneja ס"ג מ"ה ב"ן יְהִי yehí רָצוֹן ratsón מהש ע"ה,
ע"ב בריבוע וקס"א ע"ה, אל שדי ע"ה מִלְּפָנֶיךָ milfaneja ס"ג מ"ה ב"ן שֶׁתִּמְחוֹל shetimjol
וְתִסְלַח vetislaj יהוה ע"ב וּתְכַפֵּר utejaper לִי li עַל al כָּל col ילי ; עמם
מַה ma מ"ה שֶׁחָטָאתִי shejatati וְשֶׁעָוִיתִי vesheaviti וְשֶׁפָּשַׁעְתִּי veshepashati
לְפָנֶיךָ lefaneja ס"ג מ"ה ב"ן מִיּוֹם miyom ע"ה נגד, מזבח, זן, אל יהוה
שֶׁנִּבְרֵאתִי shenivreti עַד ad הַיּוֹם hayom ע"ה נגד, מזבח, זן, אל יהוה הַזֶּה hazé והו
וּבִפְרַט uvifrat (menciona aquí alguna acción negativa o comportamiento por el cual te gustaría pedir perdón)
וִיהִי vihí רָצוֹן ratsón מהש ע"ה, ע"ב בריבוע וקס"א ע"ה, אל שדי ע"ה
מִלְּפָנֶיךָ milfaneja ס"ג מ"ה ב"ן יְהֹוָהאדניאהדונהי Adonai אֱלֹהֵינוּ Eloheinu ילה
וֵאלֹהֵי veElohei לכב ; מילוי ע"ב, דמב ; ילה אֲבוֹתֵינוּ avoteinu שֶׁתַּזְמִין shetazmín
פַּרְנָסָתֵנוּ parnasatenu וּמְזוֹנוֹתֵינוּ umezonoteinu לִי li וּלְכָל ulejol יה אדני
אַנְשֵׁי anshei בֵּיתִי veití ב"פ ראה הַיּוֹם hayom ע"ה נגד, מזבח, זן, אל יהוה
וּבְכָל uvejol ב"ן, לכב יוֹם yom ע"ה נגד, מזבח, זן, אל יהוה
וָיוֹם vayom ע"ה נגד, מזבח, זן, אל יהוה בְּרֵיוַח bereivaj וְלֹא veló
בְּצִמְצוּם ,vetsimtsum בְּכָבוֹד bejavod בוכו וְלֹא veló בְּבִזּוּי ,bevizui
בְּנַחַת benájat וְלֹא veló בְּצַעַר ,vetsáar וְלֹא veló אֶצְטָרֵךְ etstarej
לְמַתְּנוֹת lematenot בָּשָׂר basar וָדָם vadam וְלֹא veló לְהַלְוָאָתָם ,lehalvaatam
אֶלָּא ela מִיָּדְךָ miyadjá הָרְוָחָה harjavá וְהַפְּתוּחָה vehapetujá
וְהַמְּלֵאָה vehameleá וּבִזְכוּת uvizjut שִׁמְךָ Shimjá הַגָּדוֹל hagadol
להוז; עם ד' אותיות = מבה, יזל, אום (No pronunciar este Nombre: דִּיקַרְנוֹסָא ותך עם ג' אותיות
– ובאתב"ש = סאל, אמן, יאהדונהי) הַמְּמוּנֶּה hamemuné עַל al הַפַּרְנָסָה haparnasá:

¡Señor del Mundo!

He transgredido. He cometido iniquidades y he pecado frente a Ti. Sea Tu voluntad que me perdones y olvides y expíes por todo aquello que he transgredido, y por todas las iniquidades que he cometido y por todo lo que he pecado ante Ti, desde el día en que he sido creado y hasta este día (y en especial:…) Sea agradable ante Ti, Señor, nuestro Dios y el Dios de mis ancestros, que Tú me proveas de vitalidad y sustento a mí y a toda mi familia, hoy y todos y cada día, con abundancia y no con escasez; con dignidad y no con vergüenza; con comodidad y no con sufrimiento; y que yo no requiera los regalos de la carne y la sangre, ni sus préstamos, sino sólo de Tu Mano que es generosa, abierta y llena y por virtud de Tu gran Nombre, que es responsable del sustento.

וּמִלְּפָנֶיךָ umilfaneja ס"ג מ"ה ב"ן מַלְכֵּנוּ malquenu רֵיקָם reikam

אַל־ al תְּשִׁיבֵנוּ teshivenu (וזקב טנע) חָנֵּנוּ jonenu וַעֲנֵנוּ vaanenu

וּשְׁמַע ushmá תְּפִלָּתֵנוּ: tefilatenu כִּי qui אַתָּה Atá שׁוֹמֵעַ shomea

תְּפִלַּת tefilat כָּל־ col ילי פֶּה pe (פה דו"א) מילה ; וע"ה אלהים, אהיה אדני (יג"ל פזק)

בָּרוּךְ Baruj אַתָּה Atá יְהֹוָהאדניהי(יהואדני)יאהדונהי Adonai

En este punto debes meditar en el Nombre Sagrado: אראר"ית"א

Rav Jayim Vital dice: "He encontrado en los libros de los kabbalistas que la oración de un individuo que medite en este Nombre, en la bendición *shomea tefilá*, siempre será respondida".

שׁוֹמֵעַ shomea תְּפִלָּה tefilá (שקו צית) אתב"ש אֻכְצָ, ב"ן אדני וניקודה ע"ה = יוד הי וו הה:

LAS TRES BENDICIONES FINALES

A través del mérito de Moshé, Aharón y Yosef, quienes son nuestros canales para las últimas tres bendiciones, somos capaces de hacer descender toda la energía espiritual que despertamos con nuestras oraciones y bendiciones.

LA DECIMOSÉPTIMA BENDICIÓN

Durante esta bendición, que se refiere a Moshé, siempre debemos meditar en tratar de saber exactamente qué quiere Dios de nosotros en nuestra vida, como lo indica la frase: "Que sea la voluntad de Dios". Estamos pidiéndole a Dios que nos guíe hacia el trabajo que vinimos a hacer en esta Tierra. El Creador no puede aceptar sólo el trabajo que queremos hacer, debemos llevar a cabo el trabajo que estamos destinados a hacer.

Nétsaj

Has hecho peticiones (de necesidades diarias) a Dios. Ahora, después de pedir que tus necesidades sean cumplidas, debes alabar al Creador en las últimas tres bendiciones. Esto es como una persona que haya recibido lo que necesita de su Señor y se aparte de Él. Debes decir "*retsé*" y meditar en el Deseo Celestial (*Kéter*) que es llamado *Métsaj Haratsón* (la Frente del Deseo).

רְצֵה retsé אלף למד הה יוד מם

Aquí meditar en transformar el infortunio y la tragedia (צרה) en deseo y aceptación (רצה).

יְהֹוָהאדניהיאהדונהי Adonai אֱלֹהֵינוּ Eloheinu ילה בְּעַמְּךָ beameja יִשְׂרָאֵל Yisrael

---

Y de Tu presencia,

nuestro Rey, no nos devuelvas con manos vacías, sino sé amable, responde y escucha nuestra oración. Porque Tú escuchas la oración de cada boca. Bendito eres Tú, Señor, que escuchas las oraciones.

LAS TRES BENDICIONES FINALES

LA DECIMOSÉPTIMA BENDICIÓN

Encuentra gracia, Señor, nuestro Dios, en Tu Pueblo, Israel,

וְלִתְפִלָּתָם velitfilatam שְׁעֵה sheé• וְהָשֵׁב vehashev הָעֲבוֹדָה haavodá

לִדְבִיר lidvir רי"ו בֵּיתֶךָ beiteja ב"פ ראה• וְאִשֵּׁי veishei יִשְׂרָאֵל Yisrael

וּתְפִלָּתָם utfilatam מְהֵרָה meherá בְּאַהֲבָה beahavá אחד, דאגה

תְקַבֵּל tekabel בְּרָצוֹן beratsón מהש ע"ה, ע"ב בריבוע וקס"א ע"ה, אל שדי ע"ה•

וּתְהִי utehí לְרָצוֹן leratsón מהש ע"ה, ע"ב בריבוע וקס"א ע"ה, אל שדי ע"ה

תָּמִיד tamid ע"ה קס"א קנ"א קמ"ג עֲבוֹדַת avodat יִשְׂרָאֵל Yisrael עַמֶּךָ ameja:

En *Jol Hamoed Sucot* agregamos:

Si por error olvidaste decir "*yaalé veyavó*" y te das cuenta antes del final de la bendición ("*Baruj Atá Adonai*") debes volver y decir "*yaalé veyavó*" y continuar como siempre. Si sólo te das cuenta luego del final de la bendición ("*hamajazir Shejinató leTsiyón*") pero antes de empezar la bendición siguiente ("*modim*"), debes decir "*yaalé veyavó*" en ese momento y continuar normalmente. Si te das cuenta de ello luego de haber empezado la siguiente bendición ("*modim*") pero antes del segundo "*yihyú leratsón*" (en la pág. 50) debes volver a "*retsé*" (pág. 43) y continuar desde allí. Si te cuenta de ello después (el segundo "*yihyú leratsón*"), debes empezar la *Amidá* desde el principio.

אֱלֹהֵינוּ Eloheinu ילה וֵאלֹהֵי veElohei לכב ; מילוי ע"ב, = דמב ; ילה אֲבוֹתֵינוּ avoteinu

יַעֲלֶה yaalé וְיָבֹא veyavó וְיַגִּיעַ veyaguía וְיֵרָאֶה veyeraé רי"ו וְיֵרָצֶה veyeratsé

וְיִשָּׁמַע veyishamá וְיִפָּקֵד veyipaked וְיִזָּכֵר veyizajer ר"ת מ"ב (ז"פ ו')

זִכְרוֹנֵנוּ zijronenu וְזִכְרוֹן vezijrón ע"ב קס"א ונש"ב אֲבוֹתֵינוּ avoteinu•

זִכְרוֹן zijrón ע"ב קס"א ונש"ב יְרוּשָׁלַיִם Yerushaláyim עִירָךְ iraj•

וְזִכְרוֹן vezijrón ע"ב קס"א ונש"ב מָשִׁיחַ Mashíaj בֶּן ben דָּוִד David

ע"ה כהת ; בן דוד = אדני ע"ה עַבְדֶּךָ avdaj פוי, אל אדני• וְזִכְרוֹן vezijrón ע"ב קס"א ונש"ב

כָּל col ילי עַמְּךָ ameja בֵּית beit ב"פ ראה יִשְׂרָאֵל Yisrael

לְפָנֶיךָ lefaneja ס"ג מ"ה ב"ן לִפְלֵיטָה lifleitá לְטוֹבָה letová אכא•

לְחֵן lején מילוי דמ"ה בריבוע, מוזי לְחֶסֶד lejésed ע"ב, ריבוע יהוה

וּלְרַחֲמִים ulerajamim• לְחַיִּים lejayim אהיה אהיה יהוה, בינה ע"ה•

טוֹבִים tovim וּלְשָׁלוֹם uleshalom• בְּיוֹם beyom ע"ה נגד, מזבח, זן, אל יהוה:

---

y oye su oración. Restaura el culto
en el santuario interno de Tu Templo. Acepta las ofrendas de Israel y sus oraciones con complacencia, prontamente y con amor. Que siempre sea agradable a Ti, el servicio de Israel, Tu Nación.

En *Jol Hamoed* agregamos:

Nuestro Dios y el Dios de nuestros padres, pueda levantarse y venir y llegar y aparecer y encontrar el favor y ser oído y ser considerado y ser recordado, nuestra remembranza y la remembranza de nuestros padres, la remembranza de Jerusalén, Tu ciudad, y la remembranza del Mesías Ben David, Tu sirviente, y la remembranza de toda Tu Nación, la Casa de Israel, ante Ti, para aceptación, para bien, para gracia, amabilidad y compasión, para una buena vida y para paz en este Día de:

וְחַג jag הַסֻּכּוֹת haSucot הַזֶּה hazé והו

בְּיוֹם beyom ע"ה נגד, מזבח, זן, אל יהוה מִקְרָא mikrá קֹדֶשׁ kódesh הַזֶּה hazé והו.

לְרַחֵם lerajem אברהם, וז"פ אל, רי"ו ול"ב נתיבות החכמה, רמ"ח (אברים),

עסמ"ב וט"ז אותיות פשוטות בּוֹ bo עָלֵינוּ aleinu וּלְהוֹשִׁיעֵנוּ ulehoshienu.

זָכְרֵנוּ zojrenu יְהֹוָאדהנהיאהדונהי Adonai אֱלֹהֵינוּ Eloheinu ילה בּוֹ bo

לְטוֹבָה letová אכא. וּפָקְדֵנוּ ufokdenu בוֹ vo לִבְרָכָה livrajá.

וְהוֹשִׁיעֵנוּ vehoshienu בוֹ vo לְחַיִּים lejayim אהיה אהיה יהוה, בינה ע"ה

טוֹבִים tovim. בִּדְבַר bidvar ראה יְשׁוּעָה yeshuá וְרַחֲמִים verajamim.

חוּס jus וְחָנֵּנוּ vejonenu וַחֲמוֹל vajamol וְרַחֵם verajem אברהם, וז"פ אל,

רי"ו ול"ב נתיבות החכמה, רמ"ח (אברים), עסמ"ב וט"ז אותיות פשוטות עָלֵינוּ aleinu.

וְהוֹשִׁיעֵנוּ vehoshienu כִּי qui אֵלֶיךָ eleja עֵינֵינוּ eineinu ריבוע מ"ה. כִּי qui

אֵל El ייא"י (מילוי דס"ג) מֶלֶךְ Mélej חַנּוּן janún וְרַחוּם verajum אָתָּה Atá:

וְאַתָּה veAtá בְּרַחֲמֶיךָ verajameja הָרַבִּים harabim. תַּחְפֹּץ tajpots

בָּנוּ banu וְתִרְצֵנוּ vetirtsenu וְתֶחֱזֶינָה vetejezena עֵינֵינוּ eineinu ריבוע מ"ה

בְּשׁוּבְךָ beshuvjá לְצִיּוֹן leTsiyón יוסף, ו' הויות, קנאה בְּרַחֲמִים berajamim

מצפצ, אלהים דיודין, י"פ ייי: בָּרוּךְ Baruj אַתָּה Atá יְהֹוָאדהנהיאהדונהי Adonai

הַמַּחֲזִיר hamajazir שְׁכִינָתוֹ Shejinató לְצִיּוֹן leTsiyón יוסף, ו' הויות, קנאה:

LA DECIMOCTAVA BENDICIÓN

Esta bendición es nuestro agradecimiento. Kabbalísticamente, el mayor agradecimiento que le podemos dar a nuestro Creador es hacer exactamente lo que necesitamos hacer en cuanto a nuestro trabajo espiritual.

Este festival de Sucot, en este buen día de Convocación Santa.
Para tener misericordia de nosotros y para salvarnos.
Recuérdanos, Señor, nuestro Dios, para bien y considéranos en ello para la bendición y entréganosla para una buena vida con las palabras de entrega y misericordia. Ten piedad y sé amable con nosotros y ten misericordia y sé compasivo con nosotros y sálvanos, porque nuestros ojos van hacia Ti, porque Tú eres Dios, Rey que es amable y compasivo.

Y Tú, en Tu gran compasión, te deleites en nosotros y estés complacido con nosotros. Puedan nuestros ojos contemplar Tu retorno a Sión con compasión. ¡Bendito eres Tú, Señor, que devuelve Su Shejiná a Sión!

Hod

Inclina todo tu cuerpo en "*modim*" y enderézate en "*Adonai*".

מוֹדִים modim מאה ברכות שתיקן דוד לאמרם כל יום

> **Cuando la víspera de la festividad cae en la víspera de *Shabat*:**
> **Mientras te inclinas** debes meditar en: אלף הא יוד הא, con el fin de bajar a *Rúaj* de *Yetsirá*, para ser como *Mayin Nukvín* de modo de elevar la *Shejiná*. Y **mientras te enderezas** debes meditar en: יוד הא ואו הא, para elevar la *Shejiná* y para preparar el Mundo de *Yetsirá* para que sea elevado a *Briá* y ser capaz de recibir *Asiyá*.

אֲנַחְנוּ anajnu לָךְ laj שָׁאַתָּה sheAtá הוּא Hu יְהֹוָהאדניאהדונהי Adonai (ונ)

אֱלֹהֵינוּ Eloheinu ילה וֵאלֹהֵי veElohei לכב ; מילוי ע״ב, דמב ; ילה אֲבוֹתֵינוּ avoteinu

לְעוֹלָם leolam ריבוע ס״ג וי׳ אותיות דס״ג וָעֶד vaed. צוּרֵנוּ tsurenu

צוּר tsur אלהים דההין ע״ה וְחַיֵּינוּ jayeinu וּמָגֵן umaguén ג״פ אל (ייא״י מילוי דס״ג) ;

ר״ת מיכאל גבריאל נוריאל יִשְׁעֵנוּ yishenu אַתָּה Atá הוּא Hu.

לְדוֹר ledor וָדוֹר vador רי״ו נוֹדֶה nodé לְּךָ lejá וּנְסַפֵּר unesaper

תְּהִלָּתֶךָ tehilateja. עַל־ al חַיֵּינוּ jayeinu הַמְּסוּרִים hamesurim

בְּיָדֶךָ beyadeja. וְעַל veal נִשְׁמוֹתֵינוּ nishmoteinu הַפְּקוּדוֹת hapekudot

לָךְ laj. וְעַל־ veal נִסֶּיךָ niseja שֶׁבְּכָל shebejol ב״ן, לכב

יוֹם yom ע״ה נגד, מזבח, זן, אל יהוה עִמָּנוּ imanu ריבוע ס״ג, קס״א ע״ה וד׳ אותיות וְעַל veal

נִפְלְאוֹתֶיךָ nifleoteja וְטוֹבוֹתֶיךָ vetovoteja שֶׁבְּכָל shebejol ב״ן, לכב

עֵת et. עֶרֶב érev וָבֹקֶר vavóker וְצָהֳרָיִם vetsahoráyim. הַטּוֹב hatov והו

כִּי־ qui לֹא־ lo כָלוּ jalu רַחֲמֶיךָ rajameja. הַמְרַחֵם hamerajem

אברהם, ו״פ אל, רי״ו ול״ב נתיבות החכמה, רמ״ח (אברים), עסמ״ב וט״ז אותיות פשוטות כִּי־ qui לֹא lo

תַּמּוּ tamu חֲסָדֶיךָ jasadeja כִּי qui מֵעוֹלָם meolam קִוִּינוּ kivinu לָךְ laj:

LA DECIMOCTAVA BENDICIÓN

Nosotros te damos gracias a Ti, porque eres Tú, Señor, quien es nuestro Dios y el Dios de nuestros padres, por siempre y por toda la eternidad. Tú eres nuestra Fortaleza, la Fortaleza de nuestras vidas y el Escudo de nuestra salvación. De una generación a otra, te daremos gracias a Ti y cantaremos Tu alabanza. Por nuestras vidas que están en Tus Manos, por nuestras almas que están a Tu cuidado, por Tus milagros que están con nosotros todos los días y por Tus maravillas y Tus favores que están con nosotros en todo momento: de noche, de mañana y de tarde. Tú eres bueno, porque Tu compasión nunca se ha acabado. Tú eres el misericordioso, porque Tu bondad nunca ha cesado, porque siempre hemos puesto nuestras esperanzas en Ti.

MODIM DERABANÁN

Esta oración es recitada por la congregación en la repetición cuando el *jazán* dice "*modim*".

En esta sección hay 44 palabras, que es el mismo valor numérico del Nombre:

ריבוע אהי (א אה אהי אהיה)

מוֹדִים modim מאה ברכות שתיקן דוד לאמרם כל יום אֲנַחְנוּ anajnu לָךְ laj

שָׁאַתָּה sheAtá הוּא Hu יְהֹוָה(אדני)אהדונהי Adonai אֱלֹהֵינוּ Eloheinu ילה

וֵאלֹהֵי veElohei לכב ; מילוי ע"ב, דמב ; ילה אֲבוֹתֵינוּ avoteinu

אֱלֹהֵי Elohei מילוי ע"ב, דמב ; ילה כָּל jol ילי בָּשָׂר basar. יוֹצְרֵנוּ yotsrenu

יוֹצֵר yotser בְּרֵאשִׁית bereshit. בְּרָכוֹת brajot וְהוֹדָאוֹת vehodaot

לְשִׁמְךָ leShimjá הַגָּדוֹל hagadol להח ; עם ד' אותיות = מבה, יזל, אום

וְהַקָּדוֹשׁ vehakadosh עַל al שֶׁהֶחֱיִיתָנוּ shehejeyitanu וְקִיַּמְתָּנוּ vekiyamtanu.

כֵּן quen תְּחַיֵּינוּ tejayeinu וּתְחָנֵּנוּ utejonenu. וְתֶאֱסוֹף veteesof

גָּלֻיּוֹתֵינוּ galuyoteinu לְחַצְרוֹת lejatsrot קָדְשֶׁךָ kodshejá. לִשְׁמוֹר lishmor

חֻקֶּיךָ jukeja וְלַעֲשׂוֹת velaasot רְצוֹנְךָ retsonjá. וּלְעָבְדְּךָ uleovdejá

פוי, אל אדני בְּלֵבָב belevav בוכו שָׁלֵם shalem. עַל al שֶׁאֲנַחְנוּ sheanajnu

מוֹדִים modim לָךְ laj. בָּרוּךְ Baruj אֵל El ייא"י (מילוי דס"ג) הַהוֹדָאוֹת hahodaot:

וְעַל veal כֻּלָּם culam יִתְבָּרַךְ yitbaraj וְיִתְרוֹמַם veyitromam

וְיִתְנַשֵּׂא veyitnasé תָּמִיד tamid ע"ה קס"א קנ"א קמ"ג שִׁמְךָ Shimjá

מַלְכֵּנוּ malquenu לְעוֹלָם leolam ריבוע ס"ג וי' אותיות דס"ג וָעֶד vaed.

וְכָל vejol ילי הַחַיִּים hajayim אהיה אהיה יהוה, בינה ע"ה יוֹדוּךָ yoduja סֶּלָה sela:

MODIM DERABANÁN

Nosotros te damos gracias a Ti, porque eres Tú, Señor, quien es nuestro Dios y el Dios de nuestros ancestros, el Dios de toda la humanidad, nuestro Hacedor y el Creador de toda la Creación. Bendiciones y gracias a Tu gran y Santo Nombre por darnos vida y por preservarnos. Que puedas Tú continuar dándonos vida, sé amable con nosotros y reúne nuestros exiliados en las Cortes de Tu Santuario, para que podamos cumplir Tus leyes, hacer Tu voluntad y servir a Ti con todo el corazón. Por esto te agradecemos. ¡Bendito sea el Dios de los agradecimientos!.

Y por todas estas cosas, que Tu Nombre sea siempre bendecido, exaltado y ensalzado, por siempre, nuestro Rey, por siempre y para siempre, y todos los vivientes te agradecen, Sela.

ויהללו vihalelú ויברכו vivarjú יהוה ריבוע יהוה ריבוע מ״ה את־ et
שמך Shimjá הגדול hagadol להח ; עם ד׳ אותיות = מבה, יזל, אום באמת beemet
אהיה פעמים אהיה, ז״פ ס״ג לעולם leolam ריבוע ס״ג וי׳ אותיות דס״ג כי qui טוב tov והו ;
כי טוב = יהוה אהיה, אום, מבה, יזל. האל haEl לאה ; ייא״י (מילוי דס״ג) ישועתנו yeshuatenu
ועזרתנו veezratenu סלה sela. האל haEl לאה ; ייא״י (מילוי דס״ג) הטוב hatov והו:

Flexiona tus rodillas en "*Baruj*", inclínate en "*Atá*" y enderézate en "*Adonai*".

ברוך Baruj אתה Atá

Cuando la víspera de la festividad cae en la víspera de *Shabat*:
Mientras te inclinas debes meditar en el Nombre: אלף הה יוד הה, para bajar el *Néfesh* de *Asiyá*, y que sea como *Mayin Nukvín* para elevar la *Shejiná*. Y **mientras te enderezas** medita en el Nombre: יוד הה וו הה, para elevar la *Shejiná* y para preparar a *Asiyá* para ser elevado a *Yetsirá*.

יהוהאדניאהדונהי Adonai (הי׳) הטוב hatov והו שמך Shimjá
ולך ulejá נאה naé להודות lehodot ס״ת כהת, משיוח בן דוד ע״ה:

En ***Shajarit* de *Jol Hamoed*** decimos aquí la "bendición de los *Cohanim*" (pág. 355).

La bendición final

Estamos emanando la energía de paz para el mundo entero. También nos proponemos utilizar nuestra boca sólo para el bien. Kabbalísticamente, el poder de las palabras y del habla es inimaginable. Esperamos usar este poder sabiamente, lo que tal vez sea una de las tareas más difíciles de llevar a cabo.

Yesod

שים sim שלום shalom טובה tová אכא וברכה uvrajá
וחיים jayim אהיה אהיה יהוה, בינה ע״ה וחן jen מילוי דמ״ה בריבוע, מוזי
וחסד vajésed ע״ב, ריבוע יהוה צדקה tsedaká ע״ה ריבוע אלהים
ורחמים verajamim עלינו aleinu ועל־ veal כל־ col ילי ; עמם
ישראל Yisrael עמך ameja וברכנו uvarjenu אבינו avinu כלנו culanu
כאחד queejad אהבה, דאגה באור beor רז, א״ס פניך paneja ס״ג מ״ה ב״ן

Y ellos te alabarán y bendecirán Tu gran Nombre, sinceramente y para siempre, porque es bueno, el Dios de nuestra salvación y nuestra ayuda, Sela, el buen Dios. Bendito eres Tú, Señor, cuyo Nombre es bueno. Y a Ti es propio dar gracias.

La bendición final

Otorga paz, bondad, bendiciones, vida, gracia, amabilidad, justicia y misericordia a nosotros y a todo Israel, Tu Pueblo. Bendícenos a todos como uno solo, Padre nuestro, con la Luz de Tu Rostro,

כִּי qui בְּאוֹר veor רז, א״ס פָּנֶיךָ paneja ס״ג מ״ה ב״ן נָתַתָּ natata לָּנוּ lanu
אלהים, אהיה אדני יְהֹוָהאדניאהדונהי Adonai אֱלֹהֵינוּ Eloheinu ילה תּוֹרָה Torá
וְחַיִּים vejayim אהיה אהיה יהוה, בינה ע״ה. אַהֲבָה ahavá אחד, דאגה וָחֶסֶד vajésed
ע״ב, ריבוע יהוה. צְדָקָה tsedaká ע״ה ריבוע אלהים וְרַחֲמִים verajamim.
בְּרָכָה brajá וְשָׁלוֹם veshalom. וְטוֹב vetov והו בְּעֵינֶיךָ beeineja
ע״ה קס״א ; ריבוע מ״ה לְבָרְכֵנוּ levarjenu וּלְבָרֵךְ ulevarej אֶת et כָּל col ילי
עַמְּךָ ameja יִשְׂרָאֵל Yisrael בְּרוֹב berov י״פ אהיה עֹז oz וְשָׁלוֹם veshalom:

בָּרוּךְ Baruj אַתָּה Atá יוּהוּוּאדניאהדונהי Adonai
הַמְבָרֵךְ hamevarej אֶת et עַמּוֹ amó יִשְׂרָאֵל Yisrael
ר״ת = אלהים (אילההויהם = יב״ק) בַּשָּׁלוֹם bashalom. אָמֵן Amén. יאהדונהי.

Cuando la víspera de la festividad cae en la víspera de *Shabat*:
Medita aquí para elevar el Nombre: יהוה, de la siguiente manera:
La letra ה y el Nombre ב״ן a la letra ו y al Nombre מ״ה.
La letra ו y el Nombre מ״ה a la letra ה y al Nombre ס״ג.
La letra ה y el Nombre ס״ג a la letra י y al Nombre ע״ב.

YIHYÚ LERATSÓN

Hay 42 letras en el versículo en el secreto del *Aná Bejóaj*.

יִהְיוּ yihyú אל (ייא״י מילוי דס״ג) לְרָצוֹן leratsón מהש ע״ה, ע״ב בריבוע וקס״א ע״ה, אל שדי ע״ה
אִמְרֵי imrei פִּי fi ר״ת אֶלֶף = אלף למד שין דלת יוד ע״ה וְהֶגְיוֹן vehegyón לִבִּי libí
לְפָנֶיךָ lefaneja ס״ג מ״ה ב״ן יְהֹוָהאדניאהדונהי Adonai צוּרִי tsurí וְגֹאֲלִי vegoalí:

---

porque es con la Luz de Tu rostro que Tú, Señor, nuestro Dios, nos has dado la Torá y vida, amor y amabilidad, justicia y misericordia, bendición y paz. Que sea grato a Tus Ojos bendecirnos y bendecir a Tu Nación, Israel, con abundante poder y con paz. ¡Bendito eres Tú, Señor, que bendice a Su Pueblo, Israel, con paz, Amén!

YIHYÚ LERATSÓN

"Que los dichos de mi boca y los pensamientos de mi corazón sean gratos ante Ti, Señor, mi Fortaleza y mi Redentor" (Salmos 19:15).

Elohai Netsor

אֱלֹהַי Elohai מילוי ע"ב, דמב ; ילה נְצוֹר netsor לְשׁוֹנִי leshoní מֵרָע merá.
וְשִׂפְתוֹתַי vesiftotai מִדַּבֵּר midaber ראה מִרְמָה mirmá. וְלִמְקַלְלַי velimkalelai
נַפְשִׁי nafshí תִדּוֹם tidom. וְנַפְשִׁי venafshí כֶּעָפָר queafar
לַכֹּל lacol יה אדני תִּהְיֶה tihyé. פְּתַח petaj לִבִּי libí בְּתוֹרָתֶךָ betorateja.
וְאַחֲרֵי veajarei מִצְוֹתֶיךָ mitsvoteja תִּרְדּוֹף tirdof נַפְשִׁי nafshí.
וְכָל־ vejol ילי הַקָּמִים hakamim עָלַי alai לְרָעָה leraá רהע. מְהֵרָה meherá
הָפֵר hafer עֲצָתָם atsatam וְקַלְקֵל vekalkel מַחְשְׁבוֹתָם majshevotam.
עֲשֵׂה asé לְמַעַן lemaan שְׁמָךְ shemaj. עֲשֵׂה asé לְמַעַן lemaan
יְמִינָךְ yeminaj. עֲשֵׂה asé לְמַעַן lemaan תּוֹרָתָךְ torataj. עֲשֵׂה asé
לְמַעַן lemaan קְדוּשָּׁתָךְ kedushataj. ר"ת הפסוק = מ"ה יהוה לְמַעַן lemaan
יֵחָלְצוּן yejaltsún יְדִידֶיךָ yedideja ר"ת ילי הוֹשִׁיעָה hoshía יהוה וש"ע נהורין
יְמִינְךָ yeminjá וַעֲנֵנִי vaaneni (כתיב: ועננו) ר"ת אל ("יא" מילוי דס"ג):

Antes de que recitemos el próximo verso ("*Yihyú leratsón*") tenemos una oportunidad para fortalecer la conexión con nuestra alma usando nuestro nombre. Cada persona tiene un versículo en la Torá que lo conecta con su nombre. O bien su nombre está en el versículo, o la primera y última letra del nombre corresponden a la primera y última letra de un versículo. Por ejemplo, el nombre Yehuda comienza con una *Yud* y termina con una *Hei*. Antes de terminar la *Amidá*, declaramos que nuestro nombre sea siempre recordado cuando nuestra alma abandone este mundo.

Yihyú Leratsón (el segundo)

Hay 42 letras en el versículo en el secreto del *Aná Bejóaj*.

יִהְיוּ yihyú אל ("יא" מילוי דס"ג) לְרָצוֹן leratsón מהש ע"ה, ע"ב בריבוע וקס"א ע"ה, אל שדי ע"ה
אִמְרֵי־ imrei פִי fi ר"ת אֶלֶף = אלף למד שין דלת יוד ע"ה וְהֶגְיוֹן vehegyón לִבִּי libí
לְפָנֶיךָ lefaneja ס"ג מ"ה ב"ן יְהֹוָהאדניאהדונהי Adonai צוּרִי tsurí וְגֹאֲלִי vegoalí:

Elohai Netsor

Mi Dios, cuida mi lengua del mal y mis labios de decir falsedad. Que mi alma permanezca en silencio ante aquellos que me maldicen y permite que mi espíritu sea humilde ante todos, como el polvo. Abre mi corazón a Tu Torá y permite que mi corazón siga Tus mandamientos. Prontamente frustra los planes y daña los pensamientos de todos aquellos que se levantan contra mí para hacerme daño. Hazlo por la gloria de Tu Nombre. Haz esto por el bien de Tu Diestra. Haz esto por el mérito de Tu Torá. Haz esto por Tu Santidad, "Que Tus amados sean rescatados. Sálvalos con Tu Diestra y contéstame" (Salmos 60:7).

Yihyú Leratsón (el segundo)

"Que los dichos de mi boca
y los pensamientos de mi corazón sean gratos ante Ti, Señor, mi Fortaleza y mi Redentor" (Salmos 19:15).

OSÉ SHALOM

Ahora damos tres pasos para atrás para atraer la Luz de los Mundos Superiores a nuestra vida. Nos inclinamos a la izquierda, la derecha y el centro, y debemos meditar en que, al dar estos pasos atrás, el Santo Templo sea reconstruido nuevamente.

Da tres pasos hacia atrás;

Izquierda
Te vuelves a la izquierda y dices:

עוֹשֶׂה osé שָׁלוֹם shalom
בִּמְרוֹמָיו bimromav ר"ת ע"ב, ריבוע יהוה

Derecha
Te vuelves a la derecha y dices:

הוּא Hu בְּרַחֲמָיו verajamav יַעֲשֶׂה yaasé
שָׁלוֹם shalom עָלֵינוּ aleinu ר"ת ש"ע נהורין

Centro
Te alineas al centro y dices:

וְעַל veal כָּל־ col ילי ; עמם עַמּוֹ amó יִשְׂרָאֵל Yisrael
וְאִמְרוּ veimrú אָמֵן Amén יאהדונהי:

יְהִי yehí רָצוֹן ratsón מהש ע"ה, ע"ב בריבוע וקס"א ע"ה, אל שדי ע"ה מִלְּפָנֶיךָ milfaneja ס"ג מ"ה ב"ן יְהֹוָהאדניאהדונהי Adonai אֱלֹהֵינוּ Eloheinu ילה וֵאלֹהֵי veElohei לכב ; מילוי ע"ב, דמב ; ילה אֲבוֹתֵינוּ avoteinu, שֶׁתִּבְנֶה shetivné בֵּית beit ב"פ ראה הַמִּקְדָּשׁ hamikdash בִּמְהֵרָה bimherá בְּיָמֵינוּ veyameinu וְתֵן vetén חֶלְקֵנוּ jelkenu בְּתוֹרָתָךְ vetorataj לַעֲשׂוֹת laasot חֻקֵּי jukei רְצוֹנָךְ retsonaj וּלְעָבְדָךְ uleovdaj פוי, אל אדני בְּלֵבָב belevav בוכו שָׁלֵם shalem.

Da tres pasos hacia delante.

En *Shajarit* de *Jol Hamoed* continuamos con:
"El Orden de *Netilat HaLulav*" en la página 361, luego decimos el *Halel* en las págs. 375-400, luego con las *Hoshanot* (rondas, de acuerdo a cada día, en las págs. 401-431). (En *Hoshaná Rabá* continuamos con *Hoshanot* en las págs. 432-478). Después decimos *Kadish Titkabal* en la página 489, luego sacamos la Torá del Arca desde la página 491 en adelante, la lectura de la Torá a partir de la página 743 en adelante, decimos medio *Kadish* en las págs. 501-502, y continuamos en la pág. 663.

OSÉ SHALOM

Él, que establece paz en Sus altos lugares,

Él, en Su compasión, hará que la paz esté entre nosotros y sobre Su pueblo entero, Israel, y dirán: Amén.

Sea agradable ante Ti, Señor, nuestro Dios y Dios de nuestros antepasados, que puedas reconstruir rápidamente el santo Templo, en nuestros días, y otórganos participación en Tu Torá, para que podamos cumplir las leyes de Tu deseo y servirte con todo el corazón.

YEHÍ SHEM

יְהִי yehí שֵׁם shem יְהֹוָה יאהדונהי Adonai מְבֹרָךְ mevoraj ר"ת ריבוע ע"ב וריבוע ס"ג

יהוה מברך = רפ"ח (להעלות רפ"ח ניצוצות שנפלו לקליפה דמשם באים התולואים) מֵעַתָּה meatá

וְעַד־ vead עוֹלָם olam: ילי מִמִּזְרַח־ mimizraj שֶׁמֶשׁ shémesh עַד־ ad

ר"ת קדוש מְבוֹאוֹ mevoó מְהֻלָּל mehulal שֵׁם shem יְהֹוָה יאהדונהי Adonai:

רָם ram עַל־ al כָּל־ col ילי ; עמם גּוֹיִם goyim יְהֹוָה יאהדונהי Adonai עַל al

הַשָּׁמַיִם hashamáyim י"פ טל, י"פ כוזו ; ר"ת וזשמל כְּבוֹדוֹ quevodó:

יְהֹוָה יאהדונהי Adonai אֲדֹנֵינוּ adoneinu מָה־ ma מ"ה אַדִּיר adir הרי

שִׁמְךָ Shimjá בְּכָל־ bejol ב"ן, לכב ; ומב הָאָרֶץ haárets אלהים דההין ע"ה:

KADISH TITKABAL

יִתְגַּדַּל yitgadal וְיִתְקַדַּשׁ veyitkadash שדי ומילוי שדי ; י"א אותיות כמנין ו"ה

שְׁמֵיהּ Shmei (שם י"ה דע"ב) רַבָּא rabá קנ"א ב"ן, יהוה אלהים יהוה אדני,

מילוי קס"א וס"ג, מ"ה ברבוע וע"ב ע"ה ; ר"ת = ו"פ אלהים ; ס"ת = ג"פ יב"ק: אָמֵן Amén אידהנויה.

בְּעָלְמָא bealmá דִּי di בְרָא verá כִרְעוּתֵיהּ quirutei.

וְיַמְלִיךְ veyamlij מַלְכוּתֵיהּ maljutei. וְיַצְמַח veyatsmaj

פּוּרְקָנֵיהּ purkanei. וִיקָרֵב vikarev מְשִׁיחֵיהּ Meshijei: אָמֵן Amén אידהנויה.

בְּחַיֵּיכוֹן bejayeijón וּבְיוֹמֵיכוֹן uveyomeijón וּבְחַיֵּי uvejayei

דְכָל dejol ילי בֵּית beit ב"פ ראה יִשְׂרָאֵל Yisrael בַּעֲגָלָא baagalá

וּבִזְמַן uvizmán קָרִיב kariv וְאִמְרוּ veimrú אָמֵן Amén: אָמֵן Amén אידהנויה.

YEHÍ SHEM

"Que el Nombre del Señor sea bendecido desde ahora hasta toda la eternidad. Desde la salida del Sol hasta su caída, que el Nombre del Señor sea alabado y elevado. Sobre todas las naciones está el Señor. Su gloria está sobre los Cielos" (Salmos 113:2-4). "Dios, nuestro Señor, cuán tremendo es Tu Nombre en toda la Tierra" (Salmos 8:10).

KADISH TITKABAL

Glorificado y santificado sea Su gran Nombre (Amén).

En el mundo que Él creó de acuerdo a Su voluntad, y pueda Su Reino reinar. Y pueda Él hacer que Su redención florezca y pueda Él acercar al Mesías (Amén). En tus vidas y en tus días y en la vida de toda la Casa de Israel, prontamente y en el futuro cercano, y dígase: Amén (Amén).

La congregación y el *jazán* dicen lo siguiente:

Veintiocho palabras (hasta *bealmá*) – meditar en:
מילוי דמילוי דע"ב (יוד ויו דלת הי יוד ויו יוד ויו הי יוד)

Veintiocho letras (hasta *almayá*) – meditar en:
מילוי דמילוי דע"ב (יוד ויו דלת הי יוד ויו יוד ויו הי יוד)

יְהֵא yehé שְׁמֵיהּ Shmei (שם י"ה דס"ג) רַבָּא rabá קנ"א ב"ן,

יהוה אלהים יהוה אדני, מילוי קס"א וס"ג, מ"ה ברבוע וע"ב ע"ה מְבָרַךְ mevaraj,

לְעָלַם lealam לְעָלְמֵי lealmei עָלְמַיָּא almayá. יִתְבָּרַךְ yitbaraj.

Siete palabras con seis letras cada una (שם בן מ"ב) – meditar en:
יהוה - יוד הי ויו הי - מילוי דמילוי דע"ב (יוד ויו דלת הי יוד ויו יוד ויו הי יוד)

También, siete veces la letra *Vav* (שם בן מ"ב) – meditar en:
יהוה - יוד הי ויו הי - מילוי דמילוי דע"ב (יוד ויו דלת הי יוד ויו יוד ויו הי יוד).

וְיִשְׁתַּבַּח veyishtabaj י"פ ע"ב יהוה אל אבג יתץ.

וְיִתְפָּאַר veyitpaar הי גי יה קרע שטן. וְיִתְרוֹמַם veyitromam וה כוזו נגד יכש.

וְיִתְנַשֵּׂא veyitnasé במוכסז בטר צתג. וְיִתְהַדָּר veyihadar כוזו יה וזקב טנע.

וְיִתְעַלֶּה veyitalé וה יוד ה יגל פזק. וְיִתְהַלָּל veyithalal א ואו הא שקו צית.

שְׁמֵיהּ Shmei (שם י"ה דמ"ה) דְּקוּדְשָׁא deKudshá בְּרִיךְ Verij הוּא Hu:

אָמֵן Amén אידהנויה.

לְעֵלָּא leelá מִן min כָּל col ילי בִּרְכָתָא birjatá. שִׁירָתָא shiratá.

תֻּשְׁבְּחָתָא tishbejatá וְנֶחֱמָתָא venejamatá. דַּאֲמִירָן daamirán

בְּעָלְמָא bealmá וְאִמְרוּ veimrú אָמֵן Amén: אָמֵן Amén אידהנויה.

תִּתְקַבַּל titkabal צְלוֹתָנָא tselotaná וּבָעוּתָנָא uvautaná

עִם im צְלוֹתְהוֹן tselothón וּבָעוּתְהוֹן uvautehón דְּכָל dejol ילי

בֵּית beit ב"פ ראה יִשְׂרָאֵל Yisrael קֳדָם kadam אֲבוּנָא avuná

דְּבִשְׁמַיָּא devishmayá וְאִמְרוּ veimrú אָמֵן Amén: אָמֵן Amén אידהנויה.

Que Su gran Nombre sea bendito por siempre y por toda la eternidad. Bendito y alabado, y glorificado y exaltado, y ensalzado y honrado, y adorado y loado sea el Nombre del Santísimo, bendito sea Él (Amén). Más allá de todas las bendiciones, himnos, alabanzas y palabras de consolación que jamás se dijeran en el mundo, y dígase: Amén (Amén). Sean aceptadas nuestras oraciones y súplicas, junto con las oraciones y las súplicas de toda la Casa de Israel, ante nuestro Padre en los Cielos, y dígase: Amén (Amén).

יְהֵא yehé שְׁלָמָא shlamá רַבָּא rabá קנ"א ב"ן, יהוה אלהים יהוה אדני, מילוי קס"א וס"ג,

מ"ה ברבוע וע"ב ע"ה מִן min שְׁמַיָּא shmayá. וְחַיִּים jayim אהיה אהיה יהוה, בינה ע"ה

וְשָׂבָע vesavá וִישׁוּעָה vishuá וְנֶחָמָה venejamá וְשֵׁיזָבָא vesheizavá

וּרְפוּאָה urefuá וּגְאֻלָּה ugueulá וּסְלִיחָה uslijá וְכַפָּרָה vejapará

וְרֵיוַח vereivaj וְהַצָּלָה vehatsalá. לָנוּ lanu אלהים, אהיה אדני וּלְכָל ulejol יה אדני

עַמּוֹ amó יִשְׂרָאֵל Yisrael וְאִמְרוּ veimrú אָמֵן Amén: אָמֵן Amén אידהנויה.

Da tres pasos para atrás y di:

עוֹשֶׂה osé שָׁלוֹם shalom בִּמְרוֹמָיו bimromav ע"ב, ריבוע יהוה. הוּא Hu

בְּרַחֲמָיו berajamav יַעֲשֶׂה yaasé שָׁלוֹם shalom עָלֵינוּ aleinu ר"ת ש"ע נהורין.

וְעַל veal כָּל col ילי ; עמם עַמּוֹ amó יִשְׂרָאֵל Yisrael וְאִמְרוּ veimrú אָמֵן Amén:

אָמֵן Amén אידהנויה.

LAMENATSÉAJ

Cuando la víspera de la festividad cae en la víspera de *Shabat* omitimos "*Lamenatséaj*" y decimos "*Adonai Malaj*" en la pág. 57.

Al meditar en el *Maguén David* (Escudo de David), aprovechamos el poder, fortaleza y valentía del Rey David para que podamos vencer a nuestros enemigos personales. Nuestros verdaderos enemigos no se encuentran en el mundo exterior, a pesar de lo que nos diga nuestro ego. Nuestro verdadero enemigo es nuestro *Deseo de Recibir para Sí Mismo*. Cuando vencemos al enemigo interno, los enemigos externos de pronto desaparecen de nuestra vida.

Dios reveló este Salmo al Rey David a través de la Inspiración Divina. Fue escrito en una placa de oro en forma de una *Menorá* (ilustrado en la pág. 56). Dios también se la mostró a Moshé. El Rey David llevaba este Salmo escrito y grabado en la placa de oro en su escudo, el Escudo de David. Cuando el Rey David iba a la guerra, él meditaba en los secretos de la *Menorá* y en las siete oraciones de este Salmo grabadas en ésta, y sus enemigos, literalmente, caían vencidos ante él. Al meditar en él (leyendo las letras sin cambiar la posición de la página), aprovechamos ese poder. (*Midbar Kdemot*, por el Jidá, y también en *Menorat Zahav*, por Rav Zusha).

Que haya paz abundante del Cielo. Vida, satisfacción, salvación, consuelo, entrega, sanación, redención, perdón, expiación, comodidad y alivio para nosotros y para toda Su nación, Israel y dígase: Amén (Amén). Él, que establece la paz en Sus Alturas, Él, en Su compasión, hará la paz sobre nosotros y sobre toda Su nación, Israel. Y dígase: Amén (Amén).

לַמְנַצֵּחַ lamenatséaj בִּנְגִינֹת binguinot מִזְמוֹר mizmor שִׁיר shir:

אֱלֹהִים Elohim אהיה אדני ; ילה יְחָנֵּנוּ yejanenu וִיבָרְכֵנוּ vivarjenu

יָאֵר yaer כף ויו זין ויו פָּנָיו panav אִתָּנוּ itanu ר"ת פאי, אמן (יאהדונהי) סֶלָה sela:

לָדַעַת ladáat ר"ת סאל, אמן (יאהדונהי) בָּאָרֶץ baárets דַּרְכֶּךָ darquejá

בְּכָל bejol ב"ן, לכב גּוֹיִם goyim יְשׁוּעָתֶךָ yeshuateja:

יוֹדוּךָ yoduja עַמִּים amim אֱלֹהִים Elohim אהיה אדני ; ילה יוֹדוּךָ yoduja

עַמִּים amim כֻּלָּם culam: יִשְׂמְחוּ yismejú וִירַנְּנוּ viranenú

לְאֻמִּים leumim ר"ת ע"ה = אהההיוהה כִּי־ qui תִשְׁפֹּט tishpot עַמִּים amim

מִישֹׁר mishor וּלְאֻמִּים uleumim בָּאָרֶץ baárets תַּנְחֵם tanjem סֶלָה sela:

יוֹדוּךָ yoduja עַמִּים amim אֱלֹהִים Elohim אהיה אדני ; ילה יוֹדוּךָ yoduja

עַמִּים amim כֻּלָּם culam: ר"ת יודוך יודוך ישמחו ארץ = ייא"י (מילוי דס"ג)

ועם ר"ת אלהים לדעת יברכנו = ע"ב, ריבוע יהוה אֶרֶץ érets נָתְנָה natná נתה, קס"א קנ"א קמ"ג

יְבוּלָהּ yevulá ר"ת אני יְבָרְכֵנוּ yevarjenu אֱלֹהִים Elohim אהיה אדני ; ילה

אֱלֹהֵינוּ Eloheinu ילה: יְבָרְכֵנוּ yevarjenu אֱלֹהִים Elohim אהיה אדני ; ילה

וְיִירְאוּ veyirú אוֹתוֹ otó כָּל col ילי אַפְסֵי־ afsei אָרֶץ árets:

LAMENATSÉAJ

"Al Director del Coro, con música melodiosa, un Salmo. Tenga Dios gracia con nosotros y nos bendiga, y haga resplandecer Su rostro sobre nosotros, Sela. Para que sea Tu camino conocido en la Tierra y Tu salvación entre todas las naciones. Las naciones te darán gracias, Dios. Todas las naciones te darán gracias. La gente se alegrará y cantará porque Tú juzgas a los pueblos con equidad y Tú guías a las naciones en la Tierra, Sela. Los pueblos te darán gracias, Dios. Todos los pueblos te darán gracias. La Tierra ha dado su fruto. Nos bendiga Dios, nuestro Dios. Nos bendiga Dios y le teman desde todos los confines de la Tierra" (Salmos 67).

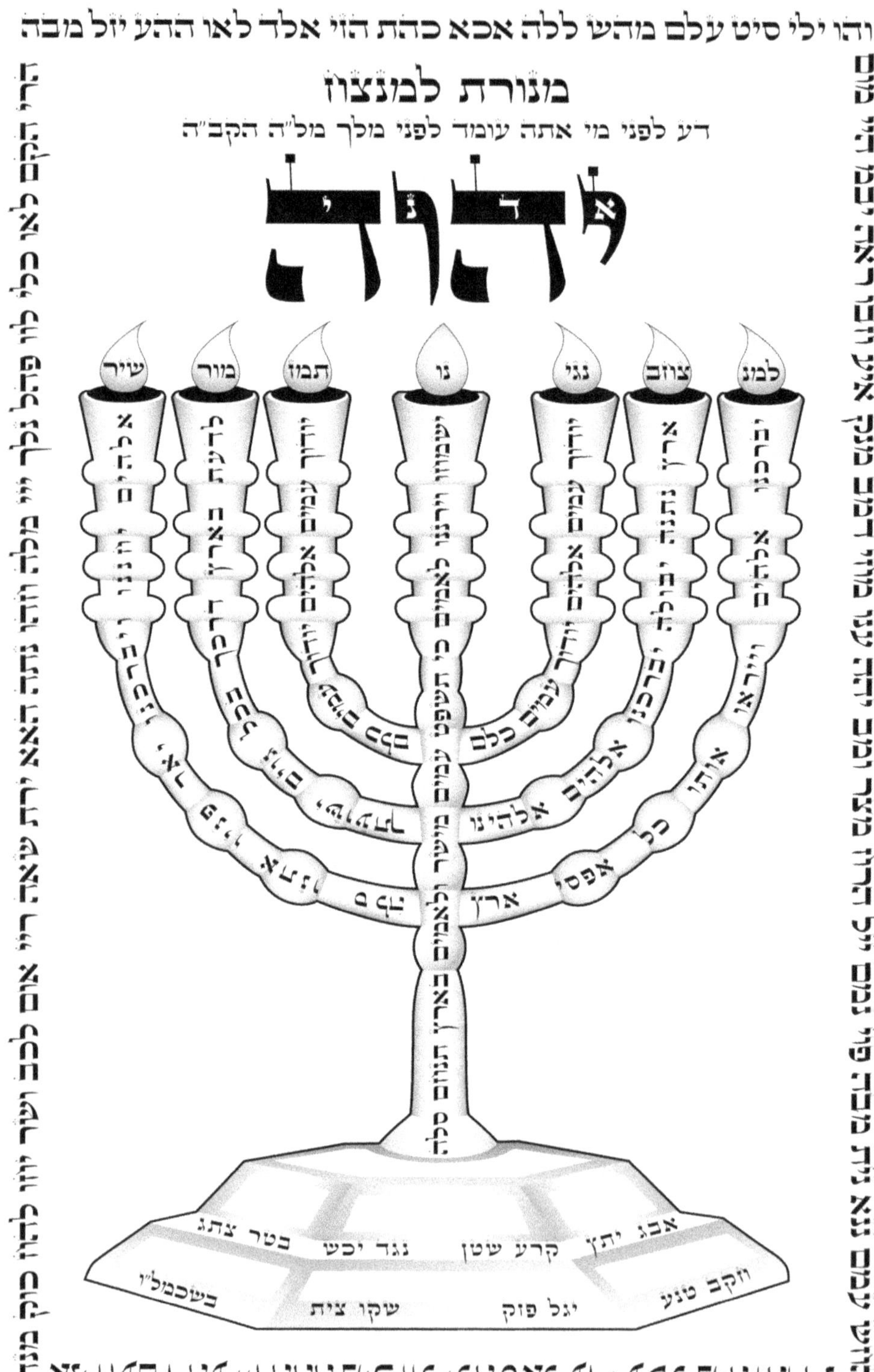
והו ילי סיט עלם מהש ללה אכא כהת הזי אלד לאו ההע יזל מבה
מנורת למנצח
דע לפני מי אתה עומד לפני מלך מל״ה הקב״ה
אבג יתץ
קרע שטן
נגד יכש
בטר צתג
יגל פוק
שקו צית
בשכמל״ו

Cuando la víspera de la festividad cae en la víspera de *Shabat* se recita lo siguiente en lugar "*lamenatséaj binguinot*":

יְהֹוָהאדניאהדונהי Adonai מָלָךְ malaj גֵּאוּת gueut לָבֵשׁ lavesh לָבֵשׁ lavesh

יְהֹוָהאדניאהדונהי Adonai עֹז oz הִתְאַזָּר hitazar אַף־ af ר"ת = אלהים, אהיה אדני

תִּכּוֹן ticón תֵּבֵל tevel ב"פ רי"ו בַּל־ bal תִּמּוֹט timot: נָכוֹן najón כִּסְאֲךָ quisajá

מֵאָז meaz ומב מֵעוֹלָם meolam אָתָּה Atá ר"ת הפסוק = קנ"א, אדני אלהים : נָשְׂאוּ nasú

נְהָרוֹת neharot יְהֹוָהאדניאהדונהי Adonai נָשְׂאוּ nasú ר"ת = קין נְהָרוֹת neharot

קוֹלָם kolam יִשְׂאוּ yisú נְהָרוֹת neharot דָּכְיָם dojyam ר"ת דני:

מִקֹּלוֹת mikolot מַיִם máyim רַבִּים rabim אַדִּירִים adirim הרי

מִשְׁבְּרֵי־ mishberei יָם yam ילי ; ר"ת אמי אַדִּיר adir הרי

בַּמָּרוֹם bamarom יְהֹוָהאדניאהדונהי Adonai ; ר"ת אבי: עֵדֹתֶיךָ edoteja

נֶאֶמְנוּ neemnú מְאֹד meod ר"ת = קין לְבֵיתְךָ leveitjá ב"פ ראה

נַאֲוָה־ naavá קֹדֶשׁ kódesh יְהֹוָהאדניאהדונהי Adonai לְאֹרֶךְ leórej

יָמִים yamim נלך ; ר"ת ילי ; ס"ת = אדני ; יהוה לאורך ימים = ש"ע נהורין עם י"ג אותיות:

KADISH YEHÉ SHLAMÁ

יִתְגַּדַּל yitgadal וְיִתְקַדַּשׁ veyitkadash שדי ומילוי שדי; י"א אותיות כמנין ו"ה

שְׁמֵיהּ Shmei (שם י"ה דע"ב) רַבָּא rabá קנ"א ב"ן, יהוה אלהים יהוה אדני,

מילוי קס"א וס"ג, מ"ה ברבוע וע"ב ע"ה ; ר"ת = ו"פ אלהים ; ס"ת = ג"פ יב"ק: אָמֵן Amén אידהנויה.

בְּעָלְמָא bealmá דִּי di בְרָא verá כִּרְעוּתֵיהּ quirutei.

וְיַמְלִיךְ veyamlij מַלְכוּתֵיהּ maljutei. וְיַצְמַח veyatsmaj

פּוּרְקָנֵיהּ purkanei. וִיקָרֵב vikarev מְשִׁיחֵיהּ Meshijei: אָמֵן Amén אידהנויה.

"El Señor ha reinado. Se ha vestido a Sí mismo con orgullo. El Señor se vistió a Sí mismo y se adornó con poder. También estableció el mundo firmemente, para que no colapsara. Tu Trono ha sido establecido. Desde entonces, Tú has sido para siempre. Los ríos han elevado, Señor, los ríos han elevado sus voces. Los ríos elevarán sus poderosas olas. Más que el estruendo de muchas aguas y que las poderosas olas del mar, Tú eres inmenso en las Alturas, Señor. Tus testimonios son extremadamente firmes. Tu Casa es el Santuario Santo. El Señor estará por los siglos y para siempre" (Salmos 93)

KADISH YEHÉ SHLAMÁ

Glorificado y santificado sea Su gran Nombre (Amén). *En el mundo que Él creó de acuerdo a Su voluntad, y pueda Su Reino reinar. Y pueda Él hacer que Su redención florezca y acercar al Mesías* (Amén).

בְּחַיֵּיכוֹן bejayeijón וּבְיוֹמֵיכוֹן uveyomeijón וּבְחַיֵּי uvejayei
דְּכָל dejol יל״י בֵּית beit ב״פ ראה יִשְׂרָאֵל Yisrael בַּעֲגָלָא baagalá
וּבִזְמַן uvizmán קָרִיב kariv וְאִמְרוּ veimrú אָמֵן Amén: אָמֵן Amén אידהנויה.

La congregación y el *jazán* dicen lo siguiente:

Veintiocho palabras (hasta *bealmá*) – meditar en:
מילוי דמילוי דס״ג (יוד ויו דלת הי יוד ואו אלף ואו הי יוד)
Veintiocho letras (hasta *almayá*) - meditar en:
מילוי דמילוי דמ״ה (יוד ואו דלת הא אלף ואו אלף ואו הא אלף).

יְהֵא yehé שְׁמֵיהּ Shmei (שם י״ה דס״ג) רַבָּא rabá קנ״א ב״ן,
יהוה אלהים יהוה אדני, מילוי קס״א וס״ג, מ״ה ברבוע וע״ב ע״ה מְבָרַךְ mevaraj,
לְעָלַם lealam לְעָלְמֵי lealmei עָלְמַיָּא almayá. יִתְבָּרַךְ yitbaraj.

Siete palabras con seis letras cada una (שם בן מ״ב) – meditar en:
יהוה - יוד הי ואו הי - מילוי דמילוי דס״ג (יוד ויו דלת הי יוד ואו אלף ואו הי יוד) ;
También, siete veces la letra Vav (שם בן מ״ב) – meditar en:
יהוה - יוד הא ואו הא - מילוי דמילוי דמ״ה (יוד ואו דלת הא אלף ואו אלף ואו הא אלף).

וְיִשְׁתַּבַּח veyishtabaj י״פ ע״ב יהוה אל אבג יתץ.

וְיִתְפָּאַר veyitpaar הי נו יה קרע שטן. וְיִתְרוֹמַם veyitromam וה כוזו נגד יכש.
וְיִתְנַשֵּׂא veyitnasé במוכסז בטר צתג. וְיִתְהַדָּר veyihadar כוזו יה וקב טנע.
וְיִתְעַלֶּה veyitalé וה יוד ה יגל פזק. וְיִתְהַלָּל veyithalal א ואו הא שקו צית.
שְׁמֵיהּ Shmei (שם י״ה דמ״ה) דְּקוּדְשָׁא deKudshá בְּרִיךְ Verij הוּא Hu:
אָמֵן Amén אידהנויה.

לְעֵלָּא leelá מִן min כָּל col יל״י בִּרְכָתָא birjatá. שִׁירָתָא shiratá.
תֻּשְׁבְּחָתָא tishbejatá וְנֶחָמָתָא venejamatá. דַּאֲמִירָן daamirán
בְּעָלְמָא bealmá וְאִמְרוּ veimrú אָמֵן Amén: אָמֵן Amén אידהנויה.

En tus vidas y en tus días y en la vida de toda la Casa de Israel, prontamente y en el futuro cercano, y dígase: Amén (Amén). Que Su gran Nombre sea bendito por siempre y por toda la eternidad. Bendito y alabado, y glorificado y exaltado, y ensalzado y honrado, y adorado y loado, sea el Nombre del Santísimo, Bendito sea Él (Amén). Más allá de todas las bendiciones, himnos, alabanzas y palabras de consolación que jamás se dijeran en el mundo, y dígase: Amén (Amén).

יְהֵא yehé שְׁלָמָא shlamá רַבָּא rabá קנ"א ב"ן, יהוה אלהים יהוה אדני, מילוי קס"א וס"ג,
מ"ה ברבוע וע"ב ע"ה מִן min שְׁמַיָּא shmayá • וְחַיִּים jayim אהיה אהיה יהוה, בינה ע"ה
וְשָׂבָע vesavá וִישׁוּעָה vishuá וְנֶחָמָה venejamá וְשֵׁיזָבָא vesheizavá
וּרְפוּאָה urefuá וּגְאֻלָּה ugueulá וּסְלִיחָה uslijá וְכַפָּרָה vejapará
וְרֵיוַח vereivaj וְהַצָּלָה vehatsalá • לָנוּ lanu אלהים, אהיה אדני וּלְכָל ulejol יה אדני
עַמּוֹ amó יִשְׂרָאֵל Yisrael וְאִמְרוּ veimrú אָמֵן Amén: אָמֵן Amén אידהנויה.

Da tres pasos para atrás y di:

עֹשֶׂה osé שָׁלוֹם shalom בִּמְרוֹמָיו bimromav ע"ב, ריבוע יהוה • הוּא Hu
בְּרַחֲמָיו berajamav יַעֲשֶׂה yaasé שָׁלוֹם shalom עָלֵינוּ aleinu ר"ת ש"ע נהורין •
וְעַל veal כָּל col ילי ; עמם עַמּוֹ amó יִשְׂרָאֵל Yisrael וְאִמְרוּ veimrú אָמֵן Amén:
אָמֵן Amén אידהנויה•

ALEINU

Aleinu es un agente sellador cósmico. Cementa y asegura todas nuestras oraciones, protegiéndolas de cualquier fuerza negativa tales como las *klipot*. Todas las oraciones anteriores a *Aleinu* atrajeron lo que los kabbalistas llaman Luz Interna. Sin embargo, *Aleinu* atrae Luz Circundante, la cual envuelve nuestras oraciones con un campo de fuerza protectora para bloquear a las *klipot*.

Atraer Luz Circundante para ser protegido de las *klipot* (la inclinación negativa).

עָלֵינוּ aleinu ריבוע ס"ג לְשַׁבֵּחַ leshabéaj עלינו לשבח = אבג יתץ, ושר
לַאֲדוֹן laAdón אני ; ס"ת ס"ג ע"ה הַכֹּל hacol ר"ת ללה, אדני
לָתֵת latet גְּדֻלָּה guedulá לְיוֹצֵר leyotser בְּרֵאשִׁית bereshit ר"ת גל"ב (באך ב"י יג"ל)
שֶׁלֹּא sheló עָשָׂנוּ asanu כְּגוֹיֵי quegoyei הָאֲרָצוֹת haaratsot
וְלֹא veló שָׂמָנוּ samanu כְּמִשְׁפְּחוֹת quemishpejot הָאֲדָמָה haadamá

Que haya paz abundante del Cielo. Vida, satisfacción, salvación, consuelo, entrega, sanación, redención, perdón, expiación, comodidad y alivio para nosotros y para toda Su nación, Israel, y dirán: Amén (Amén). Él, que establece la paz en Sus Alturas, Él, en Su compasión, hará la paz sobre nosotros y sobre toda Su nación, Israel. Y dirán: Amén (Amén).

ALEINU

Es nuestro deber alabar al Soberano de todo y atribuir grandeza al Moldeador de la Creación, que no nos ha hecho como los pueblos del mundo. Él no nos colocó como las familias de la Tierra.

vegoralenu וְגוֹרָלֵנוּ cahem כָּהֶם jelkenu וְחֶלְקֵנוּ sam שָׂם sheló שֶׁלֹּא

mishtajavim מִשְׁתַּחֲוִים shehem שֶׁהֵם •hamonam הֲמוֹנָם quejol כְּכָל

el אֵל el אֶל umitpalelim וּמִתְפַּלְּלִים varik וָרִיק lahével לָהֶבֶל

(haz una pausa aquí, y cuando digas "*vaanajnu mishtajavim*" inclina todo tu cuerpo) •yoshía יוֹשִׁיעַ lo לֹא

Mélej מֶלֶךְ: lifnei לִפְנֵי mishtajavim מִשְׁתַּחֲוִים vaanajnu וַאֲנַחְנוּ

Baruj בָּרוּךְ: haKadosh הַקָּדוֹשׁ hamelajim הַמְּלָכִים maljei מַלְכֵי

י"פ טל, י"פ כוזו ; ר"ת = י"פ אדני shamáyim שָׁמַיִם noté נוֹטֶה sheHú שֶׁהוּא •Hu הוּא

umoshav וּמוֹשַׁב •árets אָרֶץ veyosed וְיוֹסֵד שבי' ספירות של נוקבא דז"א

עלם• mimáal מִמַּעַל י"פ טל, י"פ כוזו bashamáyim בַּשָּׁמַיִם yekaró יְקָרוֹ

•meromim מְרוֹמִים begavhei בְּגָבְהֵי uzó עֻזּוֹ ushjinat וּשְׁכִינַת

•ajer אַחֵר od עוֹד veéin וְאֵין ילה Eloheinu אֱלֹהֵינוּ Hu הוּא

veéfes וְאֶפֶס malquenu מַלְכֵּנוּ אהיה פעמים אהיה, ז"פ ס"ג emet אֱמֶת

veyadata וְיָדַעְתָּ :baTorá בַּתּוֹרָה cacatuv כַּכָּתוּב •zulató זוּלָתוֹ

el אֶל־ vahashevota וַהֲשֵׁבֹתָ ע"ה נגד, מזבח, זן, אל יהוה hayom הַיּוֹם

Hu הוּא Adonai יְהֹוָה(אדני אהדונהי) qui כִּי ר"ת לאו levaveja לְבָבֶךָ

אהיה אדני ; ילה ; ר"ת יהה וכן עולה למנין ענו עג"כ haElohim הָאֱלֹהִים

; עלם mimáal מִמַּעַל י"פ טל, י"פ כוזו bashamáyim בַּשָּׁמַיִם

רמז לאור פנימי המתוז"ל מלמעלה veal וְעַל־ haárets הָאָרֶץ אלהים דההין ע"ה

:od עוֹד ein אֵין רמז לאור מקיף המתוז"ל מלמטה mitájat מִתָּחַת

Él no hizo nuestra suerte como la de ellos ni nuestro destino como el de sus multitudes, ya que ellos se inclinan ante la futilidad y el vacío, y rezan a una deidad que no ayuda. Nosotros nos inclinamos ante el Supremo Rey de Reyes, el Santísimo, Bendito sea Él. Él es quien extiende los Cielos y funda la Tierra. La Sede de Su gloria está arriba en el Cielo y la Presencia Divina de Su poder está en las alturas excelsas. Él es nuestro Dios y no hay ningún otro. Nuestro Rey es verdadero y no hay nadie excepto Él. Como está escrito en la Torá: "Aprende hoy y grábalo en tu corazón que el Señor es Dios arriba en los Cielos y abajo sobre la Tierra, y no hay otro" (Deuteronomio 4:39).

עַל al כֵּן quen נְקַוֶּה nekavé לְּךָ laj יְהֹוָהאדניאהדונהי Adonai אֱלֹהֵינוּ Eloheinu
ילה לִרְאוֹת lirot מְהֵרָה meherá בְּתִפְאֶרֶת betiféret עֻזָּךְ uzaj ס"ת כהת, משיח
בן דוד ע"ה לְהַעֲבִיר lehaavir גִּלּוּלִים guilulim מִן min הָאָרֶץ haárets אלהים דההין
ע"ה וְהָאֱלִילִים vehaelilim כָּרוֹת carot יִכָּרֵתוּן yicaretún • לְתַקֵּן letakén
עוֹלָם olam בְּמַלְכוּת bemaljut שַׁדַּי Shadai • וְכָל vejol ילי בְּנֵי bnei
בָשָׂר vasar יִקְרְאוּ yikreú בִשְׁמֶךָ vishmeja לְהַפְנוֹת lehafnot אֵלֶיךָ eleja
כָּל col ילי רִשְׁעֵי rishei אָרֶץ árets • יַכִּירוּ yaquiru וְיֵדְעוּ veyedú כָּל col ילי
יוֹשְׁבֵי yoshvei תֵבֵל tevel ב"פ רי"ו • כִּי qui לְךָ lejá תִּכְרַע tijrá כָּל col ילי
בֶּרֶךְ bérej תִּשָּׁבַע tishavá כָּל col ילי לָשׁוֹן lashón • לְפָנֶיךָ lefaneja ס"ג מ"ה ב"ן
יְהֹוָהאדניאהדונהי Adonai אֱלֹהֵינוּ Eloheinu ילה יִכְרְעוּ yijreú וְיִפֹּלוּ veyipolu
וְלִכְבוֹד velijvod שִׁמְךָ Shimjá יְקָר yekar יִתֵּנוּ yitenu • וִיקַבְּלוּ vikabelú
כֻלָּם julam אֶת et עוֹל ol מַלְכוּתֶךָ maljuteja • וְתִמְלוֹךְ vetimloj
עֲלֵיהֶם aleihem מְהֵרָה meherá לְעוֹלָם leolam ריבוע ס"ג וי' אותיות דס"ג וָעֶד vaed •
כִּי qui הַמַּלְכוּת hamaljut שֶׁלְּךָ sheljá הִיא hi • וּלְעוֹלְמֵי uleolmei
עַד ad תִּמְלוֹךְ timloj בְּכָבוֹד bejavod בוכו • כַּכָּתוּב cacatuv
בְּתוֹרָתָךְ beTorataj: יְהֹוָהאדניאהדונהי Adonai | יִמְלֹךְ yimloj לְעֹלָם leolam
ריבוע ס"ג וי' אותיות דס"ג ; ר"ת ייל וָעֶד vaed • וְנֶאֱמַר veneemar: וְהָיָה vehayá יהוה ; יהה
יְהֹוָהאדניאהדונהי Adonai לְמֶלֶךְ leMélej עַל al כָּל col ילי ; עמם
הָאָרֶץ haárets אלהים דההין ע"ה בַּיּוֹם bayom ע"ה נגד, מזבח, זן, אל יהוה
הַהוּא hahú יִהְיֶה yihyé ייי יְהֹוָהאדניאהדונהי Adonai אֶחָד Ejad אהבה, דאגה
וּשְׁמוֹ uShmó מהש ע"ה, ע"ב בריבוע וקס"א ע"ה, אל שדי ע"ה אֶחָד Ejad אהבה, דאגה:

Por eso, Señor, nuestro Dios, esperamos contemplar pronto la gloria majestuosa de Tu poder, cuando elimines los ídolos de la Tierra y los falsos dioses hayan sido completamente destruidos, para perfeccionar al mundo con el Reino del Todopoderoso. Y la humanidad entera invocará Tu Nombre y todos los malvados de la Tierra se dirigirán a Ti. Entonces todos los habitantes del mundo reconocerán y sabrán que, por Ti, toda rodilla se dobla y toda lengua se colma. Que ante Ti, Señor, nuestro Dios, se arrodillen y se prosternen y honren Tu glorioso Nombre. Y todos aceptarán el yugo de Tu Reino y Tú reinarás sobre ellos para siempre jamás. Pues el Reino es Tuyo. Y para siempre y por la eternidad, Tú reinarás en gloria. Como está escrito en la Torá: "El Señor reinará por los siglos de los siglos" (Éxodo 15:18) *y también está dicho: "El Señor será Rey sobre toda la Tierra y, en aquél día, el Señor será Uno y Uno su Nombre"* (Zacarías 14:9).

Cuando la festividad cae en *Shabat* (o en *Shabat Jol Hamoed*) empezamos aquí, de otro modo empezamos en la pág. 79.

KABALAT SHABAT

Debes salir al campo y, de no ser posible, es bueno que salgas a un jardín o un lugar que esté solo y despejado. Y debes ubicarte en un lugar elevado y volverte hacia el Oeste. En el momento de la puesta de Sol, cierra los ojos y pon las manos sobre tu pecho, la mano derecha sobre la izquierda, y párate con sobrecogimiento y temor como si estuvieras parado ante el Rey para recibir la Santidad de *Shabat*.

Debes meditar en que *Jakal* חק"ל (campo), el cual tiene el valor numérico de 138, es igual a: הויה אהיה הויה אדני (יאההויהה + יאהדונהי). También tiene el valor numérico del *Milui* de los cuatro Nombres (וד י יו י + וד י או י + וד א או א + וד ה ו ה) con las diez letras. Y también ס"ג (יוד הי ואו הי) con sus diez letras y el Nombre אדני tienen el valor numérico de 138.

Ahora en el campo (*Sadé* שדה) medita en que sea considerado como la parte externa de los Cuatro Mundos, y nuestra meta durante *Kabalat Shabat* en el campo es elevar esta parte externa (la elevación es el secreto de la Luz Interna de lo externo). Debes visualizar los Cuatro Mundos en el orden siguiente y meditar en elevarlos mientras *Jojmá*, *Biná*, *Dáat* del Mundo Inferior pasa a *Nétsaj*, *Hod*, *Yesod* del Mundo Superior. Y posteriormente, mientras digas la palabra "*havú*" en el Salmo 29, medita en la elevación de los tres Niveles Superiores de *Asiyá* hacia *Nétsaj*, *Hod*, *Yesod* de *Yetsirá*.

Atsilut יוד הי ויו הי
Briá יוד הי ואו הי
Yetsirá יוד הא ואו הא
Asiyá יוד הה וו הה

Recita lo siguiente con toda tu energía, todas tus fuerzas, y con felicidad:

לְשֵׁם leShem יִחוּד yijud קוּדְשָׁא Kudshá בְּרִיךְ Berij הוּא Hu

וּשְׁכִינְתֵּיהּ uShjintei (יאהדונהי) בִּדְחִילוּ bidjilu וּרְחִימוּ urjimu

(יאההויהה), וּרְחִימוּ urjimu וּדְחִילוּ udjilu (איההיוהה), לְיַחֲדָא leyajdá

שֵׁם Shem יו"ד Yud קֵי Kei בְּוָא"ו beVav קֵי Kei בְּיִחוּדָא beyijudá

שְׁלִים shelim (יהוה) בְּשֵׁם beshem כָּל col ילי יִשְׂרָאֵל Yisrael,

בּוֹאוּ bóu וְנֵצֵא venetsé לִקְרַאת likrat שַׁבָּת Shabat מַלְכְּתָא malquetá,

לַחֲקַל lajakal תַּפּוּחִין tapujín קַדִּישִׁין kadishín.

KABALAT SHABAT
LESHEM YIJUD

Por el bien de la unificación del Santo, Bendito sea y Su Shejiná, con temor y amor y con amor y temor, para unificar el Nombre Yud-Kei y Vav-Kei en perfecta unidad, y en el nombre de Israel, salgamos a recibir a la Reina Shabat al campo de las manzanas sagradas.

MIZMOR LEDAVID

En este Salmo, la palabra *Kol* קוֹל, que significa "voz", aparece siete veces. La voz es la del Creador, *Kol Adonai*. Estas sietes voces representan siete dimensiones de la Luz. Estas siete dimensiones se expresan a sí mismas a través de los siete versos del *Ana Bejóaj*, el Nombre de Dios de 42 Letras. Cada vez que hacemos una conexión con el Nombre de Dios de 42 Letras, estamos accediendo a la fuerza primordial de la Creación. Este tipo de energía proporciona vida nueva, rejuvenecimiento y positividad absoluta a nuestra vida. Esto ayuda a despertarnos para recibir la Luz de *Shabat*.

En este Salmo también encontramos el Nombre: יהוה dieciocho veces. Dieciocho es el mismo valor numérico de la palabra aramea *Jai* חי que quiere decir "vida". En consecuencia, tenemos 72 letras (4 x 18). Esto equivale al valor numérico de la palabra aramea *Jésed* חסד. *Jésed* representa la energía de misericordia. La razón detrás de la estructura de esta oración es darnos la capacidad de envolvernos con la energía de misericordia que ahora está fluyendo hacia nuestro mundo durante *Shabat*. Usualmente, en este momento del día (atardecer), el universo está lleno de energía de juicio. No obstante, en *Shabat* estamos sólo conectando con misericordia, ya que *Shabat* es una realidad sin juicio. Pero hay un prerrequisito: Tenemos que tener cuidado de no juzgar a los demás durante el período justo antes de *Shabat*. En este momento, el Satán intenta instigar a hostilidades y discusiones entre cónyuges, familiares y amigos. Si el Satán gana y actuamos con juicio, no podemos conectar con la Luz de misericordia. Debemos ubicarnos en un marco de felicidad total.

En este Salmo aparece 18 veces יהוה que da un total de 72 letras, que es el valor numérico de *Jésed*, por la misericordia que desciende del Mundo Superior. Hay 11 versículos, los cuales tienen el mismo valor numérico que ו"ה y 91 palabras, que es el valor numérico de *Amén* אמן. Meditar en que las tres partes inferiores de la letra ל de *Tsélem* de *Aba* e *Ima* están entrando a *Zeir Anpín*.

מִזְמוֹר mizmor לְדָוִד leDavid

הָבוּ havú אוזד, אהבה, דאגה

Debes meditar en atraer tres veces ב"ן de los Trece *Tikunéi Dikná* de *Asiyá*
hacia *Dáat* de *Asiyá* para poder elevarla a *Yesod* de *Yetsirá*.

לַיהֹוָהאדניאהדונהי laAdonai בְּנֵי benei ר"ת הבל

Debes meditar que tu alma sea elevada con el alma de Hével durante la noche.

אֵלִים elim הבו יהוה בני אלים = יעקב

הָבוּ havú אוזד, אהבה, דאגה

Debes meditar en atraer tres veces מ"ה de los Trece *Tikunéi Dikná* de *Yetsirá*
hacia *Biná* de *Asiyá* para poder elevarla a *Hod* de *Yetsirá*.

לַיהֹוָהאדניאהדונהי laAdonai כָּבוֹד cavod ר"ת כלה (ב"ן ג' ספירות) וָעֹז vaoz:

MIZMOR LEDAVID

"Un Salmo de David:
¡Aclamen al Señor, hijos de los poderosos, aclamen la gloria y el poder del Señor!

הָבוּ havú אוחד, אהבה, דאגה

Debes meditar en atraer tres veces ס"ג de los Trece *Tikunéi Dikná* de *Briá* hacia *Jojmá* de *Asiyá* para poder elevarla hacia *Nétsaj* de *Yetsirá*. También, tres veces הבו (=13) equivale a יוד הא ואו (39), y el último הא (*Nukvá*) del nombre יהוה, recibe de las tres primeras letras.

לַיהֹוָהאדניאהדונהי laAdonai כְּבוֹד quevod ר"ת כלה (ב"ן וג' ספירות) שְׁמוֹ Shemó

ע"ב בריבוע וקס"א ע"ה, אל שדי ע"ה, מהש ע"ה ; הבו יהוה כבוד שמו = אדם דוד משיח

הִשְׁתַּחֲווּ hishtajavú

Debes meditar en atraer tres veces ע"ב de los Trece *Tikunei Dikná* de *Atsilut* hacia *Jojmá* de *Asiyá* para que ס"ג vaya hacia *Biná* y מ"ה y ב"ן vayan hacia *Dáat*, ya que este es Su lugar en el secreto de *Jasadim* y *Guevurot* como se conoce.

לַיהֹוָהאדניאהדונהי laAdonai בְּהַדְרַת־ behadrat ר"ת הבל

Debes meditar que tu alma sea elevada con el alma de Hével durante la noche.

קֹדֶשׁ kódesh ר"ת למפרע קבלה (שביום שבת צריך ללמוד קבלה):

Siete voces – ז' קולות

קוֹל kol (*Jésed*) יְהֹוָהאדניאהדונהי Adonai (אֱבְגִיתַץ – ו)

עַל־ al הַמָּיִם hamáyim ר"ת = אלף למד (וחסד – ואל שני רמוז במילה בהמשך):

אֵל־ El "יא" (מילוי ס"ג) הַכָּבוֹד hacavod לאו הִרְעִים hirim

ה"פ אדני (להמתיק שכ"ה דינים) יְהֹוָהאדניאהדונהי Adonai עַל־ al מַיִם máyim

רַבִּים rabim ר"ת הרעים (שכ"ה דינים – ושני השכ"ה דינים נמתקים ע"י שני שמות א"ל הרמוזים לעיל):

קוֹל־ kol (*Guevurá*) יְהֹוָהאדניאהדונהי Adonai (קְרַעְשָׂטָן – ד)

בַּכֹּחַ bacóaj ר"ת יב"ק, אלהים יהוה, אהיה אדני יהוה

קוֹל kol (*Tiféret*) יהוהאדניאהדונהי Adonai (נְגַדִיכַשׂ – א)

בֶּהָדָר behadar ר"ת יב"ק, אלהים יהוה, אהיה אדני יהוה:

¡Den al Señor honores apropiados para Su Nombre, póstrense ante el Señor en la gloria de Su Santidad! ¡La voz del Señor sobre las aguas! El Dios de la gloria hace oír su trueno: el Señor está sobre las aguas torrenciales. ¡La voz del Señor es potente, la voz del Señor es majestuosa!

קוֹל kol (*Nétsaj*) יְהֹוָהאדניאהדונהי Adonai (בטרצתג - א) שֹׁבֵר shover

אֲרָזִים arazim וַיְשַׁבֵּר vayshaber יְהֹוָהאדניאהדונהי Adonai אֶת־ et אַרְזֵי arzei

הַלְּבָנוֹן haLevanón ר"ת האא: וַיַּרְקִידֵם vayarkidem כְּמוֹ־ quemó עֵגֶל éguel

לְבָנוֹן Levanón וְשִׂרְיוֹן veSiryón כְּמוֹ quemó בֶן־ ven רְאֵמִים reemim:

קוֹל־ kol (*Hod*) יְהֹוָהאדניאהדונהי Adonai (וזקבטנע - ו) חֹצֵב jotsev

ס"ת הב"ל (כי עתה עולים בקדושה כל ניצוצות קין והבל שירדו בקליפות) לַהֲבוֹת lahavot אֵשׁ esh:

קוֹל kol (*Yesod*) יוהוואדניאהדונהי Adonai (יוגולופוזוקו - א)

יָחִיל yajil ס"ת לכה, אדני מִדְבָּר midbar יָחִיל yajil יְהֹוָהאדניאהדונהי Adonai

מִדְבַּר midbar קָדֵשׁ kadesh ר"ת קין: קוֹל kol (*Maljut*) יְהֹוָהאדניאהדונהי Adonai

(שקוצית ויכוין לכלול בו כל שישה השמות האורים - ודאאוא)

יְחוֹלֵל yejolel אַיָּלוֹת ayalot וַיֶּחֱשֹׂף vayejesof יְעָרוֹת yearot

וּבְהֵיכָלוֹ uveheijaló כֻּלּוֹ culó אֹמֵר omer כָּבוֹד cavod:

יְהֹוָהאדניאהדונהי Adonai לַמַּבּוּל lamabul יָשָׁב yashav ר"ת ילי וס"ת הבל

וַיֵּשֶׁב vayeshev יְהֹוָהאדניאהדונהי Adonai מֶלֶךְ Mélej לְעוֹלָם leolam

ריבוע ס"ג י' אותיות דס"ג: יְהֹוָהאדניאהדונהי Adonai עֹז oz לְעַמּוֹ leamó יִתֵּן yitén

יְהֹוָהאדניאהדונהי Adonai יְבָרֵךְ yevarej עסמ"ב, הברכה (למתק את ז' המלכים שמתו) אֶת־ ct

עַמּוֹ amó בַשָּׁלוֹם vashalom ר"ת ע"ב, ריבוע יהוה:

Meditar en elevar a *Jésed*, *Guevurá*, *Tiféret* al lugar de *Jojmá*, *Biná*, *Dáat* y luego en elevar a *Nétsaj*, *Hod*, *Yesod* al lugar de *Jésed*, *Guevurá*, *Tiféret* y después en elevar *Maljut* al lugar de *Nétsaj*, *Hod*, *Yesod* por las siete voces (*kol*) y los siete יהוה.

La voz del Señor parte los cedros, el Señor parte los cedros del Líbano; hace saltar al Líbano como a un novillo y al Sirión como a un toro salvaje. La voz del Señor talla llamas de fuego; la voz del Señor hace temblar el desierto, el Señor hace temblar el desierto de Cadés. La voz del Señor retuerce las encinas, el Señor arrasa las selvas. En Su Templo, todos dicen: '¡Gloria!'. El Señor tiene Su Trono sobre las aguas celestiales, el Señor se sienta en Su Trono de Rey Eterno. El Señor fortalece a Su pueblo, Él bendice a Su pueblo con la paz" (Salmos 29).

ANÁ BEJÓAJ (La explicación y traducción se enuentra en las págs. 222-224)

Jésed, domingo (*Álef Bet Guímel Yud Tav Tsadi*) אבג יתץ

aná אָנָּא bejóaj בְּכוֹחַ• guedulat גְּדוּלַּת yemineja יְמִינְךָ•

tatir תַּתִּיר tserurá צְרוּרָה:

Guevurá, lunes (*Kof Resh Ayin Sin Tet Nun*) קרע שטן

kabel קַבֵּל rinat רִנַּת• ameja עַמְּךָ sagvenu שַׂגְּבֵנוּ•

taharenu טַהֲרֵנוּ norá נוֹרָא:

Tiféret, martes (*Nun Guímel Dálet Yud Caf Shin*) נגד יכש

na נָא guibor גִּבּוֹר• dorshei דוֹרְשֵׁי yijudeja יִחוּדְךָ•

quevavat כְּבָבַת shamrem שָׁמְרֵם:

Nétsaj, miércoles (*Bet Tet Resh Tsadi Tav Guímel*) בטר צתג

barjem בָּרְכֵם taharem טַהֲרֵם• rajamei רַחֲמֵי tsidkateja צִדְקָתְךָ•

tamid תָּמִיד gomlem גָּמְלֵם:

Hod, jueves (*Jet Kof Bet Tet Nun Ayin*) חקב טנע

jasín חָסִין kadosh קָדוֹשׁ• berov בְּרוֹב tuvjá טוּבְךָ•

nahel נַהֵל adateja עֲדָתֶךָ:

Yesod, viernes (*Yud Guímel Lámed Pei Zayin Kof*) יגל פזק

yajid יָחִיד gueé גֵּאֶה• leamjá לְעַמְּךָ pené פְּנֵה•

zojrei זוֹכְרֵי kedushateja קְדוּשָּׁתֶךָ:

Maljut, sábado (*Shin Kof Vav Tsadi Yud Tav*) שקו צית

shavatenu שַׁוְעָתֵנוּ kabel קַבֵּל• ushmá וּשְׁמַע tsaakatenu צַעֲקָתֵנוּ•

yodea יוֹדֵעַ taalumot תַּעֲלוּמוֹת:

BARUJ SHEM QUEVOD

Susurrar esta frase final trae toda la Luz de los Mundos Superiores a nuestra existencia física.

(Susurrar) : יוד אותיות Baruj בָּרוּךְ Shem שֵׁם quevod כְּבוֹד maljutó מַלְכוּתוֹ

leolam לְעוֹלָם ריבוע ס״ג וי׳ אותיות דס״ג וָעֶד vaed:

LEJÁ DODÍ

Esta oración fue escrita por el Kabbalista Rav Shlomó Elkabets, y contiene diez versos que nos conectan con todas las Diez *Sefirot*, los transmisores por los cuales la Luz de Dios da vida a nuestro universo, incluyendo a nuestra alma. Durante la semana, nos encontramos con muchos desafíos y oportunidades que pueden perturbar y desalinear estas diez fuerzas de energía tanto a nivel personal como universal. El nivel de perturbación está basado en nuestras acciones individuales y colectivas. Como consecuencia, los niveles de energía en el mundo y en nuestras almas podrían estar desordenados y confusos. A nivel personal, esto puede manifestarse en reacciones exageradas y enojo ante situaciones en las cuales normalmente responderíamos con restricción y paciencia. Cada uno de los diez versos en el *Lejá Dodí* ajusta cada nivel de las Diez *Sefirot*, reacomodándolas en su correcta posición en el universo. Además realinea cada *Sefirá* dentro de nuestro cuerpo, poniéndonos en un apropiado equilibrio emocional, físico y espiritual.

La intención del *Lejá Dodí* es elevar las Diez *Sefirot* de *Yetsirá* al Mundo Superior (*Briá*).

Kéter

לְכָה lejá דוֹדִי dodí לִקְרַאת likrat כַּלָּה calá⬩

פְּנֵי penei וחכמה בינה שַׁבָּת Shabat נְקַבְּלָה nekablá:⬩

Jojmá

שָׁמוֹר shamor וְזָכוֹר vezajor ע״ב קס״א, יהי אור ע״ה

(סוד המשכת השפע מן ד׳ שמות ליסוד הנקרא זכור) בְּדִבּוּר bedibur אֶחָד ejad אהבה, דאגה⬩

הִשְׁמִיעָנוּ hishmianu אֵל El ייא״י (מילוי דס״ג) הַמְיוּחָד hameyujad⬩

יְהֹוָהאדניאהדונהי Adonai אֶחָד ejad אהבה, דאגה וּשְׁמוֹ uShmó ע״ב בריבוע קס״א ע״ה,

אל שדי ע״ה, מהש ע״ה אֶחָד Ejad אהבה, דאגה⬩ לְשֵׁם leshem

וּלְתִפְאֶרֶת uletiféret וְלִתְהִלָּה velitehilá ע״ה אמות, אהיה פעמים אהיה, ז״פ ס״ג:⬩ *Lejá*

Biná

לִקְרַאת likrat שַׁבָּת Shabat לְכוּ leju וְנֵלְכָה venelja⬩

כִּי qui הִיא hi מְקוֹר mekor הַבְּרָכָה habrajá⬩

מֵרֹאשׁ merosh ריבוע אלהים דיודין ע״ה מִקֶּדֶם mikédem נְסוּכָה nesuja⬩

סוֹף sof מַעֲשֶׂה maasé בְּמַחֲשָׁבָה bemajashavá תְּחִלָּה tejilá:⬩ *Lejá*

LEJÁ DODÍ

Kéter *¡Ven amado mío al encuentro de la novia; a recibir la presencia del Shabat!*

Jojmá *Guarden y recuerden al unísono en una sola frase. El Dios único nos hizo escuchar. Dios es el Eterno, es Uno y Su nombre es Uno, para honra, gloria y alabanza.*

Biná *Vengan, vamos al encuentro de Shabat, que es fuente de bendiciones. Desde el principio, desde la antigüedad, fue consagrado. El final de la acción ya estaba primero en el pensamiento.*

Jésed

מִקְדַּשׁ mikdash מֶלֶךְ mélej עִיר ir בוזהר, סנדלפון, ערי מְלוּכָה •melujá

קוּמִי kumi צְאִי tséi מִתּוֹךְ mitoj הַהֲפֵכָה •hahafejá

רַב rav לָךְ laj שֶׁבֶת shévet בְּעֵמֶק beémek הַבָּכָא •habajá

וְהוּא vehú יַחֲמוֹל yajmol עָלַיִךְ aláyij חֶמְלָה :jemlá *Lejá*

Guevurá

הִתְנַעֲרִי hitnaarí מֵעָפָר meafar קוּמִי •kumi לִבְשִׁי livshí בִּגְדֵי bigdei

תִפְאַרְתֵּךְ tifartej עַמִּי •amí עַל al יַד yad בֶּן ben יִשַׁי Yishai בֵּית beit

ב״פ ראה הַלַּחְמִי •halajmi קָרְבָה korva אֶל el נַפְשִׁי nafshí גְּאָלָהּ :gueala *Lejá*

Tiféret

הִתְעוֹרְרִי •hitoreri הִתְעוֹרְרִי •hitoreri כִּי qui בָא va אוֹרֵךְ órej קוּמִי kumi

אוֹרִי •ori עוּרִי uri עוּרִי uri שִׁיר shir דַּבֵּרִי daberi ראה• כְּבוֹד quevod

יְהֹוָהאדנייאהדונהי Adonai ; כבוד יהוה = יוד הי ואו הה עָלַיִךְ aláyij נִגְלָה :niglá *Lejá*

Nétsaj

לֹא lo תֵבוֹשִׁי tevoshi וְלֹא veló תִכָּלְמִי •ticalmi

מַה ma מ״ה תִּשְׁתּוֹחֲחִי tishtojaji מ״ה וּמַה umá תֶּהֱמִי •tehemi

בָּךְ baj יֶחֱסוּ yejesú עֲנִיֵּי aniyei ריבוע מ״ה עַמִּי •amí

וְנִבְנְתָה venivnetá עִיר ir בוזהר, סנדלפון, ערי עַל al תִּלָּהּ :tilá *Lejá*

Jésed *Santuario del Rey, ciudad real, ¡levántate!, ¡sal de en medio de las ruinas!; demasiado has morado en el valle de las lágrimas y Él de ti se apiadará.*

Guevurá *¡Sacúdete del polvo! ¡Levántate! Vístete hermosas galas, pueblo mío, que por medio del hijo de Yishai de Bet Léjem se acerca tu redención.*

Tiféret *¡Despiértate! ¡Despiértate!, que ha llegado tu luz, ¡Levántate! ¡Resplandece! ¡Despierta! ¡Despierta! Entona una canción, que la Gloria del Dios te será revelada.*

Nétsaj *No te avergüences ni te humilles, ¿por qué tiemblas, por qué te conmueves? En ti buscarán refugio los pobres de mi pueblo y la ciudad se construirá sobre sus ruinas.*

Hod

וְהָיוּ vehayú לִמְשִׁסָּה limshisá שׁוֹסָיִךְ shosáyij• וְרָחֲקוּ verajakú כָּל col ילי
מְבַלְּעָיִךְ mevaláyij• יָשִׂישׂ yasís עָלַיִךְ aláyij אֱלֹהָיִךְ Eloháyij ילה•
כִּמְשׂוֹשׂ quimsós חָתָן jatán עַל al כַּלָּה calá: *Lejá*

Yesod

יָמִין yamín וּשְׂמֹאל usmol תִּפְרוֹצִי tifrotsi• וְאֶת veet
יְהֹוָה Adonai תַּעֲרִיצִי taaritsi• עַל al יַד yad
אִישׁ ish בֶּן ben פַּרְצִי Partsi• וְנִשְׂמְחָה venismejá וְנָגִילָה venaguilá: *Lejá*

Maljut

בּוֹאִי boi בְשָׁלוֹם veshalom עֲטֶרֶת atéret בַּעְלָהּ baalá•
גַּם gam בְּשִׂמְחָה besimjá בְּרִנָּה beriná וּבְצָהֳלָה uvetsaholá•
תּוֹךְ toj אֱמוּנֵי emunei עַם am סְגֻלָּה segulá:

BOI CALÁ

Cuando pronunciamos las palabras *Boi Calá*, que quieren decir "acércate, Novia", recibimos un alma adicional que viene a nosotros cada *Shabat* para ayudarnos a capturar la energía adicional que es revelada. Por ejemplo, un vaso de ocho onzas no puede contener diez onzas de agua. El vaso tendría que ser agrandado. Cuando recibimos el alma adicional, esto agranda nuestra alma y, de este modo, incrementa su capacidad total de recibir la Luz adicional de *Shabat*. Esta es una oportunidad única para unir nuestras almas con la Luz del Creador mediante la Luz de *Shabat*,.

De este verso aprendemos que, para maximizar nuestra conexión, debemos tratar a la energía de *Shabat* como a una novia. Después de que un hombre ha estado casado por veinte años, usualmente no tiene el mismo sentimiento, pasión, anhelo y anticipación que tuvo inicialmente cuando su esposa aún era su novia, justo unos momentos antes de la ceremonia de matrimonio.

Hod *Y serán para despojo los que te despojaron y todos tus destructores de ti se alejarán. Contigo se alegrará tu Dios, como se alegra el novio con su amada.*

Yesod *A diestra y siniestra te extenderás y a Dios reverenciarás, de la mano de un hombre descendiente de Pérets y nos alegraremos y nos regocijaremos.*

Maljut *Ven en paz, corona de su esposo, con alegría, con canto y alborozo, entre los fieles del pueblo escogido.*

Debes meditar en elevar el Mundo de *Yetsirá* (lo que significa: *Maljut* es elevada a *Nétsaj*, *Hod*, *Yesod*, después *Nétsaj*, *Hod*, *Yesod* son elevadas a *Jésed*, *Guevurá*, *Tiféret*, luego *Jésed*, *Guevurá*, *Tiféret* son elevadas a *Jojmá*, *Biná*, *Dáat*, y después *Jojmá*, *Biná*, *Dáat* son elevadas a *Nétsaj*, *Hod*, *Yesod* de *Briá*). De hecho, las siete *Sefirot* inferiores de *Yetsirá* son elevadas por los siete *Marguelaín* y los Santos Nombres: **אהי"ה יה"ו**, que equivalen a 42:

א יְהֹוָה, ה אל, י יֱהֹוִה, ה אלהים, י יה אדני, ה מצפצ, ו מצפצ

Y las Tres *Sefirot* Superiores son elevadas por las tres repeticiones de la palabra *Boi*, que equivale a 13, como las palabras de "amor", "unidad" y "ocupación" (**אחד, אהבה, דאגה**), y también equivale a **יאאא** (13).

Inclínate a la derecha
***Jojmá* – Habla**

בּוֹאִי boi ג"פ באי = יוד הא ואו **כַּלָּה** calá

בואי כלה = אכדטם (כי על ידי זה נמתקו הדינים)

Inclínate a la izquierda
***Biná* – Acción**

בּוֹאִי boi ג"פ באי = יוד הא ואו **כַּלָּה** calá

בואי כלה = אכדטם (כי על ידי זה נמתקו הדינים)

תּוֹךְ toj **אֱמוּנֵי** emunei **עַם** am **סְגֻלָּה** segulá:

Meditar en recibir el alma adicional llamada: *Néfesh*
del aspecto de la noche de *Shabat*

El tercer "*boi calá*" debe decirse silenciosamente, ya que corresponde a *Dáat* (y *Dáat* no es parte de las Diez *Sefirot*).

Inclínate al centro
***Dáat* – Pensamiento**

בּוֹאִי boi ג"פ באי = יוד הא ואו **כַּלָּה** calá

ג"פ באי כלה = צדיק ; בואי כלה = אכדטם (כי על ידי זה נמתקו הדינים)

שַׁבָּת Shabat **מַלְכְּתָא** malquetá:

לְכָה lejá **דוֹדִי** dodí **לִקְרַאת** likrat **כַּלָּה** calá.

פְּנֵי penei חכמה בינה **שַׁבָּת** Shabat **נְקַבְּלָה** nekablá:

MIZMOR SHIR LEYOM HASHABAT

Las iniciales son de: *LeMoshé* (para Moshé), las cuales nos conectan a la conciencia cuántica. Después de que cantamos *Lejá Dodí*, recitamos dos párrafos que fueron recitados por Adam durante el primer *Shabat* en el Jardín de Edén. Adam representa a todas las almas de la humanidad. En el momento de la Creación, todas estas almas que existieron y existirán estaban unidas como una sola entidad a la que llamamos Adam. El Jardín de Edén es un sitio de pura Luz e inmortalidad. Las letras arameas que conforman este párrafo representan fuerzas específicas de energía que nutren y satisfacen a esta alma unificada llamada Adam. Las letras son una fórmula que actúa como una antena que atrae estas fuerzas hacia nuestra vida, dándonos por lo tanto una prueba del Jardín de Edén.

(nos inclinamos hacia la izquierda) *¡Ven, Novia!* (nos inclinamos hacia la derecha) *¡Ven, Novia!*
(nos inclinamos hacia el centro) *Entre los fieles del pueblo escogido, ¡ven, novia! ¡La Reina Shabat!*
¡Ven amado mío al encuentro de la novia; a recibir la presencia del Shabat!

מִזְמוֹר mizmor שִׁיר shir לְיוֹם leyom ע"ה נגד, מזבח, זן, אל יהוה הַשַּׁבָּת haShabat

Las iniciales de *LeMoshé* (למשה) – *Moshé* es un código para el mundo de *Atsilut*, el cual es donde ahora estamos elevando a *Briá*, que se ilumina de *Nétsaj*, *Hod*, *Yesod* de *Atsilut*. También es llamado *Moshé* porque ahora *Moshé* recibe 1.000 Iluminaciones (aquellas que él había perdido a causa del becerro de oro) y entonces nos regresa las que perdimos. También, *Moshé* junto a decenas de miles de almas justas están descendiendo para poder elevar todas las Chispas Sagradas y las almas que están en las profundidades de la *klipá* y todas las almas de los vivos y muertos que no se pueden elevar por sí mismas.

טוֹב tov והו לְהֹדוֹת lehodot ר"ת ט"ל (ג"פ באי וג"פ הבו דלעיל)

(טל = יוד הא ואו, שהם ג"ר (וזב"ד) דבריאה שיעלו כעת לאצילות)

Medita en elevar las Tres *Sefirot* Superiores de *Briá* a *Atsilut*.

לַיהֹוָהאדניאהדונהי laAdonai

Medita en el Nombre Sagrado: יוד הי ויו הי que es *Maljut* de *Atsilut*.

También medita en el Nombre de 42 Letras de *Mem Hei* de *Atsilut*:

יהוה, יוד הא ואו הא, יוד ואו דלת הא אלף ואו אלף ואו הא אלף

con este Nombre, las Siete *Sefirot* Inferiores de *Briá* van a ser elevadas a *Atsilut*.

También medita en el Nombre Sagrado: יוד הי ואו הי, el cual es el secreto del mundo de *Briá* (que ahora es elevado a *Atsilut* por el Nombre de 42 Letras mencionado anteriormente).

וּלְזַמֵּר ulezamer לְשִׁמְךָ leShimjá עֶלְיוֹן: elyón לְהַגִּיד lehaguid בַּבֹּקֶר babóker

חַסְדֶּךָ jasdejá וֶאֱמוּנָתְךָ veemunatjá בַּלֵּילוֹת: baleilot עֲלֵי־ alei עָשׂוֹר asor

וַעֲלֵי־ vaalei נָבֶל navel עֲלֵי alei הִגָּיוֹן higayón בְּכִנּוֹר: bejinor כִּי qui

שִׂמַּחְתַּנִי simajtani יְהֹוָהאדניאהדונהי Adonai בְּפָעֳלֶךָ befaoleja

בְּמַעֲשֵׂי bemaasei יָדֶיךָ yadeja אֲרַנֵּן: aranén מַה־ ma מ"ה גָּדְלוּ gadlú

מַעֲשֶׂיךָ maaseja יְהֹוָהאדניאהדונהי Adonai מְאֹד meod עָמְקוּ amkú

מַחְשְׁבֹ(ו)תֶיךָ majshevoteja (**Kéter Superior**) יוזו: אִישׁ ish בַּעַר baar לֹא lo

יֵדָע yedá וּכְסִיל ujsil לֹא־ lo יָבִין yavín אֶת־ et זֹאת: zot

בִּפְרֹחַ bifróaj רְשָׁעִים reshaím כְּמוֹ quemó עֵשֶׂב ésev כוונות הקדושה (ע"ב שמות)

Las almas de los malvados son juzgadas ahora para ver si merecen ser elevadas de *Guehinom*.

MIZMOR SHIR LEYOM HASHABAT

"Salmo, ¡cántico para el día de Shabat! Es bueno darte las gracias a Ti, Señor, y cantar Tu Nombre, ¡Oh Enaltecido! y relatar Tu bondad en la mañana y Tu fidelidad en las noches, con un instrumento y un arpa, con música de la lira. Porque Tú me alegras, Señor, con Tu obra, con las obras de Tus manos, yo cantaré alegremente. Cuán grandes son Tus obras, Señor, y cuán profundos son Tus pensamientos. El necio no sabe, y el insensato no puede entender esto: Cuando brotan los impíos como la hierba

aven אָוֶן poalei פֹּעֲלֵי ילי col כָּל־ vayatsitsu וַיָּצִיצוּ
lehishamdam לְהִשָּׁמְדָם (la *klipá* que quiere ser elevada con la Santidad)
marom מָרוֹם veAtá וְאַתָּה :(pero no le es permitido subir) ad עַד adei עֲדֵי־
hiné הִנֵּה qui כִּי :Adonai יְהֹוָהאדניאהדונהי דס"ג אותיות י' דס"ג ריבוע leolam לְעֹלָם
oyveja אֹיְבֶיךָ hiné הִנֵּה qui כִּי־ Adonai יְהֹוָהאדניאהדונהי oyveja אֹיְבֶיךָ
:(la *klipá*) aven אָוֶן poalei פֹּעֲלֵי ילי col כָּל־ yitpardú יִתְפָּרְדוּ yovedú יֹאבֵדוּ
balotí בַּלֹּתִי karní קַרְנִי quiréim כִּרְאֵים (la Santidad) vatarem וַתָּרֶם
דמ"ה ריבוע einí עֵינִי vatabet וַתַּבֵּט :raanán רַעֲנָן beshemen בְּשֶׁמֶן
mereim מְרֵעִים alai עָלַי bakamim בַּקָּמִים beshurai בְּשׁוּרָי
Las almas de los justos que son elevadas ahora :יוד הי ואו הה oznai אָזְנָי tishmaná תִּשְׁמַעְנָה
קרוח ס"ת yifraj יִפְרָח catamar כַּתָּמָר דלעיל כלה באי ג"פ tsadik צַדִּיק
:yisgué יִשְׂגֶּה baLevanón בַּלְּבָנוֹן queérez כְּאֶרֶז (meditar en elevar el alma de *Kóraj*)
Adonai יְהֹוָהאדניאהדונהי ראה ב"פ beveit בְּבֵית shetulim שְׁתוּלִים
od עוֹד :yafriju יַפְרִיחוּ ילה Eloheinu אֱלֹהֵינוּ bejatsrot בְּחַצְרוֹת
veraananim וְרַעֲנַנִּים deshenim דְּשֵׁנִים beseivá בְּשֵׂיבָה yenuvún יְנוּבוּן
yashar יָשָׁר qui כִּי־ lehaguid לְהַגִּיד :(דס"ג מילוי "יא") אל yihyú יִהְיוּ
:bo בּוֹ (כתיב: עלתה) avlatá עַוְלָתָה veló וְלֹא־ tsurí צוּרִי Adonai יְהֹוָהאדניאהדונהי

ADONAI MALAJ

En este Salmo tenemos 45 palabras que corresponden al Nombre Sagrado: (מ"ה (יוד הא ואו הא

gueut גֵּאוּת malaj מָלָךְ (*Zeir Anpín*) Adonai יְהֹוָהאדניאהדונהי
(410 cordones de *Arij Anpín,* donde *Zeir Anpín* es elevado en *Shabat* y Él los viste).
hitazar הִתְאַזָּר oz עֹז Adonai יְהֹוָהאדניאהדונהי lavesh לָבֵשׁ lavesh לָבֵשׁ

---

y todos los que cometen injusticias florecen, es para ser destruidos para siempre. Y Tú serás enaltecido para siempre, Señor. ¡Porque he aquí Tus enemigos, Señor! Porque he aquí que Tus enemigos perecerán y todos los que cometen iniquidad serán dispersados. Y Tú elevarás mi mérito como un buey y yo seré ungido con aceite fresco. Y mis ojos mirarán sobre mis enemigos y mis oídos oirán a aquellos que se levanten para perjudicarme. El justo como la palma florecerá: Como el cedro en el Líbano crecerá. Plantados en la casa del Señor, en los atrios de nuestro Dios florecerán. Aún fructificarán en la vejez; vigorosos y reverdecidos serán. Declararán que el Señor es justo, que es mi Fortaleza, y que no hay injusticias en Él" (Salmos 92).

ADONAI MALAJ

"El Señor reinó, de magnificencia se vistió; el Señor se vistió y ciñó con fortaleza.

אַף־ af ר"ת = אלהים, אהיה אדני תִּכּוֹן ticón תֵּבֵל tevel ב"פ רי"ו

בַּל־ bal תִּמּוֹט :timot נָכוֹן najón כִּסְאֲךָ quisajá מֵאָז meaz ומב

מֵעוֹלָם meolam אָתָּה Atá ר"ת = קנ"א, אדני אלהים: נָשְׂאוּ nasú נְהָרוֹת neharot

(410 cordones de *Arij Anpín*,
los cuales atraen Luz desde el mar de *Jojmá* —מוזא סתימא דא"א— en *Shabat* hasta *Zeir Anpín*).

יְהֹוָה אדני יאהדונהי Adonai

נָשְׂאוּ nasú ר"ת = קין נְהָרוֹת neharot קוֹלָם kolam יִשְׂאוּ yisú

(Las iniciales forman el nombre Kayín, porque cuando *Briá* es elevado, sus chispas son corregidas).

נְהָרוֹת neharot דָּכְיָם dojyam ר"ת דני:

Meditar en que estamos ahora en el Mundo de *Atsilut*, y con el Nombre de 42 Letras (las siete voces) que proviene de *Aba* e *Ima*, estamos elevándonos al Mundo de *Briá*.

מִקֹּלוֹת mikolot (410 cuerdas) מַיִם máyim רַבִּים rabim ר"ת = מזוזך, סנדלפון, ערי

(*Ima* - לעשות בה מ"ן שהם ה"ג) אַדִּירִים adirim הרי מִשְׁבְּרֵי־ mishberei יָם yam ילי

Arij Anpín [tiene 221 *Ribo* (decenas de miles) Iluminaciones],
Él está dando 150 *Ribo* (decenas de miles) iluminaciones a *Zeir Anpín*.
Las iniciales de אמי (mi madre) porque *Zeir Anpín* primero sube y toma *Mojín* de *Ima* (madre).

אַדִּיר adir הרי בַּמָּרוֹם bamarom יְהֹוָה אדני יאהדונהי Adonai

Las iniciales de אבי (mi padre) porque *Zeir Anpín* después sube y toma *Mojín* de *Aba* (padre).

עֵדֹתֶיךָ edoteja נֶאֶמְנוּ neemnú מְאֹד meod ר"ת = קין לְבֵיתְךָ leveitjá

ב"פ ראה נַאֲוָה naavá קֹּדֶשׁ kódesh יְהֹוָה אדני יאהדונהי Adonai לְאֹרֶךְ: leórej

יָמִים yamim נלך ; ר"ת ילי ; ס"ת אדני ; ה' לאורך ימים = ש"ע נהורים עם האותיות:

Meditar en el Nombre ילי para elevar el Nombre: אדני y las chispas de las almas de *Briá* que son capturadas por la *klipá* y no pueden ser elevadas por el Nombre de 42 Letras mencionado anteriormente. Después meditar en el Nombre: יוד הי ויו הי, el cual es el *Atsilut* (donde todo está siendo elevado).

Él afirma el mundo, para que no se desplome. Establecido está Tu Trono desde entonces: Siempre estarás Tú. Alzaron los ríos; Señor, alzaron los ríos su voz. Los ríos elevarán sus poderosas olas. Más que el estruendo de muchas aguas, que las recias olas del mar. Eres magnífico en Tus alturas, Señor. Tus decretos son muy seguros. Tu casa es el Santo Santuario, el Señor será por los siglos y para siempre" (Salmos 93).

Bar Yojái

A lo largo de la historia, los kabbalistas han afirmado que el ser humano no puede superar la fuerza de la negatividad por sí solo, sin las enseñanzas y sabiduría del *Zóhar* y la tecnología de la Kabbalah. ¿Por qué, cuando sabemos que algo es dañino para nosotros, persistimos en ello? ¿Por qué, cuando sabemos que algo es bueno para nosotros, nos abstenemos o lo postergamos? ¿Por qué nueve veces de cada diez renunciamos a actividades positivas a favor de actividades negativas? La razón, según la Kabbalah, es que constantemente luchamos contra un oponente en el Juego de la Vida. Este oponente es llamado Satán. Él activa todos nuestros pensamientos y acciones reactivas negativas. Durante 5.000 años nos ha ganado en este juego que se desenvuelve en el angosto margen entre la vida y la muerte, dolor y sufrimiento, el bien y el mal. La perspectiva kabbalística sobre por qué el oponente ha tenido tanto éxito es porque el Satán convence a la humanidad de que él ni siquiera existe. A través de la Luz del *Zóhar*, el Satán queda expuesto y, una vez que sabemos quién es el oponente realmente, tenemos una oportunidad de derrotarlo. El *Zóhar* no sólo expone e identifica al verdadero enemigo, sino que también nos da el poder de superarlo y derrotarlo.

Nos es conveniente conectar con la semilla y el origen del *Zóhar* mismo; su autor, Rav Shimón bar Yojái. Por lo tanto, en cada *Shabat*, cantamos la canción *Bar Yojái* para hacer esta conexión tan vital.

בַּר Bar יוֹחָאי Yojái נִמְשַׁחְתָּ nimshajta אַשְׁרֶיךָ ashreja

שֶׁמֶן shemen שָׂשׂוֹן sasón מֵחֲבֵרֶיךָ mejavereja:

Maljut

בַּר Bar יוֹחָאי Yojái שֶׁמֶן shemen מִשְׁחַת mishjat קֹדֶשׁ kódesh,

נִמְשַׁחְתָּ nimshajta מִמִּדַּת mimidat הַקֹּדֶשׁ hakódesh

נָשָׂאתָ nasatá צִיץ tsits מנק נֵזֶר nézer הַקֹּדֶשׁ hakódesh,

חָבוּשׁ javush עַל al רֹאשְׁךָ roshjá פְּאֵרֶךָ peereja: *Yojái* *Bar*

Yesod

בַּר Bar יוֹחָאי Yojái מוֹשַׁב moshav טוֹב tov והו יָשַׁבְתָּ yashavta,

יוֹם yom ע"ה נגד, מזבח, זן, אל יהוה נַסְתָּ nasta

יוֹם yom ע"ה נגד, מזבח, זן, אל יהוה אֲשֶׁר asher בָּרַחְתָּ barajta,

בִּמְעָרַת bimearat צוּרִים tsurim שֶׁעָמַדְתָּ sheamadta,

קָנִיתָ kanita הוֹדְךָ hodeja וַהֲדָרֶךָ vahadareja: *Yojái* *Bar*

Bar Yojái

¡Bar Yojái, eres ungido y alabado, atrayendo el aceite del júbilo de tus compañeros!

Maljut *Bar Yojái, aceite Sagrado te es ungido desde el tributo Sagrado. Tú llevas la Tiara de la Corona Sagrada en tu cabeza para tu belleza.*

Yesod *Bar Yojái, te asentaste en un buen lugar el día que corriste y escapaste. En la cueva de la roca te detuviste, para obtener tu majestuosidad y gloria.*

Nétsaj Hod

בַּר Bar יוֹחָאי Yojái עֲצֵי atsei שִׁטִּים shitim עוֹמְדִים omdim,
לִמּוּדֵי limudei יְהֹוָה Adonai הֵם hem לוֹמְדִים lomdim. אוֹר or רז, א״ס
מֻפְלָא muflá אוֹר or רז, א״ס הַיְקוֹד haykod הֵם hem יוֹקְדִים yokdim,
הֲלֹא haló הֵמָּה hema יוֹרוּךָ yoruja מוֹרֶךָ moreja: *Bar Yojái*

Tiféret

בַּר Bar יוֹחָאי Yojái וְלִשְׂדֵה velisdé תַּפּוּחִים tapujim,
עָלִיתָ alita לִלְקוֹט lilkot בּוֹ vo מֶרְקָחִים merkajim.
סוֹד sod מ״כ, י״פ האא תּוֹרָה Torá כְּצִיצִים quetsitsim וּפְרָחִים ufrajim,
נַעֲשֶׂה naasé אָדָם adam נֶאֱמַר neemar בַּעֲבוּרֶךָ baavureja: *Bar Yojái*

Guevurá

בַּר Bar יוֹחָאי Yojái נֶאֱזַרְתָּ neezarta בִּגְבוּרָה bigvurá רי״ו
וּבְמִלְחֶמֶת uvemiljémet אֵשׁ esh דָּת dat הַשַּׂעְרָה hashara.
וְחֶרֶב vejérev רי״ו הוֹצֵאתָ hotseta מִתַּעְרָהּ mitara,
שָׁלַפְתָּ shalafta נֶגֶד négued מזבח, זן, אל יהוה צוֹרְרֶיךָ tsorereja: *Bar Yojái*

Jésed

בַּר Bar יוֹחָאי Yojái לִמְקוֹם limkom אַבְנֵי avnei שַׁיִשׁ sháyish,
הִגַּעְתָּ higata לִפְנֵי lifnei וחכמה בינה אַרְיֵה aryé לַיִשׁ láyish.
גַּם gam גֻּלַּת gulat כּוֹתֶרֶת cotéret עַל al עַיִשׁ áyish,
תָּשׁוּרִי tashuri וּמִי umí ילי יְשׁוּרֶךָ yeshureja: *Bar Yojái*

Nétsaj Hod *Bar Yojái, la madera de acacia se para por ti para estudiar las enseñanzas de Dios. Una maravillosa Luz brillante es un resplandor, como tus maestros te enseñaron.*

Tiféret *Bar Yojái, viniste a un campo de manzanas para cosechar brebajes. El secreto de la Torá es como los brotes y las flores, "Vamos a crear al hombre" fue dicho contigo en la mente.*

Guevurá *Bar Yojái, tomas valor con vigor, y luchas con fuego. Sacaste una espada de su funda contra tu oponente.*

Jésed *Bar Yojái, al lugar de las piedras de mármol, llegaste con la cara de un león. Veremos también las cabezas de los leones, pero ¿quién te verá a ti?*

Biná

בַּר Bar יוֹחָאי Yojái בְּקֹדֶשׁ bekódesh הַקֳּדָשִׁים hakodashim,
קַו kav יָרוֹק yarok מְחַדֵּשׁ mejadesh י"ב הויות, קס"א קנ"א חֳדָשִׁים jodashim.
שֶׁבַע sheva שַׁבָּתוֹת Shabatot סוֹד sod מ"כ, י"פ האא חֲמִשִּׁים jamishim,
קָשַׁרְתָּ kasharta קִשְׁרֵי kishrei שִׁי"ן shin קְשָׁרֶיךָ keshareja: Bar Yojái

Jojmá

בַּר Bar יוֹחָאי Yojái יוּ"ד Yud חָכְמָה Jojmá במילוי = תרי"ג (מצוות)
קְדוּמָה kedumá, הִשְׁקַפְתָּ hishkafta לִכְבוֹדוֹ lijvodó פְּנִימָה penima.
ל"ב lev נְתִיבוֹת netivot רֵאשִׁית reshit תְּרוּמָה teruma,
אַתְּ at כְּרוּב queruv מִמְשַׁח mimshaj זִיו ziv אוֹרֶךָ oreja: Bar Yojái

Kéter

בַּר Bar יוֹחָאי Yojái אוֹר or רז, א"ס מֻפְלָא muflá רוּם rom מַעְלָה mala,
יָרֵאתָ yareta מִלְּהַבִּיט milhabit כִּי qui רַב rav לָהּ la,
תַּעֲלוּמָה taalumá וְאַיִן veáyin קוֹרֵא koré לָהּ la,
נַמְתָּ namta עַיִן ayin ריבוע דמ"ה לֹא lo תְשׁוּרֶךָ teshureja: Bar Yojái

בַּר Bar יוֹחָאי Yojái אַשְׁרֵי ashrei יוֹלַדְתֶּךָ yoladeteja,
אַשְׁרֵי ashrei הָעָם haam הֵם hem לוֹמְדֶךָ lomdeja.
וְאַשְׁרֵי veashrei הָעוֹמְדִים haomdim עַל al סוֹדֶךָ sodeja מ"כ, י"פ האא
לְבוּשֵׁי levushei חֹשֶׁן joshen תֻּמֶּיךָ tumeja וְאוּרֶךָ veureja: Bar Yojái

בַּר Bar יוֹחָאי Yojái נִמְשַׁחְתָּ nimshajta אַשְׁרֶיךָ ashreja,
שֶׁמֶן shemen שָׂשׂוֹן sasón מֵחֲבֵרֶיךָ mejavereja:

Biná — *Bar Yojái, en el Sancta Sanctórum, una línea verde renovará los meses. Siete Shabatot son el secreto de cincuenta, la letra Shin es para tu propia conexión.*

Jojmá — *Bar Yojái, la antigua Yud de Jojmá, tú observaste su honor interior. 32 caminos son el comienzo de la ofrenda, tú eres el Querubín del cual una Luz brillante se unge.*

Kéter — *Bar Yojái, una Luz maravillosa de elevada magnitud, temes al ver su grandeza. Un misterio que nadie puede leer, duermes y ningún ojo puede verte.*

Bar Yojái, ¡alabados quienes te dieron la vida! Alabada es la gente que estudia tus escrituras. Y alabada es la gente que puede entender tu secreto, vestido con armadura de tu peto y con tu Urim VeTunim.
¡Bar Yojái, eres ungido y alabado, atrayendo el aceite del júbilo de tus compañeros!

QUEGAVNÁ

Quegavná es un pasaje del *Zóhar* que los sabios nos recomiendan leer después de la canción de *Bar Yojái*, porque ésta revela un secreto de *Shabat*. *Quegavná* ayuda a sacarnos de este mundo físico, actuando como un cohete que nos ayuda a escapar de la "fuerza de gravedad" de nuestro planeta.

כגונא quegavná דאנון deinún מתיחדין mityajadín לעילא leeilá
באחד beejad אהבה, דאגה אוף of הכי hají איהי ihí, אתיחדת ityajadat
לתתא letatá ברזא berazá רז, א"ס דאחד deejad אהבה, דאגה למהוי lemehevei
עמהון imehón לעילא leeilá וחד jad לקבל lakovel וחד jad,
קודשא Kudshá בריך Berij הוא Hu אחד ejad אהבה, דאגה
לעילא leeilá לא la יתיב yativ על al כורסיא cursayá דיקריה dikarei,
עד ad דאיהי deihí אתעבידת itavidat ברזא berazá רז, א"ס
דאחד deejad אהבה, דאגה כגונא quegavná דיליה dilei, למהוי lemehevei
אחד ejad אהבה, דאגה באחד beejad אהבה, דאגה והא vehá אוקימנא ukimná
רזא razá רז, א"ס דיהוה daAdonai אחד ejad אהבה, דאגה
ושמו uShmó מהש ע"ה, ע"ב בריבוע קס"א ע"ה, אל שדי ע"ה אחד Ejad אהבה, דאגה:
רזא razá רז, א"ס דשבת deShabat, איהי ihí שבת Shabat,
דאתאחדא deitajadá ברזא berazá רז, א"ס דאחד deejad אהבה, דאגה
למשרי lemishrei עלה alá רזא razá רז, א"ס דאחד deejad אהבה, דאגה
צלותא tselotá דמעלי demaalei שבתא shabtá, דהא dehá
אתאחדת itajadat כורסיא cursayá יקירא yakirá קדישא kadishá,
ברזא verazá רז, א"ס דאחד deejad אהבה, דאגה ואתתקנת veitetakanat
למשרי lemishrei עלה alá מלכא malcá קדישא kadishá עלאה ilaá.

QUEGAVNÁ

Ella se reunirá con ellos arriba en unidad. El Santo, Bendito sea Él, es Uno, arriba Él no se sienta en Su precioso Trono de Gloria hasta que Ella también sea como el secreto del uno como Él, para que Ella sea Uno dentro de Uno. Y esté establecido el secreto de: El Señor es Uno y Su Nombre es Uno. El secreto del Shabat: Ella es llamada Shabat cuando Ella está unida en el Secreto del Uno, de manera que Él, siendo el Secreto del Uno, descansa sobre Ella. Esta es la oración de la noche de Shabat, porque entonces, el Santo Trono de Gloria es unificado en el Secreto del Uno y es preparado para que el Santo Rey Supremo descanse en él.

כַּד cad עַיִּל áyil שַׁבַּתָּא shabtá, אִיהִי ihí אִתְיַיחֲדַת ityajadat

וְאִתְפְּרָשַׁת veitparshat מִסִּטְרָא misitrá אָחֳרָא ajará,

וְכָל vejol ילי דִּינִין dinín מִתְעַבְּרִין mitabrín מִנָּהּ miná,

וְאִיהִי veihí אִשְׁתְּאָרַת ishtearat בְּיִחוּדָא beyijudá דִנְהִירוּ dinhirú

קַדִּישָׁא kadishá, וְאִתְעַטְּרַת veitatrat בְּכַמָּה bejamá עִטְרִין itrín

לְגַבֵּי legabei מַלְכָּא malcá קַדִּישָׁא kadishá, וְכָל vejol ילי שׁוּלְטָנֵי shultanei

רוּגְזִין rugzín וּמָארֵי umarei דְדִינָא dediná כֻּלְּהוּ culhú עַרְקִין arkín,

וְלֵית veleit שׁוּלְטָנָא shultaná אָחֳרָא ajará בְּכֻלְּהוּ bejulhú עָלְמִין almín.

וְאַנְפָּהָא veanpahá נְהִירִין nehirín בִּנְהִירוּ binhiru עִלָּאָה ilaá,

וְאִתְעַטְּרַת veitatrat לְתַתָּא letatá בְּעַמָּא beamá קַדִּישָׁא kadishá,

וְכֻלְּהוּ vejulhú מִתְעַטְּרִין mitatrín בְּנִשְׁמָתִין benishmatín חַדְתִּין jadetín.

כְּדֵין quedéin שֵׁירוּתָא sheirutá דִצְלוֹתָא ditslotá, לְבָרְכָא levarjá

לָהּ la בְּחֶדְוָה bejedvá, בִּנְהִירוּ binhirú דְאַנְפִּין deanpín.

Conexión con las velas de Shabat

Observa las velas y medita:

Aba* e *Ima	***Zeir* y *Nukvá***
Por la primera vela: Los tres *Yijudim* de *Aba* e *Ima* que suman 250, que es el valor numérico de *Ner* (vela).	Por la segunda vela: Los tres *Yijudim* de *Zeir* y *Nukvá* que suman 250, que es el valor numérico de *Ner* (vela).
יאההויהה	יאההויהה
יאהלוההים	יאהלוההים
יאהדונהי	יאהדונהי

Cuando se unen arriba al Uno, así Ella está unida abajo en el Secreto del Uno, de manera que al llegar el Shabat Ella se unifica y se despoja del otro lado y todo el juicio es eliminado de Ella, y Ella permanece en la unidad de la Luz Santa, Ella se corona a Sí misma con muchas coronas para el Rey Sagrado. Y todos los dominios iracundos y los portadores de agravios huyen juntos. Y no hay otro poder más que Ella en todos los mundos. Y Su rostro brilla con Luz Celestial y Ella se corona a Sí misma con su Nación Santa abajo mientras que todos ellos se coronan con nuevas almas. Luego ellos empiezan bendiciéndola con alegría y con semblantes radiantes.

ARVIT DE SUCOT Y SIMJAT TORÁ

En la conexión vespertina de *Arvit*, conectamos con Yaakov el Patriarca, quien es el canal para la energía de la Columna Central. Él nos ayuda a conectar la energía de Juicio y de Misericordia de forma equilibrada. Se dice que todo el mundo fue creado sólo para Yaakov, quien es la personificación de la verdad: "Dale verdad a Yaakov" (Miqueas 7:20). Para activar el poder de nuestra oración, y específicamente el poder de la oración de *Arvit*, debemos ser sinceros con los demás y, sobre todo, con nosotros mismos.

LESHEM YIJUD

לְשֵׁם leShem יִחוּד yijud קוּדְשָׁא Kudshá בְּרִיךְ Berij הוּא Hu

וּשְׁכִינְתֵּיהּ uShjintei (יאהדונהי), בִּדְחִילוּ bidjilu וּרְחִימוּ urjimu

(יאההויהה), וּרְחִימוּ urjimu וּדְחִילוּ udjilu (איההויהה), לְיַחֲדָא leyajdá

שֵׁם Shem יוּ"ד Yud קֵ"י Kei בְּוָא"ו beVav קֵ"י Kei בְּיִחוּדָא beyijudá

שְׁלִים shelim (יהוה) בְּשֵׁם beshem כָּל col ילי יִשְׂרָאֵל Yisrael,

הִנֵּה hiné אֲנַחְנוּ anajnu בָּאִים baim לְהִתְפַּלֵּל lehitpalel תְּפִלַּת tefilat

עַרְבִית arvit שֶׁל shel (en *Shabat* agrega: שַׁבָּת Shabat קֹדֶשׁ kódesh וְ ve)

(en *Sucot* di: סֻכּוֹת Sucot) (en *Simjat Torá* di: שְׁמִינִי Shminí עֲצֶרֶת Atséret).

שֶׁתִּקֵּן shetikén יַעֲקֹב Yaakov ז' הויות, יאהדונהי אידהנויה אָבִינוּ avinu עָלָיו alav

הַשָּׁלוֹם hashalom עִם im כָּל col ילי הַמִּצְוֹת hamitsvot הַכְּלוּלוֹת haclulot

בָּהּ ba לְתַקֵּן letakén אֶת et שׁוֹרְשָׁהּ shorshá בְּמָקוֹם bemakom עֶלְיוֹן elyón

לַעֲשׂוֹת laasot נַחַת nájat רוּחַ rúaj לְיוֹצְרֵנוּ leyotsrenu

וְלַעֲשׂוֹת velaasot רְצוֹן retsón מהש ע"ה, ע"ב בריבוע וקס"א ע"ה, אל שדי ע"ה

בּוֹרְאֵנוּ boreinu. וִיהִי vihí נֹעַם nóam אֲדֹנָי Adonai ללה

אֱלֹהֵינוּ Eloheinu ילה עָלֵינוּ aleinu וּמַעֲשֵׂה umaasé יָדֵינוּ yadeinu

כּוֹנְנָה conená עָלֵינוּ aleinu וּמַעֲשֵׂה umaasé יָדֵינוּ yadeinu כּוֹנְנֵהוּ conenehu:

ARVIT DE SUCOT Y SIMJAT TORÁ - LESHEM YIJUD

Para la unificación del Santísimo,

Bendito sea Él, y Su Shejiná, con temor y amor y con amor y temor, para unificar el Nombre Yud-Kei y Vav-Kei en perfecta unidad, y en el nombre de Israel, hemos venido aquí a recitar la oración del Arvit (**en Shabat agrega:** *del Santo Shabat y*) (**en Sucot:** *Sucot*) (**en Simjat Torá:** *Shminí Atséret*), *establecido por Yaakov nuestro ancestro, sea la paz sobre él, con todos sus mandamientos, para corregir sus raíces en el Lugar Celestial, para llevar satisfacción a nuestro Hacedor, y para satisfacer el deseo de nuestro Creador. "Y sea la Gracia del Señor, nuestro Dios, sobre nosotros y Él establezca el trabajo de nuestras manos sobre nosotros y pueda el trabajo de nuestras manos establecerlo a Él"* (*Salmos 90:17*).

MEDIO KADISH

יִתְגַּדַּל yitgadal וְיִתְקַדַּשׁ veyitkadash שדי ומילוי שדי ; י״א אותיות כמנין ו״ה

שְׁמֵיהּ Shmei (שם י״ה דע״ב) רַבָּא rabá קנ״א ב״ן, יהוה אלהים יהוה אדני,

מילוי קס״א וס״ג, מ״ה ברבוע וע״ב ע״ה ; ר״ת = ו״פ אלהים ; ס״ת = ג״פ יב״ק: אָמֵן Amén אידהנויה•

בְּעָלְמָא bealmá דִּי di בְרָא verá כִּרְעוּתֵיהּ quirutei•

וְיַמְלִיךְ veyamlij מַלְכוּתֵיהּ maljutei• וְיַצְמַח veyatsmaj

פּוּרְקָנֵיהּ purkanei• וִיקָרֵב vikarev מְשִׁיחֵיהּ Meshijei: אָמֵן Amén אידהנויה•

בְּחַיֵּיכוֹן bejayeijón וּבְיוֹמֵיכוֹן uveyomeijón וּבְחַיֵּי uvejayei

דְכָל dejol ילי בֵּית beit ב״פ ראה יִשְׂרָאֵל Yisrael בַּעֲגָלָא baagalá

וּבִזְמַן uvizmán קָרִיב kariv וְאִמְרוּ veimrú אָמֵן Amén: אָמֵן Amén אידהנויה•

La congregación y el *jazán* dicen lo siguiente:

Veintiocho palabras (hasta *bealmá*) y
veintiocho letras (hasta *almayá*)

יְהֵא yehé שְׁמֵיהּ Shmei (שם י״ה דס״ג) רַבָּא rabá קנ״א ב״ן,

יהוה אלהים יהוה אדני, מילוי קס״א וס״ג, מ״ה ברבוע וע״ב ע״ה מְבָרַךְ mevaraj

לְעָלַם lealam לְעָלְמֵי lealmei עָלְמַיָּא almayá• יִתְבָּרַךְ yitbaraj•

Siete palabras con seis letras cada una (שם בן מ״ב) y también,
siete veces la letra *Vav* (שם בן מ״ב)

MEDIO KADISH

¡Glorificado y santificado sea su Gran Nombre! (Amén). En el mundo que Él creó de acuerdo a Su voluntad y pueda Su Reino reinar. Y pueda Él hacer que su Redención florezca y pueda Él acercar al Mesías (Amén). En tus vidas y en tus días y en la vida de la Casa de Israel, prontamente y en el futuro cercano, y dígase: Amén (Amén). Que Su gran Nombre sea bendito por siempre y para toda la eternidad, y bendito

וְיִשְׁתַּבַּח veyishtabaj י״פ ע״ב יהוה אל אבג יתץ.

וְיִתְפָּאַר veyitpaar הי נו יהקרע שטן. וְיִתְרוֹמַם veyitromam וה כוזו נגד יכש.

וְיִתְנַשֵּׂא veyitnasé במוכסז בטר צתג. וְיִתְהַדָּר veyithadar כוזו יה וזקב טנע.

וְיִתְעַלֶּה veyitalé וה יוד ה יגל פזק. וְיִתְהַלָּל veyithalal א ואו הא שקו צית.

שְׁמֵיהּ Shmei (שם י״ה דמ״ה) דְּקוּדְשָׁא deKudshá בְּרִיךְ Verij הוּא Hu:

אָמֵן Amén אידהנויה.

לְעֵלָּא leelá מִן min כָּל col ילי בִּרְכָתָא birjatá. שִׁירָתָא shiratá.

תִּשְׁבְּחָתָא tishbejatá וְנֶחָמָתָא venejamatá. דַּאֲמִירָן daamirán

בְּעָלְמָא bealmá וְאִמְרוּ veimrú אָמֵן Amén: אָמֵן Amén אידהנויה.

BARJÚ

El *jazán* dice:

בָּרְכוּ barjú יהוה ריבוע יהוה ריבוע מ״ה אֶת et יְהֹוָאדנָהי Adonai אהדונהי

הַמְבֹורָךְ hamevoraj ס״ת כהת, משיח בן דוד ע״ה:

> **Cuando la festividad cae en *Shabat* y en *Shabat Jol Hamoed*:**
> Medita en recibir el alma adicional llamada: *Rúaj*
> del aspecto de la noche de *Shabat*

Primero la congregación responde con lo siguiente y después el *jazán* lo repite:

Néfesh בָּרוּךְ Baruj *Rúaj* יְהֹוָאדנָהי Adonai אהדונהי *Neshamá* הַמְבֹורָךְ hamevoraj

Jayá לְעוֹלָם leolam ריבוע ס״ג וי׳ אותיות דס״ג *Yejidá* וָעֶד vaed:

---

y alabado, y glorificado y exaltado, y ensalzado y honrado, y adorado y loado, sea el Nombre del Santo Bendito Sea (Amén). Más allá de todas las bendiciones, himnos, alabanzas y palabras de consolación que deben decirse en el mundo, y dígase: Amén (Amén).

BARJÚ

¡Bendigan a Dios, el Bendito!
Bendito es el Señor, el Bendito, por siempre y para siempre.

HAMAARIV ARAVIM – LA PRIMERA CÁMARA – LIVNAT HASAPIR

Al momento del *Arvit*, tenemos una oportunidad de conectar con cuatro "Cámaras" diferentes en la Casa del Rey: La Cámara de Zafiro (*Livnat Hasapir*), la Cámara del Amor (*Ahavá*), la Cámara del Deseo (*Ratsón*) y la Cámara del Sancta Sanctórum (*Kódesh HaKodashim*). Cada Cámara nos conecta con otro nivel en el plano espiritual. La bendición que nos conecta con la Primera Cámara, *Livnat Hasapir*, contiene 53 palabras, que también es la numerología de la palabra *gan* גן, que quiere decir "jardín"; por lo tanto, nos conecta con el Jardín de Edén de nuestro mundo.

Heijal Livnat Hasapir (la Cámara de Zafiro) de *Nukvá* en *Briá*.

בָּרוּךְ Baruj אַתָּה Atá יְהֹוָהאדניאהדונהי Adonai אֱלֹהֵינוּ Eloheinu ילה

מֶלֶךְ Mélej הָעוֹלָם haolam אֲשֶׁר asher בִּדְבָרוֹ bidvaró מַעֲרִיב maariv

עֲרָבִים aravim בְּחָכְמָה bejojmá (***Atsilut***) במילוי = תרי״ג (מצוות)•

פּוֹתֵחַ potéaj שְׁעָרִים shearim כתר בִּתְבוּנָה bitvuná (***Briá***)•

מְשַׁנֶּה meshané עִתִּים itim (***Yetsirá***) וּמַחֲלִיף umajalif אֶת et

הַזְּמַנִּים hazmanim (***Asiyá***) וּמְסַדֵּר umesader אֶת et הַכּוֹכָבִים hacojavim

(***Los siete planetas***). בְּמִשְׁמְרוֹתֵיהֶם bemishmeroteihem בָּרָקִיעַ barakía

כִּרְצוֹנוֹ quirtsonó• בּוֹרֵא boré יוֹמָם yomam וָלָיְלָה valayla מלה• גּוֹלֵל golel

אוֹר or רז, אין סוף מִפְּנֵי mipenei חֹשֶׁךְ jóshej שך נצוצות של וז׳ המלכים

וְחֹשֶׁךְ vejóshej שך נצוצות של וז׳ המלכים מִפְּנֵי mipenei אוֹר or רז, אין סוף•

הַמַּעֲבִיר hamaavir יוֹם yom ע״ה נגד, מזבח, זן, אל יהוה וּמֵבִיא umeví לָיְלָה layla

מלה• וּמַבְדִּיל umavdil בֵּין bein יוֹם yom ע״ה נגד, מזבח, זן, אל יהוה וּבֵין uvein

לָיְלָה layla מלה• יְהֹוָהאדניאהדונהי Adonai צְבָאוֹת Tsevaot פני שכינה שְׁמוֹ Shemó

מהש ע״ה, ע״ב בריבוע וקס״א ע״ה, אל שדי ע״ה יְהֹוָהאדניאהדונהי Adonai• בָּרוּךְ Baruj

אַתָּה Atá יְהֹוָהאדניאהדונהי Adonai הַמַּעֲרִיב hamaariv עֲרָבִים aravim:•

HAMAARIV ARAVIM – PRIMERA CÁMARA – LIVNAT HASAPIR

Bendito eres Tú, Señor, nuestro Dios, Rey del universo, que con Sus palabras trae con sabiduría las noches. Él abre las puertas con discernimiento. Él cambia las estaciones y varía los tiempos y organiza las estrellas en sus constelaciones en el cielo, de acuerdo a Su voluntad. Él crea el día y la noche y aparta la Luz de la oscuridad, y la oscuridad de la Luz. Él es quien causa que el día suceda y trae la noche, y separa el día de la noche. Señor de los Ejércitos, Su nombre es el Señor. Bendito eres Tú, Señor, quien trae las noches.

AHAVAT OLAM – LA SEGUNDA CÁMARA – AMOR

Esta bendición nos conecta con la Segunda Cámara, *Ahavá* (Amor), y su propósito es inspirarnos con un amor renovado por los demás y por el mundo.

Heijal Ahavá (la Cámara del Amor) de *Nukvá* en *Briá*.
El siguiente párrafo tiene 50 palabras que corresponden a las 50 Puertas de *Biná*.

אַהֲבַת ahavat עוֹלָם olam בֵּית beit כ"פ ראה יִשְׂרָאֵל Yisrael עַמְּךָ ameja
אָהַבְתָּ. ahavta. תּוֹרָה Torá (*Atsilut*) וּמִצְוֹת umitsvot (*Briá*) חֻקִּים jukim
(*Yetsirá*) וּמִשְׁפָּטִים umishpatim (*Asiyá*) אוֹתָנוּ otanu לִמַּדְתָּ. limadta.
עַל al כֵּן quen יְהֹוָֹאדהנויאהדונהי Adonai אֱלֹהֵינוּ Eloheinu ילה
בְּשָׁכְבֵנוּ beshojvenu וּבְקוּמֵנוּ uvekumenu נָשִׂיחַ nasíaj בְּחֻקֶּיךָ bejukeja
וְנִשְׂמַח venismaj וְנַעֲלֹז venaaloz בְּדִבְרֵי bedivrei תַלְמוּד talmud
תּוֹרָתֶךָ torateja וּמִצְוֹתֶיךָ umitsvoteja וְחֻקּוֹתֶיךָ vejukoteja
לְעוֹלָם leolam ריבוע דס"ג ו' אותיות דס"ג וָעֶד. vaed. כִּי qui הֵם hem
חַיֵּינוּ jayeinu וְאֹרֶךְ veórej יָמֵינוּ yameinu וּבָהֶם uvahem נֶהְגֶּה nehgué
יוֹמָם yomam וָלַיְלָה valayla מלה. וְאַהֲבָתְךָ veahavatjá לֹא lo תָסוּר tasur
מִמֶּנּוּ mimenu לְעוֹלָמִים. leolamim. בָּרוּךְ Baruj אַתָּה Atá
יְהֹוָֹאדהנויאהדונהי Adonai אוֹהֵב ohev אֶת et עַמּוֹ amó יִשְׂרָאֵל: Yisrael:

EL SHEMÁ (para saber más sobre el *Shemá*, ve a la pág. 330)

El *Shemá* es una de las herramientas más poderosas para atraer energía sanadora a nuestra vida. El verdadero poder del *Shemá* es liberado cuando recitamos esta oración mientras meditamos en otras personas que necesiten energía de sanación.

1) Para poder recibir la Luz del *Shemá*, debes aceptar el precepto de: "Ama a tu prójimo como a ti mismo", y verte a ti mismo unido con todas las almas que componen el Adam Original.

2) Necesitas meditar en conectarte al precepto de Recitar el *Shemá* dos veces al día.

3) Antes de recitar el *Shemá*, debes cubrir tus ojos con la mano derecha y luego decir las palabras "*Shemá Yisrael … leolam vaed*". Y debes decir el *Shemá* con una meditación profunda, cantándolo con las entonaciones. Es necesario ser cuidadoso con la pronunciación de todas las letras.

(Según el Ramjal, la elevación de los *Mojín* es como en el *Shemá* de la mañana de *Shabat* en la pág. 331).

AHAVAT OLAM – SEGUNDA CÁMARA – AMOR

Con eterno amor Tú has amado a Tu Nación, la Casa de Israel. Tú nos has enseñado Torá, mandamientos, estatutos y leyes. Por lo tanto, Señor, nuestro Dios, cuando nos acostemos y cuando nos levantemos, discutiremos Tus estatutos y nos regocijaremos y exultaremos en las palabras de las enseñanzas de Tu Torá, Tus mandamientos y Tus estatutos, por siempre y para siempre. Ellos son nuestras vidas y la longitud de nuestros días; con ellos nos dirigiremos día y noche. Y Tu amor nunca apartarás de nosotros. Bendito eres Tú, Señor, que amas a Tu Nación, Israel.

Primero, medita en general, en el primer *Yijud* de los cuatro *Yijudim* del Nombre: יהוה y, en particular, para despertar a la letra ה, y luego para conectarla con la letra ו. Entonces conecta la letra י y la letra ה juntas en el orden siguiente: *Hei* (ה), *Hei-Vav* (ה"ו), luego *Yud-Hei* (י"ה), lo que suma 31, el secreto de "יא"י" del Nombre ס"ג. Es bueno meditar en este *Yijud* antes de recitar cualquier *Shemá* porque actúa como un reemplazo por las veces que quizás no hayas recitado el *Shemá*. Este *Yijud* tiene la capacidad de crear una conexión Celestial igual que la lectura del *Shemá*: elevar a *Zeir* y a *Nukvá* juntos para el *Zivug* de *Aba* e *Ima*.

Shemá – שְׁמַע

Meditación general: שם ע – para atraer la energía desde las siete *Sefirot* inferiores de *Ima* hacia la *Nukvá*, la cual permite a la *Nukvá* elevar las *Mayin Nukvín* (despertar desde Abajo). **Meditación particular**: שם = יהוה + שדי y cinco veces las letras י y ד de ב"ן = ע [La letra *Hei* (ה) es formada por las letras *Dálet* (ד) y *Yud* (י), por lo tanto en ב"ן tenemos cuatro veces la letra ה más otra vez las letras י y ד de יוד de ב"ן]. También las tres letras ו (18) que quedan de ב"ן, más ב"ן mismo (52) equivale a ע (70).

Yisrael – יִשְׂרָאֵל

Meditación general: שי"ר אל – para atraer energía desde *Jésed* y *Guevurá* de *Aba* hacia *Zeir Anpín*, para hacer su acción en el secreto de *Mayin Dujrín* (despertar desde Arriba).

Meditación particular: (las letras reordenadas de la palabra *Yisrael*): שׂר אלי

אלהים דיודין (אלף למד הי יוד מם) = ש',

רבוע אלהים (א אל אלה אלהי אלהים) = ר',

מ"א אותיות רבוע אלהים במילואו (אלף אלף למד אלף למד הי אלף למד הי יוד אלף למד הי יוד מם) = אל"י.

También medita en atraer el *Mojín* Interno de *Aba* de *Katnut* hacia *Zeir Anpín*.

Adonai Eloheinu Adonai - יהוה אלהינו יהוה

Meditación general: atraer energía a *Aba, Ima* y *Dáat* desde *Arij Anpín*.

Meditación particular: ע"ב (יוד הי ויו הי) קס"א (אלף הי יוד הי) ע"ב (יוד הי וי הי).

Ejad – אֶחָד

(El secreto del completo *Yijud-Unificación*)

Las letras *Álef* א y *Jet* ח de *Ejad* אחד son *Zeir Anpín* y la letra *Dálet* ד es *Nukvá*. **Debes meditar** en dedicar tu alma a la santificación del Nombre Sagrado, elevando de este modo a tu *Néfesh*, *Rúaj*, *Neshamá* y *Neshamá* de *Neshamá* con *Zeir Anpín* y *Nukvá* (usando los Nombres: ע"ב y ס"ג) hacia *Aba* e *Ima* como en el secreto de *Mayin Nukvín*, y por esa energía, *Aba* e *Ima* serán unificados en el secreto del Nombre: יאהדוה"ה. **También medita** en traer los Seis Bordes Internos de *Gadlut* de *Ima* hacia *Zeir Anpín*. La Gota, que es ע"ב, es sacada desde lo externo de *Arij Anpín*, y desciende hacia *Yesod* de *Ima*, donde se convierte en: ע"ב ס"ג מ"ה ב"ן, y las cuatro אהיה deletreadas (אלף הי יוד הי, אלף הי יוד הי, אלף הא יוד הא, אלף הה יוד הה) se convierten en Su vestimenta. <u>Como resultado</u>, *Zeir Anpín* tiene cuatro יה"ו deletreadas (יוד הי ויו, יוד הי ואו, יוד הא ואו, יוד הה וו), cuatro אה"י deletreadas (אלף הי יוד, אלף הי יוד, אלף הא יוד, אלף הה יוד) y los Seis Bordes Internos de *Gadlut* de *Ima*. **También medita en el Nombre:** אל"ף ה"י י"ו"ד ה"י, que es el *Mojín* entero en el secreto de *Dáat*. **Y también medita** (según el Ramjal) en las cuatro *Álef* deletreadas (אלף = 111) del Nombre: אהי"ה que es igual a la palabra *Midat* (444), haciendo el *Kéter* para *Leá*.

Baruj Shem - בָּרוּךְ שֵׁם כְּבוֹד מַלְכוּתוֹ לְעוֹלָם וָעֶד

Baruj Shem Quevod – *Jojmá*, *Biná*, *Dáat* de *Leá*;

Maljutó – Su *Kéter*; **Leolam** – el resto de Su *Partsuf*;

Vaed – los cuatro היה (4 veces 20 es igual a *Vaed* = 80) harán el *Kéter* para *Rajel*.

Y las cuatro היה deletreadas (הי יוד הי, הי יוד הי, הא יוד הא, הה יוד הה) harán el resto de Su cuerpo.

שְׁמַע Shemá ע׳ רבתי יִשְׂרָאֵל Yisrael יְהֹוָהאדניאהדונהי Adonai

אֱלֹהֵינוּ Eloheinu ילה יְהֹוָהאדניאהדונהי Adonai | אֶחָד ejad ד׳ רבתי ; אהבה, דאגה:

(: Susurrar) יוזו אותיות בָּרוּךְ Baruj שֵׁם shem כְּבוֹד quevod מַלְכוּתוֹ maljutó,

לְעוֹלָם leolam ריבוע דס״ג וי׳ אותיות דס״ג וָעֶד vaed:

***Yud, Jojmá,* cabeza** – 42 palabras que corresponden al Nombre Sagrado de Dios de 42 Letras

א ב

וְאָהַבְתָּ veahavtá ב״פ אור, ב״פ רז, ב״פ אין סוף ; (יכוין לקיים מ״ע של אהבת ה׳) אֵת et

ג י

יְהֹוָהאדניאהדונהי Adonai אֱלֹהֶיךָ Eloheja ילה ; ס״ת כהת, משיח בן דוד ע״ה

ת צ ק ר

בְּכָל־ bejol ב״ן, לכב לְבָבְךָ levavjá וּבְכָל־ uvejol ב״ן, לכב נַפְשְׁךָ nafshejá

ע ש ט נ

וּבְכָל־ uvejol ב״ן, לכב מְאֹדֶךָ: meodeja וְהָיוּ vehayú הַדְּבָרִים hadevarim

נ ג ד י כ

הָאֵלֶּה haele אֲשֶׁר asher אָנֹכִי anojí מְצַוְּךָ metsaveja הַיּוֹם hayom

ש ב ט

ע״ה נגד, מזבח, זן, אל יהוה (pausa aquí) עַל־ al לְבָבֶךָ: levaveja וְשִׁנַּנְתָּם veshinantam

ר צ ת ג

לְבָנֶיךָ levaneja וְדִבַּרְתָּ vedibarta בָּם bam מ״ב בְּשִׁבְתְּךָ beshivtejá

ח ק ב

בְּבֵיתֶךָ beveiteja ב״פ ראה וּבְלֶכְתְּךָ uvelejtejá בַדֶּרֶךְ vadérej

ט נ

ב״פ יב״ק, ס״ג קס״א וּבְשָׁכְבְּךָ uveshojbejá וּבְקוּמֶךָ: uvkumeja

ע י ג ל

וּקְשַׁרְתָּם ukshartam לְאוֹת leot עַל־ al יָדֶךָ yadeja

EL SHEMÁ

"Escucha, Israel, el Señor nuestro Dios. El Señor es Uno" (Deuteronomio 6:4).

"Bendito es el glorioso Nombre, Su Reino es por siempre y para la eternidad" (Pésajim 56a).

"Y amarás al Señor, tu Dios, con todo tu corazón y con toda tu alma y con todo lo que posees. Deja que estas palabras que te ordeno hoy descansen sobre tu corazón. Y las enseñarás a tus hijos y hablarás de ellas mientras estés sentado en tu hogar y mientras caminas por el sendero y cuando te acuestas y cuando te levantas. Las atarás como una señal sobre tu mano

פ וְהָיוּ vehayú ז לְטֹטָפֹת letotafot ק בֵּין bein ש עֵינֶיךָ eineja

ע"ה קס"א ; ריבוע מ"ה: ק וּכְתַבְתָּם ujtavtam ו עַל־ al

צ מְזֻזוֹת mezuzot ג"ת (זו מות) ביתך beiteja ב"פ ראה ת וּבִשְׁעָרֶיךָ :uvishareja

VEHAYÁ IM SHAMOA

***Hei, Biná*, brazos y cuerpo** – 72 palabras que corresponden a los 72 Nombres de Dios.

והו וְהָיָה vehayá יהוה ; יהה ילי אִם־ im יוה"ך, מ"א אותיות דפשוט, דמילוי ודמילוי דמילוי דאהיה ע"ה

סיט שָׁמֹעַ shamoa עלם תִּשְׁמְעוּ tishmeú מהש אֶל־ el ללה מִצְוֹתַי mitsvotai אכא אֲשֶׁר asher

כהת אָנֹכִי anojí הזי מְצַוֶּה metsavé אלד אֶתְכֶם etjem לאו הַיּוֹם hayom ע"ה נגד, מזבח, זן, אל יהוה

(haz una pausa aquí) ההע לְאַהֲבָה leahavá אחד, דאגה יזל אֶת־ et מבה יְהֹוָואדנהיאהדונהי Adonai

הרי אֱלֹהֵיכֶם Eloheijem ילה (pronuncia la letra *Ayin* en la palabra "*uleovdó*") הקם וּלְעָבְדוֹ uleovdó

לאו בְּכָל bejol ב"ן, לכב כלי לְבַבְכֶם levavjem לוו וּבְכָל־ uvejol ב"ן, לכב

פהל נַפְשְׁכֶם :nafshejem נלך וְנָתַתִּי venatati ייי מְטַר־ metar מלה אַרְצְכֶם artsejem

וזהו בְּעִתּוֹ beitó נתה יוֹרֶה yoré האא וּמַלְקוֹשׁ umalkosh ירת וְאָסַפְתָּ veasafta שאה דְגָנֶךָ deganeja

ריי וְתִירֹשְׁךָ vetiroshjá אום וְיִצְהָרֶךָ :veyitshareja לכב וְנָתַתִּי venatati ושר עֵשֶׂב ésev ע"ב שמות

---

y serán como filacterias entre tus ojos.
Y las escribirás en los umbrales de tu casa y en tus puertas" (Deuteronomio 6:5-9).

VEHAYÁ IM SHAMOA

"Y sucederá que si escuchan Mis mandamientos
que les estoy ordenando hoy de amar al Señor, su Dios, y servirle con todo su corazón y con toda su alma, entonces enviaré lluvias sobre su tierra en el momento apropiado, tanto lluvias tempranas como lluvias tardías. Y recogerás tus granos y tu vino y tu aceite. Y te daré hierba

יחו · להח · כוק · מנד

בְּשָׂדְךָ besadeja לִבְהֶמְתֶּךָ livhemteja וְאָכַלְתָּ veajalta וְשָׂבָעְתָּ vesavata׃

אני · חעם · רהע · ייז · ההה

הִשָּׁמְרוּ hishamrú לָכֶם lajem פֶּן־ pen יִפְתֶּה yifté לְבַבְכֶם levavjem

מיכ · וול · ילה · סאל

וְסַרְתֶּם vesartem וַעֲבַדְתֶּם vaavadtem אֱלֹהִים elohim אֲחֵרִים ajerim

ערי · עשל

משה (העומד נגד הקליפות) וְהִשְׁתַּחֲוִיתֶם vehishtajavitem לָהֶם lahem׃

מיה · והו · דני · החש

וְחָרָה vejará (haz una pausa aquí) אַף־ af יְהֹוָהאדניאהדונהי Adonai בָּכֶם bajem

עמם · ננא · נית · מבה

וְעָצַר veatsar אֶת־ et הַשָּׁמַיִם hashamáyim י"פ טל, י"פ כוזו וְלֹא־ veló

פוי · נמם · ייל · הרח · מצר

יִהְיֶה yihyé ייי מָטָר matar וְהָאֲדָמָה vehaadamá לֹא lo תִתֵּן titén ב"פ כהת

ומב · יהה · ענו · מחי · דמב

אֶת־ et יְבוּלָהּ yevulá וַאֲבַדְתֶּם vaavadetem מְהֵרָה meherá מֵעַל meal עלם

מנק · איע · חבו

הָאָרֶץ haárets אלהים דההין ע"ה הַטֹּבָה hatová אֲשֶׁר asher

ראה · יבמ · היי

יְהֹוָהאדניאהדונהי Adonai נֹתֵן notén אבג יתץ, ושר לָכֶם lajem׃ *Vav, Zeir Anpín*

מום

וְשַׂמְתֶּם vesamtem **estómago** – 50 palabras que corresponden a las 50 Puertas of *Biná*

א · ה · י · ה · א

אֶת־ et דְּבָרַי devarai ראה אֵלֶּה ele עַל־ al לְבַבְכֶם levavjem

ה · י · ה · א

וְעַל־ veal נַפְשְׁכֶם nafshejem וּקְשַׁרְתֶּם ukshartem אֹתָם otam

---

en tu campo para tu ganado. Y comerás y quedarás saciado. Pero cuiden que su corazón no sea seducido y se alejen para servir a deidades foráneas y se postren ante ellas. Y la ira del Señor caerá sobre ustedes y Él detendrá los Cielos y no habrá más lluvia y la tierra no brindará su cosecha. Y rápidamente perecerán de la buena tierra que el Señor les ha dado. Y pondrán estas palabras Mías sobre su corazón y sobre su alma y las atarán

ה י ה א

לְאוֹת leot ר״ת לאו עַל־ al יֶדְכֶם yedjem וְהָיוּ vehayú

ה י ה

לְטוֹטָפֹת letotafot בֵּין bein עֵינֵיכֶם eineijem ריבוע מ״ה:

א ה י ה

וְלִמַּדְתֶּם velimadtem אֹתָם otam אֶת־ et בְּנֵיכֶם beneijem

א ה י

לְדַבֵּר ledaber ראה בָּם bam שם בן מ״ב בְּשִׁבְתְּךָ beshivtejá

ה א ה

בְּבֵיתֶךָ beveiteja ב״פ ראה וּבְלֶכְתְּךָ uvelejtejá בַדֶּרֶךְ vadérej ב״פ יב״ק, ס״ג קס״א

י ה א ה

וּבְשָׁכְבְּךָ uveshojbejá וּבְקוּמֶךָ: uvkumeja וּכְתַבְתָּם ujtavtam עַל־ al

י ה א ה

מְזוּזוֹת mezuzot בֵּיתֶךָ beiteja ב״פ ראה וּבִשְׁעָרֶיךָ: uvisheareja לְמַעַן lemaan

י ה א ה

יִרְבּוּ yirbú יְמֵיכֶם yemeijem ר״ת יי״ל וִימֵי vimei בְנֵיכֶם veneijem

י ה אהיה

עַל al הָאֲדָמָה haadamá אֲשֶׁר asher (pronuncia la letra *Ayin* en la palabra "*nishbá*")

אהיה אהיה

נִשְׁבַּע nishbá יכוין לשבועת המבול יְהֹוָהאדניאהדונהי Adonai

אהיה אהיה אהיה אהיה

לַאֲבֹתֵיכֶם laavoteijem לָתֵת latet לָהֶם lahem כִּימֵי quimei

אהיה אהיה אהיה

הַשָּׁמַיִם hashamáyim י״פ טל, י״פ כוזו עַל־ al הָאָרֶץ haárets אלהים דההין ע״ה:

---

como una señal sobre sus manos y serán como filacterias entre sus ojos. Y las enseñarán a sus hijos hablando de ellas mientras estés sentado en tu hogar y mientras caminas por el sendero y cuando te acuestas y cuando te levantas. Y las escribirás en los umbrales de tu casa y sobre tus puertas. Esto es para que sus días sean numerosos y también los días de sus hijos sobre la Tierra que el Señor ha prometido a sus padres darles como los días de los Cielos sobre la Tierra" (Deuteronomio 11:13-21).

VAYÓMER

Hei, *Maljut*, piernas y órganos reproductores,

72 palabras que corresponden a los 72 Nombres de Dios en orden directo (según el Ramjal).

והו · ילי · סיט · עלם

ויאמר vayómer · יהוהאדניאהדונהי Adonai · אל־ el · משה Moshé

מהש · ללה · אכא

מהש, ע״ב בריבוע וקס״א, אל שדי, ד״פ אלהים ע״ה · לאמר lemor: · דבר daber · ראה · אל־ el

כהת · הזי · אלד · לאו · ההע

בני benei · ישראל Yisrael · ואמרת veamarta · אלהם alehem · ועשו veasú

יזל · מבה · הרי · הקם · לאו

להם lahem · ציצת tsitsit · על־ al · כנפי canfei · בגדיהם vigdeihem

כלי · לוו · פהל · נלך

לדרתם ledorotam · ונתנו venatnú · על־ al · ציצת tsitsit

ייי · מלה · חהו

הכנף hacanaf · ע״ה קנ״א, אדני אלהים · פתיל petil · י״פ ב״ן · תכלת tejélet:

נלה · האא · ירת · שאה · ריי

והיה vehayá · יהוה ; יהה · לכם lajem · לציצת letsitsit · וראיתם ureitem · אתו otó

אום · לכב · ושר · יחו · להח

וזכרתם uzjartem · את־ et · כל־ col · ילי · מצות mitsvot · יהוהאדניאהדונהי Adonai

כוק · מנד · אני · חעם · רהע

ועשיתם vaasitem · אתם otam · ולא־ veló · תתורו taturu · אחרי ajarei

ייז · ההה · מיך

לבבכם levavjem · ואחרי veajarei · עיניכם eineijem · ריבוע · מ״ה

Debes meditar en el precepto: "No seguirás los pensamientos sexuales negativos del corazón ni las miradas de los ojos que buscan prostitución".

VAYÓMER

"Y el Señor le habló a Moshé y dijo: Habla a los Hijos de Israel y diles que deben hacer para sí mismos Tsitsit, en las esquinas de sus vestimentas, a lo largo de todas sus generaciones. Y deben colocar sobre el Tsitsit de cada esquina un filamento azul. Y esto será para ustedes como un Tsitsit; lo verán y recordarán los mandamientos del Señor y los cumplirán. Y no se dejen llevar en pos de su corazón y de sus ojos,

אֲשֶׁר asher אַתֶּם atem זֹנִים zonim אַחֲרֵיהֶם ajareihem: לְמַעַן lemaan

תִּזְכְּרוּ tizquerú וַעֲשִׂיתֶם vaasitem אֶת et כָּל col מִצְוֹתָי mitsvotai

וִהְיִיתֶם vihyitem קְדֹשִׁים kedoshim לֵאלֹהֵיכֶם leEloheijem:

אֲנִי Aní יְהֹוָה Adonai אֱלֹהֵיכֶם Eloheijem אֲשֶׁר asher

הוֹצֵאתִי hotseti אֶתְכֶם etjem מֵאֶרֶץ meérets מִצְרַיִם Mitsráyim

Debes meditar en recordar el éxodo de *Mitsráyim* (Egipto).

לִהְיוֹת lihyot לָכֶם lajem לֵאלֹהִים leElohim ;

אֲנִי Aní יְהֹוָה Adonai אֱלֹהֵיכֶם Eloheijem:

Está atento de completar este párrafo junto con el *jazán* y la congregación, y de decir la palabra "*emet*" en voz alta. El *jazán* debe decir la palabra "*emet*" susurrando.

אֱמֶת emet אהיה פעמים אהיה, ז"פ ס"ג.

La congregación debe estar en silencio, escuchar y oír las palabras "*Adonai Eloheijem emet*" dichas por el *jazán*. Si no completaste el párrafo junto al *jazán*, debes repetir las últimas tres palabras por cuenta propia. Con estas tres palabras el *Shemá* es concluido.

יְהֹוָה Adonai אֱלֹהֵיכֶם Eloheijem:

אֱמֶת emet אהיה פעמים אהיה, ז"פ ס"ג.

---

porque de acuerdo con ellos irás por mal camino. Para que se acuerden y hagan todos Mis mandamientos y de este modo serán santos ante su Dios. Yo soy el Señor, su Dios, quien los sacó de la tierra de Egipto para ser su Dios. Yo, el Señor, su Dios, es verdad" (Números 15:37-41). El Señor, su Dios, ¡es verdad!

VEEMUNÁ – LA TERCERA CÁMARA – RATSÓN

Veemuná nos conecta con la Tercera Cámara en la Casa del Rey: *Ratsón*, o deseo. Antes de que podamos conectar con cualquier forma de energía espiritual, tenemos que sentir un anhelo o deseo. El deseo es la vasija que atrae a la Luz espiritual. Un deseo pequeño atrae poca cantidad de Luz. Un gran deseo atrae una gran cantidad.

Heijal Ratsón (la Cámara del Deseo) de *Nukvá* en *Briá*.

וֶאֱמוּנָה veemuná (בוזינת לילה) כָּל col ילי זֹאת zot וְקַיָּם vekayam עָלֵינוּ aleinu,

כִּי qui הוּא Hu יְהֹוָה(אדני אהדונהי) Adonai אֱלֹהֵינוּ Eloheinu ילה וְאֵין veéin

זוּלָתוֹ zulató♦ וַאֲנַחְנוּ vaanajnu יִשְׂרָאֵל Yisrael עַמּוֹ amó♦

הַפּוֹדֵנוּ hapodenu מִיַּד miyad מְלָכִים melajim♦ הַגּוֹאֲלֵנוּ hagoalenu

מַלְכֵּנוּ Malquenu מִכַּף micaf כָּל col ילי עָרִיצִים aritsim♦

הָאֵל haEl לאה ; ייא״י (מילוי דס״ג) הַנִּפְרָע hanifrá לָנוּ lanu אלהים, אהיה אדני

מִצָּרֵינוּ mitsareinu♦ הַמְשַׁלֵּם hameshalem גְּמוּל guemul לְכָל lejol יה אדני

אוֹיְבֵי oyvei נַפְשֵׁנוּ nafshenu: הַשָּׂם hasam נַפְשֵׁנוּ nafshenu

בַּחַיִּים bajayim אהיה אהיה יהוה, בינה ע״ה וְלֹא veló נָתַן natán לַמּוֹט lamot

רַגְלֵנוּ raglenu♦ הַמַּדְרִיכֵנוּ hamadrijenu עַל al בָּמוֹת bamot

אוֹיְבֵינוּ oyveinu♦ וַיָּרֶם vayarem קַרְנֵנוּ karnenu עַל al כָּל col ילי ; עמם

שׂוֹנְאֵינוּ soneinu♦ הָאֵל haEl לאה ; ייא״י (מילוי דס״ג) הָעוֹשֶׂה haosé

לָנוּ lanu אלהים, אהיה אדני נִסִּים nisim וּנְקָמָה unekamá בְּפַרְעֹה beFaró♦

בְּאוֹתוֹת beotot וּבְמוֹפְתִים uvemoftim בְּאַדְמַת beadmat בְּנֵי bnei

חָם jam♦ הַמַּכֶּה hamaqué בְעֶבְרָתוֹ veevrató כָּל col ילי

בְּכוֹרֵי bejorei מִצְרַיִם Mitsráyim מצר♦ וַיּוֹצֵא vayotsí אֶת et

עַמּוֹ amó יִשְׂרָאֵל Yisrael מִתּוֹכָם mitojam לְחֵרוּת lejerut עוֹלָם olam♦

VEEMUNÁ –TERCERA CÁMARA-RATSÓN

Y fidedigno. Todo eso y Él está sobre nosotros porque Él es el Señor, nuestro Dios, y no hay ningún otro. Y nosotros somos Israel, Su Nación. Él nos redime de las manos de reyes. Él es nuestro Rey, que nos libera del alcance de los tiranos; el Dios, que nos venga contra nuestros enemigos. Él paga a nuestros enemigos mortales su deuda. Él, que nos mantiene vivos y no permite que nuestros pies resbalen. Él, que nos ha guiado sobre las llanuras de nuestros enemigos y Él, que eleva nuestro poder sobre todos los que nos odian. Él es Dios, que hizo por nosotros milagros y acciones contra el Faraón, con señales y maravillas, en la tierra de los hijos de Jam. Él que con Su ira azotó a los primogénitos de Egipto y sacó a Su Nación, Israel, de entre ellos a una libertad eterna.

הַמַּעֲבִיר hamaavir בָּנָיו banav

בֵּין bein גִּזְרֵי guizrei יַם yam ילי סוּף Suf. וְאֶת veet רוֹדְפֵיהֶם rodfeihem

וְאֶת veet שׂוֹנְאֵיהֶם soneihem בִּתְהוֹמוֹת bitehomot טִבַּע tibá. רָאוּ raú

בָנִים vanim אֶת et גְּבוּרָתוֹ guevurató שִׁבְּחוּ shibjú וְהוֹדוּ vehodú אהיה

לִשְׁמוֹ liShmó מהש ע"ה, ע"ב בריבוע וקס"א ע"ה, אל שדי ע"ה. וּמַלְכוּתוֹ umaljutó

בְּרָצוֹן beratsón מהש ע"ה, ע"ב בריבוע וקס"א ע"ה, אל שדי ע"ה קִבְּלוּ kiblú

עֲלֵיהֶם aleihem. מֹשֶׁה Moshé מהש, ע"ב בריבוע קס"א, אל שדי, ד"פ אלהים ע"ה

וּבְנֵי uvnei יִשְׂרָאֵל Yisrael ר"ת ע"ה נגד, מזבח, זן, אל יהוה לְךָ lejá עָנוּ anú

שִׁירָה shirá בְּשִׂמְחָה besimjá רַבָּה rabá וְאָמְרוּ veamrú כֻלָּם julam:

מִי־ mi ילי כָמֹכָה jamoja בָּאֵלִם baelim יְהֹוָאדניאהדונהי Adonai

ר"ת ע"ב, ריבוע יהוה ; ס"ת מ"ה מִי mi ילי כָּמֹכָה camoja נֶאְדָּר needar

בַּקֹּדֶשׁ bakódesh ר"ת יב"ק, אלהים יהוה, אהיה אדני יהוה נוֹרָא norá תְהִלֹּת tehilot

עֹשֵׂה osé פֶלֶא fele: מַלְכוּתְךָ maljutjá יְהֹוָאדניאהדונהי Adonai

אֱלֹהֵינוּ Eloheinu ילה רָאוּ raú בָנֶיךָ vaneja עַל־ al הַיָּם hayam ילי

יַחַד yájad כֻּלָּם culam הוֹדוּ hodú אהיה וְהִמְלִיכוּ vehimliju

וְאָמְרוּ veamrú: יְהֹוָאדניאהדונהי Adonai | יִמְלֹךְ yimloj לְעֹלָם leolam

ריבוע ס"ג וי' אותיות דס"ג ; ר"ת ייל וָעֶד vaed. וְנֶאֱמַר veneemar: כִּי־ qui פָדָה fadá

יְהֹוָאדניאהדונהי Adonai אֶת־ et יַעֲקֹב Yaakov ז' הויות, יאהדונהי אידהנויה

וּגְאָלוֹ ugueló מִיַּד miyad חָזָק jazak פהל מִמֶּנּוּ mimenu: בָּרוּךְ Baruj

אַתָּה Atá יְהֹוָאדניאהדונהי Adonai גָּאַל gaal באתב"ש כתר יִשְׂרָאֵל Yisrael:

Él, que hizo pasar a Sus Hijos entre las secciones del Mar Rojo mientras ahogó en las profundidades a sus perseguidores y sus enemigos. Los Hijos contemplaron Su poder y lo alabaron y dieron gracias a Su Nombre; aceptaron Su soberanía sobre ellos con deseo. Moshé y los Hijos de Israel elevaron sus voces en canto a Él, con gran alegría y dijeron todos: "¿Quién es como Tú entre los dioses, Señor? ¿Quién es como Tú, poderoso en santidad, impresionante en alabanza y que hace maravillas?" (Éxodo 15:11). Nuestros Hijos vieron Tu Reino, Señor, nuestro Dios, sobre el mar y todos al unísono te dan las gracias y aceptan Tu soberanía y dicen: "El Señor reinará por siempre y para siempre" (Éxodo 15:18). Y está dicho: "Porque el Señor ha liberado a Yaakov y lo ha rescatado de la mano de uno más fuerte que él" (Jeremías 31:10). Bendito eres Tú, Señor, quien redimió a Israel.

HASHKIVENU – LA CUARTA CÁMARA – EL SANCTA SANCTÓRUM

La Cuarta Cámara es *Kódesh HaKodashim*, el Sancta Sanctórum, el cual es nuestro vínculo al siguiente nivel que alcanzamos mediante la *Amidá*.

Heijal Kódesh HaKodashim (la Cámara del Sancta Sanctórum) de *Nukvá* en *Briá*.

הַשְׁכִּיבֵנוּ hashquivenu אָבִינוּ avinu לְשָׁלוֹם leshalom ר"ת לאה

וְהַעֲמִידֵנוּ vehaamidenu מַלְכֵּנוּ malquenu לְחַיִּים lejayim אהיה אהיה יהוה, בינה ע"ה

טוֹבִים tovim וּלְשָׁלוֹם uleshalom וּפְרוֹשׂ ufrós עָלֵינוּ aleinu

סֻכַּת sucat סוכה = סאל, אמן (יאהדונהי) שְׁלוֹמֶךָ shlomeja וְתַקְּנֵנוּ vetaknenu

מַלְכֵּנוּ malquenu בְּעֵצָה beetsá טוֹבָה tová אכא מִלְּפָנֶיךָ milfaneja ס"ג מ"ה ב"ן

וְהוֹשִׁיעֵנוּ vehoshienu מְהֵרָה meherá לְמַעַן lemaan שְׁמֶךָ Shemeja

(no pedimos por protección, ya que no hace falta protección de la *klipá* en *Shabat* — וְהָגֵן בַּעֲדֵנוּ)

Medita en incluir *Heijal Kódesh HaKodashim* de *Briá* en *Atsilut* para que sea como *Atsilut* mismo.

> **Cuando la festividad cae en *Shabat* y en *Shabat Jol Hamoed*:**
> Medita en recibir el alma adicional llamada: *Neshamá*
> del aspecto de la noche de *Shabat*

וּפְרוֹשׂ ufrós particiones de *Yesod* en *Ima* עָלֵינוּ aleinu sobre *Yaakov* y *Rajel* וְעַל veal

יְרוּשָׁלַיִם Yerushaláyim עִירָךְ iraj סֻכַּת sucat סוכה = סאל = אמן (יאהדונהי)

שָׁלוֹם •shalom בָּרוּךְ Baruj אַתָּה Atá יְהֹוָהאדניאהדונהי Adonai

הַפּוֹרֵשׂ haporés סֻכַּת sucat סוכה = סאל = אמן (יאהדונהי) ; ר"ת = אדני שָׁלוֹם shalom

Y las particiones deben ser como el tejo de la *Sucá* a fin de hacer espacio (dentro de *Zeir Anpín*) para que las *Guevurot* se expandan sin salir hacia *Yaakov* y *Rajel*. Ahora Ellas reciben Luz de los *Jasadim* que fueron demorados de Su ascenso.

עָלֵינוּ aleinu ר"ת ש"ע נהורין וְעַל veal כָּל col יל"י ; עמם עַמּוֹ amó יִשְׂרָאֵל Yisrael

וְעַל veal יְרוּשָׁלָיִם Yerushaláyim: אָמֵן Amén אידהנויה

HASHKIVENU – LA CUARTA CÁMARA – EL SANCTA SANCTÓRUM

Otórganos, Padre, que descansemos en paz y que nuevamente, Rey nuestro, nos levantemos a la buena vida y a la paz. Extiende sobre nosotros Tu protección de paz. Guíanos, Rey nuestro, con Tu buen consejo y sálvanos rápidamente por el bien de Tu Nombre. Y extiende sobre nosotros y sobre Jerusalén, Tu ciudad, un refugio de misericordia y paz. ¡Bendito eres Tú, Señor, que extiendes el refugio de paz sobre nosotros y sobre toda Su Nación, Israel, y sobre Jerusalén, Amén!

Cuando la festividad cae en *Shabat* y en *Shabat Jol Hamoed* agregamos:

VESHAMRÚ

Tenemos la capacidad de unir el Cielo y la Tierra mediante el poder del *Álef-Hei-Vav-Hei* אהוה.

וְשָׁמְרוּ veshamrú בְנֵי־ vnei יִשְׂרָאֵל Yisrael אֶת־ et הַשַּׁבָּת haShabat

ר"ת ביאה לַעֲשׂוֹת laasot אֶת־ et הַשַּׁבָּת haShabat לְדֹרֹתָם ledorotam

ר"ת אהל (זו אשתו, למשוך נשמה קדושה ולא מסט"א) בְּרִית berit עוֹלָם olam: בֵּינִי beiní

וּבֵין uvein בְּנֵי benei יִשְׂרָאֵל Yisrael אוֹת ot הִוא hi ר"ת ביאה לְעֹלָם leolam ריבוע

דס"ג י' אותיות דס"ג כִּי־ qui שֵׁשֶׁת shéshet יָמִים yamim נלך עָשָׂה asá

יְהֹוָהאדניאהדונהי Adonai אֶת־ et הַשָּׁמַיִם hashamáyim י"פ טל, י"פ כוזו וְאֶת־ veet

הָאָרֶץ haárets אלהים ההין ע"ה וּבַיּוֹם uvayom ע"ה נגד, מזבח, זן, אל יהוה

הַשְּׁבִיעִי hashevií שָׁבַת shavat וַיִּנָּפַשׁ vayinafash:

ELE MOADEI (en *Shabat Jol Hamoed* omitimos esto)

אֵלֶּה ele מוֹעֲדֵי moadei יְהֹוָהאדניאהדונהי Adonai מִקְרָאֵי mikraei

קֹדֶשׁ kódesh אֲשֶׁר־ asher תִּקְרְאוּ tikreú אֹתָם otam בְּמוֹעֲדָם bemoadam:

וַיְדַבֵּר vaydaber ראה מֹשֶׁה Moshé מהש, ע"ב בריבוע וקס"א, אל שדי, ד"פ אלהים ע"ה

אֶת־ et מֹעֲדֵי moadei יְהֹוָהאדניאהדונהי Adonai אֶל־ el בְּנֵי benei יִשְׂרָאֵל Yisrael:

MEDIO KADISH

יִתְגַּדַּל yitgadal וְיִתְקַדַּשׁ veyitkadash שדי ומילוי שדי ; י"א אותיות כמנין ו"ה

שְׁמֵיהּ Shmei (שם י"ה דע"ב) רַבָּא rabá קנ"א ב"ן, יהוה אלהים יהוה אדני,

מילוי קס"א וס"ג, מ"ה ברבוע וע"ב ע"ה ; ר"ת = ו"פ אלהים ; ס"ת = ג"פ יב"ק: אָמֵן Amén אידהנויה.

VESHAMRÚ

"Observarán los hijos de Israel el Shabat, para hacer el Shabat un convenio eterno para todas las generaciones. Será entre los hijos de Israel y Yo una señal eterna de que en seis días el Señor creó los Cielos y la Tierra y, en el séptimo día, Él descansó" (Éxodo 31:16-17).

ELE MOADEI

"Estas son las festividades del Señor, las llamarás Santa Convocatoria, en tu tiempo. Y Moshé les indicó las festividades del Señor a los hijos de Israel" (Levítico 23:4).

MEDIO KADISH

¡Glorificado y santificado sea Su Gran Nombre! (Amén).

בְּעָלְמָא bealmá דִּי di בְרָא verá כִּרְעוּתֵיהּ quirutei.
וְיַמְלִיךְ veyamlij מַלְכוּתֵיהּ maljutei. וְיַצְמַח veyatsmaj
פּוּרְקָנֵיהּ purkanei. וִיקָרֵב vikarev מְשִׁיחֵיהּ Meshijei: אָמֵן Amén אידהנויה.
בְּחַיֵּיכוֹן bejayeijón וּבְיוֹמֵיכוֹן uveyomeijón וּבְחַיֵּי uvejayei
דְכָל dejol יל"י בֵּית beit ב"פ ראה יִשְׂרָאֵל Yisrael בַּעֲגָלָא baagalá
וּבִזְמַן uvizmán קָרִיב kariv וְאִמְרוּ veimrú אָמֵן Amén: אָמֵן Amén אידהנויה.

La congregación y el *jazán* dicen lo siguiente:

Veintiocho palabras (hasta *bealmá*) y veintiocho letras (hasta *almayá*)

יְהֵא yehé שְׁמֵיהּ Shmei (שם י"ה דס"ג) רַבָּא rabá קנ"א ב"ן,
יהוה אלהים יהוה אדני, מילוי קס"א וס"ג, מ"ה ברבוע וע"ב ע"ה מְבָרַךְ mevaraj
לְעָלַם lealam לְעָלְמֵי lealmei עָלְמַיָּא almayá. יִתְבָּרַךְ yitbaraj.

Siete palabras con seis letras cada una (שם בן מ"ב) y también siete veces la letra *Vav* (שם בן מ"ב).

וְיִשְׁתַּבַּח veyishtabaj י"פ ע"ב יהוה אל אבג יתץ.
וְיִתְפָּאַר veyitpaar הי נו יה קרע שטן. וְיִתְרוֹמַם veyitromam וה כוזו נגד יכש.
וְיִתְנַשֵּׂא veyitnasé במוכסז בטר צתג. וְיִתְהַדָּר veyithadar כוזו יה וקכב טנע.
וְיִתְעַלֶּה veyitalé וה יוד ה יגל פזק. וְיִתְהַלָּל veyithalal א ואו הא שקו צית.
שְׁמֵיהּ Shmei (שם י"ה דמ"ה) דְּקֻדְשָׁא deKudshá בְּרִיךְ Verij הוּא Hu:
אָמֵן Amén אידהנויה.
לְעֵלָּא leelá מִן min כָּל col יל"י בִּרְכָתָא birjatá. שִׁירָתָא shiratá.
תֻּשְׁבְּחָתָא tishbejatá וְנֶחָמָתָא venejamatá. דַּאֲמִירָן daamirán
בְּעָלְמָא bealmá וְאִמְרוּ veimrú אָמֵן Amén: אָמֵן Amén אידהנויה.

En el mundo que Él creó de acuerdo a Su voluntad y pueda Su Reino reinar. Y pueda Él hacer que Su Redención florezca y pueda Él acercar al Mesías (Amén). En tus vidas y en tus días y en la vida de la Casa de Israel, prontamente y en el futuro cercano, y dígase: Amén (Amén). Que Su gran Nombre sea bendito por siempre y para toda la eternidad, y bendito y alabado, y glorificado y exaltado, y ensalzado y honrado, y adorado y loado, sea el Nombre del Santísimo, Bendito sea Él (Amén). Más allá de todas las bendiciones, himnos, alabanzas y palabras de consolación que deben decirse en el mundo, y dígase: Amén (Amén).

LA AMIDÁ - GENERAL

Cuando comenzamos la conexión, damos tres pasos hacia atrás que significan que estamos dejando este mundo físico. Después damos tres pasos hacia delante para comenzar la *Amidá*. Los tres pasos son:

1. Entrar a la tierra de Israel; para entrar en el primer círculo espiritual.
2. Entrar en la ciudad de Jerusalén; para entrar en el segundo círculo espiritual.
3. Entrar en el Sancta Sanctórum; para entrar en el círculo más interno.

Antes de recitar el primer verso de la *Amidá*, pedimos: "*Dios, abre mis labios y permite que mi boca hable*", estamos pidiendo a la Luz que hable por nosotros para que podamos recibir lo que necesitamos y no sólo lo que queremos. Con mucha frecuencia, lo que queremos de la vida no es necesariamente el deseo del alma, que es lo que verdaderamente necesitamos para estar satisfechos. Al pedirle a la Luz que hable a través de nosotros, nos aseguramos de que nuestra conexión nos traiga realización genuina y oportunidades para el crecimiento espiritual y el cambio.

Si la festividad cae en día de semana omite la siguiente meditación y continúa con la *Amidá* en la pág. 97

Si la festividad cae en *Shabat* escanea la siguiente meditación y continúa con la *Amidá* en la pág. 97

En *Shabat Jol Hamoed* escanea la siguiente meditación y continúa con la *Amidá* en la pág. 686.

El Formato de la Ascensión en *Arvit* de *Shabat*

Cuando digas "*Baruj*", medita en atraer *Nétsaj, Hod, Yesod* y *Jésed, Guevurá, Tiféret* de *Kéter, Jojmá, Biná, Dáat* de *Nétsaj, Hod, Yesod* de *Jésed, Guevurá, Tiféret* de lo Interno de *Tevuná* (que fueron atraídos durante la recitación del "*Shemá*" hacia *Kéter, Jojmá, Biná, Dáat*. Y *Jésed, Guevurá, Tiféret*) **hacia** *Jésed, Guevurá, Tiféret* y *Nétsaj, Hod, Yesod* de *Kéter, Jojmá, Biná, Dáat* de *Nétsaj, Hod, Yesod* y *Jésed, Guevurá, Tiféret* de *Biná* de lo Interno de *Zeir Anpín*.

Cuando digas "*Atá*", medita en atraer *Kéter, Jojmá, Biná* de *Kéter, Jojmá, Biná* de *Tevuná* **hacia** *Kéter, Jojmá, Biná* de *Zeir Anpín* e impulsar hacia abajo los Seis Bordes (de *Tevuná*) hacia los Seis Bordes de *Zeir Anpín*.

Cuando digas "*Adonai*" medita en atraer *Nétsaj, Hod, Yesod* y *Jésed, Guevurá, Tiféret* de *Kéter, Jojmá, Biná, Dáat* de *Nétsaj, Hod, Yesod* de *Jésed, Guevurá, Tiféret* de lo Interno de *Yisrael Saba* **hacia** *Jésed, Guevurá, Tiféret* y *Nétsaj, Hod, Yesod* de *Zeir Anpin* **y luego atraer** *Kéter, Jojmá, Biná* de *Yisrael Saba* a *Kéter, Jojmá, Biná* de *Zeir Anpín* y empujar hacia abajo los Seis Bordes (de *Yisrael Saba*) a los Seis Bordes de *Zeir Anpín*.

אֲדֹנָי Adonai ללה (pausa aquí) שְׂפָתַי sfatai תִּפְתָּח tiftaj וּפִי ufí יַגִּיד yaguid

תְּהִלָּתֶךָ tehilateja (כ״ב אותיות פשוטות [=אכא] וה׳ אותיות סופיות מנצפך) יי״ז ס״ת = בוכו:

LA PRIMERA BENDICIÓN – INVOCA AL ESCUDO DE AVRAHAM

Avraham es el canal de la energía de la Columna Derecha de positividad, compartir y misericordia. Las acciones dadoras pueden protegernos de todas las formas de negatividad.

Jésed que se convierte en *Jojmá*

En esta sección hay 42 palabras, el secreto del Nombre de Dios de 42 letras y, por lo tanto, comienza con la letra *Bet* (2) y termina con la letra *Mem* (40).

Flexiona tus rodillas en "*Baruj*", inclínate en "*Atá*" y enderézate en "*Adonai*".

א ב

בָּרוּךְ Baruj אַתָּה Atá א-ת (אותיות הא״ב המסמלות את השפע המגיע) לה׳ המלכות

ג י

יְהֹוָהאדניאהדונהי Adonai (יא״) אֱלֹהֵינוּ Eloheinu ילה

ת צ

וֵאלֹהֵי veElohei לכב ; מילוי ע״ב, דמב ;ילה אֲבוֹתֵינוּ avoteinu.

ק ר

אֱלֹהֵי Elohei מילוי ע״ב, דמב ; ילה אַבְרָהָם Avraham (*Jojmá*)

ו״פ אל, רי״ו ול״ב נתיבות החכמה, רמ״ח (אברים), עסמ״ב וט״ז אותיות פשוטות

ע ש

אֱלֹהֵי Elohei מילוי ע״ב, דמב ; ילה יִצְחָק Yitsjak (*Biná*) ד״פ ב״ן

ט נ

וֵאלֹהֵי veElohei לכב ;מילוי ע״ב, דמב ; ילה יַעֲקֹב Yaakov (*Dáat*) ו׳ הויות, יאהדונהי אידהנויה

LA AMIDÁ

"Mi Señor, abre mis labios y mi boca declarará Tu alabanza" (Salmos 51:17).

LA PRIMERA BENDICIÓN

Bendito eres, Señor, nuestro Dios y Dios de nuestros ancestros: el Dios de Avraham, el Dios de Yitsjak y el Dios de Yaakov.

ג ג

הָאֵל haEl לאה ; ייא״ (מילוי דס״ג) הַגָּדוֹל hagadol האל הגדול = סיט ; גדול = להח

ד י

עם ד׳ אותיות = מבה, יזל, אום הַגִּבּוֹר haguibor ר״ת ההה וְהַנּוֹרָא vehanorá.

כ ש

אֵל El ייא״ (מילוי דס״ג) ; ר״ת ע״ב, ריבוע יהוה עֶלְיוֹן elyón.

ב ט ר צ ת

גּוֹמֵל gomel חֲסָדִים jasadim טוֹבִים tovim. קוֹנֵה koné הַכֹּל hacol ילי

ג ח ק ב

וְזוֹכֵר vezojer חַסְדֵי jasdei אָבוֹת avot. וּמֵבִיא umeví

ט נ ע י

גּוֹאֵל goel לִבְנֵי livnei בְנֵיהֶם veneihem לְמַעַן lemaan

ג ל

שְׁמוֹ Shemó מהש ע״ה, ע״ב בריבוע וקס״א ע״ה, אל שדי ע״ה בְּאַהֲבָה beahavá אחד, דאגה:

Cuando digas la palabra *"beahavá"* debes meditar en dedicar tu alma a santificar el Nombre Sagrado y aceptar sobre ti mismo las cuatro formas de muerte.

פ ו ק ש

מֶלֶךְ Mélej עוֹזֵר ozer וּמוֹשִׁיעַ umoshía וּמָגֵן umaguén

ג״פ אל (ייא״ מילוי דס״ג) ; ר״ת מיכאל גבריאל נוריאל:

Flexiona tus rodillas en "*Baruj*", inclínate en "*Atá*" y enderézate en "*Adonai*".

אהיה יהו אלף הי יוד הי (en *Shabat*: יְהֹוָה)

ק ו צ

בָּרוּךְ Baruj אַתָּה Atá יְהֹוָהאדני(יְהֹוָאדָנָי)יאהדונהי Adonai (הד)

י ת

מָגֵן maguén ג״פ אל (ייא״ מילוי דס״ג) ; ר״ת מיכאל גבריאל נוריאל אַבְרָהָם Avraham

וז״פ אל, רי״ו ול״ב נתיבות החכמה, רמ״ח (אברים), עסמ״ב וט״ז אותיות פשוטות:

El Dios grande, poderoso y reverenciado.

El Dios Celestial. El que otorga benevolencia y crea todas las cosas. El que recuerda las buenas acciones de nuestros ancestros y El que trae un redentor a los hijos de sus hijos por el bien de Su Nombre, con amor. Rey, Asistente, Salvador y Escudo. Bendito seas Tú, Señor, Escudo de Avraham.

LA SEGUNDA BENDICIÓN

LA ENERGÍA DE YITSJAK ENCIENDE EL PODER DE LA RESURRECCIÓN DE LOS MUERTOS

Mientras que Avraham representa el poder de compartir, Yitsjak representa a la Columna Izquierda, energía de Juicio. El Juicio acorta el proceso de *tikún* y prepara la vía para nuestra resurrección final.

Guevurá que se convierte en *Biná*

En esta sección hay 49 palabras que corresponden a las 49 Puertas del Sistema Puro en *Biná*.

אַתָּה Atá גִּבּוֹר guibor לְעוֹלָם leolam ריבוע ס״ג ו׳ אותיות דס״ג אֲדֹנָי Adonai ללה

(ר״ת אֲגְלָא והוא שם גדול ואמיץ, ובו היה יהודה מתגבר על אויביו. ע״ה אלד, בוכו).

מְחַיֶּה mejayé ס״ג מֵתִים metim אַתָּה Atá. רַב rav לְהוֹשִׁיעַ lehoshía.

מוֹרִיד morid הַטָּל hatal יוד הא ואו, כוזו, מספר אותיות דמילואי עסמ״ב ; ר״ת מ״ה:

Si por error dices "*Mashiv harúaj*" y te das cuenta de ello antes del final de la bendición ("*Baruj Atá Adonai*"), debes regresar al comienzo de la bendición ("*Atá guibor*") y continuar normalmente. Pero si sólo te das cuenta de ello después del final de la bendición, debes iniciar la *Amidá* desde el principio.

מְכַלְכֵּל mejalquel חַיִּים jayim אהיה אהיה יהוה, בינה ע״ה בְּחֶסֶד bejésed

ע״ב, ריבוע יהוה. מְחַיֵּה mejayé ס״ג מֵתִים metim בְּרַחֲמִים berajamim

(במוכסז) מצפצ, אלהים דההין, י״פ ייי רַבִּים rabim (טלא דעתיק). סוֹמֵךְ somej

(אכדטם) כוק, ריבוע אדני נוֹפְלִים noflim (זו״ן). וְרוֹפֵא verofé חוֹלִים jolim

חולה = מ״ה וד׳ אותיות. וּמַתִּיר umatir אֲסוּרִים asurim. וּמְקַיֵּם umekayem

אֱמוּנָתוֹ emunató לִישֵׁנֵי lishenei עָפָר afar. מִי mi ילי כָּמוֹךָ jamoja

(debes pronunciar la letra *Ayin* en la palabra "*Báal*") בַּעַל báal גְּבוּרוֹת guevurot

וּמִי umí ילי דּוֹמֶה domé לָּךְ laj. מֶלֶךְ Mélej מֵמִית memit

וּמְחַיֶּה umjayé ס״ג (יוד הי ואו הי) וּמַצְמִיחַ umatsmíaj יְשׁוּעָה yeshuá:

וְנֶאֱמָן veneemán אַתָּה Atá לְהַחֲיוֹת lehajayot מֵתִים metim:

אהיה יהו אלף הי יוד הי (en *Shabat*: יְהֹוִה)

בָּרוּךְ Baruj אַתָּה Atá יְהֹוָה(יְהֹוָאדני)יאהדונהי Adonai

מְחַיֵּה mejayé ס״ג (יוד הי ואו הי) הַמֵּתִים hametim ר״ת מ״ה וס״ת מ״ה:

LA SEGUNDA BENDICIÓN

Tú, Señor, eres poderoso por siempre. Tú revives a los muertos y eres muy capaz de redimir. El que hace caer el rocío. Tú sostienes a los vivientes con bondad y revives a los muertos con gran compasión. Tú sostienes a los caídos, curas a los enfermos, pones en libertad a los cautivos y cumples Tu promesa con los que duermen en el polvo. ¿Quién es como Tú, Señor de fortaleza, y quién puede compararse contigo, Rey, que causas la muerte, das vida y haces crecer la salvación? Y eres fiel para resucitar a los muertos. Bendito eres Tú, Señor, que resucitas a los muertos.

LA TERCERA BENDICIÓN

Esta bendición nos conecta con Yaakov, la Columna Central, el poder de la restricción. Yaakov es nuestro canal para conectar la Misericordia con el Juicio. Al restringir nuestro comportamiento reactivo, estamos deteniendo nuestro Deseo de Recibir para Nosotros Mismos. Yaakov también nos da el poder para equilibrar nuestros actos de Misericordia y Juicio hacia otras personas en nuestra vida.

Tiféret que se convierte en *Dáat* (14 palabras).

אַתָּה Atá קָדוֹשׁ kadosh וְשִׁמְךָ veShimjá קָדוֹשׁ kadosh ר״ת = אור, רז, אין סוף ◆

וּקְדוֹשִׁים ukdoshim בְּכָל־ bejol ב״ן, לכב יוֹם yom ע״ה נגד, מזבח, זן, אל יהוה

יְהַלְלוּךָ yehaleluja סֶּלָה sela ◆

אהיה יהו אלף הא יוד הא (en *Shabat*: מצפצ)

בָּרוּךְ Baruj אַתָּה Atá יְהֹוָאדהֹנָי(יְהֹוָאדהֹנָי)יאהדונהי Adonai

הָאֵל haEl לאה ; ייא״י (מילוי דס״ג) הַקָּדוֹשׁ hakadosh י״פ מ״ה (יוד הא ואו הא) ◆

Medita aquí en el Nombre: יאהדונהי, dado que éste puede ayudar a eliminar la ira.

LA BENDICIÓN DEL MEDIO

La cuarta bendición nos conecta con el verdadero poder de *Sucot y Simjat Torá*, la semilla de todo el año. Así como la semilla de una manzana engendra un manzano, una semilla negativa engendra un año negativo, de la misma manera, una semilla positiva genera un año positivo. *Sucot y Simjat Torá* son nuestra oportunidad de escoger la semilla que deseamos sembrar para nuestro próximo año. El poder de las letras en esta bendición radica en su capacidad de ayudarnos a escoger automáticamente la semilla correcta que necesitamos y no necesariamente la semilla que queremos.

אַתָּה Atá בְּחַרְתָּנוּ vejartanu מִכָּל micol ילי הָעַמִּים haamim ◆

אָהַבְתָּ ahavta אוֹתָנוּ otanu וְרָצִיתָ veratsita בָּנוּ banu ◆

וְרוֹמַמְתָּנוּ veromamtanu מִכָּל micol ילי הַלְּשׁוֹנוֹת haleshonot ◆

וְקִדַּשְׁתָּנוּ vekidashtanu בְּמִצְוֹתֶיךָ bemitsvoteja ◆ וְקֵרַבְתָּנוּ vekeravtanu

מַלְכֵּנוּ malquenu לַעֲבוֹדָתֶךָ laavodateja ◆ וְשִׁמְךָ veShimjá הַגָּדוֹל hagadol

להח ; ועם ד׳ אותיות = מבה, יזל, אום וְהַקָּדוֹשׁ vehakadosh עָלֵינוּ aleinu קָרָאתָ karata ◆

LA TERCERA BENDICIÓN

Tú eres Santo y Santo es Tu Nombre, y los Seres Santos te alaban día a día, porque Tú eres Dios, el Rey Santo, Sela. Bendito eres Tú, Señor, el Santo Dios.

LA BENDICIÓN DEL MEDIO

Tú nos has elegido entre todas las naciones. Tú nos has amado y has encontrado favor entre nosotros. Tú nos has exaltado sobre todas las lenguas y Tú nos has santificado con tus preceptos. Tú nos acercaste, Rey nuestro, a Tu servicio y proclamaste sobre nosotros Tu gran y Santo Nombre.

Cuando la festividad cae un sábado en la noche decimos lo siguientes:

וַתּוֹדִיעֵנוּ vatodienu מִשְׁפְּטֵי mishpetei צִדְקֶךָ tsidkejá. וַתְּלַמְּדֵנוּ vatelamdenu
לַעֲשׂוֹת laasot בָּהֶם bahem חֻקֵּי jukei רְצוֹנֶךָ retsoneja. וַתִּתֶּן vatitén ב״פ כהת
לָנוּ lanu אלהים, אהיה אדני יְהֹוָהאדנייאהדונהי Adonai אֱלֹהֵינוּ Eloheinu ילה
בְּאַהֲבָה beahavá אחד, דאגה. מִשְׁפָּטִים mishpatim יְשָׁרִים yesharim.
וְתוֹרוֹת vetorot אֱמֶת emet אהיה פעמים אהיה, ז״פ ס״ג. חֻקִּים jukim וּמִצְוֹת umitsvot
טוֹבִים tovim. וַתַּנְחִילֵנוּ vatanjilenu זְמַנֵּי zemanei שָׂשׂוֹן sasón וּמוֹעֲדֵי umoadei
קֹדֶשׁ kódesh וְחַגֵּי vejaguei נְדָבָה nedavá. וַתּוֹרִישֵׁנוּ vatorishenu
קְדֻשַּׁת kedushat שַׁבָּת shabat וּכְבוֹד ujvod מוֹעֵד moed וַחֲגִיגַת vajaguigat
הָרֶגֶל haréguel. בֵּין bein קְדֻשַּׁת kedushat שַׁבָּת shabat לִקְדֻשַּׁת likdushat
יוֹם yom ע״ה נגד, מזבח, זן, אל יהוה טוֹב tov והו הִבְדַּלְתָּ hivdalta.
וְאֶת veet יוֹם yom ע״ה נגד, מזבח, זן, אל יהוה הַשְּׁבִיעִי hashevií מִשֵּׁשֶׁת mishéshet
יְמֵי yemei הַמַּעֲשֶׂה hamaasé קִדַּשְׁתָּ kidashta. וְהִבְדַּלְתָּ vehivdalta.
וְקִדַּשְׁתָּ vekidashta אֶת et עַמְּךָ ameja יִשְׂרָאֵל Yisrael בִּקְדֻשָּׁתָךְ bikdushataj:

וַתִּתֶּן vatitén ב״פ כהת לָנוּ lanu אלהים, אהיה אדני יְהֹוָהאדנייאהדונהי Adonai
אֱלֹהֵינוּ Eloheinu ילה בְּאַהֲבָה beahavá אחד, דאגה
(**En** ***Shabat*** **agrega:** שַׁבָּתוֹת shabatot לִמְנוּחָה limnujá וּ u)
מוֹעֲדִים moadim לְשִׂמְחָה lesimjá. חַגִּים jaguim וּזְמַנִּים uzmanim
לְשָׂשׂוֹן lesasón. אֶת et יוֹם yom ע״ה נגד, מזבח, זן, אל יהוה (**En** ***Shabat*** **agrega:**
הַשַּׁבָּת haShabat הַזֶּה hazé והו. וְאֶת veet יוֹם yom ע״ה נגד, מזבח, זן, אל יהוה)
(**En** ***Sucot*** **di:** וְחַג Jag הַסֻּכּוֹת haSucot הַזֶּה hazé).
(**En** ***Simjat Torá*** **di:** שְׁמִינִי Shminí וְחַג Jag עֲצֶרֶת Atséret הַזֶּה hazé).
אֶת et יוֹם yom ע״ה נגד, מזבח, זן, אל יהוה טוֹב tov והו מִקְרָא mikrá
קֹדֶשׁ kódesh הַזֶּה hazé והו. זְמַן zemán שִׂמְחָתֵנוּ simjatenu.

Tú nos has informado de Tus justas ordenanzas y Tú nos has enseñado a cumplir los decretos de Tu voluntad. Que puedas darnos, Señor, nuestro Dios, con amor, ordenanzas justas y enseñanzas verdaderas y buenas leyes y preceptos. Y puedas darnos, como herencia, temporadas de alegría y festivales designados de Santidad y ofrendas festivas. Haz que heredemos la Santidad de Shabat y la gloria de la Festividad y la ofrenda festiva de la Peregrinación. Tú has hecho la distinción entre la santidad de Shabat y la santidad del festival. Has santificado y distinguido entre el séptimo día y los seis días de trabajo, y has santificado a Tu nación, Israel, con Tu santidad.

Y puedas darnos Tú, Señor, nuestro Dios con amor (**en Shabat di:** *Shabatot para descanso y*) *Festividades para alegría, Festivales y tiempos de regocijo, este día* (**en Shabat di:** *de Shabat y este día*) (**en Sucot:** *de Sucot*) (**en Simjat Torá:** *de Shminí la Festividad de Atséret*) *este buen día de Santa Convocatoria. Tiempo de regocijo.*

בְּאַהֲבָה beahavá אחד, דאגה מִקְרָא mikrá קֹדֶשׁ kódesh♦
זֵכֶר zéjer לִיצִיאַת litsiat מִצְרָיִם Mitsráyim מצר♦

אֱלֹהֵינוּ Eloheinu ילה וֵאלֹהֵי veElohei לכב ; מילוי ע"ב, דמב ; ילה אֲבוֹתֵינוּ avoteinu
יַעֲלֶה yaalé וְיָבֹא veyavó וְיַגִּיעַ veyaguía וְיֵרָאֶה veyeraé ר"י וְיֵרָצֶה veyeratsé
וְיִשָּׁמַע veyishamá וְיִפָּקֵד veyipaked וְיִזָּכֵר veyizajer ר"ת = מ"ב
זִכְרוֹנֵנוּ zijronenu וְזִכְרוֹן vezijrón ע"ב קס"א ונש"ב אֲבוֹתֵינוּ avoteinu♦
זִכְרוֹן zijrón ע"ב קס"א ונש"ב יְרוּשָׁלַיִם Yerushaláyim עִירָךְ iraj♦
וְזִכְרוֹן vezijrón ע"ב קס"א ונש"ב מָשִׁיחַ Mashíaj בֶּן ben
דָּוִד David ע"ה כהת ; בן דוד = אדני ע"ה עַבְדָּךְ avdaj פוי, אל אדני♦
וְזִכְרוֹן vezijrón ע"ב קס"א ונש"ב כָּל col ילי עַמְּךָ ameja בֵּית beit ב"פ ראה
יִשְׂרָאֵל Yisrael לְפָנֶיךָ lefaneja ס"ג מ"ה ב"ן לִפְלֵיטָה lifleitá לְטוֹבָה letová אכא♦
לְחֵן lején מילוי דמ"ה בריבוע ; מוחי לְחֶסֶד lejésed ע"ב, ריבוע יהוה
וּלְרַחֲמִים ulerajamim♦ לְחַיִּים lejayim אהיה אהיה יהוה, בינה ע"ה♦
טוֹבִים tovim וּלְשָׁלוֹם uleshalom♦ בְּיוֹם beyom ע"ה נגד, מזבח, זן, אל יהוה
(En *Shabat* agrega: הַשַּׁבָּת haShabat הַזֶּה hazé והו♦ וּבְיוֹם uveyom ע"ה נגד, מזבח, זן, אל יהוה)
(En *Sucot* di: חַג Jag הַסֻּכּוֹת haSucot הַזֶּה hazé)♦
(En *Simjat Torá* di: שְׁמִינִי Shminí חַג Jag עֲצֶרֶת Atséret הַזֶּה hazé)♦
בְּיוֹם beyom ע"ה נגד, מזבח, זן, אל יהוה טוֹב tov והו
מִקְרָא mikrá קֹדֶשׁ kódesh הַזֶּה hazé והו♦

---

con amor, una convocatoria Santa, un recuerdo de la salida del Egipto. Nuestro Dios y el Dios de nuestros padres, pueda levantarse y venir y llegar y aparecer y encontrar el favor y ser oído y ser considerado y ser recordado, nuestra remembranza y la remembranza de nuestros padres, las remembranza de Jerusalén, Tu ciudad, y la remembranza del Mesías Ben David, Tu sirviente, y la remembranza de toda Tu Nación, la Casa de Israel, ante Ti, para aceptación, para bien, para gracia, amabilidad y compasión, para una buena vida y para paz en este Día (**En Shabat di:** *de Shabat y en este Día*) (**en Sucot:** *de Sucot*) (**en Simjat Torá:** *de Shminí la Festividad de Atséret*) *en este buen día de Convocación Santa,*

לְרַחֵם lerajem אברהם, וז"פ אל, רי"ו ול"ב נתיבות החכמה, רמ"ח (אברים), עסמ"ב וט"ז אותיות פשוטות
בּוֹ bo עָלֵינוּ aleinu וּלְהוֹשִׁיעֵנוּ ulehoshienu. זָכְרֵנוּ zojrenu **(desde *Zeir Anpín*)**
יְהֹוָה Adonai אֱלֹהֵינוּ Eloheinu ילה בּוֹ bo לְטוֹבָה letová אכא.
וּפָקְדֵנוּ ufokdenu **(desde *Nukvá*)** בוֹ vo לִבְרָכָה livrajá.
וְהוֹשִׁיעֵנוּ vehoshienu **(desde *Dáat*)** בוֹ vo לְחַיִּים lejayim אהיה אהיה יהוה, בינה ע"ה
טוֹבִים tovim. בִּדְבַר bidvar ראה יְשׁוּעָה yeshuá וְרַחֲמִים verajamim.
חוּס jus וְחָנֵּנוּ vejanenu וַחֲמוֹל vajamol וְרַחֵם verajem אברהם,
וז"פ אל, רי"ו ול"ב נתיבות החכמה, רמ"ח (אברים), עסמ"ב וט"ז אותיות פשוטות עָלֵינוּ aleinu.
וְהוֹשִׁיעֵנוּ vehoshienu כִּי qui אֵלֶיךָ eleja עֵינֵינוּ eineinu ריבוע מ"ה.
כִּי qui אֵל El יא"י מֶלֶךְ Mélej חַנּוּן janún וְרַחוּם verajum אָתָּה Atá:

וְהַשִּׂיאֵנוּ vehasienu יְהֹוָה Adonai אֱלֹהֵינוּ Eloheinu ילה.
אֶת et בִּרְכַּת bircat מוֹעֲדֶיךָ moadeja לְחַיִּים lejayim אהיה אהיה יהוה, בינה ע"ה
בְּשִׂמְחָה besimjá וּבְשָׁלוֹם uveshalom. כַּאֲשֶׁר caasher רָצִיתָ ratsita
וְאָמַרְתָּ veamarta לְבָרְכֵנוּ levarjenu. כֵּן quen תְּבָרְכֵנוּ tevarjenu
סֶלָה sela:

MEKADESH YISRAEL VEHAZMANIM (LOS TIEMPOS)

(**En *Shabat* agrega:** אֱלֹהֵינוּ Eloheinu ילה וֵאלֹהֵי veElohei לכב ; מילוי ע"ב, דמב ; ילה
אֲבוֹתֵינוּ avoteinu רְצֵה retsé נָא na בִמְנוּחָתֵנוּ vimnujateinu)

---

para tener misericordia de nosotros y para salvarnos. Recuérdanos, Señor, nuestro Dios, para bien y considéranos en ello para la bendición y entréganosla para una buena vida con las palabras de entrega y misericordia. Ten piedad y sé amable con nosotros y ten misericordia y sé compasivo con nosotros y sálvanos, porque nuestros ojos van hacia Ti, porque Tú eres Dios, Rey que es amable y compasivo.

Entréganos, Señor, nuestro Dios, Tu bendición de Tus festividades para una vida feliz y pacífica. Así como Tú deseas y dices que nos bendecirás, así seremos bendecidos por Ti, Sela.

MEKADESH YISRAEL VEHAZMANIM (LOS TIEMPOS)

(**En Shabat***: Dios nuestro y Dios de nuestros ancestros, que Te plazca nuestro descanso*).

קַדְּשֵׁנוּ kadeshenu בְּמִצְוֹתֶיךָ vemitsvoteja• תֵּן ten וְחֶלְקֵנוּ jelkenu

בְּתוֹרָתָךְ vetorataj• שַׂבְּעֵנוּ sabenu מִטּוּבָךְ mituvaj •לאו

שַׂמֵּחַ saméaj נַפְשֵׁנוּ nafshenu בִּישׁוּעָתָךְ •bishuataj

וְטַהֵר vetaher לִבֵּנוּ libenu לְעָבְדְּךָ leovdejá פוי, אל יהוה בֶּאֱמֶת veemet

אהיה פעמים אהיה, י"פ ס"ג• וְהַנְחִילֵנוּ vehanjilenu יְהֹוָהאדניאהדונהי Adonai

אֱלֹהֵינוּ Eloheinu ילה (En Shabat agrega: בְּאַהֲבָה beahavá אחד, דאגה

וּבְרָצוֹן uveratsón מהש ע"ה, ע"ב בריבוע וקס"א ע"ה, אל שדי) בְּשִׂמְחָה vesimjá

וּבְשָׂשׂוֹן uvesasón (En Shabat agrega: שַׁבָּתוֹת shabatot וּ u) מוֹעֲדֵי moadei

קָדְשֶׁךָ kodshejá, וְיִשְׂמְחוּ veyismejú בְךָ vejá כָּל col ילי יִשְׂרָאֵל Yisrael

מְקַדְּשֵׁי mekadshei שְׁמֶךָ shemeja• בָּרוּךְ Baruj אַתָּה Atá

יְהֹוָהאדניאהדונהי Adonai

אהיה יהו אלף הה יוד הה (en Shabat: יה אדני)

מְקַדֵּשׁ mekadesh (En Shabat agregar: הַשַּׁבָּת haShabat וְ ve) יִשְׂרָאֵל Yisrael

וְהַזְּמַנִּים vehazmanim:

LAS TRES BENDICIONES FINALES

A través del mérito de Moshé, Aharón y Yosef, quienes son nuestros canales para las últimas tres bendiciones, somos capaces de hacer descender toda la energía espiritual que despertamos con nuestras oraciones y bendiciones.

LA QUINTA BENDICIÓN

Durante esta bendición, que se refiere a Moshé, siempre debemos meditar en tratar de saber exactamente qué quiere Dios de nosotros en nuestra vida, como lo indica la frase: "Que sea la voluntad de Dios". Estamos pidiéndole a Dios que nos guíe hacia el trabajo que vinimos a hacer en la Tierra. El Creador no puede aceptar sólo el trabajo que queremos hacer, debemos llevar a cabo el trabajo que estamos destinados a hacer.

Santifícanos con Tus mandamientos y sitúa nuestro destino en Tu Torá, y sácianos de Tu benevolencia y alegra nuestros espíritus con Tu salvación, y purifica nuestro corazón para servirte verdaderamente. Y otórganos, Señor, nuestro Dios (**en Shabat:** *con amor y gracia*) *regocijo y dicha,* (**en Shabat:** *Shabatot y*) *las Festividades, y todos los Hijos de Israel, quienes santifican Tu Nombre, estarán gozosos contigo. Bendito eres Tú, Señor, que santificas* (**en Shabat:** *el Shabat e*) *Israel y los Tiempos*

Nétsaj

Medita por el Deseo Celestial (*Kéter*), que es llamado *Métsaj HaRatsón* (la Frente del Deseo).

רְצֵה retsé אלף למד הה יוד מם

Aquí medita en transformar el infortunio y la tragedia (צרה) en deseo y aceptación (רצה).

יְהֹוָהאדניאהדונהי Adonai אֱלֹהֵינוּ Eloheinu ילה בְּעַמְּךָ beameja יִשְׂרָאֵל Yisrael

וְלִתְפִלָּתָם velitfilatam שְׁעֵה sheé. וְהָשֵׁב vehashev הָעֲבוֹדָה haavodá

לִדְבִיר lidvir רי״ו בֵּיתֶךָ beiteja ב״פ ראה. וְאִשֵּׁי veishei יִשְׂרָאֵל Yisrael

וּתְפִלָּתָם utfilatam מְהֵרָה meherá בְּאַהֲבָה beahavá אחד, דאגה

תְקַבֵּל tekabel בְּרָצוֹן beratsón מהש ע״ה, ע״ב בריבוע וקס״א ע״ה, אל שדי ע״ה.

וּתְהִי utehí לְרָצוֹן leratsón מהש ע״ה, ע״ב בריבוע וקס״א ע״ה, אל שדי ע״ה

תָּמִיד tamid ע״ה קס״א קנ״א קמ״ג עֲבוֹדַת avodat יִשְׂרָאֵל Yisrael עַמֶּךָ ameja:

וְאַתָּה veAtá בְּרַחֲמֶיךָ verajameja הָרַבִּים harabim.

תַּחְפֹּץ tajpots בָּנוּ banu וְתִרְצֵנוּ vetirtsenu וְתֶחֱזֶינָה vetejezena

עֵינֵינוּ eineinu ריבוע מ״ה בְּשׁוּבְךָ beshuvjá לְצִיּוֹן leTsiyón יוסף, ו׳ הויות, קנאה

בְּרַחֲמִים berajamim מצפצ, אלהים דיודין, י״פ ייי:

אהיה יהו אלף למד הי יוד מם (en *Shabat*: אל)

בָּרוּךְ Baruj אַתָּה Atá יְהֹוָהאדניאהדונהי Adonai

הַמַּחֲזִיר hamajazir שְׁכִינָתוֹ Shejinató לְצִיּוֹן leTsiyón יוסף, ו׳ הויות, קנאה:

LA QUINTA BENDICIÓN

Encuentra gracia, Señor, nuestro Dios, en Tu Pueblo, Israel y oye su oración. Restaura el culto en el santuario interno de Tu Templo. Acepta las ofrendas de Israel y sus oraciones con complacencia, prontamente y con amor. Que siempre sea agradable a Ti, el servicio de Israel, Tu Nación. Y Tú, en Tu gran compasión, te deleites en nosotros y estés complacido con nosotros. Puedan nuestros ojos contemplar Tu retorno a Sión con compasión. ¡Bendito eres Tú, Señor, que devuelve Su Shejiná a Sión!

LA SEXTA BENDICIÓN

Esta bendición es nuestro agradecimiento. Kabbalísticamente, el mayor "agradecimiento" que le podemos dar a nuestro Creador es hacer exactamente lo que estamos destinados a hacer en términos de nuestro trabajo espiritual.

Hod

Inclina todo tu cuerpo en "*modim*" y enderézate en "*Adonai*".

מוֹדִים modim מאה ברכות שתיקן דוד לאמרם כל יום אֲנַחְנוּ anajnu לָךְ laj

שָׁאַתָּה sheAtá הוּא Hu יְהֹוָהאדניאהדונהי Adonai (וּנ) אֱלֹהֵינוּ Eloheinu ילה

וֵאלֹהֵי veElohei לכב ; מילוי ע״ב, דמב ; ילה אֲבוֹתֵינוּ avoteinu לְעוֹלָם leolam

וָעֶד vaed• ריבוע ס״ג וי׳ אותיות דס״ג צוּרֵנוּ tsurenu צוּר tsur אלהים דההין ע״ה

חַיֵּינוּ jayeinu וּמָגֵן umaguén ג״פ אל (ייא״י מילוי דס״ג) ; ר״ת מיכאל גבריאל נוריאל

יִשְׁעֵנוּ yishenu אַתָּה Atá הוּא Hu• לְדוֹר ledor וָדוֹר vador רי״ו נוֹדֶה nodé

לְךָ lejá וּנְסַפֵּר unsaper תְּהִלָּתֶךָ tehilateja• עַל־ al חַיֵּינוּ jayeinu

הַמְּסוּרִים hamesurim בְּיָדֶךָ beyadeja• וְעַל veal נִשְׁמוֹתֵינוּ nishmoteinu

הַפְּקוּדוֹת hapekudot לָךְ laj• וְעַל־ veal נִסֶּיךָ niseja שֶׁבְּכָל shebejol

ב״ן, לכב יוֹם yom ע״ה נגד, מזבח, זן, אל יהוה עִמָּנוּ imanu ריבוע ס״ג, קס״א ע״ה וד׳ אותיות

וְעַל veal נִפְלְאוֹתֶיךָ nifleoteja וְטוֹבוֹתֶיךָ vetovoteja שֶׁבְּכָל shebejol

ב״ן, לכב עֵת et• עֶרֶב érev וָבֹקֶר vavóker וְצָהֳרָיִם vetsahoráyim• הַטּוֹב hatov

והו כִּי־ qui לֹא־ lo כָלוּ jalú רַחֲמֶיךָ rajameja• הַמְרַחֵם hamerajem

אברהם, וז״פ אל, רי״ו ול״ב נתיבות החכמה, רמ״ח (אברים), עסמ״ב וט״ז אותיות פשוטות כִּי־ qui לֹא lo

תַמּוּ tamu וַחֲסָדֶיךָ jasadeja כִּי qui מֵעוֹלָם meolam קִוִּינוּ kivinu לָךְ: laj

---

LA SEXTA BENDICIÓN

Nosotros te damos gracias a Ti,

porque eres Tú, Señor, quien es nuestro Dios y el Dios de nuestros padres, por siempre y por toda la eternidad. Tú eres nuestra Fortaleza, la Fortaleza de nuestras vidas y el Escudo de nuestra salvación. De una generación a otra, te daremos gracias a Ti y cantaremos Tu alabanza. Porque nuestras vidas que están en Tus Manos, por nuestras almas que están a Tu cuidado, por Tus milagros que están con nosotros todos los días y por Tus maravillas y Tus favores que están con nosotros en todo momento: de noche, de mañana y de tarde. Tú eres bueno, porque Tu compassion nunca se ha acabado. Tú eres el Misericordioso, porque Tu bondad nunca ha cesado, porque siempre hemos puesto nuestras esperanzas en Ti.

וְעַל veal כֻּלָּם culam יִתְבָּרַךְ yitbaraj וְיִתְרוֹמָם veyitromam

וְיִתְנַשֵּׂא veyitnasé תָּמִיד tamid ע"ה קס"א קנ"א קמ"ג שִׁמְךָ Shimjá

מַלְכֵּנוּ malquenu לְעוֹלָם leolam ריבוע ס"ג ו' אותיות דס"ג וָעֶד vaed.

וְכָל vejol ילי הַחַיִּים hajayim אהיה אהיה יהוה, בינה ע"ה יוֹדוּךָ yoduja סֶלָה sela:

וִיהַלְלוּ vihalelú וִיבָרְכוּ vivarjú יהוה ריבוע יהוה ריבוע מ"ה אֶת et

שִׁמְךָ Shimjá הַגָּדוֹל hagadol להח ; עם ד' אותיות = מבה, יזל, אום בֶּאֱמֶת beemet אהיה

פעמים אהיה, ז"פ ס"ג לְעוֹלָם leolam ריבוע ס"ג ו' אותיות דס"ג כִּי qui טוֹב tov והו ;

כי טוב = יהוה אהיה, אום, מבה, יזל. הָאֵל haEl לאה ; ייא"י (מילוי דס"ג) יְשׁוּעָתֵנוּ yeshuatenu

וְעֶזְרָתֵנוּ veezratenu סֶלָה sela. הָאֵל haEl לאה ; ייא"י (מילוי דס"ג) הַטּוֹב hatov והו:

Flexiona tus rodillas en "*Baruj*", inclínate en "*Atá*" y enderézate en "*Adonai*".

אהיה יהו אלף למד הה יוד מם (en *Shabat*: אלהים)

בָּרוּךְ Baruj אַתָּה Atá יְהֹוָאדֹנָהי אהדונהי Adonai (הי) הַטּוֹב hatov והו

שִׁמְךָ Shimjá וּלְךָ ulejá נָאֶה naé לְהוֹדוֹת lehodot ס"ת כהת, משיח בן דוד ע"ה:

LA BENDICIÓN FINAL

Estamos emanando la energía de paz para el mundo entero. También nos proponemos utilizar nuestras bocas sólo para el bien. Kabbalísticamente, el poder de las palabras y del habla es inimaginable. Esperamos usar este poder sabiamente, lo que tal vez es una de las tareas más difíciles de llevar a cabo.

Yesod

שִׂים sim שָׁלוֹם shalom

טוֹבָה tová אכא וּבְרָכָה uvrajá וַחַיִּים jayim אהיה אהיה יהוה, בינה ע"ה וְחֵן jen

מילוי דמ"ה בריבוע, מוזי וָחֶסֶד vajésed ע"ב, ריבוע יהוה צְדָקָה tsedaká ע"ה ריבוע אלהים דמ"ה

Y por todas estas cosas, que sea siempre bendecido, exaltado y ensalzado, Tu Nombre, por siempre, nuestro Rey, por siempre y para siempre, y todos los vivientes Te agradecen, Sela. Y ellos te alabarán y bendecirán Tu gran Nombre, sinceramente y para siempre, porque es bueno, el Dios de nuestra salvación y nuestra ayuda, Sela, el buen Dios. Bendito eres Tú, Señor, cuyo Nombre es bueno. Y a Ti es propio dar gracias.

LA BENDICIÓN FINAL

Otorga paz, bondad, bendiciones, vida, gracia, amabilidad, justicia

וְרַחֲמִים verajamim עָלֵינוּ aleinu וְעַל־ veal כָּל־ col ילי ; עמם

יִשְׂרָאֵל Yisrael עַמֶּךָ ameja וּבָרְכֵנוּ uvarjenu אָבִינוּ avinu כֻּלָּנוּ culanu

כְּאֶחָד queejad אהבה, דאגה בְּאוֹר beor רז, א״ס פָּנֶיךָ paneja ס״ג מ״ה ב״ן כִּי qui

בְּאוֹר veor רז, א״ס פָּנֶיךָ paneja ס״ג מ״ה ב״ן נָתַתָּ natata לָּנוּ lanu אלהים, אהיה אדני

יְהֹוָה אהדונהי Adonai אֱלֹהֵינוּ Eloheinu ילה תּוֹרָה Torá וְחַיִּים vejayim

אהיה אהיה יהוה, בינה ע״ה. אַהֲבָה ahavá אחד, דאגה וָחֶסֶד vajésed ע״ב, ריבוע יהוה.

צְדָקָה tsedaká ע״ה ריבוע אלהים וְרַחֲמִים verajamim. בְּרָכָה brajá

וְשָׁלוֹם veshalom. וְטוֹב vetov והו בְּעֵינֶיךָ־ beeineja ריבוע מ״ה, ע״ה קס״א

לְבָרְכֵנוּ levarjenu וּלְבָרֵךְ ulevarej אֶת et כָּל־ col ילי עַמְּךָ ameja

יִשְׂרָאֵל Yisrael בְּרוֹב־ berov י״פ אהיה עֹז oz וְשָׁלוֹם veshalom:

אהיה יהו אלף למד הא יוד מם (en *Shabat*: מצפצ)

בָּרוּךְ Baruj אַתָּה Atá יְהֹוָה אהדונהי Adonai

הַמְבָרֵךְ hamevarej אֶת et עַמּוֹ amó יִשְׂרָאֵל Yisrael

ר״ת = אלהים = (אילההויהם = יב״ק) בַּשָּׁלוֹם bashalom. אָמֵן Amén יאהדונהי.

YIHYÚ LERATSÓN

Hay 42 letras en el versículo en el secreto del *Aná Bejóaj*.

יִהְיוּ yihyú אל (ייא״י מילוי דס״ג) לְרָצוֹן leratsón מהש ע״ה, ע״ב בריבוע וקס״א ע״ה, אל שדי ע״ה

אִמְרֵי־ imrei פִּי fi ר״ת אֱלֶף = אלף למד שין דלת יוד ע״ה וְהֶגְיוֹן vehegyón לִבִּי libí

לְפָנֶיךָ lefaneja ס״ג מ״ה ב״ן יְהֹוָה אהדונהי Adonai צוּרִי tsurí וְגֹאֲלִי vegoalí:

---

y misericordia a nosotros y a todo Israel, Tu Pueblo. Bendícenos a todos como uno solo, Padre nuestro, con la Luz de Tu Rostro, porque es con la Luz de Tu rostro que Tú, Señor, nuestro Dios, nos has dado la Torá y vida, amor y amabilidad, justicia y misericordia, bendición y paz. Que sea grato a Tus Ojos bendecirnos y bendecir a Tu Nación, Israel, con abundante poder y con paz. ¡Bendito eres Tú, Señor, que bendice a Su Pueblo, Israel, con paz, Amén!

YIHYÚ LERATSÓN

"Sean gratos ante Ti, Señor, mi Fortaleza y mi Redentor, los dichos de mi boca y los pensamientos de mi corazón" (Salmos 19:15).

ELOHAI NETSOR

אֱלֹהַי Elohai מילוי ע"ב, דמב ; ילה נְצֹר netsor לְשׁוֹנִי leshoní מֵרָע merá.

וְשִׂפְתוֹתַי vesiftotai מִדַּבֵּר midaber ראה מִרְמָה mirmá. וְלִמְקַלְלַי velimkalelai

נַפְשִׁי nafshí תִדֹּם tidom. וְנַפְשִׁי venafshí כֶּעָפָר queafar

לַכֹּל lacol יה אדני תִּהְיֶה tihyé. פְּתַח petaj לִבִּי libí בְּתוֹרָתֶךָ betorateja.

וְאַחֲרֵי veajarei מִצְוֹתֶיךָ mitsvoteja תִּרְדֹּף tirdof נַפְשִׁי nafshí.

וְכָל־ vejol ילי הַקָּמִים hakamim עָלַי alai לְרָעָה leraá רהע. מְהֵרָה meherá

הָפֵר hafer עֲצָתָם atsatam וְקַלְקֵל vekalkel מַחְשְׁבוֹתָם majshevotam.

עֲשֵׂה asé לְמַעַן lemaan שְׁמָךְ Shemaj. עֲשֵׂה asé לְמַעַן lemaan

יְמִינָךְ yeminaj. עֲשֵׂה asé לְמַעַן lemaan תּוֹרָתָךְ torataj. עֲשֵׂה asé

לְמַעַן lemaan קְדֻשָּׁתָךְ kedushataj. ר"ת הפסוק = מ"ה יהוה לְמַעַן lemaan

יֵחָלְצוּן yejaltsún יְדִידֶיךָ yedideja ר"ת ילי הוֹשִׁיעָה hoshía יהוה וש"ע נהורין

יְמִינְךָ yeminjá וַעֲנֵנִי vaaneni (כתיב: ועננו) ר"ת אל (יא"י מילוי דס"ג):

Antes de que recitemos el próximo verso ("*Yihyú leratsón*") tenemos una oportunidad de fortalecer la conexión con nuestra alma usando nuestro nombre. Cada persona tiene un versículo en la Torá que lo conecta con su nombre. O bien su nombre está en el versículo o la primera letra y última letra del nombre corresponden a la primera y última letra del versículo. Por ejemplo, el nombre Yehuda comienza con una *Yud* y termina con una *Hei*. Antes de terminar la *Amidá*, declaramos que nuestro nombre sea siempre recordado cuando nuestra alma abandone este mundo.

YIHYÚ LERATSÓN (EL SEGUNDO)

Hay 42 letras en el versículo en el secreto del *Aná Bejóaj*.

יִהְיוּ yihyú אל (יא"י מילוי דס"ג) לְרָצוֹן leratsón מהש ע"ה, ע"ב בריבוע וקס"א ע"ה, אל שדי ע"ה

אִמְרֵי־ imrei פִי fi ר"ת אֱלֶף = אלף למד שין דלת יוד ע"ה וְהֶגְיוֹן vehegyón לִבִּי libí

לְפָנֶיךָ lefaneja ס"ג מ"ה ב"ן יְהֹוָאדנָי·אהדונהי Adonai צוּרִי tsurí וְגֹאֲלִי vegoalí:

ELOHAI NETSOR

Mi Dios, cuida mi lengua del mal y mis labios de decir falsedad. Que mi alma permanezca en silencio ante aquellos que me maldicen y permite que mi espíritu sea humilde ante todos, como el polvo. Abre mi corazón a Tu Torá y permite que mi corazón siga Tus mandamientos. Prontamente frustra los planes y daña los pensamientos de todos aquellos que se levantan contra mí para hacerme daño. Hazlo por la gloria de Tu Nombre. Haz esto por el bien de Tu Diestra. Haz esto por el mérito de Tu Torá. Haz esto por Tu santidad, "Que Tus amados sean rescatados. Sálvalos con Tu Diestra y contéstame" (Salmos 60:7).

YIHYÚ LERATSÓN (EL SEGUNDO)

"Que los dichos de mi boca y los pensamientos de mi corazón sean gratos ante Ti, Señor, mi Fortaleza y mi Redentor" (Salmos 19:15).

OSÉ SHALOM

Da tres pasos hacia atrás;

עוֹשֶׂה osé שָׁלוֹם shalom

Izquierda
Te vuelves a la izquierda y dices:

בִּמְרוֹמָיו bimromav ר״ת ע״ב, ריבוע יהוה

Derecha
Te vuelves a la derecha y dices:

הוּא Hu בְּרַחֲמָיו verajamav יַעֲשֶׂה yaasé

שָׁלוֹם shalom עָלֵינוּ aleinu ר״ת ש״ע נהורין

Centro
Te alineas al centro y dices:

וְעַל veal כָּל־ col ילי ; עמם עַמּוֹ amó יִשְׂרָאֵל Yisrael

וְאִמְרוּ veimrú אָמֵן Amén יאהדונהי:

יְהִי yehí רָצוֹן ratsón מהש ע״ה, ע״ב בריבוע וקס״א ע״ה, אל שדי ע״ה מִלְּפָנֶיךָ milfaneja ס״ג מ״ה ב״ן יְהֹוָה־אדני־אהדונהי Adonai אֱלֹהֵינוּ Eloheinu ילה וֵאלֹהֵי veElohei לכב ; מילוי ע״ב, דמב ; ילה אֲבוֹתֵינוּ avoteinu, שֶׁתִּבְנֶה shetivné בֵּית beit ב״פ ראה הַמִּקְדָּשׁ hamikdash בִּמְהֵרָה bimherá בְּיָמֵינוּ veyameinu וְתֵן vetén חֶלְקֵנוּ jelkenu בְּתוֹרָתָךְ vetorataj לַעֲשׂוֹת laasot חֻקֵּי jukei רְצוֹנָךְ retsonaj וּלְעָבְדָךְ uleovdaj פוי, אל אדני בְּלֵבָב belevav בוכו שָׁלֵם shalem.

Da tres pasos hacia delante.

Cuando la festividad cae en *Shabat* decimos "*Bircat Meén Sheva*" en las págs. 111-114, y luego continuamos con *Kadish Titkabal* en la pág. 114.

De otro modo, continuamos con *Kadish Titkabal* en la pág. 114.

OSÉ SHALOM

Él, que establece paz en Sus altos lugares,

Él, en Su compasión, hará que la paz esté entre nosotros y sobre Su pueblo entero, Israel, y dirán: Amén.

Sea agradable ante Ti, Señor, nuestro Dios y Dios de nuestros antepasados, que puedas reconstruir rápidamente el santo Templo, en nuestros días, y otórganos participación en Tu Torá, para que podamos cumplir las leyes de Tu deseo y servirte con todo el corazón.

Cuando la festividad cae en *Shabat* decimos aquí *Bircat Meén Sheva*:

Luego de la *Amidá* la congregación debe permanecer de pie y decir "*Vayjulu*" en voz alta. Y aun cuando estés rezando solo estás obligado a decirlo. Ya que hay un profundo secreto en cuanto a recitarlo tres veces en la noche del viernes (en la *Amidá*, aquí, y luego en el *Kidush* sobre el vino). Por lo tanto no debes omitirlo ninguna de las tres veces. No hables mientras la congregación dice "*Vayjulu*" y tampoco mientras el *jazán* dice "*Bircat Meén Sheva*".

VAYJULU

Estos versículos de la Torá nos conectan con el primer *Shabat* que tuvo lugar en el Jardín de Edén. Este *Shabat* fue la semilla de la creación de nuestro universo. Al conectarnos con la semilla original, capturamos la fuerza de Creación, trayendo rejuvenecimiento y renovación a nuestra vida.

Medita en la letra ק, del Nombre: שקוצית

También, medita en que las tres partes superiores de los *Mojín* Circundantes de la letra *Lámed* (ל) del *Tsélem* (צל״ם) de *Ima* están entrando en *Zeir Anpín* (a medida que la Cabeza de *Zeir Anpín* se expande).

Los *Mojín* de *Aba* entrarán en *Zeir Anpín* después en el *Kidush*.

וַיְכֻלּוּ vayjulu ע״ב = ריבוע יהוה (י יה יהו יהוה) הַשָּׁמַיִם hashamáyim י״פ טל, י״פ כוזו

וְהָאָרֶץ vehaárets אלהים דההין ע״ה ; ר״ת והו וְכָל־ vejol צְבָאָם tsevaam ס״ת צלם׃

וַיְכַל vayjal אֱלֹהִים Elohim אהיה אדני ; ילה בַּיּוֹם bayom ע״ה נגד, מזבח, זן, אל יהוה

הַשְּׁבִיעִי hashevií מְלַאכְתּוֹ melajtó אֲשֶׁר asher עָשָׂה asá

וַיִּשְׁבֹּת vayishbot בַּיּוֹם bayom ע״ה נגד, מזבח, זן, אל יהוה

הַשְּׁבִיעִי hashevií מִכָּל־ micol ילי מְלַאכְתּוֹ melajtó אֲשֶׁר asher

עָשָׂה asá׃ וַיְבָרֶךְ vayvarej עסמ״ב, הברכה (למתק את ז׳ המלכים שמתו)

אֱלֹהִים Elohim אהיה אדני ; ילה אֶת־ et יוֹם yom ע״ה נגד, מזבח, זן, אל יהוה

הַשְּׁבִיעִי hashevií וַיְקַדֵּשׁ vaykadesh אֹתוֹ otó כִּי qui בוֹ vo

שָׁבַת shavat מִכָּל־ micol ילי מְלַאכְתּוֹ melajtó אֲשֶׁר־ asher

בָּרָא bará קנ״א ב״ן, יהוה אלהים יהוה אדני, מילוי קס״א וס״ג, מ״ה ברבוע וע״ב ע״ה

אֱלֹהִים Elohim אהיה אדני ; ילה לַעֲשׂוֹת laasot׃

VAYJULU

"Y se concluyeron los Cielos y la Tierra y todas sus huestes. Y completó Dios, en el séptimo día, la obra que Él había hecho. Y Él cesó, en el séptimo día, de toda Su obra que Él había hecho. Y bendijo Dios el séptimo día y Él lo santificó, porque en él descanso de toda Su obra creadora que Dios había hecho"

(Génesis 2:1-3).

BIRCAT MEÉN SHEVA

Estamos conectándonos con los Patriarcas fundadores: Avraham, Yitsjak y Yaakov. Esta conexión funciona como una mini oración de *Amidá* que sucede en *Shabat*. Usualmente no se repite la *Amidá* durante *Arvit* (la conexión vespertina), porque es de noche, un tiempo de oscuridad, lo que simboliza una carencia de Luz espiritual disponible. Pero en *Shabat*, la Luz inunda nuestro plano de existencia. La siguiente conexión es nuestra herramienta para capturar esta Luz adicional.

Según la Kabbalah, "*Bircat Meén Sheva*" tiene gran importancia, pues es el secreto de los Patriarcas —que significan *Jésed*, *Guevurá* y *Tiféret*— que iluminan desde Sus lugares a la *Nukvá* sin Ella tener que subir hacia Ellos. Es por ello que es llamada "*Meén Sheva*" (una bendición hecha a partir de siete) y no una repetición completa (para todas las siete bendiciones). Y, por lo tanto, la recitamos incluso cuando estemos rezando en un lugar sin un pergamino de Torá (como en la casa de un novio o la casa de un doliente).

בָּרוּךְ Baruj אַתָּה Atá א-ת

(אותיות הא״ב המסמלות את השפע המגיע) לה׳ המלכות

יְהֹוָהאדניאהדונהי Adonai אֱלֹהֵינוּ Eloheinu ילה

וֵאלֹהֵי veElohei לכב ; מילוי ע״ב, דמב ; ילה אֲבוֹתֵינוּ avoteinu.

אֱלֹהֵי Elohei מילוי ע״ב = דמב ; ילה אַבְרָהָם Avraham וח״פ אל, רי״ו ול״ב נתיבות החכמה,

רמ״ח, עסמ״ב וט״ז אותיות פשוטות. אֱלֹהֵי Elohei מילוי ע״ב, דמב ; ילה יִצְחָק Yitsjak ד״פ ב״ן

וֵאלֹהֵי veElohei לכב ; מילוי ע״ב, דמב ; ילה יַעֲקֹב Yaakov ז׳ הויות, יאהדונהי אידהנויה

הָאֵל haEl לאה ; ייא״י (מילוי דס״ג) הַגָּדוֹל hagadol האל הגדול = סיט ;

להח ; עם ד׳ אותיות = מבה, יזל, הום הַגִּבּוֹר haguibor ר״ת ההה וְהַנּוֹרָא vehanorá.

אֵל El ייא״י (מילוי דס״ג) ; ר״ת ע״ב, ריבוע יהוה עֶלְיוֹן elyón.

קֹנֵה koné בְּרַחֲמָיו verajamav שָׁמַיִם shamáyim י״פ טל, י״פ כוזו וָאָרֶץ vaárets:

Si por error el *jazán* continúa la repetición como en los días de semana, debe detenerse y regresar a la bendición de *Shabat*.

BIRCAT MEÉN SHEVA

Bendito eres Tú, Señor, nuestro Dios y Dios de nuestros ancestros:
el Dios de Avraham, el Dios de Yitsjak y el Dios de Yaakov. El Dios grande,
poderoso y reverenciado, el Dios supremo, que creó con Su compasión los Cielos y la Tierra.

La congregación dice junto al *jazán*:

מָגֵן magén ג"פ אל (ייא"י מילוי דס"ג) ; ר"ת מיכאל גבריאל נוריאל

אָבוֹת avot בִּדְבָרוֹ bidvaró•

אהיה יהו יְהֹוָה

מְחַיֶּה mejayé ס"ג מֵתִים metim בְּמַאֲמָרוֹ bemaamaró•

אהיה יהו יְהֹוִה

הָאֵל haEl לאה ; אל (ייא"י מילוי דס"ג)

הַקָּדוֹשׁ hakadosh האל הקדוש = י"פ מ"ה שֶׁאֵין sheéin כָּמוֹהוּ camohu•

אהיה יהו מצפצ

הַמֵּנִיחַ hameníaj לְעַמּוֹ leamó בְּיוֹם beyom ע"ה נגד, מזבח, זן, אל יהוה

שַׁבַּת Shabat קָדְשׁוֹ kodshó•

אהיה יהו יה אדני

כִּי qui בָם vam מ"ב רָצָה ratsá לְהָנִיחַ lehaníaj לָהֶם lahem•

אהיה יהו אל

לְפָנָיו lefanav נַעֲבוֹד naavod בְּיִרְאָה beyirá רי"ו וָפַחַד vafájad•

וְנוֹדֶה venodé לִשְׁמוֹ liShmó מהש ע"ה, ע"ב בריבוע וקס"א ע"ה, אל שדי ע"ה

בְּכָל bejol ב"ן, לכב יוֹם yom ע"ה נגד, מזבח, זן, אל יהוה תָּמִיד tamid ע"ה קס"א קנ"א קמ"ג

מֵעֵין meéin הַבְּרָכוֹת habrajot וְהַהוֹדָאוֹת vehahodaot•

אהיה יהו אלהים

לַאֲדוֹן laAdón אני הַשָּׁלוֹם hashalom•

אהיה יהו מצפצ

מְקַדֵּשׁ mekadesh הַשַּׁבָּת haShabat וּמְבָרֵךְ umevarej הַשְּׁבִיעִי hashevií•

וּמֵנִיחַ umeníaj בִּקְדֻשָּׁה bikdushá לְעַם leam עלם

מְדֻשְּׁנֵי medushenei עֹנֶג óneg ר"ת עדן נהר גן זֵכֶר zéjer

לְמַעֲשֵׂה lemaasé בְרֵאשִׁית vereshit ר"ת מ"ב:

Con Su palabra Él fue escudo de nuestros ancestros, y Su mandato resucitará a los muertos. El Dios Santo que no tiene igual, que le concede descanso a Su pueblo en Su Santo Shabat, porque le place otorgarle descanso. Ante Él, serviremos con devoción y reverencia y daremos gracias a Su Nombre cada día, constantemente, con las bendiciones y alabanzas apropiadas. Al Señor de la paz, que santifica el Shabat, bendice el séptimo día y da descanso con santidad a un pueblo colmado de alegría, en memoria de la obra de la Creación.

El *jazán* continúa solo:

אֱלֹהֵינוּ Eloheinu ילה וֵאלֹהֵי veElohei לכב; מילוי דע"ב, דמב ילה אֲבוֹתֵינוּ avoteinu

רְצֵה retsé נָא na בִמְנוּחָתֵנוּ vimnujatenu• קַדְּשֵׁנוּ kadeshenu

בְּמִצְוֹתֶיךָ bemitsvoteja שִׂים sim וְחֶלְקֵנוּ jelkenu בְּתוֹרָתָךְ betorataj•

שַׂבְּעֵנוּ sabenu מִטּוּבָךְ mituvaj לאו• שַׂמֵּחַ saméaj נַפְשֵׁנוּ nafshenu

בִּישׁוּעָתָךְ bishuataj• וְטַהֵר vetaher לִבֵּנוּ libenu לְעָבְדְךָ leovdejá

פוי, אל אדני בֶּאֱמֶת beemet אהיה פעמים אהיה, ז"פ ס"ג• וְהַנְחִילֵנוּ vehanjilenu

יְהֹוָה יאהדונהי Adonai אֱלֹהֵינוּ Eloheinu ילה בְּאַהֲבָה beahavá אחד, דאגה

וּבְרָצוֹן uveratsón מהש ע"ה, ע"ב בריבוע וקס"א ע"ה, אל שדי ע"ה

שַׁבַּת Shabat קָדְשֶׁךָ kodsheja• וְיָנוּחוּ veyanuju בָהּ va כָּל col ילי

יִשְׂרָאֵל Yisrael מְקַדְּשֵׁי mekadshei שְׁמֶךָ Shemeja• בָּרוּךְ Baruj

אַתָּה Atá יְהֹוָה יאהדונהי Adonai מְקַדֵּשׁ mekadesh הַשַּׁבָּת haShabat:

KADISH TITKABAL

יִתְגַּדַּל yitgadal וְיִתְקַדַּשׁ veyitkadash שדי ומילוי שדי ; י"א אותיות כמנין ו"ה

שְׁמֵיהּ Shmei (שם י"ה דע"ב) רַבָּא rabá קנ"א ב"ן, יהוה אלהים יהוה אדני,

מילוי קס"א וס"ג, מ"ה ברבוע וע"ב ע"ה ; ר"ת = ו"פ אלהים ; ס"ת = ג"פ יב"ק: אָמֵן Amén אידהנויה•

בְּעָלְמָא bealmá דִּי di בְרָא verá כִּרְעוּתֵיהּ quirutei•

וְיַמְלִיךְ veyamlij מַלְכוּתֵיהּ maljutei• וְיַצְמַח veyatsmaj

פּוּרְקָנֵיהּ purkanei• וִיקָרֵב vikarev מְשִׁיחֵיהּ Meshijei: אָמֵן Amén אידהנויה•

Dios nuestro y Dios de nuestros ancestros, que nuestro descanso sea de Tu agrado, santifícanos con Tus mandamientos y concédenos participación en Tu Torá, sácianos con Tu bondad, alegra nuestras almas con Tu salvación y purifica nuestro corazón para servirte sinceramente. Y concédenos, Señor, nuestro Dios, con amor y favor, Tu Santo Shabat como una herencia. Y que todo Israel, santificando Tu Nombre, descanse en él. Bendito eres Tú, Señor, que santificas el Shabat.

KADISH TITKABAL

Glorificado y santificado sea Su gran Nombre (Amén).
En el mundo que Él creó de acuerdo a Su voluntad, y pueda Su Reino reinar.
Y pueda Él hacer que Su redención florezca y pueda Él acercar al Mesías (Amén).

בְּחַיֵּיכוֹן bejayeijón וּבְיוֹמֵיכוֹן uveyomeijón וּבְחַיֵּי uvejayei

דְּכָל dejol יל״י בֵּית beit ב״פ ראה יִשְׂרָאֵל Yisrael בַּעֲגָלָא baagalá

וּבִזְמַן uvizmán קָרִיב kariv וְאִמְרוּ veimrú אָמֵן Amén: אָמֵן Amén אידהנויה.

La congregación y el *jazán* dicen lo siguiente:

Veintiocho palabras (hasta *bealmá*) y veintiocho letras (hasta *almayá*)

יְהֵא yehé שְׁמֵיהּ Shmei (שֵׁם י״ה דס״ג) רַבָּא rabá קנ״א ב״ן,

יהוה אלהים יהוה אדני, מילוי קס״א וס״ג, מ״ה ברבוע וע״ב ע״ה מְבָרַךְ mevaraj

לְעָלַם lealam לְעָלְמֵי lealmei עָלְמַיָּא almayá. יִתְבָּרַךְ yitbaraj.

Siete palabras con seis letras cada una (שֵׁם בֶּן מ״ב). También siete veces la letra *Vav* (שֵׁם בֶּן מ״ב)

וְיִשְׁתַּבַּח veyishtabaj י״פ ע״ב יהוה אל אבג יתץ.

וְיִתְפָּאַר veyitpaar הי נו יה קרע שטן. וְיִתְרוֹמַם veyitromam וה כוזו נגד יכש.

וְיִתְנַשֵּׂא veyitnasé במוכסז בטר צתג. וְיִתְהַדָּר veyithadar כוזו יה חקב טנע.

וְיִתְעַלֶּה veyitalé וה יוד ה יגל פזק. וְיִתְהַלָּל veyithalal א ואו הא שקו צית.

שְׁמֵיהּ Shmei (שֵׁם י״ה דמ״ה) דְּקוּדְשָׁא deKudshá בְּרִיךְ Verij הוּא Hu:

אָמֵן Amén אידהנויה.

לְעֵלָּא leelá מִן min כָּל col יל״י בִּרְכָתָא birjatá. שִׁירָתָא shiratá.

תֻּשְׁבְּחָתָא tishbejatá וְנֶחָמָתָא venejamatá. דַּאֲמִירָן daamirán

בְּעָלְמָא bealmá וְאִמְרוּ veimrú אָמֵן Amén: אָמֵן Amén אידהנויה.

תִּתְקַבַּל titkabal צְלוֹתָנָא tselotaná וּבָעוּתָנָא uvautaná

עִם im צְלוֹתְהוֹן tselothón וּבָעוּתְהוֹן uvautehón דְּכָל dejol יל״י

בֵּית beit ב״פ ראה יִשְׂרָאֵל Yisrael קֳדָם kadam אֲבוּנָא avuná

דְּבִשְׁמַיָּא devishmayá וְאִמְרוּ veimrú אָמֵן Amén: אָמֵן Amén אידהנויה.

En tus vidas y en tus días y en la vida de toda la Casa de Israel, prontamente y en el futuro cercano, y dígase: Amén (Amén). Que Su gran Nombre sea bendito por siempre y por toda la eternidad. Bendito y alabado, y glorificado y exaltado, y ensalzado y honrado, y adorado y loado, sea el Nombre del Santísimo, Bendito sea Él (Amén). Más allá de todas las bendiciones, himnos, alabanzas y palabras de consolación que jamás se dijeran en el mundo, y dígase: Amén (Amén). Sean aceptadas nuestras oraciones y súplicas, junto con las oraciones y las súplicas de toda la Casa de Israel, ante nuestro Padre en los Cielos, y dígase: Amén (Amén).

יְהֵא yehé שְׁלָמָא shlamá רַבָּא rabá קנ"א ב"ן, יהוה אלהים יהוה אדני, מילוי קס"א וס"ג,
מ"ה ברבוע וע"ב ע"ה מִן min שְׁמַיָּא shmayá. וְחַיִּים jayim אהיה אהיה יהוה, בינה ע"ה
וְשָׂבָע vesavá וִישׁוּעָה vishuá וְנֶחָמָה venejamá וְשֵׁיזָבָא vesheizavá
וּרְפוּאָה urefuá וּגְאֻלָּה ugueulá וּסְלִיחָה uslijá וְכַפָּרָה vejapará
וְרֶיוַח vereivaj וְהַצָּלָה vehatsalá. לָנוּ lanu אלהים, אהיה אדני וּלְכָל ulejol יה אדני
עַמּוֹ amó יִשְׂרָאֵל Yisrael וְאִמְרוּ veimrú אָמֵן Amén: אָמֵן Amén אידהנויה.

Da tres pasos para atrás y di:

עוֹשֶׂה osé שָׁלוֹם shalom
בִּמְרוֹמָיו bimromav ע"ב, ריבוע יהוה. הוּא Hu בְּרַחֲמָיו berajamav
יַעֲשֶׂה yaasé שָׁלוֹם shalom עָלֵינוּ aleinu ר"ת ש"ע נהורין.
וְעַל veal כָּל col ילי ; עמם עַמּוֹ amó יִשְׂרָאֵל Yisrael וְאִמְרוּ veimrú אָמֵן Amén:
אָמֵן Amén אידהנויה.

En ***Simjat Torá*** hacemos aquí las *Hakafot* en las págs. 759-802, y luego leemos la porción de la Torá de *Vezot Habrajá* en las págs. 746-747, para cinco personas, y luego continuamos aquí (pág. 116).

Cuando la festividad cae en *Shabat* o en *Shabat Jol Hamoed* decimos aquí *Mizmor LeDavid*:

MIZMOR LEDAVID

En "*Mizmor LeDavid*" hay 57 palabras, que es el valor numérico de la palabra *Zan* זן (sustento). Recitarlo ayudará a prevenir carencias de sustento tanto espiritual como físico.

מִזְמוֹר mizmor לְדָוִד leDavid יְהֹוָהאדניהאהדונהי Adonai רֹעִי roí לֹא lo אֶחְסָר ejsar:
בִּנְאוֹת bineot דֶּשֶׁא deshe יַרְבִּיצֵנִי yarbitseni עַל־ al מֵי mei ילי
מְנֻחוֹת menujot ר"ת עמם יְנַהֲלֵנִי yenahaleni: נַפְשִׁי nafshí יְשׁוֹבֵב yeshovev
יַנְחֵנִי yanjeni בְמַעְגְּלֵי־ vemaguelei צֶדֶק tsédek לְמַעַן lemaan
שְׁמוֹ Shemó מהש ע"ה, ע"ב בריבוע וקס"א ע"ה, אל שדי ע"ה:

Que haya paz abundante del Cielo; vida, satisfacción, salvación, consuelo, entrega, sanación, redención, perdón, expiación, comodidad y alivio para nosotros y para toda Su nación, Israel, y dígase: Amén (Amén). Él, que establece paz en Sus Alturas, Él, en Su compasión, hará la paz sobre nosotros y sobre toda Su nación, Israel. Y dígase: Amén (Amén).

MIZMOR LEDAVID

"Un Salmo de David:

El Señor es mi Pastor, nada me falta. En delicados pastos Él me hace yacer, por aguas tranquilas Él me guía. Él conforta mi alma. Él me conduce por senderos de justicia, por amor a Su Nombre.

גַּם gam כִּי־ qui אֵלֵךְ elej בְּגֵיא beguei צַלְמָוֶת tsalmávet לֹא־ lo אִירָא irá
רָע ra כִּי־ qui אַתָּה Atá עִמָּדִי imadí שִׁבְטְךָ shivtejá וּמִשְׁעַנְתֶּךָ umishantejá
הֵמָּה hema יְנַחֲמֻנִי: yenajamuní תַּעֲרֹךְ taaroj לְפָנַי lefanai שֻׁלְחָן shulján
נֶגֶד négued מזבח, זן, אל יהוה צֹרְרָי tsorerai דִּשַּׁנְתָּ dishanta בַשֶּׁמֶן vashemen
רֹאשִׁי roshí כּוֹסִי cosí רְוָיָה: revayá אַךְ aj אהיה טוֹב tov והו
וָחֶסֶד vajésed ע״ב, ריבוע יהוה (י יה יהו יהוה) ; ס״ת = יהוה יִרְדְּפוּנִי yirdefuni ר״ת = יהוה
כָּל־ col ילי יְמֵי yemei חַיָּי jayai וְשַׁבְתִּי veshavti
בְּבֵית beveit ב״פ ראה יְהֹוָה Adonai יאהדונהי לְאֹרֶךְ leórej
יָמִים yamim נלך ; ר״ת ילי ; ס״ת = אדני ; יהוה לאורך ימים = שע״ נהורים עם י״ג אותיות:

En *Shabat Jol Hamoed* omitimos este Salmo.

SHIR HAMAALOT LEDAVID

Estos versículos nos conectan con el antiguo Templo Sagrado. Según la Kabbalah, el Templo Sagrado es un centro energético y fuente de toda la Luz espiritual para el mundo entero, similar a una central nuclear que proporciona energía eléctrica a una ciudad completa. La Tierra de Israel es el centro de energía del planeta; Jerusalén es el centro de energía de Israel; el Templo físico era el centro de energía de Jerusalén; y el Sancta Sanctórum, dentro del Templo, era la central máxima de energía para el Templo y, por ende, para el resto del mundo físico. Cuando el Templo existía, actuaba como un generador que trabajaba las 24 horas del día para producir toda la Luz y energía espiritual que necesitábamos. Con su destrucción, los cables transmisores fueron cortados. Las letras arameas en esta conexión restablecen los canales de comunicación con la esencia espiritual del Templo, dándonos la capacidad de capturar esta energía para nuestra vida personal.

Esta alabanza fue recitada por el Rey David por su reino, puesto que todo estaba en una sola Unificación; "la justicia y la paz se besaron". Y ese es el significado de: "Yo solicitaré el bien para ti".

שִׁיר shir הַמַּעֲלוֹת hamaalot לְדָוִד leDavid שָׂמַחְתִּי samajti
בְּאֹמְרִים beomrim לִי li בֵּית beit ב״פ ראה יְהֹוָה Adonai יאהדונהי נֵלֵךְ: nelej נלך
עֹמְדוֹת omdot הָיוּ hayú רַגְלֵינוּ ragleinu ר״ת רהע בִּשְׁעָרַיִךְ bishearáyij
יְרוּשָׁלָםִ: Yerushaláyim יְרוּשָׁלַםִ Yerushaláyim הַבְּנוּיָה habnuyá
כְּעִיר queir בוזך, סנדלפון, ערי שֶׁחֻבְּרָה־ shejubrá לָּהּ la יַחְדָּו: yajdav

Aunque camine en el valle ensombrecido por la muerte, no temeré ningún daño porque Tú estás conmigo. Tu vara y Tu sostén me infunden ánimo. Tú preparas una mesa para mí a la vista de mis adversarios. Tú ungiste mi cabeza con aceite, mi copa se rebosa. La bondad y la misericordia me seguirán todos los días de mi vida y moraré en la Casa del Señor por largos días" (Salmos 23).

SHIR HAMAALOT LEDAVID

"Cántico de Ascensiones de David:

Me alegré cuando me dijeron: Vayamos a la Casa del Señor. Nuestros pies ya están pisando dentro de tus portones, Jerusalén. Jerusalén que fuiste edificada en forma unificada.

שֶׁשָּׁם shesham עָלוּ alú שְׁבָטִים shvatim שִׁבְטֵי־ shivtei יָהּ Yah עֵדוּת edut
לְיִשְׂרָאֵל leYisrael לְהֹדוֹת lehodot לְשֵׁם leShem יְהֹוָהאדניאהדונהי Adonai:
כִּי qui שָׁמָּה shama יָשְׁבוּ yashvú כִסְאוֹת jisot לְמִשְׁפָּט lemishpat ע״ה ה״פ אלהים
כִּסְאוֹת quisot לְבֵית leveit ב״פ ראה דָּוִד David: שַׁאֲלוּ shaalú שְׁלוֹם shlom
יְרוּשָׁלָםִ Yerushaláyim יִשְׁלָיוּ yishlayú אֹהֲבָיִךְ ohaváyij: יְהִי־ yehí
שָׁלוֹם shalom בְּחֵילֵךְ bejeilej שַׁלְוָה shalvá בְּאַרְמְנוֹתָיִךְ bearmenotáyij:
לְמַעַן lemaan אַחַי ajai וְרֵעָי vereái אֲדַבְּרָה־ adabrá נָּא na שָׁלוֹם shalom
בָּךְ baj: לְמַעַן lemaan בֵּית beit ב״פ ראה יְהֹוָהאדניאהדונהי Adonai
אֱלֹהֵינוּ Eloheinu ילה אֲבַקְשָׁה avakshá טוֹב tov והו לָךְ laj:

KADISH YEHÉ SHLAMÁ

יִתְגַּדַּל yitgadal וְיִתְקַדַּשׁ veyitkadash שדי ומילוי שדי ; י״א אותיות כמנין ו״ה
שְׁמֵיהּ Shmei (שם י״ה דע״ב) רַבָּא rabá קנ״א ב״ן, יהוה אלהים יהוה אדני,
מילוי קס״א וס״ג, מ״ה ברבוע וע״ב ע״ה ; ר״ת = ו״פ אלהים ; ס״ת = ג״פ יב״ק: אָמֵן Amén אידהנויה.
בְּעָלְמָא bealmá דִּי di בְרָא verá כִּרְעוּתֵיהּ quirutei.
וְיַמְלִיךְ veyamlij מַלְכוּתֵיהּ maljutei. וְיַצְמַח veyatsmaj
פּוּרְקָנֵיהּ purkanei. וִיקָרֵב vikarev מְשִׁיחֵיהּ Meshijei: אָמֵן Amén אידהנויה.
בְּחַיֵּיכוֹן bejayeijón וּבְיוֹמֵיכוֹן uveyomeijón וּבְחַיֵּי uvejayei
דְכָל dejol ילי בֵּית beit ב״פ ראה יִשְׂרָאֵל Yisrael בַּעֲגָלָא baagalá
וּבִזְמַן uvizmán קָרִיב kariv וְאִמְרוּ veimrú אָמֵן Amén: אָמֵן Amén אידהנויה.

Allí subieron las tribus, las tribus del Señor, como testimonio para Israel, para ensalzar el Nombre del Señor. Por cuanto allí fueron puestos tronos para juzgar, los tronos de la Casa de David, pidieron por la paz de Jerusalén. Aquellos que te aman estarán tranquilos. Que haya paz dentro de tus muros y serenidad en tus palacios. Por amor a mis hermanos y mis compañeros, yo hablaré de paz en su nombre. Por amor a la Casa del Señor, solicitaré el bien para ti" (Salmos 122).

KADISH YEHÉ SHLAMÁ

Glorificado y santificado sea Su gran Nombre (Amén).

En el mundo que Él creó de acuerdo a Su voluntad, y pueda Su Reino reinar. Y pueda Él hacer que Su redención florezca y pueda Él acercar al Mesías (Amén). *En tus vidas y en tus días y en la vida de toda la Casa de Israel, prontamente y en el futuro cercano, y dígase: Amén* (Amén)

La congregación y el *jazán* dicen lo siguiente:

Veintiocho palabras (hasta *bealmá*) y veintiocho letras (hasta *almayá*)

יְהֵא yehé **שְׁמֵיהּ** Shmei (שם י"ה דס"ג) **רַבָּא** rabá קנ"א ב"ן,

יהוה אלהים יהוה אדני, מילוי קס"א וס"ג, מ"ה ברבוע וע"ב ע"ה **מְבָרַךְ** mevaraj

לְעָלַם lealam **לְעָלְמֵי** lealmei **עָלְמַיָּא** almayá♦ **יִתְבָּרַךְ** yitbaraj♦

Siete palabras con seis letras cada una (שם בן מ"ב). También, siete veces la letra *Vav* (שם בן מ"ב)

וְיִשְׁתַּבַּח veyishtabaj י"פ ע"ב יהוה אל אבג יתץ♦

וְיִתְפָּאַר veyitpaar הי נו יה קרע שטן♦ **וְיִתְרוֹמַם** veyitromam וה כוזו נגד יכש♦

וְיִתְנַשֵּׂא veyitnasé במוכסז בטר צתג♦ **וְיִתְהַדָּר** veyithadar כוזו יה וזקב טנע♦

וְיִתְעַלֶּה veyitalé וה יוד ה יגל פזק♦ **וְיִתְהַלָּל** veyithalal א ואו הא שקו צית♦

שְׁמֵיהּ Shmei (שם י"ה דמ"ה) **דְּקוּדְשָׁא** deKudshá **בְּרִיךְ** Verij **הוּא** Hu:

אָמֵן Amén אידהנויה♦

לְעֵלָּא leelá **מִן** min **כָּל** col ילי **בִּרְכָתָא** birjatá♦ **שִׁירָתָא** shiratá♦

תֻּשְׁבְּחָתָא tishbejatá **וְנֶחָמָתָא** venejamatá♦ **דַּאֲמִירָן** daamirán

בְּעָלְמָא bealmá **וְאִמְרוּ** veimrú **אָמֵן** Amén: **אָמֵן** Amén אידהנויה♦

יְהֵא yehé **שְׁלָמָא** shlamá **רַבָּא** rabá קנ"א ב"ן, יהוה אלהים יהוה אדני, מילוי קס"א וס"ג,

מ"ה ברבוע וע"ב ע"ה **מִן** min **שְׁמַיָּא** shmayá♦ **וְחַיִּים** jayim אהיה אהיה יהוה, בינה ע"ה

וְשָׂבָע vesavá **וִישׁוּעָה** vishuá **וְנֶחָמָה** venejamá **וְשֵׁיזָבָא** vesheizavá

וּרְפוּאָה urefuá **וּגְאֻלָּה** ugueulá **וּסְלִיחָה** uslijá **וְכַפָּרָה** vejapará

וְרֵיוַח vereivaj **וְהַצָּלָה** vehatsalá♦ **לָנוּ** lanu אלהים, אהיה אדני **וּלְכָל** ulejol יה אדני

עַמּוֹ amó **יִשְׂרָאֵל** Yisrael **וְאִמְרוּ** veimrú **אָמֵן** Amén: **אָמֵן** Amén אידהנויה.

Que Su gran Nombre sea bendito

por siempre y por toda la eternidad. Bendito y alabado, y glorificado y exaltado, y ensalzado y honrado, y adorado y loado, sea el Nombre del Santísimo, Bendito sea Él (Amén). *Más allá de todas las bendiciones, himnos, alabanzas y palabras de consolación que jamás se dijeran en el mundo, y dígase: Amén* (Amén). *Que haya paz abundante del Cielo; vida, satisfacción, salvación, consuelo, entrega, sanación, redención, perdón, expiación, comodidad y alivio para nosotros y para toda Su nación, Israel, y dígase: Amén* (Amén).

Da tres pasos para atrás y di:

עוֹשֶׂה osé שָׁלוֹם shalom בִּמְרוֹמָיו bimromav ע״ב, ריבוע יהוה. הוּא Hu

בְּרַחֲמָיו berajamav יַעֲשֶׂה yaasé שָׁלוֹם shalom עָלֵינוּ aleinu ר״ת ש״ע נהורין.

וְעַל veal כָּל col ילי ; עמם עַמּוֹ amó יִשְׂרָאֵל Yisrael וְאִמְרוּ veimrú אָמֵן Amén:

אָמֵן Amén אידהנויה.

BARJÚ

El *jazán* (o la persona que dice el *Kadish Yehé Shlamá*) dice:

רַבָּנָן rabanán: בָּרְכוּ barjú יהוה ריבוע יהוה ריבוע מ״ה אֶת et

יְהֹוָ‍אדה‍נִי‍ה adonai אהדונהי Adonai הַמְּבוֹרָךְ: hamevoraj ס״ת כהת, משיח בן דוד ע״ה:

Primero la congregación responde lo siguiente y después el *jazán* (o la persona que dice el *Kadish Yehé Shlamá*) lo repite:

Néfesh בָּרוּךְ Baruj *Rúaj* יְהֹוָ‍אדה‍נִי‍ה אהדונהי Adonai *Neshamá* הַמְּבוֹרָךְ hamevoraj

Jayá לְעוֹלָם leolam ריבוע ס״ג וי׳ אותיות דס״ג *Yejidá* וָעֶד vaed:

ALEINU

Aleinu es un agente sellador cósmico. Cementa y asegura todas nuestras oraciones, protegiéndolas de cualquier fuerza negativa tales como las *klipot*. Todas las oraciones anteriores a *Aleinu* atrajeron lo que los kabbalistas llaman Luz Interna. Sin embargo, *Aleinu* atrae Luz Circundante, la cual envuelve nuestras oraciones con un campo de fuerza protectora para bloquear a las *klipot*.

Atraer Luz Circundante para ser protegido de las *klipot* (la inclinación negativa).

עָלֵינוּ aleinu ריבוע דס״ג לְשַׁבֵּחַ leshabéaj עלינו לשבח = אבג יתץ, ושר

לַאֲדוֹן laAdón אני ; ס״ת ס״ג ע״ה הַכֹּל hacol ר״ת ללה, אדני

לָתֵת latet גְּדֻלָּה guedulá לְיוֹצֵר leyotser בְּרֵאשִׁית bereshit ר״ת גל״ב (באך ב״י יג״ל)

Él, que establece la paz en Sus Alturas,
Él, en Su compasión, hará la paz sobre nosotros y sobre toda Su nación, Israel. Y dígase: Amén (Amén).

BARJÚ

¡Bendigan a Dios, el Bendito!
Bendito es el Señor, el Bendito, por siempre y para siempre.

ALEINU

Es nuestro deber alabar al Soberano de todo y atribuir grandeza al Moldeador de la Creación,

שֶׁלֹּא sheló עָשָׂנוּ asanu כְּגוֹיֵי quegoyei הָאֲרָצוֹת haaratsot וְלֹא veló
שָׂמָנוּ samanu כְּמִשְׁפְּחוֹת quemishpejot הָאֲדָמָה haadamá שֶׁלֹּא sheló
שָׂם sam חֶלְקֵנוּ jelkenu כָּהֶם cahem וְגוֹרָלֵנוּ vegoralenu כְּכָל quejol
הֲמוֹנָם •hamonam שֶׁהֵם shehem מִשְׁתַּחֲוִים mishtajavim לְהֶבֶל lahével
וָרִיק varik וּמִתְפַּלְּלִים umitpalelim אֶל el אֵל el לֹא lo יוֹשִׁיעַ •Yoshía

(haz una pausa aquí, y cuando digas "*vaanajnu mishtajavim*" inclina todo tu cuerpo)

וַאֲנַחְנוּ vaanajnu מִשְׁתַּחֲוִים mishtajavim לִפְנֵי lifnei מֶלֶךְ Mélej
מַלְכֵי maljei הַמְּלָכִים hamelajim הַקָּדוֹשׁ hakadosh בָּרוּךְ Baruj
הוּא •Hu שֶׁהוּא shehú נוֹטֶה noté שָׁמַיִם shamáyim י"פ טל, י"פ כוזו ; ר"ת = י"פ אדני
שב' ספירות של נוקבא דז"א וְיוֹסֵד veyosed אָרֶץ •árets וּמוֹשַׁב umoshav
יְקָרוֹ yekaró בַּשָּׁמַיִם bashamáyim י"פ טל, י"פ כוזו מִמַּעַל mimaal עלם•
וּשְׁכִינַת ushjinat עֻזּוֹ uzó בְּגָבְהֵי begovhei מְרוֹמִים •meromim
הוּא hu אֱלֹהֵינוּ Eloheinu ילה וְאֵין veéin עוֹד od אַחֵר •ajer
אֱמֶת emet אהיה פעמים אהיה, ז"פ ס"ג מַלְכֵּנוּ malquenu וְאֶפֶס veéfes
זוּלָתוֹ •zulató כַּכָּתוּב cacatuv בַּתּוֹרָה :baTorá וְיָדַעְתָּ veyadata
הַיּוֹם hayom ע"ה נגד, מזבח, זן, אל יהוה וַהֲשֵׁבֹתָ vahashevota אֶל- el
לְבָבֶךָ levaveja ר"ת לאו כִּי qui יְהֹוָה אהדונהי Adonai הוּא hu
הָאֱלֹהִים haElohim אהיה אדני ; ילה ; ר"ת יהה וכן עולה למנין ענו עג"כ
בַּשָּׁמַיִם bashamáyim י"פ טל, י"פ כוזו מִמַּעַל mimaal עלם ;
רמז לאור פנימי המתוז"ל מלמעלה וְעַל- veal הָאָרֶץ haárets אלהים דההין ע"ה
מִתָּחַת mitájat רמז לאור מקיף המתוז"ל מלמטה אֵין ein עוֹד :od

que no nos ha hecho como los pueblos del mundo. Él no nos colocó como las familias de la Tierra. Él no hizo nuestra suerte como la de ellos ni nuestro destino como el de sus multitudes, ya que ellos se inclinan ante la futilidad y el vacío, y rezan a una deidad que no ayuda. Nosotros nos inclinamos ante el Supremo Rey de Reyes, el Santísimo, Bendito sea Él. Él es quien extiende los Cielos y funda la Tierra. La Sede de Su gloria está arriba en el Cielo y la Presencia Divina de Su poder está en las alturas excelsas. Él es nuestro Dios y no hay ningún otro. Nuestro Rey es verdadero y no hay nadie excepto Él. Como está escrito en la Torá: "Aprende hoy y grábalo en tu corazón que el Señor es Dios arriba en los Cielos y abajo sobre la Tierra, y no hay otro" (Deuteronomio 4:39).

עַל al כֵּן quen נְקַוֶּה nekavé לְךָ laj יְהֹוָאֲדֹנָיאהדונהי Adonai

אֱלֹהֵינוּ Eloheinu יכ״ה לִרְאוֹת lirot מְהֵרָה meherá בְּתִפְאֶרֶת betiféret

עֻזָּךְ uzaj ס״ת כהת, משיח בן דוד ע״ה לְהַעֲבִיר lehaavir גִּלּוּלִים guilulim מִן min

הָאָרֶץ haárets אלהים ההין ע״ה וְהָאֱלִילִים vehaelilim כָּרוֹת carot

יִכָּרֵתוּן yicaretún. לְתַקֵּן letakén עוֹלָם olam בְּמַלְכוּת bemaljut

שַׁדַּי Shadai. וְכָל vejol ילי בְּנֵי bnei בָשָׂר vasar יִקְרְאוּ yikreú

בִשְׁמֶךָ viShmeja לְהַפְנוֹת lehafnot אֵלֶיךָ eleja כָּל col ילי רִשְׁעֵי rishei

אָרֶץ árets. יַכִּירוּ yaquiru וְיֵדְעוּ veyedú כָּל col ילי יוֹשְׁבֵי yoshvei

תֵבֵל tevel ב״פ רי״ו. כִּי qui לְךָ lejá תִּכְרַע tijrá כָּל־ col ילי בֶּרֶךְ bérej

תִּשָּׁבַע tishavá כָּל col ילי לָשׁוֹן lashón. לְפָנֶיךָ lefaneja ס״ג מ״ה ב״ן

יְהֹוָאֲדֹנָיאהדונהי Adonai אֱלֹהֵינוּ Eloheinu יכ״ה יִכְרְעוּ yijreú וְיִפֹּלוּ veyipolu

וְלִכְבוֹד velijvod שִׁמְךָ Shimjá יְקָר yekar יִתֵּנוּ yitenu.

וִיקַבְּלוּ vikabelú כֻלָּם julam אֶת et עֹל־ ol מַלְכוּתֶךָ maljuteja.

וְתִמְלוֹךְ vetimloj עֲלֵיהֶם aleihem מְהֵרָה meherá לְעוֹלָם leolam

ריבוע ס״ג וי׳ אותיות דס״ג וָעֶד vaed. כִּי qui הַמַּלְכוּת hamaljut שֶׁלְּךָ sheljá

הִיא hi. וּלְעוֹלְמֵי uleolmei עַד ad תִּמְלוֹךְ timloj בְּכָבוֹד bejavod בוכו.

כַּכָּתוּב cacatuv: בְּתוֹרָתָךְ beTorataj יְהֹוָאֲדֹנָיאהדונהי Adonai | יִמְלֹךְ yimloj

לְעֹלָם leolam ריבוע ס״ג וי׳ אותיות דס״ג ; ר״ת ייל וָעֶד vaed.

Por eso, Señor, nuestro Dios, esperamos contemplar pronto la gloria majestuosa de Tu poder, cuando elimines los ídolos de la Tierra y los falsos dioses hayan sido completamente destruidos, para perfeccionar al mundo con el Reino del Todopoderoso. Y la humanidad entera invocará Tu Nombre y todos los malvados de la Tierra se dirigirán a Ti. Entonces todos los habitantes del mundo reconocerán y sabrán que, por Ti, toda rodilla se dobla y toda lengua se colma. Que ante Ti, Señor, nuestro Dios, se arrodillen y se prosternen y honren Tu glorioso Nombre. Y todos aceptarán el yugo de Tu Reino y Tú reinarás sobre ellos para siempre jamás. Pues el Reino es Tuyo. Y para siempre y por la eternidad, Tú reinarás en gloria. Como está escrito en la Torá: "El Señor reinará por los siglos de los siglos" (Éxodo 15:18).

וְנֶאֱמַר veneemar: וְהָיָה vehayá יהוה ; יהה יְהֹוָאדניאהדונהי Adonai

לְמֶלֶךְ leMélej עַל־ al כָּל־ col ילי ; עמם הָאָרֶץ haárets אלהים דההין ע״ה

בַּיּוֹם bayom ע״ה נגד, מזבח, זן, אל יהוה הַהוּא hahú

יִהְיֶה yihyé ייי יְהֹוָאדניאהדונהי Adonai אֶחָד Ejad אהבה, דאגה

וּשְׁמוֹ uShmó מהש ע״ה, ע״ב בריבוע וקס״א ע״ה, אל שדי ע״ה אֶחָד Ejad אהבה, דאגה:

Si has estado rezando solo, recita lo siguiente antes de comenzar el *Arvit* y antes de "*Aleinu*" en lugar de "*Barjú*":

אָמַר amar רַבִּי Rabí עֲקִיבָא Akivá חַיָּה jayá אַחַת ajat עוֹמֶדֶת omédet

בָּרָקִיעַ barakía וּשְׁמָהּ ushmá יִשְׂרָאֵל Yisrael וְחָקוּק vejakuk עַל al

מִצְחָהּ mitsjá יִשְׂרָאֵל Yisrael. עוֹמֶדֶת omédet בְּאֶמְצַע beémtsa

הָרָקִיעַ harakía וְאוֹמֶרֶת veoméret: בָּרְכוּ barjú יהוה ריבוע יהוה ריבוע מ״ה אֶת et

יְהֹוָאדניאהדונהי Adonai הַמְבֹרָךְ hamevoraj ס״ת כהת, משיח בן דוד ע״ה וְכָל vejol

ילי גְּדוּדֵי guedudei מַעְלָה mala עוֹנִים onim: בָּרוּךְ Baruj יְהֹוָאדניאהדונהי Adonai

הַמְבֹרָךְ hamevoraj לְעוֹלָם leolam ריבוע ס״ג וי׳ אותיות דס״ג וָעֶד vaed.

BENDICIÓN PARA LOS HIJOS

Después del *Kidush*, los kabbalistas recomiendan que cada padre bendiga a sus hijos porque es un momento de gracia y las bendiciones son abundantes. Como los niños no pueden atraer bendiciones sobre sí mismos a través de sus acciones, que un adulto lo haga será muy efectivo. La Luz de abundancia baja desde Arriba para adherirse a los niños y acogerlos porque ellos aún no han pecado, y a través de ellos las bendiciones pueden difundirse mejor. (No obstante, incluso los hijos adultos pueden recibir bendiciones de sus padres).

Y también está dicho: "El Señor será Rey sobre toda la Tierra y, en aquel día, el Señor será Uno y Uno su Nombre" (Zacarías 14:9).

Rabí Akivá dijo: Erguido en el Cielo, hay un animal llamado Israel, y Israel está grabada en su frente, y ella está de pie en el medio Cielo diciendo: Bendito sea el Señor, el Santísimo, Bendito sea Él, y todos los ejércitos del Cielo contestan: Bendito es el Señor, el Santísimo, Bendito sea Él, por siempre y para toda la eternidad.

Para un hijo:

יְשִׂימְךָ yesimjá אֱלֹהִים Elohim אהיה אדני ; ילה

כְּאֶפְרַיִם queEfráyim וְכִמְנַשֶּׁה vejiMenashé. Continúa con *"yevarejejá"*

Para una hija:

יְשִׂימֵךְ yesimej אֱלֹהִים Elohim אהיה אדני ; ילה

כְּשָׂרָה queSará רִבְקָה Rivká רָחֵל Rajel וְלֵאָה veLeá.

Derecha

יְבָרֶכְךָ yevarejejá יְהֹוָה יאהדונהי Adonai וְיִשְׁמְרֶךָ veyishmereja

ר"ת = יהוה ; וס"ת = מ"ה:

Izquierda

יָאֵר yaer כף ויו זין ויו יְהֹוָה יאהדונהי Adonai | פָּנָיו panav אֵלֶיךָ eleja

וִיחֻנֶּךָּ vijuneca מנד ; יהה אותיות בפסוק:

Central

יִשָּׂא yisá יְהֹוָה יאהדונהי Adonai | פָּנָיו panav אֵלֶיךָ eleja

וְיָשֵׂם veyasem לְךָ lejá שָׁלוֹם shalom האא תיבות בפסוק:

וְשָׂמוּ vesamu אֶת־ et שְׁמִי Shmí עַל־ al בְּנֵי benei יִשְׂרָאֵל Yisrael

וַאֲנִי vaaní אני אֲבָרְכֵם avarjem:

הַמַּלְאָךְ hamalaj פוי, אל אדני הַגֹּאֵל hagoel אֹתִי otí מִכָּל־ micol ילי רָע ra
יְבָרֵךְ yevarej ע"סמ"ב, הברכה (למתק את ו' המלכים שמתו) אֶת־ et הַנְּעָרִים hanearim
וְיִקָּרֵא veyikaré עם ה' אותיות = ב"פ קס"א בָהֶם vahem שְׁמִי shmí וְשֵׁם veshem
אֲבֹתַי avotai אַבְרָהָם Avraham וז"פ אל, רי"ו ול"ב נתיבות החכמה, רמ"ח (אברים),
עסמ"ב וט"ז אותיות פשוטות וְיִצְחָק veYitsjak ד"פ ב"ן וְיִדְגּוּ veyidgú
לָרֹב larov בְּקֶרֶב bekérev הָאָרֶץ haárets אלהים דההין ע"ה:
בֵּן ben פֹּרָת porat יוֹסֵף Yosef ציון, ו' הויות, קנאה בֵּן ben פֹּרָת porat עֲלֵי־ alei
עָיִן ayin ריבוע מ"ה בָּנוֹת banot צָעֲדָה tsaadá עֲלֵי־ alei שׁוּר shur ושר:

BENDICIÓN PARA LOS HIJOS

Para un hijo: *"Quiera Dios bendecirte como a Efráyim y como Menashé"* (Génesis 48:20).

Para una hija: *Quiera Dios bendecirte como a Sará, Rivká, Rajel y como Leá.*

(Derecha) *"Que el Señor te bendiga y te proteja.*

(Izquierda) *Que el Señor haga brillar Su rostro sobre ti y te dé gracia.*

(Central) *Que el Señor eleve Su rostro hacia ti y te conceda paz.*

Y ellos pondrán Mi Nombre sobre los Hijos de Israel y Yo les bendeciré" (Números 6:24-27). *"El ángel que me redimió de todo mal bendiga a estos jóvenes, y pueda mi nombre y el nombre de mis padres, Avraham y Yitsjak, ser llamado sobre ellos. Y puedan crecer en multitudes en medio de la Tierra"* (Génesis 48:16). *"Una rama fructífera es Yosef. Una rama fructífera junto al pozo y cuyas ramas se extienden sobre el muro"* (Génesis 49:22).

KIDUSH PARA ÉREV SUCOT Y SIMJAT TORÁ

VAYJULU

Cuando la festividad cae un viernes en la noche decimos lo siguiente:

יום yom ע״ה נגד, מזבח, זן, אל יהוה הַשִּׁשִּׁי hashishí:

וַיְכֻלּוּ vayjulu ע״ב, ריבוע יהוה (י יה יהו יהוה) הַשָּׁמַיִם hashamáyim י״פ טל, י״פ כוזו

וְהָאָרֶץ vehaárets אלהים דההין ע״ה ; ר״ת והו וְכָל־ vejol צְבָאָם tsevaam ס״ת צלם:

וַיְכַל vayjal אֱלֹהִים Elohim אהיה אדני ; ילה בַּיּוֹם bayom ע״ה נגד, מזבח, זן, אל יהוה

הַשְּׁבִיעִי hashevií מְלַאכְתּוֹ melajtó אֲשֶׁר asher עָשָׂה asá וַיִּשְׁבֹּת vayishbot

בַּיּוֹם bayom ע״ה נגד, מזבח, זן, אל יהוה הַשְּׁבִיעִי hashevií מִכָּל־ micol ילי

מְלַאכְתּוֹ melajtó אֲשֶׁר asher עָשָׂה asá: וַיְבָרֶךְ vayvarej עסמ״ב, הברכה (למתק

את ז׳ המלכים שמתו) אֱלֹהִים Elohim אהיה אדני ; ילה אֶת־ et יוֹם yom ע״ה נגד, מזבח, זן, אל

יהוה הַשְּׁבִיעִי hashevií וַיְקַדֵּשׁ vaykadesh אֹתוֹ otó כִּי qui בוֹ vo שָׁבַת shavat

מִכָּל־ micol ילי מְלַאכְתּוֹ melajtó אֲשֶׁר־ asher בָּרָא bará קנ״א ב״ן, יהוה אלהים יהוה

אדני, מילוי קס״א וס״ג, מ״ה ברבוע וע״ב ע״ה אֱלֹהִים Elohim אהיה אדני ; ילה לַעֲשׂוֹת laasot:

אֵלֶּה ele מוֹעֲדֵי moadei יהוה Adonai מִקְרָאֵי mikraéi

קֹדֶשׁ kódesh אֲשֶׁר־ asher תִּקְרְאוּ tikreú אֹתָם otam בְּמוֹעֲדָם bemoadam:

וַיְדַבֵּר vaydaber ראה מֹשֶׁה Moshé מהש, ע״ב בריבוע וקס״א, אל שדי, ד״פ אלהים ע״ה

אֶת־ et מֹעֲדֵי moadei יהוה Adonai אֶל־ el בְּנֵי benei יִשְׂרָאֵל Yisrael:

סַבְרִי savrí מָרָנָן maranán

(respondemos) לְחַיִּים lejáyim אהיה אהיה יהוה, בינה ע״ה

בָּרוּךְ Baruj אַתָּה Atá יהוה Adonai אֱלֹהֵינוּ Eloheinu

מֶלֶךְ Mélej הָעוֹלָם haolam בּוֹרֵא boré פְּרִי prí הַגָּפֶן haguefen:

KIDUSH PARA ÉREV SUCOT Y SIMJAT TORÁ

VAYJULU

"Y se concluyeron los Cielos y la Tierra y todas sus huestes. Y completó Dios, en el séptimo día, la obra que Él había hecho. Y Él cesó, en el séptimo día, de toda Su obra que Él había hecho. Y bendijo Dios el séptimo día y Él lo santificó, porque en él descanso de toda Su obra creadora que Dios había hecho" (Génesis 2:1-3).

Esas son las festividades del Señor, Santa alianza deberán llamarlas en su momento.
Y Moshé les mencionó las festividades del Señor a los hijos de Israel (Levítico 23:44).
Con su permiso, maestros míos. (Respondemos: *¡Por la vida!*)
Bendito eres Tú, Señor, Nuestro Dios, Rey del universo, Quien crea los frutos de la vid.

בָּרוּךְ Baruj אַתָּה Atá יְהֹוָהאדניאהדונהי Adonai אֱלֹהֵינוּ Eloheinu ילה

מֶלֶךְ Mélej הָעוֹלָם haolam אֲשֶׁר asher בָּחַר bajar בָּנוּ banu

מִכָּל micol ילי עָם am. וְרוֹמְמָנוּ veromemanu מִכָּל micol ילי לָשׁוֹן lashón.

וְקִדְּשָׁנוּ vekideshanu בְּמִצְוֹתָיו vemitsotav. וַתִּתֶּן vatitén ב"פ כהת

לָנוּ lanu אלהים, אהיה אדני יְהֹוָהאדניאהדונהי Adonai אֱלֹהֵינוּ Eloheinu ילה

בְּאַהֲבָה beahavá אחד, דאגה (En *Shabat* agrega: שַׁבָּתוֹת Shabatot לִמְנוּחָה limnujá וּ u)

מוֹעֲדִים moadim לְשִׂמְחָה lesimjá. חַגִּים jaguim וּזְמַנִּים uzmanim

לְשָׂשׂוֹן lesasón. אֶת et יוֹם yom ע"ה נגד, מזבח, זן, אל יהוה (En *Shabat* agrega:

הַשַּׁבָּת haShabat הַזֶּה hazé והו. וְאֶת veet יוֹם yom ע"ה נגד, מזבח, זן, אל יהוה)

(En *Sucot* di: חַג Jag הַסֻּכּוֹת haSucot הַזֶּה hazé).

(En *Simjat Torá* di: שְׁמִינִי Shminí חַג Jag עֲצֶרֶת Atséret הַזֶּה hazé).

אֶת et יוֹם yom ע"ה נגד, מזבח, זן, אל יהוה טוֹב tov והו מִקְרָא mikrá קֹדֶשׁ kódesh

הַזֶּה hazé והו. זְמַן zemán שִׂמְחָתֵנוּ simjateno. בְּאַהֲבָה beahavá אחד, דאגה

מִקְרָא mikrá קֹדֶשׁ kódesh. זֵכֶר zéjer לִיצִיאַת litsiat מִצְרָיִם Mitsráyim מצר.

כִּי qui בָנוּ banu בָחַרְתָּ bajarta וְאוֹתָנוּ veotanu קִדַּשְׁתָּ kidashta

מִכָּל micol ילי הָעַמִּים haamim. (En *Shabat* agrega: וְשַׁבָּתוֹת veShabatot וּ u)

מוֹעֲדֵי moadei קָדְשֶׁךָ kodshejá, (En *Shabat* agrega: בְּאַהֲבָה beahavá אחד, דאגה

וּבְרָצוֹן uveratsón מהש ע"ה, ע"ב בריבוע וקס"א ע"ה, אל שדי)

בְּשִׂמְחָה vesimjá וּבְשָׂשׂוֹן uvesasón הִנְחַלְתָּנוּ hinjaltanu.

בָּרוּךְ Baruj אַתָּה Atá יְהֹוָהאדניאהדונהי Adonai מְקַדֵּשׁ mekadesh

(En *Shabat* agrega: הַשַּׁבָּת haShabat וְ ve) יִשְׂרָאֵל Yisrael וְהַזְּמַנִּים vehazemanim:

Bendito eres Tú, Señor, nuestro Dios, Rey del Mundo, que nos has elegido entre todas las naciones, nos has exaltado sobre todas las lenguas y nos has santificado con Tus preceptos. Y Tú, Señor, nuestro Dios, nos has dado con amor: (**en Shabat añade:** *Shabatot para el descanso y*) *tiempos señalados para regocijo, festivales y momentos para dicha,* (**en Shabat añade:** *este Shabat y esta*) (**en Sucot:** *festividad de Sucot*) (**en Simjat Torá:** *este Shminí de la festividad de Atséret*) *en este buen día de Santa Convocatoria; Con amor, una Santa Convocatoria, una remembranza de la salida de Egipto. Porque Tú nos has elegido y santificado por encima de las naciones.* (**en Shabat añade:** *Y Shabatot y*) *Tus santas festividades.* (**en Shabat añade:** *con amor y con favor*) *con regocijo y alegría Tú nos has concedido. Bendito eres Tú, Señor, que santificas* (**en Shabat añade:** *el Shabat*) *Israel y los tiempos.*

En *Sucot* decimos la bendición de "*Leshev BaSucá*" y luego la bendición de "*Shehejeyanu*".
En *Simjat Torá* continuamos con la bendición de "*Shehecheyanu*" más abajo.

LESHEV BASUCÁ

בָּרוּךְ Baruj אַתָּה Atá יְהֹוָ(אדני)אהדונהי Adonai

En la primera noche medita en: יֶהֶוֶהֶ יֶאֶהֶהֶוֶיֶהֶהֶ

En la segunda noche medita en: יְהְוְהְ יְאְהְהְוְיְהְהְ

En la tercera noche medita en: יֹהֹוֹהֹ יֹאֹהֹהֹוֹיֹהֹהֹ

En la cuarta noche medita en: יִהִוִהִ יִאִהִהִוִיִהִהִ

En la quinta noche medita en: יֻהֻוֻהֻ יֻאֻהֻהֻוֻיֻהֻהֻ

En la sexta noche medita en: יוּהוּווּהוּ יוּאוּהוּהוּווּיוּהוּהוּ

En la séptima noche medita en: יהוה יאההויהה

אֱלֹהֵינוּ Eloheinu ילה מֶלֶךְ Mélej הָעוֹלָם haolam

אֲשֶׁר asher קִדְּשָׁנוּ kideshanu בְּמִצְוֹתָיו bemitsvotav

וְצִוָּנוּ vetsivanu לֵישֵׁב leshev בַּסֻּכָּה basucá סאל.

SHEHEJEYANU

בָּרוּךְ Baruj אַתָּה Atá יְהֹוָ(אדני)אהדונהי Adonai אֱלֹהֵינוּ Eloheinu ילה

מֶלֶךְ Mélej הָעוֹלָם haolam שֶׁהֶחֱיָנוּ shehejeyanu

וְקִיְּמָנוּ vekiyemanu וְהִגִּיעָנוּ vehiguianu לַזְּמַן lazemán הַזֶּה hazé והו:

LESHEV BASUCÁ

Bendito eres Tú, Señor, nuestro Dios, Rey del universo,
que nos santificaste con Tus preceptos y nos ordenaste sentarnos en la Sucá.

SHEHEJEYANU

Bendito eres Tú, Señor, nuestro Dios, Rey del universo,
que nos has otorgado la vida y subsistencia y nos ha permitido llegar hasta el momento presente.

EL ORDEN DE LOS SIETE USHPIZÍN – DEL RAV

Cada noche, antes de entrar a la *Sucá*, debemos decir:

Otro aspecto importante de la *Sucá* es la costumbre de dar la bienvenida a un invitado bíblico diferente a nuestra *Sucá* cada día de *Sucot*; esta es una costumbre que comenzó con el Arí. Los *Ushpizín* (invitados especiales a quienes damos la bienvenida cada día) son Avraham, Yitsjak, Yaakov, Moshé, Aharón, Yosef y David. Cada invitado actúa como una carroza de la energía de la *Sefirá* en particular que está conectada a cada día. Además de esto, hay una oración en arameo que se recita por cada invitado. Dar la bienvenida a los *Ushpizín* nos conecta con ellos y, al contar con su asistencia, podemos conectar mejor con la Luz de las *Sefirot* y el poder de las Nubes de Honor. Los *Ushpizín* nos ayudan a construir la vasija que contiene la Luz del Creador, la cual necesitamos por todo un año.

לְשֵׁם leshem יִחוּד yijud קוּדְשָׁא kudshá בְּרִיךְ Berij הוּא Hu

וּשְׁכִינְתֵּיהּ uShjintei (יאהדונהי) בִּדְחִילוּ bidjilu וּרְחִימוּ urjimu (יאההויהה),

וּרְחִימוּ urjimu וּדְחִילוּ udjilu (איההיוהה), לְיַחֲדָא leyajdá שֵׁם shem

יו"ד Yud קֵי Kei בְּוא"ו beVav קֵי Kei בְּיִחוּדָא beyijudá שְׁלִים shelim (יהוה)

בְּשֵׁם beshem כָּל col ילי יִשְׂרָאֵל Yisrael, וּבְשֵׁם uveshem כָּל col ילי

הַנְּפָשׁוֹת hanefashot וְהָרוּחוֹת veharujot וְהַנְּשָׁמוֹת vehaneshamot

הַמִּתְיַחֲסִים hamityajasim אֶל el שָׁרְשֵׁי shorshei נַפְשֵׁנוּ nafshenu

רוּחֵנוּ rujenu וְנִשְׁמָתֵנוּ venishmatenu, וּמַלְבּוּשֵׁיהֶם umalbusheihem

וְהַקְּרוֹבִים vehakerovim לָהֶם lahem שֶׁמִּכְלָלוּת shemiclalut אֲצִילוּת Atsilut

בְּרִיאָה Briá יְצִירָה Yetsirá עֲשִׂיָּה Asiyá, וּמִכָּל umicol ילי פְּרָטֵי peratei

אֲצִילוּת Atsilut בְּרִיאָה Briá יְצִירָה Yetsirá עֲשִׂיָּה Asiyá

דְּכָל dejol פַּרְצוּף partsuf וּסְפִירָה usfirá דִּפְרָטֵי difratei

אֲצִילוּת Atsilut בְּרִיאָה Briá יְצִירָה Yetsirá עֲשִׂיָּה Asiyá.

הִנֵּה hiné אֲנַחְנוּ anajnu בָּאִים vaim לְקַיֵּם lekayem מִצְוַת mitsvat

עֲשֵׂה asé לֵישֵׁב leshev בַּסֻּכָּה basucá אמן, יאהדונהי, סאל.

כְּמוֹ quemó שֶׁצִּוָּנוּ shetsivanu יְהֹוָהאדניאהדונהי Adonai אֱלֹהֵינוּ Eloheinu ילה

EL ORDEN DE LOS SIETE USHPIZÍN

Por el bien de la unificación entre el Santo, bendito sea, y Su Shejiná, con temor y amor y con amor y temor, a fin de unificar el Nombre Yud-Kei y Vav-Kei en perfecta unidad, y en nombre de todo Israel y en nombre de todas las Nefashot (almas inferiores), Rujot (espíritus) y Neshamot (almas superiores) que dan atributo a la raíz de nuestras Nefashot, Rujot y Neshamot, y su revestimiento y todo lo que está asociado con ella; desde la generalidad de Atsilut, Briá, Yetsirá y Asiyá, y desde lo específico de Atsilut, Briá, Yetsirá y Asiyá de cada Partsuf y Sefirá de lo específico de Atsilut, Briá, Yetsirá y Asiyá; por este medio cumplimos el precepto obligatorio de sentarnos en la Sucá como el Señor, nuestro Dios, nos ordenó

בְּתוֹרָתוֹ betorató הַקְּדוֹשָׁה hakedoshá עַל al יְדֵי yedei מֹשֶׁה Moshé מהש,
ע"ב בריבוע קס"א, אל שדי, ד"פ אלהים ע"ה רַבֵּנוּ rabenu עָלָיו alav הַשָּׁלוֹם hashalom:
בַּסֻּכֹּת basucot אמן, יאהדונהי, סאל תֵּשְׁבוּ teshvú שִׁבְעַת shivat יָמִים yamim נלך
כָּל col ילי הָאֶזְרָח haezraj בְּיִשְׂרָאֵל beYisrael יֵשְׁבוּ yeshvú
בַּסֻּכֹּת basucot אמן, יאהדונהי, סאל: לְמַעַן lemaan יֵדְעוּ yedú
דֹרֹתֵיכֶם doroteijem כִּי qui בַסֻּכּוֹת vasucot הוֹשַׁבְתִּי hoshavti אֶת et
בְּנֵי benei יִשְׂרָאֵל Yisrael בְּהוֹצִיאִי behotsií אוֹתָם otam מֵאֶרֶץ meérets
מִצְרָיִם Mitsráyim מצר: לְתַקֵּן letakén שֹׁרֶשׁ shóresh מִצְוָה mitsvá זוֹ zo
בְּמָקוֹם bemakom עֶלְיוֹן elyón. לַעֲשׂוֹת laasot כַּוָּנַת cavanat יוֹצְרֵנוּ yotsrenu
שֶׁצִּוָּנוּ shetsivanu לַעֲשׂוֹת laasot מִצְוָה mitsvá זוֹ zo. לְהַשְׁלִים lehashlim
אִילָן ilán הָעֶלְיוֹן haelyón וּלְהָקִים ulehakim סֻכַּת sucat אמן, יאהדונהי, סאל
דָּוִד David לְהַחֲזִיר lehajazir הָעֲטָרָה haatará לְיָשְׁנָהּ leyoshná.
וּלְהַשְׁלִים ulehashlim שְׁלֵמוּת shelemut תִּקּוּן tikún הַנְּפָשׁוֹת hanefashot
וְהָרוּחוֹת veharujot וְהַנְּשָׁמוֹת vehaneshamot שֶׁמִּכְּלָלוּת shemiclalut
אֲצִילוּת Atsilut בְּרִיאָה Briá יְצִירָה Yetsirá עֲשִׂיָּה Asiyá, וּמִכָּל umicol
פְּרָטֵי peratei אֲצִילוּת Atsilut בְּרִיאָה Briá יְצִירָה Yetsirá עֲשִׂיָּה Asiyá.
וִיהִי vihí רָצוֹן ratsón מהש ע"ה, ע"ב בריבוע וקס"א ע"ה, אל שדי ע"ה
מִלְּפָנֶיךָ milefaneja ס"ג מ"ה ב"ן יְהֹוָאדנהי יאהדונהי Adonai אֱלֹהֵינוּ Eloheinu ילה
וֵאלֹהֵי veElohei לכב ; מילוי ע"ב, דמב ; ילה אֲבוֹתֵינוּ avoteinu שֶׁיְּהֵא sheyhé
עַתָּה ata עֵת et רָצוֹן ratsón מהש ע"ה, ע"ב בריבוע וקס"א ע"ה, אל שדי ע"ה ; עת רצון = י' הויות וי'
אהיה לִהְיוֹת lihyot עוֹלָה olá מִצְוָה mitsvá זוֹ zo לְפָנֶיךָ lefaneja ס"ג מ"ה ב"ן:

---

en Su Santa Torá por medio de Moshé, nuestro maestro, que la paz esté con él: "Habitarán en cabañas por siete días; todo nativo de Israel vivirá en cabañas, 43 para que sus generaciones sepan que Yo hice habitar en cabañas a los hijos de Israel cuando los saqué de la tierra de Egipto" (Levítico 23:42-43) para corregir la raíz de este precepto en el Lugar Celestial y seguir la intención de nuestro Creador, quien nos ordenó cumplir este precepto. De completar el Árbol Celestial, erigir la Sucá de David, restaurar la Diadema en su lugar anterior y completar toda la corrección de las Nefashot, Rujot y Neshamot, desde la generalidad de Atsilut, Briá, Yetsirá y Asiyá, y desde todos los aspectos específicos de Atsilut, Briá, Yetsirá y Asiyá. Que sea agradable ante Ti, Señor, mi Dios y Dios de mis antepasados, que esta hora sea un momento de gracia y que este precepto ascienda ante Ti.

En la primera noche:

וּבְכֹחַ uvejóaj מִצְוָה mitsvá זוֹ zo יִמָּשֵׁךְ yimashej הַחֶסֶד haJésed
ע״ב, ריבוע יהוה הַפְּנִימִי hapnimí הָעֶלְיוֹן haelyón הַנִּקְרָא hanikrá יוֹמָם yomam•
יוֹמָא yomá דְּכָלִיל dejalil לְכֻלְּהוּ lejulehú יוֹמֵי yomei שֶׁהוּא shehú
הַחֶסֶד haJésed ע״ב, ריבוע יהוה שֶׁבַּחֶסֶד shebaJésed ע״ב, ריבוע יהוה מֵאִימָא meIma
עִלָּאָה ilaá לְרָחֵל leRajel אִמֵּנוּ imenu• וְגַם vegam תְּקַבֵּל tekabel עוֹד od
רָחֵל Rajel אִמֵּנוּ imenu הַחֶסֶד haJésed ע״ב, ריבוע יהוה הָעֶלְיוֹן haelyón
שֶׁבְּכָל shebejol ב״ן, לכב הַחֲסָדִים haJasadim דְּאוֹר deor רז, א״ס מַקִּיף makif
מֵאִימָא meIma עִלָּאָה ilaá קַדִּישָׁא kadishá שֶׁהוּא shehú הַחֶסֶד haJésed
ע״ב, ריבוע יהוה שֶׁבַּחֶסֶד shebaJésed ע״ב, ריבוע יהוה שֶׁבָּהּ shebá:

En la segunda noche:

וּבְכֹחַ ubejóaj מִצְוָה mitsvá זוֹ zo יִמָּשֵׁךְ yimashej לְרָחֵל leRajel
אִמֵּנוּ imenu אוֹר or רז, א״ס הַמַּקִּיף hamakif הַחֶסֶד haJésed ע״ב, ריבוע יהוה
שֶׁבַּגְּבוּרָה shebaGuevurá רי״ו מֵאִימָא meIma עִלָּאָה ilaá קַדִּישָׁא kadishá:

En la tercera noche:

וּבְכֹחַ uvejóaj מִצְוָה mitsvá זוֹ zo יִמָּשֵׁךְ yimashej לְרָחֵל leRajel
אִמֵּנוּ imenu אוֹר or רז, א״ס הַמַּקִּיף hamakif הַחֶסֶד haJésed ע״ב, ריבוע יהוה
שֶׁבַּתִּפְאֶרֶת shebaTiféret מֵאִמָּא meIma עִלָּאָה ilaá קַדִּישָׁא kadishá:

En la cuarta noche:

וּבְכֹחַ uvejóaj מִצְוָה mitsvá זוֹ zo יִמָּשֵׁךְ yimashej לְרָחֵל leRajel
אִמֵּנוּ imenu אוֹר or רז, א״ס הַמַּקִּיף hamakif הַחֶסֶד haJésed ע״ב, ריבוע יהוה
שֶׁבַּנֶּצַח shebaNétsaj מֵאִימָא meIma עִלָּאָה ilaá קַדִּישָׁא kadishá:

En la primera noche: *Y con el poder de este precepto, la Misericordia Celestial e Interna (que es llamada día, un día que incluye todos los demás días, que es Misericordia de Jésed) será atraída desde Ima Celestial hasta Rajel la matriarca. Y, además, Rajel la matriarca recibirá la Misericordia Celestial de todas las Misericordias de la Luz Circundante de la Santa Ima Celestial, que es Misericordia de Jésed en Ella.*

En la segunda noche: *Y con el poder de este precepto, la Lu Circundante de la Misericordia de Guevurá será atraída desde la Santa Ima Celestial hasta Rajel la matriarca.*

En la tercera noche: *Y con el poder de este precepto, la Luz Circundante de la Misericordia de Tiféret será atraída desde la Santa Ima Celestial hasta Rajel la matriarca.*

En la cuarta noche: *Y con el poder de este precepto, la Luz Circundante de la Misericordia de Nétsaj será atraída desde la Santa Ima Celestial hasta Rajel la matriarca.*

En la quinta noche:

וּבְכֹחַ uvejóaj מִצְוָה mitsvá זוֹ zo יִמָּשֵׁךְ yimashej לְרָחֵל leRajel
אִמֵּנוּ imenu אוֹר or רו, א"ס הַמַּקִּיף hamakif הַחֶסֶד haJésed ע"ב, ריבוע יהוה
שֶׁבַּהוֹד shebaHod ההה מֵאִימָא meIma עִלָּאָה ilaá קַדִּישָׁא kadishá:

En la sexta noche:

וּבְכֹחַ uvejóaj מִצְוָה mitsvá זוֹ zo יִמָּשֵׁךְ yimashej לְרָחֵל leRajel
אִמֵּנוּ imenu אוֹר or רו, א"ס הַמַּקִּיף hamakif כְּלָלוּת quelalut
הַחֲמִשָּׁה hajamishá חֲסָדִים Jasadim שֶׁבַּיְסוֹד shebaYesod ההע
מֵאִימָא meIma עִלָּאָה ilaá קַדִּישָׁא kadishá:

En la séptima noche:

וּבְכֹחַ uvejóaj מִצְוָה mitsvá זוֹ zo יִמָּשֵׁךְ yimashej לְרָחֵל leRajel
אִמֵּנוּ imenu אוֹר or רו, א"ס הַמַּקִּיף hamakif כְּלָלוּת quelalut
הַחֲמִשָּׁה hajamishá חֲסָדִים Jasadim שֶׁבַּמַּלְכוּת shebaMaljut
מֵאִימָא meIma עִלָּאָה ilaá קַדִּישָׁא kadishá:

וְהוּכַן vehuján בַּחֶסֶד baJésed ע"ב, ריבוע יהוה כִּסֵּא quisé
וְיִתְמַתְּקוּ veyitmatekú הַגְּבוּרוֹת haguevurot וְיִתְבַּסְּמוּ veyitbasemú.
וּכְמוֹ ujmó שֶׁנֶּאֱמַר sheneemar: וִימִינוֹ viminó תְּחַבְּקֵנִי tejabekeni.
וְהִנֵּה vehiné אֲנַחְנוּ anajnu יִשְׂרָאֵל Yisrael בְּנֵי benei הַמַּלְכוּת hamaljut
רָחֵל Rajel עֲקֶרֶת akéret הַבַּיִת habáyit ב"פ ראה. עָשִׂינוּ asinu הַסֻּכָּה hasucá
אמן, יאהדונהי, סאל כְּמִצְוַת quemitsvat יְהֹוָהאדנייאהדונהי Adonai אֱלֹהֵינוּ Eloheinu ילה
אֲשֶׁר asher הִיא hi כְּנֶגֶד quenégued זן, מזבח, אל יהוה עֲנָנֵי anenei כָבוֹד javod.

En la quinta noche: *Y con el poder de este precepto, la Luz Circundante de la Misericordia de Hod será atraída desde la Santa Ima Celestial hasta Rajel la matriarca.*
En la sexta noche: *Y con el poder de este precepto, la Luz Circundante de la Misericordia de Yesod será atraída desde la Santa Ima Celestial hasta Rajel la matriarca.*
En la séptima noche: *Y con el poder de este precepto, la Luz Circundante de la Misericordia de Maljut será atraída desde la Santa Ima Celestial hasta Rajel la matriarca.*

Y una Espina será establecida con Misericordia y los Juicios serán endulzados, como dice: "Y Su diestra me abrazará". Y aquí nosotros, Israel, los hijos de Maljut, Rajel la señora de la casa, construimos la Sucá conforme a Tu orden, Señor, nuestro Dios, dado que la Sucá corresponde a las Nubes de Honor

aleihem עֲלֵיהֶם Adonai יְהֹוָה יאהדונהי vaanán וַעֲנַן :cacatuv כַּכָּתוּב
ujenegdam וּכְנֶגְדָּם .ananim עֲנָנִים shivá שִׁבְעָה vehem וְהֵם :yomam יוֹמָם
.סאל ,יאהדונהי ,אמן hasucá הַסֻּכָּה yemei יְמֵי shivat שִׁבְעַת hem הֵם
א"ס ,רז or אוֹר betsel בְּצֵל yoshvim יוֹשְׁבִים anajnu אֲנַחְנוּ vehiné וְהִנֵּה
hamakif הַמַּקִּיף פהל aleha עָלֶיהָ hamitpashet הַמִּתְפַּשֵּׁט hamakif הַמַּקִּיף
yimashej יִמָּשֵׁךְ ba בָּהּ uvishivatenu וּבִישִׁיבָתֵנוּ .otá אוֹתָהּ vesovev וְסוֹבֵב
:hahú הַהוּא hamakif הַמַּקִּיף א"ס ,רז haor הָאוֹר min מִן eleinu אֵלֵינוּ

aleinu עָלֵינוּ pros פְּרוֹשׂ ,harajamán הָרַחֲמָן av אָב avinu אָבִינוּ
vetakenenu וְתַקְּנֵנוּ .shelomeja שְׁלוֹמֶךָ סאל ,יאהדונהי ,אמן sucat סֻכַּת
uvetsel וּבְצֵל .ב"ן מ"ה ס"ג milefaneja מִלְּפָנֶיךָ אכא tová טוֹבָה veetsá בְּעֵצָה
tsetenu צֵאתֵנוּ ushmor וּשְׁמוֹר .tastirenu תַּסְתִּירֵנוּ quenafeja כְּנָפֶיךָ
tovim טוֹבִים ע"ה בינה ,יהוה אהיה אהיה lejayim לְחַיִּים uvoenu וּבוֹאֵנוּ
mikrá מִקְרָא banu בָּנוּ veyitkayem וְיִתְקַיֵּם .uleshalom וּלְשָׁלוֹם
:Yisrael יִשְׂרָאֵל Mélej מֶלֶךְ David דָּוִד yedei יְדֵי al עַל shecatuv שֶׁכָּתוּב
Adonai יְהֹוָה יאהדונהי shomreja שֹׁמְרֶךָ Adonai יְהֹוָה יאהדונהי
hayita הָיִיתָ qui כִּי :yemineja יְמִינֶךָ yad יַד al עַל tsileja צִלְּךָ
:aranén אֲרַנֵּן quenafeja כְּנָפֶיךָ uvetsel וּבְצֵל li לִּי ezratá עֶזְרָתָה
al עַל shecatuv שֶׁכָּתוּב mikrá מִקְרָא banu בָּנוּ veyitkayem וְיִתְקַיֵּם
yoshvei יֹשְׁבֵי yashuvu יָשֻׁבוּ :hanaví הַנָּבִיא Hoshea הוֹשֵׁעַ yedei יְדֵי
:jagafen כַּגָּפֶן veyifrejú וְיִפְרְחוּ dagán דָגָן yejayú יְחַיּוּ vetsiló בְצִלּוֹ

---

como está escrito: "Y la nube del Señor estaba sobre ellos durante el día" (Números 10:34); siete nubes y, por éstas, nos sentamos siete días en la Sucá. Y aquí esperamos en la sobra de la Luz Circundante que se despliega sobre la Sucá, envolviéndola y rodeándola. Y al sentarnos en ella, (Iluminación) de esta Luz Circundante será atraída sobre nosotros. Nuestro Padre, Padre misericordioso, extiende sobre nosotros Tu protección de paz. Enderézanos con buen consejo de Tu parte y ocúltanos en la sombra de Tus alas, y vigila nuestras salidas y nuestras llegadas, para una buena vida y para la paz. Y que en nosotros se cumpla el versículo escrito por el Rey David, Rey de Israel: "El Señor es tu sombra a tu mano derecha" (Salmos 121:5), "Porque Tú has sido mi socorro, y a la sombra de tus alas me regocijo" (Salmos 63:8). Y que se cumpla en nosotros el versículo escrito por el profeta Hoshea: "Los que moran a su sombra, cultivarán de nuevo el trigo y florecerán como la vid" (Oseas 14:8).

וִיתְקַיֵּם veyitkayem בָּנוּ banu מִקְרָא mikrá שֶׁכָּתוּב shecatuv

עַל al יְדֵי yedei יְשַׁעְיָה Yeshayá הַנָּבִיא hanaví: וָאָשִׂם vaasim

דְּבָרַי devarai ראה בְּפִיךָ befija וּבְצֵל uvetsel יָדִי yadí כִּסִּיתִיךָ quisitija

לִנְטֹעַ lintoa שָׁמַיִם shamáyim י"פ טל, י"פ כוזו וְלִיסֹד velisod אָרֶץ árets

וְלֵאמֹר velemor לְצִיּוֹן leTsiyón יוסף, ו"פ יהוה, קנאה עַמִּי amí אָתָּה atá:

Iniciales del Nombre יהוה

יוֹמָם yomam יְצַוֶּה yetsavé יְהֹוָהאדניאהדונהי Adonai חַסְדּוֹ jasdó ג' הויות

וּבַלַּיְלָה uvalayla מלה שִׁירֹה shiró (כתיב שירה) עִמִּי imí תְּפִלָּה tefilá א"ת ב"ש אֻכְּצֵ

לְאֵל leEl חַיָּי jayai: הַרְאֵנוּ harenu יְהֹוָהאדניאהדונהי Adonai

חַסְדֶּךָ jasdeja וְיֶשְׁעֲךָ veyeshajá תִּתֶּן titén ב"פ כהת לָנוּ lanu מום:

וְחֶסֶד veJésed ע"ב, ריבוע יהוה יְהֹוָהאדניאהדונהי Adonai מֵעוֹלָם meolam וְעַד vead

עוֹלָם olam עַל al יְרֵאָיו yereav וְצִדְקָתוֹ vetsidkató לִבְנֵי livnei בָנִים vanim:

הוֹדוּ hodú אהיה לַיהֹוָהאדניאהדונהי laAdonai כִּי qui טוֹב tov והו אום

כִּי qui לְעוֹלָם leolam ריבוע ס"ג עם י' אותיות חַסְדּוֹ jasdó ג' הויות, מזלא:

Iniciales del Nombre אהיה

אֹהֵב ohev צְדָקָה tsedaká ע"ה אלהים בריבוע וּמִשְׁפָּט umishpat ע"ה ה"פ אלהים

חֶסֶד Jésed ע"ב יְהֹוָהאדניאהדונהי Adonai מָלְאָה mala הָאָרֶץ haárets מילוי אלהים ע"ה:

הוֹדוּ hodú אהיה לְאֵל leEl ייא"י (מילוי דס"ג) הַשָּׁמָיִם hashamáyim י"פ טל, י"פ כוזו כִּי qui

לְעוֹלָם leolam ריבוע ס"ג עם י' אותיות חַסְדּוֹ jasdó ג' הויות: יְהִי yehí חַסְדְּךָ jasdeja

יְהֹוָהאדניאהדונהי Adonai עָלֵינוּ aleinu כַּאֲשֶׁר caasher יִחַלְנוּ yijalnu לָךְ laj:

Y que se cumpla en nosotros el versículo escrito por el profeta Yeshayahu: "Y Yo he puesto Mis palabras en tu boca, y con la sombra de Mi mano te he cubierto al establecer los Cielos, poner los cimientos de la Tierra y decir a Sión: 'Tú eres mi pueblo'" (Isaías 51:16). יהוה *"Que el Señor envíe Su misericordia de día y que Él more conmigo de noche; una oración al Dios de mi vida. Muéstranos Tu misericordia, Señor, y otórganos Tu salvación"* (Salmos 42:9). *"La misericordia del Señor es desde la eternidad hasta la eternidad, para los que le temen, y su justicia para los hijos de los hijos"* (Salmos 103:17). *"Den gracias al Señor porque Él es bueno, porque pa ra siempre es Su misericordia"* (Salmos 118:1). אהיה *"Él ama la rectitud y la justicia; llena está la tierra de la misericordia del Señor"* (Salmos 33:5). *'Den gracias al Dios del Cielo, porque para siempre es Su misericordia"* (Salmos 136:26). *"Sea sobre nosotros Tu misericordia, Señor, según hemos esperado en ti"* (Salmos 33:22).

el אֵל Adonai יְהֹוָה יאהדונהי מ"ה ריבוע ein עֵין hiné הִנֵּה

:מולא הויות, ג' lejasdó לְחַסְדּוֹ lamyajalim לַמְיַחֲלִים yereav יְרֵאָיו

Iniciales del Nombre אדני

tijlá תִכְלָא lo לֹא Adonai יְהֹוָה יאהדונהי Atá אַתָּה

vaamiteja וַאֲמִתְּךָ jasdeja חַסְדְּךָ mimeni מִמֶּנִּי rajameja רַחֲמֶיךָ

diminu דִּמִּינוּ :yitseruni יִצְּרוּנִי נתה ע"ה קמ"ג, קנ"א קס"א ע"ה tamid תָּמִיד

:heijaleja הֵיכָלֶךָ bekérev בְּקֶרֶב jasdeja חַסְדֶּךָ ילה Elohim אֱלֹהִים

nehalta נֵהַלְתָּ gaalta גָּאָלְתָּ zu זוּ am עַם vejasdeja בְחַסְדְּךָ najita נָחִיתָ

Adonai יְהֹוָה יאהדונהי :kodsheja קָדְשֶׁךָ nevé נְוֵה el אֶל veazeja בְעָזְּךָ

jasdeja חַסְדְּךָ Adonai יְהֹוָה יאהדונהי baadí בַּעֲדִי yigmor יִגְמֹר

:téref תֶּרֶף al אַל yadeja יָדֶיךָ maasei מַעֲשֵׂי אותיות י' עם ס"ג ריבוע leolam לְעוֹלָם

•rajamim רַחֲמִים malé מָלֵא (במילוי דס"ג) יא"י El אֵל

rajamim רַחֲמִים סאל יאהדונהי, אמן, sucat סֻכַּת aleinu עָלֵינוּ pros פְּרוֹשׂ

haporés הַפּוֹרֵשׂ Adonai יְהֹוָה יאהדונהי Atá אַתָּה qui כִּי •veshalom וְשָׁלוֹם

aleinu עָלֵינוּ shalom שָׁלוֹם סאל יאהדונהי, אמן, sucat סֻכַּת

Yerushaláyim יְרוּשָׁלַיִם veal וְעַל Yisrael יִשְׂרָאֵל עמם ; ילי col כָּל veal וְעַל

tibané תִּבָּנֶה hakódesh הַקֹּדֶשׁ ערי סנדלפון, בוזחך, ir עִיר

:יאהדונהי Amén אָמֵן veyameinu בְּיָמֵינוּ bimherá בִּמְהֵרָה כוק veticonén וְתִכּוֹנֵן

"He aquí, los ojos del Señor están sobre los que le temen, sobre los que esperan en Su misericordia" (Salmos 33:18). אדני *"Tú, Señor, no retengas Tu misericordia de mí; Tu misericordia y Tu fidelidad me guarden continuamente"* (Salmos 40:12). *"Hemos meditado sobre Tu bondad, Dios, en medio de Tu santuario"* (Salmos 48:10). *"En Tu misericordia has guiado al pueblo que has redimido; con Tu poder los has guiado a Tu santa morada"* (Éxodo 15:13). *"El Señor cumplirá lo que me concierne. Tu misericordia, Señor, perdura por siempre. No abandones la obra de Tus propias manos"* (Salmos 138:8).

Dios, que estás lleno de compasión, despliega sobre nosotros Tu refugio de compasión y amor; porque Tú eres el Señor, quien extiende un refugio de paz sobre nosotros y sobre todo Israel, y sobre Jerusalén, la Ciudad Sagrada; que sea construida y establecida rápidamente en nuestros días, Amén.

אֲזַמִּין azamín לִסְעוּדָתִי liseudatí אֻשְׁפִּיזִין ushpizín עִלָּאִין ilaín
קַדִּישִׁין kadishín אַבְרָהָם Avraham יִצְחָק Yitsjak וְיַעֲקֹב veYaakov,
מֹשֶׁה Moshé וְאַהֲרֹן veAharón, יוֹסֵף Yosef דָּוִד David:

En la primera noche:

בְּמָטֵי bematí מִינָךְ minaj
אַבְרָהָם Avraham אֻשְׁפִּיזִי ushpizí עִלָּאִי ilaí דְּיָתְבֵי deyatvei עִמִּי imí
וְעִמָּךְ veimaj כֹּל col אֻשְׁפִּיזִין ushpizín עִלָּאִין ilaín יִצְחָק Yitsjak
וְיַעֲקֹב veYaakov, מֹשֶׁה Moshé וְאַהֲרֹן veAharón, יוֹסֵף Yosef דָּוִד David:

En la segunda noche:

בְּמָטֵי bematí מִינָךְ minaj יִצְחָק Yitsjak אֻשְׁפִּיזִי ushpizí עִלָּאִי ilaí
דְּיָתְבֵי deyatvei עִמִּי imí וְעִמָּךְ veimaj כֹּל col
אֻשְׁפִּיזִין ushpizín עִלָּאִין ilaín אַבְרָהָם Avraham וְיַעֲקֹב veYaakov,
מֹשֶׁה Moshé וְאַהֲרֹן veAharón, יוֹסֵף Yosef דָּוִד David:

En la tercera noche:

בְּמָטֵי bematí מִינָךְ minaj יַעֲקֹב Yaakov אֻשְׁפִּיזִי ushpizí עִלָּאִי ilaí
דְּיָתְבֵי deyatvei עִמִּי imí וְעִמָּךְ veimaj כֹּל col
אֻשְׁפִּיזִין ushpizín עִלָּאִין ilaín אַבְרָהָם Avraham יִצְחָק Yitsjak,
מֹשֶׁה Moshé וְאַהֲרֹן veAharón, יוֹסֵף Yosef דָּוִד David:

Doy la bienvenida a mi comida a los Santos Huéspedes Celestiales:
Avraham, Yitsjak, Yaakov, Moshé, Aharón, Yosef y David.

En el primer día: *Que sea de tu agrado, Avraham, mi invitado enaltecido, que todos los demás Huéspedes Celestiales estén aquí conmigo y contigo: Yitsjak, Yaakov, Moshé, Aharón, Yosef y David.*
En el segundo día: *Que sea de tu agrado, Yitsjak, mi invitado enaltecido, que todo los demás Huéspedes Celestiales estén aquí conmigo y contigo: Avraham, Yaakov, Moshé, Aharón, Yosef y David.*
En el tercer día: *Que sea de tu agrado, Yaakov, mi invitado enaltecido, que todos los demás Huéspedes Celestiales estén aquí conmigo y contigo: Avraham, Yitsjak, Moshé, Aharón, Yosef y David.*

En la cuarta noche:

בְּמָטִי bematí מִינָךְ minaj מֹשֶׁה Moshé אֻשְׁפִּיזִי ushpizí עִלָּאִי ilaí
דְּיָתְבֵי deyatvei עִמִּי imí וְעִמָּךְ veimaj כָּל col
אֻשְׁפִּיזִין ushpizín עִלָּאִין ilaín אַבְרָהָם Avraham יִצְחָק Yitsjak
וְיַעֲקֹב veYaakov, אַהֲרֹן Aharón יוֹסֵף Yosef דָּוִד David:

En la quinta noche:

בְּמָטִי bematí מִינָךְ minaj אַהֲרֹן Aharón אֻשְׁפִּיזִי ushpizí עִלָּאִי ilaí
דְּיָתְבֵי deyatvei עִמִּי imí וְעִמָּךְ veimaj כָּל col
אֻשְׁפִּיזִין ushpizín עִלָּאִין ilaín אַבְרָהָם Avraham יִצְחָק Yitsjak
וְיַעֲקֹב veYaakov, מֹשֶׁה Moshé יוֹסֵף Yosef דָּוִד David:

En la sexta noche:

בְּמָטִי bematí מִינָךְ minaj יוֹסֵף Yosef אֻשְׁפִּיזִי ushpizí עִלָּאִי ilaí
דְּיָתְבֵי deyatvei עִמִּי imí וְעִמָּךְ veimaj כָּל col
אֻשְׁפִּיזִין ushpizín עִלָּאִין ilaín אַבְרָהָם Avraham יִצְחָק Yitsjak
וְיַעֲקֹב veYaakov, מֹשֶׁה Moshé וְאַהֲרֹן veAharón דָּוִד David:

En la séptima noche:

בְּמָטִי bematí מִינָךְ minaj דָּוִד David אֻשְׁפִּיזִי ushpizí עִלָּאִי ilaí
דְּיָתְבֵי deyatvei עִמִּי imí וְעִמָּךְ veimaj כָּל col
אֻשְׁפִּיזִין ushpizín עִלָּאִין ilaín אַבְרָהָם Avraham יִצְחָק Yitsjak
וְיַעֲקֹב veYaakov, מֹשֶׁה Moshé וְאַהֲרֹן veAharón יוֹסֵף Yosef:

En el cuarto día: *Que sea de tu agrado, Moshé, mi invitado enaltecido, que todos los demás Huéspedes Celestiales estén aquí conmigo y contigo: Avraham, Yitsjak, Yaakov, Aharón, Yosef y David.*
En el quinto día: *Que sea de tu agrado, Aharón, mi invitado enaltecido, que todos los demás Huéspedes Celestiales estén aquí conmigo y contigo: Avraham, Yitsjak, Yaakov, Moshé, Yosef y David.*
En el sexto día: *Que sea de tu agrado, Yosef, mi invitado enaltecido, que todos los demás Huéspedes Celestiales estén aquí conmigo y contigo: Avraham, Yitsjak, Yaakov, Moshé, Aharón y David.*
En el séptimo día: *Que sea de tu agrado, David, mi invitado enaltecido, que todos los demás Huéspedes Celestiales estén aquí conmigo y contigo: Avraham, Yitsjak, Yaakov Moshé, Aharón y Yosef.*

Cada noche, luego de invitar a los *Ushpizín*, debemos dedicarles una silla y decir: "Esta silla está dedicada a los Siete *Ushpizín* Celestiales, que su mérito nos proteja a todos, Amén".

בַּסֻּכֹּת basucot אמן, יאהדונהי, סאל תֵּשְׁבוּ teshvú שִׁבְעַת shivat יָמִים yamim נלך.

תִּיבוּ tivu אֻשְׁפִּיזִין ushpizín עִלָּאִין ilaín קַדִּישִׁין kadishín.

תִּיבוּ tivu אֲבָהָן avahán עִלָּאִין ilaín קַדִּישִׁין kadishín

לְמֵיתַב lemitav בְּצִלָּא betsilá דִּמְהֵימְנוּתָא dimheimnutá עִלָּאָה ilaá

בְּצִלָּא betsilá דְּקוּדְשָׁא deKudshá בְּרִיךְ Berij הוּא Hu. זַכָּאָה zacaá

חוּלָקָנָא julakaná וְזַכָּאָה vezacaá חוּלָקְהוֹן julakhón דְּיִשְׂרָאֵל deYisrael.

דִּכְתִיב dijtiv כִּי qui וְחֵלֶק jélek יְהֹוָה אדני יאהדונהי Adonai עַמּוֹ amó

יַעֲקֹב Yaakov ז"פ יהוה, יאהדונהי אידהנויה חֶבֶל jével נַחֲלָתוֹ najalató:

En la primera noche (Avraham—Jésed):

וְאַבְרָהָם veAvraham רמ"ח זָקֵן zakén בָּא ba בַּיָּמִים bayamim נלך וַיהֹוָה אדני יאהדונהי vaAdonai

בֵּרַךְ beraj אֶת et אַבְרָהָם Avraham רמ"ח בַּכֹּל bacol לכב: 7X

שׁוּבָה shuvá הוש יְהֹוָה אדני יאהדונהי Adonai חַלְּצָה jaltsá נַפְשִׁי nafshí הוֹשִׁיעֵנִי hoshieni

לְמַעַן lemaan חַסְדֶּךָ jasdeja: יְהִי yehí חַסְדְּךָ jasdeja יְהֹוָה אדני יאהדונהי Adonai

עָלֵינוּ aleinu כַּאֲשֶׁר caasher יִחַלְנוּ yijalnu לָךְ laj: קוּמָה kumá

עֶזְרָתָה ezratá לָּנוּ lanu מום וּפְדֵנוּ ufdenu לְמַעַן lemaan חַסְדֶּךָ jasdeja:

En la segunda noche (Yitsjak—Guevurá):

וַיִּזְרַע vayizrá יִצְחָק Yitsjak ד"פ ב"ן בָּאָרֶץ baárets הַהִוא hahí

וַיִּמְצָא vayimtsá בַּשָּׁנָה bashaná הַהִוא hahí מֵאָה meá

שְׁעָרִים shearim כתר וַיְבָרְכֵהוּ vayvarajelu יְהֹוָה אדני יאהדונהי Adonai: 7X

עוֹרְרָה orerá אֶת et גְּבוּרָתֶךָ guevurateja וּלְכָה uljá לִישֻׁעָתָה lishuatá לָּנוּ lanu מום:

וְגַם vegam עַד ad זִקְנָה zikná וְשֵׂיבָה veseivá אֱלֹהִים Elohim ילה אַל al

תַּעַזְבֵנִי taazveni עַד ad אַגִּיד aguid זְרוֹעֲךָ zeroajá לְדוֹר ledor לְכָל lejol יה אדני

יָבוֹא yavó גְּבוּרָתֶךָ guevurateja: לְךָ lejá זְרוֹעַ zeroa עִם im גְּבוּרָה guevurá רי"ו

תָּעֹז taoz יָדְךָ yadjá תָּרוּם tarum יְמִינֶךָ yemineja: עַתָּה ata יָדַעְתִּי yadati

---

"En Sucot ustedes morarán por siete días". Tomen asiento, Santos Huéspedes Celestiales; tomen asiento, Santos Padres Celestiales; para sentarnos en la sombra de fe enaltecida, en la sombra del Santísimo, bendito sea Él. Afortunada es nuestra porción y afortunada es la porción de Israel. Como está escrito: "Pues la porción del Señor es Su pueblo; Yaakov es la parte de Su heredad" (Deuteronomio 32:9).

כִּי qui הוֹשִׁיעַ hoshía יְהֹוָאדנָי יאהדונהי Adonai מְשִׁיחוֹ meshijó יַעֲנֵהוּ yaanehu
מִשְּׁמֵי mismei קָדְשׁוֹ kodshó בִּגְבֻרוֹת bigvurot יֵשַׁע yesha יְמִינוֹ yeminó:

En la tercera noche (Yaakov—Tiféret):

מַה ma מ"ה טֹּבוּ tovu אֹהָלֶיךָ ohaleja יַעֲקֹב Yaakov ז"פ יהוה, יאהדונהי אידהנויה
מִשְׁכְּנֹתֶיךָ mishquenoteja יִשְׂרָאֵל Yisrael: 7X

תִּתֵּן titén ב"פ כהת לְרֹאשְׁךָ leroshjá לִוְיַת livyat וָחֵן jen מוזי עֲטֶרֶת atéret
תִּפְאֶרֶת tiféret תְּמַגְּנֶךָּ temagueneca: כִּי qui תִפְאֶרֶת tiféret עֻזָּמוֹ uzamó
אָתָּה Atá וּבִרְצוֹנְךָ uvirtsonjá תָּרוּם tarum (כתיב תרים) קַרְנֵנוּ karnenu: עוּרִי uri
עוּרִי uri לִבְשִׁי livshí עֻזֵּךְ uzej צִיּוֹן Tsiyón יוסף לִבְשִׁי livshí בִּגְדֵי bigdei
תִּפְאַרְתֵּךְ tifartej יְרוּשָׁלַיִם Yerushaláyim עִיר ir מזזפר, סנדלפון, ערי
הַקֹּדֶשׁ hakódesh: וּלְתִתְּךָ ultitjá עֶלְיוֹן elyón עַל al כָּל col ילי עמם
הַגּוֹיִם hagoyim אֲשֶׁר asher עָשָׂה asá לִתְהִלָּה lithilá ע"ה אמת וּלְשֵׁם ulshem
וּלְתִפְאָרֶת ultifáret וְלִהְיֹתְךָ velihyotjá עַם am קָדֹשׁ kadosh
לַיהֹוָאדנָי יאהדונהי laAdonai אֱלֹהֶיךָ Eloheja ילה כַּאֲשֶׁר caasher דִּבֵּר diber ראה:

En la cuarta noche (Moshé—Nétsaj):

תּוֹרָה Torá צִוָּה tsivá לָנוּ lanu מום מֹשֶׁה Moshé מהש
מוֹרָשָׁה morashá קְהִלַּת kehilat יַעֲקֹב Yaakov ז"פ יהוה, יאהדונהי אידהנויה: 3X
וְהָאִישׁ vehaish מֹשֶׁה Moshé מהש עָנָו anav מְאֹד meod מִכֹּל micol
הָאָדָם haadam מ"ה אֲשֶׁר asher עַל al פְּנֵי penei חכמה בינה הָאֲדָמָה haadamá: 3X
וְלֹא veló קָם kam נָבִיא naví עוֹד od בְּיִשְׂרָאֵל beYisrael כְּמֹשֶׁה queMoshé מהש
אֲשֶׁר asher יְדָעוֹ yedaó יְהֹוָאדנָי יאהדונהי Adonai פָּנִים panim אֶל el פָּנִים panim: 3X
יְהֹוָאדנָי יאהדונהי Adonai אֱלֹהִים Elohim ילה צְבָאוֹת Tsevaot הֲשִׁיבֵנוּ hashivenu
הָאֵר haer פָּנֶיךָ paneja ס"ג מ"ה ב"ן וְנִוָּשֵׁעָה venivashea: תּוֹדִיעֵנִי todieni
אֹרַח óraj חַיִּים jayim בינה ע"ה שֹׂבַע sova שְׂמָחוֹת semajot אֶת et
פָּנֶיךָ paneja ס"ג מ"ה ב"ן נְעִמוֹת neimot בִּימִינְךָ biminjá נֶצַח nétsaj:

En la quinta noche (Aharón—Hod):

וַיְדַבֵּר vaydaber ראה יְהֹוָאדנָי יאהדונהי Adonai אֶל el מֹשֶׁה Moshé מהש לֵּאמֹר lemor:
דַּבֵּר daber ראה אֶל el אַהֲרֹן Aharón וְאֶל veel בָּנָיו banav לֵאמֹר lemor
כֹּה co היי תְבָרְכוּ tevarajú יהוה ריבוע יהוה ריבוע מ"ה אֶת et
בְּנֵי benei יִשְׂרָאֵל Yisrael אָמוֹר amor לָהֶם lahem: יְבָרֶכְךָ yevarejejá
יְהֹוָאדנָי יאהדונהי Adonai וְיִשְׁמְרֶךָ veyishmereja: יָאֵר yaer כף ויו זין ויו
יְהֹוָאדנָי יאהדונהי Adonai פָּנָיו panav אֵלֶיךָ eleja וִיחֻנֶּךָּ vijuneca מנד:

יִשָּׂא yisá יְהֹוָה אדני אהדונהי Adonai פָּנָיו panav אֵלֶיךָ eleja וְיָשֵׂם veyasem

לְךָ lejá שָׁלוֹם: shalom וְשָׂמוּ vesamu אֶת et שְׁמִי shmí עַל al בְּנֵי benei

יִשְׂרָאֵל Yisrael וַאֲנִי vaaní אני אֲבָרְכֵם: avarajem 3X (desde 'vaydaber')

יְהֹוָה אדני אהדונהי Adonai אֲדֹנֵינוּ adoneinu מָה ma מ"ה אַדִּיר adir הרי שִׁמְךָ shimjá

בְּכָל bejol לכב הָאָרֶץ haárets אלהים דההין ע"ה אֲשֶׁר asher תְּנָה tená נתה

הוֹדְךָ hodjá עַל al הַשָּׁמָיִם hashamáyim י"פ טל: גָּדוֹל gadol להוו, מבה ע"ד"א

כְּבוֹדוֹ quevodó בִּישׁוּעָתֶךָ bishuateja הוֹד hod ההה וְהָדָר vehadar

תְּשַׁוֶּה teshavé עָלָיו: alav וְהִשְׁמִיעַ vehishmía יְהֹוָה אדני אהדונהי Adonai

אֶת et הוֹד hod ההה קוֹלוֹ koló וְנַחַת venájat זְרוֹעוֹ zeroó יַרְאֶה yaré רי"ו:

En la sexta noche (Yosef—Yesod):

וַיִּצְבֹּר vayitsbor יוֹסֵף Yosef ציון בַּר bar כְּחוֹל quejol הַיָּם hayam ילי הַרְבֵּה harbé

מְאֹד meod עַד ad כִּי qui חָדַל jadal לִסְפֹּר lispor כִּי qui אֵין ein מִסְפָּר: mispar 3X

בֵּן ben פֹּרָת porat יוֹסֵף Yosef ציון בֵּן ben פֹּרָת porat עֲלֵי alei עָיִן ayin מ"ה בריבוע

בָּנוֹת banot צָעֲדָה tsaadá עֲלֵי alei שׁוּר shur אבג יתץ, ושר, אהבת חנם: 3X

וּלְיוֹסֵף uleYosef ציון אָמַר amar מְבֹרֶכֶת mevoréjet יְהֹוָה אדני אהדונהי Adonai

אַרְצוֹ artsó מִמֶּגֶד mimégued שָׁמַיִם shamáyim י"פ טל מִטָּל mital כוזו

וּמִתְּהוֹם umitehom רֹבֶצֶת rovétset תָּחַת: tájat וּמִמֶּגֶד umimégued

תְּבוּאֹת tevuot שָׁמֶשׁ shámesh וּמִמֶּגֶד umimégued גֶּרֶשׁ guéresh יְרָחִים: yerajim

וּמֵרֹאשׁ umerosh הַרְרֵי hararei קֶדֶם kédem וּמִמֶּגֶד umimégued

גִּבְעוֹת guivot עוֹלָם: olam וּמִמֶּגֶד umimégued אֶרֶץ érets וּמְלֹאָהּ umloá

וּרְצוֹן urtsón מהש שֹׁכְנִי shojní סְנֶה sené תָּבוֹאתָה tavotá לְרֹאשׁ lerosh

יוֹסֵף Yosef ציון וּלְקָדְקֹד ulkodkod נְזִיר nezir אֶחָיו: ejav 3X (desde '*ulYosef amar*')

נִכְסְפָה nijsefá וְגַם vegam כָּלְתָה caltá נַפְשִׁי nafshí לְחַצְרוֹת lejatsrot

יְהֹוָה אדני אהדונהי Adonai לִבִּי libí וּבְשָׂרִי uvsarí יְרַנְּנוּ yeranenu אֶל el אֵל El ייא"י

וָחַי: jai יָצָאתָ yatsata לְיֵשַׁע leyesha עַמֶּךָ ameja לְיֵשַׁע leyesha

אֶת et מְשִׁיחֶךָ meshijeja מָחַצְתָּ majatsta רֹאשׁ rosh מִבֵּית mibeit ב"פ ראה

רָשָׁע rashá עָרוֹת arot יְסוֹד yesod ההע עַד ad צַוָּאר tsavar סֶלָה: sela

En la séptima noche (David—Maljut):

וַיְהִי vayhí דָוִד David לְכָל lejol יה אדני דְּרָכָו derajav

מַשְׂכִּיל masquil וַיהֹוָה אדני אהדונהי vaAdonai עִמּוֹ: imó 3X

מִגְדֹּל migdol (כתיב מגדיל) יְשׁוּעוֹת yeshuot מַלְכּוֹ malcó פוי וְעֹשֶׂה veosé חֶסֶד jésed ע"ב

לִמְשִׁיחוֹ limshijó לְדָוִד leDavid וּלְזַרְעוֹ ulezaró עַד ad עוֹלָם: olam 3X

כִּי qui אַתָּה Atá אֲדֹנָי Adonai טוֹב tov והו וְסַלָּח vesalaj יהוה ע״ב וְרַב verav
וְחֶסֶד jésed ע״ב לְכָל lejol יה אדני קֹרְאֶיךָ :koreja מַלְכוּתְךָ maljutjá
מַלְכוּת maljut כָּל col ילי עֹלָמִים olamim וּמֶמְשַׁלְתְּךָ umemshaltejá
בְּכָל bejol לכב דּוֹר dor וָדֹר vador רי״ו: וְהָיָה vehayá יהה יהוה
יְהֹוָהאדניאהדונהי Adonai לְמֶלֶךְ leMélej עַל al כָּל col ילי עמם הָאָרֶץ haárets
אלהים דההין ע״ה בַּיּוֹם bayom נגד, זן הַהוּא hahú יִהְיֶה yihyé ייי יְהֹוָהאדניאהדונהי Adonai
אֶחָד ejad אהבה וּשְׁמוֹ ushmó מהש ע״ה אֶחָד ejad אהבה:
לְךָ lejá יְהֹוָהאדניאהדונהי Adonai הַגְּדֻלָּה haguedulá וְהַגְּבוּרָה vehaGuevurá רי״ו
וְהַתִּפְאֶרֶת vehaTiféret וְהַנֵּצַח vehaNétsaj וְהַהוֹד vehaHod ההה כִּי qui כֹל jol ילי
בַּשָּׁמַיִם bashamáyim י״פ טל וּבָאָרֶץ uvaárets לְךָ lejá יְהֹוָהאדניאהדונהי Adonai
הַמַּמְלָכָה hamamlajá וְהַמִּתְנַשֵּׂא vehamitnasé לְכֹל lejol יה אדני לְרֹאשׁ :lerosh

DESPEDIDA A LA SUCÁ

Antes de salir de la *Sucá* por última vez, debemos recitar lo siguiente:

יְהִי yehí רָצוֹן ratsón מהש ע״ה, ע״ב בריבוע וקס״א ע״ה, אל שדי ע״ה מִלְּפָנֶיךָ milefaneja ס״ג
מ״ה ב״ן יְהֹוָהאדניאהדונהי Adonai אֱלֹהֵינוּ Eloheinu ילה וֵאלֹהֵי veElohei לכב ; מילוי ע״ב,
דמב ; ילה אֲבוֹתֵינוּ ,avoteinu שֶׁבִּזְכוּת shebizjut קִיּוּם kiyum מִצְוַת mitsvat
סֻכָּה sucá אמן, יאהדונהי, סאל זֹאת zot שֶׁקִּיַּמְנוּ ,shekiyamnu נִזְכֶּה nizqué
וְנִחְיֶה venijyé לְשָׁנָה leshaná הַבָּאָה habaá לֵישֵׁב lishev בְּסֻכָּה besucá אמן,
יאהדונהי, סאל שֶׁל shel לִוְיָתָן ,livyatán כְּמוֹ quemó שֶׁנֶּאֱמַר :sheneemar
הַתְמַלֵּא hatmalé בְשֻׂכּוֹת vesucot עוֹרוֹ ,oró אָמֵן Amén יאהדונהי
כֵּן quen יְהִי yehí רָצוֹן ratsón מהש ע״ה, ע״ב בריבוע וקס״א ע״ה, אל שדי ע״ה:

DESPEDIDA A LA SUCÁ

Que sea de Tu agrado, Señor, mi Dios y Dios de mis antepasados, que en el mérito del cumplimiento de este precepto de la Torá que hemos realizado tengamos mérito y vida en el próximo año para sentarnos en la Sucá de Leviatán. Como está escrito: "¿Podrás llenar su piel de sucot [lit. púas de hierro]...?" (Job 41:7). Amén, que así sea Su voluntad.

MEDITACIÓN ESPECIAL PARA LA MEMORIA ESPIRITUAL

Rav Jayim Vital escribe (*La puerta de la Inspiración Divina*, pág. 87): "Un *Yijud* (unificación) que aumenta la memoria de cada individuo es el secreto de los dos Nombres de *Yud* y *Hei* deletreados con *Yud* y con *Hei*. Sus letras están combinadas, una letra de cada una a la vez, de la siguiente manera:

ייוודדההיה ייוודדהההי

El momento para esta meditación es cada mañana al amanecer.

BENDICIONES DE LA MAÑANA

Debes recitar las bendiciones de la mañana a partir de la medianoche en adelante. Y debes procurar recitar todas las bendiciones tan pronto como despiertes después de la medianoche, y si no las recitas completamente al despertar después de la medianoche, estás evitando que la abundancia del Mundo Superior y los *Mojín* infunda a los *Partsufim* Superiores. Y también causas que las *klipot* permanezcan adheridas en los lugares celestiales. También que el poder de las *klipot* se esparza en tu *Néfesh*, *Rúaj*, *Neshamá*, *Jayá*, *Yejidá* y tus sentidos. Usar tus sentidos ahora, con las *klipot* adheridas, agotará tu energía en lugar de aprovechar la oportunidad de usar el poder de remover y cancelar a las *klipot*. Y ésta es una de las razones por la cual otros tipos de infortunios y caos ocurren en nuestra vida, Dios no lo permita, y por esta razón es importante decir todas las bendiciones de la mañana cuando despiertes a la medianoche, incluso si planeas irte a dormir después. Esto no aplica a dormir durante el día, debido a que no hay energía negativa adherida al sueño en el día. Cuando te despiertes después de la medianoche o no duermas en lo absoluto y comiences a estudiar, después de la medianoche, debes recitar las bendiciones de la mañana (a excepción de las bendiciones de la *Torá*, las cuales serán recitadas al amanecer). Como está escrito en el *Zóhar*, *Vayakel* 14-25: "Rav Elazar y Rav Yosi estuvieron estudiando desde el comienzo de la noche, cuando llegó la medianoche escucharon el canto de un gallo y recitaron las bendiciones de la mañana" (*Náhar Shalom*, pág. 88).

MODÉ ANÍ

Cada noche, cuando nuestras almas ascienden a los Mundos Superiores, una fuerza poderosa intenta impedir que nos despertemos y veamos la luz de un nuevo día. Esta fuerza reside dentro de cada uno de nosotros. Es nuestro lado negativo, o lo que los kabbalistas llaman nuestra "Inclinación al Mal", alimentado por nuestro comportamiento negativo del día anterior. No obstante, cada día el Creador nos da otra oportunidad para cambiar y revelar la Luz que no fuimos capaces de revelar el día anterior. La conexión de *Modé Aní* nos permite aprovechar esta oportunidad. Esta secuencia de letras arameas despierta nuestra apreciación por el regreso de nuestra alma a nuestro cuerpo. Este acto de apreciación ayuda a fortalecer y proteger todas las bendiciones que recibimos.

Cuando despiertes, aun cuando tus manos no estén limpias, puedes decir el verso "*modé aní*" puesto que no contiene ninguno de los Nombres Sagrados.

מוֹדֶה modé (Las mujeres dicen: מוֹדָה modá) אֲנִי aní אני לְפָנֶיךָ lefaneja ס"ג מ"ה ב"ן
מֶלֶךְ Mélej חַי jai וְקַיָּם vekayam שֶׁהֶחֱזַרְתָּ shehejezarta בִּי bi
נִשְׁמָתִי nishmatí בְּחֶמְלָה bejemlá, רַבָּה rabá אֱמוּנָתֶךָ emunateja:

BENDICIONES DE LA MAÑANA
MODÉ ANÍ

Doy gracias ante ti, Rey vivo y eterno,
por haberme devuelto bondadosamente el alma; grande es Tu fidelidad (*Bereshit Rabá, cap. 68*).

EL LAVADO DE MANOS

Mientras dormimos en la noche, muchas fuerzas negativas se adhieren a nuestro cuerpo. Cuando nuestra alma regresa y se reconecta con nuestro cuerpo, elimina la mayor parte de esa negatividad, pero no de nuestras manos. Al lavar nuestras manos cada mañana al despertar, logramos tres objetivos importantes: 1) Limpiar y eliminar todas las fuerzas negativas que se adhirieron a nuestras manos durante la noche; 2) Conectarnos con la causa y el nivel de semilla de la realidad (proactivo) y no sólo el efecto (reactivo); 3) Desprendernos de la energía de *aní* (pobre) y conectarnos con la energía de *ashir* (rico).

Lava tus manos en el agua de *Jésed* (misericordia) para remover la suciedad de la *klipá* que está adherida a las cinco *Guevurot* (juicios) **מנצפך** que son revelados por los diez dedos de las manos de *Zeir Anpín* de *Asiyá*. **Primero**, sostén el recipiente de lavado en tu mano derecha y llénalo con agua, luego pásalo a la mano izquierda. **Después**, vierte el agua desde la izquierda sobre la derecha, y luego vierte agua desde la derecha sobre la izquierda. Este proceso debe ser repetido una segunda y una tercera vez. De manera que cada mano sea lavada tres veces. No debes lavar una mano tres veces seguidas, sino alternar entre derecha e izquierda y, al hacer esto, el espíritu impuro llamado "*Shivtá* **(no pronunciar este nombre)** la hija de un rey" salta de una mano a otra hasta que es removido completamente de las manos. Y si no sigues este orden, este espíritu impuro no es removido. Antes de la bendición, debes abrir las palmas de tus manos como alguien que quiere recibir algo, y meditar en elevar *Asiyá* mediante el Nombre de 42 Letras de *Yetsirá*, que tiene el valor numérico de tres manos: Mano derecha (*HaGuedolá*) **יהוה אלהינו יהוה**, el secreto de la primera mitad del Nombre **יוד ואו דלת הא אלף** Mano izquierda (*HaJazaká*) **כוזו במוכסז כוזו**, el secreto de la última mitad del Nombre **ואו אלף ואו הא אלף** Mano del medio (*Ramá*) **יהוה יוד הא ואו הא** es la raíz del Nombre mismo y a partir de éste se extienden esas tres manos y, por lo tanto, está en el medio. Y mediante estas tres manos de *Yetsirá* elevamos a *Asiyá*. **El lavado** de las manos es el *tikún* de la Luz Interna, su interior y exterior (*Nétsaj, Hod, Yesod*) de *Asiyá*. **La bendición** es el *tikún* de la Luz Circundante del exterior (*Nétsaj, Hod, Yesod*) de *Asiyá*. Las 13 palabras corresponden a los Trece Atributos de *Asiyá*.

Lava tus manos, ve al baño si es necesario, y luego lava tus manos nuevamente. La forma de lavar nuestras manos: Sujeta el recipiente en tu mano derecha y llénalo con agua, luego pásalo a tu mano izquierda. Después, vierte el agua desde la izquierda sobre la derecha y luego vierte agua desde la derecha sobre la izquierda. Ese proceso debe repetirse una segunda y una tercera vez. No debes lavarlas tres veces seguidas, sino alternando entre derecha e izquierda. Frota tus manos tres veces y elévalas al nivel de los ojos y recita la bendición antes de secarlas.

בָּרוּךְ Baruj (אל) **אַתָּה** Atá (רחום) **יְהֹוָאדהנויאהדונהי** Adonai (וחנון)

אֱלֹהֵינוּ Eloheinu ילה (ארך) **מֶלֶךְ** Mélej (אפים) **הָעוֹלָם** haolam (ורב וחסד)

אֲשֶׁר asher (ואמת) **קִדְּשָׁנוּ** kideshanu (נצר וחסד) **בְּמִצְוֹתָיו** bemitsvotav (לאלפים)

וְצִוָּנוּ vetsivanu (נשא עון) **עַל** al (ופשע) **נְטִילַת** netilat (וחטאה) **יָדָיִם** yadáyim (ונקה)

Las últimas tres palabras de esta bendición son *Al Netilat Yadáyim*: La primera letra de cada una de estas palabras forman la palabra *aní* **עני**, "persona pobre" en arameo, y tiene el valor numérico del Nombre Sagrado *Mem Hei* (**יוד הא ואו הא**). Las últimas dos letras de estas tres palabras, *Ayin Lámed* **על**, *Lámed Tav* **לת**, y *Yud Mem* **ים**, tienen el mismo valor numérico de la palabra *ashir* **עשיר**, que quiere decir "persona rica".

EL LAVADO DE MANOS

Bendito seas Tú, Señor, nuestro Dios, Rey del mundo,
quien nos ha santificado con Sus mandamientos y nos ha ordenado sobre el lavado de manos.

ASHER YATSAR

Recitar el *Asher Yatsar* después de cada vez que vamos al baño nos conecta con el ADN espiritual y el mapa original del ser humano. Podemos despertar en la mañana sintiéndonos vacíos de energía espiritual, deprimidos, asustados, irritables o, inclusive, llenos de temor por el día que está por venir. A través del poder del *Asher Yatsar*, inyectamos la Luz de la Creación en nuestro sistema inmunológico, fortaleciéndolo y potenciándolo para estar llenos de Luz y recargados espiritualmente para el resto del día.

En esta sección hay 45 palabras, las cuales equivalen al valor numérico de la palabra *Adam* (ser humano) y el mismo valor numérico del Nombre *Mem-Hei*, que fue creado por *Jojmá*. La palabra *Jojmá* está dividida en otras dos palabras que significan fuerza (*cóaj*) para *Mem-Hei*. Debes meditar en el Nombre Sagrado *Mem-Hei*:

יוד הא ואו הא

La bendición es el *tikún* de la Luz Circundante del interior (*Nétsaj, Hod, Yesod*) de *Asiyá*.

(*Aba* de *Asiyá*) בָּרוּךְ Baruj אַתָּה Atá יְהֹוָהאדניאהדונהי Adonai

אֱלֹהֵינוּ Eloheinu ילה מֶלֶךְ Mélej הָעוֹלָם haolam אֲשֶׁר asher יָצַר yatsar

אֶת et הָאָדָם haadam מ״ה בְּחָכְמָה bejojmá במילוי תרי״ג (מצוות)•

וּבָרָא uvará קנ״א ב״ן, יהוה אלהים יהוה אדני, מילוי קס״א וס״ג, מ״ה ברבוע וע״ב ע״ה

בּוֹ vo נְקָבִים nekavim נְקָבִים nekavim• חֲלוּלִים jalulim

חֲלוּלִים jalulim אברהם, וח״פ אל, רי״ו ול״ב נתיבות החכמה, רמ״ח (אברים), עסמ״ב וט״ז אותיות

פשוטות• גָּלוּי galui וְיָדוּעַ veyadúa לִפְנֵי lifnei כִסֵּא jisé כְבוֹדֶךָ jevodeja

ב״ן, לכב שֶׁאִם sheím יוהך, מ״א אותיות דפשוט, דמילוי ודמילוי דמילוי דאהיה ע״ה

יִסָּתֵם yisatem אֶחָד ejad אהבה, דאגה מֵהֶם mehem אוֹ o אִם im יוהך, מ״א

אותיות דפשוט, דמילוי ודמילוי דמילוי דאהיה ע״ה יִפָּתֵחַ yipatéaj אֶחָד ejad אהבה, דאגה

מֵהֶם mehem אִי ei אֶפְשַׁר efshar לְהִתְקַיֵּם lehitkayem אֲפִילוּ afilu

שָׁעָה shaá אֶחָת ejat• בָּרוּךְ Baruj אַתָּה Atá יְהֹוָהאדניאהדונהי Adonai

רוֹפֵא rofé כָל jol ילי בָשָׂר basar וּמַפְלִיא umaflí לַעֲשׂוֹת laasot:

ASHER YATSAR

Bendito seas Tú, Señor, nuestro Dios, el Rey del mundo, quien hizo al hombre con su sabiduría y creó en él muchas aberturas y muchas cavidades. Es obvio y sabido ante Tu Trono de Gloria que si cualquiera de ellas se bloquea o cualquiera de ellas se abre, entonces sería imposible permanecer vivo siquiera por una hora. Bendito seas Tú, Señor, el Sanador de toda la carne y quien asombra por lo que Él hace.

Elohai Neshamá: Conectar con nuestra alma

La Kabbalah nos enseña que hay cinco niveles principales en nuestra alma: *Néfesh, Rúaj, Neshamá, Jayá* y *Yejidá*. En nuestra vida cotidiana, la mayoría de nosotros no estamos totalmente conectados a estos cinco niveles. Una especie de cordón umbilical discurre constantemente entre los cinco niveles del alma, alimentándonos con la cantidad mínima de Luz que necesitamos para mantener el "piloto" encendido en nuestra alma. Recitamos *Elohai Neshamá* cada mañana para conectar nuestra mente consciente a los cinco niveles de nuestra alma, para que podamos despertar el verdadero propósito y significado de nuestra vida.

El nombre de una persona no es meramente una palabra, es también la conexión espiritual con su alma. Cada letra de un nombre es parte del alfabeto espiritual genético que infunde al alma con la forma de energía particular creada por ese nombre. El poder de esta bendición es que abre un túnel a través de los Mundos Superiores y crea una conexión con los cinco niveles de nuestra alma. Nuestra conexión con esta oración se vuelve más profunda si combinamos nuestro nombre hebreo con la palabra *Neshamá* (alma). Para combinar tu nombre con *Neshamá*, de derecha a izquierda, **en los días de la semana**, inserta la primera letra de tu nombre, seguida por la primera letra de *Neshamá*. Luego inserta la segunda letra de tu nombre, seguida por la segunda letra de *Neshamá*, y así sucesivamente. **En *Shabat***, inserta la primera letra de *Neshamá* seguida de la primera letra de tu nombre. Después inserta la segunda letra de *Neshamá* seguida por la segunda letra de tu nombre, y así sucesivamente. Medita en la secuencia completa de letras antes de conectar con la oración. Por ejemplo, con el nombre Yehuda, la combinación quedaría de la siguiente manera:

Para *Shabat*: Para días de la semana:

No todo individuo tiene el mérito de recibir la parte del alma llamada *Neshamá*, no obstante, todos aún tenemos una parte del alma de Adam (el primer hombre) que abarca a toda la Creación.

En esta bendición hay 47 palabras, las cuales tienen el valor numérico de:

יאההויהה

(*Ima* de *Asiyá*) אֱלֹהַי Elohai מילוי ע"ב, דמב ; ילה (haz una pausa aquí)

נְשָׁמָה neshamá (cinco aspectos de *Atsilut, Briá, Yetsirá* y *Asiyá* colectivos)

שֶׁנָּתַתָּ shenatata בִּי bi (en el alma de *Adam*) טְהוֹרָה tehorá (*Jayá* desde *Atsilut*)♦

אַתָּה Atá בְרָאתָהּ verata (*Neshamá* desde *Briá*)♦ אַתָּה Atá

יְצַרְתָּהּ yetsarta (*Rúaj* desde *Yetsirá*)♦ אַתָּה Atá נְפַחְתָּהּ nefajta

בִּי bi (*Néfesh* desde *Asiyá*)♦ וְאַתָּה veAtá מְשַׁמְּרָהּ meshamerá

בְּקִרְבִּי bekirbí ♦שדי וְאַתָּה veAtá עָתִיד atid לִטְּלָהּ litelá

מִמֶּנִּי mimeni וּלְהַחֲזִירָהּ ulehajazirá בִּי bi לֶעָתִיד leatid לָבֹא lavó♦

Elohai Neshamá

Mi Dios, el alma que Tú has dado en mí es pura. Tú la has formado. Tú la has creado. Tú la has insuflado en mí y la preservas dentro de mí. Finalmente, Tú la retirarás de mí y, sin embargo, me la retornarás en un futuro venidero.

כָּל col ילי זְמַן zmán שֶׁהַנְּשָׁמָה shehaneshamá בְּקִרְבִּי vekirbí שדי
מוֹדֶה modé אֲנִי aní אני לְפָנֶיךָ lefaneja סג מ"ה ב"ן
יְהֹוָהאדניאהדונהי Adonai אֱלֹהַי Elohai מילוי ע"ב, דמב ; ילה וֵאלֹהֵי veElohei
לכב ; מילוי ע"ב, דמב ; ילה אֲבוֹתַי avotai רִבּוֹן ribón יהוה ע"ב ס"ג מ"ה ב"ן
כָּל col ילי הַמַּעֲשִׂים hamaasim• אֲדוֹן adón אני כָּל col ילי
הַנְּשָׁמוֹת haneshamot• בָּרוּךְ Baruj אַתָּה Atá יְהֹוָהאדניאהדונהי Adonai
הַמַּחֲזִיר hamajazir נְשָׁמוֹת neshamot לִפְגָרִים lifgarim מֵתִים metim:•

LAS DIECIOCHO BENDICIONES

El propósito de las Dieciocho Bendiciones es reconectar a nuestra alma con nuestro cuerpo físico después de haber estado casi totalmente desconectada durante el sueño de la noche previa. Todos nosotros estamos bendecidos con diversos dones que, la mayor parte del tiempo, no apreciamos; como la conexión de nuestra alma a nuestro cuerpo. Lamentablemente, la mayoría de nosotros sólo empezamos a apreciar nuestros regalos cuando los hemos perdido. A través del poder de estas Dieciocho Bendiciones, podemos inyectar una fuerza de energía proactiva de apreciación, la cual, a su vez, protege y preserva todo lo que amamos.

Las Dieciocho Bendiciones corresponden a *Yesod* de *Asiyá*. Con estas bendiciones atraemos mucha abundancia y gran Iluminación hacia las tres *Sefirot* superiores de *Asiyá* y, por lo tanto, su parte externa es bendecida y recibe esta gran Luz, y lo externo se hace igual a lo interno.

LA PRIMERA BENDICIÓN – DISTINGUE ENTRE EL DÍA Y LA NOCHE

El mayor don que tenemos como seres humanos es el poder del libre albedrío. La frase "distingue entre el día y la noche" se refiere a la capacidad que tenemos para escoger la Luz del Creador en lugar de la oscuridad, o el bien en vez del mal. Al decir esta bendición, se nos otorga la claridad para ver estas dos fuerzas opuestas que suelen estar ocultas para nosotros.

La primera bendición está en los tres *Partsufim* de *Kéter*: externo, medio e interno de la Luz Directa del *Partsuf* medio de *Zeir Anpín* de *Asiyá* de *Atsilut*, y de *Asiyá* Inferior.

בָּרוּךְ Baruj אַתָּה Atá יְהֹוָהאדניאהדונהי Adonai אֱלֹהֵינוּ Eloheinu ילה
מֶלֶךְ Mélej הָעוֹלָם haolam הַנּוֹתֵן hanotén אבגיתץ, ושר
לַשֶּׂכְוִי lasejví שכוי ע"ה = מלאך גבריאל בִּינָה viná ע"ה חיים, אהיה אהיה יהוה ;
ר"ת הבל, מילוי ס"ג (endulzando el juicio de la noche) וס"ת = ללה, אדני לְהַבְחִין lehavjín
בֵּין bein יוֹם yom ע"ה נגד, מזבח, זן, אל יהוה וּבֵין uvein לָיְלָה layla מלה ; ר"ת = ג"פ יהוה:

Mientras el alma esté dentro de mí, yo estoy agradecido ante Ti, Señor, mi Dios y Dios de mis padres, el Gobernante de todas las acciones. El Dueño de todas las almas. Bendito seas Tú, Señor, quien regresa las almas a los cuerpos muertos.

LAS DIECIOCHO BENDICIONES - LA PRIMERA BENDICIÓN

Bendito seas Tú, Señor, nuestro Dios, el Rey del mundo, quien le otorga al gallo el entendimiento para distinguir entre el día y la noche.

LA SEGUNDA BENDICIÓN – OTORGA LA VISTA A LOS CIEGOS

El Rey David dijo: "*Tenemos ojos, pero no vemos. Tenemos oídos, pero no escuchamos*". Con demasiada frecuencia, nos dejamos cegar por una oportunidad lucrativa o somos incapaces de anticipar el caos de una situación inminente. El verdadero poder de esta bendición es que nos ayuda a agudizar nuestros sentidos de percepción e intuición para que podamos ver las verdades que normalmente están ocultas para nosotros.

La Segunda Bendición está en los tres *Partsufim* de *Kéter*: externo, medio e interno de la Luz Retornante del *Partsuf* medio de *Zeir Anpín* de *Asiyá* de *Atsilut*, y de *Asiyá* Inferior.

בָּרוּךְ Baruj אַתָּה Atá יְהֹוָָהאדניאהדונהי Adonai אֱלֹהֵינוּ Eloheinu ילה
מֶלֶךְ Mélej הָעוֹלָם haolam פּוֹקֵחַ pokéaj עִוְרִים ivrim:

LA TERCERA BENDICIÓN – LIBERA A AQUELLOS QUE ESTÁN CAUTIVOS

A menudo nos volvemos prisioneros de nuestro trabajo, nuestros pagos de la hipoteca, nuestras relaciones, nuestras profesiones o, inclusive, de las percepciones que otras personas tienen de nosotros. En esencia, cada uno de nosotros, en mayor o menor grado, es un prisionero cautivo de su Deseo de Recibir Sólo para Sí Mismo. La energía que emana de esta bendición tiene el poder de liberarnos de las garras de este deseo tan poderoso y autodestructivo.

La Tercera Bendición está en los tres *Partsufim* de *Jojmá*: externo, medio e interno de la Luz Directa del *Partsuf* medio de *Zeir Anpín* de *Asiyá* de *Atsilut*, y de *Asiyá* Inferior.

בָּרוּךְ Baruj אַתָּה Atá יְהֹוָָהאדניאהדונהי Adonai אֱלֹהֵינוּ Eloheinu ילה
מֶלֶךְ Mélej הָעוֹלָם haolam מַתִּיר matir אֲסוּרִים asurim:

LA CUARTA BENDICIÓN – ENDEREZA A AQUELLOS QUE ESTÁN TORCIDOS

El significado profundo de esta bendición está relacionado con la visión a menudo tergiversada que tenemos del mundo y de las personas que nos rodean. Nuestro "yo" egocéntrico distorsiona nuestra percepción de la realidad hasta el punto en que todos los demás nos parecen torcidos, imperfectos y equivocados. Esta secuencia específica de letras arameas tiene el poder de imbuirnos con la aceptación y la comprensión necesaria para que podamos transformar esa parte negativa de nuestro carácter que percibe a los demás como torcidos.

La Cuarta Bendición está en los tres *Partsufim* de *Jojmá*: externo, medio e interno de la Luz Retornante del *Partsuf* medio de *Zeir Anpín* de *Asiyá* de *Atsilut*, y de *Asiyá* Inferior.

בָּרוּךְ Baruj אַתָּה Atá יְהֹוָָהאדניאהדונהי Adonai אֱלֹהֵינוּ Eloheinu ילה
מֶלֶךְ Mélej הָעוֹלָם haolam זוֹקֵף zokef כְּפוּפִים quefufim:

LA SEGUNDA BENDICIÓN

Bendito seas Tú, Señor, nuestro Dios, Rey del mundo, quien otorga la vista a los ciegos.

LA TERCERA BENDICIÓN

Bendito seas Tú, Señor, nuestro Dios, Rey del mundo, que libera a aquellos que están cautivos.

LA CUARTA BENDICIÓN

Bendito seas Señor, nuestro Dios, Rey del mundo, quien endereza a aquellos que están torcidos.

LA QUINTA BENDICIÓN – VISTE A LOS QUE ESTÁN DESNUDOS

La Kabbalah explica que el cuerpo es la vestimenta del alma. De igual forma que una persona negativa no puede cambiar su carácter vistiendo un traje costoso, nosotros no podemos crear un cambio personal ni la satisfacción duradera si no nos conectamos a un mundo que está más allá de la conciencia de nuestro cuerpo. La secuencia de letras en esta bendición nos otorga el poder de elevarnos por encima de nuestra conciencia corpórea y conectarnos con nuestra conciencia del alma.

La Quinta Bendición está en los tres *Partsufim* de *Biná*: externo, medio e interno de la Luz Directa del *Partsuf* medio de *Zeir Anpín* de *Asiyá* de *Atsilut*, y de *Asiyá* Inferior. Al final de la bendición, medita en atraer 378 Iluminaciones desde el Rostro de *Arij Anpín* hacia el Rostro de *Jashmal* de *Zeir* y *Nukvá* de *Atsilut*, que es el secreto de *malbush*.

(*Malbush* significa vestimenta, palabra que tiene el mismo valor numérico de *Jashmal*, electricidad).

בָּרוּךְ Baruj אַתָּה Atá יְהֹוָאֲדֹנָיאהדונהי Adonai אֱלֹהֵינוּ Eloheinu ילה

מֶלֶךְ Mélej הָעוֹלָם haolam מַלְבִּישׁ malbish עֲרוּמִּים arumim:

LA SEXTA BENDICIÓN – DA FUERZA AL FATIGADO

A menudo tratamos de efectuar cambios positivos dentro de nosotros mismos. Intentamos enfrentar nuestros miedos, deshacernos de la ira y vencer nuestros celos. Pero el Satán, una inteligencia negativa, lucha contra nosotros desde nuestro interior y puede evitar que estos cambios sucedan. La secuencia de letras en esta bendición nos brinda la ayuda adicional y la energía que necesitamos para vencer al Satán.

La Sexta Bendición está en los tres *Partsufim* de *Biná*: externo, medio e interno de la Luz Retornante del *Partsuf* medio de *Zeir Anpín* de *Asiyá* de *Atsilut*, y de *Asiyá* Inferior. Al final de la bendición, medita en atraer 378 Iluminaciones desde Rostro de *Arij Anpín* hacia el Rostro de *Jashmal* de *Zeir* y *Nukvá* de *Atsilut*, que es el secreto de *malbush*.

(*Malbush* significa vestimenta, palabra que tiene el mismo valor numérico de *Jashmal*, electricidad).

בָּרוּךְ Baruj אַתָּה Atá יְהֹוָאֲדֹנָיאהדונהי Adonai אֱלֹהֵינוּ Eloheinu ילה מֶלֶךְ Mélej

הָעוֹלָם haolam הַנּוֹתֵן hanotén אבגיתץ, ושר לַיָּעֵף layaef כֹּחַ cóaj נלך:

LA SÉPTIMA BENDICIÓN – EXTIENDE LA TIERRA SOBRE LAS AGUAS

Los kabbalistas enseñan que, antes de la creación del mundo, el agua llenaba toda la realidad y la existencia. El agua es una expresión física de la fuerza-energía de la misericordia y la Fuerza de Luz del Creador, también conocida como el Deseo de Compartir. La materia física posee la esencia inherente del Deseo de Recibir, representado por la creación de la tierra en nuestro planeta. Dios creó un delicado equilibrio entre el Deseo de Compartir y el Deseo de Recibir, el cual se manifiesta en el equilibrio existente entre el agua y la tierra. Esta bendición nos ayuda a lograr y mantener este equilibrio.

LA QUINTA BENDICIÓN

Bendito seas Tú, Señor, nuestro Dios, Rey del mundo, quien viste a los desnudos.

LA SEXTA BENDICIÓN

Bendito seas Tú, Señor, nuestro Dios, Rey del mundo, quien le da fortaleza a los fatigados.

La Séptima Bendición está en los tres *Partsufim* de *Jésed*: externo, medio e interno de la Luz Directa del *Partsuf* medio de *Zeir Anpín* de *Asiyá* de *Atsilut*, y de *Asiyá* Inferior.

בָּרוּךְ Baruj אַתָּה Atá יְהֹוָה אדני אהדונהי Adonai אֱלֹהֵינוּ Eloheinu ילה

מֶלֶךְ Mélej הָעוֹלָם haolam רוֹקַע roká הָאָרֶץ haárets אלהים דההין ע״ה

עַל al הַמָּיִם hamáyim:

LA OCTAVA BENDICIÓN – DIRIGE LOS PASOS DEL HOMBRE

Cuando una persona se embarca en un camino espiritual, inevitablemente enfrentará obstáculos y desafíos a lo largo del camino. Esta secuencia particular de letras arameas nos da el poder de la certeza, para saber que el camino espiritual en el que nos encontramos es el correcto, incluso cuando el sendero ante nosotros se torne temporalmente sombrío.

La Octava Bendición está en los tres *Partsufim* de *Jésed*: externo, medio e interno de la Luz Retornante del *Partsuf* medio de *Zeir Anpín* de *Asiyá* de *Atsilut*, y de *Asiyá* Inferior.

בָּרוּךְ Baruj אַתָּה Atá יְהֹוָה אדני אהדונהי Adonai אֱלֹהֵינוּ Eloheinu ילה

מֶלֶךְ Mélej הָעוֹלָם haolam הַמֵּכִין hamejín מִצְעֲדֵי mitsadei גָבֶר gaver:

LA NOVENA BENDICIÓN – SATISFACE TODAS MIS NECESIDADES

Esta antigua secuencia de letras garantiza que recibamos lo que nuestra alma verdaderamente desea y no lo que nuestros impulsos reactivos a corto plazo hacen que anhelemos.

La Novena Bendición está en los tres *Partsufim* de *Guevurá*: externo, medio e interno de la Luz Directa del *Partsuf* medio de *Zeir Anpín* de *Asiyá* de *Atsilut*, y de *Asiyá* Inferior.

בָּרוּךְ Baruj אַתָּה Atá יְהֹוָה אדני אהדונהי Adonai אֱלֹהֵינוּ Eloheinu ילה

מֶלֶךְ Mélej הָעוֹלָם haolam שֶׁעָשָׂה sheasá שֶׁעֶ (ש״ע נהורין דפנים עלאינים

להמתיק דיני ש״ה דלהלן) = אלף למד אלף למד [אל א׳ = יהוה ד׳ אותיות והכולל ואל ב׳ = ״יא״ דס״ג]

שֶׂה = אלהים דיודין וה׳ אותיות אלהים לִי li כָּל col ילי צָרְכִּי tsorquí:

LA SÉPTIMA BENDICIÓN

Bendito seas Tú, Señor, nuestro Dios, Rey del mundo, quien extiende la tierra sobre las aguas.

LA OCTAVA BENDICIÓN

Bendito seas Tú, Señor, nuestro Dios, Rey del mundo, quien dirige los pasos del hombre.

LA NOVENA BENDICIÓN

Bendito seas Tú, Señor, nuestro Dios, Rey del mundo, quien satisface todas mis necesidades.

LA DÉCIMA BENDICIÓN – FORTALECE A ISRAEL CON PODER

En arameo, la palabra para "fuerza" es *Guevurá*. *Guevurá* tiene el mismo valor numérico (216) que las secuencias de 3 letras de los 72 Nombres de Dios (72 x 3 = 216), las cuales nos ayudan a alcanzar el poder de la mente sobre la materia y a superar nuestra naturaleza reactiva. En las últimas tres palabras de la bendición se encuentra otro secreto. Las primeras tres letras de las últimas tres palabras (*Álef* א, *Yud* י y *Bet* ב) tienen el mismo valor numérico (13) que la palabra aramea *Ahavá* (אהבה), que significa "amor". Si tenemos amor en nuestra vida, siempre tendremos la capacidad de acceder al poder de los 72 Nombres de Dios.

La Décima Bendición está en los tres *Partsufim* de *Guevurá*: externo, medio e interno de la Luz Retornante del *Partsuf* medio de *Zeir Anpín* de *Asiyá* de *Atsilut*, y de *Asiyá* Inferior.

בָּרוּךְ Baruj אַתָּה Atá יְהֹוָאדניאהדונהי Adonai אֱלֹהֵינוּ Eloheinu ילה
מֶלֶךְ Mélej הָעוֹלָם haolam אוֹזֵר ozer יִשְׂרָאֵל Yisrael
בִּגְבוּרָה bigvurá רי"ו ; ר"ת = אהבה, אחד, דאגה:

LA UNDÉCIMA BENDICIÓN – CORONA A ISRAEL CON ESPLENDOR

La palabra en arameo para "esplendor" es *tifará*, de la raíz *Tiféret*. *Tiféret* es la *Sefirá* o la dimensión específica que conecta los Mundos Superiores con nuestro mundo físico. La secuencia de letras que compone esta bendición nos da la capacidad de capturar y almacenar la Luz —como una batería portátil que puede alimentarnos— incluso después de haber cerrado el *Sidur*.

La Undécima Bendición está en los tres *Partsufim* de *Tiféret*: externo, medio e interno de la Luz Directa del *Partsuf* medio de *Zeir Anpín* de *Asiyá* de *Atsilut*, y de *Asiyá* Inferior.

בָּרוּךְ Baruj אַתָּה Atá יְהֹוָאדניאהדונהי Adonai אֱלֹהֵינוּ Eloheinu ילה
מֶלֶךְ Mélej הָעוֹלָם haolam עוֹטֵר oter יִשְׂרָאֵל Yisrael בְּתִפְאָרָה betifará:

LA DUODÉCIMA BENDICIÓN – NO ME HIZO UN HOMBRE GENTIL / UNA MUJER GENTIL

En un nivel superficial, esta bendición parece ser discriminatoria. Kabbalísticamente, la palabra gentil no tiene nada que ver con la afiliación religiosa de una persona. Más bien es un código que representa a alguien que no tiene un Deseo de Recibir poderoso e intenso. Esta bendición enciende nuestro deseo de crecimiento espiritual, cambio interno y transformación positiva.

LA DÉCIMA BENDICIÓN

Bendito seas Tú, Señor, nuestro Dios, Rey del mundo, que fortalece a Israel con poder.

LA UNDÉCIMA BENDICIÓN

Bendito seas Tú, Señor, nuestro Dios, Rey del mundo, quien corona a Israel con esplendor.

La Duodécima Bendición está en los tres *Partsufim* de *Tiféret*: externo, medio e interno de la Luz Retornante del *Partsuf* medio de *Zeir Anpín* de *Asiyá* de *Atsilut*, y de *Asiyá* Inferior.

Baruj בָּרוּךְ Atá אַתָּה Adonai יְהֹוָאדניאהדונהי Eloheinu אֱלֹהֵינוּ ילה

Mélej מֶלֶךְ haolam הָעוֹלָם sheló שֶׁלֹּא asani עָשַׂנִי goy גּוֹי:

Las mujeres dicen: Baruj בָּרוּךְ Atá אַתָּה Adonai יְהֹוָאדניאהדונהי Eloheinu אֱלֹהֵינוּ ילה

Mélej מֶלֶךְ haolam הָעוֹלָם sheló שֶׁלֹּא asani עָשַׂנִי goyá גּוֹיָה:

LA DECIMOTERCERA BENDICIÓN – NO ME HIZO UN ESCLAVO / UNA ESCLAVA

Esta bendición nos brinda el apoyo que necesitamos para no ser gobernados ni encarcelados por nuestra naturaleza reactiva y el mundo material.

La Decimotercera Bendición está en los tres *Partsufim* de *Nétsaj*: externo, medio e interno de la Luz Directa del *Partsuf* medio de *Zeir Anpín* de *Asiyá* de *Atsilut*, y de *Asiyá* Inferior.

Baruj בָּרוּךְ Atá אַתָּה Adonai יְהֹוָאדניאהדונהי Eloheinu אֱלֹהֵינוּ ילה

Mélej מֶלֶךְ haolam הָעוֹלָם sheló שֶׁלֹּא asani עָשַׂנִי áved עָבֶד:

Las mujeres dicen: Baruj בָּרוּךְ Atá אַתָּה Adonai יְהֹוָאדניאהדונהי Eloheinu אֱלֹהֵינוּ ילה

Mélej מֶלֶךְ haolam הָעוֹלָם sheló שֶׁלֹּא asani עָשַׂנִי shifjá שִׁפְחָה:

LA DECIMOCUARTA BENDICIÓN – NO ME HIZO MUJER / ME HIZO ACORDE A SU VOLUNTAD

Aunque esta bendición parece machista, no lo es. Kabbalísticamente, la energía inherente a la dimensión de *Zeir Anpín* (que comprende las *Sefirot* de *Jésed* a *Yesod*) —el canal a través del cual fluye la Luz desde los Mundos Superiores hasta nuestro mundo— es masculina. *Maljut*, nuestro mundo, tiene una energía inherente femenina. Este rezo despierta apreciación por nuestra capacidad de generar Luz espiritual a través de las dos fuerzas de energía de lo masculino y lo femenino, y ayuda a que las dos mitades del alma —femenina y masculina— se unan.

La Decimocuarta Bendición está en los tres *Partsufim* de *Nétsaj*: externo, medio e interno de la Luz Retornante del *Partsuf* medio de *Zeir Anpín* de *Asiyá* de *Atsilut*, y de *Asiyá* Inferior.

Baruj בָּרוּךְ Atá אַתָּה Adonai יְהֹוָאדניאהדונהי Eloheinu אֱלֹהֵינוּ ילה

Mélej מֶלֶךְ haolam הָעוֹלָם sheló שֶׁלֹּא asani עָשַׂנִי ishá אִשָּׁה:

Las mujeres dicen: Baruj בָּרוּךְ sheasani שֶׁעָשַׂנִי quirtsonó כִּרְצוֹנוֹ:

LA DUODÉCIMA BENDICIÓN

Bendito seas Tú, Señor, nuestro Dios, Rey del mundo,
que no me hizo un hombre gentil / una mujer gentil.

LA DECIMOTERCERA BENDICIÓN

Bendito seas Tú, Señor, nuestro Dios, Rey del mundo, que no me hizo un esclavo / una esclava.

LA DECIMOCUARTA BENDICIÓN

Bendito seas Tú, Señor, nuestro Dios, Rey del mundo, que no me hizo mujer.
Bendito quien me hizo acorde a Su Voluntad.

LA DECIMOQUINTA BENDICIÓN – ELIMINA DE MIS OJOS LAS ATADURAS DEL SUEÑO

Los kabbalistas han dicho que la humanidad ha estado dormida durante dos mil años. Desafortunadamente, algunas personas viven dormidas toda su vida. Nunca elevan su nivel de conciencia y no logran crear un verdadero cambio interno. Las letras arameas en esta bendición nos ayudan a despertarnos de ese estado de coma.

La Decimoquinta Bendición está en los tres *Partsufim* de *Hod*: externo, medio e interno de la Luz Directa del *Partsuf* medio de *Zeir Anpín* de *Asiyá* de *Atsilut*, y de *Asiyá* Inferior.

בָּרוּךְ Baruj אַתָּה Atá יְהֹוָהאדניאהדונהי Adonai אֱלֹהֵינוּ Eloheinu ילה

מֶלֶךְ Mélej הָעוֹלָם haolam הַמַּעֲבִיר hamaavir חֶבְלֵי jevlei

שֵׁנָה shená מֵעֵינַי meeinai ריבוע מ״ה וּתְנוּמָה utnumá מֵעַפְעַפָּי meafapai:

Esta bendición no termina aquí, sino al final de la siguiente sección ("*gomel jasadim tovim leamó Yisrael*"), por ese motivo no respondemos *AMÉN* aquí.

VIHÍ RATSÓN

Esta oración nos ayuda a eliminar las fuerzas negativas que habitan en nuestro interior.

Vihí Ratsón elimina el control de los *jitsoniyim* (fuerzas negativas externas) del aspecto interno.

וִיהִי vihí רָצוֹן ratsón מהש ע״ה, ע״ב בריבוע וקס״א ע״ה, אל שדי ע״ה מִלְּפָנֶיךָ milfaneja

ס״ג מ״ה ב״ן יְהֹוָהאדניאהדונהי Adonai אֱלֹהַי Elohai מילוי ע״ב, דמב ; ילה

וֵאלֹהֵי veElohei לכב ; מילוי ע״ב, דמב ; ילה אֲבוֹתַי avotai שֶׁתַּרְגִּילֵנִי shetarguileni

בְּתוֹרָתֶךָ betorateja. וְתַדְבִּיקֵנִי vetadbikeni בְּמִצְוֹתֶיךָ bemitsvoteja.

וְאַל veal תְּבִיאֵנִי tevieni לִידֵי lidei חֵטְא jet. וְלֹא veló לִידֵי lidei

עָוֹן avón. וְלֹא veló לִידֵי lidei נִסָּיוֹן nisayón. וְלֹא veló לִידֵי lidei

בִזָּיוֹן vizayón. וְתַרְחִיקֵנִי vetarjikeni מִיֵּצֶר miyétser הָרָע hará.

וְתַדְבִּיקֵנִי vetadbikeni בְּיֵצֶר beyétser הַטּוֹב hatov והו. וְכוֹף vejof אֶת et

יִצְרִי yitsrí לְהִשְׁתַּעְבֶּד lehishtabed לָךְ laj. וּתְנֵנִי utnení הַיּוֹם hayom

ע״ה נגד, מזבח, זן, אל יהוה וּבְכָל uvejol ב״ן, לכב יוֹם yom ע״ה נגד, מזבח, זן, אל יהוה

LA DECIMOQUINTA BENDICIÓN

Bendito seas Tú, Señor, nuestro Dios, Rey del mundo,
quien elimina de mis ojos las ataduras del sueño y la pesadez de mis párpados.

VIHÍ RATSÓN

Y que sea Tu voluntad, Señor, nuestro Dios y Dios de nuestros padres, que Tú me acostumbres a Tu Torá y me hagas ser fiel a Tus preceptos, y no me lleves a las manos del pecado, la injusticia, la tentación ni la vergüenza. Y que hagas que me distancie a mí mismo de la Inclinación al Mal, y me adhieras a la Inclinación al Bien, y que fuerces mi voluntad para servirte a Ti. Concédeme en este día y todos los días

לְחֵן lején מוזי, מילוי מ״ה בריבוע וּלְחֶסֶד ulejésed ע״ב, ריבוע יהוה

וּלְרַחֲמִים ulerajamim בְּעֵינֶיךָ beeineja ע״ה קס״א ; ריבוע מ״ה

וּבְעֵינֵי uveinei ריבוע מ״ה כָל jol ילי רוֹאַי roái• וְגָמְלֵנִי vegamleni

חֲסָדִים jasadim טוֹבִים tovim• בָּרוּךְ Baruj אַתָּה Atá יְהֹוָהאדהינויאהדונהי Adonai

גּוֹמֵל gomel חֲסָדִים jasadim טוֹבִים tovim לְעַמּוֹ leamó יִשְׂרָאֵל Yisrael:

YEHÍ RATSÓN

Con mucha frecuencia atraemos personas negativas y situaciones desfavorables a nuestra vida. Nos encontramos en el lugar equivocado en el momento equivocado. Hacemos negocios con las personas equivocadas. Aquí obtenemos la capacidad de eliminar todos los sucesos negativos externos e impedir que interfieran en nuestra vida. También eliminamos once áreas distintas de negatividad que pueden invadir nuestro entorno.

Yehí Ratsón elimina el control de los *jitsoniyim* (fuerzas negativas externas) del aspecto externo. En esta sección mencionamos once aspectos que corresponden a los once inciensos del *Ketóret*.

יְהִי yehí רָצוֹן ratsón מהש ע״ה, ע״ב בריבוע וקס״א ע״ה, אל שדי ע״ה מִלְּפָנֶיךָ milfaneja

ס״ג מ״ה ב״ן יְהֹוָהאדהינויאהדונהי Adonai אֱלֹהַי Elohai מילוי ע״ב, דמב ; ילה וֵאלֹהֵי veElohei

לכב ; מילוי ע״ב, דמב ; ילה אֲבוֹתַי avotai שֶׁתַּצִּילֵנִי shetatsileni הַיּוֹם hayom

ע״ה נגד, מזבח, זן, אל יהוה וּבְכָל uvejol ב״ן, לכב יוֹם yom ע״ה נגד, מזבח, זן, אל יהוה

וָיוֹם vayom ע״ה נגד, מזבח, זן, אל יהוה מֵעַזֵּי meazei אלהים ע״ה, אהיה אדני ע״ה

פָנִים fanim• וּמֵעַזּוּת umeazut פָּנִים panim• מֵאָדָם meadam רָע ra•

מִיֵּצֶר miyétser רָע ra• מֵחָבֵר mejaver רָע ra• מִשָּׁכֵן mishajén רָע ra•

מִפֶּגַע mipega רָע ra• מֵעַיִן meáyin ריבוע מ״ה הָרָע hará•

וּמִלָּשׁוֹן umilashón הָרָע hará• מִדִּין midín קָשֶׁה kashé•

וּמִבַּעַל umibáal דִּין din קָשֶׁה kashé• בֵּין bein שֶׁהוּא shehú

בֶן ven בְּרִית brit• וּבֵין uvein שֶׁאֵינוֹ sheeinó בֶן ven בְּרִית brit:

---

gracia, benevolencia y misericordia ante Ti y ante todos aquellos que me observan, y otórgame bondad amorosa. Bendito seas Tú, Señor, quien concede bondad amorosa a Su pueblo, Israel.

YEHÍ RATSÓN

Que sea Tu voluntad, Señor nuestro Dios y Dios de nuestros antepasados, salvarme en este día y en todos los días del hombre arrogante y de la arrogancia, de un hombre malvado, de la Inclinación al Mal, de una compañía malvada, de un vecino malvado, de un suceso siniestro, del mal de ojo, de las palabras malignas, del juicio severo y de un oponente severo, ya sea un hijo de la alianza o no sea un hijo de la alianza.

BENDICIONES DE LA TORÁ

Las tres bendiciones siguientes se conocen como *Bircot haTorá* (Bendiciones de la Torá).

LA DECIMOSEXTA BENDICIÓN – LAS ENSEÑANZAS DE LA TORÁ

Los kabbalistas enseñan que sin una conexión con la Torá no tenemos ninguna posibilidad de crear un cambio positivo genuino en nuestra vida ni en el mundo que nos rodea. Según la Kabbalah, la referencia a la Torá hace alusión al trabajo espiritual, al estudio espiritual y al uso de herramientas espirituales. Esta bendición nos conecta con la esencia interna de la Torá, dándonos la energía y el combustible que necesitamos para activar todas las otras bendiciones que hemos recitado, y para imbuir nuestra vida de pasión y energía espiritual.

La Decimosexta Bendición posee dos aspectos:
1) El aspecto de la *Mitsvá* de *Ések* ("ocupación") de la Torá, que está en *Zeir Anpín* de *Atsilut*.
2) El aspecto que está en los tres *Partsufim* de *Hod*: el externo, medio e interno de la Luz Retornante del *Partsuf* medio de *Zeir Anpín* de *Asiyá* de *Atsilut*, y de *Asiyá* Inferior (al igual que en las otras bendiciones). Mientras recitas esta bendición, debes meditar en ambos aspectos, y mientras digas las palabras "*asher kideshanu...*" también debes meditar en atraer los *Tselamim* hacia *Jojmá, Biná, Dáat* de *Zeir Anpín* de *Atsilut*, mientras meditamos en los otros preceptos de la Torá.

בָּרוּךְ Baruj אַתָּה Atá יְהֹוָואדהיאהדונהי Adonai אֱלֹהֵינוּ Eloheinu ילה
מֶלֶךְ Mélej הָעוֹלָם haolam אֲשֶׁר asher קִדְּשָׁנוּ kideshanu
בְּמִצְוֹתָיו bemitsvotav וְצִוָּנוּ vetsivanu עַל al דִּבְרֵי divrei ראה תוֹרָה Torá:

Según el Arí, respondemos *AMÉN* después de esta bendición, puesto que esta es una bendición separada de la siguiente.

LA DECIMOSÉPTIMA BENDICIÓN – ENSEÑA TORÁ A LA NACIÓN

Decimos esta bendición con la conciencia de ayudar a todo el mundo a hacer una conexión con la energía de la Torá. Esta es nuestra oportunidad de ocuparnos genuinamente por los demás y de compartir la Luz del Creador; una de las formas más poderosas de transformar nuestra naturaleza reactiva en una proactiva.

La Decimoséptima Bendición está en los tres *Partsufim* de *Yesod*: externo, medio e interno de la Luz Directa del *Partsuf* medio de *Zeir Anpín* de *Asiyá* de *Atsilut*, y de *Asiyá* Inferior.

וְהַעֲרֶב vehaarev נָא na יְהֹוָואדהיאהדונהי Adonai אֱלֹהֵינוּ Eloheinu ילה
אֶת et דִּבְרֵי divrei ראה תּוֹרָתְךָ toratjá בְּפִינוּ befinu
וּבְפִיפִיּוֹת uvefifiyot עַמְּךָ ameja בֵּית beit ב״פ ראה יִשְׂרָאֵל Yisrael.

BENDICIONES DE LA TORÁ
LA DECIMOSEXTA BENDICIÓN

Bendito seas Tú, Señor, nuestro Dios, Rey del mundo,
quien nos ha santificado con Sus mandamientos y nos ha obligado con respecto a las enseñanzas de la Torá.

LA DECIMOSÉPTIMA BENDICIÓN

Y endulza para nosotros, Señor, nuestro Dios,
las palabras de Tu Torá en nuestra boca y en la boca de Tu Nación, la Casa de Israel.

וְנִהְיֶה venihyé אֲנַחְנוּ anajnu וְצֶאֱצָאֵינוּ vetseetsaéinu

(Debes meditar para que tus hijos sean justos y estén conectados a la Torá y a la Luz).

וְצֶאֱצָאֵי vetseetsaéi צֶאֱצָאֵינוּ tseetsaéinu וְצֶאֱצָאֵי vetseetsaéi

עַמְּךָ ameja בֵּית beit ב"פ ראה יִשְׂרָאֵל Yisrael כֻּלָּנוּ culanu

יוֹדְעֵי yodei שְׁמֶךָ Shemeja וְלוֹמְדֵי velomdei תוֹרָתְךָ toratjá

לִשְׁמָהּ lishmá. בָּרוּךְ Baruj אַתָּה Atá יְהֹוָאֲדֹנָיאהדונהי Adonai

הַמְלַמֵּד hamelamed תּוֹרָה Torá לְעַמּוֹ leamó יִשְׂרָאֵל Yisrael:

LA DECIMOCTAVA BENDICIÓN – DA LA TORÁ

La palabra aramea *jai* חי (vida) tiene el valor numérico de 18. Esta bendición nos conecta al Árbol de la Vida (*Ets HaJayim* - עץ החיים), la dimensión donde sólo existe realización, orden y felicidad eterna.

La Decimoctava Bendición está en los tres *Partsufim* de *Yesod*: externo, medio e interno de la Luz Retornante del *Partsuf* medio de *Zeir Anpín* de *Asiyá* de *Atsilut*, y de *Asiyá* Inferior.

בָּרוּךְ Baruj אַתָּה Atá יְהֹוָאֲדֹנָיאהדונהי Adonai אֱלֹהֵינוּ Eloheinu ילה

מֶלֶךְ Mélej הָעוֹלָם haolam אֲשֶׁר asher בָּחַר bajar

בָּנוּ banu מִכָּל micol ילי הָעַמִּים haamim וְנָתַן venatán

לָנוּ lanu אלהים, אהיה אדני אֶת et תּוֹרָתוֹ Torató. בָּרוּךְ Baruj

אַתָּה Atá יְהֹוָאֲדֹנָיאהדונהי Adonai נוֹתֵן notén אבגיתץ, ושר הַתּוֹרָה haTorá:

LA BENDICIÓN DE LOS COHANIM

Al finalizar las Dieciocho Bendiciones, hacemos una conexión inmediata con la Torá. Los versos que recitamos son las bendiciones de los sacerdotes (*Cohanim*). En tiempos ancestrales, cuando el *Cohén* bendecía a la congregación en el Templo, él usaba la fórmula *Yud, Yud, Yud* ייי, uno de los 72 Nombres de Dios. Cada una de las tres frases siguientes comienza con una *Yud*. Cuando recitamos esta oración, activamos y revelamos enormes poderes de sanación en nuestra vida.

Y sea que nosotros y nuestra descendencia, y la descendencia de nuestra descendencia, y la descendencia de toda Tu Nación, la Casa de Israel, todos nosotros, sepamos Tus Nombres y seamos aprendices de Tu Torá por el bien de sí misma. Bendito seas Tú, Señor, quien enseña la Torá a Su Nación, Israel.

LA DECIMOCTAVA BENDICIÓN

Bendito seas Tú, Señor, nuestro Dios, Rey del mundo, quien nos ha elegido de entre todas las naciones y nos ha otorgado Su Torá. Bendito seas, Señor, quien otorga la Torá.

וַיְדַבֵּר vaydaber ראה יְהֹוָהאדניאהדונהי Adonai אֶל־ el מֹשֶׁה Moshé

מהש, ע״ב בריבוע וקס״א, אל שדי, ד״פ אלהים ע״ה לֵּאמֹר lemor: דַּבֵּר daber ראה

אֶל־ el אַהֲרֹן Aharón וְאֶל־ veel בָּנָיו banav לֵאמֹר lemor

כֹּה co הי״ תְבָרְכוּ tevarjú יהוה ריבוע יהוה ריבוע מ״ה

אֶת־ et בְּנֵי bnei יִשְׂרָאֵל Yisrael אָמוֹר amor לָהֶם lahem:

Las letras iniciales de los tres versos nos dan el Nombre Sagrado: ײי.
En esta sección hay 15 palabras, que equivalen al valor numérico del Nombre Sagrado: ההה.

(Derecha – *Jésed*)

יְבָרֶכְךָ yevarejejá יְהֹוָהאדניאהדונהי Adonai וְיִשְׁמְרֶךָ veyishmereja

ר״ת = יהוה ; וס״ת = מ״ה:

(Izquierda – *Guevurá*)

יָאֵר yaer כף ויו זין ויו יְהֹוָהאדניאהדונהי Adonai | פָּנָיו panav

אֵלֶיךָ eleja וִיחֻנֶּךָּ vijuneca מנד ; יהה אותיות בפסוק:

(Central – *Tiféret*)

יִשָּׂא yisá יְהֹוָהאדניאהדונהי Adonai | פָּנָיו panav אֵלֶיךָ eleja

וְיָשֵׂם veyasem לְךָ lejá שָׁלוֹם shalom האא תיבות בפסוק:

(*Maljut*)

וְשָׂמוּ vesamu אֶת־ et שְׁמִי Shmí עַל־ al בְּנֵי bnei יִשְׂרָאֵל Yisrael

וַאֲנִי vaAní אני אֲבָרְכֵם avarjem:

La oración de *Shajarit* se encuentra en la página 181 y el orden del *Talit* en la página 187.

LA BENDICIÓN DE LOS COHANIM

"Y el Señor habló a Moshé y dijo: Habla a Aharón y a sus hijos diciendo:
Pues bendecirán a los Hijos de Israel, y les dirán:
Que el Señor te bendiga y te proteja.
Que el Señor haga brillar Su rostro sobre ti y te dé gracia.
Que el Señor eleve Su rostro hacia ti y te conceda paz.
Y ellos pondrán Mi Nombre sobre los Hijos de Israel y Yo les bendeciré" (Números 6:22-27).

TIKÚN JATSOT - TIKÚN LEÁ

La Kabbalah nos enseña que nuestras acciones negativas crean espacio (representado por la destrucción del Templo Sagrado) entre la realidad física y la realidad espiritual, y que el caos tiene dominio en este espacio. Esta brecha le ocasiona a la *Shejiná* (nuestro escudo de protección y sostén espiritual) cierto dolor dado que Ella no puede nutrirnos. Recitar *Tikún Jatsot* ayuda a cerrar esta brecha y a eliminar la separación entre nosotros, la *Shejiná* y el Creador.

1. *Tikún Jatsot* sólo se recita después de la medianoche cósmica hasta el amanecer.
2. *Tikún Leá se recita* en *Jol Hamoed* de *Sucot*.

לְשֵׁם leShem יִחוּד yijud קוּדְשָׁא Kudshá בְּרִיךְ Berij הוּא Hu

וּשְׁכִינְתֵּיהּ uShjintei (יאהדונהי), בִּדְחִילוּ bidjilu וּרְחִימוּ urjimu

(יאההויהה), וּרְחִימוּ urjimu וּדְחִילוּ udjilu (איההויהה),

לְיַחֲדָא leyajadá שֵׁם Shem יוּ"ד Yud קֵ"י Kei בְּוָא"ו beVav קֵ"י Kei

בְּיִחוּדָא beyijudá שְׁלִים shelim (יהוה) בְּשֵׁם beshem כָּל col ילי

יִשְׂרָאֵל Yisrael הֲרֵינִי hareini מוּכָן muján לוֹמַר lomar:

תִּקּוּן tikún לֵאָה Leá

כְּמוֹ quemó שֶׁסִּדְּרוּ shesidrú לָנוּ lanu אלהים, אהיה אדני רַבּוֹתֵינוּ raboteinu

זִכְרוֹנָם zijronam לִבְרָכָה livrajá לְתַקֵּן letakén אֶת et שָׁרְשָׁם shorsham

בִּמְקוֹם bemakom עֶלְיוֹן elyón לַעֲשׂוֹת laasot נַחַת nájat רוּחַ rúaj

לְיוֹצְרֵנוּ leyotsrenu וְלַעֲשׂוֹת velaasot רְצוֹן retsón מהש ע"ה, ע"ב בריבוע וקס"א ע"ה, אל

שדי ע"ה בּוֹרְאֵינוּ boreinu. וִיהִי vihí נֹעַם nóam אֲדֹנָי Adonai ללה

אֱלֹהֵינוּ Eloheinu ילה עָלֵינוּ aleinu וּמַעֲשֵׂה umaasé יָדֵינוּ yadeinu

כּוֹנְנָה conená עָלֵינוּ aleinu וּמַעֲשֵׂה umaasé יָדֵינוּ yadeinu כּוֹנְנֵהוּ conenehu:

TIKÚN JATSOT - TIKÚN LEÁ

En aras de la unificación entre el Santo Bendito Sea y Su Shejiná, con temor y amor y con amor y temor, a fin de unificar el Nombre Yud, Kei y Vav, Kei en perfecta unidad, y en nombre de todo Israel, por el presente medio yo rezo Tikún Leá, el cual fue establecido por nuestros sabios de bendita memoria, para corregir su raíz en el lugar celestial y dar satisfacción a nuestro Hacedor, y para cumplir el deseo de nuestro Creador "Que la gracia de Dios, nuestro Dios, esté sobre nosotros y que Él establezca la obra de nuestras manos y que la obra de nuestras manos lo establezca a Él" (Salmos 90:17).

Aquí medita para conectar con el momento (medianoche cósmica) en el que el Creador entra al Jardín de Edén para unirse dichosamente con todas las almas justas (como se menciona en el *Zóhar*).

שְׂאוּ seú שְׁעָרִים shearim כתר רָאשֵׁיכֶם rasheihem וְהִנָּשְׂאוּ vehinaseú

ו' (ו"א) וה (מלכות) נשאו פִּתְחֵי pitjei עוֹלָם olam וְיָבוֹא veyavó מֶלֶךְ Mélej

הַכָּבוֹד haCavod לאו: מִי mi ילי זֶה ze מֶלֶךְ Mélej ר"ת = פ"ז בסוד כתם טהור פז

הַכָּבוֹד haCavod לאו יְהֹוָהאדניאהדונהי Adonai ; כבוד יהוה = יוד הי ואו הה עִזּוּז izuz

וְגִבּוֹר veguibor יְהֹוָהאדניאהדונהי Adonai גִּבּוֹר guibor מִלְחָמָה miljamá:

שְׂאוּ seú שְׁעָרִים shearim כתר רָאשֵׁיכֶם rasheihem וּשְׂאוּ useú

ו' עילאה שהוא ת"ת נשא פִּתְחֵי pitjei עוֹלָם olam וְיָבֹא veyavó מֶלֶךְ Mélej

הַכָּבוֹד haCavod לאו: מִי mi ילי הוּא hu זֶה ze מֶלֶךְ Mélej הַכָּבוֹד haCavod

לאו יְהֹוָהאדניאהדונהי Adonai ; כבוד יהוה = יוד הי ואו הה צְבָאוֹת tsevaot

פני שכינה הוּא Hu מֶלֶךְ Mélej הַכָּבוֹד haCavod לאו סֶלָה sela:

Este Salmo y los siguientes están basados en el deseo que tiene *Maljut* de ser elevada con su pareja, *Zeir Anpín*.

לַמְנַצֵּחַ lamenatséaj מַשְׂכִּיל masquil לִבְנֵי־ livnei קֹרַח Kóraj:

כְּאַיָּל queayal תַּעֲרֹג taarog עַל־ al אֲפִיקֵי־ afikei מָיִם máyim כֵּן quen

נַפְשִׁי nafshí תַעֲרֹג taarog אֵלֶיךָ eleja אֱלֹהִים Elohim אהיה אדני ; ילה:

צָמְאָה tsamá נַפְשִׁי nafshí לֵאלֹהִים leElohim אהיה אדני ; ילה לְאֵל leEl

ייא"י (מילוי דס"ג) חָי jai מָתַי matai אָבוֹא avó וְאֵרָאֶה veeraé ראה פְּנֵי pnei

חכמה בינה אֱלֹהִים Elohim אהיה אדני ; ילה: הָיְתָה־ haytá לִּי li דִמְעָתִי dimatí

לֶחֶם léjem ג' הויות יוֹמָם yomam וָלָיְלָה valayla מלה בֶּאֱמֹר beemor אֵלַי elai

כָּל־ col ילי הַיּוֹם hayom ע"ה נגד, מזבח, זן, אל יהוה אַיֵּה ayé אֱלֹהֶיךָ Eloheja ילה:

"¡Puertas, levanten sus dinteles, levántense, puertas eternas, para que entre el Rey de la gloria! ¿Y quién es ese Rey de la gloria? Es el Señor, el fuerte, el poderoso, el Señor poderoso en los combates. ¡Puertas, levanten sus dinteles, levántense, puertas eternas, para que entre el Rey de la gloria! ¿Y quién es ese Rey de la gloria? Dios, el Señor de los ejércitos, Él es el Rey de gloria, ¡Sela!" (Salmos 24:7-10). *"Al músico principal: Masquil de los hijos de Kóraj. Como el ciervo brama por las corrientes de las aguas, así clama por Ti, Dios, el alma mía. Mi alma tiene sed de Dios, del Dios vivo: ¿cuándo vendré y me presentaré delante de Dios? Fueron mis lágrimas mi alimento de día y de noche, mientras me dicen todos los días: '¿Dónde está tu Dios?'.*

אֵלֶּה ele אֶזְכְּרָה ezquerá וְאֶשְׁפְּכָה veeshpejá עָלַי alai

נַפְשִׁי nafshí כִּי qui אֶעֱבֹר eevor בַּסָּךְ basaj אֶדַּדֵּם edadem

עַד־ ad בֵּית beit ב"פ ראה אֱלֹהִים Elohim אהיה אדני ; ילה בְּקוֹל־ bekol רִנָּה riná

וְתוֹדָה vetodá הָמוֹן hamón חוֹגֵג jogueg ר"ת ווהו: מַה־ ma מ"ה

תִּשְׁתּוֹחֲחִי tishtojaji נַפְשִׁי nafshí וַתֶּהֱמִי vatehemi עָלָי alai הוֹחִילִי hojili

לֵאלֹהִים leElohim אהיה אדני ; ילה כִּי־ qui עוֹד od אוֹדֶנּוּ odenu

יְשׁוּעוֹת yeshuot פָּנָיו panav: אֱלֹהַי Elohai מילוי ע"ב, דמב ; ילה עָלַי alai

נַפְשִׁי nafshí תִשְׁתּוֹחָח tishtojaj עַל־ al כֵּן quen אֶזְכָּרְךָ ezcorjá

מֵאֶרֶץ meérets יַרְדֵּן Yardén י הויות וד' אותיות יהוה וְחֶרְמוֹנִים veJermonim

מֵהַר mehar מִצְעָר Mitsar: תְּהוֹם־ tehom אֶל־ el תְּהוֹם tehom

קוֹרֵא koré לְקוֹל lekol צִנּוֹרֶיךָ tsinoreja כָּל־ col יכ"י

מִשְׁבָּרֶיךָ mishbareja וְגַלֶּיךָ vegaleja עָלַי alai עָבָרוּ avaru:

יוֹמָם yomam יְצַוֶּה yetsavé יְהֹוָה Adonai יאהדונהי חַסְדּוֹ jasdó

ג' הויות = מזלא (להמשיך הארה ממזלא עילאה) וּבַלַּיְלָה uvalayla מלה שִׁירֹה shiró

(כתיב: שירה) עִמִּי imí ס"ת יהוה תְּפִלָּה tefilá אתב"ש אִוְכִּצ, ב"ן אדני

וניקודה ע"ה = יוד הי וו הה לְאֵל leEl יא"י (מילוי דס"ג) חַיָּי jayai: אוֹמְרָה omrá

לְאֵל leEl יא"י (מילוי דס"ג) סַלְעִי salí לָמָה lama שְׁכַחְתָּנִי shejajtani

לָמָּה־ lama קֹדֵר koder אֵלֵךְ elej בְּלַחַץ beláchats אוֹיֵב oyev:

Me acuerdo de estas cosas y derramo mi alma dentro de mí, de cómo yo iba con la multitud y la conducía hasta la casa de Dios, entre voces de alegría y de alabanza del pueblo guardando la festividad. ¿Por qué te abates, alma mía? ¿Y por qué gimes dentro de mí? Espera en Dios, porque aún he de alabarlo, por la salvación de Su semblante. Dios mío, mi alma está abatida en mí. Me acordaré, por tanto, de Ti desde la tierra del Jordán y de los Jermonim, desde el monte Mizar. Un abismo llama a otro a la voz de Tus cascadas; todas Tus ondas y Tus olas han pasado sobre mí. Pero de día mandará el Señor Su misericordia y de noche Su cántico estará conmigo, y mi oración al Dios de mi vida. Diré a Dios, Roca mía: '¿Por qué te has olvidado de mí? ¿Por qué andaré yo enlutado por la opresión del enemigo?'.

בִּרְצוֹן berétsaj בְּעַצְמוֹתַי beatsmotai חֵרְפוּנִי jerfuni צוֹרְרָי tsorerai
בְּאָמְרָם beomram אֵלַי elai כָּל־ col ילי הַיּוֹם hayom ע"ה נגד, מזבח, זן, אל יהוה
אַיֵּה ayé אֱלֹהֶיךָ Eloheja ילה: מַה־ ma מ"ה תִּשְׁתּוֹחֲחִי tishtojaji
נַפְשִׁי nafshí וּמַה umá מ"ה תֶּהֱמִי tehemi עָלָי alai הוֹחִילִי hojilí
לֵאלֹהִים leElohim אהיה אדני ; ילה כִּי־ qui עוֹד od אוֹדֶנּוּ odenu
יְשׁוּעֹת yeshuot פָּנַי panai חכמה בינה וֵאלֹהָי veElohai לכב ; מילוי ע"ב, דמב ; ילה:
שָׁפְטֵנִי shofteni אֱלֹהִים Elohim אהיה ; אדני ; ילה וְרִיבָה verivá
רִיבִי riví מִגּוֹי migoy לֹא־ lo חָסִיד jasid מֵאִישׁ־ meish
מִרְמָה mirmá וְעַוְלָה veavlá תְפַלְּטֵנִי tefalteni: כִּי־ qui אַתָּה Atá
אֱלֹהֵי Elohei מילוי ע"ב, דמב ; ילה מָעוּזִּי mauzí לָמָה lama זְנַחְתָּנִי zenajtani
לָמָּה lama קֹדֵר koder אֶתְהַלֵּךְ ethalej בְּלַחַץ belájats אוֹיֵב oyev:
שְׁלַח־ shlaj אוֹרְךָ orjá וַאֲמִתְּךָ vaamiteja הֵמָּה hema יַנְחוּנִי yanjuni
יְבִיאוּנִי yeviuni אֶל־ el הַר־ har קָדְשְׁךָ kodsheja וְאֶל veel
מִשְׁכְּנוֹתֶיךָ mishquenoteja: וְאָבוֹאָה veavoa אֶל־ el מִזְבַּח mizbaj
נגד, זן, אל יהוה אֱלֹהִים Elohim אהיה אדני ; ילה אֶל־ el אֵל El ייא"י (מילוי דס"ג)
שִׂמְחַת simjat גִּילִי guilí וְאוֹדְךָ veodjá בְכִנּוֹר vejinor אֱלֹהִים Elohim
אהיה אדני ; ילה אֱלֹהָי Elohai מילוי ע"ב, דמב ; ילה: מַה־ ma מ"ה
תִּשְׁתּוֹחֲחִי tishtojaji נַפְשִׁי nafshí וּמַה־ umá מ"ה תֶּהֱמִי tehemi עָלָי alai
הוֹחִילִי hojilí לֵאלֹהִים leElohim אהיה אדני ; ילה כִּי־ qui עוֹד od אוֹדֶנּוּ odenu
יְשׁוּעֹת yeshuot פָּנַי panai חכמה בינה וֵאלֹהָי veElohai לכב ; מילוי ע"ב, דמב ; ילה:

Como quien hiere mis huesos, mis enemigos me afrentan diciéndome cada día: '¿Dónde está tu Dios?'. ¿Por qué te abates, alma mía, y por qué te turbas dentro de mí? Espera en Dios porque aún he de alabarlo, salvación mía y Dios mío" (Salmos 42). *"Sé Tú mi juez, Dios, y defiende mi causa; líbrame de gente impía y del hombre engañador e inicuo. Tú que eres el Dios de mi fortaleza, ¿por qué me has desechado? ¿Por qué andaré yo enlutado por la opresión del enemigo? Envía Tu luz y Tu verdad; éstas me guiarán, me conducirán a Tu santo monte y a Tus moradas. Me acercaré al altar de Dios, al Dios de mi alegría y de mi gozo. Y te alabaré con el arpa, Dios, Dios mío. ¿Por qué te abates, alma mía, y por qué gimes dentro de mí? Espera en Dios, porque aún he de alabarlo, salvación mía y Dios mío"* (Salmos 43).

לְדָוִד leDavid מִזְמוֹר mizmor (pausa aquí) לַיהֹוָהאדניאהדונהי laAdonai הָאָרֶץ haárets

אלהים דההין ע״ה וּמְלוֹאָהּ umloá תֵּבֵל tevel ב״פ רי״ו וְיֹשְׁבֵי veyoshvei בָהּ va:

כִּי־ qui הוּא Hu עַל־ al יַמִּים yamim נלך יְסָדָהּ yesadá וְעַל־ veal

נְהָרוֹת neharot יְכוֹנְנֶהָ yejoneneha עם התיבה וע״ה קמ״ג: מִי mi ילי יַעֲלֶה yaalé

בְהַר־ vehar ר״ת יבמ, ב״ן יְהֹוָהאדניאהדונהי Adonai וּמִי־ umí ילי יָקוּם yakum

בִּמְקוֹם bimkom קָדְשׁוֹ kodshó ר״ת יבק, אלהים יהוה, אהיה אדני יהוה ;

ס״ת מום, אלהים, אהיה אדני: נְקִי nekí ע״ה קס״א כַפַּיִם japáyim ע״ה קנ״א, אדני אלהים (מזרע

לבטלה) וּבַר־ uvar יצחק, ד״פ ב״ן לֵבָב levav בוכו ; בר לבב = ע״ב ס״ג מ״ה ב״ן, הברכה

(למתק את ז׳ המלכים שמתו) אֲשֶׁר asher לֹא־ lo נָשָׂא nasá לַשָּׁוְא lashav

נַפְשִׁי nafshí (כתיב: נפשו) וְלֹא veló נִשְׁבַּע nishbá לְמִרְמָה lemirmá:

יִשָּׂא yisá בְרָכָה vrajá מֵאֵת meet ר״ת יבמ, ב״ן יְהֹוָהאדניאהדונהי Adonai

וּצְדָקָה utsdaká ע״ה ריבוע אלהים ; יהה מֵאֱלֹהֵי meElohei מילוי ע״ב, דמב ; ילה

יִשְׁעוֹ yishó שכינה ע״ה ; ס״ת יהוה: זֶה ze דוֹר dor דֹּרְשָׁיו dorshav

(כתיב: דרשו) מְבַקְשֵׁי mevakshei פָנֶיךָ faneja ס״ג מ״ה ב״ן

יַעֲקֹב Yaakov ד׳ הויות, יאהדונהי אידהנויה סֶלָה sela: שְׂאוּ seú שְׁעָרִים shearim כתר

רָאשֵׁיכֶם rasheijem וְהִנָּשְׂאוּ vehinaseú ו׳ שהוא ז״א זעיר אנפין וה׳ שהיא מלכות - נשאו

פִּתְחֵי pitjei עוֹלָם olam וְיָבוֹא veyavó מֶלֶךְ Mélej הַכָּבוֹד haCavod לאו:

מִי mi ילי זֶה ze מֶלֶךְ Mélej ר״ת = פ״ז בסוד כתם טהור פז

הַכָּבוֹד haCavod לאו יְהֹוָהאדניאהדונהי Adonai ; כבוד יהוה = יוד הי ואו הה עִזּוּז izuz

וְגִבּוֹר veguibor יְהֹוָהאדניאהדונהי Adonai גִּבּוֹר guibor מִלְחָמָה miljamá:

"Un Salmo de David: La Tierra y todo lo que contiene pertenece al Señor, y todos los que habitan en ella. Él la fundó sobre los mares y la estableció sobre los ríos. ¿Quién deberá ascender la montaña del Señor y quién se mantendrá erguido en Su Santo Lugar? Aquel cuyas manos están limpias, cuyo corazón es puro y que no ha jurado en Mi Nombre en vano, ni ha prometido falsamente. Él recibirá una bendición del Señor y caridad del Dios de su salvación. Así es la generación de los que le buscan, que buscan Tu Rostro, hasta Yaakov. Sela. ¡Alcen, puertas, sus cabezas, y álcense ustedes, puertas eternas, y entrará el Rey de gloria! ¿Quién es este Rey de gloria? Es el Señor, que es poderoso y valiente. El Señor, que es poderoso en batalla.

שְׂאוּ seú שְׁעָרִים shearim כתר רָאשֵׁיכֶם rasheijem
וּשְׂאוּ useú ו' עילאה שהוא ת"ת נשא פִּתְחֵי pitjei עוֹלָם olam
וְיָבֹא veyavó מֶלֶךְ Mélej הַכָּבוֹד haCavod לאו:
מִי mi ילי הוּא hu זֶה ze מֶלֶךְ Mélej הַכָּבוֹד haCavod לאו
יְהֹוָה Adonai כבוד יהוה = יוד הי ואו הה צְבָאוֹת tsevaot פני שכינה
הוּא hu מֶלֶךְ Mélej הַכָּבוֹד haCavod לאו סֶלָה sela:

LAMENATSÉAJ (puedes encontrar una explicación sobre "*lamenatséaj*" en la pág. 54).

לַמְנַצֵּחַ lamenatséaj בִּנְגִינֹת bineguinot מִזְמוֹר mizmor שִׁיר shir:
אֱלֹהִים Elohim אהיה אדני ; ילה יְחָנֵּנוּ yejanenu וִיבָרְכֵנוּ vivarjenu
יָאֵר yaer כף ויו זין ויו פָּנָיו panav אִתָּנוּ itanu ר"ת פאי, אמן (יאהדונהי) סֶלָה sela:
לָדַעַת ladáat ר"ת סאל, אמן (יאהדונהי) בָּאָרֶץ baárets דַּרְכֶּךָ darquejá
בְּכָל bejol ב"ן, לכב גּוֹיִם goyim יְשׁוּעָתֶךָ yeshuateja:
יוֹדוּךָ yoduja עַמִּים amim אֱלֹהִים Elohim אהיה אדני ; ילה
יוֹדוּךָ yoduja עַמִּים amim כֻּלָּם culam: יִשְׂמְחוּ yismejú וִירַנְּנוּ viranenú
לְאֻמִּים leumim ר"ת ע"ה = איההיוהה כִּי־ qui תִשְׁפֹּט tishpot עַמִּים amim
מִישֹׁר mishor וּלְאֻמִּים uleumim בָּאָרֶץ baárets תַּנְחֵם tanjem סֶלָה sela:
יוֹדוּךָ yoduja עַמִּים amim אֱלֹהִים Elohim אהיה אדני ; ילה יוֹדוּךָ yoduja
עַמִּים amim כֻּלָּם culam: ר"ת יודוך ישמחו יודוך ארץ = ייא"י (מילוי דס"ג)
ועם ר"ת אלהים לדעת יברכנו = ע"ב, ריבוע יהוה אֶרֶץ érets נָתְנָה natná נתה, קס"א קנ"א קמ"ג
יְבוּלָהּ yevulá ר"ת אני יְבָרְכֵנוּ yevarjenu אֱלֹהִים Elohim אהיה אדני ; ילה
אֱלֹהֵינוּ Eloheinu ילה: יְבָרְכֵנוּ yevarjenu אֱלֹהִים Elohim אהיה אדני ; ילה
וְיִירְאוּ veyirú אוֹתוֹ otó כָּל col ילי אַפְסֵי־ afsei אָרֶץ árets:

¡Alcen, puertas, sus cabezas, y álcense ustedes, puertas eternas, y entrará el Rey de gloria! ¿Quién es este Rey de gloria? Es el Señor de los Ejércitos. Él es el Dios de Gloria. Sela" (Salmos 24).

LAMENATSÉAJ

"Al Director del Coro, con música melodiosa, un Salmo. Tenga Dios gracia con nosotros y nos bendiga, y haga resplandecer Su rostro sobre nosotros, Sela. Para que sea Tu camino conocido en la Tierra y Tu salvación entre todas las naciones. Las naciones te darán gracias, Dios. Todas las naciones te darán gracias. La gente se alegrará y cantará porque Tú juzgas a los pueblos con equidad y Tú guías a las naciones en la Tierra, Sela. Los pueblos te darán gracias, Dios. Todos los pueblos te darán gracias. La Tierra ha dado su fruto. Nos bendiga Dios, nuestro Dios. Nos bendiga Dios y le teman desde todos los confines de la Tierra" (Salmos 67).

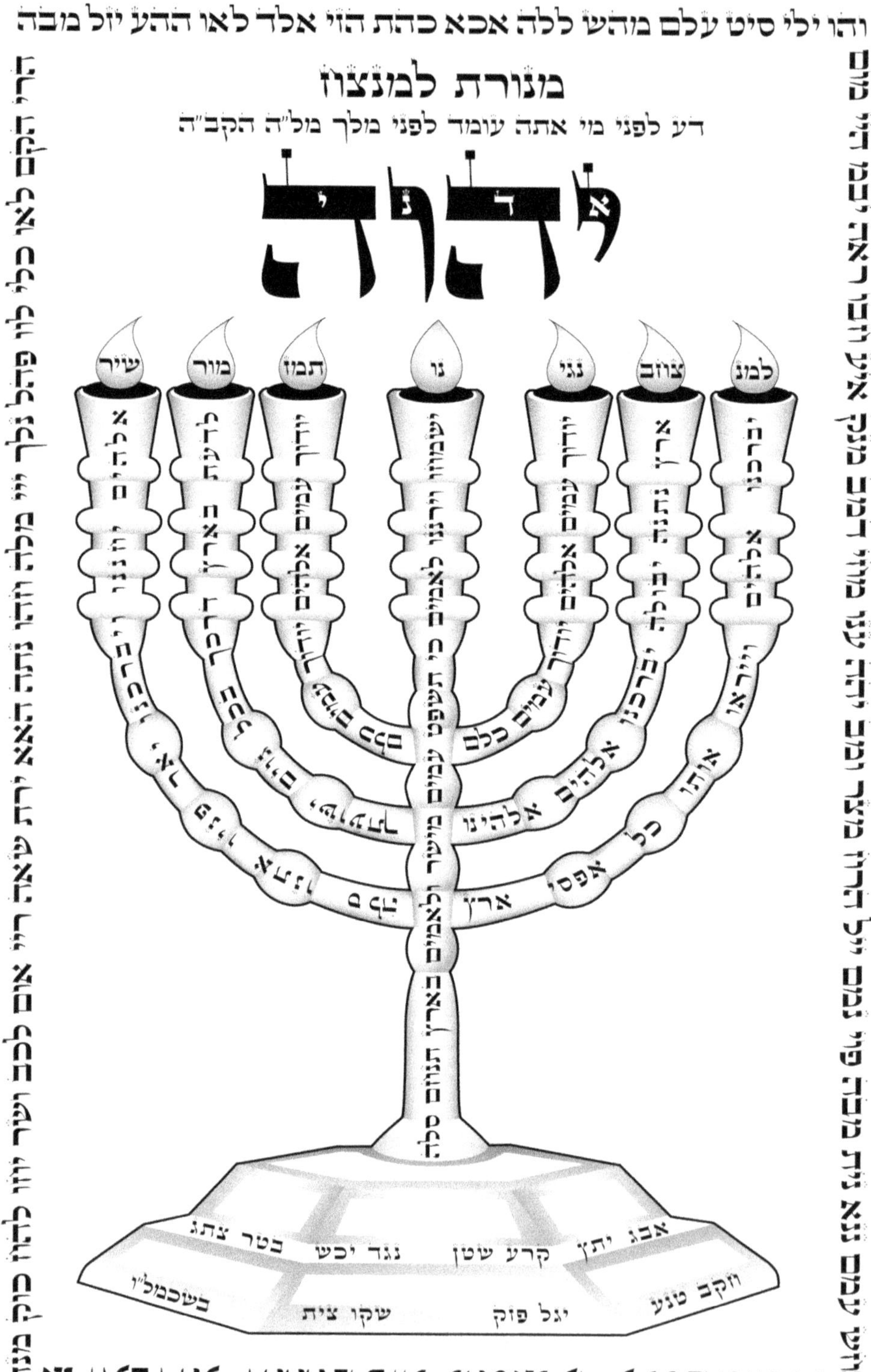
והו ילי סיט עלם מהש ללה אכא כהת הזי אלד לאו ההע יזל מבה
מנורת למנצח
דע לפני מי אתה עומד לפני מלך מל"ה הקב"ה
אבג יתץ
קרע שטן
נגד יכש
בטר צתג
חקב טנע
יגל פזק
שקו צית
בשכמל"ו

HALELUYÁ

Recitar este Salmo es para el *Zivug* (unificación) de *Leá* y su conexión.

הַלְלוּיָהּ haleluyá אלהים, אהיה אדני ; ילה ; ללה אוֹדֶה odé יְהֹוָהאדניאהדונהי Adonai

בְּכָל־ bejol ב"ן, לכב לֵבָב levav בוכו בְּסוֹד besod מ"כ, י"פ האא

יְשָׁרִים yesharim וְעֵדָה veedá סיט: גְּדֹלִים guedolim מַעֲשֵׂי maasei

יְהֹוָהאדניאהדונהי Adonai דְּרוּשִׁים derushim לְכָל־ lejol יה אדני

חֶפְצֵיהֶם jeftseihem: הוֹד־ hod ההה וְהָדָר vehadar פָּעֳלוֹ paoló

וְצִדְקָתוֹ vetsidkató עֹמֶדֶת omédet לָעַד laad ב"פ ב"ן: זֵכֶר zéjer

עָשָׂה asá לְנִפְלְאֹתָיו lenifleotav חַנּוּן janún וְרַחוּם verajum

יְהֹוָהאדניאהדונהי Adonai חנון ורחום יהוה = עשל"ס: טֶרֶף téref נָתַן natán לִירֵאָיו lireav

יִזְכֹּר yizcor לְעוֹלָם leolam ריבוע דס"ג וי' אותיות דס"ג בְּרִיתוֹ britó:

כֹּחַ cóaj מַעֲשָׂיו maasav הִגִּיד higuid לְעַמּוֹ leamó לָתֵת latet לָהֶם lahem

נַחֲלַת najalat גּוֹיִם goyim: מַעֲשֵׂי maasei יָדָיו yadav אֱמֶת emet

אהיה פעמים אהיה, ז"פ ס"ג וּמִשְׁפָּט umishpat ע"ה ה"פ אלהים נֶאֱמָנִים neemanim

כָּל־ col ילי פִּקּוּדָיו pikudav מנק: סְמוּכִים smujim לָעַד laad ב"פ ב"ן

לָעוֹלָם leolam ריבוע דס"ג וי' אותיות דס"ג עֲשׂוּיִם asuyim בֶּאֱמֶת beemet

אהיה פעמים אהיה, ז"פ ס"ג וְיָשָׁר veyashar: פְּדוּת pedut שָׁלַח shalaj לְעַמּוֹ leamó

צִוָּה־ tsivá לְעוֹלָם leolam ריבוע דס"ג וי' אותיות דס"ג בְּרִיתוֹ britó

קָדוֹשׁ kadosh וְנוֹרָא venorá שְׁמוֹ Shemó ע"ב בריבוע קס"א ע"ה, אל שדי ע"ה, מהש ע"ה:

HALELUYÁ

"¡Alaben al Señor! א *Daré gracias al Señor con todo mi corazón,* ב *en el concejo de los rectos y en la congregación.* ג *Las obras del Señor son grandiosas,* ד *procuró que todas ellas contuvieran deleite dentro de sí.* ה *Su obra es gloria y majestuosidad;* ו *y Su equidad perdura para siempre.* ז *Él ha hecho un monumento para Sus maravillosas obras;* חו *el Señor es glorioso y lleno de compasión.* ט *Él ha dado alimento a aquellos que le temen;* י *Él siempre tendrá presente a Su alianza.* כ *Él le concedió a Su pueblo el poder de Sus obras,* ל *en entregarles la herencia de las naciones.* מ *Las obras de Sus manos son verdad y justicia;* נ *y todos Sus preceptos son verdaderos.* ס *Ellos son establecidos por siempre y para siempre,* ע *ellos son realizados en verdad y rectitud.* פ *Él ha enviado redención a Su pueblo;* צ *Él ha impuesto Su alianza para siempre;* ק *Santo y asombroso es Su Nombre.*

yirat יִרְאַת (מצוות) תרי"ג = במילוי jojmá וְחָכְמָה reshit רֵאשִׁית

אדני יה lejol לְכָל־ והו tov טוֹב séjel שֵׂכֶל Adonai יְהֹוָהאדניאהדונהי

:ב"ן ב"פ laad לָעַד omédet עֹמֶדֶת tehilató תְּהִלָּתוֹ oseihem עֹשֵׂיהֶם

Debes meditar en las cinco letras finales –םןץףך– para completar las 27 letras que son la ilustración del recién nacido. Debes meditar en: כל"ך סעפ"ה יאעוצ"ה. Luego medita en: אלד (este Nombre es el secreto del nacimiento de *Leá* y tiene el mismo valor numérico de *Leá*).

vehitnodedá וְהִתְנוֹדְדָה cashicor כַּשִּׁכּוֹר érets אֶרֶץ tanúa תָּנוּעַ noa נוֹעַ

pishá פִּשְׁעָהּ פהל aleha עָלֶיהָ vejavad וְכָבַד cameluná כַּמְּלוּנָה

יהה ; יהוה vehayá וְהָיָה :kum קוּם tosif תֹסִיף veló וְלֹא־ venaflá וְנָפְלָה

yifkod יִפְקֹד hahú הַהוּא יהוה אל ,זן ,מזבח ,נגד ע"ה bayom בַּיּוֹם

bamarom בַּמָּרוֹם hamarom הַמָּרוֹם tsvá צְבָא al עַל־ Adonai יְהֹוָהאדניאהדונהי

:haadamá הָאֲדָמָה al עַל־ haadamá הָאֲדָמָה maljei מַלְכֵי veal וְעַל־

Antes de recitar el siguiente Salmo,
debes llorar por tus acciones negativas y pedir perdón:

elav אֵלָיו bevó בְּבוֹא־ :leDavid לְדָוִד mizmor מִזְמוֹר lamenatséaj לַמְנַצֵּחַ

:Batshava בַּת־שָׁבַע el אֶל־ ba בָּא caasher כַּאֲשֶׁר־ Hanaví הַנָּבִיא Natán נָתָן

querov כְּרֹב quejasdeja כְּחַסְדֶּךָ ילה ; אהיה אדני Elohim אֱלֹהִים joneni חָנֵּנִי

(כתיב : הרבה) hérev הֶרֶב :feshaai פְּשָׁעָי mejé מְחֵה rajameja רַחֲמֶיךָ

:tahareni טַהֲרֵנִי umejatatí וּמֵחַטָּאתִי meavoní מֵעֲוֹנִי cabseni כַּבְּסֵנִי

ר *El temor al Señor es el comienzo de la sabiduría;*
ש *buen entendimiento tienen quienes cumplen sus preceptos;* ת *Su alabanza perdura para siempre"* (Salmos 111).
"La Tierra se tambaleará como un ebrio y será sacudida como una choza, y tanto pesará sobre ella su pecado que nunca más se levantará. Acontecerá en aquel día, que el Señor castigará al ejército de los Cielos en lo alto y a los reyes de la Tierra sobre la Tierra" (Isaías 24:20-21).

"Al músico principal: Salmo de David. Cuando Natán, el profeta, vino a él después de haber visitado a Batsheva. Ten piedad de mí, Dios, conforme a Tu misericordia; conforme a la multitud de Tus piedades borra mis rebeliones. Lávame más y más de mi iniquidad y límpiame de mi pecado.

כִּי־ qui פְשָׁעַי feshaai אֲנִי aní אני אֵדָע edá וְחַטָּאתִי vejatatí

נֶגְדִּי negdí מזבח, זן, אל יהוה ע"ה תָמִיד tamid קס"א קנ"א קמ"ג:

לְךָ lejá לְבַדְּךָ levadeja חָטָאתִי jatati וְהָרַע vehará בְּעֵינֶיךָ beeineja

ע"ה קס"א ; ריבוע מ"ה עָשִׂיתִי asití לְמַעַן lemaan תִּצְדַּק titsdak

בְּדָבְרֶךָ bedovreja תִּזְכֶּה tizqué בְשָׁפְטֶךָ veshofteja: הֵן־ hen

בְּעָווֹן beavón חוֹלָלְתִּי jolalti וּבְחֵטְא uvejet יֶחֱמַתְנִי yejematni אִמִּי imí:

הֵן־ hen אֱמֶת emet אהיה פעמים אהיה, ז"פ ס"ג חָפַצְתָּ jafatsta בַטֻּחוֹת vatujot

וּבְסָתֻם uvesatum חָכְמָה jojmá במילוי = תרי"ג (מצוות) תוֹדִיעֵנִי todieni:

תְּחַטְּאֵנִי tejateni בְאֵזוֹב veezov וְאֶטְהָר veethar תְּכַבְּסֵנִי tejabseni

וּמִשֶּׁלֶג umishéleg אלף אלף אלף (ד"ג אהיה) אַלְבִּין albín: תַּשְׁמִיעֵנִי tashmieni

שָׂשׂוֹן sasón וְשִׂמְחָה vesimjá תָּגֵלְנָה taguelna עֲצָמוֹת atsamot דִּכִּיתָ diquita:

הַסְתֵּר haster ב"פ מצר פָּנֶיךָ paneja ס"ג מ"ה ב"ן מֵחֲטָאָי mejataai

וְכָל־ vejol ילי עֲוֹנֹתַי avonotai מְחֵה mejé: לֵב lev טָהוֹר tahor י"פ אכא

בְּרָא־ berá קנ"א ב"ן, יהוה אלהים יהוה אדני, מילוי קס"א וס"ג, מ"ה ברבוע וע"ב ע"ה ;

לב טהור ברא = קס"א קנ"א קמ"ג לִי li אֱלֹהִים Elohim אהיה אדני ; ילה ; לי אלהים = ריבוע אדני

וְרוּחַ verúaj נָכוֹן najón חַדֵּשׁ jadesh י"ב הויות, קס"א קנ"א בְּקִרְבִּי bekirbí שדי:

אַל־ al תַּשְׁלִיכֵנִי tashlijeni מִלְּפָנֶיךָ milfaneja ס"ג מ"ה ב"ן וְרוּחַ verúaj

קָדְשְׁךָ kodsheja אַל־ al תִּקַּח tikaj מִמֶּנִּי mimeni: הָשִׁיבָה hashiva לִּי li

שְׂשׂוֹן sesón יִשְׁעֶךָ yisheja וְרוּחַ verúaj נְדִיבָה nedivá תִסְמְכֵנִי tismejeni:

Porque yo reconozco mis transgresiones, y mi pecado está siempre delante de mí. Contra Ti, contra Ti solamente, he pecado; he hecho lo malo delante de Tus ojos, para que seas reconocido justo en Tu palabra y tenido por puro en Tu juicio. En maldad he sido formado y en pecado me concibió mi madre. Tú amas la verdad en lo íntimo y en lo secreto me has hecho comprender sabiduría. Purifícame con hisopo y seré limpio; lávame y seré más blanco que la nieve. Hazme oír gozo y alegría, y se recrearán los huesos que Tú has abatido. Esconde Tu rostro de mis pecados y borra todas mis iniquidades. Crea en mí, Dios, un corazón limpio, y renueva un espíritu recto dentro de mí. No me eches de Tu presencia y no quites de mí Tu Santo Espíritu. Devuélveme el gozo de Tu salvación y permite que un espíritu noble me sustente.

אֲלַמְּדָה alamdá פֹשְׁעִים foshim דְּרָכֶיךָ derajeja וְחַטָּאִים vejataim
אֵלֶיךָ eleja יָשׁוּבוּ: yashuvu: הַצִּילֵנִי hatsileni מִדָּמִים midamim
אֱלֹהִים Elohim אהיה אדני ; ילה אֱלֹהֵי Elohei מילוי ע"ב, דמב ; ילה
תְּשׁוּעָתִי teshuatí תְּרַנֵּן teranén לְשׁוֹנִי leshoní צִדְקָתֶךָ: tsidkateja:
אֲדֹנָי Adonai ללה שְׂפָתַי sfatai תִּפְתָּח tiftaj וּפִי ufí
יַגִּיד yaguid ייי (כ"ב אותיות [=אכא] + ה' אותיות מנצפך) תְּהִלָּתֶךָ tehilateja ס"ת = בוכו:
כִּי qui לֹא־ lo תַחְפֹּץ tajpots זֶבַח zevaj וְאֶתֵּנָה veetená נתה, קס"א קנ"א קמ"ג
עוֹלָה olá לֹא lo תִרְצֶה: tirtsé: זִבְחֵי zivjei אֱלֹהִים Elohim אהיה אדני ; ילה
רוּחַ rúaj נִשְׁבָּרָה nishbará ר"ת = ג"פ אלהים (ימתיקם בשם ס"ג שבס"ת)
לֵב־ lev נִשְׁבָּר nishbar וְנִדְכֶּה venidqué ר"ת = אלהים, אהיה אדני אֱלֹהִים Elohim
אהיה אדני ; ילה לֹא lo תִבְזֶה tivzé ר"ת = ה"פ אלהים ע"ה ; וס"ת מילוי ע"ב:
הֵיטִיבָה heitiva בִרְצוֹנְךָ virtsonjá אֶת־ et צִיּוֹן Tsiyón יוסף, ו' הויות, קנאה
תִּבְנֶה tivné חוֹמוֹת jomot ע"ה קס"א קנ"א קמ"ג יְרוּשָׁלָיִם Yerushaláyim:
אָז az תַּחְפֹּץ tajpots זִבְחֵי zivjei צֶדֶק tsédek עוֹלָה olá
וְכָלִיל vejalil אָז az יַעֲלוּ yaalú עַל־ al מִזְבַּחֲךָ mizbajajá פָרִים farim:

Mientras recitas estos versos, debes meditar en que la palabra *Tsiyón* corresponde a *Rajel* y la palabra *Yerushaláyim* corresponde a *Leá*, y pedir al Creador elevarlos de su caída.

עַד ad אָנָה ana ריבוע מ"ה בְּכִיָּה bijyá מילוי דס"ג בְּצִיּוֹן veTsiyón **(*Rajel*)**
יוסף, ו' הויות, קנאה וּמִסְפֵּד umisped ריבוע ע"ב בִּירוּשָׁלָיִם birushaláyim **(*Leá*)**:

Entonces enseñaré a los transgresores Tus caminos y los pecadores regresarán a Ti. Líbrame de homicidios, Dios, Dios de mi salvación; cantará mi lengua Tu justicia. Señor, abre mis labios y publicará mi boca Tu alabanza, porque no quieres sacrificio, que yo lo daría; no quieres holocausto. Los sacrificios de Dios son el espíritu quebrantado; al corazón contrito y humillado Tú no despreciarás, Dios. Haz bien con Tu benevolencia a Sión. Edifica los muros de Jerusalén. Entonces te deleitarás en los sacrificios de justicia, el holocausto y ofrenda del todo quemada; entonces se ofrecerán becerros sobre Tu altar" (Salmos 51).

¿Hasta cuándo habrá llanto en Sión y luto en Jerusalén?

תָּקוּם takum כ״א הויות שבתפילין תְּרַחֵם terajem ג״פ רי״ו ; אברהם, וז״פ אל, רי״ו ול״ב נתיבות החכמה, רמ״ח (אברים), עסמ״ב וט״ז אותיות פשוטות צִיּוֹן Tsiyón **(*Rajel*)** יוסף, ו׳ הויות, קנאה תִּבְנֶה tivné חוֹמוֹת jomot ע״ה קס״א קנ״א קמ״ג יְרוּשָׁלָיִם Yerushaláyim **(*Leá*):**

אֱלֹהֵינוּ Eloheinu ילה וֵאלֹהֵי veElohei לכב ; מילוי ע״ב, דמב ; ילה אֲבוֹתֵינוּ avoteinu. מֶלֶךְ Mélej רַחֲמָן rajamán רַחֵם rajem אברהם, וז״פ אל, רי״ו ול״ב נתיבות החכמה, רמ״ח (אברים), עסמ״ב וט״ז אותיות פשוטות עָלֵינוּ aleinu. טוֹב tov והו וּמֵטִיב umetiv הִדָּרֶשׁ hidaresh לָנוּ lanu אלהים, אהיה אדני. שׁוּבָה shuvá הווש עָלֵינוּ aleinu בַּהֲמוֹן bahamón רַחֲמֶיךָ rajameja בִּגְלַל biglal אָבוֹת avot שֶׁעָשׂוּ sheasú רְצוֹנֶךָ retsoneja. בְּנֵה bené בֵיתְךָ veitjá ב״פ ראה כְּבַתְּחִלָּה quevatjilá. כּוֹנֵן conén כוק בֵּית beit ב״פ ראה מִקְדָּשְׁךָ mikdashjá עַל al מְכוֹנוֹ mejonó. הַרְאֵנוּ harenu בְּבִנְיָנוֹ bevinyanó. שַׂמְּחֵנוּ samjenu בְּתִקּוּנוֹ betikunó. וְהָשֵׁב vehashev שְׁכִינָתְךָ Shjinatjá לְתוֹכוֹ letojó. וְהָשֵׁב vehashev כֹּהֲנִים Cohanim לַעֲבוֹדָתָם laavodatam וּלְוִיִּם uLeviyim לְדוּכָנָם ledujanam לְשִׁירָם leshiram וּלְזִמְרָם ulezimram. וְהָשֵׁב vehashev יִשְׂרָאֵל Yisrael לִנְוֵיהֶם lineveihem. וְשָׁם vesham נַעֲלֶה naalé וְנֵרָאֶה veneraé ראה וְנִשְׁתַּחֲוֶה venishtajavé לְפָנֶיךָ lefaneja ס״ג מ״ה ב״ן:

Tú nos redimirás y serás misericordioso con Sión, y construirás los muros de Jerusalén.

Nuestro Dios y Dios de nuestros padres, Rey compasivo, ten misericordia de nosotros. Bueno y benévolo, búscanos. Regrésanos a Ti con Tu abundante compasión. Por nuestros padres quienes obedecieron Tu voluntad. Construye Tu casa como antes y regresa el Templo a su lugar. Muéstranos su reconstrucción. Permite que nos alegremos con su restauración. Trae Tu Shejiná y devuelve los cohanim a sus funciones, los levitas a sus estrados, sus cánticos y entonaciones. Regresa a Israel a su morada, y nosotros ascenderemos y nos postraremos ante Ti.

יְהִי yehí רָצוֹן ratsón מהש ע״ה, ע״ב בריבוע וקס״א ע״ה, אל שדי ע״ה
מִלְּפָנֶיךָ milfaneja ס״ג מ״ה ב״ן יְהֹוָאֲדֹנָי יאהדונהי Adonai אֱלֹהֵינוּ Eloheinu ילה
וֵאלֹהֵי veElohei לכב ; מילוי ע״ב, דמב ; ילה אֲבוֹתֵינוּ avoteinu שֶׁתַּעֲלֵנוּ shetaalenu
בְּשִׂמְחָה besimjá לְאַרְצֵנוּ leartsenu וְתִטָּעֵנוּ vetitaenu בִּגְבוּלֵנוּ bigvulenu.
וְשָׁם vesham נַעֲשֶׂה naasé לְפָנֶיךָ lefaneja ס״ג מ״ה ב״ן
אֶת et קָרְבְּנוֹת korbenot חוֹבוֹתֵינוּ jovoteinu תְּמִידִים temidim
כְּסִדְרָם quesidram וּמוּסָפִים umusafim כְּהִלְכָתָם quehiljatam:

שִׁיר shir הַמַּעֲלוֹת hamaalot בְּשׁוּב beshuv יְהֹוָאֲדֹנָי יאהדונהי Adonai אֶת־ et
שִׁיבַת shivat צִיּוֹן Tsiyón יוסף, ו׳ הויות, קנאה הָיִינוּ hayinu כְּחֹלְמִים quejolmim:
אָז az יִמָּלֵא yimalé שְׂחוֹק sejok פִּינוּ pinu וּלְשׁוֹנֵנוּ ulshonenu רִנָּה riná
אָז az יֹאמְרוּ yomrú בַגּוֹיִם vagoyim הִגְדִּיל higdil יְהֹוָאֲדֹנָי יאהדונהי Adonai
לַעֲשׂוֹת laasot עִם־ im אֵלֶּה ele: הִגְדִּיל higdil יְהֹוָאֲדֹנָי יאהדונהי Adonai
לַעֲשׂוֹת laasot עִמָּנוּ imanu ריבוע דס״ג, קס״א ע״ה וד׳ אותיות הָיִינוּ hayinu
שְׂמֵחִים smejim: שׁוּבָה shuvá הוש יְהֹוָאֲדֹנָי יאהדונהי Adonai אֶת־ et
שְׁבִיתֵנוּ shevitenu (כתיב: שבותנו) כַּאֲפִיקִים caafikim בַּנֶּגֶב banéguev:
הַזֹּרְעִים hazorim בְּדִמְעָה bedimá בְּרִנָּה beriná יִקְצֹרוּ yiktsorú:
הָלוֹךְ haloj יֵלֵךְ yelej כלי וּבָכֹה uvajo נֹשֵׂא nosé מֶשֶׁךְ־ méshej
הַזָּרַע hazará בֹּא־ bo יָבֹא yavó בְרִנָּה veriná נֹשֵׂא nosé אֲלֻמֹּתָיו alumotav:

Que sea agradable ante Ti, Señor, nuestro Dios y Dios de nuestros antepasados, que Tú nos lleves dichosamente a nuestra tierra y nos establezcas dentro de nuestras fronteras, y allí realizaremos ante Ti los rituales de nuestras ofrendas obligatorias, las ofrendas de Tamid, en su orden, y las ofrendas de Musaf, según sus leyes.

"Cántico de ascensiones. Cuando el Señor hizo volver de la cautividad a Sión, fuimos como los que sueñan. Entonces nuestra boca se llenó de risa y nuestra lengua de alabanza. Entonces decían entre las naciones: '¡El Señor ha hecho grandes cosas con estos!'. Grandes cosas ha hecho el Señor con nosotros. ¡Estamos alegres! Haz volver nuestra cautividad, Señor, como los arroyos del Néguev. Los que sembraron con lágrimas, con regocijo segarán. Irá andando y llorando el que lleva la preciosa semilla, pero al volver vendrá con regocijo trayendo sus gavillas" (Salmos 126).

AMAR RABÍ SHIMÓN

La esencia de este pasaje del *Zóhar*, *Nóaj*, 122-127, habla acerca de las manos. Debido a que las manos son las herramientas con las que llevamos a cabo las acciones de la vida, las fuerzas de la oscuridad se aferran a ellas con el propósito de influir en nuestras acciones. Podemos imbuir nuestras manos de energía positiva proveniente de los Mundos Superiores para que éstas provean bendiciones y buena fortuna a todas nuestras labores.

אמר amar · רבי Rabí · שמעון Shimón · ארימת areimat · ידאי yedai

בצלותין bitslotín · לעילא leeilá, · דכד dejad · רעותא reutá · עלאה ilaá,

לעילא leeilá · לעילא leeilá, · קיימא kaymá · על al · ההוא hahú

רעותא reutá, · דלא delá · אתידע ityedá, · ולא veló · אתפס itpás

לעלמין lealmín, · רישא reishá · דסתים desatim · יתיר yatir · לעילא leeilá,

וההוא vehahú · רישא reishá · אפיק apeik · מאי maí · דאפיק deapeik, · ולא velá

ידיע yediá, · ונהיר venaher · מאי maí · דנהיר denaher, · כלא colá

בסתימו bistimu. · רעו reó · דמחשבה demajashavá · עלאה ilaá

למרדף lemirdaf · אבתריה avatrei, · ולאתנהרא ulitnehará · מניה minei.

וחד jad · פריסו prisú · אתפריס itpreis, · ומגו umigó · ההוא hahú

פריסא prisá, · ברדיפו birdifu · דההיא dehahí · מחשבה majashavá

עלאה ilaá, · מטי matei · ולא velá · מטי matei. · עד ad

ההוא hahú · פריסא prisá, · נהיר naher · מה ma · דנהיר denaher.

וכדין ujdein · איהו ihú · מחשבה majashavá · עלאה ilaá,

נהיר naher · בנהירו binhirú · סתים satim · דלא delá · ידיע yediá,

וההוא vehahú · מחשבה majashavá · לא la · ידע yadá.

AMAR RABÍ SHIMÓN

Rav Shimón dijo: "Elevo mis manos alto para orar. Cuando el Deseo Celestial en su punto más elevado Arriba es establecido sobre el eternamente desconocido e imperceptible deseo, se convierte en la Cabeza más oculta Arriba. Y esa Cabeza emana todo lo que Él emana y todo lo que es desconocido. Y Él ilumina todo lo que él ilumina de forma oculta. El deseo del Pensamiento Celestial corre tras de éste para ser iluminado por él. Pero un velo se despliega y, por extenderse y por correr tras éste, le es permitido alcanzar —y no alcanzar— a la Luz. La Luz brilla hacia arriba y hacia el velo. Por lo tanto, el Pensamiento Celestial brilla con Iluminación No Revelada y con Luz desconocida para la 'Mente (Móaj) de aire'. Y el Pensamiento mismo es considerado como desconocido.

כְּדֵין quedein בָּטַשׁ batash הַאי haí נְהִירוּ nehirú דְּמַחֲשָׁבָה demajashavá

דְּלָא delá אִתְיְידַע ityedá, בִּנְהִירוּ binhirú דְּפַרְסָא defarsá

דְּקַיְּימָא dekaymá, דְּנָהִיר denaher מִמַּה mimá דְּלָא delá יְדִיעַ yediá

וְלָא velá אִתְיְידַע ityedá, וְלָא velá אִתְגַּלְיָיא itgalyá. וּכְדֵין ujdein דָּא da

נְהִירוּ nehirú דְּמַחֲשָׁבָה demajashavá דְּלָא delá אִתְיְידַע ityedá

בָּטַשׁ batash בִּנְהִירוּ binhirú דְּפְרִיסָא difrisá, וְנָהֲרִין venaharín

כַּחֲדָא cajadá, וְאִתְעֲבִידוּ veitavidu תֵּשַׁע teshá הֵיכָלִין heijalín.

וְהֵיכָלִין veheijalín, לָאו lav אִינּוּן inún נְהוֹרִין nehorín, וְלָאו velav

אִינּוּן inún רוּחִין rujín, וְלָאו velav אִינּוּן inún נִשְׁמָתִין nishmatín וְלָא velá

אִית it מָאן man דְּקַיְּימָא dekaymá בְּהוּ behó. רְעוּתָא reutá, דְּכָל dejol

תֵּשַׁע teshá נְהוֹרִין nehorín, דְּקַיְּימֵי dekaymei כֻּלְּהוֹ colhó

בְּמַחֲשָׁבָה bemajashavá, דְּאִיהוּ deihú וְחַד jad מִנַּיְיהוּ minayehu

בְּחוּשְׁבְּנָא bejushbená כֻּלְּהוֹ colhó לְמִרְדַּף lemirdaf בַּתְרַיְיהוּ batrayehu,

בְּשַׁעֲתָא beshaatá דְּקַיְּימֵי dekaymei בְּמַחֲשָׁבָה bemajashavá וְלָא velá

מִתְדַּבְּקָן mitdabkán וְלָא velá אִתְיְידָעוּ ityedaú, וְאִלֵּין veilein לָא la

קַיְּימֵי kaymei לָא la בִּרְעוּתָא bireutá, וְלָא velá בְּמַחֲשָׁבָה bemajashavá

עִלָּאָה ilaá תַּפְסִין tafsín בָּהּ ba וְלָא velá תַּפְסִין tafsín.

Entonces, la iluminación del Pensamiento Desconocido llega a la iluminación del velo que está erguido y brilla sobre lo que es desconocido, lo que no se conoce, y lo que no es revelado. Así, la iluminación del Pensamiento que no es conocido llega a la iluminación del velo y brillan juntas. Y a partir de ellas se crean nueve Cámaras. Estas Cámaras no son Luz. Ellas tampoco son Rujot ni Neshamot, y nadie puede entender qué son. El deseo de todas las nueve Luces permanece en el Pensamiento y también es considerado como una de Ellas. Y todos desean perseguirlas mientras las nueve Luces están ubicadas en el Pensamiento. No obstante, las Cámaras no son alcanzadas y no son conocidas porque no están establecidas como un aspecto del deseo ni como un aspecto del Pensamiento Celestial. Ellas perciben y no perciben.

בְּאִלֵּין beilein קָיְימֵי kaymei כָּל col רָזֵי razei דִמְהֵימְנוּתָא dimheimnutá,
וְכָל vejol אִינוּן inún נְהוֹרִין nehorín מֵרָזָא merazá
דְמַחֲשָׁבָה demajashavá עִלָּאָה ilaá כֻּלְּהוֹ colhó אִקְרוּן ikrún אֵין ein
סוֹף sof. עַד ad הָכָא hajá מָטוֹ mató נְהוֹרִין nehorín וְלָא velá
מָטוֹן matón, וְלָא velá אִתְיְידָעוּ ityedaú, לָאו lav הָכָא hajá
רְעוּתָא reutá, וְלָא velá מַחֲשָׁבָה majashavá. כַּד cad נָהִיר naher
מַחֲשָׁבָה majashavá, וְלָא velá אִתְיְידַע ityedá מִמַּאן mimán
דְנָהִיר denaheir, כְּדֵין quedein אִתְלַבֵּשׁ itlabesh וְאַסְתִּים veastim גּוֹ go
בִּינָה biná, וְנָהִיר venaheir לְמַאן lemaan דְנָהִיר denaheir וְאָעֵיל veaéil דָא da
בְּדָא bedá, עַד ad דְאִתְכְּלִילוּ deitclilu כֻּלְּהוֹ colhó כַּחֲדָא cajadá.
וּבְרָזָא uverazá דְקָרְבְּנָא dekorbaná כַּד cad סָלֵיק saleik, כֹּלָּא colá
אִתְקַשַּׁר itkashar דָא da בְּדָא bedá, וְנָהִיר venaher דָא da בְּדָא bedá,
כְּדֵין quedein קָיְימֵי kaymei כֻּלְּהוֹ colhó בִּסְלִיקוּ bisliku,
וּמַחֲשָׁבָה umajashavá אִתְעַטַּר itatar בְּאֵין beéin סוֹף sof.
הַהוּא hahú נְהִירוּ nehirú דְאִתְנְהִיר deitneheir מִנֵּיהּ minei
מַחֲשָׁבָה majashavá עִלָּאָה ilaá, אִקְרֵי ikrei אֵין ein סוֹף sof.
וּמִנֵּיהּ uminei אִשְׁתְּכַח ishtejaj וְקָיְימָא vekaymá וְנָהִיר venaheir
לְמַאן lemaan דְנָהִיר denaheir, וְעַל veal דָא da כֹּלָּא colá
קָאִים kaéim. זַכָּאָה zacaá חוּלָקֵיהוֹן julakeihón דְצַדִּיקַיָּיא detsadikaya
בְּעָלְמָא bealmá דֵין dein וּבְעָלְמָא uvealmá דְאָתֵי deatei.

Con éstas, se basan todos los secretos de la Fe. Y todas estas Luces provienen del secreto del Pensamiento Celestial y todas son llamadas Ein Sof. Porque las Luces alcanzan y no alcanzan, y no son conocidas, no hay ni deseo ni pensamiento en este punto. Cuando un Pensamiento Desconocido brilla desde su fuente, brilla sobre quien Ella brilla, y entran uno dentro de otro hasta que son uno. De regreso al secreto del sacrificio: Cuando es elevado, todos están enredados uno dentro de otro y brillan uno sobre otro. Ahora todas las etapas están en el secreto de la 'Ascención' y, cuando ésta asciende a la Cabeza Desconocida, el Pensamiento es coronado por el Ein Sof. Esta iluminación de donde brilla el Pensamiento Celestial es llamada Ein Sof. Y de ahí proviene. Es establecida y brilla sobre quien brilla. Y todo está basado en esto. ¡Felices son los justos en este mundo y en el Mundo por Venir!".

PETIJAT ELIYAHU HANAVÍ – LA APERTURA EL PROFETA ELIYAHU

Recitar estos párrafos puede ayudarte a abrir tu corazón a la sabiduría espiritual.

וִיהִי vihí נֹעַם nóam אֲדֹנָי Adonai ללה אֱלֹהֵינוּ Eloheinu ילה עָלֵינוּ aleinu
וּמַעֲשֵׂה umaasé יָדֵינוּ yadeinu כּוֹנְנָה conená עָלֵינוּ aleinu
וּמַעֲשֵׂה umaasé יָדֵינוּ yadeinu כּוֹנְנֵהוּ conenehu:

פָּתַח pataj אֵלִיָּהוּ Eliyahu לכב הַנָּבִיא Hanaví, זָכוּר zajur ע״ב קס״א,
יהי אור ע״ה (סוד המשכת השפע מן ד׳ שמות ליסוד הנקרא זכור) לְטוֹב letov והו ;
זכור לטוב = מנצפך, סנדלפון, ערי ;אליהו הנביא זכור לטוב = ת׳ כנגד ת׳ כוזות הס״א וְאָמַר veamar:
רִבּוֹן Ribón יהוה ע״ב ס״ג מ״ה ב״ן עָלְמִין almín דְּאַנְתְּ deánt הוּא Hu חָד jad
וְלָא velá בְּחֻשְׁבָּן bejushbán, אַנְתְּ ant הוּא Hu עִלָּאָה ilaá עַל al כָּל col
ילי ; עמם עִלָּאִין ilaín, סְתִימָא setimá עַל al כָּל col ילי ; עמם סְתִימִין setimín,
לֵית leit מַחֲשָׁבָה majashavá תְּפִיסָא tefisá בָּךְ baj כְּלָל clal. אַנְתְּ ant
הוּא Hu דְּאַפַּקְתְּ deapakt עֶשֶׂר éser תִּקּוּנִין tikunín, וְקָרֵינָן vekareinán
לוֹן lon עֶשֶׂר éser סְפִירָן sefirán, לְאַנְהָגָא leanhagá בְּהוֹן behón
עָלְמִין almín סְתִימִין setimín דְּלָא delá אִתְגַּלְיָן itgalyán וְעָלְמִין vealmín
דְּאִתְגַּלְיָן deitgalyán. וּבְהוֹן uvehón אִתְכַּסִּיאַת itcasiat מִבְּנֵי mibnei
נָשָׁא nashá. וְאַנְתְּ veánt הוּא Hu דְּקָשִׁיר dekashir לוֹן lon וּמְיַחֵד umeyajed
לוֹן lon. וּבְגִין uveguín דְּאַנְתְּ deánt מִלְּגָאו milgav כָּל col ילי מָאן man
דְּאַפְרִישׁ deafrish חַד jad מִן min חַבְרֵיהּ javrei מֵאִלֵּין meiléin
עֶשֶׂר éser, אִתְחֲשִׁיב itjashiv לֵיהּ lei כְּאִלּוּ queílu אַפְרִישׁ afrish בָּךְ baj.

PETIJAT ELIYAHU HANAVÍ

"Que la gracia del Señor, nuestro Dios, sea sobre nosotros y pueda Él establecer para nosotros el trabajo de nuestras manos y pueda el trabajo de nuestras manos establecerlo a Él" (Salmos 90:17). *Eliyahu abrió, diciendo: Señor de los mundos, Tú eres Uno sin enumeración. Tú estás por encima de los más elevados, el más oculto de todos. Ningún pensamiento puede alcanzarte en absoluto. Tú eres Aquél que produjo las Diez Emanaciones. Y nosotros las nombramos Las Diez Sefirot, para conducir con ellas mundos oscuros que no están revelados, y mundos revelados. Y a través de ellas, Tú estás oculto de los seres humanos. Y Tú eres El que las conecta y las une. Y puesto que Tú eres del interior, así, todo aquel que separa a estas Diez una de la otra, para dar dominio a esa sola, se considera como si él separara en Ti.*

ואלין veiléin עשר éser ספירן sefirán אינון inún אזלין azlín
כסדרן quesidrán, ווזד jad אריך arij, ווזד vejad קצר katser,
ווזד vejad בינוני beinoní. ואנת veánt הוא Hu דאנהיג deanhig לון lon,
ולית veleit מאן man דאנהיג deanhig לך laj. לא la לעילא leeilá,
ולא velá לתתא letatá, ולא velá מכל micol ילי סטרא sitrá.
לבושין levushín תקנת takant לון lon, דמנייהו deminayhú פרחין farjín
נשמתין nishmatín לבני livnei נשא nashá. וכמה vejamá גופין gufín
תקנת takant לון lon, דאתקריאו deitkriú גופא gufá לגבי legabei
לבושין levushín דמכסין dimjasyán עליהון aleihón. ואתקריאו veitkriú
בתקונא betikuná דא da, ווזסד Jésed ע״ב, ריבוע יהוה דרועא deroá
ימינא yeminá, גבורה Guevurá רי״ו דרועא deroá שמאלא smalá,
תפארת Tiféret גופא gufá, נצוז Nétsaj והוד veHod ההה תרין trein
שוקין shokín, יסוד Yesod ההע סיומא siyumá דגופא degufá אות ot
ברית brit קדש kódesh. מלכות Maljut פה pe מילה ; וע״ה אלהים, אהיה אדני.
תורה Torá שבעל shebeal פה pe מילה ; וע״ה אלהים, אהיה אדני קרינן kareinán
לה la. ווזכמה Jojmá במילוי = תרי״ג (מצוות) מוווזא mojá, איהו ihú
מוזשבה majashavá מלגאו milgav, בינה Biná ע״ה ווזיים, אהיה אהיה יהוה
לבא libá ובה uvá הלב halev מבין mevín ועל veal אלין ilein תרין trein
כתיב quetiv: הנסתרת hanistarot ליהו״ה laAdonai אלהינו Eloheinu ילה

Y estas Diez Sefirot siguen su orden, la una es larga, y una es corta. Y la una es mediana. Y Tú las conduces, y no hay otro que te lidere a Ti, ni Arriba, ni Abajo, ni tampoco en ningún otro lado. Tú preparaste vestimentas, desde las cuales las Neshamot vuelan a los seres humanos, y preparaste varios cuerpos. Y éstos son llamados cuerpos en relación con la vestimenta, en la que están ataviados. Las Sefirot reciben su nombre por esta enmendación, siendo Jésed el brazo derecho, Guevurá siendo el brazo izquierdo. Tiféret significa el cuerpo. Nétsaj y Hod los dos muslos, Yesod la parte final del cuerpo, el signo de la Alianza Sagrada, Maljut, la boca, la llamamos la Torá Oral. Jojmá es el cerebro, el pensamiento interior. Biná es el corazón, y a través de ella el corazón entiende. Y acerca de estos dos, está escrito: "Las cosas secretas pertenecen al Señor, nuestro Dios" (Deuteronomio 29:29).

כֶּתֶר Kéter יהוה מלך יהוה מלך יהוה ימלוך לעולם ועד (באתב"ש ג"אל) עֶלְיוֹן elyón, אִיהוּ ihú
כֶּתֶר Kéter יהוה מלך יהוה מלך יהוה ימלוך לעולם ועד (באתב"ש ג"אל) מַלְכוּת Maljut.
וְעָלֶיהָ vealei פהל אִתְמַר itmar: מַגִּיד maguid מֵרֵאשִׁית mereshit
אַחֲרִית ajarit. וְאִיהוּ veihú קַרְקַפְתָּא karkaftá דִּתְפִלֵּי ditfilei.
מִלְּגָאו milgav אִיהוּ ihú אוֹת ot יו"ד Yud וְאוֹת veot ה"א He וְאוֹת veot
וא"ו Vav וְאוֹת veot ה"א He, דְּאִיהוּ deihú אֹרַח óraj אֲצִילוּת Atsilut,
אִיהוּ ihú שַׁקְיוּ shakyú דְּאִילָנָא deilaná בִּדְרוֹעוֹי bidroói וְעַנְפּוֹי veanpoi,
כְּמַיָּא quemayá דְּאַשְׁקֵי deashkei לְאִילָנָא leilaná וְאִתְרַבֵּי veitrabei
בְּהַהוּא behahú שַׁקְיוּ shakyú. רִבּוֹן ribón יהוה ע"ב ס"ג מ"ה ב"ן עָלְמִין almín,
אַנְתְּ ant הוּא Hu עִלַּת ilat הָעִלּוֹת hailot, וְסִבַּת vesibat הַסִּבּוֹת hasibot,
דְּאַשְׁקֵי deashkei לְאִילָנָא leilaná בְּהַהוּא behahú נְבִיעוּ neviú,
וְהַהוּא vehahú נְבִיעוּ neviú אִיהוּ ihú כְּנִשְׁמְתָא quenishmetá לְגוּפָא legufá,
דְּאִיהִי deihí חַיִּים jayim אהיה אהיה יהוה, בינה ע"ה לְגוּפָא legufá. וּבָךְ uvaj
לֵית leit דִּמְיוֹן dimyón, וְלֵית veleit דִּיוּקְנָא diyukná, מִכָּל micol יל"י
מַה ma מ"ה דִּלְגָאו dilgav וּלְבַר ulvar. וּבָרָאתָ uvarata שְׁמַיָּא shmayá
וְאַרְעָא veará, וְאַפַּקְתְּ veapakt מִנְּהוֹן minehón שִׁמְשָׁא shimshá
וְסִיהֲרָא vesihará וְכֹכְבַיָּא vejojvayá וּמַזָּלֵי umazalei. וּבְאַרְעָא uveará,
אִילָנִין ilanín וּדְשָׁאִין udshaín וְגִנְתָּא veguintá דְעֵדֶן deEden וְעִשְׂבִּין veisbín
וְחֵיוָן vejeiván וְעוֹפִין veofín וְנוּנִין venunín וּבְעִירִין uveirín וּבְנֵי uvnei
נָשָׁא nashá. לְאִשְׁתְּמוֹדְעָא leishtemodá בְּהוֹן behón עִלָּאִין ilaín,
וְאֵיךְ veéij יִתְנַהֲגוּן yitnahagún בְּהוֹן behón עִלָּאִין ilaín וְתַתָּאִין vetataín.

El Kéter Celestial es la corona de Maljut. Y sobre esto está dicho: "Que declaro el fin desde el principio" (Isaías 46:10). Y ese es el Cráneo del Tefilín. Dentro está Yud-Vav-Dálet, Hei-Álef, Vav-Álef-Vav, Hei-Álef, que está en el camino de Atsilut. Es el riego del árbol en sus brazos y sus ramas, como aguas que riegan ese árbol y éste se multiplica por este riego. Señor de los Mundos, Tú eres la Causa de todas las Causas, y la Razón de todas las Razones, que riega el árbol por ese arroyo, y ese manantial es como un alma para el cuerpo, que es la vida del cuerpo. Y no hay semejanza ni parecido Contigo ni desde adentro ni afuera. Y Tú creaste el Cielo y la Tierra y de éstos produjiste al Sol y la Luna y las estrellas y las constelaciones. Y en la Tierra, árboles y hierbas, y el Jardín de Edén, y las plantas y los animales y las aves y los peces y los seres humanos, para a través de ellos reconocer a los elevados, y cómo los superiores y los inferiores se comportan.

וְאֵיךְ veéij אִשְׁתְּמוֹדְעָן ishtemodeán מֵעִלָּאֵי meilaéi וְתַתָּאֵי vetataéi◆

וְלֵית veleit דְּיָדַע deyadá בָּךְ baj כְּלָל clal, וּבַר uvar יצחק, ד"פ ב"ן

מִנָּךְ minaj לֵית leit יִחוּדָא yijudá בְּעִלָּאֵי beilaéi וְתַתָּאֵי vetataéi,

וְאַנְתְּ veánt אִשְׁתְּמוֹדַע ishtemodá אָדוֹן Adón אני עַל al כֹּלָּא colá◆

וְכָל vejol ילי סְפִירָן sefirán, כָּל col ילי וְחַד jad אִית it לֵיהּ lei שֵׁם shem

יְדִיעַ yediá, וּבְהוֹן uvehón אִתְקְרִיאוּ itkriú מַלְאָכַיָּא malajayá◆

וְאַנְתְּ veánt לֵית leit לָךְ laj שֵׁם shem יְדִיעַ yediá, דְּאַנְתְּ deánt הוּא Hu

מְמַלֵּא memalé כָּל col ילי שְׁמָהָן shemahán, וְאַנְתְּ veánt הוּא Hu

שְׁלִימוּ shlimú דְּכֻלְּהוּ dejulhú, וְכַד vejad אַנְתְּ ant תִּסְתַּלַּק tistalak

מִנְּהוֹן minehón אִשְׁתְּאָרוּ ishtearú כֻּלְּהוּ culhú שְׁמָהָן shemahán

כְּגוּפָא quegufá בְּלָא belá נִשְׁמָתָא nishmatá◆ אַנְתְּ ant חַכִּים jaquím

וְלָאו velav בְּחָכְמָה beJojmá במילוי = תרי"ג (מצוות) יְדִיעָא yediá◆ אַנְתְּ ant

הוּא Hu מֵבִין mevín, וְלָאו velav מִבִּינָה miBiná ע"ה וזיים, אהיה אהיה יהוה

יְדִיעָא yediá◆ לֵית leit לָךְ laj אֲתַר atar יְדִיעָא yediá◆

אֶלָּא elá לְאִשְׁתְּמוֹדְעָא leishtemodea תָּקְפָּךְ tukfaj וְחֵילָךְ vejeilaj

לִבְנֵי livnei נָשָׁא nashá, וּלְאַחֲזָאָה uleajzaá לוֹן lon, אֵיךְ eij

אִתְנְהִיג itnehig עָלְמָא almá בְּדִינָא vediná וּבְרַחֲמֵי uverajamei,

דְּאִינוּן deinún צֶדֶק tsédek וּמִשְׁפָּט umishpat ע"ה ה"פ אלהים

כְּפוּם quefum עוֹבָדֵיהוֹן ovadeihón דִּבְנֵי divnei נָשָׁא nashá◆

Y cómo los inferiores buscan alcanzar a los superiores; y en Ti, no hay absolutamente nadie que sea conocedor. Y aparte de Tu unificación, no hay tal unidad única en los superiores y los inferiores, y Tú eres reconocido como el Señor por encima de todo. Cada una de las Sefirot tiene un nombre reconocible, suyo propio. Y por ellas los ángeles reciben sus nombres. Sin embargo Tú no tienes un nombre conocido, Tú eres Él, quien llena todos los nombres. Y eres Tú quien los completas. Y cuando Tú te alejas de ellos, todos los nombres quedan como cuerpo sin alma. Tú eres sabio, pero no de sabiduría conocida. Tú entiendes, pero no con ningún entendimiento conocido. Y Tú no ocupas ningún lugar conocido para que así los humanos perciban Su fuerza y poderío y para mostrarles cómo se conduce el mundo con justicia y misericordia que son la rectitud y el juicio justo, de acuerdo con las acciones de los inferiores.

דִּין din, אִיהוּ ihú גְּבוּרָה Guevurá רי"ו. מִשְׁפָּט mishpat ע"ה ה"פ אלהים
עַמּוּדָא amudá דְּאֶמְצָעִיתָא deemtsaitá. צֶדֶק tsédek, מַלְכוּתָא maljutá
קַדִּישָׁא kadishá. מֹאזְנֵי moznei צֶדֶק tsédek, תְּרֵין trein סַמְכֵי samjei
קְשׁוֹט keshot. הִין hin צֶדֶק, tsédek אוֹת ot בְּרִית brit. כֹּלָּא culá
לְאַחֲזָאָה leajzaá אֵיךְ eij אִתְנְהִיג itnehig עָלְמָא almá. אֲבָל aval
לָאו lav דְּאִית deit לָךְ laj צֶדֶק tsédek יְדִיעָא yediá דְּאִיהוּ deihú
דִּין din, וְלָאו velav מִשְׁפָּט mishpat ע"ה ה"פ אלהים יְדִיעָא yediá דְּאִיהוּ deihú
רַחֲמֵי rajamei, וְלָאו velav מִכָּל micol ילי אִלֵּין ilein מִדּוֹת midot
כְּלָל clal. קוּם kum רִבִּי Ribí שִׁמְעוֹן Shimón וְיִתְחַדְּשׁוּן veyitjadshún
מִלִּין milín עַל al יְדָךְ yedaj, דְּהָא dehá רְשׁוּתָא reshutá אִית it לָךְ laj
לְגַלָּאָה legalaá רָזִין razín טְמִירִין temirín עַל al יְדָךְ yedaj מַה ma מ"ה
דְּלָא delá אִתְיְהִיב ityehiv רְשׁוּ reshú לְגַלָּאָה legalaá לְשׁוּם leshum
בַּר bar נָשׁ nash עַד ad כְּעַן queán. קָם kam רִבִּי Ribí שִׁמְעוֹן Shimón,
פָּתַח pataj וְאָמַר veamar: לְךָ lejá יְהֹוָה אדני יאהדונהי Adonai הַגְּדֻלָּה haGuedulá
וְהַגְּבוּרָה vehaGuevurá רי"ו וְהַתִּפְאֶרֶת vehaTiféret וְהַנֵּצַח vehaNétsaj
וְהַהוֹד vehaHod ההה כִּי qui כ"י כֹל jol ילי בַּשָּׁמַיִם bashamáyim י"פ טל, י"פ כוזו
וּבָאָרֶץ uvaárets לְךָ lejá יְהֹוָה אדני יאהדונהי Adonai הַמַּמְלָכָה hamamlajá
וגו׳ vegomer, (En *Jol Hamoed* debes dar aquí tres monedas en caridad) עִלָּאִין ilaín
שְׁמָעוּ shmaú, אִינּוּן inún דְּמִיכִין demijín דְּחֶבְרוֹן deJevrón
וְרַעְיָא veRaayá מְהֵימְנָא Meheimná, אִתְּעָרוּ itarú מִשְּׁנַתְכוֹן mishnatjón.

Juicio es Guevurá, el proceso judicial es la Columna Central, la Rectitud: el Maljut Sagrado; las balanzas justas son dos soportes de la verdad. Una verdadera medida de un hin es este símbolo del pacto de Yesod. Todo para mostrar el liderazgo del mundo, pero no es como si hubiera cierta justicia que es estrictamente sentenciosa, ni cierto juicio justo que sea estrictamente misericordioso, ni ninguno de estos atributos, en absoluto. Levántate, Rabí Shimón y deja que nuevas ideas lleguen a través de ti, pues tienes permiso, de que a través de ti misterios oscuros se revelen, porque el permiso no le fue concedido a ninguna persona hasta ahora para revelarlos. Rabí Shimón se levantó, abrió y dijo: "Tuyos son, Señor, la grandeza y el poder…" (Crónicas 1 29:11). Escuchen, Supremos, aquellos que descansan en Hevrón, y el Pastor Fiel, sean sacudidos de su sueño.

הָקִיצוּ hakitsu וְרַנְּנוּ veranenú שֹׁכְנֵי shojnei עָפָר afar, אִלֵּין ilein אִנּוּן inún
צַדִּיקַיָּא tsadikaya, דְּאִנּוּן deinún מִסִּטְרָא misitrá דְּהַהוּא dehahú
דְּאִתְּמַר deitmar בָּהּ ba: אֲנִי aní אני יְשֵׁנָה yeshená וְלִבִּי velibí עֵר er,
וְלָאו velav אִנּוּן inún מֵתִים metim, וּבְגִין uveguín דָּא da
אִתְּמַר itmar בְּהוֹן vehón הָקִיצוּ hakitsu וְרַנְּנוּ veranenú וגו' vegomer.
רַעְיָא Raayá מְהֵימְנָא Meheimná, אַנְתְּ ant וַאֲבָהָן vaavahán, הָקִיצוּ hakitsu
וְרַנְּנוּ veranenú לְאִתְעָרוּתָא leitarutá דִּשְׁכִינְתָּא diShjintá דְּאִיהִי deihí
יְשֵׁנָה yeshená בְּגָלוּתָא vegalutá. דְּעַד dead כְּעַן queán צַדִּיקַיָּא tsadikaya
כֻּלְּהוּ culhú דְּמִיכִין demijín וְשִׁנְתָּא veshintá בְּחוֹרֵיהוֹן vejoreihón.
מִיָּד miyad יְהִיבַת yahivat שְׁכִינְתָּא Shejintá תְּלַת telat קָלִין kalín
לְגַבֵּי legabei רַעְיָא Raayá מְהֵימְנָא Meheimná וְיֵימָא veyimá לֵיהּ lei
קוּם kum רַעְיָא Raayá מְהֵימְנָא Meheimná, דְּהָא dehá עֲלָךְ alaj
אִתְּמַר itmar קוֹל col דּוֹדִי dodí דוֹפֵק dofek מנק לְגַבָּאי legabai,
בְּאַרְבַּע bearbá אַתְוָן atván דִּילֵיהּ dilei. וְיֵימָא veyimá בְּהוֹן vehón
פִּתְחִי־ pitjí לִי li אֲחוֹתִי ajotí רַעְיָתִי raayatí יוֹנָתִי yonatí תַמָּתִי tamatí.
דְּהָא dehá תַּם־ tam עֲוֹנֵךְ avonej בַּת־ bat צִיּוֹן Tsiyón יוסף, ו' הויות, קנאה
לֹא lo יוֹסִיף yosif לְהַגְלוֹתֵךְ lehaglotej. שֶׁרֹּאשִׁי shcroshí נִמְלָא־ nimlá
טָל tal יוד הא ואו, כוזו מַאי maí נִמְלָא nimlá טָל tal יוד הא ואו, כוזו.

"Despierten y canten, ustedes que moran en polvo" (Isaías 26:19). Son aquellos justos que son de este aspecto sobre el cual se dice: "Yo duermo, pero mi corazón vela" (Cantar de los cantares 5:2). Y ellos no están muertos, por lo tanto dice de ellos: "Despierten y canten..." Pastor Fiel, tú y los Patriarcas, despiértense y canten al despertar de la Shejiná que duerme en el exilio ya que hasta ahora todos los justos están durmiendo, y el sueño está en las cavernas. Instantáneamente, la Shejiná emite tres sonidos hacia el Pastor Fiel, y le dice a él: ¡Levántate Pastor Fiel! Puesto que de ti se dijo: "Escucha, mi amado está llamando" (Ibid.) por mí, con Sus cuatro letras. Y él dirá con ellos: "Ábrete a mí, hermana mía, mi amada, paloma mía, casta mía" (Ibid.). Puesto que, "El castigo de tu iniquidad se ha completado, hija de Sión; Él no te llevará más al exilio" (Lamentaciones 4:22). "Porque mi cabeza está llena de rocío" (Cantar de los Cantares 5:2). Él pregunta: "¿Qué significa 'llena de rocío'?".

אֶלָּא elá אֲמַר amar קֻדְשָׁא Kudshá בְּרִיךְ Berij הוּא Hu,
אַנְתְּ ant וְחָשַׁבְתְּ jashavt דְּמִיּוֹמָא demiyomá דְּאִתְחָרַב deitjarav
בֵּי bei מַקְדְּשָׁא makdeshá דְּעָאלְנָא dealná בְּבֵיתָא beveitá דִּילִי dilí
וְעָאלְנָא vealná בְּיִשּׁוּבָא veyishuvá, לָאו lav הָכִי hají, דְּלָא delá
עָאלְנָא alná כָּל col ילי זִמְנָא zimná דְּאַנְתְּ deánt בְּגָלוּתָא begalutá,
הֲרֵי harei לָךְ laj סִימָנָא simaná שֶׁרֹּאשִׁי sheroshí נִמְלָא nimlá
טָל tal יוד הא ואו, כוזו. הֵ"א He, שְׁכִינְתָּא Shejintá בְּגָלוּתָא begalutá,
שְׁלִימוּ shelimú דִּילָהּ dilá וְחַיִּים vejayim אהיה אהיה יהוה, בינה ע"ה דִּילָהּ dilá,
אִיהוּ ihú טַל tal יוד הא ואו, כוזו. וְדָא vedá אִיהוּ ihú אוֹת ot יו"ד Yod
וְאוֹת veot הֵ"א He וְאוֹת veot וָא"ו Vav. וְאוֹת veot הֵ"א He אִיהִי ihí
שְׁכִינְתָּא Shejintá, דְּלָא delá מֵחוּשְׁבַּן mejushbán טַ"ל tal יוד הא ואו, כוזו.
אֶלָּא elá יו"ד Yod הֵ"א He וָא"ו Vav, דִּסְלִיקוּ disliku אַתְוָן atván
לְחוּשְׁבַּן lejushbán טַ"ל tal יוד הא ואו, כוזו. דְּאִיהוּ deihú מַלְיָא malyá
לִשְׁכִינְתָּא liShjintá, מִנַּבִּיעוּ mineviú דְּכָל dejol ילי מְקוֹרִין mekorín
עִלָּאִין ilaín. מִיַּד miyad קָם kam רַעְיָא Raayá מְהֵימְנָא Meheimná,
וַאֲבָהָן vaavahán קַדִּישִׁין kadishín עִמֵּיהּ imei. עַד ad כָּאן can רָזָא razá
דְּיִחוּדָא deyijudá. בָּרוּךְ Baruj יְהֹוָהאדניאהדונהי Adonai לְעוֹלָם leolam
ריבוע דס"ג וי' אותיות דס"ג אָמֵן Amén יאהדונהי וְאָמֵן veAmén יאהדונהי ; ר"ת לאו:

Pero el Santísimo, Bendito sea Él, dijo: ¿Tú piensas que desde el día de la destrucción del Templo, Yo entré en Mi propia morada, y entré en el asentamiento? No es así, pues no he entrado ya que ustedes están en exilio. Y he aquí su prueba: "Puesto que mi cabeza está llena de rocío". Hei-Álef es la Shejiná, y ella está en exilio. Su perfección, y su vida es el rocío (heb. tal = 39), y éste es Yud-Vav-Dálet, Hei-Álef, Vav-Álef-Vav numéricamente tal (=39). Y el Hei-Álef, la Shejiná, no estaba en las cuentas de tal, sólo la Yud-Vav-Dálet, Hei-Álef, Vav-Álef-Vav, que equivalen a tal. Y es Él, quien llena la Shejiná del manantial de todas las Fuentes Celestiales. El Pastor Fiel se levantó inmediatamente, y los sagrados Patriarcas con él. Hasta aquí los misterios de la unificación. "¡Bendito sea el Señor por siempre, Amén y Amén!" (Salmos 89:53).

וִיהֵא veyehé רַעֲוָא raavá מִן min קֳדָם kodam עַתִּיקָא atiká
קַדִּישָׁא kadishá דְכָל dejol יכ״י קַדִּישִׁין kadishín טְמִירָא temirá
דְכָל dejol יכ״י טְמִירִין temirín סְתִימָא setimá דְכֹלָּא dejolá,
דְיִתְמְשַׁךְ deyitmeshaj טַלָּא talá עִילָּאָה ilaá מִנֵּיהּ minei לְמַלְיָא lemalyá
רֵישֵׁיהּ reishei דִזְעֵיר diZeir אַנְפִּין Anpín וּלְהַטִּיל ulehatil לַחֲקַל lajakal
אהיה יהוה יהוה אדני, מנוזם (שמו של משיח) תַּפּוּחִין tapujín קַדִּישִׁין kadishín
בִּנְהִירוּ binhirú דְאַנְפִּין deanpín בְּרַעֲוָא beraavá וּבְחֶדְוָתָא uvejedvatá
דְכֹלָּא dejolá. וְיִתְמְשַׁךְ veyitmeshaj מִן min קֳדָם kodam עַתִּיקָא atiká
קַדִּישָׁא kadishá דְכָל dejol יכ״י קַדִּישִׁין kadishín טְמִירָא temirá
דְכָל dejol יכ״י טְמִירִין temirín סְתִימָא setimá דְכֹלָּא dejolá.
רְעוּתָא reutá וְרַחֲמֵי verajamei וְחִנָּא jiná וְחִסְדָּא vejisdá
בִּנְהִירוּ binhirú עִילָּאָה ilaá בִּרְעוּתָא bireutá וְחֶדְוָה vejedvá
עָלַי alai וְעַל veal כָּל col יכ״י ; עמם בְּנֵי bnei בֵיתִי veití ב״פ ראה וְעַל veal
כָּל col יכ״י ; עמם בְּנֵי bnei יִשְׂרָאֵל Yisrael עַמֵּיהּ amei. וְיִפְרְקִינַנָן veyifrekinán
מִכָּל micol יכ״י עַקְתִין aktín בִּישִׁין bishín דְיֵיתוּן deyetún לְעָלְמָא lealmá.
וְיַזְמִין veyazmín וְיִתְיְהִיב veyityehiv לָנָא laná וּלְכָל ulejol יה אדני
נַפְשָׁתָנָא nafshataná וְחִנָּא jiná וְחִסְדָּא vejisdá וְחַיֵּי vejayei
אֲרִיכֵי arijei וּמְזוֹנֵי umezonei רְוִיחֵי revijei וְרַחֲמֵי verajamei מִן min
קֳדָמֵיהּ kodamei. אָמֵן Amén יאהדונהי כֵּן quen יְהִי yehí רָצוֹן ratsón
מהש ע״ה, ע״ב בריבוע וקס״א ע״ה, אל שדי ע״ה אָמֵן Amén יאהדונהי וְאָמֵן יאהדונהי:

Y que sea grato ante el Santo de los Santos Atiká, el escondido de todos y el más oculto, que un rocío Celestial será atraído de Él para llenar la Cabeza de Zeir Anpín, y para que deje caer sobre Jakal Tapujíin Kadishín de su Brillante Rostro con deseo y felicidad para todos. Y también será atraído del Santo de los Santos Atiká, el escondido de todos y el más oculto voluntariamente, misericordia, gracia, amabilidad, con Iluminación Celestial con deseo y felicidad, para mí y para mi hogar, y para todo Tu pueblo, Israel. Y Él nos salvará de todos los incidentes negativos que existen en nuestro mundo. Y Él traerá y nos dará a nosotros y al resto de la gente, gracia y amabilidad, una vida larga y sustento, bienestar y misericordia de ante Su presencia. Amén, que así sea. Amén y Amén.

יְדִיד yedid נֶפֶשׁ néfesh אָב av הָרַחֲמָן •harajamán מְשׁוֹךְ meshoj
עַבְדָּךְ avdaj פוי, אל אדני אֶל el רְצוֹנָךְ •retsonaj יָרוּץ yaruts
עַבְדָּךְ avdaj פוי, אל אדני כְּמוֹ quemó אַיָּל •ayal יִשְׁתַּחֲוֶה yishtajavé אֶל el
מוּל mul הֲדָרָךְ hadaraj ב"פ יבק, ס"ג קס"א• יֶעֱרַב yeerav לוֹ lo
יְדִידוּתָךְ yedidutaj ר"ת ילי• מִנֹּפֶת minófet צוּף tsuf וְכָל vejol טָעַם :táam
הָדוּר hadur נָאֶה naé זִיו ziv הָעוֹלָם •haolam נַפְשִׁי nafshí
חוֹלַת jolat אַהֲבָתָךְ •ahavataj אָנָּא aná ב"ן אֵל El יא"י (במילוי דס"ג)
נָא na רְפָא refá נָא na לָהּ la •(Nombre de 11 letras para sanación)
בְּהַרְאוֹת beharot לָהּ la נֹעַם nóam זִיוָךְ •zivaj אָז az תִּתְחַזֵּק titjazek
וְתִתְרַפֵּא •vetitrapé וְהָיְתָה vehaytá לָהּ la שִׂמְחַת simjat עוֹלָם :olam
וָתִיק vatik יֶהֱמוּ yehemú רַחֲמֶיךָ •rajameja וְחוּסָה vejusá
נָא na עַל al בֵּן ben אֲהוּבָךְ •ahuvaj כִּי qui זֶה ze
כַּמָּה jame נִכְסֹף nijsof נִכְסַף •nijsaf לִרְאוֹת lirot
בְּתִפְאֶרֶת betiféret עֻזָּךְ •uzaj אָנָּא ana ב"ן אֵלִי Elí וְחֶמְדַּת jemdat
לִבִּי •libí חוּשָׁה jushá נָא na וְאַל veal תִּתְעַלָּם :titalam
הִגָּלֶה higalé נָא na וּפְרוֹשׂ ufrós חָבִיב javiv הוי• עָלַי alai אֶת et סֻכַּת sucat
שְׁלוֹמָךְ •shelomaj תָּאִיר tair אֶרֶץ érets מִכְּבוֹדָךְ miquevodaj ב"ן, לכב•
נָגִילָה naguilá וְנִשְׂמְחָה venismejá בָּךְ •vaj מַהֵר maher אָהוּב ahuv
כִּי qui בָא va מוֹעֵד •moed וְחָנֵּנוּ vejanenú כִּימֵי quimei עוֹלָם :olam

---

י *Querido del alma, Padre misericordioso, atrae a Tu siervo hacia Tu voluntad. Correrá Tu siervo como el corzo para postrarse frente a Tu majestad; pues le agrada Tu amistad más que la miel que destila el panal, y más que todo deleite.* ה *Majestad, Esplendor del mundo, mi alma padece por Tu amor. Te ruego, Dios, cúrala mostrándole la belleza de Tu esplendor. Entonces ella será fortalecida y sanará, y tendrá la alegría del mundo.* ו *Todo Poderoso, Tu misericordia sea despertada, y ten compasión con los hijos de Tu amado, porque hace tiempo que deseo contemplar prontamente el esplendor de Tu fuerza. Sólo esto es lo que mi corazón ha deseado, así que apiádate y no te ocultes.* ה *Revela y despliega sobre mí, Amado mío, el abrigo de Tu paz. Ilumina la Tierra con Tu gloria; nos alegraremos y nos regocijaremos por Tu causa. De prisa, muestra Tu amor, pues ha llegado la hora; y muéstranos Tu gracia como en los tiempos antiguos.*

LESHEM YIJUD

לְשֵׁם leShem יִחוּד yijud קוּדְשָׁא Kudshá בְּרִיךְ Berij הוּא Hu
וּשְׁכִינְתֵּיהּ uShjintei (יאהדונהי) בִּדְחִילוּ bidjilu וּרְחִימוּ urjimu
(יאהדויהה), וּרְחִימוּ urjimu וּדְחִילוּ udjilu (איההיוהה), לְיַחֲדָא leyajadá
שֵׁם Shem יוּ"ד Yud קֵ"י Kei בְּוָא"ו beVav קֵ"י Kei בְּיִחוּדָא beyijudá
שְׁלִים shelim (יהוה) בְּשֵׁם beShem כָּל col ילי יִשְׂרָאֵל Yisrael,
הֲרֵינִי hareini מְקַבֵּל mekabel עָלַי alai אֱלָהוּתוֹ elohutó יִתְבָּרַךְ yitbaraj
וְיִרְאָתוֹ veyirató וְאַהֲבָתוֹ veahavató וְהִנְנִי vehineni עֶבֶד éved
לְהַשֵּׁם lehaShem יִתְבָּרַךְ yitbaraj, וַהֲרֵינִי vehareini מְקַיֵּם mekayem
מִצְוַת mitsvat וְאָהַבְתָּ veahavta ב"פ אור, ב"פ רז, ב"פ א"ס לְרֵעֲךָ lereajá
כָּמוֹךָ camoja וַהֲרֵינִי vehareini אוֹהֵב ohev אֶת et כָּל col ילי אָדָם adam
מִיִּשְׂרָאֵל miYisrael כְּנַפְשִׁי quenafshí, וַהֲרֵינִי vehareini מְכַוֵּין mejavéin
לְקַיֵּם lekayem מִצְוַת mitsvat צִיצִית tsitsit וּמִצְוַת umitsvat תַּלְמוּד talmud
תּוֹרָה Torá, וַהֲרֵינִי vehareni מְכַוֵּין mejavéin לְקַיֵּם lekayem
מִצְוַת mitsvat קְרִיאַת kriat שְׁמַע Shemá וּתְפִלַּת utfilat שַׁחֲרִית shajarit,
הֵם hem וְהַמִּצְווֹת vehamitsvot הַנִּלְווֹת hanilvot וְהַכְּלוּלוֹת vehaclulot
בָּהֶם bahem, וַאֲנִי vaaní אני מְכַוֵּין mejavéin בְּכָל bacol ב"ן, לכב
לַעֲשׂוֹת laasot נַחַת nájat רוּחַ rúaj לְיוֹצְרֵנוּ leyotsrenu שֶׁלֹּא sheló
עַל al מְנָת menat לְקַבֵּל lekabel פְּרָס pras בְּשׁוּם beshum צַד tsad,
וַאֲנִי vaaní אני מְכַוֵּין mejavéin בְּכָל bacol ב"ן, לכב לָדַעַת ledáat
רַבִּי Rabí שִׁמְעוֹן Shimón בֶּן ben יוֹחָאי Yojái הַקָּדוֹשׁ hakadosh,

---

LESHEM YIJUD

Para la unificación entre El Santo, Bendito sea y Su Shejiná, con temor y amor y con amor y temor, para unificar El Nombre Yud-Kei y Vav-Kei en perfecta unidad, y en el nombre de todo Israel, por este medio acepto sobre mí Su divinidad, bendito sea Él, y el amor de Él y el temor de Él, y por este medio me declaro siervo de Dios, bendito sea Él. Y por este medio acepto sobre mí el precepto obligatorio de "Ama a tu prójimo como a ti mismo". Y por este medio declaro que amo a cada miembro de Israel con mi alma. Y por el presente medio estoy preparado para cumplir con el precepto obligatorio de usar el Tsitsit y del estudio de la Torá. Y por este medio estoy preparado para cumplir con el precepto obligatorio de recitar el Shemá y la oración de Shajarit, y todos los preceptos relacionados a ésta. Y medito para dar satisfacción a nuestro Creador, sin el propósito de recibir alguna recompensa. Y toda mi intención está basada en las enseñanzas del Santo Rabí Shimón bar Yojái.

וְהֲרֵינִי vehareini מְקַבֵּל mekabel עָלַי alai כָּל col ילי תרי"ג taryag

מִצְווֹת mitsvot דְּאוֹרַיְיתָא deoraytá וּמִצְווֹת umitsvot דְּרַבָּנָן derabanán

הֵם hem וְעַנְפֵיהֶם veanfeihem וְאַתָּה veAtá הָאֵל haEl לאה ; ייא"י (מילוי דס"ג)

הַטּוֹב hatov והו בְּרוֹב berov י"פ אהיה רַחֲמֶיךָ rajameja

תַּצִּילֵנוּ tatsilenu מִיֵּצֶר miyétser הָרָע hará וּתְזַכֵּנוּ utezaquenu

לְעָבְדְךָ leovdejá פוי, אל אדני בֶּאֱמֶת beemet אהיה פעמים אהיה, ז"פ ס"ג

אָמֵן Amén יאהדונהי כֵּן quen יְהִי yehí רָצוֹן ratsón מהש ע"ה, ע"ב בריבוע וקס"א ע"ה,

אל שדי ע"ה. וִיהִי vihí נֹעַם nóam אֲדֹנָי Adonai ללה אֱלֹהֵינוּ Eloheinu ילה

עָלֵינוּ aleinu וּמַעֲשֵׂה umaasé יָדֵינוּ yadeinu כּוֹנְנָה conená

עָלֵינוּ aleinu וּמַעֲשֵׂה umaasé יָדֵינוּ yadeinu כּוֹנְנֵהוּ conenehu:

יְהִי yehí רָצוֹן ratsón מהש ע"ה, ע"ב בריבוע וקס"א ע"ה, אל שדי ע"ה

מִלְּפָנֶיךָ milfaneja ס"ג מ"ה ב"ן יְהֹוָהאדניאהדונהי Adonai

אֱלֹהֵינוּ Eloheinu ילה וֵאלֹהֵי veElohei לכב ; מילוי ע"ב, דמב ; ילה

אֲבוֹתֵינוּ avoteinu שֶׁתַּכְנִיעַ shetajnía כָּל col ילי

הַמְקַטְרְגִים hamekatreguim וְכָל vejol ילי הַקְּלִיפּוֹת haklipot

הַחִיצוֹנִים hajitsonim הַמְשׁוֹטְטִים hameshotetim בָּעוֹלָם baolam

וּמְעַכְּבִים umeacvim תְּפִלָּתִי tefilatí לַעֲלוֹת laalot לְפָנֶיךָ lefaneja ס"ג מ"ה ב"ן

כִּי qui אַתָּה Atá יוֹדֵעַ yodea שֶׁרְצוֹנִי sheretsoní לַעֲשׂוֹת laasot

רְצוֹנְךָ, retsonjá אַךְ aj אהיה שְׂאוֹר seor שֶׁבְּעִיסָּה shebeisá

מְעַכֵּב meaquev אוֹתִי, otí לָכֵן lajén גְּעוֹר gueor בָּהֶם bahem שֶׁאַל sheal

יַזִּיקוּנִי yezikuni וְאַל veal יְעַכְּבוּ yeacvú אֶת et תְּפִלָּתִי tefilatí

Y por este medio acepto sobre mí todos los 613 preceptos de la Torá y los sabios y sus ramificaciones. Y Tú, el buen Dios, con Tu gran misericordia, nos salvarás de la inclinación al mal y nos darás el privilegio de servirte con verdad. Amén, que así sea Su voluntad. "Que la gracia del Señor, nuestro Dios, sea sobre nosotros y pueda Él establecer para nosotros el trabajo de nuestras manos y pueda el trabajo de nuestras manos establecerlo a Él" (Salmos 90:17).

Que te plazca, Señor, mi Dios y Dios de mis antepasados, que Tú doblegues a todos los acusadores y klipot externas que existen en el mundo y que demoran la llegada de mis oraciones a Ti. Y Tú sabes que mi único deseo es cumplir Tu deseo, pero la levadura en la masa me retrasó. Así que castígalos para que no me lastimen y no demoren mi oración,

וְאַל veal יִשְׁלְטוּ yishletú בִּי bi לֹא lo בְּגוּפִי begufí וְלֹא veló

בְּנִשְׁמָתִי, benishmatí וְשֶׁתְּהֵא veshetehé תְּפִלָּתִי tefilatí רְצוּיָה retsuyá

וּמְקוּבֶּלֶת umkubélet לְפָנֶיךָ lefaneja ס״ג מ״ה ב״ן אָמֵן Amén יאהדונהי כֵּן quen

יְהִי yehí רָצוֹן ratsón מהש ע״ה, ע״ב בריבוע וקס״א ע״ה, אל שדי ע״ה:

הֲרֵינִי hareini מְכַוֵּין mejavéin בִּתְפִלָּתִי bitfilatí כְּאִילוּ queílu

אֲנִי aní אני עוֹמֵד omed בִּירוּשָׁלַיִם birushaláyim בְּבֵית beVeit ב״פ ראה

הַמִּקְדָּשׁ haMikdash וּמְכַוֵּין umejavéin כְּנֶגֶד quenégued מזבח, זן, אל יהוה בֵּית Beit

ב״פ ראה קֹדֶשׁ Kódesh הַקֳּדָשִׁים haKodáshim כְּמוֹ quemó שֶׁנֶּאֱמַר sheneemar:

וְהִתְפַּלְלוּ vehitpalelú אֶל el הַמָּקוֹם hamakom הַזֶּה hazé והו:

יְהִי yehí רָצוֹן ratsón מהש ע״ה, ע״ב בריבוע וקס״א ע״ה, אל שדי ע״ה

מִלְּפָנֶיךָ milfaneja ס״ג מ״ה ב״ן יְהֹוָאדֹנָיאהדונהי Adonai אֱלֹהֵינוּ Eloheinu ילה

וֵאלֹהֵי veElohei לכב ; מילוי ע״ב, דמב ; ילה אֲבוֹתֵינוּ avoteinu שֶׁיְּהֵא sheyehé לִבִּי libí

נָכוֹן najón וּמָסוּר umasur בְּיָדִי beyadí שֶׁלֹּא sheló אֶשְׁכָּחֶךָ eshcajejá:

RIBÓN ALMÁ

Rabí Shimón dice en el *Zóhar*, *Idra Rabá* 303: "*El alma de un hombre es bajada desde los niveles elevados hacia Maljut. Por medio de eso, causa que todo esté en unión singular. Quien interrumpa esta unión del mundo es como si cortara al alma previamente mencionada, e indica que otra alma existe además de ésta. Como resultado, él y su memoria desaparecerán de este mundo por generaciones tras generaciones*". Decir "*Ribón Almá*" antes de la oración nos protege de cometer errores intelectuales en el transcurso de nuestro trabajo espiritual.

רִבּוֹן ribón עָלְמָא almá יְהֵא yehé רַעֲוָא raavá קָמָךְ kamaj לְמֵיהַב lemeihav

לָן lan חֵילָא jeilá לְאִתְעָרָא leitará בִּיקָרָךְ vikaraj וּלְמֶעְבַּד ulmeebad

רְעוּתָךְ reutaj וּלְסַדְּרָא ulesadará כֹּלָּא jolá כִּדְקָא quedeká יָאוּת yaut.

---

y que no me controlen, ni a mi cuerpo ni a mi alma. Y que mi oración sea aceptada por Ti, Amén, que así sea Su voluntad.

Mediante la presente medito en mi oración como si estuviera de pie en el Templo en Jerusalén y de espalda al Sancta Sanctórum. Como está dicho: "Si oraren hacia este lugar" (I Reyes 8:35). Que sea agradable ante Ti, Señor, mi Dios y Dios de mis antepasados, que yo funde y dedique mi corazón de modo que yo no te olvide.

RIBÓN ALMÁ

Señor del Mundo, que sea de Tu agrado
proporcionarnos fortaleza para actuar y honrarte, para hacer Tu voluntad y poner todo en la dirección correcta.

וְאַף veaf עַל al גַּב gav דְּלֵית deleit אֲנַן anán יָדְעִין yadín לְשַׁוָּאָה leshavaá

רְעוּתָא reutá וְלִבָּא velibá לְתַקָּנָא letakaná כֹּלָּא jolá, יְהֵא yehé רַעֲוָא raavá

קָמָךְ kamaj דְּתִתְרְעֵי detitreéi בְּמִלִּין vemilín וּצְלוֹתָא utselotá דִּילָן dilán

לְתַקָּנָא letakaná תִּקּוּנָא tikuná דִּלְעֵלָּא dilelá כַּדְקָא quidecá יָאוּת yaut

וְלֶהֱוֹו ulehevó הֵיכָלִין heijalín עִלָּאִין ilaín וְרוּחִין verujín עִלָּאִין ilaín

עָיְלֵי aylí הֵיכָלָא heijalá בְּהֵיכָלָא beheijalá וְרוּחָא verujá בְּרוּחָא verujá

עַד ad דְּמִתְחַבְּרָן demitjabrán בְּדוּכְתַיְהוּ bedujtayhó כַּדְקָא quidecá

וְזֵוֵי jazei, שַׁיְפָא sheyafá בְּשַׁיְפָא bisheyafá, וְאִשְׁתְּלִימוּ veishtelimu דָּא da

בְּדָא vedá וְאִתְיַחֲדוּ veityajadú דָּא da בְּדָא vedá עַד ad אִנּוּן inún וְחַד jad,

וְנַהֲרִין venaharín דָּא da בְּדָא vedá. וּכְדֵין ujedein נִשְׁמְתָא nishmetá

עִלָּאָה ilaá דְּכֹלָּא dejolá אַתְיָא atyá מִלְּעֵלָּא milelá וְנָהֵר venaher לוֹן lon

וְלֶהֱווּ velehevú נְהִירִין nehirín כֻּלְּהוּ colhó בּוּצִינִין vutsinín בִּשְׁלֵימוּ bishleimú

כַּדְקָא quidecá וְזֵוֵי jazei, עַד ad דְּהַהוּא dehahú נְהוֹרָא nehorá עִלָּאָה ilaá

אִתְעַר itear, וְכֹלָּא vejolá אָעֵיל aéil לְגַבֵּי legabei קֹדֶשׁ Kódesh

קָדָשִׁים Kodashim וְאִתְבָּרְכָא veitbarjá וְאִתְמַלְיָא veitmalyá כְּבֵירָא queveirá

דְּמַיִין demayín נָבְעִין navín וְלָא velá פָּסְקִין faskín וְכֻלְּהוּ vejolhó

מִתְבָּרְכָן mitbarján לְעֵלָּא leelá וְתַתָּא vetatá. וְהַהוּא vehahú דְּלָא delá

אִתְיְדַע ityedá וְלָא velá אָעֵיל aéil בְּחוּשְׁבְּנָא bejushbená, רְעוּתָא reutá

דְּלָא delá אִתְפַּס itpás עָלְמִין lealmín, בְּסִים basim לְגוֹ legó לְגוֹ legó

בְּגַוַּיְהוּ begavayhó, וְלָא velá אִתְיְדַע ityedá הַהוּא hahú רְעוּתָא reutá

Y, aunque no sabemos cómo ser diligentes ni cómo dirigir nuestro corazón para corregirlo todo, que sea de Tu agrado que nuestras palabras y oraciones sean aceptadas para corregir el tikún Celestial de la manera correcta, para que las cámaras Celestiales y las almas Celestiales sean elevadas, una cámara penetra a la otra, y un alma a otra, hasta que todas reposen en sus respectivos lugares como es debido. Un órgano está dentro del otro y uno complementa al otro. Los elementos se funden hasta que se vuelven uno y brillan uno dentro del otro. Por consiguiente, el Alma más Celestial desciende e irradia sobre ellos, y todas las Velas (Sefirot) se van encendiendo en completa perfección, hasta que esta Luz Celestial es despertada y todas las cámaras entran al Sancta Sanctórum y es bendecida y llenada como un pozo de agua de manantial que nunca cesa de brotar, y todos los Superiores e Inferiores son bendecidos. El más guardado de los secretos que no puede ser concebido, y que es tomado en cuenta, es un deseo que nunca se puede comprender, es endulzado muy dentro de las Sefirot, y su deseo no puede ser concebido

וְלָא velá אִתְפַּס itpás לְמִנְדַּע lemindá, וּכְדֵין ujedéin כֹּלָּא colá רְעוּתָא reutá
וַחֲדָא jadá עַד ad אֵין ein סוֹף sof וְכֹלָּא vejolá אִיהוּ ihú בִּשְׁלֵימוּ vishleimú
מִלְּתַתָּא miltatá וּמִגּוֹ umigó לְגוֹ legó עַד ad דְּאִתְעֲבֵד deitaved כֹּלָּא colá
וְחַד jad, וְאִתְמַלְיָאָה veitmaliá כֹּלָּא colá וְאִשְׁלֵם veishlem כֹּלָּא colá
וְאִתְנְהִיר veitnahir וְאִתְבַּסֵּם veitbasem כֹּלָּא colá כִּדְקָא quidecá יָאוּת yaut.

רִבּוֹן Ribón עָלְמָא Almá יְהֵא yehé רְעוּתָךְ reutaj עִם im עַמָּךְ amaj
יִשְׂרָאֵל Yisrael לְעָלַם lealam. וּפֻרְקַן ufurkán יְמִינָךְ yeminaj אַחֲזֵי ajazei
לְעַמָּךְ leamaj בְּבֵית beveit מַקְדְּשָׁךְ makdeshaj וּלְאַמְטוּיֵי uleamtuyei
לַנָא laná מִטּוּב mituv נְהוֹרָךְ nehoraj וּלְקַבָּלָא ulekabalá צְלוֹתַנָא tselotaná
בְּרַחֲמֵי berajamei. יְהֵא yehé רַעֲוָא raavá קֳמָךְ kamaj דְּתֶהֱוֵי detehevei
סָעֵד saed וְסָמֵיךְ vesamej לַן lan דְּנֵימָא deneimá מִלִּין milín בְּאֹרַח beóraj
מֵישׁוֹר mishor. בְּתִקּוּנָא betikuná דִּלְעֵילָא dilelá בְּתִקּוּנִין betikunín
דְּמַלְכָּא demalcá קַדִּישָׁא kadishá וּמַטְרוֹנִיתָא umatronitá קַדִּישָׁא kadishá
וּלְמֶעְבַּד ulemeebad יִחוּדָא yijudá שְׁלִים shlim לְאַשְׁלָפָא leashlafá
לְהַהִיא lehahí נִשְׁמְתָא nishmetá דְּכָל dejol חַיֵּי jayei מִדַּרְגָּא midargá
לְדַרְגָּא ledargá עַד ad סוֹפָא sofá דְּכָל dejol דַּרְגִּין darguín.
בְּגִין beguín דִּיהֱוֵי dihevei הַהִיא hahí נִשְׁמְתָא nishmetá
מִשְׁתַּכְּחָא mishtejajá בְּכֹלָּא bejolá וּמִתְפַּשְּׁטָא umitpashtá
בְּכֹלָּא bejolá דְּהָא dehá עֵלָּא elá וְתַתָּא vetatá תַּלְיָין telayín
בְּהַאי behai נִשְׁמְתָא nishmetá וּמִתְקַיְּמֵי umitkaymei בַּהּ va:

---

ni conocido directamente. De este modo, todos los niveles hasta Ein Sof (Mundo Infinito) se unen en uno, y todo es perfeccionado desde Arriba, Abajo y adentro. Todos los niveles son llenados con su Luz, todos alcanzan la completitud y todos brillan a causa de él, y son apropiadamente endulzados de la forma debida.

Señor del Mundo, que Tu deseo esté con Tu nación Israel para siempre. Que la redención de Tu Diestra puedas enseñar a Tu nación en Tu Templo. Que Tú nos llenes con lo mejor de Tu iluminación y que Tú recibas nuestras oraciones con misericordia. Que sea agradable ante Ti ayudarnos y apoyarnos para que digamos las palabras de la manera correcta, para el tikún Celestial y el tikún del Santo Rey y la Santa Matrona. Para crear una unificación completa que atraiga esta Alma queda vida a todos desde una altura a otra; y así hasta el final de todos los niveles. Debido a la existencia de esta Alma en todo y su extensión en todo, Arriba y Abajo dependen de esta Alma y existen por causa de ella.

ADÓN OLAM

Las dos palabras *Adón Olam* (אדון עולם) equivalen al valor numérico de las palabras arameas *Ein Sof* (207), que significan el "Mundo Infinito", nuestro verdadero origen. *Adón Olam* también es el valor numérico de la palabra aramea *Or*, que quiere decir "Luz". Las palabras *Adón Olam* en sí se traducen como "Señor del Universo". Mediante esta oración queremos despertar un sentido de temor reverencial y asombro por la sabiduría y la comprensión del sistema espiritual, y por el orden y perfección del mundo y la Luz del Creador.

אֲדוֹן Adón אני עוֹלָם olam אור, רז, א"ס אֲשֶׁר asher מָלַךְ malaj•

בְּטֶרֶם betérem כָּל col ילי יְצִיר yetsir נִבְרָא nivrá: לְעֵת leet נַעֲשָׂה naasá

בְחֶפְצוֹ vejeftsó כֹּל col ילי• אֲזַי azai מֶלֶךְ Mélej שְׁמוֹ Shemó מהש ע"ה,

ע"ב בריבוע וקס"א ע"ה, אל שדי ע"ה נִקְרָא nikrá: וְאַחֲרֵי veajarei כִּכְלוֹת quijlot

הַכֹּל hacol ילי• לְבַדּוֹ levadó מ"ב יִמְלוֹךְ yimloj נוֹרָא norá:

וְהוּא veHú הָיָה hayá יהה וְהוּא veHú הֹוֶה hové• וְהוּא veHú יִהְיֶה yihyé ייי

בְּתִפְאָרָה betifará: וְהוּא veHú אֶחָד ejad אהבה, דאגה וְאֵין veéin שֵׁנִי shení•

לְהַמְשִׁילוֹ lehamshiló וּלְהַחְבִּירָה ulehajbirá: בְּלִי belí רֵאשִׁית reshit

בְּלִי belí תַכְלִית tajlit• וְלוֹ veló הָעֹז haoz וְהַמִּשְׂרָה vehamisrá: בְּלִי belí

עֵרֶךְ érej בְּלִי belí דִמְיוֹן dimyón• בְּלִי belí שִׁנּוּי shinui וּתְמוּרָה utemurá:

בְּלִי belí חִבּוּר jibur בְּלִי belí פֵּרוּד pirud• גְּדוֹל guedol להח ; עם ד' אותיות =

מבה, יזל, אום כֹּחַ cóaj וּגְבוּרָה ugvurá רי"ו: וְהוּא veHú אֵלִי Elí וְחַי vejai

גֹּאֲלִי goalí• וְצוּר vetsur אלהים דההין ע"ה חֶבְלִי jevlí בְּיוֹם beyom ע"ה נגד,

מזבח, זן, אל יהוה צָרָה tsará אלהים דההין: וְהוּא veHú נִסִּי nisí וּמָנוֹסִי umanusí•

מְנָת menat כּוֹסִי cosí בְּיוֹם beyom ע"ה נגד, מזבח, זן, אל יהוה אֶקְרָא ekrá:

ADÓN OLAM

Señor del Universo, quien reinó antes de que cualquier forma se crease, y cuando todo se hizo de acuerdo a Su voluntad, Su Nombre fue proclamado como Rey. Y después que todo haya expirado, Él, el reverentemente temido, reinará solo. Él fue, Él es y Él se mantendrá en esplendor. Él es Uno y no hay otro que se compare con Él o que se declare Su igual. Sin comienzo, sin final, Suyo es el poder y el dominio, insondable e inimaginable, inmutable e irremplazable. Él no tiene uniones ni separaciones. Su fuerza y valor son inmensos. Él es mi Dios y mi Redentor viviente, mi sostén en momentos de angustia. Él es mi guía y mi refugio, mi parte de bienaventuranza en el día que lo invoco.

וְהוּא veHú רוֹפֵא rofé וְהוּא veHú מַרְפֵּא marpé• וְהוּא veHú צוֹפֶה tsofé

וְהוּא veHú עֶזְרָה ezrá: בְּיָדוֹ beyadó אַפְקִיד afkid רוּחִי rují

ר"ת = קנ"א ב"ן, יהוה אלהים יהוה אדני, מילוי קס"א וס"ג, מ"ה ברבוע וע"ב ע"ה. • בְּעֵת beet

אִישָׁן ishán וְאָעִירָה veairá: וְעִם veim רוּחִי rují גְּוִיָּתִי gueviyatí•

אֲדֹנָי Adonai לכב לִי li וְלֹא veló אִירָא irá: בְּמִקְדָּשׁוֹ bemikdashó

תָּגֵל taguel נַפְשִׁי nafshí• מְשִׁיחֵנוּ meshijenu יִשְׁלַח yishlaj מְהֵרָה meherá:

וְאָז veaz נָשִׁיר nashir בְּבֵית beveit ב"פ ראה קָדְשִׁי kodshí•

אָמֵן Amén יאהדונהי אָמֵן Amén יאהדונהי שֵׁם Shem הַנּוֹרָא hanorá:

EL TALIT PEQUEÑO

La conexión con el *Talit* pequeño (*Talit katán* o *Tsitsit*) se refiere a la prenda de vestir que se lleva debajo de la camisa. El *Talit* pequeño crea un escudo de protección alrededor de la piel y el cuerpo de quien lo usa, para que las fuerzas negativas no puedan infiltrarse ni penetrarlo. Nuestra piel tiene la energía de *Maljut*, la cual está conectada a la realidad del uno por ciento. El *Talit* pequeño controla el campo energético alrededor de la piel y la protege.

Está escrito en el *Zóhar* que el *Tsitsit* es un talismán que cubre y protege a quien lo usa de todos los espíritus malignos y ángeles negativos. Rabeinu Bajyé dice que el precepto del *Tsitsit* está vinculado a la Resurrección de los Muertos. El *Tsitsit* representa a la Luz Circundante y, por esta razón, el *Talit* debe ser grande para que pueda cubrir la cabeza y el cuerpo, por delante y por detrás, hasta llegar al pecho. El *Talit* pequeño representa la Luz Circundante de *Katnut*.

Si no usas *Talit* para las oraciones, sólo debes recitar esta bendición.
Si dormiste con un *Talit* pequeño, debes tocar el *Tsitsit* primero.

בָּרוּךְ Baruj אַתָּה Atá יְהֹוָהאדני יאהדונהי Adonai אֱלֹהֵינוּ Eloheinu ילה

מֶלֶךְ Mélej הָעוֹלָם haolam אֲשֶׁר asher קִדְּשָׁנוּ kideshanu

בְּמִצְוֹתָיו bemitsvotav וְצִוָּנוּ vetsivanu עַל al מִצְוַת mitsvat צִיצִית tsitsit:

Él es un sanador y un remedio. Él observa y Él ayuda.
En Sus Manos yo confío mi espíritu cuando duermo y cuando me despierto. Mientras mi alma está en mi cuerpo, el Señor está conmigo, no temeré. En Su Templo se regocijará mi espíritu. Él nos enviará con rapidez a nuestro Mesías. Entonces cantaremos en Su Templo: Amén, Amén, el grandioso Nombre.

EL TALIT PEQUEÑO

Bendito eres Tú, Señor, nuestro Dios, el Rey del Mundo,
que nos has santificado con Tus preceptos y nos has obligado con el precepto del Tsitsit.

EL TALIT

El *Talit* es un manto que se coloca sobre los hombros, por encima de la ropa. Éste rodea a la persona que lo usa con una capa espiritual protectora de iluminación. Las cuatro esquinas del *Talit*, con sus flecos, nos conectan a los cuatro confines del universo y al nivel cuántico de nuestro mundo, ayudándonos a obtener el control sobre nuestra vida. El *Talit* nos conecta con la Luz Circundante, el potencial de nuestra alma. Generalmente, sólo los hombres casados lo usan debido a que la energía despertada por el *Talit* se manifiesta a través de la conexión de un hombre con su esposa

LESHEM YIJUD

LeShem Yijud es una bujía que activa la siguiente serie de oraciones y acciones, uniendo los Mundos Superiores con nuestra realidad física.

לְשֵׁם leShem יִחוּד yijud קוּדְשָׁא Kudshá בְּרִיךְ Berij הוּא Hu

וּשְׁכִינְתֵּיהּ uShjintei (יאהדונהי) בִּדְחִילוּ bidjilu וּרְחִימוּ urjimu (יאההויהה),

וּרְחִימוּ urjimu וּדְחִילוּ udjilu (איההיוהה), לְיַחֲדָא leyajadá שֵׁם Shem

יוּ"ד Yud קֵ"י Kei בְּוָא"ו beVav קֵ"י Kei בְּיִחוּדָא beyijudá שְׁלִים shelim (יהוה)

בְּשֵׁם beShem כָּל col ילי יִשְׂרָאֵל Yisrael, הֲרֵינִי hareini מוּכָן muján

לִלְבּוֹשׁ lilvosh טַלִּית talit מְצֻיֶּצֶת metsuyétset כְּהִלְכָתָהּ quehiljatá

כְּמוֹ quemó שֶׁצִּוָּנוּ shetsivanu יְהֹוָ(אדני)אהדונהי Adonai אֱלֹהֵינוּ Eloheinu ילה

בְּתוֹרָתוֹ vetorató הַקְּדוֹשָׁה hakedoshá: וְעָשׂוּ veasú לָהֶם lahem

צִיצִת tsitsit עַל al כַּנְפֵי canfei בִגְדֵיהֶם vigdeihem, כְּדֵי quedei

לַעֲשׂוֹת laasot נַחַת nájat רוּחַ rúaj לְיוֹצְרִי leyotsrí וְלַעֲשׂוֹת velaasot

רְצוֹן retsón מהש ע"ה, ע"ב בריבוע וקס"א ע"ה, אל שדי ע"ה בּוֹרְאִי borí, וַהֲרֵינִי vehareini

מוּכָן muján לְבָרֵךְ levarej עַל al עֲטִיפַת atifat הַטַּלִּית hatalit

כְּתִקּוּן quetikún רַזַ"ל razal, וַהֲרֵינִי vehareini מְכַוֵּן mejavéin לִפְטוֹר liftor

בִּבְרָכָה bivrajá זוֹ zo גַּם gam טַלִּית talit הַקָּטָן hakatán שֶׁעָלַי shealai.

EL TALIT
LESHEM YIJUD

Para la unificación entre El Santo, Bendito sea y Su Shejiná, con temor y amor y con amor y temor, para unificar El Nombre Yud-Kei y Vav-Kei en perfecta unidad, y en el nombre de todo Israel, estoy por este medio preparado para usar un Talit con Tsitsit, de acuerdo a la ley y como fuimos ordenados por el Señor, nuestro Dios, en Su santa Torá: "Y ellos deberán hacerse para sí mismos Tsitsit en las esquinas de sus ropajes" (Números 15:38). Para darle placer a mi Hacedor y para satisfacer el deseo de mi Creador, estoy por este medio preparado para bendecir al envolverme con el Talit, como fue establecido por nuestros Sabios de bendita memoria. Por este medio pretendo eximir al pequeño Talit que estoy usando con esta bendición.

וִיהִי vihí נֹעַם nóam אֲדֹנָי Adonai ללה אֱלֹהֵינוּ Eloheinu ילה
עָלֵינוּ aleinu וּמַעֲשֵׂה umaasé יָדֵינוּ yadeinu כּוֹנְנָה conená
עָלֵינוּ aleinu וּמַעֲשֵׂה umaasé יָדֵינוּ yadeinu כּוֹנְנֵהוּ: conenehu

ENVOLTURA CON EL TALIT: Después de la bendición, envuelves el *Talit* sobre tu cabeza, dejando tu cara descubierta y las cuatro esquinas colgando sobre tu pecho. Luego tomas los dos *Tsitsiot* del lado derecho y los arrojas sobre tu hombro izquierdo de forma que caigan sobre la espalda; haz una pequeña pausa antes de sostener los dos *Tsitsiot* del lado izquierdo y arrojarlos sobre tu hombro izquierdo, para que caigan sobre la espalda de modo que los cuatro *Tsitsiot* estén pendiendo sobre tu hombro izquierdo y hacia atrás. Debes hacer una pausa en esta posición durante unos cuatro segundos antes de dejar que el *Talit* caiga al frente para que cuelgue de forma cómoda y holgada sobre ambos hombros con dos *Tsitsiot* al frente y dos atrás.

El *Talit* es el aspecto de la Luz Circundante de *Gadlut*.
El *Talit* es el *tikún* de la parte externa (*Nétsaj, Hod, Yesod*) de *Yetsirá*.
La bendición es el *tikún* de la Luz Circundante y
Usar el *Talit* es el *tikún* de la Luz Interior.

בָּרוּךְ Baruj אַתָּה Atá יְהֹוָהאדֹנָיאהדונהי Adonai אֱלֹהֵינוּ Eloheinu ילה מֶלֶךְ Mélej
הָעוֹלָם haolam אֲשֶׁר asher קִדְּשָׁנוּ kideshanu בְּמִצְוֹתָיו bemitsvotav
וְצִוָּנוּ vetsivanu לְהִתְעַטֵּף lehitatef בְּצִיצִית betsitsit ר"ת ל"ב נתיבות החכמה:

El *Yijud* del *Talit*: Al principio debes meditar en el *Yijud* (unificación) de *Zeir Anpín*, el cual es יהוה, y tiene el valor numérico de 32 caminos de sabiduría (ל"ב נתיבות החכמה). A nivel específico, debes meditar en conectar las letras יה, que son *Aba* e *Ima*, con la letra ו, que es *Zeir Anpín*, para que se convierta en la Luz Circundante, que es el *Talit*. Después, debes meditar en conectar la letra ו (*Zeir Anpín*) con la última letra ה, para atraer la Luz Circundante a la letra ה, que es el *Tsitsit*

VAANÍ

COMUNICACIÓN CON LOS TRES PILARES DE ORACIÓN (AVRAHAM, YITSJAK Y YAAKOV)

Existen tres fuerzas en el universo que son necesarias para generar energía, sea física o espiritual. Estas fuerzas son la Columna Derecha positiva, energía de compartir, canalizada por Avraham; la Columna Izquierda receptora, energía negativa, la cual es canalizada por Yitsjak; y la Columna Central de equilibrio, resistencia, canalizada por Yaakov. Los kabbalistas ancestrales explican que Avraham, Yitsjak y Yaakov son los cimientos de cada oración. Sus nombres son transmisores que activan y dan poder a todas las bendiciones y oraciones que realizamos mediante este *Sidur*.

"Que la gracia del Señor, nuestro Dios, sea sobre nosotros y pueda Él establecer para nosotros el trabajo de nuestras manos y pueda el trabajo de nuestras manos establecerlo a Él" (Salmos 90:17).

Bendito eres Tú, Señor, nuestro Dios, el Rey del Mundo,
que nos has santificado con Tus preceptos y nos has obligado a envolvernos con el Talit.

Debes decir el siguiente verso antes de entrar en el templo, mientras estás parado en la puerta:

Avraham (Derecha)

וַאֲנִי vaaní אני בְּרֹב berov י"פ אהיה חַסְדְּךָ jasdejá אבג"יתץ

אָבוֹא avó בֵיתֶךָ veiteja ב"פ ראה

Yitsjak (Izquierda)

אֶשְׁתַּחֲוֶה eshtajavé י"פ ע"ב אֶל־ el הֵיכַל heijal ללה, אדני ; ר"ת = יהוה

קָדְשְׁךָ kodsheja

Yaakov (Central)

בְּיִרְאָתֶךָ beyirateja:

Luego te inclinas y entras.

Derecha

יְהֹוָהאדניאהדונהי Adonai צְבָאוֹת Tsevaot פני שכינה עִמָּנוּ imanu

ריבוע ס"ג, קס"א ע"ה וד' אותיות מִשְׂגָּב־ misgav משה, מהש, ריבוע ע"ב וקס"א, אל שדי,

ד"פ אלהים ע"ה לָנוּ lanu אלהים, אהיה אדני אֱלֹהֵי Elohei מילוי ע"ב, דמב ; ילה

יַעֲקֹב Yaakov ז' הויות, יאהדונהי אידהנויה סֶלָה sela:

Izquierda

יְהֹוָהאדניאהדונהי Adonai צְבָאוֹת Tsevaot פני שכינה אַשְׁרֵי ashrei

אָדָם adam מ"ה ; ה' צבאות אשרי אדם = תפארת בֹּטֵחַ botéaj

בָּךְ baj אדם בוטח בך = אמן (יאהדונהי) ע"ה ; בוטח בך = מילוי ע"ב ע"ה:

Central

יְהֹוָהאדניאהדונהי Adonai הוֹשִׁיעָה hoshía יהוה וש"ע נהורין הַמֶּלֶךְ haMélej ר"ת יהה

יַעֲנֵנוּ yaanenu בְּיוֹם veyom ע"ה נגד, מזבח, זן, אל יהוה קָרְאֵנוּ korenu

ר"ת יב"ק, אלהים יהוה, אהיה אדני יהוה ; ס"ת = ב"ן ועם אות כ' דהמלך = ע"ב:

VAANÍ

"Y yo, con la profusión de Tu benevolencia, vengo a Tu Casa y me inclino hacia Tu Arca Sagrada, en temor reverencial hacia Ti" (Salmos 5:8). *"El Señor de los Ejércitos está con nosotros. El Dios de Yaakov es un refugio para nosotros, Sela"* (Salmos 46:12). *"El Señor de los Ejércitos, lleno de alegría es aquel que confía en Ti"* (Salmos 84:13). *El Señor nos redime. El Rey nos responderá en el día en que lo invoquemos"* (Salmos 20:10).

ESH TAMID – MEDITACIÓN PARA CONTROLAR NUESTROS PENSAMIENTOS

Nuestro cerebro es un receptor, y existen dos estaciones transmisoras que envían señales/pensamientos a nuestro cerebro. Una fuente es la Luz y la otra es el Satán. Estos versículos interrumpen y anulan cualquier pensamiento negativo que pueda entrar en nuestra mente.

Cada versículo se recita siete veces

אֵשׁ esh תָּמִיד tamid ע״ה קס״א קנ״א קמ״ג תּוּקַד tukad עַל־ al

הַמִּזְבֵּחַ hamizbéaj נגד, זן, אל יהוה לֹא lo תִכְבֶּה tijbé:

Recita siete veces

סֵעֲפִים seafim שָׂנֵאתִי saneti וְתוֹרָתְךָ vetoratjá אָהָבְתִּי ahavti:

Recita siete veces

לֵב lev טָהוֹר tahor י״פ אכא בְּרָא־ berá

קנ״א ב״ן, יהוה אלהים יהוה אדני, מילוי קס״א וס״ג, מ״ה ברבוע וע״ב ע״ה

לב טהור ברא = קס״א קנ״א קמ״ג

לִי li אֱלֹהִים Elohim אהיה אדני ; ילה ; לי אלהים = ריבוע אדני

וְרוּחַ verúaj נָכוֹן najón חַדֵּשׁ jadesh י״ב הויות, קס״א קנ״א בְּקִרְבִּי bekirbí שדי:

Recita siete veces

AYIN LÁMED MEM

Esta combinación de tres letras de los 72 Nombres de Dios nos da el control sobre pensamientos indeseados como preocupación, pesimismo, e ideas obsesivas o compulsivas. Además de usar esta meditación en las oraciones de la mañana, podemos usarla durante el resto del día según sea necesario.

Debes meditar en el Nombre Sagrado:

עלם

Esto ayuda a controlar tus pensamientos.

ESH TAMID

"Y el Fuego Eterno arderá sobre el Altar y nunca se extinguirá" (Levítico 6:6).
"Pensamientos dispersos desprecio, pero a Tu Torá yo amo" (Salmos 119:113).
"Crea para mí un corazón puro, Dios, y renueva dentro de mí un espíritu correcto" (Salmos 51:12).

LA ORACIÓN DE LA MAÑANA

Debes ser muy cuidadoso de no hablar, ni una sola palabra, durante las oraciones y meditaciones.

Según la Kabbalah, existen tres tipos de energía diferentes que gobiernan tres momentos específicos del día: Columna Derecha (Avraham), la mañana; Columna Izquierda (Yitsjak), la tarde; y Columna Central (Yaakov), la noche. Las oraciones de *Shajarit* corresponden a la Columna Derecha (Avraham), que es energía dadora, misericordiosa y positiva. Con mucha frecuencia despertamos de mal humor, y este estado de conciencia negativa permanece con nosotros durante el resto del día. Para contrarrestar esta negatividad, tenemos la conexión de *Shajarit*, la cual nos imbuye de energía de felicidad y vitalidad, motivándonos a revelar Luz a lo largo del día.

LESHEM YIJUD

Hu הוּא Berij בְּרִיךְ Kudshá קוּדְשָׁא yijud יִחוּד leShem לְשֵׁם
urjimu וּרְחִימוּ bidjilu בִּדְחִילוּ (יאהדונהי) uShjintei וּשְׁכִינְתֵּיהּ
leyajdá לְיַחֲדָא (איההיוהה) udjilu וּדְחִילוּ urjimu וּרְחִימוּ (יאההויהה)
beyijudá בְּיִחוּדָא Kei קֵ"י beVav בְּוָא"ו Kei קֵ"י Yud יוּ"ד Shem שֵׁם
,Yisrael יִשְׂרָאֵל ילי col כָּל beShem בְּשֵׁם (יהוה) shelim שְׁלִים
tefilat תְּפִלַּת lehitpalel לְהִתְפַּלֵּל baim בָּאִים anajnu אֲנַחְנוּ hiné הִנֵּה
(ve וְ kódesh קֹדֶשׁ Shabat שַׁבָּת :En *Shabat* Agrega) shel שֶׁל shajarit שַׁחֲרִית
.(Atséret עֲצֶרֶת Shminí שְׁמִינִי :En *Simjat Torá* di) (Sucot סֻכּוֹת :En *Sucot* di)
החכמה, נתיבות ול"ב רי"ו אל, וו"פ Avraham אַבְרָהָם shetikén שֶׁתִּקֵּן
hashalom הַשָּׁלוֹם alav עָלָיו avinu אָבִינוּ פשוטות אותיות וט"ז עסמ"ב (אברים), רמ"ח
haclulot הַכְּלוּלוֹת hamitsvot הַמִּצְוֹת ילי col כָּל im עִם
bemakom בִּמְקוֹם shorshá שׁוֹרְשָׁהּ et אֶת letakén לְתַקֵּן ba בָּהּ
leyotsrenu לְיוֹצְרֵנוּ rúaj רוּחַ nájat נַחַת laasot לַעֲשׂוֹת elyón עֶלְיוֹן
ע"ה שדי אל ע"ה, וקס"א בריבוע ע"ב ע"ה, מהש retsón רְצוֹן velaasot וְלַעֲשׂוֹת
ללה Adonai אֲדֹנָי nóam נֹעַם vihí וִיהִי .boreinu בּוֹרְאֵינוּ
conená כּוֹנְנָה yadeinu יָדֵינוּ umaasé וּמַעֲשֵׂה aleinu עָלֵינוּ ילה Eloheinu אֱלֹהֵינוּ
:conenehu כּוֹנְנֵהוּ yadeinu יָדֵינוּ umaasé וּמַעֲשֵׂה aleinu עָלֵינוּ

LA ORACIÓN DE LA MAÑANA - LESHEM YIJUD

Para la unificación entre El Santo, Bendito sea y Su Shejiná, con temor y amor y con amor y temor, para unificar El Nombre Yud-Kei y Vav-Kei en perfecta unidad, y en el nombre de Israel, hemos venido por este medio a rezar la Oración de la Mañana (**en Shabat:** *el Santo Shabat*) (**en Sucot:** *Sucot*) (**en Simjat Torá:** *Shminí Atséret*) *establecida por Avraham, nuestro Patriarca, sea la paz sobre él, con todos sus mandamientos, para corregir su raíz en el Lugar Celestial, para llevarle satisfacción a nuestro Hacedor y para satisfacer el deseo de nuestro Creador. "Que la gracia del Señor, nuestro Dios, sea sobre nosotros y pueda Él establecer para nosotros el trabajo de nuestras manos y pueda el trabajo de nuestras manos establecerlo a Él"* (Salmos 90:17).

UN COMPROMISO DE AMOR Y UNIDAD – ELEVAR NUESTRA CONCIENCIA

Un hilo delgado y débil no puede levantar un cofre lleno de tesoros. Sin embargo, cuando tejemos numerosos hilos delgados, formamos una soga. Cuando nos unimos con el resto del mundo mediante un compromiso de amor, podemos halar los tesoros espirituales más grandes, aunque no seamos dignos o lo suficientemente fuertes para lograr esto de manera individual.

Respecto al peligro de la desviación, el Caf-HaJayim dice: "En un lugar de desviación, la bendición se elimina a sí misma, y la gente que tuvo discordancias terminan con daños y accidentes en sus cuerpos así como en su salud. Aquellos que cuidan de sí mismos deben mantenerse alejados de cualquier desviación".

El Arí escribe en *La puerta de las meditaciones*: Antes de que comiences tus conexiones y oraciones, debes aceptar dentro de ti mismo el precepto de "ama a tu prójimo como a ti mismo". Esto quiere decir que debes meditar en amar a todas las personas que están haciendo el trabajo espiritual como si fueran parte de tu alma, para que tus oraciones sean incluidas y elevadas junto a la oración universal y tenga resultados. Es especialmente importante tener amor por los *Javerim* (las personas que dedican su vida al trabajo espiritual) y reconocer que rezar por los demás fortalece nuestras oraciones y permite que éstas sean aceptadas.

הֲרֵינִי hareini מְקַבֵּל mekabel עָלַי alai מִצְוַת mitsvat עֲשֵׂה asé שֶׁל shel

וְאָהַבְתָּ veahavta ב״פ אור, ב״פ רז, ב״פ א״ס לְרֵעֲךָ lereajá כָּמוֹךָ camoja.

וַהֲרֵינִי vehareini אוֹהֵב ohev אֶת et כָּל col ילי אֶחָד ejad אהבה, דאגה

מִבְּנֵי mibnei יִשְׂרָאֵל Yisrael כְּנַפְשִׁי quenafshí וּמְאוֹדִי umeodí.

וַהֲרֵינִי vehareini מְזַמֵּן mezamén פֶּה pe מילה ; ע״ה אלהים, אהיה אדני

שֶׁלִּי shelí לְהִתְפַּלֵּל lehitpalel לִפְנֵי lifnei מֶלֶךְ Mélej מַלְכֵי maljei

הַמְּלָכִים hamelajim הַקָּדוֹשׁ haKadosh בָּרוּךְ Baruj הוּא Hu:

LA ATADURA DE YITSJAK

Al recitar este verso, que describe a Yitsjak siendo atado por Avraham, conectamos con el poder de la misericordia. De manera simultánea, atamos nuestro juicio como parte de nuestra limpieza interior y recibimos ayuda para atar los pensamientos negativos de personas que vienen con juicio contra nosotros.

UN COMPROMISO DE AMOR
ELEVAR NUESTRA CONCIENCIA

Por este medio yo acepto sobre mí el mandamiento obligatorio de "Ama a tu prójimo como a ti mismo". Por este medio yo declaro que yo amo a cada uno de los hijos de Israel con toda mi alma y toda mi fuerza. Y por este medio preparo mi boca para rezar ante el Rey de todos los Reyes, el Santo Bendito Sea.

אֱלֹהֵינוּ Eloheinu ילה וֵאלֹהֵי veElohei לכב ; מילוי ע״ב, דמב ; ילה אֲבוֹתֵינוּ avoteinu

זָכְרֵנוּ zojrenu בְּזִכְרוֹן bezijrón ע״ב קס״א ונ״ב טוֹב tov והו

מִלְּפָנֶיךָ milfaneja ס״ג מ״ה ב״ן וּפָקְדֵנוּ ufokdenu בִּפְקֻדַּת bifkudat

יְשׁוּעָה yeshuá וְרַחֲמִים verajamim מִשְּׁמֵי mishmei שְׁמֵי shmei

קֶדֶם kédem. וּזְכָר uzjar לָנוּ lanu אלהים, אהיה אדני יְהֹוָה אדני יאהדונהי Adonai

אֱלֹהֵינוּ Eloheinu ילה אַהֲבַת ahavat הַקַּדְמוֹנִים hakadmonim

אַבְרָהָם Avraham ו״פ אל, רי״ו ול״ב נתיבות החכמה, רמ״ח (אברים), עסמ״ב וט״ז אותיות פשוטות

יִצְחָק Yitsjak ד״פ ב״ן וְיִשְׂרָאֵל veYisrael עֲבָדֶיךָ avadeja.

אֶת et הַבְּרִית habrit וְאֶת veet הַחֶסֶד hajésed ע״ב, ריבוע יהוה

וְאֶת veet הַשְּׁבוּעָה hashvuá שֶׁנִּשְׁבַּעְתָּ shenishbata לְאַבְרָהָם leAvraham

ו״פ אל, רי״ו ול״ב נתיבות החכמה, רמ״ח (אברים), עסמ״ב וט״ז אותיות פשוטות

אָבִינוּ avinu בְּהַר behar הַמּוֹרִיָּה haMoriyá. וְאֶת veet הָעֲקֵדָה haakedá

שֶׁעָקַד sheakad אֶת et יִצְחָק Yitsjak ד״פ ב״ן בְּנוֹ benó עַל al גַּבֵּי gabei

הַמִּזְבֵּחַ hamizbéaj נגד, זן, אל יהוה כַּכָּתוּב cacatuv בְּתוֹרָתֶךָ: betorataj:

LA PORCIÓN RELACIONADA CON LA ATADURA

Recitar cada día la porción relacionada con la Atadura de Yitsjak nos permite expiar todos nuestros pecados y crear un escudo de protección contra toda enfermedad, el cual cancela la muerte de la humanidad.

LA ATADURA DE YITSJAK

Nuestro Dios y el Dios de nuestros antepasados, recuérdanos favorablemente ante Ti y evoca para nosotros la reminiscencia de salvación y misericordia, desde los primeros y más elevados Cielos. Y recuerda, por nosotros, Señor, nuestro Dios, el amor de los ancestros: Tus sirvientes, Avraham, Yitsjak e Yisrael. Y recuerda, también, la Alianza, la benevolencia y el juramento que Tú le hiciste a Avraham, nuestro antepasado, sobre el Monte Moriá, cuando él ató a su hijo, Yitsjak, sobre el altar, como se relata en Tu Torá:

וַיְהִי vayehí אַחַר ajar הַדְּבָרִים hadevarim הָאֵלֶּה haele
וְהָאֱלֹהִים vehaElohim אהיה אדני ; ילה נִסָּה nisá אֶת־ et אַבְרָהָם Avraham
וז"פ אל, רי"ו ול"ב נתיבות החכמה, רמ"ח (אברים), עסמ"ב וט"ז אותיות פשוטות וַיֹּאמֶר vayómer
אֵלָיו elav אַבְרָהָם Avraham וז"פ אל, רי"ו ול"ב נתיבות החכמה, רמ"ח (אברים),
עסמ"ב וט"ז אותיות פשוטות וַיֹּאמֶר vayómer הִנֵּנִי hineni: וַיֹּאמֶר vayómer קַח־ kaj
נָא na אֶת־ et בִּנְךָ binjá אֶת־ et יְחִידְךָ yejidjá אֲשֶׁר־ asher
אָהַבְתָּ ahavta אֶת־ et יִצְחָק Yitsjak ד"פ ב"ן וְלֶךְ־ velej לְךָ lejá
אֶל־ el אֶרֶץ érets הַמֹּרִיָּה haMoriyá וְהַעֲלֵהוּ vehaalehu שָׁם sham
לְעֹלָה leolá עַל al אַחַד ajad אהבה, דאגה הֶהָרִים heharim אֲשֶׁר asher
אֹמַר omar אֵלֶיךָ eleja: וַיַּשְׁכֵּם vayashquem אַבְרָהָם Avraham וז"פ אל,
רי"ו ול"ב נתיבות החכמה, רמ"ח (אברים), עסמ"ב וט"ז אותיות פשוטות בַּבֹּקֶר babóker
וַיַּחֲבֹשׁ vayajavosh אֶת־ et חֲמֹרוֹ jamoró וַיִּקַּח vayikaj וזעם אֶת־ et
שְׁנֵי shnei נְעָרָיו nearav אִתּוֹ itó וְאֵת veet יִצְחָק Yitsjak ד"פ ב"ן בְּנוֹ benó
וַיְבַקַּע vayvaká עֲצֵי atsei עֹלָה olá וַיָּקָם vayakam וַיֵּלֶךְ vayélej כלי
אֶל־ el הַמָּקוֹם hamakom אֲשֶׁר־ asher אָמַר־ amar לוֹ lo
הָאֱלֹהִים haElohim אהיה אדני ; ילה: בַּיּוֹם bayom ע"ה נגד, מזבח, זן, אל יהוה
הַשְּׁלִישִׁי hashelishí וַיִּשָּׂא vayisá אַבְרָהָם Avraham וז"פ אל, רי"ו ול"ב נתיבות החכמה,
רמ"ח (אברים), עסמ"ב וט"ז אותיות פשוטות אֶת־ et עֵינָיו einav ריבוע מ"ה
וַיַּרְא vayar אֶת־ et הַמָּקוֹם hamakom מֵרָחֹק merajok: שדי:

LA PORCIÓN RELACIONADA CON LA ATADURA

"Y aconteció después de estos sucesos, Dios puso a prueba a Avraham y le dijo: 'Avraham', y éste contestó: 'Heme aquí'. Y Él dijo: 'Por favor, toma ahora a tu hijo, tu hijo único, a quien amas, Yitsjak, y ve a la tierra de Moriá y ofrécelo allí en holocausto sobre una de las montañas que te indicaré'. Y madrugó Avraham, preparó su asno y tomó a dos siervos consigo y a su hijo Yitsjak. Avraham partió leña para el holocausto, luego se levantó y fue al lugar que Dios le indicó. Al tercer día alzó Avraham sus ojos y vio el lugar a lo lejos.

וַיֹּאמֶר vayómer אַבְרָהָם Avraham וז"פ אל, רי"ו ול"ב נתיבות החכמה, רמ"ח (אברים),
עסמ"ב וט"ז אותיות פשוטות אֶל־ el נְעָרָיו nearav שְׁבוּ־ shevú לָכֶם lajem פֹּה po
מילה (להכניע הקליפות בסוד החמור) ; ע"ה אלהים, אהיה אדני עִם־ im הַחֲמוֹר hajamor
וַאֲנִי vaaní אני וְהַנַּעַר vehanáar נֵלְכָה neljá עַד־ ad כֹּה co
וְנִשְׁתַּחֲוֶה venishtajavé וְנָשׁוּבָה venashuva אֲלֵיכֶם aleijem: וַיִּקַּח vayikaj
אַבְרָהָם Avraham וז"פ אל, רי"ו ול"ב נתיבות החכמה, רמ"ח (אברים), עסמ"ב וט"ז אותיות פשוטות
אֶת־ et עֲצֵי atsei הָעֹלָה haolá וַיָּשֶׂם vayasem עַל־ al יִצְחָק Yitsjak ד"פ ב"ן
בְּנוֹ benó וַיִּקַּח vayikaj וזעם בְּיָדוֹ beyadó אֶת־ et הָאֵשׁ haesh שאה
וְאֶת־ veet הַמַּאֲכֶלֶת hamaajélet וַיֵּלְכוּ vayeljú שְׁנֵיהֶם shneihem
יַחְדָּו yajdav: וַיֹּאמֶר vayómer יִצְחָק Yitsjak ד"פ ב"ן אֶל־ el
אַבְרָהָם Avraham וז"פ אל, רי"ו ול"ב נתיבות החכמה, רמ"ח (אברים), עסמ"ב וט"ז אותיות פשוטות
אָבִיו aviv וַיֹּאמֶר vayómer אָבִי aví וַיֹּאמֶר vayómer הִנֶּנִּי hineni בְנִי vení
וַיֹּאמֶר vayómer הִנֵּה hiné הָאֵשׁ haesh שאה וְהָעֵצִים vehaetsim וְאַיֵּה veayé
הַשֶּׂה hasé לְעֹלָה leolá: וַיֹּאמֶר vayómer אַבְרָהָם Avraham וז"פ אל, רי"ו ול"ב
נתיבות החכמה, רמ"ח (אברים), עסמ"ב וט"ז אותיות פשוטות אֱלֹהִים Elohim אהיה אדני ; ילה
יִרְאֶה־ yiré רי"ו לּוֹ lo הַשֶּׂה hasé לְעֹלָה leolá בְּנִי bení ר"ת הבל (למתק או"ח
ע"מ לתקן עון הבל שחטא בראיה) וַיֵּלְכוּ vayeljú שְׁנֵיהֶם shneihem יַחְדָּו yajdav:
וַיָּבֹאוּ vayavóu אֶל־ el הַמָּקוֹם hamakom אֲשֶׁר asher אָמַר־ amar לוֹ lo
הָאֱלֹהִים haElohim אהיה אדני ; ילה וַיִּבֶן vayivén שָׁם sham אַבְרָהָם Avraham
וז"פ אל, רי"ו ול"ב נתיבות החכמה, רמ"ח (אברים), עסמ"ב וט"ז אותיות פשוטות אֶת־ et
הַמִּזְבֵּחַ hamizbéaj נגד, זן, אל יהוה וַיַּעֲרֹךְ vayaaroj אֶת־ et הָעֵצִים haetsim
וַיַּעֲקֹד vayaakod אֶת־ et יִצְחָק Yitsjak ד"פ ב"ן בְּנוֹ benó וַיָּשֶׂם vayasem

---

Les dijo entonces a los mozos: Esperen aquí con el asno, mientras yo y mi hijo vamos allá, donde nos prosternaremos y volveremos a ustedes. Y tomó Avraham la leña para el holocausto y la cargó sobre su hijo Yitsjak. Tomó el fuego y el cuchillo, y ambos fueron juntos. Entonces Yitsjak le dijo a su padre: 'Padre mío', y él contestó: 'Aquí estoy, hijo mío'. Y dijo Yitsjak: 'He aquí el fuego y la leña, ¿pero dónde está el cordero para el sacrificio?'. Y respondió Avraham: 'Hijo mío, Dios proveerá el cordero para el holocausto'. Y siguieron andando los dos juntos. Y llegaron al lugar que Dios le había indicado, y Avraham erigió allí un altar, ordenó la leña y ató a su hijo, Yitsjak, y lo colocó

אֹתוֹ otó עַל־ al הַמִּזְבֵּחַ hamizbéaj נג"ד, זן, אל יהוה מִמַּעַל mimáal עלם

לָעֵצִים: laetsim וַיִּשְׁלַח vayishlaj אַבְרָהָם Avraham ח"פ אל, רי"ו ול"ב נתיבות

החכמה, רמ"ח (אברים), עסמ"ב וט"ז אותיות פשוטות אֶת־ et יָדוֹ yadó וַיִּקַּח vayikaj חעם

אֶת־ et הַמַּאֲכֶלֶת hamaajélet לִשְׁחֹט lishjot אֶת־ et בְּנוֹ: benó

וַיִּקְרָא vayikrá עם ה' אותיות = ב"פ קס"א אֵלָיו elav מַלְאַךְ malaj

יְהוָה יאהדונהי Adonai מִן־ min הַשָּׁמַיִם hashamáyim י"פ טל, י"פ כוזו ; ר"ת מ"ה

וַיֹּאמֶר vayómer אַבְרָהָם Avraham | ח"פ אל, רי"ו ול"ב נתיבות החכמה, רמ"ח (אברים),

עסמ"ב וט"ז אותיות פשוטות אַבְרָהָם Avraham ח"פ אל, רי"ו ול"ב נתיבות החכמה, רמ"ח (אברים),

עסמ"ב וט"ז אותיות פשוטות וַיֹּאמֶר vayómer הִנֵּנִי: hineni וַיֹּאמֶר vayómer אַל־ al

תִּשְׁלַח tishlaj יָדְךָ yadjá אֶל־ el הַנַּעַר hanáar וְאַל־ veal תַּעַשׂ taás

לוֹ lo מְאוּמָה meumá כִּי qui | עַתָּה ata יָדַעְתִּי yadati כִּי־ qui יְרֵא yeré

אֱלֹהִים Elohim אהיה אדני ; ילה אַתָּה atá וְלֹא veló חָשַׂכְתָּ jasajta אֶת־ et

בִּנְךָ binjá אֶת־ et יְחִידְךָ yejidjá מִמֶּנִּי: mimeni וַיִּשָּׂא vayisá

אַבְרָהָם Avraham ח"פ אל, רי"ו ול"ב נתיבות החכמה, רמ"ח (אברים), עסמ"ב וט"ז אותיות פשוטות

אֶת־ et עֵינָיו einav ריבוע מ"ה וַיַּרְא vayar וְהִנֵּה־ vehiné אַיִל áyil אַחַר ajar

נֶאֱחַז neejaz בַּסְּבַךְ basevaj בְּקַרְנָיו bekarnav כשאומר נאחז בסבך בקרניו

יכוין לתיבות שאחר סבך הם עגל, והשטן בעבור קיטרוג העגל היה מרחיק האיל, כדי שישחט יצחק.

ומיכאל (= הנה איל, נגא) אחר נאחז בקרניו (= שס"ח סממני הקטורת) הכניע את השטן

וַיֵּלֶךְ vayelej כלי אַבְרָהָם Avraham ח"פ אל, רי"ו ול"ב נתיבות החכמה,

רמ"ח (אברים), עסמ"ב וט"ז אותיות פשוטות וַיִּקַּח vayikaj חעם אֶת־ et

הָאַיִל haáyil וַיַּעֲלֵהוּ vayaalehu לְעֹלָה leolá תַּחַת tájat בְּנוֹ: benó

וַיִּקְרָא vayikrá עם ה' אותיות = ב"פ קס"א אַבְרָהָם Avraham ח"פ אל, רי"ו ול"ב נתיבות

החכמה, רמ"ח (אברים), עסמ"ב וט"ז אותיות פשוטות שֵׁם־ shem הַמָּקוֹם hamakom

---

en el altar, sobre la leña. Y Avraham extendió la mano en la que portaba el cuchillo para sacrificar a su hijo cuando lo llamó desde Cielo el Ángel del Señor diciéndole: 'Avraham, Avraham'. Y éste contestó dijo: 'Heme aquí'. Y Él dijo: 'No abatas tu mano sobre el muchacho ni le hagas nada, porque ahora sé que eres temeroso de Dios y no escatimaste para Mí a tu propio hijo'. Y Avraham alzó la vista y vio a un carnero cercano que tenía sus cuernos trabados en el matorral. Avraham fue allí y tomó al carnero; lo ofreció por holocausto en lugar de su hijo. Y llamó Avraham ese lugar:

הַהוּא hahú יְהֹוָה אדני אהדונהי Adonai | יִרְאֶה yiré ר״ו אֲשֶׁר asher

יֵאָמֵר yeamer הַיּוֹם hayom ע״ה נגד, מזבח, זן, אל יהוה בְּהַר behar

יְהֹוָה אדני אהדונהי Adonai יֵרָאֶה yeraé ר״ו: וַיִּקְרָא vayikrá עם ה׳ אותיות = ב״פ קס״א

מַלְאַךְ malaj יְהֹוָה אדני אהדונהי Adonai אֶל־ el אַבְרָהָם Avraham ו״פ אל,

ר״ו ול״ב נתיבות החכמה, רמ״ח (אברים), עסמ״ב וט״ז אותיות פשוטות שֵׁנִית shenit מִן־ min

הַשָּׁמָיִם hashamáyim י״פ טל, י״פ כוזו ; ר״ת מ״ה: וַיֹּאמֶר vayómer בִּי bi

נִשְׁבַּעְתִּי nishbati נְאֻם־ neúm יְהֹוָה אדני אהדונהי Adonai כִּי qui יַעַן yaán

אֲשֶׁר asher עָשִׂיתָ asita אֶת־ et הַדָּבָר hadavar ראה הַזֶּה hazé והו וְלֹא veló

וְלֹא חָשַׂכְתָּ jasajta אֶת־ et בִּנְךָ binjá אֶת־ et יְחִידֶךָ: yejideja כִּי־ qui

בָרֵךְ varej אֲבָרֶכְךָ avarejejá וְהַרְבָּה veharbá אַרְבֶּה arbé יצחק, ד״פ ב״ן

אֶת־ et זַרְעֲךָ zarajá כְּכוֹכְבֵי quejojvei הַשָּׁמַיִם hashamáyim י״פ טל, י״פ כוזו

וְכַחוֹל vejajol אֲשֶׁר asher עַל־ al שְׂפַת sefat הַיָּם hayam ילי

וְיִרַשׁ veyirash זַרְעֲךָ zarajá אֵת et שַׁעַר sháar אֹיְבָיו: oyvav

וְהִתְבָּרְכוּ vehitbarjú יהוה ריבוע יהוה ריבוע מ״ה בְזַרְעֲךָ vezarajá

כֹּל col ילי גּוֹיֵי goyei הָאָרֶץ haárets אלהים דההין ע״ה עֵקֶב ékev ב״פ מום

אֲשֶׁר asher שָׁמַעְתָּ shamata בְּקֹלִי: bekolí וַיָּשָׁב vayashav

אַבְרָהָם Avraham ו״פ אל, ר״ו ול״ב נתיבות החכמה, רמ״ח (אברים), עסמ״ב וט״ז אותיות פשוטות

אֶל־ el נְעָרָיו nearav וַיָּקֻמוּ vayakumu וַיֵּלְכוּ vayeljú יַחְדָּו yajdav

אֶל־ el בְּאֵר Beer קנ״א ב״ן, יהוה אלהים יהוה אדני, מילוי קס״א וס״ג, מ״ה ברבוע וע״ב ע״ה

שָׁבַע Shava וַיֵּשֶׁב vayeshev אַבְרָהָם Avraham ו״פ אל,

ר״ו ול״ב נתיבות החכמה, רמ״ח (אברים), עסמ״ב וט״ז אותיות פשוטות בִּבְאֵר biVeer

קנ״א ב״ן, יהוה אלהים יהוה אדני, מילוי קס״א וס״ג, מ״ה ברבוע וע״ב ע״ה שָׁבַע: Shava

---

El Señor verá, de donde se dice hasta hoy día que en la Montaña del Señor se puede ver. Entonces el Ángel del Señor llamó a Avraham desde el Cielo por segunda vez diciendo: 'Por Mí juré, dijo el Señor, que por haber hecho tú cosa semejante y no Me negaste a tu hijo, el único, ciertamente he de bendecirte y multiplicaré inmensamente tu simiente como las estrellas del cielo y la arena de las costas. Tu simiente heredará el portal de sus enemigos. Todos los pueblos de la Tierra serán bendecidos por tu simiente, porque tú has obedecido a Mi Voz'. Y Avraham regresó al lugar donde estaban sus mozos. Se levantaron todos y fueron a Beer Sheva. Y Avraham moró en Beer Sheva" (Génesis 22:1-19).

RIBONÓ SHEL OLAM

La Luz nunca se puede revelar sin una Vasija. *Ribonó Shel Olam* nos ayuda a construir nuestra propia Vasija personal para atraer toda la Luz que Avraham generó en virtud de sus acciones.

רִבּוֹנוֹ Ribonó שֶׁל shel עוֹלָם olam• כְּמוֹ quemó שֶׁכָּבַשׁ shecavash

אַבְרָהָם Avraham ו"פ אל, רי"ו ול"ב נתיבות החכמה, רמ"ח (אברים), עסמ"ב וט"ז אותיות פשוטות

אָבִינוּ avinu אֶת et רַחֲמָיו rajamav לַעֲשׂוֹת laasot רְצוֹנְךָ retsonjá

בְּלֵבָב belevav בוכו שָׁלֵם shalem• כֵּן quen יִכְבְּשׁוּ yijbeshú

רַחֲמֶיךָ rajameja אֶת et כַּעַסְךָ caaseja• וְיִגֹּלוּ veyigolu

רַחֲמֶיךָ rajameja עַל al מִדּוֹתֶיךָ midoteja• וְתִתְנַהֵג vetitnaheg

עִמָּנוּ imanu ריבוע דס"ג, קס"א ע"ה וד' אותיות יְהֹוָהאדניאהדונהי Adonai אֱלֹהֵינוּ Eloheinu

ילה בְּמִדַּת bemidat הַחֶסֶד hajésed ע"ב, ריבוע יהוה וּבְמִדַּת uvemidat

הָרַחֲמִים harajamim• וְתִכָּנֵס veticanés לָנוּ lanu אלהים, אהיה אדני

לִפְנִים lifnim מִשּׁוּרַת mishurat הַדִּין hadín• וּבְטוּבְךָ uvetuvjá לאו

הַגָּדוֹל hagadol להח ; עם ד' אותיות = מבה, יזל, אום יָשׁוּב yashuv חֲרוֹן jarón

אַפְּךָ apaj• מֵעַמְּךָ meamaj וּמֵעִירְךָ umeiraj וּמֵאַרְצְךָ umeartsaj

וּמִנַּחֲלָתְךָ uminajalataj• וְקַיֵּם vekayem לָנוּ lanu אלהים, אהיה אדני

יְהֹוָהאדניאהדונהי Adonai אֱלֹהֵינוּ Eloheinu ילה אֶת et הַדָּבָר hadavar ראה

שֶׁהִבְטַחְתָּנוּ shehivtajtanu בְּתוֹרָתְךָ betorataj עַל al יְדֵי yedei

מֹשֶׁה Moshé מהש, ע"ב בריבוע וקס"א, אל שדי, ד"פ אלהים ע"ה עַבְדְּךָ avdaj פוי, אל אדני

כָּאָמוּר caamur: וְזָכַרְתִּי vezajarti אֶת־ et בְּרִיתִי brití

יַעֲקוֹב Yaakov ז' הויות, יאהדונהי אידהנויה וְאַף veaf אֶת־ et בְּרִיתִי brití

RIBONÓ SHEL OLAM

Señor del Mundo, igual que Avraham, nuestro padre, suprimió su compasión para cumplir con Tu voluntad con todo el corazón, de igual manera que Tu compasión suprima a Tu ira y pueda Tu compasión revelarse por encima de Tus otros atributos. Compórtate con nosotros, Señor, nuestro Dios, de acuerdo con los atributos de benevolencia y de compasión; por nuestro bien, actúa hacia nosotros desde más allá del marco de juicio estricto. Por Tu gran bondad, Tu furia se retractará de Tu Nación, Tu Ciudad, Tu Tierra, y Tu Herencia. Cumple para nosotros, Señor, nuestro Dios, lo que nos has prometido en Tu Torá, a través de Moshé, Tu siervo, como está dicho: "Me acordaré de Mi Pacto con Yaakov, de Mi Pacto

יִצְחָק Yitsjak ר״פ ב״ן וְאַף veaf אֶת־ et בְּרִיתִי brití
אַבְרָהָם Avraham וז״פ אל, רי״ו ול״ב נתיבות החכמה, רמ״ח (אברים), עסמ״ב וט״ז אותיות פשוטות
אֶזְכֹּר ezcor וְהָאָרֶץ vehaárets אלהים דההין ע״ה אֶזְכֹּר ezcor• וְנֶאֱמַר veneemar:
וְאַף־ veaf גַּם־ gam זֹאת zot בִּהְיוֹתָם bihyotam בְּאֶרֶץ beérets
אֹיְבֵיהֶם oyveihem לֹא־ lo מְאַסְתִּים meastim וְלֹא־ veló גְעַלְתִּים guealtim
לְכַלֹּתָם lejalotam לְהָפֵר lehafer בְּרִיתִי brití אִתָּם itam כִּי qui אֲנִי aní אני
יְהֹוָהאדניאהדונהי Adonai אֱלֹהֵיהֶם Eloheihem ילה: וְזָכַרְתִּי vezajarti
לָהֶם lahem בְּרִית brit רִאשֹׁנִים rishonim אֲשֶׁר asher הוֹצֵאתִי־ hotsetí
אֹתָם otam מֵאֶרֶץ meérets מִצְרַיִם Mitsráyim מצר לְעֵינֵי leeinei ריבוע מ״ה
הַגּוֹיִם hagoyim לִהְיוֹת lihyot לָהֶם lahem לֵאלֹהִים leElohim אהיה אדני ; ילה
אֲנִי Aní אני יְהֹוָהאדניאהדונהי Adonai• וְנֶאֱמַר veneemar: וְשָׁב veshav
יְהֹוָהאדניאהדונהי Adonai אֱלֹהֶיךָ Eloheja ילה אֶת־ et שְׁבוּתְךָ shevutjá
וְרִחֲמֶךָ verijameja וְשָׁב veshav וְקִבֶּצְךָ vekibetsjá מִכָּל־ micol ילי
הָעַמִּים haamim אֲשֶׁר asher הֱפִיצְךָ hefitsjá יְהֹוָהאדניאהדונהי Adonai
אֱלֹהֶיךָ Eloheja ילה שָׁמָּה shama: אִם־ im יוהך, מ״א אותיות דפשוט,
דמילוי ודמילוי דמילוי דאהיה ע״ה יִהְיֶה yihyé ייי נִדַּחֲךָ nidajajá בִּקְצֵה biktsé
הַשָּׁמָיִם hashamáyim י״פ טל, י״פ כוזו מִשָּׁם misham יְקַבֶּצְךָ yekabetsjá
יְהֹוָהאדניאהדונהי Adonai אֱלֹהֶיךָ Eloheja ילה וּמִשָּׁם umisham
יִקָּחֶךָ yikajejá: וֶהֱבִיאֲךָ veheviajá יְהֹוָהאדניאהדונהי Adonai
אֱלֹהֶיךָ Eloheja ילה אֶל־ el הָאָרֶץ haárets אלהים דההין ע״ה אֲשֶׁר־ asher

---

con Yitsjak y hasta de Mi Pacto con Avraham y me acordaré también de la tierra" (Levítico 26:42). *Y también está dicho: "Y a pesar de las iniquidades de Israel, cuando estuvieron en tierras de sus enemigos, no los desprecié ni los odié de tal manera como para destruirlos y anular Mi Pacto con ellos, porque Yo soy El Señor, su Dios. Y por ellos, recordaré de Mi Pacto con la primera generación a quienes libré de la tierra de Egipto ante los ojos de todos los pueblos para que Yo fuera su Dios. Yo soy el Señor"* (Levítico 26:44-45). *Y también está dicho: "Y el Señor te hará volver del cautiverio y se apiadará de ti y te recogerá del seno de los pueblos donde Él te hubiere dispersado. Incluso si estuvieses desterrado en el extremo del Cielo, de allí mismo el Señor, tu Dios, ha de reunirte y de allí mismo ha de recogerte. Y el Señor, tu Dios, te traerá a la Tierra que*

יָרְשׁוּ yarshú אֲבֹתֶיךָ avoteja וִירִשְׁתָּהּ virishtá וְהֵיטִבְךָ veheitivjá

וְהִרְבְּךָ vehirbeja מֵאֲבֹתֶיךָ: meavoteja וְנֶאֱמַר veneemar עַל al

יְדֵי yedei נְבִיאֶךָ: nevieja יְהֹוָה יאהדונהי Adonai חָנֵּנוּ jonenu

לְךָ lejá קִוִּינוּ kivinu הֱיֵה heyé יהה זְרֹעָם zeroam לַבְּקָרִים labkarim

(referencia a los "Diez mártires del reino") אַף־ af יְשׁוּעָתֵנוּ yeshuatenu

בְּעֵת beet צָרָה tsará אלהים דההין. וְנֶאֱמַר: veneemar וְעֵת־ veet

צָרָה tsará אלהים דההין הִיא hi לְיַעֲקֹב leYaakov ו׳ הויות, יאהדונהי אידהנויה

וּמִמֶּנָּה umimena יִוָּשֵׁעַ. yivashea וְנֶאֱמַר: veneemar בְּכָל־ bejol ב״ן, לכב

צָרָתָם tsaratam | לוֹ lo (כתיב: לא) צָר tsar וּמַלְאַךְ umalaj

פָּנָיו panav הוֹשִׁיעָם hoshiam בְּאַהֲבָתוֹ beahavató וּבְחֶמְלָתוֹ uvejemlató

הוּא Hu גְּאָלָם guealam וַיְנַטְּלֵם vayenatlem וַיְנַשְּׂאֵם vayenasem

כָּל־ col ילי יְמֵי yemei עוֹלָם. olam וְנֶאֱמַר: veneemar

LOS TRECE ATRIBUTOS

Los Trece Atributos son 13 virtudes o propiedades que reflejan 13 aspectos de nuestra relación diaria con el Creador. Actúan como un espejo. Si realizamos una acción negativa en nuestro mundo, el espejo refleja esta energía negativa de vuelta a nosotros. A medida que intentamos transformar nuestra naturaleza reactiva en una proactiva, esta retroalimentación directa desde el mundo de *Yetsirá* ayuda a orientarnos y a corregirnos. El número 13 también representa "uno por encima de los 12 signos del Zodíaco". Los 12 signos astrológicos determinan nuestro comportamiento instintivo y reactivo. El número 13 nos da el control sobre los 12 signos, lo que nos da el dominio sobre nuestra naturaleza reactiva.

Una carta astrológica se conoce mejor como el mapa de ADN del alma de un individuo, revelando qué vino a hacer a este mundo, y qué necesita corregir y transformar en este tiempo de vida. Estamos destinados a usar los aspectos positivos de nuestro signo astrológico para superar y transformar todos los aspectos negativos imbuidos en nuestra personalidad interior. Es importante comprender que nuestro perfil astrológico no es la *causa* de nuestra naturaleza, sino el *efecto*. Recibimos un mapa de ADN en particular basado en nuestro historial de vidas pasadas. Este comportamiento de una vida pasada —y sus consecuentes créditos y deudas espirituales— determinó el momento y el signo en que nacimos. La astrología es sólo el mecanismo mediante el cual adquirimos las características necesarias para nuestro crecimiento y cambio interior.

---

heredaron tus padres y que también tú poseerás. Él será benévolo contigo y hará que te multipliques más que tus padres" (Deuteronomio 30:3-5). *Y también está dicho a través de Tus profetas: "Señor, ten misericordia de nosotros, a Ti hemos esperado; sé su brazo fuerte en las mañanas, sé también nuestra salvación en tiempo de la tribulación."* (Isaías 33:2). *Y como está dicho: "Es tiempo de tribulaciones para Yaakov, mas él será librado de ellas"* (Jeremías 30:7). *También: "Dios estaba afligido por la aflicción de ellos, y por eso los ángeles de Su presencia, los redimieron. En Su amor y en Su piedad los salvó. Él los trajo y los levantó todos los días de la eternidad"* (Isaías 63:9). *Y se ha dicho:*

(1) אל מִי־ mi ילי אֵל El יא״י (מילוי ד״ס״ג) כָּמוֹךָ camoja

(2) רחום נֹשֵׂא nosé עָוֺן avón

(3) וחנון וְעֹבֵר veover עַל־ al פֶּשַׁע pesha

(4) ארך לִשְׁאֵרִית lisherit נַחֲלָתוֹ najalató

(5) אפים לֹא־ lo הֶחֱזִיק hejezik לָעַד laad ב״פ ב״ן אַפּוֹ apó

(6) ורב חסד כִּי־ qui חָפֵץ jafets חֶסֶד jésed ע״ב, ריבוע יהוה הוּא Hu:

(7) ואמת יָשׁוּב yashuv יְרַחֲמֵנוּ yerajamenu

(8) נצר חסד יִכְבֹּשׁ yijbosh עֲוֺנֹתֵינוּ avonoteinu

(9) לאלפים וְתַשְׁלִיךְ vetashlij בִּמְצֻלוֹת bimtsulot

יָם yam ילי כָּל־ col ילי חַטֹּאותָם jatotam:

(10) נשא עון תִּתֵּן titén ב״פ כהת אֱמֶת emet אהיה פעמים אהיה, ז״פ ס״ג

לְיַעֲקֹב leYaakov ז׳ הויות, יאהדונהי אידהנויה (חיבור ז״א ומלכות)

(11) ופשע חֶסֶד jésed ע״ב, ריבוע יהוה לְאַבְרָהָם leAvraham

ח״פ אל, רי״ו ול״ב נתיבות החכמה, רמ״ח (אברים), עסמ״ב וט״ז אותיות פשוטות

(12) וחטאה אֲשֶׁר־ asher נִשְׁבַּעְתָּ nishbata לַאֲבֹתֵינוּ laavoteinu

(13) ונקה מִימֵי mimei קֶדֶם kédem:

LOS TRECE ATRIBUTOS

"1) ¿Quién es un Dios como Tú? 2) Quien perdona la iniquidad, 3) y olvida el pecado 4) del remanente de Su heredad. 5) Él no retuvo para siempre Su enojo 6) porque Él se deleita en misericordia. 7) Él tendrá de nuevo misericordia sobre nosotros 8) y eliminará nuestras iniquidades. 9) Él echará en las profundidades del mar todos sus pecados. 10) Da la verdad a Yaakov 11) y benevolencia a Avraham 12) que prometiste a nuestros padres, 13) desde el comienzo de los días" (Miqueas 7:18-20).

וְנֶאֱמַר veneemar: וַהֲבִיאוֹתִים vahaviotim אֶל־ el הַר har
קָדְשִׁי kodshí וְשִׂמַּחְתִּים vesimajtim בְּבֵית beveit ב"פ ראה
תְּפִלָּתִי tefilatí עוֹלֹתֵיהֶם oloteihem וְזִבְחֵיהֶם vezivjeihem לְרָצוֹן leratsón
מהש ע"ה, ע"ב בריבוע וקס"א ע"ה, אל שדי ע"ה עַל־ al מִזְבְּחִי mizbejí כִּי qui
בֵּיתִי veití ב"פ ראה בֵּית־ beit ב"פ ראה תְּפִלָּה tefilá באתב"ש אֻכְּצָ, ב"ן אדני
וניקודה ע"ה = יוד הי וו הה יִקָּרֵא yikaré לְכָל־ lejol יה אדני הָעַמִּים haamim ר"ת ילה:

ELU DEVARIM

אֵלּוּ elu דְּבָרִים devarim ראה שֶׁאֵין sheéin לָהֶם lahem שִׁעוּר shiur:
הַפֵּאָה hapeá וְהַבִּכּוּרִים vehabicurim וְהָרֵאָיוֹן vehareayón וּגְמִילוּת ugmilut
וַחֲסָדִים jasadim וְתַלְמוּד vetalmud תּוֹרָה Torá. אֵלּוּ elu
דְּבָרִים devarim ראה שֶׁאָדָם sheadam מ"ה עוֹשֶׂה osé אוֹתָם otam,
אוֹכֵל ojel מִפֵּירוֹתֵיהֶם mipeiroteihem בָּעוֹלָם baolam הַזֶּה hazé והו
וְהַקֶּרֶן vehakeren קַיֶּמֶת kayémet לוֹ lo לָעוֹלָם leolam ריבוע דס"ג וי' אותיות דס"ג
הַבָּא habá. וְאֵלּוּ veelu הֵן hen. כִּבּוּד quibud אָב av וָאֵם vaem.
וּגְמִילוּת ugmilut וַחֲסָדִים jasadim. וּבִקּוּר uvikur חוֹלִים jolim חולה =
מ"ה עם ד' אותיות. וְהַכְנָסַת vehajnasat אוֹרְחִים orjim. וְהַשְׁכָּמַת vehashcamat
בֵּית beit ב"פ ראה הַכְּנֶסֶת hacnéset. וַהֲבָאַת vahavaat שָׁלוֹם shalom בֵּין bein
אָדָם adam מ"ה לַחֲבֵירוֹ lajaveró. וּבֵין uvein אִישׁ ish לְאִשְׁתּוֹ leishtó.
וְתַלְמוּד vetalmud תּוֹרָה Torá כְּנֶגֶד quenégued מזבח, זן, אל יהוה כֻּלָּם culam:

Y también está dicho: "Yo los he traído a Mi Montaña Sagrada y los he regocijado en Mi Casa de Oración. Sus holocaustos y sus sacrificios serán aceptados sobre Mi Altar, porque Mi Casa será llamada: 'Mi Casa de Oración' para todas las naciones" (Isaías 56:7).

ELU DEVARIM

"Los siguientes elementos no tienen medida: la esquina del terreno, la primicia, una ofrenda visual, la benevolencia y el estudio de la Torá. Estas son las cosas que una persona puede hacer y beneficiarse de sus frutos, en este mundo y, mientras su esencia permanezca intacta, en el Mundo por Venir. Y estas son: Honrar al padre y a la madre, otorgar benevolencia, visitar a los enfermos, brindar hospitalidad a los huéspedes, llegar temprano a la sinagoga, traer paz entre el hombre y sus semejantes y entre marido y mujer. Y el estudio de la Torá es equivalente a todos ellos" (Peá cap. 1:1; Shabat 127a).

LEOLAM YEHÉ ADAM

Es importante mantener un sentido de temor reverencial por el Creador y tener un miedo saludable de desconectarse de la Luz por actuar de forma deshonesta, bien sea que estemos solos o entre otras personas. El temor reverencial nos ayuda a reconocer que es nuestro oponente —el Satán— quien intenta controlar nuestro comportamiento y no nuestra naturaleza verdadera

לְעוֹלָם leolam ריבוע דס"ג ו"י אותיות דס"ג יְהֵא yehé אָדָם adam יְרֵא yeré

שָׁמַיִם shamáyim י"פ טל, י"פ כוזו בַּסֵּתֶר baséter ב"פ מצר כְּבַגָּלוּי quevagalui •

וּמוֹדֶה umodé עַל al הָאֱמֶת haemet אהיה פעמים אהיה, ז"פ ס"ג •

וְדוֹבֵר vedover אֱמֶת emet אהיה פעמים אהיה, ז"פ ס"ג בִּלְבָבוֹ bilvavó •

וְיַשְׁכִּים veyashquim וְיֹאמַר veyomar : רִבּוֹן Ribón יהוה ע"ב ס"ג מ"ה ב"ן

הָעוֹלָמִים haolamim וַאֲדוֹנֵי vaAdonei הָאֲדוֹנִים haadonim • לֹא lo עַל־ al

צִדְקוֹתֵינוּ tsidkoteinu אֲנַחְנוּ anajnu מַפִּילִים mapilim תַּחֲנוּנֵינוּ tajanuneinu

לְפָנֶיךָ lefaneja ס"ג מ"ה ב"ן כִּי qui עַל־ al רַחֲמֶיךָ rajameja הָרַבִּים harabim :

אֲדֹנָי Adonai | ללה שְׁמָעָה shemaá ללה | אֲדֹנָי Adonai סְלָחָה selajá

אֲדֹנָי Adonai ללה הַקְשִׁיבָה hakshiva וַעֲשֵׂה vaasé אַל־ al תְּאַחַר teajar

לְמַעַנְךָ lemaanjá אֱלֹהַי Elohai מילוי ע"ב, דמב ; ילה כִּי־ qui שִׁמְךָ Shimjá

נִקְרָא nikrá עַל־ al עִירְךָ irjá וְעַל־ veal עַמֶּךָ ameja : מָה ma מ"ה

אֲנַחְנוּ anajnu מָה ma מ"ה חַיֵּינוּ jayeinu • מָה ma מ"ה חַסְדֵּנוּ jasdenu

מָה ma מ"ה צִדְקוֹתֵינוּ tsidkoteinu • מָה ma מ"ה כֹּחֵנוּ cojenu מָה ma מ"ה

גְּבוּרָתֵנוּ guevuratenu • מָה ma מ"ה נֹּאמַר nomar לְפָנֶיךָ lefaneja ס"ג מ"ה ב"ן

יְהֹוָהאדניאהדונהי Adonai אֱלֹהֵינוּ Eloheinu ילה וֵאלֹהֵי veElohei לכב ; מילוי ע"ב, דמב ; ילה

אֲבוֹתֵינוּ avoteinu הֲלֹא haló כָּל col ילי הַגִּבּוֹרִים haguiborim כְּאַיִן queáyin

לְפָנֶיךָ lefaneja ס"ג מ"ה ב"ן • וְאַנְשֵׁי veanshei הַשֵּׁם haShem כְּלֹא queló הָיוּ hayú •

LEOLAM YEHÉ ADAM

Uno siempre debe temer a los Cielos en privado y en público, y uno debe reconocer la verdad y hablar la verdad en su corazón. Uno debe levantarse temprano y decir: Gobernador de los mundos, Señor de todos los Señores, "No ponemos nuestras súplicas ante Ti por causa de nuestra rectitud, sino debido a Tu abundante compasión. Señor, escúchanos. Señor, perdónanos. Señor, escucha, actúa y no demores. Mi Dios, hazlo así por Tu propia causa, porque Tu Nombre es invocado sobre Tu Ciudad y Tu Nación" (Daniel 9:18-19). *¿Cuál es nuestro valor y cuál es el beneficio de nuestra vida, nuestra rectitud, nuestra fortaleza y nuestro valor? ¿Qué debemos decir ante Ti, Señor, nuestro Dios y el Dios de nuestros padres? Todos los poderosos son como nada ante Ti. Los hombres famosos como si nunca hubiesen existido.*

וַחֲכָמִים vajajamim כִּבְלִי quivlí מַדָּע madá וּנְבוֹנִים unevonim

כִּבְלִי quivlí הַשְׂכֵּל. hasquel כִּי qui כָל־ jol יל״י מַעֲשֵׂינוּ maaseinu

תֹהוּ tohú וִימֵי vimei חַיֵּינוּ jayeinu הֶבֶל hével

לְפָנֶיךָ lefaneja ס״ג מ״ה ב״ן: וּמוֹתַר umotar הָאָדָם haadam מ״ה מִן min

הַבְּהֵמָה habehemá ב״ן אָיִן ayin כִּי qui הַכֹּל hacol יל״י הָבֶל: hável

LEVAD HANESHAMÁ (EXCEPTO POR ESA ALMA PURA)

La única entidad de valor genuino e importancia es nuestra alma, ya que el alma es una parte real de Dios. Si cometemos el error de olvidar que todos los que nos rodean también son parte del Creador, nos desconectamos inmediatamente de la Luz. *Levad HaNeshamá* nos ayuda a valorar y a apreciar el aspecto divino en todas las criaturas, y a respetar la esencia espiritual de nuestro mundo.

לְבַד levad הַנְּשָׁמָה haNeshamá הַטְּהוֹרָה hatehorá שֶׁהִיא shehí

עֲתִידָה atidá לִתֵּן litén דִּין din וְחֶשְׁבּוֹן vejeshbón לִפְנֵי lifnei כִּסֵּא jisé

כְּבוֹדֶךָ jevodeja ב״ן, לכב וְכָל vejol יל״י הַגּוֹיִם hagoyim כְּאַיִן queayin

נֶגְדֶּךָ negdeja מזבח, זן, אל יהוה שֶׁנֶּאֱמַר: sheneemar הֵן hen גּוֹיִם goyim

כְּמַר quemar מִדְּלִי midlí וּכְשַׁחַק ujeshájak מֹאזְנַיִם moznáyim

נֶחְשָׁבוּ nejshavú הֵן hen אִיִּים iyim כַּדַּק cadak יִטּוֹל: yitol

AVAL

Todos somos descendientes de Avraham, Yitsjak y Yaakov. Estos grandes patriarcas bíblicos vinieron a este mundo y crearon una estructura espiritual siendo ellos los conductores, conectando con aspectos específicos de la Luz para que tú, yo y todas las personas del mundo pudiéramos acceder a la misma energía que ellos mismos encarnaron. Es gracias al mérito de estos gigantes espirituales que ahora podemos hacer las conexiones espirituales más elevadas posibles.

Los hombres sabios como si no tuvieran conocimiento y los hombres con entendimiento como si carecieran de sentido. Todas nuestras obras son confusión y los días de nuestras vidas son vanos ante Ti (Taná Devei Rabí Eleazar cap. 21). *"Y el hombre no es superior a las bestias, porque todo es vanidad"* (Eclesiastés 3:19).

LEVAD HANESHAMÁ

Excepto por esa alma pura la cual está destinada a ser juzgada y a rendir cuentas ante el Trono de Tu Gloria. Todas las naciones son como nada ante Ti, como está dicho: "He aquí que las naciones son para Él como una gota de agua que cae de un balde y son contadas como el polvillo en la balanza. Él hace desaparecer las islas como si fueran polvo" (Isaías 40:15)

אֲבָל aval אֲנַחְנוּ anajnu עַמְּךָ ameja בְּנֵי bnei בְּרִיתֶךָ vriteja בְּנֵי bnei

אַבְרָהָם Avraham ו"פ אל, רי"ו ול"ב נתיבות החכמה, רמ"ח (אברים), עסמ"ב וט"ז אותיות פשוטות

אֹהַבְךָ ohaveja שֶׁנִּשְׁבַּעְתָּ shenishbata לוֹ lo בְּהַר behar

הַמּוֹרִיָּה haMoriyá. זֶרַע zera יִצְחָק Yitsjak ד"פ ב"ן עֲקֵדְךָ akedeja

שֶׁנֶּעֱקַד sheneekad עַל־ al גַּבֵּי gabei הַמִּזְבֵּחַ hamizbéaj נגד, זן, אל יהוה

עֲדַת adat יַעֲקֹב Yaakov ז' הויות, יאהדונהי אידהנויה בִּנְךָ binjá

בְּכוֹרְךָ vejoreja. שֶׁמֵּאַהֲבָתְךָ shemeahavatjá שֶׁאָהַבְתָּ sheahavta

אוֹתוֹ otó וּמִשִּׂמְחָתְךָ umisimjatjá שֶׁשָּׂמַחְתָּ shesamajta בּוֹ bo

קָרָאתָ karata אוֹתוֹ otó יִשְׂרָאֵל Yisrael וִישֻׁרוּן vishurún:

LEFIJAJ

LeFijaj despierta un sentido de apreciación que garantiza nuestra buena fortuna y protege aquello que amamos. Espiritualmente, no hay nada malo en trabajar por cosas más grandes y mejores en la vida; pero es nuestra conciencia de alma, no nuestra conciencia corpórea, lo que determinará si recibimos felicidad y satisfacción interior o insatisfacción y frustración. El mensaje profundo es que debemos estar felices con nuestro destino en la vida, como quiera que éste se vea, porque esa sensación de felicidad y apreciación es exactamente lo que necesitamos para lograr nuestro crecimiento espiritual.

לְפִיכָךְ lefijaj אֲנַחְנוּ anajnu חַיָּבִים jayavim לְהוֹדוֹת lehodot לְךָ laj

וּלְשַׁבֵּחֲךָ uleshabejaj וּלְפָאֶרְךָ ulfaaraj וּלְרוֹמִמְךָ ulromemaj

וְלִתֵּן velitén שִׁיר shir שֶׁבַח shévaj וְהוֹדָאָה vehodaá לְשִׁמְךָ leShimjá

הַגָּדוֹל hagadol להח ; עם ד' אותיות = מבה, יזל, הום וְחַיָּבִים vejayavim

אֲנַחְנוּ anajnu לוֹמַר lomar לְפָנֶיךָ lefaneja ס"ג מ"ה ב"ן שִׁירָה shirá

בְּכָל־ bejol ב"ן, לכב יוֹם yom ע"ה נגד, מזבח, זן, אל יהוה תָּמִיד tamid ע"ה קס"א קנ"א קמ"ג.

AVAL

Sin embargo, somos Tu Nación, los hijos de Tu pacto: los Hijos de Avraham, que Te ha amado y a quien Tú le has jurado sobre el Monte Moriá; la semilla de Yitsjak, Tu atado, que fue atado sobre el altar; y la Congregación de Yaakov, Tu hijo, Tu primogénito, que por el amor y la alegría que Tú sentías hacia él, Te has regocijado en él y lo llamaste Israel y también Yeshurún.

LEFIJAJ

Por lo tanto, es nuestra obligación agradecerte, alabarte, glorificarte y exaltarte, y brindar una canción de alabanza y gratitud a Tu Gran Nombre. Estamos obligados a decir ante Ti, todos los días y para siempre,

אַשְׁרֵנוּ ashrenu מַה ma מ״ה טוֹב tov והו וְחֶלְקֵנוּ jelkenu

וּמַה uma מ״ה נָּעִים naim גּוֹרָלֵנוּ goralenu• וּמַה umá מ״ה

יָפָה yafá מְאֹד meod יְרֻשָּׁתֵנוּ yerushatenu• אַשְׁרֵנוּ ashrenu

שֶׁאֲנַחְנוּ sheanajnu מַשְׁכִּימִים mashquimim וּמַעֲרִיבִים umaarivim

בְּבָתֵּי bevatei כְּנֵסִיּוֹת jenesiyot וּבְבָתֵּי uvevatei מִדְרָשׁוֹת midrashot•

וּמְיַחֲדִים umeyajadim שִׁמְךָ Shimjá בְּכָל bejol ב״ן, לכב

יוֹם yom ע״ה נגד, מזבח, זן, אל יהוה תָּמִיד tamid ע״ה נתה, קס״א קנ״א קמ״ג

אוֹמְרִים omrim פַּעֲמַיִם paamáyim בְּאַהֲבָה beahavá אחד, דאגה:

PEQUEÑO SHEMÁ

Esta versión del *Shemá* actúa como un propulsor de cohetes, ayudándonos a despegar hacia *Shajarit*, la conexión matutina. Primero escaneamos las meditaciones que anteceden al *Shemá* para preparar nuestra Vasija interior. Cuando recitamos el *Shemá*, unimos a los Mundos Superiores con el mundo físico. Reconocemos que sólo hay un Creador, una Fuente, y que pasado, presente y futuro son uno. Recubrimos nuestra realidad física con la Realidad del Árbol de la Vida, creando un puente con nuestra conciencia al meditar en que todo es uno solo.

Dentro del *Shemá* hay dos letras arameas grandes: *Ayin* ע y *Dálet* ד. Juntas forman la palabra aramea para “testigo”, עד. La Luz es testigo de todo lo que hacemos y siempre somos responsables de nuestras acciones, incluso si creemos que nadie nos vio haciéndolas. Esta es la Ley de Causa y Efecto.

En *Shabat* omitimos la meditación y continuamos en la página 209.

Primero, meditamos en general en el primer *Yijud* de los cuatro *Yijudim* del Nombre: יהוה, y en particular, en despertar la letra ה, y luego conectarla con la letra ו. Entonces conecta la letra י y la letra ה juntas en el siguiente orden: *Hei* (ה), *Hei-Vav* (ה״ו), luego *Yud-Hei* (י״ה), lo cual suma 31, el secreto de ״אי״ del Nombre ס״ג. Es bueno meditar en este *Yijud* antes de recitar ningún *Shemá* porque éste actúa como reemplaza por las ocasiones en las que quizás no leíste el *Shemá*. Este *Yijud* tiene la misma habilidad de crear una conexión Celestial como la lectura del *Shemá* – elevar *Zeir* y *Nukvá* juntas para el *Zivug* de *Aba* e *Ima*.

¡Qué afortunados somos!
¡Qué buena es nuestra providencia! ¡Qué agradable es nuestro destino! ¡Qué hermosa es nuestra herencia! Estamos dichosos por ser capaces de llegar temprano y regresar tarde, a y desde las sinagogas y casas de estudio, y proclamar la unidad de Tu Nombre, diariamente y para siempre, y decimos dos veces, con amor:

Shemá – שְׁמַע

Meditación general: שׁם ע – para atraer la energía desde las siete *Sefirot* inferiores de *Ima* hacia la *Nukvá*, la cual permite a la *Nukvá* elevar las *Mayin Nukvín* (despertar desde Abajo). **Meditación particular**: שׁם = יהוה + שׁדי y cinco veces las letras י y ד de ב"ן = ע [La letra *Hei* (ה) es formada por las letras *Dálet* (ד) y *Yud* (י), por lo tanto en ב"ן tenemos cuatro veces la letra ה más otra vez las letras י y ד de יוד de ב"ן]. También las tres letras ו (18) que quedan de ב"ן, más ב"ן mismo (52) equivale a ע (70).

Yisrael – יִשְׂרָאֵל

Meditación general: שׂ"ר אל – para atraer energía desde *Jésed* y *Guevurá* de *Aba* hacia *Zeir Anpín*, para hacer su acción en el secreto de *Mayin Dujrín* (despertar desde Arriba).

Meditación particular: (las letras reordenadas de la palabra *Yisrael*): שׂר אלי

ש"ר = מילוי דשד"י (ין לת וד),

אלי = מ"א אותיות שׁבאהיה דאלפין פשׁוט ומלא ומלא דמלא

(אהיה אלף הא יוד הא אלף למד פא הא אלף יוד ואו דלת הא אלף).

Medita en atraer Luz Circundante de *Ima* y la Luz Interna de *Aba* de *Katnut* a *Zeir Anpín*.

Adonai Eloheinu Adonai - יְהוָה אֱלֹהֵינוּ יְהוָה

Meditación general: Atraer energía hacia *Aba, Ima* y *Dáat* desde *Arij Anpín*,

Meditation particular: ע"ב (יוד הי ויו הי) קס"א (אלף הי יוד הי) ע"ב (יוד הי וי הי)

Ejad – אֶחָד

(El secreto del completo *Yijud-Unificación*)

Las letras *Álef* א y *Jet* ח de *Ejad* אחד son *Zeir Anpín* y la letra *Dálet* ד es *Nukvá*. **Debes meditar** en dedicar tu alma a la santificación del Nombre Sagrado, elevando de este modo a tu *Néfesh*, *Rúaj*, *Neshamá* y *Neshamá* de *Neshamá* con *Zeir Anpín* y *Nukvá* (usando los Nombres: ע"ב y ס"ג) hacia *Aba* e *Ima* como en el secreto de *Mayin Nukvín*, y por esa energía, *Aba* e *Ima* serán unificados en el secreto del Nombre: יאהדוי"ה. **También medita** en sacar la Luz Circundante de *Katnut* de *Aba* los Seis Bordes Internos de *Gadlut* de *Ima* hacia *Zeir Anpín*. La Gota, que es ע"ב, es sacada desde lo Interno de *Arij Anpín*, y desciende hacia *Yesod* de *Ima*, donde se convierte en: ע"ב ס"ג מ"ה ב"ן, y las cuatro אהיה deletreadas (אלף הי יוד הי, אלף הי יוד הי, אלף הא יוד הא, אלף הה יוד הה) se convierten en Su vestimenta. <u>Como resultado</u>, *Zeir Anpín* tiene cuatro יה"ו deletreadas (יוד הי ויו, יוד הי ואו, יוד הא ואו, יוד הה וו), cuatro אה"י deletreadas (אלף הי יוד, אלף הי יוד, אלף הא יוד, אלף הה יוד) y los Seis Bordes Internos de *Gadlut* de *Ima*. **También medita en el Nombre:** אל"ף ה"י וי"ו ה"י, que es el *Mojín* entero en el secreto de *Dáat*. **Y también medita** (según el Ramjal) en las cuatro *Álef* deletreadas (אלף = 111) del Nombre: אהי"ה que es igual a la palabra *Midat* (444), haciendo el *Kéter* para *Leá*.

Baruj Shem Quevod Maljutó Leolam Vaed

בָּרוּךְ שֵׁם כְּבוֹד מַלְכוּתוֹ לְעוֹלָם וָעֶד

Baruj Shem Quevod – *Jojmá*, *Biná*, *Dáat* de *Leá*;

Maljutó – Su *Kéter*; ***Leolam*** – el resto de Su *Partsuf*;

Vaed – los cuatro היה (4 veces 20 es igual a *Vaed* = 80) harán el *Kéter* para *Rajel*.

Y las cuatro היה deletreadas (הי יוד הי, הי יוד הי, הא יוד הא, הה יוד הה) harán el resto de Su cuerpo.

שְׁמַע Shemá ע׳ רבתי יִשְׂרָאֵל Yisrael יְהֹוָהאדנ׳יאהדונהי Adonai

אֱלֹהֵינוּ Eloheinu ילה יְהֹוָהאדנ׳יאהדונהי Adonai | אֶחָד Ejad ד׳ רבתי ; אהבה, דאגה:

(:Susurrar) יוזו אותיות בָּרוּךְ Baruj שֵׁם Shem כְּבוֹד quevod מַלְכוּתוֹ maljutó,

לְעוֹלָם leolam ריבוע ס״ג וי׳ אותיות דס״ג וָעֶד vaed:

ATÁ HU

El siguiente *Atá Hu* ocupa la realidad metafísica —*Ein Sof* (el Mundo Infinito)— que existió antes de que nuestro mundo fuera creado. El segundo *Atá Hu* reside en nuestro mundo físico, el cual fue creado después de que el universo existiera. Este conocimiento ayuda a reforzar la idea de que sólo hay una Luz que abarca tanto los dominios espirituales como los físicos.

אַתָּה Atá הוּא Hu אֶחָד ejad אהבה, דאגה קֹדֶם kódem עמם

שֶׁבָּרָאתָ shebarata הָעוֹלָם haolam וְאַתָּה veAtá הוּא Hu אֶחָד ejad

אהבה, דאגה לְאַחַר leajar שֶׁבָּרָאתָ shebarata הָעוֹלָם haolam• אַתָּה Atá

הוּא Hu אֵל El ייא״י (מילוי דס״ג) בָּעוֹלָם baolam הַזֶּה hazé והו וְאַתָּה veAtá

הוּא Hu אֵל El ייא״י (מילוי דס״ג) בָּעוֹלָם baolam הַבָּא habá• וְאַתָּה veAtá

הוּא Hu וּשְׁנוֹתֶיךָ ushnoteja לֹא lo יִתָּמּוּ yitamu: קַדֵּשׁ kadesh

שִׁמְךָ Shemaj בְּעוֹלָמָךְ beolamaj עַל al עַם am מְקַדְּשֵׁי mekadshei

שְׁמֶךָ Shemeja• וּבִישׁוּעָתְךָ uvishuatjá מַלְכֵּנוּ malquenu תָּרוּם tarum

וְתַגְבִּיהַּ vetagbiha קַרְנֵנוּ karnenu• וְתוֹשִׁיעֵנוּ vetoshienu בְּקָרוֹב vekarov

לְמַעַן lemaan שְׁמֶךָ Shemeja• בָּרוּךְ Baruj הַמְקַדֵּשׁ hamekadesh

שְׁמוֹ Shemó מהש ע״ה, ע״ב בריבוע וקס״א ע״ה, אל שדי ע״ה בָּרַבִּים varabim:

PEQUEÑO SHEMÁ

"Escucha, Israel, el Señor nuestro Dios. El Señor es Uno" (Deuteronomio 6:4).

"Bendito es el glorioso Nombre, Su Reino es por siempre y para la eternidad" (Pesajim 56a).

ATÁ HU

"Tú eres Uno antes que Tú crearas el mundo y Tú eres Uno después que Tú crearas el mundo. Tú eres Dios en este mundo y Tú eres Dios en el Mundo por Venir. Tú eres Tú y Tus años no tienen fin" (Salmos 102:28). *Santifica Tu Nombre, en Tu mundo, sobre la Nación que santifica Tu Nombre. Con Tu salvación, nuestro Rey, Tú Te levantarás y exaltarás nuestro valor. Redímenos pronto en Tu Nombre. Bendito es Él, que santifica Su Nombre sobre las multitudes.*

אַתָּה Atá הוּא Hu יְהֹוָהאדניאהדונהי Adonai הָאֱלֹהִים haElohim

אהיה אדני ; ילה ; ר"ת אהיה בַּשָּׁמַיִם bashamáyim י"פ טל, י"פ כוזו מִמַּעַל mimáal עלם

וְעַל veal הָאָרֶץ haárets אלהים דההין ע"ה מִתַּחַת mitájat בִּשְׁמֵי bishmei

הַשָּׁמַיִם hashamáyim י"פ טל, י"פ כוזו הָעֶלְיוֹנִים haelyonim

וְהַתַּחְתּוֹנִים vehatajtonim. אַתָּה Atá הוּא Hu רִאשׁוֹן rishón וְאַתָּה veAtá

הוּא Hu אַחֲרוֹן ajarón וּמִבַּלְעָדֶיךָ umibaladeja אֵין ein אֱלֹהִים Elohim

אהיה אדני ; ילה. קַבֵּץ kabets נְפוּצוֹת nefutsot קֹוֶיךָ koveja מֵאַרְבַּע mearbá

כַּנְפוֹת canfot הָאָרֶץ haárets אלהים דההין ע"ה ; ר"ת = אדני. יַכִּירוּ yaquiru

וְיֵדְעוּ veyedú כָּל־ jol ילי בָּאֵי baéi עוֹלָם olam כִּי qui אַתָּה Atá הוּא Hu

הָאֱלֹהִים haElohim אהיה אדני ; ילה לְבַדְּךָ levadeja לְכֹל lejol יה אדני

מַמְלְכוֹת mamlejot הָאָרֶץ haárets אלהים דההין ע"ה אַתָּה Atá עָשִׂיתָ asita

אֶת־ et הַשָּׁמַיִם hashamáyim י"פ טל, י"פ כוזו וְאֶת־ veet הָאָרֶץ haárets

אלהים דההין ע"ה: אֶת et הַיָּם hayam ילי וְאֶת veet כָּל־ col ילי אֲשֶׁר־ asher

בָּם bam מ"ב וּמִי umí ילי בְּכָל vejol ב"ן, לכב מַעֲשֵׂה maasé יָדֶיךָ yadeja

בָּעֶלְיוֹנִים baelyonim וּבַתַּחְתּוֹנִים uvatajtonim שֶׁיֹּאמַר sheyomar לָךְ laj

מַה ma מ"ה תַּעֲשֶׂה taasé וּמַה umá מ"ה תִּפְעַל tifal. אָבִינוּ avinu

שֶׁבַּשָּׁמַיִם shebashamáyim י"פ טל, י"פ כוזו וְחַי jai וְקַיָּם vekayam עֲשֵׂה asé

עִמָּנוּ imanu ריבוע ס"ג, קס"א ע"ה וד' אותיות חֶסֶד jésed ע"ב, ריבוע יהוה

בַּעֲבוּר baavur כְּבוֹד quevod שִׁמְךָ Shimjá הַגָּדוֹל hagadol להח ; עם ד' אותיות =

מבה, יזל, הום הַגִּבּוֹר haguibor וְהַנּוֹרָא vehanorá שֶׁנִּקְרָא shenikrá עָלֵינוּ aleinu

---

Tú eres el Señor, el Dios en los Cielos Arriba y en la Tierra Abajo. En los cielos de los Cielos Superiores e Inferiores, Tú eres primero y Tú eres último y, aparte de Ti, no hay otro Dios. Reúne a los dispersos que tienen esperanza en Ti desde los cuatro confines de la Tierra. Permite que toda la humanidad venga a reconocer y a saber que eres Tú solo quien es el Dios de todos los reinos de la Tierra. Tú has hecho los Cielos y la Tierra, el mar, y todo lo que contienen. ¿Y quién entre todas las criaturas que salieron de Tus manos, de arriba o de abajo, puede decirte qué hacer y cómo hacerlo? Nuestro Padre en los Cielos, Viviente y Existente, concédenos benevolencia por la gloria de Tu grande, poderoso y reverentemente temido Nombre, que ha sido invocado sobre nosotros.

וְקַיֵּם vekayem לָנוּ lanu אלהים, אהיה אדני יְהֹוָאדנהיאהדונהי Adonai
אֱלֹהֵינוּ Eloheinu ילה אֶת et הַדָּבָר hadavar ראה שֶׁהִבְטַחְתָּנוּ shehivtajtanu
עַל al יְדֵי yedei צְפַנְיָה Tsefanyá חוֹזָךְ jozaj כָּאָמוּר: caamur בָּעֵת baet
הַהִיא hahí אָבִיא aví אֶתְכֶם etjem וּבָעֵת uvaet קַבְּצִי kabtsí
אֶתְכֶם etjem כִּי־ qui אֶתֵּן etén אֶתְכֶם etjem לְשֵׁם leShem
וְלִתְהִלָּה velitehilá ע"ה אמת, אהיה פעמים אהיה, ז"פ ס"ג בְּכֹל bejol ב"ן, לכב עַמֵּי amei
הָאָרֶץ haárets אלהים דההין ע"ה בְּשׁוּבִי beshuvi אֶת־ et שְׁבוּתֵיכֶם shevuteijem
לְעֵינֵיכֶם leeineijem ריבוע דמ"ה אָמַר amar יְהֹוָאדנהיאהדונהי Adonai:

LOS SACRIFICIOS – KORBANOT

La palabra *Korbanot* significa "sacrificios". *Korbanot* viene de la palabra aramea *krav*, que significa "guerra", y también de la palabra aramea *kiruv*, que significa "acercar". Evidentemente, no podemos llevar sacrificios físicos a un Templo pero, a través de esta conexión, aún podemos ir a la guerra contra el Satán y acercarnos a los Mundos Superiores. Al recitar las oraciones de los *Korbanot* con una mente abierta y un corazón que confía, estamos generando la misma cantidad de energía como si estuviéramos llevando a cabo todas las acciones necesarias en el Templo.

EL SACRIFICIO DE OLÁ (GRANOS)

Según el *Zóhar* (*Zóhar Jadash* 41d), recitamos esta sección para limpiar la noche de los pensamientos negativos.

וַיְדַבֵּר vaydaber ראה יְהֹוָאדנהיאהדונהי Adonai אֶל־ el מֹשֶׁה Moshé
מהש, ע"ב בריבוע וקס"א, אל שדי לֵּאמֹר lemor: צַו tsav פוי, אל אדני אֶת־ et
אַהֲרֹן Aharón וְאֶת־ veet בָּנָיו banav לֵאמֹר lemor זֹאת zot תּוֹרַת torat
הָעֹלָה haolá הִוא hi הָעֹלָה haolá עַל al מוֹקְדָה mokdá עַל־ al
הַמִּזְבֵּחַ hamizbéaj נגד, זן, אל יהוה כָּל־ col ילי הַלַּיְלָה halayla מלה עַד־ ad

---

Puedas Tú satisfacernos, Señor, nuestro Dios, con lo que Tú has prometido a través de Tsefanyá, Tu vidente, como estaba dicho: "En ese tiempo, Yo les traeré y, en ese tiempo, Yo les reuniré, les daré fama y alabanza entre todas las naciones de la Tierra. Yo los regresaré del cautiverio delante de sus propios ojos. Así dijo el Señor" (Sofonías 3:20).

LOS SACRIFICIOS – KORBANOT - EL SACRIFICIO DE OLÁ (GRANOS)

"Y el Señor dijo a Moshé: Ordena a Aharón y a sus hijos, diciéndoles: Esta es la ley del holocausto. Es una ofrenda quemada que permanecerá encendido sobre al Altar toda la noche,

הַבֹּקֶר habóker וְאֵשׁ veesh הַמִּזְבֵּחַ hamizbéaj נגד, זן, אל יהוה תּוּקַד tukad
בּוֹ bo: וְלָבַשׁ velavash הַכֹּהֵן haCohén מלה מִדּוֹ midó בַד vad
וּמִכְנְסֵי־ umijnesei בַד vad יִלְבַּשׁ yilbash עַל־ al בְּשָׂרוֹ besaró
וְהֵרִים veherim אֶת־ et הַדֶּשֶׁן hadeshen אֲשֶׁר asher תֹּאכַל tojal
הָאֵשׁ haesh שאה אֶת־ et הָעֹלָה haolá עַל־ al הַמִּזְבֵּחַ hamizbéaj
נגד, זן, אל יהוה וְשָׂמוֹ vesamó אֵצֶל etsel הַמִּזְבֵּחַ hamizbéaj נגד, זן, אל יהוה:
וּפָשַׁט ufashat אֶת־ et בְּגָדָיו begadav וְלָבַשׁ velavash בְּגָדִים begadim
אֲחֵרִים ajerim וְהוֹצִיא vehotsí אֶת־ et הַדֶּשֶׁן hadeshen אֶל־ el
מִחוּץ mijuts לַמַּחֲנֶה lamajané אֶל־ el מָקוֹם makom טָהוֹר tahor י״פ אכא:
וְהָאֵשׁ vehaesh שאה עַל־ al הַמִּזְבֵּחַ hamizbéaj נגד, זן, אל יהוה תּוּקַד־ tukad
בּוֹ bo לֹא lo תִכְבֶּה tijbé וּבִעֵר uvier עָלֶיהָ aleha פהל הַכֹּהֵן haCohén מלה
עֵצִים etsim בַּבֹּקֶר babóker בַּבֹּקֶר babóker וְעָרַךְ vearaj עָלֶיהָ aleha פהל
הָעֹלָה haolá וְהִקְטִיר vehiktir עָלֶיהָ aleha פהל חֶלְבֵי jelvei
הַשְּׁלָמִים hashelamim: אֵשׁ esh תָּמִיד tamid ע״ה קס״א קנ״א קמ״ג (מילואי אהיה)
תּוּקַד tukad עַל־ al הַמִּזְבֵּחַ hamizbéaj נגד, זן, אל יהוה לֹא lo תִכְבֶּה tijbé:

EL TAMID – LA OFRENDA (DIARIA)

El segundo sacrificio es la ofrenda diaria. La palabra aramea *olat* עולת, que quiere decir "elevado", puede ser reordenada para deletrear *tolá* תולע, una fuerza negativa que es despertada cada mañana. Al agregar la palabra *olat*, como en *Olat Tamid*, desarraigamos y anulamos las fuerzas negativas de la mañana. *Olat* tiene el mismo valor numérico (506) que la primera frase en el *Aná Bejóaj*, que corresponde a la *Sefirá* de *Jésed*, que es misericordia. También representa el nivel de semilla de nuestra alma, un reino donde la separación y la negatividad no existen. Al cambiar las letras en *tolá* por *olat*, y meditando en la primera frase del *Aná Bejóaj*, removemos la fuerza negativa y regresamos a la semilla de amor incondicional y unidad.

Al recitar esta sección, elevamos la parte interior de las tres *Sefirot* Superiores de *Asiyá* al Nivel Superior. Este es el secreto de la Ofrenda de *Tamid*, para acercar lo Superior y lo Inferior, y para elevar lo Inferior hasta lo más alto (*Los escritos del Arí: Las puertas de la meditación*, vol. 1 cap. 3).

---

hasta la mañana y el fuego del Altar se mantendrá ardiendo. El Cohén vestirá su túnica de lino; pantalones de lino vestirá sobre su carne. Él retirará las cenizas cuando el fuego haya consumido la ofrenda y las pondrá a un lado del Altar. Se quitará luego su vestimenta y se pondrá otra ropa, y llevará las cenizas fuera del campamento, a un lugar limpio. Y el fuego del Altar seguirá ardiendo y no debe ser extinguido. Temprano en la mañana, el Cohén colocará sobre él leños. Él dispondrá la ofrenda sobre el Altar y quemará la grasa como incienso de los sacrificios de paz. El fuego eterno arderá en el Altar y no se extinguirá" (Levítico 6:1-6).

Existe una *toláat* (lombriz) en el Lado Santo, que es el secreto de *Jésed* que aumenta, se revela y brilla cada mañana. Y similar a ello, existe otra *tolá* en la *klipá* (Lado Impuro). Esta lombriz negativa despierta cada mañana para destruir el mundo, y Dios, con misericordia, revela la lombriz del Lado Puro, que es la Luz de *Jésed* (mencionada anteriormente). Y este es el secreto del *Tamid* (Ofrenda Diaria) que es llamado "*Olat HaTamid*", puesto que la palaba *olat* tiene las mismas letras que *tolá*, sólo que en diferente orden. A través de *Olat HaTamid*, que se recita cada mañana, la *tolá* del Lado Impuro se rendirá. En esta sección, debes meditar en purificar a los Mundos y en prepararlos para recibir la abundancia desde el aspecto de *Shabat*, a pesar de haber sido purificados desde el aspecto de los días de la semana.

וַיְדַבֵּר vaydaber ראה יְהֹוָהאדני יאהדונהי Adonai אֶל־ el מֹשֶׁה Moshé

מהש, ע״ב בריבוע וקס״א, אל שדי לֵּאמֹר: lemor צַו tsav פוי, אל אדני אֶת־ et בְּנֵי bnei

יִשְׂרָאֵל Yisrael וְאָמַרְתָּ veamarta אֲלֵהֶם aleihem אֶת־ et קָרְבָּנִי korbaní

לַחְמִי lajmí לְאִשַּׁי leishai רֵיחַ réaj נִיחֹחִי nijojí תִּשְׁמְרוּ tishmerú

לְהַקְרִיב lehakriv לִי li בְּמוֹעֲדוֹ: bemoadó וְאָמַרְתָּ veamarta לָהֶם lahem

זֶה ze הָאִשֶּׁה haishé אֲשֶׁר asher תַּקְרִיבוּ takrivu לַיהֹוָהאדני יאהדונהי laAdonai

כְּבָשִׂים quevasim בְּנֵי־ bnei שָׁנָה shaná תְמִימִם temimim שְׁנַיִם shnáyim

לַיּוֹם layom ע״ה נגד, מזבח, זן, אל יהוה עֹלָה olá ר״ת עשל תָמִיד tamid ע״ה קס״א קנ״א קמ״ג:

אֶת־ et הַכֶּבֶשׂ haqueves אֶחָד ejad אהבה, דאגה תַּעֲשֶׂה taasé בַבֹּקֶר vabóker

וְאֵת veet הַכֶּבֶשׂ haqueves הַשֵּׁנִי hashení תַּעֲשֶׂה taasé בֵּין bein

הָעַרְבָּיִם: haarbáyim וַעֲשִׂירִית vaasirit הָאֵיפָה haeifá סֹלֶת sólet

לְמִנְחָה leminjá ע״ה ב״פ ב״ן בְּלוּלָה belulá בְּשֶׁמֶן beshemen

כָּתִית catit רְבִיעִת reviit הַהִין: hahín עֹלַת olat ושר, אבגיתץ

(Aquí meditar en doblegar a la *klipá* llamada *Tolá* usando el nombre: אבגיתץ)

תָּמִיד tamid ע״ה קס״א קנ״א קמ״ג הָעֲשֻׂיָה haasuyá בְּהַר behar סִינַי Sinai נמם, ה

הויות (ה׳ גבורות) לְרֵיחַ leréaj נִיחֹחַ nijóaj אִשֶּׁה ishé לַיהֹוָהאדני יאהדונהי laAdonai:

EL TAMID – LA OFRENDA (DIARIA)

"Y habló Dios a Moshé y dijo: Ordena a los Hijos de Israel y diles: Mi ofrenda, el pan para ofrenda de fuego, Mi agradable fragancia, guardarán para entregar en sacrificio a Mí en el momento especificado. Y les dirás: Esta es la ofrenda de fuego que ofrecerán a Dios: cordero sin tacha de un año, dos diarios, como una ofrenda diaria regular; un cordero ofrecerás en la mañana y el segundo cordero ofrecerás al final de la tarde. Y un décimo de una fanega de harina fina, para la ofrenda de comida, mezclada con un cuarto de cuartal de aceite. Una ofrenda quemada permanente hecha en el Monte Sinaí, para fragancia adorable y una ofrenda de fuego ante el Señor.

וְנִסְכּוֹ veniscó רְבִיעִת reviit הַהִין hahín לַכֶּבֶשׂ laqueves

הָאֶחָד haejad אהבה, דאגה בַּקֹּדֶשׁ bakódesh הַסֵּךְ hasej

נֶסֶךְ nésej שֵׁכָר shejar י"פ ב"ן לַיהֹוָהאדניאהדונהי laAdonai:

וְאֵת veet הַכֶּבֶשׂ haqueves הַשֵּׁנִי hashení תַּעֲשֶׂה taasé בֵּין bein

הָעַרְבָּיִם haarbáyim כְּמִנְחַת queminjat הַבֹּקֶר habóker וּכְנִסְכּוֹ ujeniscó

תַּעֲשֶׂה taasé אִשֵּׁה ishé (elevación a *Yetsirá*) רֵיחַ réaj (elevación a *Briá*)

נִיחֹחַ nijóaj (elevación a *Atsilut*) לַיהֹוָהאדניאהדונהי laAdonai (elevación al Mundo Infinito):

EL INCIENSO

Estos versículos de la Torá y el *Talmud* hablan sobre las 11 hierbas y especias que fueron usadas en el Templo. Estas hierbas y especias fueron usadas con un solo propósito: Para ayudarnos a remover la fuerza de la muerte de cada área de nuestra vida. Esta es una de las varias oraciones cuyo único propósito es la erradicación de la muerte. El *Zóhar* nos enseña que todo aquel que tenga juicio persiguiéndole, necesita conectarse con este incienso. Estas 11 hierbas y especias se conectan con las 11 Luces que sostienen a las *klipot* (cáscaras de negatividad). Cuando arrancamos las 11 Luces que sostienen a las *klipot* a través del poder del incienso, las *klipot* pierden su fuerza vital y mueren. Además de llevar las 11 especias al Templo, la gente llevaba resina, vino y otros elementos con propiedades metafísicas para ayudar a combatir al Ángel de la Muerte.

Está escrito en el *Zóhar*: "Ven y ve: Quien es perseguido por el juicio necesita incienso y debe arrepentirse ante su Señor, ya que el incienso ayuda a desaparecer el juicio de él". Las 11 hierbas y especias corresponden a las 11 Iluminaciones Santas que reviven a la *klipá*. Al elevarlas, la *klipá* muere. Mediante estas 11 hierbas, las *klipot* son alejadas y se elimina la fuerza energética que les daba vida. Y debido a que el Lado Puro y su sustento desaparecen, las *klipot* quedan sin vida. Por lo tanto, el secreto del incienso es que éste limpia la fuerza de la plaga y la cancela. El incienso destruye al Ángel de la Muerte y le quita su poder de asesinar.

אַתָּה Atá הוּא Hu יְהֹוָהאדניאהדונהי Adonai אֱלֹהֵינוּ Eloheinu ילה שֶׁהִקְטִירוּ shehiktiru

אֲבוֹתֵינוּ avoteinu לְפָנֶיךָ lefaneja ס"ג מ"ה ב"ן אֶת et קְטֹרֶת ketóret

י"א פעמים אדני (הנבררים מהקליפות ע"י י"א הסממנים) ; קטרת - הק' באתב"ש ד' = תרי"ג (מצוות)

הַסַּמִּים hasamim ע"ה קנ"א, אדני אלהים בִּזְמַן bizmán

שֶׁבֵּית shebeit ב"פ ראה הַמִּקְדָּשׁ hamikdash קַיָּם kayam

כַּאֲשֶׁר caasher צִוִּיתָ tsivita אוֹתָם otam עַל al יַד yad מֹשֶׁה Moshé מהש,

ע"ב בריבוע וקס"א, אל שדי נְבִיאֶךָ neviaj כַּכָּתוּב cacatuv בְּתוֹרָתָךְ betorataj:

Su libación es un cuarto de cuartal para un cordero en el Santuario, vierte una libación de vino superior ante el Señor. Ofrecerás el segundo cordero en la tarde como la ofrenda de la mañana; su libación ofrecerás como ofrenda por fuego de una fragancia agradable a Dios" (Números 28:1-8)

EL INCIENSO

Eres Tú, Señor, nuestro Dios, ante quien nuestros antepasados quemaron las especias del incienso. Durante el tiempo en el que existía el Sagrado Templo, como habías ordenado a través de Moshé, Tu Profeta, y como está escrito en Tu Torá:

LA PORCIÓN DEL INCIENSO

Para elevar las *Sefirot* de todas las *Noga* de *Atsilut*, *Briá*, *Yetsirá* y *Asiyá*.

וַיֹּאמֶר vayómer יְהֹוָהאדניאהדונהי Adonai אֶל־ el מֹשֶׁה Moshé
מהש, ע״ב בריבוע וקס״א, אל שדי קַח־ kaj לְךָ lejá סַמִּים samim (***Tiféret, Nétsaj***)
ע״ה קנ״א, אדני אלהים נָטָף nataf | (***Hod***) וּשְׁחֵלֶת ushjélet (***Yesod***) וְחֶלְבְּנָה vejelbená
(***Maljut***) ע״ה פוי, אל אדני סַמִּים samim (***Kéter, Jojmá, Biná, Jésed, Guevurá***)
ע״ה קנ״א, אדני אלהים וּלְבֹנָה ulevoná זַכָּה zacá (**Luz Circundante**) בַּד bad בְּבַד bevad
יִהְיֶה yihyé ייי׃ וְעָשִׂיתָ veasita אֹתָהּ otá קְטֹרֶת ketóret י״א פעמים אדני (הנבררים
מהקליפות ע״י י״א הסממנים) ; קטרת - הק׳ באתב״ש ד׳ = תרי״ג (מצוות) רֹקַח rókaj מַעֲשֵׂה maasé
רוֹקֵחַ rokéaj שדי מְמֻלָּח memulaj טָהוֹר tahor י״פ אכא קֹדֶשׁ kódesh
ס״ת רוחש בכוונה לגרש החיצונים ויועיל לזכירה׃ וְשָׁחַקְתָּ veshajakta מִמֶּנָּה mimena
הָדֵק hadek וְנָתַתָּה venatata מִמֶּנָּה mimena לִפְנֵי lifnei הָעֵדֻת haedut
בְּאֹהֶל beóhel מוֹעֵד moed אֲשֶׁר asher אִוָּעֵד ivaed לְךָ lejá שָׁמָּה shama
קֹדֶשׁ kódesh קָדָשִׁים kodashim תִּהְיֶה tihyé לָכֶם lajem. וְנֶאֱמַר veneemar׃
וְהִקְטִיר vehiktir עָלָיו alav אַהֲרֹן Aharón קְטֹרֶת ketóret י״א פעמים אדני
(הנבררים מהקליפות ע״י י״א הסממנים) ; קטרת - הק׳ באתב״ש ד׳ = תרי״ג (מצוות) סַמִּים samim
ע״ה קנ״א, אדני אלהים בַּבֹּקֶר babóker בַּבֹּקֶר babóker בְּהֵיטִיבוֹ beheitivo
אֶת־ et הַנֵּרֹת hanerot יַקְטִירֶנָּה yaktirena׃ וּבְהַעֲלֹת uvehaalot
אַהֲרֹן Aharón אֶת־ et הַנֵּרֹת hanerot בֵּין bein הָעַרְבַּיִם haarbáyim
ר״ת אהבה, דאגה, אחד יַקְטִירֶנָּה yaktirena קְטֹרֶת ketóret י״א פעמים אדני
(הנבררים מהקליפות ע״י י״א הסממנים) ; קטרת - הק׳ בא״ת ב״ש ד׳ = תרי״ג (מצוות) תָּמִיד tamid
ע״ה קס״א קנ״א קמ״ג לִפְנֵי lifnei יְהֹוָהאדניאהדונהי Adonai לְדֹרֹתֵיכֶם ledoroteijem׃

LA PORCIÓN DEL INCIENSO

"Y Dios dijo a Moshé: Toma especias de bálsamo, uña aromática, gálbano y olíbano puro, de todo en igual peso. Y deberás preparar una mezcla de incienso: la obra de un perfumador, bien combinada, pura y santa. Molerás de ella pulverizándola y la colocarás delante del Testimonio en el Tabernáculo de Reunión, en donde Yo me encontraré contigo. Será el Santo de los Santos para ti" (Éxodo 30:34-36). *Y Dios también dijo: "Aharón quemará sobre el Altar especies de incienso cada mañana cuando prepare las velas. Y cuando Aharón encienda las velas a la caída del Sol, él deberá quemar especias de incienso como una ofrenda de incienso permanente ante Dios, por todas sus generaciones"* (Éxodo 30:7-8).

LAS FUNCIONES DEL INCIENSO

El relleno del incienso tiene dos propósitos: Primero, remover las *klipot* para evitar que éstas acompañen la elevación de los Mundos y, segundo, para atraer Luz hacia *Asiyá*. Por lo tanto, medita en elevar las chispas de Luz de todas las *Noga* de *Atsilut*, *Briá*, *Yetsirá* y *Asiyá*.

Cuenta el incienso uno por uno usando tu mano derecha y no te saltes ni uno, porque está escrito: "Si uno omite uno de los ingredientes, es probable que reciba la pena de muerte". Y por lo tanto, debes tener cuidado de no saltarte ninguno, porque recitar este párrafo es un sustituto de la verdadera quema del incienso.

תָּנוּ tanú רַבָּנָן rabanán פִּטּוּם pitum הַקְּטֹרֶת ha ketóret י"א פעמים אדני
(הנבררים מהקליפות ע"י י"א הסממנים) קטרת - הק' באתב"ש ד' = תרי"ג (מצוות);
פטום הקטרת = יְהוָה יֱהֹוִה מצפצ יה אדני אל אלהים מצפצ (ז' מרגלאין דשבת):
כֵּיצַד queitsad. שְׁלֹשׁ shlosh מֵאוֹת meot המספר = ש', אלהים דיודין
וְשִׁשִּׁים veshishim המספר = מילוי הש' (ין) וּשְׁמוֹנָה ushmoná מָנִים manim הָיוּ hayú
בָהּ va. שְׁלֹשׁ shlosh מֵאוֹת meot המספר = ש', אלהים דיודין וְשִׁשִּׁים veshishim
המספר = מילוי הש' (ין) וַחֲמִשָּׁה vajamishá כְּמִנְיַן queminyán יְמוֹת yemot
הַחַמָּה hajamá מָנֶה mané ע"ה פוי, אל אדני בְּכָל־ bejol ב"ן, לכב
יוֹם yom ע"ה נגד, מזבח, זן, אל יהוה. מַחֲצִיתוֹ majatsitó בַּבֹּקֶר babóker
וּמַחֲצִיתוֹ umajatsitó בָּעֶרֶב baérev. וּשְׁלֹשָׁה ushloshá מָנִים manim
יְתֵרִים yeterim קס"א, קנ"א וקמ"ג שֶׁמֵּהֶם shemehem מַכְנִיס majnís כֹּהֵן Cohén מלה
גָּדוֹל Gadol להח ; עם ד' אותיות = מבה, יזל, אום וְנוֹטֵל venotel מֵהֶם mehem
מְלֹא meló חָפְנָיו jafnav בְּיוֹם beYom ע"ה נגד, מזבח, זן, אל יהוה הַכִּפּוּרִים haKipurim.
מַחֲזִירָן majazirán לַמַּכְתֶּשֶׁת lamajtéshet בְּעֶרֶב beérev
יוֹם Yom ע"ה נגד, מזבח, זן, אל יהוה הַכִּפּוּרִים haKipurim כְּדֵי quedei לְקַיֵּם lekayem
מִצְוַת mitsvat דַּקָּה daká מִן min הַדַּקָּה hadaká. וְאַחַד veajad אהבה, דאגה
עָשָׂר asar סַמָּנִים samanim הָיוּ hayú בָהּ va. וְאֵלּוּ veelu הֵן hen:

LAS FUNCIONES DEL INCIENSO

Nuestros Sabios han enseñado: ¿Cómo se hacía la composición del incienso? Trescientas sesenta y ocho porciones estaban contenidas allí. Trescientas sesenta y cinco correspondían al número de días en el año solar, una porción para cada día: La mitad de ella en la mañana y la otra mitad a la caída del Sol. Y las tres porciones restantes, el Sumo Sacerdote, en Yom Kipur, se llenaba ambas manos con ellas. En la Víspera de Yom Kipur, él las llevaría de regreso al mortero para cumplir el requerimiento de que debían estar muy finamente molidas. Cada porción contenía once especias:

1) הַצֳּרִי haTsorí (Kéter) מצפצ, אלהים דיודין, י"פ ייי. 2) וְהַצִּפֹּרֶן vehaTsiporén (Yesod)
יהוה אדני אהיה שדי. 3) וְהַחֶלְבְּנָה vehaJelbená (Maljut) ע"ה פוי, אל אדני.
4) וְהַלְּבוֹנָה vehaLevoná (Luz Circundante - שהוא אור לבן והוא יוזידי הנקרא אדון יוזיד)
מִשְׁקַל mishkal שִׁבְעִים shivim שִׁבְעִים shivim מָנֶה mané ע"ה פוי, אל אדני.
5) מוֹר Mor (Jésed). 6) וּקְצִיעָה uKetsía רהע (Guevurá - "כי מצפון תפתח הרעה",
והגבורה סוד רוזז צפון). 7) וְשִׁבֹּלֶת veShibólet נֵרְדְּ Nerd (Tiféret).
8) וְכַרְכּוֹם veJarcom (Nétsaj) בוזדך, סנדלפון, ערי. מִשְׁקַל mishkal שִׁשָּׁה shishá
עָשָׂר asar שִׁשָּׁה shishá עָשָׂר asar מָנֶה mané ע"ה פוי, אל אדני. 9) קֹשְׁטְ Kosht
(Jojmá) שְׁנֵים shnéim עָשָׂר asar. 10) קְלוּפָה Kilufá (Biná) שְׁלשָׁה shloshá.
11) קִנָּמוֹן Kinamón (Hod) ר"ת ג"פ ק' (בסוד קדוש קדוש קדוש). תִּשְׁעָה tishá.
בּוֹרִית borit כַּרְשִׁינָא carshiná תִּשְׁעָה tishá קַבִּין kabín. יֵין yein מיכ, י"פ האא
קַפְרִיסִין Kafrisín סְאִין seín תְּלַת telat וְקַבִּין vekabín תְּלָתָא telatá אהיה קבין
וְאִם veim יוהך, מ"א אותיות דפשוט, דמילוי ודמילוי דמילוי דאהיה ע"ה לֹא lo מָצָא matsá
יֵין yein מיכ, י"פ האא קַפְרִיסִין Kafrisín מֵבִיא meví חֲמַר jamar חִוָּר jivar
עַתִּיק atik. מֶלַח mélaj סְדוֹמִית Sedomit רוֹבַע rova. מַעֲלֶה maalé
עָשָׁן ashán כָּל col ילי שֶׁהוּא shehú. רִבִּי Ribí נָתָן Natán הַבַּבְלִי haBavlí
אוֹמֵר omer אַף af מִכִּפַּת miquipat הַיַּרְדֵּן haYardén י' הויות וד' אותיות כָּל col ילי
שֶׁהִיא shehí. אִם im יוהך, מ"א אותיות דפשוט, דמילוי ודמילוי דמילוי דאהיה ע"ה נָתַן natán
בָּהּ ba דְּבַשׁ devash שו' (דשופר) וי"ד (האוזז) = ש"ך דינין דגדלות פְּסָלָהּ pesalá.
וְאִם veim יוהך, מ"א אותיות דפשוט, דמילוי ודמילוי דאהיה ע"ה וְחִסֵּר jiser
אַחַת ajat מִכָּל־ micol ילי סַמָּנֶיהָ samemaneha וְחַיָּב jayav מִיתָה mitá:

---

1) Bálsamo 2) Uña aromática 3) Gálbano 4) Olíbano; el peso de setenta porciones cada una. 5) Mirra 6) Acacia 7) Nardo 8) y Azafrán, el peso de dieciséis porciones cada una. 9) Doce porciones de Costo 10) Tres de corteza aromática 11) Nueve de canela. Asimismo, nueve kabín de Lejía de Carsina. Y tres kabín y tres seín de vino de Chipre. Y si uno no encontrase vino de Chipre, él deberá traer vino blanco añejo. Y un cuarto de la sal de Sodoma. Y una pequeña medida de una hierba generadora de humo. Rabí Natán, el Babilonio, también aconsejaba una pequeña cantidad de ámbar de Jordania. Si se le añadía miel, se hacía defectuoso. Si omite aunque sea una de todas las hierbas, era merecedor de la muerte.

רַבָּן Rabán שִׁמְעוֹן Shimón בֶּן ben גַּמְלִיאֵל Gamliel אוֹמֵר omer:
הַצֳּרִי haTsorí מצפצ, אלהים דיודין, י"פ ייי אֵינוֹ einó אֶלָּא ela שְׂרָף seraf
הַנּוֹטֵף hanotef מֵעֲצֵי meatsei הַקְּטָף haketaf. בּוֹרִית borit
כַּרְשִׁינָא carshiná לְמָה lemá הִיא hi בָאָה vaá כְּדֵי quedei
לְשַׁפּוֹת leshapot בָּהּ ba אֶת et הַצִּפֹּרֶן haTsiporén יהוה אדני אהיה שדי
כְּדֵי quedei שֶׁתְּהֵא shetehé נָאָה naá. יֵין yein ע' (כנגד ע' אומות העולם התלויים בסמאל),
מ"כ, י"פ האא קַפְרִיסִין Kafrisín לְמָה lemá הוּא hu בָא va. כְּדֵי quedei
לִשְׁרוֹת lishrot בּוֹ bo אֶת et הַצִּפֹּרֶן haTsiporén יהוה אדני אהיה שדי
כְּדֵי quedei שֶׁתְּהֵא shetehé עַזָּה azá. וַהֲלֹא vahaló מֵי mei ילי רַגְלַיִם ragláyim
יָפִין yafín לָהּ la אֶלָּא ela שֶׁאֵין sheéin מַכְנִיסִין majnisín מֵי mei ילי
רַגְלַיִם ragláyim בַּמִּקְדָּשׁ bamikdash מִפְּנֵי mipnei הַכָּבוֹד hacavod לאו:
תַּנְיָא tanyá רִבִּי Ribí נָתָן Natán אוֹמֵר omer: כְּשֶׁהוּא queshehú
שׁוֹחֵק shojek אוֹמֵר omer הָדֵק hadek הֵיטֵב heitev. הֵיטֵב heitev
הָדֵק hadek. מִפְּנֵי mipnei שֶׁהַקּוֹל shehakol יָפֶה yafé לַבְּשָׂמִים labesamim.
פִּטְּמָהּ pitmá לַחֲצָאִין lajatsaín כְּשֵׁרָה queshérá. לִשְׁלִישׁ leshalish
וּלְרָבִיעַ uleravía לֹא lo שָׁמַעְנוּ shamanu. אָמַר amar רִבִּי Ribí
יְהוּדָה Yehudá זֶה ze הַכְּלָל haclal אִם im יוהך, מ"א אותיות דפשוט, דמילוי
ודמילוי דמילוי דאהיה ע"ה כְּמִדָּתָהּ quemidatá כְּשֵׁרָה quesherá לַחֲצָאִין lajatsaín.
וְאִם veim יוהך, מ"א אותיות דפשוט, דמילוי ודמילוי דמילוי דאהיה ע"ה חִסַּר jiser
אַחַת ajat מִכָּל־ micol ילי סַמְמָנֶיהָ samemaneha חַיָּב jayav מִיתָה mitá:

Rabán Shimón ben Gamliel dice: El bálsamo era sólo una savia que rezumaba de los árboles de bálsamo. ¿Para qué se añadía la lejía de Carsina? Para frotar la uña aromática con ella y hacerlo agradable a la vista. ¿Cuál era el propósito de añadir vino de Chipre? Para remojarlo con la uña aromática. Orina es lo más apropiado para esto, pero no se lleva orina al Templo Sagrado por respeto. Se enseñaba que Rabí Natán decía: Cuando él molía, él decía: "Muélela finamente, muélela finamente". Esto es porque la voz es beneficiosa para las especias. Si combina la mitad de la cantidad es todavía válido, pero con relación a un tercio o un cuarto no poseemos información. Rabí Yehuda decía: Esta es la regla general: Si está en las proporciones correctas, entonces la mitad es válida. Pero si él omite una de las especias, es merecedor de la muerte.

תָּנֵי tanei בַּר Var קַפָּרָא Kapará: אַחַת ajat לְשִׁשִּׁים leshishim אוֹ o
לְשִׁבְעִים leshivim שָׁנָה shaná הָיְתָה haytá בָאָה vaá שֶׁל shel
שִׁירַיִם shiráyim לַחֲצָאִין lajatsaín. וְעוֹד veod תָּנֵי tanei בַּר Var
קַפָּרָא Kapará אִלּוּ ilu הָיָה hayá יהה נוֹתֵן notén אבגיתץ, ושר בָּהּ ba
קָרְטוֹב kartov שֶׁל shel דְּבַשׁ devash שו' (דשופר) וי"ד (האוזז) = ש"ך דינין דגדלות
אֵין ein אָדָם adam מ"ה יָכוֹל yajol לַעֲמוֹד laamod מִפְּנֵי mipnei
רֵיחָהּ reijá. וְלָמָּה velama אֵין ein מְעָרְבִין mearvín בָּהּ ba דְּבַשׁ devash
שו' (דשופר) וי"ד (האוזז) = ש"ך דינין דגדלות מִפְּנֵי mipnei שֶׁהַתּוֹרָה shehaTorá
אָמְרָה amrá: כִּי qui כָל־ jol ילי שְׂאֹר seor ג' מוחין דאלהים דקטנות
(ש' = אלהים דיודין ; א' כללות שם אלהים ; ר' = ריבוע אלהים) וְכָל־ vejol ילי דְּבַשׁ devash
שו' (דשופר) וי"ד (האוזז) = ש"ך דינין דגדלות לֹא־ lo תַקְטִירוּ taktiru מִמֶּנּוּ mimenu
שכן הם בחינת דינין דקטנות ודגדלות לכן נאסרה הקרבתן אִשֶּׁה ishé לַיהֹוָהאדניאהדונהי laAdonai:

Derecha

יְהֹוָהאדניאהדונהי Adonai צְבָאוֹת Tsevaot פני שכינה עִמָּנוּ imanu
ריבוע דס"ג, קס"א ע"ה וד' אותיות מִשְׂגָּב־ misgav משה, מהש, ע"ב בריבוע וקס"א, אל שדי,
ד"פ אלהים ע"ה לָנוּ lanu אלהים, אהיה אדני אֱלֹהֵי Elohei מילוי ע"ב, דמב ; ילה
יַעֲקֹב Yaakov ד' הויות, יאהדונהי אידהנויה סֶלָה sela:

Izquierda

יְהֹוָהאדניאהדונהי Adonai צְבָאוֹת Tsevaot פני שכינה אַשְׁרֵי ashrei
אָדָם adam מ"ה ; יהוה צבאות אשרי אדם = תפארת בֹּטֵחַ botéaj
בָּךְ: baj אדם בוטח בך = אמן (יאהדונהי) ע"ה ; בוטח בך = מילוי ע"ב ע"ה:

Bar Kapara enseñaba que una vez cada sesenta o setenta años, las sobras se acumularían hasta llegar a la mitad de la medida. Bar Kapara también enseñaba que si se le añadía una pequeña medida de miel, ningún hombre soportaría su olor. ¿Por qué no se mezcla miel con ella? Porque la Torá ha estipulado: Porque cualquier levadura o miel no debes quemar en una ofrenda por fuego a Dios (Kritut 6; Yerushalmi, Yomá: cap. 4). (Derecha) *"El Señor de los Ejércitos está con nosotros, nuestra fuerza es el Dios de Yaakov, Sela"* (Salmos 46:12). (Izquierda) *"El Señor de los Ejércitos, dichoso es aquel que confía en Ti"* (Salmos 84:13).

Central

יְהֹוָה יאהדונהי Adonai הוֹשִׁיעָה hoshía יהוה וש״ע נהורין הַמֶּלֶךְ haMélej ר״ת יהה

יַעֲנֵנוּ yaanenu בְיוֹם veyom ע״ה נגד, מזבח, זן, אל יהוה

קָרְאֵנוּ korenu ר״ת יב״ק, אלהים יהוה, אהיה אדני יהוה ; ס״ת = ב״ן ועם כף דהמלך = ע״ב:

וְעָרְבָה vearvá לַיהֹוָה יאהדונהי laAdonai

מִנְחַת minjat יְהוּדָה Yehudá וִירוּשָׁלָםִ virushaláim

כִּימֵי quimei עוֹלָם olam וּכְשָׁנִים ujeshanim קַדְמֹנִיּוֹת kadmoniyot:

EL ORDEN DEL SERVICIO RITUAL DEL ALTAR

Relatamos todas las actividades y acciones que se realizaban en el Templo. El utilizar la transferencia de energía de las letras arameas es como si en realidad estuviéramos realizando estos ritos y rituales nosotros mismos. Los órganos de los animales sacrificados en el Templo representan nuestros órganos internos y, cuando recitamos las palabras de estos sacrificios específicos, atraemos sanación y orden a nuestra vida.

אַבַּיֵּי Abayei• (haz una pausa aquí) הֲוָה havá מְסַדֵּר mesader סֵדֶר séder

הַמַּעֲרָכָה hamaarajá מִשְּׁמָא mishmá דִגְמָרָא diGuemará וְאַלִּבָּא vealibá

דְאַבָּא deAbá שָׁאוּל Shaúl• מַעֲרָכָה maarajá גְדוֹלָה guedolá

קוֹדֶמֶת kodémet לְמַעֲרָכָה lemaarajá שְׁנִיָּה shniyá שֶׁל shel

קְטֹרֶת ketóret י״א פעמים אדני (הנבררים מהקליפות ע״י י״א הסממנים) ; קטרת - הק׳ באתב״ש ד׳ = תרי״ג (מצוות)•

וּמַעֲרָכָה umaarajá שְׁנִיָּה shniyá שֶׁל shel קְטֹרֶת ketóret

י״א פעמים אדני (הנבררים מהקליפות ע״י י״א הסממנים) ; קטרת - הק׳ באתב״ש ד׳ = תרי״ג (מצוות)

קוֹדֶמֶת kodémet לְסִדּוּר lesidur שְׁנֵי shnei גְזִירֵי guezirei עֵצִים etsim•

(Central) *"Señor, sálvanos. El Rey nos responderá el día que lo invoquemos"* (Salmos 20:10). *"Que el Señor encuentre la ofrenda de Yehuda y Jerusalén agradable como siempre y como en los días de antaño"* (Malaquías 3:4).

EL ORDEN DEL SERVICIO DEL RITUAL DEL ALTAR

Abayéi, él listaba el orden del ritual de acuerdo con la Guemará y Abá Shaúl. El orden de la pira mayor precedía al orden de la segunda pira de incienso. La segunda pira de incienso precedía al arreglo de los dos troncos de madera.

וְסִדּוּר vesidur שְׁנֵי shnei גִזְרֵי guezirei עֵצִים etsim קוֹדֵם kódem עמם

לְדִשּׁוּן ledishún מִזְבֵּחַ mizbéaj נג״ד, זן, אל יהוה הַפְּנִימִי hapenimí◆

וְדִשּׁוּן vedishún מִזְבֵּחַ mizbéaj נג״ד, זן, אל יהוה הַפְּנִימִי hapenimí

קוֹדֵם kódem עמם לַהֲטָבַת lahatavat חָמֵשׁ jamesh נֵרוֹת nerot◆

וַהֲטָבַת vahatavat חָמֵשׁ jamesh נֵרוֹת nerot קוֹדֶמֶת kodémet

לְדַם ledam הַתָּמִיד hatamid ע״ה קס״א קנ״א קמ״ג◆ וְדַם vedam

הַתָּמִיד hatamid ע״ה קס״א קנ״א קמ״ג קוֹדֵם kódem עמם

לַהֲטָבַת lahatavat שְׁתֵּי shetei נֵרוֹת nerot◆ וַהֲטָבַת vahatavat

שְׁתֵּי shetei נֵרוֹת nerot קוֹדֶמֶת kodémet לִקְטֹרֶת liktóret י״א פעמים אדני

(הנבררים מהקליפות ע״י י״א סממני הקטורת) ; קטרת - הק׳ באתב״ש ד׳ = תרי״ג (מצוות)◆ וּקְטֹרֶת uktóret

י״א פעמים אדני (הנבררים מהקליפות ע״י י״א הסממנים) ; קטרת - הק׳ באתב״ש ד׳ = תרי״ג (מצוות)

לְאֵבָרִים leevarim◆ וְאֵבָרִים veevarim לְמִנְחָה leminjá ע״ה ב״פ ב״ן

וּמִנְחָה uminjá ע״ה ב״פ ב״ן לַחֲבִתִּין lajavitín◆ וַחֲבִתִּין vajavitín

לִנְסָכִין linsajín◆ וּנְסָכִין unsajín לְמוּסָפִין lemusafín◆ וּמוּסָפִין umusafín

לְבָזִיכִין levazijín◆ וּבָזִיכִין uvazijín קוֹדְמִין kodmín לְתָמִיד letamid

ע״ה קס״א קנ״א קמ״ג שֶׁל shel בֵּין bein הָעַרְבָּיִם haarbáyim◆ שֶׁנֶּאֱמַר sheneemar:

וְעָרַךְ vearaj עָלֶיהָ aleha פהל הָעֹלָה haolá וְהִקְטִיר vehiktir

עָלֶיהָ aleha פהל חֶלְבֵי jelvei הַשְּׁלָמִים hashelamim: עָלֶיהָ aleha פהל

הַשְׁלֵם hashlem כָּל־ col ילי הַקָּרְבָּנוֹת hakorbanot כֻּלָּם culam:

El arreglo de los dos troncos de madera precedía la retirada de las cenizas del Altar interior. La retirada de las cenizas del Altar interior precedía la preparación de las cinco velas. La preparación de las cinco velas precedía la sangre de la ofrenda diaria. La sangre de la ofrenda diaria precedía la preparación de las dos velas. La preparación de las dos velas precedía el incienso. El incienso precedía a los miembros y los miembros precedían las ofrendas de comida, y las ofrendas de comida precedían las ofrendas horneadas. Las ofrendas horneadas precedían las libaciones de vino. Las libaciones de vino precedían los sacrificios del Musaf. Los sacrificios del Musaf precedían las ofrendas diarias a la caída del Sol. Como se decía: Él preparaba las ofrendas quemadas sobre el Altar como incienso. Y sobre él, debes completar todos los sacrificios (Yomá 33a).

ANÁ BEJÓAJ

El *Aná Bejóaj* probablemente sea la oración más poderosa en todo el universo. El kabbalista del siglo II Rav Najunyá ben HaKaná fue el primer sabio en revelar esta combinación de 42 letras, la cual contiene el poder de la Creación.

El *Aná Bejóaj* es una fórmula única, compuesta por 42 letras distribuidas en siete frases que nos proporciona la capacidad de trascender este mundo físico con todas sus limitaciones. Se conoce como el Nombre de Dios de 42 letras. El *Aná Bejóaj* puede eliminar literalmente todas las fricciones, barreras y obstáculos asociados con nuestra existencia física. Inyecta orden en el caos, elimina la influencia de Satán de nuestra naturaleza, genera sustento financiero, crea unidad y amor con los demás, y proporciona energía sanadora al cuerpo y la mente. Recitamos o escaneamos el *Aná Bejóaj* cada día, tantas veces como queramos.

Cuando utilizamos el *Aná Bejóaj* nos estamos conectando a estos cuatro elementos:

1) SIETE FRASES: Las siete frases corresponden a las siete *Sefirot*, desde *Jésed* hasta *Maljut*. Aunque hay diez *Sefirot* en total, sólo las Siete Inferiores ejercen influencia en nuestro mundo físico. Al conectarnos a estas siete, obtenemos el control sobre este mundo físico.

2) LETRAS DEL MES: Avraham el Patriarca reveló los secretos astrológicos de las letras arameas y de los signos del Zodíaco en su tratado kabbalístico, *El libro de la formación* (*Séfer Yetsirá*). Cada mes del año está gobernado por un planeta, y cada planeta tiene un verso correspondiente en el *Aná Bejóaj*; por lo tanto, también meditamos en el planeta y la letra aramea que creó tanto el planeta como el signo del Zodíaco de ese mes. Al hacer esto, nos conectamos con la energía positiva de cada planeta y no con su influencia negativa. Por ejemplo, la letra aramea *Lámed* creó el signo de Libra, *Tishrei*. Libra está gobernado por el planeta Venus. La letra aramea que dio nacimiento a Venus es *Pei*, por lo tanto, cada día durante el mes de *Tishrei* meditamos en las letras *Lámed* y *Pei* después de recitar y meditar en el quinto verso del *Aná Bejóaj*.

El mes y las letras		El signo astrológico y la letra		El planeta y la letra		Meditación del Aná Bejóaj
Tishrei	פל	Libra	ל	Venus	פ	חקבטנע

3) CORRECCIÓN DEL ALMA – TIKÚN HANÉFESH: A lo largo de la historia, los kabbalistas han utilizado esta meditación sanadora dos veces al día, siete días a la semana, para regenerar y revitalizar todos los órganos del cuerpo. Cuando llegamos a la frase del *Aná Bejóaj* que gobierna el mes en el cual nos encontramos, nos detenemos y meditamos en las letras del mes, y luego hacemos el *Tikún HaNéfesh*. (Ver pág. 803). Utilizando la tabla como guía, coloca tu mano derecha sobre la parte del cuerpo en particular a la que estás canalizando energía. Mira la combinación de letras arameas para esa área específica del cuerpo y permite que la Luz penetre a través de tu mano derecha en esa parte del cuerpo.

4) LOS ÁNGELES DEL DÍA: Los ángeles son paquetes diferenciados de energía espiritual que actúan como un sistema de transporte para nuestras oraciones. Ellos llevan nuestras palabras y pensamientos hacia los Mundos Superiores. Hay una línea del *Aná Bejóaj* para cada día de la semana y hay ángeles únicos que gobiernan cada día. (Ver pág. 804-806).

Jésed, domingo (***Álef Bet Guímel Yud Tav Tsadi***) אבג יתץ

אָנָּא ana · בְּכֹחַ bejóaj♦ · גְּדוּלַּת guedulat · יְמִינְךָ yemineja♦

תַּתִּיר tatir · צְרוּרָה tserurá:

Guevurá, lunes (***Kof Resh Ayin Sin Tet Nun***) קרע שטן

קַבֵּל kabel · רִנַּת rinat♦ · עַמְּךָ ameja · שַׂגְּבֵנוּ sagvenu♦

טַהֲרֵנוּ taharenu · נוֹרָא norá:

Tiféret, martes (***Nun Guímel Dálet Yud Caf Shin***) נגד יכש

נָא na · גִבּוֹר guibor♦ · דּוֹרְשֵׁי dorshei · יִחוּדֶךָ yijudeja♦

כְּבָבַת quevavat · שָׁמְרֵם shamrem:

Nétsaj, miércoles (***Bet Tet Resh Tsadi Tav Guímel***) בטר צתג

בָּרְכֵם barjem · טַהֲרֵם taharem♦ · רַחֲמֵי rajamei · צִדְקָתֶךָ tsidkateja♦

תָּמִיד tamid · גָּמְלֵם gomlem:

Hod, jueves (***Jet Kof Bet Tet Nun Ayin***) חקב טנע

חֲסִין jasín · קָדוֹשׁ kadosh♦ · בְּרוֹב berov · טוּבְךָ tuvjá♦

נַהֵל nahel · עֲדָתֶךָ adateja:

ANÁ BEJÓAJ

Jésed, domingo אבג יתץ

Te suplicamos, con el gran poder de Tu diestra, pon en libertad a los cautivos.

Guevurá, lunes קרע שטן

Acepta el canto de Tu Nación. Fortifícanos y purifícanos, Reverenciado.

Tiféret, martes נגד יכש

Por favor, Todopoderoso, a los que buscan Tu unidad, cuídalos como a la pupila de los ojos.

Nétsaj, miércoles בטר צתג

Bendícelos. Purifícalos. Otórgales siempre Tu fidelidad compasiva.

Hod, jueves חקב טנע

Invencible y Todopoderoso, con la abundancia de Tu bondad, guía a Tu congregación.

Yesod, viernes (*Yud Guímel Lámed Pei Zayin Kof*) יג״ל פז״ק

יָחִיד yajid גֵּאֶה gueé• לְעַמְּךָ leamjá פְּנֵה pené•

זוֹכְרֵי zojrei קְדֻשָּׁתֶךָ kedushateja:

Maljut, sábado (*Shin Kof Vav Tsadi Yud Tav*) שק״ו צי״ת

שַׁוְעָתֵנוּ shavatenu קַבֵּל kabel• וּשְׁמַע ushmá צַעֲקָתֵנוּ tsaakatenu•

יוֹדֵעַ yodea תַּעֲלוּמוֹת taalumot:

BARUJ SHEM QUEVOD

Susurrar esta frase final trae toda la Luz de los Mundos Superiores a nuestra existencia física.

(Susurrar): יו״ו אותיות בָּרוּךְ Baruj שֵׁם Shem כְּבוֹד quevod מַלְכוּתוֹ maljutó

לְעוֹלָם leolam ריבוע ס״ג וי׳ אותיות דס״ג וָעֶד vaed:

RIBÓN HAOLAMIM

Dios nos ha dado instrucciones específicas respecto a los sacrificios que debían ser realizados en el *Beit HaMikdash* (Templo Sagrado de Jerusalén). Debido a la destrucción del Templo, no podemos llevar a cabo dichas instrucciones. Aquí, pedimos a Dios que nos permita usar el poder de estas letras arameas como reemplazo a esos sacrificios.

רִבּוֹן Ribón יהוה ע״ב ס״ג מ״ה ב״ן הָעוֹלָמִים haolamim אַתָּה Atá צִוִּיתָנוּ tsivitanu

לְהַקְרִיב lehakriv קָרְבַּן korbán הַתָּמִיד hatamid ע״ה קס״א קנ״א קמ״ג

בְּמוֹעֲדוֹ bemoadó• וְלִהְיוֹת velihyot כֹּהֲנִים Cohanim

בַּעֲבוֹדָתָם baavodatam וּלְוִיִּם uLeviyim בְּדוּכָנָם bedujanam

וְיִשְׂרָאֵל veYisrael בְּמַעֲמָדָם bemaamadam• וְעַתָּה veAtá

בַּעֲוֹנוֹתֵינוּ baavonoteinu וְחָרֵב jarev בֵּית beit ב״פ ראה הַמִּקְדָּשׁ hamikdash

---

Yesod, viernes יג״ל פז״ק

Exaltado y orgulloso, vuélvete a Tu pueblo, aquellos que recuerdan Tu santidad.

Maljut, sábado שק״ו צי״ת

Acepta nuestra plegaria y escucha nuestro clamor, Tú que conoces todo lo oculto.

BARUJ SHEM QUEVOD

"Bendito es el Nombre de la Gloria. Su Reino es para siempre y para la eternidad" (*Pesajim 56a*).

RIBÓN HAOLAMIM

Señor de todos los Mundos, Tú nos has ordenado sacrificar las ofrendas diarias en su momento apropiado, que los cohanim hagan su servicio, los levitas deban estar en sus tribunas, y los israelitas deban estar en sus posiciones. Pero ahora, debido a nuestros pecados, el Templo ha sido destruido

וּבָטַל uvutal הַתָּמִיד hatamid ע"ה קס"א קנ"א קמ"ג וְאֵין veéin
לָנוּ lanu אלהים, אהיה אדני לֹא lo כֹּהֵן Cohén מילה
בַּעֲבוֹדָתוֹ •baavodató וְלֹא veló לֵוִי Leví בְּדוּכָנוֹ •bedujanó
וְלֹא veló יִשְׂרָאֵל Yisrael בְּמַעֲמָדוֹ •bemaamadó וְאַתָּה veAtá
אָמַרְתָּ :amarta וּנְשַׁלְּמָה uneshalmá פָרִים farim שְׂפָתֵינוּ :sfateinu
לָכֵן lajén יְהִי yehí רָצוֹן ratsón מהש ע"ה, ע"ב בריבוע וקס"א ע"ה, אל שדי ע"ה
מִלְּפָנֶיךָ milfaneja ס"ג מ"ה ב"ן יְהֹוָהאדניאהדונהי Adonai אֱלֹהֵינוּ Eloheinu ילה
וֵאלֹהֵי veElohei לכב ; מילוי ע"ב, דמב ; ילה אֲבוֹתֵינוּ avoteinu שֶׁיְּהֵא sheyhé
זֶה ze שִׂיחַ síaj שִׂפְתוֹתֵינוּ siftoteinu וְחָשׁוּב jashuv וּמְקֻבָּל umekubal
וּמְרוּצֶה umerutsé לְפָנֶיךָ lefaneja ס"ג מ"ה ב"ן כְּאִלּוּ queílu הִקְרַבְנוּ hikravnu
קָרְבַּן korbán הַתָּמִיד hatamid ע"ה קס"א קנ"א קמ"ג בְּמוֹעֲדוֹ bemoadó
וְעָמַדְנוּ veamadnu עַל al מַעֲמָדוֹ •maamadó כְּמוֹ quemó שֶׁנֶּאֱמַר :sheneemar
וּנְשַׁלְּמָה uneshalmá פָרִים farim שְׂפָתֵינוּ •sfateinu וְנֶאֱמַר :veneemar
וְשָׁחַט veshajat אֹתוֹ otó עַל al יֶרֶךְ yérej הַמִּזְבֵּחַ hamizbéaj נגד, זן, אל יהוה
צָפֹנָה tsafona יה פעמים יה וע"ה עסמ"ב, הברכה (מכוון למאמרם ז"ל הרוצה להעשיר יצפין)
לִפְנֵי lifnei יְהֹוָהאדניאהדונהי Adonai וְזָרְקוּ vezarkú ס"ת יהוה
בְּנֵי bnei אַהֲרֹן Aharón הַכֹּהֲנִים hacohanim אֶת־ et דָּמוֹ damó
עַל־ al הַמִּזְבֵּחַ hamizbéaj נגד, זן, אל יהוה סָבִיב :saviv
וְנֶאֱמַר :veneemar זֹאת zot הַתּוֹרָה haTorá לָעֹלָה laolá
לַמִּנְחָה laminjá ע"ה ב"פ ב"ן וְלַחַטָּאת velajatat וְלָאָשָׁם velaasham
וְלַמִּלּוּאִים velamiluim וּלְזֶבַח ulezévaj הַשְּׁלָמִים :hashelamim

---

y la ofrenda diaria ha cesado. Ahora no tenemos un Cohén que lleve a cabo su servicio; ningún levita que esté en su tribuna y ningún israelita en su posición. Pero preguntamos: "¿Podemos compensar las ofrendas de los toros con nuestros labios?" (Oseas 14:3). *Por lo tanto, que sea Tu voluntad, Señor, nuestro Dios, y Dios de nuestros padres, que esas palabras que salen de nuestros labios sean adecuadas, aceptadas, y favorables ante Ti, como si hubiésemos sacrificado nuestra ofrenda diaria en su momento adecuado y como si hubiésemos estado de pie en esa ocasión, como fue dicho: "¿Podemos compensar las ofrendas de los toros con nuestros labios?"* (Oseas 14:3). *Y como también fue dicho: "Y él deberá degollarlos en el lado Norte del Altar ante el Señor. Los hijos de Aharón, los cohanim, rociarán su sangre sobre el Altar, por todas partes"* (Levítico 1:11). *Y: "Esta es la ley relacionada con la ofrenda quemada, la ofrenda de comida, la ofrenda de pecado, la ofrenda de culpa, la ofrenda de inauguración y la ofrenda de paz"* (Levítico 7:37).

EL PODER DE LA PAZ

Es importante conectar con todos los niveles de la Torá a lo largo del día; por lo tanto, leemos estos versículos de la *Mishná*, seguido por versículos de la *Guemará* (ambos son aspectos del *Talmud*). Esta sección específica del *Talmud* ayuda a imbuirnos del poder de la verdad, la unidad y la paz, puesto que es el único capítulo donde no se encuentran debates o perspectivas opuestas sobre las interpretaciones de la Torá.

Aquí medita para elevar a *Nétsaj, Hod, Yesod* de *Asiyá* hasta *Jésed, Guevurá, Tiféret*; y luego para elevar *Maljut* hasta *Nétsaj, Hod, Yesod*; y después para elevar las Chispas de Luz que están en la *klipá* hasta *Maljut*.

Recitamos esta sección en este momento porque es el único capítulo de toda la *Mishná* donde todas las opiniones concuerdan, y es por ello que el capítulo se llama:*Halajá Pesuká*, que quiere decir Ley Indiscutible. Ahora, mientras los mundos son elevados, necesitamos el poder de la paz, no del desacuerdo.

PRIMERA MISHNÁ

Al recitar esta *Mishná*, el aspecto interno de *Nétsaj* de *Asiyá* se eleva y se vuelve externo para la parte externa de *Jésed* de *Asiyá*.

אֵיזֶהוּ eizehú מְקוֹמָן mekomán שֶׁל shel זְבָחִים zevajim• קָדְשֵׁי kodshei

קָדָשִׁים kodashim שְׁחִיטָתָן shjitatán בַּצָּפוֹן batsafón• פַּר par

וְשָׂעִיר vesair שֶׁל shel יוֹם yom ע"ה נגד, מזבח, זן, אל יהוה הַכִּפּוּרִים haKipurim

שְׁחִיטָתָן shjitatán בַּצָּפוֹן batsafón וְקִבּוּל vekibul דָּמָן damán בִּכְלֵי bijlei

שָׁרֵת sharet בַּצָּפוֹן batsafón• וְדָמָן vedamán טָעוּן taún הַזָּיָה hazayá עַל al

בֵּין bein הַבַּדִּים habadim וְעַל veal הַפָּרֹכֶת haparójet וְעַל veal

מִזְבַּח mizbaj נגד, זן, אל יהוה הַזָּהָב hazahav והו• מַתָּנָה mataná נתה, קס"א קנ"א קמ"ג

אַחַת ajat מֵהֶן mehén מְעַכֶּבֶת meaquévet• שְׁיָרֵי shiyerei הַדָּם hadam

הָיָה hayá יהה שׁוֹפֵךְ shofej עַל al יְסוֹד yesod ההע מַעֲרָבִי maaraví

שֶׁל shel מִזְבֵּחַ mizbéaj נגד, זן, אל יהוה הַחִיצוֹן hajitsón• אִם im יוהך,

מ"א אותיות דפשוט, דמילוי ודמילוי דמילוי דאהיה ע"ה לֹא lo נָתַן natán לֹא lo עִכֵּב iquev•:

EL PODER DE LA PAZ
PRIMERA MISHNÁ

¿Cuál es la ubicación de los sacrificios? Lo más sagrado se sacrifica en el lado norte. El toro y el macho cabrío de Yom Kipur son sacrificados en el lado norte; su sangre es recibida en vasijas de servicio en el lado norte. Su sangre debe ser rociada entre las perchas, sobre la cortina y sobre el Altar Dorado. La ausencia de uno de éstos invalida. Él vierte la sangre sobrante en la base oeste del Altar exterior; si él no vierte, él no invalida.

SEGUNDA MISHNÁ

Al recitar esta *Mishná*, el aspecto interno de *Hod* de *Asiyá* se eleva y se vuelve externo para la parte externa de *Guevurá* de *Asiyá*.

פָּרִים parim הַנִּשְׂרָפִים hanisrafim וּשְׂעִירִים useirim הַנִּשְׂרָפִים hanisrafim
שְׁחִיטָתָן shjitatán בַּצָּפוֹן batsafón. וְקִבּוּל vekibul דָּמָן damán
בִּכְלֵי bijlei שָׁרֵת sharet בַּצָּפוֹן batsafón. וְדָמָן vedamán טָעוּן taún
הַזָּיָה hazayá עַל al הַפָּרֹכֶת haparójet וְעַל veal מִזְבַּח mizbaj נגד, זן, אל יהוה
הַזָּהָב hazahav וזהו. מַתָּנָה mataná נתה, קס"א קנ"א קמ"ג אַחַת ajat
מֵהֶן mehén מְעַכֶּבֶת meaquévet. שְׁיָרֵי shiyerei הַדָּם hadam הָיָה hayá יהה
שׁוֹפֵךְ shofej עַל al יְסוֹד yesod ההע מַעֲרָבִי maaraví שֶׁל shel
מִזְבֵּחַ mizbéaj נגד, זן, אל יהוה הַחִיצוֹן hajitsón. אִם im יוהך,
מ"א אותיות דפשוט, דמילוי ודמילוי דמילוי דאהיה ע"ה לֹא lo נָתַן natán לֹא lo עִכֵּב iquev.
אֵלּוּ elu וָאֵלּוּ vaelu נִשְׂרָפִין nisrafín בְּבֵית beveit ב"פ ראה הַדֶּשֶׁן hadeshen:

TERCERA MISHNÁ

Al recitar esta *Mishná*, el aspecto interno de *Yesod* de *Asiyá* se eleva y se vuelve externo para la parte externa de *Tiféret* de *Asiyá*. Aquí, completamos a *Jésed, Guevurá, Tiféret* de *Asiyá*.

וְחַטֹּאת jatot הַצִּבּוּר hatsibur וְהַיָּחִיד vehayajid אֵלּוּ elu הֵן hen
וְחַטֹּאת jatot הַצִּבּוּר hatsibur. שְׂעִירֵי seirei רָאשֵׁי rashei
חֳדָשִׁים jodashim וְשֶׁל veshel מוֹעֲדוֹת moadot שְׁחִיטָתָן shjitatán
בַּצָּפוֹן batsafón. וְקִבּוּל vekibul דָּמָן damán בִּכְלֵי bijlei שָׁרֵת sharet
בַּצָּפוֹן batsafón. וְדָמָן vedamán טָעוּן taún אַרְבַּע arbá מַתָּנוֹת matanot

---

SEGUNDA MISHNÁ

Los toros y los machos cabríos que van a ser quemados son degollados en el lado norte. Su sangre se recibe en vasijas de servicio en el lado norte. Su sangre debe ser rociada sobre la cortina y sobre el Altar Dorado. La ausencia de uno de éstos invalida. Él vierte la sangre sobrante en la base oeste del Altar exterior; si él no vierte, él no invalida. Esta y las ofrendas precedentes se queman en repositorios de cenizas.

TERCERA MISHNÁ

Las ofrendas de pecados personales y comunitarios son las ofrendas de pecado comunitarias:
Los machos cabríos de Rosh Jódesh y de las Festividades: éstos se degollan en el lado norte. Y su sangre se recibe en vasijas de servicio en el lado norte. Su sangre requiere cuatro porciones vertidas

עַל al · אַרְבַּע arbá · קְרָנוֹת •kranot · כֵּיצַד •queitsad · עָלָה alá

בַּכֶּבֶשׁ baquévesh · וּפָנָה ufaná · ע״ב · ס״ג · לַסּוֹבֵב lasovev · וּבָא uvá · לוֹ lo

לְקֶרֶן lekeren · דְּרוֹמִית deromit · מִזְרָחִית •mizrajit · מִזְרָחִית mizrajit

צְפוֹנִית •tsefonit · צְפוֹנִית tsefonit · מַעֲרָבִית •maaravit · מַעֲרָבִית maaravit

דְּרוֹמִית •deromit · שְׁיָרֵי shiyerei · הַדָּם hadam · הָיָה hayá · יהה

שׁוֹפֵךְ shofej · עַל al · יְסוֹד yesod · ההע · הַדְּרוֹמִי •haderomí

וְנֶאֱכָלִין veneejalín · לִפְנִים lifnim · מִן min · הַקְּלָעִים hakelaim

לְזִכְרֵי lezijrei · כְהֻנָּה jehuná · בְּכָל bejol · ב״ן, · לכב · מַאֲכָל •maajal

לְיוֹם leyom · ע״ה נגד, מזבח, זן, אל יהוה · וָלַיְלָה valayla · מלה · עַד ad · וַחֲצוֹת :jatsot

CUARTA MISHNÁ – LAS OFRENDAS DE OLÁ (QUEMADA)

Recitamos esta *Mishná* por la totalidad de *Asiyá*.

הָעוֹלָה haolá · קֹדֶשׁ kódesh · קָדָשִׁים kodashim · שְׁחִיטָתָהּ shjitatá

בַּצָּפוֹן •batsafón · וְקִבּוּל vekibul · דָּמָהּ damá · בִּכְלֵי bijlei

שָׁרֵת sharet · בַּצָּפוֹן •batsafón · וְדָמָהּ vedamá · טָעוּן taún · שְׁתֵּי shtei

מַתָּנוֹת matanot · שֶׁהֵן shehén · אַרְבַּע •arbá · וּטְעוּנָה uteuná

הֶפְשֵׁט hefshet · וְנִתּוּחַ venitúaj · וְכָלִיל vejalil · לָאִשִּׁים :laishim

QUINTA MISHNÁ – LAS OFRENDAS DE ASHAM (CULPA)

Al recitar esta *Mishná*, el aspecto interno de la Columna Derecha de *Maljut* de *Asiyá* se eleva y se vuelve externa para el aspecto externo de *Nétsaj* de *Asiyá*.

זִבְחֵי zivjei · שַׁלְמֵי shalmei · צִבּוּר tsibur · וַאֲשָׁמוֹת •vaashamot

אֵלּוּ elu · הֵן hen · אֲשָׁמוֹת •ashamot · אֲשַׁם asham · גְּזֵלוֹת •guezelot

---

sobre las cuatro esquinas del Altar. ¿Cómo?: Él asciende la rampa, luego cruza al borde que lo rodea; luego va a la esquina sureste, la noreste, la noroeste y la esquina suroeste. Él vierte la sangre restante en la base sur. Estas eran comidas por los varones de los cohanim, entre las cortinas, en cada comida durante un día y una noche, hasta la medianoche.

CUARTA MISHNÁ – LAS OFRENDAS DE OLÁ (QUEMADA)

La ofrenda quemada corresponde a lo más sagrado.

Se degolla en el Norte y su sangre se recibe en vasijas de servicio en el Norte. Su sangre requiere dos porciones de cuatro partes. Requiere ser desollado, desmembrado y consumido completamente por el fuego.

QUINTA MISHNÁ – LAS OFRENDAS DE ASHAM (CULPA)

Las ofrendas de paz y de culpa comunitarias:

Estas son las ofrendas de culpa: Las ofrendas de culpa por robos,

אָשָׁם asham מְעִילוֹת •meilot אָשָׁם asham שִׁפְחָה shifjá וַחֲרוּפָה •jarufá

אָשָׁם asham נָזִיר •nazir אָשָׁם asham מְצוֹרָע •metsorá אָשָׁם asham

תָּלוּי •talui שְׁחִיטָתָן shjitatán בַּצָּפוֹן •batsafón וְקִבּוּל vekibul דָּמָן damán

בִּכְלֵי bijlei שָׁרֵת sharet בַּצָּפוֹן •batsafón וְדָמָן vedamán

טָעוּן taún שְׁתֵּי shtei מַתָּנוֹת matanot שֶׁהֵן shehén אַרְבַּע •arbá

וְנֶאֱכָלִין veneejalín לִפְנִים lifnim מִן min הַקְּלָעִים hakelaim

לְזִכְרֵי lezijrei כְהֻנָּה jehuná בְּכָל bejol ב"ן, לכב מַאֲכָל maajal

לְיוֹם leyom ע"ה נגד, מזבח, זן, אל יהוה וָלַיְלָה valayla מלה עַד־ ad וַחֲצוֹת :jatsot

SEXTA MISHNÁ – LAS OFRENDAS DE TODÁ (AGRADECIMIENTO)

Al recitar esta *Mishná*, el aspecto interno de la Columna Izquierda de *Maljut* de *Asiyá* se eleva y se vuelve externa para el aspecto externo de *Hod* de *Asiyá*.

הַתּוֹדָה hatodá וְאֵיל veéil נָזִיר nazir קָדָשִׁים kodashim קַלִּים kalim

שְׁחִיטָתָן shjitatán בְּכָל bejol ב"ן, לכב מָקוֹם makom בָּעֲזָרָה baazará

וְדָמָן vedamán טָעוּן taún שְׁתֵּי shtei מַתָּנוֹת matanot שֶׁהֵן shehén

אַרְבַּע •arbá וְנֶאֱכָלִין veneejalín בְּכָל bejol ב"ן, לכב הָעִיר hair

בזוהר, סנדלפון, ערי לְכָל־ lejol יה אדני אָדָם adam מ"ה בְּכָל־ bejol ב"ן, לכב

מַאֲכָל maajal לְיוֹם leyom ע"ה נגד, מזבח, זן, אל יהוה וָלַיְלָה valayla מלה עַד־ ad

וַחֲצוֹת •jatsot הַמּוּרָם hamuram מֵהֶם mehem כַּיּוֹצֵא cayotsé בָּהֶם vahem

אֶלָּא ela שֶׁהַמּוּרָם shehamuram נֶאֱכָל neejal לַכֹּהֲנִים lacohanim

לִנְשֵׁיהֶם linsheihem וְלִבְנֵיהֶם velivneihem וּלְעַבְדֵיהֶם :uleavdeihem

---

por mal uso de objetos sagrados, por estar con una sirvienta casada, por Nazir, por leproso, y por trasgresión dudosa. Éstas son sacrificadas en el lado norte y su sangre se recibe en vasijas de servicio en el lado norte. Su sangre requiere dos porciones de cuatro partes. Las comen los varones de los cohanim entre las cortinas, en cada comida durante un día y una noche, hasta la medianoche.

SEXTA MISHNÁ – LAS OFRENDAS DE TODÁ (AGRADECIMIENTO)

Las ofrendas de agradecimiento

y del carnero del Nazir son de menor santidad. Se degollan en cualquier lugar en el patio. Su sangre requiere dos porciones de cuatro partes. Se comen por toda la ciudad, por cualquier persona, en cada comida durante un día y una noche, hasta la medianoche. Esa parte que se coloca a un lado se trata de la misma forma, a excepción que esa parte es comida por los cohanim, sus esposas, sus hijos y sus esclavos.

SÉPTIMA MISHNÁ – LAS OFRENDAS DE SHLAMIM (PAZ)

Al recitar esta *Mishná*, el aspecto interno de la Columna Central de *Maljut* de *Asiyá* se eleva y se vuelve externo para el aspecto externo de *Yesod* de *Asiyá*.

שְׁלָמִים shlamim קָדָשִׁים kodashim קַלִּים kalim שְׁחִיטָתָן shjitatán

בְּכָל bejol ב״ן, לכב מָקוֹם makom בָּעֲזָרָה baazará• וְדָמָן vedamán

טָעוּן taún שְׁתֵּי shtei מַתָּנוֹת matanot שֶׁהֵן shehén אַרְבַּע arbá•

וְנֶאֱכָלִין veneejalín בְּכָל bejol ב״ן, לכב הָעִיר hair בוזדוך, סנדלפון, ערי

לְכָל־ lejol יה אדני אָדָם adam מ״ה בְּכָל־ bejol ב״ן, לכב מַאֲכָל maajal

לִשְׁנֵי lishnei יָמִים yamim נלך וְלַיְלָה velayla מלה אֶחָד ejad אהבה, דאגה•

הַמּוּרָם hamuram מֵהֶם mehem כַּיּוֹצֵא cayotsé בָּהֶם vahem

אֶלָּא ela שֶׁהַמּוּרָם shehamuram נֶאֱכָל neejal לַכֹּהֲנִים lacohanim

לִנְשֵׁיהֶם linsheihem וְלִבְנֵיהֶם velivneihem וּלְעַבְדֵיהֶם uleavdeihem:•

LA MISHNÁ FINAL

Con esta *Mishná* final, tenemos el poder de elevar a todo el mundo de *Asiyá*. Cualquier alma o Luz que haya quedado atrapada dentro de las *klipot* también son elevadas con este verso. Debido a que esta sección en particular no contiene debates o perspectivas opuestas, genera un cordón de unidad; sólo a través de esta unidad es que tenemos la capacidad de elevarnos al Mundo de Formación (*Yetsirá*).

Al recitar esta *Mishná*, el aspecto interno (que se encontraba en la *klipá*) se eleva y se vuelve externo para el aspecto externo de *Maljut* de *Asiyá*. Con esto, completas todo el mundo de *Asiyá*.

הַבְּכוֹר habejor וְהַמַּעֲשֵׂר vehamaaser וְהַפֶּסַח vehapésaj קָדָשִׁים kodashim

קַלִּים kalim שְׁחִיטָתָן shjitatán בְּכָל bejol ב״ן, לכב מָקוֹם makom

בָּעֲזָרָה baazará וְדָמָן vedamán טָעוּן taún מַתָּנָה mataná נתה, קס״א קנ״א קמ״ג

אַחַת ejat• וּבִלְבַד uvilvad שֶׁיִּתֵּן sheyitén כְּנֶגֶד quenégued מזבח, זן, אל יהוה

הַיְסוֹד hayesod ההע• שִׁנָּה shiná בַּאֲכִילָתָן vaajilatán•

SÉPTIMA MISHNÁ – LAS OFRENDAS DE SHLAMIM (PAZ)

Las ofrendas de paz son de menor santidad. Se degollan en cualquier lugar en el patio. Su sangre requiere dos porciones de cuatro partes. Se comen por toda la ciudad, por cualquier persona, en cada comida, durante dos días y una noche. Esa parte que se coloca a un lado se trata de la misma forma, a excepción que esa parte es comida por los cohanim, sus esposas, sus hijos y sus esclavos.

MISHNÁ FINAL

El animal primogénito, el diezmo del ganado y la ofrenda de Pésaj son de menor santidad. Son sacrificados en cualquier parte del patio. Su sangre requiere una porción, siempre que se vierta contra la base del Altar. Difieren en la forma en la que son consumidas:

הַבְּכוֹר habejor נֶאֱכָל neejal לַכֹּהֲנִים lacohanim• וְהַמַּעֲשֵׂר vehamaaser

לְכָל־ lejol יה אדני אָדָם adam מ"ה• וְנֶאֱכָלִין veneejalín

בְּכָל־ bejol ב"ן, לכב הָעִיר hair סוזוזר, סנדלפון, ערי

בְּכָל־ bejol ב"ן, לכב מַאֲכָל maajal לִשְׁנֵי lishnei יָמִים yamim נלך

וְלַיְלָה velayla מלה אֶחָד ejad אהבה, דאגה• הַפֶּסַח hapésaj אֵינוֹ einó

נֶאֱכָל neejal אֶלָּא ela בַּלַּיְלָה valayla מלה• וְאֵינוֹ veeinó נֶאֱכָל neejal

אֶלָּא ela עַד ad חֲצוֹת jatsot• וְאֵינוֹ veeinó נֶאֱכָל neejal אֶלָּא ela

לִמְנוּיָו limnuyav• וְאֵינוֹ veeinó נֶאֱכָל neejal אֶלָּא ela צָלִי tsalí:

RIBÍ YISHMAEL

Ribí Yishmael actúa como un eslabón en la cadena de *Sefirot*. Nos conecta con 13 *Sefirot*: Diez en el Mundo de Acción (*Asiyá*) y tres en el siguiente nivel, el Mundo de Formación (*Yetsirá*). Es bueno contar las 13 *Sefirot* de *Asiyá* con los dedos de la mano derecha.

רִבִּי Ribí יִשְׁמָעֵאל Yishmael אוֹמֵר omer, בִּשְׁלֹשׁ bishlosh עֶשְׂרֵה esré

מִדּוֹת midot הַתּוֹרָה haTorá נִדְרֶשֶׁת nidréshet• (1 מִקַּל mikal נמם

וָחֹמֶר vajómer• (2 מִגְּזֵרָה miguezerá שָׁוָה shavá• (3 מִבִּנְיַן mibinyán אָב av

וְכָתוּב vejatuv אֶחָד ejad אהבה, דאגה• וּמִבִּנְיַן umibinyán אָב av

וּשְׁנֵי ushnei כְתוּבִים jetuvim• (4 מִכְּלָל miclal וּפְרָט ufrat•

(5 מִפְּרָט miprat וּכְלָל ujlal• (6 כְּלָל clal וּפְרָט ufrat וּכְלָל ujlal

אִי ei אַתָּה atá דָן dan אֶלָּא ela כְּעֵין queéin הַפְּרָט haprat•

El animal primogénito puede ser comido por el Cohén, y el diezmo puede ser comido por cualquiera. Se comen por toda la ciudad, en cualquier comida durante dos días y una noche. La ofrenda de Pésaj sólo puede ser comida durante esa noche y sólo hasta la medianoche, y sólo puede ser comida por aquellos que contribuyeron con ella. Sólo puede ser comida asada.

RIBÍ YISHMAEL

"Rabí Yishmael dice: A través de trece atributos es enseñada la Torá: 1) Por ley de indulgencia y por ley estricta. 2) Por similitud de palabras. 3) De un principio general derivado de un versículo y un principio general derivado de dos versículos. 4) De una declaración general seguida por una específica. 5) De una declaración específica seguida por una generalidad. 6) De una declaración general, seguida por una específica, seguida por una generalidad: entonces sólo puedes inferir lo que es similar a la especificación.

(7 מִכְּלָל miclal שֶׁהוּא shehú צָרִיךְ tsarij לִפְרָט lifrat. וּמִפְּרָט umiprat
שֶׁהוּא shehú צָרִיךְ tsarij לִכְלָל lijlal. (8 וְכָל vejol יכ' דָּבָר davar ראה
שֶׁהָיָה shehayá יהה בִּכְלָל bijlal וְיָצָא veyatsá מִן min הַכְּלָל haclal
לְלַמֵּד lelamed. לֹא lo לְלַמֵּד lelamed עַל al עַצְמוֹ atsmó יָצָא yatsá
אֶלָּא ela לְלַמֵּד lelamed עַל al הַכְּלָל haclal כֻּלּוֹ culó יָצָא yatsá:
(9 וְכָל vejol יכ' דָּבָר davar ראה שֶׁהָיָה shehayá יהה בִּכְלָל bijlal.
וְיָצָא veyatsá לִטְעוֹן litón טַעַן taún אַחֵר ajer שֶׁהוּא shehú
כְּעִנְיָנוֹ jeinyanó. יָצָא yatsá לְהָקֵל lehakel וְלֹא veló לְהַחְמִיר lehajmir:
(10 וְכָל vejol יכ' דָּבָר davar ראה שֶׁהָיָה shehayá יהה בִּכְלָל bijlal
וְיָצָא veyatsá לִטְעוֹן litón טַעַן taún אַחֵר ajer שֶׁלֹּא sheló
כְּעִנְיָנוֹ jeinyanó יָצָא yatsá לְהָקֵל lehakel וּלְהַחְמִיר ulehajmir:
(11 וְכָל vejol יכ' דָּבָר davar ראה שֶׁהָיָה shehayá יהה בִּכְלָל bijlal
וְיָצָא veyatsá לִדּוֹן lidón בְּדָבָר bedavar ראה חָדָשׁ jadash י"ב הויות, קס"א קנ"א
אִי ei אַתָּה atá יָכוֹל yajol לְהַחֲזִירוֹ lehajaziró לִכְלָלוֹ lijlaló עַד ad
שֶׁיַּחֲזִירֶנּוּ sheyajazirenu הַכָּתוּב hacatuv לִכְלָלוֹ lijlaló בְּפֵירוּשׁ beferush:
(12 וְדָבָר vedavar ראה הַלָּמֵד halamed מֵעִנְיָנוֹ meinyanó וְדָבָר vedavar ראה
הַלָּמֵד halamed מִסּוֹפוֹ misofó: (13 וְכֵן veján (וְכָאן) שְׁנֵי shnei
כְתוּבִים jetuvim הַמַּכְחִישִׁים hamajishim זֶה ze אֶת et זֶה ze
עַד ad שֶׁיָּבֹא sheyavó הַכָּתוּב hacatuv הַשְּׁלִישִׁי hashlishí
וְיַכְרִיעַ veyajría בֵּינֵיהֶם beineihem:

---

7) De una declaración general que requiere una declaración específica que, a su vez, requiere una declaración general para explicarla. 8) Cualquier cosa que era parte de una declaración general que luego era extraída de la declaración general para enseñar algo. No era para enseñar sobre ella misma que era extraída, sino para enseñar con relación a la declaración general completa. 9) Cualquier cosa que sea parte de una declaración general, que después era extraída para discutir otra instancia de su contexto. Era extraída para ser más indulgente y no más rigurosa. 10) Cualquier cosa que era parte de una declaración general y era después extraída para discutir otra instancia fuera de su contexto. Era extraída para ser más indulgente y no más rigurosa. 11) Cualquier cosa que era parte de una declaración general, y era extraída para discutir un concepto nuevo, no la puedes regresar a su contexto general, a menos que el texto explícitamente lo devuelva a su contexto general. 12) Una materia que se aprende de su contexto y una materia que se desprende de su fin. 13) Y también de dos versículos que se contradicen el uno al otro, hasta que aparezca un tercero que los reconcilie" (Torat Cohanim, Porción Vayikrá).

יְהוּדָה Yehudá בֶּן ven תֵּימָא Teimá אוֹמֵר omer: הֱוֵי hevei עַז az

כַּנָּמֵר canamer וְקַל vekal נמם (שהם ה' גבורות) כַּנֶּשֶׁר canésher וְרָץ verats

כַּצְּבִי catsví וְגִבּוֹר veguibor כָּאֲרִי caarí לַעֲשׂוֹת laasot רְצוֹן retsón

מהש ע"ה, ע"ב בריבוע וקס"א ע"ה, אל שדי ע"ה אָבִיךָ avija שֶׁבַּשָּׁמַיִם shebashamáyim

י"פ טל, י"פ כוזו: הוּא hu הָיָה hayá יהה אוֹמֵר omer: עַז az פָּנִים panim

לַגֵּיהִנֹּם laGuehinom וּבֹשֶׁת uvóshet פָּנִים panim לְגַן leGán עֵדֶן Eden:

YEHÍ RATSÓN

A pesar de que, según la Kabbalah, el Templo todavía existe en la realidad espiritual del Mundo Infinito, su estructura física no está; dejando a nuestro mundo físico incompleto. Esta oración ayuda a movilizar y acelerar la reconstrucción del Templo físico.

יְהִי yehí רָצוֹן ratsón מהש ע"ה, ע"ב בריבוע וקס"א ע"ה, אל שדי ע"ה

מִלְּפָנֶיךָ milfaneja ס"ג מ"ה ב"ן יְהֹוָהאדניאהדונהי Adonai אֱלֹהֵינוּ Eloheinu ילה

וֵאלֹהֵי veElohei לכב ; מילוי ע"ב, דמב ; ילה אֲבוֹתֵינוּ avoteinu

שֶׁתִּבְנֶה shetivné בֵּית beit ב"פ ראה הַמִּקְדָּשׁ hamikdash

בִּמְהֵרָה bimherá בְּיָמֵינוּ veyameinu• וְתֵן vetén וְחֶלְקֵנוּ jelkenu

בְּתוֹרָתָךְ: betorataj לַעֲשׂוֹת laasot וְחֻקֵּי jukei רְצוֹנָךְ: retsonaj

וּלְעָבְדָךְ: uleovdaj פוי, אל אדני בְּלֵבָב belevav בוכו שָׁלֵם shalem:

Debes tener cuidado de no hablar o, inclusive, hacer una pausa muy larga aquí; y debes proseguir a recitar *Hodú* inmediatamente después del *Kadish*.

KADISH AL YISRAEL

Kadish, en general, significa elevar los mundos en el secreto de la Columna.

Hay una columna que conecta los mundos unos con otros y está erigida en el medio de cada Palacio. Y mediante esta columna, cada Palacio se eleva al superior y se vuelve uno con él (como es mencionado en el *Zóhar*). Esta columna es el *Kadish*. El secreto del *Kadish Al Yisrael* es que nos eleva desde el Mundo de *Asiyá* (ב"ן) hasta el Mundo de *Yetsirá* (מ"ה).

"Yehuda Ben Teimá dice: Sé valiente como un tigre y ligero como un águila, y corre como un venado y sé fuerte como un león para así satisfacer la voluntad de Tu Padre en el Cielo. Él solía decir: Una persona insolente va al Infierno y una persona modesta al Jardín de Edén" (Avot, cap. 5).

YEHÍ RATSÓN

Sea Tu voluntad, Señor, nuestro Dios y Dios de nuestros padres, que Tú construyas el Templo rápidamente en nuestros días. Y que Tú coloques nuestra providencia en Tu Torá, para que podamos cumplir las leyes de Tus deseos y adorarte con todo el corazón.

יִתְגַּדַּל yitgadal וְיִתְקַדַּשׁ veyitkadash ד׳ ומילוי שד״י ; י״א אותיות כמנין ו״ה

שְׁמֵיהּ Shmei (שם י״ה דע״ב) רַבָּא rabá קנ״א ב״ן, יהוה אלהים יהוה אדנ״י,

מילוי קס״א וס״ג, מ״ה ברבוע וע״ב ע״ה ; ר״ת = ו״פ אלהים ; ס״ת = ג״פ יב״ק: אָמֵן Amén אידהנויה.

בְּעָלְמָא bealmá דִּי di בְרָא verá כִּרְעוּתֵיהּ quirutei.

וְיַמְלִיךְ veyamlij מַלְכוּתֵיהּ maljutei. וְיַצְמַח veyatsmaj

פּוּרְקָנֵיהּ purkanei. וִיקָרֵב vikarev מְשִׁיחֵיהּ Meshijei: אָמֵן Amén אידהנויה.

בְּחַיֵּיכוֹן bejayeijón וּבְיוֹמֵיכוֹן uveyomeijón וּבְחַיֵּי uvejayei

דְכָל dejol ילי בֵּית beit ב״פ ראה יִשְׂרָאֵל Yisrael בַּעֲגָלָא baagalá

וּבִזְמַן uvizmán קָרִיב kariv וְאִמְרוּ veimrú אָמֵן Amén: אָמֵן Amén אידהנויה.

La congregación y el *jazán* dicen lo siguiente:

28 palabras (hasta *bealmá*) – medita en: מילוי דמילוי דס״ג (יוד ויו דלת הי יוד ואו אלף ואו הי יוד)

28 letras (hasta *almayá*) – medita en: מילוי דמילוי דמ״ה (יוד ואו דלת הא אלף ואו אלף ואו הא אלף)

יְהֵא yehé שְׁמֵיהּ Shmei (שם י״ה דס״ג) רַבָּא rabá קנ״א ב״ן,

יהוה אלהים יהוה אדנ״י, מילוי קס״א וס״ג, מ״ה ברבוע וע״ב ע״ה מְבָרַךְ mevaraj,

לְעָלַם lealam לְעָלְמֵי lealmei עָלְמַיָּא almayá. יִתְבָּרַךְ yitbaraj.

Siete palabras con seis letras cada una (שם בן מ״ב) – medita en:

יהוה - יוד הי ויו הי - מילוי דמילוי דס״ג (יוד ויו דלת הי יוד ואו אלף ואו הי יוד)

También, siete veces la letra *Vav* (שם בן מ״ב) – medita en:

יהוה - יוד הי ואו הי - מילוי דמילוי דמ״ה (יוד ואו דלת הא אלף ואו אלף ואו הא אלף).

וְיִשְׁתַּבַּח veyishtabaj י״פ ע״ב יהוה אל אבג יתץ.

וְיִתְפָּאַר veyitpaar הי נו יה קרע שטן. וְיִתְרוֹמַם veyitromam וה כוזו נגד יכש.

וְיִתְנַשֵּׂא veyitnasé במוכסז בטר צתג. וְיִתְהַדָּר veyithadar כוזו יה וזקב טנע.

וְיִתְעַלֶּה veyitalé וה יוד הי גל פזק. וְיִתְהַלָּל veyithalal א ואו הא שקו צית.

שְׁמֵיהּ Shmei (שם י״ה דמ״ה) דְּקוּדְשָׁא deKudshá בְּרִיךְ Verij הוּא Hu:

אָמֵן Amén אידהנויה.

KADISH AL YISRAEL

¡Glorificado y santificado sea Su Gran Nombre! (Amén).

En el mundo que Él creó de acuerdo a Su voluntad y pueda Su Reino reinar. Y pueda Él hacer que Su Redención florezca y pueda Él acercar al Mesías (Amén). En tus vidas y en tus días y en la vida de la Casa de Israel, prontamente y en el futuro cercano, y dígase: Amén (Amén). Que Su gran Nombre sea bendito por siempre y para toda la eternidad, y bendito y alabado, y glorificado y exaltado, y ensalzado y honrado, y adorado y loado, sea el Nombre del Santo Bendito Sea (Amén).

לְעֵלָּא leelá מִן min כָּל col יכ"י בִּרְכָתָא birjatá. שִׁירָתָא shiratá.

תֻּשְׁבְּחָתָא tishbejatá וְנֶחֱמָתָא venejamatá. דַּאֲמִירָן daamirán

בְּעָלְמָא bealmá וְאִמְרוּ veimrú אָמֵן Amén: אָמֵן Amén אידהנויה.

עַל al יִשְׂרָאֵל Yisrael וְעַל veal רַבָּנָן rabanán וְעַל veal

תַּלְמִידֵיהוֹן talmideihón וְעַל veal כָּל col יכ"י ; עמם תַּלְמִידֵי talmidei

תַּלְמִידֵיהוֹן talmideihón. דְּעָסְקִין deaskín בְּאוֹרַיְתָא beoraytá

קַדִּשְׁתָּא kadishtá. דִּי di בְּאַתְרָא veatrá הָדֵין hadein וְדִי vedí

בְּכָל vejol ב"ן, לכב אֲתַר atar וְאָתַר veatar. יְהֵא yehé

לָנָא laná וּלְהוֹן ulhón וּלְכוֹן uljón חִנָּא jiná וְחִסְדָּא vejisdá

וְרַחֲמֵי verajamei. מִן min קֳדָם kodam מָארֵי marei שְׁמַיָּא shmayá

וְאַרְעָא veará וְאִמְרוּ veimrú אָמֵן Amén: אָמֵן Amén אידהנויה.

יְהֵא yehé שְׁלָמָא shlamá רַבָּא rabá קנ"א ב"ן, יהוה אלהים יהוה אדני, מילוי קס"א וס"ג,

מ"ה ברבוע וע"ב ע"ה מִן min שְׁמַיָּא shmayá. חַיִּים jayim אהיה אהיה יהוה, בינה ע"ה

וְשָׂבָע vesavá וִישׁוּעָה vishuá וְנֶחָמָה venejamá וְשֵׁיזָבָא vesheizavá

וּרְפוּאָה urefuá וּגְאֻלָּה ugueulá וּסְלִיחָה uslijá וְכַפָּרָה vejapará

וְרֵיוַח vereivaj וְהַצָּלָה vehatsalá. לָנוּ lanu אלהים, אהיה אדני וּלְכָל ulejol יה אדני

עַמּוֹ amó יִשְׂרָאֵל Yisrael וְאִמְרוּ veimrú אָמֵן Amén: אָמֵן Amén אידהנויה.

Da tres pasos para atrás y dí:

עוֹשֶׂה osé שָׁלוֹם shalom בִּמְרוֹמָיו bimromav ע"ב, ריבוע יהוה. הוּא Hu

בְּרַחֲמָיו berajamav יַעֲשֶׂה yaasé שָׁלוֹם shalom עָלֵינוּ aleinu ר"ת ש"ע נהורין.

וְעַל veal כָּל col יל ; עמם עַמּוֹ amó יִשְׂרָאֵל Yisrael וְאִמְרוּ veimrú אָמֵן Amén:

אָמֵן Amén אידהנויה.

Más allá de todas las bendiciones, himnos, alabanzas y palabras de consolación que deben decirse en el mundo, y dirán: Amén (Amén). Sobre Israel, sus Sabios, sus discípulos y todos los estudiantes de sus discípulos que se ocupan de la Santa Torá, en este lugar y en cada y toda localidad, que hay para nosotros, para ellos, y para todos, gracia, benevolencia y compasión del Señor de los Cielos y la Tierra y dígase: Amén (Amén). Que haya paz abundante del Cielo, vida, satisfacción, salvación, consuelo, entrega, sanación, redención, perdón, expiación, comodidad y alivio para nosotros y para toda Su Nación, Israel, y dígase: Amén (Amén). Él, que establece la paz en Sus Alturas y con Su compasión hará la paz sobre nosotros y sobre toda Su Nación, Israel. Y dígase: Amén (Amén).

HODÚ, EL NEKAMOT Y AROMIMJÁ

El poder del *Kadish* reside en su capacidad para elevarnos a los Mundos Superiores. Pero el lanzamiento inicial desde nuestro mundo físico (*Asiyá*) requiere un impulso adicional. Los sabios ancestrales nos dieron tres oraciones, *Hodú*, *El Nekamot* y *Aromimjá*, para este propósito. Esta etapa inicial de lanzamiento ocurre en el Mundo de Acción (*Asiyá*).

HODÚ

El único alimento de nuestras *klipot* proviene de nuestro mundo (*Maljut* o *Asiyá*) y, como consecuencia, las *klipot* intentan evitar que nuestro mundo de *Maljut*, el Mundo de Acción (*Asiyá*), se eleve al Mundo de Formación (*Yetsirá*), puesto que esta traslación las desconectaría de su única fuente de Luz. *Hodú* corta el suministro de oxígeno a las *klipot*, ayudándonos a liberarnos de la fuerza gravitacional de éstas.

Decimos *Hodú* para fortalecer a *Maljut* de *Yetsirá*, que está incluida en *Heijal Kódesh HaKodashim* de *Asiyá*, con el propósito de romper el poder de las *klipot* que evitan que *Asiyá* se eleve a *Yetsirá*. Desde *Hodú* hasta *Baruj Elohim* (pág. 253) hay 295 palabras, que es el valor numérico de *Elohim* deletreado con *Hei* (אלף למד הה יוד מם). Y, por lo tanto, no debes agregar ni omitir ninguna de las palabras. Esta oración alaba al Sol en su camino cuando viene a iluminar al mundo. También *Yisrael* está alabando a Dios junto al Sol, como está escrito: "Deben ser vistos junto al Sol" (Salmos 72:5).

הוֹדוּ hodú אהיה לַיהֹוָה יאהדונהי laAdonai קִרְאוּ kirú בִשְׁמוֹ viShmó מהש ע"ה,
ע"ב בריבוע וקס"א ע"ה, אל שדי ע"ה ; לאו הוֹדִיעוּ hodíu בָעַמִּים vaamim
עֲלִילֹתָיו alilotav: שִׁירוּ shiru לוֹ lo זַמְּרוּ־ zameru לוֹ lo שִׂיחוּ sijú
בְּכָל־ bejol ב"ן, לכב נִפְלְאוֹתָיו nifleotav: הִתְהַלְלוּ hithalelú בְּשֵׁם beShem
קָדְשׁוֹ kodshó יִשְׂמַח yismaj משיח לֵב lev מְבַקְשֵׁי mevakshei
יְהֹוָה יאהדונהי Adonai: דִּרְשׁוּ dirshú יְהֹוָה יאהדונהי Adonai וְעֻזּוֹ veuzó
בַּקְּשׁוּ bakeshú פָנָיו fanav תָּמִיד tamid ע"ה קס"א קנ"א קמ"ג:
זִכְרוּ zijrú נִפְלְאֹתָיו nifleotav אֲשֶׁר asher עָשָׂה asá מֹפְתָיו moftav
וּמִשְׁפְּטֵי־ umishpetei פִיהוּ fihu: זֶרַע zera יִשְׂרָאֵל Yisrael
עַבְדּוֹ avdó בְּנֵי bnei יַעֲקֹב Yaakov ז' הויות, יאהדונהי אידהנויה
בְּחִירָיו bejirav: הוּא Hu יְהֹוָה יאהדונהי Adonai אֱלֹהֵינוּ Eloheinu ילה
בְּכָל־ bejol ב"ן, לכב הָאָרֶץ haárets אלהים דההין ע"ה מִשְׁפָּטָיו mishpatav:

HODÚ, EL NEKAMOT Y AROMIMJÁ

HODÚ

"Agradece al Señor, invoca Su Nombre y da a conocer Sus proezas entre los pueblos. Cántale, cántale alabanzas y habla de Sus maravillas. Sé orgulloso de Su santo Nombre. Quienes buscan al Señor y a Su fuerza sienten regocijo en sus corazones. Busca Su presencia continuamente. Recuerda las maravillosas obras que Él ha hecho, Sus milagros y las leyes que Él ha enunciado. Ustedes son simiente de Israel, Su siervo, y los hijos de Yaakov, Sus Escogidos. Él es el Señor, nuestro Dios. Sus juicios cubren toda la Tierra.

זִכְרוּ zijrú לְעוֹלָם leolam ריבוע דס"ג ו' אותיות ס"ג בְּרִיתוֹ britó דָּבָר davar ראה
צִוָּה tsivá לְאֶלֶף leélef המספר אֶלֶף = אלף למד שין דלת יוד ע"ה דּוֹר dor: אֲשֶׁר asher
כָּרַת carat אֶת־ et אַבְרָהָם Avraham וז"פ אל, רי"ו ול"ב נתיבות החוכמה, רמ"ח (אברים),
עסמ"ב וט"ז אותיות פשוטות וּשְׁבוּעָתוֹ ushvuató לְיִצְחָק leYitsjak ד"פ ב"ן:
וַיַּעֲמִידֶהָ vayaamideha לְיַעֲקֹב leYaakov ז' הויות, יאהדונהי אידהנויה לְחֹק lejok
לְיִשְׂרָאֵל leYisrael בְּרִית brit עוֹלָם olam: לֵאמֹר lemor לְךָ lejá
אֶתֵּן etén אֶרֶץ־ érets כְּנָעַן cnaán חֶבֶל jével נַחֲלַתְכֶם najalatjem:
בִּהְיוֹתְכֶם bihyotjem מְתֵי metei מִסְפָּר mispar כִּמְעַט quimat
וְגָרִים vegarim בָּהּ ba: וַיִּתְהַלְּכוּ vayithaljú ניצוצות קדושה מִגּוֹי migoy אֶל־ el
גּוֹי goy וּמִמַּמְלָכָה umimamlajá אֶל־ el עַם am אַחֵר ajer: לֹא־ lo
הִנִּיחַ hiníaj לְאִישׁ leísh לְעָשְׁקָם leashkam ר"ת ללה, אדני וַיּוֹכַח vayojaj
עֲלֵיהֶם aleihem מְלָכִים melajim: אַל־ al תִּגְּעוּ tigú בִּמְשִׁיחָי bimshijai
וּבִנְבִיאַי uvinviai אַל־ al תָּרֵעוּ tareu: שִׁירוּ shiru לַיהֹוָהאדניאהדונהי laAdonai
כָּל־ col ילי הָאָרֶץ haárets אלהים דההין ע"ה בַּשְּׂרוּ basrú מִיּוֹם־ miyom
ע"ה נגד, מזבח, זן, אל יהוה אֶל־ el יוֹם yom ע"ה נגד, מזבח, זן, אל יהוה יְשׁוּעָתוֹ yeshuató:
סַפְּרוּ saprú בַגּוֹיִם vagoyim (pronuncia bien la letra *Álef* en la palabra "*et*") אֶת־ et
כְּבוֹדוֹ quevodó בְּכָל bejol ב"ן, לכב הָעַמִּים haamim נִפְלְאוֹתָיו nifleotav:
כִּי qui גָדוֹל gadol להח ; עם ד' אותיות = מבה, יזל, אום יְהֹוָהאדניאהדונהי Adonai
וּמְהֻלָּל umehulal ס"ת ללה, אדני מְאֹד meod וְנוֹרָא venorá הוּא hu עַל־ al
כָּל־ col ילי ; עמם אֱלֹהִים Elohim אהיה אדני ; ילה כִּי qui כָּל־ col ילי
אֱלֹהֵי Elohei מילוי ע"ב, דמב ; ילה הָעַמִּים haamim אֱלִילִים elilim (pausa aquí)

Recuerda Su Pacto por siempre. Pacto que Él hizo con Avraham, y juramentó a Yitsjak, que Él estableció para Yaakov por estatuto y para Israel como Pacto eterno: A ti te daré la tierra de Canaán, la parte de tu herencia, donde no eran más que unos pocos y eran extranjeros perdidos en ella. Ellos deambularon de nación en nación y de un reino a otro. Sin embargo, Él no permitió que nadie les hiciese mal. Por ellos Él reprobaba a reyes: ¡No toquen a Mis ungidos y no causen daños a Mis profetas! Canta al Señor toda la Tierra y proclama Su salvación día a día. Relata Su gloria entre las naciones y Sus maravillosas obras entre todos los pueblos: porque grande es el Señor y alabado, Él es reverenciado por sobre todos los dioses. Porque todos los dioses de los pueblos no son nada, son sólo deidades,

וַיהֹוָהאדניאהדונהי vaAdonai שָׁמַיִם shamáyim י"פ טל, י"פ כוזו עָשָׂה asá: הוֹד hod ההה

וְהָדָר vehadar לְפָנָיו lefanav עֹז oz וְחֶדְוָה vejedvá בִּמְקֹמוֹ bimkomó:

הָבוּ havú אוהו, אהבה, דאגה לַיהֹוָהאדניאהדונהי laAdonai מִשְׁפְּחוֹת mishpejot

עַמִּים amim הָבוּ havú אוהו, אהבה, דאגה לַיהֹוָהאדניאהדונהי laAdonai כָּבוֹד cavod

וָעֹז vaoz: הָבוּ havú אוהו, אהבה, דאגה לַיהֹוָהאדניאהדונהי laAdonai כְּבוֹד quevod

שְׁמוֹ Shemó מהש ע"ה, ע"ב בריבוע וקס"א ע"ה, אל שדי ע"ה ; הבו יהוה כבוד שמו = אדם דוד משיח

שְׂאוּ seú מִנְחָה minjá ע"ה ב"פ ב"ן וּבֹאוּ uvóu לְפָנָיו lefanav

הִשְׁתַּחֲווּ hishtajavú לַיהֹוָהאדניאהדונהי laAdonai בְּהַדְרַת behadrat

קֹדֶשׁ kódesh ר"ת למפרע קבלה (היינו שביום שבת צריך ללמוד קבלה):

חִילוּ jilú מִלְּפָנָיו milfanav כָּל col ילי הָאָרֶץ haárets אלהים דההין ע"ה

אַף af תִּכּוֹן ticón תֵּבֵל tevel ב"פ רי"ו בַּל bal תִּמּוֹט timot:

יִשְׂמְחוּ yismejú הַשָּׁמַיִם hashamáyim י"פ טל, י"פ כוזו וְתָגֵל vetaguel אותיות גלות

(שכשתהיה גאולה תהא שמחה) הָאָרֶץ haárets אלהים דההין ע"ה ; ר"ת יהוה ; ס"ת = ריבוע דס"ג

וְיֹאמְרוּ veyomrú בַגּוֹיִם vagoyim יְהֹוָהאדניאהדונהי Adonai מָלָךְ malaj:

ר"ת יבמ, ב"ן: יִרְעַם yiram הַיָּם hayam ילי וּמְלוֹאוֹ umloó ר"ת יה"ו, אהיה ;

ס"ת מום, אלהים, אהיה אדני יַעֲלֹץ yaalots הַשָּׂדֶה hasadé וְכָל vejol ילי

אֲשֶׁר asher בּוֹ bo: אָז az יְרַנְּנוּ yeranenu עֲצֵי atsei הַיָּעַר hayaar

סנדלפון, סנדלפון, ערי מִלִּפְנֵי milifnei יְהֹוָהאדניאהדונהי Adonai כִּי qui בָא va

לִשְׁפּוֹט lishpot אֶת et הָאָרֶץ haárets אלהים דההין ע"ה ; ר"ת לאה: הוֹדוּ hodú אהיה

לַיהֹוָהאדניאהדונהי laAdonai כִּי qui טוֹב tov והו ; כי טוב = יהוה אהיה, אום, מבה, יזל כִּי qui

לְעוֹלָם leolam ריבוע דס"ג וי' אותיות דס"ג חַסְדּוֹ jasdó ג' הויות, (מזלא עילאה) ; ר"ת = נגה:

---

mientras que el Señor hizo los Cielos. Majestad y magnificencia son Su presencia; poder y gloria son Su morada. Otorguen al Señor, familias de los pueblos, otorguen al Señor honra y poder. Otorguen al Señor la gloria debida a Su nombre. Traigan una ofrenda y vengan ante Él con esplendor de santidad. Estremézcanse ante Él, moradores de la Tierra, para que el mundo sea establecido y no pueda desplomarse. Alégrense los Cielos y regocíjese la Tierra. Sea dicho entre las naciones: ¡El Señor reina! Brame la mar con todo lo que contiene, exáltese el campo y todo lo que hay allí. Los bosques cantarán ante el Señor, porque Él ha venido a juzgar la Tierra. Agradece al Señor porque Él es bueno y Su misericordia perdura eternamente.

וְאִמְרוּ veimrú הוֹשִׁיעֵנוּ hoshienu אֱלֹהֵי Elohei מילוי ע"ב, דמב ; ילה

יִשְׁעֵנוּ yishenu וְקַבְּצֵנוּ vekabtsenu וְהַצִּילֵנוּ vehatsilenu מִן־ min

הַגּוֹיִם hagoyim לְהֹדוֹת lehodot לְשֵׁם leShem קָדְשֶׁךָ kodshejá

לְהִשְׁתַּבֵּחַ lehishtabéaj בִּתְהִלָּתֶךָ: bitehilateja בָּרוּךְ Baruj

יְהֹוָה יאהדונהי Adonai אֱלֹהֵי Elohei מילוי ע"ב, דמב ; ילה יִשְׂרָאֵל Yisrael

יהוה אלהי ישראל = תרי"ג (מצוות) ; ס"ת = אדני מִן־ min הָעוֹלָם haolam וְעַד vead

הָעֹלָם haolam וַיֹּאמְרוּ vayomrú כָל־ jol ילי הָעָם haam אָמֵן Amén יאהדונהי

וְהַלֵּל vehalel ללה, אדני לַיהֹוָה יאהדונהי laAdonai: רוֹמְמוּ romemú

יְהֹוָה יאהדונהי Adonai אֱלֹהֵינוּ Eloheinu ילה וְהִשְׁתַּחֲווּ vehishtajavú

לַהֲדֹם lahadom רַגְלָיו raglav קָדוֹשׁ Kadosh הוּא Hu: רוֹמְמוּ romemú

יְהֹוָה יאהדונהי Adonai אֱלֹהֵינוּ Eloheinu ילה וְהִשְׁתַּחֲווּ vehishtajavú

לְהַר lehar קָדְשׁוֹ kodshó כִּי־ qui קָדוֹשׁ Kadosh יְהֹוָה יאהדונהי Adonai

אֱלֹהֵינוּ Eloheinu ילה: וְהוּא vehú רַחוּם rajum יְכַפֵּר yejaper ר"ת רי"ו

עָוֹן avón (*Aba* de la *klipá*) וְלֹא־ veló יַשְׁחִית yashjit (*Ima* de la *klipá*)

וְהִרְבָּה vehirbá לְהָשִׁיב lehashiv אַפּוֹ apó (*Zeir* de la *klipá*) וְלֹא־ veló

יָעִיר yair כָּל־ col ילי חֲמָתוֹ jamató (*Nukvá* de la *klipá*): אַתָּה Atá

יְהֹוָה יאהדונהי Adonai לֹא־ lo תִכְלָא tijlá רַחֲמֶיךָ rajameja מִמֶּנִּי mimeni

וְחַסְדְּךָ jasdejá ר"ת = אברהם, וז"פ אל, רי"ו ול"ב נתיבות החכמה, רמ"ח (אברים), עסמ"ב וט"ו

אותיות פשוטות וַאֲמִתְּךָ vaamitjá תָּמִיד tamid ע"ה קס"א קנ"א קמ"ג יִצְּרוּנִי yitsruni:

זְכֹר־ zejor ע"ב קס"א, יהי אור ע"ה (סוד המשכת השפע מן ד' שמות ליסוד הנקרא זכור)

רַחֲמֶיךָ rajameja יְהֹוָה יאהדונהי Adonai וַחֲסָדֶיךָ vajasadeja כִּי qui

---

Y digan: Sálvanos, Dios de nuestra salvación; reúnenos para librarnos de las naciones, para que agradezcamos a Tu santo Nombre, y nos glorifiquemos en Tu alabanza. ¡Bendito sea el Señor, Dios de Israel, en este mundo y en el Mundo por Venir! Y todo el pueblo dice 'Amén' y alaba al Señor" (I Crónicas 16:8-36). *"Exalten al Señor, nuestro Dios y póstrense ante Su escaño, porque Él es sagrado"* (Salmos 99:5). *"Exalten al Señor, nuestro Dios, y póstrense ante Su Santa Montaña, porque el Señor, nuestro Dios es santo"* (Salmos 99:9). *"Él es misericordioso, olvida iniquidades, y no destruye. Él frecuentemente contiene Su furia y no libera toda Su ira"* (Salmos 78:38). *"Y Tú, Señor, no alejes Tu misericordia de mí. Que Tu benevolencia y verdad siempre me protejan"* (Salmos 40:12). *"Recuerda Tu misericordia y benevolencia, Señor,*

מֵעוֹלָם meolam הֵמָּה hema עֹמם: תְּנוּ tenú עֹז oz לֵאלֹהִים leElohim אהיה אדני ; ילה

עַל־ al יִשְׂרָאֵל Yisrael גַּאֲוָתוֹ gaavató וְעֻזּוֹ veuzó בַּשְּׁחָקִים bashjakim:

נוֹרָא norá אֱלֹהִים Elohim אהיה אדני ; ילה מִמִּקְדָּשֶׁיךָ mimikdasheja

אֵל El ייא״י (מילוי דס״ג) יִשְׂרָאֵל Yisrael אל ישראל = כ״ב הויות (כ״א דתפילין וא׳ דטלית)

הוּא Hu נֹתֵן notén אבגיתץ, ושר עֹז oz וְתַעֲצֻמוֹת vetaatsumot לָעָם laam עלם

בָּרוּךְ Baruj אֱלֹהִים Elohim אהיה אדני ; ילה ; סת במילוי דשדי (ין לת וד) ; ברוך אלהים = שדי:

EL NEKAMOT

El Nombre *Yud, Hei, Vav* y *Hei* aparece once veces en esta conexión. El poder de once elimina el dominio de las *klipot*. Existen Diez *Sefirot* entre nuestro mundo y el Mundo Infinito. La undécima conexión está diseñada para darle su alimento a las *klipot* para que no intenten robarnos el nuestro. Cuando iniciamos esta entrega de Luz, obtenemos control sobre las *klipot*. Tenemos apoyo adicional disponible en virtud de diez gigantes espirituales que vivieron y murieron para poder asistirnos. Estas diez almas justas fueron la reencarnación de los diez hermanos que vendieron a Yosef (hijo del Patriarca bíblico Yaakov) como esclavo. En su última encarnación, los hermanos de Yosef fueron brutalmente asesinados, pero tuvieron el poder de abandonar los confines de sus cuerpos físicos para que no sufrieran dolor alguno. Como reflejo de sus acciones, podemos obtener un aumento adicional de energía para ayudarnos a despegar de este mundo físico.

Desde aquí hasta *Aromimjá*, el Nombre Sagrado: יהוה aparece once veces con el propósito de separar las *klipot* que están adheridas a las 11 cortinas. Cuando digas *El Nekamot*, debes meditar en que Dios vindique (*nekamá*, pero el significado más profundo es "elevar", que proviene de la misma raíz, *lehakim*) las muertes de los Diez Mártires. Cuando recitamos *El Nekamot*, esto le da fortaleza a las almas de los Diez Mártires para que puedan reunir las chispas de las almas que están capturadas dentro de la *klipá* de *Asiyá*.

אֵל El ייא״י (מילוי דס״ג) נְקָמוֹת nekamot יְהֹוָהאדניאהדונהי Adonai ; ר״ת אני

אֵל El ייא״י (מילוי דס״ג) נְקָמוֹת nekamot מנק ; ר״ת = יב״ק, אלהים יהוה, אהיה אדני יהוה

הוֹפִיעַ hofía: הִנָּשֵׂא hinasé שֹׁפֵט shofet הָאָרֶץ haárets אלהים דההין ע״ה

הָשֵׁב hashev ר״ת = שדי ע״ה גְּמוּל guemul עַל־ al גֵּאִים gueim:

---

porque son eternas" (Salmos 25:6). "Da poder a Dios, porque Su majestad está sobre Israel y Su poder está en los Cielos. Dios, Tú eres reverentemente temido en Tus Templos, Dios de Israel. Él da poderes y fortaleza a la nación, bendito sea Dios" (Salmos 68:35-36).

EL NEKAMOT

"Tú eres el Dios de la venganza, Señor, El Dios de la venganza aparece. Levántate, Juez del mundo. Devuelve a los arrogantes lo que se merecen" (Salmos 94:1-2).

לַיהֹוָה יאהדונהי laAdonai הַיְשׁוּעָה hayeshuá עַל־ al עַמְּךָ ameja

בִּרְכָתֶךָ virjateja סֶּלָה sela: יְהֹוָה יאהדונהי Adonai צְבָאוֹת Tsevaot פני שכינה

עִמָּנוּ imanu ריבוע ס"ג, קס"א ע"ה וד' אותיות מִשְׂגָּב־ misgav משה, מהש, ע"ב בריבוע וקס"א,

אל שדי, ד"פ אלהים ע"ה לָנוּ lanu אלהים, אהיה אדני אֱלֹהֵי Elohei מילוי ע"ב, דמב ; ילה

יַעֲקֹב Yaakov ו' הויות, יאהדונהי אידהנויה סֶלָה sela: יְהֹוָה יאהדונהי Adonai

צְבָאוֹת Tsevaot פני שכינה אַשְׁרֵי ashrei אָדָם adam מ"ה ; יהוה צבאות אשרי אדם = תפארת

בֹּטֵחַ botéaj בָּךְ baj אדם בוטח בך = אמן ע"ה = יאהדונהי ע"ה ; בוטח בך = מילוי ע"ב ע"ה:

יְהֹוָה יאהדונהי Adonai הוֹשִׁיעָה hoshía יהוה ושע נהורין הַמֶּלֶךְ haMélej ר"ת יהה

יַעֲנֵנוּ yaanenu בְיוֹם veyom ע"ה נגד, מזבח, זן, אל יהוה קָרְאֵנוּ korenu ר"ת יבק,

אלהים יהוה, אהיה אדני יהוה ; ס"ת בן ועם כ' המלך = ע"ב: הוֹשִׁיעָה hoshía יהוה ושע נהורין

אֶת־ et עַמֶּךָ ameja ס"ת כהת, משיח בן דוד ע"ה וּבָרֵךְ uvarej אֶת־ et

נַחֲלָתֶךָ najalateja וּרְעֵם ureem וְנַשְּׂאֵם venasem עַד־ ad הָעוֹלָם haolam:

נַפְשֵׁנוּ nafshenu (pronuncia bien la letra *Jet* en la palabra "*jictá*") חִכְּתָה jictá

כהת, משיח בן דוד ע"ה לַיהֹוָה יאהדונהי laAdonai (יוד הה וו הה) ; ר"ת שם נזל

עֶזְרֵנוּ ezrenu וּמָגִנֵּנוּ umaguinenu הוּא Hu: כִּי־ qui בוֹ vo יִשְׂמַח yismaj משיח

לִבֵּנוּ libenu כִּי qui בְשֵׁם veShem קָדְשׁוֹ kodshó בָטָחְנוּ vatajnu: יְהִי־ yehí

חַסְדְּךָ jasdejá יְהֹוָה יאהדונהי Adonai עָלֵינוּ aleinu כַּאֲשֶׁר caasher

יִחַלְנוּ yijalnu סאל, אמן (יאהדונהי) לָךְ laj: הַרְאֵנוּ harenu יְהֹוָה יאהדונהי Adonai

חַסְדֶּךָ jasdejá וְיֶשְׁעֲךָ veyeshajá תִּתֶּן־ titén ב"פ כהת לָנוּ lanu אלהים, אהיה אדני:

"La salvación pertenece al Señor y Tu bendición está sobre Tu Nación, Sela" (Salmos 3:9). *"El Señor de los Ejércitos está con nosotros, y nuestra fortaleza es el Dios de Yaakov, Sela"* (Salmos 46:12). *"El Señor de los Ejércitos, dichoso es el hombre que confía en Ti"* (Salmos 84:13). *"Señor, redímenos. El Rey nos responderá en el día en el que lo llamemos"* (Salmos 20:10). *"Redime a Tu Nación y bendice Tu herencia, provee para ellos y elévalos para siempre"* (Salmos 28:9). *"Nuestra alma ha esperado al Señor. Él es nuestra ayuda y nuestro escudo. Porque, en Él, nuestro corazón se regocija porque hemos confiado en Su Santo Nombre. Señor, que Tu benevolencia esté sobre nosotros porque hemos colocado nuestra confianza en Ti"* (Salmos 33:20-22). *"Muéstranos Tu benevolencia, Señor, y otórganos Tu salvación"* (Salmos 85:8).

קוּמָה kuma קנ"א (מקוה) עֶזְרָתָה ezratá לָּנוּ lanu אלהים, אהיה אדני וּפְדֵנוּ ufdenu

לְמַעַן lemaan חַסְדֶּךָ jasdejá: אָנֹכִי anojí יְהֹוָהאדניאהדונהי Adonai

אֱלֹהֶיךָ Eloheja ילה הַמַּעַלְךָ hamaaljá מֵאֶרֶץ meérets מִצְרָיִם Mitsráyim

מצר הַרְחֶב־ harjev פִּיךָ pija וַאֲמַלְאֵהוּ vaamalehu: אַשְׁרֵי ashrei

הָעָם haam שֶׁכָּכָה shecaja משה, מהש, ע"ב בריבוע וקס"א, אל שדי, ד"פ אלהים ע"ה

לוֹ lo אַשְׁרֵי ashrei הָעָם haam ר"ת לאה שֶׁיְהֹוָהאדניאהדונהי sheAdonai

אֱלֹהָיו Elohav ילה: וַאֲנִי vaaní אני בְּחַסְדְּךָ bejasdejá בָטַחְתִּי vatajti

יָגֵל yaguel להח לִבִּי libí בִּישׁוּעָתֶךָ bishuateja ר"ת = ב"ן אָשִׁירָה ashira

לַיהֹוָהאדניאהדונהי laAdonai כִּי qui גָמַל gamal עָלָי alai ס"ת ילי:

AROMIMJÁ

Cuando realizamos acciones negativas, le damos nuestra Luz a la *klipá* —especialmente a aquellas que están en *Asiyá*— evitando de este modo la elevación de *Asiyá*. Debido a su pesadez espiritual, tenemos que deshacernos de la *klipá* para que *Asiyá* pueda ascender al Mundo de Formación. Mientras que la oración *Hodú* nos desconecta de la *klipá*, *Aromimjá* ayuda a reunir y elevar las chispas de Luz que aún están atrapadas dentro de la *klipá*. Cuando separamos estas chispas de Luz de la *klipá*, la *klipá* pierde todo su poder y deja ir a *Asiyá*. La palabra *Aromimjá* significa "alabar", pero también "elevar", en referencia a la elevación de las chispas desde la *klipá*. *Aromimjá* contiene 92 palabras que nos conectan al poder de la palabra "*Amén*" (que es 91 más 1 por la palabra misma).

En este Salmo está diez veces el Nombre: יהוה que corresponde a las Diez *Sefirot*. Y hay 92 palabras, que es el valor numérico de יהוה אדני (más 1 por la palabra misma). *Aromimjá* está compuesta de palabras de gratitud de las almas y las chispas de *Asiyá* que fueron salvadas y elevadas de las *klipot* de *Asiyá* para transformarse en *Mayin Nukvín*. Estas almas agradecen a Dios por elevarlas del *Sheol*.

אֲרוֹמִמְךָ aromimjá

עניין ניצוצי הקדושה העולים ויוצאים מקליפות דעשיה הנקרא נפש יְהֹוָהאדניאהדונהי Adonai **(*Kéter*)**

כִּי qui דִלִּיתָנִי dilitani וְלֹא־ veló שִׂמַּחְתָּ simajta אֹיְבַי oyvai לִי li:

"¡Levántate y ayúdanos! ¡Redímenos por causa de Tu benevolencia!" (Salmos 44:27). *"Yo soy el Señor, su Dios, quien los sacó de la tierra de Egipto. Abre tu boca con amplitud y Yo la llenaré"* (Salmos 81:11). *"Dichosa es la nación para la cual todo esto es cierto; feliz es la nación de la cual el Señor es su Dios"* (Salmos 144:15). *"Y yo he confiado en Tu benevolencia, por lo tanto, mi corazón se regocijará en Tu salvación. Yo cantaré al Señor, porque Él me ha recompensado"* (Salmos 13:6).

AROMIMJÁ

"Te exaltaré, Señor, porque Tú me has elevado, y no permitiste que mis enemigos se rieran de mí. Señor,

יְהֹוָאדֹנָיאהדונהי Adonai (*Jojmá*) אֱלֹהַי Elohai מילוי ע"ב, דמב ; ילה שִׁוַּעְתִּי shivati

אֵלֶיךָ eleja וַתִּרְפָּאֵנִי vatirpaeni: יְהֹוָאדֹנָיאהדונהי Adonai (***Biná***)

הֶעֱלִיתָ heelita מִן־ min שְׁאוֹל sheol נַפְשִׁי nafshí (elevación de las almas desde *Asiyá*)

חִיִּיתַנִי jiyitani ס"ת ילי מִיָּרְדִי־ miyardí (כתיב: מיורדי) בוֹר vor: זַמְּרוּ zamrú

לַיהֹוָאדֹנָיאהדונהי laAdonai (***Jésed***) חֲסִידָיו jasidav וְהוֹדוּ vehodú אהיה

לְזֵכֶר lezéjer קָדְשׁוֹ kodshó: כִּי qui רֶגַע rega ג"פ אלהים וה' אותיות שבכל שם אלהים

בְּאַפּוֹ beapó ס"ת = אלהים, אהיה אדני ; ועם ם דווים = ריבוע אדני

חַיִּים jayim אהיה אהיה יהוה, בינה ע"ה בִּרְצוֹנוֹ birtsonó כי רגע באפו חיים ברצונו = שין דלת יוד

בָּעֶרֶב baérev יָלִין yalín בֶּכִי beji ר"ת י"ד (כנגד מספר אותיות יהוה אלהינו יהוה,

וכן מספר האותיות כוזו במוכסז כוזו) וְלַבֹּקֶר velabóker רִנָּה riná בערב ילין בכי ולבקר רנה =

מטטרון שר הפנים: וַאֲנִי vaaní אני אָמַרְתִּי amarti בְשַׁלְוִי veshalví בַּל־ bal

אֶמּוֹט emot לְעוֹלָם leolam ריבוע ס"ג וי' אותיות דס"ג: יְהֹוָאדֹנָיאהדונהי Adonai (***Guevurá***)

בִּרְצוֹנְךָ birtsonjá הֶעֱמַדְתָּה heemadta לְהַרְרִי leharerí עֹז oz

הִסְתַּרְתָּ histarta פָנֶיךָ faneja ס"ג מ"ה ב"ן הָיִיתִי hayiti נִבְהָל nivhal:

אֵלֶיךָ eleja יְהֹוָאדֹנָיאהדונהי Adonai (***Tiféret***) אֶקְרָא ekrá וְאֶל veel

יְהֹוָאדֹנָיאהדונהי Adonai (***Nétsaj***) אֶתְחַנָּן etjanán: מַה־ ma מ"ה בֶּצַע betsá

בְּדָמִי bedamí בְּרִדְתִּי beridtí אֶל el ס"ת ילי שָׁחַת shájat הֲיוֹדְךָ hayodjá

עָפָר afar הֲיַגִּיד hayaguid ייז, כ"ב אותיות פשוטות (= אכא) וה' אותיות סופיות (מנצפך)

אֲמִתֶּךָ amiteja: שְׁמַע־ Shemá יְהֹוָאדֹנָיאהדונהי Adonai (***Hod***) וְחָנֵּנִי vejaneni

יְהֹוָאדֹנָיאהדונהי Adonai (***Yesod***) הֱיֵה־ heyé יהה עֹזֵר ozer לִי li מוזי:

Dios mío, clamé a Ti y Tú me sanaste. Señor, Tú alzaste mi alma del Sheol (Infierno), y me mantuviste con vida cuando caí en el abismo. Entonen cánticos al Señor, ustedes, Sus piadosos siervos y alaben Su Santo Nombre. Porque Su ira dura un instante y Su voluntad por siempre. Si por la noche se derraman lágrimas, por la mañana despertamos cantando. Y yo pensaba confiado, que nunca me desplomaría. Señor, eras Tú que diste fortaleza a mi montaña; y cuando ocultaste Tu Rostro, estuve asustado. Es a Ti, Señor, a quien llamo y es al Señor a quien yo imploro. ¿Qué provecho habrá con mi muerte o con que sea bajado al sepulcro? ¿Acaso el polvo te alabará? ¿Proclamará Tu fidelidad? Señor, escúchame y sé misericordioso conmigo. Señor, sé mi asistente.

הָפַכְתָּ hafajta מִסְפְּדִי mispedí לְמָחוֹל lemajol לִי li ס"ת יכי

פִּתַּחְתָּ pitajta שַׂקִּי sakí וַתְּאַזְּרֵנִי vateazreni שִׂמְחָה simjá:

לְמַעַן lemaan יְזַמֶּרְךָ yezamerja כָבוֹד javod וְלֹא veló יִדֹּם yidom (pausa)

יְהֹוָהאדנייאהדונהי Adonai (*Maljut*) ר"ת = אלהים, אהיה אדני אֱלֹהַי Elohai

לְעוֹלָם leolam ריבוע ס"ג וי' אותיות דס"ג אוֹדֶךָּ odeca: מילוי ע"ב, דמב ; ילה

Recitamos esta oración solamente en *Hoshaná Rabá*.

ADONAI HU HAELOHIM

El Nombre *Yud, Hei, Vav* y *Hei* יהוה corresponde a los Mundos Superiores. El Nombre *Elohim* אלהים se refiere tanto al concepto de Juicio como al mundo físico. Durante *Hoshaná Rabá*, los Mundos Superiores e Inferiores son unidos. Esta oración nos ayuda a transformar en Misericordia cualquier juicio decretado en nuestra contra. Es importante entender que cuando la vida parece estarnos juzgando muy severamente, siempre hay una razón para ello.

יְהֹוָהאדנייאהדונהי Adonai הוּא Hu הָאֱלֹהִים haElohim אהיה אדני ; ילה ;

יְהֹוָהאדנייאהדונהי Adonai הוּא Hu יהוה הוא האלהים = ענו עג"כ ; ר"ת יההה.

הָאֱלֹהִים haElohim אהיה אדני ; ילה ; יהוה הוא האלהים = ענו עג"כ ; ר"ת יההה.

Recita este verso dos veces.

ADONAI MÉLEJ

Esta oración trasciende el concepto de tiempo, espacio y movimiento, así como las ilusiones de los cinco sentidos. La frase "El Señor es Rey, el Señor ha reinado, el Señor reinará para siempre y por la eternidad" unifica pasado, presente y futuro en uno solo, de modo que cuando recitamos *Adonai Mélej* (El Señor es Rey) con la conciencia de transformación, podemos corregir errores cometidos en el pasado, a la vez que creamos un mejor futuro y lo logramos en el presente. Cuando vivimos en el presente, podemos corregir el pasado e influir en nuestro futuro.

Los ángeles son fuerzas energéticas particulares que actúan como sistema de transporte de nuestras oraciones. Esta conexión es tan poderosa que incluso los ángeles se quedan y cantan junto a nosotros, en lugar de sólo transportar nuestras palabras y pensamientos a los Mundos Superiores.

Según el Libro de *Heijalot*: "Hay un ángel que se para cada mañana en medio del Cielo y canta los versos de '*Adonai Mélej*', y todos los ejércitos de los Mundos Superiores cantan con él hasta *Barjú*". Como los ángeles cantan *Adonai Mélej* mientras están de pie, nosotros también.

Tú convertiste mi lamento en júbilo.
Me quitaste el luto y me vestiste de regocijo, para que mi corazón pueda cantarte alabanzas y nunca quedarse callado, ¡Señor, mi Dios, te agradeceré por siempre!" (Salmos 30:2-13).

ADONAI HU HAELOHIM
"¡El Señor es el Dios! ¡El Señor es el Dios!" (I Reyes 18:39).

Recita lo siguiente mientras estás de pie:

חכמה-חסד ם ן בינה-גבורה ך

יְהֹוָהאדניאהדונהי Adonai מֶלֶךְ Mélej יְהֹוָהאדניאהדונהי Adonai מָלָךְ malaj

דעת-תפארת ף ך

יְהֹוָהאדניאהדונהי Adonai | יִמְלֹךְ yimloj (מֶלֶךְ מָלָךְ יִמְלֹךְ = מנֹצְפַּךְ, סנדלפון, ערי)

יהוה דעת-תפארת

לְעֹלָם leolam ריבוע דס״ג וי׳ אותיות דס״ג ; ר״ת ייל וָעֶד vaed:

נצח ם ן הוד ך

יְהֹוָהאדניאהדונהי Adonai מֶלֶךְ Mélej יְהֹוָהאדניאהדונהי Adonai מָלָךְ malaj

יסוד ף ך

יְהֹוָהאדניאהדונהי Adonai | יִמְלֹךְ yimloj (מֶלֶךְ מָלָךְ יִמְלֹךְ = מנֹצְפַּךְ, סנדלפון, ערי)

יהוה יסוד

לְעֹלָם leolam ריבוע דס״ג וי׳ אותיות דס״ג ; ר״ת ייל וָעֶד vaed:

וְהָיָה vehayá יהוה ; יהה יְהֹוָהאדניאהדונהי Adonai לְמֶלֶךְ leMélej

עַל־ al כָּל col ילי ; עמם הָאָרֶץ haárets אלהים דההין ע״ה בַּיּוֹם bayom

ע״ה נגד, מזבח, זן, אל יהוה הַהוּא hahú יִהְיֶה yihyé ייי יְהֹוָהאדניאהדונהי Adonai

אֶחָד Ejad אהבה, דאגה וּשְׁמוֹ uShmó מהש ע״ה, ע״ב בריבוע וקס״א, אל שדי ע״ה

אֶחָד Ejad אהבה, דאגה (בסוד אבא ואמא ואריך אנפין דעולם העשיה):

הוֹשִׁיעֵנוּ hoshienu | יְהֹוָהאדניאהדונהי Adonai אֱלֹהֵינוּ Eloheinu ילה

וְקַבְּצֵנוּ vekabtsenu מִן min הַגּוֹיִם hagoyim לְהוֹדוֹת lehodot

לְשֵׁם leShem קָדְשֶׁךָ kodsheja לְהִשְׁתַּבֵּחַ lehishtabéaj

בִּתְהִלָּתֶךָ bitehilateja:

בָּרוּךְ Baruj יְהֹוָהאדניאהדונהי Adonai | אֱלֹהֵי Elohei מילוי ע״ב, דמב ; ילה

יִשְׂרָאֵל Yisrael ס״ת = אדני ; יהוה אלהי ישראל = תרי״ג (מצוות) מִן־ min הָעוֹלָם haolam

---

ADONAI MÉLEJ

El Señor es Rey, el Señor ha reinado, el Señor reinará por siempre y para la eternidad.

El Señor es Rey, el Señor ha reinado, el Señor reinará por siempre y para la eternidad.

"Y el Señor siempre ha sido Rey sobre toda la Tierra. Y en ese día, el Señor será Uno Su y Nombre Uno" (Zacarías 14:9). "Sálvanos, Señor, nuestro Dios, y reúnenos de entre las naciones para darle gracias a Tu Santo Nombre y ser glorificados en Tu alabanza. Bendito es el Señor, el Dios de Israel, de este mundo

וְעַד vead הָעוֹלָם haolam וְאָמַר veamar כָּל־ col ילי הָעָם haam
אָמֵן Amén יאהדונהי הַלְלוּיָהּ haleluyá אלהים, אהיה אדני ; ללה:
כֹּל col ילי הַנְּשָׁמָה haneshamá תְּהַלֵּל tehalel ר"ת כהת, משיח בן דוד ע"ה
יָהּ Yah הַלְלוּיָהּ haleluyá אלהים, אהיה אדני ; ללה:

En la Festividad y en *Shabat* continúa en la pág. 248.

En *Jol Hamoed* (no en *Shabat*) decimos aquí "*Lamenatséaj*" (págs. 246-247) y luego continuamos con "*Baruj Sheamar*" en la pág. 274.

LAMENATSÉAJ

לַמְנַצֵּחַ lamenatséaj בִּנְגִינֹת binguinot מִזְמוֹר mizmor שִׁיר shir: אֱלֹהִים Elohim
אהיה אדני ; ילה יְחָנֵּנוּ yejonenu וִיבָרְכֵנוּ vivarjenu יָאֵר yaer כף ויו זין ויו
פָּנָיו panav אִתָּנוּ itanu ר"ת פאי, אמן (יאהדונהי) סֶלָה sela: לָדַעַת ladáat ר"ת סאל,
אמן (יאהדונהי) בָּאָרֶץ baárets דַּרְכֶּךָ darquejá בְּכָל bejol ב"ן, לכב גּוֹיִם goyim
יְשׁוּעָתֶךָ yeshuateja: יוֹדוּךָ yoduja עַמִּים amim אֱלֹהִים Elohim אהיה אדני ; ילה
יוֹדוּךָ yoduja עַמִּים amim כֻּלָּם culam: יִשְׂמְחוּ yismejú וִירַנְּנוּ viranenú
לְאֻמִּים leumim ר"ת ע"ה = איההיוהה כִּי־ qui תִשְׁפֹּט tishpot עַמִּים amim
מִישֹׁר mishor וּלְאֻמִּים uleumim בָּאָרֶץ baárets תַּנְחֵם tanjem סֶלָה sela:
יוֹדוּךָ yoduja עַמִּים amim אֱלֹהִים Elohim אהיה אדני ; ילה יוֹדוּךָ yoduja
עַמִּים amim כֻּלָּם culam: ר"ת יודוך ישמחו יודוך ארץ = "יאי" (במילוי דס"ג)
ועם ר"ת אלהים לדעת יברכנו = ע"ב, ריבוע יהוה אֶרֶץ érets נָתְנָה natná נתה, קס"א קנ"א קמ"ג
יְבוּלָהּ yevulá ר"ת אני יְבָרְכֵנוּ yevarjenu אֱלֹהִים Elohim אהיה אדני ; ילה
אֱלֹהֵינוּ Eloheinu ילה: יְבָרְכֵנוּ yevarjenu אֱלֹהִים Elohim אהיה אדני ; ילה
וְיִירְאוּ veyirú אוֹתוֹ otó כָּל col ילי אַפְסֵי־ afsei אָרֶץ árets:

Continúa con "*Baruj Sheamar*" en la pág. 274.

---

al Mundo por Venir y toda la nación dice: Amén ¡Alaben al Señor!" (Salmos 106:47-48).
"¡Todas las almas alabarán a Dios, Aleluya!" (Salmos 150:6).

LAMENATSÉAJ

"Al músico principal, un Salmo melodioso y un cántico: Que Dios nos dé gracia y nos bendiga. Que resplandezca Su Rostro sobre nosotros, Sela. Para que Tus caminos sean conocidos en el mundo y Tu salvación entre las naciones. Las naciones darán gracias a Ti, Dios. Todas las naciones darán gracias a Ti. Los pueblos se regocijarán y cantarán porque Tú juzgas a las naciones con justicia, y Tú guías a los pueblos del mundo, Sela. Las naciones darán gracias a Ti, Dios. Todas las naciones darán gracias a Ti. La Tierra ha dado su fruto. Que el Señor, nuestro Dios, nos bendiga. Que Dios nos bendiga y que todos teman a Él desde los confines de la Tierra" (Salmos 67).

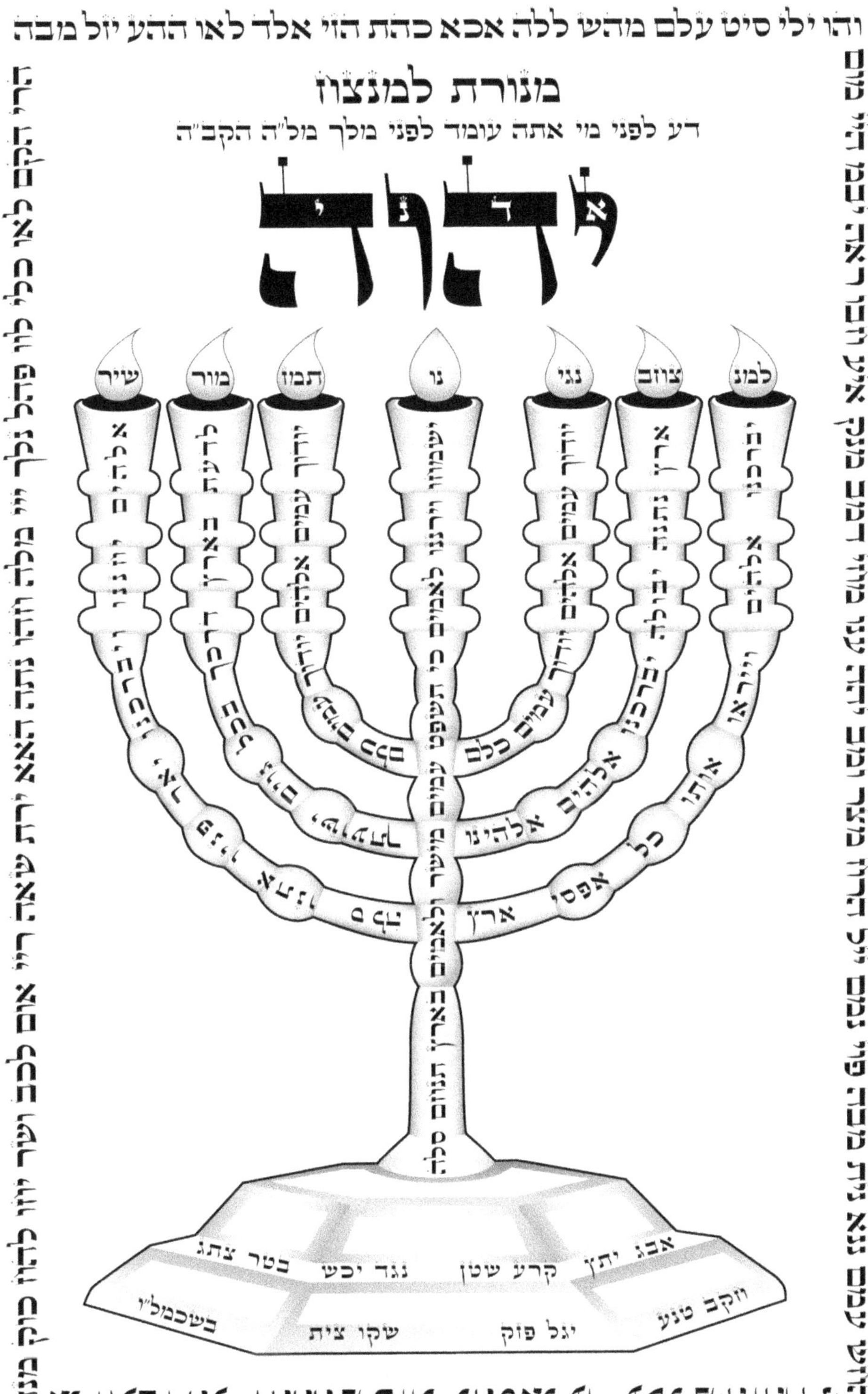
והו ילי סיט עלם מהש ללה אכא כהת הזי אלד לאו ההע יזל מבה
מנורת למנצח
דע לפני מי אתה עומד לפני מלך מל"ה הקב"ה

LAMENATSÉAJ

En este Salmo hay 13 versículos que corresponden a los Trece Atributos de Misericordia, y seis veces el Nombre: יהוה que corresponde a los Seis Bordes de *Zeir Anpín*. Medita en el primer *Maamar* (Enunciado) de Creación: בראשית ברא אלהים את השמים ואת הארץ.

(א-אל) לַמְנַצֵּחַ lamenatséaj מִזְמוֹר mizmor לְדָוִד leDavid:

(ב-רוזום) הַשָּׁמַיִם hashamáyim י״פ טל, י״פ כוזו מְסַפְּרִים mesaprim כְּבוֹד quevod

אֵל El ייא״י (מילוי דס״ג) ; ר״ת מכאל (מיכאל = נגא) ; כבוד אל = ס״ג (יוד הי ואו הי - דעת דנוקבא)

וּמַעֲשֵׂה umaasé יָדָיו yadav מַגִּיד maguid הָרָקִיעַ harakía:

(ג-וזנון) יוֹם yom ע״ה נגד, מזבח, זן, אל יהוה לְיוֹם leyom ע״ה נגד, מזבח, זן, אל יהוה

יַבִּיעַ yabía אֹמֶר omer וְלַיְלָה velayla מלה לְּלַיְלָה lelayla מלה

יְחַוֶּה־ yejavé דָּעַת dáat: (ד-ארך) אֵין־ ein אֹמֶר omer וְאֵין veéin

דְּבָרִים devarim ראה בְּלִי blí נִשְׁמָע nishmá קוֹלָם kolam:

(ה-אפים) בְּכָל־ bejol ב״ן, לכב הָאָרֶץ haárets אלהים דההין ע״ה

יָצָא yatsá קַוָּם kavam וּבִקְצֵה uviktsé תֵבֵל tevel ב״פ רי״ו

מִלֵּיהֶם mileihem לַשֶּׁמֶשׁ lashémesh שָׂם־ sam אֹהֶל óhel בָּהֶם bahem:

(ו-ורב וזסד) וְהוּא vehú כְּחָתָן quejatán יֹצֵא yotsé מֵחֻפָּתוֹ mejupató

יָשִׂישׂ yasís כְּגִבּוֹר queguibor לָרוּץ larúts אֹרַח óraj:

(ז-ואמת) מִקְצֵה miktsé הַשָּׁמַיִם hashamáyim י״פ טל, י״פ כוזו

מוֹצָאוֹ motsaó וּתְקוּפָתוֹ utkufató עַל־ al קְצוֹתָם ketsotam

וְאֵין veéin נִסְתָּר nistar ב״פ מצר מֵחַמָּתוֹ mejamató:

LAMENATSÉAJ

"1) Al Director de los cánticos, un Salmo de David.

2) Los Cielos declaran la gloria de Dios y el firmamento muestra la obra de Sus manos. 3) Un día transmite al siguiente día la palabra y una noche a la otra noche revela el conocimiento. 4) Sin discursos, sin palabras y sin que se escuchen sus voces. 5) Su pregón recorre toda la Tierra y sus palabras se expanden hasta el confín del mundo. Y entre ellos Él puso allí una tienda para el Sol. 6) Y Él es cual novio que sale de su palio nupcial y se regocija como un valiente guerrero por recorrer su camino. 7) El sale del confín del Cielo y su llegada es en el otro extremo de él. No hay nada que se escape a su calor.

Los kabbalistas escribieron: Este Salmo posee una gran y magnífica capacidad de protección. De aquí en adelante tenemos seis versículos consecutivos de cinco palabras cada uno, y en la segunda palabra de cada uno está: יהוה. Debes contar las palabras con los dedos de tu mano derecha de la siguiente manera: Di la primera palabra y baja tu pulgar, luego dices la segunda palabra, que es יהוה, y mantén el dedo índice arriba, luego di la tercera palabra y baja el dedo del medio, después di la cuarta palabra y baja el dedo anular, y mientras dices la quinta palabra baja el dedo meñique. Y mientras haces eso, medita en que el Creador enderece a aquellos que están doblegados y, también, que todos tus enemigos espirituales se rindan y que tú puedas vencerlos.

(וז-נצר חסד) תּוֹרַת torat יְהֹוָה אהדונהי Adonai (*Jésed*) תְּמִימָה temimá

מְשִׁיבַת meshivat נָפֶשׁ náfesh עֵדוּת edut יְהֹוָה אהדונהי Adonai (*Guevurá*)

נֶאֱמָנָה neemaná מַחְכִּימַת majquimat פֶּתִי petí: (ט-לאלפים) פִּקּוּדֵי pikudei מנק

יְהֹוָה אהדונהי Adonai (*Tiféret*) יְשָׁרִים yesharim מְשַׂמְּחֵי־ mesamjei

לֵב lev מִצְוַת mitsvat יְהֹוָה אהדונהי Adonai (*Nétsaj*) בָּרָה bará

מְאִירַת meirat עֵינָיִם einában ריבוע מ״ה: (י-נשא עון) יִרְאַת yirat

יְהֹוָה אהדונהי Adonai (*Hod*) טְהוֹרָה tehorá עוֹמֶדֶת omédet

לָעַד laad ב״פ ב״ן מִשְׁפְּטֵי־ mishpetei יוֹדהוּוּאדניוּאהדונהי Adonai (*Yesod*)

אֱמֶת emet אהיה פעמים אהיה, ו״פ ס״ג צָדְקוּ tsadkú יַחְדָּו yajdav:

(י״א-ופשע) הַנֶּחֱמָדִים hanejemadim מִזָּהָב mizahav וּמִפַּז umipaz רָב rav

וּמְתוּקִים umetukim מִדְּבַשׁ midevash שו׳ דשופר ועם י״ד האוזו הרי ש״ך דינין דגדלות

וְנֹפֶת venófet צוּפִים tsufim: גַּם־ gam עַבְדְּךָ avdejá פוי, אל אדני

נִזְהָר nizhar בָּהֶם bahem בְּשָׁמְרָם beshomram עֵקֶב ékev ב״פ מום רָב rav:

---

8) *La Torá del Señor* (Jésed) *es perfecta, restauradora del alma.*
El testimonio del Señor (Guevurá) *es seguro y da sabiduría al simple.*
9) *Los preceptos del Señor* (Tiféret) *son rectos y alegran el corazón.*
Los mandamientos del Señor (Nétsaj) *son claros e iluminan los ojos.*
10) *El temor del Señor* (Hod) *es puro y dura para siempre.*
Los juicios del Señor (Yesod) *son verdaderos y absolutamente justos.*
11) *Son más deseables que el oro y que muchas piedras preciosas, y son más dulces que la miel y las gotas que destilan los panales. Incluso yo, Tu siervo, soy cuidadoso en observarlos puesto que es muy provechoso.*

(י״ב-ווזטאה) שְׁגִיאוֹת sheguiot מִי־ mi ילי יָבִין yavín מִנִּסְתָּרוֹת ministarot

נַקֵּנִי nakeni: (י״ג-ונקה) גַּם gam מִזֵּדִים mizedim וַחֲשֹׂךְ jasoj

שך נצוצות של וז׳ המלכים עַבְדֶּךָ avdeja פוי, אל אדני אַל־ al יִמְשְׁלוּ־ yimshelú

בִּי vi אָז az אֵיתָם eitam וְנִקֵּיתִי venikeiti מִפֶּשַׁע mipesha רָב rav:

מ״ב אותיות בפסוק

יִהְיוּ yihyú אל (ייא״י מילוי דס״ג) לְרָצוֹן leratsón מהש ע״ה, ע״ב בריבוע וקס״א ע״ה, אל שדי ע״ה

אִמְרֵי־ imrei פִי fi ר״ת המספר אֶלֶף = אלף למד שין דלת יוד ע״ה

וְהֶגְיוֹן vehegyón לִבִּי libí לְפָנֶיךָ lefaneja ס״ג מ״ה ב״ן יְהֹוָאדהנויאהדונהי Adonai

צוּרִי tsurí וְגֹאֲלִי vegoalí:

RANENÚ

Hay 22 versículos en este Salmo, indicando una conexión con las 22 letras del alfabeto arameo. Debido a que las letras arameas son los verdaderos instrumentos de la Creación, esta oración ayuda a inyectar orden y el poder de la Creación en aquellas áreas caóticas que necesitan rejuvenecimiento en nuestra vida. Los seres humanos están compuestos de un alfabeto genético de cuatro letras (A, T, C y G) que se encuentra en nuestro ADN, cada una de estas letras representa un elemento químico diferente. Las letras se combinan y crean una serie de instrucciones para formar a un ser humano. De acuerdo con la Kabbalah, el universo está compuesto por el alfabeto genético de las 22 letras arameas, y cada una de las 22 letras representan una fuerza energética particular; estas fuerzas se combinan en diferentes secuencias para crear nuestro universo.

En los dos Salmos siguientes hay grandes y profundos secretos, así que cuida recitarlos meticulosamente. Porque si omites o te comes una de las palabras, estarías perdiendo gran bienaventuranza.

En este Salmo hay 161 palabras, como el valor numérico del Nombre: אלף הי יוד הי. También hay 22 versículos que corresponden a las 22 letras del alfabeto arameo, que es el valor numérico del Nombre: אכא de los 72 Nombres de Dios.

También medita en el segundo *Maamar* (Enunciado) de Creación: יהי אור ("y Dios dijo: Sea la luz" – La Luz fue creada inicialmente para los justos y luego ocultada para el futuro por venir).

---

12) Además de Ti, ¿quién puede discernir los errores? Líbrame Tú de las faltas ocultas. 13) Y aparta también a Tu siervo de los pecados de soberbia. No permitas que me controlen; entonces seré irreprochable y me veré libre de ese gran pecado. Sean gratos ante Ti, Señor, mi Fortaleza y mi Redentor, los dichos de mi boca y los pensamientos de mi corazón" (Salmos 19).

רננו ranenú צדיקים tsadikim

Medita en el Nombre: (אהיה דיודין (אלף הי יודי הי, porque es una corrección para eliminar la ira.

ביהוהאדניאהדונהי baAdonai לישרים layesharim נאוה navá תהלה tehilá

ע"ה אמת, אהיה פעמים אהיה, ז"פ ס"ג: הודו hodú אהיה ליהוהאדניאהדונהי laAdonai

בכנור bejinor ס"ת אלף למד יהוה בנבל benével עשור asor ר"ת ע"ב, ריבוע יהוה

זמרו zamrú לו lo ר"ת מילוי ס"ג (וד י או י) ; ס"ת = רמ"ב [רלב (עסמ"ב) וי' אותיות אלף הי יוד הי]:

שירו shiru לו lo שיר shir חדש jadash י"ב הויות, קס"א קנ"א

היטיבו heitivu נגן naguén בתרועה bitruá: כי qui ישר yashar

דבר devar ראה יהוהאדניאהדונהי Adonai וכל vejol ילי מעשהו maasehu

באמונה beemuná ר"ת ומב: אהב ohev צדקה tsedaká ע"ה ריבוע אלהים

ומשפט umishpat ע"ה ה"פ אלהים וחסד jésed ע"ב, ריבוע יהוה יהוהאדניאהדונהי Adonai

מלאה malá הארץ haárets אלהים דההין ע"ה: בדבר bidvar ראה

יהוהאדניאהדונהי Adonai שמים shamáyim י"פ טל, י"פ כוזו נעשו naasú

וברוח uverúaj פיו piv כל col ילי צבאם tsevaam: כנס conés כנד caned

מי mei ילי הים hayam ילי נתן notén אבגיתץ, ושר באוצרות beotsarot

תהומות tehomot: ייראו yirú מיהוהאדניאהדונהי meAdonai כל col ילי

הארץ haárets אלהים דההין ע"ה ממנו mimenu יגורו yaguru כל col ילי

ישבי yoshvei תבל tevel ב"פ רי"ו: כי qui הוא Hu אמר amar ויהי vayehí

הוא Hu צוה tsivá ויעמד vayaamod: יהוהאדניאהדונהי Adonai הפיר hefir

עצת atsat גוים goyim הניא hení מחשבות majshevot עמים amim:

RANENÚ

"Aclamen llenos de júbilo, justos, para el Señor, porque es propio de los rectos alabarlo. Den gracias al Señor con al arpa y toquen melodías en Su honor con la lira de diez cuerdas. Canten un cántico nuevo y toquen diestramente las trompetas, por cuanto la palabra del Señor es verdadera y Él obra siempre con lealtad. Él ama la caridad y la justicia, y la Tierra está llena de Su bondad. Por la Palabra del Señor fueron hechos los Cielos, y por el Aliento de Su Boca, fueron hechos los ejércitos celestiales. Él reúne las aguas del mar como en un muro y Él guarda las aguas profundas en bóvedas. Toda la Tierra temerá el Señor, y temblarán ante Él todos los habitantes del mundo. Porque Él lo dijo y el mundo existió. Él dio una orden y todo subsiste. El Señor invalida el proyecto de las naciones y Él deshace los planes de los pueblos.

עֲצַת atsat יְהֹוָה Adonai לְעוֹלָם leolam ריבוע ס"ג וי' אותיות דס"ג

תַּעֲמֹד taamod מַחְשְׁבוֹת majshevot לִבּוֹ libó לְדֹר ledor וָדֹר vador רי"ו:

אַשְׁרֵי ashrei הַגּוֹי hagoy אֲשֶׁר־ asher יְהֹוָה Adonai

אֱלֹהָיו Elohav ילה הָעָם haam בָּחַר bajar לְנַחֲלָה lenajalá לוֹ: lo

מִשָּׁמַיִם mishamáyim י"פ טל, י"פ כוזו הִבִּיט hibit יְהֹוָה Adonai

רָאָה raá ראה אֶת־ et כָּל־ col ילי בְּנֵי bnei הָאָדָם haadam מ"ה:

מִמְּכוֹן־ mimejón שִׁבְתּוֹ shivtó הִשְׁגִּיחַ hishguíaj אֶל el כָּל־ col ילי

יֹשְׁבֵי yoshvei הָאָרֶץ haárets אלהים דההין ע"ה: הַיֹּצֵר hayotser יַחַד yájad

לִבָּם libam הַמֵּבִין hamevín אֶל־ el כָּל־ col ילי מַעֲשֵׂיהֶם: maaseihem

אֵין־ ein הַמֶּלֶךְ haMélej נוֹשָׁע noshá בְּרָב־ berov חָיִל jáyil ומב גִּבּוֹר guibor

לֹא־ lo יִנָּצֵל yinatsel בְּרָב־ berov כֹּחַ: cóaj שֶׁקֶר shéker הַסּוּס hasús

ריבוע אדני, כוק לִתְשׁוּעָה litshuá וּבְרֹב uverov י"פ אהיה חֵילוֹ jeiló לֹא lo

יְמַלֵּט: yemalet הִנֵּה hiné עֵין ein ריבוע מ"ה יְהֹוָה Adonai

אֶל־ el נא יְרֵאָיו yereav לַמְיַחֲלִים lameyajalim לְחַסְדּוֹ lejasdó ג' הויות = מוכלא

(להמשיך הארה ממוכלא עילאה): לְהַצִּיל lehatsil מִמָּוֶת mimávet נַפְשָׁם nafsham

וּלְחַיּוֹתָם ulejayotam בָּרָעָב: baraav נַפְשֵׁנוּ nafshenu (צריך להדגיש הוי"ת)

חִכְּתָה jictá כהת, משיח בן דוד ע"ה לַיהֹוָה laAdonai (יוד הה וו הה);

ר"ת שם נוזל עֶזְרֵנוּ ezrenu וּמָגִנֵּנוּ umaguinenu הוּא: Hu כִּי־ qui בוֹ vo

יִשְׂמַח yismaj משיח לִבֵּנוּ libenu כִּי qui בְשֵׁם veShem קָדְשׁוֹ kodshó

בָטָחְנוּ: vatajnu יְהִי־ yehí חַסְדְּךָ jasdejá יְהֹוָה Adonai

עָלֵינוּ aleinu כַּאֲשֶׁר caasher יִחַלְנוּ yijalnu סאל, אמן (יאהדונהי) לָךְ: laj

---

El designio del Señor permanece para siempre y las ideas de Su corazón para todas las generaciones. Dichosa es la nación cuyo Dios es el Señor, el pueblo que Él ha escogido para Su propia herencia. Desde Su Santa morada, el Señor mira hacia abajo y contempla a toda la humanidad. Él modela sus corazones en unidad y Él conoce todas sus acciones. Un rey no vence por la fuerza de su ejército ni un héroe es salvado por su gran vigor. No sirve un caballo para la victoria, a pesar de su gran fuerza, no puede escapar. He aquí que el Ojo del Señor está sobre los que le temen, sobre los que esperan Su misericordia para que libere sus alma de la muerte y los sustente en medio del hambre. Nuestra alma ha esperado al Señor. Él es nuestra ayuda y nuestro escudo. Porque en Él se regocija nuestro corazón, porque hemos confiado en Su Santo Nombre. Señor, que Tu benevolencia descienda sobre nosotros conforme a la esperanza que tenemos en Ti" (Salmos 33).

LEDAVID

En este Salmo hay 161 palabras, el mismo valor numérico del Nombre: אלף הי יוד הי. También hay 22 versículos que corresponden a las 22 letras del alfabeto arameo, que es el valor numérico del Nombre: אכא de los 72 Nombres de Dios. Y cada versículo comienza con una de las letras del alfabeto en orden consecutivo (con una excepción, la letra ו *Vav* no aparece. En lugar de ello, al final hay un versículo adicional que comienza con la letra פ *Pei*, que en *Atbash* es la letra *Vav*). También medita en el tercer *Maamar* (Enunciado) de Creación: יהי רקיע ("y dijo Dios: Haya firmamento" – El firmamento separó al agua debajo del firmamento del agua por encima de él).

לְדָוִד leDavid

בְּשַׁנּוֹתוֹ beshanotó אֶת־ et טַעְמוֹ tamó לִפְנֵי lifnei אֲבִימֶלֶךְ Avimélej

(אבינו שבשמים) וַיְגָרְשֵׁהוּ vaygarshehu (לסמא"ל) וַיֵּלַךְ vayelaj :כלי

אֲבָרְכָה avarjá אֶת־ et יְהֹוָאדנהיאהדונהי Adonai בְּכָל־ bejol ב"ן, לכב עֵת et

תָּמִיד tamid ע"ה קס"א קנ"א קמ"ג תְּהִלָּתוֹ tehilató בְּפִי :befí

בַּיהֹוָאדנהיאהדונהי baAdonai תִּתְהַלֵּל tithalel נַפְשִׁי nafshí

יִשְׁמְעוּ yishmeú עֲנָוִים anavim וְיִשְׂמָחוּ :veyismajú

גַּדְּלוּ gadlú לַיהֹוָאדנהיאהדונהי laAdonai אִתִּי ití וּנְרוֹמְמָה unromemá

שְׁמוֹ Shemó מהש ע"ה, ע"ב בריבוע וקס"א ע"ה, אל שדי ע"ה יַחְדָּו :yajdav

דָּרַשְׁתִּי darashti אֶת־ et יְהֹוָאדנהיאהדונהי Adonai וְעָנָנִי veanani

ר"ת ודאי, אהיה (ובשם זה עלה משה למרום והוא מגן ממלאכי חבלה) ; ס"ת = כהת, משיח בן דוד ע"ה

וּמִכָּל־ umicol ילי מְגוּרוֹתַי megurotai הִצִּילָנִי hitsilani :נתה

הִבִּיטוּ hibitu אֵלָיו elav וְנָהָרוּ venaharú

וּפְנֵיהֶם ufneihem אַל־ al יֶחְפָּרוּ :yejparú

זֶה ze עָנִי aní ריבוע מ"ה קָרָא kará וַיהֹוָאדנהיאהדונהי vaAdonai

שָׁמֵעַ shamea וּמִכָּל־ umicol ילי צָרוֹתָיו tsarotav הוֹשִׁיעוֹ :hoshió

LEDAVID

"De David, cuando se fingió demente delante de Avimélej, que lo echó y él tuvo que irse. Bendeciré al Señor en todo tiempo, Su alabanza estará siempre en mis labios. Mi alma se gloria en el Señor. Los humildes lo oirán y se alegrarán. Glorifiquen conmigo al Señor, alabemos Su Nombre todos juntos. Busqué al Señor y Él me respondió y me libró de todos mis temores. Ellos le miraron, quedaron iluminados y sus rostros no fueron avergonzados. Este pobre hombre clamó y el Señor escuchó y le salvó de todas sus angustias.

וְחֹנֶה joné מַלְאַךְ־ malaj יְהֹוָה יאהדונהי Adonai

סָבִיב saviv לִירֵאָיו lireav וַיְחַלְּצֵם vayjaltsem:

טַעֲמוּ taamú וּרְאוּ ureú כִּי־ qui טוֹב tov והו ; כי טוב = יהוה אהיה, אום, מבה, יזל

יְהֹוָה יאהדונהי Adonai אַשְׁרֵי ashrei הַגֶּבֶר haguéver יֶחֱסֶה־ yejesé בּוֹ bo:

יְראוּ yirú אֶת־ et יְהֹוָה יאהדונהי Adonai קְדֹשָׁיו kedoshav

כִּי־ qui אֵין ein מַחְסוֹר majsor לִירֵאָיו lireav:

כְּפִירִים quefirim רָשׁוּ rashú וְרָעֵבוּ veraevú וְדֹרְשֵׁי vedorshei

יְהֹוָה יאהדונהי Adonai לֹא־ lo יַחְסְרוּ yajserú כָל־ jol ילי טוֹב tov והו:

לְכוּ־ lejú בָנִים vanim שִׁמְעוּ־ shimú לִי li

יִרְאַת yirat יְהֹוָה יאהדונהי Adonai אֲלַמֶּדְכֶם alamedjem:

מִי־ mi ילי הָאִישׁ haísh הֶחָפֵץ hejafets חַיִּים jayim אהיה אהיה יהוה, בינה ע״ה

אֹהֵב ohev יָמִים yamim נלך לִרְאוֹת lirot טוֹב tov והו:

נְצֹר netsor לְשׁוֹנְךָ leshonjá מֵרָע merá

וּשְׂפָתֶיךָ usfateja מִדַּבֵּר midaber ראה מִרְמָה mirmá:

סוּר sur מֵרָע merá וַעֲשֵׂה־ vaasé טוֹב tov והו

בַּקֵּשׁ bakesh שָׁלוֹם shalom וְרָדְפֵהוּ verodfehu:

עֵינֵי einei ריבוע מ״ה יְהֹוָה יאהדונהי Adonai אֶל־ el צַדִּיקִים tsadikim עלם

וְאָזְנָיו veoznav יוד הי ואו הה אֶל־ el שַׁוְעָתָם shavatam:

El ángel del Señor acampa en torno de Sus fieles y los libra. Gusten y vean que el Señor es bueno. Dichoso es el hombre que se refugia en Él. Teman al Señor, todos sus santos, pues nada faltará a los que le temen. Los leoncillos padecen de necesidad y sufren hambre, pero los que buscan al Señor no carecen de ninguna cosa buena. Vengan, hijos, escuchen. Yo les enseñaré el temor del Señor. ¿Quién es el hombre que ama la vida y desea gozar de días felices? Guarda tu lengua de hablar mal y tus labios de decir engaños. Apártate del mal y practica el bien. Busca la paz y ve tras ella. Los Ojos del Señor miran a los justos y Sus Oídos escuchan su clamor.

פְּנֵי penei וחכמה בינה (el rostro de la ira) יְהֹוָֹהאדניאהדונהי Adonai

בְּעֹשֵׂי beosei רָע ra לְהַכְרִית lehajrit מֵאֶרֶץ meérets זִכְרָם zijram מצר

(incluyendo al hueso eterno *luz* mientras Él salva todos los huesos de los justos).:

צָעֲקוּ tsaakú וַיהֹוָֹהאדניאהדונהי vaAdonai שָׁמֵעַ shamea

וּמִכָּל־ umicol ילי צָרוֹתָם tsarotam הִצִּילָם hitsilam:

קָרוֹב karov יְהֹוָֹהאדניאהדונהי Adonai לְנִשְׁבְּרֵי־ lenishberei לֵב lev

(los siete reyes que murieron) וְאֶת־ veet דַּכְּאֵי־ daquei רוּחַ rúaj יוֹשִׁיעַ yoshía:

רַבּוֹת rabot רָעוֹת raot צַדִּיק tsadik

וּמִכֻּלָּם umiculam יַצִּילֶנּוּ yatsilenu יְהֹוָֹהאדניאהדונהי Adonai:

שֹׁמֵר shomer כָּל־ col ילי עַצְמוֹתָיו atsmotav

אַחַת ajat מֵהֵנָּה mehena לֹא lo נִשְׁבָּרָה nishbará:

תְּמוֹתֵת temotet רָשָׁע rashá רָעָה raá רהע

וְשֹׂנְאֵי vesonei צַדִּיק tsadik יֶאְשָׁמוּ yeshamú:

פּוֹדֶה podé יְהֹוָֹהאדניאהדונהי Adonai נֶפֶשׁ néfesh עֲבָדָיו avadav

וְלֹא veló יֶאְשְׁמוּ yeshmú כָּל col ילי הַחוֹסִים hajosim בּוֹ bo:

TEFILÁ LEMOSHÉ

Esta oración nos da la capacidad de conectar con la conciencia de Moshé, el profeta más grande que haya existido. Moshé era la personificación del compartir puro, con amor incondicional y ocupación por los demás. Fue este el atributo, junto a su profunda y cercana relación con Dios, lo que le dio todo su poder.

El Rostro (el Rostro de la ira) del Señor rechaza a los que hacen el mal, para eliminar el recuerdo de ellos de la Tierra (incluyendo al hueso perenne luz, mientras que Él salva todos los huesos de los justos). Clamaron y el Señor les oyó y les libró de todas sus tribulaciones. El Señor se acerca a quienes tienen el corazón destrozado [los siete reyes que murieron] y salva a los de espíritu contrito. Muchos son los pesares del justo, pero el Señor los libra de todos. Él guarda todos sus huesos de tal manera que ninguno de ellos se rompa. La maldad dará muerte al malvado y los que aborrecen al justo serán castigados. El Señor redime las almas de Sus servidores, y los que se refugian en Él no será condenado" (Salmos 34).

Medita en el cuarto *Maamar* (Enunciado) de Creación:
יקוו המים מתחת השמים אל מקום אחד ותראה היבשה ("Y dijo Dios: Júntense las aguas que están debajo de los cielos en un lugar y descúbrase lo seco" – como está dicho (más adelante): "Muestra Tus obras a Tus siervos" – 'Tus obras', que quiere decir la revelación de la tierra).

תְּפִלָּה tefilá באת בש אְוּכְצַ = בן אדני וניקודה עה יוד הי וו הה לְמֹשֶׁה leMoshé

אִישׁ ish הָאֱלֹהִים haElohim מהש, עב בריבוע וקסא, אל שדי, דפ אלהים עה ילה ;

רת לאה (רומז לזא כבוד ישראל המזווג עם לאה) ; סת משה (כלת משה)

אֲדֹנָי Adonai ללה מָעוֹן maón אַתָּה Atá הָיִיתָ hayita לָּנוּ lanu אלהים, אהיה אדני

בְּדֹר bedor רת הבל (שהוא משה גלגול הבל שמתגלגל בכל דור להורות בני דורו) וָדֹר vador ריו:

בְּטֶרֶם betérem הָרִים harim יֻלָּדוּ yuladú וַתְּחוֹלֵל vatejolel אֶרֶץ érets

וְתֵבֵל vetevel בפ ריו וּמֵעוֹלָם umeolam עַד־ ad עוֹלָם olam

אַתָּה Atá אֵל El ייאי (מילוי דסג): תָּשֵׁב tashev אֱנוֹשׁ enosh עַד־ ad

דַּכָּא dacá וַתֹּאמֶר vatómer שׁוּבוּ shuvu בְנֵי־ venei אָדָם adam מה:

כִּי qui אֶלֶף élef מספר אֶלֶף = אלף למד שין דלת יוד עה שָׁנִים shanim

בְּעֵינֶיךָ beeineja עה קסא ; ריבוע מה כְּיוֹם queyom עה נגד, מזבח, זן, אל יהוה

אֶתְמוֹל etmol כִּי qui יַעֲבֹר yaavor וְאַשְׁמוּרָה veashmurá בַלָּיְלָה valayla מלה:

זְרַמְתָּם zeramtam שֵׁנָה shená יִהְיוּ yihyú אל (ייאי מילוי דסג)

בַּבֹּקֶר babóker כֶּחָצִיר quejatsir יַחֲלֹף yajalof: בַּבֹּקֶר babóker יָצִיץ yatsits

וְחָלָף vejalaf לָעֶרֶב laérev יְמוֹלֵל yemolel וְיָבֵשׁ veyavesh: כִּי־ qui

כָלִינוּ jalinu בְאַפֶּךָ veapeja וּבַחֲמָתְךָ uvajamatjá נִבְהָלְנוּ nivhalnu:

TEFILÁ LEMOSHÉ

"Plegaria de Moshé, varón de Dios: Señor, Tú has sido nuestro refugio durante todas las generaciones, antes de que las montañas fuesen engendradas y aún antes de que Tú formaras la Tierra y el mundo. Desde siempre y hasta la eternidad, Tú eres Dios. Tú llevas al hombre a la aflicción y dices: Arrepiéntanse, hijos del hombre. Porque mil años ante Tus Ojos son como el día de ayer que ya ha pasado y como la vigilia de una noche. Tú los inundas y se adormecen. A la mañana son como hierba que crece. En la mañana florece y es rejuvenecida, y por la tarde es segada y se marchita. Por cuanto somos consumidos en Tu ira y por Tu ira estamos consternados.

שַׁתָּה shatá (כתיב: שת) עֲוֹנֹתֵינוּ avonoteinu לְנֶגְדֶּךָ lenegdeja עֲלֻמֵנוּ alumenu

לִמְאוֹר limor פָּנֶיךָ paneja ס"ג מ"ה ב"ן: כִּי qui כָל jol ילי יָמֵינוּ yameinu

פָּנוּ panú בְעֶבְרָתֶךָ veevrateja כִּלִּינוּ quilinu שָׁנֵינוּ shaneinu כְמוֹ jemó

הֶגֶה hegue: יְמֵי yemei שְׁנוֹתֵינוּ shenoteinu בָהֶם vahem שִׁבְעִים shivim

שָׁנָה shaná וְאִם veim יוהך, מ"א אותיות דפשוט, דמילוי ודמילוי דמילוי דאהיה ע"ה

בִּגְבוּרֹת bigvurot שְׁמוֹנִים shmonim שָׁנָה shaná וְרָהְבָּם verahbam

עָמָל amal וָאָוֶן vaáven כִּי qui גָז gaz חִישׁ jish וַנָּעֻפָה vanaufa: מִי mi ילי

יוֹדֵעַ yodea עֹז oz אַפֶּךָ apeja וּכְיִרְאָתְךָ ujeyiratjá עֶבְרָתֶךָ evrateja:

לִמְנוֹת limnot יָמֵינוּ yameinu כֵּן quen הוֹדַע hodá וְנָבִא venaví לְבַב levav בוכו

חָכְמָה jojmá במילוי = תרי"ג (מצוות): שׁוּבָה shuvá הוזש יְהֹוָהאדניאהדונהי Adonai

עַד ad מָתָי matai וְהִנָּחֵם vehinajem עַל al עֲבָדֶיךָ avadeja דמב, מילוי דע"ב:

שַׂבְּעֵנוּ sabenu בַבֹּקֶר vabóker חַסְדֶּךָ jasdeja וּנְרַנְּנָה uneranená

וְנִשְׂמְחָה venismejá בְּכָל bejol ב"ן, לכב יָמֵינוּ yameinu: שַׂמְּחֵנוּ samjenu

כִּימוֹת quimot עִנִּיתָנוּ initanu שְׁנוֹת shenot רָאִינוּ raínu רָעָה raá רהע:

יֵרָאֶה yeraé ר"ו אֶל el עֲבָדֶיךָ avadeja פָעֳלֶךָ faoleja וַהֲדָרְךָ vahadarjá

עַל al בְּנֵיהֶם bneihem: וִיהִי vihí נֹעַם nóam (נעם עליון) אֲדֹנָי Adonai ללה

אֱלֹהֵינוּ Eloheinu ילה עָלֵינוּ aleinu וּמַעֲשֵׂה umaasé יָדֵינוּ yadeinu

כּוֹנְנָה conená עָלֵינוּ aleinu וּמַעֲשֵׂה umaasé יָדֵינוּ yadeinu כּוֹנְנֵהוּ conenehu:

Tú colocas nuestras iniquidades ante Ti, nuestra inmadurez frente a la Luz de Tu rostro. Porque todos nuestros días transcurren bajo el peso de Tu enojo y nuestros años se consumen como un suspiro. Los días de nuestros años son setenta años, a lo sumo ochenta años, si tenemos más vigor, su mayor éxito son afán y dolor, porque pasan pronto y nosotros nos vamos. ¿Quién conoce el poder de Tu furia? Pues eres temido, al igual que Tu ira. Enséñanos a contar nuestros días, para que nuestro corazón alcance la sabiduría. Vuélvete Señor, ¿hasta cuándo? Conduélete de Tus siervos. Sácianos por la mañana con Tu bondad, para que cantemos y nos regocijemos todos nuestros días. Alégranos por los días en que Tú nos afligiste, por los años que soportamos la desgracia. Muestra Tu obra a Tus siervos y Tu majestad a sus hijos. Que la gracia del Señor, nuestro Dios, sea sobre nosotros y pueda Él establecer para nosotros el trabajo de nuestras manos y pueda el trabajo de nuestras manos establecerlo a Él" (Salmos 90).

YOSHEV

Cada acción positiva crea ángeles positivos, y cada acción negativa crea ángeles negativos. Los ángeles son fuerzas particulares de energía espiritual. Los ángeles negativos o fuerzas energéticas negativas perturban nuestra vida de muchas maneras. Por ejemplo, a menudo la gente no entiende lo que intentamos decirles o nosotros no entendemos completamente lo que se nos dice. Es como una interferencia invisible que genera confusión y envía señales ambiguas. Los problemas de comunicación finalmente conllevan a malentendidos, lo que a su vez conllevan a peleas, discusiones y, con mucha frecuencia, a mucho dolor. En otras ocasiones, las cosas van mal; sin importar qué hagamos, nada parece mejorar la situación.

Medita en el quinto *Maamar* (Enunciado) de Creación: תדשא הארץ דשא ("y dijo Dios: Que la tierra produzca vegetación" – la vegetación fue creada para sustentar a todas las criaturas y para que éstas moraran bajo su sombra).

יֹשֵׁב yoshev בְּסֵתֶר beséter ב״פ מצר עֶלְיוֹן elyón בְּצֵל betsel שַׁדַּי Shadai

יִתְלוֹנָן: yitlonán אֹמַר omar לַיהֹוָה laAdonai אדניאהדונהי מַחְסִי majsí

וּמְצוּדָתִי umetsudatí אֱלֹהַי Elohai מילוי דע״ב, דמב ; ילה ; ר״ת אום, מבה, יזל

אֶבְטַח־ evtaj ס״ת בּוֹ: bo כִּי qui הוּא Hu יַצִּילְךָ yatsiljá

מִפַּח mipaj ר״ת מ״ה יָקוּשׁ yakush מִדֶּבֶר midéver הַוּוֹת: havot

בְּאֶבְרָתוֹ beevrató יָסֶךְ yasej לָךְ laj וְתַחַת־ vetájat כְּנָפָיו quenafav

תֶּחְסֶה tejsé צִנָּה tsiná וְסֹחֵרָה vesojerá אֲמִתּוֹ: amitó לֹא־ lo תִירָא tirá

מִפַּחַד mipájad לָיְלָה layla מלה מֵחֵץ mejéts יָעוּף yauf יוֹמָם: yomam

מִדֶּבֶר midéver בָּאֹפֶל baófel יַהֲלֹךְ yahaloj מִקֶּטֶב mikétev יָשׁוּד yashud

צָהֳרָיִם: tsahoráyim יִפֹּל yipol מִצִּדְּךָ mitsidjá אֶלֶף élef מספר אֶלֶף = אלף למד שין

דלת יוד ע״ה וּרְבָבָה urevavá מִימִינֶךָ mimineja אֵלֶיךָ eleja לֹא lo יִגָּשׁ: yigash

---

YOSHEV

"Tú que vives al amparo del Altísimo y moras a la sombra de Shadai. Yo diré del Señor: Él es mi refugio y mi baluarte, mi Dios en quien confío. Porque Él ha de librarte de la red del cazador y la peste perniciosa. Te cubrirá con Sus plumas y bajo Sus alas hallarás refugio. Su verdad es un escudo y un yelmo. No temerás los terrores de la noche, ni la flecha que vuela de día, ni la peste que acecha en la oscuridad ni la destrucción que asuela a mediodía. Aunque caigan mil a tu lado y diez mil a tu derecha, tú no serás alcanzado.

רַק rak בְּעֵינֶיךָ beeineja ע"ה קס"א ; ריבוע מ"ה תַבִּיט tabit וְשִׁלֻּמַת veshilumat
רְשָׁעִים reshaim תִּרְאֶה: tiré כִּי־ qui אַתָּה Atá יְהֹוָהאדניאהדונהי Adonai
מַחְסִי majsí • עֶלְיוֹן elyón שַׂמְתָּ samta מְעוֹנֶךָ meoneja ויעם:
לֹא־ lo תְאֻנֶּה teuné אֵלֶיךָ eleja רָעָה raá רהע (לילית) וְנֶגַע venega (סמאל)
לֹא־ lo יִקְרַב yikrav בְּאָהֳלֶךָ: beaholeja כִּי qui מַלְאָכָיו malajav
יְצַוֶּה־ yetsavé לָּךְ: laj ס"ת שם קדוש יוהך לִשְׁמָרְךָ lishmarjá
בְּכָל־ bejol ב"ן, לכב דְּרָכֶיךָ derajeja ס"ת שם קדוש כלך:
עַל־ al כַּפַּיִם capáyim ע"ה קנ"א, אדני אלהים יִשָּׂאוּנְךָ yisaunja פֶּן־ pen
תִּגֹּף tigof בָּאֶבֶן baéven (לילית) רַגְלֶךָ: ragleja עַל־ al שַׁחַל shájal (דכורא)
וָפֶתֶן vafeten (נוקבא) תִּדְרֹךְ tidroj תִּרְמֹס tirmós כְּפִיר quefir (יסוד דקליפה)
וְתַנִּין: vetanín כִּי qui בִי vi שם בן מ"ב חָשַׁק jashak וַאֲפַלְּטֵהוּ vaafaltehu
(ע"ה שם ב"ט העולה למנין יה"ו ביסוד וכן למנין אהיה ומסוגל לשמירה) אֲשַׂגְּבֵהוּ asagvehu
כִּי־ qui יָדַע yadá שְׁמִי Shmí ר"ת אכיש (ע"ה שם ב"ט ברוך דוד מאכיש) ; ר"ת יכש:
יִקְרָאֵנִי yikraeni וְאֶעֱנֵהוּ veeenehu עִמּוֹ־ imó אָנֹכִי anojí
בְצָרָה vetsará אלהים דההין אֲחַלְּצֵהוּ ajaltsehu וַאֲכַבְּדֵהוּ: vaajabdehu

Decimos el último versículo de este Salmo dos veces para tener 130 palabras, que es el valor numérico del Nombre: יוד יוד הא יוד הא ואו יוד הא ואו הא ואו הא, que tiene el poder de ahuyentar a las entidades negativas que aquí se mencionan.

אֹרֶךְ órej יָמִים yamim נלך
אַשְׂבִּיעֵהוּ asbiehu וְאַרְאֵהוּ vearehu בִּישׁוּעָתִי: bishuatí אֹרֶךְ órej
יָמִים yamim נלך אַשְׂבִּיעֵהוּ asbiehu וְאַרְאֵהוּ vearehu בִּישׁוּעָתִי: bishuatí

Mas con tus ojos verás cómo los malvados reciben su merecido. Porque Tú eres, Señor, mi refugio. Hiciste Tu Morada en las Alturas. No te alcanzará ningún mal, ni plaga alguna se acercará a tu tienda. Porque Él te encomendó a sus ángeles para que te cuiden en todos tus caminos. Te conducirán de la mano para que tu pie no tropiece contra una piedra. Caminarás sobre el león y la cobra, pisotearás al leoncillo y a la serpiente. Porque tiene puesto en Mí su amor y Yo le corresponderé. Le colocaré bien alto, porque él conoce Mi Nombre. Él me llamará y Yo le responderé. Estaré con él en tiempo de aflicción. Le rescataré y le glorificaré. Con larga vida le satisfaré y haré que contemple Mi salvación" (Salmos 91).

MIZMOR SHIRU

De acuerdo con la Kabbalah, a veces las personas reencarnan en animales como parte de su proceso de *tikún* (corrección). Al recitar este Salmo con eso en mente, estamos ayudando a elevar sus almas.

Medita en el séptimo *Maamar* (Enunciado) de Creación: ישרצו המים ("y dijo Dios: Que las aguas se llenen" – como dice en este Salmo: "El mar en su totalidad bramará").

מִזְמוֹר mizmor שִׁירוּ shiru לַיהֹוָהאדניאהדונהי laAdonai שִׁיר shir חָדָשׁ jadash
י"ב הויות, קס"א קנ"א (שנתחדשו בחידוש היום) כִּי־ qui נִפְלָאוֹת niflaot עָשָׂה asá
הוֹשִׁיעָה hoshía יהוה וש"ע נהורין לּוֹ lo יְמִינוֹ yeminó ר"ת ילה וּזְרוֹעַ uzroa
קָדְשׁוֹ kodshó: הוֹדִיעַ hodía יְהֹוָהאדניאהדונהי Adonai יְשׁוּעָתוֹ yeshuató ר"ת הוי
לְעֵינֵי leeinei ריבוע מ"ה הַגּוֹיִם hagoyim גִּלָּה guilá צִדְקָתוֹ tsidkató: זָכַר zajar
חַסְדּוֹ jasdó ג' הויות, מזלא (להמשיך הארה ממזלא עילאה) וֶאֱמוּנָתוֹ veemunató
לְבֵית leveit ב"פ ראה יִשְׂרָאֵל Yisrael רָאוּ raú כָל־ jol ילי אַפְסֵי־ afsei
אָרֶץ árets אֵת et יְשׁוּעַת yeshuat אֱלֹהֵינוּ Eloheinu ילה: הָרִיעוּ haríu
אלהים דאלפין לַיהֹוָהאדניאהדונהי laAdonai כָּל־ col ילי הָאָרֶץ haárets אלהים דההין ע"ה;
ר"ת הלכה ; ס"ת ע"ה = ריבוע אדני פִּצְחוּ pitsjú להוו וְרַנְּנוּ veranenu וְזַמֵּרוּ vezameru:
זַמְּרוּ zamrú לַיהֹוָהאדניאהדונהי laAdonai בְּכִנּוֹר bejinor בְּכִנּוֹר bejinor
וְקוֹל vekol זִמְרָה zimrá: בַּחֲצֹצְרוֹת bajatsotsrot וְקוֹל vekol שׁוֹפָר shofar
הָרִיעוּ haríu אלהים דאלפין לִפְנֵי lifnei הַמֶּלֶךְ haMélej יְהֹוָהאדניאהדונהי Adonai:
יִרְעַם yiram הַיָּם hayam ילי וּמְלֹאוֹ umloó תֵּבֵל tevel ב"פ רי"ו וְיֹשְׁבֵי veyoshvei
בָהּ va: נְהָרוֹת neharot יִמְחֲאוּ־ yimjaú כָף jaf יַחַד yájad
הָרִים harim יְרַנֵּנוּ yeranenu: לִפְנֵי־ lifnei יְהֹוָהאדניאהדונהי Adonai
כִּי qui בָא va לִשְׁפֹּט lishpot הָאָרֶץ haárets אלהים דההין ע"ה יִשְׁפֹּט־ yishpot
תֵּבֵל tevel ב"פ רי"ו בְּצֶדֶק betsédek וְעַמִּים veamim בְּמֵישָׁרִים bemeisharim:

MIZMOR SHIRU

"Un Salmo: Canten al Señor un nuevo cántico porque Él ha hechos cosas maravillosas. Su Diestra y Su santo Brazo le dieron la victoria. El Señor ha dado a conocer Su salvación. Él reveló Su justicia ante la vista de las naciones. Él se ha acordado de Su amor y de Su fidelidad por la Casa de Israel. Todos los confines de la Tierra han contemplado la salvación de nuestro Dios. Aclamen al Señor toda la Tierra. Prorrumpan en cantos jubilosos y alabanzas. Canten alabanzas al Señor con el arpa. Con el arpa y el sonido de los cantos. Con trompetas y el son del Shofar, aclamen al Rey, el Señor. El mar en su totalidad bramará, el mundo y todos sus habitantes. Los ríos aplaudirán y las montañas cantarán jubilosamente ante el Señor, porque Él vendrá para juzgar la Tierra. Juzgará al mundo con justicia y a los pueblos con equidad" (Salmos 98).

SHIR LAMAALOT

Esta configuración de letras arameas ayuda a despertar una conciencia interior de que nada de valor puede lograrse en este mundo físico sin ayuda del Creador. Solos, no podemos hacer nada. El Satán, nuestro ego, hará cualquier cosa para convencernos de que nosotros somos los únicos arquitectos de nuestro éxito. Esta conexión nos ayuda a reconocer la profunda verdad de que la mano del Creador siempre se encontrará detrás de nuestra buena fortuna.

En esta alabanza, la palabra *shomer* (guardia o derivados de ésta) es mencionada seis veces. Esto representa la letra *Vav* (ו = 6) del Nombre: יהוה. También, medita por el octavo *Maamar* (Enunciado) de Creación: תוצא הארץ נפש חיה ("y dijo Dios: Que la tierra produzca criaturas vivientes").

שִׁיר shir לַמַּעֲלוֹת lamaalot (מלמד שמלכות נקנית בכ׳ מעלות) אֶשָּׂא esá

עֵינַי einai ריבוע מ״ה אֶל־ el הֶהָרִים heharim (האבות שנקראים הרים)

מֵאַיִן meáyin (א״א) יָבֹא yavó עֶזְרִי ezrí: עֶזְרִי ezrí מֵעִם meim

יְהֹוָה‍אדהנויאהדונהי Adonai עֹשֵׂה osé שָׁמַיִם shamáyim י״פ טל, י״פ כוזו וָאָרֶץ vaárets:

אַל־ al יִתֵּן yitén לַמּוֹט lamot רַגְלֶךָ ragleja אַל־ al יָנוּם yanum

שֹׁמְרֶךָ shomreja: הִנֵּה hiné לֹא־ lo יָנוּם yanum וְלֹא veló ר״ת = דמב, מילוי דע״ב

יִישָׁן yishán ע״ע נהורין דא״א שׁוֹמֵר shomer כ״א ההויות שבתפילין יִשְׂרָאֵל Yisrael:

יְהֹוָה‍אדהנויאהדונהי Adonai שֹׁמְרֶךָ shomreja יְהֹוָה‍אדהנויאהדונהי Adonai צִלְּךָ tsileja

עַל־ al יַד yad יְמִינֶךָ yemineja היי: יוֹמָם yomam הַשֶּׁמֶשׁ hashémesh

לֹא־ lo יַכֶּכָּה yaqueca ר״ת ילה וְיָרֵחַ veyaréaj בַּלָּיְלָה balayla מלה:

יְהֹוָה‍אדהנויאהדונהי Adonai יִשְׁמָרְךָ yishmarjá מִכָּל־ micol ילי רָע ra

יִשְׁמֹר yishmor אֶת־ et נַפְשֶׁךָ nafsheja מ״כ:

יְהֹוָה‍אדהנויאהדונהי Adonai יִשְׁמָר־ yishmar צֵאתְךָ tsetjá וּבוֹאֶךָ uvoeja

מֵעַתָּה meatá וְעַד־ vead עוֹלָם olam וול:

SHIR LAMAALOT

"Cántico de Ascensiones: Alzaré mis ojos a las montañas, ¿de dónde provendrá mi auxilio? Mi ayuda viene del Señor, que hizo los Cielos y la Tierra. Él no permitirá que resbale tu pie. Tu Guardián nunca duerme. He aquí que Él no dormita ni duerme, el Guardián de Israel. El Señor es tu Guardián. El Señor es la sombra protectora sobre tu diestra. No te herirá el Sol de día ni la Luna de noche. El Señor te guardará de todo mal. Él cuidará tu alma. El Señor protegerá tu partida y tu llegada, desde ahora para siempre" (Salmos 121).

SHIR HAMAALOT LEDAVID

Estos versículos nos conectan con el antiguo Templo Sagrado. Según la Kabbalah, el Templo Sagrado es un centro energético y fuente de toda la Luz espiritual para el mundo entero, similar a una central nuclear que proporciona energía eléctrica a una ciudad completa. La Tierra de Israel es el centro de energía del planeta; Jerusalén es el centro de energía de Israel; el Templo físico era el centro de energía de Jerusalén; y el Sancta Sanctórum, dentro del Templo, era la central máxima de energía para el Templo y, por ende, para el resto del mundo físico. Cuando el Templo existía, actuaba como un generador que trabajaba las 24 horas del día para producir toda la Luz y energía espiritual que necesitábamos. Con su destrucción, los cables transmisores fueron cortados. Las letras arameas en esta conexión restablecen los canales de comunicación con la esencia espiritual del Templo, dándonos la capacidad de capturar esta energía para nuestra vida personal.

Esta alabanza fue recitada por el Rey David por su reino, puesto que todo estaba en una sola unificación; "la justicia y la paz se besaron". Y ese es el significado de: "Yo solicitaré el bien para ti".

שִׁיר shir הַמַּעֲלוֹת hamaalot לְדָוִד leDavid שָׂמַחְתִּי samajti

בְּאֹמְרִים beomrim לִי li בֵּית beit ב״פ ראה יְהֹוָהאדניאהדונהי Adonai נֵלֵךְ nelej נלך:

עֹמְדוֹת omdot הָיוּ hayú רַגְלֵינוּ ragleinu ר״ת רהע בִּשְׁעָרַיִךְ bishearáyij

יְרוּשָׁלָםִ Yerushaláyim: יְרוּשָׁלַםִ Yerushaláyim הַבְּנוּיָה habnuyá כְּעִיר queir

םזוהר, סנדלפון, ערי שֶׁחֻבְּרָה shejubrá לָּהּ la יַחְדָּו yajdav: שֶׁשָּׁם shesham

עָלוּ alú שְׁבָטִים shvatim שִׁבְטֵי shivtei יָהּ Yah עֵדוּת edut

לְיִשְׂרָאֵל leYisrael לְהֹדוֹת lehodot לְשֵׁם leShem יְהֹוָהאדניאהדונהי Adonai:

כִּי qui שָׁמָּה shama יָשְׁבוּ yashvú כִסְאוֹת jisot לְמִשְׁפָּט lemishpat ע״ה ה״פ אלהים

כִּסְאוֹת quisot לְבֵית leveit ב״פ ראה דָּוִד David: שַׁאֲלוּ shaalú שְׁלוֹם shlom

יְרוּשָׁלָםִ Yerushaláyim יִשְׁלָיוּ yishlayú אֹהֲבָיִךְ ohaváyij: יְהִי yehí

שָׁלוֹם shalom בְּחֵילֵךְ bejeilej שַׁלְוָה shalvá בְּאַרְמְנוֹתָיִךְ bearmenotáyij:

לְמַעַן lemaan אַחַי ajai וְרֵעָי vereái אֲדַבְּרָה adabrá נָּא na שָׁלוֹם shalom

בָּךְ baj: לְמַעַן lemaan בֵּית beit ב״פ ראה יְהֹוָהאדניאהדונהי Adonai

אֱלֹהֵינוּ Eloheinu ילה אֲבַקְשָׁה avakshá טוֹב tov והו לָךְ laj:

SHIR HAMAALOT LEDAVID

"Cántico de Ascensiones de David: Me alegré cuando me dijeron: Vayamos a la Casa del Señor. Nuestros pies ya están pisando dentro de tus portones, Jerusalén. Jerusalén que fuiste edificada en forma unificada. Allí subieron las tribus, las tribus del Señor, como testimonio para Israel, para ensalzar el Nombre del Señor. Por cuanto allí fueron puestos tronos para juzgar, los tronos de la Casa de David, pidieron por la paz de Jerusalén. Aquellos que te aman estarán tranquilos. Que haya paz dentro de tus muros y serenidad en tus palacios. Por amor a mis hermanos y mis compañeros, yo hablaré de paz en su nombre. Por amor a la Casa del Señor, solicitaré el bien para ti" (Salmos 122).

SHIR HAMAALOT ELEJA

Toda la humanidad es considerada como una sola alma unificada, cuya naturaleza es recibir. La Luz del Creador tiene muchas dimensiones, una de ellas se expresa en nuestra dimensión física como la *Shejiná*, que tiene la naturaleza de compartir e impartir. La unión del alma unificada con la *Shejiná* es como la unión de una novia y un novio. Las palabras que componen este Salmo nos ayudan a unirnos con la *Shejiná* y, por lo tanto, a alcanzar la máxima realización.

Esta alabanza es recitada por *Yisrael* inferior en nombre de la Novia. Por lo tanto, en la palabra "*hayoshví*" hay una letra *Hei* adicional (ה - *Maljut*) puesto que es la última letra del Nombre: יהוה, que es la Novia.

שִׁיר shir הַמַּעֲלוֹת hamaalot אֵלֶיךָ eleja נָשָׂאתִי nasati אֶת־ et

עֵינַי einai ריבוע מ״ה הַיֹּשְׁבִי hayoshví בַּשָּׁמָיִם bashamáyim י״פ טל, י״פ כוזו׃

הִנֵּה hiné כְעֵינֵי jeeinei ריבוע מ״ה עֲבָדִים avadim אֶל־ el יַד yad

אֲדוֹנֵיהֶם adoneihem כְּעֵינֵי queeinei ריבוע מ״ה שִׁפְחָה shifjá אֶל־ el יַד yad

גְּבִרְתָּהּ guevirtá כֵּן quen עֵינֵינוּ eineinu ריבוע מ״ה אֶל־ el יְהֹוָהאדניאהדונהי Adonai

אֱלֹהֵינוּ Eloheinu ילה עַד ad שֶׁיְּחָנֵּנוּ sheyejonenu׃ חָנֵּנוּ jonenu

יְהֹוָהאדניאהדונהי Adonai חָנֵּנוּ jonenu כִּי־ qui רַב rav שָׂבַעְנוּ savanu בוּז vuz׃

רַבַּת rabat שָׂבְעָה־ savá לָּהּ la נַפְשֵׁנוּ nafshenu הַלַּעַג haláag

הַשַּׁאֲנַנִּים hashaananim הַבּוּז habuz לִגְאֵי liguei יוֹנִים yonim (כתיב: לגאיונים)׃

SHIR HAMAALOT LEDAVID

Aquí hacemos nuestra conexión con la Redención Final, el fin de todo caos y oscuridad espiritual. Hace dos mil años, el Kabbalista Rav Shimón Bar Yojái dijo que cuando la sabiduría del *Zóhar* perteneciera a la gente (como ahora) y los secretos de la Torá fueran conocidos por todos, jóvenes y ancianos (como estás haciéndolo tú en este momento), sería la señal de que la era de la Redención Final se acerca a nosotros.

La siguiente alabanza habla sobre la Redención Final. También nos conecta con la Novia que se mencionó anteriormente, quien escapa de la aflicción que la estaba persiguiendo desde el Otro Lado, y entra al Lado Santo, cuando comienza *Shabat*.

SHIR HAMAALOT ELEJA

"Cántico de Ascensiones: Levanto mis ojos hacia Ti, Tú que habitas en los Cielos. Tal como los ojos de los servidores miran la mano de su amo, y como los ojos de la servidora mira la mano de su ama, así nuestros ojos miran al Señor, nuestro Dios, hasta que Él nos favorezca. Sé misericordioso con nosotros, Señor, sé misericordioso porque estamos hartos de menosprecios. Nuestra alma está saturada de las burlas de los indolentes y del desprecio de los arrogantes" (Salmos 123).

Medita en el noveno *Maamar* (Enunciado) de Creación: נַעֲשֶׂה אָדָם ("y dijo Dios: hagamos al hombre", como está dicho en este Salmo "si el Señor no hubiese estado con nosotros"; la imagen de Dios está en nosotros).

שִׁיר shir הַמַּעֲלוֹת hamaalot לְדָוִד leDavid לוּלֵי lulei יְהֹוָה יאהדונהי Adonai
שֶׁהָיָה shehayá יהה לָנוּ lanu אלהים, אהיה אדני יֹאמַר־ yomar נָא na
יִשְׂרָאֵל Yisrael: לוּלֵי lulei יְהֹוָה יאהדונהי Adonai; ר"ת ילי שֶׁהָיָה shehayá יהה
לָנוּ lanu אלהים, אהיה אדני בְּקוּם bekum עָלֵינוּ aleinu אָדָם adam (אדם בליעל ס"מ):
אֲזַי azai חַיִּים jayim אהיה אהיה יהוה, בינה ע"ה בְּלָעוּנוּ belaúnu בַּחֲרוֹת bajarot
אַפָּם apam (נוקבא דס"מ) בָּנוּ banu: אֲזַי azai הַמַּיִם hamáyim שְׁטָפוּנוּ shetafunu
(לילית וכת דלהון) נַחְלָה najlá עָבַר avar עַל־ al נַפְשֵׁנוּ nafshenu: אֲזַי azai
עָבַר avar עַל־ al נַפְשֵׁנוּ nafshenu הַמַּיִם hamáyim הַזֵּידוֹנִים hazeidonim:
בָּרוּךְ Baruj יְהֹוָה יאהדונהי Adonai שֶׁלֹּא sheló נְתָנָנוּ netananu
טֶרֶף téref לְשִׁנֵּיהֶם leshineihem: נַפְשֵׁנוּ nafshenu כְּצִפּוֹר quetsipor
נִמְלְטָה nimletá מִפַּח mipaj יוֹקְשִׁים yokshim הַפַּח hapaj נִשְׁבָּר nishbar
וַאֲנַחְנוּ vaanajnu נִמְלָטְנוּ nimlatnu: עֶזְרֵנוּ ezrenu בְּשֵׁם beShem
יְהֹוָה יאהדונהי Adonai עֹשֵׂה osé שָׁמַיִם shamáyim י"פ טל, י"פ כוזו וָאָרֶץ vaárets:

HALELUYÁ

El Rey David dice: "Tenemos ojos, pero no vemos. Tenemos oídos, pero no escuchamos" (Salmos 115:6). Con demasiada frecuencia, nuestros cinco sentidos y mente racional nos proveen de sólo una visión limitada de la realidad. Incluso la ciencia nos dice que utilizamos menos del 10% de nuestra capacidad cerebral. La Kabbalah pregunta: "¿Dónde está el 90% restante?". Esta oración nos ayuda a despertar nuestras capacidades adormecidas y fortalecer nuestra percepción. Alcanzamos un estado de conciencia más elevado y una intuición superior.

En el siguiente Salmo tenemos 20 versículos por los 13 Atributos y las siete voces, y también tenemos 165 palabras por el Nombre: (אלף הי יוד הי (וד' אותיות השורש. Medita en el sexto *Maamar* (Enunciado) de la Creación: יְהִי מְאוֹרֹת ("y Dios dijo: Que haya luceros" – las estrellas fueron creadas para servir a Dios en Sus jardines; el mundo).

SHIR HAMAALOT LEDAVID

"Cánticos de Ascensiones de David: Si el Señor no hubiese estado con nosotros, ¡que lo diga Israel! Si no hubiese estado el Señor de nuestra parte cuando los hombres se levantaron contra nosotros, ellos nos habrían devorado vivos cuando su ira se encendió contra nosotros. Entonces las aguas nos habrían inundado y un torrente nos habría sumergido y las soberbias aguas habrían sobrepasado nuestra alma. ¡Bendito sea el Señor, que no nos entregó como presa para sus dientes! Escapó nuestra alma como pájaro de la trampa de los cazadores. Se rompió la trampa y nosotros escapamos. Nuestro auxilio es el Nombre del Señor, que hizo el Cielo y la Tierra" (Salmos 124).

הַלְלוּיָהּ haleluyá אלהים, אהיה אדני ; ללה הַלְלוּ halelú אֶת־ et שֵׁם Shem

יְהֹוָה יאהדונהי Adonai הַלְלוּ halelú עַבְדֵי avdei יְהֹוָה יאהדונהי Adonai:

שֶׁעֹמְדִים sheomdim בְּבֵית beveit ב״פ ראה יְהֹוָה יאהדונהי Adonai

בְּחַצְרוֹת bejatsrot בֵּית beit ב״פ ראה אֱלֹהֵינוּ Eloheinu ילה: הַלְלוּיָהּ haleluyá

אלהים, אהיה אדני ; ללה כִּי־ qui טוֹב tov והו ; יהוה אהיה, אום, מבה, יזל

יְהֹוָה יאהדונהי Adonai זַמְּרוּ zameru לִשְׁמוֹ liShmó מהש ע״ה, ע״ב בריבוע וקס״א ע״ה,

אל שדי ע״ה כִּי qui נָעִים naim: כִּי־ qui יַעֲקֹב Yaakov י׳ הויות, יאהדונהי אידהנויה

בָּחַר bajar לוֹ lo יָהּ Yah יִשְׂרָאֵל Yisrael לִסְגֻלָּתוֹ lisgulató: כִּי qui

אֲנִי aní אני יָדַעְתִּי yadati כִּי־ qui גָדוֹל gadol להח; עם ד׳ אותיות - מבה, יזל, אום

יְהֹוָה יאהדונהי Adonai וַאֲדֹנֵינוּ vaadoneinu מִכָּל־ micol ילי

אֱלֹהִים Elohim אהיה אדני ; ילה: כֹּל col ילי אֲשֶׁר־ asher חָפֵץ jafets

יְהֹוָה יאהדונהי Adonai עָשָׂה asá בַּשָּׁמַיִם bashamáyim י״פ טל, י״פ כוזו

וּבָאָרֶץ uvaárets בַּיַּמִּים bayamim נלך וְכָל־ vejol תְּהוֹמוֹת tehomot:

מַעֲלֶה maalé נְשִׂאִים nesiim מִקְצֵה miktsé הָאָרֶץ haárets אלהים דההין ע״ה

בְּרָקִים berakim לַמָּטָר lamatar עָשָׂה asá מוֹצֵא־ motsé רוּחַ rúaj

מֵאוֹצְרוֹתָיו meotsrotav: שֶׁהִכָּה shehicá בְּכוֹרֵי bejorei מִצְרָיִם Mitsráyim

מצר מֵאָדָם meadam מ״ה עַד־ ad בְּהֵמָה behemá ב״ן: שָׁלַח shalaj אֹתוֹת otot

וּמֹפְתִים umoftim בְּתוֹכֵכִי betojejí מִצְרָיִם Mitsráyim מצר בְּפַרְעֹה beFaró

וּבְכָל־ uvejol ב״ן, לכב עֲבָדָיו avadav: שֶׁהִכָּה shehicá גּוֹיִם goyim

רַבִּים rabim וְהָרַג veharag מְלָכִים melajim עֲצוּמִים atsumim:

HALELUYÁ

"¡Aleluya! Alaben el Nombre del Señor. Alábenlo, siervos del Señor. Ustedes que están en la Casa del Señor, en los atrios de la Casa de nuestro Dios. Alaben al Señor, porque el Señor es benevolente. Canten alabanzas a Su Nombre porque es amable y porque el Señor eligió a Yaakov para Sí y a Israel por tesoro Suyo. Porque yo sé que el Señor, nuestro Dios, es grande por encima de todos los poderes celestiales. Todo lo que el Señor desea Él lo hace, en el Cielo y en la Tierra, en los mares y en los océanos. Él levanta las nubes desde el horizonte, con los relámpagos provoca la lluvia; Él saca el viento de Sus bóvedas. Él hirió a los primogénitos de Egipto, tanto de hombre como de bestia. Es Él que realizó señales y prodigios en medio de ti, Egipto, sobre el Faraón y todos sus ministros. Él derrotó a muchas naciones y mató a reyes poderosos:

לְסִיחוֹן leSijón מֶלֶךְ mélej הָאֱמֹרִי haEmorí וּלְעוֹג uleOg מֶלֶךְ mélej

הַבָּשָׁן haBashán וּלְכֹל ulejol יה אדני מַמְלְכוֹת mamlejot כְּנָעַן Cnaán:

וְנָתַן venatán אַרְצָם artsam נַחֲלָה najalá נַחֲלָה najalá לְיִשְׂרָאֵל leYisrael

עַמּוֹ amó: יְהֹוָה יאהדונהי Adonai שִׁמְךָ Shimjá לְעוֹלָם leolam

ריבוע דס"ג וי' אותיות דס"ג יְהֹוָה יאהדונהי Adonai זִכְרְךָ zijrejá לְדֹר־ ledor ר"ת יזל

וָדֹר vador ר"ו: כִּי qui יָדִין yadín יְהֹוָה יאהדונהי Adonai עַמּוֹ amó

וְעַל־ veal עֲבָדָיו avadav יִתְנֶחָם yitnejam: עֲצַבֵּי atsabei הַגּוֹיִם hagoyim

כֶּסֶף quésef וְזָהָב vezahav מַעֲשֵׂה maasé יְדֵי yedei אָדָם adam:

פֶּה pe מילה, וע"ה אלהים, אהיה אדני לָהֶם lahem וְלֹא veló יְדַבֵּרוּ yedaberu

עֵינַיִם einÁyim ריבוע מ"ה לָהֶם lahem וְלֹא veló יִרְאוּ yirú: אָזְנַיִם oznáyim

יוד הי ואו הה לָהֶם lahem וְלֹא veló יַאֲזִינוּ yaazinu אַף af אֵין־ ein יֶשׁ־ yesh

רוּחַ rúaj בְּפִיהֶם befihem: כְּמוֹהֶם quemohem יִהְיוּ yihyú אל (ייא" מילוי דס"ג)

עֹשֵׂיהֶם oseihem כֹּל col יכי אֲשֶׁר־ asher בֹּטֵחַ botéaj בָּהֶם bahem:

בֵּית beit ב"פ ראה יִשְׂרָאֵל Yisrael בָּרְכוּ barjú יהוה ריבוע יהוה ריבוע מ"ה אֶת־ et

יְהֹוָה יאהדונהי Adonai בֵּית beit ב"פ ראה אַהֲרֹן Aharón בָּרְכוּ barjú יהוה ריבוע

יהוה ריבוע מ"ה אֶת־ et יְהֹוָה יאהדונהי Adonai: בֵּית beit ב"פ ראה הַלֵּוִי haLeví

בָּרְכוּ barjú יהוה ריבוע יהוה ריבוע מ"ה אֶת־ et יְהֹוָה יאהדונהי Adonai

יִרְאֵי yirei יְהֹוָה יאהדונהי Adonai בָּרְכוּ barjú יהוה ריבוע יהוה ריבוע מ"ה

אֶת־ et יְהֹוָה יאהדונהי Adonai: בָּרוּךְ Baruj יְהֹוָה יאהדונהי Adonai

מִצִּיּוֹן miTsiyón יוסף, ו' הויות, קנאה שֹׁכֵן shojén יְרוּשָׁלָיִם Yerushaláyim

הַלְלוּיָהּ haleluyá אלהים, אהיה אדני ; ללה:

A Sijón, rey de los amorreos, y a Og, rey de Basán, y a todos los reyes de Canaán y dio las tierras de ellos por heredad, por herencia a Israel, Su Pueblo. El Señor es Tu Nombre para siempre. El Señor es tu recuerdo por todas las generaciones. Cuando el Señor juzgará a las naciones, Él se apiadará de Sus servidores. Los ídolos de las naciones son plata y oro, obra de las manos de hombres. Tienen boca, pero no hablan; ojos tienen pero no ven; tienen orejas, pero no escuchan. Y tampoco hay aliento en sus bocas. Como ellos serán los que los fabrican y todo aquel que confía en ellos. Casa de Israel, bendigan al Señor. Casa de Aharón, bendigan al Señor. Casa de Leví, bendigan al Señor. Ustedes que temen al Señor, bendigan al Señor. Bendito es el Señor desde Sión, Él que habita en Jerusalén, ¡Aleluya!" (Salmos 135).

HODÚ

El siguiente Salmo tiene 26 versículos que nos conectan con el Nombre: יהוה. También nos conectan con los 26 Ángeles (uno por cada versículo), en orden consecutivo del alfabeto arameo. Medita en el décimo *Maamar* (Enunciado) de la Creación: פרו ורבו ("y Dios dijo: Sean fecundos y multiplíquense" – para que los justos nacieran y agradecieran al Creador).

י

אדריאל

הוֹדוּ hodú אהיה לַיהֹוָה אדניאהדונהי laAdonai כִּי־ qui טוֹב tov והו ;

כי טוב = יהוה אהיה = אום, מבה, יזל

כִּי qui לְעוֹלָם leolam ריבוע דס״ג וי׳ אותיות דס״ג חַסְדּוֹ jasdó

ג׳ הויות, מזלא (להמשיך הארה ממזלא עילאה) ; ר״ת = נגה : יוד

ברכיאל

הוֹדוּ hodú אהיה לֵאלֹהֵי leElohei מילוי דע״ב, דמב ; ילה

הָאֱלֹהִים haElohim אהיה אדני ; ילה

כִּי qui לְעוֹלָם leolam ריבוע דס״ג וי׳ אותיות דס״ג חַסְדּוֹ jasdó

ג׳ הויות, מזלא (להמשיך הארה ממזלא עילאה) ; ר״ת = נגה : יוד

גועיאל

הוֹדוּ hodú אהיה לַאֲדֹנֵי laAdonei הָאֲדֹנִים haAdonim

כִּי qui לְעוֹלָם leolam ריבוע דס״ג וי׳ אותיות דס״ג חַסְדּוֹ jasdó

ג׳ הויות, מזלא (להמשיך הארה ממזלא עילאה) ; ר״ת = נגה : יוד

דורשיאל

לְעֹשֵׂה leosé נִפְלָאוֹת niflaot גְּדֹלוֹת guedolot לְבַדּוֹ levadó מ״ב בסוד שם בן מ״ב

כִּי qui לְעוֹלָם leolam ריבוע דס״ג וי׳ אותיות דס״ג חַסְדּוֹ jasdó

ג׳ הויות, מזלא (להמשיך הארה ממזלא עילאה) ; ר״ת = נגה : יוד

הדריאל

לְעֹשֵׂה leosé הַשָּׁמַיִם hashamáyim י״פ טל, י״פ כוזו בִּתְבוּנָה bitvuná

כִּי qui לְעוֹלָם leolam ריבוע דס״ג וי׳ אותיות דס״ג חַסְדּוֹ jasdó

ג׳ הויות, מזלא (להמשיך הארה ממזלא עילאה) ; ר״ת = נגה : יוד

HODÚ

"Agradezcan al Señor porque es benevolente, porque Su misericordia perdura por siempre. Agradezcan al Dios de dioses, porque Su misericordia perdura por siempre. Agradezcan al Señor de los señores, porque Su misericordia perdura por siempre. Al único que hace grandes maravillas, porque Su misericordia perdura por siempre. Al que hizo los Cielos con discernimiento, porque Su misericordia perdura por siempre.

וועדיאל

לְרֹקַע leroká הָאָרֶץ haárets אלהים דההין ע״ה עַל־ al הַמָּיִם hamáyim

כִּי qui לְעוֹלָם leolam ריבוע דס״ג וי׳ אותיות דס״ג חַסְדּוֹ jasdó

ג׳ הויות = מוזלא (להמשיך הארה ממוזלא עילאה) ; ר״ת = נגה : יְיָ

זבדיאל

לְעֹשֵׂה leosé אוֹרִים orim רז, אין סוף גְּדֹלִים guedolim

כִּי qui לְעוֹלָם leolam ריבוע דס״ג וי׳ אותיות דס״ג חַסְדּוֹ jasdó

ג׳ הויות = מוזלא (להמשיך הארה ממוזלא עילאה) ; ר״ת = נגה : יְיָ

וזניאל

אֶת־ et הַשֶּׁמֶשׁ hashémesh

לְמֶמְשֶׁלֶת lememshélet בַּיּוֹם bayom ע״ה נגד, מזבח, זן, אל יהוה

כִּי qui לְעוֹלָם leolam ריבוע דס״ג וי׳ אותיות דס״ג חַסְדּוֹ jasdó

ג׳ הויות, מוזלא (להמשיך הארה ממוזלא עילאה) ; ר״ת = נגה : יְיָ

טהוריאל

אֶת־ et הַיָּרֵחַ hayaréaj וְכוֹכָבִים vejojavim

לְמֶמְשְׁלוֹת lememshelot בַּלָּיְלָה balayla מלה

כִּי qui לְעוֹלָם leolam ריבוע דס״ג וי׳ אותיות דס״ג חַסְדּוֹ jasdó

ג׳ הויות, מוזלא (להמשיך הארה ממוזלא עילאה) ; ר״ת = נגה : יְיָ

ידידיאל

לְמַכֵּה lemaqué מִצְרַיִם Mitsráyim מצר בִּבְכוֹרֵיהֶם bivjoreihem

כִּי qui לְעוֹלָם leolam ריבוע דס״ג וי׳ אותיות דס״ג חַסְדּוֹ jasdó

ג׳ הויות, מוזלא (להמשיך הארה ממוזלא עילאה) ; ר״ת = נגה : יְיָ

Al que extendió la Tierra sobre las aguas, porque Su misericordia perdura por siempre.
Al que hizo las grandes luminarias, porque Su misericordia perdura por siempre.
Al que hizo el Sol que gobierna en el día, porque Su misericordia perdura por siempre.
La Luna y las estrellas que gobiernan en la noche, porque Su misericordia perdura por siempre.
Al que hirió a Egipto en sus primogénitos, porque Su misericordia perdura por siempre.

כרוביאל

וַיּוֹצֵא vayotsé יִשְׂרָאֵל Yisrael מִתּוֹכָם mitojam

כִּי qui לְעוֹלָם leolam ריבוע דס״ג וי׳ אותיות דס״ג וְחַסְדּוֹ jasdó

ג׳ הויות, מזלא (להמשיך הארה ממזלא עילאה) ; ר״ת = נגה : הָיָ

להטיאל

בְּיָד beyad וּבִזְרוֹעַ jazaká וּבִזְרוֹעַ uvizroa נְטוּיָה netuyá

כִּי qui לְעוֹלָם leolam ריבוע דס״ג וי׳ אותיות דס״ג וְחַסְדּוֹ jasdó

ג׳ הויות, מזלא (להמשיך הארה ממזלא עילאה) ; ר״ת = נגה : הָיָ

מהגביאל

לְגֹזֵר legozer יַם־ yam יל״י סוּף Suf לִגְזָרִים ligzarim

כִּי qui לְעוֹלָם leolam ריבוע דס״ג וי׳ אותיות דס״ג וְחַסְדּוֹ jasdó

ג׳ הויות, מזלא (להמשיך הארה ממזלא עילאה) ; ר״ת = נגה : הָיָ

נוריאל

וְהֶעֱבִיר veheevir יִשְׂרָאֵל Yisrael בְּתוֹכוֹ betojó

כִּי qui לְעוֹלָם leolam ריבוע דס״ג וי׳ אותיות דס״ג וְחַסְדּוֹ jasdó

ג׳ הויות, מזלא (להמשיך הארה ממזלא עילאה) ; ר״ת = נגה : הָיָ

נוצציאל

וְנִעֵר venier פַּרְעֹה Paró וְחֵילוֹ vejeiló בְיַם־ veyam יל״י סוּף Suf

כִּי qui לְעוֹלָם leolam ריבוע דס״ג וי׳ אותיות דס״ג וְחַסְדּוֹ jasdó

ג׳ הויות, מזלא (להמשיך הארה ממזלא עילאה) ; ר״ת = נגה : הָיָ

Y sacó a Israel de entre ellos, porque Su misericordia perdura por siempre.
Con mano fuerte y brazo extendido, porque Su misericordia perdura por siempre.
Al que partió en dos el Mar Rojo, porque Su misericordia perdura por siempre.
E hizo que Israel pasará en medio de él, porque Su misericordia perdura por siempre.
Y hundió al Faraón y a su ejército en el Mar Rojo, porque Su misericordia perdura por siempre.

ר

נודיאל

לְמוֹלִיךְ lemolij עַמּוֹ amó בַּמִּדְבָּר bamidbar

כִּי qui לְעוֹלָם leolam ריבוע דס"ג וי' אותיות דס"ג וְחַסְדּוֹ jasdó

ג' הויות, מזלא (להמשיך הארה ממזלא עילאה) ; ר"ת = נגה : וְיָיָ

סרעיאל

לְמַכֵּה lemaqué מְלָכִים melajim גְּדֹלִים guedolim

כִּי qui לְעוֹלָם leolam ריבוע דס"ג וי' אותיות דס"ג וְחַסְדּוֹ jasdó

ג' הויות, מזלא (להמשיך הארה ממזלא עילאה) ; ר"ת = נגה : וְיָיָ

עשאל

וַיַּהֲרֹג vayaharog מְלָכִים melajim אַדִּירִים adirim הרי

כִּי qui לְעוֹלָם leolam ריבוע דס"ג וי' אותיות דס"ג וְחַסְדּוֹ jasdó

ג' הויות, מזלא (להמשיך הארה ממזלא עילאה) ; ר"ת = נגה : וְיָיָ

פקדיאל

לְסִיחוֹן leSijón מֶלֶךְ mélej הָאֱמֹרִי haEmorí

כִּי qui לְעוֹלָם leolam ריבוע דס"ג וי' אותיות דס"ג וְחַסְדּוֹ jasdó

ג' הויות, מזלא (להמשיך הארה ממזלא עילאה) ; ר"ת = נגה : וְיָיָ

צרופיאל

וּלְעוֹג uleOg מֶלֶךְ mélej הַבָּשָׁן haBashán

כִּי qui לְעוֹלָם leolam ריבוע דס"ג וי' אותיות דס"ג וְחַסְדּוֹ jasdó

ג' הויות, מזלא (להמשיך הארה ממזלא עילאה) ; ר"ת = נגה : וְיָיָ

קדושיאל

וְנָתַן venatán אַרְצָם artsam לְנַחֲלָה lenajalá

כִּי qui לְעוֹלָם leolam ריבוע דס"ג וי' אותיות דס"ג וְחַסְדּוֹ jasdó

ג' הויות, מזלא (להמשיך הארה ממזלא עילאה) ; ר"ת = נגה : וְיָיָ

Al que condujo a Su pueblo por el desierto, porque Su misericordia perdura por siempre.
Al que derrotó a grandes reyes, porque Su misericordia perdura por siempre.
Y mató a reyes poderosos, porque Su misericordia perdura por siempre.
A Sijón, rey de los amorreos, porque Su misericordia perdura por siempre.
Y a Og, rey de Basán, porque Su misericordia perdura por siempre.
Y dio sus tierras por heredad, porque Su misericordia perdura por siempre.

ה

רוממיאל

נַחֲלָה najalá לְיִשְׂרָאֵל leYisrael עַבְדּוֹ avdó

כִּי qui לְעוֹלָם leolam ריבוע דס"ג וי' אותיות דס"ג וְחַסְדּוֹ jasdó

ג' הויות, מזלא (להמשיך הארה ממזלא עילאה) ; ר"ת = נגה : הֲיָ

שומריאל

שֶׁבְּשִׁפְלֵנוּ shebeshiflenu זָכַר zajar לָנוּ lanu אלהים, אהיה אדני

כִּי qui לְעוֹלָם leolam ריבוע דס"ג וי' אותיות דס"ג וְחַסְדּוֹ jasdó

ג' הויות, מזלא (להמשיך הארה ממזלא עילאה) ; ר"ת = נגה : הֲיָ

שמריאל

וַיִּפְרְקֵנוּ vayifrekenu מִצָּרֵינוּ mitsareinu

כִּי qui לְעוֹלָם leolam ריבוע דס"ג וי' אותיות דס"ג וְחַסְדּוֹ jasdó

ג' הויות, מזלא (להמשיך הארה ממזלא עילאה) ; ר"ת = נגה : הֲיָ

תומכיאל

נֹתֵן notén אבג יתץ , ושר לֶחֶם léjem ג' הויות לְכָל־ lejol יה אדני בָּשָׂר basar

ר"ת = יב"ק, אלהים יהוה, אהיה אדני יהוה

כִּי qui לְעוֹלָם leolam ריבוע דס"ג וי' אותיות דס"ג וְחַסְדּוֹ jasdó

ג' הויות, מזלא (להמשיך הארה ממזלא עילאה) ; ר"ת = נגה : הֲיָ

תהפיאל

הוֹדוּ hodú אהיה לְאֵל leEl ייא"י (מילוי דס"ג) הַשָּׁמָיִם hashamáyim י"פ טל, י"פ כוזו

כִּי qui לְעוֹלָם leolam ריבוע דס"ג וי' אותיות דס"ג וְחַסְדּוֹ jasdó

ג' הויות, מזלא (להמשיך הארה ממזלא עילאה) ; ר"ת = נגה : הֲיָ

LEJAI OLAMIM

Esta oración tiene 22 frases, cada una empieza con una de las 22 letras del alfabeto arameo. Siempre que encontremos una conexión con el número 22, es nuestra oportunidad de traer hacia nosotros los poderes de la Creación, semejantes al ADN, de las letras arameas para transformar nuestra naturaleza reactiva en una proactiva y para crear orden a partir del caos.

Por heredad a Israel, Su siervo, porque Su misericordia perdura por siempre. Quien se acuerda de nosotros en nuestra humillación, porque Su misericordia perdura por siempre. Quien nos ha librado de nuestros opresores, porque Su misericordia perdura por siempre. Quien da alimento a toda carne, porque Su misericordia perdura por siempre. Agradezcan al Dios del Cielo, porque Su misericordia perdura por siempre" (Salmos 136).

הָאַדֶּרֶת haadéret וְהָאֱמוּנָה vehaemuná לְחַי lejai עוֹלָמִים olamim

הַבִּינָה habiná וְהַבְּרָכָה vehabrajá לְחַי lejai עוֹלָמִים olamim
בִּינָה ע"ה = אהיה אהיה יהוה = חיים

הַגַּאֲוָה hagaavá וְהַגְּדֻלָּה vehaguedulá לְחַי lejai עוֹלָמִים olamim

הַדֵּעָה hadeá וְהַדִּבּוּר vehadibur לְחַי lejai עוֹלָמִים olamim

הַהוֹד hahod ההה וְהֶהָדָר vehehadar לְחַי lejai עוֹלָמִים olamim

הַוַּעַד haváad וְהַוָּתִיקוּת vehavatikut לְחַי lejai עוֹלָמִים olamim

הַזַּךְ hazaj ייי וְהַזֹּהַר vehazóhar לְחַי lejai עוֹלָמִים olamim

הַחַיִל hajáyil ומב וְהַחֹסֶן vehajosen לְחַי lejai עוֹלָמִים olamim

הַטֶּכֶס hatejes וְהַטֹּהַר vehatóhar לְחַי lejai עוֹלָמִים olamim

הַיִּחוּד hayijud וְהַיִּרְאָה vehayirá רי"ו לְחַי lejai עוֹלָמִים olamim

הַכֶּתֶר hakéter וְהַכָּבוֹד vehacavod לאו לְחַי lejai עוֹלָמִים olamim
כתר = ה' מלך ה' מלך ה' ימלוך לעולם ועד ובאתב"ש גאל

הַלֶּקַח halékaj וְהַלִּבּוּב vehalibuv לְחַי lejai עוֹלָמִים olamim

הַמְּלוּכָה hamelujá וְהַמֶּמְשָׁלָה vehamemshalá לְחַי lejai עוֹלָמִים olamim

הַנּוֹי hanoi וְהַנֵּצַח vehanétsaj לְחַי lejai עוֹלָמִים olamim

---

LEJAI OLAMIM

La fortaleza y la lealtad — *a Él, que vive eternamente.*
El discernimiento y la bendición — *a Él, que vive eternamente.*
La grandeza y la magnificencia — *a Él, que vive eternamente.*
La sabiduría y el discurso — *a Él, que vive eternamente.*
La gloria y la majestad — *a Él, que vive eternamente.*
La convocatoria y la autoridad — *a Él, que vive eternamente.*
El brillo y el esplendor — *a Él, que vive eternamente.*
El valor y la opulencia — *a Él, que vive eternamente.*
La ceremonia y la pureza — *a Él, que vive eternamente.*
La unicidad y la reverencia — *a Él, que vive eternamente.*
La corona y la gloria — *a Él, que vive eternamente.*
La lección y la comprensión — *a Él, que vive eternamente.*
El reinado y el dominio — *a Él, que vive eternamente.*
La belleza y el triunfo — *a Él, que vive eternamente.*

הַסִּגּוּי hasiguy וְהַשֶּׂגֶב vehaséguev לְחַי lejai עוֹלָמִים olamim
הָעֹז haoz וְהָעֲנָוָה vehaanavá לְחַי lejai עוֹלָמִים olamim
הַפְּדוּת hapedut וְהַפְּאֵר vehapeer לְחַי lejai עוֹלָמִים olamim
הַצְּבִי hatseví וְהַצֶּדֶק vehatsédek לְחַי lejai עוֹלָמִים olamim
הַקְּרִיאָה hakeriá וְהַקְּדֻשָּׁה vehakedushá לְחַי lejai עוֹלָמִים olamim
הָרֹן harón וְהָרוֹמֵמוֹת veharomemot לְחַי lejai עוֹלָמִים olamim
הַשִּׁיר hashir וְהַשֶּׁבַח vehashévaj לְחַי lejai עוֹלָמִים olamim
הַתְּהִלָּה hatehilá וְהַתִּפְאֶרֶת vehatiféret לְחַי lejai עוֹלָמִים olamim

תהלה ע"ה = אמת, אהיה פעמים אהיה, ז"פ ס"ג

כִּי qui גָּבַר gavar עָלֵינוּ aleinu וְחַסְדּוֹ jasdó ג' הויות, מזלא (להמשיך הארה ממזלא עילאה)
וֶאֱמֶת veemet אהיה פעמים אהיה, ז"פ ס"ג יְהֹוָה Adonai
לְעוֹלָם leolam ריבוע ס"ג ו' אותיות דס"ג הַלְלוּיָהּ haleluyá אלהים, אהיה אדני ; ללה:
בָּרוּךְ baruj שֶׁנָּתַן shenatán לְעַמּוֹ leamó יִשְׂרָאֵל Yisrael אֶת et
יוֹם yom ע"ה נגד, מזבח, זן, אל יהוה (En *Shabat* agrega: הַשַּׁבָּת haShabat הַזֶּה hazé והו
וְאֶת veet יוֹם yom ע"ה נגד, מזבח, זן, אל יהוה) (en *Sucot* di: סֻכּוֹת Sucot)
(en *Simjat Torá* di: שְׁמִינִי Shminí עֲצֶרֶת Atséret) הַזֶּה hazé והו.
אֶת et יוֹם yom ע"ה נגד, מזבח, זן, אל יהוה
טוֹב tov והו מִקְרָא mikrá קֹדֶשׁ kódesh הַזֶּה hazé והו.

La eminencia y la supremacía — *a Él, que vive eternamente.*
El poder y la modestia — *a Él, que vive eternamente.*
La redención y el esplendor — *a Él, que vive eternamente.*
El hermosura y la rectitud — *a Él, que vive eternamente.*
La proclamación y la santidad — *a Él, que vive eternamente.*
El regocijo y la exaltación — *a Él, que vive eternamente.*
La canción y la alabanza — *a Él, que vive eternamente.*
El elogio y la magnificencia — *a Él, que vive eternamente.*

"Porque Su compasión nos ha cubierto y la verdad del Señor es para siempre. ¡Aleluya!" (Salmos 117:2). *Bendito sea Él que concede a Su nación, Israel, este día de* (en **Shabat:** *Shabat y este día de*) (en **Sucot:** *Sucot*) (en **Simjat Torá:** *Shminí Atséret*), *este día de Santa Convocatoria.*

BARUJ SHEAMAR

Desde aquí, "*Baruj Sheamar*", hasta "*Jei Haolamim*" (pág. 312) estás en el Mundo de *Yetsirá*.

Cuando digas *Baruj Sheamar* debes estar de pie y sostener los dos *Tsitsiot* delanteros y meditar en crear igualdad entre *Asiyá* y *Yetsirá*, puesto que la purificación de *Yetsirá* se hace a través del *Talit*. Trece veces la palabra "*Baruj*" corresponde a los Trece Atributos de *Yetsirá*.

(1) אל **(Kéter)** בָּרוּךְ Baruj שֶׁאָמַר sheamar וְהָיָה vehayá יהה
הָעוֹלָם haolam• בְּשָׁוֶה - *Olam Asiyá* ahora es igual a *Olam Yetsirá*

(2) רחום **(Jojmá)** בָּרוּךְ Baruj הוּא Hu•

(3) וחנון **(Biná)** בָּרוּךְ Baruj אוֹמֵר omer וְעוֹשֶׂה veosé•

(4) ארך בָּרוּךְ Baruj גּוֹזֵר gozer וּמְקַיֵּם umekayem•

(5) אפים בָּרוּךְ Baruj עוֹשֶׂה osé בְרֵאשִׁית vereshit•

(6) ורב חסד בָּרוּךְ Baruj מְרַחֵם merajem אברהם, ח"פ אל, רי"ו ול"ב נתיבות החכמה,
רמ"ח (אברים), עסמ"ב וט"ז אותיות פשוטות עַל al הָאָרֶץ haárets אלהים דההין ע"ה

(7) ואמת בָּרוּךְ Baruj מְרַחֵם merajem אברהם, ח"פ אל, רי"ו ול"ב נתיבות החכמה,
רמ"ח (אברים), עסמ"ב וט"ז אותיות פשוטות עַל al הַבְּרִיּוֹת habriyot•

(8) נצר חסד בָּרוּךְ Baruj מְשַׁלֵּם meshalem שָׂכָר sajar י"פ ב"ן
טוֹב tov והו לִירֵאָיו lireav•

(9) לאלפים בָּרוּךְ Baruj חַי jai לָעַד laad ב"פ ב"ן
וְקַיָּם vekayam לָנֶצַח lanétsaj•

(10) נשא עון בָּרוּךְ Baruj פּוֹדֶה podé וּמַצִּיל umatsil•

(11) ופשע בָּרוּךְ Baruj שְׁמוֹ Shemó מהש ע"ה, ע"ב בריבוע וקס"א ע"ה, אל שדי ע"ה•

BARUJ SHEAMAR

1) Bendito sea Él que habló y el mundo entero existió. 2) Bendito sea Él. 3) Bendito sea Él cuya palabra es obra. 4) Bendito sea Él cuyo decreto cumple. 5) Bendito sea Él que instiga creaciones. 6) Bendito sea Él que es compasivo con el mundo. 7) Bendito sea Él que se apiada de todas las criaturas. 8) Bendito sea Él que recompensa bien a aquellos que le temen. 9) Bendito sea Él que vive para siempre y existe para la eternidad. 10) Bendito sea Él que redime y salva. 11) Bendito es Su Nombre.

(12) וזטאה בָּרוּךְ Baruj אַתָּה Atá יְהֹוָה(אדני)אהדונהי Adonai

אֱלֹהֵינוּ Eloheinu ילה מֶלֶךְ Mélej הָעוֹלָם haolam

הָאֵל haEl לאה ; ייא״י (מילוי דס״ג) אָב av

הָרַחֲמָן harajmán הַמְּהֻלָּל hamehulal בְּפֶה befé פ״ו

(מנין התיבות בברוך שאמר - בסוד ״כתם טהור פז״) עַמּוֹ amó•

מְשֻׁבָּח meshubaj וּמְפֹאָר umefoar בִּלְשׁוֹן bilshón

חֲסִידָיו jasidav וַעֲבָדָיו vaavadav• וּבְשִׁירֵי uveshirei

דָּוִד David עַבְדֶּךָ avdaj פוי, אל אדני נְהַלֶּלְךָ nehalelaj

יְהֹוָה(אדני)אהדונהי Adonai אֱלֹהֵינוּ Eloheinu ילה בִּשְׁבָחוֹת bishvajot

וּבִזְמִירוֹת uvizmirot• וּנְגַדֶּלְךָ unegadlaj וּנְשַׁבֵּחֲךָ uneshabjaj

וּנְפָאֶרְךָ unefaaraj וְנַמְלִיכְךָ venamlijaj וְנַזְכִּיר venazquir

שִׁמְךָ Shimjá מַלְכֵּנוּ malquenu אֱלֹהֵינוּ Eloheinu ילה

יָחִיד yajid חֵי jei (לפי האריז״ל, חַי לפי הרש״ש)

הָעוֹלָמִים haolamim• מֶלֶךְ Mélej מְשֻׁבָּח meshubaj

וּמְפֹאָר umefoar עֲדֵי adei עַד ad

שְׁמוֹ Shemó מהש ע״ה, ע״ב בריבוע וקס״א ע״ה, אל שדי ע״ה

הַגָּדוֹל hagadol להח ; עם ד׳ אותיות = מבה, יזל, אום•

(13) ונקה בָּרוּךְ Baruj אַתָּה Atá יְהֹוָה(אדני)(יְהֹוָה אדני)אהדונהי Adonai

מֶלֶךְ Mélej מְהֻלָּל mehulal בַּתִּשְׁבָּחוֹת batishbajot:

---

12) Bendito eres Tú, Señor, nuestro Dios, el Rey del universo. El Dios, el Padre compasivo, quien es exaltado en labios de Su Nación. Quien es alabado y glorificado por las lenguas de Sus piadosos y Sus siervos. Con las canciones de David, Tu siervo, te loaremos, Señor, nuestro Dios, con alabanzas y canciones, nos regocijaremos y te alabaremos, te glorificaremos y te proclamaremos, Rey. Mencionaremos Tu Nombre, nuestro Rey, nuestro Dios, Único y eternamente vivo; el Rey quien es alabado y glorificado. Y por siempre es Su gran Nombre. 13) Bendito eres Tú, Señor, el Rey exaltado en alabanzas.

En *Jol Hamoed* (no en *Shabat*) recitamos este Salmo en lugar de "*Mizmor shir leyom HaShabat*" y "*Adonai malaj*" (páginas 277-280), y continuamos con "*Yehí Jevod*" en la página 280.

El Ari dice que se debe recitar este Salmo mientras estamos sentados.

MIZMOR LETODÁ

La esencia de esta oración es apreciación por los milagros invisibles que se producen en nuestra vida. Hay 42 palabras en esta oración, que nos conectan a la *Ana Bejóaj*, el Nombre de Dios de 42 letras. Cada palabra conecta a una de las 42 letras.

Mizmor LeToda es el *Tikún* de *Yetsirá* en *Yetsirá* y corresponde a *Aba* e *Ima* de *Yetsirá*.

א

מִזְמוֹר mizmor (מ"ב תיבות - שם בן מ"ב) לְתוֹדָה letodá

ב ג

הָרִיעוּ haríu אלהים דיודין ; ס"ת ע"ה אלף למד יהוה לַיהֹוָהאדניאהדונהי laAdonai ילי

י ת

כָּל־ col ילי הָאָרֶץ haárets אלהים דההין ע"ה ; ר"ת הלכה ; ס"ת ע"ה כוק, ריבוע אדני

צ ק ר

עִבְדוּ ivdú אֶת־ et יְהֹוָהאדניאהדונהי Adonai

ע ש ט

בְּשִׂמְחָה besimjá ר"ת = אהבה, אחד, דאגה בֹּאוּ bou לְפָנָיו lefanav עשל

נ נ ג ד

בִּרְנָנָה birnaná: דְּעוּ deú כִּי־ qui יְהֹוָהאדניאהדונהי Adonai

י כ ש ב

הוּא Hu אֱלֹהִים Elohim אהיה אדני ; ילה הוּא־ Hu עָשָׂנוּ asanu

ט ר צ ת ג

וְלוֹ veló (כתיב : ולא) אֲנַחְנוּ anajnu עַמּוֹ amó וְצֹאן vetsón מַרְעִיתוֹ marító:

MIZMOR LETODÁ

"Un Canto de acción de gracias:

Aclamen alegres al Señor, habitantes de toda la tierra; adoren al Señor con regocijo. Preséntense ante Él con cánticos de júbilo. Reconozcan que el Señor es Dios; Él nos hizo, y somos Suyos. Somos Su pueblo, ovejas de Su prado.

ו״ ק ב
בֹּאוּ bou שְׁעָרָיו shearav בְּתוֹדָה betodá

ט ג
וַחֲצֵרֹתָיו jatserotav בִּתְהִלָּה bitehilá ע״ה אמת, אהיה פעמים אהיה, ז״פ ס״ג

ע י ג
הוֹדוּ hodu אהיה לוֹ lo בָּרְכוּ barjú יהוה ריבוע יהוה ריבוע מ״ה

ל
שְׁמוֹ Shemó מהש ע״ה, ע״ב בריבוע וקס״א ע״ה, אל שדי ע״ה:

פ ז ק
כִּי qui טוֹב tov והו ; כי טוב = יהוה אהיה, אום, מבה, יזל יְהֹוָהאדניאהדונהי Adonai

ש ק
לְעוֹלָם leolam ריבוע ס״ג וי׳ אותיות דס״ג וְחַסְדּוֹ jasdó ג׳ הויות, מזלא (להמשיך

ו צ י ת
הארה ממזלא עילאה) וְעַד vead דֹּר dor וָדֹר vador רי״ו, גבורה אֱמוּנָתוֹ emunato:

Continúa con "*Yehí Jevod*" en la página 280.

MIZMOR SHIR LEYOM HASHABAT

El *Zóhar* dice que los siguientes dos párrafos fueron recitados por Adam durante el primer *Shabat* en el Jardín de Edén. Los términos "Adam" y "Jardín de Edén" son códigos. Adam es el nombre que se le da al alma unificada que abarca a todas las almas de la humanidad que hayan existido o existirán en este mundo. El Jardín de Edén era una dimensión de Luz pura y energía positiva. Las letras arameas que componen este párrafo representan fuerzas energéticas específicas que nutrieron y satisficieron a esta alma unificada llamada Adam. Este párrafo es sólo una fórmula que define a estas fuerzas. Las letras también actúan como antenas que atraen estas fuerzas a nuestra vida, dándonos a probar del Jardín de Edén.

El primer párrafo conecta con la dimensión de *Maljut*, nuestro universo físico de caos y oscuridad. El segundo se refiere al nivel de *Zeir Anpín*, los Mundos Superiores de positividad absoluta y realización. El único propósito de unir estos dos mundos es eliminar todo el caos y oscuridad de nuestra existencia.

En el primer párrafo tenemos 112 palabras (יב״ק, אלהים + יהוה, אהיה + אדני + יהוה) y 16 versículos que corresponden a los nueve puntos de *Maljut* (ya que *Maljut* no tiene un punto consistente, pero Ella está incluida en cada uno de los otros nueve puntos) y las siete voces de la Torá dada.

Entren por Sus puertas con acción de gracias;
vengan a sus atrios con himnos de alabanza; denle gracias, alaben Su Nombre porque
el Señor es bueno y Su gran amor es eterno; Su fidelidad permanece para todas las generaciones" (Salmos 100).

מִזְמוֹר mizmor שִׁיר shir לְיוֹם leyom ע"ה נגד, מזבח, זן, אל יהוה הַשַּׁבָּת haShabat

Iniciales de *LeMoshé* (למשה)

טוֹב tov והו לְהֹדוֹת lehodot ר"ת ט"ל לַיהֹוָה אדני יאהדונהי laAdonai

וּלְזַמֵּר ulzamer לְשִׁמְךָ leShimjá עֶלְיוֹן: elyón לְהַגִּיד lehaguid בַּבֹּקֶר babóker

חַסְדֶּךָ jasdejá וֶאֱמוּנָתְךָ veemunatjá בַּלֵּילוֹת: baleilot עֲלֵי־ alei

עָשׂוֹר asor וַעֲלֵי־ vaalei נָבֶל navel עֲלֵי alei הִגָּיוֹן higayón בְּכִנּוֹר: bejinor

כִּי qui שִׂמַּחְתַּנִי simajtani יְהֹוָה אדני יאהדונהי Adonai בְּפָעֳלֶךָ befaoleja

בְּמַעֲשֵׂי bemaasei יָדֶיךָ yadeja אֲרַנֵּן: aranén מַה־ ma מ"ה גָּדְלוּ gadlú

מַעֲשֶׂיךָ maaseja יְהֹוָה אדני יאהדונהי Adonai מְאֹד meod עָמְקוּ amkú

מַחְשְׁבֹ(וֹ)תֶיךָ majshevoteja **(*Kéter* Superior)** יוהו: אִישׁ־ ish בַּעַר baar

לֹא lo יֵדָע yedá וּכְסִיל ujsil לֹא־ lo יָבִין yavín אֶת־ et זֹאת: zot

בִּפְרֹחַ bifróaj רְשָׁעִים reshaim כְּמוֹ quemó עֵשֶׂב ésev כוונות הקדושה (ע"ב שמות)

(Las almas de los malvados son juzgadas ahora para ver si merecen ser elevados de *Guehinom*)

וַיָּצִיצוּ vayatsitsu כָּל־ col ילי פֹּעֲלֵי poalei אָוֶן aven

לְהִשָּׁמְדָם lehishamdam (La *klipá* que quiere ser elevada con la Santidad)

עֲדֵי־ adei עַד ad (pero no se le permite subir): וְאַתָּה veAtá מָרוֹם marom

לְעֹלָם leolam ריבוע דס"ג י' אותיות דס"ג יְהֹוָה אדני יאהדונהי Adonai: כִּי qui הִנֵּה hiné

אֹיְבֶיךָ oyveja יְהֹוָה אדני יאהדונהי Adonai כִּי־ qui הִנֵּה hiné אֹיְבֶיךָ oyveja

יֹאבֵדוּ yovedu יִתְפָּרְדוּ yitpardú כָּל־ col ילי פֹּעֲלֵי poalei אָוֶן aven (La *klipá*):

MIZMOR SHIR LEYOM HASHABAT

"Un Salmo, cántico para el día del Shabat: Es bueno dar gracias al Señor y cantar alabanzas a Tu Nombre, Altísimo, declarando Tu benevolencia por la mañana y Tu fidelidad por las noches, con el arpa de diez cuerdas y con una lira, y con el dulce son de la cítara. Tú me alegras con Tus acciones, cantaré jubiloso las obras de Tus manos. Cuán grandes son Tus obras, Señor y qué profundos Tus designios. El hombre insensato no sabe y el necio no comprende esto. Si los impíos (de Guehinom) *crecen como la hierba y los que hacen el mal proliferan, es para ser destruidos eternamente. Pero Tú, Señor, eres excelso por siempre. Pero he aquí que Tus enemigos, Señor, Tus enemigos perecerán. Todos los que cometen iniquidad serán esparcidos.*

וַתָּרֶם vatarem (La Santidad) כִּרְאֵים quireim קַרְנִי karní בַּלֹּתִי balotí

בְּשֶׁמֶן beshemen רַעֲנָן raanán: וַתַּבֵּט vatabet עֵינִי einí ריבוע מ"ה

בְּשׁוּרָי beshurai בַּקָּמִים bakamim עָלַי alai מְרֵעִים mereím

תִּשְׁמַעְנָה tishmaná אָזְנָי oznai יוד הי ואו הה: (Las almas de los justos que son elevadas ahora)

צַדִּיק tsadik ג"פ באי כלה דלע"ל כַּתָּמָר catamar יִפְרָח yifraj ס"ת קרח

(medita en elevar el alma de *Kóraj*) כְּאֶרֶז queérez בַּלְּבָנוֹן baLevanón יִשְׂגֶּה yisgué:

שְׁתוּלִים shetulim בְּבֵית beveit ב"פ ראה יְהֹוָאדהנויאהדונהי Adonai

בְּחַצְרוֹת bejatsrot אֱלֹהֵינוּ Eloheinu ילה יַפְרִיחוּ yafriju: עוֹד od

יְנוּבוּן yenuvún בְּשֵׂיבָה beseivá דְּשֵׁנִים deshenim וְרַעֲנַנִּים veraananim

יִהְיוּ yihyú אל (ייא"י מילוי דס"ג): לְהַגִּיד lehaguid כִּי־ qui יָשָׁר yashar

יְהֹוָאדהנויאהדונהי Adonai צוּרִי tsurí וְלֹא־ veló עַוְלָתָה avlatá (כתיב: עלתה) בּוֹ bo:

ADONAI MALAJ

En este Salmo hay 45 palabras que corresponden al Nombre Sagrado: (מ"ה (יוד הא ואו הא

יְהֹוָאדהנויאהדונהי Adonai **(*Zeir Anpín*)** מָלָךְ malaj גֵּאוּת gueut

(410 hilos de *Arij Anpín*, donde *Zeir Anpín* es elevado en *Shabat* y se viste de ellos)

לָבֵשׁ lavesh לָבֵשׁ lavesh יְהֹוָאדהנויאהדונהי Adonai עֹז oz הִתְאַזָּר hitazar

אַף־ af ר"ת = אלהים, אהיה אדני תִּכּוֹן ticón תֵּבֵל tevel ב"פ רי"ו

בַּל־ bal תִּמּוֹט timot: נָכוֹן najón כִּסְאֲךָ quisajá

מֵאָז meaz ומב מֵעוֹלָם meolam אָתָּה Atá ר"ת = קנ"א, אדני אלהים:

Y Tú elevarás mi fuerza como la de un toro y yo seré ungido con aceite fresco. Y mis ojos verán a mis enemigos y mis oídos oirán a aquellos que se levantan para hacerme daño. El hombre justo florecerá como la palmera, crecerá alto como un cedro en el Líbano. Trasplantados en la Casa del Señor, florecerán en los atrios de nuestro Dios. Aun en la vejez fructificarán, vigorosos y frescos serán, para declarar que el Señor es justo, mi roca, y no hay iniquidad en Él" (Salmos 92).

ADONAI MALAJ

"El Señor reina. Revestido es de majestad.

El Señor se ha revestido: se ha ceñido con Poder. El mundo está establecido firmemente para que no pueda desplomarse. Tu trono está establecido desde entonces. Tú existes desde la eternidad.

נָשְׂאוּ nasú נְהָרוֹת neharot

(410 hilos de *Arij Anpín*,
que atraen Luz desde el mar de *Jojmá* —מווזא סתימא דא"א— en *Shabat* hacia *Zeir Anpín*).

יְהֹוָאדנהיאהדונהי Adonai נָשְׂאוּ nasú ר"ת = קין נְהָרוֹת neharot

קוֹלָם kolam יִשְׂאוּ yisú נְהָרוֹת neharot דָּכְיָם dojyam ר"ת דני:

מִקֹּלוֹת mikolot (410 hilos) מַיִם máyim רַבִּים rabim ר"ת = בוזזך, סנדלפון, ערי

(*Ima* - לעשות בה מ"ן שהם ה"ג) אַדִּירִים adirim הרי מִשְׁבְּרֵי־ mishberei יָם yam ילי

Arij Anpín [tiene 221 *Ribó* (decenas de mil) iluminaciones],
Él está dando 150 *Ribó* (decenas de mil) iluminaciones a *Zeir Anpín*.
Iniciales de אמי (mi madre) porque *Zeir Anpín* primero sube y obtiene *Mojín* de *Ima* (Madre).

אַדִּיר adir הרי בַּמָּרוֹם bamarom יְהֹוָאדנהיאהדונהי Adonai

Iniciales de אבי (mi padre) porque *Zeir Anpín* luego sube y obtiene *Mojín* de *Aba* (Padre)

עֵדֹתֶיךָ edoteja נֶאֶמְנוּ neemnú מְאֹד meod ר"ת = קין לְבֵיתְךָ leveitjá

ב"פ ראה נַאֲוָה־ naavá קֹדֶשׁ kódesh יְהֹוָאדנהיאהדונהי Adonai לְאֹרֶךְ: leórej

יָמִים yamim נלך ; ר"ת ילי ; ס"ת אדני ; ה' לאורך ימים = ש"ע נהורים עם האותיות:

YEHÍ JEVOD

Hay 18 versículos en esta conexión, con 18 veces el poder de *Yud, Hei, Vav* y *Hei*. La relevancia de 18 se encuentra dentro del poder de la *Mezuzá*. Los kabbalistas enseñan que la *Mezuzá*, que contiene un pedazo de pergamino con las letras arameas *Shin, Dálet, Yud* שדי, o *Shadai* (un poderoso Nombre de Dios que nos proporciona protección de las fuerzas negativas), debe colocarse en el marco de cada puerta. La puerta o la entrada es el inicio, el nivel de semilla de una habitación. Las fuerzas negativas se adhieren a todas las entradas, infectando la semilla con negatividad. La *Mezuzá* no sólo cancela a esta fuerza negativa, sino que también transforma la energía negativa en energía positiva.

Otro secreto de *Shin, Dálet, Yud* es que es una conexión con uno de los 72 Nombres de Dios, uno que nos da la capacidad de erradicar todas las formas de negatividad: Al reemplazar las letras *Shin, Dálet* y *Yud* con la letra que le sigue a cada una de ellas en el alfabeto arameo (ej: *Shin* ש con la letra *Tav* ת, *Dálet* ד con la letra *Hei* ה, y *Yud* י con la letra *Caf* כ) y ubicándolas una al lado de la otra en orden inverso, estas letras forman *Caf, Hei, Tav* כהת. Esta secuencia de tres letras tiene el poder de desactivar la energía negativa y fue usada para destruir al malvado Hamán en Persia durante *Purim*, hace 2.500 años.

Los ríos hacen resonar sus voces,
Señor, los ríos hacen resonar su fragor. Pero más fuerte que las aguas impetuosas, más fuerte que el oleaje del mar, Tú eres inmenso en las Alturas, Señor. Tus testimonios son extremadamente fidedignos. Tu Casa es el Santuario Santo. El Señor estará a lo largo de los tiempos" (Salmos 93).

Cuando dices los 18 versículos de *Yehí Jevod*, debes meditar en las 18 letras de las seis combinaciones del Nombre *Shadai* שדי que existen en las Vasijas centrales de *Zeir Anpín* de *Yetsirá*, y también medita en las 18 veces que aparece el Nombre: יהוה en esta sección, porque esto equivale a las dos letras *Tet* ט en el Nombre del Ángel Me-ta-trón מטטרו״ן (**no pronunciar**) que está en *Zeir Anpín* de *Yetsirá*. Debes meditar en que la *Tet* (9) corresponda a *Tikunéi Dikná* de *Zeir Anpín* de *Yetsirá* (nueve de Luz Directa y nueve de Luz Retornante).

El valor numérico del acrónimo de los 18 versículos de *Yehí Jevod* es 686. El valor numérico de las últimas letras de cada uno de los 18 versículos es 602, más 18 (*Yesod-Jai*, ח״י) suma 620. El número de palabras en *Yehí Jevod* es 138 (con el *Colel*). También debes meditar en atraer ע״ב, ס״ג, מ״ה, ב״ן con קס״א, קמ״ג, קנ״א (que suma 686 —con el *Colel*— y es igual al valor numérico de la palabra *Porat*), de "*Ben Porat Yosef*" que es *Yesod-Jai* (18) *Almín*. Creando, por lo tanto, el *Kéter* (620) de *Nukvá* (que es llamado: *Jakal* חק״ל, que suma 138). El *Kéter* mismo será construido más adelante por las 22 letras del *Ashrei*.

(**Kéter**—ש) יְהִי yehí כְבוֹד jevod יְהֹוָהאדניאהדונהי Adonai (ארך)

כבוד יהוה = יוד הי ואו הה לְעוֹלָם leolam ריבוע ס״ג וי׳ אותיות דס״ג יִשְׂמַח yismaj משיח;

לעולם ישמח ע״ה = ריבוע קס״א יְהֹוָהאדניאהדונהי Adonai (אפים) בְּמַעֲשָׂיו bemaasav

יהוה במעשיו ע״ה = קס״א קנ״א קמ״ג ; הו״ש ; ר״ת הפסוק = אמן (יאהדונהי) ע״ה: (**Kéter**—ד) יְהִי yehí

שֵׁם Shem יְהֹוָהאדניאהדונהי Adonai (ורב וחסד) מְבֹרָךְ mevoraj ר״ת =

ריבוע ע״ב ריבוע ס״ג ; יהוה מברך = רפ״ח (להעלות רפ״ח ניצוצות שנפלו לקליפה דמשם באים התולואים)

מֵעַתָּה meatá וְעַד־ vead עוֹלָם olam י״ל:

(**Jojmá**—י) מִמִּזְרַח־ mimizraj שֶׁמֶשׁ shémesh עַד־ ad ר״ת קדוש

מְבוֹאוֹ mevoó מְהֻלָּל mehulal שֵׁם Shem יְהֹוָהאדניאהדונהי Adonai (נשא עון):

(**Jojmá**—ש) רָם ram עַל־ al כָּל col ילי ; עמם גּוֹיִם goyim

יְהֹוָהאדניאהדונהי Adonai (ופשע) עַל al הַשָּׁמַיִם hashamáyim י״פ טל, י״פ כוזו ;

ר״ת וחשמל כְּבוֹדוֹ quevodó: (**Biná**—י) יְהֹוָהאדניאהדונהי Adonai (ונקה) שִׁמְךָ Shimjá

לְעוֹלָם leolam ריבוע ס״ג וי׳ אותיות דס״ג יְהֹוָהאדניאהדונהי Adonai (פוקד)

זִכְרְךָ zijrejá לְדֹר־ ledor ר״ת יזל וָדֹר vador רי״ו:

YEHÍ JEVOD

"Que la gloria del Señor dure por siempre. Que el Señor pueda regocijarse en Sus obras" (Salmos 104:31). *"Que el Nombre del Señor sea bendecido desde ahora y por toda la eternidad. Desde que el Sol se levanta hasta que se pone, el Nombre del Señor es alabado. El Señor está sobre todas las naciones. Su gloria se eleva sobre los Cielos"* (Salmos 113:2-4). *"Señor, Tu Nombre es para siempre. Señor, Tu fama es para todas las generaciones"* (Salmos 135:13)

(ד–*Biná*) יְהֹוָהאדניאהדונהי Adonai (עַל שלשים) בַּשָּׁמַיִם bashamáyim י"פ טל, י"פ כוזו

הֵכִין hejín כִּסְאוֹ quisó וּמַלְכוּתוֹ umaljutó בַּכֹּל bacol ב"ן, לכב

מָשָׁלָה mashalá מבה: (ד–*Jésed*) יִשְׂמְחוּ yismejú הַשָּׁמַיִם hashamáyim

י"פ טל, י"פ כוזו וְתָגֵל vetaguel אותיות גלות (כשתהיה גאולה תהא שמחה) הָאָרֶץ haárets אלהים

דההין ע"ה ; ר"ת יהוה וס"ת ריבוע דס"ג וְיֹאמְרוּ veyomrú בַגּוֹיִם vagoyim

יְהֹוָהאדניאהדונהי Adonai (ועל רבעים) מָלָךְ malaj ר"ת יבמ, ב"ן:

(ש–*Jésed*) יְהֹוָהאדניאהדונהי Adonai (ארך) מֶלֶךְ Mélej

יְהֹוָהאדניאהדונהי Adonai (אפים) מָלָךְ malaj יְהֹוָהאדניאהדונהי Adonai (ורב וחסד) |

יִמְלֹךְ yimloj מלך מלך ימלך = בוזוהך, סנדלפון, ערי לְעֹלָם leolam ריבוע ס"ג וי' אותיות דס"ג

ר"ת יי"ל וָעֶד vaed: (י–*Guevurá*) יְהֹוָהאדניאהדונהי Adonai (נושא עון)

מֶלֶךְ Mélej עוֹלָם olam וָעֶד vaed ר"ת = כוק, ריבוע אדני

אָבְדוּ avdú גוֹיִם goyim מֵאַרְצוֹ meartsó ס"ת = ב"ן:

(ד–*Guevurá*) יְהֹוָהאדניאהדונהי Adonai (ופשע) הֵפִיר hefir עֲצַת־ atsat

גוֹיִם goyim הֵנִיא hení מַחְשְׁבוֹת majshevot עַמִּים amim:

(י–*Tiféret*) רַבּוֹת rabot מַחֲשָׁבוֹת majashavot בְּלֶב־ belev אִישׁ ish

וַעֲצַת vaatsat יְהֹוָהאדניאהדונהי Adonai (ונקה) הִיא hi תָקוּם takum כ"א הויות:

"El Señor estableció Su Trono en los Cielos, y Su Reino gobierna sobre todo" (Salmos 103:19). "¡Alégrense los Cielos, y regocíjese la Tierra! Digan las naciones: ¡El Señor ha reinado!" (I Crónicas 16:31). "El Señor reina, el Señor ha reinado. El Señor reinará por siempre y para siempre. El Señor es Rey por siempre y para siempre. Las naciones han perecido de Su tierra" (Salmos 10:16). "El Señor frustra el designio de las naciones y deshace los planes de los pueblos" (Salmos 33:10). "Muchos son los pensamientos en el corazón del hombre, pero es el designio del Señor lo que permanecerá" (Proverbios 19:21)

(*Tiféret*–ש) עֲצַת atsat יְהֹוָהאדניאהדונהי Adonai (פוקד) לְעוֹלָם leolam

ריבוע ס"ג וי' אותיות דס"ג תַּעֲמֹד taamod מַחְשְׁבוֹת majshevot לִבּוֹ libó

לְדֹר ledor וָדֹר vador רי"ו: (*Nétsaj*–י) כִּי qui הוּא Hu

אָמַר amar וַיֶּהִי vayehí הוּא־ Hu צִוָּה tsivá וַיַּעֲמֹד vayaamod:

(*Nétsaj*–ש) כִּי־ qui בָחַר vajar יְהֹוָהאדניאהדונהי Adonai (על שלשים)

בְּצִיּוֹן beTsiyón יוסף, ו' הויות, קנאה אִוָּהּ ivá וזבו לְמוֹשָׁב lemoshav לוֹ lo:

(*Hod*–ד) כִּי־ qui יַעֲקֹב Yaakov ז' הויות, יאהדונהי אידהנויה בָּחַר bajar לוֹ lo יָהּ Yah

יִשְׂרָאֵל Yisrael לִסְגֻלָּתוֹ lisgulató: (*Hod*–י) כִּי qui לֹא־ lo יִטֹּשׁ yitosh

יְהֹוָהאדניאהדונהי Adonai (ועל רבעים) עַמּוֹ amó וְנַחֲלָתוֹ venajalató לֹא lo

יַעֲזֹב yaazov: (*Yesod*–ד) וְהוּא veHú רַחוּם rajum יְכַפֵּר yejaper ר"ת רי"ו

עָוֹן avón (*Aba* de la *klipá*) וְלֹא־ veló יַשְׁחִית yashjit (*Ima* de la *klipá*)

וְהִרְבָּה vehirbá לְהָשִׁיב lehashiv אַפּוֹ apó (*Zeir* de la *klipá*)

וְלֹא־ veló יָעִיר yair כָּל־ col ילי חֲמָתוֹ jamató (*Nukvá* de la *klipá*):

(*Yesod*–ש) יְהֹוָהאדניאהדונהי Adonai הוֹשִׁיעָה hoshía יהוה וש"ע נהורין

הַמֶּלֶךְ haMélej ר"ת יהה יַעֲנֵנוּ yaanenu בְיוֹם veyom ע"ה נגד, מזבח, זן, אל יהוה

קָרְאֵנוּ korenu ר"ת יב"ק, אלהים יהוה, אהיה אדני יהוה ; ס"ת ב"ן ועם כ' דהמלך = ע"ב:

Entonces, sin interrupción alguna, debes comenzar inmediatamente los dos versículos del *Ashrei* para formar el *Kéter* para la *Nukvá* con las 22 letras del *Ashrei* (como se mencionó antes de *Yehí Jevod*).

"El designio del Señor durará para siempre y los pensamientos de Su Corazón, para todas las geneaciones" (Salmos 33:11). *"Porque Él dijo y se hizo, Él ordenó y se estableció"* (Salmos 33:9). *"Porque el Señor escogió a Sión como Su lugar de morada deseado"* (Salmos 132:13). *"Porque Dios escogió a Yaakov para Sí Mismo y a Israel como Su tesoro"* (Salmos 135:4). *"Porque el Señor no renunciará a Su gente ni abandonará Su herencia"* (Salmos 94:14). *"Y Él es misericordioso compasivo, perdona sus iniquidades y no los destruye; muchas veces contiene su ira, y no despierta todo Su furor"* (Salmos 78:38). *"Señor sálvanos. El Rey nos responderá en el día en el que lo invoquemos"* (Salmos 20:10).

EL ASHREI

De las veintidós letras del alfabeto arameo, veintiuna de ellas están codificadas en el *Ashrei* en el orden correcto, de la *Álef* a la *Tav*. El Rey David, el autor, dejó a la letra aramea *Nun* fuera de esta oración, ya que la *Nun* es la primera letra de la palabra aramea *nefilá*, que significa "caída". Caída se refiere a un descenso espiritual, caer en la *klipá*. Los sentimientos de duda, depresión, preocupación e incertidumbre son consecuencias de la caída espiritual. Debido a que las letras arameas son los verdaderos instrumentos de la Creación, esta oración ayuda a inyectar el orden y la fuerza de la Creación en nuestra vida sin la energía de la caída.

En este Salmo está escrito diez veces el Nombre: יהוה por las Diez *Sefirot*. Este Salmo está escrito según el orden del *Álef Bet*, pero la letra *Nun* es omitida para evitar la caída.

אַשְׁרֵי ashrei (סוד הכתר) יוֹשְׁבֵי yoshvei בֵיתֶךָ veiteja ב״פ ראה

עוֹד od יְהַלְלוּךָ yehaleluja סֶּלָה sela: אַשְׁרֵי ashrei הָעָם haam

שֶׁכָּכָה shecaja מהש, משה, ע״ב בריבוע קס״א, אל שדי, ד״פ אלהים ע״ה לּוֹ lo

אַשְׁרֵי ashrei הָעָם haam ר״ת לאה שֶׁיְּהֹוָהאדנהיאהדונהי sheAdonai (*Kéter*)

אֱלֹהָיו Elohav ילה: תְּהִלָּה tehilá ע״ה אמת, אהיה פעמים אהיה, ז״פ ס״ג לְדָוִד leDavid

אֲרוֹמִמְךָ aromimjá אֱלוֹהַי Elohai הַמֶּלֶךְ haMélej וַאֲבָרְכָה vaavarjá

שִׁמְךָ Shimjá לְעוֹלָם leolam ריבוע דס״ג וי׳ אותיות דס״ג וָעֶד vaed:

בְּכָל־ bejol ב״ן, לכב יוֹם yom ע״ה נגד, מזבח, זן אל יהוה

אֲבָרְכֶךָּ avarjeca וַאֲהַלְלָה vaahalela מ״ה יהוה שִׁמְךָ Shimjá

לְעוֹלָם leolam ריבוע דס״ג וי׳ אותיות דס״ג וָעֶד vaed:

גָּדוֹל gadol להח ; עם ד׳ אותיות = מבה, יזל, אום

יְהֹוָהאדנהיאהדונהי Adonai (*Jojmá*) וּמְהֻלָּל umehulal אדני, ללה

מְאֹד meod וְלִגְדֻלָּתוֹ veligdulató והו אֵין ein חֵקֶר jéker:

EL ASHREI

"Dichosos aquellos que moran en Tu casa, ellos te alabarán, Sela" (Salmos 84:5). *"Dichosa es la nación que así es para ella y dichosa la nación de la que el Señor es su Dios"* (Salmos 144:15). *"Una alabanza de David:*

א *Yo te exaltaré a Ti, mi Dios, el Rey, y yo bendeciré Tu Nombre por siempre y por la eternidad.*

ב *Te bendeciré cada día y alabaré Tu Nombre por siempre y por la eternidad.*

ג *El Señor es grande y extremadamente alabado. Su grandeza es inescrutable.*

דּוֹר dor לְדוֹר ledor יְשַׁבַּח yeshabaj מַעֲשֶׂיךָ maaseja ר"ת דלים

וּגְבוּרֹתֶיךָ ugvuroteja יַגִּידוּ yaguidu יי"ו, כ"ב אותיות פשוטות (=אכא) וה' אותיות סופיות םןץףך:

הֲדַר hadar כְּבוֹד quevod הוֹדֶךָ hodeja וְדִבְרֵי vedivrei

נִפְלְאוֹתֶיךָ nifleoteja ר"ת אלהים, אהיה אדני

אָשִׂיחָה asija ר"ת הפסוק = פ"ז (בסוד כתם טהור פז):

וֶעֱזוּז veezuz נוֹרְאֹתֶיךָ noroteja יֹאמֵרוּ yomeru וּגְדוּלָּתְךָ ugdulatjá

(כתיב: וגדלותיך) ר"ת = ע"ב, ריבוע יהוה אֲסַפְּרֶנָּה asaprena ס"ת = "יא"י (מילוי דס"ג):

זֵכֶר zéjer רַב־ rav טוּבְךָ tuvjá לאו יַבִּיעוּ yabíu

וְצִדְקָתְךָ vetsidkatjá יְרַנֵּנוּ yeranenu ס"ת = ב"ן, יבמ, לכב ; ר"ת הפסוק = רי"ו יהוה:

חַנּוּן janún וְרַחוּם verajum יְהֹוָהאדנהיאהדונהי Adonai (*Biná*)

חנון ורחום יהוה = עשל אֶרֶךְ érej ס"ת = ס"ג ב"ן אַפַּיִם apáyim ר"ת = יהוה

וּגְדָל־ ugdal (כתיב: וגדול) וָחָסֶד jásed ע"ב, ריבוע יהוה:

טוֹב־ tov והו יְהֹוָהאדנהיאהדונהי Adonai (*Jésed*) לַכֹּל lacol

יה אדני ; ס"ת ל"ז (מילוי דס"ג) וְרַחֲמָיו verajamav עַל־ al

כָּל col ילי ; עמם ; ר"ת ריבוע ב"ן ע"ה מַעֲשָׂיו maasav ס"ת ע"ב, ריבוע יהוה:

ד *Una generación y la próxima alabarán Tus obras y narrarán Tus proezas.*
ה *Yo hablaré de la luminosidad de Tu espléndida gloria y de la maravilla de Tus actos.*
ו *Ellos proclamarán el asombroso poder de Tus actos y yo hablaré de Tu grandeza.*
ז *Ellos expresarán el recuerdo de Tu abundante bondad y proclamarán dichosos Tu justicia.*
ח *El Señor es misericordioso y compasivo, lento para la ira y grande en misericordia.*
ט *El Señor es bueno para con todos, Su compasión se extiende sobre todos Sus actos.*

יוֹדוּךָ yoduja יְהֹוָאדְנָי אהדונהי Adonai (*Guevurá*) כָּל־ col ילי מַעֲשֶׂיךָ maaseja

וַחֲסִידֶיךָ vajasideja ר"ת אלהים, אהיה אדני יְבָרְכוּכָה yevarjuja ס"ת = מ"ה:

כְּבוֹד quevod מַלְכוּתְךָ maljutjá יֹאמֵרוּ yomeru וּגְבוּרָתְךָ ugvuratjá

יְדַבֵּרוּ yedaberu ר"ת הפסוק = אלהים, אהיה אדני ; ס"ת = ב"ן, יבמ, לכב:

לְהוֹדִיעַ lehodía לִבְנֵי livnei הָאָדָם haadam ר"ת ללה, אדני

גְּבוּרֹתָיו guevurotav וּכְבוֹד ujvod הֲדַר hadar

מַלְכוּתוֹ maljutó ר"ת מ"ה וס"ת = רי"ו ; ר"ת הפסוק ע"ה = ק"כ צירופי אלהים:

מַלְכוּתְךָ maljutjá מַלְכוּת maljut כָּל־ col ילי עֹלָמִים olamim

וּמֶמְשַׁלְתְּךָ umemshaltejá בְּכָל־ bejol ב"ן, לכב דּוֹר dor וָדֹר vador רי"ו:

סוֹמֵךְ somej ריבוע אדני יְהֹוָאדְנָי אהדונהי Adonai (*Tiféret*)

לְכָל־ lejol יה אדני ; סומך אדני לכל ר"ת סאל, אמן (יאהדונהי) הַנֹּפְלִים hanoflim

וְזוֹקֵף vezokef לְכָל־ lejol יה אדני הַכְּפוּפִים hacfufim נמם:

עֵינֵי־ einei ריבוע דמ"ה כֹל jol ילי אֵלֶיךָ eleja יְשַׂבֵּרוּ yesaberu וְאַתָּה veAtá

נוֹתֵן־ notén אבגיתץ, ושר לָהֶם lahem אֶת־ et אָכְלָם ajlam בְּעִתּוֹ beitó:

י *Todas Tus obras te agradecerán, Señor, y Tus fieles devotos te bendicen.*
כ *Ellos dirán de la gloria de Tu Reino y hablarán de Tus poderosos actos.*
ל *Él hace que el hombre conozca Sus proezas y la gloria de Su espléndido Reino.*
מ *Tuyo es el Reino de todos los mundos y Tu dominio se extiende a toda y cada generación.*
ס *El Señor sostiene a todos aquellos que caen y endereza a los doblegados.*
ע *Los ojos de todos ven con esperanza hacia Ti, y Tú les das su alimento al momento apropiado.*

POTÉAJ ET YADEJA

Conectamos con las letras *Pei*, *Álef* y *Yud* al abrir nuestras manos con las palmas hacia arriba. Nuestra conciencia está enfocada en recibir el sustento y la prosperidad financiera de parte de la Luz a través de nuestras acciones del diezmo y compartir; nuestro Deseo de Recibir para Dar y Compartir. Al hacer esto, también reconocemos que el sustento que recibimos proviene de una Fuente Superior y no de nuestras acciones. Según los sabios, si no meditamos en esta idea en este punto, debemos repetir la oración.

פתוח (שע"ח נהורין למ"ה ולס"ה)

יוד הי ויו הי יוד הי ויו הי (וז' חיוורתי)	פותח את ידך ר"ת פאי
אלף למד אלף למד (ש"ע)	ג'ימ' יאהדונהי ז"ן
יוד הא ואו הא (לז"א)	וחכמה דז"א ו"ק
אדני (ולנוקבא)	יסוד דנוק'

פּוֹתֵחַ potéaj **אֶת** et **יָדֶךָ** yadeja ר"ת פאי וס"ת חתך עם ג' אותיות = דִּיקַרְנוֹסָא

ובאתב"ש הוא סאל, פאי, אמן, יאהדונהי ; ועוד יכוין שם חתך בשילוב יהוה – יוזהתוכה

מצפץ מצפץ מוחין דפנים דאחור **אלהים אלהים**

להמשיך פ"ו אורות לכל מילוי דכל

אחור דפרצופי נה"י וחג"ת	חתך	ואחור דפרצופי נה"י וחג"ת
דפרצוף חג"ת דיצירה דז"א		דיצירה דרחל הנקראת לאה
לף מד י וד ם		לף מד י וד ם
אלף למד הי יוד מם	סאל יאהדונהי	אלף למד הי יוד מם

וּמַשְׂבִּיעַ umasbía חתך עם ג' אותיות = דִּיקַרְנוֹסָא

ובא"ת ב"ש הוא סאל, אמן, יאהדונהי ; ועוד יכוין שם חתך בשילוב יהוה – יוזהתוכה

מצפץ מצפץ מוחין דפנים דאחור **אלהים אלהים**

להמשיך פ"ו אורות לכל מילוי דכל

אחור דפרצופי נה"י וחג"ת	חתך	ואחור דפרצופי נה"י וחג"ת
דפרצוף נה"י דיצירה דז"א		דיצירה דרחל הנקראת לאה
לף מד י וד ם		לף מד י וד ם
אלף למד הי יוד מם		אלף למד הי יוד מם

לְכָל־ lejol יה אדני (להמשיך מוחין ד-יה אל הנוקבא שהיא אדני)

חַי jai כל חי = אהיה אהיה יהוה, בינה ע"ה, חיים

רָצוֹן ratsón מהש ע"ה, ע"ב בריבוע וקס"א ע"ה, אל שדי ע"ה ; ר"ת רחל שהיא המלכות הצריכה לשפע

יוד יוד הי יוד הי ויו יוד הי ויו הי יסוד דאבא

אלף הי יוד הי יסוד דאימא

להמתיק **רחל** וב' דמעין **שך פר**

También debemos meditar en atraer abundancia, sustento y bendiciones a todos los mundos desde el *ratsón* mencionado anteriormente. Debemos meditar y enfocarnos en este versículo porque es la esencia de la prosperidad, y meditar en que Dios esté interviniendo, sustentando y apoyando a toda la Creación.

POTÉAJ ET YADEJA

פ *Abre Tus Manos y satisface el deseo de todo ser viviente.*

צַדִּיק tsadik יְהֹוָהאדנייאהדונהי Adonai (*Yesod*) בְּכָל bejol ב״ן, לכב
דְּרָכָיו derajav וְחָסִיד vejasid בְּכָל bejol ב״ן, לכב מַעֲשָׂיו maasav יבמ, ב״ן:

קָרוֹב karov יְהֹוָהאדנייאהדונהי Adonai (*Maljut*) לְכָל־ lejol יה אדני
קֹרְאָיו korav לְכֹל lejol יה אדני אֲשֶׁר asher
יִקְרָאֻהוּ yikraúhu בֶאֱמֶת veemet אהיה פעמים אהיה, ז״פ ס״ג:

רְצוֹן retsón מהש ע״ה, ע״ב בריבוע וקס״א ע״ה, אל שדי ע״ה יְרֵאָיו yereav יַעֲשֶׂה yaasé
ר״ת ריי וְאֶת־ veet שַׁוְעָתָם shavatam יִשְׁמַע yishmá וְיוֹשִׁיעֵם veyoshiem:

שׁוֹמֵר shomer כ״א הויות שבתפילין יְהֹוָהאדנייאהדונהי Adonai (*Nétsaj*)
אֶת־ et כָּל־ col ילי אֹהֲבָיו ohavav ר״ת אכא
וְאֵת veet כָּל־ col ילי הָרְשָׁעִים hareshaim יַשְׁמִיד yashmid:

תְּהִלַּת tehilat יְהֹוָהאדנייאהדונהי Adonai (*Hod*) יְדַבֶּר yedaber ראה פִּי pi
וִיבָרֵךְ vivarej ע״ב ס״ג מ״ה ב״ן, הברכה (למתק את ז׳ המלכים שמתו) כָּל col ילי
בָּשָׂר basar שֵׁם Shem קָדְשׁוֹ kodshó לְעוֹלָם leolam ריבוע ס״ג ו״י אותיות דס״ג
וָעֶד vaed: וַאֲנַחְנוּ vaanajnu נְבָרֵךְ nevarej יָהּ Yah מֵעַתָּה meatá
וְעַד־ vead עוֹלָם olam הַלְלוּיָהּ haleluyá אלהים, אהיה אדני ; ללה:

LOS CINCO SALMOS

Al principio y la final de estos cinco Salmos, encontramos la palabra *Haleluyá*, que significa “Alaben al Señor”. Como la Kabbalah siempre dice, Dios no necesita nuestra alabanza. La palabra es un código; estas diez *Haleluyás* nos conectan con las Diez *Sefirot*. Nos ayudan a ascender a la cima del Mundo de Formación, *Yetsirá*.

צ *El Señor es justo en todos Sus caminos y virtuoso en todas Sus obras.*
ק *El Señor está cerca de todos los que lo llaman, de todos aquellos que lo llaman sinceramente.*
ר *Él cumplirá la voluntad de aquellos que le temen; Él escucha sus clamores y los salva.*
ש *El Señor protege a todos los que lo aman y destruye a los impíos.*
ת *Mis labios proclamarán la alabanza al Señor y toda criatura bendecirá Su Santo Nombre, por siempre y por la eternidad”* (Salmos 145). *“Y bendeciremos a Dios por siempre y por la eternidad. ¡Aleluya!”* (Salmos 115:18).

Diez veces *Haleluyá* es el *tikún* de las Diez *Sefirot* de *Briá* en *Yetsirá*.

EL PRIMER SALMO – MALJUT Y YESOD

Este primer Salmo contiene *Yud, Hei, Vav* y *Hei* (el Tetragrámaton – יהוה), nueve veces. Este nueve está vinculado a las nueve *Sefirot* superiores, desde *Yesod* hasta *Kéter*. La energía de nuestra dimensión, el Mundo de *Maljut*, es receptora. Al igual que la Luna, *Maljut* no tiene Luz propia y atrae su Luz de las nueve dimensiones superiores mediante nuestras acciones espirituales de transformación.

(***Maljut* de *Yetsirá***) הַלְלוּיָהּ haleluyá אלהים, אהיה אדני ; ללה הַלְלִי halelí

נַפְשִׁי nafshí אֶת־ et יְהֹוָהאדניאהדונהי Adonai (*Kéter*): אֲהַלְלָה ahalelá מ״ה יה יהוה

יְהֹוָהאדניאהדונהי Adonai (*Jojmá*) בְּחַיָּי bejayai אֲזַמְּרָה azamera

לֵאלֹהַי leElohai מילוי ע״ב, דמב ; ילה בְּעוֹדִי beodí ר״ת וס״ת הפסוק = אמן (יאהדונהי):

אַל־ al תִּבְטְחוּ tivtejú בִנְדִיבִים vinedivim בְּבֶן־ bevén אָדָם adam

שֶׁאֵין sheéin לוֹ lo תְשׁוּעָה teshuá: תֵּצֵא tetsé רוּחוֹ rujó יָשֻׁב yashuv

לְאַדְמָתוֹ leadmató בַּיּוֹם bayom ע״ה נגד, מזבח, זן, אל יהוה הַהוּא hahú

אָבְדוּ avdú עֶשְׁתֹּנֹתָיו eshtonotav: אַשְׁרֵי ashrei שֶׁאֵל sheEl ייא״י (מילוי דס״ג)

יַעֲקֹב Yaakov ד׳ הויות, יאהדונהי אידהנויה בְּעֶזְרוֹ beezró שִׂבְרוֹ sivró

עַל al יְהֹוָהאדניאהדונהי Adonai (***Biná***) אֱלֹהָיו Elohav ילה: עֹשֶׂה osé

שָׁמַיִם shamáyim י״פ טל, י״פ כוזו וָאָרֶץ vaárets אֶת־ et הַיָּם hayam ילי

וְאֶת־ veet כָּל־ col ילי אֲשֶׁר־ asher בָּם bam שם בן מ״ב הַשֹּׁמֵר hashomer

אֱמֶת emet אהיה פעמים אהיה, ד״פ ס״ג לְעוֹלָם leolam ריבוע ס״ג וי׳ אותיות דס״ג:

עֹשֶׂה osé מִשְׁפָּט mishpat ע״ה ה״פ אלהים לַעֲשׁוּקִים laashukim נֹתֵן notén

אבגיתץ, ושר לֶחֶם léjem ג׳ הויות לָרְעֵבִים lareevim יְהֹוָהאדניאהדונהי Adonai

(***Jésed***) מַתִּיר matir אֲסוּרִים asurim: יְהֹוָהאדניאהדונהי Adonai (***Guevurá***)

פֹּקֵחַ pokéaj מ״ה קמ״ג עִוְרִים ivrim יְהֹוָהאדניאהדונהי Adonai (***Tiféret***) זֹקֵף zokef

כְּפוּפִים quefufim יְהֹוָהאדניאהדונהי Adonai (***Nétsaj***) אֹהֵב ohev צַדִּיקִים tsadikim:

LOS CINCO SALMOS – EL PRIMER SALMO

"¡Aleluya! ¡Mi alma alaba al Señor! Yo alabaré al Señor mientras viva. Cantaré alabanzas a mi Dios mientras yo exista. No confíen en nobles, ni en mortales que no tienen salvación. Su aliento se va y vuelven al polvo. Ese día, sus pensamientos perecen. Feliz es aquel que se apoya en el Dios de Yaakov, y pone su esperanza en el Señor, su Dios. Él que hizo el Cielo y la Tierra; el mar y todo lo que hay en ellos; que guarda su verdad por siempre; hace justicia a los oprimidos; da pan al hambriento. El Señor libera a los prisioneros. El Señor otorga visión los ciegos. El Señor endereza a los que están doblegados. El Señor ama a los justos.

יְהֹוָהאדניאהדונהי Adonai (*Hod*) שֹׁמֵר shomer אֶת־ et גֵּרִים guerim ר"ת = שדי

יָתוֹם yatom יוסף (ויהי יוסף יפה תואר ויפה מראה) וְאַלְמָנָה vealmaná

יְעוֹדֵד yeoded ר"ת = יהוה וְדֶרֶךְ vedérej ב"פ יב"ק, ע"ב קס"א רְשָׁעִים reshaim

יְעַוֵּת yeavet ר"ת רי"ו: יִמְלֹךְ yimloj יהוואדניאהדונהי Adonai (*Yesod*)

לְעוֹלָם leolam ריבוע ס"ג וי' אותיות דס"ג אֱלֹהַיִךְ Eloháyij ילה צִיּוֹן Tsiyón

יוסף, ו' הויות, קנאה לְדֹר ledor וָדֹר vador רי"ו ; ר"ת אצלו (רמז שמלכות אצל ז"א

אע"פ שאין הויה כנגדה) (*Yesod de Yetsirá*) הַלְלוּיָהּ haleluyá אלהים, אהיה אדני ; ללה:

EL SEGUNDO SALMO – LAS DOS SEFIROT SIGUIENTES

El poder de este Salmo nos ayuda a equilibrar nuestros actos de juicio y misericordia hacia las demás personas.

Este Salmo contiene el Nombre: יהוה cinco veces, que corresponde a los cinco *Jasadim* (Misericordias) a través de los cuales las cinco *Guevurot* (Juicios) son endulzadas. Este Salmo contiene 139 palabras (con el *Colel*) que es el valor numérico de *cóaj* (fortaleza) y *Yabok* (אלהים + יהוה = יב"ק – un código para endulzar el Juicio).

הַלְלוּיָהּ haleluyá אלהים, אהיה אדני ; ללה כִּי־ qui טוֹב tov והו ; כי טוב =

יהוה אהיה, אום, מבה, יזל (*Yesod*) זַמְּרָה zamera אֱלֹהֵינוּ Eloheinu ילה (*Hod*) כִּי־ qui

נָעִים naim (*Nétsaj*) נָאוָה navá תְהִלָּה tehilá ע"ה אמת, אהיה פעמים אהיה, ז"פ ס"ג:

בּוֹנֵה boné ס"ג יְרוּשָׁלַםִ Yerushaláyim יְהֹוָהאדניאהדונהי Adonai (**Primer** ***Jésed***)

נִדְחֵי nidjei ע"ב, ריבוע יהוה יִשְׂרָאֵל Yisrael יְכַנֵּס yejanés:

הָרֹפֵא harofé לִשְׁבוּרֵי lishvurei לֵב lev ר"ת ללה, אדני

El Señor protege a los conversos y sostiene al huérfano y a la viuda y entorpece el camino de los malvados. El Señor reinará por siempre, tu Dios, Sión, para todas las generaciones. ¡Aleluya!" (Salmos 146).

EL SEGUNDO SALMO

"¡Aleluya! Porque es bueno cantar alabanzas a nuestro Dios. Porque es grato y agradable alabarlo. El Señor edifica Jerusalén. Reúne a los dispersos de Israel. Sana a los de corazón quebrantado.

UMEJABESH LEATSVOTAM

Según el *Zóhar*, este versículo libera la energía de inmortalidad, acelerando su llegada. Al liberar la energía de inmortalidad en nuestra atmósfera espiritual, estamos ayudando a impulsar a investigadores médicos, biólogos, genetistas y a todos los demás científicos en su búsqueda para encontrar los secretos de la longevidad, el antienvejecimiento y la regeneración de células y órganos humanos.

וּמְחַבֵּשׁ umejabesh לְעַצְּבוֹתָם leatsvotam:

מוֹנֶה moné מִסְפָּר mispar לַכּוֹכָבִים lacojavim לְכֻלָּם lejulam

שֵׁמוֹת shemot יִקְרָא yikrá: גָּדוֹל gadol להחו ; עם ד' אותיות = מבה, יזל, אום

אֲדוֹנֵינוּ adoneinu וְרַב־ verav כֹּחַ cóaj ע"ב ס"ג מ"ה ב"ן, וד' כוללים

לִתְבוּנָתוֹ litvunató אֵין ein מִסְפָּר mispar: מְעוֹדֵד meoded עֲנָוִים anavim

יְהֹוָהאדהנויאהדונהי Adonai (Segundo *Jésed*) מַשְׁפִּיל mashpil רְשָׁעִים reshaim

עֲדֵי־ adei אָרֶץ árets: עֱנוּ enu לַיהֹוָהאדהנויאהדונהי laAdonai (Tercer *Jésed*)

בְּתוֹדָה betodá זַמְּרוּ zameru לֵאלֹהֵינוּ leEloheinu ילה בְּכִנּוֹר vejinor:

הַמְכַסֶּה hamejasé שָׁמַיִם shamáyim י"פ טל, י"פ כוזו בְּעָבִים beavim

הַמֵּכִין hamejín לָאָרֶץ laárets מָטָר matar ר"ת מלה הַמַּצְמִיחַ hamatsmíaj

הָרִים harim חָצִיר jatsir: נוֹתֵן notén אבגיתץ, ושר לִבְהֵמָה livehemá ב"ן

לַחְמָהּ lajmá לִבְנֵי livnei עֹרֵב órev אֲשֶׁר asher יִקְרָאוּ yikraú:

לֹא lo בִגְבוּרַת vigvurat הַסּוּס hasús ריבוע אדני, כוק יֶחְפָּץ yejpats

לֹא־ lo בְשׁוֹקֵי veshokei הָאִישׁ haísh (*Nétsaj* y *Hod*) יִרְצֶה yirtsé:

UMEJABESH LEATSVOTAM

Y venda sus aflicciones. Cuenta el número de las estrellas. A todas les da sus nombres. Grande es Nuestro Señor e inmenso en poder. Su entendimiento es infinito. El Señor sostiene a los humildes, y echa por tierra a los malvados. Canten al Señor con alabanzas. Toquen la cítara a nuestro Dios. A Él que cubre el cielo de nubes, que provee la lluvia a la Tierra, que hace brotar hierba en las montañas, dispensa alimento a la bestia y a los pichones del cuervo que lo reclaman. Él no se complace con la fuerza del caballo, ni se complace en las piernas de un hombre.

רוֹצֶה rotsé יְהֹוָה יאהדונהי Adonai (**Cuarto** ***Jésed***) אֶת־ et יְרֵאָיו yereav

אֶת־ et הַמְיַחֲלִים hameyajalim ייי לְחַסְדּוֹ lejasdó ג' הויות, מזלא

(להמשיך הארה ממזלא עילאה): שַׁבְּחִי shabjí יְרוּשָׁלַםִ Yerushaláyim אֶת־ et

יְהֹוָה יאהדונהי Adonai (**Quinto** ***Jésed***) הַלְלִי halelí אֱלֹהַיִךְ Eloháyij ילה

צִיּוֹן Tsiyón יוסף, ו' הויות, קנאה: כִּי־ qui חִזַּק jizak פהל בְּרִיחֵי berijei

שְׁעָרָיִךְ shearáyij בֵּרַךְ beraj בָּנַיִךְ banáyij בְּקִרְבֵּךְ bekirbej:

הַשָּׂם־ hasam גְּבוּלֵךְ guevulej שָׁלוֹם shalom חֵלֶב jélev חִטִּים jitim

יַשְׂבִּיעֵךְ yasbiej: הַשֹּׁלֵחַ hasholéaj אִמְרָתוֹ imrató אָרֶץ árets ר"ת האא

עַד־ ad מְהֵרָה meherá יָרוּץ yaruts דְּבָרוֹ devaró ראה:

הַנֹּתֵן hanotén אבג יתץ, ושר שֶׁלֶג shéleg אלף אלף אלף אלף ד"ג אהיה כַּצָּמֶר catsámer מצר

כְּפוֹר quefor כָּאֵפֶר caéfer יְפַזֵּר yefazer: מַשְׁלִיךְ mashlij קַרְחוֹ karjó

כְפִתִּים jefitim לִפְנֵי lifnei קָרָתוֹ karató מִי mi ילי יַעֲמֹד yaamod:

יִשְׁלַח yishlaj דְּבָרוֹ devaró ראה וְיַמְסֵם veyamsem יַשֵּׁב yashev רוּחוֹ rujó

יִזְּלוּ־ yizlú מָיִם máyim: מַגִּיד maguid דְּבָרָיו devarav ראה (כתיב: דברו)

לְיַעֲקֹב leYaakov ז' הויות, יאהדונהי אידהנויה חֻקָּיו jukav וּמִשְׁפָּטָיו umishpatav

לְיִשְׂרָאֵל leYisrael (***Hod***): לֹא lo עָשָׂה asá כֵן jen לְכָל־ lejol יה אדני

גּוֹי goy וּמִשְׁפָּטִים umishpatim בַּל־ bal ל"ב נתיבות שבקדושה וכנגדם ל"ב בס"א (בלעם ובלק)

ר"ת = סמאל יְדָעוּם yedaum (***Hod***) הַלְלוּיָהּ haleluyá אלהים, אהיה אדני ; ללה:

El Señor se complace en los que le temen, en los que esperan Su misericordia. Glorifica al Señor, Jerusalén. Alaba a tu Dios, Sión, porque Él ha fortalecido las barras de tus portones, ha bendecido a tus hijos dentro de ti, ha impuesto paz en las fronteras, te da en abundancia con lo mejor del trigo, envía Sus mensajes sobre la Tierra, Su palabra corre con rapidez, hace caer la nieve como lana y esparce la escarcha como ceniza. Él arroja granizo como migajas. ¿Quién puede soportar Su frío? Él emite Su palabra y éste se derrite. Hace que sople Su viento y fluyen las aguas. Revela Su palabra a Yaakov y Sus leyes y justicias a Israel. No ha obrado así con ningún otro pueblo, ni le dio a conocer sus mandamientos. ¡Aleluya!" (Salmos 147).

EL TERCER SALMO (HALEL DIARIO) – TIFÉRET Y GUEVURÁ

En este Salmo, damos gracias al Creador, pero lo que en realidad estamos haciendo es reconocer que no somos merecedores de nada, que los regalos en nuestra vida superan con creces a nuestros esfuerzos. Esto no proviene de tener un sentimiento de baja autoestima sino, más bien, de un sentido combinado de humildad y apreciación por todo lo que recibimos en la vida.

Debes ser muy cuidadoso con ese Salmo y decirlo lentamente con una meditación profunda y genuina, porque aquí los sabios dicen: "Mi porción estará con aquellos que reciten el *Halel* diariamente". Hay 14 versículos para la palabra *yad* (mano) cuyo valor numérico es 14, esto nos conecta con la *Yad Ramá* (Columna Central) y *Yad Jazaká* (Columna Izquierda).

(*Tiféret de Yetsirá*) הַלְלוּיָהּ haleluyá אלהים, אהיה אדני ; ללה הַלְלוּ halelú (*Asiyá*)

אֶת־ et יְהֹוָהאדניאהדונהי Adonai ; ר״ת אהיה מִן־ min הַשָּׁמַיִם hashamáyim

י״פ טל, י״פ כוזו ; ר״ת מ״ה הַלְלוּהוּ haleluhu (*Yetsirá*) בַּמְּרוֹמִים bameromim:

הַלְלוּהוּ haleluhu (*Briá*) כָל jol ילי מַלְאָכָיו malajav הַלְלוּהוּ haleluhu

(*Atsilut*) כָּל col ילי צְבָאָו tsevaav ר״ת הפסוק = ע״ב ס״ג מ״ה ; ס״ת הפסוק = אהיה ס״ג:

הַלְלוּהוּ haleluhu שֶׁמֶשׁ shémesh וְיָרֵחַ veyaréaj הַלְלוּהוּ haleluhu כָּל col ילי

כּוֹכְבֵי cojvei אוֹר or רז, אין סוף: הַלְלוּהוּ haleluhu שְׁמֵי shmei

הַשָּׁמָיִם hashamáyim י״פ טל, י״פ כוזו וְהַמַּיִם vehamáyim אֲשֶׁר asher מֵעַל meal

עלם הַשָּׁמָיִם hashamáyim י״פ טל, י״פ כוזו ; ר״ת מ״ה: יְהַלְלוּ yehalelú אֶת־ et

שֵׁם Shem יְהֹוָהאדניאהדונהי Adonai כִּי qui הוּא Hu צִוָּה tsivá וְנִבְרָאוּ venivraú:

וַיַּעֲמִידֵם vayaamidem לָעַד laad ב״פ ב״ן לְעוֹלָם leolam ריבוע ס״ג ו״י אותיות דס״ג

חָק־ jok נָתַן natán וְלֹא veló ס״ת קנ״א (אלף הה יוד הה, מקוה), אדני אלהים

יַעֲבוֹר yaavor רפ״ח (להעלות רפ״ח ניצוצות שנפלו לקליפה דמשם באים התחלואים):

EL TERCER SALMO

"¡Aleluya! Alaben al Señor desde los Cielos. Alábenle en las alturas. Alábenle todos Sus ángeles. Alábenle todos Sus ejércitos. Alábenle el Sol y la Luna. Alábenle todas las luminarias. Alábenle los Cielos Superiores, y las aguas que están sobre los Cielos. Alaben el Nombre del Señor, porque Él lo ordenó y fueron creados. Él los estableció por siempre y para siempre. Él impuso una ley que no será trasgredida.

הַלְלוּ halelú אֶת־ et יְהֹוָהאדניאהדונהי Adonai מִן min הָאָרֶץ haárets אלהים דההין ע״ה
תַּנִּינִים taninim וְכָל־ vejol ילי תְּהֹמוֹת: tehomot אֵשׁ esh וּבָרָד uvarad
שֶׁלֶג shéleg אלף אלף אלף דג׳ אהיה וְקִיטוֹר vekitor רוּחַ rúaj סְעָרָה seará
עֹשָׂה osá דְבָרוֹ devaró ראה: הֶהָרִים heharim וְכָל־ vejol ילי גְּבָעוֹת guevaot
עֵץ ets פְּרִי perí וְכָל vejol ילי אֲרָזִים: arazim הַחַיָּה hajayá וְכָל־ vejol ילי
בְּהֵמָה behemá ב״ן רֶמֶשׂ remes וְצִפּוֹר vetsipor כָּנָף canaf ע״ה קנ״א, אדני אלהים:
מַלְכֵי maljei אֶרֶץ érets וְכָל־ vejol ילי לְאֻמִּים leumim שָׂרִים sarim
וְכָל־ vejol ילי שֹׁפְטֵי shoftei אָרֶץ: árets בַּחוּרִים bajurim וְגַם־ vegam
בְּתוּלוֹת betulot זְקֵנִים zekenim עִם־ im נְעָרִים: nearim יְהַלְלוּ yehalelú
אֶת־ et שֵׁם Shem יְהֹוָהאדניאהדונהי Adonai כִּי־ qui נִשְׂגָּב nisgav
שְׁמוֹ Shemó מהש ע״ה, ע״ב בריבוע וקס״א ע״ה, אל שדי ע״ה לְבַדּוֹ levadó שם בן מ״ב
הוֹדוֹ hodó אהיה עַל־ al אֶרֶץ érets וְשָׁמָיִם veshamáyim י״פ טל, י״פ כוזו:
וַיָּרֶם vayarem קֶרֶן keren לְעַמּוֹ leamó תְּהִלָּה tehilá ע״ה אמת, אהיה פעמים אהיה, ז״פ ס״ג
לְכָל lejol יה אדני וַחֲסִידָיו jasidav לִבְנֵי livnei יִשְׂרָאֵל Yisrael
עַם־ am קְרֹבוֹ kerovó (*Guevurá* de *Yetsirá*) הַלְלוּיָהּ haleluyá אלהים, אהיה אדני ; ללה:

EL CUARTO SALMO (SHIRU) – JÉSED

Este Salmo está compuesto de nueve versículos que se refieren a nueve "cielos" que separan a los Mundos Superiores del Mundo Inferior. Esta idea de separación es una referencia directa al concepto del tiempo y su relación con la ley de causa y efecto. Mediante estos versículos, manipulamos el tiempo y acortamos la distancia entre causa y efecto.

Para permitir que expresemos nuestra característica exclusivamente humana del libre albedrío, el tiempo es insertado en el proceso de causa y efecto. Este espacio le da al Satán, nuestro ego, y a nuestros pensamientos egoístas limitantes la oportunidad de desafiarnos. El Satán nos hace creer que nos salimos con la nuestra al hacer acciones negativas. Él nos hace creer que la vida es injusta y que el buen comportamiento no es recompensado. Cambiarnos a nosotros mismos y a nuestro sistema de creencias se hace más difícil. Ahora que estamos acercándonos al fin de los tiempos —la Corrección Final— podemos acortar la separación entre causa y efecto y cosechar las recompensas de nuestro comportamiento positivo mucho más rápidamente. De la misma manera, nuestras acciones negativas producirán retaliaciones más rápidas. El resultado en ambas situaciones es un cambio acelerado de nuestra parte.

Alaben al Señor desde la Tierra, los grandes peces marinos y todas las profundidades. El fuego y el granizo, la nieve y el vapor, el viento tormentoso cumple Su palabra. Las montañas y todas las colinas, los árboles frutales y todos los cedros, las bestias y todo el ganado, los reptiles y las aves, los reyes de la Tierra y todos los pueblos, príncipes y todos los jueces de la Tierra; jóvenes y doncellas, ancianos y niños, alaben todos el Nombre del Señor, porque sólo Su Nombre es digno de ser ensalzado. Su gloria está por encima de la Tierra y del Cielo. Y Él exalta las palabras de Su pueblo, una alabanza para todos Sus fieles, para los Hijos de Israel, pueblo cercano a Él. ¡Aleluya!" (Salmos 148).

Hay 61 palabras en este Salmo, como el valor numérico de los Nombres: *Álef Guímel Lámed Álef* (אגלא = 35), que también es igual a *Álef Lámed Dálet* אלד más יהוה (26), para darnos protección contra el Mal de Ojo.

(*Jésed de Yetsirá*) הַלְלוּיָהּ haleluyá אלהים, אהיה אדני ; ללה שִׁירוּ shiru

לַיהֹוָהאדניאהדונהי laAdonai שִׁיר shir חָדָשׁ jadash י״ב הויות, קס״א קנ״א

תְּהִלָּתוֹ tehilató בִּקְהַל bikhal חֲסִידִים jasidim: יִשְׂמַח yismaj משיח

יִשְׂרָאֵל Yisrael בְּעֹשָׂיו beosav בְּנֵי־ benei צִיּוֹן Tsiyón יוסף, ו׳ הויות, קנאה

יָגִילוּ yaguilu בְמַלְכָּם vemalcam: יְהַלְלוּ yehalelú שְׁמוֹ Shemó מהש ע״ה,

ע״ב בריבוע וקס״א ע״ה, אל שדי ע״ה בְמָחוֹל vemajol בְּתֹף betof וְכִנּוֹר vejinor

יְזַמְּרוּ־ yezameru לוֹ lo: כִּי qui רוֹצֶה rotsé יְהֹוָהאדניאהדונהי Adonai

בְּעַמּוֹ beamó ר״ת = ע״ב ס״ג מ״ה ב״ן, הברכה (למתק את ז׳ המלכים שמתו) ; ס״ת יהוה

יְפָאֵר yefaer עֲנָוִים anavim בִּישׁוּעָה bishuá פוי, אל אדני ; ר״ת הפסוק = שדי:

יַעְלְזוּ yalzú ג״פ אם (אותיות דפשוט, דמילוי ודמילוי דמילוי דג״פ אהיה) חֲסִידִים jasidim

בְּכָבוֹד bejavod בוכו, ובאתב״ש הוא שם שלשפ״ק המומתק את ג׳ אם דלעיל (והוא עולה למנין

עסמ״ב קס״א קנ״א קמ״ג וג״פ אם הנ״ל) יְרַנְּנוּ yeranenú עַל־ al מִשְׁכְּבוֹתָם mishquevotam:

רוֹמְמוֹת romemot אֵל El יא״י (מילוי דס״ג) בִּגְרוֹנָם bigronam

ר״ת = קנ״א ב״ן, יהוה אלהים אדני, מילוי קס״א וס״ג, מ״ה ברבוע ע״ב ע״ה

וְחֶרֶב vejérev רי״ו פִּיפִיּוֹת pifiyot בְּיָדָם beyadam: לַעֲשׂוֹת laasot

נְקָמָה nekamá מנק בַּגּוֹיִם bagoyim תּוֹכֵחוֹת tojejot בַּלְאֻמִּים baleumim:

לֶאְסֹר lesor מַלְכֵיהֶם maljeihem בְּזִקִּים bezikim וְנִכְבְּדֵיהֶם venijbedeihem

בְּכַבְלֵי bejavlei בַרְזֶל varzel ר״ת בלהה, רחל, זלפה, לאה : לַעֲשׂוֹת laasot

בָּהֶם bahem מִשְׁפָּט mishpat ע״ה ה״פ אלהים כָּתוּב catuv הָדָר hadar הוּא hu

לְכָל־ lejol יה אדני חֲסִידָיו jasidav הַלְלוּיָהּ haleluyá אלהים, אהיה אדני ; ללה:

EL CUARTO SALMO

"¡Aleluya! Canten al Señor un nuevo cántico y resuene Su alabanza en la congregación de los fieles. Regocíjese Israel en su Creador. Alégrense los Hijos de Sión en su Rey. Alaben Su Nombre con danzas. Cántenle alabanzas con tamboril y cítara. Porque el Señor se complace en Su pueblo. Corona con triunfo a los humildes. Regocíjense los fieles en Su gloria y canten con alegría en sus lechos. Estén las alabanzas de Dios en su boca y una espada de dos filos en su mano para ejecutar venganza sobre las naciones y castigar a los pueblos y atar a sus reyes con cadenas y a sus nobles con grillos de hierro y aplicar a ellos la sentencia dictada. Él es la gloria de todos Sus fieles, ¡Aleluya!" (Salmos 149).

EL QUINTO SALMO (HALELÚ EL) – LAS TRES SEFIROT SUPERIORES

Los seis versículos que se encuentran aquí nos conectan con Me-ta-trón (**no pronunciar**), el ángel más elevado de todos. El nombre arameo para Me-ta-trón contiene seis letras: *Mem, Tet, Tet, Resh, Vav* y *Nun* final. Cada versículo en esta conexión ayuda a formar el nombre. Debido a que Me-ta-trón controla a todos los ángeles en el mundo espiritual, él puede ayudarnos a tener el control sobre nuestro mundo físico y a asistirnos en el logro de nuestro trabajo espiritual.

Este Salmo tiene seis versículos por las seis letras del Ángel מטטרו"ן (**no pronunciar**) de *Yetsirá* para elevar a *Asiyá* en él. El Ángel סנדלפו"ן (**no pronunciar**) tiene siete letras y, por este motivo, repetimos el sexto versículo para completar el séptimo. También decimos este Salmo para conectar con las tres *Sefirot* Superiores de *Yetsirá*. Esto incluye a todas las Diez *Sefirot* de *Yetsirá* con el secreto de los Diez *Haleluyás*.

אל (ייא"י מילוי דס"ג) אותיות בפסוק הַלְלוּיָהּ haleluyá (***Kéter***) אלהים, אהיה אדני ; ללה

הַלְלוּ־ halelú אֵל El ייא"י (מילוי דס"ג) בְּקָדְשׁוֹ bekodshó

הַלְלוּהוּ haleluhu (***Jojmá***) בִּרְקִיעַ birkía עֻזּוֹ uzó ס"ת = ע"ב ב"ן:

הַלְלוּהוּ haleluhu (***Biná***) בִגְבוּרֹתָיו vigvurotav הַלְלוּהוּ haleluhu (***Jésed***)

כְּרֹב querov גֻּדְלוֹ: gudló הַלְלוּהוּ haleluhu (***Guevurá***) בְּתֵקַע beteka

שׁוֹפָר shofar הַלְלוּהוּ haleluhu (***Tiféret***) בְּנֵבֶל benével וְכִנּוֹר: vejinor

הַלְלוּהוּ haleluhu (***Nétsaj***) בְתֹף betof וּמָחוֹל umajol הַלְלוּהוּ haleluhu (***Hod***)

בְּמִנִּים beminim וְעֻגָב: veugav הַלְלוּהוּ haleluhu (***Yesod***) בְּצִלְצְלֵי־ vetsiltselei

שָׁמַע shamá הַלְלוּהוּ haleluhu (***Maljut***) בְּצִלְצְלֵי betsiltselei תְרוּעָה: truá

כֹּל col ילי הַנְּשָׁמָה haneshamá תְּהַלֵּל tehalel ר"ת כהת, משיח בן דוד ע"ה

יָהּ Yah הַלְלוּיָהּ haleluyá אלהים, אהיה אדני ; ללה:

כֹּל col ילי הַנְּשָׁמָה haneshamá תְּהַלֵּל tehalel ר"ת כהת, משיח בן דוד ע"ה

יָהּ Yah הַלְלוּיָהּ haleluyá אלהים, אהיה אדני ; ללה:

EL QUINTO SALMO

"¡Aleluya! Alaben a Dios en Su Santuario. Alábenle en Su poderoso firmamento; alábenle por Sus grandes proezas; alábenle conforme a Su grandeza; alábenle con el toque del Shofar; alábenle con el arpa y la cítara; alábenle tamboriles y danzas; alábenle con laúdes y flautas; alábenle con resonantes platillos; alábenle con platillos reverberantes. ¡Alaben al Señor todas las almas! ¡Aleluya! ¡Alaben al Señor todas las almas! ¡Aleluya!" (Salmos 150).

BARUJ

Cada uno de esos cuatro versículos es un conducto para las cuatro letras en *Yud, Hei, Vav* y *Hei* (יהוה), que nos ayudan a saltar a la parte superior del Mundo de Formación, *Atsilut* de *Yetsirá.*

י

בָּרוּךְ Baruj יְהֹוָהאדנהיאהדונהי Adonai לְעוֹלָם leolam ריבוע דס"ג וי' אותיות דס"ג

אָמֵן Amén יאהדונהי וְאָמֵן veAmén יאהדונהי ; ר"ת לאו:

ה

בָּרוּךְ Baruj יְהֹוָהאדנהיאהדונהי Adonai מִצִּיּוֹן miTsiyón יוסף, ו' הויות, קנאה

שֹׁכֵן shojén יְרוּשָׁלָיִם Yerushaláyim הַלְלוּיָהּ haleluyá אלהים, אהיה אדני ; ללה:

ו

בָּרוּךְ Baruj יְהֹוָהאדנהיאהדונהי Adonai אֱלֹהִים Elohim אהיה אדני ; ילה

אֱלֹהֵי Elohei מילוי דע"ב, דמב ; ילה יִשְׂרָאֵל Yisrael

עֹשֵׂה osé נִפְלָאוֹת niflaot לְבַדּוֹ levadó שם בן מ"ב:

ה

וּבָרוּךְ uvaruj שֵׁם Shem כְּבוֹדוֹ quevodó לְעוֹלָם leolam ריבוע דס"ג וי' אותיות דס"ג

וְיִמָּלֵא veyimalé כְבוֹדוֹ jevodó אֶת־ et כָּל־ col ילי

הָאָרֶץ haárets אלהים דההין ע"ה אָמֵן Amén יאהדונהי וְאָמֵן veAmén יאהדונהי:

BARUJ

"Bendito es el Señor por siempre, Amén y Amén" (Salmos 89:53).

"Bendito es el Señor desde Sión, quien habita en Jerusalén. ¡Aleluya!" (Salmos 135:21).

"Bendito es el Señor, nuestro Dios, el Dios de Israel, el único que realiza maravillas. Y bendito es Su Nombre glorioso, para siempre. Que Su gloria llene todo el mundo, Amén y Amén" (Salmos 72:18-19).

VAYEVAREJ DAVID – EL PUNTO MÁS ELEVADO DEL MUNDO DE FORMACIÓN (*YETSIRÁ*)

Los kabbalistas nos enseñan que hay dos prerrequisitos para activar el poder de una oración:
1) Entender el significado interno de la oración y
2) Tener certeza de que la oración producirá la Luz y energía que está destinada a generar.

La siguiente oración nos imbuye con el poder de la certeza. *Vadái* ודאי (certeza) es creada por la primera letra de cada una de las primeras cuatro palabras en esta oración. Cualquiera que recite esta oración despierta una sensación intensa de certeza en su vida. Si no tenemos la certeza de que esta oración funcionará, entonces no lo hará. El trabajo del Satán es llenarnos de incertidumbre cada vez que puede, incluso mientras leemos estas palabras. Esta oración combate nuestras dudas e incertidumbres, y nos llena de convicción y certidumbre.

Tikún de *Atsilut* de *Yetsirá*
Hasta la Canción del Mar tenemos diez veces el Nombre: יהוה, cinco por *Jasadim* y cinco por *Guevurot*.

Ponte de pie mientras recitas "*Vayevarej David*".

וַיְבָרֶךְ vayevarej ע״ב ס״ג מ״ה ב״ן, הברכה (למתק את ז׳ המלכים שמתו) דָּוִיד David

אֶת־ et יְהֹוָאדהנּהי Adonai (Primer *Jésed*) ; ר״ת ודאי (=אהיה) (בשׂם זה עלה משה למרום

וְהוא מגן ממלאכי חבלה) לְעֵינֵי leeinei ריבוע מ״ה כָּל col ילי הַקָּהָל hakahal

וַיֹּאמֶר vayómer דָּוִיד David ר״ת = אדני בָּרוּךְ Baruj אַתָּה Atá

יְהֹוָאדהנּהי Adonai (Segundo *Jésed*) אֱלֹהֵי Elohei מילוי ע״ב, דמב ; ילה

יִשְׂרָאֵל Yisrael יהוה אלהי ישראל = תרי״ג (מצוות) אָבִינוּ avinu מֵעוֹלָם meolam

וְעַד־ vead עוֹלָם olam: לְךָ lejá יְהֹוָאדהנּהי Adonai (Tercer *Jésed*)

הַגְּדֻלָּה haguedulá וְהַגְּבוּרָה vehaGuevurá ר״י וְהַתִּפְאֶרֶת vehaTiféret

וְהַנֵּצַח vehaNétsaj וְהַהוֹד vehaHod ההה כִּי־ qui כֹל jol ילי

בַּשָּׁמַיִם bashamáyim י״פ טל, י״פ כוזו וּבָאָרֶץ uvaárets לְךָ lejá

יְהֹוָאדהנּהי Adonai (Cuarto *Jésed*) הַמַּמְלָכָה hamamlajá

וְהַמִּתְנַשֵּׂא vehamitnasé לְכֹל lejol אדני יה לְרֹאשׁ lerosh ריבוע אלהים אלהים דיודין

ע״ה: וְהָעֹשֶׁר vehaósher וְהַכָּבוֹד vehacavod לאו מִלְּפָנֶיךָ milfaneja ס״ג מ״ה ב״ן

VAYEVAREJ DAVID

"Entonces David bendijo al Señor ante los ojos de toda la congregación. David dijo: Bendito eres Tú, Señor, el Dios de Israel, nuestro Padre, por siempre y para la eternidad. Tuyas, Señor, son la magnificencia, el poder, la gloria, la victoria y el esplendor. Porque Tuyo es todo lo que está en el Cielo y en la Tierra. Tuyo, Señor, es el reinado; Tú eres excelso por sobre los líderes. Las riquezas y los honores te preceden;

וְאַתָּה veAtá מוֹשֵׁל moshel בַּכֹּל bacol ב"ן, לכב ; ר"ת ומב

En *Jol Hamoed* aquí debemos dar tres monedas como caridad. La primera moneda corresponde a *Leá*, la segunda corresponde a *Maljut* de *Biná* que está en la cabeza de *Zeir Anpín* (de donde proviene *Leá*) y la tercera corresponde a *Rajel*, la *Nukvá* inferior.

וּבְיָדְךָ uveyadjá כֹּחַ cóaj וּגְבוּרָה ugvurá רי"ו ; ר"ת בוכו (אהיה)

וּבְיָדְךָ uveyadjá לְגַדֵּל legadel וּלְחַזֵּק ulejazek פהל לַכֹּל lacol יה אדני:

וְעַתָּה veAtá אֱלֹהֵינוּ Eloheinu ילה מוֹדִים modim כנגד מאה ברכות שתיקן דוד

לאמרם כל יום אֲנַחְנוּ anajnu לָךְ laj וּמְהַלְלִים umehalelim לְשֵׁם leShem

תִּפְאַרְתֶּךָ: tifarteja וִיבָרְכוּ vivarjú יהוה ריבוע יהוה ריבוע מ"ה שֵׁם Shem

כְּבוֹדֶךָ quevodeja ב"ן, לכב וּמְרוֹמַם umeromam עַל־ al כָּל־ col ילי ; עמם

בְּרָכָה brajá וּתְהִלָּה utehilá ע"ה אמות, אהיה פעמים אהיה, ז"פ ס"ג:

אַתָּה־ Atá הוּא Hu יְהֹוָהאדניאהדונהי Adonai **(Quinto *Jésed*)** לְבַדֶּךָ levadeja

אַתָּה Atá עָשִׂיתָ asita אֶת־ et הַשָּׁמַיִם hashamáyim י"פ טל, י"פ כוזו שְׁמֵי shmei

הַשָּׁמַיִם hashamáyim י"פ טל, י"פ כוזו וְכָל־ vejol ילי צְבָאָם tsevaam

הָאָרֶץ haárets אלהים דההין ע"ה וְכָל־ vejol ילי אֲשֶׁר asher עָלֶיהָ aleha פהל

הַיַּמִּים hayamim נלך וְכָל־ vejol ילי אֲשֶׁר asher בָּהֶם bahem

וְאַתָּה veAtá מְחַיֶּה mejayé ס"ג אֶת־ et כֻּלָּם culam וּצְבָא utsvá

הַשָּׁמַיִם hashamáyim י"פ טל, י"פ כוזו לְךָ lejá מִשְׁתַּחֲוִים mishtajavim ר"ת מלה:

אַתָּה־ Atá הוּא Hu יְהֹוָהאדניאהדונהי Adonai **(Primera *Guevurá*)** הָאֱלֹהִים haElohim

אהיה אדני ; ילה ; ר"ת אהיה (Permanece de pie hasta aquí) אֲשֶׁר asher בָּחַרְתָּ bajarta

---

Tú gobiernas sobre todo. En Tu Mano están el poder y la fuerza. Y está en Tu Mano hacer grande y dar fuerza a todos. Ahora, nuestro Dios, te estamos agradecidos y alabamos en Nombre de Tus esplendores" (I Crónicas 29:10-13). "Y ellos bendecirán el Nombre de Tu gloria, que es exaltada sobre todas las bendiciones y alabanzas. Eres sólo Tú, quien es el Señor. Tú hiciste los Cielos y los Cielos Superiores y todos sus ejércitos, la Tierra y todo lo que está sobre ella, los mares y todo lo que contienen, y Tú sostienes la vida en todos ellos. Y los ejércitos de los Cielos se postran ante Ti. Eres Tú, Señor, el Dios, quien escogió

בְּאַבְרָם beAvram וְהוֹצֵאתוֹ vehotsetó מֵאוּר meUr כַּשְׂדִּים Casdim

וְשַׂמְתָּ vesamta שְׁמוֹ shemó מהש ע״ה, ע״ב בריבוע וקס״א ע״ה, אל שדי ע״ה

אַבְרָהָם Avraham וז״פ אל, רי״ו ול״ב נתיבות החכמה, רמ״ח (אברים), עסמ״ב וט״ז אותיות פשוטות:

וּמָצָאתָ umatsata אֶת־ et לְבָבוֹ levavó נֶאֱמָן neemán לְפָנֶיךָ lefaneja

ס״ג מ״ה ב״ן וְכָרוֹת vejarot עִמּוֹ imó הַבְּרִית habrit לָתֵת latet אֶת־ et

אֶרֶץ érets הַכְּנַעֲנִי hacnaaní הַחִתִּי hajití הָאֱמֹרִי haemorí

וְהַפְּרִזִּי vehaprizí וְהַיְבוּסִי vehayevusí וְהַגִּרְגָּשִׁי vehaguirgashí לָתֵת latet

לְזַרְעוֹ lezaró וַתָּקֶם vatakem אֶת־ et דְּבָרֶיךָ devareja ראה כִּי qui

צַדִּיק tsadik אָתָּה Atá: וַתֵּרֶא vateré אֶת־ et עֳנִי oni ריבוע מ״ה

אֲבֹתֵינוּ avoteinu בְּמִצְרָיִם beMitsráyim מצר וְאֶת־ veet זַעֲקָתָם zaakatam

שָׁמַעְתָּ shamata עַל־ al יַם־ yam ילי סוּף Suf: וַתִּתֵּן vatitén ב״פ כהת

אֹתֹת otot וּמֹפְתִים umoftim בְּפַרְעֹה beFaró וּבְכָל־ uvejol ב״ן, לכב

עֲבָדָיו avadav וּבְכָל־ uvejol ב״ן, לכב עַם am אַרְצוֹ artsó כִּי qui יָדַעְתָּ yadata

כִּי qui הֵזִידוּ hezidu עֲלֵיהֶם aleihem וַתַּעַשׂ־ vataas לְךָ lejá שֵׁם shem

כְּהַיּוֹם quehayom ע״ה נגד, מזבח, זן, אל יהוה הַזֶּה hazé והו: וְהַיָּם vehayam ילי

בָּקַעְתָּ bakata לִפְנֵיהֶם lifneihem וַיַּעַבְרוּ vayaavrú בְתוֹךְ־ vetoj

הַיָּם hayam ילי בַּיַּבָּשָׁה bayabashá וְאֶת־ veet רֹדְפֵיהֶם rodfeihem

הִשְׁלַכְתָּ hishlajta בִמְצוֹלֹת vimtsolot ר״ת רהב (שרו של מצרים) כְּמוֹ־ quemó

אֶבֶן even ר״ת = אהיה בְּמַיִם bemáyim עַזִּים azim ר״ת ע״ב, ריבוע יהוה:

---

a Avram y lo sacó de Ur de los Caldeos y le pusiste por nombre Avraham. Hallaste que su corazón te era fiel e hiciste un Pacto con él para darle la tierra de los cananeos, los heteos, los amorreos, los ferezeos, los jebuseos y los gergeseos, cuyas tierras las diste a su descendencia, cumpliendo Tu palabra, porque Tú eres justo. Y viste la aflicción de nuestros padres en Egipto y escuchaste su llanto junto al Mar Rojo. Y realizaste señales y maravillas contra el Faraón y todos sus siervos, porque sabías que obraban con soberbia contra nuestros padres y así te creaste fama hasta el día de hoy. Y partiste el mar delante de ellos, de modo que pasaron por el medio del mar en tierra seca, pero sus perseguidores fueron arrojados por Ti a las profundidades, como una piedra en aguas turbulentas" (Nehemías 9:5-11).

VAYOSHA

Cuando se recita con gran alegría, *Vayosha* tiene el poder de eliminar la negatividad y hacer nuestro proceso de *tikún* mucho más fácil. El proceso de *tikún* se refiere a las correcciones personales que cada individuo vino a hacer en este mundo. Las correcciones que debemos hacer están basadas en nuestros comportamientos negativos y reactivos de esta vida y de vidas anteriores. El *tikún* puede incluir aspectos económicos, de relaciones y de salud, entre otros. Podemos identificar nuestro *tikún* en todas las áreas de nuestra vida al observar dónde estamos experimentando más dificultades.

וַיּוֹשַׁע vayosha יְהֹוָאדהנויאהדונהי Adonai **(Segunda *Guevurá*)** בַּיּוֹם bayom

ע״ה נגד, מזבח, זן, אל יהוה ; ר״ת = וז״ו הַהוּא hahú אֶת־ et יִשְׂרָאֵל Yisrael

מִיַּד miyad מִצְרָיִם Mitsráyim מצר ; ר״ת = אמן (יאהדונהי) וַיַּרְא vayar

יִשְׂרָאֵל Yisrael אֶת־ et מִצְרַיִם Mitsráyim מצר מֵת met עַל־ al

שְׂפַת sfat הַיָּם hayam ילי: וַיַּרְא vayar יִשְׂרָאֵל Yisrael אֶת־ et

הַיָּד hayad והו הַגְּדֹלָה haguedolá ר״ת אהיה אֲשֶׁר asher עָשָׂה asá

יְהֹוָאדהנויאהדונהי Adonai **(Tercera *Guevurá*)** בְּמִצְרַיִם beMitsráyim מצר

וַיִּירְאוּ vayirú הָעָם haam אֶת־ et יְהֹוָאדהנויאהדונהי Adonai **(Cuarta *Guevurá*)**

וַיַּאֲמִינוּ vayaaminu בַּיהֹוָאדהנויאהדונהי baAdonai **(Quinta *Guevurá*)** ; ר״ת איב

וּבְמֹשֶׁה uveMoshé מהש, ע״ב בריבוע וקס״א, אל שדי, ד״פ אלהים ע״ה עַבְדּוֹ avdó:

LOS 72 NOMBRES DE DIOS

Esta tabla presenta los 72 Nombres de Dios. Moshé usó estas secuencias y fórmulas para conectar con las verdaderas leyes de la naturaleza —milagros y maravillas— y eliminar todos los obstáculos que evitan que la humanidad se conecte con éstas. Es así como el Mar Rojo fue dividido (Éxodo 14:19-21). La partición del Mar Rojo es una expresión de la conexión con la Realidad del 99%, donde los milagros son la norma. Simplemente con escanear esta configuración de letras, conectamos con nuestra verdadera naturaleza y poder. Nos volvemos más proactivos y nos acercamos más al verdadero propósito de nuestra alma.

VAYOSHA

"Y el Señor salvó ese día a Israel de la mano de Egipto, e Israel vio a los egipcios muertos a la orilla del mar. Y vio Israel la grandeza de la Mano de Señor contra los egipcios; y temió el pueblo al Señor y creyeron en Él y en Moshé, Su siervo" (Éxodo 14:30-31).

Para escanear: Comienza en la parte superior derecha (A-1) y escanea cada fila de derecha a izquierda, terminando en la parte inferior izquierda (I-8).

8	7	6	5	4	3	2	1	
כהת	אכא	ללה	מהש	עלם	סיט	ילי	והו	A
הקם	הרי	מבה	יזל	ההע	לאו	אלד	הזי	B
חהו	מלה	ייי	נלך	פהל	לוו	כלי	לאו	C
ושר	לכב	אום	ריי	שאה	ירת	האא	נתה	D
ייז	רהע	חעם	אני	מנד	כוק	להח	יחו	E
מיה	עשל	ערי	סאל	ילה	וול	מיכ	ההה	F
פוי	מבה	נית	ננא	עמם	החש	דני	והו	G
מחי	ענו	יהה	ומב	מצר	הרח	ייל	נמם	H
מום	היי	יבם	ראה	חבו	איע	מנק	דמב	I

AZ YASHIR MOSHÉ – CANCIÓN DEL MAR

Moshé y los israelitas cantaron esta canción después de la partición del Mar Rojo. Es la canción del alma. Lamentablemente, perdemos contacto con nuestra alma cuando estamos atrapados en el mundo material. Esta oración ayuda a despertar la memoria y el poder de la canción original que reside en las profundidades de nuestra alma; porque cuando estamos conectados con nuestra alma, podemos alcanzar cualquier cosa.

Dieciocho veces el Nombre de Dios (יהוה o אדני) por las dieciocho bendiciones de los Mundos de *Yetsirá*. Debes meditar en que estos dieciocho son el valor numérico de las dos letras *Tet* ט en Me-ta-trón (**no pronunciar**) que está en *Zeir Anpín* de *Yetsirá*, así como también debes meditar en los nueve *tikunim* de *Zeir Anpín* de *Yetsirá*, nueve de Luz Directa y nueve de Luz Retornante, (de la misma manera que meditamos en *Yehí Jevod* en la pág. 280). También debes imaginar que cruzaste el Mar Rojo ese día. Decirlo con felicidad limpiará todas nuestras transgresiones.

אָז az יָשִׁיר־ yashir מֹשֶׁה Moshé מהש, ע״ב בריבוע וקס״א, אל שדי, ד״פ אלהים ע״ה

וּבְנֵי uvnei יִשְׂרָאֵל Yisrael ר״ת ע״ה נגד, מזבח, זן, אל יהוה אֶת־ et הַשִּׁירָה hashirá

הַזֹּאת hazot לַיהֹוָהאדניאהדונהי laAdonai (ארך) וַיֹּאמְרוּ vayomrú לֵאמֹר lemor

אָשִׁירָה ashira לַיהֹוָהאדניאהדונהי laAdonai (אפים) כִּי־ qui גָאֹה gaó גָּאָה gaá

סוּס sus ריבוע אדני, כוק וְרֹכְבוֹ verojvó רָמָה ramá בַיָּם vayam ילי:

עָזִּי azí אלהים ע״ה, אהיה אדני ע״ה וְזִמְרָת vezimrat יָהּ Yah וַיְהִי־ vayehí לִי li

לִישׁוּעָה lishuá זֶה ze אֵלִי Elí וְאַנְוֵהוּ veanvehu (Medita en el Nombre Sagrado: יְהֹוָאֵלוֹ

יהואל, לכב) אֱלֹהֵי Elohei מילוי ע״ב, דמב ; ילה אָבִי aví וַאֲרֹמְמֶנְהוּ vaaromemenhu:

AZ YASHIR MOSHÉ – CANCIÓN DEL MAR

"Entonces entonaron Moshé y los Hijos de Israel este cántico al Señor: Cantaré al Señor, exaltando su grandeza. Al caballo y al jinete arrojó a la mar. Mi fortaleza y mi canto es Dios; Él es mi salvación. Él es mi Dios y como tal lo alabaré. Es el Dios de mi padre y como tal lo ensalzaré.

יְהֹוָה יאהדונהי Adonai (ורב וחסד) אִישׁ ish מִלְחָמָה miljamá

יְהֹוָה יאהדונהי Adonai (נשא עון) שְׁמוֹ Shemó מהש ע"ה, ע"ב בריבוע וקס"א ע"ה, אל שדי ע"ה:

מַרְכְּבֹת marquevot פַּרְעֹה Paró וְחֵילוֹ vejeiló יָרָה yará בַיָּם vayam ילי

וּמִבְחַר umivjar שָׁלִשָׁיו shalishav טֻבְּעוּ tubú בְיַם־ veyam ילי סוּף Suf:

תְּהֹמֹת tehomot יְכַסְיֻמוּ yejasyumu יָרְדוּ yardú בִמְצוֹלֹת vimtsolot

כְּמוֹ־ quemó אָבֶן áven ר"ת = אהיה: יְמִינְךָ yeminjá יְהֹוָה יאהדונהי Adonai

(ופשע) נֶאְדָּרִי nedarí בַּכֹּחַ bacóaj ר"ת = ע"ב, ריבוע יהוה וס"ת = יגל

יְמִינְךָ yeminjá יְהֹוָה יאהדונהי Adonai (ונקה) תִּרְעַץ tirats אוֹיֵב oyev

צרעת איוב (בזמנא דמלכא משיחא): וּבְרֹב uverov י"פ אהיה גְּאוֹנְךָ gueonjá

תַּהֲרֹס taharós קָמֶיךָ kameja (בימי גוג ומגוג) תְּשַׁלַּח teshalaj

חֲרֹנְךָ jaronjá יֹאכְלֵמוֹ yojlemó כַּקַּשׁ cakash (בעת תחיית המתים):

וּבְרוּחַ uverúaj אַפֶּיךָ apeja נֶעֶרְמוּ neermú מַיִם máyim ר"ת אמן (יאהדונהי)

נִצְּבוּ nitsvú כְמוֹ־ jemó נֵד ned ר"ת ק"כ צירופי אלהים נֹזְלִים nozlim

קָפְאוּ kafú תְהֹמֹת tehomot בְּלֶב־ belev יָם yam ילי: אָמַר amar אוֹיֵב oyev

אֶרְדֹּף erdof אַשִּׂיג asig אֲחַלֵּק ajalek שָׁלָל shalal תִּמְלָאֵמוֹ timlaemo

נַפְשִׁי nafshí אָרִיק arik חַרְבִּי jarbí רי"י תּוֹרִישֵׁמוֹ torishemo יָדִי yadí:

נָשַׁפְתָּ nashafta בְרוּחֲךָ verujajá ר"ת כ"ן כִּסָּמוֹ quisamó יָם yam ילי

צָלְלוּ tsalelú כַּעוֹפֶרֶת caoféret בְּמַיִם bemáyim אַדִּירִים adirim הרי ; ר"ת קמ"ג:

El Señor es el Amo de la guerra. El Señor es Su Nombre. Precipitó en el mar los carros del Faraón y su ejército. Sus capitanes escogidos fueron hundidos en el Mar Rojo. Las aguas profundas los cubrieron y cual piedras bajaron hasta lo más hondo. Tu diestra, Señor, es inmensamente poderosa; Tu diestra, Señor, aniquila al enemigo. Con Tu gran ingenio destruyes a Tus adversarios. Les envías Tu furia y los consume como paja. Y con las alas de Tu ira se elevaron y se abrieron las aguas, deteniéndose como si fueran muros. Se congelaron los abismos en medio de la mar. Dijo el enemigo: Los perseguiré y los alcanzaré y repartiré sus despojos, con los que hartaré mi alma. Desenvainaré mi espada y los quebrantará mi mano. Pero Tú soplaste con Tu poderoso aliento y el mar los fue cubriendo hasta que se hundieron como plomo en las procelosas aguas.

מִי־ mi יל״י כָמֹכָה jamoja בָּאֵלִם baelim יְהֹוָה יאהדונהי Adonai (פוקד)

ר״ת = ע״ב, ריבוע יהוה ; ס״ת מ״ה מִי mi יל״י כָּמֹכָה camoja נֶאְדָּר needar

בַּקֹּדֶשׁ bakódesh ר״ת = יבק, אלהים יהוה, אהיה אדני יהוה נוֹרָא norá תְהִלֹּת tehilot

עֹשֵׂה osé פֶלֶא fele: נָטִיתָ natita יְמִינְךָ yeminjá תִּבְלָעֵמוֹ tivlaemo

אָרֶץ árets: ר״ת נ״ת (ז׳ מות) נָחִיתָ najita בְחַסְדְּךָ vejasdejá ר״ת ב״ן עַם־ am

זוּ zu גָּאָלְתָּ gaalta נֵהַלְתָּ nehalta בְעָזְּךָ veazeja אֶל־ el נְוֵה nevé

קָדְשֶׁךָ kodsheja ר״ת קנ״א ב״ן, יהוה אלהים יהוה אדני, מילוי קס״א וס״ג, מ״ה ברבוע ע״ב ע״ה:

שָׁמְעוּ shamú עַמִּים amim יִרְגָּזוּן yirgazún חִיל jil ומב אָחַז ajaz

יֹשְׁבֵי yoshvei פְּלָשֶׁת peláshet (כוונות ישמעאל): אָז az נִבְהֲלוּ nivhalú

אַלּוּפֵי alufei אֱדוֹם edom (כוונות עשו) אֵילֵי eilei מוֹאָב moav

יֹאחֲזֵמוֹ yojazemo רָעַד raad (כוונות שאר כל השרים שהם נכנעים תחתיהם)

נָמֹגוּ namogu כֹּל col יל״י יֹשְׁבֵי yoshvei כְנָעַן Jenaán:

תִּפֹּל tipol עֲלֵיהֶם aleihem אֵימָתָה eimatá וָפַחַד vafájad ר״ת שם קדוש תעא״ו

בִּגְדֹל bigdol זְרוֹעֲךָ zeroajá יִדְּמוּ yidmú כָּאָבֶן caáven ר״ת = טל (יוד הא ואו)

עַד־ ad יַעֲבֹר yaavor עַמְּךָ ameja יְהֹוָה יאהדונהי Adonai (על שלשים)

עַד־ ad יַעֲבֹר yaavor עַם־ am זוּ zu קָנִיתָ kanita: תְּבִאֵמוֹ teviemo

וְתִטָּעֵמוֹ vetitaemo בְּהַר behar נַחֲלָתְךָ najalatjá ר״ת ב״ן מָכוֹן majón

לְשִׁבְתְּךָ leshivtejá פָּעַלְתָּ paalta יְהֹוָה יאהדונהי Adonai (ועל רבעים) ; ר״ת

ע״ה = קס״א מִקְּדָשׁ mikdash אֲדֹנָי Adonai (ארך) כּוֹנְנוּ conenú יָדֶיךָ yadeja:

¿Quién como Tú entre los dioses, Señor? ¿Quién como Tú inmenso en Santidad, el más digno de alabanzas y hacedor de milagros? Cuando extendiste Tu diestra se los tragó la tierra. Con Tu benevolencia gobernaste al pueblo que redimiste. Los condujiste con Tu fuerza a Tu Santo Santuario. Escucharon pueblos y se estremecieron. Se apoderó el terror de los filisteos. Se angustiaron los príncipes de Edom. Temblaron los valientes de Moab y el miedo dominó a todos los cananeos. Se abatieron espantados por el poderío de Tu brazo y enmudecieron como la piedra, hasta que pasó Tu pueblo, Señor, hasta que pasó el pueblo que Tú redimiste. Los llevarás para que arraiguen en el monte de Tu santidad, en el lugar de Tu morada, el cual Tú preparaste. Tus manos establecieron el Templo del Señor.

Uno de los 72 Nombres de Dios está codificado en esta conexión: *Yud, Yud, Lámed* ייל. Esta fórmula nos da el poder de la certeza y la capacidad de dejar ir, especialmente en medio de la adversidad. Cuando las cosas van bien, a la mayoría de nosotros nos es fácil aceptar la idea de un Creador y de un principio de causa y efecto en funcionamiento en nuestro universo. Pero tan pronto como enfrentamos un obstáculo repentino o una situación estresante, dudamos de la existencia del Creador y de las enseñanzas de la Kabbalah. Los kabbalistas nos enseñan que absolutamente todo es una prueba. Si podemos mantener la certeza en la Luz cuando las adversidades ataquen, superaremos la prueba y la Luz trabajará para nosotros 100% del tiempo. La misión del Satán es inundar nuestra mente con incertidumbre. El Nombre *Yud, Yud, Lámed* remueve todas las incertidumbres, esto nos da la fuerza de reconocer y superar nuestras pruebas. Una prueba producirá consecuencias negativas sólo si no reconocemos que la dificultad es una prueba y si dudamos de la existencia del Creador.

יְהֹוָאדהויאהדונהי Adonai (אפים) | יִמְלֹךְ yimloj לְעֹלָם leolam

ריבוע ס"ג וי' אותיות דס"ג ; ר"ת ייל וָעֶד vaed: יְהֹוָאדהויאהדונהי Adonai (ורב וחסד) |

יִמְלֹךְ yimloj לְעֹלָם leolam ריבוע ס"ג וי' אותיות דס"ג ; ר"ת ייל וָעֶד vaed:

יְהֹוָאדהויאהדונהי Adonai (נשא עון) מַלְכוּתֵיה maljutei קָאֵים kaeim

לְעָלַם lealam וּלְעָלְמֵי ulealmei עָלְמַיָּא almayá: כִּי qui בָא va סוּס sus ריבוע

אדני, כוק פַּרְעֹה Paró בְּרִכְבּוֹ berijbó וּבְפָרָשָׁיו uvefarashav בַּיָּם bayam ילי

וַיָּשֶׁב vayashev יְהֹוָאדהויאהדונהי Adonai (ופשע) עֲלֵהֶם aleihem אֶת־ et מֵי mei

ילי הַיָּם hayam ילי וּבְנֵי uvnei יִשְׂרָאֵל Yisrael הָלְכוּ haljú בַיַּבָּשָׁה vayabashá

בְּתוֹךְ betoj הַיָּם hayam ילי: כִּי qui לַיהֹוָאדהויאהדונהי laAdonai (ונקה)

הַמְּלוּכָה hamelujá ר"ת כלה (רמז למלכות שהיא הכלה) וּמוֹשֵׁל umoshel

בַּגּוֹיִם bagoyim: וְעָלוּ vealú מוֹשִׁעִים moshiím בְּהַר behar צִיּוֹן Tsiyón

יוסף, ו' הויות, קנאה לִשְׁפֹּט lishpot אֶת־ et הַר har עֵשָׂו Esav וְהָיְתָה vehaytá

לַיהֹוָאדהויאהדונהי laAdonai (פוקד) הַמְּלוּכָה hamelujá: וְהָיָה vehayá יהוה ; יהה

יְהֹוָאדהויאהדונהי Adonai (על שלשים) לְמֶלֶךְ leMélej עַל־ al כָּל col ילי ; עמם

הָאָרֶץ haárets אלהים דההין ע"ה בַּיּוֹם bayom ע"ה נגד, מזבח, זן, אל יהוה הַהוּא hahú

יִהְיֶה yihyé ייי יְהֹוָאדהויאהדונהי Adonai (ועל רבעים) אֶחָד Ejad אהבה, דאגה

וּשְׁמוֹ uShmó מהש ע"ה, ע"ב בריבוע וקס"א ע"ה, אל שדי ע"ה אֶחָד Ejad אהבה, דאגה:

Y reinará el Señor eternamente y para siempre. Y reinará el Señor eternamente y para siempre" (Éxodo 15:1-18). Señor, Tu Reino reinará por siempre y eternamente. "Porque cuando penetró el caballo del Faraón con su carro y sus jinetes en el mar, el Señor hizo tornar sobre ellos las aguas, en tanto que los Hijos de Israel habían cruzado el mar en seco" (Éxodo 15:19). "Porque el Reino pertenece al Señor y Él gobierna sobre las naciones" (Salmos 22:29). "Y los salvadores ascenderán al Monte Sión para buscar el castigo del Monte Esav, y luego todo el universo reconocerá el reinado del Señor" (Abdías 1.21). "Y el Señor será entonces Rey sobre toda la Tierra, y en ese día el Señor será Uno y su Nombre Uno" (Zacarías 14:9).

En *Jol Hamoed* (no en *Shabat*) continúa con "*Yishtabaj*" en la pág. 311.

NISHMAT COL JAI

Siempre hay energía adicional que es liberada en nuestro mundo físico durante una festividad o en *Shabat*. Esta conexión en particular construye nuestra Vasija interna para que tengamos la capacidad de atraer esta fuerza adicional y la capacidad de manejar aquello que atraemos.

Esta alabanza es preciosa y exaltada, y debes recitarla de forma placentera. Los kabbalistas dicen que cuando una persona pasa por una dificultad, problema o peligro, hacer una promesa de recitar "*Nishmat Col Jai*" le proporciona gran ayuda.

Si se te olvidó y omitiste "*Nishmat Col Jai*" y ya recitaste la bendición de "*Yishtabaj*", mientras no hayas comenzado la siguiente bendición "*Yotser Or*", puedes regresar y decir "*Nishmat Col Jai*". Pero si comienzas "*Yotser Or*", debes completarla luego de terminar la oración sin decir la bendición de "*Yishtabaj*".

נִשְׁמַת nishmat כָּל col ילי חַי jai

ר"ת נכוז כמס' ג' הויות יהוה יהוה יהוה

En Shabat medita en recibir el alma adicional llamada: ***Néfesh***

del aspecto del día de *Shabat* y escanea la siguiente meditación:

Los tres יהוה que se mencionaron anteriormente son los tres *Mojín —Jojmá, Biná, Dáat—* que están en el Entorno de la letra *Mem* (מ) del *Tsélem* (צל"ם) de *Aba*, puesto que los *Mojín* de *Ima* ya entraron en *Zeir Anpín*. Así que ahora *Zeir Anpín* tiene todo su Entorno para *Aba* e *Ima* [de la letra *Mem* (מ) del *Tsélem* (צל"ם)] y es por ello que ahora podemos recibir el alma adicional de *Shabat*.

כָּל חַי = חיים, אהיה אהיה יהוה

תמורת תפילין הנקרא חיי המלך, והוא נשמה, כי בינה הוא בחינת נשמה.

אטמון = ק"ו, ב"פ ב"ן (יוד הה וו הה) עם ב' כוללים.

קול = ר"ת ועשה לו כתנת פסים (להתיר הקול).

אלף הי יוד הי   אלף הא יוד הא   אלף הה יוד הה

ס"ת ועשה לו כתנת פסים עולה למנין קס"א קמ"ג קנ"א (עם ד' תיבות ועשה לו כתנת פסים).

גם יכוין: פסי"ם נוטריקון פסקו"ן סגרו"ן יהוא"ל מטטרו"ן

פֵּסְקוֹן (בניקוד ה' שפתי תפתח)

סָגָרַוֹן (יכוין ס"ג ורנו כנפי הוויות וניקו' ניקו' רָנוּ שָׁמַיִם)

יְהַוְאֵל (según el Rashash) לכב (יוצא מפסוק זה אלי וְאַנְוֵהוּ הוא וניקודו)

מִטָטְרַוֹן (בניקוד ר"ת הִנֵּה אָנֹכִי שֹׁלֵחַ מַלְאָךְ לְפָנֶיךָ)

תְּבָרֵךְ tevarej אֶת et שִׁמְךָ Shimjá יְהֹוָהאדניאהדונהי Adonai אֱלֹהֵינוּ Eloheinu ילה

וְרוּחַ verúaj כָּל col ילי בָּשָׂר basar תְּפָאֵר tefaer וּתְרוֹמֵם uteromem

זִכְרְךָ zijrejá מַלְכֵּנוּ malquenu תָּמִיד tamid ע"ה קס"א קנ"א קמ"ג (מילואי אהיה).

NISHMAT COL JAI

El alma de cada ser viviente bendecirá Tu Nombre, Señor, nuestro Dios,
y el espíritu de toda criatura siempre glorificará y exaltará Tu remembranza, nuestro Rey.

מִן min הָעוֹלָם haolam וְעַד vead הָעוֹלָם haolam אַתָּה Atá

אֵל El ייא״י (מילוי דס״ג). וּמִבַּלְעָדֶיךָ umibaladeja אֵין ein לָנוּ lanu אלהים, אהיה אדני

מֶלֶךְ: mélej גּוֹאֵל goel וּמוֹשִׁיעַ umoshía. פּוֹדֶה podé וּמַצִּיל umatsil.

וְעוֹנֶה veoné וּמְרַחֵם umerajem אברהם, וז״פ אל, רי״ו ול״ב נתיבות החכמה, רמ״ח (אברים),

עסמ״ב וט״ז אותיות פשוטות. בְּכָל bejol ב״ן, לכב עֵת et צָרָה tsará אלהים דההין

וְצוּקָה vetsuká. אֵין ein לָנוּ lanu אלהים, אהיה אדני מֶלֶךְ: mélej

עוֹזֵר ozer וְסוֹמֵךְ: vesomej ריבוע אדני, כוק אֶלָּא ela אַתָּה Atá:

אֱלֹהֵי Elohei מילוי דע״ב, דמב ; ילה הָרִאשׁוֹנִים harishonim

וְהָאַחֲרוֹנִים vehaajaronim. אֱלוֹהַ Elohá מ״ב כָּל col ילי בְּרִיּוֹת briyot.

אֲדוֹן Adón אני כָּל col ילי תּוֹלָדוֹת toladot. הַמְהֻלָּל hamehulal

בְּכָל bejol ב״ן, לכב הַתִּשְׁבָּחוֹת hatishbajot. הַמְנַהֵג hamenaheg

עוֹלָמוֹ olamó בְּחֶסֶד bejésed ע״ב, ריבוע יהוה וּבְרִיּוֹתָיו uvriyotav

בְּרַחֲמִים berajamim מצפצ, אלהים דיודין, י״פ ייי. וַיהֹוָהאדניאהדונהי vaAdonai

אֱלֹהִים Elohim אהיה אדני ; ילה אֱמֶת emet אהיה פעמים אהיה, ז״פ ס״ג

לֹא lo יָנוּם yanum וְלֹא veló יִישָׁן yishán ש״ע נהורין דא״א.

הַמְעוֹרֵר hameorer יְשֵׁנִים yeshenim וְהַמֵּקִיץ vehamekits נִרְדָּמִים nirdamim.

מְחַיֵּה mejayé ס״ג מֵתִים metim. וְרוֹפֵא verofé חוֹלִים jolim וחולה =

מ״ה עם ד׳ אותיות. פּוֹקֵחַ pokéaj עִוְרִים ivrim. וְזוֹקֵף vezokef כְּפוּפִים quefufim.

הַמֵּשִׂיחַ hamesíaj אִלְּמִים ilmim. וְהַמְפַעְנֵחַ vehamfaanéaj

נֶעֱלָמִים neelamim. וּלְךָ ulejá לְבַדְּךָ levadjá אֲנַחְנוּ anajnu

מוֹדִים modim כנגד מאה ברכות שתיקן דוד לאמרם כל יום:

Desde este mundo al Mundo por Venir, Tú eres Dios. Y aparte de Ti, no tenemos rey, redentor o salvador. Él, que libera, rescata, sostiene, responde y es misericordioso en cada momento de ansiedad y angustia; no tenemos otro rey, ayudante o apoyo que no seas Tú. Dios del primero y del último, Dios de todas las criaturas, Señor de todas las generaciones, quien es exaltado a través de multitud de alabanzas y quien guía Su mundo con benevolencia y a Sus criaturas con misericordia. Y el Señor, Dios, es verdad y Él ni dormita ni duerme. Él, que levanta a los que duermen y despierta a los adormilados. Él, que resucita los muertos y cura a los enfermos. Él, que otorga vista a los ciegos y endereza a los doblegados. Él hace a los mudos hablar y descubre lo oculto. Y a Ti solamente, te damos gracias.

וְאִלּוּ veílu פִינוּ finu מָלֵא malé שִׁירָה shirá כַּיָּם cayam ילי.

וּלְשׁוֹנֵנוּ ulshonenu רִנָּה riná כַּהֲמוֹן cahamón גַּלָּיו galav.

וְשִׂפְתוֹתֵינוּ vesiftoteinu שֶׁבַח shévaj כְּמֶרְחֲבֵי quemerjavei רָקִיעַ rakía.

וְעֵינֵינוּ veeineinu ריבוע מ"ה מְאִירוֹת meirot כַּשֶּׁמֶשׁ cashémesh

וְכַיָּרֵחַ vejayaréaj. וְיָדֵינוּ veyadeinu פְרוּשׂוֹת ferusot כְּנִשְׁרֵי quenishrei

שָׁמָיִם shamáyim י"פ טל, י"פ כוזו. וְרַגְלֵינוּ veragleinu קַלּוֹת calot

כָּאַיָּלוֹת caayalot. אֵין ein אֲנַחְנוּ anajnu מַסְפִּיקִין maspikin

לְהוֹדוֹת lehodot לְךָ Lejá יְהֹוָהאדניאהדונהי Adonai אֱלֹהֵינוּ Eloheinu ילה.

וּלְבָרֵךְ ulevarej אֶת et שִׁמְךָ Shimjá מַלְכֵּנוּ malquenu. עַל al

אַחַת ajat מֵאֶלֶף meélef מספר אֶלֶף = אלף למד שין דלת יוד ע"ה אַלְפֵי alfei

אֲלָפִים alafim וְרוֹב verov רִבֵּי ribei רְבָבוֹת revavot פְּעָמִים peamim.

הַטּוֹבוֹת hatovot נִסִּים nisim וְנִפְלָאוֹת venifláot שֶׁעָשִׂיתָ sheasita

עִמָּנוּ imanu ריבוע ס"ג, קס"א ע"ה וד' אותיות וְעִם veím אֲבוֹתֵינוּ avoteinu.

מִלְּפָנִים milfanim מִמִּצְרַיִם miMitsráyim מצר גְּאַלְתָּנוּ guealtanu

יְהֹוָהאדניאהדונהי Adonai אֱלֹהֵינוּ Eloheinu ילה. מִבֵּית mibeit ב"פ ראה

עֲבָדִים avadim פְּדִיתָנוּ peditanu. בְּרָעָב beraav זַנְתָּנוּ zantanu.

וּבְשָׂבָע uvesavá כִּלְכַּלְתָּנוּ quilcaltanu. מֵחֶרֶב mejérev הִצַּלְתָּנוּ hitsaltanu.

מִדֶּבֶר midéver מִלַּטְתָּנוּ milatetanu. וּמֵחֳלָאִים umejolaím רָעִים raím

וְרַבִּים verabim דִּלִּיתָנוּ dilitanu: עַד ad הֵנָּה hena עֲזָרוּנוּ azarunu

רַחֲמֶיךָ rajameja וְלֹא veló עֲזָבוּנוּ azavunu חֲסָדֶיךָ jasadeja.

Y si fuese nuestra boca llena de canciones como el mar y nuestra lengua tan llena de cánticos alegres como su multitud de olas, y nuestros labios tan llenos de alabanza como la amplitud del firmamento, y nuestros ojos tan brillantes como el Sol y la Luna, y nuestras manos tan extendidas como águilas de los cielos y nuestras piernas tan ágiles como ciervos, todavía no podemos agradecer lo suficiente, Señor, nuestro Dios, y bendecir Tu Nombre, nuestro Rey, así sea por uno de los miles entre los miles de miles y de las miríadas entre miríadas de miríadas de favores, milagros y maravillas que Tú hiciste para nuestros ancestros y para nosotros. Desde el interior de Egipto, Tú nos has redimido, Señor, nuestro Dios, y nos has liberado de la casa de cautiverio. En momentos de hambre, Tú nos nutriste en abundancia, Tú nos sostuviste. De la espada, Tú nos salvaste y de la plaga, Tú nos dejaste escapar y de severas, numerosas y largas enfermedades, Tú nos eximiste. Hasta ahora Tu misericordia nos ha ayudado y Tu benevolencia no nos ha defraudado.

עַל al כֵּן quen אֵבָרִים evarim שֶׁפִּלַּגְתָּ shepilagta בָּנוּ banu•

וְרוּחַ verúaj וּנְשָׁמָה uneshamá שֶׁנָּפַחְתָּ shenafajta בְּאַפֵּינוּ beapeinu•

וְלָשׁוֹן velashón אֲשֶׁר asher שַׂמְתָּ samta בְּפִינוּ befinu•

הֵן hen הֵם hem, יוֹדוּ yodú וִיבָרְכוּ vivarjú יהוה ריבוע יהוה ריבוע מ"ה•

וִישַׁבְּחוּ vishabjú• וִיפָאֲרוּ vifaarú• אֶת et שִׁמְךָ Shimjá מַלְכֵּנוּ malquenu

תָּמִיד tamid ע"ה קס"א קנ"א קמ"ג• כִּי qui כָל jol ילי פֶּה pe מילה ; וע"ה אלהים, אהיה אדני

לְךָ lejá יוֹדֶה yodé• וְכָל vejol ילי לָשׁוֹן lashón לְךָ lejá

תְּשַׁבֵּחַ teshabéaj• וְכָל vejol ילי עַיִן ayin ריבוע מ"ה לְךָ lejá תְּצַפֶּה tetsapé•

וְכָל vejol ילי בֶּרֶךְ bérej לְךָ lejá תִכְרַע tijrá•

וְכָל vejol ילי קוֹמָה komá לְפָנֶיךָ lefaneja ס"ג מ"ה ב"ן תִשְׁתַּחֲוֶה tishtajavé•

וְהַלְּבָבוֹת vehalevavot יִירָאוּךָ yirauja וְהַקֶּרֶב vehakérev

וְהַכְּלָיוֹת vehaclayot יְזַמְּרוּ yezameru לִשְׁמֶךָ lishmeja• כַּדָּבָר cadavar ראה

שֶׁנֶּאֱמַר sheneemar: כָּל col ילי עַצְמוֹתַי atsmotai תֹּאמַרְנָה tomarna

יְהֹוָה יאהדונהי Adonai מִי mi ילי כָמוֹךָ jamoja מַצִּיל matsil עָנִי aní ריבוע מ"ה

מֵחָזָק mejazak פהל מִמֶּנּוּ mimenu וְעָנִי veaní ריבוע מ"ה וְאֶבְיוֹן veevyón

מִגֹּזְלוֹ migozló: שַׁוְעַת shavat עֲנִיִּים aniyim עין = ריבוע מ"ה אַתָּה Atá

תִּשְׁמַע tishmá• צַעֲקַת tsaakat הַדַּל hadal תַּקְשִׁיב takshiv וְתוֹשִׁיעַ vetoshía•

וְכָתוּב vejatuv: רַנְּנוּ ranenú צַדִּיקִים tsadikim בַּיהֹוָה יאהדונהי baAdonai

לַיְשָׁרִים layesharim נָאוָה navá תְהִלָּה tehilá ע"ה אמת, אהיה פעמים אהיה, ז"פ ס"ג:

Por lo tanto, Tú has extendido órganos dentro de nosotros, y el espíritu y alma que Tú has soplado en nuestras narices y la lengua que Tú has colocado en nuestra boca, son ellos los que deberían agradecer, bendecir, alabar y glorificar Tu Nombre, nuestro Rey, para siempre. Porque cada boca deberá agradecerte y cada lengua deberá alabarte, y cada ojo deberá ver hacia Ti, y cada rodilla debe doblarse ante Ti, y toda forma erguida deberá postrarse ante Ti. Y los corazones te temerán. Y los órganos internos y los riñones cantarán Tu Nombre, como está escrito: "Todos mis huesos dirán: Señor, ¿quién es como Tú? Tú salvas al hombre débil del más fuerte que él, y al pobre y al indigente de quien quiere robarle" (Salmos 35:10). Tú escuchas el llamado del pobre y Tú escuchas los gritos del indigente y Tú salvas. Y está escrito: "Canten con alegría, justos, ante el Señor, porque la alabanza del hombre recto es conveniente" (Salmos 33:1).

YITSJAK Y RIVKÁ

Yitsjak el Patriarca rezó exitosamente para que su esposa Rivká tuviera un hijo. Todos nosotros, especialmente en este punto, debemos rezar por otras personas que tengan necesidad de sustento económico, personal, emocional o de salud. La única manera para que nuestras oraciones serán contestadas es que recemos por otros con un corazón genuino.

Los siguientes cuatro versículos corresponden a los cuatro pilares que llevan el Trono de *Briá*, donde están erigidas las Diez *Sefirot* de *Atsilut*. También, los cuatro versículos simbolizan el Trono de *Briá* como tal, el cual incluye a los tres Patriarcas (*Jésed, Guevurá, Tiféret*) y al Rey David (*Maljut*).

Derecha Avraham	מיכאל בְּפִי befí	קדמיאל יְשָׁרִים yesharim	פדאל תִּתְרוֹמָם titromam:
Izquierda Yitsjak	גבריאל וּבְשִׂפְתֵי uvesiftei	צדקיאל צַדִּיקִים tsadikim	חסדיאל תִּתְבָּרַךְ titbaraj:
Este Yaakov	רפאל וּבִלְשׁוֹן uvilshón	רזיאל וַחֲסִידִים jasidim	סטטרויה תִּתְקַדָּשׁ titkadash:
Cuarta David	נוריאל וּבְקֶרֶב uvekérev	יופיאל קְדוֹשִׁים kedoshim	ענאל תִּתְהַלָּל tithalal:

בְּמַקְהֲלוֹת bemikhalot רִבְבוֹת rivevot עַמְּךָ amjá בֵּית beit ב"פ ראה
יִשְׂרָאֵל Yisrael• שֶׁכֵּן shequén חוֹבַת jovat כָּל col ילי הַיְצוּרִים hayetsurim
לְפָנֶיךָ lefaneja ס"ג מ"ה ב"ן יְהֹוָהאדניאהדונהי Adonai אֱלֹהֵינוּ Eloheinu ילה
וֵאלֹהֵי veElohei לכב ; מילוי דע"ב, דמ"ב ; ילה אֲבוֹתֵינוּ avoteinu
לְהוֹדוֹת lehodot• לְהַלֵּל lehalel אדני, ללה• לְשַׁבֵּחַ leshabéaj•
לְפָאֵר lefaer• לְרוֹמֵם leromem• לְהַדֵּר lehader• וּלְנַצֵּחַ ulenatséaj•
עַל al כָּל col ילי ; עמם דִּבְרֵי divrei ראה שִׁירוֹת shirot וְתִשְׁבְּחוֹת vetishbajot
דָּוִד David בֶּן ben יִשַׁי Yishái עַבְדְּךָ avdeja פוי, אל אדני מְשִׁיחֶךָ meshijeja:

YITSJAK Y RIVKÁ

Por las bocas de los rectos, Tú serás exaltado.
Y por los labios de los justos, Tú serás bendecido.
Y por las lenguas de los piadosos, Tú serás santificado. Y entre los santos, Tú serás loado.
Y en las asambleas de la miríada de Tu Nación, la Casa de Israel, porque esa es la obligación de todas las criaturas ante Ti, Señor, nuestro Dios y el Dios de nuestros padres, el agradecer y el loar, el alabar, glorificar, exaltar, adorar y triunfar inclusive más allá de todas las expresiones de las canciones y alabanzas de David, el hijo de Yishái, Tu siervo, Tu ungido.

YISHTABAJ

Ahora que hemos dividido el Mar Rojo, nuestro próximo nivel de conexión es el Mundo de Creación (*Briá*). La primera palabra, *Yishtabaj* ישתבח tiene el valor numérico de 720 o diez veces los 72 Nombres de Dios (10 x 72). Al recitar *Yishtabaj*, recibimos el poder del Rey Shlomó, el de la sabiduría. Shlomó שלמה está codificado en el grupo de palabras y letras presentado a continuación. Además de ello, las primeras letras de cada una de las últimas cinco líneas de esta oración forman el nombre de Avraham. Avraham denota el poder de compartir. Usamos el poder de Shlomó y Avraham —sabiduría y compartir— para ayudarnos a saltar al Mundo de Creación.

La alabanza de *Yishtabaj* es inmensa y grandiosa. Consiste de 13 alabanzas por los 13 Atributos de *Briá* y las 13 *Sefirot* de *Yetsirá*. Debes decir las palabras lenta y gentilmente, y contarlas con los dedos de tu mano derecha. Procura no detener el conteo de 13 bajo ningún motivo. Y si te has detenido por alguna razón, debes regresar y contarlas nuevamente desde el principio ("*Qui lejá naé*") para decirlas en una sola respiración, como se menciona en el *Zóhar*.

En *Jol Hamoed* (no en *Shabat*) omitimos la palabra "uvjén" y empieza con la palabra "*Yishtabaj*"

ובכן uvjén ע״ב, ריבוע יהוה

ישתבח yishtabaj י״פ ע״ב שמך Shimjá לעד laad ב״פ ב״ן מלכנו malquenu

האל haEl לאה ; ״יא״ (מילוי דס״ג) המלך haMélej (***Rey Shlomó***)

הגדול hagadol להח ; עם ד׳ אותיות = מבה, יזל, אום והקדוש vehakadosh

בשמים bashamáyim י״פ טל, י״פ כוזו ובארץ uvaárets: כי qui לך lejá נאה naé

יהוהאדניאהדונהי Adonai אלהינו Eloheinu ילה ואלהי veElohei לכב ; מילוי ע״ב, דמב ; ילה

אבותינו avoteinu לעולם leolam ריבוע ס״ג ו׳ אותיות דס״ג ועד vaed:

1) שיר shir (אל) 2) ושבחה ushvajá (רחום). 3) הלל halel (וחנון) ללה, אדני

4) וזמרה vezimrá (ארך). 5) עז oz (אפים) 6) וממשלה umemshalá (ורב וחסד).

7) נצח Nétsaj (ואמת). 8) גדלה guedulá (נצר וחסד). 9) גבורה Guevurá

(לאלפים) רי״ו. 10) תהלה tehilá (נשא עון) ע״ה אמת, אהיה פעמים אהיה, ז״פ ס״ג.

YISHTABAJ

Que Tu Nombre sea alabado para siempre,

nuestro Rey, el Dios, el gran y Santo Rey, quien está en los Cielos y en la Tierra. Porque Tú eres digno, Señor, nuestro Dios y el Dios de nuestros padres, de: 1) canción 2) y alabanza 3) regocijo 4) y melodía 5) poder 6) y dominio 7) eternidad 8) grandeza 9) valor 10) alabanza

(11 וְתִפְאֶרֶת veTiféret (ופשע). (12 קְדֻשָּׁה kedushá (ווזטאה).

(13 וּמַלְכוּת uMaljut (ונקה). בְּרָכוֹת brajot וְהוֹדָאוֹת vehodaot

לְשִׁמְךָ leShimjá הַגָּדוֹל hagadol להוו ; עם ד' אותיות = מבה, יזל, אום

וְהַקָּדוֹשׁ vehakadosh. וּמֵעוֹלָם umeolam וְעַד־ vead עוֹלָם olam

אַתָּה Atá אֵל El ייא״י (מילוי דס״ג). בָּרוּךְ Baruj אַתָּה Atá

יְהֹוָה (יְהֹוָה אדני) Adonai מֶלֶךְ Mélej גָּדוֹל gadol להוו ; עם ד' אותיות =

מבה, יזל, אום וּמְהֻלָּל umehulal בַּתִּשְׁבָּחוֹת batishbajot. אֵל El ייא״י (מילוי דס״ג)

הַהוֹדָאוֹת hahodaot. אֲדוֹן Adón אני הַנִּפְלָאוֹת haniflaot. בּוֹרֵא boré

כָּל־ col ילי הַנְּשָׁמוֹת haneshamot. רִבּוֹן ribón יהוה ע״ב ס״ג מ״ה ב״ן כָּל־ col ילי

הַמַּעֲשִׂים hamaasim. הַבּוֹחֵר habojer בְּשִׁירֵי beshirei זִמְרָה zimrá.

מֶלֶךְ Mélej ***(Avraham)*** אֵל El ייא״י (מילוי דס״ג)

חֵי jei (לפי האריז״ל חַי לפי הרש״ש) הָעוֹלָמִים haolamim: אָמֵן Amén יאהדונהי.

---

11) y gloria 12) santidad 13) y soberanía. Bendiciones y agradecimientos a Tu gran y Santo Nombre desde este mundo al Mundo por Venir. Tú eres Dios. Bendito eres Tú, Señor, Rey, quien es grande y loado con alabanza. Dios de agradecimiento. Señor de Maravillas. Creador de las almas. Señor de todos los hechos. Quien escoge melodiosas canciones de alabanza. El Rey, el Dios quien da vida a todos los mundos, Amén.

MEDIO KADISH

El secreto de este medio *Kadish* es que nos eleva desde *Yetsirá* (מ״ה) a *Briá* (ס״ג).

יִתְגַּדַּל yitgadal וְיִתְקַדַּשׁ veyitkadash שדי ומילוי שדי ; י״א אותיות כמנין ו״ה

שְׁמֵיהּ Shmei (שם י״ה דע״ב) רַבָּא rabá קנ״א ב״ן, יהוה אלהים יהוה אדני,

מילוי קס״א וס״ג, מ״ה ברבוע וע״ב ע״ה ; ר״ת = ו״פ אלהים ; ס״ת = ג״פ יב״ק: אָמֵן Amén אידהנויה.

בְּעָלְמָא bealmá דִּי di בְרָא verá כִרְעוּתֵיהּ quirutei.

וְיַמְלִיךְ veyamlij מַלְכוּתֵיהּ maljutei. וְיַצְמַח veyatsmaj

פּוּרְקָנֵיהּ purkanei. וִיקָרֵב vikarev מְשִׁיחֵיהּ Meshijei: אָמֵן Amén אידהנויה.

בְּחַיֵּיכוֹן bejayeijón וּבְיוֹמֵיכוֹן uveyomeijón וּבְחַיֵּי uvejayei

דְכָל dejol יל״י בֵּית beit ב״פ ראה יִשְׂרָאֵל Yisrael בַּעֲגָלָא baagalá

וּבִזְמַן uvizmán קָרִיב kariv וְאִמְרוּ veimrú אָמֵן Amén: אָמֵן Amén אידהנויה.

La congregación y el *jazán* dicen lo siguiente:

28 palabras (hasta *bealmá*) medita en: מילוי דמילוי דע״ב (יוד ויו דלת הי יוד ויו יוד ויו הי יוד)
28 letras (hasta *almayá*) medita en: מילוי דמילוי דס״ג (יוד ויו דלת הי יוד ואו אלף ואו הי יוד)

יְהֵא yehé שְׁמֵיהּ Shmei (שם י״ה דס״ג) רַבָּא rabá קנ״א ב״ן,

יהוה אלהים יהוה אדני, מילוי קס״א וס״ג, מ״ה ברבוע וע״ב ע״ה מְבָרַךְ mevaraj,

לְעָלַם lealam לְעָלְמֵי lealmei עָלְמַיָּא almayá. יִתְבָּרַךְ yitbaraj.

Siete palabras con seis letras cada una (שם בן מ״ב) medita en:
יהוה ÷ יוד הי ויו הי ÷ מילוי דמילוי דע״ב (יוד ויו דלת הי יוד ויו יוד ויו הי יוד)
También siete veces la letra *Vav* (שם בן מ״ב) medita en:
יהוה ÷ יוד הי ואו הי ÷ מילוי דמילוי דס״ג (יוד ויו דלת הי יוד ואו אלף ואו הי יוד).

וְיִשְׁתַּבַּח veyishtabaj י״פ ע״ב יהוה אל אבג יתץ.

וְיִתְפָּאַר veyitpaar הי גו יה קרע שטן. וְיִתְרוֹמַם veyitromam וה כוזו נגד יכש.

וְיִתְנַשֵּׂא veyitnasé במוכסז בטר צתג. וְיִתְהַדָּר veyithadar כוזו יה וזקב טנע.

וְיִתְעַלֶּה veyitalé וה יוד ה יגל פזק. וְיִתְהַלָּל veyithalal א ואו הא שקו צית.

שְׁמֵיהּ Shmei (שם י״ה דמ״ה) דְּקוּדְשָׁא deKudshá בְּרִיךְ Verij הוּא Hu:

אָמֵן Amén אידהנויה.

MEDIO KADISH

¡Glorificado y santificado sea Su Gran Nombre! (Amén). En el mundo que Él creó de acuerdo a Su voluntad y pueda Su Reino reinar. Y pueda Él hacer que su Redención florezca y pueda Él acercar el Mesías (Amén). En tus vidas y en tus días y en la vida de la Casa de Israel, prontamente y en el futuro cercano, y dígase: Amén (Amén). Que Su gran Nombre sea bendito por siempre y para toda la eternidad, y bendito y alabado, y glorificado y exaltado, y ensalzado y honrado, y adorado y loado, sea el Nombre del Santo Bendito Sea (Amén).

לְעֵלָּא leelá מִן min כָּל col ילי בִּרְכָתָא birjatá• שִׁירָתָא shiratá•

תֻּשְׁבְּחָתָא tishbejatá וְנֶחֱמָתָא venejamatá• דַּאֲמִירָן daamirán

בְּעָלְמָא bealmá וְאִמְרוּ veimrú אָמֵן Amén: אָמֵן Amén אידהנויה.

BARJÚ

Cuando entramos en el Mundo de Creación (*Briá*), recitamos el *Barjú* (bendigan). Esta conexión poderosa devuelve la parte de nuestra alma que nos abandonó mientras dormíamos. Incluso si alguien permanece despierto, una parte de su alma lo abandona durante la noche. Hay cinco palabras en el *Barjú* que nos conectan con las cinco partes de nuestra alma. Cada parte del alma está conectada a uno de los cinco mundos.

El *jazán* dice:

בָּרְכוּ barjú יהוה ריבוע יהוה ריבוע מ"ה אֶת et יְהֹוָהאדניאהדונהי Adonai

הַמְבֹרָךְ: hamevoraj ס"ת כהת, משיוז בן דוד ע"ה:

Mientras el *jazán* dice el verso "*barjú*", la congregación dice "*yishtabaj*" de la siguiente manera (El *jazán* dirá "*yishtabaj*" mientras la congregación responde "*baruj*" como está a continuación):

יִשְׁתַּבַּח yishtabaj י"פ ע"ב וְיִתְפָּאַר veyitpaar שְׁמוֹ Shemó מהש ע"ה, ע"ב בריבוע וקס"א ע"ה,

אל שדי ע"ה שֶׁל shel מֶלֶךְ Mélej מַלְכֵי maljei הַמְּלָכִים hamelajim

הַקָּדוֹשׁ haKadosh בָּרוּךְ Baruj הוּא Hu שֶׁהוּא sheHú רִאשׁוֹן rishón וְהוּא veHú

אַחֲרוֹן ajarón וּמִבַּלְעָדָיו umibaladav אֵין ein אֱלֹהִים Elohim אהיה אדני ; ילה•

יְהִי yehí שֵׁם Shem יְהֹוָהאדניאהדונהי Adonai מְבֹרָךְ mevoraj רת ריבוע ע"ב ריבוע ס"ג

יהוה מברך = רפ"ח (להעלות רפ"ח ניצוצות שנפלו לקליפה דמשם באים התולואים)

מֵעַתָּה meatá וְעַד־ vead עוֹלָם olam ייל : וּמְרוֹמַם umeromam עַל־ al

כָּל־ col ילי ; עמם בְּרָכָה brajá וּתְהִלָּה utehilá ע"ה אמת, אהיה פעמים אהיה, ז"פ ס"ג:

Cuando contestamos "*Baruj Adonai hamevoraj leolam vaed*" recibimos las cinco partes del alma (*Néfesh*, *Rúaj*, *Neshamá*, *Jayá* y *Yejidá*) que nos abandonaron durante el sueño de anoche.

Primero la congregación responde lo siguiente, y luego el *jazán* lo repite:

Néfesh *Rúaj* *Neshamá*

בָּרוּךְ Baruj יְהֹוָהאדניאהדונהי Adonai הַמְבֹרָךְ hamevoraj

Jayá *Yejidá*

לְעוֹלָם leolam ריבוע ס"ג וי' אותיות דס"ג וָעֶד vaed:

Más allá de todas las bendiciones,

himnos, alabanzas y palabras de consolación que pueden decirse en el mundo, y dirán: Amén (*Amén*).

BARJÚ

Bendigan al Señor, el Bendito. Alabado y exaltado es el Nombre del Rey de todos los Reyes, El Santo Bendito sea, quien es primero y quien es último y sin el cual no hay Dios. Que el Nombre del Señor sea bendecido desde ahora y hasta toda la eternidad, por encima de todas las bendiciones y alabanzas. Bendito es el Señor, el Bendito, eternamente y para siempre.

EL MUNDO DE CREACIÓN – BRIÁ

El versículo inicial dice: *yotser or uvoré jóshej* (forma la luz y crea la oscuridad). Esto se refiere al concepto de Luz y oscuridad, el bien y el mal. Una división 50/50 entre el bien y el mal nos da el libre albedrío de escoger Luz u oscuridad.

Desde aquí (“*yotser or*”) hasta “*gaal Yisrael*” (pág. 342) te encuentras en el Mundo de *Briá*.

Heijal Livnat HaSapir (La Cámara de Zafiro): *Yesod* de *Zeir Anpín* en *Briá*.

בָּרוּךְ baruj אַתָּה Atá יְהֹוָהאדניאהדונהי Adonai אֱלֹהֵינוּ Eloheinu ילה

מֶלֶךְ mélej הָעוֹלָם haolam יוֹצֵר yotser אוֹר or ר"ו, אין סוף

וּבוֹרֵא uvoré חֹשֶׁךְ jóshej שך נצוצות של ז' המלכים. עֹשֶׂה osé שָׁלוֹם shalom

וּבוֹרֵא uvoré אֶת et הַכֹּל hacol ילי:

En la festividad y en *Shabat* continúa con “*hacol yoduja*” en la pág. 317.

En *Jol Hamoed* (no en *Shabat*) decimos lo siguiente:

הַמֵּאִיר hameir לָאָרֶץ laárets וְלַדָּרִים veladarim עָלֶיהָ aleha פהל

בְּרַחֲמִים berajamim מצפצ, אלהים דיודין, י"פ ייי. וּבְטוּבוֹ uvetuvó (שהוא החסד אור גנוז)

(בו) מְחַדֵּשׁ mejadesh י"ב הויות, קס"א קנ"א בְּכָל bejol ב"ן, לכב

יוֹם yom ע"ה נגד, מזבח, זן, אל יהוה תָּמִיד tamid ע"ה קס"א קנ"א קמ"ג

מַעֲשֵׂה maasé בְרֵאשִׁית vereshit ר"ת מ"ב: מָה ma מ"ה

רַבּוּ rabú מַעֲשֶׂיךָ maaseja יְהֹוָהאדני Adonai כֻּלָּם culam

בְּחָכְמָה bejojmá במילוי = תרי"ג (מצוות) עָשִׂיתָ asita

Todas las acciones provienen (como potencial de potencial) desde *Aba*, quien rodea a la Luz Infinita, y son realizadas (como hecho de potencial) por *Ima*, quien rodea a *Aba*. *Aba* dice e *Ima* hace.

מָלְאָה malá הָאָרֶץ haárets אלהים דההין ע"ה קִנְיָנֶךָ kinyaneja:

EL MUNDO DE CREACIÓN

Bendito eres Tú, Señor, nuestro Dios, Rey del Universo,
“quien forma Luz y crea la oscuridad, hace la paz y lo crea todo” (*Isaías 45:7*).

Quien ilumina a todo el mundo y sus habitantes, que Él creó con Su atributo de misericordia. Y, con Su bondad, Él renueva, cada día y siempre, las obras de Creación. Qué diversas son Tus obras, Señor. “Has hecho todo con sabiduría y el mundo está lleno con Tus posesiones” (*Salmos 104:24*).

הַמֶּלֶךְ haMélej הַמְּרוֹמָם hameromam לְבַדּוֹ levadó שם בן מ"ב

מֵאָז meaz ומב ; לבדו מאז ע"ה = אמן ("יאהדונהי") הַמְּשֻׁבָּח hameshubaj

וְהַמְּפֹאָר vehamefoar וְהַמִּתְנַשֵּׂא vehamitnasé מִימוֹת mimot עוֹלָם olam:

אֱלֹהֵי Elohei מילוי דע"ב, דמב ; ילה עוֹלָם olam בְּרַחֲמֶיךָ berajameja

הָרַבִּים harabim רַחֵם rajem אברהם, וז"פ אל, רי"ו ול"ב נתיבות החכמה, רמ"ח (אברים),

עסמ"ב וט"ז אותיות פשוטות עָלֵינוּ aleinu• אֲדוֹן Adón אני עֻזֵּנוּ uzenu•

צוּר tsur אלהים דההין ע"ה מִשְׂגַּבֵּנוּ misgabenu•

מָגֵן maguén ג"פ אל ("יאי" מילוי דס"ג) ; ר"ת מיכאל גבריאל נוריאל יִשְׁעֵנוּ yishenu•

מִשְׂגָּב misgav משה, מהש, ע"ב בריבוע קס"א, אל שדי, ד"פ אלהים ע"ה בַּעֲדֵנוּ baadenu:

EL BARUJ

La primera letra de cada palabra en esta oración sigue el orden de las 22 letras del alfabeto arameo. Estas 22 letras nos conectan con los bloques de construcción metafísicos del universo, lo que nos proporciona una oportunidad para asumir el control de nuestro mundo y nuestro destino.

Heijal Étsem Hashamáyim (La Cámara de la Personificación del Cielo) – *Hod* de *Zeir Anpín* en *Briá*. En este *Heijal* hay Serafines con alas que son llamados *Jashmalim*, y aquí está el secreto de *jashmal* (electricidad). **אורפניאל** – *Or-pnei-El* (**no pronunciar este nombre** - El rostro de la Luz de Dios) es el ángel que ministra este *Heijal*. Y este *Heijal* se llama **אלהים צבאות** - *Elohim Tsevaot*, el cual es llamado *Hod* (*Elohim Tsevaot* con sus diez letras suman 595, que es *Étsem Hashamáyim*).

אֵל El "יאי" (מילוי דס"ג) בָּרוּךְ baruj גְּדוֹל guedol להח ; עם ד' אותיות = מבה, יזל, אום

דֵּעָה deá הֵכִין hejín וּפָעַל ufaal זָהֳרֵי zahorei חַמָּה jamá טוֹב tov והו

יָצַר yatsar כָּבוֹד cavod לִשְׁמוֹ liShmó מהש ע"ה, ע"ב בריבוע וקס"א ע"ה, אל שדי ע"ה

מְאוֹרוֹת meorot נָתַן natán סְבִיבוֹת sevivot עֻזּוֹ uzó

El Rey, quien fue exaltado solo desde el comienzo. El que es alabado, glorificado y loado desde el comienzo del tiempo. Dios del mundo, ten piedad de nosotros con Tus abundantes misericordias. Amo de nuestra fuerza, escudo de nuestra redención y quien es fortaleza para nosotros.

EL BARUJ

Dios, bendito y grande en conocimiento, Él preparó y generó el resplandor del Sol.
El Benévolo, quien creó gloria para Su Nombre, Él situó luminarias alrededor de Su poder.

פִּנּוֹת pinot צִבְאוֹת tsivot קְדוֹשִׁים kedoshim רוֹמְמֵי romemei

שַׁדַּי Shadai תָּמִיד tamid ע"ה קס"א קנ"א קמ"ג (ג' מילואי אהיה)

מְסַפְּרִים mesaprim, כְּבוֹד quevod אֵל El יא"י (מילוי דס"ג) ;

ר"ת מכאל (מיכאל = נגא) ; כבוד אל = ס"ג (**Dáat de Nukvá**) וּקְדֻשָּׁתוֹ ukdusható:

תִּתְבָּרַךְ titbaraj יְהֹוָהאדניאהדונהי Adonai אֱלֹהֵינוּ Eloheinu ילה

בַּשָּׁמַיִם bashamáyim י"פ טל, י"פ כוזו מִמַּעַל mimaal עלם וְעַל־ veal

הָאָרֶץ haárets אלהים דההין ע"ה מִתָּחַת mitájat עַל־ al כָּל־ col ילי ; עמם

שֶׁבַח shévaj מַעֲשֵׂי maasei יָדֶיךָ yadeja. וְעַל־ veal מְאוֹרֵי meorei אוֹר or

רז, אין סוף שֶׁיָּצַרְתָּ sheyatsarta הֵמָּה hema יְפָאֲרוּךָ yefaaruja

סֶּלָה sela:

Continúa con "*titbaraj lanétsaj*" en la pág. 323.

הַכֹּל hacol ילי יוֹדוּךָ yoduja וְהַכֹּל vehacol ילי יְשַׁבְּחוּךָ yeshabejuja

וְהַכֹּל vehacol ילי יֹאמְרוּ yomrú אֵין ein קָדוֹשׁ kadosh

כַּיהֹוָהאדניאהדונהי caAdonai הַכֹּל hacol ילי יְרוֹמְמוּךָ yeromemuja סֶּלָה sela

יוֹצֵר yotser הַכֹּל hacol ילי. הָאֵל haEl לאה ; אל (יא"י מילוי דס"ג)

הַפּוֹתֵחַ hapotéaj בְּכָל bejol ב"ן, לכב יוֹם yom ע"ה נגד, מזבח, זן, אל יהוה

דַּלְתוֹת daltot שַׁעֲרֵי shaarei מִזְרָח mizraj. וּבוֹקֵעַ uvokéa

חַלּוֹנֵי jalonei רָקִיעַ rakía. מוֹצִיא motsí חַמָּה jamá

מִמְּקוֹמָהּ mimekomá וּלְבָנָה ulevaná מִמְּכוֹן mimejón שִׁבְתָּהּ shivtá.

וּמֵאִיר umeir לְעוֹלָם leolam ריבוע ס"ג י' אותיות דס"ג כֻּלּוֹ culó וּלְיוֹשְׁבָיו uleyoshvav

שֶׁבָּרָא shebará קנ"א ב"ן, יהוה אלהים יהוה אדני, מילוי קס"א וס"ג, מ"ה ברבוע ע"ב ע"ה

Los jefes de Sus huestes sagradas, quienes exaltan al Todopoderoso, constantemente relatan la gloria de Dios y Su santidad. Que seas bendecido, Señor, nuestro Dios arriba en los Cielos y abajo sobre la Tierra, y sobre toda Tu obra magnificente y todas las luminarias que Tú has creado. Ellas te glorificarán, Sela.

Todo te da las gracias. Todo te alaba. Todos dicen que no hay nadie tan Santo como el Señor. ¡Todos te exaltan, Sela! Él, quien forma todo. El Dios quien abre diariamente las puertas de las pasarelas del Este y quien abre las ventanas del firmamento, y quien retira al Sol de su sitio y a la Luna del lugar de su descanso. Quien ilumina a todo el mundo y sus habitantes, que Él creó

בְּמִדַּת bemidat הָרַחֲמִים :harajamim הַמֵּאִיר hameir לָאָרֶץ laárets

וְלַדָּרִים veladarim עָלֶיהָ aleha פהל בְּרַחֲמִים berajamim מצפצ, אלהים דיודין, י״פ ייי •

וּבְטוּבוֹ uvetuvó (שהוא החסד אור גנוז בו) מְחַדֵּשׁ mejadesh י״ב הויות, קס״א קנ״א

בְּכָל bejol ב״ן, לכב יוֹם yom ע״ה נגד, מזבח, זן, אל יהוה

תָּמִיד tamid ע״ה קס״א קנ״א קמ״ג מַעֲשֵׂה maasé בְרֵאשִׁית vereshit ר״ת מ״ב: מָה־

ma מ״ה רַבּוּ rabú מַעֲשֶׂיךָ maaseja יְהֹוָאדהֵי Adonai

כֻּלָּם culam בְּחָכְמָה bejojmá במילוי = תרי״ג (מצוות) עָשִׂיתָ asita

Todas las acciones provienen (como potencial de potencial) desde *Aba*, quien rodea a la Luz Infinita, y son realizadas (como hecho de potencial) por *Ima*, quien rodea a *Aba*. *Aba* dice e *Ima* hace.

מָלְאָה malá הָאָרֶץ haárets אלהים דההין ע״ה קִנְיָנֶךָ kinyaneja הַמֶּלֶךְ hamélej

הַמְרוֹמָם hameromam לְבַדּוֹ levadó מ״ב מֵאָז meaz ומב ; לבדו מאז ע״ה = אמן (יאהדונהי)

הַמְשֻׁבָּח hameshubaj וְהַמְפֹאָר vehamefoar וְהַמִּתְנַשֵּׂא vehamitnasé

מִימוֹת mimot עוֹלָם :olam אֱלֹהֵי Elohei מילוי דע״ב, דמב ; ילה עוֹלָם olam

בְּרַחֲמֶיךָ berajameja הָרַבִּים harabim רַחֵם rajem אברהם, ח״פ אל, רי״ו ול״ב

נתיבות החכמה, רמ״ח (אברים), עסמ״ב וט״ז אותיות פשוטות עָלֵינוּ aleinu• אֲדוֹן Adón אני

עֻזֵּנוּ uzenu• צוּר tsur אלהים דההין ע״ה מִשְׂגַּבֵּנוּ misgabenu•

מָגֵן maguén ג״פ אל (ייא״י מילוי דס״ג) ; ר״ת מיכאל גבריאל נוריאל יִשְׁעֵנוּ yishenu•

מִשְׂגָּב misgav משה, מהש, ע״ב בריבוע קס״א, אל שדי, ד״פ אלהים ע״ה בַּעֲדֵנוּ :baadenu

En Shabat - Heijal Ratsón (la Cámara del Deseo) *- Tiféret* de *Zeir Anpín* en *Briá*.

אֵין ein עֲרוֹךְ aroj לְךָ lejá וְאֵין veéin זוּלָתְךָ zulataj• אֶפֶס éfes

בִּלְתְּךָ biltaj וּמִי umí ילי דּוֹמֶה domé לָךְ :laj אֵין ein עֲרוֹךְ aroj לְךָ lejá

יְהֹוָאדהֵי Adonai אֱלֹהֵינוּ Eloheinu ילה בָּעוֹלָם baolam הַזֶּה hazé והו•

---

con Su atributo de misericordia. Y, con Su bondad, Él renueva, cada día y siempre, las obras de Creación. Qué diversas son Tus obras, Señor. Has hecho todo con sabiduría y el mundo está lleno con Tus posesiones. El Rey, quien fue exaltado solo desde el comienzo. El que es alabado, glorificado y loado desde el comienzo del tiempo. Dios del mundo, ten piedad de nosotros con Tus abundantes misericordias. Amo de nuestra fuerza, escudo de nuestra redención y quien es fortaleza para nosotros. No hay comparación contigo, Señor, nuestro Dios, en este mundo

וְאֵין veéin זוּלָתְךָ zulataj מַלְכֵּנוּ malquenu לְחַיֵּי lejayei
הָעוֹלָם haolam הַבָּא habá: אֶפֶס éfes בִּלְתְּךָ biltaj גּוֹאֲלֵנוּ goalenu
לִימוֹת limot הַמָּשִׁיחַ haMashíaj. וּמִי umí ילי דּוֹמֶה domé
לָךְ laj מוֹשִׁיעֵנוּ moshienu לִתְחִיַּת litjiyat הַמֵּתִים hametim:

EL ADÓN

Encontramos las 22 letras del alfabeto arameo codificadas en esta oración. La primera letra en cada una de las primeras 22 frases está en el orden alfabético correcto. Debido a que las letras arameas son los verdaderos instrumentos de la Creación, esta oración ayuda a inyectar orden y el poder de la Creación en nuestra vida.

En *Shabat*:
Medita en atraer la Santidad adicional de *Shabat* (desde el aspecto del día; masculino) hacia *Nukvá* de *Zeir Anpín* de *Briá* para que Ella tenga un nuevo Nombre: אל אלף דלת נון יוד (702 = *Shabat*). También **medita** en elevar "*Heijal Ahavá*" (*Jésed*) de *Zeir Anpín* de *Briá* hacia el "*Heijal Ahavá*" Superior (*Jésed*) de *Aba* e *Ima* de *Briá*, para atraer la Santidad adicional de *Shabat*.
Heijal Ahavá (la Cámara del Amor) - *Jésed* de *Zeir Anpín* en *Briá*.

Heijal Étsem Hashamáyim (la Cámara de la personificación del Cielo)—*Hod* de *Zeir Anpín* en *Briá*.

א אֵל El ייא״ (מילוי דס״ג) ב אָדוֹן adón אני
ג עַל al ד כָּל col ילי ; עמם ה הַמַּעֲשִׂים hamaasim.
ו בָּרוּךְ baruj ז וּמְבוֹרָךְ umvoraj
ח בְּפִי befí ט כָּל jol ילי ; עמם י הַנְּשָׁמָה haneshamá.
והו גָּדְלוֹ godló ילי וְטוּבוֹ vetuvó סיט מָלֵא malé עלם עוֹלָם olam.

---

y no habrá nada a excepción de Ti, nuestro Rey, en la vida del Mundo por Venir. No habrá nada sin Ti, nuestro Redentor en los días del Mesías.
¿Y quién será como Tú, nuestro Salvador, en la resurrección de los muertos?

EL ADÓN

א *Dios, Señor sobre todas las obras.*

ב *Bendito quien es bendecido por la boca de cada alma.* ג *Su grandeza y Su bondad llenan el mundo.*

מהש ללה אכא כהת

דֵּעָה dáat וּתְבוּנָה utvuná סוֹבְבִים sovevim הוֹדוֹ hodó אהיה:

הזי אלד לאו ההע

הַמִּתְגָּאֶה hamitgaé עַל al חַיּוֹת jayot הַקֹּדֶשׁ hakódesh•

יזל מבה הרי הקם

וְנֶהְדָּר venehedar בְּכָבוֹד bejavod בוכו עַל al הַמֶּרְכָּבָה hamercavá•

לאו כלי לוו פהל

זְכוּת zejut וּמִישׁוֹר umishor לִפְנֵי lifnei כִסְאוֹ jisó•

נלך ייי מלה חהו

חֶסֶד jésed ע״ב, ריבוע יהוה וְרַחֲמִים verajamim מָלֵא malé כְבוֹדוֹ jevodó:

נתה האא ירת שאה

טוֹבִים tovim מְאוֹרוֹת meorot שֶׁבָּרָאָם sheberaam אֱלֹהֵינוּ Eloheinu ילה•

ריי אום

יְצָרָם yetsaram בְּדַעַת bedáat

לכב ושר

בְּבִינָה beviná ע״ה אהיה אהיה יהוה, חיים וּבְהַשְׂכֵּל uvehasquel•

ייז להח כוק מנד

כֹּחַ cóaj וּגְבוּרָה ugvurá רי״ו נָתַן natán בָּהֶם bahem•

אני חעם רהע ייז

לִהְיוֹת lihyot מוֹשְׁלִים moshlim בְּקֶרֶב bekérev תֵּבֵל tevel ב״פ רי״ו:

ההה מיכ וול ילה

מְלֵאִים meleim זִיו ziv וּמְפִיקִים umfikim נֹגַהּ noga דנ״י•

ד *Sabiduría y entendimiento rodean Su gloria.* ה *Él quien es exaltado por sobre las Bestias sagradas.* ו *Y sus esplendores en gloria sobre la Carroza.* ז *Mérito y justicia están ante Su Trono.* ח *Benevolencia y misericordia llenan Su gloria.* ט *Buenas son las luminarias que nuestro Dios ha creado.* י *Las creó con entendimiento, discernimiento y sabiduría.* כ *Él les concedió fortaleza y poder,* ל *para ser dominante en el mundo.* מ *Están llenas de brillo e irradian luminosidad.*

סאל ערי עשל מיה

נָאֶה naé זִיוָם zivam בְּכָל bejol ב״ן, לכב הָעוֹלָם haolam ◆

והו דני הוש עמם

שְׂמֵחִים semejim בְּצֵאתָם betsetam שָׂשִׂים sasim בְּבוֹאָם bevoam ◆

ננא נית

עוֹשִׂים osim בְּאֵימָה beeimá ר״ת ע״ב (יוד הי ויו הי), ריבוע יהוה (י יה יהו יהוה)

מבה פוי

רְצוֹן retsón מהש ע״ה, ע״ב בריבוע וקס״א ע״ה, אל שדי ע״ה קוֹנֵיהֶם koneihem ⁝

נמם ייל הרה מצר

פְּאֵר peer וְכָבוֹד vejavod נוֹתְנִים notnim לִשְׁמוֹ liShmó

מהש ע״ה, ע״ב בריבוע וקס״א ע״ה, אל שדי ע״ה

ומב יהה ענו מחי

צָהֳלָה tsaholá וְרִנָּה veriná לְזֵכֶר lezéjer מַלְכוּתוֹ maljutó ◆

דמב מנק איע חבו

קָרָא kará לַשֶּׁמֶשׁ lashémesh וַיִּזְרַח vayizraj אוֹר or רז, אין סוף ◆

ראה יבמ היי מום

רָאָה raá ראה וְהִתְקִין vehitkín צוּרַת tsurat הַלְּבָנָה halevaná ⁝

י״א י״ב י״ג י״ד ט״ו ט״ז

שֶׁבַח shévaj נוֹתְנִים notnim לוֹ lo כָּל col ילי צְבָא tsevá מָרוֹם marom ◆

י״ז י״ח י״ט

תִּפְאֶרֶת tiféret וּגְדוּלָּה ugdulá **(*Briá*)** שְׂרָפִים serafim

כ׳ כ״א כ״ב

(*Yetsirá*) וְחַיּוֹת vejayot **(*Asiyá*)** וְאוֹפַנֵּי veofanei הַקֹּדֶשׁ hakódesh ⁝

נ *Su brillantez es hermosa alrededor del mundo.* ס *Alegres mientras avanzan y rebosantes mientras regresan.* ע *Ellas hacen con admiración la voluntad de su Creador.* פ *Todos los ejércitos arriba conceden alabanza a Él.* צ *Júbilo y canciones alegres ante la mención de Su Reino.* ק *Él llamó al Sol y éste brilló con luz.* ר *Él vio y creó la forma de la Luna.* ש *Todos los ejércitos del cielo lo alaban.* ת *Esplendor y grandeza le atribuyen los Serafines, Bestias y los santos Ofanim.*

En *Shabat* agregamos lo siguiente:

LAEL ASHER

Cada uno de nosotros está imbuido del ADN del Creador. Este versículo nos ayuda a despertar todas las características divinas dentro de nosotros para que podamos alcanzar la realización y obtener control sobre nuestra vida.

לָאֵל laEl ייא״ (מילוי דס״ג) אֲשֶׁר asher שָׁבַת shavat מִכָּל micol

הַמַּעֲשִׂים hamaasim♦ וּבַיּוֹם uvayom ע״ה נגד, מזבח, זן, אל יהוה הַשְּׁבִיעִי hashevií

נִתְעַלָּה nitalá

Medita en que *Zeir Anpín*, que estaba "sentado" en *Yetsirá*, ahora se está elevando a *Briá*. Hasta ahora, los cinco *Tsélem* (de *Nétsaj, Hod, Yesod* de *Yisrael Saba* y *Tevuná*), que son llamados צ, los cinco *Tsélem* (de *Jésed, Guevurá, Tiféret* de *Yisrael Saba* y *Tevuná*), que son llamados ל, y los cinco *Tsélem* (de *Jojmá, Biná, Dáat* de *Yisrael Saba* y *Tevuná*), que son llamados ם, (y también son llamados: *Néfesh, Rúaj, Neshamá, Jayá, Yejidá* de *Neshamá*), ya han entrado a los cinco *Partsufim* de *Nétsaj, Hod, Yesod*, y a los cinco *Partsufim* de *Jésed, Guevurá, Tiféret* y a los cinco *Partsufim* de *Jojmá, Biná, Dáat* de *Biná* de *Zeir Anpín*, que es llamado *Gadlut Álef* (Primera Adultez, que no es considerada como una elevación para *Zeir Anpín*). **También medita** por *Yaakov* y *Rajel*, quienes ahora están rodeando a *Nétsaj, Hod, Yesod* de *Biná* de *Zeir Anpín* (que es *Nétsaj, Hod, Yesod* de *Yisrael Saba* y *Tevuná*).

וַיֵּשֵׁב veyashav עַל al כִּסֵּא quisé כְּבוֹדוֹ jevodó♦ תִּפְאֶרֶת tiféret

עָטָה atá לְיוֹם leyom ע״ה נגד, מזבח, זן, אל יהוה הַמְּנוּחָה hamenujá♦

עֹנֶג óneg ר״ת עדן נהר גן קָרָא kará לְיוֹם leyom ע״ה נגד, מזבח, זן, אל יהוה

הַשַּׁבָּת haShabat: זֶה ze שִׁיר shir שֶׁבַח shévaj שֶׁל shel

יוֹם yom ע״ה נגד, מזבח, זן, אל יהוה הַשְּׁבִיעִי hashevií שֶׁבּוֹ shebó שָׁבַת shavat

אֵל El ייא״ (מילוי דס״ג) מִכָּל micol ילי מְלַאכְתּוֹ melajtó♦

וְיוֹם veyom ע״ה נגד, מזבח, זן, אל יהוה הַשְּׁבִיעִי hashevií מְשַׁבֵּחַ meshabéaj

וְאוֹמֵר veomer: מִזְמוֹר mizmor שִׁיר shir לְיוֹם leyom ע״ה נגד, מזבח, זן, אל יהוה

הַשַּׁבָּת haShabat ר״ת למשה: לְפִיכָךְ lefijaj יְפָאֲרוּ yefaarú

לָאֵל laEl ייא״ (מילוי דס״ג) כָּל col ילי יְצוּרָיו yetsurav♦

LAEL ASHER

Al Dios quien descansó de todas las obras y quien, en el Séptimo Día, fue elevado y se sentó en el Trono de Su gloria. Con esplendor Él envolvió el Día de Descanso. Él declaró el Día de Shabat una delicia. Esta es la canción de alabanza del Día de Shabat en el que Dios descansó de todo Su trabajo. Y el Séptimo Día alaba y dice: Un Salmo, una canción para el Día de Shabat. Es bueno dar gracias al Señor. Por lo tanto, que todo lo que Él ha creado glorifique y bendiga a Dios.

שֶׁבַח shévaj וִיקָר vikar וּגְדֻלָּה ugdulá וְכָבוֹד vejavod יִתְּנוּ yitenu
לַמֶּלֶךְ lamélej יוֹצֵר yotser כֹּל col ילי. הַמַּנְחִיל hamanjil מְנוּחָה menujá
לְעַמּוֹ leamó יִשְׂרָאֵל Yisrael בְּיוֹם beyom ע״ה נגד, מזבח, זן, אל יהוה
שַׁבַּת Shabat קֹדֶשׁ kódesh.

שִׁמְךָ Shimjá יְהֹוָהאדני Adonai אֱלֹהֵינוּ Eloheinu ילה יִתְקַדַּשׁ yitkadash
שין דלת יוד. וְזִכְרְךָ vezijrejá יִתְפָּאַר yitpaar מַלְכֵּנוּ malquenu
בַּשָּׁמַיִם bashamáyim י״פ טל, י״פ כוזו מִמַּעַל mimáal עלם וְעַל veal
הָאָרֶץ haárets אלהים דההין ע״ה מִתָּחַת mitájat. עַל al כָּל col ילי ; עמם
שֶׁבַח shévaj מַעֲשֵׂה maasé יָדֶיךָ yadeja. וְעַל veal מְאוֹרֵי meorei
אוֹר or רז, אין סוף שֶׁיָּצַרְתָּ sheyatsarta הֵמָּה hema יְפָאֲרוּךָ yefaaruja סֶּלָה sela:

TITBARAJ LANÉTSAJ

El último Nombre de los 72 Nombres de Dios —*Mem, Vav, Mem* final מום— aparece en esta conexión. Este Nombre significa "mancha" o "imperfección". Si estamos en este planeta, todavía tenemos al menos una imperfección, si no es que tenemos innumerables imperfecciones más. Esta conexión nos ayuda a corregir estas fallas.

תִּתְבָּרַךְ titbaraj לָנֶצַח lanétsaj צוּרֵנוּ tsurenu מַלְכֵּנוּ malquenu
וְגוֹאֲלֵנוּ vegoalenu בּוֹרֵא boré קְדוֹשִׁים kedoshim
יִשְׁתַּבַּח yishtabaj י״פ ע״ב ; ר״ת יב״ק, אלהים יהוה, אהיה אדני יהוה שִׁמְךָ Shimjá
לָעַד laad כ״פ ב״ן מַלְכֵּנוּ malquenu יוֹצֵר yotser מְשָׁרְתִים meshartim
וַאֲשֶׁר vaasher מְשָׁרְתָיו meshartav ר״ת מום, אלהים כֻּלָּם culam
עוֹמְדִים omdim כלם עומדים = י׳ הויות בְּרוּם berum עוֹלָם olam ר״ת ע״ב, ריבוע יהוה ;
ברום עולם ע״ה = קס״א קנ״א קמ״ג עם ג׳ כוללים (לא כולל האהיה עצמם)

Alabanza, honor, grandeza y gloria, que se rindan a Dios, el Rey, quien creó todo.
Él quien da una herencia de alegría a Su Pueblo, Israel, en Su santidad, en el Día de Shabat.

Que Tu Nombre, Señor, nuestro Dios, sea santificado y que Tu recuerdo, nuestro Rey, sea glorificada en el Cielo arriba y sobre la Tierra abajo. Que Tú seas bendecido, nuestro Salvador, más allá de todas las alabanzas de Tu obra. Y más allá de las luminarias brillantes que Tú has creado, ¡que te glorifiquen, Sela!

TITBARAJ LANÉTSAJ

Que Tú seas eternamente bendecido, nuestra Fortaleza, nuestro Rey y nuestro Redentor, Creador de los Santos ángeles. Que Tu Nombre sea alabado por siempre, nuestro Rey, quien forma ángeles asistentes. Y cuyos ángeles asistentes están de pie en las alturas del mundo.

ומשמיעים umashmiím ביראה beyirá רי"ו יחד yájad בקול bekol,

דברי divrei ראה אלהים Elohim אהיה אדני ; ילה וחיים jayim אהיה אהיה יהוה, בינה ע"ה

ומלך uMélej עולם olam. כלם culam אהובים ahuvim. כלם culam

ברורים berurim. כלם culam גבורים guiborim ר"ת אבג. כלם culam

קדושים kedoshim. כלם culam עושים osim באימה beeimá ר"ת ע"ב, ריבוע יהוה

וביראה uveyirá רי"ו רצון retsón מהש ע"ה, ע"ב בריבוע וקס"א ע"ה, אל שדי ע"ה

קוניהם koneihem וכלם vejulam פותחים potjim את et פיהם pihem

בקדושה bikdushá ובטהרה uvetahorá בשירה beshirá ובזמרה uvezimrá

ומברכין umevarjín. ומשבחין umeshabjín. ומפארין umefaarín.

ומקדישין umakdishín. ומעריצין umaaritsín. וממליכין umamlijín

ר"ת ז' ווין בסוד שם בן מ"ב ; ס"ת = מצפצ, אלהים דיודין, י"פ ייי.

ET SHEM

La palabra *reshut* רשות se encuentra dentro de esta conexión. *Reshut* tiene el mismo valor numérico (906) que las iniciales de las palabras que componen la última frase del *Aná Bejóaj* (*shavateinu kabel, ushmá tsaakateinu, yodea taalumot*) – שקו צית. Esta secuencia específica está relacionada con nuestro mundo físico, *Maljut*.

את־ et שם Shem האל haEl לאה ; אל (ייא" מילוי דס"ג) המלך haMélej

הגדול hagadol להח ; עם ד' אותיות = מבה, יזל, אום הגבור haguibor

והנורא vehanorá ר"ת = יהוה קדוש kadosh הוא Hu.

וכלם vejulam מקבלים mekablim עליהם aleihem עול ol

מלכות maljut שמים shamáyim י"פ טל, י"פ כוזו זה ze מזה mizé.

ונותנים venotnim רשות reshut שקו צית זה ze לזה lazé.

---

y fuertemente proclaman, con reverencia y al unísono, las palabras del Dios Viviente y Rey del Universo. Todos son amados. Todos son puros. Todos son poderosos. Todos son Santos. Todos ejecutan, con reverencia y con asombro, la voluntad de su Hacedor. Todos abren sus bocas con Santidad y con pureza, con canciones y melodías. Ellos bendicen, alaban, glorifican, santifican, reverencian y entronan.

ET SHEM

El Nombre de Dios, el Rey, el grande, poderoso y reverenciado, porque Él es Santo. Todos aceptan sobre sí el yugo del Reino Celestial, uno del otro. Y se dan permiso uno al otro

לְהַקְדִּישׁ lehakdish לְיוֹצְרָם leyotsram בְּנַחַת benájat רוּחַ rúaj•

בְּשָׂפָה besafá בְרוּרָה verurá בשפה ברורה ע"ה = לשון הקודש וּבִנְעִימָה uvineimá•

קְדֻשָּׁה kedushá כֻּלָּם culam כְּאֶחָד queejad אהבה, דאגה

עוֹנִים onim בְּאֵימָה beeimá• וְאוֹמְרִים veomrim בְּיִרְאָה beyirá רי"ו:

KADOSH, KADOSH, KADOSH

Esta frase se traduce como "Santo, Santo, Santo", pero no se refiere al significado convencional de la palabra "santo" (sagrado, bendecido o santificado). En lugar de ello, se refiere al concepto de completitud o "totalidad", como en la completitud cuántica de la realidad que está unificada e interconectada. Repetir la palabra "santo" tres veces también nos conecta con las Columnas Derecha (positiva), Izquierda (negativa) y Central (neutral). Esta oración nos infunde con la conciencia de que, a pesar de que tengamos imperfecciones, aún tenemos la Chispa Divina de Luz dentro de nosotros. Nuestra alma es parte de Dios.

Es bueno recitar este versículo siguiendo sus entonaciones (*teamim*).

קָדוֹשׁ kadosh | **(Derecha)** קָדוֹשׁ kadosh **(Izquierda)** קָדוֹשׁ kadosh **(Central)**

יְהֹוָה יאהדונהי Adonai צְבָאוֹת Tsevaot פני שכינה

מְלֹא meló כָל־ jol ילי הָאָרֶץ haárets אלהים דההין ע"ה כְּבוֹדוֹ quevodó:

וְהָאוֹפַנִּים vehaofanim וְחַיּוֹת vejayot הַקֹּדֶשׁ hakódesh

בְּרַעַשׁ beráash גָּדוֹל gadol להח ; עם ד' אותיות = מבה, יזל, אום

מִתְנַשְּׂאִים mitnaseim לְעֻמַּת leumat הַשְּׂרָפִים haserafim

לְעֻמָּתָם leumatam מְשַׁבְּחִים meshabjim וְאוֹמְרִים veomrim:

בָּרוּךְ Baruj כְּבוֹד Quevod יְהֹוָה יאהדונהי Adonai ; כבוד יהוה = יוד הי ואו הה

מִמְּקוֹמוֹ mimekomó עסמ"ב, הברכה (למתק את ז' המלכים שמתו)

ר"ת = ע"ב, ריבוע יהוה ; ר"ת מ"כ, י"פ האא:

LAEL BARUJ

Heijal Noga (la Cámara del Resplandor)—*Nétsaj de Zeir Anpín en Briá*

לָאֵל laEl ייא" (מילוי דס"ג) בָּרוּךְ Baruj• נְעִימוֹת neimot יִתֵּנוּ yitenu•

---

y ellos dan su consentimiento para santificar a su Creador. Con un espíritu calmo y con una expresión clara, y placentera, ellos proclaman santidad, con reverencia. Y todos ellos dicen al unísono y en asombro:

KADOSH, KADOSH, KADOSH

"Santo, Santo, Santo es el Señor de los Ejércitos. El mundo está lleno con Su gloria" (Isaías 6:3). *"Los Ofanim y todas las Bestias Sagradas rugen con voz estruendosa hacía los Serafines que están de pie enfrente de ellos, y alaban y dicen: Bendita es la gloria del Señor desde Su lugar"* (Ezequiel 3:12).

LAEL BARUJ

Al Dios bendito, ellos le dan melodías.

♦vekayam וְקַיָּם jai וָחַי (מילוי דס"ג) ייאי El אֵל laMélej לַמֶּלֶךְ

♦yashmíu יַשְׁמִיעוּ vetishbajot וְתִשְׁבָּחוֹת ♦yomeru יֹאמֵרוּ zemirot זְמִירוֹת

SIETE VERSOS

Cada uno de estos siete versos conecta con un cuerpo celeste diferente. Hace cuatro mil años, Avraham el Patriarca reveló que había siete cuerpos celestes claves que podían verse con los ojos: El Sol, la Luna, Marte, Mercurio, Saturno, Venus y Júpiter. Estos son los que tienen una influencia directa en nuestro mundo físico y ellos corresponden a las Siete *Sefirot* Inferiores. Según Avraham, las Tres Dimensiones Superiores (*Sefirot*) no influyen directamente en nuestro mundo.

מ"ב levadó לְבַדּוֹ Hu הוּא qui כִּי

♦vekadosh וְקָדוֹשׁ (*Jojmá*) marom מָרוֹם (*Kéter*)

:correspondiendo a los siete planetas – כנגד ז' כוכבי לכת

(**Sol**) guevurot גְּבוּרוֹת poel פּוֹעֵל (***Biná***)

(**Luna**) jadashot חֲדָשׁוֹת osé עוֹשֶׂה (***Jésed***)

(**Marte**) miljamot מִלְחָמוֹת báal בַּעַל (***Guevurá***)

(**Mercurio**) tsedakot צְדָקוֹת zoréa זוֹרֵעַ (***Tiféret***)

(**Saturno**) yeshuot יְשׁוּעוֹת matsmíaj מַצְמִיחַ (***Nétsaj***)

(**Venus**) refuot רְפוּאוֹת boré בּוֹרֵא (***Hod***)

(*Pei Resh Tav Bet Guímel Dálet Caf*) כ ד ג ב ת ר פ

(**Júpiter**) tehilot תְּהִלּוֹת norá נוֹרָא (***Yesod***)

♦haniflaot הַנִּפְלָאוֹת אני adón אֲדוֹן (***Maljut***)

MAASÉ BERESHIT

Heijal Zejut (la Cámara del Mérito)—*Guevurá* de *Zeir Anpín* en *Briá*.

Ten en cuenta en todo momento que cada nuevo día es una renovación para toda la Creación. Con frecuencia, vivimos la vida ya sea en el pasado o en el futuro, dejando que el presente se nos escape. El verdadero crecimiento espiritual ocurre en el presente. Esta oración ayuda a infundir esta conciencia en nosotros. En el presente, lidiamos proactivamente con los efectos que hemos creado en el pasado y, a través de nuestras acciones, sembramos las semillas para nuestro futuro. Si nos perdemos las oportunidades que nos ofrece el presente, estaremos en un círculo reactivo, sin control sobre nuestra vida.

Al Rey, al Dios viviente y eterno, ellos le cantarán himnos y proclamarán alabanzas.

SIETE VERSOS

(Kéter) *Porque solamente Él es elevado* (Jojmá) *y Santo.*

(Biná) *Él realiza hechos poderosos.* (Sol) (Jésed) *Hace cosas nuevas.* (Luna)
(Guevurá) *El Señor de las guerras.* (Marte) (Tiféret) *Siembra rectitud.* (Mercurio)
(Nétsaj) *Hace brotar salvación.* (Saturno) (Hod) *Crea remedios.* (Venus)
(Yesod) *Magnífico en alabanzas.* (Júpiter) (Maljut) *Señor de los prodigios.*

הַמְּחַדֵּשׁ hamejadesh י"ב הויות, קס"א קנ"א בְּטוּבוֹ betuvó בְּכָל־ bejol ב"ן, לכב

יוֹם yom ע"ה נגד, מזבח, זן, אל יהוה תָּמִיד tamid ע"ה קס"א קנ"א קמ"ג.

מַעֲשֵׂה maasé בְרֵאשִׁית vereshit ר"ת מ"ב. כָּאָמוּר caamur:

לְעֹשֵׂה leosé אוֹרִים orim רז, אין סוף גְּדֹלִים guedolim כִּי qui

לְעוֹלָם leolam ריבוע ס"ג וי' אותיות דס"ג וְחַסְדּוֹ jasdó ג' הויות, מזלא ; ר"ת = נגה:

בָּרוּךְ Baruj אַתָּה Atá יְהֹוָואדהיאהדונהי Adonai יוֹצֵר yotser הַמְּאוֹרוֹת hameorot:

AHAVAT OLAM (AHAVÁ RABÁ)

Heijal Ahavá (la Cámara del Amor)—*Jésed* de *Zeir Anpín* en *Briá*.

El propósito de esta oración es infundirnos con amor por el mundo y por las demás personas.

אַהֲבַת ahavat עוֹלָם olam (En *Shabat* decimos "*Ahavá Rabá*" en lugar de "*Ahavat Olam*"):

אַהֲבָה ahavá אחד, דאגה (רַבָּה rabá) אֲהַבְתָּנוּ ahavtanu ר"ת ע"ב, ריבוע יהוה

יְהֹוָואדהיאהדונהי Adonai אֱלֹהֵינוּ Eloheinu ילה וְחֶמְלָה jemlá גְּדוֹלָה guedolá

וִיתֵרָה viterá חָמַלְתָּ jamalta עָלֵינוּ aleinu. אָבִינוּ avinu מַלְכֵּנוּ malquenu

בַּעֲבוּר baavur שִׁמְךָ Shimjá הַגָּדוֹל hagadol להח ; עם ד' אותיות = מבה, יזל, אום

וּבַעֲבוּר uvaavur אֲבוֹתֵינוּ avoteinu שֶׁבָּטְחוּ shebatjú בָךְ vaj:

וַתְּלַמְּדֵמוֹ vatelamdemo חֻקֵּי jukei חַיִּים jayim אהיה אהיה יהוה, בינה ע"ה

לַעֲשׂוֹת laasot רְצוֹנְךָ retsonjá בְּלֵבָב belevav בוכו שָׁלֵם shalem.

כֵּן quen תְּחָנֵּנוּ tejanenu אָבִינוּ avinu אָב av הָרַחֲמָן harajamán.

MAASÉ BERESHIT

Renueva, cada día y para siempre, el trabajo de Creación como está dicho: "Al que hace las grandes luminarias, porque Su benevolencia es para siempre" (Salmos 136:7).

Bendito eres Tú, Señor, Hacedor de luminarias.

AHAVAT OLAM (AHAVÁ RABÁ)

Tú nos has amado con: gran amor, Señor, nuestro Dios. Tú has concedido sobre nosotros grande y abundante compasión, nuestro Padre, nuestro Rey, por Tu Gran Nombre y por nuestros antepasados que confiaron en Ti. Enseña preceptos de entrega de vida para que podamos cumplir Tu voluntad, con todo el corazón, para que seas amable a nosotros, nuestro Padre, Padre misericordioso.

הַמְרַחֵם hamerajem אברהם, וז"פ אל, רי"ו ול"ב נתיבות החכמה, רמ"ח (אברים),

עסמ"ב וט"ז אותיות פשוטות רַחֵם rajem אברהם, וז"פ אל, רי"ו ול"ב נתיבות החכמה, רמ"ח (אברים),

עסמ"ב וט"ז אותיות פשוטות נָא na עָלֵינוּ aleinu וְתֵן vetén בְּלִבֵּנוּ belibenu

בִּינָה viná ע"ה אהיה אהיה יהוה, חיים לְהָבִין lehavín• לְהַשְׂכִּיל lehasquil•

לִשְׁמוֹעַ lishmoa• לִלְמוֹד lilmod וּלְלַמֵּד ulelamed• לִשְׁמוֹר lishmor

וְלַעֲשׂוֹת velaasot וּלְקַיֵּם ulekayem אֶת־ et כָּל־ col ילי דִּבְרֵי divrei ראה

תַּלְמוּד talmud תּוֹרָתֶךָ toratjá בְּאַהֲבָה beahavá אחד, דאגה• וְהָאֵר vehaer

עֵינֵינוּ eineinu ריבוע מ"ה בְּתוֹרָתֶךָ betorateja• וְדַבֵּק vedabek

לִבֵּנוּ libenu בְּמִצְוֹתֶיךָ vemitsvoteja• וְיַחֵד veyajed לְבָבֵנוּ levavenu

לְאַהֲבָה leahavá אחד, דאגה וּלְיִרְאָה uleyirá רי"ו אֶת־ et שְׁמֶךָ Shemeja•

וְלֹא veló נֵבוֹשׁ nevosh וְלֹא veló נִכָּלֵם nicalem וְלֹא veló נִכָּשֵׁל nicashel

לְעוֹלָם leolam ריבוע ס"ג וי' אותיות דס"ג וָעֶד vaed• כִּי qui בְּשֵׁם veShem

קָדְשְׁךָ kodshejá הַגָּדוֹל hagadol להח ; עם ד' אותיות = מבה, יזל, אום

וְהַנּוֹרָא vehanorá בָּטָחְנוּ vatajnu• נָגִילָה naguilá וְנִשְׂמְחָה venismejá

בִּישׁוּעָתֶךָ vishuateja• וְרַחֲמֶיךָ verajameja יְהֹוָה אדני יאהדונהי Adonai

אֱלֹהֵינוּ Eloheinu ילה וַחֲסָדֶיךָ vajasadeja הָרַבִּים harabim

אַל al יַעַזְבוּנוּ yaazvunu נֶצַח nétsaj סֶלָה sela וָעֶד vaed•

Sostén las cuatro esquinas del *Talit* con tu mano izquierda y llévalas a tu pecho hasta que termines de recitar las palabras "*laad uleolmei olamim*" en la pág. 338.

מַהֵר maher וְהָבֵא vehavé עָלֵינוּ aleinu בְּרָכָה brajá

וְשָׁלוֹם veshalom מְהֵרָה meherá מֵאַרְבַּע mearbá כַּנְפוֹת canfot

הָאָרֶץ haárets אלהים דההין ע"ה ; ר"ת = אדני•

Sé misericordioso con nosotros, El misericordioso. Coloca comprensión en nuestros corazones para que podamos entender, discernir, oír, estudiar, enseñar, mantener, hacer y cumplir todas las palabras de enseñanza de Tu Torá en amor. Ilumina nuestros ojos con Tu Torá. Enlaza nuestros corazones con Tus mandamientos. Unifica nuestros corazones para amar y temer a Tu Nombre; entonces no estaremos ni avergonzados ni humillados; ni fallaremos nunca y por toda la eternidad. Porque hemos colocado nuestra confianza en Tu gran y reverentemente temido Nombre. Que nos regocijemos y seamos felices en Tu Salvación. Que Tu compasión nunca nos abandone, Señor, nuestro Dios, ni Tus muchas benevolencias, Sela, por siempre. Apúrate y trae sobre nosotros bendición y paz, rápidamente, de los cuatro confines de la Tierra.

tsavarenu צַוָּארֵנוּ עלם meal מֵעַל hagoyim הַגּוֹיִם ol עוֹל ushvor וּשְׁבוֹר
•leartsenu לְאַרְצֵנוּ komemiyut קוֹמְמִיּוּת meherá מְהֵרָה veholijenu וְהוֹלִיכֵנוּ
אמן ,ר"ת פאי Atá אָתָּה yeshuot יְשׁוּעוֹת poel פּוֹעֵל (מילוי דס"ג) "יא" El אֵל qui כִּי
•velashón וְלָשׁוֹן am עַם ילי micol מִכָּל־ vajarta בָחַרְתָּ uvanu וּבָנוּ (יאהדונהי)

VEKERAVTANU MALQUENU

Recitar *Vekeravtanu Malquenu* nos hace recordar el Monte Sinaí y nos proporciona una conexión directa con éste y con la energía de inmortalidad.

malquenu מַלְכֵּנוּ vekeravtanu וְקֵרַבְתָּנוּ

LESHIMJÁ HAGADOL

Esta frase nos da el poder de eliminar toda duda e incertidumbre de nuestra vida.

Sin el poder de la certeza, todas nuestras oraciones son ineficientes. Los kabbalistas explican que la incertidumbre es la semilla de todo mal en el mundo: incertidumbre sobre nosotros, sobre la existencia de Dios, sobre nuestro destino y sobre nuestra capacidad de superar desafíos. Debido a que nuestra conciencia crea nuestra realidad, nuestra incertidumbre inevitablemente conllevará al caos. Cuando destruimos nuestra duda, todo lo que queda es positividad y certeza en la Luz. La palabra *Amalek* עֲמָלֵק tiene el mismo valor numérico que la palabra aramea para "incertidumbre" y "duda" ספק (240). *Amalek* se refiere a las dudas e incertidumbres que nos infectan, provocando desunión y odio entre los pueblos. Una historia en la Biblia relata cómo Dios ordenó a los israelitas a salir y matar a todos los hombres, mujeres y niños de la nación de *Amalek*. El *Zóhar* explica que en este pasaje hay un código para destruir nuestra duda. En realidad, Dios les estaba diciendo a los israelitas que mataran a la incertidumbre dentro de ellos.

אום ,יזל ,מבה = עם ד' אותיות ; להח hagadol הַגָּדוֹל leShimjá לְשִׁמְךָ

BEAHAVÁ LEHODOT LAJ

Ahora estamos obteniendo la fuerza para abstenernos de cualquier tipo de habla maliciosa o chisme acerca de otras personas.

Espiritualmente, el habla maliciosa es considerada como una de las acciones negativas más graves que una persona puede realizar; es incluso más grave que el asesinato. Dicen los sabios que con el asesinato una persona muere una vez. Cuando hablamos chismes de otra persona, a nivel espiritual, tres personas mueren: el hablante, el oyente y el individuo de quien se está hablando. Y no sólo eso, cada vez que el chisme pasa de una persona a otra, matamos a ese individuo nuevamente. El habla tiene un poder enorme. Cuando hablamos mal de los demás, no sólo herimos y dañamos sus vidas, sino que el daño también se extiende a la vida de la persona que está escuchando el chisme, así como a nuestra propia vida. El *Talmud* enseña que la destrucción del Templo ocurrió debido al habla maliciosa y al odio entre la gente. Si no nos abstenemos de hablar negativamente de nuestro prójimo, los demás tampoco podrán abstenerse de hablar mal de nosotros. Los kabbalistas nos enseñan que el habla maliciosa es una de las causas espirituales de la mayor fuerza negativa en nuestro mundo físico: *El odio gratuito.*

laj לָךְ lehodot לְהוֹדוֹת דאגה ,אחד beahavá בְּאַהֲבָה

Rompe el yugo de las naciones de nuestros cuellos y rápidamente guíanos, orgullosamente erguidos, a nuestra tierra. Porque Tú eres Dios, quien obra la salvación. Tú nos escogiste entre todas las naciones y lenguas.

VEKERAVTANU MALQUENU - *Y nos acercaste, nuestro Rey,*
LESHIMJÁ HAGADOL - *a Tu gran Nombre*
BEAHAVÁ LEHODOT LAJ - *para expresar amorosamente nuestra gratitud,*

וּלְיַיחֶדְךָ uleyajedjá וּלְאַהֲבָה uleahavá אוהד, דאגה אֶת־ et שִׁמְךָ Shimjá:

ר״ת הברכה עולה למנין ל״ב נתיבות החכמה

בָּרוּךְ Baruj אַתָּה Atá יְהֹוָהאדניאהדונהי Adonai

הַבּוֹחֵר habojer בְּעַמּוֹ beamó יִשְׂרָאֵל Yisrael בְּאַהֲבָה beahavá אוהד, דאגה

ר״ת שם קדוש ב״ב (באתב״ש שמש):

EL SHEMÁ

El *Shemá* es una de las herramientas más poderosas para atraer energía sanadora a nuestra vida. El verdadero poder del *Shemá* es liberado cuando recitamos esta oración mientras meditamos en otras personas que necesiten energía de sanación.

El primer verso del *Shemá* canaliza la energía de *Zeir Anpín* o los Mundos Superiores.
El segundo verso se refiere a nuestro mundo, el Mundo de *Maljut*.

Hay un total de 248 palabras en esta oración, y estas 248 palabras transmiten energía de sanación a las 248 partes del cuerpo humano y su alma. El primer párrafo del *Shemá* está compuesto de 42 palabras que nos conectan con el Nombre de Dios de 42 Letras en el *Aná Bejóaj*. El segundo párrafo está compuesto de 72 palabras que nos conecta con los 72 Nombres de Dios. El tercer párrafo contiene 50 palabras que nos vinculan con las 50 Puertas de *Biná*, que nos ayudan a elevarnos sobre las 50 Puertas de la Negatividad. El párrafo final del *Shemá* tiene 72 palabras, que también nos conectan con los 72 Nombres de Dios, pero a través de una combinación diferente de letras que la que se usa en el segundo párrafo.

1) Para poder recibir la Luz del *Shemá*, debes aceptar el precepto de: "Ama a tu prójimo como a ti mismo", y verte a ti mismo unido con todas las almas que componen el Adam Original.

2) Necesitas meditar en conectarte al precepto de Recitar el *Shemá* dos veces al día.

3) Antes de recitar el *Shemá*, debes cubrir tus ojos con la mano derecha (mientras dices las palabras "*Shemá Yisrael … leolam vaed*"), y sostener los cuatro *tsitsiot* con la mano izquierda y colocarlos sobre tu corazón.

4) Debes leer el *Shemá* con meditación profunda, recitándolo con las entonaciones. Es necesario ser cuidadoso con la pronunciación de todas las letras. Cada palabra que termine en la misma letra que inicia la palabra siguiente debe pronunciarse por separado y no como una continuación de la siguiente palabra. Ej.: *bejol levavjá*. *Bejol* termina con una *Lámed* y *levavjá* comienza con una *Lámed*. Cada una de estas palabras debe pronunciarse por separado de forma que las dos *Lámed* sean escuchadas. Por lo tanto, hemos añadido un símbolo especial (•) sobre cada lugar donde esto ocurra.

Primero, medita en general, en el primer *Yijud* de los cuatro *Yijudim* del Nombre: יהוה y, en particular, para despertar a la letra ה, y luego para conectarla con la letra ו. Después conecta a la letra י y a la letra ה juntas en el orden siguiente: *Hei* (ה), *Hei-Vav* (ו"ה), luego *Yud-Hei* (ה"י), lo que suma 31, el secreto de "יא" del Nombre ס"ג. Es bueno meditar en este *Yijud* antes de recitar cualquier *Shemá* porque actúa como un reemplazo por las veces que quizás no hayas recitado el *Shemá*. Este *Yijud* tiene la misma capacidad de crear una conexión Celestial como la lectura del *Shemá*: elevar a *Zeir* y a *Nukvá* juntos para el *Zivug* de *Aba* e *Ima*.

---

para unificarte a Ti, y para amar Tu Nombre.
Bendito seas Tú, Señor, quien ha elegido a Su Nación Israel, con amor.

(Según el Ramjal, la elevación de los *Mojín* durante este *Shemá* es el mismo que durante el *Shemá* de *Shajarit* de los días de la semana, excepto que *Zeir Anpín* es elevado a *Nétsaj, Hod, Yesod* de *Aba* e *Ima*).

Shemá – שְׁמַע

La razón para decir aquí el *Shemá* es para despertar los *Mojín* (cerebros/energía) para *Zeir Anpín*. Tenemos que hacer esto en *Briá*, porque en *Atsilut* no tenemos la capacidad de hacerlo. **Meditación general:** שֵׁם ע – para atraer la energía desde las siete *Sefirot* inferiores de *Ima* hacia la *Nukvá*, la cual permite a la *Nukvá* elevar las *Máyin Nukvín* (despertar desde Abajo). **Meditación particular:** שֵׁם = יהוה + שַׁדַּי y cinco veces las letras י y ד de ב"ן = ע [La letra *Hei* (ה) es formada por las letras *Dálet* (ד) y *Yud* (י), por lo tanto en ב"ן tenemos cuatro veces la letra ה más otra vez las letras י y ד de יוד de ב"ן]. También las tres letras ו (18) que quedan de ב"ן, más ב"ן mismo (52) equivale a ע (70).

Yisrael – יִשְׂרָאֵל

Meditación general: שִׁ"יר אֵל – para atraer energía desde *Jésed* y *Guevurá* de *Aba* hacia *Zeir Anpín*, para hacer su acción en el secreto de *Máyin Dujrín* (despertar desde Arriba).

Meditación particular: (las letras reordenadas de la palabra *Yisrael*): שִׁר אֵלִי

י"ה דאלהים דמוח חכמה בהכאה (יו"ד פעמים ה"י) = ש',

י"ה דאלהים דמוח בינה בהכאה (יו"ד פעמים ה"ה) = ר',

י"ה דאלהים דמוח דחסדים דדעת (יו"ד ה"א), וי"ה דאלהים דמוח דגבורות דדעת (י"ה) = אל"י.

También medita en atraer la Luz Circundante de *Aba* de *Katnut* hacia *Zeir Anpín*.

Adonai Eloheinu Adonai - יהוה אֱלֹהֵינוּ יהוה

Meditación general: para atraer energía hacia *Aba*, *Ima* y *Dáat* desde *Arij Anpín*.

Meditación particular (יוד הי וי הי) ע"ב (יוד הי יוד הי) קס"א (אלף הי יוד הי) ע"ב (יוד הי ויו הי).

Ejad – אֶחָד

(El secreto del completo *Yijud-Unificación*)

Las letras *Álef* א y *Jet* ח de *Ejad* אחד son *Zeir Anpín* y la letra *Dálet* ד es *Nukvá*. **Debes meditar** en dedicar tu alma a la santificación del Nombre Sagrado, elevando de este modo a tu *Néfesh*, *Rúaj*, *Neshamá* y *Neshamá* de *Neshamá* con *Zeir Anpín* y *Nukvá* (usando los Nombres: ע"ב y ס"ג) hacia *Aba* e *Ima* como en el secreto de *Máyin Nukvín*, y por esa energía, *Aba* e *Ima* serán unificados en el secreto del Nombre: יאהדויה"ה. **También medita** en atraer los Seis Bordes Internos de *Gadlut* de *Ima* hacia *Zeir Anpín*. La Gota, que es ע"ב, es sacada desde lo externo de *Atik* y desciende hacia *Yesod* de *Ima*, donde se convierte en: ע"ב ס"ג מ"ה ב"ן, y las cuatro אהיה deletreadas (אלף הי יוד הי, אלף הי יוד הי, אלף הא יוד הא, אלף הה יוד הה) se convierten en Su vestimenta. <u>Como resultado</u>, *Zeir Anpín* tiene cuatro יה"ו deletreadas (יוד הי ויו, יוד הי ואו, יוד הא ואו, יוד הה וו), cuatro אה"י deletreadas (אלף הי יוד, אלף הי יוד, אלף הא יוד, אלף הה יוד) y los Seis Bordes Internos de *Gadlut* de *Ima*. **También medita** en el Nombre: אל"ף ה"י וי"ו ה"י, que es el *Mojín* entero en el secreto de *Dáat*. **Y también medita** (según el Ramjal) en las cuatro *Álef* deletreadas (אלף = 111) del Nombre: אהי"ה que es igual a la palabra *Midat* (444), haciendo el *Kéter* para *Leá*.

Baruj Shem - בָּרוּךְ שֵׁם כְּבוֹד מַלְכוּתוֹ לְעוֹלָם וָעֶד

Baruj Shem Quevod – *Jojmá*, *Biná*, *Dáat* de *Leá*;

Maljutó – Su *Kéter*; ***Leolam*** – el resto de Su *Partsuf*;

Vaed – los cuatro היה (4 veces 20 es igual a *Vaed* = 80) harán el *Kéter* para *Rajel*.

Y las cuatro היה deletreadas (הי יוד הי, הי יוד הי, הא יוד הא, הה יוד הה) harán el resto de Su cuerpo.

שְׁמַע Shemá ע׳ רבתי יִשְׂרָאֵל Yisrael יְהֹוָהאדניאהדונהי Adonai

אֱלֹהֵינוּ Eloheinu ילה יְהֹוָהאדניאהדונהי Adonai | אֶחָד Ejad ד׳ רבתי ; אהבה, דאגה:

(Susurrar:) יו״ז אותיות בָּרוּךְ Baruj שֵׁם Shem כְּבוֹד quevod מַלְכוּתוֹ maljutó,

לְעוֹלָם leolam ריבוע ס״ג וי׳ אותיות דס״ג וָעֶד vaed:

Yud, Jojmá, cabeza – 42 palabras que corresponden al Nombre Sagrado de Dios de 42 Letras.

א ב

וְאָהַבְתָּ veahavtá ב״פ אור, ב״פ רז, ב״פ אין סוף ; (יכוין לקיים מ״ע של אהבת ה׳) אֵת et

ג י

יְהֹוָהאדניאהדונהי Adonai אֱלֹהֶיךָ Eloheja ילה ; ס״ת כהת, משיח בן דוד ע״ה

ת צ ק ר

בְּכָל־ bejol ב״ן, לכב לְבָבְךָ levavjá וּבְכָל־ uvejol ב״ן, לכב נַפְשְׁךָ nafshejá

ע ש ט נ

וּבְכָל־ uvejol ב״ן, לכב מְאֹדֶךָ meodeja: וְהָיוּ vehayú הַדְּבָרִים hadevarim

נ ג ד י כ

הָאֵלֶּה haele אֲשֶׁר asher אָנֹכִי anojí מְצַוְּךָ metsaveja הַיּוֹם hayom

ש ב ט

ע״ה נגד, מזבח, זן, אל יהוה (pausa aquí) עַל al לְבָבֶךָ levaveja: וְשִׁנַּנְתָּם veshinantam

ר צ ת ג

לְבָנֶיךָ levaneja וְדִבַּרְתָּ vedibarta בָּם bam מ״ב בְּשִׁבְתְּךָ beshivtejá

ח ק ב

בְּבֵיתֶךָ beveiteja ב״פ ראה וּבְלֶכְתְּךָ uvelejtejá בַדֶּרֶךְ vadérej

ט נ

ב״פ יב״ק, ס״ג קס״א וּבְשָׁכְבְּךָ uveshojbejá וּבְקוּמֶךָ uvkumeja:

ע י ג ל

וּקְשַׁרְתָּם ukshartam לְאוֹת leot עַל־ al יָדֶךָ yadeja

EL SHEMÁ

"Escucha, Israel, el Señor nuestro Dios. El Señor es Uno" (Deuteronomio 6:4). *"Bendito es el glorioso Nombre, Su Reino es por siempre y para la eternidad"* (Pesajim 56a). *"Y amarás al Señor, tu Dios, con todo tu corazón y con toda tu alma y con todo lo que posees. Deja que estas palabras que te ordeno hoy descansen sobre tu corazón. Y las enseñarás a tus hijos y hablarás de ellas mientras estés sentado en tu hogar y mientras caminas por el sendero y cuando te acuestas y cuando te levantas. Las atarás como una señal sobre tu mano*

פ vehayú וְהָיוּ · ז letotafot לְטֹטָפֹת · ק bein בֵּין · ש eineja עֵינֶיךָ

ע״ה · קס״א ; ריבוע · מ״ה: · ק ujtavtam וּכְתַבְתָּם · ו al עַל־

צ mezuzot מְזֻזוֹת · ג״ת (זו מות) · י beiteja בֵּיתֶךָ · ב״פ ראה · ת uvisheareja וּבִשְׁעָרֶיךָ:

VEHAYÁ IM SHAMOA

***Hei*, *Biná*, brazos y cuerpo** – 72 palabras que corresponden a los 72 Nombres de Dios.

והו vehayá וְהָיָה · יהוה ; יהה · ילי im אִם־ · יוה״ך, מ״א אותיות דפשוט, דמילוי ודמילוי דמילוי דאהיה ע״ה

סיט shamoa שָׁמֹעַ · עלם tishmeú תִּשְׁמְעוּ · מהש el אֶל־ · ללה mitsvotai מִצְוֹתַי · אכא asher אֲשֶׁר

כהת anojí אָנֹכִי · הזי metsavé מְצַוֶּה · אלד etjem אֶתְכֶם · לאו hayom הַיּוֹם · ע״ה נגד, מזבח, זן, אל יהוה

(haz una pausa aquí) ההע leahavá לְאַהֲבָה · אחד, דאגה · יזל et אֶת־ · מבה Adonai יְהֹוָאדהנויאהדונהי

הרי Eloheijem אֱלֹהֵיכֶם · ילה · (pronuncia la letra *Ayin* en la palabra "*uleavdó*") · הקם uleavdó וּלְעָבְדוֹ

לאו bejol בְּכָל · ב״ן, לכב · כלי levavjem לְבַבְכֶם · לוו uvejol וּבְכָל־ · ב״ן, לכב

פהל nafshejem נַפְשְׁכֶם: · נלך venatati וְנָתַתִּי · ייי metar מְטַר־ · מלה artsejem אַרְצְכֶם

וזהו beitó בְּעִתּוֹ · נתה yoré יוֹרֶה · האא umalkosh וּמַלְקוֹשׁ · ירת veasafta וְאָסַפְתָּ · שאה deganeja דְגָנֶךָ

ריי vetiroshjá וְתִירֹשְׁךָ · אום veyitzhareja וְיִצְהָרֶךָ: · לכב venatati וְנָתַתִּי · ושר ésev עֵשֶׂב · ע״ב שמות

---

y serán como filacterias entre tus ojos.
Y las escribirás en los umbrales de tu casa y en tus puertas" (Deuteronomio 6:5-9).

VEHAYÁ IM SHAMOA

"Y sucederá que si escuchan Mis mandamientos que les estoy ordenando hoy de amar al Señor, su Dios, y servirle con todo su corazón y con toda su alma. Entonces enviaré lluvias sobre su tierra en el momento apropiado, tanto lluvias tempranas como lluvias tardías. Y recogerás tus granos y tu vino y tu aceite. Y te daré hierba

יוזו להוו כוק מנד

בְּשָׂדְךָ besadjá לִבְהֶמְתֶּךָ livhemteja וְאָכַלְתָּ veajalta וְשָׂבָעְתָּ vesavata:

אני וזעם רהע ייי ההה

הִשָּׁמְרוּ hishamrú לָכֶם lajem פֶּן־ pen יִפְתֶּה yifté לְבַבְכֶם levavjem

מיכ ווכל ילה סאל

וְסַרְתֶּם vesartem וַעֲבַדְתֶּם vaavadtem אֱלֹהִים elohim אֲחֵרִים ajerim

ערי עשל

משה (העומד נגד הקליפות) וְהִשְׁתַּחֲוִיתֶם vehishtajavitem לָהֶם lahem:

מיה והו דני הוזש

וְחָרָה vejará (haz una pausa aquí) אַף־ af יְהֹוָהאדניאהדונהי Adonai בָּכֶם bajem

עמם ננא נית מבה

וְעָצַר veatsar אֶת־ et הַשָּׁמַיִם hashamáyim י״פ טל, י״פ כוזו וְלֹא־ veló

פוי נמם ייל הרוז מצר

יִהְיֶה yihyé ייי מָטָר matar וְהָאֲדָמָה vehaadamá לֹא lo תִתֵּן titén ב״פ כהת

ומב יהה ענו מוזי דמב

אֶת־ et יְבוּלָהּ yevulá וַאֲבַדְתֶּם vaavadtem מְהֵרָה meherá מֵעַל meal עלם

מנק איע וזבו

הָאָרֶץ haárets אלהים דההין ע״ה הַטֹּבָה hatová אֲשֶׁר asher

ראה יבמ היי

יְהֹוָהאדניאהדונהי Adonai נֹתֵן notén אבג יתץ, ושר לָכֶם lajem: *Vav, Zeir Anpín*

מום א

וְשַׂמְתֶּם vesamtem **estómago** – 50 palabras que corresponden a las 50 Puertas de *Biná* אֶת־ et

ה ראה י ה א ה

דְּבָרַי devarai ראה אֵלֶּה ele עַל־ al לְבַבְכֶם levavjem וְעַל־ veal

י ה א ה

נַפְשְׁכֶם nafshejem וּקְשַׁרְתֶּם ukshartem אֹתָם otam לְאוֹת leot ר״ת לאו

---

en tu campo para tu ganado. Y comerás y quedarás saciado. Pero cuiden que su corazón no sea seducido y se alejen para servir a deidades foráneas y se postren ante ellas. Y la ira del Señor caerá sobre ustedes y Él detendrá los Cielos y no habrá más lluvia y la tierra no brindará su cosecha. Y rápidamente perecerán de la buena tierra que el Señor les ha dado. Y pondrán estas palabras Mías sobre su corazón y sobre su alma y las atarán como una señal

עַל־ al יֶדְכֶם yedjem וְהָיוּ vehayú

לְטוֹטָפֹת letotafot בֵּין bein עֵינֵיכֶם eineijem ריבוע מ״ה:

וְלִמַּדְתֶּם velimadtem אֹתָם otam אֶת־ et בְּנֵיכֶם beneijem

לְדַבֵּר ledaber ראה בָּם bam שם בן מ״ב בְּשִׁבְתְּךָ beshivtejá

בְּבֵיתֶךָ beveiteja ב״פ ראה וּבְלֶכְתְּךָ uvelejtejá בַדֶּרֶךְ vadérej ב״פ יב״ק, ס״ג קס״א

וּבְשָׁכְבְּךָ uveshojbejá וּבְקוּמֶךָ: uvkumeja וּכְתַבְתָּם ujtavtam עַל־ al

מְזוּזוֹת mezuzot בֵּיתֶךָ beiteja ב״פ ראה וּבִשְׁעָרֶיךָ: uvisheareja לְמַעַן lemaan

יִרְבּוּ yirbú יְמֵיכֶם yemeijem ר״ת יי״ל וִימֵי vimei בְנֵיכֶם veneijem

עַל al הָאֲדָמָה haadamá אֲשֶׁר asher (pronuncia la letra *Ayin* en la palabra "*nishbá*")

נִשְׁבַּע nishbá יכוין לשבועת המבול יְהֹוָה Adonai

לַאֲבֹתֵיכֶם laavoteijem לָתֵת latet לָהֶם lahem כִּימֵי quimei

הַשָּׁמַיִם hashamáyim י״פ טל, י״פ כוזו עַל־ al הָאָרֶץ haárets אלהים דההין ע״ה:

---

sobre sus manos y serán como filacterias entre sus ojos. Y las enseñarán a sus hijos hablando de ellas mientras estés sentado en tu hogar y mientras caminas por el sendero y cuando te acuestas y cuando te levantas. Y las escribirás en los umbrales de tu casa y sobre tus puertas. Esto es para que sus días sean numerosos y también los días de sus hijos sobre la Tierra que el Señor ha prometido a sus padres darles como los días de los Cielos sobre la Tierra" (Deuteronomio 11:13-21).

VAYÓMER

Hei, *Maljut*, piernas y órganos reproductores,

72 palabras que corresponden a los 72 Nombres de Dios en orden directo (según el Ramjal).

ווו ייי סבט עאם

וַיֹּאמֶר vayómer יְהֹוָ֨אדנָ֨יאהדונהי Adonai אֶל־ el מֹשֶׁה Moshé

מבש ליה אנא

מהש, ע״ב בריבוע וקס״א, אל שדי, ד״פ אלהים ע״ה לֵאמֹר lemor: דַּבֵּר daber ראה אֶל־ el

כמות הוזי אנד להו המע

בְּנֵי bnei יִשְׂרָאֵל Yisrael וְאָמַרְתָּ veamarta אֲלֵהֶם alehem וְעָשׂוּ veasú

יצל מרה היי המם לוו

לָהֶם lahem צִיצִת tsitsit עַל־ al כַּנְפֵי canfei בִגְדֵיהֶם vigdeihem

כבי ליו פנל נמך

לְדֹרֹתָם ledorotam וְנָתְנוּ venatnú עַל־ al צִיצִת tsitsit

יוזי מנה וזהו

הַכָּנָף hacanaf ע״ה קנ״א, אדני אלהים פְּתִיל petil י״פ ב״ן תְּכֵלֶת tejélet:

ניה השא ירת שאה רלי

וְהָיָה vehayá יהוה ; יהה לָכֶם lajem לְצִיצִת letsitsit וּרְאִיתֶם ureitem אֹתוֹ otó

Debes pasar los *tsitsiot* sobre tus ojos y besarlos, luego repite el procedimiento.

אום ליב והר ייו להוז

וּזְכַרְתֶּם uzjartem אֶת־ et כָּל־ col ילי מִצְוֹת mitsvot יְהֹוָ֨אדנָ֨יאהדונהי Adonai

כעק מנד אני וזום רהע

וַעֲשִׂיתֶם vaasitem אֹתָם otam וְלֹא־ veló תָתוּרוּ taturu אַחֲרֵי ajarei

יוזו השה מככ

לְבַבְכֶם levavjem וְאַחֲרֵי veajarei עֵינֵיכֶם eineijem ריבוע מ״ה

Debes pasar los *tsitsiot* sobre tus ojos y después besarlos.

Hacer esto (besar los *tsitsiot* y pasarlos sobre tus ojos), es de gran apoyo y asistencia para que el alma esté protegida de cualquier transgresión. Debes meditar en el precepto: "No seguirás los pensamientos sexuales negativos del corazón ni a las miradas de los ojos que buscan prostitución".

VAYÓMER

"Y el Señor le habló a Moshé y dijo: habla a los Hijos de Israel y diles que deben hacer para sí mismos Tsitsit, en las esquinas de sus vestimentas, a lo largo de todas sus generaciones. Y deben colocar sobre el Tsitsit de cada esquina un filamento azul. Y esto será para ustedes como un Tsitsit; lo verán y recordarán los mandamientos del Señor y los cumplirán. Y no se dejen llevar en pos de su corazón y de sus ojos,

וול ייה סאל ערי עאל

אשר־ asher אתם atem זנים zonim אחריהם ajareihem: למען lemaan

מתה והו דלי היש עלם

תזכרו tizquerú ועשיתם vaasitem את־ et כל־ col ילי מצותי mitsvotai

נהא נית מלה

והייתם vihyitem קדשים kedoshim לאלהיכם leEloheijem ילה:

פאי נמם ירל הבוז

אני Aní אני יהוהאדניאהדונהי Adonai אלהיכם Eloheijem ילה אשר asher

מזר והב יאה עלו

הוצאתי hotseti אתכם etjem מארץ meérets מצרים Mitsráyim מצר

Debes meditar en recordar el Éxodo de *Mitsráyim* (Egipto).

מוז דהב מכק

להיות lihyot לכם lajem לאלהים leElohim אהיה אדני ; ילה

אלע ווהו רלה

אני Aní אני יהוהאדניאהדונהי Adonai אלהיכם Eloheijem ילה:

Está atento de completar este párrafo junto con el *jazán* y la congregación, y de decir la palabra "*emet*" en voz alta. El *jazán* debe decir la palabra "*emet*" susurrando.

יוד הי ויו אמת emet אהיה פעמים אהיה, ז"פ ס"ג.

La congregación debe estar en silencio, escuchar y oír las palabras "*Adonai Eloheijem emet*" dichas por el *jazán*. Si no completaste el párrafo junto al *jazán*, debes repetir las últimas tres palabras por cuenta propia. Con estas tres palabras el *Shemá* es concluido.

ייזי הלי

יהוהאדניאהדונהי Adonai אלהיכם Eloheijem ילה:

מהם

אמת emet אהיה פעמים אהיה, ז"פ ס"ג.

VEYATSIV

Antes de la *Amidá*, que significa el Mundo de Emanación (*Atsilut*), nos encontramos con varias conexiones. La palabra aramea *Emet* אמת aparece cuatro veces en dos ocasiones. El Arí dice que las cuatro apariciones de la palabra *Emet*, que aparecen en dos ocasiones para un total de ocho veces, se refieren a los cuatro Exilios y a las cuatro Redenciones de los israelitas que han ocurrido a lo largo de la historia. Esta palabra significa "verdad". Cuando hay un poco de falsedad en nuestro corazón, es difícil tener éxito en el trabajo espiritual. Esta oración tiene el poder de remover toda falsedad y abrir nuestro corazón a la verdad.

---

porque de acuerdo con ellos irás por mal camino. Para que se acuerden y hagan todos Mis mandamientos y de este modo serán santos ante su Dios. Yo soy el Señor, su Dios, quien los sacó de la tierra de Egipto para ser su Dios. Yo, el Señor, su Dios, Es verdad" (Números 15:37-41). El Señor, su Dios, ¡es verdad!

Encontramos otro código en la palabra *Emet* אמת:

En arameo, esta palabra comienza con la letra *Álef* א, la primera letra del alfabeto. La segunda letra en *Emet* es *Mem* מ, la letra que está a la mitad del alfabeto. La última letra en *Emet* es *Tav* ת, la última letra del alfabeto. Una persona con el atributo de la verdad tiene el poder de todo el alfabeto que, en esencia, es el poder de todo el universo.

Heijal Ratsón (la Cámara del Deseo)—*Tiféret* de *Zeir Anpín* en *Briá*.

א' של אמת וי"ה ווין = אמן (יאהדונהי) וְיַצִּיב veyatsiv• וְנָכוֹן venajón• וְקַיָּם vekayam•

וְיָשָׁר veyashar• וְנֶאֱמָן veneemán• וְאָהוּב veahuv• וְחָבִיב vejaviv הוי•

וְנֶחְמָד venejmad• וְנָעִים venaim• וְנוֹרָא venorá• וְאַדִּיר veadir הרי•

וּמְתֻקָּן umetukán• וּמְקֻבָּל umekubal• וְטוֹב vetov והו• וְיָפֶה veyafé•

יכוין ט"ו ווין גימ' יה, הווין עצמן ו, ור"ת הדבר הרי יהוה הַדָּבָר hadavar ראה

הַזֶּה hazé והו עָלֵינוּ aleinu לְעוֹלָם leolam ריבוע ס"ג וי' אותיות דס"ג וָעֶד vaed•:

יוד הי ואו אֱמֶת emet אהיה פעמים אהיה, ז"פ ס"ג אֱלֹהֵי Elohei מילוי ע"ב, דמב ; ילה

עוֹלָם olam מַלְכֵּנוּ malquenu• צוּר tsur אלהים דההין ע"ה יַעֲקֹב Yaakov

ז' הויות, יאהדונהי אידהנויה מָגֵן maguén ג"פ אל (ייא" מילוי דס"ג) ; ר"ת מיכאל גבריאל נוריאל

יִשְׁעֵנוּ yishenu• לְדוֹר ledor וָדוֹר vador רי"ו הוּא Hu קַיָּם kayam

וּשְׁמוֹ uShmó מהש ע"ה, ע"ב בריבוע וקס"א ע"ה, אל שדי ע"ה קַיָּם kayam וְכִסְאוֹ vejisó

נָכוֹן najón וּמַלְכוּתוֹ umaljutó וֶאֱמוּנָתוֹ veemunató לָעַד laad ב"פ ב"ן ; ר"ת לוו

קַיֶּמֶת kayémet•: וּדְבָרָיו udvarav וְחַיִּים jayim אהיה אהיה יהוה, בינה ע"ה

וְקַיָּמִים vekayamim וְנֶאֱמָנִים veneemanim וְנֶחֱמָדִים venejemadim לָעַד laad

ב"פ ב"ן (besa los *tsitsiot*, pásalos sobre tus ojos y luego suéltalos) וּלְעוֹלְמֵי uleolmei עוֹלָמִים olamim•

VEYATSIV

Y Él es establecido, y correcto, y duradero, y directo, y digno de verdad, y amado, y querido, y deseable, y agradable, y reverentemente temido, y poderoso, y aceptado, y bueno, y hermoso. Esto es para nosotros, por siempre y para siempre. Es cierto que el Dios del Mundo es nuestro Rey, la Fortaleza de Yaakov y el Escudo de nuestra Salvación. Para cada generación Él perdura y Su Nombre perdura. Su Trono es establecido; Su soberanía y Su lealtad existen para siempre. Sus palabras están vivas, duraderas, leales y agradables para toda la eternidad.

עַל al אֲבוֹתֵינוּ avoteinu• עָלֵינוּ aleinu וְעַל veal בָּנֵינוּ baneinu וְעַל veal

דּוֹרוֹתֵינוּ doroteinu וְעַל veal כָּל־ col ילי ; עמם דּוֹרוֹת dorot זֶרַע zera

יִשְׂרָאֵל Yisrael עֲבָדֶיךָ avadeja: עַל al הָרִאשׁוֹנִים harishonim וְעַל veal

הָאַחֲרוֹנִים haajaronim דָּבָר davar ראה טוֹב tov והו וְקַיָּם vekayam•

יוד הא ואו בֶּאֱמֶת beemet אהיה פעמים אהיה, ז"פ ס"ג וּבֶאֱמוּנָה uveemuná חֹק jok

וְלֹא veló יַעֲבוֹר yaavor רפ"ח (להעלות רפ"ח ניצוצות שנפלו לקליפה דמשם באים התחלואים)•

יוד הה וו אֱמֶת emet אהיה פעמים אהיה, ז"פ ס"ג שָׁאַתָּה sheAtá

הוּא Hu יְהֹוָואדהנויאהדונהי Adonai אֱלֹהֵינוּ Eloheinu ילה

וֵאלֹהֵי veElohei לכב ; מילוי ע"ב, דמב ; ילה אֲבוֹתֵינוּ avoteinu•

מַלְכֵּנוּ malquenu מֶלֶךְ Mélej אֲבוֹתֵינוּ avoteinu גּוֹאֲלֵנוּ goalenu

גּוֹאֵל goel אֲבוֹתֵינוּ avoteinu• יוֹצְרֵנוּ yotsrenu צוּר tsur אלהים דההין ע"ה

יְשׁוּעָתֵנוּ yeshuatenu• פּוֹדֵנוּ podenu וּמַצִּילֵנוּ umatsilenu ר"ת = אלהים, אהיה אדני

MEM, HEI, SHIN

Las letras *Mem* מ, *Hei* ה y *Shin* ש liberan la fuerza de sanación.

Cuando cerramos los ojos y visualizamos a estas letras emitiendo rayos de Luz, despertamos energía de sanación desde los Mundos Superiores y desde nuestro interior. Podemos meditar en inundar nuestro cuerpo en una riada de Luz blanca y en enviar esta energía a otras personas que necesiten sanación. Estas letras, reordenadas, forman el nombre de Moshé מהש = משה, quien alcanzó el nivel más alto de conexión con la Luz del Creador.

מֵעוֹלָם meolam הוּא Hu שְׁמֶךָ Shemeja

ר"ת מהש, משה, ע"ב בריבוע וקס"א, אל שדי

וְאֵין veéin לָנוּ lanu אלהים, אהיה אדני עוֹד od

אֱלֹהִים Elohim אהיה אדני ; ילה זוּלָתְךָ zulatjá סֶלָה sela:

Esto está sobre nuestros padres, sobre nosotros y sobre nuestros hijos y sobre nuestras generaciones futuras y sobre todas las generaciones futuras de los descendientes de Israel, Tus siervos. Sobre los primeros y sobre los últimos, esto es una cosa buena y eterna. Con verdad y con fe, este es un decreto inquebrantable. Es cierto que Tú eres el Señor, nuestro Dios y Dios de nuestros padres, nuestro Rey y Rey de nuestros padres, nuestro Redentor y Redentor de nuestros padres, nuestro Hacedor y la Fortaleza de nuestra Salvación. Nuestro Redentor y Salvador.

MEM HEI SHIN

Tu Nombre es de la eternidad, y no tenemos otro Dios sino Tú, Sela.

EZRAT

Ayin, *Álef* y *Álef*, עאא, las primeras letras de las primeras tres palabras de esta oración, tienen el valor numérico de 72. El número 72 también es un código para el concepto de misericordia y la *Sefirá* de *Jésed*. De esta conexión aprendemos que estamos destinados a vivir nuestra vida con misericordia genuina por los demás para activar el poder de los 72 Nombres de Dios. Si por alguna razón no estamos obteniendo resultados de nuestras oraciones, es sólo por una razón: no estamos tratando a las personas en nuestra vida con verdadera misericordia. La Kabbalah nos enseña que, incluso si nuestra ira o falta de perdón están justificadas, debemos tener misericordia en nuestro corazón y en nuestras acciones, tanto para nuestros amigos como nuestros enemigos.

עֶזְרַת ezrat מיכאל מלכיאל שנדיאל, יהוה פעמים יהוה ע״ה אֲבוֹתֵינוּ avoteinu אַתָּה Atá

ר״ת = ע״ב, ריבוע יהוה הוּא Hu מֵעוֹלָם meolam • מָגֵן maguén ג״פ אל (ייא״י מילוי דס״ג) ;

ר״ת מיכאל גבריאל נוריאל וּמוֹשִׁיעַ umoshía לָהֶם lahem וְלִבְנֵיהֶם velivneihem

אַחֲרֵיהֶם ajareihem בְּכָל bejol ב״ן, לכב דּוֹר dor וָדוֹר vador רי״ו •

בְּרוּם berum עוֹלָם olam ר״ת ע״ב, ריבוע יהוה; ברום עולם ע״ה = קס״א קנ״א קמ״ג

עם ג׳ כוללים (לא כולל האהיה עצמם) מוֹשָׁבֶךָ moshaveja • וּמִשְׁפָּטֶיךָ umishpateja

וְצִדְקָתְךָ vetsidkatjá עַד ad אַפְסֵי afsei אָרֶץ árets :

אהיה אֱמֶת emet אהיה פעמים אהיה, ז״פ ס״ג אַשְׁרֵי ashrei

אִישׁ ish שֶׁיִּשְׁמַע sheyishmá לְמִצְוֹתֶיךָ lemitsvoteja •

וְתוֹרָתְךָ vetoratjá וּדְבָרְךָ udvarjá יָשִׂים yasim עַל al לִבּוֹ libó :

אהיה אֱמֶת emet אהיה פעמים אהיה, ז״פ ס״ג שֶׁאַתָּה sheAtá הוּא Hu

אָדוֹן Adón אני לְעַמֶּךָ leameja • וּמֶלֶךְ uMélej גִּבּוֹר guibor

לָרִיב lariv רִיבָם rivam לְאָבוֹת leavot וּבָנִים uvanim :

EZRAT

Tú siempre has sido la ayuda de nuestros antepasados, un escudo y un salvador para ellos y para sus hijos después de ellos, en cada generación. En las alturas del mundo está Tu morada y Tus leyes y justicia se extienden a los confines de la Tierra. Es cierto que un hombre que cumple con Tus mandamientos es gozoso, mientras pone Tu Torá y Tus enseñanzas en su corazón. Es cierto que Tú eres un Señor de Tu pueblo y un Rey valeroso, que lucha por la causa de ellos, sea por los padres o por los hijos.

אהיה אֱמֶת emet אהיה פעמים אהיה, ז״פ ס״ג אַתָּה Atá הוּא Hu רִאשׁוֹן rishón

וְאַתָּה veAtá הוּא Hu אַחֲרוֹן •ajarón וּמִבַּלְעָדֶיךָ umibaladeja אֵין ein

לָנוּ lanu אלהים, אהיה אדני מֶלֶךְ mélej גּוֹאֵל goel וּמוֹשִׁיעַ umoshía:

אהיה אֱמֶת emet אהיה פעמים אהיה, ז״פ ס״ג מִמִּצְרַיִם miMitsráyim מצר

גְּאַלְתָּנוּ guealtanu יְהֹוָהאדניאהדונהי Adonai אֱלֹהֵינוּ Eloheinu ילה• וּמִבֵּית mibeit

כ״פ ראה עֲבָדִים avadim פְּדִיתָנוּ •peditanu כָּל־ col ילי בְּכוֹרֵיהֶם bejoreihem

הָרַגְתָּ haragta וּבְכוֹרְךָ uvejorjá יִשְׂרָאֵל Yisrael גָּאָלְתָּ •gaalta

וְיַם־ veyam ילי סוּף Suf לָהֶם lahem בָּקַעְתָּ •bakata וְזֵדִים vezedim

טִבַּעְתָּ •tibata וִידִידִים vididim עָבְרוּ avrú יָם yam ילי• וַיְכַסּוּ vayjasú

מַיִם máyim צָרֵיהֶם tsareihem אֶחָד ejad אהבה, דאגה מֵהֶם mehem לֹא lo

נוֹתָר :notar עַל al זֹאת zot שִׁבְּחוּ shibjú אֲהוּבִים ahuvim

וְרוֹמְמוּ veromemú לָאֵל laEl ייא״י (מילוי דס״ג) וְנָתְנוּ venatnú יְדִידִים yedidim

זְמִירוֹת zemirot שִׁירוֹת shirot וְתִשְׁבָּחוֹת vetishbajot בְּרָכוֹת brajot

וְהוֹדָאוֹת vehodaot לַמֶּלֶךְ laMélej אֵל el ייא״י (מילוי דס״ג) חַי jai וְקַיָּם •vekayam

רָם ram וְנִשָּׂא venisá גָּדוֹל gadol להח ; עם ד׳ אותיות = מבה, יזל, אום וְנוֹרָא •venorá

מַשְׁפִּיל mashpil גֵּאִים gueim עֲדֵי adei אָרֶץ •árets מַגְבִּיהַּ magbiha

שְׁפָלִים shefalim עַד ad מָרוֹם •marom מוֹצִיא motsí אֲסִירִים •asirim

פּוֹדֶה podé עֲנָוִים •anavim עוֹזֵר ozer דַּלִּים dalim הָעוֹנֶה haoné

לְעַמּוֹ leamó יִשְׂרָאֵל Yisrael בְּעֵת beet שַׁוְּעָם shavam אֵלָיו •elav

Ozer Dalim: La pobreza elimina las transgresiones de un individuo y, a través de ésta, el Creador da misericordia a Su creación. Y, por lo tanto, debes meditar en hacerte pobre ante los ojos de la *Shejiná,* y estar preocupado porque la *Shejiná* está en el exilio junto a los Hijos de Israel.

Es cierto que Tú eres primero y Tú eres último y aparte de Ti no tenemos otro Rey que redima y salve. Es cierto que Tú nos redimiste de Egipto, Señor, nuestro Dios, y nos liberaste de la casa de esclavos. Tú mataste a todos sus primogénitos y Tú salvaste a Tu primogénito Israel. Tú partiste el Mar Rojo para ellos y Tú ahogaste a los tiranos mientras Tus amados cruzaban el mar. Luego las aguas cubrieron a sus enemigos y ninguno de ellos fue salvado. Por esto, los amados alaban y exaltan a Dios. Y los queridos ofrecieron melodías, canciones, líricas y alabanzas, bendiciones y agradecimientos al Rey, al Dios viviente y duradero, quien es Excelso y elevado, poderoso y reverentemente temido y quien degrada a los soberbios en el suelo; quien eleva a los sumisos a grandes alturas; quien libera a los prisioneros, redime a los humildes y ayuda a los necesitados. Él, que responde a Su Pueblo, Israel, cuando ellos le claman.

TEHILOT

Ahora comenzamos a elevarnos al Mundo de Emanación (*Atsilut*). Por consiguiente, nos ponemos de pie para encender los motores de nuestra alma. Para prepararnos para este despegue, debemos eliminar cualquier odio o sentimiento negativo hacia otras personas que albergamos en nuestra mente.

Heijal Kódesh HaKodashim (La Cámara del Sancta Sanctórum) – de *Zeir Anpín* en *Briá*.

תְּהִלּוֹת tehilot לָאֵל laEl ייא"י (מילוי ס"ג) עֶלְיוֹן elyón גּוֹאֲלָם goalam

בָּרוּךְ Baruj הוּא Hu וּמְבֹורָךְ umevoraj. מֹשֶׁה Moshé מהש, ע"ב בריבוע וקס"א,

אל שדי, ד"פ אלהים ע"ה וּבְנֵי uvnei יִשְׂרָאֵל Yisrael ר"ת ע"ה נגד, מזבח, זן, אל יהוה

לְךָ lejá עָנוּ anú שִׁירָה shirá בְּשִׂמְחָה besimjá רַבָּה rabá וְאָמְרוּ veamrú

כֻלָּם julam: מִי־ mi ילי כָמֹכָה jamoja בָּאֵלִם baelim

יְהֹוָה יאהדונהי Adonai ; ר"ת = ע"ב, ריבוע יהוה ; ס"ת מ"ה מִי mi ילי כָּמֹכָה camoja

נֶאְדָּר needar בַּקֹּדֶשׁ bakódesh ר"ת = יב"ק, אלהים יהוה, אהיה אדני יהוה נוֹרָא norá

תְהִלֹּת tehilot עֹשֵׂה osé פֶלֶא fele: שִׁירָה shirá חֲדָשָׁה jadashá

שִׁבְּחוּ shibjú גְאוּלִים gueulim לְשִׁמְךָ leShimjá הַגָּדוֹל hagadol להח ; עם ד

אותיות = מבה, יזל, אום עַל al שְׂפַת־ sfat הַיָּם hayam ילי יַחַד yájad כֻּלָּם culam

הוֹדוּ hodú אהיה וְהִמְלִיכוּ vehimliju וְאָמְרוּ veamrú יְהֹוָה יאהדונהי Adonai |

יִמְלֹךְ yimloj לְעֹלָם leolam ריבוע ס"ג ו' אותיות דס"ג ; ר"ת ייל וָעֶד vaed:

וְנֶאֱמַר veneemar גֹּאֲלֵנוּ goalenu יְהֹוָה יאהדונהי Adonai צְבָאוֹת Tsevaot פני שכינה

שְׁמוֹ Shemó מהש ע"ה, ע"ב בריבוע וקס"א ע"ה, אל שדי ע"ה קְדוֹשׁ kedosh יִשְׂרָאֵל Yisrael:

בָּרוּךְ Baruj אַתָּה Atá יְהֹוָה יאהדונהי Adonai גָּאַל gaal כתר יִשְׂרָאֵל Yisrael:

Comienza la *Amidá* inmediatamente sin ninguna interrupción, ni siquiera una respiración. Hacer esto evita la separación entre *Yesod* (despertada por las palabras "*gaal Yisrael*") y *Maljut* (despertada por la palabra "*Adonai*"). Tu recompensa es grande. Recibes protección contra la negatividad y para no cometer errores. Esta acción también ayuda a corregir la transgresión del derramamiento de nuestra simiente.

TEHILOT

Alabanzas al Dios Supremo, quien es su redentor. Bendito es Él quien es bendecido. Moshé y los Hijos de Israel elevaron sus voces en canción a Ti, con gran alegría y todos dijeron: "¿Quién es como Tú entre las deidades, Señor? ¿Quién es como Tú, poderoso en Santidad, magnífico en alabanzas, y quién realiza maravillas?" (Éxodo 15:11). *Con una nueva canción los redimidos alabaron Tu gran Nombre en la orilla del mar. Todos ellos al unísono le dieron gracias y aceptaron Tu soberanía y dijeron: "El Señor reinará por siempre y para la eternidad"* (Éxodo 15:18). *Y está dicho: "Nuestro redentor, el Señor de los Ejércitos es Su Nombre, El Santo de Israel"* (Isaías 47:4). *Bendito eres Tú, Señor, quien redimió a Israel.*

Maljut de *Atsilut* está incluida ahora en *Heijal Kódesh HaKodashim* de *Briá*.

Cuando la festividad cae en *Shabat* o en *Shabat Jol Hamoed* escanea lo siguiente:

El Formato de la Ascensión en *Shajarit* de *Shabat*

En la conexión silenciosa de *Shajarit* de *Shabat*, los *Mojín* de *Aba* e *Ima* Celestiales están comenzando a entrar en *Zeir Anpín*. **Medita** en que la letra צ del *Tsélem* entre en los cinco *Partsufim* de *Nétsaj*, *Hod*, *Yesod* de *Jojmá* de *Zeir Anpín* (que es llamado: *Néfesh*, *Rúaj*, *Neshamá*, *Jayá*, *Yejidá* de *Néfesh* de *Jayá*). **Así que ahora**, *Kéter*, *Jojmá*, *Biná*, *Dáat* de *Zeir Anpín* son elevados a *Nétsaj*, *Hod*, *Yesod* de *Aba* e *Ima* Celestiales, y *Jésed*, *Guevurá*, *Tiféret* de *Zeir Anpín* son elevados a *Jojmá*, *Biná*, *Dáat* de *Yisrael Saba* y *Tevuná*, y *Nétsaj*, *Hod*, *Yesod* de *Zeir Anpín* son elevados a *Jésed*, *Guevurá*, *Tiféret* de *Yisrael Saba* y *Tevuná*, y *Yaakov* y *Rajel* (que están de pie en *Nétsaj*, *Hod*, *Yesod* de *Biná* de *Zeir Anpín*, que significa *Nétsaj*, *Hod*, *Yesod* de *Yisrael Saba* y *Tevuná*) son elevados a *Jésed*, *Guevurá*, *Tiféret* de *Biná* de *Zeir Anpín* (que significa *Jésed*, *Guevurá*, *Tiféret* de *Yisrael Saba* y *Tevuná*). **Así que ahora**, *Nétsaj*, *Hod*, *Yesod* de *Zeir Anpín* se vuelven *Mojín* (*Kéter*, *Jojmá*, *Biná*, *Dáat*) para *Yaakov* y *Rajel*.

En la conexión silenciosa: cuando digas "*Baruj*", medita en atraer los Seis Bordes (*Jésed*, *Guevurá*, *Tiféret*, *Nétsaj*, *Hod*, *Yesod* de *Kéter*, *Jojmá*, *Biná*, *Dáat* de *Nétsaj*, *Hod*, *Yesod* de lo Interno de *Ima* Celestial) que fueron atraídos por el *Shemá* (a *Kéter*, *Jojmá*, *Biná*, *Dáat*, *Jésed*, *Guevurá*, *Tiféret* de *Zeir Anpín*); hacia *Jésed*, *Guevurá*, *Tiféret*, *Nétsaj*, *Hod*, *Yesod* de *Kéter*, *Jojmá*, *Biná*, *Dáat* de *Nétsaj*, *Hod*, *Yesod* de *Jojmá* de lo Interno de *Zeir Anpín*. **Cuando digas "*Atá*", medita en atraer** *Kéter*, *Jojmá*, *Biná*, *Dáat* de *Kéter*, *Jojmá*, *Biná*, *Dáat* hacia las Tres *Sefirot* Superiores de *Zeir Anpín*, y en bajar los Seis Bordes (de *Tevuná*) hacia los Seis Bordes de *Zeir Anpín*. **Cuando digas "*Adonai*", medita en atraer** *Jojmá*, *Jésed*, *Nétsaj*, *Biná*, *Guevurá*, *Hod*, *Dáat*, *Tiféret*, *Yesod* (en tres columnas) de *Kéter*, *Jojmá*, *Biná*, *Dáat* de *Nétsaj*, *Hod*, *Yesod* de lo Interno de *Aba* Celestial hacia *Zeir Anpín* a través de las dos etapas necesarias para enderezarte.

En la repetición de *Shajarit* de *Shabat*, *Zeir Anpín* y *Leá* se elevan en *Jésed*, *Guevurá*, *Tiféret* de *Aba* e *Ima* Celestiales. Medita en que la letra ל del *Tsélem* (cinco *Tselamim* de *Jésed*, *Guevurá*, *Tiféret* de *Aba* e *Ima* Celestiales) entra en los cinco *Partsufim* de *Jésed*, *Guevurá*, *Tiféret* de *Jojmá* de *Zeir Anpín* (que es llamado: *Néfesh*, *Rúaj*, *Neshamá*, *Jayá*, *Yejidá* de *Rúaj* de *Jayá*). **Así que ahora**, *Kéter*, *Jojmá*, *Biná*, *Dáat* de *Zeir Anpín* son elevados a *Jésed*, *Guevurá*, *Tiféret* de *Aba* e *Ima* Celestiales, y *Jésed*, *Guevurá*, *Tiféret* de *Zeir Anpín* son elevadas a *Nétsaj*, *Hod*, *Yesod* de *Aba* e *Ima* Celestiales, y *Nétsaj*, *Hod*, *Yesod* de *Zeir Anpín* son elevadas a *Kéter*, *Jojmá*, *Biná*, *Dáat* de *Yisrael Saba* y *Tevuná*, y *Yaakov* y *Rajel* (que están de pie en *Jésed*, *Guevurá*, *Tiféret* de *Biná* de *Zeir Anpín*, que significa *Jésed*, *Guevurá*, *Tiféret* de *Yisrael Saba* y *Tevuná*) son elevados a *Kéter*, *Jojmá*, *Biná*, *Dáat* de *Biná* de *Zeir Anpín* (que significa *Kéter*, *Jojmá*, *Biná*, *Dáat* de *Yisrael Saba* y *Tevuná*). **Así que ahora**, *Nétsaj Hod*, *Yesod* de *Biná* de *Zeir Anpín* se convierten en *Mojín* —*Kéter*, *Jojmá*, *Biná*, *Dáat*— para *Yaakov* y *Rajel*.

En la repetición: cuando digas "*Baruj*", medita en atraer los Seis Bordes (*Jésed*, *Guevurá*, *Tiféret*, *Nétsaj*, *Hod*, *Yesod* de *Kéter*, *Jojmá*, *Biná*, *Dáat* de *Jésed*, *Guevurá*, *Tiféret* de lo Interno de *Ima* Celestial) que fueron atraídos por el *Shemá* (a *Kéter*, *Jojmá*, *Biná*, *Dáat*, *Jésed*, *Guevurá*, *Tiféret* de *Zeir Anpín*); **hacia** *Jésed*, *Guevurá*, *Tiféret*, *Nétsaj*, *Hod*, *Yesod* de *Kéter*, *Jojmá*, *Biná*, *Dáat* de *Jésed*, *Guevurá*, *Tiféret* de *Jojmá* de lo Interno de *Zeir Anpín*. **Cuando digas "*Atá*"**, medita en atraer *Kéter*, *Jojmá*, *Biná*, *Dáat* de *Kéter*, *Jojmá*, *Biná*, *Dáat* hacia las Tres *Sefirot* Superiores de *Zeir Anpín* y en bajar los Seis Bordes (de *Tevuná*) hacia los Seis Bordes de *Zeir Anpín*. **Cuando digas "*Adonai*", medita en atraer** *Jojmá*, *Jésed*, *Nétsaj* y *Biná*, *Guevurá*, *Hod*, y *Dáat*, *Tiféret*, *Yesod* (en las tres columnas) de *Kéter*, *Jojmá*, *Biná*, *Dáat* de *Jésed*, *Guevurá*, *Tiféret* de lo Interno de *Aba* Celestial hacia *Zeir Anpín* a través de las dos etapas necesarias para enderezarte.

Medita en recibir el alma adicional llamada: *Rúaj*

del aspecto del día de *Shabat*.

En *Shabat Jol Hamoed* continúa con la *Amidá* en la pág. 700.

En *Jol Hamoed* continúa con la *Amidá* en la pág. 26.

אֲדֹנָי Adonai ללה (pausa aquí) שְׂפָתַי sfatai תִּפְתָּח tiftaj וּפִי ufí יַגִּיד yaguid

תְּהִלָּתֶךָ tehilateja (כ״ב אותיות פשוטות [=אכא] וה׳ אותיות סופיות בןמףך) יי״ז ס״ת = בוכו:

LA PRIMERA BENDICIÓN – INVOCA AL ESCUDO DE AVRAHAM

Avraham es el canal de la energía de la Columna Derecha de positividad, compartir y misericordia. Las acciones dadoras pueden protegernos de todas las formas de negatividad.

Jésed que se convierte en *Jojmá*

En esta sección hay 42 palabras, el secreto del Nombre de Dios de 42 letras y, por lo tanto, comienza con la letra *Bet* (2) y termina con la letra *Mem* (40).

Flexiona tus rodillas en "*Baruj*", inclínate en "*Atá*" y enderézate en "*Adonai*".

א ב

בָּרוּךְ Baruj אַתָּה Atá א-ת (אותיות הא״ב המסמלות את השפע המגיע) לה׳ המלכות

ג י

יְהֹוָואדניאהדונהי Adonai (י״א) אֱלֹהֵינוּ Eloheinu ילה

ת צ

וֵאלֹהֵי veElohei לכב ; מילוי ע״ב, דמב ; ילה אֲבוֹתֵינוּ avoteinu.

ק ר

אֱלֹהֵי Elohei מילוי ע״ב, דמב ; ילה אַבְרָהָם Avraham (*Jojmá*)

וז״פ אל, רי״ו ול״ב נתיבות החכמה, רמ״ח (אברים), עסמ״ב וט״ז אותיות פשוטות.

ע ש

אֱלֹהֵי Elohei מילוי ע״ב, דמב ; ילה יִצְחָק Yitsjak (*Biná*) ד״פ ב״ן

ט נ

וֵאלֹהֵי veElohei לכב ; מילוי ע״ב, דמב ; ילה יַעֲקֹב Yaakov (*Dáat*) ז׳ הויות, יאהדונהי אידהנויה

LA AMIDÁ

"Mi Señor, abre mis labios y mi boca declarará Tu alabanza" (*Salmos 51:17*).

LA PRIMERA BENDICIÓN

Bendito eres, Señor, nuestro Dios y Dios de nuestros ancestros:
el Dios de Avraham, el Dios de Yitsjak y el Dios de Yaakov.

הָאֵל haEl לאה ; ייא״ (מילוי דס״ג) הַגָּדוֹל hagadol האל הגדול = סיט ; גדול = להח

עם ד׳ אותיות = מבה, יזל, אום הַגִּבּוֹר haguibor ר״ת ההה וְהַנּוֹרָא vehanorá.

אֵל El ייא״ (מילוי דס״ג) ; ר״ת ע״ב, ריבוע יהוה עֶלְיוֹן elyón.

גּוֹמֵל gomel חֲסָדִים jasadim טוֹבִים tovim. קוֹנֵה koné הַכֹּל hacol ילי

וְזוֹכֵר vezojer חַסְדֵי jasdei אָבוֹת avot. וּמֵבִיא umevi

גּוֹאֵל goel לִבְנֵי livnei בְנֵיהֶם veneihem לְמַעַן lemaan

שְׁמוֹ Shemó מהש ע״ה, ע״ב בריבוע וקס״א ע״ה, אל שדי ע״ה בְּאַהֲבָה beahavá אחד, דאגה:

Cuando digas la palabra "*beahavá*" debes meditar en dedicar tu alma a santificar el Santo Nombre y aceptar sobre ti mismo las cuatro formas de muerte.

מֶלֶךְ Mélej עוֹזֵר ozer וּמוֹשִׁיעַ umoshía וּמָגֵן umaguén

ג״פ אל (ייא״ מילוי דס״ג) ; ר״ת מיכאל גבריאל נוריאל:

Flexiona tus rodillas en "*Baruj*", inclínate en "*Atá*" y enderézate en "*Adonai*".

אהיה יהו אלף הי יוד הי (*En Shabat:* יְהֹוָה)

בָּרוּךְ Baruj אַתָּה Atá יְהֹוָאדֹנָהי(יְהֹוָאֱהִי)יאהדונהי Adonai (ה״ד)

מָגֵן maguén ג״פ אל (ייא״ מילוי דס״ג) ; ר״ת מיכאל גבריאל נוריאל אַבְרָהָם Avraham

וה״פ אל, רי״ו ול״ב נתיבות החכמה, רמ״ח (אברים), עסמ״ב וט״ז אותיות פשוטות:

El Dios grande, poderoso y reverenciado.
El Dios Celestial. El que otorga benevolencia y crea todas las cosas. El que recuerda las buenas acciones de los patriarcas y El que trae un redentor a sus descendientes por el bien de Su Nombre, con amor.
Rey, Asistente, Salvador y Escudo. Bendito seas Tú, Señor, Escudo de Avraham.

LA SEGUNDA BENDICIÓN

LA ENERGÍA DE YITSJAK ENCIENDE EL PODER DE LA RESURRECCIÓN DE LOS MUERTOS

Mientras que Avraham representa el poder de compartir, Yitsjak representa a la Columna Izquierda, energía de Juicio. El Juicio acorta el proceso de *tikún* y prepara la vía para nuestra resurrección final.

Guevurá que se convierte en *Biná*

En esta sección hay 49 palabras que corresponden a las 49 Puertas del Sistema Puro en *Biná*.

אַתָּה Atá גִּבּוֹר guibor לְעוֹלָם leolam ריבוע ס״ג וי׳ אותיות דס״ג אֲדֹנָי Adonai ללה

(ר״ת אגלא והוא שם גדול ואמיץ, ובו היה יהודה מתגבר על אויביו. ע״ה אלד, בוכו).

מְחַיֵּה mejayé ס״ג מֵתִים metim אַתָּה Atá• רַב rav לְהוֹשִׁיעַ lehoshía•

מוֹרִיד morid הַטָּל hatal יוד הא ואו, כוזו, מספר אותיות דמילואי עסמ״ב ; ר״ת מ״ה:•

Si por error dices "*Mashiv harúaj*" y te das cuenta de ello antes del final de la bendición ("*Baruj Atá Adonai*"), debes regresar al comienzo de la bendición ("*Atá guibor*") y continuar normalmente. Pero si sólo te das cuenta de ello después del final de la bendición, debes iniciar la *Amidá* desde el principio.

מְכַלְכֵּל mejalquel חַיִּים jayim אהיה אהיה יהוה, בינה ע״ה בְּחֶסֶד bejésed

ע״ב, ריבוע יהוה• מְחַיֵּה mejayé ס״ג מֵתִים metim בְּרַחֲמִים berajamim

(במוכסז) מצפצ, אלהים דההין, י״פ ייי רַבִּים rabim (טלא דעתיק)• סוֹמֵךְ somej

(אכדטם) כוק, ריבוע אדני נוֹפְלִים noflim (זו״ן)• וְרוֹפֵא verofé חוֹלִים jolim

וזולה = מ״ה וד׳ אותיות• וּמַתִּיר umatir אֲסוּרִים asurim• וּמְקַיֵּם umekayem

אֱמוּנָתוֹ emunató לִישֵׁנֵי lishenei עָפָר afar• מִי mi ילי כָּמוֹךָ jamoja

(debes pronunciar la letra *Ayin* en la palabra "*Báal*") בַּעַל báal גְּבוּרוֹת guevurot

וּמִי umí ילי דּוֹמֶה domé לָךְ laj• מֶלֶךְ Mélej מֵמִית memit

וּמְחַיֶּה umejayé ס״ג (יוד הי ואו הי) וּמַצְמִיחַ umatsmíaj יְשׁוּעָה yeshuá:•

וְנֶאֱמָן veneemán אַתָּה Atá לְהַחֲיוֹת lehajayot מֵתִים metim:•

אהיה יהו אלף הי יוד הי (En Shabat: יְהֹוָה)

בָּרוּךְ Baruj אַתָּה Atá יְהֹוָאֲדֹנָי(יְהֹוָאֲדֹנָי)יאהדונהי Adonai

מְחַיֵּה mejayé ס״ג (יוד הי ואו הי) הַמֵּתִים hametim ר״ת מ״ה וס״ת מ״ה:•

LA SEGUNDA BENDICIÓN

Tú, Señor, eres poderoso por siempre. Tú revives a los muertos y eres muy capaz de redimir. El que hace caer el rocío. Tú sostienes a los vivientes con bondad y revives a los muertos con gran compasión. Tú sostienes a los caídos, curas a los enfermos, pones en libertad a los cautivos y cumples Tu promesa con los que duermen en el polvo. ¿Quién es como Tú, Señor de fortaleza, y quién puede compararse contigo, Rey, que causas la muerte, das vida y haces crecer la salvación? Y eres fiel para resucitar a los muertos. Bendito eres Tú, Señor, que resucitas a los muertos.

NAKDISHAJ – LA KEDUSHÁ

Toda la congregación recita esta oración.

Al decir la *Kedushá* (santidad) meditamos en traer la santidad del Creador entre nosotros. Como dice: "*Venikdashti betoj Bnei Yisrael*" (Dios es santificado entre los hijos de Israel).

נַקְדִּישָׁךְ nakdishaj וְנַעֲרִיצָךְ venaaritsaj.

כְּנוֹעַם quenoam שִׂיחַ síaj סוֹד sod מיכ, י"פ האא שַׂרְפֵי sarfei

קֹדֶשׁ kódesh הַמְשַׁלְּשִׁים hameshaleshim לְךָ lejá קְדֻשָּׁה kedushá.

וְכֵן vején כָּתוּב catuv עַל al יַד yad נְבִיאָךְ neviaj. וְקָרָא vekará

זֶה ze אֶל־ el זֶה ze י"ב פרקין דיעקב מאירים לי"ב פרקין דרחל וְאָמַר veamar:

קָדוֹשׁ kadosh | קָדוֹשׁ kadosh קָדוֹשׁ kadosh (סוד ג' רישין דעתיקא קדישא)

יְהֹוָה(אדני)אהדונהי Adonai צְבָאוֹת Tsevaot פני שכינה מְלֹא meló כָל־ jol ילי

הָאָרֶץ haárets אלהים דההין ע"ה כְּבוֹדוֹ quevodó:

לְעֻמָּתָם leumatam מְשַׁבְּחִים meshabjim וְאוֹמְרִים veomrim:

(או"א) בָּרוּךְ Baruj כְּבוֹד־ quevod יְהֹוָה(אדני)אהדונהי Adonai ; כבוד ה' = יוד הי ואו הה

מִמְּקוֹמוֹ mimekomó עסמ"ב, הברכה (למתק את ז' המלכים שמתו) ; ר"ת ע"ב, ריבוע יהוה ; ר"ת מיכ:

וּבְדִבְרֵי uvedivrei קָדְשָׁךְ kodshaj כָּתוּב catuv לֵאמֹר lemor:

(זו"ן) יִמְלֹךְ yimloj קדוש ברוך ימלך ר"ת יב"ק, אלהים יהוה, אהיה אדני יהוה

יְהֹוָה(אדני)אהדונהי Adonai לְעוֹלָם leolam ריבוע ס"ג וי' אותיות דס"ג אֱלֹהַיִךְ Elohayij ילה

צִיּוֹן Tsiyón יוסף, ו' הויות, קנאה לְדֹר ledor וָדֹר vador רי"ו ; ר"ת אצלו (מלכות אצל ז"א – ו)

הַלְלוּיָהּ haleluyá אלהים, אהיה אדני ; ללה:

NAKDISHAJ – LA KEDUSHÁ

Te santificamos y te honramos,

según las palabras agradables de los Ángeles Santos, que recitan 'Santo' ante Ti tres veces, como está escrito por Tu Profeta: "Y cada uno llamó al otro y dijo: Santo, Santo, Santo es el Señor de los Ejércitos, todo el mundo está lleno de Su gloria" (Isaías 6:3). Frente a ellos alaban y dicen: "Bendita sea la gloria del Señor desde Su Lugar" (Ezequiel 3:12). Y en Tus santas Palabras, está escrito como sigue: "El Señor, tu Dios, reinará por siempre, para toda y cada generación. ¡Sión, alaben al Señor!" (Salmos 146:10).

LA TERCERA BENDICIÓN

Esta bendición nos conecta con Yaakov, la Columna Central, el poder de la restricción. Yaakov es nuestro canal para conectar la Misericordia con el Juicio. Al restringir nuestro comportamiento reactivo, estamos deteniendo nuestro Deseo de Recibir para Nosotros Mismos. Yaakov también nos da el poder para equilibrar nuestros actos de Misericordia y Juicio hacia otras personas en nuestra vida.

Tiféret que se convierte en *Dáat* (14 palabras).

אַתָּה Atá קָדוֹשׁ kadosh וְשִׁמְךָ veshimjá קָדוֹשׁ kadosh ר"ת = אור, רז, אין סוף •

וּקְדוֹשִׁים ukdoshim בְּכָל־ bejol ב"ן, לכב יוֹם yom ע"ה נגד, מזבח, זן, אל יהוה

יְהַלְלוּךָ yehaleluja סֶּלָה sela:•

אהיה יהו אלף הא יוד הא (en *Shabat*: מצפצ)

בָּרוּךְ Baruj אַתָּה Atá יְהֹוָאדהנויה(יְהֹוָאדהנויה)יאהדונהי Adonai

הָאֵל haEl לאה ; ייא" (במילוי דס"ג) הַקָּדוֹשׁ hakadosh י"פ מ"ה (יוד הא ואו הא):•

Medita aquí en el Nombre: יאהדונהי, esto puede ayudar a eliminar la ira.

LA BENDICIÓN DEL MEDIO

La cuarta bendición nos conecta con el verdadero poder de *Sucot y Simjat Torá. Sucot y Simjat Torá.*son la semilla de todo el año. Así como la semilla de una manzana engendra un manzano, una semilla negativa engendra un año negativo. De la misma manera, una semilla positiva genera un año positivo. *Sucot y Simjat Torá* son nuestra oportunidad de escoger la semilla que deseamos sembrar para nuestro próximo año. El poder de las letras en esta bendición radica en su capacidad de ayudarnos a escoger automáticamente la semilla correcta que necesitamos y no necesariamente la semilla que queremos.

אַתָּה Atá בְחַרְתָּנוּ vejartanu מִכָּל micol ילי הָעַמִּים haamim•

אָהַבְתָּ ahavta אוֹתָנוּ otanu וְרָצִיתָ veratsita בָּנוּ banu•

וְרוֹמַמְתָּנוּ veromamtanu מִכָּל micol ילי הַלְּשׁוֹנוֹת haleshonot•

וְקִדַּשְׁתָּנוּ vekidashtanu בְּמִצְוֹתֶיךָ bemitsvoteja• וְקֵרַבְתָּנוּ vekeravtanu

מַלְכֵּנוּ malquenu לַעֲבוֹדָתֶךָ laavodateja• וְשִׁמְךָ veShimjá הַגָּדוֹל hagadol להח

; ועם ד' אותיות = מבה, יזל, אום וְהַקָּדוֹשׁ vehakadosh עָלֵינוּ aleinu קָרָאתָ karata:•

LA TERCERA BENDICIÓN

Tú eres Santo y Santo es Tu Nombre, y los Seres Santos te alaban día a día, porque Tú eres Dios, el Rey Santo, Sela. Bendito eres Tú, Señor, el Santo Dios.

LA BENDICIÓN DEL MEDIO

Tú nos has elegido entre todas las naciones. Tú nos has amado y has encontrado favor entre nosotros. Tú nos has exaltado sobre todas las lenguas y Tú nos has santificado con tus preceptos. Tú nos acercaste, Rey nuestro, a Tu servicio y proclamaste sobre nosotros Tu gran y Santo Nombre.

וַתִּתֶּן vatitén ב"פ כהת לָנוּ lanu אלהים, אהיה אדני יְהֹוָהאדניאהדונהי Adonai

אֱלֹהֵינוּ Eloheinu ילה בְּאַהֲבָה beahavá אחד, דאגה

(**En** ***Shabat*** **agrega:** שַׁבָּתוֹת shabatot לִמְנוּחָה limnujá ו (u

מוֹעֲדִים moadim לְשִׂמְחָה lesimjá. וְחַגִּים jaguim וּזְמַנִּים uzmanim

לְשָׂשׂוֹן lesasón. אֶת et יוֹם yom ע"ה נגד, מזבח, זן, אל יהוה (**En** ***Shabat*** **agrega:**

הַשַּׁבָּת haShabat הַזֶּה hazé והו. וְאֶת veet יוֹם yom ע"ה נגד, מזבח, זן, אל יהוה)

(**En** ***Sucot*** **di:** וְחַג jag הַסֻּכּוֹת haSucot הַזֶּה hazé).

(**En** ***Simjat Torá*** **di:** שְׁמִינִי Shminí וְחַג jag עֲצֶרֶת Atséret הַזֶּה hazé).

אֶת et יוֹם yom ע"ה נגד, מזבח, זן, אל יהוה טוֹב tov והו מִקְרָא mikrá קֹדֶשׁ kódesh

הַזֶּה hazé והו. זְמַן zemán שִׂמְחָתֵנוּ simjatenu. בְּאַהֲבָה beahavá אחד, דאגה

מִקְרָא mikrá קֹדֶשׁ kódesh. זֵכֶר zéjer לִיצִיאַת litsiat מִצְרָיִם Mitsráyim מצר.

אֱלֹהֵינוּ Eloheinu ילה וֵאלֹהֵי veElohei לכב ; מילוי ע"ב, דמב ; ילה

אֲבוֹתֵינוּ avoteinu יַעֲלֶה yaalé וְיָבֹא veyavó וְיַגִּיעַ veyaguía וְיֵרָאֶה veyeraé

ר"י וְיֵרָצֶה veyeratsé וְיִשָּׁמַע veyishamá וְיִפָּקֵד veyipaked וְיִזָּכֵר veyizajer ר"ת

= מ"ב זִכְרוֹנֵנוּ zijronenu וְזִכְרוֹן vezijrón ע"ב קס"א ונש"ב אֲבוֹתֵינוּ avoteinu.

זִכְרוֹן zijrón ע"ב קס"א ונש"ב יְרוּשָׁלַיִם Yerushaláyim עִירָךְ iraj. וְזִכְרוֹן vezijrón

ע"ב קס"א ונש"ב מָשִׁיחַ Mashíaj בֶּן ben דָּוִד David ע"ה כהת ;

בן דוד = אדני ע"ה עַבְדָּךְ avdaj פוי, אל אדני. וְזִכְרוֹן vezijrón ע"ב קס"א ונש"ב

כָּל col ילי עַמְּךָ ameja בֵּית beit ב"פ ראה יִשְׂרָאֵל Yisrael

לְפָנֶיךָ lefaneja ס"ג מ"ה ב"ן לִפְלֵיטָה lifleitá לְטוֹבָה letová אכא.

לְחֵן lején מילוי דמ"ה בריבוע ; מוחי לְחֶסֶד lejésed ע"ב, ריבוע יהוה

Y puedas darnos Tú, Señor, nuestro Dios con amor este día (**en Shabat agrega:** *Shabat para descanso y*) *Festividades para felicidad, Festivales y tiempo de regocijo, este día* (**en Shabat agrega:** *de Shabat y ests día*)
(**en Sucot:** *de Sucot*) (**en Simjat Torá:** *de Shminí la Festividad de Atséret*)
y este buen día de Santa Convocatoria; El tiempo de nuestra felicidad.
con amor, una Santa Convocatoria, una remembranza de la salida de Egipto.

Nuestro Dios y el Dios de nuestros padres, pueda levantarse y venir y llegar y aparecer y encontrar el favor y ser oído y ser considerado y ser recordado, nuestra remembranza y la remembranza de nuestros padres, la remembranza de Jerusalén, Tu ciudad, y la remembranza del Mesías Ben David, Tu sirviento, y la remembranza de toda Tu Nación, la Casa de Israel, ante Ti, para aceptación, para bien, para gracia, amabilidad

וּלְרַחֲמִים uleirajamim• לְחַיִּים lejayim אהיה אהיה יהוה, בינה ע״ה טוֹבִים tovim

וּלְשָׁלוֹם uleshalom• בְּיוֹם beyom ע״ה נגד, מזבח, זן, אל יהוה

(En Shabat agrega: הַשַּׁבָּת haShabat הַזֶּה hazé והו• וּבְיוֹם uveyom ע״ה נגד, מזבח, זן, אל יהוה)

(En Sucot di: וְחַג jag הַסֻּכּוֹת haSucot הַזֶּה hazé)•

(En Simjat Torá di: שְׁמִינִי Shminí וְחַג jag עֲצֶרֶת Atséret הַזֶּה hazé)•

בְּיוֹם beyom ע״ה נגד, מזבח, זן, אל יהוה טוֹב tov והו

מִקְרָא mikrá קֹדֶשׁ kódesh הַזֶּה hazé והו•

לְרַחֵם lerajem אברהם, וח״פ אל, רי״ו ול״ב נתיבות החכמה, רמ״ח (אברים), עסמ״ב וט״ז אותיות פשוטות בּוֹ bo עָלֵינוּ aleinu וּלְהוֹשִׁיעֵנוּ ulehoshienu•

זָכְרֵנוּ zojrenu (desde *Zeir Anpín*) יְהֹוָאדהֹנָיאהדונהי Adonai אֱלֹהֵינוּ Eloheinu ילה

בּוֹ bo לְטוֹבָה letová אכא• וּפָקְדֵנוּ ufokdenu (desde *Nukvá*) בוֹ vo

לִבְרָכָה livrajá• וְהוֹשִׁיעֵנוּ vehoshienu (desde *Dáat*) בוֹ vo לְחַיִּים lejayim

אהיה אהיה יהוה, בינה ע״ה טוֹבִים tovim• בִּדְבַר bidvar ראה יְשׁוּעָה yeshuá

וְרַחֲמִים verajamim• חוּס jus וְחָנֵּנוּ vejanenu וַחֲמוֹל vajamol

וְרַחֵם verajem אברהם, וח״פ אל, רי״ו ול״ב נתיבות החכמה, רמ״ח (אברים), עסמ״ב וט״ז אותיות פשוטות

עָלֵינוּ aleinu• וְהוֹשִׁיעֵנוּ vehoshienu כִּי qui אֵלֶיךָ eleja עֵינֵינוּ eineinu ריבוע מ״ה•

כִּי qui אֵל El יא״י מֶלֶךְ Mélej חַנּוּן janún וְרַחוּם verajum אָתָּה Atá:

וְהַשִּׂיאֵנוּ vehasienu יְהֹוָאדהֹנָיאהדונהי Adonai אֱלֹהֵינוּ Eloheinu ילה•

אֶת et בִּרְכַּת bircat מוֹעֲדֶיךָ moadeja לְחַיִּים lejayim אהיה אהיה יהוה, בינה ע״ה

בְּשִׂמְחָה besimjá וּבְשָׁלוֹם uveshalom• כַּאֲשֶׁר caasher רָצִיתָ ratsita

וְאָמַרְתָּ veamarta לְבָרְכֵנוּ levarjenu• כֵּן quen תְּבָרְכֵנוּ tevarjenu סֶלָה selá:

---

y compasión, para una buena vida y para paz en este Día de (**en Shabat decimos***: Shabat y en este día de*) (**en Sucot:** *de Sucot*) (**en Simjat Torá:** *de Shminí la Festividad de Atséret*) *en este buen día de Santa Convocatoria, para tener misericordia de nosotros y para salvarnos. Recuérdanos, Señor, nuestro Dios, para bien y considéranos en ello para la bendición y entréganosla para una buena vida con las palabras de entrega y misericordia. Ten piedad y sé amable con nosotros y ten misericordia y sé compasivo con nosotros y sálvanos, porque nuestros ojos van hacia Ti, porque Tú eres Dios, Rey que es amable y compasivo. Y otórganos, Señor, nuestro Dios la bendición de Tu festividad para una vida de felicidad y paz. Tal como lo deseaste y dijiste bendecirnos. Así debes bendecirnos, Sela.*

MEKADESH YISRAEL VEHAZMANIM (LOS TIEMPOS)

(En Shabat agrega: אֱלֹהֵינוּ Eloheinu ילה וֵאלֹהֵי veElohei לכב ; מילוי ע"ב, דמב ; ילה
אֲבוֹתֵינוּ avoteinu רְצֵה retsé נָא na בִמְנוּחָתֵינוּ vimnujateinu)
קַדְּשֵׁנוּ kadshenu בְּמִצְוֹתֶיךָ vemitsvoteja ♦ תֵּן ten וְחֶלְקֵנוּ jelkenu
בְּתוֹרָתָךְ vetorataj ♦ שַׂבְּעֵנוּ sabenu מִטּוּבָךְ mituvaj לאו ♦
שַׂמֵּחַ saméaj נַפְשֵׁנוּ nafshenu בִּישׁוּעָתָךְ bishuataj ♦
וְטַהֵר vetaher לִבֵּנוּ libenu לְעָבְדְּךָ leovdejá פוי, אל יהוה בֶּאֱמֶת veemet
אהיה פעמים אהיה, ז"פ ס"ג ♦ וְהַנְחִילֵנוּ vehanjilenu יְהֹוָהאדניאהדונהי Adonai
אֱלֹהֵינוּ Eloheinu ילה (En Shabat agrega: בְּאַהֲבָה beahavá אחד, דאגה
וּבְרָצוֹן uveratsón מהש ע"ה, ע"ב בריבוע וקס"א ע"ה, אל שדי) בְּשִׂמְחָה vesimjá
וּבְשָׂשׂוֹן uvesasón (En Shabat agrega: שַׁבְּתוֹת shabatot וּ u) מוֹעֲדֵי moadei
קָדְשֶׁךָ kodshejá, וְיִשְׂמְחוּ veyismejú בְךָ vejá כָּל col ילי יִשְׂרָאֵל Yisrael
מְקַדְּשֵׁי mekadshei שְׁמֶךָ Shemeja ♦ בָּרוּךְ Baruj אַתָּה Atá
יְהֹוָהאדניאהדונהי Adonai
אהיה יהו אלף הה יוד הה (En Shabat: יה אדני)
מְקַדֵּשׁ mekadesh (En Shabat agrega: הַשַּׁבָּת haShabat וְ ve) יִשְׂרָאֵל Yisrael
וְהַזְּמַנִּים vehazemanim ♦:

LAS TRES BENDICIONES FINALES

A través del mérito de Moshé, Aharón y Yosef, quienes son nuestros canales para las últimas tres bendiciones, somos capaces de hacer descender toda la energía espiritual que despertamos con nuestras oraciones y bendiciones.

LA QUINTA BENDICIÓN

Durante esta bendición, que se refiere a Moshé, siempre debemos meditar en tratar de saber exactamente qué quiere Dios de nosotros en nuestra vida, como lo indica la frase: "Que sea la voluntad de Dios". Estamos pidiéndole a Dios que nos guíe hacia el trabajo que vinimos a hacer en la Tierra. El Creador no puede aceptar sólo el trabajo que queremos hacer, debemos llevar a cabo el trabajo que estamos destinados a hacer.

MEKADESH YISRAEL VEHAZMANIM (LOS TIEMPOS)

(**En Shabat:** *Dios nuestro y Dios de nuestros antepasados, que Te plazca nuestro descanso).*

*Santifícanos con Tus preceptos y otórganos participación en Tu Torá y sácianos de Tu bondad y alegra nuestros espíritus con Tu salvación y purifica nuestro corazón para que te sirvamos con verdad. Y otórganos, Señor, nuestro Dios (***en Shabat:** *con amor y favor) con alegría y regocijo (***en Shabat:** *Shabatot y) las Festividades, y todo Israel, quienes santifican Tu Nombre se regocijarán contigo. Bendito eres Tú, Señor, que santificas (***en Shabat:** *el Shabat) a Israel y los Tiempos festivos.*

Nétsaj

Meditar por el Deseo Celestial (*Kéter*), que es llamado *Métsaj HaRatsón* (la Frente del Deseo).

רְצֵה retsé אלף למד הה יוד מם

Aquí meditar en transformar el infortunio y la tragedia (צרה) en deseo y aceptación (רצה).

יְהֹוָהאדניאהדונהי Adonai אֱלֹהֵינוּ Eloheinu ילה בְּעַמְּךָ beameja יִשְׂרָאֵל Yisrael

וְלִתְפִלָּתָם velitfilatam שְׁעֵה sheé• וְהָשֵׁב vehashev הָעֲבוֹדָה haavodá

לִדְבִיר lidvir רי״ו בֵּיתֶךָ beiteja ב״פ ראה• וְאִשֵּׁי veishei יִשְׂרָאֵל Yisrael

וּתְפִלָּתָם utfilatam מְהֵרָה meherá בְּאַהֲבָה beahavá אוזה, דאגה

תְקַבֵּל tekabel בְּרָצוֹן beratsón מהש ע״ה, ע״ב בריבוע וקס״א ע״ה, אל שדי ע״ה•

וּתְהִי utehí לְרָצוֹן leratsón מהש ע״ה, ע״ב בריבוע וקס״א ע״ה, אל שדי ע״ה

תָּמִיד tamid ע״ה קס״א קנ״א קמ״ג עֲבוֹדַת avodat יִשְׂרָאֵל Yisrael עַמֶּךָ ameja:•

וְאַתָּה veAtá בְּרַחֲמֶיךָ verajameja הָרַבִּים harabim•

תַּחְפֹּץ tajpots בָּנוּ banu וְתִרְצֵנוּ vetirtsenu וְתֶחֱזֶינָה vetejezena

עֵינֵינוּ eineinu ריבוע מ״ה בְּשׁוּבְךָ beshuvjá לְצִיּוֹן leTsiyón יוסף, ו׳ הויות, קנאה

בְּרַחֲמִים berajamim מצפצ, אלהים דיודין, י״פ ייי:•

אהיה יהו אלף למד הי יוד מם (en *Shabat*: אל)

בָּרוּךְ Baruj אַתָּה Atá יְהֹוָהאדניאהדונהי Adonai

הַמַּחֲזִיר hamajazir שְׁכִינָתוֹ Shejinató לְצִיּוֹן leTsiyón יוסף, ו׳ הויות, קנאה:•

LAS TRES BENDICIONES FINALES
LA QUINTA BENDICIÓN

Encuentra gracia, Señor, nuestro Dios, en Tu Pueblo, Israel y oye su oración. Restaura el culto en el santuario interno de Tu Templo. Acepta las ofrendas de Israel y sus oraciones con complacencia, prontamente y con amor. Que siempre sea agradable a Ti, el servicio de Israel, Tu Nación. Y que Tú, en Tu gran compasión, te deleites en nosotros y estés complacido con nosotros. Puedan nuestros ojos contemplar Tu retorno a Sión con compasión. ¡Bendito eres Tú, Señor, que devuelve Su Shejiná a Sión!

LA SEXTA BENDICIÓN

Esta bendición es nuestro agradecimiento. Kabbalísticamente, el mayor agradecimiento que le podemos dar a nuestro Creador es hacer exactamente lo que debemos hacer en términos de nuestro trabajo espiritual.

Hod

Inclina todo tu cuerpo en "*modim*" y enderézate en "*Adonai*".

מוֹדִים modim מאה ברכות שתיקן דוד לאמרם כל יום אֲנַחְנוּ anajnu לָךְ laj

שָׁאַתָּה sheAtá הוּא Hu יְהֹוָהאדהיאהדונהי Adonai (וּנ) אֱלֹהֵינוּ Eloheinu ילה

וֵאלֹהֵי veElohei לכב ; מילוי ע״ב, דמב ; ילה אֲבוֹתֵינוּ avoteinu לְעוֹלָם leolam

וָעֶד vaed• ריבוע ס״ג וי׳ אותיות דס״ג צוּרֵנוּ tsurenu צוּר tsur אלהים דההין ע״ה

וְחַיֵּינוּ jayeinu וּמָגֵן umaguén ג״פ אל (ייא״י מילוי דס״ג) ; ר״ת מיכאל גבריאל נוריאל

יִשְׁעֵנוּ yishenu אַתָּה Atá הוּא Hu• לְדוֹר ledor וָדוֹר vador רי״ו נוֹדֶה nodé

לְךָ lejá וּנְסַפֵּר unesaper תְּהִלָּתֶךָ tehilateja• עַל־ al חַיֵּינוּ jayeinu

הַמְּסוּרִים hamesurim בְּיָדֶךָ beyadeja• וְעַל veal נִשְׁמוֹתֵינוּ nishmoteinu

הַפְּקוּדוֹת hapekudot לָךְ laj• וְעַל־ veal נִסֶּיךָ niseja שֶׁבְּכָל shebejol

יוֹם yom לכב ב״ן, ע״ה נגד, מזבח, זן, אל יהוה עִמָּנוּ imanu ריבוע ס״ג, קס״א ע״ה וד׳ אותיות

וְעַל veal נִפְלְאוֹתֶיךָ nifleoteja וְטוֹבוֹתֶיךָ vetovoteja שֶׁבְּכָל shebejol

עֵת et• ב״ן, לכב עֶרֶב érev וָבֹקֶר vavóker וְצָהֳרָיִם vetsahoráyim• הַטּוֹב hatov

כִּי־ qui לֹא־ lo כָלוּ jalú רַחֲמֶיךָ rajameja• הַמְּרַחֵם hamerajem והו

כִּי־ qui אברהם, וח״פ אל, רי״ו ול״ב נתיבות החכמה, רמ״ח (אברים), עסמ״ב וט״ז אותיות פשוטות לֹא lo

תַמּוּ tamu חֲסָדֶיךָ jasadeja כִּי qui מֵעוֹלָם meolam קִוִּינוּ kivinu לָךְ laj•:

LA SEXTA BENDICIÓN

Nosotros te damos gracias a Ti, porque eres Tú, Señor, quien es nuestro Dios y el Dios de nuestros padres, por siempre y por toda la eternidad. Tú eres nuestra Fortaleza, la Fortaleza de nuestras vidas y el Escudo de nuestra salvación. De una generación a otra, te daremos gracias a Ti y cantaremos Tu alabanza. Por nuestras vidas que están en Tus Manos, por nuestras almas que están a Tu cuidado, por Tus milagros que están con nosotros todos los días y por Tus maravillas y Tus favores que están con nosotros en todo momento: de noche, de mañana y de tarde. Tú eres bueno, porque Tu compasión nunca se ha acabado. Tú eres el misericordioso, porque Tu bondad nunca ha cesado, porque siempre hemos puesto nuestras esperanzas en Ti.

MODIM DERABANÁN

Esta oración es recitada por la congregación en la repetición cuando el *jazán* dice "*modim*".

En esta sección hay 44 palabras, que es el mismo valor numérico del Nombre:
ריבוע אהי (א אה אהי אהיה)

מוֹדִים modim מאה ברכות שתיקן דוד לאמרם כל יום אֲנַחְנוּ anajnu לָךְ laj
שָׁאַתָּה sheAtá הוּא hu יְהֹוָהאדניאהדונהי Adonai אֱלֹהֵינוּ Eloheinu ילה
וֵאלֹהֵי veElohei לכב ; מילוי ע"ב, דמב ; ילה אֲבוֹתֵינוּ avoteinu
אֱלֹהֵי Elohei מילוי ע"ב, דמב ; ילה כָּל jol ילי בָּשָׂר basar. יוֹצְרֵנוּ yotsrenu
יוֹצֵר yotser בְּרֵאשִׁית bereshit. בְּרָכוֹת brajot וְהוֹדָאוֹת vehodaot
לְשִׁמְךָ leshimjá הַגָּדוֹל hagadol להח ; עם ד' אותיות = מבה, יזל, אום
וְהַקָּדוֹשׁ vehakadosh עַל al שֶׁהֶחֱיִיתָנוּ shehejeyitanu וְקִיַּמְתָּנוּ vekiyamtanu.
כֵּן quen תְּחַיֵּינוּ tejayeinu וּתְחָנֵּנוּ utejonenu. וְתֶאֱסוֹף veteesof
גָּלֻיּוֹתֵינוּ galuyoteinu לְחַצְרוֹת lejatsrot קָדְשֶׁךָ kodsheja. לִשְׁמוֹר lishmor
חֻקֶּיךָ jukeja וְלַעֲשׂוֹת velaasot רְצוֹנֶךָ retsoneja. וּלְעָבְדְךָ uleovdejá
פוי, אל אדני בְּלֵבָב belevav בוכו שָׁלֵם shalem. עַל al שֶׁאֲנַחְנוּ sheanajnu
מוֹדִים modim לָךְ laj. בָּרוּךְ Baruj אֵל El ייא" (מילוי דס"ג) הַהוֹדָאוֹת hahodaot:

וְעַל veal כֻּלָּם culam יִתְבָּרַךְ yitbaraj וְיִתְרוֹמָם veyitromam
וְיִתְנַשֵּׂא veyitnasé תָּמִיד tamid ע"ה קס"א קנ"א קמ"ג שִׁמְךָ Shimjá
מַלְכֵּנוּ malquenu לְעוֹלָם leolam ריבוע ס"ג וי' אותיות דס"ג וָעֶד vaed.
וְכָל־ vejol ילי הַחַיִּים hajayim אהיה אהיה יהוה, בינה ע"ה יוֹדוּךָ yoduja סֶּלָה sela:
וִיהַלְלוּ vihalelú וִיבָרְכוּ vivarjú יהוה ריבוע יהוה ריבוע מ"ה
אֶת־ et שִׁמְךָ Shimjá הַגָּדוֹל hagadol להח ; עם ד' אותיות = מבה, יזל, אום

MODIM DERABANÁN

Nosotros te damos gracias a Ti, porque eres Tú, Señor, quien es nuestro Dios y el Dios de nuestros ancestros, el Dios de toda la humanidad, nuestro Hacedor y el Creador de toda la Creación. Bendiciones y gracias a Tu gran y Santo Nombre por darnos vida y por preservarnos. Que puedas Tú continuar dándonos vida, sé amable con nosotros y reúne nuestros exiliados en los atrios de Tu Santuario, para que podamos cumplir Tus leyes, hacer Tu voluntad y servir a Ti con todo el corazón. Por esto te agradecemos. ¡Bendito sea el Dios de los agradecimientos!

Y por todas estas cosas, que Tu Nombre sea siempre bendecido, exaltado y ensalzado, por siempre, nuestro Rey, por siempre y para siempre, y todos los vivientes te agradecen, Sela.
Y ellos te alabarán y bendecirán Tu gran Nombre,

בֶּאֱמֶת beemet אהיה פעמים אהיה, ז"פ ס"ג לְעוֹלָם leolam ריבוע ס"ג וי' אותיות דס"ג

כִּי qui טוֹב tov והו ; כי טוב = יהוה אהיה, אום, מבה, יזל.

הָאֵל haEl לאה ; ייא" (מילוי דס"ג) יְשׁוּעָתֵנוּ yeshuatenu וְעֶזְרָתֵנוּ veezratenu

סֶלָה sela. הָאֵל haEl לאה ; ייא" (מילוי דס"ג) הַטּוֹב hatov והו:

Flexiona tus rodillas en "*Baruj*", inclínate en "*Atá*" y enderézate en "*Adonai*".

אהיה יהו אלף למד הה יוד מם (*En Shabat*: אלהים)

בָּרוּךְ Baruj אַתָּה Atá יְהֹוָהאדניאהדונהי Adonai (הי) הַטּוֹב hatov והו

שִׁמְךָ Shimjá וּלְךָ ulejá נָאֶה naé לְהוֹדוֹת lehodot ס"ת כהת, משיח בן דוד ע"ה:

BENDICIÓN DE LOS COHANIM

Durante la repetición decimos la Bendición de los *Cohanim*. El *Cohén* es un canal de la energía dadora de la Columna Derecha y, por lo tanto, también de sanación. Debido a que la Luz revelada a través de esta bendición es más poderosa de lo que podemos manejar, cubrimos nuestros ojos para evitar ver directamente a esta asombrosa Luz de sanación.

Si no hay *Cohén* presente, el *jazán* debe decir:

אֱלֹהֵינוּ Eloheinu ילה וֵאלֹהֵי veElohei לכב ; מילוי ע"ב, דמב ; ילה אֲבוֹתֵינוּ avoteinu,

בָּרְכֵנוּ barjenu בַּבְּרָכָה babrajá הַמְשֻׁלֶּשֶׁת hameshuléshet בַּתּוֹרָה baTorá

הַכְּתוּבָה haquetuvá עַל al יְדֵי yedei מֹשֶׁה Moshé מהש, ע"ב בריבוע וקס"א, אל שדי,

ד"פ אלהים ע"ה עַבְדֶּךָ avdeja פוי, אל אדני הָאֲמוּרָה haamurá מִפִּי mipí אַהֲרֹן Aharón

וּבָנָיו uvanav כֹּהֲנִים cohanim עַם am קְדוֹשֶׁךָ kedosheja, כָּאָמוּר caamur:

Entonces el *jazán* continuará desde "*yevarejejá Adonai…*" hasta "*vesayem lejá Shalom*" en la página 356.

Después de que la congregación responda *Amén*, el *jazán* dirá "*Cohanim*". Luego los *Cohanim* recitarán lo siguiente en silencio:

יְהִי yehí רָצוֹן ratsón מהש ע"ה, ע"ב בריבוע וקס"א ע"ה, אל שדי ע"ה מִלְּפָנֶיךָ milfaneja

ס"ג מ"ה ב"ן יְהֹוָהאדניאהדונהי Adonai אֱלֹהֵינוּ Eloheinu ילה וֵאלֹהֵי veElohei

לכב ; מילוי ע"ב, דמב ; ילה אֲבוֹתֵינוּ avoteinu, שֶׁתְּהִיֶה shetihyé בְּרָכָה brajá זוֹ zo

שֶׁצִּוִּיתָנוּ shetsivitanu לְבָרֵךְ levarej אֶת et עַמְּךָ ameja יִשְׂרָאֵל Yisrael

בְּרָכָה brajá שְׁלֵמָה shelemá וְלֹא veló יִהְיֶה yihyé ייי בָּהּ ba

מִכְשׁוֹל mijshol וְעָוֹן veavón מֵעַתָּה meatá וְעַד vead עוֹלָם olam:

---

sinceramente y para siempre, porque es bueno, el Dios de nuestra salvación y nuestra ayuda, Sela, el buen Dios. Bendito eres Tú, Señor, cuyo Nombre es bueno. Y a Ti es propio dar gracias.

BENDICIÓN DE LOS COHANIM

Nuestro Dios y el Dios de nuestros antepasados,

bendícenos con la triple de bendición escrita en la Torá por Moshé, Tu siervo, y dicha por Aharón y sus hijos, los cohanim, Tu Pueblo Santo, como está dicho: Que sea Tu voluntad, Señor, nuestro Dios y el Dios de nuestros antepasados, que esta bendición con la que Tú nos ordenaste que bendecir a Tu pueblo, Israel, sea una bendición perfecta, y que no contenga ningún impedimento o iniquidad desde ahora y para siempre.

Los *Cohanim* dicen la siguiente bendición de cara al Arca y cuando llegan a la palabra "*vetsivanu*", deben girar en dirección de las manecillas del reloj y dar la cara a la congregación y continuar la bendición. Si sólo hay un *Cohén*, el *jazán* no debe llamarlo, sino que, en lugar de ello, el *Cohén* debe decir la siguiente bendición inmediatamente:

בָּרוּךְ Baruj אַתָּה Atá יְהֹוָהאדני יאהדונהי Adonai אֱלֹהֵינוּ Eloheinu ילה
מֶלֶךְ mélej הָעוֹלָם haolam אֲשֶׁר asher קִדְּשָׁנוּ kideshanu
בִּקְדֻשָּׁתוֹ bikdusható שֶׁל shel אַהֲרֹן Aharón וְצִוָּנוּ vetsivanu
לְבָרֵךְ levarej אֶת et עַמּוֹ amó יִשְׂרָאֵל Yisrael בְּאַהֲבָה beahavá אחד, דאגה:

El *jazán* orienta a los *Cohanim* recitando una palabra a la vez (incluso si sólo hay un *Cohén* presente). Y la congregación responde "*Amén*" (o "*quen yehí ratsón*" en caso de que el *jazán* sea quien lo recite) después de cada verso.

Las iniciales de los tres versos nos dan el Nombre Sagrado: ייי.
En esta sección hay 15 palabras, que es el valor numérico del Nombre Sagrado: ההה.

(Derecha – *Jésed*)

יְבָרֶכְךָ yevarejejá יְהֹוָהאדני יאהדונהי Adonai וְיִשְׁמְרֶךָ veyishmereja
ר"ת = יהוה ; וס"ת = מ"ה:

(Izquierda – *Guevurá*)

יָאֵר yaer כף ויו זין ויו יְהֹוָהאדני יאהדונהי Adonai | פָּנָיו panav אֵלֶיךָ eleja
וִיחֻנֶּךָּ vijuneca מנד ; יהה אותיות בפסוק:

(Central – *Tiféret*)

יִשָּׂא yisá יְהֹוָהאדני יאהדונהי Adonai | פָּנָיו panav אֵלֶיךָ eleja
וְיָשֵׂם veyasem לְךָ lejá שָׁלוֹם shalom האא תיבות בפסוק:

(*Maljut*)

(וְשָׂמוּ vesamu אֶת־ et שְׁמִי Shmí עַל־ al בְּנֵי bnei יִשְׂרָאֵל Yisrael
וַאֲנִי vaAní אני אֲבָרְכֵם avarjem:)

Los *Cohanim* añaden en silencio:

רִבּוֹן ribón יהוה ע"ב ס"ג מ"ה ב"ן הָעוֹלָמִים haolamim,
עָשִׂינוּ asinu מַה ma מ"ה שֶׁגָּזַרְתָּ shegazarta עָלֵינוּ aleinu, עֲשֵׂה asé אַתָּה Atá
מַה ma מ"ה שֶׁהִבְטַחְתָּנוּ shehivtajtanu: הַשְׁקִיפָה hashkifá מִמְּעוֹן mimeón
קָדְשְׁךָ kodsheja מִן־ min הַשָּׁמַיִם hashamáyim י"פ טל, י"פ כוזו ; ר"ת מ"ה
וּבָרֵךְ uvarej אֶת־ et עַמְּךָ ameja אֶת־ et יִשְׂרָאֵל Yisrael:

Bendito eres Tú, Señor, nuestro Dios, Rey del universo, quien nos ha santificado con la santidad de Aharón y nos ha ordenado bendecir a Su Pueblo, Israel, con amor.
(Derecha) *Que el Señor te bendiga y te proteja (Amén).*
(Izquierda) *Que el Señor haga brillar Su rostro sobre ti y te dé gracia (Amén).*
(Central) *Que el Señor eleve Su rostro hacia Ti y te conceda paz (Amén).*
("Y ellos pondrán Mi nombre sobre los Hijos de Israel y Yo los bendeciré") (Números 6:24-27).
Señor del mundo, hemos hecho lo que Tú has decretado sobre nosotros. Ahora, haz Tú como prometiste: "Mira hacia abajo desde Tu Santa Morada, desde los Cielos, y bendice a Tu pueblo, Israel" (Deuteronomio 26:15).

En esta sección hay 22 palabras, que es el valor numérico del Nombre Sagrado: אכא. Debes meditar en lo siguiente cuando el *jazán* diga la primera palabra de cada verso:

Yevarejejá (primer verso): אל נא קרב תשועת מצפיך (ר״ת אנקתם)

Yaer (segundo verso): פוזדך סר תוציאם ממאסר (ר״ת פסתם)

Yisá (tercer verso): פדה סועים פתוז סומים ישעך מצפים (ר״ת פספסים)

דלה יוקשים וקבץ נפוצים סמוך יה במפלתנו (ר״ת דיונסים)

(susurra:) יוזו אותיות בפסוק בָּרוּךְ Baruj שֵׁם Shem כְּבוֹד quevod מַלְכוּתוֹ, maljutó,
לְעוֹלָם leolam ריבוע ס״ג וי׳ אותיות דס״ג וָעֶד: vaed:

Si tuviste un mal sueño que te esté causando angustia, di lo siguiente mientras los *Cohanim* dicen su bendición:

רִבּוֹנוֹ Ribonó שֶׁל shel עוֹלָם Olam אֲנִי aní אני שֶׁלְּךָ sheljá וַחֲלוֹמוֹתַי vejalomotai
שֶׁלָּךְ. sheljá. חֲלוֹם jalom חָלַמְתִּי jalamti וְאֵינִי veeiní יוֹדֵעַ yodea מַה ma מ״ה
הוּא. hu. בֵּין bein שֶׁחָלַמְתִּי shejalamti אֲנִי aní אני לְעַצְמִי leatsmí וּבֵין uvein
שֶׁחָלְמוּ shejalmú לִי li אֲחֵרִים, ajerim, וּבֵין uvein שֶׁאֲנִי sheaní אני חָלַמְתִּי jalamti
עַל al אֲחֵרִים, ajerim, אִם im יוהך, מ״א אותיות אהיה בפשוטו במילואו ובמילוי דמילואו ע״ה
טוֹבִים tovim הֵם hem חַזְּקֵם jazkem וְאַמְּצֵם veamtsem כַּחֲלוֹמוֹתָיו cajalomotav
שֶׁל shel יוֹסֵף Yosef קנאה, ו הויות, ציון הַצַּדִּיק, Hatsadik, וְאִם veim יוהך, מ״א אותיות אהיה
בפשוטו במילואו ובמילוי דמילואו ע״ה צְרִיכִים tserijim רְפוּאָה refuá רַפְּאֵם refaem
כְּמֵי quemei ילי מָרָה mará עַל al יְדֵי yedei מֹשֶׁה Moshé מהש, ע״ב בריבוע וקס״א, אל שדי,
ד״פ אלהים ע״ה רַבֵּינוּ rabeinu עָלָיו alav הַשָּׁלוֹם, hashalom, וּכְמֵי ujemei ילי
יְרִיחוֹ Yerijó עַל al יְדֵי yedei אֱלִישָׁע, Elishá, וּכְמִרְיָם ujeMiryam
מִצָּרַעְתָּהּ, mitsaratá, וּכְנַעֲמָן ujeNaamán מִצָּרַעְתּוֹ, mitsarató, וּכְחִזְקִיָּהוּ ujeJizkiyahu
מֵחָלְיוֹ. mejolyó. וּכְשֵׁם ujeshem שֶׁהָפַכְתָּ shehafajta קִלְלַת kilelat בִּלְעָם Bilam
הָרָשָׁע harashá לִבְרָכָה, livrajá, כֵּן quen הֲפוֹךְ hafoj כָּל col ילי חֲלוֹמוֹתַי jalomotai
עָלַי alai וְעַל veal כָּל col ילי ; עמם יִשְׂרָאֵל Yisrael לְטוֹבָה letová אכא
וְלִבְרָכָה velivrajá וְתִרְצֵנִי vetirtseni בְּרַחֲמֶיךָ berajameja הָרַבִּים. harabim.
מ״ב אותיות בפסוק יִהְיוּ yihyú אל (ייא״י מילוי דס״ג) לְרָצוֹן leratsón מהש ע״ה, ע״ב בריבוע וקס״א
ע״ה, אל שדי ע״ה אִמְרֵי־ imrei פִּי fi ר״ת אֶלֶף = אלף למד שין דלת יוד ע״ה וְהֶגְיוֹן vehegyón
לִבִּי libí לְפָנֶיךָ lefaneja ס״ג מ״ה ב״ן יְהֹוָהאדניאהדונהי Adonai צוּרִי tsurí וְגוֹאֲלִי. vegoalí.

¡Señor del Mundo! Yo soy Tuyo y mis sueños son Tuyos. Yo tuve un sueño pero no conozco su significado; ya sea que haya soñado sobre mí mismo, o que otros soñaron conmigo, o sea que yo he soñado con otros. Si ellos [mis sueños] son buenos entonces refuérzalos y vigorízalos, como los sueños de Yosef, el justo. Si requieren sanación, entonces remédialos como a las aguas de Mará en las manos de Moshé, nuestro señor, que la paz esté con él; como a las aguas de Jericó en las manos de Elishá y como a Miriam de su lepra, como a Naamán de su lepra, y como a Jizkiyahu de su enfermedad. Y así como Tú has convertido la maldición del malvado Bilaam en bendiciones, así también cambia mis sueños, por mi bien y por el bien de Israel, en cosas buenas y en bendiciones. Favoréceme con Tu generosa compasión. "Sean gratos ante Ti, Señor, mi Fortaleza y mi Redentor, los dichos de mi boca y los pensamientos de mi corazón" (Salmos 19:15)

LA BENDICIÓN FINAL

Estamos emanando la energía de paz para el mundo entero. También nos proponemos utilizar nuestras bocas sólo para el bien. Kabbalísticamente, el poder de las palabras y del habla es inimaginable. Esperamos usar este poder sabiamente, lo que tal vez sea una de las tareas más difíciles de llevar a cabo.

Yesod

שִׂים sim שָׁלוֹם shalom

טוֹבָה tová אכא וּבְרָכָה uvrajá חַיִּים jayim אהיה אהיה יהוה, בינה ע״ה חֵן jen מילוי

דמ״ה בריבוע, מוזי וָחֶסֶד vajésed ע״ב, ריבוע יהוה צְדָקָה tsedaká ע״ה ריבוע אלהים

וְרַחֲמִים verajamim עָלֵינוּ aleinu וְעַל־ veal כָּל־ col ילי ; עמם

יִשְׂרָאֵל Yisrael עַמֶּךָ ameja וּבָרְכֵנוּ uvarjenu אָבִינוּ avinu כֻּלָּנוּ culanu

כְּאֶחָד queejad אהבה, דאגה בְּאוֹר beor רז, א״ס פָּנֶיךָ paneja ס״ג מ״ה ב״ן כִּי qui

בְּאוֹר veor רז, א״ס פָּנֶיךָ paneja ס״ג מ״ה ב״ן נָתַתָּ natata לָּנוּ lanu אלהים, אהיה אדני

יְהֹוָהאדניאהדונהי Adonai אֱלֹהֵינוּ Eloheinu ילה תּוֹרָה Torá וְחַיִּים vejayim אהיה

אהיה יהוה, בינה ע״ה. אַהֲבָה ahavá אחד, דאגה וָחֶסֶד vajésed ע״ב, ריבוע יהוה.

צְדָקָה tsedaká ע״ה ריבוע אלהים וְרַחֲמִים verajamim. בְּרָכָה brajá

וְשָׁלוֹם veshalom. וְטוֹב vetov והו בְּעֵינֶיךָ־ beeineja ע״ה קס״א ; ריבוע מ״ה

לְבָרְכֵנוּ levarjenu וּלְבָרֵךְ ulevarej אֶת et כָּל־ col ילי עַמְּךָ ameja

יִשְׂרָאֵל Yisrael בְּרוֹב־ berov י״פ אהיה עֹז oz וְשָׁלוֹם veshalom:

אהיה יהו אלף למד הא יוד מם (en *Shabat*: מצפצ)

בָּרוּךְ Baruj אַתָּה Atá יְהֹוָואדניאהדונהי Adonai

הַמְּבָרֵךְ hamevarej אֶת et עַמּוֹ amó יִשְׂרָאֵל Yisrael

ר״ת = אלהים (אילההויהם = יב״ק) בַּשָּׁלוֹם bashalom. אָמֵן Amén יאהדונהי.

LA BENDICIÓN FINAL

Otorga paz, bondad, bendiciones, vida, gracia, amabilidad, justicia y misericordia a nosotros y a todo Israel, Tu Pueblo. Bendícenos a todos como uno solo, Padre nuestro, con la Luz de Tu Rostro, porque es con la Luz de Tu rostro que Tú, Señor, nuestro Dios, nos has dado la Torá y vida, amor y amabilidad, justicia y misericordia, bendición y paz. Que sea grato a Tus Ojos bendecirnos y bendecir a Tu Nación, Israel, con abundante poder y con paz. Bendito seas Tú, Señor, que bendices a Tu nación, Israel, con paz, Amén.

YIHYÚ LERATSÓN

Hay 42 letras en el versículo en el secreto del *Aná Bejóaj*.

יִהְיוּ yihyú אל (ייא״ מילוי דס״ג) לְרָצוֹן leratsón מהש ע״ה, ע״ב בריבוע וקס״א ע״ה, אל שדי ע״ה

אִמְרֵי־ imrei פִי fi ר״ת אֱלֶף = אלף למד שין דלת יוד ע״ה וְהֶגְיוֹן vehegyón לִבִּי libí

לְפָנֶיךָ lefaneja ס״ג מ״ה ב״ן יְהֹוָאדהּנּיאהדונהי Adonai צוּרִי tsurí וְגֹאֲלִי vegoalí:

ELOHAI NETSOR

אֱלֹהַי Elohai מילוי ע״ב, דמב ; ילה נְצוֹר netsor לְשׁוֹנִי leshoní מֵרָע ◆merá

וּשְׂפָתוֹתַי vesiftotai מִדַּבֵּר midaber ראה מִרְמָה ◆mirmá וְלִמְקַלְלַי velimkalelai

נַפְשִׁי nafshí תִדּוֹם ◆tidom וְנַפְשִׁי venafshí כֶּעָפָר queafar

לַכֹּל lacol יה אדני תִּהְיֶה ◆tihyé פְּתַח petaj לִבִּי libí בְּתוֹרָתֶךָ ◆betorateja

וְאַחֲרֵי veajarei מִצְוֹתֶיךָ mitsvoteja תִּרְדּוֹף tirdof נַפְשִׁי ◆nafshí

וְכָל־ vejol ילי הַקָּמִים hakamim עָלַי alai לְרָעָה leraá ◆רהע מְהֵרָה meherá

הָפֵר hafer עֲצָתָם atsatam וְקַלְקֵל vekalkel מַחְשְׁבוֹתָם ◆majshevotam

עֲשֵׂה asé לְמַעַן lemaan שְׁמָךְ ◆Shemaj עֲשֵׂה asé לְמַעַן lemaan

יְמִינָךְ ◆yeminaj עֲשֵׂה asé לְמַעַן lemaan תּוֹרָתָךְ ◆torataj עֲשֵׂה asé

לְמַעַן lemaan קְדֻשָּׁתָךְ ◆kedushataj ר״ת הפסוק = מ״ה יהוה לְמַעַן lemaan

יֵחָלְצוּן yejaltsún יְדִידֶיךָ yedideja ר״ת ילי הוֹשִׁיעָה hoshía יהוה וש״ע נהורין

יְמִינְךָ yeminjá וַעֲנֵנִי vaaneni (כתיב: ועננו) ר״ת אל (ייא״ מילוי דס״ג):

Antes de que recitemos el próximo verso ("*Yihyú leratsón*") tenemos una oportunidad para fortalecer la conexión con nuestra alma usando nuestro nombre. Cada persona tiene un versículo en la Torá que lo conecta con su nombre. O bien su nombre está en el versículo, o la primera y última letra del nombre corresponden a la primera y última letra de un versículo. Por ejemplo, el nombre Yehuda comienza con una *Yud* y termina con una *Hei*. Antes de terminar la *Amidá*, declaramos que nuestro nombre sea siempre recordado cuando nuestra alma abandone este mundo.

YIHYÚ LERATSÓN

"Sean gratos ante Ti, Señor, mi Fortaleza y mi Redentor, los dichos de mi boca y los pensamientos de mi corazón" (Salmos 19:15).

ELOHAI NETSOR

Mi Dios, cuida mi lengua del mal y mis labios de decir falsedad. Que mi alma permanezca en silencio ante aquellos que me maldicen y permite que mi espíritu sea humilde ante todos, como el polvo. Abre mi corazón a Tu Torá y permite que mi corazón siga Tus mandamientos. Prontamente frustra los planes y daña los pensamientos de todos aquellos que se levantan contra mí para hacerme daño. Hazlo por la gloria de Tu Nombre. Haz esto por el bien de Tu Diestra. Haz esto por el mérito de Tu Torá. Haz esto por Tu Santidad, "Que Tus amados sean rescatados. Sálvalos con Tu Diestra y contéstame" (Salmos 60:7).

YIHYÚ LERATSÓN (EL SEGUNDO)

Hay 42 letras en el versículo en el secreto del *Ána Bejóaj*.

יִהְיוּ yihyú אל (ייא״י מילוי דס״ג) לְרָצוֹן leratsón מהש ע״ה, ע״ב בריבוע וקס״א ע״ה, אל שדי ע״ה

אִמְרֵי־ imrei פִי fi ר״ת אֱלֶף = אלף למד שין דלת יוד ע״ה וְהֶגְיוֹן vehegyón לִבִּי libí

לְפָנֶיךָ lefaneja ס״ג מ״ה ב״ן יְהֹוָהאדניאהדונהי Adonai צוּרִי tsurí וְגֹאֲלִי vegoalí:

OSÉ SHALOM

Da tres pasos hacia atrás;

Izquierda
Te vuelves a la izquierda y dices:

עוֹשֶׂה osé שָׁלוֹם shalom

בִּמְרוֹמָיו bimromav ר״ת ע״ב, ריבוע יהוה

Derecha
Te vuelves a la derecha y dices:

הוּא Hu בְּרַחֲמָיו verajamav יַעֲשֶׂה yaasé

שָׁלוֹם shalom עָלֵינוּ aleinu ר״ת ש״ע נהורין

Centro
Te alineas al centro y dices:

וְעַל veal כָּל־ col ילי ; עמם עַמּוֹ amó יִשְׂרָאֵל Yisrael

וְאִמְרוּ veimrú אָמֵן Amén יאהדונהי:

יְהִי yehí רָצוֹן ratsón מהש ע״ה, ע״ב בריבוע וקס״א ע״ה, אל שדי ע״ה מִלְּפָנֶיךָ milfaneja ס״ג מ״ה ב״ן יְהֹוָהאדניאהדונהי Adonai אֱלֹהֵינוּ Eloheinu ילה וֵאלֹהֵי veElohei לכב ; מילוי ע״ב, דמב ; ילה אֲבוֹתֵינוּ avoteinu, שֶׁתִּבְנֶה shetivné בֵּית beit ב״פ ראה הַמִּקְדָּשׁ hamikdash בִּמְהֵרָה bimherá בְיָמֵינוּ veyameinu וְתֵן vetén חֶלְקֵנוּ jelkenu בְּתוֹרָתָךְ vetorataj לַעֲשׂוֹת laasot חֻקֵּי jukei רְצוֹנָךְ retsonaj וּלְעָבְדָךְ uleovdaj פוי, אל אדני בְּלֵבָב belevav בוכו שָׁלֵם shalem.

Da tres pasos hacia delante.

YIHYÚ LERATSÓN (EL SEGUNDO)

"Sean gratos ante Ti, Señor,
mi Fortaleza y mi Redentor, los dichos de mi boca y los pensamientos de mi corazón" (Salmos 19:15).

OSÉ SHALOM

Él, que establece paz en Sus altos lugares,
Él, en Su compasión, hará que la paz esté entre nosotros y sobre Su pueblo entero, Israel, y dirán: Amén.
Sea agradable ante Ti, Señor, nuestro Dios y Dios de nuestros antepasados, que puedas reconstruir rápidamente el santo Templo, en nuestros días, y otórganos participación en Tu Torá, para que podamos cumplir las leyes de Tu deseo y servirte con todo el corazón.

EL ORDEN PARA TOMAR Y AGITAR EL LULAV – DEL RAV

Después de la *Sucá*, el aspecto más importante de la festividad son las Cuatro Especies. En *Levítico 23:40* dice: "Y el primer día tomarán para ustedes frutos de árboles hermosos, hojas de palmera y ramas de árboles frondosos, y sauces de río; y se alegrarán delante del Señor, su Dios, por siete días".

El fruto de árbol hermoso (cidro) es el *Etrog*; las ramas de árboles frondosos son los *Hadasim*; las hojas de palmera son el *Lulav*; y los sauces de río son las *Aravot*. Pero, ¿por qué debemos tomar las Cuatro Especies y por qué debemos alegrarnos con ellas? Desde un punto de vista técnico, las Cuatro Especies deben sostenerse durante el servicio del *Halel*, que es tomado del libro de Salmos, desde el capítulo 113 hasta el 118. El *Lulav* debe sostenerse en la mano derecha junto con los tres *Hadasim* y las dos *Aravot*, y el *Etrog* debe sostenerse en la mano izquierda.

Todo este proceso es llamado *Netilat HaLulav*, o la Toma del Lulav. ¿Por qué este proceso no tiene el nombre de las demás plantas? ¿Acaso las demás tienen importancia secundaria? El *Zóhar* relata cómo los estudiantes de Rav Shimón se encontraron a un hombre en el campo que había ido a recoger un *Lulav* para *Sucot*. Ellos le preguntaron acerca del propósito de las Cuatro Especies y el hombre le contestó que su maestro, Rav Yitsjak, le había enseñado que *Sucot* es una época para fortalecerse y revigorizarse ante las fuerzas de la oscuridad que habían dominado a todas las naciones del mundo.

Pero, ¿cuál es el propósito de las Cuatro Especies? ¿Por qué fueron escogidas estas plantas en particular y no otras? Las Cuatro Especies son una representación simbólica del Nombre Sagrado del Creador יְהֹוָה, y sólo a través de ellas podemos obtener el control. Activamos el software, que es el *Lulav*, a fin de que podamos conectar con el hardware, que es *Zeir Anpín*, el cual es el almacén de energía en el aspecto personal del ADN para propósitos genéticos y espirituales. Esta clase de activación se logra mediante la "agitación" del paquete de software. Estas agitaciones reciben mensajes que son transmitidos en el espacio, como ocurriría con un satélite o una antena. A través de las agitaciones mejoramos la recepción de nuestra antena, que son las Cuatro Especies.

Cuando se hacen las agitaciones con las meditaciones diseñadas por Rav Yitsjak Luria (el Arí), se puede lograr la conexión necesaria. Y hay seis direcciones hacia las cuales apuntamos el software: Norte, Sur, Este, arriba, abajo y Oeste. Debe tomarse en cuenta que cuando hablamos de direcciones nos referimos la conciencia de pensamiento que inicia y se extiende en esas direcciones. Por lo tanto, cuando hablamos de la dirección del Sur, no sólo hablamos de la dirección física, sino también del "Sur" que, de acuerdo con la porción de *Vaerá* en el *Zóhar*, es el origen del la conciencia de pensamiento llamada *Jésed*.

De este modo, mientras nuestra conexión con la energía llamada *Zeir Anpín* incluya seis *Sefirot* o energías, el software será activado a través de las agitaciones. En nuestra mente, las agitaciones son guiadas por el pensamiento de que en el Sur podemos conectar con la conciencia de pensamiento llamada *Jésed*.

Debemos realizar estos seis ciclos, ya que representan la composición de *Zeir Anpín*, y nuestro objetivo es conectar con *Zeir Anpín* y recibir su energía colosal. Dado que *Zeir Anpín* contiene estas seis energías de pensamiento, debemos orientar la antena física y metafísica en consecuencia.

Cómo realizar una conexión apropiada con *Zeir Anpín*:
Comenzamos orientando nuestro software hacia el Sur, mientras nuestros pensamientos están en sintonía con Avraham y *Jésed*. A continuación, nos volvemos al Norte, que es Yitsjak y *Guevurá*, después al Este con nuestros pensamientos sintonizados con la Columna Central, Yaakov y *Tiféret*. Estas tres *Sefirot* o energías componen el potencial del Triángulo Superior del *Maguén David* (Estrella de David) y se crea un escudo protector. Con el software de los cuatro Reinos de la Vida, hemos conectado con la "Luz de *Jasadim*", la cual estará ahora conectada a nosotros no sólo a nivel metafísico, sino también a nivel físico para proteger nuestra vida física. Y si bien es llamado "pensamiento potencial", aún así debemos introducir este pensamiento en nuestra realidad.

La cuarta agitación, que está orientada hacia arriba, será orientada con el pensamiento de que debemos conectar con Moshé y *Nétsaj*. Cuando las agitaciones son orientadas hacia abajo, aún con la punta del *Lulav* apuntando hacia arriba, conectamos con Aharón y *Hod*. La última agitación es hacia el Oeste, que nos conecta con *Yesod* y la carroza de Yosef Hatsadik.

Agitamos el *Lulav* tres veces en cada dirección, y en cada acción de agitar el *Lulav* se incluye una extensión del *Lulav* hacia afuera y su regreso. Estas series de tres agitaciones corresponden a la estructura básica del Sistema de Tres Columnas. La conciencia de pensamiento necesaria para el uso de las Cuatro Especies incluye una dimensión adicional que emplea las letras del Nombre Explícito (יהוה) a fin de reforzar la acción de las Cuatro Especies. Las primeras tres letras (יהו) denotan las Columnas Derecha, Izquierda y Central.

Todo este sistema fue diseñado por Rav Yitsjak Luria, quien lo estudió y lo extrajo del *Zóhar* para ayudarnos a alcanzar nuestra meta de "por lo tanto, escoge la vida". El usar el *Yud*, *Hei*, *Vav* y *Hei* nos permite aprovechar el poder de *Zeir Anpín* para que podamos eliminar cualquier obstáculo en nuestro sistema físico y reestructurar el ADN para garantizar que el futuro esté libre de destrucción, desesperación y pesar. No obstante, a su vez es necesario que entendamos cómo llegamos a cada letra y combinación, porque cuanto mayor sea nuestro conocimiento, mejor será nuestro canal hacia *Zeir Anpín*.

Hay dos aspectos adicionales de las agitaciones. Uno es que la ejecución de las tres agitaciones en cada una de las seis direcciones crea una serie de 18 agitaciones en total. En la numerología, 18 es igual a *jai* (חי), que significa "vida". Estas series de agitaciones nos inyectan la Fuerza de Vida y nos conectan con el Árbol de la Vida. El segundo aspecto es la integración de las agitaciones al servicio del *Halel*; *Halel* הלל es igual a *Adonai* אדני en la numerología (= 65), el cual conecta con *Maljut*. Además, el *Halel* está compuesto de Salmos escritos por el Rey David (la Carroza de la *Sefirá* de *Maljut*).

La combinación de las agitaciones del *Lulav* (el canal de comunicación con *Zeir Anpín*) con el servicio del *Halel* (el canal de comunicación con *Maljut*) nos ofrece una gran oportunidad para unir a *Zeir Anpín* con *Maljut* y, al hacer esto, establecer a la Fuerza del Creador dentro de nuestro ser. Este esfuerzo es como una cirugía metafísica realizada pare eliminar virus espirituales, abrir los bloqueos energéticos y reparar los defectos que hemos desarrollado el último año en nuestro ADN físico y espiritual.

Las Cuatro Especies pueden ayudarnos a nosotros y también a toda la humanidad. Según el *Zóhar*, las Cuatro Especies son un método a través del cual recibimos bendiciones para todo el año. Y si no aprovechamos esta oportunidad única en el año para atraer energía, el *Zóhar* dice específicamente que no podremos introducir esta energía en nuestra vida.

לְשֵׁם leShem יִחוּד yijud קוּדְשָׁא Kudeshá בְּרִיךְ Berij הוּא Hu
וּשְׁכִינְתֵּיהּ ushjintei (יאהדונהי) בִּדְחִילוּ bidjilu וּרְחִימוּ urjimu (יאההויהה),
וּרְחִימוּ urjimu וּדְחִילוּ udjilu (איההיוהה), לְיַחֲדָא leyajdá שֵׁם shem יו"ד yud
קֵ"י kei בְּוָא"ו bevav קֵ"י kei בְּיִחוּדָא beyijudá שְׁלִים shelim (יהוה)
בְּשֵׁם beshem כָּל col ילי יִשְׂרָאֵל Yisrael, וּבְשֵׁם uvshem כָּל col ילי
הַנְּפָשׁוֹת hanefashot וְהָרוּחוֹת veharujot וְהַנְּשָׁמוֹת vehaneshamot
הַמִּתְיַחֲסִים hamityajasim אֶל el שָׁרְשֵׁי shorshei נַפְשֵׁנוּ nafshenu רוּחֵנוּ rujenu
וְנִשְׁמָתֵנוּ venishmatenu, וּמַלְבּוּשֵׁיהֶם umalbusheihem וְהַקְּרוֹבִים vehakerovim
לָהֶם lahem שֶׁמִּכְלָלוּת shemiclalut אֲצִילוּת Atsilut בְּרִיאָה Briá
יְצִירָה Yetsirá עֲשִׂיָּה Asiyá, וּמִכָּל umicol ילי פְּרָטֵי pratei אֲצִילוּת Atsilut
בְּרִיאָה Briá יְצִירָה Yetsirá עֲשִׂיָּה Asiyá דְּכָל dejol פַּרְצוּף partsuf
וּסְפִירָה usfirá דִּפְרָטֵי difratei אֲצִילוּת Atsilut בְּרִיאָה Briá יְצִירָה Yetsirá
עֲשִׂיָּה Asiyá. הִנֵּה hiné אֲנַחְנוּ anajnu בָּאִים vaim לְקַיֵּם lekayem:

En el primer día de *Sucot* agrega:

מִצְוַת mitsvat עֲשֵׂה asé דְּאוֹרַיְתָא deoraytá שֶׁל shel נְטִילַת netilat
לוּלָב lulav אהיה אהיה יהוה, חיים, בינה ע"ה, הֲדַס hadás אהיה אהיה יהוה ע"ה, חיים ע"ה,
עֲרָבָה aravá זרע וְאֶתְרוֹג veetrog ירת בַּיּוֹם bayom נגד, מזבח, זן, אל יהוה
הָרִאשׁוֹן harishón שֶׁל shel חַג jag הַסֻּכּוֹת haSucot.
כְּמוֹ quemó שֶׁצִּוָּנוּ shetsivanu יְהֹוָהאדניאהדונהי Adonai אֱלֹהֵינוּ Eloheinu ילה
בְּתוֹרָתוֹ betorató הַקְּדוֹשָׁה hakedoshá:

El orden para tomar y agitar el Lulav

Por el bien de la unificación entre el Santísimo, bendito sea, y Su Shejiná, con temor y amor y con amor y temor, a fin de unificar el Nombre Yud-Kei y Vav-Kei en perfecta unidad, y en nombre de todo Israel, y en nombre de todas las Nefashot (almas inferiores), Rujot (espíritus) y Neshamot (almas superiores) que dan atributo a la raíz de nuestras Nefashot, Rujot y Neshamot y su revestimiento, y todo lo que está asociado con éste desde la generalidad de Atsilut, Briá, Yetsirá y Asiyá, y desde todos los aspectos específicos de Atsilut, Briá, Yetsirá y Asiyá, de cada Partsuf y Sefirá de los aspectos específicos de Atsilut, Briá, Yetsirá y Asiyá, por este medio cumplimos: En el primer día de Sucot: el precepto obligatorio de la Torá de tomar lulav, mirto, sauce y cidro en el primer día de la Festividad de Sucot como el Señor, nuestro Dios, nos ha ordenado en Su Santa Torá:

וּלְקַחְתֶּם ulekajtem לָכֶם lajem בַּיּוֹם bayom נגד, מזבח, זן, אל יהוה
הָרִאשׁוֹן harishón פְּרִי perí עֵץ ets הָדָר hadar כַּפֹּת capot תְּמָרִים temarim
וַעֲנַף vaanaf עֵץ ets עָבֹת avot וְעַרְבֵי vearvei נָחַל nájal:

Y continúa con "*letakén*" abajo:

En *Jol Hamoed* de *Sucot* agrega:

מִצְוָה mitsvá דְּרַבָּנָן derabanán שֶׁל shel נְטִילַת netilat לוּלָב lulav
אהיה אהיה יהוה, חיים, בינה ע"ה, הֲדַס hadás אהיה אהיה יהוה ע"ה, חיים ע"ה, עֲרָבָה aravá זרע
וְאֶתְרוֹג veetrog ירת בַּמּוֹעֵד bamoed שֶׁל shel חַג jag הַסֻּכּוֹת haSucot:

Y continúa con "*letakén*" más abajo:

לְתַקֵּן letakén אֶת et שָׁרְשָׁם shorsham בְּמָקוֹם bemakom עֶלְיוֹן elyón.
בְּשִׁעוּר beshiur קוֹמָה komá, לַעֲשׂוֹת laasot אֶת et כַּוָּנַת cavanat
יוֹצְרֵנוּ yotsrenu שֶׁצִּוָּנוּ shetsivanu לַעֲשׂוֹת laasot מִצְוָה mitsvá זוֹ zo,
לְהַשְׁלִים lehashlim אִילָן ilán הָעֶלְיוֹן haelyón וּלְהַשְׁלִים ulehashlim
אָדָם adam מ"ה הָעֶלְיוֹן haelyón, וּלְהָקִים ulehakim אֶת et
סֻכַּת sucat אמן, יאהדונהי, סאל דָּוִד David. לְהַחֲזִיר lehajazir הָעֲטָרָה haatará
לְיָשְׁנָהּ leyoshná, לְבָרֵר levarer וּלְתַקֵּן ultakén וּלְהַעֲלוֹת ulehaalot כָּל col ילי
הַנְּפָשׁוֹת hanefashot וְהָרוּחוֹת veharujot וְהַנְּשָׁמוֹת vehaneshamot
וְנִיצוֹצֵי venitsotsei הַקְּדֻשָּׁה hakedushá שֶׁנָּפְלוּ shenaflú בַּקְּלִפָּה bakelipá
עַל al יְדֵי yedei אָדָם Adam מ"ה הָרִאשׁוֹן harishón וְעַל veal
יָדֵינוּ yadeinu, בְּגִלְגּוּלִים beguilgulim אֵלּוּ elu וּבְגִלְגּוּלִים uveguilgulim
אֲחֵרִים ajerim, וּשְׁאֵרִית usheerit הָרְפ"ח harapaj נִיצוֹצִין nitsotsín.

"Y el primer día tomarán para ustedes frutos de árboles hermosos,
hojas de palmera y ramas de árboles frondosos, y sauces de río" (Levítico 23:40),
En *Jol Hamoed* de *Sucot*: *el precepto de nuestros sabios de tomar Lulav, mirto, sauce*
y cidro en el tiempo señalado de la Festividad de Sucot,

para corregir su raíz en el Lugar Celestial, con su nivel de importancia, y cumplir la intención de nuestro Creador que nos ordenó hacer este precepto de completar el Árbol Celestial, de completar al Adam Celestial, de erigir la Sucá de David y de restaurar la Diadema en su lugar original. Y de ordenar, corregir y elevar todas las Nefashot, Rujot y Neshamot, y las chispas Sagradas que cayeron en la klipá debido al primer Adam y debido a nosotros, en esta vida o en vidas pasadas, y lo que queda de las 288 chispas.

וּלְהַשְׁלִים ulehashlim שְׁלֵמוּת shlemut תִּקּוּן tikún נַפְשֵׁנוּ nafshenu

רוּחֵנוּ rujenu וְנִשְׁמָתֵנוּ venishmatenu שֶׁמִּכְּלָלוּת shemiclalut אֲצִילוּת Atsilut

בְּרִיאָה Briá יְצִירָה Yetsirá עֲשִׂיָּה Asiyá, וּמִכָּל umicol ילי פְּרָטֵי pirtei

אֲצִילוּת Atsilut בְּרִיאָה Briá יְצִירָה Yetsirá עֲשִׂיָּה Asiyá דְּכָל dejol ילי

פַּרְצוּף partsuf וּסְפִירָה usfirá דִּפְרָטֵי defirtei אֲצִילוּת Atsilut בְּרִיאָה Briá

יְצִירָה Yetsirá עֲשִׂיָּה Asiyá הַמִּתְיַחֲסִים hamityajasim אֶל el תִּקּוּן tikún

מִצְוָה mitsvá זוֹ zo. וְגַם vegam לְהַשְׁלִים lehashlim שְׁלֵמוּת shlemut

תִּקּוּן tikún אֵיבְרֵי eivrei נְפָשׁוֹת nefashot רוּחוֹת rujot וּנְשָׁמוֹת unshamot

שֶׁל shel כָּל col ילי יִשְׂרָאֵל Yisrael, הַחַיִּים hajayim אהיה אהיה יהוה, בינה ע"ה

וְהַמֵּתִים vehametim הַחֲסֵרִים hajaserim מִתִּקּוּן mitikún מִצְוָה mitsvá זוֹ zo:

וִיהִי vihí רָצוֹן ratsón מהש ע"ה, ע"ב בריבוע וקס"א ע"ה, אל שדי ע"ה

מִלְּפָנֶיךָ milfaneja ס"ג מ"ה ב"ן יְהֹוָאדניאהדונהי Adonai אֱלֹהֵינוּ Eloheinu ילה

וֵאלֹהֵי veElohei לכב ; מילוי ע"ב, דמב ; ילה אֲבוֹתֵינוּ avoteinu, שֶׁיְּהֵא sheyhé

עַתָּה atá עֵת et רָצוֹן ratsón מהש ע"ה, ע"ב בריבוע וקס"א ע"ה, אל שדי ע"ה ;

עת רצון = י' הויות וי' אהיה לְפָנֶיךָ lefaneja ס"ג מ"ה ב"ן לִהְיוֹת lihyot עוֹלָה olá

מִצְוָה mitsvá זוֹ zo, לְתַקֵּן letakén אֶת et כָּל col ילי פְּגָמֵינוּ pegameinu

וּפִגְמֵי ufigmei אָדָם Adam מ"ה הָרִאשׁוֹן harishón, אֲשֶׁר asher

פָּגַמְנוּ pagamnu בִּכְלָלוּת bijlalut אֲצִילוּת Atsilut בְּרִיאָה Briá

יְצִירָה Yetsirá עֲשִׂיָּה Asiyá, וּלְצָרֵף uletsaref וּלְבָרֵר ulevarer

וּלְהָסִיר ulehasir הַסִּיגִים hasiguim מִצַּלְמֵי mitsalmei לְבוּשֵׁי levushei

נְפָשׁוֹת nefashot רוּחוֹת rujot וּנְשָׁמוֹת unshamot חַיּוֹת jayot יְחִידוֹת yejidot,

---

Y completar la corrección total de nuestras Nefashot, Rujot y Neshamot, desde la generalidad de Atsilut, Briá, Yetsirá y Asiyá y desde los aspectos específicos de Atsilut, Briá, Yetsirá y Briá de cada Partsuf y Sefirá y de los aspectos específicos de Atsilut, Briá, Yetsirá y Asiyá que están relacionados con la corrección de este precepto. Y completar la corrección total de los órganos de las Nefashot, Rujot y Neshamot de todo Israel, los vivos y los muertos, que no hayan logrado la corrección de este precepto. Y que sea agradable ante Ti, Señor, mi Dios y dios de mis antepasados, que esta hora sea un tiempo de gracia ante Ti para que este precepto ascienda y corrija todas nuestras manchas y las manchas del primer Adam, que hemos causado en la generalidad de Atsilut, Briá Yetsirá y Asiyá, y para refinar, ordenar y eliminar los desechos de las imágenes de los revestimientos de nuestras Nefashot, Rujot, Neshamot, Juyot (el segundo nivel más elevado del alma) y Yejidot (el nivel más elevado del alma)

דִּכְלָלוּת dijlalut וּפְרָטוּת ufratut דַּאֲצִילוּת daAtsilut בְּרִיאָה Briá
יְצִירָה Yetsirá עֲשִׂיָּה Asiyá, וּלְבָרֵר ulvarer וְחֶלְקֵי jelkei
הַנֶּפֶשׁ hanéfesh שֶׁנִּפְגְּמוּ shenifguemu וְנָפְלוּ venaflú בְּנֹגַהּ benoga מוזי
דַּאֲצִילוּת daAtsilut בְּרִיאָה Briá יְצִירָה Yetsirá עֲשִׂיָּה Asiyá,
וְנֹגַהּ venoga מוזי כָּאוֹר caor רז, א"ס תִּהְיֶה tihyé אֶל el מְקוֹם mekom
הַקֹּדֶשׁ hakódesh. וְהַפְרֵד vehafred נָא na מֵעָלֵינוּ mealeinu צַד tsad
הָרַע hará שֶׁבַּיֵּצֶר shebayétser הָרַע hará, וּתְזַכְּכֵנוּ utesacjenu
וּתְלַבְּבֵנוּ utelabevenu בְּכֹחַ bejóaj הַיֵּצֶר hayétser הַטּוֹב hatov והו:

וְעַל veal יְדֵי yedei מַעֲשֵׂה maasé הַמִּצְוָה hamitsvá הַזֹּאת hazot
שֶׁל shel נְטִילַת netilat לוּלָב lulav אהיה אהיה יהוה, וזיים, בינה ע"ה,
הֲדַס hadás אהיה אהיה יהוה ע"ה, וזיים ע"ה, עֲרָבָה aravá זרע וְאֶתְרוֹג veetrog ירת
יְתֻקְּנוּ yetuknú כָּל col ילי בְּחִינַת bejinat שֵׁשׁ shesh קְצָווֹת ketsavot,
וְכָל vejol ילי צַלְמֵי tsalmei לְבוּשֵׁי levushei ה' Hei אַחֲרוֹנָה ajarona
דַּהֲוָיָ"ה daHavayá, נֶפֶשׁ néfesh שֶׁל shel כְּלָלוּת clalut אֲצִילוּת Atsilut
בְּרִיאָה Briá יְצִירָה Yetsirá עֲשִׂיָּה Asiyá, וְשֶׁל veshel כָּל col ילי פְּרָטֵי pirtei
אֲצִילוּת Atsilut בְּרִיאָה Briá יְצִירָה Yetsirá עֲשִׂיָּה Asiyá:

וְעַל veal יְדֵי yedei הַדִּבּוּר hadibur שֶׁל shel הַמִּצְוָה hamitsvá הַזֹּאת hazot,
כַּכָּתוּב cacatuv בַּתּוֹרָה baTorá: וּלְקַחְתֶּם ulekajtem לָכֶם lajem בַּיּוֹם bayom
הָרִאשׁוֹן harishón נגד, מזבח, זן, אל יהוה פְּרִי perí עֵץ ets הָדָר hadar כַּפֹּת capot
תְּמָרִים temarim וַעֲנַף vaanaf עֵץ ets עָבֹת avot וְעַרְבֵי vearvei נָחַל nájal:

---

de la generalidad y de los aspectos específicos de Atsilut, Briá, Yetsirá y Asiyá. Y ordenar las partes de la Néfesh que estaban dañadas y cayeron en Noga (brillantez) de Atsilut, Briá, Yetsirá y Asiyá, brillantez que parece la Luz [y regresa] al Lugar Sagrado. Y, por favor, separa de nosotros el lado negativo de la inclinación negativa y purifícanos y aliéntanos con el poder de la inclinación positiva.

Y mediante la ejecución de este precepto de tomar Lulav, mirto, sauce y cidro, todos los aspectos de los Seis Bordes y todas las imágenes del revestimiento de la última Hei de la Havayá, Néfesh de la generalidad de Atsilut, Briá, Yetsirá y Asiyá, y los aspectos específicos de Atsilut, Briá, Yetsirá y Asiyá.

Y mediante la enunciación de este precepto, como está escrito en la Torá: "Y el primer día tomarán para ustedes frutos de árboles hermosos, hojas de palmera y ramas de árboles frondosos, y sauces de río" (Levítico 23:40),

יְתֻקְּנוּ yetuknú כָּל col ילי בְּחִינַת bejinat דַּעַת Dáat,
וְכָל vejol ילי צַלְמֵי tsalmei לְבוּשֵׁי levushei ו' vav דַּהֲוָיָ"ה daHavayá,
רוּחַ rúaj שֶׁל shel כְּלָלוּת clalut אֲצִילוּת Atsilut בְּרִיאָה Briá
יְצִירָה Yetsirá עֲשִׂיָּה Asiyá, וְשֶׁל veshel כָּל col ילי פְּרָטֵי pirtei
אֲצִילוּת Atsilut בְּרִיאָה Briá יְצִירָה Yetsirá עֲשִׂיָּה Asiyá:

וְעַל veal יְדֵי yedei הַכַּוָּנָה hacavaná שֶׁל shel הַמִּצְוָה hamitsvá
הַזֹּאת hazot יְתֻקְּנוּ yetuknú כָּל col ילי בְּחִינַת bejinat בִּינָה Biná
ע"ה אהיה אהיה יהוה, ע"ה חיים, וְכָל vejol ילי צַלְמֵי tsalmei לְבוּשֵׁי levushei ה' Hei
דַּהֲוָיָ"ה daHavayá, נְשָׁמָה neshamá שֶׁל shel כְּלָלוּת clalut אֲצִילוּת Atsilut
בְּרִיאָה Briá יְצִירָה Yetsirá עֲשִׂיָּה Asiyá, וְשֶׁל veshel כָּל col ילי
פְּרָטֵי pirtei אֲצִילוּת Atsilut בְּרִיאָה Briá יְצִירָה Yetsirá עֲשִׂיָּה Asiyá:

וְעַל veal יְדֵי yedei הַמַּחֲשָׁבָה hamajshavá יְתֻקְּנוּ yetuknú כָּל col ילי
בְּחִינַת bejinat חָכְמָה Jojmá במילוי = תרי"ג (מצוות), וְכָל vejol ילי
צַלְמֵי tsalmei לְבוּשֵׁי levushei יו"ד Yod דַּהֲוָיָ"ה daHavayá,
חַיָּה jayá שֶׁל shel כְּלָלוּת clalut אֲצִילוּת Atsilut בְּרִיאָה Briá
יְצִירָה Yetsirá עֲשִׂיָּה Asiyá, וְשֶׁל veshel כָּל col ילי פְּרָטֵי pirtei
אֲצִילוּת Atsilut בְּרִיאָה Briá יְצִירָה Yetsirá עֲשִׂיָּה Asiyá:

---

todos los aspectos de Dáat y todas las imágenes del revestimiento de la Vav de Havayá, Rúaj de la generalidad de Atsilut, Briá, Yetsirá y Asiyá, y los aspectos específicos de Atsilut, Briá, Yetsirá y Asiyá.

Y mediante la intención de este precepto,

todos los preceptos de Biná y todas las imágenes del revestimiento de la Hei de Havayá, Neshamá de la generalidad de Atsilut, Briá, Yetsirá y Asiyá, y los aspectos específicos de Atsilut, Briá, Yetsirá y Asiyá.

Y mediante el pensamiento,

todos los aspectos de Jojmá y todas las imágenes del revestimiento de la Yud de Havayá, Jayá de la generalidad de Atsilut, Briá, Yetsirá y Asiyá, y los aspectos específicos de Atsilut, Briá, Yetsirá y Asiyá.

וְעַל veal יְדֵי yedei רְעוּתָא reutá דְלִבָּא delibá יִתְּקְנוּ yetuknú
כָּל col יכ״י בְּחִינַת bejinat כֶּתֶר Kéter וְכָל vejol יכ״י צַלְמֵי tsalmei
לְבוּשֵׁי levushei קוֹץ kots הַיּו״ד haYod דַהֲוָיָ״ה daHavayá, יְחִידָה yejidá
שֶׁל shel כָּל col יכ״י כְּלָלוּת clalut אֲצִילוּת Atsilut בְּרִיאָה Briá
יְצִירָה Yetsirá עֲשִׂיָּה Asiyá, וְשֶׁל veshel כָּל col יכ״י פְּרָטֵי pirtei
אֲצִילוּת Atsilut בְּרִיאָה Briá יְצִירָה Yetsirá עֲשִׂיָּה Asiyá:

וְיִתְיַחֲדוּ veyityajadu אַרְבַּע arba אוֹתִיּוֹת otiyot הֲוָיָ״ה Havayá, שֶׁהֵם shehem
נֶפֶשׁ Néfesh רוּחַ Rúaj וּנְשָׁמָה uNeshamá וְחַיָּה Jayá יְחִידָה Yejidá,
דִכְלָלוּת dijlalut וּפְרָטוּת ufratut אֲצִילוּת Atsilut בְּרִיאָה Briá
יְצִירָה Yetsirá עֲשִׂיָּה Asiyá, בְּיִחוּדָא beyijudá שְׁלִים shelim (יהוה)
וְיִהְיוּ veyihyú אל כִּסֵּא quisé שָׁלֵם shalem אֲשֶׁר asher בָּהֶם bahem
יִתְפַּשֵּׁט yitpashet שֶׁפַע shefa י״פ ילה אוֹר or רז א״ס. וְיִתְיַחֲדוּ veyityajadu
וְחָכְמָה Jojmá במילוי = תרי״ג (מצוות) וּבִינָה uViná ע״ה אהיה אהיה יהוה, ע״ה חיים
בְּיִחוּדָא beyijudá שְׁלִים shelim (יאהדויהה), וְיִזְדַּוְּגוּ veyizdavgú תִּפְאֶרֶת Tiféret
וּמַלְכוּת uMaljut זִוּוּגָא zivugá שְׁלִים shelim בְּשֵׁם beshem (יאהדונהי).
וּמִשָּׁם umisham יִמָּשֵׁךְ yimashej שֶׁפַע shefa י״פ ילה וּבְרָכָה uvrajá
בְּכָל bejol ב״ן, לכב הָעוֹלָמוֹת haolamot, לְזַכֵּךְ lezaquej
נַפְשֵׁנוּ nafshenu רוּחֵנוּ rujenu וְנִשְׁמָתֵנוּ venishmatenu שֶׁיִּהְיוּ sheyihyú אל
רְאוּיִים reuyim לְעוֹרֵר leorer מַיִּין mayin נוּקְבִין nukvín
וּלְהַמְשִׁיךְ ulehamshij אוֹר or רז, א״ס מַיִּין mayin דְכוּרִין dejurín,

---

Y mediante el deseo del corazón, todos los aspectos de Kéter y todas las imágenes del revestimiento de la punta de la Yud de Havayá, Yejidá de la generalidad de Atsilut, Briá, Yetsirá y Asiyá, y los aspectos específicos de Atsilut, Briá, Yetsirá y Asiyá. Y que las cuatro letras de Havayá, que son Néfesh, Rúaj, Neshamá, Jayá y Yejidá de la generalidad y lo específico de Atsilut, Briá, Yetsirá y Asiyá, sean unificadas en perfecta unidad y sean un asiento completo, y que desde ellas se despliegue una abundancia de Luz. Y que Jojmá y Biná sean unificadas en perfecta unidad. Y que Tiféret y Maljut sean unidas en perfecta unidad mediante el Nombre. Y que abundancia y bendiciones sean atraídas desde allí a todos los Mundos para purificar nuestras Nefashot, Rujot y Neshamot, a fin de que estén preparadas para despertar las Aguas Femeninas y atraer la Luz de las Aguas Masculinas.

וְאַל veal יְעַכֵּב yeaquev שׁוּם shum וְחֵטְא jet וְעָוֹן veavón וְהִרְהוּר vehirhur
רַע ra אֶת et הַמִּצְוָה hamitsvá הַזֹּאת, hazot וְתַעֲלֶה vetaalé
לְרָצוֹן leratsón מהש ע"ה, ע"ב בריבוע וקס"א ע"ה, אל שדי ע"ה לְרֵיחַ leréaj נִיחוֹחַ nijóaj
לְפָנֶיךָ lefaneja ס"ג מ"ה ב"ן יְהֹוָהאדנייאהדונהי Adonai אֱלֹהֵינוּ Eloheinu ילה
וֵאלֹהֵי veElohei לכב ; מילוי ע"ב, דמב ; ילה אֲבוֹתֵינוּ: avoteinu
וַהֲרֵינִי vahareini מוּכָן muján לְנַעְנֵעַ lenanea הַלּוּלָב halulav אהיה אהיה יהוה,
חיים, בינה ע"ה, הֲדַס hadás אהיה אהיה יהוה ע"ה, חיים ע"ה, עֲרָבָה aravá זרע
וְאֶתְרוֹג veetrog ירת לְצַד letsad דָּרוֹם, darom שֶׁהוּא shehú בְּחֶסֶד beJésed
ע"ב, ריבוע יהוה, שָׁלֹשׁ shalosh פְּעָמִים peamim בְּהוֹלָכָה beholajá
וַהֲבָאָה vahavaá אֶל el הֶחָזֶה: hejazé וּלְצַד uletsad צָפוֹן, tsafón שֶׁהוּא shehú
בִּגְבוּרָה biGvurá רי"ו, שָׁלֹשׁ shalosh פְּעָמִים peamim בְּהוֹלָכָה beholajá
וַהֲבָאָה vahavaá אֶל el הֶחָזֶה: hejazé וּלְצַד uletsad מִזְרָח, mizraj
שֶׁהוּא shehú בְּתִפְאֶרֶת, beTiféret שָׁלֹשׁ shalosh פְּעָמִים peamim
בְּהוֹלָכָה beholajá וַהֲבָאָה vahavaá אֶל el הֶחָזֶה: hejazé וּלְצַד uletsad
מַעְלָה, mala שֶׁהוּא shehú בְּנֶצַח, beNétsaj שָׁלֹשׁ shalosh פְּעָמִים peamim
בְּהוֹלָכָה beholajá וַהֲבָאָה vahavaá אֶל el הֶחָזֶה: hejazé וּלְצַד uletsad
מַטָּה, mata שֶׁהוּא shehú בְּהוֹד beHod ההה, שָׁלֹשׁ shalosh פְּעָמִים peamim
בְּהוֹלָכָה beholajá וַהֲבָאָה vahavaá אֶל el הֶחָזֶה: hejazé וּלְצַד uletsad
מַעֲרָב, maarav שֶׁהוּא shehú בַּיְסוֹד baYesod ההע, שָׁלֹשׁ shalosh
פְּעָמִים peamim בְּהוֹלָכָה beholajá וַהֲבָאָה vahavaá אֶל el הֶחָזֶה: hejazé

Y que ningún pecado o iniquidad o pensamiento maligno demore este precepto, a fin de que ascienda en una fragancia favorable y agradable ante Ti, Señor, nuestro Dios y Dios de nuestros padres.

Y, por este medio, estoy preparado para agitar el Lulav, el mirto, el sauce y el cidro
hacia el Sur, que es Jésed, tres veces, hacia afuera y hacia el pecho.
Y hacia el Norte, que es Guevurá, tres veces hacia afuera y hacia el pecho.
Y hacia el Este, que es Tiféret, tres veces hacia afuera y hacia el pecho.
Y hacia arriba, que es Nétsaj, tres veces hacia afuera y hacia el pecho.
Y hacia abajo, que es Hod, tres veces hacia afuera y hacia el pecho.
Y hacia el Oeste, que es Yesod, tres veces hacia afuera y hacia el pecho.

וִיהִי vihí רָצוֹן ratsón מהש ע"ה, ע"ב בריבוע וקס"א ע"ה, אל שדי ע"ה
מִלְּפָנֶיךָ milfaneja ס"ג מ"ה ב"ן יְהֹוָה Adonai אֱלֹהֵינוּ Eloheinu ילה
וֵאלֹהֵי veElohei לכב ; מילוי ע"ב, דמב ; ילה אֲבוֹתֵינוּ avoteinu, שֶׁתְּהֵא shetehé
שָׁעָה shaá זוֹ zo שְׁעַת sheat רָצוֹן ratsón מהש ע"ה, ע"ב בריבוע וקס"א ע"ה, אל שדי ע"ה
לְפָנֶיךָ lefaneja ס"ג מ"ה ב"ן, וְתִהְיֶה vetihyé עוֹלָה olá לְפָנֶיךָ lefaneja ס"ג מ"ה ב"ן
מִצְוָה mitsvá זוֹ zo שֶׁל shel נְטִילַת netilat הַלּוּלָב halulav אהיה אהיה יהוה, חיים,
בינה ע"ה, הֲדַס hadás אהיה אהיה יהוה ע"ה, חיים ע"ה, עֲרָבָה aravá זרע
וְאֶתְרוֹג veetrog ירת וְסֵדֶר veséder הַנִּעְנוּעִים haninuim, לְהַמְשִׁיךְ lehamshij
הַחֲסָדִים hajasadim הָרְאוּיִים hareuyim לְהִמָּשֵׁךְ lehimashej עַל al
יָדָם yadam בְּיוֹם beyom נגד, מזבח, זן, אל יהוה זֶה ze, וְיַעֲלֶה veyaalé
לְפָנֶיךָ lefaneja ס"ג מ"ה ב"ן כְּאִלּוּ queílu כִּוַּנְתִּי quivanti
בְּכָל bejol ב"ן, לכב הַכַּוָּנוֹת hacavanot שֶׁצָּרִיךְ shetsarij לְכַוֵּן lejavén
בְּלוּלָב belulav אהיה אהיה יהוה, חיים, בינה ע"ה, הֲדַס hadás אהיה אהיה יהוה ע"ה, חיים ע"ה,
עֲרָבָה aravá זרע וְאֶתְרוֹג veetrog ירת, שֶׁהֵם shehem רוֹמְזִים romzim אֶל el
אַרְבַּע arba אוֹתִיּוֹת otiyot שֵׁם shem הוי"ה Havayá בְּמִלּוּי bemilui
הַהִין hehín, שֶׁהֵם shehem (יוד הה וו הה) וּכְאִלּוּ ujeílu כִּוַּנְתִּי quivanti
בְּסֵדֶר beséder הַנִּעְנוּעִים haninuim שֶׁלָּהֶם shelahem, וְיִמָּשֵׁךְ veyimashej
חֶסֶד jésed ע"ב, ריבוע יהוה מֵחֲסָדִים mejasadim בְּאוֹר beor רז, א"ס
פְּנִימִי penimí כָּרָאוּי caraui לִהְיוֹת lihyot נִמְשָׁךְ nimshaj
בְּיוֹם beyom נגד, מזבח, זן, אל יהוה זֶה ze. וִיהִי vihí נֹעַם nóam אֲדֹנָי Adonai ללה
אֱלֹהֵינוּ Eloheinu ילה עָלֵינוּ aleinu וּמַעֲשֵׂה umaasé יָדֵינוּ yadeinu
כּוֹנְנָה conená עָלֵינוּ aleinu וּמַעֲשֵׂה umaasé יָדֵינוּ yadeinu כּוֹנְנֵהוּ conenehu:

Y que sea agradable ante Ti, Señor, mi Dios y Dios de nuestros antepasados, que esta hora sea un tiempo de gracia ante Ti, a fin de que este precepto de tomar el Lulav, el mirto, el sauce y el cidro, y el orden de las agitaciones asciendan ante Ti y atraigan las misericordias que son apropiadas atraer mediante éstos en este día. Y que ascienda ante Ti como si yo hubiese hecho todas las meditaciones que son necesarias para el Lulav, el mirto, el sauce y el cidro, los cuales indican las cuatro letras de la Havayá completada con la letra Hei. Y que conforme a como yo haya hecho el orden de las agitaciones, así sea atraída la Misericordia de Misericordias de la Luz Interna como debe ser atraída en este día. "Y sea la gracia del Señor, nuestro Dios, sobre nosotros y pueda Él establecer en nosotros la obra de nuestras manos y que la obra de nuestras manos pueda establecerlo a Él" (Salmos 90:17).

(*Jésed*) Atá אַתָּה (*Yesod* de *Aba* e *Ima* que influencian) Baruj בָּרוּךְ

(*Tiféret*) Adonai יְהֹוָהאדניאהדונהי

יְהֶוֶה יְאֶהֶהֶוֶיהֶה :En el primer día medita
Interno y Circundante de *Jésed* de *Jésed* de *Zeir Anpín* a *Nukvá*

יְהְוְה יְאְהְהְוְיהְה :En el segundo día medita
Interno y Circundante de *Jésed* de *Guevurá* de *Zeir Anpín* a *Nukvá*

יֹהֹוֹהֹ יֹאֹהֹהֹוֹיֹהֹהֹ :En el tercer día medita
Interno y Circundante de *Jésed* de *Tiféret* de *Zeir Anpín* a *Nukvá*

יִהִוִהִ יִאִהִהִוִיהִהִ :En el cuarto día medita
Interno y Circundante de *Jésed* de *Nétsaj* de *Zeir Anpín* a *Nukvá*

יֻהֻוֻהֻ יֻאֻהֻהֻוֻיהֻהֻ :En el quinto día medita
Interno y Circundante de *Jésed* de *Hod* de *Zeir Anpín* a *Nukvá*

יוּהוּווּהוּ יוּאוּהוּהוּווּיהוּהוּ :En el sexto día medita
Interno y Circundante de *Jésed* de *Yesod* de *Zeir Anpín* a *Nukvá*

יהוה יאההויהה :En el séptimo día medita
Interno y Circundante de *Jésed* de *Maljut* de *Zeir Anpín* a *Nukvá*

(*Maljut*) haolam הָעוֹלָם (*Biná*) Mélej מֶלֶךְ (*Guevurá*) ילה Eloheinu אֱלֹהֵינוּ

Medita en dedicar tu alma a santificar el Nombre Sagrado y acepta sobre ti las cuatro formas de muerte (lapidación, quemadura, decapitación y estrangulamiento).

יאא יוד הי ויו הי ע"ב - lapidación
הדה יוד הי ואו הי ס"ג - quemadura
ונ' יוד הא ואו הא מ"ה - decapitación
היה יוד הה וו הה ב"ן - estrangulación

(*Dáat* y *Tiféret*) kidshanu קִדְּשָׁנוּ (*Biná* que confirma) asher אֲשֶׁר

(en *Yesod*) vetsivanu וְצִוָּנוּ (*Nétsaj* y *Hod*) bemitsvotav בְּמִצְוֹתָיו

:(*Maljut*) ע"ה בינה ,יהוה אהיה אהיה ,וחיים lulav לוּלָב netilat נְטִילַת al עַל

En el primer día se toma el *Lulav* y se dice:

(*Jésed*) Atá אַתָּה (*Yesod* de *Aba* e Ima que influencia a) Baruj בָּרוּךְ

(*Guevurá*) ילה Eloheinu אֱלֹהֵינוּ (יוד הא ואו הא) (*Tiféret*) Adonai יְהֹוָהאדניאהדונהי

(en *Yesod*) shehejeyanu שֶׁהֶחֱיָנוּ (*Maljut*) haolam הָעוֹלָם (*Biná*) Mélej מֶלֶךְ

lazmán לַזְּמַן vehiguianu וְהִגִּיעָנוּ (*Nétsaj* y *Hod*) vekiyemanu וְקִיְּמָנוּ

:(*Maljut*) והו hazé הַזֶּה

Bendito eres Tú, Señor, nuestro Dios,
Rey del universo, que nos has santificado con Tus mandamientos y nos has ordenado tomar el Lulav.
Bendito eres Tú, Señor, nuestro Dios, Rey del universo,
que nos has otorgado la vida y subsistencia y nos ha permitido llegar hasta el momento presente.

Jésed—Sur—Avraham

Medita para atraer Misericordias (desde los tres *Mojín*: *Jojmá*—*Biná*—*Dáat*),
al revestimiento אלף הא יוד הא, que está en *Yesod* de *Tevuná*
(dentro de éste está el *Móaj* de *Dáat* de *Zeir Anpín*—יוד הי ויו), desde *Jésed* de *Jésed* de

En el primer día: *Jésed*;	**En el segundo día:** *Guevurá*;	**En el tercer día:** *Tiféret*;
En el cuarto día: *Nétsaj*;		**En el quinto día:** *Hod*;
En el sexto día: la Generalidad de las Cinco Misericordias en *Yesod*;		**En el séptimo día:** la Generalidad de las Cinco Misericordias en *Maljut*;

De *Dáat* de *Zeir Anpín*. Y desde la generalidad de יהו, que es:

Hacia el pecho	Hacia afuera	
Móaj de *Dáat*—הא	יוד הא ואו	1
Móaj de *Biná*—הי	יוד הי ואו	2
Móaj de *Jojmá*—הי	יוד הי ויו	3

Hacia *Jésed* de *Jésed* de

En el primer día: *Jésed*;	**En el segundo día:** *Guevurá*;	**En el tercer día:** *Tiféret*;
En el cuarto día: *Nétsaj*;		**En el quinto día:** *Hod*;
En el sexto día: la Generalidad de las Cinco Misericordias en *Yesod*;		**En el séptimo día:** la Generalidad de las Cinco Misericordias en *Maljut*;

Hacia Sus *Seis Bordes*; Y desde allí hacia *Nukvá* יוד הה וו הה

Y cuando el *Lulav* y sus especies llegan al pecho, completamos la *Hei* 'ה del Nombre ע"ב.

Guevurá—Norte—Yitsjak

Medita para atraer Misericordias (desde los tres *Mojín*: *Jojmá*—*Biná*—*Dáat*),
al revestimiento אלף הא יוד הא, que está en *Yesod* de *Tevuná*
(dentro de éste está el *Móaj* de *Dáat* de *Zeir Anpín*—יוד הי ויו), desde *Guevurá* de *Jésed* de

En el primer día: *Jésed*;	**En el segundo día:** *Guevurá*;	**En el tercer día:** *Tiféret*;
En el cuarto día: *Nétsaj*;		**En el quinto día:** *Hod*;
En el sexto día: la Generalidad de las Cinco Misericordias en *Yesod*;		**En el séptimo día:** la Generalidad de las Cinco Misericordias en *Maljut*;

De *Dáat* de *Zeir Anpín*. Y desde la generalidad de יהו, que es:

Hacia el pecho	Hacia afuera	
Móaj de *Dáat*—הא	הא ואו יוד	1
Móaj de *Biná*—הי	הי ואו יוד	2
Móaj de *Jojmá*—הי	הי ויו יוד	3

Hacia *Guevurá* de *Jésed* de

En el primer día: *Jésed*;	**En el segundo día:** *Guevurá*;	**En el tercer día:** *Tiféret*;
En el cuarto día: *Nétsaj*;		**En el quinto día:** *Hod*;
En el sexto día: la Generalidad de las Cinco Misericordias en *Yesod*;		**En el séptimo día:** la Generalidad de las Cinco Misericordias en *Maljut*;

Hacia Sus *Seis Bordes*; Y desde allí hacia *Nukvá* יוד הה וו הה

Y cuando el *Lulav* y sus especies llegan al pecho, completamos la *Hei* 'ה del Nombre ס"ג.

Tiféret—Este—Yaakov

Medita para atraer Misericordias (desde los tres *Mojín*: *Jojmá*—*Biná*—*Dáat*),

al revestimiento אלף הא יוד הא, que está en *Yesod* de *Tevuná*

(dentro de éste está el *Móaj* de *Dáat* de *Zeir Anpín*—יוד הי ויו), desde *Tiféret* de *Jésed* de

En el primer día: *Jésed*;	**En el segundo día:** *Guevurá*;	**En el tercer día:** *Tiféret*;
En el cuarto día: *Nétsaj*;		**En el quinto día:** *Hod*;
En el sexto día: la Generalidad de las Cinco Misericordias en *Yesod*;		**En el séptimo día:** la Generalidad de las Cinco Misericordias en *Maljut*;

De *Dáat* de *Zeir Anpín*. Y desde la generalidad de יהו, que es:

Hacia el pecho	Hacia afuera	
Móaj de *Dáat*—הא	ואו יוד הא	1
Móaj de *Biná*—הי	ואו יוד הי	2
Móaj de *Jojmá*—הי	ויו יוד הי	3

Hacia *Tiféret* de *Jésed* de

En el primer día: *Jésed*;	**En el segundo día:** *Guevurá*;	**En el tercer día:** *Tiféret*;
En el cuarto día: *Nétsaj*;		**En el quinto día:** *Hod*;
En el sexto día: la Generalidad de las Cinco Misericordias en *Yesod*;		**En el séptimo día:** la Generalidad de las Cinco Misericordias en *Maljut*;

Hacia Sus *Seis Bordes*; Y desde allí hacia *Nukvá* יוד הה וו הה

Y cuando el *Lulav* y sus especies llegan al pecho, completamos la *Hei* 'ה del Nombre מ"ה.

Nétsaj—Arriba—Moshé

Medita para atraer Misericordias (desde los tres *Mojín*: *Jojmá*—*Biná*—*Dáat*),

al revestimiento אלף הא יוד הא, que está en *Yesod* de *Tevuná*

(dentro de éste está el *Móaj* de *Dáat* de *Zeir Anpín*—יוד הי ויו), desde *Nétsaj* de *Jésed* de

En el primer día: *Jésed*;	**En el segundo día:** *Guevurá*;	**En el tercer día:** *Tiféret*;
En el cuarto día: *Nétsaj*;		**En el quinto día:** *Hod*;
En el sexto día: la Generalidad de las Cinco Misericordias en *Yesod*;		**En el séptimo día:** la Generalidad de las Cinco Misericordias en *Maljut*;

De *Dáat* de *Zeir Anpín*. Y desde la generalidad de יהו, que es:

Hacia el pecho	Hacia afuera	
Móaj de *Dáat*—הא	יוד ואו הא	1
Móaj de *Biná*—הי	יוד ואו הי	2
Móaj de *Jojmá*—הי	יוד ויו הי	3

Hacia *Nétsaj* de *Jésed* de

En el primer día: *Jésed*;	**En el segundo día:** *Guevurá*;	**En el tercer día:** *Tiféret*;
En el cuarto día: *Nétsaj*;		**En el quinto día:** *Hod*;
En el sexto día: la Generalidad de las Cinco Misericordias en *Yesod*;		**En el séptimo día:** la Generalidad de las Cinco Misericordias en *Maljut*;

Hacia Sus *Seis Bordes*; Y desde allí hacia *Nukvá* יוד הה וו הה

Y cuando el *Lulav* y sus especies llegan al pecho, completamos la *Hei* 'ה del Nombre ע"ב.

Hod—Abajo—Aharón

Medita para atraer Misericordias (desde los tres *Mojín*: *Jojmá*—*Biná*—*Dáat*),
al revestimiento אלף הא יוד הא, que está en *Yesod* de *Tevuná*
(dentro de éste está el *Móaj* de *Dáat* de *Zeir Anpín*—יוד הי ויו), desde *Hod* de *Jésed* de

En el primer día: *Jésed*;	**En el segundo día:** *Guevurá*;	**En el tercer día:** *Tiféret*;
En el cuarto día: *Nétsaj*;		**En el quinto día:** *Hod*;
En el sexto día: la Generalidad de las Cinco Misericordias en *Yesod*;		**En el séptimo día:** la Generalidad de las Cinco Misericordias en *Maljut*;

De *Dáat* de *Zeir Anpín*. Y desde la generalidad de יהו, que es:

Hacia el pecho	Hacia afuera	
Móaj de *Dáat*—הא	הא יוד ואו	1
Móaj de *Biná*—הי	הי יוד ואו	2
Móaj de *Jojmá*—הי	הי יוד ויו	3

Hacia *Hod* de *Jésed* de

En el primer día: *Jésed*;	**En el segundo día:** *Guevurá*;	**En el tercer día:** *Tiféret*;
En el cuarto día: *Nétsaj*;		**En el quinto día:** *Hod*;
En el sexto día: la Generalidad de las Cinco Misericordias en *Yesod*;		**En el séptimo día:** la Generalidad de las Cinco Misericordias en *Maljut*;

Hacia Sus *Seis Bordes*; Y desde allí hacia *Nukvá* יוד הה וו הה

Y cuando el *Lulav* y sus especies llegan al pecho, completamos la *Hei* 'ה del Nombre ס"ג.

Yesod—Oeste—Yosef

Medita para atraer Misericordias (desde los tres *Mojín*: *Jojmá*—*Biná*—*Dáat*),
al revestimiento אלף הא יוד הא, que está en *Yesod* de *Tevuná*
(dentro de éste está el *Móaj* de *Dáat* de *Zeir Anpín*—יוד הי ויו), desde *Yesod* de *Jésed* de

En el primer día: *Jésed*;	**En el segundo día:** *Guevurá*;	**En el tercer día:** *Tiféret*;
En el cuarto día: *Nétsaj*;		**En el quinto día:** *Hod*;
En el sexto día: la Generalidad de las Cinco Misericordias en *Yesod*;		**En el séptimo día:** la Generalidad de las Cinco Misericordias en *Maljut*;

De *Dáat* de *Zeir Anpín*. Y desde la generalidad de יהו, que es:

Hacia el pecho	Hacia afuera	
Móaj de *Dáat*—הואו	וואוו הואו יוודו	1
Móaj de *Biná*—הויו	וואוו הויו יוודו	2
Móaj de *Jojmá*—הויו	וויוו הויו יוודו	3

Hacia *Yesod* de *Jésed* de

En el primer día: *Jésed*;	**En el segundo día:** *Guevurá*;	**En el tercer día:** *Tiféret*;
En el cuarto día: *Nétsaj*;		**En el quinto día:** *Hod*;
En el sexto día: la Generalidad de las Cinco Misericordias en *Yesod*;		**En el séptimo día:** la Generalidad de las Cinco Misericordias en *Maljut*;

Hacia Sus *Seis Bordes*; Y desde allí hacia *Nukvá* יוודו הוהו ווו הוהו

Y cuando el *Lulav* y sus especies llegan al pecho, completamos la *Hei* 'ה del Nombre מ"ה.

EL HALEL

La palabra *Halel* tiene el mismo valor numérico (65) de *Lámed, Lámed, Hei* ללה, la combinación de los 72 Nombres de Dios para los sueños. Sesenta y cinco es también el valor numérico de *haclí* הכלי, que significa "la Vasija", y la palabra aramea אדני *Adonai*, el Nombre de Dios que corresponde a nuestro mundo físico de *Maljut*. El *Halel* nos ayuda a despegar de este mundo físico para hacer nuestras conexiones en las festividades. Las siete partes del *Halel* corresponden a las siete *Sefirot* que influyen directamente en nuestro mundo.

בָּרוּךְ Baruj אַתָּה Atá יְהֹוָואדהנהי Adonai אֱלֹהֵינוּ Eloheinu ילה

מֶלֶךְ Mélej הָעוֹלָם haolam אֲשֶׁר asher קִדְּשָׁנוּ kideshanu

בְּמִצְוֹתָיו bemitsvotav וְצִוָּנוּ vetsivanu לִגְמוֹר ligmor אֶת et

הַהַלֵּל hahalel ללה, אדני ; ר״ת לאה:

JÉSED – HALELUYÁ

"Dios me levanta del polvo". Este versículo representa la capacidad de que un cambio positivo ocurra en cualquier momento. El primer paso es abandonar a nuestro ego. Si desconectamos sus murmullos y mantenemos certeza total en que la Luz puede alterar drásticamente nuestra situación en un instante, activaremos el poder de esta conexión.

En este Salmo hay 58 palabras, que es el valor numérico del Santo Nombre: אל יהוה ע״ה.

הַלְלוּיָהּ haleluyá אלהים, אהיה אדני ; ללה הַלְלוּ halelú עַבְדֵי avdei

יְהֹוָואדהנהי Adonai הַלְלוּ halelú אֶת־ et שֵׁם Shem יְהֹוָואדהנהי Adonai:

יְהִי yehí שֵׁם Shem יְהֹוָואדהנהי Adonai מְבֹרָךְ mevoraj ר״ת ריבוע ע״ב ריבוע ס״ג

יהוה מברך = רפ״ח (להעלות רפ״ח ניצוצות שנפלו לקליפה דמשם באים התולואים) מֵעַתָּה meatá

וְעַד־ vead עוֹלָם olam ילי: מִמִּזְרַח mimizraj שֶׁמֶשׁ shémesh עַד־ ad

ר״ת קדוש מְבוֹאוֹ mevoó מְהֻלָּל mehulal שֵׁם Shem יְהֹוָואדהנהי Adonai:

EL HALEL

Bendito eres Tú, Señor, nuestro Dios, Rey del mundo,
quien nos ha santificado con Sus mandamientos y nos ha obligado a completar el Halel.

JÉSED – HALELUYÁ

"Alaben al Señor, siervos de Dios. Alaben el Nombre del Señor. Que el Nombre del Señor sea bendito desde ahora y para siempre. Desde que el Sol se levanta hasta que se pone, el Nombre del Señor es alabado.

רָם ram עַל־ al כָּל־ col ילי ; עמם גּוֹיִם goyim יְהֹוָאדנָיאהדונהי Adonai

עַל al הַשָּׁמַיִם hashamáyim י״פ טל, י״פ כוזו ; ר״ת וזשמל כְּבוֹדוֹ quevodó:

מִי mi ילי כַּיהֹוָאדנָיאהדונהי caAdonai אֱלֹהֵינוּ Eloheinu ילה

הַמַּגְבִּיהִי hamagbihí לָשָׁבֶת lashávet: הַמַּשְׁפִּילִי hamashpilí לִרְאוֹת lirot

בַּשָּׁמַיִם bashamáyim י״פ טל, י״פ כוזו וּבָאָרֶץ uvaárets:

מְקִימִי mekimí מֵעָפָר meafar דָּל dal מֵאַשְׁפֹּת meashpot יָרִים yarim

אֶבְיוֹן evyón: לְהוֹשִׁיבִי lehoshiví עִם־ im נְדִיבִים nedivim עִם im

נְדִיבֵי nedivei עַמּוֹ amó: מוֹשִׁיבִי moshiví עֲקֶרֶת akéret הַבַּיִת habáyit

ב״פ ראה ; עקרת הבית היא רוזל אֵם־ em יוהך, מ״א אותיות דפשוט, דמילוי ודמילוי דמילוי דאהיה ע״ה

הַבָּנִים habanim שְׂמֵחָה semejá הַלְלוּיָהּ haleluyá אלהים, אהיה אדני ; ללה:

GUEVURÁ - BETSET YISRAEL

"Yehuda era santo" se refiere al jefe de la Tribu de Yehuda, un hombre llamado Najshón ben Aminadav. Najshón fue el primer individuo en demostrar certeza absoluta cuando entró al Mar Rojo durante el Éxodo. Él superó sus dudas y miedos reactivos, y continuó caminando hacia el agua hasta que ésta le llegó a la nariz; seguidamente le llegó a la garganta y comenzó a ahogarlo. En ese preciso momento, el Satán intentó bombardearlo con temor e incertidumbre. Incluso cuando los milagros están destinados a ocurrir, la más ligera duda puede evitar que ocurran. Pero Najshón ben Aminadav no vaciló. Una milésima de segundo después, estaba respirando aire fresco mientras las aguas del Mar Rojo se elevaban al Cielo.

En este Salmo hay 52 palabras que corresponden al Santo Nombre: יוד הה וו הה (בוזינת נוקבא).

בְּצֵאת betset יִשְׂרָאֵל Yisrael מִמִּצְרָיִם miMitsráyim מצר בֵּית beit ב״פ ראה

יַעֲקֹב Yaakov ז׳ הויות, יאהדונהי אידהנויה מֵעַם meam לֹעֵז loez: הָיְתָה haytá

יְהוּדָה Yehudá לְקָדְשׁוֹ lekadshó יִשְׂרָאֵל Yisrael מַמְשְׁלוֹתָיו mamshelotav:

El Señor está sobre todas las naciones. Su gloria se eleva sobre los Cielos. ¿Quién es como el Señor, nuestro Dios, que mora en las alturas, que observa sobre los Cielos y la Tierra? Él levanta al pobre del polvo y eleva al indigente de los escombros. Él los ubica junto a los nobles, con la nobleza de Su Nación. Él ubica a la sierva de la casa junto a la madre de los hijos, felizmente. ¡Alaben al Señor!" (Salmos 113).

GUEVURÁ - BETSET YISRAEL

"Cuando Israel abandonó Egipto,

la Casa de Yaakov de una nación extranjera, Yehuda se santificó ante Él e Israel fue Su Dominio.

הַיָּם hayam ילי רָאָה raá ראה וַיָּנֹס vayanós הַיַּרְדֵּן haYardén י' הויות וד' אותיות
יִסֹּב yisov לְאָחוֹר leajor: הֶהָרִים heharim רָקְדוּ rakedú כְאֵילִים jeeilim
גְּבָעוֹת guevaot כִּבְנֵי־ quivnei צֹאן tson: מַה־ ma מ"ה לְּךָ lejá הַיָּם hayam ילי
כִּי qui תָנוּס tanús הַיַּרְדֵּן haYardén י' הויות וד' אותיות תִּסֹּב tisov לְאָחוֹר leajor:
הֶהָרִים heharim תִּרְקְדוּ tirkedú כְאֵילִים jeeilim גְּבָעוֹת guevaot
כִּבְנֵי־ quivnei צֹאן tson: מִלִּפְנֵי milifnei אָדוֹן adón אני חוּלִי julí אָרֶץ árets
מִלִּפְנֵי milifnei אֱלוֹהַ Elohá שם בן מ"ב יַעֲקֹב Yaakov ו' הויות, יאהדונהי אידהנויה:
הַהֹפְכִי hahofjí הַצּוּר hatsur אלהים דההין ע"ה אֲגַם־ agam ריבוע אהיה = דם
(ומהפכו למים) מָיִם máyim חַלָּמִישׁ jalamish לְמַעְיְנוֹ־ lemaynó מָיִם máyim:

TIFÉRET - LO LANU

Rav Yehuda Áshlag nos recuerda que, a pesar de lo que podamos alcanzar por cuenta propia a nivel espiritual, nunca podremos ganarnos o merecer la Luz que irradia dentro de nosotros. Pueda que nuestro cuerpo físico no merezca nada en este mundo, pero el Creador nos dio la chispa de Luz que sustenta nuestra alma y que es nuestra esencia. Esta chispa de Luz es conocida por la palabra codificada *Nombre*, del versículo: "*¡Hazlo por Tu Nombre!*". En realidad, le estamos pidiendo al Creador que dé Luz a la parte divina de nuestro ser: nuestra alma. Para garantizar que recibamos la Luz del Creador con esta oración, debemos reflejar nuestra petición mediante acciones. Hacemos esto cuando reconocemos la chispa de Luz dentro de los demás. Incluso nuestro peor enemigo está imbuido de una chispa de la Luz de Dios. Cuanto más reconozcamos esto, más bendiciones y buena fortuna recibiremos en nuestra propia vida.

לֹא lo לָנוּ lanu אלהים אהיה אדני יְהֹוָהאדניאהדונהי Adonai לֹא lo
לָנוּ lanu אלהים אהיה אדני כִּי־ qui לְשִׁמְךָ leShimjá תֵּן ten כָּבוֹד cavod
עַל־ al חַסְדְּךָ jasdeja עַל al אֲמִתֶּךָ amiteja: לָמָּה lama
יֹאמְרוּ yomrú הַגּוֹיִם hagoyim אַיֵּה־ ayé נָא na אֱלֹהֵיהֶם Eloheihem ילה:

El mar vio esto y huyó, el Jordán se volvió atrás. Las montañas saltaron como carneros, y las colinas como corderitos. ¿Qué te aflige, mar, que huiste? ¿Por qué volviste atrás, Jordán? Montañas, ¿por qué saltaron como carneros? Colinas, ¿por qué saltaron como corderitos? La Tierra tiembla ante el Dios de Yaakov, que convierte una roca en una laguna, y un pedernal en un manantial" (Salmos 113).

TIFÉRET - LO LANU

"No es por nuestro nombre, Señor, no es por nuestro nombre, sino por Tu Nombre da gloria, por Tu benevolencia y Tu verdad. ¿Por qué las naciones deberían decir: '¿Dónde está su Dios?'?

וֵאלֹהֵינוּ veEloheinu ילה בַשָּׁמָיִם vashamáyim ר״פ טל, ר״פ כוזו כֹּל col ילי

אֲשֶׁר asher וְחָפֵץ jafets עָשָׂה asá: עֲצַבֵּיהֶם atsabeihem כֶּסֶף quésef

וְזָהָב vezahav מַעֲשֵׂה maasé יְדֵי yedei אָדָם adam מ״ה: פֶּה־ pe מילה ; ע״ה

אלהים, אהיה אדני ילה לָהֶם lahem וְלֹא veló יְדַבֵּרוּ yedaberu עֵינַיִם einâyim ריבוע דמ״ה

לָהֶם lahem וְלֹא veló יִרְאוּ yirú: אָזְנַיִם oznáyim יוד הי ואו הה לָהֶם lahem

וְלֹא veló יִשְׁמָעוּ yishmaú אַף af לָהֶם lahem וְלֹא veló יְרִיחוּן yerijún:

יְדֵיהֶם yedeihem וְלֹא veló יְמִישׁוּן yemishún רַגְלֵיהֶם ragleihem

וְלֹא veló יְהַלֵּכוּ yehaleju לֹא־ lo יֶהְגּוּ yehgú בִּגְרוֹנָם bigronam:

כְּמוֹהֶם quemohem יִהְיוּ yihyú יא״י (מילוי) דס״ג עֹשֵׂיהֶם oseihem

כֹּל col ילי אֲשֶׁר־ asher בֹּטֵחַ botéaj בָּהֶם bahem: יִשְׂרָאֵל Yisrael

בְּטַח betaj בַּיהֹוָהאדניאהדונהי baAdonai עֶזְרָם ezram וּמָגִנָּם umaguinam

הוּא Hu: בֵּית beit ב״פ ראה אַהֲרֹן Aharón בִּטְחוּ bitjú

בַּיהֹוָהאדניאהדונהי baAdonai עֶזְרָם ezram וּמָגִנָּם umaguinam הוּא Hu: יִרְאֵי yirei

יְהֹוָהאדניאהדונהי Adonai בִּטְחוּ bitjú בַּיהֹוָהאדניאהדונהי baAdonai עֶזְרָם ezram

ייז (כ״ב אותיות פשוטות (=אכא) ועוד ה׳ אותיות מנצפך) וּמָגִנָּם umaguinam הוּא Hu:

NÉTSAJ – ADONAI ZEJARANU

"Los Cielos fueron entregados a Dios, pero la Tierra fue entregada a la humanidad". El Creador separó este mundo para que pudiéramos convertirnos en creadores y expresar la divinidad que forma parte de todos nosotros. Este párrafo nos da la fuerza para ser los verdaderos creadores de nuestra vida. Pueda que una pequeña vela contribuya poco bajo la luz radiante del día, pero incluso la oscuridad de un gran estadio responde ante la luz de una sola vela. En esta realidad de oscuridad donde nos encontramos, una vela posee gran valor e importancia.

Cuando nuestras acciones son de compartir y de revelación de Luz, alcanzamos unidad con el Creador a través de la afinidad. Esta unidad nos permite convertirnos en los verdaderos creadores de nuestra vida.

Nuestro Dios está en los Cielos. Él formó todo lo que Él deseó. Sus ídolos son de plata y oro, la obra de las manos del hombre. Ellos tienen bocas, pero no hablan. Tienen ojos, pero no ven. Tienen narices pero no huelen. Sus manos no pueden tocar, sus piernas no pueden andar. Ellos no pronuncian palabras desde sus gargantas. Que sus hacedores y los que creen en ellos sean como ellos. Israel, pon tu confianza en el Señor. Él es tu Ayudador y Protector. Casa de Aharón, pon tu confianza en el Señor. Él es tu Ayudador y Protector. Aquellos que temen al Señor, pongan su confianza en el Señor. Él es su Ayudador y Protector" (Salmos 115:1-11).

יְהֹוָהאדנײאהדונהי Adonai זְכָרָנוּ zejaranu יְבָרֵךְ yevarej עסמ״ב, הברכה

(למתק את ז' המלכים שמתו) יְבָרֵךְ yevarej עסמ״ב, הברכה (למתק את ז' המלכים שמתו) ; ר״ת ייז

אֶת־ et בֵּית beit ב״פ ראה יִשְׂרָאֵל Yisrael יְבָרֵךְ yevarej עסמ״ב, הברכה

(למתק את ז' המלכים שמתו) אֶת־ et בֵּית beit ב״פ ראה אַהֲרֹן Aharón:

יְבָרֵךְ yevarej עסמ״ב, הברכה (למתק את ז' המלכים שמתו) יִרְאֵי yirei

יְהֹוָהאדנײאהדונהי Adonai ר״ת ייי הַקְּטַנִּים haketanim עִם im הַגְּדֹלִים haguedolim:

יֹסֵף yosef יְהֹוָהאדנײאהדונהי Adonai עֲלֵיכֶם aleijem עֲלֵיכֶם aleijem

וְעַל veal בְּנֵיכֶם beneijem: בְּרוּכִים berujim אַתֶּם atem

לַיהֹוָהאדנײאהדונהי laAdonai עֹשֵׂה osé שָׁמַיִם shamáyim י״פ טל, י״פ כוזו

וָאָרֶץ vaárets: הַשָּׁמַיִם hashamáyim י״פ טל, י״פ כוזו שָׁמַיִם shamáyim י״פ טל, י״פ כוזו

לַיהֹוָהאדנײאהדונהי laAdonai וְהָאָרֶץ vehaárets אלהים דההין ע״ה נָתַן natán

לִבְנֵי־ livnei אָדָם adam מ״ה: לֹא lo הַמֵּתִים hametim יְהַלְלוּ־ yehalelú

יָהּ Yah וְלֹא veló כָּל col ילי יֹרְדֵי yordei דוּמָה dumá: וַאֲנַחְנוּ vaanajnu

נְבָרֵךְ nevarej יָהּ Yah מֵעַתָּה meatá וְעַד־ vead עוֹלָם olam

הַלְלוּיָהּ haleluyá אלהים, אהיה אדני ; ללה:

HOD– AHAVTI

Rav Elimélej, un gran kabbalista del siglo XVIII, nos enseña que cuando rezamos, el Satán, nuestro Oponente, a menudo llega y nos dice: "¿Por qué te molestas estando acá y rezando? En realidad no quieres cambiar. Es muy difícil. ¿Por qué molestarte con todo este trabajo espiritual complicado? Con todas las acciones negativas que ya has realizado, tu situación personal no tiene futuro". Esta oración desactiva la influencia negativa y destructiva del Satán, y nos ayuda a entender que no importa lo que hayamos hecho antes. De aquí en adelante, podemos cambiar y transformar nuestra naturaleza si realmente lo queremos.

NÉTSAJ – ADONAI ZEJARANU

"El Señor se ha acordado de nosotros y nos bendecirá. Bendecirá a la casa de Israel; bendecirá a la casa de Aharón. Bendecirá a los que temen al Señor, a pequeños y a grandes. Aumentará el Señor bendición sobre ustedes; sobre ustedes y sobre sus hijos. Bendito eres Tú, Señor, Creador del Cielo y la Tierra. Los Cielos son los Cielos del Señor, y ha dado la Tierra a la humanidad. No alabarán los muertos al Señor, ni los que descienden a la tumba; pero nosotros bendeciremos al Señor desde ahora y para siempre. ¡Alaben al Señor!" (Salmos 115:12-18).

"Dios protege y salva a los incautos". El hombre más inteligente puede cometer los errores más grandes. Si pensamos que realmente lo sabemos todo, si nuestros egos nos dicen que somos personas brillantes, entonces en realidad somos tontos y la Luz nunca nos alcanzará. Pero a aquellas personas que pueden admitir que siempre hay algo que aprender y reconocen que todos somos incautos, de forma proactiva, Dios las protegerá y las llevará a niveles más elevados de realización.

אָהַבְתִּי ahavti כִּי־ qui יִשְׁמַע yishmá יְהֹוָאדניאהדונהי Adonai

אֶת־ et קוֹלִי kolí תַּחֲנוּנָי tajanunai: כִּי־ qui הִטָּה hitá

אָזְנוֹ oznó יוד הי ואו הה לִי li וּבְיָמַי uveyamai אֶקְרָא ekrá:

אֲפָפוּנִי afafuni חֶבְלֵי־ jevlei מָוֶת mávet וּמְצָרֵי umetsarei שְׁאוֹל sheol

מְצָאוּנִי metsaúni צָרָה tsará אלהים דההין וְיָגוֹן veyagón אֶמְצָא emtsá:

וּבְשֵׁם uveShem יְהֹוָאדניאהדונהי Adonai אֶקְרָא ekrá ושר, אבגיתץ

אָנָּה aná יְהֹוָאדניאהדונהי Adonai מַלְּטָה maltá נַפְשִׁי nafshí:

חַנּוּן janún יְהֹוָאדניאהדונהי Adonai וְצַדִּיק vetsadik וֵאלֹהֵינוּ veEloheinu ילה

מְרַחֵם merajem אברהם, וח"פ אל, רי"ו ול"ב נתיבות החכמה, רמ"ח (אברים), עסמ"ב וט"ז אותיות

פשוטות: שֹׁמֵר shomer פְּתָאִים petaím יְהֹוָאדניאהדונהי Adonai דַּלּוֹתִי dalotí

וְלִי velí יְהוֹשִׁיעַ yehoshía: שׁוּבִי shuvi נַפְשִׁי nafshí לִמְנוּחָיְכִי limnujayjí

כִּי qui יְהֹוָאדניאהדונהי Adonai גָּמַל gamal עָלָיְכִי alayjí: כִּי qui

חִלַּצְתָּ jilatsta נַפְשִׁי nafshí מִמָּוֶת mimávet אֶת־ et עֵינִי einí ריבוע מ"ה

מִן־ min דִּמְעָה dimá אֶת־ et רַגְלִי raglí מִדֶּחִי mideji:

אֶתְהַלֵּךְ ethalej לִפְנֵי lifnei יְהֹוָאדניאהדונהי Adonai בְּאַרְצוֹת beartsot

הַחַיִּים hajayim אהיה אהיה יהוה, בינה ע"ה: הֶאֱמַנְתִּי heemanti כִּי qui

אֲדַבֵּר adaber ראה אֲנִי aní אני עָנִיתִי aniti מְאֹד meod: אֲנִי aní אני

אָמַרְתִּי amarti בְחָפְזִי vejofzí כָּל col ילי הָאָדָם haadam מ"ה כֹּזֵב cozev:

HOD– AHAVTI

"Amo al Señor pues ha oído mi voz y mis súplicas, porque ha inclinado a mí Su oído; por tanto, lo invocaré en todos mis días. Me rodearon ligaduras de muerte, me encontraron las angustias de la oscuridad; angustia y dolor yo había hallado. Entonces invoqué el nombre del Señor: Por favor, Dios, libra ahora mi alma. Clemente es el Señor, y justo; misericordioso es nuestro Dios. El Señor protege a los incautos. Estaba yo postrado, y me salvó. Vuelve, alma mía, a tu reposo, porque el Señor te ha hecho bien. Pues Tú has librado mi alma de la muerte, mis ojos de lágrimas y mis pies de resbalar. Andaré delante del Señor en la tierra de los vivientes. Creí; por tanto hablé, estando afligido en gran manera. Y dije en mi apresuramiento: Todo hombre es mentiroso" (Salmos 116:1-11).

YESOD - MA ASHIV

En el siguiente párrafo, encontramos el versículo *Aná Hashem*, el cual reconoce que el Creador es nuestro único maestro espiritual y pide al Creador que nos dé señales, enseñanzas, orientaciones y caminos que nos lleven a la Luz.

מָה־ ma מ״ה אָשִׁיב ashiv לַיהֹוָהאדניאהדונהי laAdonai כָּל־ col ילי

תַּגְמוּלוֹהִי tagmulohi עָלָי alai: כּוֹס־ cos אלהים, אהיה אדני

במילוי (כף וו סמך) = עסמ״ב, הברכה (למתק את ז' המלכים שמתו) יְשׁוּעוֹת yeshuot

אֶשָּׂא esá וּבְשֵׁם uveShem יְהֹוָהאדניאהדונהי Adonai אֶקְרָא ekrá:

נְדָרַי nedarai לַיהֹוָהאדניאהדונהי laAdonai אֲשַׁלֵּם ashalem נֶגְדָה־ negdá

נגד, מזבח, זן, אל יהוה נָּא na לְכָל־ lejol יה אדני עַמּוֹ amó: יָקָר yakar

בְּעֵינֵי beeinei ריבוע דמ״ה יְהֹוָהאדניאהדונהי Adonai הַמָּוְתָה hamavtá

לַחֲסִידָיו lajasidav: אָנָּה aná יְהֹוָהאדניאהדונהי Adonai כִּי־ qui אֲנִי aní אני

עַבְדֶּךָ avdejá פוי, אל אדני אֲנִי־ aní אני עַבְדְּךָ avdejá פוי, אל אדני

בֶּן־ ben אֲמָתֶךָ amateja פִּתַּחְתָּ pitajta לְמוֹסֵרָי lemoserai: לְךָ־ lejá

אֶזְבַּח ezbaj זֶבַח zévaj תּוֹדָה todá וּבְשֵׁם uveShem יְהֹוָהאדניאהדונהי Adonai

אֶקְרָא ekrá: נְדָרַי nedarai לַיהֹוָהאדניאהדונהי laAdonai אֲשַׁלֵּם ashalem

נֶגְדָה־ negdá נגד, מזבח, זן, אל יהוה נָּא na לְכָל־ lejol יה אדני עַמּוֹ amó:

בְּחַצְרוֹת bejatsrot בֵּית beit ב״פ ראה יְהֹוָהאדניאהדונהי Adonai בְּתוֹכֵכִי betojejí

יְרוּשָׁלָיִם Yerushaláyim הַלְלוּיָהּ haleluyá אלהים, אהיה אדני ; ללה:

YESOD - MA ASHIV

¿Qué pagaré al Señor por todo lo que Él me ha otorgado? Tomaré la copa de la salvación e invocaré el Nombre del Señor. Ahora pagaré mis votos al Señor delante de todo Su pueblo. Difícil es a los ojos del Señor la muerte de Sus santos. Señor, ciertamente yo soy Tu siervo, siervo Tuyo soy, hijo de Tu sierva. Tú has roto mis prisiones. Te ofreceré sacrificio de alabanza e invocaré el nombre del Señor. Al Señor pagaré ahora mis votos delante de todo Su pueblo, en los atrios de la casa del Señor, en medio de Jerusalén. Alaben al Señor" (Salmos 116:12-19).

MALJUT - HALELÚ

"Todas las naciones del mundo deben alabar a Dios". Según la Kabbalah, cada nación tiene su propio camino hacia la Luz. Pero sólo hay un Creador que nos da Luz a todos nosotros. Por esta razón, "amar a tu prójimo como a ti mismo" aplica a todas las naciones del mundo. Debemos tratar a todas las personas con dignidad humana. Hay guerra entre naciones y caos en la sociedad sólo porque la falta de compasión y sensibilidad entre individuos.

הַלְלוּ halelú אֶת־ et יְהֹוָאדנִיאהדונהי Adonai כָּל־ col יל״י גּוֹיִם goyim

שַׁבְּחוּהוּ shabjúhu כָּל־ col יל״י הָאֻמִּים haumim׃ כִּי qui גָבַר gavar

עָלֵינוּ aleinu חַסְדּוֹ jasdó ג׳ הויות, מזלא (להמשיך הארה ממזלא עילאה)

וֶאֱמֶת־ veemet אהיה פעמים אהיה, ז״פ ס״ג יְהֹוָאדנִיאהדונהי Adonai

לְעוֹלָם leolam ריבוע דס״ג וי׳ אותיות דס״ג הַלְלוּיָהּ haleluyá אלהים, אהיה אדני ; ללה׃

MALJUT – HODÚ

Los siguientes cuatro versículos nos conectan con los cuatro mundos espirituales, representados por las cuatro combinaciones diferentes de *Yud*, *Hei*, *Vav* y *Hei*. Cada una de estas combinaciones de letras es un transformador que canaliza corrientes de energía espiritual desde varios niveles de las Diez *Sefirot* hasta nuestra realidad física. En términos espirituales, algunas personas están conectadas a los Mundos Excelsos, mientras que otras están conectadas a las realidades Medias y Bajas. La única manera de que la humanidad alcance la unidad verdadera es que cada uno de nosotros abandone su ego y aceptemos el hecho de que nadie es más elevado o más bajo que otro; simplemente nuestras conexiones son diferentes.

El *Talmud* refuerza este concepto. Aprendemos que, en realidad, un mosquito está en un nivel mucho más elevado que un hombre que no ejerce el trabajo espiritual. Un mosquito viene a este mundo a picar. Como todos sabemos, el mosquito hace su trabajo de forma muy efectiva. Nosotros vinimos a lograr una transformación espiritual. Le damos mucha importancia al estatus físico de una persona en este mundo. No obstante, sin importar si alguien es un ejecutivo o un obrero en una fábrica, si ambos están haciendo su trabajo espiritual, están en el mismo nivel según el Creador. Algunos individuos nunca están contentos con lo que son. Parte de su trabajo es apreciar que están realizando su trabajo espiritual. Deben darse cuenta de que están en el mismo nivel espiritual no sólo de las personas que envidian, sino también de las personas que consideran que están por debajo de ellos. Todas ellas están trabajando en la transformación espiritual.

Jojmá **(ע״ב־יוד הי ויו הי, קס״א־אלף הי יוד הי)**

הוֹדוּ hodú אהיה לַיהֹוָאדנִיאהדונהי laAdonai כִּי־ qui טוֹב tov והו

כי טוב = יהוה אהיה, אום, מבה, יזל

כִּי qui לְעוֹלָם leolam ריבוע ס״ג וי׳ אותיות דס״ג חַסְדּוֹ jasdó

ג׳ הויות, מזלא (להמשיך הארה ממזלא עילאה) ; ר״ת = נגה׃

Durante ***Sucot*** agitamos el *Lulav* según las meditaciones en las tablas en las págs. 383-385.
En ***Simjat Torá*** omitimos las tablas de las págs. 383-385, y continuamos con "*yomar na*" en la pág. 386.

MALJUT - HALELÚ

"Todas las naciones, alaben al Señor. Todas las naciones, exáltenlo. Porque Su benevolencia nos ha abrumado y la verdad del Señor es eterna; alaben al Señor" (Salmos 117).

MALJUT – HODÚ

"Den gracias al Señor, porque Él es bueno, porque Su misericordia perdura por siempre.

Jésed—Sur—Avraham (laAdonai לַיהֹוָהאדנ״יאהדונה״י hodú הוֹדוּ)

Medita para atraer Misericordias (desde los tres *Mojín*: *Jojmá*—*Biná*—*Dáat*),
al revestimiento אלף הא יוד הא, que está en *Yesod* de *Tevuná*
(dentro de éste está el *Móaj* de *Dáat* de *Zeir Anpín*—יוד הי ויו), desde *Jésed* de *Jésed* de

En el primer día: *Jésed*;	**En el segundo día:** *Guevurá*;	**En el tercer día:** *Tiféret*;
En el cuarto día: *Nétsaj*;		**En el quinto día:** *Hod*;
En el sexto día: la Generalidad de las Cinco Misericordias en *Yesod*;		**En el séptimo día:** la Generalidad de las Cinco Misericordias en *Maljut*;

De *Dáat* de *Zeir Anpín*. Y desde la generalidad de יהו, que es:

Hacia el pecho	Hacia afuera	
Móaj de *Dáat*—הֶאֶ	יֶוֶדֶ הֶאֶ וֶאֶוֶ	1
Móaj de *Biná*—הֶיֶ	יֶוֶדֶ הֶיֶ וֶאֶוֶ	2
Móaj de *Jojmá*—הֶיֶ	יֶוֶדֶ הֶיֶ וֶיֶוֶ	3

Hacia *Jésed* de *Jésed* de

En el primer día: *Jésed*;	**En el segundo día:** *Guevurá*;	**En el tercer día:** *Tiféret*;
En el cuarto día: *Nétsaj*;		**En el quinto día:** *Hod*;
En el sexto día: la Generalidad de las Cinco Misericordias en *Yesod*;		**En el séptimo día:** la Generalidad de las Cinco Misericordias en *Maljut*;

Hacia Sus *Seis Bordes*; Y desde allí hacia *Nukvá* יֶוֶדֶ הֶהֶ וֶוֶ הֶהֶ

Y cuando el *Lulav* y sus especies llegan al pecho, completamos la *Hei* 'ה del Nombre ע"ב.

Guevurá—Norte—Yitsjak (qui כִּי)

Medita para atraer Misericordias (desde los tres *Mojín*: *Jojmá*—*Biná*—*Dáat*),
al revestimiento אלף הא יוד הא, que está en *Yesod* de *Tevuná*
(dentro de éste está el *Móaj* de *Dáat* de *Zeir Anpín*—יוד הי ויו), desde *Guevurá* de *Jésed* de

En el primer día: *Jésed*;	**En el segundo día:** *Guevurá*;	**En el tercer día:** *Tiféret*;
En el cuarto día: *Nétsaj*;		**En el quinto día:** *Hod*;
En el sexto día: la Generalidad de las Cinco Misericordias en *Yesod*;		**En el séptimo día:** la Generalidad de las Cinco Misericordias en *Maljut*;

De *Dáat* de *Zeir Anpín*. Y desde la generalidad de יהו, que es:

Hacia el pecho	Hacia afuera	
Móaj de *Dáat*—הָא	הָא וָאו יוד	1
Móaj de *Biná*—הֵי	הֵי וָאו יוד	2
Móaj de *Jojmá*—הֵי	הֵי ויו יוד	3

Hacia *Guevurá* de *Jésed* de

En el primer día: *Jésed*;	**En el segundo día:** *Guevurá*;	**En el tercer día:** *Tiféret*;
En el cuarto día: *Nétsaj*;		**En el quinto día:** *Hod*;
En el sexto día: la Generalidad de las Cinco Misericordias en *Yesod*;		**En el séptimo día:** la Generalidad de las Cinco Misericordias en *Maljut*;

Hacia Sus *Seis Bordes*; Y desde allí hacia *Nukvá* יוד הה וו הה

Y cuando el *Lulav* y sus especies llegan al pecho, completamos la *Hei* 'ה del Nombre ס"ג.

Tiféret—Este—Yaakov (tov טוֹב)

Medita para atraer Misericordias (desde los tres *Mojín*: *Jojmá*—*Biná*—*Dáat*),
al revestimiento אלף הא יוד הא, que está en *Yesod* de *Tevuná*
(dentro de éste está el *Móaj* de *Dáat* de *Zeir Anpín*—יוד הי ויו), desde *Tiféret* de *Jésed* de

En el primer día: *Jésed*;	**En el segundo día:** *Guevurá*;	**En el tercer día:** *Tiféret*;
En el cuarto día: *Nétsaj*;		**En el quinto día:** *Hod*;
En el sexto día: la Generalidad de las Cinco Misericordias en *Yesod*;		**En el séptimo día:** la Generalidad de las Cinco Misericordias en *Maljut*;

De *Dáat* de *Zeir Anpín*. Y desde la generalidad de יהו, que es:

Hacia el pecho	Hacia afuera	
Móaj de *Dáat*—הא	ואו יוד הא	1
Móaj de *Biná*—הי	ואו יוד הי	2
Móaj de *Jojmá*—הי	ויו יוד הי	3

Hacia *Tiféret* de *Jésed* de

En el primer día: *Jésed*;	**En el segundo día:** *Guevurá*;	**En el tercer día:** *Tiféret*;
En el cuarto día: *Nétsaj*;		**En el quinto día:** *Hod*;
En el sexto día: la Generalidad de las Cinco Misericordias en *Yesod*;		**En el séptimo día:** la Generalidad de las Cinco Misericordias en *Maljut*;

Hacia Sus *Seis Bordes*; Y desde allí hacia *Nukvá* יוד הה וו הה

Y cuando el *Lulav* y sus especies llegan al pecho, completamos la *Hei* 'ה del Nombre מ"ה.

Nétsaj—Arriba—Moshé (qui כִּי)

Medita para atraer Misericordias (desde los tres *Mojín*: *Jojmá*—*Biná*—*Dáat*),
al revestimiento אלף הא יוד הא, que está en *Yesod* de *Tevuná*
(dentro de éste está el *Móaj* de *Dáat* de *Zeir Anpín*—יוד הי ויו), desde *Nétsaj* de *Jésed* de

En el primer día: *Jésed*;	**En el segundo día:** *Guevurá*;	**En el tercer día:** *Tiféret*;
En el cuarto día: *Nétsaj*;		**En el quinto día:** *Hod*;
En el sexto día: la Generalidad de las Cinco Misericordias en *Yesod*;		**En el séptimo día:** la Generalidad de las Cinco Misericordias en *Maljut*;

De *Dáat* de *Zeir Anpín*. Y desde la generalidad de יהו, que es:

Hacia el pecho	Hacia afuera	
Móaj de *Dáat*—הא	יוד ואו הא	1
Móaj de *Biná*—הי	יוד ואו הי	2
Móaj de *Jojmá*—הי	יוד ויו הי	3

Hacia *Nétsaj* de *Jésed* de

En el primer día: *Jésed*;	**En el segundo día:** *Guevurá*;	**En el tercer día:** *Tiféret*;
En el cuarto día: *Nétsaj*;		**En el quinto día:** *Hod*;
En el sexto día: la Generalidad de las Cinco Misericordias en *Yesod*;		**En el séptimo día:** la Generalidad de las Cinco Misericordias en *Maljut*;

Hacia Sus *Seis Bordes*; Y desde allí hacia *Nukvá* יוד הה וו הה

Y cuando el *Lulav* y sus especies llegan al pecho, completamos la *Hei* 'ה del Nombre ע"ב.

Hod—Abajo—Aharón (leolam לְעוֹלָם)

Medita para atraer Misericordias (desde los tres *Mojín*: *Jojmá*—*Biná*—*Dáat*),

al revestimiento אלף הא יוד הא, que está en *Yesod* de *Tevuná*

(dentro de éste está el *Móaj* de *Dáat* de *Zeir Anpín*—יוד הי ויו), desde *Hod* de *Jésed* de

En el primer día: *Jésed*;	**En el segundo día:** *Guevurá*;	**En el tercer día:** *Tiféret*;
En el cuarto día: *Nétsaj*;		**En el quinto día:** *Hod*;
En el sexto día: la Generalidad de las Cinco Misericordias en *Yesod*;		**En el séptimo día:** la Generalidad de las Cinco Misericordias en *Maljut*;

De *Dáat* de *Zeir Anpín*. Y desde la generalidad de יהו, que es:

Hacia el pecho	Hacia afuera	
Móaj de *Dáat*—הא	הא יוד ואו	1
Móaj de *Biná*—הי	הי יוד ואו	2
Móaj de *Jojmá*—הי	הי יוד ויו	3

Hacia *Hod* de *Jésed* de

En el primer día: *Jésed*;	**En el segundo día:** *Guevurá*;	**En el tercer día:** *Tiféret*;
En el cuarto día: *Nétsaj*;		**En el quinto día:** *Hod*;
En el sexto día: la Generalidad de las Cinco Misericordias en *Yesod*;		**En el séptimo día:** la Generalidad de las Cinco Misericordias en *Maljut*;

Hacia Sus *Seis Bordes*; Y desde allí hacia *Nukvá* יוד הה וו הה

Y cuando el *Lulav* y sus especies llegan al pecho, completamos la *Hei* 'ה del Nombre ס"ג.

Yesod—Oeste—Yosef (jasdó חַסְדּוֹ)

Medita para atraer Misericordias (desde los tres *Mojín*: *Jojmá*—*Biná*—*Dáat*),

al revestimiento אלף הא יוד הא, que está en *Yesod* de *Tevuná*

(dentro de éste está el *Móaj* de *Dáat* de *Zeir Anpín*—יוד הי ויו), desde *Yesod* de *Jésed* de

En el primer día: *Jésed*;	**En el segundo día:** *Guevurá*;	**En el tercer día:** *Tiféret*;
En el cuarto día: *Nétsaj*;		**En el quinto día:** *Hod*;
En el sexto día: la Generalidad de las Cinco Misericordias en *Yesod*;		**En el séptimo día:** la Generalidad de las Cinco Misericordias en *Maljut*;

De *Dáat* de *Zeir Anpín*. Y desde la generalidad de יהו, que es:

Hacia el pecho	Hacia afuera	
Móaj de *Dáat*—הואו	ואוו הואו יוודו	1
Móaj de *Biná*—הויו	ואוו הויו יוודו	2
Móaj de *Jojmá*—הויו	וייוו הויו יוודו	3

Hacia *Yesod* de *Jésed* de

En el primer día: *Jésed*;	**En el segundo día:** *Guevurá*;	**En el tercer día:** *Tiféret*;
En el cuarto día: *Nétsaj*;		**En el quinto día:** *Hod*;
En el sexto día: la Generalidad de las Cinco Misericordias en *Yesod*;		**En el séptimo día:** la Generalidad de las Cinco Misericordias en *Maljut*;

Hacia Sus *Seis Bordes*; Y desde allí hacia *Nukvá* יוודו הוהו וווו הוהו

Y cuando el *Lulav* y sus especies llegan al pecho, completamos la *Hei* 'ה del Nombre מ"ה.

Biná (ס"ג – יוד הי ואו הי, קס"א – אלף הי יוד הי)

Yisrael יִשְׂרָאֵל na נָא yomar יֹאמַר־

jasdó חַסְדּוֹ ריבוע ס"ג וי' אותיות דס"ג leolam לְעוֹלָם qui כִּי

ג' הויות, מזלא (להמשיך הארה ממזלא עילאה) ; ר"ת = נגה:

Zeir Anpín (מ"ה – יוד הא ואו הא, קמ"ג – אלף הא יוד הא)

Aharón אַהֲרֹן ב"פ ראה vet בֵית־ na נָא yomrú יֹאמְרוּ־

jasdó חַסְדּוֹ ריבוע ס"ג וי' אותיות דס"ג leolam לְעוֹלָם qui כִּי

ג' הויות, מזלא (להמשיך הארה ממזלא עילאה) ; ר"ת = נגה:

Maljut (ב"ן – יוד הה וו הה, קנ"א – אלף הה יוד הה)

Adonai יְהֹוָהאדניאהדונהי yirei יִרְאֵי na נָא yomrú יֹאמְרוּ־

jasdó חַסְדּוֹ ריבוע ס"ג וי' אותיות דס"ג leolam לְעוֹלָם qui כִּי

ג' הויות, מזלא (להמשיך הארה ממזלא עילאה) ; ר"ת = נגה:

MIN HAMETSAR

"En las dificultades clamé a Dios". Desafortunadamente, la mayoría de nosotros llamamos al Creador cuando estamos en dificultades graves. La Kabbalah enseña que también tenemos que llamarle durante los buenos momentos y reconocer la influencia de la Luz en toda nuestra buena fortuna. El *Zóhar* señala que si hacemos una abertura espiritual dentro de nosotros del tamaño del ojillo de una aguja, Dios nos contestará y abrirá las Puertas Celestiales para nosotros. Cualquiera que sea su tamaño, esta abertura a la espiritualidad debe ser una abertura completa donde no puede haber duda o incertidumbre.

Yah יָהּ karati קָרָאתִי מצר hametsar הַמֵּצַר min מִן־ א' ארך

:Yah יָהּ vamerjav בַמֶּרְחָב anani עָנָנִי ב' אפים

irá אִירָא lo לֹא li לִי Adonai יְהֹוָהאדניאהדונהי ג' ורב חסד

:מ"ה adam אָדָם li לִי yaasé יַּעֲשֶׂה מ"ה ma מַה־ ד' נשא עון

beozrai בְּעֹזְרָי li לִי Adonai יְהֹוָהאדניאהדונהי ה' ופשע

:vesonai בְשֹׂנְאָי eré אֶרְאֶה אני vaaní וַאֲנִי ו' ונקה

Que Israel proclame esto ahora, porque Su misericordia perdura por siempre.
Que la Casa de Aharón lo diga ahora, porque Su misericordia perdura por siempre.
Que los que temen al Señor lo proclamen, porque Su misericordia perdura por siempre.

MIN HAMETSAR

Con gran fuerza clamé al Señor en mi aflicción. El Señor, paciente, me contestó en Su abundancia. El Señor está conmigo, no temeré a los que hacen iniquidad. ¿Qué puede hacer el hombre por mí? Y los pecados, el Señor vendrá a mi rescate y los limpiará. Y consideraré a mis enemigos.

ז׳ פוקד טוֹב tov והו לַחֲסוֹת lajasot בַּיהֹוָה יאהדונהי baAdonai

וז׳ על שלשים מִבְּטֹחַ mibtóaj בָּאָדָם baadam מ״ה:

ט׳ ועל רבעים טוֹב tov והו לַחֲסוֹת lajasot בַּיהֹוָה יאהדונהי baAdonai

מִבְּטֹחַ mibtóaj בִּנְדִיבִים binedivim כָּל־ col ילי גּוֹיִם goyim

סְבָבוּנִי sevavuni בְּשֵׁם beshem יְהֹוָה יאהדונהי Adonai כִּי qui אֲמִילַם amilam:

סַבּוּנִי sabuni גַם־ gam סְבָבוּנִי sevavuni בְּשֵׁם beshem יְהֹוָה יאהדונהי Adonai

כִּי qui אֲמִילַם amilam: סַבּוּנִי sabuni כִדְבוֹרִים jidvorim דֹּעֲכוּ doajú

כְּאֵשׁ queesh קוֹצִים kotsim בְּשֵׁם beshem יְהֹוָה יאהדונהי Adonai

כִּי qui אֲמִילַם amilam: דָּחֹה dajó דְּחִיתַנִי dejitani לִנְפֹּל linpol

וַיהֹוָה יאהדונהי vaAdonai עֲזָרָנִי azarani: עָזִּי ozí אלהים ע״ה, אהיה אדני ע״ה

וְזִמְרָת vezimrat יָהּ Yah וַיְהִי־ vayhí לִי li לִישׁוּעָה lishuá:

קוֹל kol רִנָּה riná וִישׁוּעָה vishuá בְּאָהֳלֵי beaholei צַדִּיקִים tsadikim

יְמִין yemín יְהֹוָה יאהדונהי Adonai עֹשָׂה osá חָיִל jáyil ומב:

יְמִין yemín יְהֹוָה יאהדונהי Adonai רוֹמֵמָה romemá ר״ת ריי יְמִין yemín

יְהֹוָה יאהדונהי Adonai עֹשָׂה osá ר״הע חָיִל jáyil ומב: לֹא lo אָמוּת amut

כִּי qui אֶחְיֶה ejyé וַאֲסַפֵּר vaasaper מַעֲשֵׂי maasei יָהּ Yah:

יַסֹּר yasor יִסְּרַנִּי yisrani יָהּ Yah ר״ת ייי וְלַמָּוֶת velamávet לֹא lo

נְתָנָנִי netanani: פִּתְחוּ־ pitjú לִי li שַׁעֲרֵי־ shaarei צֶדֶק tsédek אָבֹא avó

בָם vam שם בן מ״ב אוֹדֶה odé יָהּ Yah: זֶה־ ze הַשַּׁעַר hasháar

לַיהֹוָה יאהדונהי laAdonai צַדִּיקִים tsadikim יָבֹאוּ yavóu בוֹ vo:

Es bueno refugiarse en el Señor en vez de confiar en el hombre. Es mejor refugiarse en el Señor que confiar en nobles. Todas las naciones me rodearon. En Nombre del Señor yo las desterraré. Ellas me rodearon una y otra vez. En Nombre del Señor las desterraré. Me rodearon como abejas, pero están extintas como fuego en espinas. Con el Nombre del Señor, las desterraré. Ellas me empujaron una y otra vez para caer, y el Señor vino a mi ayuda. La fuerza y el poder abrasador del Señor fueron salvación para mí. El sonido de una canción y la salvación se encuentran en las tiendas de los justos. La Diestra del Señor hace cosas poderosas. La Diestra de Dios es elevada. La Diestra del Señor hace cosas poderosas. No moriré, sino más bien viviré y contaré las acciones de Dios. Dios me ha reprendido una y otra vez, pero Él no me ha sometido a la muerte. Él abre para mí las puertas de la justicia. Las cruzaré y daré gracias a Dios. Esta es la Puerta del Señor, los justos podrán cruzarla.

ODJÁ

Tenemos 4 versos que nos conectan con las cuatro letras del Tetragrámaton. Cada verso se recita 2 veces.

Yud – Jojmá - י

2x :lishuá לִישׁוּעָה li לִי vatehí וַתְּהִי anitani עֲנִיתָנִי qui כִּי odjá אוֹדְךָ

Hei – Biná - ה

haytá הָיְתָה habonim הַבּוֹנִים maasú מָאֲסוּ even אֶבֶן

2x :ר״ת פהל ; ע״ב ס״ג piná פִּנָּה ע״ה ריבוע אלהים ואלהים דיודין lerosh לְרֹאשׁ

Vav – Zeir Anpín - ו

zot זֹּאת haytá הָיְתָה Adonai יְהֹוָאדנהיאהדונהי meet מֵאֵת

2x :דמ״ה ריבוע beeineinu בְּעֵינֵינוּ niflat נִפְלָאת hi הִיא

Hei – Maljut - ה

Adonai יְהֹוָאדנהיאהדונהי asá עָשָׂה ע״ה נגד, מזבח, זן, אל יהוה hayom הַיּוֹם ze זֶה־

2x :vo בוֹ מלה venismejá וְנִשְׂמְחָה naguilá נָגִילָה

ANÁ

Estos cuatro versos nos ofrecen un camino diferente para conectar con la Luz. La numerología de אנא (*Aná*) es 52, que también es el valor numérico del Nombre de Dios que conecta con nuestra realidad física de *Maljut*.

Debes meditar en que *Maljut*, que es: ב״ן, recibe de *Jojmá* que es: ע״ב.

(יוד הי ויו הי) Adonai יְהֹוָאדנהיאהדונהי (יוד הה וו הה) ב״ן aná אָנָּא

:na נָּא יהוה וש״ע נהורין hoshía הוֹשִׁיעָה

Durante ***Sucot*** agitamos el *Lulav* según las meditaciones en las tablas en las págs. 389-391.

En ***Simjat Torá*** omitimos las tablas de las págs. 389-391, y continuamos con "*aná*" en la pág. 392.

ODJÁ

Estoy agradecido a Ti, porque Tú me has contestado y te has convertido en mi salvación.
La piedra que fue rechazada por los edificadores se ha convertido en la piedra angular.
Esto provino del Señor, esto es maravilloso ante nuestros ojos.
El Señor ha hecho este día, alegrémonos y regocijémonos en él.

ANÁ

Te imploramos, Señor, sálvanos ahora.

Jésed—Sur—Avraham

Medita para atraer Misericordias (desde los tres *Mojín*: *Jojmá*—*Biná*—*Dáat*),
al revestimiento אלף הא יוד הא, que está en *Yesod* de *Tevuná*
(dentro de éste está el *Móaj* de *Dáat* de *Zeir Anpín*—יוד הי ויו), desde *Jésed* de *Jésed* de

En el primer día: *Jésed*;	**En el segundo día:** *Guevurá*;	**En el tercer día:** *Tiféret*;
En el cuarto día: *Nétsaj*;		**En el quinto día:** *Hod*;
En el sexto día: la Generalidad de las Cinco Misericordias en *Yesod*;		**En el séptimo día:** la Generalidad de las Cinco Misericordias en *Maljut*;

De *Dáat* de *Zeir Anpín*. Y desde la generalidad de יהו, que es:

Hacia el pecho	Hacia afuera	
Móaj de *Dáat*—הֶאֶ	יֶוֶדֶ הֶאֶ וֶאֶוֶ	1
Móaj de *Biná*—הֶיֶ	יֶוֶדֶ הֶיֶ וֶאֶוֶ	2
Móaj de *Jojmá*—הֶיֶ	יֶוֶדֶ הֶיֶ וֶיֶוֶ	3

Hacia *Jésed* de *Jésed* de

En el primer día: *Jésed*;	**En el segundo día:** *Guevurá*;	**En el tercer día:** *Tiféret*;
En el cuarto día: *Nétsaj*;		**En el quinto día:** *Hod*;
En el sexto día: la Generalidad de las Cinco Misericordias en *Yesod*;		**En el séptimo día:** la Generalidad de las Cinco Misericordias en *Maljut*;

Hacia Sus *Seis Bordes*; Y desde allí hacia *Nukvá* יֶוֶדֶ הֶהֶ וֶוֶ הֶהֶ

Y cuando el *Lulav* y sus especies llegan al pecho, completamos la *Hei* 'ה del Nombre ע"ב.

Guevurá—Norte—Yitsjak (Adonai יְהֹוָה יאהדונהי aná אָנָּא)

Medita para atraer Misericordias (desde los tres *Mojín*: *Jojmá*—*Biná*—*Dáat*),
al revestimiento אלף הא יוד הא, que está en *Yesod* de *Tevuná*
(dentro de éste está el *Móaj* de *Dáat* de *Zeir Anpín*—יוד הי ויו), desde *Guevurá* de *Jésed* de

En el primer día: *Jésed*;	**En el segundo día:** *Guevurá*;	**En el tercer día:** *Tiféret*;
En el cuarto día: *Nétsaj*;		**En el quinto día:** *Hod*;
En el sexto día: la Generalidad de las Cinco Misericordias en *Yesod*;		**En el séptimo día:** la Generalidad de las Cinco Misericordias en *Maljut*;

De *Dáat* de *Zeir Anpín*. Y desde la generalidad de יהו, que es:

Hacia el pecho	Hacia afuera	
Móaj de *Dáat*—הְאְ	הְאְ וְאְוְ יְוְדְ	1
Móaj de *Biná*—הְיְ	הְיְ וְאְוְ יְוְדְ	2
Móaj de *Jojmá*—הְיְ	הְיְ וְיְוְ יְוְדְ	3

Hacia *Guevurá* de *Jésed* de

En el primer día: *Jésed*;	**En el segundo día:** *Guevurá*;	**En el tercer día:** *Tiféret*;
En el cuarto día: *Nétsaj*;		**En el quinto día:** *Hod*;
En el sexto día: la Generalidad de las Cinco Misericordias en *Yesod*;		**En el séptimo día:** la Generalidad de las Cinco Misericordias en *Maljut*;

Hacia Sus *Seis Bordes*; Y desde allí hacia *Nukvá* יְוְדְ הְהְ וְוְ הְהְ

Y cuando el *Lulav* y sus especies llegan al pecho, completamos la *Hei* 'ה del Nombre ס"ג.

Tiféret—Este—Yaakov

Medita para atraer Misericordias (desde los tres *Mojín*: *Jojmá*—*Biná*—*Dáat*),
al revestimiento **אלף הא יוד הא**, que está en *Yesod* de *Tevuná*
(dentro de éste está el *Móaj* de *Dáat* de *Zeir Anpín*—יוד הי ויו), desde *Tiféret* de *Jésed* de

En el primer día: *Jésed*;	**En el segundo día:** *Guevurá*;	**En el tercer día:** *Tiféret*;
En el cuarto día: *Nétsaj*;		**En el quinto día:** *Hod*;
En el sexto día: la Generalidad de las Cinco Misericordias en *Yesod*;		**En el séptimo día:** la Generalidad de las Cinco Misericordias en *Maljut*;

De *Dáat* de *Zeir Anpín*. Y desde la generalidad de יהו, que es:

Hacia el pecho	Hacia afuera	
Móaj de *Dáat*—**הא**	**ואו יוד הא**	1
Móaj de *Biná*—**הי**	**ואו יוד הי**	2
Móaj de *Jojmá*—**הי**	**ויו יוד הי**	3

Hacia *Tiféret* de *Jésed* de

En el primer día: *Jésed*;	**En el segundo día:** *Guevurá*;	**En el tercer día:** *Tiféret*;
En el cuarto día: *Nétsaj*;		**En el quinto día:** *Hod*;
En el sexto día: la Generalidad de las Cinco Misericordias en *Yesod*;		**En el séptimo día:** la Generalidad de las Cinco Misericordias en *Maljut*;

Hacia Sus *Seis Bordes*; Y desde allí hacia *Nukvá* **יוד הה וו הה**

Y cuando el *Lulav* y sus especies llegan al pecho, completamos la *Hei* **ה'** del Nombre **מ"ה**.

Nétsaj—Arriba—Moshé (hoshía **הוֹשִׁיעָה**)

Medita para atraer Misericordias (desde los tres *Mojín*: *Jojmá*—*Biná*—*Dáat*),
al revestimiento **אלף הא יוד הא**, que está en *Yesod* de *Tevuná*
(dentro de éste está el *Móaj* de *Dáat* de *Zeir Anpín*—יוד הי ויו), desde *Nétsaj* de *Jésed* de

En el primer día: *Jésed*;	**En el segundo día:** *Guevurá*;	**En el tercer día:** *Tiféret*;
En el cuarto día: *Nétsaj*;		**En el quinto día:** *Hod*;
En el sexto día: la Generalidad de las Cinco Misericordias en *Yesod*;		**En el séptimo día:** la Generalidad de las Cinco Misericordias en *Maljut*;

De *Dáat* de *Zeir Anpín*. Y desde la generalidad de יהו, que es:

Hacia el pecho	Hacia afuera	
Móaj de *Dáat*—**הא**	**יוד ואו הא**	1
Móaj de *Biná*—**הי**	**יוד ואו הי**	2
Móaj de *Jojmá*—**הי**	**יוד ויו הי**	3

Hacia *Nétsaj* de *Jésed* de

En el primer día: *Jésed*;	**En el segundo día:** *Guevurá*;	**En el tercer día:** *Tiféret*;
En el cuarto día: *Nétsaj*;		**En el quinto día:** *Hod*;
En el sexto día: la Generalidad de las Cinco Misericordias en *Yesod*;		**En el séptimo día:** la Generalidad de las Cinco Misericordias en *Maljut*;

Hacia Sus *Seis Bordes*; Y desde allí hacia *Nukvá* **יוד הה וו הה**

Y cuando el *Lulav* y sus especies llegan al pecho, completamos la *Hei* **ה'** del Nombre **ע"ב**.

Hod—Abajo—Aharón

Medita para atraer Misericordias (desde los tres *Mojín*: *Jojmá*—*Biná*—*Dáat*),
al revestimiento אלף הא יוד הא, que está en *Yesod* de *Tevuná*
(dentro de éste está el *Móaj* de *Dáat* de *Zeir Anpín*—יוד הי ויו), desde *Hod* de *Jésed* de

En el primer día: *Jésed*;	En el segundo día: *Guevurá*;	En el tercer día: *Tiféret*;
En el cuarto día: *Nétsaj*;		En el quinto día: *Hod*;
En el sexto día: la Generalidad de las Cinco Misericordias en *Yesod*;		En el séptimo día: la Generalidad de las Cinco Misericordias en *Maljut*;

De *Dáat* de *Zeir Anpín*. Y desde la generalidad de יהו, que es:

Hacia el pecho	Hacia afuera	
Móaj de *Dáat*—הא	הא יוד ואו	1
Móaj de *Biná*—הי	הי יוד ואו	2
Móaj de *Jojmá*—הי	הי יוד ויו	3

Hacia *Hod* de *Jésed* de

En el primer día: *Jésed*;	En el segundo día: *Guevurá*;	En el tercer día: *Tiféret*;
En el cuarto día: *Nétsaj*;		En el quinto día: *Hod*;
En el sexto día: la Generalidad de las Cinco Misericordias en *Yesod*;		En el séptimo día: la Generalidad de las Cinco Misericordias en *Maljut*;

Hacia Sus *Seis Bordes*; Y desde allí hacia *Nukvá* יוד הה וו הה

Y cuando el *Lulav* y sus especies llegan al pecho, completamos la *Hei* 'ה del Nombre ס"ג.

Yesod—Oeste—Yosef (na נָא)

Medita para atraer Misericordias (desde los tres *Mojín*: *Jojmá*—*Biná*—*Dáat*),
al revestimiento אלף הא יוד הא, que está en *Yesod* de *Tevuná*
(dentro de éste está el *Móaj* de *Dáat* de *Zeir Anpín*—יוד הי ויו), desde *Yesod* de *Jésed* de

En el primer día: *Jésed*;	En el segundo día: *Guevurá*;	En el tercer día: *Tiféret*;
En el cuarto día: *Nétsaj*;		En el quinto día: *Hod*;
En el sexto día: la Generalidad de las Cinco Misericordias en *Yesod*;		En el séptimo día: la Generalidad de las Cinco Misericordias en *Maljut*;

De *Dáat* de *Zeir Anpín*. Y desde la generalidad de יהו, que es:

Hacia el pecho	Hacia afuera	
Móaj de *Dáat*—הואו	וואוו הואו יוודו	1
Móaj de *Biná*—הויו	וואוו הויו יוודו	2
Móaj de *Jojmá*—הויו	וויוו הויו יוודו	3

Hacia *Yesod* de *Jésed* de

En el primer día: *Jésed*;	En el segundo día: *Guevurá*;	En el tercer día: *Tiféret*;
En el cuarto día: *Nétsaj*;		En el quinto día: *Hod*;
En el sexto día: la Generalidad de las Cinco Misericordias en *Yesod*;		En el séptimo día: la Generalidad de las Cinco Misericordias en *Maljut*;

Hacia Sus *Seis Bordes*; Y desde allí hacia *Nukvá* יוודו הוהו וווו הוהו

Y cuando el *Lulav* y sus especies llegan al pecho, completamos la *Hei* 'ה del Nombre מ"ה.

Debes meditar en que *Maljut*, que es: ב"ן, recibe de *Biná* que es: ס"ג.

אָנָּא aná ב"ן (יוד הה וו הה) יְהֹוָהאדנייאהדונהי Adonai (יוד הי ואו הי)

הוֹשִׁיעָה hoshía יהוה ושׂ"ע נהורין נָּא na:

Durante ***Sucot*** agitamos el *Lulav* según las meditaciones en las tablas en las págs. 393-395.

En ***Simjat Torá*** omitimos las tablas de las págs. 393-395, y continuamos con "*aná*" en la pág. 396.

Te imploramos, Señor, sálvanos ahora.

Jésed—Sur—Avraham

Medita para atraer Misericordias (desde los tres *Mojín*: *Jojmá*—*Biná*—*Dáat*),
al revestimiento אלף הא יוד הא, que está en *Yesod* de *Tevuná*
(dentro de éste está el *Móaj* de *Dáat* de *Zeir Anpín*—יוד הי ויו), desde *Jésed* de *Jésed* de

En el primer día: *Jésed*;	**En el segundo día:** *Guevurá*;	**En el tercer día:** *Tiféret*;
En el cuarto día: *Nétsaj*;		**En el quinto día:** *Hod*;
En el sexto día: la Generalidad de las Cinco Misericordias en *Yesod*;		**En el séptimo día:** la Generalidad de las Cinco Misericordias en *Maljut*;

De *Dáat* de *Zeir Anpín*. Y desde la generalidad de יהו, que es:

Hacia el pecho	Hacia afuera	
Móaj de *Dáat*—הא	יוד הא ואו	1
Móaj de *Biná*—הי	יוד הי ואו	2
Móaj de *Jojmá*—הי	יוד הי ויו	3

Hacia *Jésed* de *Jésed* de

En el primer día: *Jésed*;	**En el segundo día:** *Guevurá*;	**En el tercer día:** *Tiféret*;
En el cuarto día: *Nétsaj*;		**En el quinto día:** *Hod*;
En el sexto día: la Generalidad de las Cinco Misericordias en *Yesod*;		**En el séptimo día:** la Generalidad de las Cinco Misericordias en *Maljut*;

Hacia Sus *Seis Bordes*; Y desde allí hacia *Nukvá* יוד הה וו הה

Y cuando el *Lulav* y sus especies llegan al pecho, completamos la *Hei* 'ה del Nombre ע״ב.

Guevurá—Norte—Yitsjak (Adonai יְהֹוָה אדני יאהדונהי aná אָנָּא)

Medita para atraer Misericordias (desde los tres *Mojín*: *Jojmá*—*Biná*—*Dáat*),
al revestimiento אלף הא יוד הא, que está en *Yesod* de *Tevuná*
(dentro de éste está el *Móaj* de *Dáat* de *Zeir Anpín*—יוד הי ויו), desde *Guevurá* de *Jésed* de

En el primer día: *Jésed*;	**En el segundo día:** *Guevurá*;	**En el tercer día:** *Tiféret*;
En el cuarto día: *Nétsaj*;		**En el quinto día:** *Hod*;
En el sexto día: la Generalidad de las Cinco Misericordias en *Yesod*;		**En el séptimo día:** la Generalidad de las Cinco Misericordias en *Maljut*;

De *Dáat* de *Zeir Anpín*. Y desde la generalidad de יהו, que es:

Hacia el pecho	Hacia afuera	
Móaj de *Dáat*—הא	הא ואו יוד	1
Móaj de *Biná*—הי	הי ואו יוד	2
Móaj de *Jojmá*—הי	הי ויו יוד	3

Hacia *Guevurá* de *Jésed* de

En el primer día: *Jésed*;	**En el segundo día:** *Guevurá*;	**En el tercer día:** *Tiféret*;
En el cuarto día: *Nétsaj*;		**En el quinto día:** *Hod*;
En el sexto día: la Generalidad de las Cinco Misericordias en *Yesod*;		**En el séptimo día:** la Generalidad de las Cinco Misericordias en *Maljut*;

Hacia Sus *Seis Bordes*; Y desde allí hacia *Nukvá* יוד הה וו הה

Y cuando el *Lulav* y sus especies llegan al pecho, completamos la *Hei* 'ה del Nombre ס״ג.

Tiféret—Este—Yaakov

Medita para atraer Misericordias (desde los tres *Mojín*: *Jojmá—Biná—Dáat*),

al revestimiento אלף הא יוד הא, que está en *Yesod* de *Tevuná*

(dentro de éste está el *Móaj* de *Dáat* de *Zeir Anpín*—יוד הי ויו), desde *Tiféret* de *Jésed* de

En el primer día: *Jésed*;	**En el segundo día:** *Guevurá*;	**En el tercer día:** *Tiféret*;
En el cuarto día: *Nétsaj*;		**En el quinto día:** *Hod*;
En el sexto día: la Generalidad de las Cinco Misericordias en *Yesod*;		**En el séptimo día:** la Generalidad de las Cinco Misericordias en *Maljut*;

De *Dáat* de *Zeir Anpín*. Y desde la generalidad de יהו, que es:

Hacia el pecho	Hacia afuera	
Móaj de *Dáat*—הא	ואו יוד הא	1
Móaj de *Biná*—הי	ואו יוד הי	2
Móaj de *Jojmá*—הי	ויו יוד הי	3

Hacia *Tiféret* de *Jésed* de

En el primer día: *Jésed*;	**En el segundo día:** *Guevurá*;	**En el tercer día:** *Tiféret*;
En el cuarto día: *Nétsaj*;		**En el quinto día:** *Hod*;
En el sexto día: la Generalidad de las Cinco Misericordias en *Yesod*;		**En el séptimo día:** la Generalidad de las Cinco Misericordias en *Maljut*;

Hacia Sus *Seis Bordes*; Y desde allí hacia *Nukvá* יוד הה וו הה

Y cuando el *Lulav* y sus especies llegan al pecho, completamos la *Hei* 'ה del Nombre מ"ה.

Nétsaj—Arriba—Moshé (hoshía הוֹשִׁיעָה)

Medita para atraer Misericordias (desde los tres *Mojín*: *Jojmá—Biná—Dáat*),

al revestimiento אלף הא יוד הא, que está en *Yesod* de *Tevuná*

(dentro de éste está el *Móaj* de *Dáat* de *Zeir Anpín*—יוד הי ויו), desde *Nétsaj* de *Jésed* de

En el primer día: *Jésed*;	**En el segundo día:** *Guevurá*;	**En el tercer día:** *Tiféret*;
En el cuarto día: *Nétsaj*;		**En el quinto día:** *Hod*;
En el sexto día: la Generalidad de las Cinco Misericordias en *Yesod*;		**En el séptimo día:** la Generalidad de las Cinco Misericordias en *Maljut*;

De *Dáat* de *Zeir Anpín*. Y desde la generalidad de יהו, que es:

Hacia el pecho	Hacia afuera	
Móaj de *Dáat*—הא	יוד ואו הא	1
Móaj de *Biná*—הי	יוד ואו הי	2
Móaj de *Jojmá*—הי	יוד ויו הי	3

Hacia *Nétsaj* de *Jésed* de

En el primer día: *Jésed*;	**En el segundo día:** *Guevurá*;	**En el tercer día:** *Tiféret*;
En el cuarto día: *Nétsaj*;		**En el quinto día:** *Hod*;
En el sexto día: la Generalidad de las Cinco Misericordias en *Yesod*;		**En el séptimo día:** la Generalidad de las Cinco Misericordias en *Maljut*;

Hacia Sus *Seis Bordes*; Y desde allí hacia *Nukvá* יוד הה וו הה

Y cuando el *Lulav* y sus especies llegan al pecho, completamos la *Hei* 'ה del Nombre ע"ב.

Hod—Abajo—Aharón

Medita para atraer Misericordias (desde los tres *Mojín*: *Jojmá*—*Biná*—*Dáat*), al revestimiento אלף הא יוד הא, que está en *Yesod* de *Tevuná* (dentro de éste está el *Móaj* de *Dáat* de *Zeir Anpín*—יוד הי ויו), desde *Hod* de *Jésed* de

En el primer día: *Jésed*;	**En el segundo día:** *Guevurá*;	**En el tercer día:** *Tiféret*;
En el cuarto día: *Nétsaj*;		**En el quinto día:** *Hod*;
En el sexto día: la Generalidad de las Cinco Misericordias en *Yesod*;		**En el séptimo día:** la Generalidad de las Cinco Misericordias en *Maljut*;

De *Dáat* de *Zeir Anpín*. Y desde la generalidad de יהו, que es:

Hacia el pecho	Hacia afuera	
Móaj de *Dáat*—הא	הא יוד ואו	1
Móaj de *Biná*—הי	הי יוד ואו	2
Móaj de *Jojmá*—הי	הי יוד ויו	3

Hacia *Hod* de *Jésed* de

En el primer día: *Jésed*;	**En el segundo día:** *Guevurá*;	**En el tercer día:** *Tiféret*;
En el cuarto día: *Nétsaj*;		**En el quinto día:** *Hod*;
En el sexto día: la Generalidad de las Cinco Misericordias en *Yesod*;		**En el séptimo día:** la Generalidad de las Cinco Misericordias en *Maljut*;

Hacia Sus *Seis Bordes*; Y desde allí hacia *Nukvá* יוד הה וו הה

Y cuando el *Lulav* y sus especies llegan al pecho, completamos la *Hei* 'ה del Nombre ס"ג.

Yesod—Oeste—Yosef (na נָא)

Medita para atraer Misericordias (desde los tres *Mojín*: *Jojmá*—*Biná*—*Dáat*), al revestimiento אלף הא יוד הא, que está en *Yesod* de *Tevuná* (dentro de éste está el *Móaj* de *Dáat* de *Zeir Anpín*—יוד הי ויו), desde *Yesod* de *Jésed* de

En el primer día: *Jésed*;	**En el segundo día:** *Guevurá*;	**En el tercer día:** *Tiféret*;
En el cuarto día: *Nétsaj*;		**En el quinto día:** *Hod*;
En el sexto día: la Generalidad de las Cinco Misericordias en *Yesod*;		**En el séptimo día:** la Generalidad de las Cinco Misericordias en *Maljut*;

De *Dáat* de *Zeir Anpín*. Y desde la generalidad de יהו, que es:

Hacia el pecho	Hacia afuera	
Móaj de *Dáat*—הואו	וואוו הואו יוודו	1
Móaj de *Biná*—הויו	וואוו הויו יוודו	2
Móaj de *Jojmá*—הויו	וויוו הויו יוודו	3

Hacia *Yesod* de *Jésed* de

En el primer día: *Jésed*;	**En el segundo día:** *Guevurá*;	**En el tercer día:** *Tiféret*;
En el cuarto día: *Nétsaj*;		**En el quinto día:** *Hod*;
En el sexto día: la Generalidad de las Cinco Misericordias en *Yesod*;		**En el séptimo día:** la Generalidad de las Cinco Misericordias en *Maljut*;

Hacia Sus *Seis Bordes*; Y desde allí hacia *Nukvá* יוודו הוהו ווו הוהו

Y cuando el *Lulav* y sus especies llegan al pecho, completamos la *Hei* 'ה del Nombre מ"ה.

Debes meditar en que *Maljut*, que es ב"ן, recibe de *Zeir Anpín* que es: מ"ה.

אָנָּא aná ב"ן (יוד הה וו הה) יְהֹוָהאדהנויאהדונהי Adonai (יוד הא ואו הא)

הַצְלִיחָה hatslija נָּא na:

Medita en que *Maljut*, que es ב"ן, recibe de todos los antes mencionados: ע"ב, ס"ג, מ"ה.

אָנָּא aná ב"ן (יוד הה וו הה) יְהֹוָהאדהנויאהדונהי Adonai

(יוד הי ויו הי, יוד הי ואו הי, יוד הא ואו הא) הַצְלִיחָה hatslija נָּא na:

BARUJ HABÁ

Tenemos 4 versos que nos conectan con las cuatro letras del Tetragramatón. Cada verso se recita 2 veces.

***Yud – Jojmá -* י**

בָּרוּךְ Baruj הַבָּא habá בְּשֵׁם beshem יְהֹוָהאדהנויאהדונהי Adonai

בֵּרַכְנוּכֶם berajnujem מִבֵּית mibeit ב"פ ראה יְהֹוָהאדהנויאהדונהי Adonai: **2x**

***Hei – Biná -* ה**

אֵל El ייא"י (מילוי דס"ג) יְהֹוָהאדהנויאהדונהי Adonai וַיָּאֶר vayaer כף ויו זין ויו

לָנוּ lanu אלהים, אהיה אדני אִסְרוּ־ isrú חַג jag בַּעֲבֹתִים baavotim

עַד־ ad קַרְנוֹת karnot הַמִּזְבֵּחַ hamizbéaj נגד, זן, אל יהוה: **2x**

***Vav – Zeir Anpín -* ו**

אֵלִי Elí אַתָּה Atá וְאוֹדֶךָּ veodeca

אֱלֹהַי Elohai מילוי דע"ב, דמב ; ילה אֲרוֹמְמֶךָּ aromemeca: **2x**

***Hei – Maljut -* ה**

הוֹדוּ hodú אהיה לַיהֹוָהאדהנויאהדונהי laAdonai כִּי־ qui טוֹב tov והו

כי טוב = יהוה אהיה, אום, מבה, יזל

כִּי qui לְעוֹלָם leolam ריבוע ס"ג וי' אותיות דס"ג חַסְדּוֹ jasdó

ג' הויות, מוזלא (להמשיך הארה ממוזלא עילאה) ; ר"ת = נגה :

Durante ***Sucot*** agitamos el *Lulav* según las meditaciones en las tablas en las págs. 397-399.

En ***Simjat Torá*** omitimos las tablas de las págs. 397-399, y continuamos con "*hodú*" en la pág. 400.

Te imploramos, Señor, provee buena fortuna ahora.
Te imploramos, Señor, provee buena fortuna ahora.

BARUJ HABÁ

Bendito es aquel que viene en Nombre del Señor.

Te bendecimos desde la Casa del Señor. El Señor es Dios, Él nos ilumina. Aten la ofrenda festiva con cuerdas en las esquinas del Altar. Tú eres mi Dios y te agradezco, mi Dios, y te exalto. Agradezcan al Señor, porque Él es bueno. Su misericordia perdura para siempre.

Jésed—Sur—Avraham (laAdonai יאהדונהי לַיהֹוָה hodú הוֹדוּ)

Medita para atraer Misericordias (desde los tres *Mojín*: *Jojmá*—*Biná*—*Dáat*),
al revestimiento אלף הא יוד הא, que está en *Yesod* de *Tevuná*
(dentro de éste está el *Móaj* de *Dáat* de *Zeir Anpín*—יוד הי ויו), desde *Jésed* de *Jésed* de

En el primer día: *Jésed*;	**En el segundo día:** *Guevurá*;	**En el tercer día:** *Tiféret*;
En el cuarto día: *Nétsaj*;		**En el quinto día:** *Hod*;
En el sexto día: la Generalidad de las Cinco Misericordias en *Yesod*;		**En el séptimo día:** la Generalidad de las Cinco Misericordias en *Maljut*;

De *Dáat* de *Zeir Anpín*. Y desde la generalidad de יהו, que es:

Hacia el pecho	Hacia afuera	
Móaj de *Dáat*—הֶא	יוֶד הֶא וֶאו	1
Móaj de *Biná*—הֶי	יוֶד הֶי וֶאו	2
Móaj de *Jojmá*—הֶי	יוֶד הֶי וֶיו	3

Hacia *Jésed* de *Jésed* de

En el primer día: *Jésed*;	**En el segundo día:** *Guevurá*;	**En el tercer día:** *Tiféret*;
En el cuarto día: *Nétsaj*;		**En el quinto día:** *Hod*;
En el sexto día: la Generalidad de las Cinco Misericordias en *Yesod*;		**En el séptimo día:** la Generalidad de las Cinco Misericordias en *Maljut*;

Hacia Sus *Seis Bordes*; Y desde allí hacia *Nukvá* יֶוֶד הֶהֶ וֶוֶ הֶהֶ

Y cuando el *Lulav* y sus especies llegan al pecho, completamos la *Hei* 'ה del Nombre ע"ב.

Guevurá—Norte—Yitsjak (qui כִּי)

Medita para atraer Misericordias (desde los tres *Mojín*: *Jojmá*—*Biná*—*Dáat*),
al revestimiento אלף הא יוד הא, que está en *Yesod* de *Tevuná*
(dentro de éste está el *Móaj* de *Dáat* de *Zeir Anpín*—יוד הי ויו), desde *Guevurá* de *Jésed* de

En el primer día: *Jésed*;	**En el segundo día:** *Guevurá*;	**En el tercer día:** *Tiféret*;
En el cuarto día: *Nétsaj*;		**En el quinto día:** *Hod*;
En el sexto día: la Generalidad de las Cinco Misericordias en *Yesod*;		**En el séptimo día:** la Generalidad de las Cinco Misericordias en *Maljut*;

De *Dáat* de *Zeir Anpín*. Y desde la generalidad de יהו, que es:

Hacia el pecho	Hacia afuera	
Móaj de *Dáat*—הָא	הָא וָאו יוּד	1
Móaj de *Biná*—הָי	הָי וָאו יוּד	2
Móaj de *Jojmá*—הָי	הָי וָיו יוּד	3

Hacia *Guevurá* de *Jésed* de

En el primer día: *Jésed*;	**En el segundo día:** *Guevurá*;	**En el tercer día:** *Tiféret*;
En el cuarto día: *Nétsaj*;		**En el quinto día:** *Hod*;
En el sexto día: la Generalidad de las Cinco Misericordias en *Yesod*;		**En el séptimo día:** la Generalidad de las Cinco Misericordias en *Maljut*;

Hacia Sus *Seis Bordes*; Y desde allí hacia *Nukvá* יוּד הֵהֵ וֵו הֵהֵ

Y cuando el *Lulav* y sus especies llegan al pecho, completamos la *Hei* 'ה del Nombre ס"ג.

Tiféret—Este—Yaakov (tov טוֹב)

Medita para atraer Misericordias (desde los tres *Mojín*: *Jojmá*—*Biná*—*Dáat*),
al revestimiento אלף הא יוד הא, que está en *Yesod* de *Tevuná*
(dentro de éste está el *Móaj* de *Dáat* de *Zeir Anpín*—יוד הי ויו), desde *Tiféret* de *Jésed* de

<table>
<tr><td>En el primer día: Jésed;</td><td colspan="2">En el segundo día: Guevurá;</td><td>En el tercer día: Tiféret;</td></tr>
<tr><td colspan="2">En el cuarto día: Nétsaj;</td><td colspan="2">En el quinto día: Hod;</td></tr>
<tr><td colspan="2">En el sexto día:
la Generalidad de las Cinco Misericordias en Yesod;</td><td colspan="2">En el séptimo día:
la Generalidad de las Cinco Misericordias en Maljut;</td></tr>
</table>

De *Dáat* de *Zeir Anpín*. Y desde la generalidad de יהו, que es:

Hacia el pecho	Hacia afuera	
Móaj de *Dáat*—הא	ואו יוד הא	1
Móaj de *Biná*—הי	ואו יוד הי	2
Móaj de *Jojmá*—הי	ויו יוד הי	3

Hacia *Tiféret* de *Jésed* de

<table>
<tr><td>En el primer día: Jésed;</td><td colspan="2">En el segundo día: Guevurá;</td><td>En el tercer día: Tiféret;</td></tr>
<tr><td colspan="2">En el cuarto día: Nétsaj;</td><td colspan="2">En el quinto día: Hod;</td></tr>
<tr><td colspan="2">En el sexto día:
la Generalidad de las Cinco Misericordias en Yesod;</td><td colspan="2">En el séptimo día:
la Generalidad de las Cinco Misericordias en Maljut;</td></tr>
</table>

Hacia Sus *Seis Bordes*; Y desde allí hacia *Nukvá* יוד הה וו הה

Y cuando el *Lulav* y sus especies llegan al pecho, completamos la *Hei* 'ה del Nombre מ"ה.

Nétsaj—Arriba—Moshé (qui כִּי)

Medita para atraer Misericordias (desde los tres *Mojín*: *Jojmá*—*Biná*—*Dáat*),
al revestimiento אלף הא יוד הא, que está en *Yesod* de *Tevuná*
(dentro de éste está el *Móaj* de *Dáat* de *Zeir Anpín*—יוד הי ויו), desde *Nétsaj* de *Jésed* de

<table>
<tr><td>En el primer día: Jésed;</td><td colspan="2">En el segundo día: Guevurá;</td><td>En el tercer día: Tiféret;</td></tr>
<tr><td colspan="2">En el cuarto día: Nétsaj;</td><td colspan="2">En el quinto día: Hod;</td></tr>
<tr><td colspan="2">En el sexto día:
la Generalidad de las Cinco Misericordias en Yesod;</td><td colspan="2">En el séptimo día:
la Generalidad de las Cinco Misericordias en Maljut;</td></tr>
</table>

De *Dáat* de *Zeir Anpín*. Y desde la generalidad de יהו, que es:

Hacia el pecho	Hacia afuera	
Móaj de *Dáat*—הא	יוד ואו הא	1
Móaj de *Biná*—הי	יוד ואו הי	2
Móaj de *Jojmá*—הי	יוד ויו הי	3

Hacia *Nétsaj* de *Jésed* de

<table>
<tr><td>En el primer día: Jésed;</td><td colspan="2">En el segundo día: Guevurá;</td><td>En el tercer día: Tiféret;</td></tr>
<tr><td colspan="2">En el cuarto día: Nétsaj;</td><td colspan="2">En el quinto día: Hod;</td></tr>
<tr><td colspan="2">En el sexto día:
la Generalidad de las Cinco Misericordias en Yesod;</td><td colspan="2">En el séptimo día:
la Generalidad de las Cinco Misericordias en Maljut;</td></tr>
</table>

Hacia Sus *Seis Bordes*; Y desde allí hacia *Nukvá* יוד הה וו הה

Y cuando el *Lulav* y sus especies llegan al pecho, completamos la *Hei* 'ה del Nombre ע"ב.

Hod—Abajo—Aharón (leolam לְעוֹלָם)

Medita para atraer Misericordias (desde los tres *Mojín*: *Jojmá*—*Biná*—*Dáat*), al revestimiento אלף הא יוד הא, que está en *Yesod* de *Tevuná* (dentro de éste está el *Móaj* de *Dáat* de *Zeir Anpín*—יוד הי ויו), desde *Hod* de *Jésed* de

En el primer día: *Jésed*;	**En el segundo día:** *Guevurá*;	**En el tercer día:** *Tiféret*;
En el cuarto día: *Nétsaj*;		**En el quinto día:** *Hod*;
En el sexto día: la Generalidad de las Cinco Misericordias en *Yesod*;		**En el séptimo día:** la Generalidad de las Cinco Misericordias en *Maljut*;

De *Dáat* de *Zeir Anpín*. Y desde la generalidad de יהו, que es:

Hacia el pecho	Hacia afuera	
Móaj de *Dáat*—הא	הא יוד ואו	1
Móaj de *Biná*—הי	הי יוד ואו	2
Móaj de *Jojmá*—הי	הי יוד ויו	3

Hacia *Hod* de *Jésed* de

En el primer día: *Jésed*;	**En el segundo día:** *Guevurá*;	**En el tercer día:** *Tiféret*;
En el cuarto día: *Nétsaj*;		**En el quinto día:** *Hod*;
En el sexto día: la Generalidad de las Cinco Misericordias en *Yesod*;		**En el séptimo día:** la Generalidad de las Cinco Misericordias en *Maljut*;

Hacia Sus *Seis Bordes*; Y desde allí hacia *Nukvá* יוד הה וו הה

Y cuando el *Lulav* y sus especies llegan al pecho, completamos la *Hei* 'ה del Nombre ס"ג.

Yesod—Oeste—Yosef (jasdó וַחַסְדּוֹ)

Medita para atraer Misericordias (desde los tres *Mojín*: *Jojmá*—*Biná*—*Dáat*), al revestimiento אלף הא יוד הא, que está en *Yesod* de *Tevuná* (dentro de éste está el *Móaj* de *Dáat* de *Zeir Anpín*—יוד הי ויו), desde *Yesod* de *Jésed* de

En el primer día: *Jésed*;	**En el segundo día:** *Guevurá*;	**En el tercer día:** *Tiféret*;
En el cuarto día: *Nétsaj*;		**En el quinto día:** *Hod*;
En el sexto día: la Generalidad de las Cinco Misericordias en *Yesod*;		**En el séptimo día:** la Generalidad de las Cinco Misericordias en *Maljut*;

De *Dáat* de *Zeir Anpín*. Y desde la generalidad de יהו, que es:

Hacia el pecho	Hacia afuera	
Móaj de *Dáat*—הואו	וואוו הואו יוודו	1
Móaj de *Biná*—הויו	וואוו הויו יוודו	2
Móaj de *Jojmá*—הויו	וויוו הויו יוודו	3

Hacia *Yesod* de *Jésed* de

En el primer día: *Jésed*;	**En el segundo día:** *Guevurá*;	**En el tercer día:** *Tiféret*;
En el cuarto día: *Nétsaj*;		**En el quinto día:** *Hod*;
En el sexto día: la Generalidad de las Cinco Misericordias en *Yesod*;		**En el séptimo día:** la Generalidad de las Cinco Misericordias en *Maljut*;

Hacia Sus *Seis Bordes*; Y desde allí hacia *Nukvá* יוודו הוהו וווו הוהו

Y cuando el *Lulav* y sus especies llegan al pecho, completamos la *Hei* 'ה del Nombre מ"ה.

הוֹדוּ hodú אהיה לַיהוָהאדניאהדונהי laAdonai כִּי qui טוֹב tov והו

כי טוב = יהוה אהיה, אום, מבה, יזל

כִּי qui לְעוֹלָם leolam ריבוע ס״ג וי׳ אותיות דס״ג חַסְדּוֹ jasdó

ג׳ הויות, מזלא (להמשיך הארה ממזלא עילאה) ; ר״ת = נגה :

יְהַלְלוּךָ yehaleluja יְהוָהאדניאהדונהי Adonai אֱלֹהֵינוּ Eloheinu ילה כָּל col ילי

מַעֲשֶׂיךָ maaseja וַחֲסִידֶיךָ vajasideja וְצַדִּיקִים vetsadikim עוֹשֵׂי osei

רְצוֹנֶךָ retsoneja וְעַמְּךָ veamjá בֵּית beit ב״פ ראה יִשְׂרָאֵל Yisrael

כֻּלָּם culam בְּרִנָּה beriná יוֹדוּ yodú וִיבָרְכוּ vivarjú יהוה ריבוע יהוה ריבוע מ״ה

וִישַׁבְּחוּ vishabjú וִיפָאֲרוּ vifaarú אֶת et שֵׁם Shem כְּבוֹדֶךָ quevodeja ב״ן, לכב.

כִּי qui לְךָ lejá טוֹב tov והו לְהוֹדוֹת lehodot. וּלְשִׁמְךָ uleShimjá נָעִים naim

לְזַמֵּר lezamer. וּמֵעוֹלָם umeolam וְעַד vead עוֹלָם olam אַתָּה Atá

אֵל El ייא״י (מילוי דס״ג): בָּרוּךְ Baruj אַתָּה Atá יְהוָהאדניאהדונהי Adonai

מֶלֶךְ Mélej מְהֻלָּל mehulal בַּתִּשְׁבָּחוֹת batishbajot. אָמֵן Amén יאהדונהי:

Recita este versículo tres veces para conectar con la Luz de protección.

וְאַבְרָהָם veAvraham וז״פ אל, רי״ו ול״ב נתיבות החכמה, רמ״ח (אברים), עסמ״ב וט״ז אותיות פשוטות

זָקֵן zakén בָּא ba בַּיָּמִים bayamim נלך וַיהוָהאדניאהדונהי vaAdonai בֵּרַךְ beraj אֶת־ et

אַבְרָהָם Avraham וז״פ אל, רי״ו ול״ב נתיבות החכמה, רמ״ח (אברים), עסמ״ב וט״ז אותיות פשוטות

בַּכֹּל bacol ב״ן, לכב:

Medita en el Nombre del Ángel (זְבַדְיָה) derivado del versículo anterior.

יִשְׁמְרֵנִי yishmereni וִיחַיֵּינִי viyejayeini, כֵּן quen יְהִי yehí רָצוֹן ratsón

מִלְּפָנֶיךָ milfaneja מהש ע״ה, ע״ב בריבוע וקס״א ע״ה, אל שדי ע״ה ס״ג מ״ה ב״ן אֱלֹהִים Elohim

חַיִּים jayim אהיה אדני ; ילה אהיה אהיה יהוה, בינה ע״ה וּמֶלֶךְ uMélej עוֹלָם olam

אֲשֶׁר asher בְּיָדוֹ beyadó נֶפֶשׁ néfesh כָּל col ילי חַי jai אָמֵן Amén יאהדונהי

כֵּן quen יְהִי yehí רָצוֹן ratsón מהש ע״ה, ע״ב בריבוע וקס״א ע״ה, אל שדי ע״ה:

En *Simjat Torá* continuamos con *Kadish Titkabal* en la pág. 489.

Den gracias al Señor, porque Él es bueno, porque Su misericordia perdura por siempre. (Salmos 118). *Todas Tus acciones y todos Tus piadosos te alabarán, Señor, nuestro Dios, y los justos, quienes hacen Tu voluntad, así como Tu nación, la Casa de Israel. Ellos darán gracias con regocijo, bendecirán, alabarán y glorificarán el Nombre de Tu gloria, porque a Ti es bueno dar gracias, y a Tu Nombre es agradable cantar. Y desde este mundo hasta el siguiente, Tú eres Dios. Bendito eres Tú, Señor, Rey que es ensalzado en alabanzas. Amén. "Y Avraham estaba viejo, avanzado en edad, y Dios había bendecido a Avraham con todo"* (Génesis 24:1). *Que Él me preserve y me avive. Y que sea agradable ante el Dios de la vida y el Rey del mundo, en Cuyas Manos está el espíritu de todo lo que vive. Amén, que así sea Su voluntad.*

LAS HOSHANOT – DEL RAV

Como explicamos anteriormente, durante *Sucot* conectamos con la Luz de *Jasadim* (Misericordia), que es la máxima Vasija para la Luz Infinita del Creador y, a través del poder de la *Sucá*, podemos atraer una cantidad ilimitada de esta Luz. La Luz de *Jasadim* es responsable de destruir el poder del Satán y sus limitantes sirvientes: el tiempo, el espacio y el movimiento. La cantidad de Luz de *Jasadim* que atraigamos en *Sucot* se traduce en cuánto poder tendremos para vencer a las fuerzas negativas en nuestra vida.

Durante el año, podemos conectar con Luz de *Jasadim* sólo de forma parcial, mediante esfuerzos y acciones de compartir incómodo. Durante *Sucot*, la Luz de *Jasadim* está disponible sin límite alguno.

Hay dos aspectos de Misericordias (*Jasadim*): uno de *Ima* Celestial, que proviene de la *Sucá*, y el otro aspecto de *Zeir Anpín*, que proviene del *Lulav* y sus especies. Y en cada uno de estos dos aspectos de Misericordias hay dos Iluminaciones: Luz Interna y Luz Circundante.

De acuerdo con el Arí, cada día después del *Halel* y la conexión de la agitación del *Lulav*, todavía sostenemos el *Lulav* y sus especies y comenzamos las *Hoshanot*, momento en el que caminamos alrededor de la *bimá* en círculos dentro de la *Sucá*, mientras recitamos versículos compuestos en orden alfabético. Esta acción nos conecta con la Luz Circundante del aspecto de *Zeir Anpín* y los versículos que recitamos tienen encriptado el poder del *Yud*, *Hei*, *Hav* y *Hei*, lo cual completa la acción de sanación del ADN y refuerza el sistema inmunológico. Las *Hoshanot* son un proceso mediante el cual concluimos nuestra comunicación con las Cuatro Especies. Hacemos esto para conectar con la raíz de las cosas en nuestra vida y controlarlas.

Las Cuatro Especies pueden ayudarnos a nosotros y también a toda la humanidad. Según el *Zóhar*, las Cuatro Especies son un método a través del cual recibimos bendiciones para todo el año. Y si no aprovechamos esta oportunidad única en el año para atraer energía, el *Zóhar* dice específicamente que no podremos introducir esta energía en nuestra vida.

Cada día, rodeamos la *bimá*, una vez por cada una de las seis *Sefirot* que nos conectan con la energía de *Jésed* a *Yesod*, mientras sostenemos las Cuatro Especies. En el séptimo día, *Hoshaná Rabá* (la Gran Plegaria por Salvación), rodeamos la *bimá* siete veces para conectar con la energía de *Maljut* y también para poder reunir toda la energía de la Luz de *Jasadim* de los días anteriores de *Sucot*, puesto que este día de *Hoshaná Rabá* es como la retaguardia que recoge todo lo que queda detrás.

A través de la Luz de *Jasadim* podemos iluminar las limitaciones del tiempo, el espacio y el movimiento y ver el pasado, el presente y el futuro; aquí y ahora. Cada acción, cada palabra o cada momento que experimentamos mientras estamos en la *Sucá* atrae Luz de *Jasadim*, ¡qué regalo!

HOSHANOT (RONDAS) DEL PRIMER DÍA DE SUCOT

Medita en atraer lo Circundante de *Jésed* de *Jésed* de *Zeir Anpín*

אלף הי יוד הי   אלף הי יוד הי   אלף הי יוד הי

Y estos tres Nombres (אהיה = 21) son igual al Nombre יוד הי ואו הי (= 63), y de las letras (י״א= 31) proviene del Nombre אל. Y desde el cuerpo de *Zeir Anpín* (Sus Seis Bordes) todo es atraído hacia *Nukvá*. Durante las vueltas, se debe meditar en atraer Luz Interna a *Leá* y *Rajel*, y en ser protegido de uno de los ministros cósmicos (que está incluido con diez ministros de las naciones).

אֶרְחַץ erjats בְּנִקָּיוֹן benikayón כַּפָּי capai וַאֲסֹבְבָה vaasoveva אֶת et

מִזְבַּחֲךָ mizbajajá נג״ד, זן, אל יהוה יְהֹוָהאדניאהדונהי Adonai: לַשְׁמִעַ lashmía

בְּקוֹל bekol תּוֹדָה todá וּלְסַפֵּר ulsaper כָּל col ילי נִפְלְאוֹתֶיךָ nifleoteja:

הוֹשַׁעְנָא hoshaaná. הוֹשַׁעְנָא hoshaaná:

לְמַעַנְךָ lemaanaj אֱלֹהֵינוּ Eloheinu ילה: לְמַעַנְךָ lemaanaj בּוֹרְאֵנוּ borenu:

לְמַעַנְךָ lemaanaj גּוֹאֲלֵנוּ goalenu: לְמַעַנְךָ lemaanaj דּוֹרְשֵׁנוּ dorshenu:

לְמַעַנְךָ lemaanaj אַדִּיר adir הרי אַדִּירִים adirim הרי: לְמַעַנְךָ lemaanaj

בּוֹרֵא boré רוּחַ rúaj וְיוֹצֵר veyotser הָרִים harim: לְמַעַנְךָ lemaanaj

גְּדוֹל guedol להח, ועם ד׳ אותיות מבה, יזל, אום הָעֵצָה haetsá. מַשְׁפִּיל mashpil

וּמֵרִים umerim: לְמַעַנְךָ lemaanaj דּוֹבֵר dover צֶדֶק tsédek מַגִּיד maguid

מֵישָׁרִים meisharim: לְמַעַנְךָ lemaanaj הַיּוֹדֵעַ hayodea וָעֵד vaed

אִם im יוהך, מ״א אותיות דפשוט, דמילוי ודמילוי דמילוי דאהיה ע״ה יִסָּתֵר yisater ב״פ מצר

אִישׁ ish בַּמִּסְתָּרִים bamistarim: לְמַעַנְךָ lemaanaj וְהוּא vehú

בְּאֶחָד beejad אהבה, דאגה וּמִי umí ילי יְשִׁיבֶנּוּ yeshivenu אֲמָרִים amarim:

HOSHANOT (RONDAS) DEL PRIMER DÍA DE SUCOT

"Lavaré en pureza mis manos y andaré en torno a Tu altar,
Señor, proclamando con voz de acción de gracias y contando todas Tus maravillas" (Salmos 26:6-7).
Por favor, redime ahora. Por favor, redime ahora.

Por amor a Ti, nuestro Dios. Por amor a Ti, nuestro Creador. Por amor a Ti, nuestro Redentor. Por amor a Ti, nuestro Inquiridor. Por amor a Ti, el Poderoso de poderosos. Por amor a Ti, Creador del viento y Formador de montañas. Por amor a Ti, Colosal en consuelo, que humilla y exalta. Por amor a Ti, Enunciador de rectitud, Maestro de principios justos. Por amor a Ti, Aquel que conoce y es testigo si un hombre se esconde en lugares ocultos. Por amor a Ti, Aquel que es Uno y que podría contestarle a Él.

לְמַעַנְךָ lemaanaj זַךְ zaj ייז וְנָקִי venakí ע"ה קס"א וּמִתְבָּרֵר umitbarer עִם im
בָּרִים barim: לְמַעַנְךָ lemaanaj וְחוֹפֵשׂ jofés מַצְפּוּן matspún.
וְחוֹקֵר vejoker כֹּל col ילי וַחֲדָרִים jadarim: לְמַעַנְךָ lemaanaj
טִפְחָה tipjá יְמִינוֹ yeminó שָׁמַיִם shamáyim י"פ טל, י"פ כוזו. וְעָשָׂה veasá
מְאוֹרִים meorim: לְמַעַנְךָ lemaanaj יָסַד yasad אֶרֶץ érets.
בַּצּוּרוֹת batsurot בִּקַּע bikea יְאוֹרִים yeorim: לְמַעַנְךָ lemaanaj כַּבִּיר cabir
כֹּחַ cóaj. מְכֻבָּד mejubad בָּאוּרִים baurim: לְמַעַנְךָ lemaanaj
לֹא lo יִתַּמּוּ yitamu שְׁנוֹתָיו shenotav לְדוֹר ledor דּוֹרִים dorim:

הוֹשַׁעְנָא hoshaaná. הוֹשַׁעְנָא hoshaaná:

אָנָּא aná ב"ן, לכב אֵל El ייא"י (מילוי דס"ג) אֶחָד ejad אהבה, דאגה
וּשְׁמוֹ uShmó מהש ע"ה, ע"ב בריבוע וקס"א ע"ה, אל שדי ע"ה אֶחָד ejad אהבה, דאגה.
וּמִי umí ילי יְשִׁיבֶנּוּ yeshivenu וְהוּא vehú בְּאֶחָד beejad אהבה, דאגה.
קָרָא kará שָׁמַיִם shamáyim י"פ טל, י"פ כוזו וָאָרֶץ vaárets וַיַּעַמְדוּ vayaamdú
כְּאֶחָד queejad אהבה, דאגה. הוֹשִׁיעֵנוּ hoshienu בַּחֲגִיגַת bajaguigat
יוֹם yom נגד, מזבח, זן, אל יהוה אֶחָד ejad אהבה, דאגה:
אָנָּא aná ב"ן, לכב זְכֹר zejor ע"ב קס"א, יהי אור ע"ה אָב av יָרַשׁ yarash אֶת et
הָאָרֶץ haárets וְהָיָה vehayá יהה יהוה אֶחָד ejad אהבה, דאגה. הֵכִין hejín
לַמּוֹרְדִים lamordim לֵב lev אֶחָד ejad אהבה, דאגה וְדֶרֶךְ vederej ב"פ יב"ק
אֶחָד ejad אהבה, דאגה. לִקְרֹא likró כֻּלָּם culam בְּשֵׁם beshem
יְהֹוָהאדניאהדונהי Adonai וּלְעָבְדוֹ uleovdó שְׁכֶם shejem אֶחָד ejad אהבה, דאגה:

Por amor a Ti, el Puro e Inmaculado,
que actúa con integridad con todos los que le son fieles. Por amor a Ti, Inquiridor de lo oculto e Investigador de todas las cámaras. Por amor a Ti, Aquel cuya palma derecha creó los Cielos y quien hizo las luminarias. Por amor a Ti, Aquel que fundó la Tierra; Él que es grande en poder, glorificado por aquellos que moran en los valles. Por amor a Ti, Aquel cuyos años no terminarán generaciones infinitas.
Por favor, redime ahora. Por favor, redime ahora.

Por favor, Dios único, Aquel cuyo nombre es Uno y el Único que podría contestarle a Él. Él diseñó el Cielo y la Tierra y éstos se establecieron como uno solo; sálvanos en la celebración de un día. Por favor, recuerda al patriarca (Avraham) que heredó la tierra cuando no era más que uno. Él preparó para los rebeldes un corazón y un camino para que todos pudieran orar en Nombre de Dios, y servirle a Él con una sola mente;

הוֹשִׁיעֵנוּ hoshienu בַּחֲגִיגַת bajaguigat יוֹם yom נג"ד, מזבח, זן, אל יהוה

אֶחָד ejad אהבה, דאגה: אָנָּא aná ב"ן, לכב זְכוֹר zejor ע"ב קס"א, יהי אור ע"ה בֵּן ben

יָחִיד yajid הָיָה hayá יהוה לִפְנֵי lifnei אָבִיו aviv אֶחָד ejad אהבה, דאגה.

שְׁנֵיהֶם shneihem בְּנִסָּיוֹן benisayón הָלְכוּ haljú כְּאֶחָד queejad אהבה, דאגה.

נָתַתָּ natata כֹּפֶר cófer תַּחְתָּיו tajtav אַיִל áyil אֶחָד ejad אהבה, דאגה:

הוֹשִׁיעֵנוּ hoshienu בַּחֲגִיגַת bajaguigat יוֹם yom נג"ד, מזבח, זן, אל יהוה

אֶחָד ejad אהבה, דאגה: אָנָּא aná ב"ן, לכב זְכוֹר zejor ע"ב קס"א, יהי אור ע"ה אָב av

הוֹסִיף hosif וְחֵלֶק jélek שְׁכֶם shejem אֶחָד ejad אהבה, דאגה. קִוָּה kivá

לְהַפְלִיט lehaflit הַמַּחֲנֶה hamajané הָאֶחָד haejad אהבה, דאגה. אָסַף asaf

בָּנָיו banav לְקַבֵּל lekabel מַלְכוּת maljut שָׁמַיִם shamáyim י"פ טל, י"פ כוזו

פֶּה pe ע"ה מום אֶחָד ejad אהבה, דאגה: הוֹשִׁיעֵנוּ hoshienu בַּחֲגִיגַת bajaguigat

יוֹם yom נג"ד, מזבח, זן, אל יהוה אֶחָד ejad אהבה, דאגה: אָנָּא aná ב"ן לכב

הַמַּשְׁמִיעֵנוּ hamashmienu שְׁתַּיִם shetáyim בְּקוֹלוֹת bekolot וּבְרָקִים uvrakim

כְּאֶחָד queejad אהבה, דאגה. הַמַּנְחִילֵנוּ hamanjilenu תּוֹרָה torá אַחַת ajat

וּמִשְׁפָּט umishpat ה"פ אלהים אֶחָד ejad אהבה, דאגה. הוֹשִׁיעֵנוּ hoshienu

בַּחֲגִיגַת bajaguigat יוֹם yom נג"ד, מזבח, זן, אל יהוה אֶחָד ejad אהבה, דאגה:

הוֹשַׁעְנָא hoshaaná. הוֹשַׁעְנָא hoshaaná: (X2)

אָנָּא aná ב"ן לכב הוֹשִׁיעָה hoshía יהוה ש"ע נהורין נָא na: (X2)

אָנָּא aná ב"ן לכב אֵל El יא"י (מילוי ד"ס"ג) אַחֲרוֹן ajarón

וְרִאשׁוֹן verishón. אַמֵּץ amets עַם am נְצוּרִים netsurim כְּאִישׁוֹן queishón.

בְּצַעֲקָתָם betsaakatam הוֹשַׁעְנָא hoshaaná בְּלַחְשׁוֹן velajshón.

---

sálvanos en la celebración de un día. Por favor, recuerda al hijo único (Yitsjak), que fue uno para su padre. Ambos enfrentaron una prueba como uno solo. Tú permitiste un sustituto en lugar de él, un carnero; sálvanos en la celebración de un día. Por favor, recuerda al patriarca (Yaakov) que añadió una porción de uno. Él esperó garantizar la salvación de un campamento, reunió a sus hijos para aceptar el Reino del Cielo como uno solo; sálvanos en la celebración de un día. Por favor, Aquel que nos proclama a dos, entre truenos y relámpagos, como uno solo; Aquel que nos otorgó una Torá y una Ley; sálvanos en la celebración de un día.

Por favor, sálvanos ahora. Por favor, sálvanos ahora. (x2)

Por favor, trae salvación ahora. (x2)

Por favor, Dios que es el primero y el último, da fortaleza al pueblo protegido como la pupila del ojo, en su clamor de "Por favor, redime ahora" en la [oración] silenciosa;

הַיּוֹם hayom נגד, מזבח, זן, אל יהוה בְּיוֹם beyom נגד, מזבח, זן, אל יהוה
רִאשׁוֹן rishón• הוֹשִׁיעָה hoshía יהוה ע״ש נהורין נָּא na:
אָנָּא aná ב״ן לכב הוֹשִׁיעָה hoshía יהוה ע״ש נהורין נָּא na: (X2)
אָנָּא aná ב״ן לכב גְּדַע guedá נִינֵי ninei דִּישׁוֹן dishón• גְּאַל gueal בא״ת ב״ש כתר
מְיַיחֲדֶיךָ meyajadeja בְּלַחֲשׁוֹן belajashón• וּנְטֵה unté לָנוּ lanu אלהים, אהיה אדני
שָׁלוֹם shalom כְּמֵימֵי quemeimei פִּישׁוֹן fishón• הַיּוֹם hayom נגד, מזבח, זן, אל יהוה
בְּיוֹם beyom נגד, מזבח, זן, אל יהוה רִאשׁוֹן rishón. הוֹשִׁיעָה hoshía יהוה ע״ש נהורין נָּא na:
אָנָּא aná ב״ן לכב הוֹשִׁיעָה hoshía יהוה ע״ש נהורין נָּא na: (X2)
אֲנִי Aní אני וָהוּ Vahú והו הוֹשִׁיעָה hoshía יהוה ע״ש נהורין נָּא na• (X2)
כְּהוֹשַׁעְתָּ quehoshatá יְרוּיֵי yeruyei הַיְאוֹר hayeor• בְּעֻזָּךְ beuzjá הַנָּאוֹר hanaor•
וְתַבְרִיךְ vetavrik מָאוֹר maor רז, א״ס• לַעֲלוּטִים laalutim כְּאִישׁוֹן queishón•
גַּם gam עַתָּה ata כְּמוֹ quemó כֵּן jen• אֵל El ייא״י (מילוי דס״ג) שׁוֹחַק shajak
שׁוֹכֵן shojén• פְּדוּת pedut לְעַמְּךָ leameja הָכֵן hajén• נְהַלְלָךְ nehalelaj
בְּיוֹם beyom נגד, מזבח, זן, אל יהוה רִאשׁוֹן rishón• כֵּן quen הוֹשַׁעְנָא hoshaaná:
אֲנִי Aní אני וָהוּ Vahú והו הוֹשִׁיעָה hoshía יהוה ע״ש נהורין נָּא na• (X2)
כְּהוֹשַׁעְתָּ quehoshatá סֶגֶל séguel• דֶּגֶל déguel לאו מוּל mul דֶּגֶל déguel לאו•
וְרֹאשׁ verosh ריבוע אלהים ואלהים דיודין ע״ה מוֹעֲדֵי moadei רֶגֶל réguel•
דִּשְׁנַתָּ dishanta דִּישׁוֹן dishón• פְּדוּיֵי peduyei אָבִיב aviv• נְקוּבֵי nekuvei
עַם am וְחָבִיב javiv הוי• סוֹבְבֵי sovevei דָּת dat סָבִיב saviv• נְהַלְלָךְ nehalelaj
בְּיוֹם beyom נגד, מזבח, זן, אל יהוה רִאשׁוֹן rishón כֵּן quen הוֹשַׁעְנָא hoshaaná:

Hoy, en el primer día. Por favor, redime ahora.
Por favor, trae salvación ahora. (x2)
Por favor, corta a los descendientes de Dishón, redime a aquellos que te unifican en la [oración] silenciosa, extiende hacia nosotros paz como las aguas del Pishón, hoy en el primer día. Por favor, redime ahora.
Por favor, trae salvación ahora. (x2)
Aní Vahú (de los 72 Nombres de Dios), por favor, trae salvación ahora. (x2)
Así como Tú salvaste a aquellos atrapados en el río con Tu poder cataclísmico, e irradiaste iluminación a aquellos envueltos (como) en oscuridad; de esa manera, actúa ahora. Todopoderoso que mora en los Cielos Excelsos, prepara la redención para Tu pueblo; permítenos alabarte en el primer día. Por lo tanto, ¡sálvanos ahora, por favor!
Aní Vahú (de los 72 Nombres de Dios), por favor, trae salvación ahora. (x2)
Así como Tú salvaste el tesoro, el estandarte opuesto y jefe entre aquellos de caminar inestable, Tú ciertamente has revigorizado; redimiste en la primavera a aquellos llamados "el pueblo amado", quienes circulan la Ley una y otra vez, permítenos alabarte en el primer día. Por lo tanto, sálvanos ahora.

אֲנִי אני Aní וָהוּ והו Vahú הוֹשִׁיעָה יהוה ש״ע נהורין hoshía נָּא na. (X2)

מוֹשִׁיעַ moshía וְחוֹסִים josim, הוֹשִׁיעַ hoshía אֱמוּנַי emunai.
עַם am בְּדָתְךָ bedatjá דּוֹרְשִׁים dorshim, זֶרַע zera אֵיתָנַי eitanai.
הַפַּעַם hapaam מנק הַזֹּאת hazot אוֹדֶה odé אֶת et יְהֹוָהאדניאהדונהי Adonai:
רְצֵה retsé נָא na שַׁוְעָתָם shavatam. שְׁעֵה sheé נָא na
לִתְפִלָּתָם letefilatam. בַּפַּעַם bapaam מנק רִאשׁוֹנָה rishona הֱיֵה heyé יהה
נָא na אֱיָלוּתָם eyalutam. עַם am אֲשֶׁר asher בְּיוֹם beyom נגד, מזבח, זן, אל יהוה
כִּפּוּר Kipur מִפֶּשַׁע mipesha פְּדִיתָם peditam: אוֹמְרִים omrim
וּמְהַלְלִים umehalelim. אֵין ein קָדוֹשׁ kadosh כַּיהֹוָהאדניאהדונהי caAdonai.
הַפַּעַם hapaam מנק הַזֹּאת hazot אוֹדֶה odé אֶת et יְהֹוָהאדניאהדונהי Adonai:
כְּהוֹשַׁעְתָּ quehoshatá מֵאָז meaz ומב עֲדָתֶךָ adateja, כֵּן quen
הוֹשִׁיעָה hoshía יהוה ש״ע נהורין אֶת et עַמֶּךָ ameja ס״ת כהת, משיח בן דוד ע״ה
וּבָרֵךְ uvarej אֶת et נַחֲלָתֶךָ najalateja. נְהַלְלָךְ nehalelaj
בְּיוֹם beyom נגד, מזבח, זן, אל יהוה רִאשׁוֹן rishón כֵּן quen הוֹשַׁעְנָא hoshaaná:

אֲנִי אני Ani וָהוּ והו Vahú הוֹשִׁיעָה יהוה ש״ע נהורין hoshía נָּא na. (X2)

כַּכָּתוּב cacatuv:

הוֹשִׁיעָה hoshía יהוה ש״ע נהורין אֶת et עַמֶּךָ ameja ס״ת כהת, משיח בן דוד ע״ה
וּבָרֵךְ uvarej אֶת et נַחֲלָתֶךָ najalateja
וּרְעֵם urem וְנַשְּׂאֵם venaseem עַד ad הָעוֹלָם haolam:

Continúa con *Kadish Titkabal* en la página 489.

Aní Vahú (de los 72 Nombres de Dios), por favor, trae salvación ahora. (x2)

Aquel que salva a los que buscan refugio, salva a los creyentes, el pueblo que ahonda en Tu Ley, los descendientes de los poderosos. En este momento alabo al Señor. Por favor, alivia su clamor, por favor, vuélvete a sus oraciones en la primera vez, sé su fortaleza, un pueblo al cual en el Día de la Expiación Tú redimiste del pecado; ellos dicen y dan alabanza: No hay nadie tan Santo como el Señor. En este momento alabo al Señor. Así como has salvado a Tu congregación desde los días de antaño, así salva a Tu pueblo y bendice a Tu heredad. Permítenos alabarte en el primer día. Por favor, sálvanos ahora.

Aní Vahú (de los 72 Nombres de Dios), por favor, trae salvación ahora. (x2) Como está escrito: "Redime a Tu pueblo y bendice a Tu heredad, pastoréalos y llévalos para siempre" (Salmos 28:9).

HOSHANOT (RONDAS) DEL SEGUNDO DÍA DE SUCOT

Medita en atraer lo Circundante de *Jésed* de *Guevurá* de *Zeir Anpín*

אלף הה יוד הה   אלף הה יוד הה   אלף הה יוד הה

Y estos tres Nombres (אהיה = 21) son igual al Nombre יוד הי ואו הי (= 63), y de las letras (יא"י = 31) proviene el Nombre אל. Y desde el cuerpo de *Zeir Anpín* (Sus Seis Bordes) todo es atraído hacia *Nukvá*. Durante las vueltas, se debe meditar en atraer Luz Interna a *Leá* y *Rajel*, y en ser protegido de uno de los ministros cósmicos (que está incluido con diez ministros de las naciones).

אֶרְחַץ erjats בְּנִקָּיוֹן benikayón כַּפָּי capai וַאֲסֹבְבָה vaasoveva אֶת et

מִזְבַּחֲךָ mizbajajá נגד, זן, אל יהוה יְהֹוָאדהנויה Adonai: לַשְׁמִעַ lashmía

בְּקוֹל bekol תּוֹדָה todá וּלְסַפֵּר ulsaper כָּל col ילי נִפְלְאוֹתֶיךָ nifleoteja:

הוֹשַׁעְנָא hoshaaná. הוֹשַׁעְנָא hoshaaná:

לְמַעַנְךָ lemaanaj אֱלֹהֵינוּ Eloheinu ילה: לְמַעַנְךָ lemaanaj בּוֹרְאֵנוּ borenu:

לְמַעַנְךָ lemaanaj גּוֹאֲלֵנוּ goalenu: לְמַעַנְךָ lemaanaj דּוֹרְשֵׁנוּ dorshenu:

לְמַעַנְךָ lemaanaj אַדִּיר adir הרי אַדִּירִים adirim הרי: לְמַעַנְךָ lemaanaj

בּוֹרֵא boré רוּחַ rúaj וְיוֹצֵר veyotser הָרִים harim: לְמַעַנְךָ lemaanaj

גְּדוֹל guedol להח, ועם ד' אותיות מבה, יזל, אום הָעֵצָה haetsá. מַשְׁפִּיל mashpil

וּמֵרִים umerim: לְמַעַנְךָ lemaanaj דּוֹבֵר dover צֶדֶק tsédek מַגִּיד maguid

מֵישָׁרִים meisharim: לְמַעַנְךָ lemaanaj הַיּוֹדֵעַ hayodea וָעֵד vaed

אִם im יוהך, מ"א אותיות דפשוט, דמילוי ודמילוי דמילוי דאהיה ע"ה יִסָּתֵר yisater כ"פ מצר

אִישׁ ish בַּמִּסְתָּרִים bamistarim: לְמַעַנְךָ lemaanaj וְהוּא vehú

בְּאֶחָד beejad אהבה, דאגה וּמִי umí ילי יְשִׁיבֶנּוּ yeshivenu אֲמָרִים amarim:

HOSHANOT (RONDAS) DEL SEGUNDO DÍA DE SUCOT

"Lavaré en pureza mis manos y andaré en torno a Tu altar,
Señor, proclamando con voz de acción de gracias y contando todas Tus maravillas" (Salmos 26:6-7).
Por favor, redime ahora. Por favor, redime ahora.

Por amor a Ti, nuestro Dios. Por amor a Ti, nuestro Creador. Por amor a Ti, nuestro Redentor. Por amor a Ti, nuestro Inquiridor. Por amor a Ti, el Poderoso de poderosos. Por amor a Ti, Creador del viento y Formador de montañas. Por amor a Ti, Colosal en consuelo, que humilla y exalta. Por amor a Ti, Enunciador de rectitud, Maestro de principios justos. Por amor a Ti, Aquel que conoce y es testigo si un hombre se esconde en lugares ocultos. Por amor a Ti, Aquel que es Uno y que podría contestarle a Él.

לְמַעַנְךָ lemaanaj זַךְ zaj ייי וְנָקִי venakí ע"ה קס"א וּמִתְבָּרֵר umitbarer עִם im
בָּרִים barim: לְמַעַנְךָ lemaanaj וְחוֹפֵשׂ jofés מַצְפּוּן matspún.
וְחוֹקֵר vejoker כָּל col ילי וַחֲדָרִים jadarim: לְמַעַנְךָ lemaanaj
טִפְּחָה tipjá יְמִינוֹ yeminó שָׁמַיִם shamáyim י"פ טל, י"פ כוזו. וְעָשָׂה veasá
מְאוֹרִים meorim: לְמַעַנְךָ lemaanaj יָסַד yasad אֶרֶץ érets.
בַּצּוּרוֹת batsurot בִּקְעַ bikea יְאוֹרִים yeorim: לְמַעַנְךָ lemaanaj כַּבִּיר cabir
כֹּחַ cóaj. מְכֻבָּד mejubad בָּאוֹרִים baurim: לְמַעַנְךָ lemaanaj
לֹא lo יִתַּמּוּ yitamu שְׁנוֹתָיו shenotav לְדוֹר ledor דּוֹרִים dorim:

הוֹשַׁעְנָא hoshaaná. הוֹשַׁעְנָא hoshaaná:

אָנָּא aná ב"ן, לכב אֵל El ייא"י (מילוי דס"ג) אֶחָד ejad אהבה, דאגה וּמְבַיֵּשׁ umvayesh
אוֹמְרִים omrim שְׁנַיִם shnáyim. בַּחֲצִי bajatsí הַשֵּׁם hashem בָּרָא bará קנ"א
ב"ן, יהוה אלהים יהוה אדני, מילוי קס"א וס"ג, מ"ה ברבוע וע"ב ע"ה עוֹלָמוֹת olamot
בְּאוֹתִיּוֹת beotiyot שְׁנַיִם shnáyim. יָצַר yatsar הַכֹּל hacol ילי בַּעֲבוּר baavur
אָדָם Adam מ"ה וְעֶזְרוֹ veezró שְׁנַיִם shnáyim. הוֹשִׁיעֵנוּ hoshienu
בַּחֲגִיגַת bajaguigat יָמִים yamim נלך שְׁנַיִם shnáyim: אָנָּא aná ב"ן, לכב
זְכוֹר zejor ע"ב קס"א, יהי אור ע"ה אָב av בָּנָה baná בְּבֵית beveit ב"פ ראה
אֵל El ייא"י (מילוי דס"ג) מִזְבְּחוֹת mizbejot שְׁנַיִם shnáyim. בְּנִסָּיוֹן benisayón
הָלַךְ halaj מ"ה עִם im נְעָרִים nearim שְׁנַיִם shnáyim. וּקְרָאתוֹ ukrató מִן min
הַשָּׁמַיִם hashamáyim י"פ טל, י"פ כוזו ; ר"ת מ"ה פְּעָמִים peamim שְׁנַיִם shnáyim.
הוֹשִׁיעֵנוּ hoshienu בַּחֲגִיגַת bajaguigat יָמִים yamim נלך שְׁנַיִם shnáyim:

Por amor a Ti, el Puro e Inmaculado, que actúa con integridad con todos los que le son fieles. Por amor a Ti, Inquiridor de lo oculto e Investigador de todas las cámaras. Por amor a Ti, Aquel cuya palma derecha creó los Cielos y quien hizo las luminarias. Por amor a Ti, Aquel que fundó la Tierra; Él que es grande en poder, glorificado por aquellos que moran en los valles. Por amor a Ti, Aquel cuyos años no terminarán generaciones infinitas. Por favor, redime ahora. Por favor, redime ahora. Por favor, Dios que es Uno, que avergüenza a aquellos que dicen 'Dos', con la mitad del Nombre Él creó los mundos; con las letras que fueron dos, Él formó todo por amor al hombre y a su ayuda idónea, dos; sálvanos en la celebración de dos días. Por favor, recuerda al patriarca (Avraham) que construyó dos altares en Bet El. Para la prueba, viajó con dos mozos que eran dos, y Tú lo llamaste desde los Cielos un total de dos veces; sálvanos en la celebración de dos días.

אָנָּא aná ב"ן, לכב זְכוֹר zejor ע"ב קס"א, יהי אור ע"ה בֵּן ben הִכְמִיר hijmir

רַחֲמֵי rajamei אָב av בַּאֲמִירוֹת baamirot שְׁנַיִם •shnáyim וַחֲנַנְתּוֹ janantó

גּוֹיִם goyim שְׁנַיִם shnáyim וּלְאֻמִּים uleumim שְׁנַיִם •shnáyim

וַיְבָרֵךְ vayvarej עסמ"ב, הברכה (למתק ז' מלכים שמתו) הֱוֵה hevé גְּבִיר guevir

פְּעָמִים peamim שְׁנַיִם •shnáyim הוֹשִׁיעֵנוּ hoshienu בַּחֲגִיגַת bajaguigat

יָמִים yamim נלך שְׁנַיִם :shnáyim אָנָּא aná ב"ן, לכב זְכוֹר zejor ע"ב קס"א, יהי אור ע"ה

הָיָה hayá יהה צָעִיר tsair וְנָחַל venájal פִּי pi שְׁנַיִם •shnáyim

עָבַר avar בְּמַקְלוֹ bemakló אֶת et הַיַּרְדֵּן haYardén י' הויות וד' אותיות

וְהָיָה vehayá יהה יהוה לְמַחֲנוֹת lemajanot שְׁנַיִם •shnáyim

הוֹשִׁיעֵנוּ hoshienu בַּחֲגִיגַת bajaguigat יָמִים yamim נלך שְׁנַיִם :shnáyim

אָנָּא aná ב"ן, לכב הַמַּשְׁמִיעֵנוּ hamashmienu תּוֹרָה Torá עַל al יְדֵי yedei

רוֹעִים roim שְׁנַיִם •shnáyim הַמַּנְחִילֵנוּ hamanjilenu עֲשֶׂרֶת asérei

דְּבָרִים devarim ראה עַל al לוּחוֹת lujot שְׁנַיִם •shnáyim

הַמַּאֲזִין hamaazín וּמֵעִיד umeid בָּנוּ banu עֵדִים edim שְׁנַיִם •shnáyim

הוֹשִׁיעֵנוּ hoshienu בַּחֲגִיגַת bajaguigat יָמִים yamim נלך שְׁנַיִם :shnáyim

הוֹשַׁעְנָא •hoshaaná הוֹשַׁעְנָא :hoshaaná (X2)

אָנָּא aná ב"ן לכב הוֹשִׁיעָה hoshía יהוה ש"ע נהורין נָּא :na (X2)

אָנָּא aná ב"ן לכב יוֹצְרִי yotsrí דּוֹרְשֵׁנִי •dorsheni וְכִימֵי vejimei עוֹלָם olam

וְחָפְשֵׁנִי •jofsheni וּמַדֵּי umadei הוֹדָךְ hodjá תַּלְבִּישֵׁנִי •talbisheni הַיּוֹם hayom

נגד, מזבח, זן, אל יהוה בְּיוֹם beyom נגד, מזבח, זן, אל יהוה שֵׁנִי •shení

הוֹשִׁיעָה hoshía יהוה ש"ע נהורין נָּא :na

Por favor, recuerda al hijo (Yitsjak) que despertó la compasión de su padre a través de enunciados, que fueron dos, Tú le otorgaste naciones que fueron dos y reinos que fueron dos, y él bendijo "Sé un Señor" un total de dos veces; sálvanos en la celebración de dos días. Por favor, recuerda al único (Yaakov) que era joven y aún así heredó la porción de dos, él preparó platos deliciosos de cabritos que fueron dos, cruzó el Jordán con su vara y formó un total de dos campamentos; sálvanos en la celebración de dos días. Por favor, Aquel que proclamó para nosotros la Torá a través de pastores que fueron dos, que nos legó los Diez Enunciados sobre las Tablas que fueron dos, que invoca para escuchar y pedir testimonio de nosotros, testigos, que somos dos; sálvanos en la celebración de dos días.

Por favor, redime ahora. Por favor, redime ahora. (x2)

אָנָּא aná בי"ן לכב הוֹשִׁיעָה hoshía יהוה ש"ע נהורין נָּא na: (X2)

אָנָּא aná בי"ן לכב סוֹב sov נָא na וְהַנְפִּישֵׁנִי vehanfisheni•
וּמִמֵּימֵי umimeimei מְצוּלָה metsulá הַמְשֵׁנִי hamsheni• פְּנֵה pené ע"ב ס"ג
אֵלַי elai וְאַל veal תְּבִישֵׁנִי tevisheni• הַיּוֹם hayom נג"ד, מזבח, זן, אל יהוה
בְּיוֹם beyom נג"ד, מזבח, זן, אל יהוה שֵׁנִי shení• הוֹשִׁיעָה hoshía יהוה ש"ע נהורין נָּא na:

אֲנִי Aní אני וָהוּ Vahú והו הוֹשִׁיעָה hoshía יהוה ש"ע נהורין נָּא na• (X2)

כְּהוֹשַׁעְתָּ quehoshatá יְגִיעֵי yeguiéi נֶשֶׁם neshem• וּמֻכֵּי umuquei גֵו guev
וְגֶשֶׁם vegueshem י"פ אל• וַיֶּאְשְׁמוּ vayeeshmú אָשֵׁם ashem• אֲצִים atsim
לְנָקְשֵׁנִי lenaksheni• סוֹחֲזוּיֵ sojajei פִּלּוּל filul• פְּצוֹת petsot לָךְ lejá
הִלּוּל hilul• לְסַלְסְלָךְ lesalselaj בְּמִלּוּל bemilul• נְהַלְּלָךְ nehalelaj
בְּיוֹם beyom נג"ד, מזבח, זן, אל יהוה שֵׁנִי shení• כֵּן quen הוֹשַׁעְנָא hoshaaná:

אָנָּא aná בי"ן לכב הוֹשִׁיעָה hoshía יהוה ש"ע נהורין נָּא na: (X2)

אֲנִי Aní אני וָהוּ Vahú והו הוֹשִׁיעָה hoshía יהוה ש"ע נהורין נָּא na• (X2)

כְּהוֹשַׁעְתָּ quehoshatá יוֹצְאֵי yotsei חָנֵס janes• בְּמוֹפֵת bemófet וָנֵס vanés•
וְשִׁיחַתָּ veshijatá אוֹנֵס ónes• חוֹשֵׁק joshek לְכַבְּשֵׁנִי lejabesheni•
שְׂרִידֵי seridei עֲדָתֶךָ adateja• סוֹבְבֵי sovevei תְּעוּדָתֶךָ teudateja•
פּוֹצְחֵי potsjei אֲפוּדָתֶךָ afudateja• נְהַלְּלָךְ nehalelaj
בְּיוֹם beyom נג"ד, מזבח, זן, אל יהוה שֵׁנִי shení• כֵּן quen הוֹשַׁעְנָא hoshaaná:

אֲנִי Aní אני וָהוּ Vahú והו הוֹשִׁיעָה hoshía יהוה ש"ע נהורין נָּא na• (X2)

Por favor, trae salvación ahora. (x2)

Por favor, Hacedor mío, cuida de mí y, como en días de antaño, libérame y vísteme en Tus espléndidas vestiduras; hoy, en el segundo día. Por favor, redime ahora.

Por favor, trae salvación ahora. (x2)

Por favor, vuélvete ahora y otórgame tranquilidad, y sácame de las profundidades marinas, vuélvete para que me puedas escuchar y no me dejes humillado el día de hoy, el segundo día. Por favor, redime ahora.

Por favor, trae salvación (x2)

Aní Vahú (de los 72 Nombres de Dios), trae salvación ahora. (x2)

Así como Tú has salvado a aquellos con respiración dificultosa, también a aquellos afligidos del cuerpo que fueron totalmente diezmados por quienes amenazan con atraparme; quienes enuncian oraciones, quienes abren para alabarte y exaltarte con palabras. Permítenos alabarte en el segundo día; por lo tanto, redime ahora, por favor.

Aní Vahú (de los 72 Nombres de Dios), por favor, trae salvación ahora. (x2)

וְכֹלְתָה jiltá פְּנֵי penei ע"ב ס"ג אֲדוֹנֶיהָ adoneha. עַם am עָצוּר atsur
בְּרֹב berov י"פ אהיה פַּחַד pájad. וְסוֹבְבָה vesovevá בְּבֵית beveit ב"פ ראה
אֱלֹהֶיהָ Eloheha. שְׁתֵּי shetei פְּעָמִים peamim בְּלֵב belev יַחַד yájad:
וְעָנְתָה veantá כִּי qui טוֹבִים tovim הַשְּׁנַיִם hashnáyim מִן min הָאֶחָד haejad
אהבה, ראגה: טוֹב tov והו תִּקַּח tikaj מִמֶּנּוּ mimenu. יָדְךָ yadjá
תְּעַצְּמֵנוּ teatsmenu. מִיֹּמַיִם miyomáyim תְּחַיֵּנוּ tejayeinu. וּבַשְּׁלִישִׁי uvashelishí
תְּקִימֵנוּ tekimenu. הָאֵל haEl לאה אֲשֶׁר asher מִמֶּנּוּ mimenu.
כָּל col ילי דָּבָר davar ראה לֹא lo נִכְחַד nijejad: וְעָנְתָה veantá כִּי qui
טוֹבִים tovim הַשְּׁנַיִם hashnáyim מִן min הָאֶחָד haejad אהבה, ראגה:
כְּהוֹשַׁעְתָּ quehoshatá מֵאָז meaz ומב עֲדָתֶךָ adateja, כֵּן quen
הוֹשִׁיעָה hoshía יהוה ש"ע נהורין אֶת et עַמֶּךָ ameja ס"ת כהת, משיח בן דוד ע"ה
וּבָרֵךְ uvarej אֶת et נַחֲלָתֶךָ najalateja. נְהַלְלָךְ nehalelaj
בְּיוֹם beyom נגד, מזבח, זן, אל יהוה שֵׁנִי shení. כֵּן quen הוֹשַׁעְנָא hoshaaná:

אֲנִי Aní אני וָהוּ Vahú והו הוֹשִׁיעָה hoshía יהוה ש"ע נהורין נָּא na. (X2)

כַּכָּתוּב cacatuv:

הוֹשִׁיעָה hoshía יהוה ש"ע נהורין אֶת et עַמֶּךָ ameja ס"ת כהת, משיח בן דוד ע"ה
וּבָרֵךְ uvarej אֶת et נַחֲלָתֶךָ najalateja
וּרְעֵם urem וְנַשְּׂאֵם venaseem עַד ad הָעוֹלָם haolam:

Continúa con *Kadish Titkabal* en la página 489.

Así como Tú salvaste a aquellos que dejaron Hanes entre maravillas y milagros, y destruiste a los déspotas que querían doblegarme; el remanente de Tu congregación que da vueltas alrededor de Tu Testamento, quienes entonan la canción de Tu Efod. Permítenos alabarte en el segundo día; por lo tanto, redime ahora, por favor.

Aní Vahú (de los 72 Nombres de Dios), por favor, trae salvación ahora. (x2)

Ella ora ante su Señor, la nación paralizada en abundante terror.

Ella da vueltas alrededor de la Casa de su Dios dos veces con un corazón unificado, y ella proclama: "Dos son mejor que uno". Así como Tú has salvado a Tu congregación desde los días de antaño, de igual manera salva a Tu pueblo y bendice Tu heredad. Permítenos alabarte en el segundo día; por favor, redime ahora. Aní Vahú (de los 72 Nombres de Dios), por favor, trae salvación ahora. (x2) como está escrito: "Redime a Tu pueblo y bendice a Tu heredad, pastoréalos y llévalos para siempre" (Salmos 28:9).

HOSHANOT (RONDAS) DEL TERCER DÍA DE SUCOT

Medita en atraer lo Circundante de *Jésed* de *Tiféret* de *Zeir Anpín*

אלף הא יוד הא　אלף הא יוד הא　אלף הא יוד הא

Y estos tres Nombres (אהיה = 21) son igual al Nombre יוד הי ואו הי (= 63), y de las letras (י"א"= 31) proviene el Nombre אל. Y desde el cuerpo de *Zeir Anpín* (Sus Seis Bordes) todo es atraído hacia *Nukvá*. Durante las vueltas, se debe meditar en atraer Luz Interna a *Leá* y *Rajel*, y en ser protegido de uno de los ministros cósmicos (que está incluido con diez ministros de las naciones).

אֶרְחַץ erjats בְּנִקָּיוֹן benikayón כַּפָּי capai וַאֲסֹבְבָה vaasoveva אֶת et
מִזְבַּחֲךָ mizbajajá נגד, זן, אל יהוה יְהֹוָה יאהדונהי Adonai: לַשְׁמִעַ lashmía
בְּקוֹל bekol תּוֹדָה todá וּלְסַפֵּר ulsaper כָּל col ילי נִפְלְאוֹתֶיךָ: nifleoteja

הוֹשַׁעְנָא hoshaaná. הוֹשַׁעְנָא hoshaaná:

לְמַעַנְךָ lemaanaj אֱלֹהֵינוּ Eloheinu ילה: לְמַעַנְךָ lemaanaj בּוֹרְאֵנוּ borenu:
לְמַעַנְךָ lemaanaj גּוֹאֲלֵנוּ goalenu: לְמַעַנְךָ lemaanaj דּוֹרְשֵׁנוּ dorshenu:
לְמַעַנְךָ lemaanaj אַדִּיר adir הרי אַדִּירִים adirim הרי: לְמַעַנְךָ lemaanaj
בּוֹרֵא boré רוּחַ rúaj וְיוֹצֵר veyotser הָרִים harim: לְמַעַנְךָ lemaanaj
גְּדוֹל guedol להח, ועם ד' אותיות מבה, יזל, אום הָעֵצָה haetsá. מַשְׁפִּיל mashpil
וּמֵרִים umerim: לְמַעַנְךָ lemaanaj דּוֹבֵר dover צֶדֶק tsédek מַגִּיד maguid
מֵישָׁרִים meisharim: לְמַעַנְךָ lemaanaj הַיּוֹדֵעַ hayodea וָעֵד vaed
אִם im יוהך, מ"א אותיות דפשוט, דמילוי ודמילוי דמילוי דאהיה ע"ה יִסָּתֵר yisater ב"פ מצר
אִישׁ ish בַּמִּסְתָּרִים bamistarim: לְמַעַנְךָ lemaanaj וְהוּא vehú
בְּאֶחָד beejad אהבה, דאגה וּמִי umí ילי יְשִׁיבֶנּוּ yeshivenu אֲמָרִים amarim:

HOSHANOT (RONDAS) DEL TERCER DÍA DE SUCOT

"Lavaré en pureza mis manos y andaré en torno a Tu altar, Señor, proclamando con voz de acción de gracias y contando todas Tus maravillas" (Salmos 26:6-7).

Por favor, redime ahora. Por favor, redime ahora.

Por amor a Ti, nuestro Dios. Por amor a Ti, nuestro Creador. Por amor a Ti, nuestro Redentor. Por amor a Ti, nuestro Inquiridor. Por amor a Ti, el Poderoso de poderosos. Por amor a Ti, Creador del viento y Formador de montañas. Por amor a Ti, Colosal en consuelo, que humilla y exalta. Por amor a Ti, Enunciador de rectitud, Maestro de principios justos. Por amor a Ti, Aquel que conoce y es testigo si un hombre se esconde en lugares ocultos. Por amor a Ti, Aquel que es Uno y que podría contestarle a Él.

לְמַעַנְךָ lemaanaj זַךְ zaj ייי וְנָקִי venakí ע"ה קס"א וּמִתְבָּרֵר umitbarer עִם im
בָּרִים :barim לְמַעַנְךָ lemaanaj וְחוֹפֵשׂ jofés מַצְפּוּן •matspún
וְחוֹקֵר vejoker כָּל col ילי חֲדָרִים :jadarim לְמַעַנְךָ lemaanaj
טִפְּחָה tipjá יְמִינוֹ yeminó שָׁמַיִם shamáyim י"פ טל, י"פ כוזו• וְעָשָׂה veasá
מְאוֹרִים :meorim לְמַעַנְךָ lemaanaj יָסַד yasad אֶרֶץ •érets
בַּצּוּרוֹת batsurot בִּקְעָ bikea יְאוֹרִים :yeorim לְמַעַנְךָ lemaanaj כַּבִּיר cabir
כֹּחַ •cóaj מְכֻבָּד mejubad בָּאוּרִים :baurim לְמַעַנְךָ lemaanaj
לֹא lo יִתַּמּוּ yitamu שְׁנוֹתָיו shenotav לְדוֹר ledor דּוֹרִים :dorim

הוֹשַׁעְנָא •hoshaaná הוֹשַׁעְנָא :hoshaaná

אָנָּא aná ב"ן, לכב הָאֵל haEl לאה הַנִּקְדָּשׁ hanikdash בִּקְדֻשּׁוֹת bikdushot
שְׁלֹשָׁה •shloshá בָּרָא bará קנ"א ב"ן, יהוה אלהים יהוה אדני, מילוי קס"א וס"ג, מ"ה ברבוע וע"ב ע"ה
בְּמַעֲשֵׂה bemaasé בְּרֵאשִׁית vereshit בְּכָל bejol ב"ן, לכב יוֹם yom
נגד, מזבח, זן, אל יהוה שְׁלֹשָׁה •shloshá וּבַשִּׁשִּׁי uvashishí וּבַשְּׁבִיעִי uvashvií
שְׁלֹשָׁה shloshá שְׁלֹשָׁה •shloshá הוֹשִׁיעֵנוּ hoshienu בַּחֲגִיגַת bajaguigat
יָמִים yamim נלך שְׁלֹשָׁה :shloshá אָנָּא aná ב"ן, לכב זְכוֹר zejor ע"ב קס"א, יהי אור ע"ה
אָב av רָאָה raá ראה מַלְאָכִים malajim שְׁלֹשָׁה •shloshá
וַיְמַהֵר vaymaher לְהַסְעִידָם lehasidam סְאִים seím שְׁלֹשָׁה •shloshá
הָלְכוּ haljú אִתּוֹ itó בַּעֲלֵי baalei בְּרִית berit שְׁלֹשָׁה •shloshá
הוֹשִׁיעֵנוּ hoshienu בַּחֲגִיגַת bajaguigat יָמִים yamim נלך שְׁלֹשָׁה :shloshá

Por amor a Ti, el Puro e Inmaculado,

que actúa con integridad con todos los que le son fieles. Por amor a Ti, Inquiridor de lo oculto e Investigador de todas las cámaras. Por amor a Ti, Aquel cuya palma derecha creó los Cielos y quien hizo las luminarias. Por amor a Ti, Aquel que fundó la Tierra; Él que es grande en poder, glorificado por aquellos que moran en los valles. Por amor a Ti, Aquel cuyos años no terminarán generaciones infinitas.

Por favor, redime ahora. Por favor, redime ahora.

Por favor, Dios, que es consagrado por tres santificaciones;

quien llevó a cabo en la Creación a tres cada día, y en el sexto y séptimo, tres, tres; sálvanos en la celebración de tres días. Por favor, recuerda al patriarca (Avraham) que vio a tres ángeles y se apresuró a alimentarlos con tres seim, quien fue acompañado por tres compañeros del tratado; sálvanos en la celebración de tres días.

אָנָּא aná ב"ן, לכבב זְכוֹר zejor ע"ב קס"א, יהי אור ע"ה בֵּן ben הוּכַן huján

לַעֲקֵדָה laakedá לְיָמִים leyamim נלך שְׁלֹשָׁה shloshá• כָּרַת carat בְּרִית brit

עִם im מֶלֶךְ mélej וּמֵרֵעֵהוּ umereehu וְשַׂר vesar צְבָאוֹ tsevaó

שְׁלֹשָׁה shloshá• בִּזְכוּתוֹ bizjutó נָחֲלוּ najalú בָּנָיו vanav כְּתָרִים quetarim

שְׁלֹשָׁה shloshá: הוֹשִׁיעֵנוּ hoshienu בַּחֲגִיגַת bajaguigat יָמִים yamim נלך

שְׁלֹשָׁה shloshá: אָנָּא aná ב"ן, לכבב זְכוֹר zejor ע"ב קס"א, יהי אור ע"ה אָב av

וְחָזָה jazá סֻלָּם sulam בְּעוֹלִים beolim וְיוֹרְדִים veyordim שְׁלֹשָׁה shloshá•

וּפִצֵּל ufitsel בָּרְהָטִים barehatim מַקְלוֹת maklot שְׁלֹשָׁה shloshá•

וַיְשַׁלַּח vayshalaj בָּנָיו banav לְצֹעַן letsoán פְּעָמִים peamim שְׁלֹשָׁה shloshá•

הוֹשִׁיעֵנוּ hoshienu בַּחֲגִיגַת bajaguigat יָמִים yamim נלך שְׁלֹשָׁה shloshá:

אָנָּא aná ב"ן, לכבב הַגּוֹאֲלֵנוּ hagoalenu עַל al יְדֵי yedei אַחִים ajim

שְׁלֹשָׁה shloshá• הַשָּׂם hasam בָּנוּ banu מַעֲלוֹת maalot כֹּהֲנִים Cohanim

לְוִיִּם Leviyim וְיִשְׂרָאֵל veYisrael שְׁלֹשָׁה shloshá• הַמַּנְחִילֵנוּ hamanjilenu

תּוֹרָה Torá נְבִיאִים Neviim וּכְתוּבִים uJetuvim שְׁלֹשָׁה shloshá•

הוֹשִׁיעֵנוּ hoshienu בַּחֲגִיגַת bajaguigat יָמִים yamim נלך שְׁלֹשָׁה shloshá:

הוֹשַׁעְנָא hoshaaná• הוֹשַׁעְנָא hoshaaná: (X2)

אָנָּא aná ב"ן לכבב הוֹשִׁיעָה hoshía יהוה ש"ע נהורין נָא na: (X2)

אָנָּא ana ב"ן לכבב יַסֵּד yased יְסוֹד yesod ההע מִקְדָּשִׁי mikdashí• לַעֲרֹב laarov

בּוֹ bo נִיחוֹחֵי nijojei אִשִּׁי isí• וְתַזְרִיחַ vetazríaj אוֹר or רז, א"ס שִׁמְשִׁי shimshí•

הַיּוֹם hayom נגד, מזבח, זן, אל יהוה בְּיוֹם beyom נגד, מזבח, זן, אל יהוה

שְׁלִישִׁי shlishí• הוֹשִׁיעָה hoshía יהוה ש"ע נהורין נָא na:

Por favor, recuerda al hijo (Yitsjak) que fue preparado para la atadura después de tres días, estableció un pacto con un rey, su socio y su general, quienes eran tres; en su mérito sus tres hijos heredaron tres coronas; sálvanos en la celebración de tres días. Por favor, recuerda al patriarca (Yaakov) que observó una escalera con ángeles que ascendían y descendían, tres, quienes vigilaban las ramas de los abrevaderos, que eran tres, y quienes enviaron a sus hijos a Tsoán en tres ocasiones; sálvanos en la celebración de tres días. Por favor, Tú que nos redimes a través de tres hermanos, que instituyes entre nosotros niveles: cohanim, levitas e israelitas, tres; que nos ha otorgado la Torá, Profetas y Hagiógrafos, tres; sálvanos en la celebración de tres días.

Por favor, redime ahora. Por favor, redime ahora. (x2)

Por favor, trae salvación ahora. (x2)

Por favor, restablece los cimientos de mi Santuario, para producir dulzura en el aroma de mi holocausto, y permite que la luz de mi Sol brille; hoy, en el tercer día. Redime ahora.

אָנָּא aná ב"ן לכב הוֹשִׁיעָה hoshía יהוה ש"ע נהורין נָא na: (X2)

אָנָּא aná ב"ן לכב סְוֵה sejé נָא na מוֹקְשִׁי mokshí• וְשׁוֹבֵב veshovev
מְעוֹן meón מִקְדָּשִׁי mikdashí• פְּדֵה pedé בְּשָׁלוֹם beshalom נַפְשִׁי nafshí•
הַיּוֹם hayom נגד, מזבח, זן, אל יהוה בְּיוֹם beyom נגד, מזבח, זן, אל יהוה שְׁלִישִׁי shlishí•
הוֹשִׁיעָה hoshía יהוה ש"ע נהורין נָא na:

אָנָּא aná ב"ן לכב הוֹשִׁיעָה hoshía יהוה ש"ע נהורין נָא na: (X2)

אֲנִי Aní אני וָהוֹ Vahú והו הוֹשִׁיעָה hoshía יהוה ש"ע נהורין נָא na• (X2)

כְּהוֹשַׁעְתָּ quehoshatá יְדִידִים yedidim• מִכַּף micaf מַעֲבִידִים maavidim•
וַתִּמְחַץ vatimjats לוּדִים ludim• בַּעֲלוֹת baalot לְךָ lejá רַחְשִׁי rajshí:
סְגֻלָּה segulá מְאֻשֶּׁרֶת meushéret• אֲשֶׁר asher לְךָ lejá סוֹבֶרֶת sovéret•
פּוֹצַחַת potsájat לְךָ lejá עֲתֶרֶת atéret• נְהַלְלָךְ nehalelaj
בְּיוֹם beyom נגד, מזבח, זן, אל יהוה שְׁלִישִׁי shlishí• כֵּן quen הוֹשַׁעְנָא hoshaaná:

אֲנִי Aní אני וָהוֹ Vahú והו הוֹשִׁיעָה hoshía יהוה ש"ע נהורין נָא na• (X2)

כְּהוֹשַׁעְתָּ quehoshatá יְפֵה yefé נוֹף nof• מִמִּכְלְאֵי mimijleéi נוֹף nof•
וַתֶּאֱנַף vateenaf אָנוֹף anof• עַד ad צֵאתִי tsetí חָפְשִׁי jofshí:
שְׂרִידֵי seridei הָעֵדֶר haéder• מְאַדְּרִים meadrim אֶדֶר éder•
פְּצוֹת petsot לְךָ lejá הוֹד hod ההה וְהֶדֶר vahéder• נְהַלְלָךְ nehalelaj
בְּיוֹם beyom נגד, מזבח, זן, אל יהוה שְׁלִישִׁי shlishí: כֵּן quen הוֹשַׁעְנָא hoshaaná:

אֲנִי Aní אני וָהוֹ Vahú והו הוֹשִׁיעָה hoshía יהוה ש"ע נהורין נָא na• (X2)

Por favor, trae salvación ahora. (x2)
Por favor, aparta mi obstáculo ahora y devuelve mi santa morada; redime mi alma en paz; hoy, en el tercer día. Redime ahora.
Por favor, trae salvación ahora. (x2)
Aní Vahú (de los 72 Nombres de Dios), por favor, trae salvación ahora. (x2)
Así como Tú salvaste a nuestros apreciados amigos de las garras de los esclavizadores, y así como heriste a los Ludim cuando mi intención subió ante ti; el afortunado pueblo escogido, que se vuelve a Ti con esperanza, abre su boca a Ti con súplica; permítenos alabarte en el tercer día; por lo tanto, redime ahora, por favor.
Aní Vahú (de los 72 Nombres de Dios), por favor, trae salvación ahora. (x2)
Así como Tú salvaste la belleza de los ramales de las prisiones de Nof, y como liberaste toda Tu ira hasta que yo hubiese partido hacia la libertad; el remanente del rebaño que glorifica al Glorioso abre su boca a Ti en ocultación y esplendor: permítenos alabarte en el tercer día; por lo tanto, redime ahora.
Aní Vahú (de los 72 Nombres de Dios), por favor, trae salvación ahora. (x2)

מְיַחֲדִים meyajadim שֵׁם shem הָאֵל haEl לאה ; יי״א (מילוי דס״ג)
הַיּוֹם hayom נגד, מזבח, זן, אל יהוה בְּשִׁירָה beshirá עֲרוּכָה arujá.
וּבְבִיאַת uveviat הַגּוֹאֵל hagoel, הַעֲלֵה haalé לָנוּ lanu אלהים, אהיה אדני
אֲרוּכָה arujá. מְשׁוֹרְרִים meshorerim אֵין ein כָּאֵל caEl יי״א (מילוי דס״ג),
עָם am לוֹ lo תְּאוּת teot מְלוּכָה melujá. יִהְיֶה yihyé ייי לְיִשְׂרָאֵל leyisrael,
שְׁלִישִׁיָּה shlishiyá בְּרָכָה brajá: סוֹבְבֵי sovevei תְּעוּדָתֶךָ teudateja,
הָאֵר haer אֲפֵלָתָם afelatam. הַיּוֹם hayom נגד, מזבח, זן, אל יהוה
בְּבֵיתֶךָ beveiteja ב״פ ראה, תַּקְשִׁיב takshiv תְּחִנָּתָם tejinatam. לְדִין ledín
בְּשִׁבְתֶּךָ beshivteja, הַעֲבֵר haaver וְחַטָּאתָם jatatam. הֲשִׁיבֵם hashivem
לְקַדְמוּתָם lekadmutam. מַעֲרָכָה maarajá לִקְרַאת likrat מַעֲרָכָה maarajá:

אֲנִי Aní אני וָהוֹ Vahú והו הוֹשִׁיעָה hoshía יהוה ש״ע נהורין נָּא na. (X2)

כְּהוֹשַׁעְתָּ quehoshatá מֵאָז meaz ומב עֲדָתֶךָ adateja, כֵּן quen
הוֹשִׁיעָה hoshía יהוה ש״ע נהורין אֶת et עַמֶּךָ ameja ס״ת כהת, משיח בן דוד ע״ה
וּבָרֵךְ uvarej אֶת et נַחֲלָתֶךָ najalateja. נְהַלְלָךְ nehalelaj
בְּיוֹם beyom נגד, מזבח, זן, אל יהוה שְׁלִישִׁי shlishí. כֵּן quen הוֹשַׁעְנָא hoshaaná:

אֲנִי Aní אני וָהוֹ Vahú והו הוֹשִׁיעָה hoshía יהוה ש״ע נהורין נָּא na. (X2)

כַּכָּתוּב cacatuv:

הוֹשִׁיעָה hoshía יהוה ש״ע נהורין אֶת et עַמֶּךָ ameja ס״ת כהת, משיח בן דוד ע״ה
וּבָרֵךְ uvarej אֶת et נַחֲלָתֶךָ najalateja
וּרְעֵם urem וְנַשְּׂאֵם venaseem עַד ad הָעוֹלָם haolam:

Continúa con *Kadish Titkabal* en la página 489.

Ellos unifican el Nombre de Dios hoy, con una canción compuesta y con el alivio que nos traiga la llegada del Redentor. Ellos cantan: "No hay nadie como Dios" (Deuteronomio 33:26), un pueblo cuya realeza es apropiada; que sea para Israel la bendición triple. Aquellos que dan vueltas a Tu Testamento, ilumina su oscuridad; hoy, en Tu Casa, atiende a su oración. Cuando Tú presidas en el juicio, elimina su pecado; regrésalos a su ejército original. Así como Tú has salvado a Tu congregación desde los días de antaño, salva a Tu pueblo y bendice a Tu heredad. Permítenos alabarte en el tercer día; por lo tanto, redime ahora. Aní Vahú (de los 72 Nombres de Dios), por favor, trae salvación ahora. (x2) Como está escrito: "Redime a Tu pueblo y bendice a Tu heredad, pastoréalos y llévalos para siempre" (Salmos 28:9).

HOSHANOT (RONDAS) DEL CUARTO DÍA DE SUCOT

Medita en atraer lo Circundante de *Jésed* de *Nétsaj* de *Zeir Anpín*

אלף הי יוד הא   אלף הי יוד הא   אלף הי יוד הא

Y estos tres Nombres (אהיה = 21) son igual al Nombre יוד הי ואו הי (= 63), y de las letras ("יא" = 31) proviene el Nombre אל. Y desde el cuerpo de *Zeir Anpín* (Sus Seis Bordes) todo es atraído hacia *Nukvá*. Durante las vueltas, se debe meditar en atraer Luz Interna a *Leá* y *Rajel*, y en ser protegido de uno de los ministros cósmicos (que está incluido con diez ministros de las naciones).

אֶרְחַץ erjats בְּנִקָּיוֹן benikayón כַּפָּי capai וַאֲסֹבְבָה vaasoveva אֶת et

מִזְבַּחֲךָ mizbajajá נגד, זן, אל יהוה יְהֹוָאדהנויאהדונהי Adonai: לַשְׁמִעַ lashmía

בְּקוֹל bekol תּוֹדָה todá וּלְסַפֵּר ulsaper כָּל col ילי נִפְלְאוֹתֶיךָ nifleoteja:

הוֹשַׁעְנָא hoshaaná. הוֹשַׁעְנָא hoshaaná:

לְמַעַנְךָ lemaanaj אֱלֹהֵינוּ Eloheinu ילה: לְמַעַנְךָ lemaanaj בּוֹרְאֵנוּ borenu:

לְמַעַנְךָ lemaanaj גּוֹאֲלֵנוּ goalenu: לְמַעַנְךָ lemaanaj דּוֹרְשֵׁנוּ dorshenu:

לְמַעַנְךָ lemaanaj אַדִּיר adir הרי אַדִּירִים adirim הרי: לְמַעַנְךָ lemaanaj

בּוֹרֵא boré רוּחַ rúaj וְיוֹצֵר veyotser הָרִים harim: לְמַעַנְךָ lemaanaj

גְּדוֹל guedol להח, ועם ד׳ אותיות מבה, יזל, אום הָעֵצָה haetsá. מַשְׁפִּיל mashpil

וּמֵרִים umerim: לְמַעַנְךָ lemaanaj דּוֹבֵר dover צֶדֶק tsédek מַגִּיד maguid

מֵישָׁרִים meisharim: לְמַעַנְךָ lemaanaj הַיּוֹדֵעַ hayodea וָעֵד vaed

אִם im יוהך, מ״א אותיות דפשוט, דמילוי ודמילוי דמילוי דאהיה ע״ה יִסָּתֵר yisater ב״פ מצר

אִישׁ ish בַּמִּסְתָּרִים bamistarim: לְמַעַנְךָ lemaanaj וְהוּא vehú

בְּאֶחָד beejad אהבה, דאגה וּמִי umí ילי יְשִׁיבֶנּוּ yeshivenu אֲמָרִים amarim:

HOSHANOT (RONDAS) DEL CUARTO DÍA DE SUCOT

"Lavaré en pureza mis manos y andaré en torno a Tu altar, Señor, proclamando con voz de acción de gracias y contando todas Tus maravillas" (Salmos 26:6-7).

Por favor, redime ahora. Por favor, redime ahora.

Por amor a Ti, nuestro Dios. Por amor a Ti, nuestro Creador. Por amor a Ti, nuestro Redentor. Por amor a Ti, nuestro Inquiridor. Por amor a Ti, el Poderoso de poderosos. Por amor a Ti, Creador del viento y Formador de montañas. Por amor a Ti, Colosal en consuelo, que humilla y exalta. Por amor a Ti, Enunciador de rectitud, Maestro de principios justos. Por amor a Ti, Aquel que conoce y es testigo si un hombre se esconde en lugares ocultos. Por amor a Ti, Aquel que es Uno y que podría contestarle a Él.

לְמַעַנְךָ lemaanaj זַךְ zaj ייי וְנָקִי venakí ע"ה קס"א וּמִתְבָּרֵר umitbarer עִם im

בָּרִים barim: לְמַעַנְךָ lemaanaj וְחוֹפֵשׂ jofés מַצְפּוּן matspún•

וְחוֹקֵר vejoker כָּל col ילי וַחֲדָרִים jadarim: לְמַעַנְךָ lemaanaj

טִפְּחָה tipjá יְמִינוֹ yeminó שָׁמַיִם shamáyim י"פ טל, י"פ כוזו• וְעָשָׂה veasá

מְאוֹרִים meorim: לְמַעַנְךָ lemaanaj יָסַד yasad אֶרֶץ érets•

בַּצּוּרוֹת batsurot בִּקַּע bikea יְאוֹרִים yeorim: לְמַעַנְךָ lemaanaj כַּבִּיר cabir

כֹּחַ cóaj• מְכֻבָּד mejubad בָּאוּרִים baurim: לְמַעַנְךָ lemaanaj

לֹא lo יִתַּמּוּ yitamu שְׁנוֹתָיו shenotav לְדוֹר ledor דּוֹרִים dorim:

הוֹשַׁעְנָא hoshaaná• הוֹשַׁעְנָא hoshaaná:

אָנָּא aná ב"ן לכב הַבּוֹרֵא haboré עוֹלָמוֹ olamó בִּיסוֹדוֹת bisodot

אַרְבָּעָה arbaá• הַנּוֹתֵן hanotén אבגיתצ, ושר, אהבת חנם נוֹשְׂאֵי nosei כִּסְאוֹ quisó

וְחַיּוֹת jayot אַרְבָּעָה arbaá• הַמַּצִּיב hamatsiv פִּנּוֹת pinot אַרְבָּעָה arbaá•

וּתְקוּפוֹת utkufot אַרְבָּעָה arbaá• הוֹשִׁיעֵנוּ hoshienu בַּחֲגִיגַת bajaguigat

יָמִים yamim נלך אַרְבָּעָה arbaá: אָנָּא aná ב"ן לכב זְכוֹר zejor

אָב av הֵעִיר heir מִמִּזְרָח mimizraj בְּאוֹר beor רז, א"ס

לְיָמִים leyamim נלך אַרְבָּעָה arbaá• רָדַף radaf וַיֵּחָלֵק vayejalek

עַל al מְלָכִים melajim אַרְבָּעָה arbaá• בִּשַּׂרְתּוֹ bisartó

לָשׁוּב lashuv זַרְעוֹ zaró לְדוֹרוֹת ledorot אַרְבָּעָה arbaá:

הוֹשִׁיעֵנוּ hoshienu בַּחֲגִיגַת bajaguigat יָמִים yamim נלך אַרְבָּעָה arbaá:

Por amor a Ti, el Puro e Inmaculado,

que actúa con integridad con todos los que le son fieles. Por amor a Ti, Inquiridor de lo oculto e Investigador de todas las cámaras. Por amor a Ti, Aquel cuya palma derecha creó los Cielos y quien hizo las luminarias. Por amor a Ti, Aquel que fundó la Tierra; Él que es grande en poder, glorificado por aquellos que moran en los valles. Por amor a Ti, Aquel cuyos años no terminarán generaciones infinitas.

Por favor, redime ahora. Por favor, redime ahora.

Por favor, Aquel que creó Su mundo con cuatro elementos, que designó a cuatro ángeles como portadores de Su Trono; que estableció cuatro confines, así como cuatro estaciones; sálvanos en la celebración de cuatro días. Por favor, recuerda al patriarca (Avraham) quien fue despertado por la luz del día cuatro; quien persiguió y estuvo en contra de reyes, que fueron cuatro; Tú le avisaste que sus descendientes regresarían después de cuatro generaciones; sálvanos en la celebración de cuatro días.

אָנָּא aná ב״ן לכב זְכוֹר zejor ע״ב קס״א, יה״י אור ע״ה בֵּן ben הֻגַּשׁ hugash
לַעֲקֵידָה laakeidá עַל al קַרְנוֹת karnot אַרְבָּעָה arbaá. וְחָפַר jafar
בִּפְלֶשֶׁת biFléshet בּוֹרוֹת borot אַרְבָּעָה arbaá. וַיֵּעָתֵק vayatek
לְחֶבְרוֹן leJevrón קִרְיַת kiryat אַרְבָּעָה arbaá: הוֹשִׁיעֵנוּ hoshienu
בַּחֲגִיגַת bajaguigat יָמִים yamim נלך אַרְבָּעָה arbaá: אָנָּא aná ב״ן לכב
זְכוֹר zejor ע״ב קס״א, יה״י אור ע״ה תָּם tam נֶעֱזָר neezar בְּאִמָּהוֹת beimahot
אַרְבָּעָה arbaá. וְחִנֵּן jinén לְהִנָּצֵל lehinatsel מִשְׁפָּטִים mishfatim אַרְבָּעָה arbaá.
בִּתְפִלָּתוֹ bitfilató כִּלְכַּלְתָּ quilcalta בָנָיו banav בִּדְבָרִים bidvarim
אַרְבָּעָה arbaá: הוֹשִׁיעֵנוּ hoshienu בַּחֲגִיגַת bajaguigat יָמִים yamim נלך
אַרְבָּעָה arbaá: אָנָּא aná ב״ן לכב הַמּוֹלִיכֵנוּ hamolijenu בַּמִּדְבָּר bamidbar
בִּדְגָלִים bidgalim אַרְבָּעָה arbaá. צִוָּה tsivá לְמַלֹּאת lemalot
בַּחוֹשֶׁן bajoshén טוּרִים turim אַרְבָּעָה arbaá. הַמְצַוֵּנוּ hametsavenu
לְהַלְּלוֹ lehaleló בְּחַג bejag בְּמִינִים beminim אַרְבָּעָה arbaá:
הוֹשִׁיעֵנוּ hoshienu בַּחֲגִיגַת bajaguigat יָמִים yamim נלך אַרְבָּעָה arbaá:

הוֹשַׁעְנָא hoshaaná. הוֹשַׁעְנָא hoshaaná: (X2)

אָנָּא aná ב״ן לכב הוֹשִׁיעָה hoshía יהוה ש״ע נהורין נָּא na: (X2)

אָנָּא aná ב״ן לכב יֶעֱרַב yeerav לְךָ lejá שַׁוְעִי shaví.
בְּלוּלָבִי belulaví בְּנַעְנְעִי benaanei. וְקָרֵב vekarev נָא na קֵץ kets מנק
יִשְׁעִי yishí. הַיּוֹם hayom נגד, מזבח, זן, אל יהוה בְּיוֹם beyom נגד, מזבח, זן, אל יהוה
רְבִיעִי revií. הוֹשִׁיעָה hoshía יהוה ש״ע נהורין נָּא na:

Por favor, recuerda al hijo (Yitsjak), que fue llevado a la Atadura sobre cuatro esquinas, que cavó en la tierra de los filisteos cuatro pozos, y que se trasladó a Hebrón, ciudad de cuatro; sálvanos en la celebración de cuatro días. Por favor, recuerda al perfecto (Yaakov) que fue asistido por cuatro matriarcas, que rogó ser salvado de cuatro tribulaciones, que debido a su oración Tú proporcionaste a sus descendientes un total de cuatro cosas; sálvanos en la celebración de cuatro días. Por favor, Aquel que nos guía en el desierto bajo cuatro estandartes, que ordena que el peto contenga cuatro filas, que ha mandado a que lo alabemos en la festividad con cuatro especies; sálvanos en la celebración de cuatro días.

Por favor, redime ahora. Por favor, redime ahora. (x2)

Por favor, trae salvación ahora. (x2)

Por favor, permite que mi petición sea agradable ante Ti cuando agite mi Lulav y, por favor, acerca mi salvación final; hoy, en el cuarto día. Por favor, redime ahora.

אָנָּא aná ב״ן לכב הוֹשִׁיעָה hoshía יהוה ש״ע נהורין נָּא na: (X2)

אָנָּא aná ב״ן לכב סוֹב sov נָא na לְהַרְגִּיעִי leharguíi•
וְכוֹנֵן vejonén כוק אָרְחִי orjí וְרִבְעִי veriví• פָּעֳלִי paolí שְׁעֵה sheé
בְּהִשְׁתַּעַשְׁעִי behishtaashei• נַהֵל nahel לִנְוֵה linvé מַרְגּוֹעִי margoi•
הַיּוֹם hayom נגד, מזבח, זן, אל יהוה בְּיוֹם beyom נגד, מזבח, זן, אל יהוה רְבִיעִי revií•

הוֹשִׁיעָה hoshía יהוה ש״ע נהורין נָּא na:

אָנָּא aná ב״ן לכב הוֹשִׁיעָה hoshía יהוה ש״ע נהורין נָּא na: (X2)

אֲנִי Aní אני וָהוּ Vahú והו הוֹשִׁיעָה hoshía יהוה ש״ע נהורין נָּא na• (X2)

כְּהוֹשַׁעְתָּ quehoshatá יַקִּיר yakir• מִשּׁוֹד mishod מְקַרְקֵר mekarker קִיר kir•
וַתַּךְ vataj וַתַּעֲקִיר vataakir• שׁוֹקֵק shokek שִׁקּוּעִי shikui:
גַּם gam עַתָּה atá וַחֲלֵץ jalets• אֲלוּץ aluts מִמְּאַלֵּץ mimealets•
וּמַדְוֵי umadvei לֵב lev תְּעַלֵּץ tealets• נְהַלֶּלְךָ nehalelaj
בְּיוֹם beyom נגד, מזבח, זן, אל יהוה רְבִיעִי revií• כֵּן quen הוֹשַׁעְנָא hoshaaná:

אֲנִי Aní אני וָהוּ Vahú והו הוֹשִׁיעָה hoshía יהוה ש״ע נהורין נָּא na• (X2)

כְּהוֹשַׁעְתָּ quehoshata שׂוֹרֵק sorek• מִכַּף micaf צַר tsar שׁוֹרֵק shorek•
אֲשֶׁר asher שִׁנָּיו shinav חוֹרֵק jorek• לְקַצֵּץ lekatsets אֶת et גִּזְעִי guizí•
פֶּתַע peta פִּתְאֹם pitom• נָאַמְתָּ naamta נָאוֹם naom•
לְהַשְׁבִּיתוֹ lehashbitó מִלְאוֹם mileom• נְהַלֶּלְךָ nehalelaj
בְּיוֹם beyom נגד, מזבח, זן, אל יהוה רְבִיעִי revií• כֵּן quen הוֹשַׁעְנָא hoshaaná:

Por favor, trae salvación ahora. (x2)

Por favor, vuélvete hacia mí para calmarme y establecer firmemente mi camino y mi lecho. Vuélvete a mi acción en mi dicha, llévame a mi morada serena; hoy, en el cuarto día. Por favor, redime ahora.

Por favor, trae salvación ahora. (x2)

Aní Vahú (de los 72 Nombres de Dios), por favor, trae salvación ahora. (x2)

Así como Tú salvaste a los preciados del saqueo de los demoledores, y heriste y derrotaste al que quería mi hundimiento; ahora, también, libera del opresor a los oprimidos y trae dicha a los que tienen el corazón roto; permítenos alabarte en el cuarto día. Por favor, ¡redime ahora!

Aní Vahú (de los 72 Nombres de Dios), por favor, trae salvación.

Tal como tú salvaste el vino de manos del enemigo desdeñoso, que rechinaba los dientes mientras cortaba mis retoños; de pronto, Tú emitiste un mandato: poner fin a su nación. Permítenos alabarte en el cuarto día. Por lo tanto, redime ahora, por favor.

אֲנִי Aní אני וָהוֹ Vahú והו הוֹשִׁיעָה hoshía יהוה ש״ע נהורין נָּא na. (X2)

יִשְׁעֲךָ yishajá הַרְאֵה haré יָהּ Ya. הָאֵל haEl לאה ; ייא״י (מילוי דס״ג) גְּדוֹל guedol להוו, ועם ד׳ אותיות מבה, יזל, אום דֵּעָה deá. מַהֵר maher קֵץ kets מנק פְּדוּת pedut לְאוֹם leom נִוָּשְׁעָה nivashea. סוֹבְבֵי sovevei תוֹרָתְךָ toratjá פְּעָמִים peamim אַרְבָּעָה arbaá: גּוֹאֵל goel יִשְׂרָאֵל Yisrael. הֱיֵה heyé יהה נָא na מוֹשִׁיעָם moshiam. וּבְעִתּוֹת uvitot כָּאֵל cael. הֱיֵה heyé יהה נָא na מַרְגּוֹעָם margoam. גַּלֵּה galé קֵץ kets מנק יִשְׁעָם yisham. וּלְךָ uljá לִישׁוּעָה lishuá: כְּהוֹשַׁעְתָּ quehoshatá מֵאָז meaz ומב עֲדָתֶךָ adateja, כֵּן quen

הוֹשִׁיעָה hoshía יהוה ש״ע נהורין אֶת et עַמֶּךָ ameja ס״ת כהת, משיח בן דוד ע״ה וּבָרֵךְ uvarej אֶת et נַחֲלָתֶךָ najalateja. נְהַלְלָךְ nehalelaj בְּיוֹם beyom נגד, מזבח, זן, אל יהוה רְבִיעִי revií. כֵּן quen הוֹשַׁעְנָא hoshaaná:

אֲנִי Aní אני וָהוֹ Vahú והו הוֹשִׁיעָה hoshía יהוה ש״ע נהורין נָּא na. (X2)

כַּכָּתוּב cacatuv:

הוֹשִׁיעָה hoshía יהוה ש״ע נהורין אֶת et עַמֶּךָ ameja ס״ת כהת, משיח בן דוד ע״ה

וּבָרֵךְ uvarej אֶת et נַחֲלָתֶךָ najalateja

וּרְעֵם urem וְנַשְּׂאֵם venaseem עַד ad הָעוֹלָם haolam:

Continúa con *Kadish Titkabal* en la página 489.

Aní Vahú (de los 72 Nombres de Dios), por favor, trae salvación ahora. (x2)

Muestra Tu salvación, Dios, el Todopoderoso, grande en conocimiento, apresura la Redención Final para un pueblo redimido, aquellos que dan vueltas a Tu Torá cuatro veces. Redentor de Israel, por favor, conviértete en su salvador en momentos como estos; por favor, sé su consolador, revela su Redención Final, te corresponde a ti salvarlos. Tal como Tú has salvado a Tu congregación desde los días de antaño, salva ahora a Tu pueblo y bendice a Tu heredad. Permítenos alabarte en el cuarto día. Por lo tanto, salva ahora, por favor. Aní Vahú (de los 72 Nombres de Dios), por favor, trae salvación ahora. (x2) Como está escrito: "Redime a Tu pueblo y bendice a Tu heredad, pastoréalos y llévalos para siempre" (Salmos 28:9).

HOSHANOT (RONDAS) DEL QUINTO DÍA DE SUCOT

Medita en atraer lo Circundante de *Jésed* de *Hod* de *Zeir Anpín*

אלף הה יוד הא   אלף הה יוד הא   אלף הה יוד הא

Y estos tres Nombres (אהיה = 21) son igual al Nombre יוד הי ואו הי (= 63), y de las letras ("יא" = 31) proviene el Nombre אל. Y desde el cuerpo de *Zeir Anpín* (Sus Seis Bordes) todo es atraído hacia *Nukvá*. Durante las vueltas, se debe meditar en atraer Luz Interna a *Leá* y *Rajel*, y en ser protegido de uno de los ministros cósmicos (que está incluido con diez ministros de las naciones).

אֶרְחַץ erjats בְּנִקָּיוֹן benikayón כַּפָּי capai וַאֲסֹבְבָה vaasoveva אֶת et

מִזְבַּחֲךָ mizbajajá נגד, זן, אל יהוה יְהֹוָהאדניאהדונהי Adonai: לַשְׁמִעַ lashmía

בְּקוֹל bekol תּוֹדָה todá וּלְסַפֵּר ulsaper כָּל col ילי נִפְלְאוֹתֶיךָ nifleoteja:

הוֹשַׁעְנָא hoshaaná. הוֹשַׁעְנָא hoshaaná:

לְמַעַנְךָ lemaanaj אֱלֹהֵינוּ Eloheinu ילה: לְמַעַנְךָ lemaanaj בּוֹרְאֵנוּ borenu:

לְמַעַנְךָ lemaanaj גּוֹאֲלֵנוּ goalenu: לְמַעַנְךָ lemaanaj דּוֹרְשֵׁנוּ dorshenu:

לְמַעַנְךָ lemaanaj אַדִּיר adir הרי אַדִּירִים adirim הרי: לְמַעַנְךָ lemaanaj

בּוֹרֵא boré רוּחַ rúaj וְיוֹצֵר veyotser הָרִים harim: לְמַעַנְךָ lemaanaj

גְּדוֹל guedol להח, ועם ד' אותיות מבה, יזל, אום הָעֵצָה haetsá. מַשְׁפִּיל mashpil

וּמֵרִים umerim: לְמַעַנְךָ lemaanaj דּוֹבֵר dover צֶדֶק tsédek מַגִּיד maguid

מֵישָׁרִים meisharim: לְמַעַנְךָ lemaanaj הַיּוֹדֵעַ hayodea וָעֵד vaed

אִם im יוהך, מ"א אותיות דפשוט, דמילוי ודמילוי דמילוי דאהיה ע"ה יִסָּתֵר yisater ב"פ מצר

אִישׁ ish בַּמִּסְתָּרִים bamistarim: לְמַעַנְךָ lemaanaj וְהוּא vehú

בְאֶחָד beejad אהבה, דאגה וּמִי umí ילי יְשִׁיבֶנּוּ yeshivenu אֲמָרִים amarim:

HOSHANOT (RONDAS) DEL QUINTO DÍA DE SUCOT

"Lavaré en pureza mis manos y andaré en torno a Tu altar, Señor, proclamando con voz de acción de gracias y contando todas Tus maravillas" (*Salmos 26:6-7*).

Por favor, redime ahora. Por favor, redime ahora.

Por amor a Ti, nuestro Dios. Por amor a Ti, nuestro Creador. Por amor a Ti, nuestro Redentor. Por amor a Ti, nuestro Inquiridor. Por amor a Ti, el Poderoso de poderosos. Por amor a Ti, Creador del viento y Formador de montañas. Por amor a Ti, Colosal en consuelo, que humilla y exalta. Por amor a Ti, Enunciador de rectitud, Maestro de principios justos. Por amor a Ti, Aquel que conoce y es testigo si un hombre se esconde en lugares ocultos. Por amor a Ti, Aquel que es Uno y que podría contestarle a Él.

לְמַעַנְךָ lemaanaj זַךְ zaj ייז וְנָקִי venakí ע"ה קס"א וּמִתְבָּרֵר umitbarer עִם im

בָּרִים barim: לְמַעַנְךָ lemaanaj וְחוֹפֵשׂ jofés מַצְפּוּן matspún.

וְחוֹקֵר vejoker כָּל col ילי חֲדָרִים jadarim: לְמַעַנְךָ lemaanaj

טִפְחָה tipjá יְמִינוֹ yeminó שָׁמַיִם shamáyim י"פ טל, י"פ כוזו. וְעָשָׂה veasá

מְאוֹרִים meorim: לְמַעַנְךָ lemaanaj יָסַד yasad אֶרֶץ érets.

בַּצּוּרוֹת batsurot בְּקֶעַ bikea יְאוֹרִים yeorim: לְמַעַנְךָ lemaanaj כַּבִּיר cabir

כֹּחַ cóaj. מְכֻבָּד mejubad בָּאוּרִים baurim: לְמַעַנְךָ lemaanaj

לֹא lo יִתַּמּוּ yitamu שְׁנוֹתָיו shenotav לְדוֹר ledor דּוֹרִים dorim:

הוֹשַׁעְנָא hoshaaná. הוֹשַׁעְנָא hoshaaná:

אָנָּא aná ב"ן לכב הַמְיַחֵד hameyajed לִכְבוֹדוֹ lijvodó שֵׁמוֹת shemot

וַחֲמִשָּׁה jamishá. הַקּוֹנֶה hakoné בְּעוֹלָמוֹ beolamó קִנְיָנִים kinyanim

וַחֲמִשָּׁה jamishá. הַיּוֹצֵר hayotser בִּבְרִיּוֹתָיו bivriyotav גִּבּוֹרִים guiborim

וַחֲמִשָּׁה jamishá. הוֹשִׁיעֵנוּ hoshienu בַּחֲגִיגַת bajaguigat יָמִים yamim נלך

וַחֲמִשָּׁה jamishá: אָנָּא aná ב"ן לכב זְכוֹר zejor ע"ב קס"א, יהי אור ע"ה אָב av

כָּרַת carat בְּרִית brit בִּבְתָרִים bivtarim וַחֲמִשָּׁה jamishá.

וְהֵשִׁיב veheshiv רְכוּשׁ rejush לִמְלָכִים limlajim וַחֲמִשָּׁה jamishá.

וְחָנַן vejanán עַל al הֲפִיכַת hafijat עָרִים arim וַחֲמִשָּׁה jamishá:

הוֹשִׁיעֵנוּ hoshienu בַּחֲגִיגַת bajaguigat יָמִים yamim נלך וַחֲמִשָּׁה jamishá:

Por amor a Ti, el Puro e Inmaculado,

que actúa con integridad con todos los que le son fieles. Por amor a Ti, Inquiridor de lo oculto e Investigador de todas las cámaras. Por amor a Ti, Aquel cuya palma derecha creó los Cielos y quien hizo las luminarias. Por amor a Ti, Aquel que fundó la Tierra; Él que es grande en poder, glorificado por aquellos que moran en los valles. Por amor a Ti, Aquel cuyos años no terminarán generaciones infinitas.

Por favor, redime ahora. Por favor, redime ahora.

Por favor, Aquel que ha destinado cinco Nombres para Su gloria, que tiene cinco posesiones en Su mundo, que formó a cinco poderosos entre Sus criaturas; sálvanos en la celebración de cinco días. Por favor, recuerda al patriarca (Avraham) que estableció un pacto con mitades de cinco, regresó el botín de cinco reyes y que rogó por la destrucción de cinco ciudades; sálvanos en la celebración de cinco días.

אָנָּא aná ב"ן לכב זְכוֹר zejor ע"ב קס"א, יה"י אור ע"ה הַנֶּעֱקַד haneekad בְּהַר behar

מוֹר Mor שְׁעָרִים shearim כתר וַחֲמִשָּׁה jamishá. יָרַשׁ yarash מֵהוֹרוֹ mehoró

בְּרָכוֹת brajot וַחֲמִשָּׁה jamishá. וְהִשְׁלִים vehishlim נֶפֶשׁ néfesh

נְקוּבָה nekuvá בִּשְׁמוֹת beshemot וַחֲמִשָּׁה jamishá: הוֹשִׁיעֵנוּ hoshienu

בַּחֲגִיגַת bajaguigat יָמִים yamim נלך וַחֲמִשָּׁה jamishá: אָנָּא aná ב"ן לכב

זְכוֹר zejor ע"ב קס"א, יה"י אור ע"ה תָּם tam נַעֲשׂוּ naasú לוֹ lo נִסִּים nisim

וַחֲמִשָּׁה jamishá. וַיַּצֵּג vayatseg מִבָּנָיו mibanav אַחִים ajim

וַחֲמִשָּׁה jamishá. כָּפְרוֹ cafró שָׁת shat לְנָזִיר lenazir הַמַּחֲלִיף hamajalif

וַחֲמִשָּׁה jamishá: הוֹשִׁיעֵנוּ hoshienu בַּחֲגִיגַת bajaguigat יָמִים yamim נלך

וַחֲמִשָּׁה jamishá: אָנָּא aná ב"ן לכב הַמַּנְחִילֵנוּ hamanjilenu דָּת dat

סְפָרִים sefarim וַחֲמִשָּׁה jamishá. הַמַּשְׁמִיעֵנוּ hamashmienu

דִּבְּרוֹתָיו dibrotav בְּקוֹלוֹת bekolot וַחֲמִשָּׁה jamishá. הַכְּתוּבִים hactuvim

עַל al הַלּוּחוֹת halujot וַחֲמִשָּׁה jamishá וַחֲמִשָּׁה jamishá:

הוֹשִׁיעֵנוּ hoshienu בַּחֲגִיגַת bajaguigat יָמִים yamim נלך וַחֲמִשָּׁה jamishá:

הוֹשַׁעְנָא hoshaaná. הוֹשַׁעְנָא hoshaaná: (X2)

אָנָּא aná ב"ן לכב הוֹשִׁיעָה hoshía יהוה ס"ע נהורין נָא na: (X2)

אָנָּא aná ב"ן לכב יוֹצְרִי yotsrí וּקְדוֹשִׁי ukdoshí. שְׁעֵה sheé לַחְשִׁי lajshí

וְרַחְשִׁי verajshí. וּמְחֵה umejé וְהַעֲבֵר vehaaver יוֹקְשִׁי yokshí.

הַיּוֹם hayom נג"ד, מזבח, זן, אל יהוה בְּיוֹם beyom נג"ד, מזבח, זן, אל יהוה וַחֲמִישִׁי jamishí.

Por favor, recuerda al amordazado (Yitsjak) en el Monte Moriá con cinco verjas, que heredó de su padre cinco bendiciones y cuya alma perfeccionada es descrita con cinco nombres; sálvanos en la celebración de cinco días. Por favor, recuerda al perfecto (Yaakov) de quien se realizaron cinco milagros y quien presentó a sus hijos cinco hermanos, él otorgó sus regalos al único destinado a quien le dio cinco atuendos; sálvanos en la celebración de cinco días. Por favor, Aquel que nos transmite la Ley, Cinco Libros, que nos proclama Sus mandamientos mediante cinco sonidos, los cuales están escritos en las Tablas, cinco sobre cada una; sálvanos en la celebración de cinco días.

Por favor, redime ahora. Por favor, redime ahora. (x2)

Por favor, trae salvación ahora. (x2)

Por favor, mi Creador y mi Santísimo, atiende a mi oración silenciosa y a mi enunciado, y borra y elimina mi enredo; hoy en el quinto día. Por favor, redime ahora.

הוֹשִׁיעָה hoshía יהוה ש״ע נהורין נָא na:

אָנָּא aná ב״ן לכב הוֹשִׁיעָה hoshía יהוה ש״ע נהורין נָא na: (X2)

אָנָּא aná ב״ן לכב סְוֻזֶה sejé נָא na מוֹקְשַׁי mokshí• וְאַל veal

תִּזְכֹּר tizcor עָנְשַׁי onshí• פְּנֵה pené ע״ב ס״ג אֵלַי elai דוֹרְשַׁי dorshí•

הַיּוֹם hayom נגד, מזבח, זן, אל יהוה בְּיוֹם beyom נגד, מזבח, זן, אל יהוה וַחֲמִישִׁי jamishí•

הוֹשִׁיעָה hoshía יהוה ש״ע נהורין נָא na:

אָנָּא aná ב״ן לכב הוֹשִׁיעָה hoshía יהוה ש״ע נהורין נָא na: (X2)

אֲנִי Aní אני וָהוֹ Vahú והו הוֹשִׁיעָה hoshía יהוה ש״ע נהורין נָא na• (X2)

כְּהוֹשַׁעְתָּ quehoshatá יְקוּשֵׁי yekushei מַלְבֵּן malbén• מֵרְמְסַת merimsat

הַתֶּבֶן hatevén• וּכְהִדּוּשׁ ujehidush מַתְבֵּן matbén• דִּשַּׁשְׁתָּ dishashta

דוֹשְׁשַׁי dosheshí: סְפוּרֵי sefurei עֶשֶׂר éser• יָצְאוּ yatsú

מִמַּאֲסָר mimaasar• פְּצֵם petsem נָא na מֵחוֹסֶר mejóser• נְהַלֶּלְךָ nehalelaj

בְּיוֹם beyom נגד, מזבח, זן, אל יהוה וַחֲמִישִׁי jamishí• כֵּן quen הוֹשַׁעְנָא hoshaaná:

אֲנִי Aní אני וָהוֹ Vahú והו הוֹשִׁיעָה hoshía יהוה ש״ע נהורין נָא na• (X2)

כְּהוֹשַׁעְתָּ quehoshatá יְשֻׁרוּן Yeshurún• מִגּוֹי migoy יְצִירוּן yetsirún

וּלְךָ uljá יְשׁוֹרְרוּן yeshorerún• אֵל El ייא״י (מילוי דס״ג) מֵרִים merim

רָאשִׁי roshí: שִׂפְתֵי siftei רְנָנוֹת renanot• פָּצוּ patsú לְךָ lejá

נְגִינוֹת neguinot• בְּתוֹדָה betodá וּבְתַחֲנוּנוֹת uvitjinot• נְהַלֶּלְךָ nehalelaj

בְּיוֹם beyom נגד, מזבח, זן, אל יהוה וַחֲמִישִׁי jamishí: כֵּן quen הוֹשַׁעְנָא hoshaaná:

Trae salvación ahora. (x2)

Por favor, elimina ahora mi trampa engañosa y no recuerdes mi castigo;
vuélvete a mí, Aquel que me busca; hoy, en el quinto día. Por favor, redime ahora.
Por favor, trae salvación ahora. (x2)

Aní Vahú, (de los 72 Nombres de Dios), por favor, trae salvación ahora. (x2)

Así como Tú salvaste a los torturados mediante el trabajo de albañilería, los esclavizados por la paja, y así como la paja es trillada Tú aplastarás a los que me aplastan. Aquellos diez en total que abandonaron su prisión, redímelos ahora; permítenos alabarte en el quinto día. Por lo tanto, redime ahora, por favor.

Aní Vahú, (de los 72 Nombres de Dios), por favor, trae salvación ahora. (x2)

Tal como salvaste a Yeshurún de la nación que los oprimía, y a Ti cantan alabanzas,
Dios que levanta mi cabeza. Labios contentos entonan canciones a Ti con agradecimientos y súplicas;
permítenos alabarte en el quinto día. Por lo tanto, redime ahora, por favor.

אֲנִי Aní אני וָהוּ Vahú והו הוֹשִׁיעָה hoshía יהוה ש״ע נהורין נָּא na. (X2)

מָרוֹם marom שׁוֹכֵן shojén עַד ad נֶעֱרָץ naarats בִּקְדֻשָּׁה bikdushá.

תִּתְבָּרַךְ titbaraj לָעַד laad כ״פ ב״ן שֵׁם shem אֵל El יי״א (מילוי דס״ג) רָם ram

וְנִשָּׂא venisá. מְשׁוֹרְרִים meshorerim וּמְהַלְלִים umehalelim בְּשִׁירָה beshirá

וַחֲדָשָׁה jadashá. סוֹבְבֵי sovevei תוֹרָתְךָ toratjá פְּעָמִים peamim

וַחֲמִשָּׁה jamishá: הוֹשִׁיעַ hoshía שְׂרִידֶיךָ serideja, אֵל El יי״א (מילוי דס״ג)

שׁוֹמֵר shomer כ״א יהוה אֱמוּנִים emunim. רַחוּם rajum נָא na

וַחֲסָדֶיךָ jasadeja, וְחִישׁ jish לְאֵיתָנִים leeitanim. וּזְכוֹר uzjor ע״ב קס״א, יהי

אור ע״ה אֶת et בְּרִיתְךָ britjá, לָנוּ lanu אלהים, אהיה אדני וְלִבְנֵי velivnei

בָּנִים vanim. לְהוֹשִׁיעָה lehoshía יהוה ש״ע נהורין לְהַרְגִּיעָה leharguía. אֶבֶן even

הָרֹאשָׁה haroshá: סוֹבְבֵי sovevei תוֹרָתְךָ toratjá פְּעָמִים peamim

וַחֲמִשָּׁה jamishá: כְּהוֹשַׁעְתָּ quehoshatá מֵאָז meaz ומב עֲדָתֶךָ adateja,

כֵּן quen הוֹשִׁיעָה hoshía יהוה ש״ע נהורין אֶת et עַמֶּךָ ameja ס״ת כהת, משיח בן דוד

ע״ה וּבָרֵךְ uvarej אֶת et נַחֲלָתֶךָ najalateja. נְהַלְלָךְ nehalelaj

בְּיוֹם beyom נגד, מזבח, זן, אל יהוה וַחֲמִישִׁי jamishí. כֵּן quen הוֹשַׁעְנָא hoshaaná:

אֲנִי Aní אני וָהוּ Vahú והו הוֹשִׁיעָה hoshía יהוה ש״ע נהורין נָּא na. (X2)

כַּכָּתוּב cacatuv:

הוֹשִׁיעָה hoshía יהוה ש״ע נהורין אֶת et עַמֶּךָ ameja ס״ת כהת, משיח בן דוד ע״ה

וּבָרֵךְ uvarej אֶת et נַחֲלָתֶךָ najalateja

וּרְעֵם urem וְנַשְּׂאֵם venaseem עַד ad הָעוֹלָם haolam:

Continúa con *Kadish Titkabal* en la página 489.

Aní Vahú, (de los 72 Nombres de Dios), por favor, trae salvación ahora. (x2)
Salva a Tu remanente, Dios que cumple promesas, el Compasivo, por favor apresura Tus misericordias al pueblo que se mantiene firme, y recuerda Tu pacto, por nosotros y nuestros descendientes, para salvar y traer tranquilidad, la piedra angular, quienes dan vueltas a Tu Torá cinco veces. Así como Tú has salvado a Tu congregación desde los días de antaño, salva a Tu pueblo ahora y bendice a Tu heredad. Permítenos alabarte en el quinto día; por favor, redime ahora.
Aní Vahú, (de los 72 Nombres de Dios), por favor, trae salvación ahora. (x2)
"Redime a Tu pueblo y bendice a Tu heredad, pastoréalos y llévalos para siempre" (Salmos 28:9).

HOSHANOT (RONDAS) DEL SEXTO DÍA DE SUCOT

Medita en atraer lo Circundante de *Jésed* de *Yesod* de *Zeir Anpín*

אלף הא יוד הי   אלף הא יוד הי   אלף הא יוד הי

Y estos tres Nombres (אהיה = 21) son igual al Nombre יוד הי ואו הי (= 63), y de las letras (״יא״ = 31) proviene el Nombre אל. Y desde el cuerpo de *Zeir Anpín* (Sus Seis Bordes) todo es atraído hacia *Nukvá*. Durante las vueltas, se debe meditar en atraer Luz Interna a *Leá* y *Rajel*, y en ser protegido de uno de los ministros cósmicos (que está incluido con diez ministros de las naciones).

אֶרְחַץ erjats בְּנִקָּיוֹן benikayón כַּפָּי capai וַאֲסֹבְבָה vaasoveva אֶת et

מִזְבַּחֲךָ mizbajajá נג״ד, זן, אל יהוה יְהֹוָה‏אדני‏אהדונהי Adonai: לַשְׁמִעַ lashmía

בְּקוֹל bekol תּוֹדָה todá וּלְסַפֵּר ulsaper כָּל col ילי נִפְלְאוֹתֶיךָ nifleoteja:

הוֹשַׁעְנָא hoshaaná. הוֹשַׁעְנָא hoshaaná:

לְמַעַנְךָ lemaanaj אֱלֹהֵינוּ Eloheinu ילה: לְמַעַנְךָ lemaanaj בּוֹרְאֵנוּ borenu:

לְמַעַנְךָ lemaanaj גּוֹאֲלֵנוּ goalenu: לְמַעַנְךָ lemaanaj דּוֹרְשֵׁנוּ dorshenu:

לְמַעַנְךָ lemaanaj אַדִּיר adir הרי אַדִּירִים adirim הרי: לְמַעַנְךָ lemaanaj

בּוֹרֵא boré רוּחַ rúaj וְיוֹצֵר veyotser הָרִים harim: לְמַעַנְךָ lemaanaj

גְּדוֹל guedol להו, ועם ד׳ אותיות מבה, יזל, אום הָעֵצָה haetsá. מַשְׁפִּיל mashpil

וּמֵרִים umerim: לְמַעַנְךָ lemaanaj דּוֹבֵר dover צֶדֶק tsédek מַגִּיד maguid

מֵישָׁרִים meisharim: לְמַעַנְךָ lemaanaj הַיּוֹדֵעַ hayodea וָעֵד vaed

אִם im יוהך, מ״א אותיות דפשוט, דמילוי ודמילוי דמילוי דאהיה ע״ה יִסָּתֵר yisater ב״פ מצר

אִישׁ ish בַּמִּסְתָּרִים bamistarim: לְמַעַנְךָ lemaanaj וְהוּא vehú

בְּאֶחָד beejad אהבה, דאגה וּמִי umí ילי יְשִׁיבֶנּוּ yeshivenu אֲמָרִים amarim:

HOSHANOT (RONDAS) DEL SEXTO DÍA DE SUCOT

"Lavaré en pureza mis manos y andaré en torno a Tu altar, Señor,
proclamando con voz de acción de gracias y contando todas Tus maravillas" (Salmos 26:6-7).
Por favor, redime ahora. Por favor, redime ahora.

Por amor a Ti, nuestro Dios. Por amor a Ti, nuestro Creador. Por amor a Ti, nuestro Redentor. Por amor a Ti, nuestro Inquiridor. Por amor a Ti, el Poderoso de poderosos. Por amor a Ti, Creador del viento y Formador de montañas. Por amor a Ti, Colosal en consuelo, que humilla y exalta. Por amor a Ti, Enunciador de rectitud, Maestro de principios justos. Por amor a Ti, Aquel que conoce y es testigo si un hombre se esconde en lugares ocultos. Por amor a Ti, Aquel que es Uno y que podría contestarle a Él.

לְמַעַנְךָ lemaanaj זַךְ zaj ייז וְנָקִי venakí ע"ה קס"א וּמִתְבָּרֵר umitbarer עִם im

בָּרִים barim: לְמַעַנְךָ lemaanaj וְחוֹפֵשׂ jofés מַצְפּוּן matspún.

וְחוֹקֵר vejoker כָּל col ילי וַחֲדָרִים jadarim: לְמַעַנְךָ lemaanaj

טְפוּחָה tipjá יְמִינוֹ yeminó שָׁמַיִם shamáyim י"פ טל, י"פ כוזו. וְעָשָׂה veasá

מְאוֹרִים meorim: לְמַעַנְךָ lemaanaj יָסַד yasad אָרֶץ érets.

בְּצוּרוֹת batsurot בִּקֵּעַ bikea יְאוֹרִים yeorim: לְמַעַנְךָ lemaanaj כַּבִּיר cabir

כֹּחַ cóaj. מְכֻבָּד mejubad בָּאוּרִים baurim: לְמַעַנְךָ lemaanaj

לֹא lo יִתַּמּוּ yitamu שְׁנוֹתָיו shenotav לְדוֹר ledor דּוֹרִים dorim:

הוֹשַׁעְנָא hoshaaná. הוֹשַׁעְנָא hoshaaná:

אָנָּא aná ב"ן לכב הַבּוֹרֵא haboré עוֹלָמוֹ olamó בְּיָמִים beyamim נלך

שִׁשָּׁה shishá. הַבּוֹנֶה haboné ס"ג שֵׁשׁ shesh צְלָעוֹת tselaot

לִצְדָדִים litsdadim שִׁשָּׁה shishá. הַיּוֹצֵר hayotser שְׂרָפִים serafim

בִּכְנָפַיִם bijnafáyim שִׁשָּׁה shishá. הוֹשִׁיעֵנוּ hoshienu בַּחֲגִיגַת bajaguigat

יָמִים yamim נלך שִׁשָּׁה shishá: אָנָּא aná ב"ן לכב זְכוֹר zejor ע"ב קס"א, יהי אור ע"ה

אָב av זָנַח zanaj תּוֹעֵבוֹת toevot שִׁשָּׁה shishá. אַחֲרֵי ajarei

זְקֻנָיו zekunav נוֹלְדוּ noldú לוֹ lo בָּנִים banim שִׁשָּׁה shishá. נָטַע natá

אֵשֶׁל éshel וּבֵרַךְ uvoraj בְּקֵץ bekets מנק שָׁנִים shanim שִׁשָּׁה shishá:

הוֹשִׁיעֵנוּ hoshienu בַּחֲגִיגַת bajaguigat יָמִים yamim נלך שִׁשָּׁה shishá:

אָנָּא ana ב"ן לכב זְכוֹר zejor ע"ב קס"א, יהי אור ע"ה

הַנֶּעֱקָד haneekad בִּמְקוֹם bimkom מַעֲרָכוֹת maarajot שִׁשָּׁה shishá.

Por amor a Ti, el Puro e Inmaculado,

que actúa con integridad con todos los que le son fieles. Por amor a Ti, Inquiridor de lo oculto e Investigador de todas las cámaras. Por amor a Ti, Aquel cuya palma derecha creó los Cielos y quien hizo las luminarias. Por amor a Ti, Aquel que fundó la Tierra; Él que es grande en poder, glorificado por aquellos que moran en los valles. Por amor a Ti, Aquel cuyos años no terminarán generaciones infinitas.

Por favor, redime ahora. Por favor, redime ahora.

Por favor, Aquel que creó Su mundo en seis días, que construyó seis lados en seis direcciones, que formó a los Serafim con seis alas; sálvanos en la celebración de seis días. Por favor, recuerda al patriarca (Avraham) que abandonó seis abominaciones, que le nacieron seis hijos después de su vejez, que plantó un árbol de tamarisco y fue bendecido al cabo de seis años; sálvanos en la celebración de seis días. Por favor, recuerda al único (Yitsjak) atado en el lugar de seis arreglos.

גּוֹנַנְתּוֹ gonantó וּמִלַּטְתּוֹ umilatetó מִצָּרוֹת mitsarot שִׁשָּׁה shishá, כָּרָה cará
מִקְוָאוֹת mikvaot לְדוֹרְשֵׁי ledorshei בָּם bam מ"ב מַעֲלוֹת maalot
שִׁשָּׁה shishá: הוֹשִׁיעֵנוּ hoshienu בַּחֲגִיגַת bajaguigat יָמִים yamim נלך
שִׁשָּׁה shishá: אָנָּא aná ב"ן לכב זְכוֹר zejor ע"ב קס"א, יהי אור ע"ה תָּם tam
הוֹלִיד holid מִן min הַבְּכִירָה habjirá שִׁשָּׁה shishá, וְצִוָּה vetsivá
קַוַּת kajat מִנְחָה minjá מִמִּינִים miminim שִׁשָּׁה shishá, וְהִגְבִּיר vehigbir
אֲבִי aví שִׁשָּׁה shishá הַמְבוֹרָכִים hamvorajim בְּשִׁשָּׁה beshishá:
הוֹשִׁיעֵנוּ hoshienu בַּחֲגִיגַת bajaguigat יָמִים yamim נלך שִׁשָּׁה shishá:
אָנָּא aná ב"ן לכב הַמְחַבֵּר hamejaber לָאֵפוֹד laefod שֵׁמוֹת shemot שִׁשָּׁה shishá,
הַמַּצִּיל hamatsil נְפָשׁוֹת nefashot בְּעָרֵי bearei מִקְלָט miklat שִׁשָּׁה shishá,
הַמּוֹרִישֵׁנוּ hamorishenu וְחָכְמַת jojmat סְדָרִים sedarim שִׁשָּׁה shishá:
הוֹשִׁיעֵנוּ hoshienu בַּחֲגִיגַת bajaguigat יָמִים yamim נלך שִׁשָּׁה shishá:

הוֹשַׁעְנָא hoshaaná, הוֹשַׁעְנָא hoshaaná: (X2)

אָנָּא aná ב"ן לכב הוֹשִׁיעָה hoshía יהוה ש"ע נהורין נָא na: (X2)

אָנָּא aná ב"ן לכב הַיְשַׁר hayshar מַעֲרָכַי maarají, וְהַיְשַׁר vehayshar
מַהֲלָכַי mahalají, וְכוֹנְנָה vejonená אֶת et דְּרָכַי darquí, לָלֶכֶת laléjet אֶל el
הַר har קָדְשִׁי kodshí, וּקְרָא ukrá נָא na דְּרוֹר dror, לִרְוּיֵי lirvuyei
מִמְּרוֹר mamror, וְשִׂיחָם vesijam יֶעֱרַב yeerav כְּמוֹ quemó מוֹר mor
דְּרוֹר dror, הַיּוֹם hayom נגד, מזבח, זן, אל יהוה בְּיוֹם beyom נגד, מזבח, זן, אל יהוה
שִׁשִּׁי shishí, הוֹשִׁיעָה hoshía יהוה ש"ע נהורין נָא na:

אָנָּא aná ב"ן לכב הוֹשִׁיעָה hoshía יהוה ש"ע נהורין נָא na: (X2)

Tú lo escudaste y lo protegiste de seis dificultades, él cavó pozos de agua para aquellos que expusieron seis niveles sobre éstos; sálvanos en esta celebración de seis días. Por favor, recuerda al perfecto (Yaakov) que engendró de los seis mayores, que ordenó traer un regalo de seis especies, que dio poder a aquel que tuvo seis hijos, quienes son bendecidos con seis; sálvanos en la celebración de seis días. Por favor, Aquel que adhirió seis Nombres al Efod, que salva vidas en las ciudades de refugio que eran seis, que nos otorgó la sabiduría de seis órdenes; sálvanos en la celebración de seis días.

Por favor, redime ahora. Por favor, redime ahora. (x2) Por favor, trae salvación ahora. (x2)

Por favor, pon en orden mi plan, endereza mi camino y afirma mi andar hasta mi Montaña Sagrada. Por favor, proclama libertad a los que están llenos de amargura y haz que sus palabras sean tan dulces como mirra fragante; hoy en el sexto día. Por favor, redime ahora. Por favor, redime ahora.

Por favor, trae salvación ahora. (x2)

אָנָּא aná ב"ן לכב סַגֵּל saguel סְגֻלָּתֶךָ •segulateja וְקַבֵּץ vekabets
קְהִלָּתֶךָ •kehilateja לְהַר lehar נַחֲלָתֶךָ •najalateja מְקוֹם mekom
מִקְדָּשִׁי :mikdashí פְּזוּרִים pezurim תְּקַבֵּץ •tekabets לִנְוֵה linvé מַרְבֵּץ •marbets
וְתַלְבִּשֵׁם vetalbishem תַּשְׁבֵּץ •tashbets הַיּוֹם hayom נגד, מזבח, זן, אל יהוה
בְּיוֹם beyom נגד, מזבח, זן, אל יהוה שִׁשִּׁי •shishí הוֹשִׁיעָה hoshía יהוה ע"ש נהורין נָּא :na

הוֹשִׁיעָה hoshía יהוה ע"ש נהורין נָּא :na

אָנָּא aná ב"ן לכב הוֹשִׁיעָה hoshía יהוה ע"ש נהורין נָּא :na (X2)

אֲנִי Aní אני והו וָהוֹ Vahú הוֹשִׁיעָה hoshía יהוה ע"ש נהורין נָּא •na (X2)

כְּהוֹשַׁעְתָּ quehoshatá יְלִידֵי yelidei אָהֵב •ahav מֵאוּר meur הַלַּהַב •halahav
וּמְחַצְתָּ umajatsta רָהָב •rahav לְכַלּוֹת lejalot עַם am קָדְשִׁי •kodshí
סָלוּל salul וּמַסְלוּל •umaslul פִּתַּחְתָּ pitajta בְּמַצְלוּל •bematslul
לַעֲבֹר laavor עַם am כָּלוּל •calul נְהַלְלָךְ: nehalelaj
בְּיוֹם beyom נגד, מזבח, זן, אל יהוה שִׁשִּׁי •shishí כֵּן quen הוֹשַׁעְנָא :hoshaaná

אֲנִי Aní אני והו וָהוֹ Vahú הוֹשִׁיעָה hoshía יהוה ע"ש נהורין נָּא •na (X2)

כְּהוֹשַׁעְתָּ quehoshatá יוֹחִילֵי yejilei תּוֹר •tor מֵאֶרֶץ meérets
כַּפְתּוֹר •caftor וַתָּשֶׂם vatasem מַסְתּוֹר •mastor עֲלֵימוֹ aleimó
קְדוֹשִׁי •kedoshí סִגַּפְתָּ sigafta פּוּט •put בִּשְׁחִין bishjín נָפוּט •nafut
לְחַלֵּץ lejalets עַם am שָׁפוּט •shafut נְהַלְלָךְ: nehalelaj
בְּיוֹם beyom נגד, מזבח, זן, אל יהוה שִׁשִּׁי •shishí כֵּן quen הוֹשַׁעְנָא :hoshaaná

אֲנִי Aní אני והו וָהוֹ Vahú הוֹשִׁיעָה hoshía יהוה ע"ש נהורין נָּא •na (X2)

Por favor, reúne a Tus preciados y junta a Tu congregación en la montaña de Tu heredad, el lugar del Santuario. Junta a los dispersos en el lugar de morada de los estratos, y vístelos con estampados tejidos; hoy, en el sexto día. Por favor, redime ahora.

Por favor, trae salvación ahora. (x2)

Aní Vahú (de los 72 Nombres de Dios), por favor, trae salvación ahora. (x2)

Así como Tú salvaste a los hijos de Tus preciados de las llamas ardientes y azotaste a los altivos que querían destruir a mi pueblo sagrado. Tú provees un camino recto y directo en las profundidades para permitir que todo un pueblo pase; permítenos alabarte en el sexto día. Por lo tanto, redime ahora.

Aní Vahú (de los 72 Nombres de Dios), por favor, trae salvación ahora. (x2)

Tal como Tú salvaste a los que ansiaban la era de la redención de la tierra de Kaftor y pusiste un escudo protector a su alrededor, mi Santísimo. Tú afligiste con plaga de úlceras para salvar a un pueblo doblegado; permítenos alabarte en el sexto día. Por lo tanto, redime ahora.

Aní Vahú (de los 72 Nombres de Dios), por favor, trae salvación ahora. (x2)

שְׁעֵה sheé עֶלְיוֹן elyón לְחוֹשִׁי lajshí, נַעֲרָץ naarats בִּקְדֻשָּׁה bikdushá.
הַיּוֹם hayom נגר, מזבח, זן, אל יהוה לְךָ lejá בְּדָרְשִׁי bedarshí, בְּשִׁירָה beshirá
וַחֲדָשָׁה jadashá. וּכְבוֹשׁ ujvosh נָא na אֶת et כּוֹבְשַׁי covshí, רְפָא refá
מַכָּה macá אֲנוּשָׁה anushá. סוֹבְבֵי sovevei תוֹרָתְךָ toratjá זֹאת zot
הַפַּעַם hapaam מנק שִׁשָּׁה shishá: הַקְשֵׁב hakshev נָא na קוֹל kol אֶבְיוֹן evyón,
בְּקָרְאוֹ bekoró מִן min מְצָרִים metsarim מצר. עַם am הוֹמֶה homé
בְּצִיּוֹן betsayón, בִּידֵי bidei עַמִּים amim וְצָרִים vetsarim. וְחִישׁ vejish
יֶשַׁע yesha וּפִדְיוֹן ufidyón, לְעַם leam עלם בְּלֹא beló הוֹן hon נִמְכָּרִים nimcarim.
וּשְׁבוּת ushvut גְּאֻלָּתָם gueulatam תְּמַהֵר temaher תָּחִישָׁה tajishá:
סוֹבְבֵי sovevei תוֹרָתְךָ toratjá זֹאת zot הַפַּעַם hapaam מנק שִׁשָּׁה shishá:

אֲנִי Aní אני וָהוֹ Vahú והו הוֹשִׁיעָה hoshía יהוה ש״ע נהורין נָּא na. (X2)

כְּהוֹשַׁעְתָּ quehoshatá מֵאָז meaz ומב עֲדָתֶךָ adateja, כֵּן quen
הוֹשִׁיעָה hoshía יהוה ש״ע נהורין אֶת et עַמֶּךָ ameja ס״ת כהת, משיח בן דוד ע״ה
וּבָרֵךְ uvarej אֶת et נַחֲלָתֶךָ najalateja. נְהַלְלָךְ nehalelaj
בְּיוֹם beyom נגר, מזבח, זן, אל יהוה שִׁשִּׁי shishí. כֵּן quen הוֹשַׁעְנָא hoshaaná:

אֲנִי Aní אני וָהוֹ Vahú והו הוֹשִׁיעָה hoshía יהוה ש״ע נהורין נָּא na. (X2)

כַּכָּתוּב cacatuv:

הוֹשִׁיעָה hoshía יהוה ש״ע נהורין אֶת et עַמֶּךָ ameja ס״ת כהת, משיח בן דוד ע״ה
וּבָרֵךְ uvarej אֶת et נַחֲלָתֶךָ najalateja
וּרְעֵם urem וְנַשְּׂאֵם venaseem עַד ad הָעוֹלָם haolam:

Continúa con *Kadish Titkabal* en la página 489.

Presta atención a mi oración silenciosa, Supremo, que es reverenciado en santidad, hoy cuando te busco con cántico nuevo; oprime a los que me oprimen, sana la herida mortal de aquellos que dan vueltas alrededor de Tu Torá ahora por sexta vez. Atiende la voz del destituido, mientras te llama en su aflicción, un pueblo que ronda en una tierra desolada en manos de naciones y opresores, y apura la salvación y la redención para un pueblo que es vendido a cambio de una miseria, y apresura y acelera la redención de la cautividad; aquellos que dan vueltas a Tu Torá por sexta vez.

Aní Vahú (de los 72 Nombres de Dios), por favor, trae salvación ahora. (x2)

Así que salva a Tu pueblo y bendice a Tu heredad. Permítenos alabarte en el sexto día; por eso, redime ahora.

Aní Vahú (de los 72 Nombres de Dios), por favor, trae salvación ahora. (x2)

"Redime a Tu pueblo y bendice a Tu heredad, pastoréalos y llévalos para siempre" (Salmos 28:9).

LA PRIMERA HAKAFÁ (RONDA)—AVRAHAM—JÉSED

El habla de la *Hakafá* conecta con *Biná* (lo Circundante de *Ima*) .אל יוד הי ואו הי - ייא"י דס"ג

La acción de la *Hakafá* conecta con Misericordias de *Dáat* .אל יוד הי ויו יוד הי ואו יוד הא ואו (ג' יודין ע"ה)

Y el hombre que da las rondas (אדם = 45) conecta con los Seis Bordes de *Zeir Anpín*:

אל יוד הא ואו הא (45 = מ"ה) (קס"א קס"א קס"א היוצאים מג' אלפין דמ"ה).

Medita en conectar con energía de protección (מגן = 93) mediante los tres Nombres אל (= 31).

ארחץ erjats בנקיון benikayón כפי capai ואסבבה vaasoveva את et

מזבחך mizbajajá נג"ד, זן, אל יהוה יהוהאדניאהדונהי Adonai: לשמע lashmía

בקול bekol תודה todá ולספר ulsaper כל col ילי נפלאותיך nifleoteja:

הושענא hoshaaná. הושענא hoshaaná:

למענך lemaanaj אלהינו Eloheinu ילה: למענך lemaanaj בוראנו borenu:

למענך lemaanaj גואלנו goalenu: למענך lemaanaj דורשנו dorshenu:

למענך lemaanaj אדיר adir הרי אדירים adirim הרי: למענך lemaanaj

בורא boré רוח rúaj ויוצר veyotser הרים harim: למענך lemaanaj

גדול guedol להוו, ועם ד' אותיות מבה, יזל, אום העצה haetsá. משפיל mashpil

ומרים umerim: למענך lemaanaj דובר dover צדק tsédek מגיד maguid

מישרים meisharim: למענך lemaanaj היודע hayodea ועד vaed

אם im יוהך, מ"א אותיות דפשוט, דמילוי ודמילוי דמילוי דאהיה ע"ה יסתר yisater ב"פ מצר

איש ish במסתרים bamistarim: למענך lemaanaj והוא vehú

באחד beejad אהבה, דאגה ומי umí ילי ישיבנו yeshivenu אמרים amarim:

LA PRIMERA HAKAFÁ (RONDA)—AVRAHAM—JÉSED

"Lavaré en pureza mis manos y andaré en torno a Tu altar, Señor,
proclamando con voz de acción de gracias y contando todas Tus maravillas" (Salmos 26:6-7).
Por favor, redime ahora. Por favor, redime ahora.

Por amor a Ti, nuestro Dios. Por amor a Ti, nuestro Creador. Por amor a Ti, nuestro Redentor. Por amor a Ti, nuestro Inquiridor. Por amor a Ti, el Poderoso de poderosos. Por amor a Ti, Creador del viento y Formador de montañas. Por amor a Ti, Colosal en consuelo, que humilla y exalta. Por amor a Ti, Enunciador de rectitud, Maestro de principios justos. Por amor a Ti, Aquel que conoce y es testigo si un hombre se esconde en lugares ocultos. Por amor a Ti, Aquel que es Uno y que podría contestarle a Él.

לְמַעַנְךָ lemaanaj זַךְ zaj ייי וְנָקִי venakí ע"ה קס"א וּמִתְבָּרֵר umitbarer עִם im

בָּרִים barim: לְמַעַנְךָ lemaanaj וְחוֹפֵשׂ jofés מַצְפּוּן matspún.

וְחוֹקֵר vejoker כָּל col ילי וַחֲדָרִים jadarim: לְמַעַנְךָ lemaanaj

טִפְּחָה tipeja יְמִינוֹ yeminó שָׁמַיִם shamáyim י"פ טל, י"פ כוזו. וְעָשָׂה veasá

מְאוֹרִים meorim: לְמַעַנְךָ lemaanaj יָסַד yasad אֶרֶץ érets.

בְּצוּרוֹת batsurot בִּקַּע bikea יְאוֹרִים yeorim: לְמַעַנְךָ lemaanaj כַּבִּיר cabir

כֹּחַ cóaj. מְכֻבָּד mejubad בְּאוּרִים baurim: לְמַעַנְךָ lemaanaj

לֹא lo יִתַּמּוּ yitamú שְׁנוֹתָיו shenotav לְדוֹר ledor דּוֹרִים dorim:

הוֹשַׁעְנָא hoshaaná. הוֹשַׁעְנָא hoshaaná:

אָנָּא aná ב"ן, לכב אֵל El ייא"י (מילוי דס"ג) אֶחָד ejad אהבה, דאגה

וּשְׁמוֹ uShmó מהש ע"ה, ע"ב בריבוע וקס"א ע"ה, אל שדי ע"ה אֶחָד ejad אהבה, דאגה.

וּמִי umí ילי יְשִׁיבֶנּוּ yeshivenu וְהוּא vehú בְּאֶחָד beejad אהבה, דאגה.

קָרָא kará שָׁמַיִם shamáyim י"פ טל, י"פ כוזו וָאָרֶץ vaárets וַיַּעַמְדוּ vayaamdú

כְּאֶחָד queejad אהבה, דאגה. הוֹשִׁיעֵנוּ hoshienu בְּהַקָּפַת behakafat

פַּעַם paam מנק אַחַת ejat: אָנָּא aná ב"ן, לכב זְכֹר zejor ע"ב קס"א, יהי אור ע"ה

אָב av יָרַשׁ yarash אֶת et הָאָרֶץ haárets וְהָיָה vehayá יהה יהוה

אֶחָד ejad אהבה, דאגה. הֵכִין hejín לַמּוֹרְדִים lamordim לֵב lev

אֶחָד ejad אהבה, דאגה וְדֶרֶךְ vedérej ב"פ יב"ק אֶחָד ejad אהבה, דאגה.

לִקְרֹא likró כֻּלָּם culam בְּשֵׁם beshem יְהֹוָהאדניאהדונהי Adonai

---

Por amor a Ti, el Puro e Inmaculado,

que actúa con integridad con todos los que le son fieles. Por amor a Ti, Inquiridor de lo oculto e Investigador de todas las cámaras. Por amor a Ti, Aquel cuya palma derecha creó los Cielos y quien hizo las luminarias. Por amor a Ti, Aquel que fundó la Tierra; Él que es grande en poder, glorificado por aquellos que moran en los valles. Por amor a Ti, Aquel cuyos años no terminarán generaciones infinitas.

Por favor, redime ahora. Por favor, redime ahora.

Por favor, Dios, cuyo Nombre es Uno y que podría contestarle a Él, siendo Éste el Único. Él diseñó el Cielo y la Tierra y éstos se establecieron como uno solo; sálvanos en esta primera ronda. Por favor, recuerda al patriarca (Avraham) que heredo la tierra cuando no era más que uno. Él preparó para los rebeldes un corazón y un camino a fin de que todos oraran en el Nombre del Señor

וּלְעָבְדוֹ uleovdó שְׁכֶם shejem אֶחָד ejad אהבה, דאגה:

הוֹשִׁיעֵנוּ hoshienu בְּהַקָּפַת behakafat פַּעַם paam מנק אֶחָת ejat:

אָנָּא aná ב"ן, לכב זְכוֹר zejor ע"ב קס"א, יהי אור ע"ה בֵּן ben יָחִיד yajid

הָיָה hayá יהה לִפְנֵי lifnei אָבִיו aviv אֶחָד ejad אהבה, דאגה.

שְׁנֵיהֶם sheneihem בְּנִסָּיוֹן benisayón הָלְכוּ haljú כְּאֶחָד queejad אהבה, דאגה.

נָתַתָּ natata כֹּפֶר cófer תַּחְתָּיו tajtav אַיִל áyil אֶחָד ejad אהבה, דאגה:

הוֹשִׁיעֵנוּ hoshienu בְּהַקָּפַת behakafat פַּעַם paam מנק אֶחָת ejat:

אָנָּא aná ב"ן, לכב זְכוֹר zejor ע"ב קס"א, יהי אור ע"ה אָב av

הוֹסִיף hosif חֵלֶק jélek שְׁכֶם shejem אֶחָד ejad אהבה, דאגה.

קִוָּה kivá לְהַפְלִיט lehaflit הַמַּחֲנֶה hamajané הָאֶחָד haejad אהבה, דאגה.

אָסַף asaf בָּנָיו banav לְקַבֵּל lekabel מַלְכוּת maljut

שָׁמַיִם shamáyim י"פ טל, י"פ כוזו פֶּה pe ע"ה מום אֶחָד ejad אהבה, דאגה:

הוֹשִׁיעֵנוּ hoshienu בְּהַקָּפַת behakafat פַּעַם paam מנק אֶחָת ejat:

אָנָּא aná ב"ן לכב הַמַּשְׁמִיעֵנוּ hamashmienu שְׁתַּיִם shtáyim בְּקוֹלוֹת bekolot

וּבְרָקִים uvrakim כְּאֶחָד queejad אהבה, דאגה. הַמַּנְחִילֵנוּ hamanjilenu

תּוֹרָה torá אַחַת ajat וּמִשְׁפָּט umishpat ה"פ אלהים אֶחָד ejad אהבה, דאגה.

הוֹשִׁיעֵנוּ hoshienu בְּהַקָּפַת behakafat פַּעַם paam מנק אֶחָת ejat:

הוֹשַׁעְנָא hoshaaná. הוֹשַׁעְנָא hoshaaná:

יָהּ Yah אָיוֹם ayom זְכֹר zejor ע"ב קס"א, יהי אור ע"ה הַיּוֹם hayom נגד, מזבח, זן, אל יהוה

בְּרִית brit שִׁבְעַת shivat תְּמִימֶיךָ temimeja. בְּרִית brit אֶזְרָח ezraj,

אֲשֶׁר asher אָרַח araj, בְּחֻקּוֹת bejukot דָּת dat נְאוּמֶיךָ neumeja:

---

y servirle a Él con una sola mente; sálvanos en la primera ronda. Por favor, recuerda al hijo único (Yitsjak), que fue uno para su padre. Ambos enfrentaron una prueba como uno solo. Tú permitiste un sustituto en lugar de él, un carnero; sálvanos en la primera ronda. Por favor, recuerda al patriarca (Yaakov) que añadió una porción de uno. Él esperó garantizar la salvación de un campamento, reunió a sus hijos para aceptar el Reino del Cielo como uno solo; sálvanos en la primera ronda. Por favor, Aquel que nos proclama a nosotros dos, entre truenos y relámpagos, como uno solo; Aquel que nos otorgó una Torá y una Ley; sálvanos en la primera ronda.

Por favor, redime ahora. Por favor, redime ahora.

Dios asombroso, recuerda hoy el pacto de Tus siete perfectos,

el pacto con aquel que sigue el camino de los estatutos de la Ley que Tú proclamaste.

אָב av רַחְמָן rajmán, קָרֵב karev זְמַן zemán, פְּדוּתֵינוּ peduteinu
בְּרַחֲמֶיךָ berajameja. זָכְרֵנוּ zojrenu יְהֹוָה יאהדונהי Adonai
בִּרְצוֹן birtsón מהש ע״ה, ע״ב בריבוע וקס״א ע״ה, אל שדי ע״ה עַמֶּךָ ameja:
מְחוֹלֵל mejolel כֹּל col ילי וְכֹל vejol ילי יָכֹל yajol, הָיָה heyé יהה
נִדְרָשׁ nidrash לְדוֹרְשֶׁיךָ ledorsheja. וְהִמָּצֵא vehimatsé וְהִתְרַצֵּה vehitratsé
לְעַם leam עלם דּוֹפְקֵי dofkei דְלָתֶיךָ delateja. בְּהַזְכִּירָם behazquiram,
זְכוּת zejut אַבְרָהָם Avraham וז״פ אל, רי״ו ול״ב נתיבות החכמה, רמ״ח (אברים), עסמ״ב וט״ז
אותיות פשוטות וְצִדְקַת vetsidkat כָּל col ילי חֲסִידֶיךָ jasideja.
שֶׁעָה sheé נִיבָם nivam בְּהִתְקָרְבָם behitkarvam, בְּלוּלָבָם belulavam
לְשַׁחֲרֶךָ leshajareja. זָכְרֵנוּ zojrenu יְהֹוָה יאהדונהי Adonai
בִּרְצוֹן birtsón מהש ע״ה, ע״ב בריבוע וקס״א ע״ה, אל שדי ע״ה עַמֶּךָ ameja:

תּוֹדִיעֵנִי todieni אֹרַח óraj חַיִּים jayim אהיה אהיה יהוה, בינה ע״ה
שֹׂבַע sova שְׂמָחוֹת semajot אֶת et פָּנֶיךָ paneja ס״ג מ״ה ב״ן
נְעִמוֹת neimot בִּימִינְךָ biminjá נֶצַח nétsaj:

אָנָּא aná ב״ן לכב בְּכֹחַ bejóaj. גְּדֻלַּת guedulat יְמִינְךָ yemineja.
תַּתִּיר tatir צְרוּרָה tserurá:

אבג יתץ

Padre misericordioso, acerca el tiempo de nuestra redención en Tu misericordia. Recuérdanos, Señor, cuando Tú beneficies a Tu pueblo. Creador de todo, Omnipotente, permítete ser hallado por aquellos que te buscan; está disponible y mantén la calma con el pueblo que toca Tus puertas. Cuando ellos recuerden el mérito de Avraham y la rectitud de todos Tus piadosos, atiende sus llamados cuando se acercan con su Lulav a buscarte. Recuérdanos, Señor, cuando beneficies a Tu pueblo.

"Me darás a conocer la senda de la vida, en Tu presencia hay plenitud de gozo;
en Tu diestra, deleites para siempre" (Salmos 16:11).

אבג יתץ *Te rogamos que, con el poder de Tu gran diestra, deshagas este enredo.*

LA SEGUNDA HAKAFÁ (RONDA)—YITSJAK—GUEVURÁ

El habla de la *Hakafá* conecta con *Biná* (lo Circundante de *Ima*) אל יוד הי ואו הי – ״יא״ דס״ג

La acción de la *Hakafá* conecta con Misericordias de *Dáat* (אל הי ויו יוד הי ואו יוד הא ואו יוד (ג׳ יודין ע״ה

Y el hombre que da las rondas (אדם = 45) conecta con los Seis Bordes de *Zeir Anpín*:

אל יוד הא ואו הא (45=מ״ה) (קנ״א קנ״א קנ״א היוצאים מג׳ אלפין דמ״ה).

Medita en conectar con energía de protección (מגן = 93) mediante los tres Nombres אל (= 31).

אֶרְחַץ erjats בְּנִקָּיוֹן benikayón כַּפָּי capai וַאֲסֹבְבָה vaasoveva אֶת et

מִזְבַּחֲךָ mizbajajá נגד, זן, אל יהוה יְהֹוָהאדני יאהדונהי Adonai: לַשְׁמִעַ lashmía

בְּקוֹל bekol תּוֹדָה todá וּלְסַפֵּר ulsaper כָּל col ילי נִפְלְאוֹתֶיךָ nifleoteja:

הוֹשַׁעְנָא hoshaaná. הוֹשַׁעְנָא hoshaaná:

לְמַעַנְךָ lemaanaj אֱלֹהֵינוּ Eloheinu ילה: לְמַעַנְךָ lemaanaj בּוֹרְאֵנוּ borenu:

לְמַעַנְךָ lemaanaj גּוֹאֲלֵנוּ goalenu: לְמַעַנְךָ lemaanaj דּוֹרְשֵׁנוּ dorshenu:

לְמַעַנְךָ lemaanaj אַדִּיר adir הרי אַדִּירִים adirim הרי: לְמַעַנְךָ lemaanaj

בּוֹרֵא boré רוּחַ rúaj וְיוֹצֵר veyotser הָרִים harim: לְמַעַנְךָ lemaanaj

גְּדוֹל guedol להח, ועם ד׳ אותיות מבה, יזל, אום הָעֵצָה haetsá. מַשְׁפִּיל mashpil

וּמֵרִים umerim: לְמַעַנְךָ lemaanaj דּוֹבֵר dover צֶדֶק tsédek מַגִּיד maguid

מֵישָׁרִים meisharim: לְמַעַנְךָ lemaanaj הַיּוֹדֵעַ hayodea וָעֵד vaed

אִם im יוהך, מ״א אותיות דפשוט, דמילוי ודמילוי דמילוי דאהיה ע״ה יִסָּתֵר yisater ב״פ מצר

אִישׁ ish בַּמִּסְתָּרִים bamistarim: לְמַעַנְךָ lemaanaj וְהוּא vehú

בְּאֶחָד beejad אהבה, דאגה וּמִי umí ילי יְשִׁיבֶנּוּ yeshivenu אֲמָרִים amarim:

LA SEGUNDA HAKAFÁ (RONDA) – YITSJAK – GUEVURÁ

"Lavaré en pureza mis manos y andaré en torno a Tu altar, Señor,
proclamando con voz de acción de gracias y contando todas Tus maravillas" (Salmos 26:6-7).
Por favor, redime ahora. Por favor, redime ahora.

Por amor a Ti, nuestro Dios. Por amor a Ti, nuestro Creador. Por amor a Ti, nuestro Redentor. Por amor a Ti, nuestro Inquiridor. Por amor a Ti, el Poderoso de poderosos. Por amor a Ti, Creador del viento y Formador de montañas. Por amor a Ti, Colosal en consuelo, que humilla y exalta. Por amor a Ti, Enunciador de rectitud, Maestro de principios justos. Por amor a Ti, Aquel que conoce y es testigo si un hombre se esconde en lugares ocultos. Por amor a Ti, Aquel que es Uno y que podría contestarle a Él.

לְמַעַנְךָ lemaanaj זַךְ zaj יי"ו וְנָקִי venakí ע"ה קס"א וּמִתְבָּרֵר umitbarer עִם im
בָּרִים: barim לְמַעַנְךָ lemaanaj חוֹפֵשׂ jofés מַצְפּוּן matspún•
וְחוֹקֵר vejoker כָּל col ילי וַחֲדָרִים: jadarim לְמַעַנְךָ lemaanaj
טִפְּחָה tipeja יְמִינוֹ yeminó שָׁמַיִם shamáyim י"פ טל, י"פ כוזו• וְעָשָׂה veasá
מְאוֹרִים: meorim לְמַעַנְךָ lemaanaj יָסַד yasad אֶרֶץ éreṭs•
בַּצּוּרוֹת batsurot בִּקַּע bikea יְאוֹרִים: yeorim לְמַעַנְךָ lemaanaj כַּבִּיר cabir
כֹּחַ cóaj• מְכֻבָּד mejubad בָּאוּרִים: baurim לְמַעַנְךָ lemaanaj
לֹא lo יִתַּמּוּ yitamú שְׁנוֹתָיו shenotav לְדוֹר ledor דּוֹרִים: dorim

הוֹשַׁעְנָא hoshaaná• הוֹשַׁעְנָא hoshaaná:

אָנָּא aná ב"ן, לכב אֵל El יא"י (מילוי דס"ג) אֶחָד ejad אהבה, דאגה וּמְבַיֵּשׁ umvayesh
אוֹמְרִים omrim שְׁנַיִם shnáyim• בַּחֲצִי bajatsí הַשֵּׁם hashem בָּרָא bará קנ"א
ב"ן, יהוה אלהים יהוה אדני, מילוי קס"א וס"ג, מ"ה ברבוע וע"ב ע"ה עוֹלָמוֹת olamot
בְּאוֹתִיּוֹת beotiyot שְׁנַיִם shnáyim• יָצַר yatsar הַכֹּל hacol ילי בַּעֲבוּר baavur
אָדָם Adam מ"ה וְעֶזְרוֹ veezró שְׁנַיִם shnáyim• הוֹשִׁיעֵנוּ hoshienu
בְּהַקָּפַת behakafat פְּעָמִים peamim שְׁנַיִם: shnáyim אָנָּא aná ב"ן, לכב
זְכוֹר zejor ע"ב קס"א, יהי אור ע"ה אָב av בָּנָה baná בְּבֵית beveit ב"פ ראה
אֵל El יא"י (מילוי דס"ג) מִזְבְּחוֹת mizbejot שְׁנַיִם shnáyim• בְּנִסָּיוֹן benisayón
הָלַךְ halaj מ"ה עִם im נְעָרִים nearim שְׁנַיִם shnáyim• וּקְרָאתוֹ ukrató מִן min
הַשָּׁמַיִם hashamáyim י"פ טל, י"פ כוזו ; ר"ת מ"ה פְּעָמִים peamim שְׁנַיִם shnáyim•
הוֹשִׁיעֵנוּ hoshienu בְּהַקָּפַת behakafat פְּעָמִים peamim שְׁנַיִם: shnáyim:

Por amor a Ti, el Puro e Inmaculado,
que actúa con integridad con todos los que le son fieles. Por amor a Ti, Inquiridor de lo oculto e Investigador de todas las cámaras. Por amor a Ti, Aquel cuya palma derecha creó los Cielos y quien hizo las luminarias. Por amor a Ti, Aquel que fundó la Tierra; Él que es grande en poder, glorificado por aquellos que moran en los valles. Por amor a Ti, Aquel cuyos años no terminarán generaciones infinitas.
Por favor, redime ahora. Por favor, redime ahora.
Por favor, Dios que es Uno, que avergüenza a aquellos que dicen 'Dos',
con la mitad del Nombre Él creó los mundos; con las letras que fueron dos, Él formó todo por amor al hombre y a su ayuda idónea, dos; sálvanos en la segunda ronda. Por favor, recuerda al patriarca (Avraham) que construyó dos altares en Bet El. Para la prueba, viajó con dos mozos que eran dos, y Tú lo llamaste desde los Cielos un total de dos veces; sálvanos en la segunda ronda.

אָנָּא aná ב"ן, לכב זְכוֹר zejor ע"ב קס"א, יהי אור ע"ה בֵּן ben הַכְמִיר hijmir

רַחֲמֵי rajamei אָב av בַּאֲמִירוֹת baamirot שְׁנַיִם shnáyim•

וְחַנַּנְתּוֹ janantó גּוֹיִם goyim שְׁנַיִם shnáyim וּלְאֻמִּים ulumim שְׁנַיִם shnáyim•

וַיְבָרֵךְ vayvarej עסמ"ב, הברכה (למתק ז' מלכים שמתו) הֱוֵה hevé גְבִיר guevir

פְּעָמִים peamim שְׁנַיִם shnáyim• הוֹשִׁיעֵנוּ hoshienu בְּהַקָּפַת behakafat

פְּעָמִים peamim שְׁנַיִם shnáyim: אָנָּא aná ב"ן, לכב זְכוֹר zejor ע"ב קס"א, יהי אור ע"ה

הָיָה hayá יהה צָעִיר tsair וְנָחַל venájal פִּי pi שְׁנַיִם shnáyim•

עָבַר avar בְּמַקְלוֹ bemakló אֶת et הַיַּרְדֵּן haYardén י' הויות וד' אותיות

וְהָיָה vehayá יהה יהוה לְמַחֲנוֹת lemajanot שְׁנַיִם shnáyim•

הוֹשִׁיעֵנוּ hoshienu בְּהַקָּפַת behakafat פְּעָמִים peamim שְׁנַיִם shnáyim:

אָנָּא aná ב"ן, לכב הַמַּשְׁמִיעֵנוּ hamashmienu תּוֹרָה torá עַל al יְדֵי yedei

רוֹעִים roim שְׁנַיִם shnáyim• הַמַּנְחִילֵנוּ hamanjilenu עֲשֶׂרֶת aséret

דְּבָרִים devarim ראה עַל al לוּחוֹת lujot שְׁנַיִם shnáyim•

הַמַּאֲזִין hamaazín וּמֵעִיד umeid בָּנוּ banu עֵדִים edim שְׁנַיִם shnáyim•

הוֹשִׁיעֵנוּ hoshienu בְּהַקָּפַת behakafat פְּעָמִים peamim שְׁנַיִם shnáyim:

הוֹשַׁעְנָא hoshaaná• הוֹשַׁעְנָא hoshaaná:

בְּרִית brit נִפְקַד nifkad, אֲשֶׁר asher נֶעֱקַד neekad, לְהַעֲלוֹת lehaalot

לְפָנֶיךָ lefaneja ס"ג מ"ה ב"ן• כְּשֶׂה quesé נֶאֱסַר neesar, וְגַם vegam

נִמְסַר nimsar, עֲשׂוֹת asot הַטּוֹב hatov והו בְּעֵינֶיךָ beeineja ע"ה קס"א ; ריבוע מ"ה•

Por favor, recuerda al hijo (Yitsjak) que despertó la compasión de su padre a través de enunciados, que fueron dos, Tú le otorgaste naciones que fueron dos y reinos que fueron dos, y él bendijo "Sé un señor" un total de dos veces; sálvanos en la segunda ronda. Por favor, recuerda al único (Yaakov) que era joven y aún así heredó la porción de dos, él preparó platos deliciosos de cabritos que fueron dos, cruzó el Jordán con su vara y formó un total de dos campamentos; sálvanos en la segunda ronda. Por favor, Aquel que proclamó para nosotros la Torá a través de pastores que fueron dos, que nos legó los Diez Enunciados sobre las Tablas que fueron dos, que invoca para escuchar y pedir testimonio de nosotros, testigos, que somos dos; sálvanos en la segunda ronda.

Por favor, redime ahora. Por favor, redime ahora.

El pacto del recordado, quien fue atado para ser llevado ante Ti,

fue amarrado como una oveja y también doblegado para hacer lo que es agradable a Tus ojos.

רְצֵה retsé גִּזְעוֹ guizó, וְחוֹן vejón זַרְעוֹ zaró, בְּעֵת beet בּוֹאָם boam

לְפָנֶיךָ lefaneja ס"ג מ"ה ב"ן. וְאִם veim יוהך חוֹבָם jovam, עֲנָה aná בָם vam מ"ב,

עֲשֵׂה asé נָא na לְמַעַן lemaan שְׁמֶךָ shemeja. זָכְרֵנוּ zojrenu

יְהֹוָה יאהדונהי Adonai בִּרְצוֹן birtsón מהש ע"ה, ע"ב בריבוע וקס"א ע"ה, אל שדי ע"ה

עַמֶּךָ ameja: זְכוּת zejut יִצְחָק Yitsjak ד"פ ב"ן, בַּשַּׁחַק bashajak,

וְחָתוּם jatum בְּמִדַּת bemidat הַגְּבוּרָה haGuevurá רי"ו. תִּזְכֹּר tizcor

אֵלִי Elí צוּר Tsur אלהים דההין ע"ה גֹּאֲלִי goalí, לְעַם leam עלם

שׁוֹאֵל shoel מִמְּךָ mimaj עֶזְרָה ezrá. עֲקֵדָתוֹ akedató

וְצִדְקָתוֹ vetsidkató, מְשׁוֹךְ meshoj לְעַם leam עלם בִּשְׁמָךְ bishmaj

נִקְרָא nikrá. וְחָתְמֵם jotmem לְטוֹבָה letová אכא בִּנְדָבָה bindavá,

אֵל El יא"י (מילוי ד"ס"ג) נֶאֱזָר neezar בִּגְבוּרָה biGuevurá רי"ו.

מִנַּחֲלָתְךָ minajalatjá וּסְגֻלָּתְךָ usgulatjá, לֹא lo תִכְלָא tijlá

רַחֲמֶיךָ rajameja: זָכְרֵנוּ zojrenu יְהֹוָה יאהדונהי Adonai

בִּרְצוֹן birtsón מהש ע"ה, ע"ב בריבוע וקס"א ע"ה, אל שדי ע"ה עַמֶּךָ ameja:

תּוֹדִיעֵנִי todieni אֹרַח óraj חַיִּים jayim אהיה אהיה יהוה, בינה ע"ה

שֹׂבַע sova שְׂמָחוֹת semajot אֶת et פָּנֶיךָ paneja ס"ג מ"ה ב"ן

נְעִמוֹת neimot בִּימִינְךָ biminjá נֶצַח nétsaj:

קַבֵּל kabel רִנַּת rinat. עַמֶּךָ ameja שַׂגְּבֵנוּ sagvenu.

טַהֲרֵנוּ taharenu נוֹרָא norá:

קרע שטן

Acepta favorablemente su acción y se benévolo con su simiente cuando lleguen ante Ti; y si su pecado testifica contra ellos, entonces actúa por amor a Tu Nombre. Recuérdanos, Señor, cuando beneficies a Tu pueblo. El mérito de Yitsjak en el Cielo, quien fue sellado con el atributo de Guevurá; que recuerdes, mi Dios, mi Fortaleza y mi Redentor, al pueblo que te pide ayuda, extiende la atadura y la rectitud de él a la nación que es llamada por Tu Nombre; sella para bien, con benevolencia, Dios, que se viste en poder. Desde Tu heredad a Tu tesoro, no retengas Tu misericordia. Recuérdanos, Señor, cuando beneficies a Tu pueblo.

"Me darás a conocer la senda de la vida, en Tu presencia hay plenitud de gozo; en tu diestra, deleites para siempre" (Salmos 16:11).

קרע שטן *Acepta el canto de Tu nación. Fortalécenos y purifícanos, Reverenciado.*

LA TERCERA HAKAFÁ (RONDA) – YAAKOV – TIFÉRET

El habla de la *Hakafá* conecta con *Biná* (lo Circundante de *Ima*) אל יוד הי ואו הי - ייא"י דס"ג.

La acción de la *Hakafá* conecta con Misericordias de *Dáat* (ג' יודין ע"ה) אל ויו יוד הי ואו יוד הי ואו יוד הא.

Y el hombre que da las rondas (אדם = 45) conecta con los Seis Bordes de *Zeir Anpín*:

אל יוד הא ואו הא (45= מ"ה) (קמ"ג קמ"ג קמ"ג היוצאים מג' אלפין דמ"ה).

Medita en conectar con energía de protección (מגן = 93) mediante los tres Nombres אל (= 31).

אֶרְחַץ erjats בְּנִקָּיוֹן benikayón כַּפָּי capai וַאֲסֹבְבָה vaasoveva אֶת et

מִזְבַּחֲךָ mizbajajá נגד, זן, אל יהוה יְהֹוָהאדניאהדונהי Adonai: לַשְׁמִעַ lashmía

בְּקוֹל bekol תּוֹדָה todá וּלְסַפֵּר ulsaper כָּל col ילי נִפְלְאוֹתֶיךָ nifleoteja:

הוֹשַׁעְנָא hoshaaná. הוֹשַׁעְנָא hoshaaná:

לְמַעַנְךָ lemaanaj אֱלֹהֵינוּ Eloheinu ילה: לְמַעַנְךָ lemaanaj בּוֹרְאֵנוּ borenu:

לְמַעַנְךָ lemaanaj גּוֹאֲלֵנוּ goalenu: לְמַעַנְךָ lemaanaj דּוֹרְשֵׁנוּ dorshenu:

לְמַעַנְךָ lemaanaj אַדִּיר adir הרי אַדִּירִים adirim הרי: לְמַעַנְךָ lemaanaj

בּוֹרֵא boré רוּחַ rúaj וְיוֹצֵר veyotser הָרִים harim: לְמַעַנְךָ lemaanaj

גְּדוֹל guedol להח, ועם ד' אותיות מבה, יזל, אום הָעֵצָה haetsá. מַשְׁפִּיל mashpil

וּמֵרִים umerim: לְמַעַנְךָ lemaanaj דּוֹבֵר dover צֶדֶק tsédek מַגִּיד maguid

מֵישָׁרִים meisharim: לְמַעַנְךָ lemaanaj הַיּוֹדֵעַ hayodea וָעֵד vaed

אִם im יוהך, מ"א אותיות דפשוט, דמילוי ודמילוי דמילוי דאהיה ע"ה יִסָּתֵר yisater ב"פ מצר

אִישׁ ish בַּמִּסְתָּרִים bamistarim: לְמַעַנְךָ lemaanaj וְהוּא vehú

בְּאֶחָד beejad אהבה, דאגה וּמִי umí ילי יְשִׁיבֶנּוּ yeshivenu אֲמָרִים amarim:

LA TERCERA HAKAFÁ (RONDA) – YAAKOV – TIFÉRET

"Lavaré en pureza mis manos y andaré en torno a Tu altar, Señor, proclamando con voz de acción de gracias y contando todas Tus maravillas" (Salmos 26:6-7).

Por favor, redime ahora. Por favor, redime ahora.

Por amor a Ti, nuestro Dios. Por amor a Ti, nuestro Creador. Por amor a Ti, nuestro Redentor. Por amor a Ti, nuestro Inquiridor. Por amor a Ti, el Poderoso de poderosos. Por amor a Ti, Creador del viento y Formador de montañas. Por amor a Ti, Colosal en consuelo, que humilla y exalta. Por amor a Ti, Enunciador de rectitud, Maestro de principios justos. Por amor a Ti, Aquel que conoce y es testigo si un hombre se esconde en lugares ocultos. Por amor a Ti, Aquel que es Uno y que podría contestarle a Él.

לְמַעַנְךָ lemaanaj זָךְ zaj ייי וְנָקִי venakí ע"ה קס"א וּמִתְבָּרֵר umitbarer עִם im

בָּרִים :barim לְמַעַנְךָ lemaanaj וְחוֹפֵשׂ jofés מַצְפּוּן .matspún

וְחוֹקֵר vejoker כָּל col ילי וַחֲדָרִים :jadarim לְמַעַנְךָ lemaanaj

טִפְחָה tipeja יְמִינוֹ yeminó שָׁמַיִם shamáyim י"פ טל, י"פ כוזו. וְעָשָׂה veasá

מְאוֹרִים :meorim לְמַעַנְךָ lemaanaj יָסַד yasad אֶרֶץ .érets

בַּצּוּרוֹת batsurot בִּקַּע bikea יְאוֹרִים :yeorim לְמַעַנְךָ lemaanaj כַּבִּיר cabir

כֹּחַ .cóaj מְכֻבָּד mejubad בָּאוּרִים :baurim לְמַעַנְךָ lemaanaj

לֹא lo יִתַּמּוּ yitamú שְׁנוֹתָיו shenotav לְדוֹר ledor דּוֹרִים :dorim

הוֹשַׁעְנָא .hoshaaná הוֹשַׁעְנָא :hoshaaná

אָנָּא aná ב"ן, לכב הָאֵל haEl לאה הַנִּקְדָּשׁ hanikdash בִּקְדֻשּׁוֹת bikdushot

שְׁלֹשָׁה .shloshá בָּרָא bará קנ"א ב"ן, יהוה אלהים יהוה אדני, מילוי קס"א וס"ג, מ"ה ברבוע וע"ב ע"ה

בְּמַעֲשֵׂה bemaasé בְּרֵאשִׁית vereshit בְּכָל bejol ב"ן, לכב יוֹם yom

נגד, מזבח, זן, אל יהוה שְׁלֹשָׁה .shloshá וּבַשִּׁשִּׁי uvashishí וּבַשְּׁבִיעִי uvashvií

שְׁלֹשָׁה shloshá שְׁלֹשָׁה .shloshá הוֹשִׁיעֵנוּ hoshienu בְּהַקָּפַת behakafat

פְּעָמִים peamim שְׁלֹשָׁה :shloshá אָנָּא aná ב"ן, לכב זְכוֹר zejor ע"ב קס"א, יהי אור ע"ה

אָב av רָאָה raá ראה מַלְאָכִים malajim שְׁלֹשָׁה .shloshá

וַיְמַהֵר vaymaher לְהַסְעִידָם lehasidam סְאִים seim שְׁלֹשָׁה .shloshá

הָלְכוּ haljú אִתּוֹ itó בַּעֲלֵי baalei בְּרִית brit שְׁלֹשָׁה .shloshá

הוֹשִׁיעֵנוּ hoshienu בְּהַקָּפַת behakafat פְּעָמִים peamim שְׁלֹשָׁה :shloshá

Por amor a Ti, el Puro e Inmaculado,

que actúa con integridad con todos los que le son fieles. Por amor a Ti, Inquiridor de lo oculto e Investigador de todas las cámaras. Por amor a Ti, Aquel cuya palma derecha creó los Cielos y quien hizo las luminarias. Por amor a Ti, Aquel que fundó la Tierra; Él que es grande en poder, glorificado por aquellos que moran en los valles. Por amor a Ti, Aquel cuyos años no terminarán generaciones infinitas.

Por favor, redime ahora. Por favor, redime ahora.

Por favor, Dios, que es consagrado por tres santificaciones;

quien llevó a cabo en la Creación a tres cada día, y en el sexto y séptimo, tres, tres; sálvanos en la tercera ronda. Por favor, recuerda al patriarca (Avraham) que vio a tres ángeles y se apresuró a alimentarlos con tres seim, quien fue acompañado por tres compañeros del tratado; sálvanos en la tercera ronda.

אָנָּא aná ב"ן, לכב זְכוֹר zejor ע"ב קס"א, יה"י אור ע"ה בֵּן ben הוּכַן huján

לַעֲקֵדָה laakedá לְיָמִים leyamim נלך שְׁלשָׁה shloshá. כָּרַת carat בְּרִית brit

עִם im מֶלֶךְ mélej וּמֵרֵעֵהוּ umereehu וְשַׂר vesar צְבָאוֹ tsevaó

שְׁלשָׁה shloshá. בִּזְכוּתוֹ bizjutó נָחֲלוּ najalú בָנָיו vanav כְּתָרִים quetarim

שְׁלשָׁה shloshá: הוֹשִׁיעֵנוּ hoshienu בְּהַקָּפַת behakafat פְּעָמִים peamim

שְׁלשָׁה shloshá: אָנָּא aná ב"ן, לכב זְכוֹר zejor ע"ב קס"א, יה"י אור ע"ה אָב av

וְחָזָה jaza סֻלָּם sulam בְּעוֹלִים beolim וְיוֹרְדִים veyordim שְׁלשָׁה shloshá.

וּפִצֵּל ufitsel בָּרְהָטִים barehatim מַקְלוֹת maklot שְׁלשָׁה shloshá.

וַיְשַׁלַּח vayeshalaj בָּנָיו banav לְצֹעַן letsoán פְּעָמִים peamim שְׁלשָׁה shloshá.

הוֹשִׁיעֵנוּ hoshienu בְּהַקָּפַת behakafat פְּעָמִים peamim שְׁלשָׁה shloshá:

אָנָּא aná ב"ן, לכב הַגּוֹאֲלֵנוּ hagoalenu עַל al יְדֵי yedei אַחִים ajim

שְׁלשָׁה shloshá. הַשָּׂם hasam בָּנוּ banu מַעֲלוֹת maalot כֹּהֲנִים Cohanim

לְוִיִּם Leviyim וְיִשְׂרָאֵל veYisrael שְׁלשָׁה shloshá. הַמַּנְחִילֵנוּ hamanjilenu

תּוֹרָה Torá נְבִיאִים Neviím וּכְתוּבִים uJtuvim שְׁלשָׁה shloshá.

הוֹשִׁיעֵנוּ hoshienu בְּהַקָּפַת behakafat פְּעָמִים peamim שְׁלשָׁה shloshá:

הוֹשַׁעְנָא hoshaaná. הוֹשַׁעְנָא hoshaaná:

לִמּוּדָךְ limudaj וְגַם vegam יְדִידָךְ yedidaj, יִשְׂרָאֵל Yisrael לָךְ laj

מִקּוֹרָא mekorá. אֲשֶׁר asher חָלַם jalam, וְהֵן vehén סֻלָּם sulam,

בַּמָּרוֹם bamarom לוֹ lo מוֹרָא morá. אֵל El יא"י (מילוי דס"ג) אֶחָד ejad

אהבה, דאגה לְךָ lejá פָּחַד pájad, וַיֹּאמֶר vayómer מַה ma מ"ה נוֹרָא norá.

Por favor, recuerda al hijo (Yitsjak) que fue preparado para la atadura después de tres días, estableció un pacto con un rey, su socio y su general, quienes eran tres; en su mérito sus tres hijos heredaron tres coronas; sálvanos en la tercera ronda. Por favor, recuerda al patriarca (Yaakov) que observó una escalera con tres que ascendían y descendían, quienes vigilaban las ramas de los abrevaderos, que eran tres, y quienes enviaron a sus hijos a Tsoán en tres ocasiones; sálvanos en la tercera ronda. Por favor, Tú que nos redimes a través de tres hermanos, que instituyes entre nosotros niveles: cohanim, levitas e israelitas, tres; que nos ha otorgado la Torá, Profetas y Hagiógrafos, tres; sálvanos en la tercera ronda.

Por favor, redime ahora. Por favor, redime ahora.

Tu pupilo y también tu amado, a quien llamaste por el nombre de Israel, quien soñó y vio una escalera muy alta que le causó asombro. Dios único, es a Ti a quien él temió, diciendo: "Cuán asombroso [es este lugar]",

זְכוֹר zejor ע״ב קס״א, יהי אור ע״ה צִדְקוֹ tsidkó, וְגַם vegam נַאֲקוֹ naakó,

לִשְׁאֵרִית lisherit נִשְׁאָרָה nishará. נַהֲלָאָה nahalaá אֲשֶׁר asher

נָשְׂאָה nasá, זֶה ze כַּמֶּה camé אֵימֶיךָ eimeja. זָכְרֵנוּ zojrenu

יְהֹוָה יאהדונהי Adonai בִּרְצוֹן birtsón מהש ע״ה, ע״ב בריבוע וקס״א ע״ה, אל שדי ע״ה

עַמֶּךָ ameja: זְכוֹר zejor ע״ב קס״א, יהי אור ע״ה אָחוּז ajuz, וְגַם vegam

שָׁבוּץ shavuts, וְחָתוּם jatum בְּמִדַּת bemidat תִּפְאֶרֶת Tiféret. מִדַּת midat

אֱמֶת emet אהיה פעמים אהיה, ז״פ ס״ג בֶּאֱמֶת beemet אהיה פעמים אהיה, ז״פ ס״ג

יְרֻשָּׁה yerushá לוֹ lo וְכוֹתֶרֶת vejotéret. תִּפְאַרְתּוֹ tifartó בְּתֻמָּתוֹ betumató,

תָּמִיד tamid קס״א קנ״א קמ״ג בּוֹ bo נִקְשֶׁרֶת nikshéret. וּדְמוּתוֹ udmutó,

וְצוּרָתוֹ vetsurató, וַחֲקוּקָה jakuká בַּעֲטֶרֶת baatéret. הוּא hu

אִישׁ ish תָּם tam, בְּשִׁמְךָ bishmaj נֶחְתָּם nejtam, שַׂמְתּוֹ samtó

עַל al כֵּס ques רַחֲמֶיךָ rajameja. זָכְרֵנוּ zojrenu יְהֹוָה יאהדונהי Adonai

בִּרְצוֹן birtsón מהש ע״ה, ע״ב בריבוע וקס״א ע״ה, אל שדי ע״ה עַמֶּךָ ameja:

תּוֹדִיעֵנִי todieni אֹרַח óraj חַיִּים jayim אהיה אהיה יהוה, בינה ע״ה

שֹׂבַע sova שְׂמָחוֹת semajot אֶת et פָּנֶיךָ paneja ס״ג מ״ה ב״ן

נְעִמוֹת neimot בִּימִינְךָ biminjá נֶצַח nétsaj:

נָא na גִּבּוֹר guibor. דּוֹרְשֵׁי dorshei יִחוּדֶךָ yijudeja.

כְּבָבַת quevavat שָׁמְרֵם shomrcm:

נגד יכש

Recuerda su rectitud y también su clamor por el remanente restante. Se ha cansado ella, quien ha llevado por tanto tiempo Tu temible exilio. Recuérdanos, Señor, cuando beneficies a Tu pueblo. Recuerda al que se aferró mientras pendía también, quien fue sellado con el atributo de Tiféret; el atributo de la verdad es realmente su heredad y corona. Su esplendor, en su perfección, siempre estuvo a su lado; y su semejanza e imagen están grabadas en la Diadema. Él es un hombre perfecto, quien está sellado en Tu Nombre, Tú lo has puesto en Tu Trono de Misericordia. Recuérdanos, Señor, cuando beneficies a Tu pueblo.

"Me darás a conocer la senda de la vida, en Tu presencia hay plenitud de gozo; en Tu diestra, deleites para siempre" (Salmos 16:11).

נגד יכש *Por favor, Todopoderoso, guarda como a la pupila de Tus ojos a aquellos que buscan Tu unidad.*

LA CUARTA HAKAFÁ (RONDA) – MOSHÉ – NÉTSAJ

El habla de la *Hakafá* conecta con *Biná* (lo Circundante de *Ima*) אל יוד הי ואו הי – ייא״י דס״ג.

La acción de la *Hakafá* conecta con Misericordias de *Dáat* (אל יוד ויו הי יוד ואו הי יוד ואו הא ג׳ יודין ע״ה).

Y el hombre que da las rondas (אדם = 45) conecta con los Seis Bordes de *Zeir Anpín*:

אל יוד הא ואו הא (מ״ה = 45) (ג״פ אלף הי יוד הא היוצאים מג׳ אלפין דמ״ה).

Medita en conectar con energía de protección (מגן = 93) mediante los tres Nombres אל (= 31).

אֶרְחַץ erjats בְּנִקָּיוֹן benikayón כַּפָּי capai וַאֲסֹבְבָה vaasoveva אֶת et
מִזְבַּחֲךָ mizbajajá נג״ד, זן, אל יהוה יְהֹוָהאדהויאהדונהי Adonai: לַשְׁמִעַ lashmía
בְּקוֹל bekol תּוֹדָה todá וּלְסַפֵּר ulsaper כָּל col ילי נִפְלְאוֹתֶיךָ nifleoteja:
הוֹשַׁעְנָא hoshaaná. הוֹשַׁעְנָא hoshaaná:

לְמַעַנְךָ lemaanaj אֱלֹהֵינוּ Eloheinu ילה: לְמַעַנְךָ lemaanaj בּוֹרְאֵנוּ borenu:
לְמַעַנְךָ lemaanaj גּוֹאֲלֵנוּ goalenu: לְמַעַנְךָ lemaanaj דּוֹרְשֵׁנוּ dorshenu:
לְמַעַנְךָ lemaanaj אַדִּיר adir הרי אַדִּירִים adirim הרי: לְמַעַנְךָ lemaanaj
בּוֹרֵא boré רוּחַ rúaj וְיוֹצֵר veyotser הָרִים harim: לְמַעַנְךָ lemaanaj
גְּדוֹל guedol להח, ועם ד׳ אותיות מבה, יזל, אום הָעֵצָה haetsá. מַשְׁפִּיל mashpil
וּמֵרִים umerim: לְמַעַנְךָ lemaanaj דּוֹבֵר dover צֶדֶק tsédek מַגִּיד maguid
מֵישָׁרִים meisharim: לְמַעַנְךָ lemaanaj הַיּוֹדֵעַ hayodea וָעֵד vaed
אִם im יוהך, מ״א אותיות דפשוט, דמילוי ודמילוי דמילוי דאהיה ע״ה יִסָּתֵר yisater ב״פ מצר
אִישׁ ish בַּמִּסְתָּרִים bamistarim: לְמַעַנְךָ lemaanaj וְהוּא vehú בְּאֶחָד beejad
אהבה, דאגה וּמִי umí ילי יְשִׁיבֶנּוּ yeshivenu אֲמָרִים amarim:

LA CUARTA HAKAFÁ (RONDA) – MOSHÉ – NÉTSAJ

"Lavaré en pureza mis manos y andaré en torno a Tu altar, Señor,
proclamando con voz de acción de gracias y contando todas Tus maravillas" (*Salmos 26:6-7*).
Por favor, redime ahora. Por favor, redime ahora.

Por amor a Ti, nuestro Dios. Por amor a Ti, nuestro Creador. Por amor a Ti, nuestro Redentor. Por amor a Ti, nuestro Inquiridor. Por amor a Ti, el Poderoso de poderosos. Por amor a Ti, Creador del viento y Formador de montañas. Por amor a Ti, Colosal en consuelo, que humilla y exalta. Por amor a Ti, Enunciador de rectitud, Maestro de principios justos. Por amor a Ti, Aquel que conoce y es testigo si un hombre se esconde en lugares ocultos. Por amor a Ti, Aquel que es Uno y que podría contestarle a Él.

לְמַעַנְךָ lemaanaj זָךְ zaj ייי וְנָקִי venakí ע"ה קס"א וּמִתְבָּרֵר umitbarer עִם im

בָּרִים :barim לְמַעַנְךָ lemaanaj וְחוֹפֵשׂ jofés מַצְפּוּן .matspún

וְחוֹקֵר vejoker כָּל col ילי וַחֲדָרִים :jadarim לְמַעַנְךָ lemaanaj

טִפְחָה tipjá יְמִינוֹ yeminó שָׁמַיִם shamáyim י"פ טל, י"פ כוזו. וְעָשָׂה veasá

מְאוֹרִים :meorim לְמַעַנְךָ lemaanaj יָסַד yasad אֶרֶץ .érets

בַּצּוּרוֹת batsurot בִּקַּע bikea יְאוֹרִים :yeorim לְמַעַנְךָ lemaanaj כַּבִּיר cabir

כֹּחַ .cóaj מְכֻבָּד mejubad בָּאוּרִים :baurim לְמַעַנְךָ lemaanaj

לֹא lo יִתַּמּוּ yitamú שְׁנוֹתָיו shenotav לְדוֹר ledor דּוֹרִים :dorim

הוֹשַׁעְנָא .hoshaaná הוֹשַׁעְנָא :hoshaaná

אָנָּא aná ב"ן לכב הַבּוֹרֵא haboré עוֹלָמוֹ olamó בִּיסוֹדוֹת bisodot

אַרְבָּעָה .arbaá הַנּוֹתֵן hanotén אבגיתצ, ושר, אהבת חנם נוֹשְׂאֵי nosei כִּסְאוֹ quisó

וְחַיּוֹת jayot אַרְבָּעָה .arbaá הַמַּצִּיב hamatsiv פִּנּוֹת pinot אַרְבָּעָה .arbaá

וּתְקוּפוֹת utkufot אַרְבָּעָה .arbaá הוֹשִׁיעֵנוּ hoshienu בַּחֲגִיגַת bajaguigat

יָמִים yamim נלך אַרְבָּעָה :arbaá אָנָּא aná ב"ן לכב זְכוֹר zejor

אָב av הָעִיר heir מִמִּזְרָחוֹ mimizraj בְּאוֹר beor רו, א"ס

לְיָמִים leyamim נלך אַרְבָּעָה .arbaá רָדַף radaf וַיֵּחָלֵק vayejalek

עַל al מְלָכִים melajim אַרְבָּעָה .arbaá בִּשַּׂרְתּוֹ bisartó

לָשׁוּב lashuv זַרְעוֹ zaró לְדוֹרוֹת ledorot אַרְבָּעָה :arbaá

הוֹשִׁיעֵנוּ hoshienu בַּחֲגִיגַת bajaguigat יָמִים yamim נלך אַרְבָּעָה :arbaá

Por amor a Ti, el Puro e Inmaculado,

que actúa con integridad con todos los que le son fieles. Por amor a Ti, Inquiridor de lo oculto e Investigador de todas las cámaras. Por amor a Ti, Aquel cuya palma derecha creó los Cielos y quien hizo las luminarias. Por amor a Ti, Aquel que fundó la Tierra; Él que es grande en poder, glorificado por aquellos que moran en los valles. Por amor a Ti, Aquel cuyos años no terminarán generaciones infinitas.

Por favor, redime ahora. Por favor, redime ahora.

Por favor, Aquel que creó Su mundo con cuatro elementos, que designó a cuatro ángeles como portadores de Su Trono; que estableció cuatro confines, así como cuatro estaciones; sálvanos en la cuarta ronda. Por favor, recuerda al patriarca (Avraham) quien fue despertado por la luz del día cuatro; quien persiguió fue en contra de reyes, que fueron cuatro; Tú le avisaste que sus descendientes regresarían después de cuatro generaciones; sálvanos en la cuarta ronda.

אָנָּא aná בּ"ן לכב זְכוֹר zejor ע"ב קס"א, יהי אור ע"ה בֵּן ben הֻגַּשׁ hugash

לַעֲקֵידָה laakedá עַל al קַרְנוֹת karnot אַרְבָּעָה arbaá• וְחָפַר jafar

בִּפְלֶשֶׁת biFléshet בּוֹרוֹת borot אַרְבָּעָה arbaá• וַיֵּעָתֵק vayatek

לְחֶבְרוֹן leJevrón קִרְיַת kiryat אַרְבָּעָה arbaá: הוֹשִׁיעֵנוּ hoshienu

בַּחֲגִיגַת bajaguigat יָמִים yamim נלך אַרְבָּעָה arbaá: אָנָּא aná בּ"ן לכב

זְכוֹר zejor ע"ב קס"א, יהי אור ע"ה תָּם tam נֶעֱזָר neezar בְּאִמָּהוֹת beimahot

אַרְבָּעָה arbaá• וְחִנֵּן jinén לְהִנָּצֵל lehinatsel מִשְׁפָּטִים mishfatim אַרְבָּעָה arbaá•

בִּתְפִלָּתוֹ bitfilató כִּלְכַּלְתָּ quilcalta בָּנָיו banav בִּדְבָרִים bidvarim

אַרְבָּעָה arbaá: הוֹשִׁיעֵנוּ hoshienu בַּחֲגִיגַת bajaguigat יָמִים yamim נלך

אַרְבָּעָה arbaá: אָנָּא aná בּ"ן לכב הַמּוֹלִיכֵנוּ hamolijenu בַּמִּדְבָּר bamidbar

בִּדְגָלִים bidgalim אַרְבָּעָה arbaá• צִוָּה tsivá לְמַלֹּאת lemalot

בַּחֹשֶׁן bajóshen טוּרִים turim אַרְבָּעָה arbaá• הַמְצַוֵּנוּ hamtsavenu

לְהַלְּלוֹ lehaleló בְּחַג bejag בְּמִינִים beminim אַרְבָּעָה arbaá:

הוֹשִׁיעֵנוּ hoshienu בְּהַקָּפַת behakafat פְּעָמִים peamim אַרְבָּעָה arbaá:

הוֹשַׁעְנָא hoshaaná• הוֹשַׁעְנָא hoshaaná:

זְכוּת zejut מֹשֶׁה Moshé מהש, ע"ב בריבוע קס"א, אל שדי, ד"פ אלהים ע"ה אַל al

תִּנְשֶׁה tinshé, וְחָתוּם jatum בְּמִדַּת bemidat הַנֵּצַח haNétsaj•

בִּזְכוּתוֹ bizjutó, וְעַנְוָתוֹ veanvató, אוֹיְבֵינוּ oyveinu תְּנַצֵּחַ tenatséaj•

Por favor, recuerda al hijo (Yitsjak),

que fue llevado a la Atadura sobre cuatro esquinas, que cavó en la tierra de los filisteos cuatro pozos, y que se trasladó a Hebrón, ciudad de cuatro; sálvanos en la cuarta ronda. Por favor, recuerda al perfecto (Yaakov) que fue asistido por cuatro matriarcas, que rogó ser salvado de cuatro tribulaciones, que debido a su oración Tú proporcionaste a sus descendientes un total de cuatro cosas; sálvanos en la cuarta ronda. Por favor, Aquel que nos guía en el desierto bajo cuatro estandartes, que ordena que el peto contenga cuatro filas, que ha mandado a que lo alabemos en la festividad con cuatro especies; sálvanos en la cuarta ronda.

Por favor, redime ahora. Por favor, redime ahora

No olvides el mérito de Moshé, sellado con el atributo de Nétsaj;

que Tú puedas derrotar a nuestros enemigos con su mérito y su humildad.

וּבְהַר uvehar הַמּוֹר haMor, שִׁיר shir מִזְמוֹר mizmor, נָשִׁיר nashir

וְלַמְנַצֵּחַ velamnatséaj. אֵל El ייא״י (מילוי דס״ג) נֶצַח nétsaj, לָנֶצַח lanétsaj,

רַחֵם rajem אברהם, ח״פ אל, רי״ו ול״ב נתיבות החכמה, רמ״ח (אברים), עסמ״ב וט״ז אותיות פשוטות

עַם am רוֹמְמֶךָ romemeja. זָכְרֵנוּ zojrenu יְהֹוָהאדנייאהדונהי Adonai

בִּרְצוֹן birtsón מהש ע״ה, ע״ב בריבוע וקס״א ע״ה, אל שדי ע״ה עַמֶּךָ ameja: תּוֹרָה Torá

תְּמִימָה temimá, וּנְעִימָה uneimá, יָרַשׁ yarash עָנָיו anav בְּהַר behar סִינַי Sinai

ה׳ הויות, נמם. עִם im אֵל El ייא״י (מילוי דס״ג) אָיוֹם ayom, אַרְבָּעִים arbaim יוֹם yom

נגד, מזבח, זן, אל יהוה עָמַד amad שָׁם sham עִם im יְהֹוָהאדנייאהדונהי Adonai:

לְקַבֵּל lekabel תּוֹרָה Torá, זַכָּה zacá וּבָרָה uvará, מִשְּׁמֵי mishmei

מְעוֹנַי meonai. אֵל El ייא״י (מילוי דס״ג) אֱמֶת emet אהיה פעמים אהיה, ז״פ ס״ג תּוֹרַת torat

אֱמֶת emet אהיה פעמים אהיה, ז״פ ס״ג הִנְחִיל hinjil לְעַם leam עלם

נֶאֱמָנַי neemanai. צִדְקָתוֹ tsidkató, וְתוֹרָתוֹ vetorató, זְכוֹר zejor ע״ב קס״א, יהי אור

ע״ה נָא na מִשָּׁמֶיךָ mishameja. זָכְרֵנוּ zajrenu יְהֹוָהאדנייאהדונהי Adonai

בִּרְצוֹן birtsón מהש ע״ה, ע״ב בריבוע וקס״א ע״ה, אל שדי ע״ה עַמֶּךָ ameja:

תּוֹדִיעֵנִי todieni אֹרַח óraj חַיִּים jayim אהיה אהיה יהוה, בינה ע״ה

שֹׂבַע sova שְׂמָחוֹת semajot אֶת et פָּנֶיךָ paneja ס״ג מ״ה ב״ן

נְעִמוֹת neimot בִּימִינְךָ biminjá נֶצַח nétsaj:

בָּרְכֵם barjem טַהֲרֵם taharem. רַחֲמֵי rajamei צִדְקָתֶךָ tsidkateja.

תָּמִיד tamid גָּמְלֵם gomlem:

בטר צתג

Que podamos cantar, sobre el Monte Moriá, un cántico, un salmo, y "al conductor". Dios eterno, perpetuamente muestra Tu compasión al pueblo que te exalta. Recuérdanos, Señor, cuando beneficies a Tu pueblo. Una Torá que es perfecta y dulce heredó el humilde en el Monte Sinaí; con el Dios Asombroso permaneció allí por cuarenta días, para recibir la Torá, pura y limpia desde la Morada Celestial. El Dios verdadero ha otorgado una Torá verdadera a su pueblo fiel. Por favor, recuerda su rectitud y su Torá desde Tus Cielos. Recuérdanos, Señor, cuando beneficies a Tu pueblo.

"Me darás a conocer la senda de la vida, en Tu presencia hay plenitud de gozo; en tu diestra, deleites para siempre" (Salmos 16:11)

בטר צתג *Bendícelos. Purifícalos. Otórgales siempre Tu justicia compasiva.*

LA QUINTA HAKAFÁ (RONDA) – AHARÓN – HOD

El habla de la *Hakafá* conecta con *Biná* (lo Circundante de *Ima*) אל יוד הי ואו הי – ייא״י דס״ג.
La acción de la *Hakafá* conecta con Misericordias de *Dáat*(אל הי יוד ויו הי יוד ואו הא יוד ואו (ג׳ יודין ע״ה.
Y el hombre que da las rondas (אדם = 45) conecta con los Seis Bordes de *Zeir Anpín*:
אל יוד הא ואו הא (מ״ה = 45) (ג״פ אלף הה יוד הא היוצאים מג׳ אלפין דמ״ה).
Medita en conectar con energía de protección (מָגֵן = 93) mediante los tres Nombres אל (= 31).

אֶרְחַץ erjats בְּנִקָּיוֹן benikayón כַּפָּי capai וַאֲסֹבְבָה vaasoveva אֶת et
מִזְבַּחֲךָ mizbajajá נגד, זן, אל יהוה יְהֹוָהאדניאהדונהי Adonai: לַשְׁמִעַ lashmía
בְּקוֹל bekol תּוֹדָה todá וּלְסַפֵּר ulsaper כָּל col ילי נִפְלְאוֹתֶיךָ nifleoteja:
הוֹשַׁעְנָא hoshaaná. הוֹשַׁעְנָא hoshaaná:

לְמַעַנְךָ lemaanaj אֱלֹהֵינוּ Eloheinu ילה: לְמַעַנְךָ lemaanaj בּוֹרְאֵנוּ borenu:
לְמַעַנְךָ lemaanaj גּוֹאֲלֵנוּ goalenu: לְמַעַנְךָ lemaanaj דּוֹרְשֵׁנוּ dorshenu:
לְמַעַנְךָ lemaanaj אַדִּיר adir הרי אַדִּירִים adirim הרי: לְמַעַנְךָ lemaanaj
בּוֹרֵא boré רוּחַ rúaj וְיוֹצֵר veyotser הָרִים harim: לְמַעַנְךָ lemaanaj
גְּדוֹל guedol להח, ועם ד׳ אותיות מבה, יזל, אום הָעֵצָה haetsá. מַשְׁפִּיל mashpil
וּמֵרִים umerim: לְמַעַנְךָ lemaanaj דּוֹבֵר dover צֶדֶק tsédek מַגִּיד maguid
מֵישָׁרִים meisharim: לְמַעַנְךָ lemaanaj הַיּוֹדֵעַ hayodea וָעֵד vaed
אִם im יוהך, מ״א אותיות דפשוט, דמילוי ודמילוי דמילוי דאהיה ע״ה יִסָּתֵר yisater ב״פ מצר
אִישׁ ish בַּמִּסְתָּרִים bamistarim: לְמַעַנְךָ lemaanaj וְהוּא vehú
בְּאֶחָד beejad אהבה, דאגה וּמִי umí ילי יְשִׁיבֶנּוּ yeshivenu אֲמָרִים amarim:

LA QUINTA HAKAFÁ (RONDA) – AHARÓN – HOD

"Lavaré en pureza mis manos y andaré en torno a Tu altar, Señor,
proclamando con voz de acción de gracias y contando todas Tus maravillas" (*Salmos 26:6-7*).
Por favor, redime ahora. Por favor, redime ahora.
Por amor a Ti, nuestro Dios. Por amor a Ti, nuestro Creador. Por amor a Ti, nuestro Redentor. Por amor a Ti, nuestro Inquiridor. Por amor a Ti, el Poderoso de poderosos. Por amor a Ti, Creador del viento y Formador de montañas. Por amor a Ti, Colosal en consuelo, que humilla y exalta. Por amor a Ti, Enunciador de rectitud, Maestro de principios justos. Por amor a Ti, Aquel que conoce y es testigo si un hombre se esconde en lugares ocultos. Por amor a Ti, Aquel que es Uno y que podría contestarle a Él.

לְמַעַנְךָ lemaanaj זַךְ zaj ייי וְנָקִי venakí ע"ה קס"א וּמִתְבָּרֵר umitbarer עִם im

בָּרִים :barim לְמַעַנְךָ lemaanaj חוֹפֵשׂ jofés מַצְפּוּן matspún·

וְחוֹקֵר vejoker כָּל col ילי חֲדָרִים :jadarim לְמַעַנְךָ lemaanaj

טִפְחָה tipjá יְמִינוֹ yeminó שָׁמַיִם shamáyim י"פ טל, י"פ כוזו· וְעָשָׂה veasá

מְאוֹרִים :meorim לְמַעַנְךָ lemaanaj יָסַד yasad אֶרֶץ érets·

בַּצּוּרוֹת batsurot בִּקְעַ bikea יְאוֹרִים :yeorim לְמַעַנְךָ lemaanaj כַּבִּיר cabir

כֹּחַ cóaj· מְכֻבָּד mejubad בָּאוּרִים :baurim לְמַעַנְךָ lemaanaj

לֹא lo יִתַּמּוּ yitamú שְׁנוֹתָיו shenotav לְדוֹר ledor דּוֹרִים :dorim

הוֹשַׁעְנָא hoshaaná· הוֹשַׁעְנָא :hoshaaná

אָנָּא aná ב"ן לכב הַמְיַחֵד hameyajed לִכְבוֹדוֹ lijvodó שֵׁמוֹת shemot

וַחֲמִשָּׁה jamishá· הַקּוֹנֶה hakoné בְּעוֹלָמוֹ beolamó קִנְיָנִים kinyanim

וַחֲמִשָּׁה jamishá· הַיּוֹצֵר hayotser בִּבְרִיּוֹתָיו bivriyotav גִּבּוֹרִים guiborim

וַחֲמִשָּׁה jamishá· הוֹשִׁיעֵנוּ hoshienu בְּהַקָּפַת behakafat פְּעָמִים peamim

וַחֲמִשָּׁה :jamishá אָנָּא aná ב"ן לכב זְכוֹר zejor ע"ב קס"א, יהי אור ע"ה אָב av

כָּרַת carat בְּרִית brit בִּבְתָרִים bivtarim וַחֲמִשָּׁה jamishá·

וְהֵשִׁיב veheshiv רְכוּשׁ rejush לִמְלָכִים limlajim וַחֲמִשָּׁה jamishá·

וְחָנַן vejanán עַל al הֲפִיכַת hafijat עָרִים arim וַחֲמִשָּׁה :jamishá

הוֹשִׁיעֵנוּ hoshienu בְּהַקָּפַת behakafat פְּעָמִים peamim וַחֲמִשָּׁה :jamishá

Por amor a Ti, el Puro e Inmaculado,

que actúa con integridad con todos los que le son fieles. Por amor a Ti, Inquiridor de lo oculto e Investigador de todas las cámaras. Por amor a Ti, Aquel cuya palma derecha creó los Cielos y quien hizo las luminarias. Por amor a Ti, Aquel que fundó la Tierra; Él que es grande en poder, glorificado por aquellos que moran en los valles. Por amor a Ti, Aquel cuyos años no terminarán generaciones infinitas.

Por favor, redime ahora. Por favor, redime ahora.

Por favor, Aquel que ha destinado cinco Nombres para Su gloria, que tiene cinco posesiones en Su mundo, que formó a cinco poderosos entre Sus criaturas; sálvanos en la quinta ronda. Por favor, recuerda al patriarca (Avraham) que estableció un pacto con mitades de cinco, regresó el botín de cinco reyes y que rogó por la destrucción de cinco ciudades; sálvanos en la quinta ronda.

אָנָּא aná ב״ן לכב זְכוֹר zejor ע״ב קס״א, יה״י אור ע״ה הַנֶּעֱקָד haneekad בְּהַר behar
מוֹר Mor שְׁעָרִים shearim כתר וַחֲמִשָּׁה jamishá. יָרַשׁ yarash מֵהוֹרוֹ mehoró
בְּרָכוֹת brajot וַחֲמִשָּׁה jamishá. וְהִשְׁלִים vehishlim נֶפֶשׁ néfesh
נְקוּבָה nekuvá בְּשֵׁמוֹת beshemot וַחֲמִשָּׁה jamishá: הוֹשִׁיעֵנוּ hoshienu
בְּהַקָּפַת behakafat פְּעָמִים peamim וַחֲמִשָּׁה jamishá: אָנָּא aná ב״ן לכב
זְכוֹר zejor ע״ב קס״א, יה״י אור ע״ה תָּם tam נַעֲשׂוּ naasú לוֹ lo נִסִּים nisim
וַחֲמִשָּׁה jamishá. וַיַּצֵּג vayatseg מִבָּנָיו mibanav אַחִים ajim
וַחֲמִשָּׁה jamishá. כָּפְרוֹ cafró שַׁת shat לְנָזִיר lenazir הַמַּחֲלִיף hamajalif
וַחֲמִשָּׁה jamishá: הוֹשִׁיעֵנוּ hoshienu בְּהַקָּפַת behakafat פְּעָמִים peamim
וַחֲמִשָּׁה jamishá: אָנָּא aná ב״ן לכב הַמַּנְחִילֵנוּ hamanjilenu
דָּת dat סְפָרִים sefarim וַחֲמִשָּׁה jamishá. הַמַּשְׁמִיעֵנוּ hamashmienu
דִּבְּרוֹתָיו dibrotav בְּקוֹלוֹת bekolot וַחֲמִשָּׁה jamishá. הַכְּתוּבִים haquetuvim
עַל al הַלּוּחוֹת halujot וַחֲמִשָּׁה jamishá וַחֲמִשָּׁה jamishá:
הוֹשִׁיעֵנוּ hoshienu בְּהַקָּפַת behakafat פְּעָמִים peamim וַחֲמִשָּׁה jamishá:

הוֹשַׁעְנָא hoshaaná. הוֹשַׁעְנָא hoshaaná:

בִּזְכוּת bizjut אַהֲרֹן Aharón, רוֹן ron יָרוֹן yarón, עַמְּךָ amaj
בְּאָמְרָם beomram הוֹשַׁעְנָא hoshaaná. נֶחְתָּם nejtam בְּכָבוֹד bejavod בוכו,
בְּמִצְנֶפֶת bemitsnéfet נָאָה naa, לְשַׁמֵּשׁ leshamesh בִּכְהֻנָּה bijehuná.
בִּגְדֵי bigdei פְאֵר peer, לְפָאֵר lefaer, שִׁמְךָ shimjá לָבַשׁ lavash
בֶּאֱמוּנָה beemuná. הוֹדוֹ hodó אהיה הֶרְאָה haré לְעַם leam עלם נְכֵאָה nijé,

---

Por favor, recuerda al amordazado (Yitsjak) en el Monte Moriá con cinco verjas, que heredó de su padre cinco bendiciones y cuya alma perfeccionada es descrita con cinco nombres; sálvanos en la quinta ronda. Por favor, recuerda al perfecto (Yaakov) de quien se realizaron cinco milagros y quien presentó a sus hijos cinco hermanos, él otorgó sus regalos al único destinado a quien le dio cinco atuendos; sálvanos en la quinta ronda. Por favor, Aquel que nos transmite la Ley, Cinco Libros, que nos proclama Sus mandamientos mediante cinco sonidos, los cuales están escritos en las Tablas, cinco sobre cada una; sálvanos en la quinta ronda.

En el mérito de Aharón, permite a Tu pueblo cantar con regocijo cuando dicen "Hoshaná".

Sellado por el honor en una mitra [a fin] de servir en el sacerdocio.

Usó fielmente vestiduras magníficas para glorificar Tu Nombre; demuestra su gloria al pueblo oprimido,

רָם ram שׁוֹכֵן shojén בִּמְעוֹנָה ◆bimeoná וּבִזְכוּתוֹ ,uvizjutó

תְּפִלָּתוֹ ,tefilató תּוֹשִׁיעַ toshía לְזוֹעֲמֶיךָ lizumeja (לאלו שזועמת עליהם)◆

זָכְרֵנוּ zojrenu יְהֹוָהאדניאהדונהי Adonai בִּרְצוֹן birtsón מהש ע"ה, ע"ב בריבוע וקס"א ע"ה,

אל שדי ע"ה עַמֶּךָ ameja: בִּגְדֵי bigdei קֹדֶשׁ ,kódesh לָקַח lakaj

לְקַדֵּשׁ ,lekadesh לְשָׁרֵת lesharet בָּם bam מ"ב לִפְנִים lifnim לִפְנַי ◆lifnai

וּלְבָשָׁם ,ulvasham בְּבֹאוֹ bevoó שָׁם ,sham כְּקָדוֹשׁ quekadosh

כְּמַלְאַךְ quemalaj יְהֹוָהאדניאהדונהי ◆Adonai בְּקָרְבְּנוֹתָיו bekorbenotav

וְעוֹלוֹתָיו ,veolotav הָיָה hayá יהה מְכַפֵּר mejaper עַל al עֲוֹנָי ◆avonai

תְּפִלּוֹתָיו ,tefilotav וְתַחֲנוּנוֹתָיו ,utejinotav זְכוֹר zejor ע"ב קס"א, יהי אור ע"ה

הַיּוֹם hayom נגד, מזבח, זן, אל יהוה לְעַם leam עלם אֱמוּנַי ◆emunai

וְתִטָּעֵם ,vetitaem וְתַרְגִּיעֵם ,vetarguiem בְּמִקְדַּשׁ bemikdash

הֲדוֹמֶךָ ◆hadomeja זָכְרֵנוּ zojrenu יְהֹוָהאדניאהדונהי Adonai

בִּרְצוֹן birtsón מהש ע"ה, ע"ב בריבוע וקס"א ע"ה, אל שדי ע"ה עַמֶּךָ ameja:

תּוֹדִיעֵנִי todieni אֹרַח óraj חַיִּים jayim אהיה אהיה יהוה, בינה ע"ה

שֹׂבַע sova שְׂמָחוֹת semajot אֶת et פָּנֶיךָ paneja ס"ג מ"ה ב"ן

נְעִמוֹת neimot בִּימִינְךָ biminjá נֶצַח nétsaj:

חֲסִין jasín קָדוֹשׁ ◆kadosh בְּרוֹב berov ר"פ אהיה טוּבְךָ tuvjá לאו◆

נַהֵל nahel עֲדָתֶךָ adateja:

חקב טנע

Exaltado, que mora en la Cámara. Y debido a su mérito y su oración, salva a aquellos que son objeto de Tu ira. Recuérdanos, Señor, cuando beneficies a Tu pueblo. Él tomó vestiduras sagradas que fueron santificadas, para servir con ellas en el Sancta Sanctórum; las vestía antes de entrar allí, como alguien que es santo, como un ángel del Señor. A través de sus sacrificios y holocaustos, él expiaba por sus pecados; recuerda hoy sus oraciones y peticiones para un pueblo fiel. Y que Tú los transfieras y los calmes en el Santuario, a Tu escabel. Recuérdanos, Señor, cuando beneficies a Tu pueblo.

"Me darás a conocer la senda de la vida, en Tu presencia hay plenitud de gozo; en tu diestra, deleites para siempre" (Salmos 16:11).

חקב טנע *Invencible y Poderoso, gobierna a Tu congregación con la abundancia de Tu benevolencia.*

LA SEXTA HAKAFÁ (RONDA) – YOSEF – YESOD

El habla de la *Hakafá* conecta con *Biná* (lo Circundante de *Ima*) אל יוד הי ואו הי – ״יא״י דס״ג.

La acción de la *Hakafá* conecta con Misericordias de *Dáat* (ג׳ יודין ע״ה) אל ויו הי יוד ואו הי יוד ואו הא יוד.

Y el hombre que da las rondas (אדם = 45) conecta con los Seis Bordes de *Zeir Anpín*:

אל יוד הא ואו הא (מ״ה = 45) (ג״פ אלף הא יוד הי היוצאים מג׳ אלפין דמ״ה).

Medita en conectar con energía de protección (מגן = 93) mediante los tres Nombres אל (= 31).

אֶרְחַץ erjats בְּנִקָּיוֹן benikayón כַּפָּי capai וַאֲסֹבְבָה vaasoveva אֶת et

מִזְבַּחֲךָ mizbajajá נגד, זן, אל יהוה יְהֹוָה(יאהדונהי) Adonai: לַשְׁמִעַ lashmía

בְּקוֹל bekol תּוֹדָה todá וּלְסַפֵּר ulsaper כָּל col ילי נִפְלְאוֹתֶיךָ nifleoteja:

הוֹשַׁעְנָא hoshaaná. הוֹשַׁעְנָא hoshaaná:

לְמַעַנְךָ lemaanaj אֱלֹהֵינוּ Eloheinu ילה: לְמַעַנְךָ lemaanaj בּוֹרְאֵנוּ borenu:

לְמַעַנְךָ lemaanaj גּוֹאֲלֵנוּ goalenu: לְמַעַנְךָ lemaanaj דּוֹרְשֵׁנוּ dorshenu:

לְמַעַנְךָ lemaanaj אַדִּיר adir הרי אַדִּירִים adirim הרי: לְמַעַנְךָ lemaanaj

בּוֹרֵא boré רוּחַ rúaj וְיוֹצֵר veyotser הָרִים harim: לְמַעַנְךָ lemaanaj

גְּדוֹל guedol להח, ועם ד׳ אותיות מבה, יזל, אום הָעֵצָה haetsá. מַשְׁפִּיל mashpil

וּמֵרִים umerim: לְמַעַנְךָ lemaanaj דּוֹבֵר dover צֶדֶק tsédek מַגִּיד maguid

מֵישָׁרִים meisharim: לְמַעַנְךָ lemaanaj הַיּוֹדֵעַ hayodea וָעֵד vaed

אִם im יוהך, מ״א אותיות דפשוט, דמילוי ודמילוי דמילוי דאהיה ע״ה יִסָּתֵר yisater ב״פ מצר

אִישׁ ish בַּמִּסְתָּרִים bamistarim: לְמַעַנְךָ lemaanaj וְהוּא vehú

בְּאֶחָד beejad אהבה, דאגה וּמִי umí ילי יְשִׁיבֶנּוּ yeshivenu אֲמָרִים amarim:

LA SEXTA HAKAFÁ (RONDA) – YOSEF – YESOD

"Lavaré en pureza mis manos y andaré en torno a Tu altar, Señor,
proclamando con voz de acción de gracias y contando todas Tus maravillas" (Salmos 26:6-7).
Por favor, redime ahora. Por favor, redime ahora.

Por amor a Ti, nuestro Dios. Por amor a Ti, nuestro Creador. Por amor a Ti, nuestro Redentor. Por amor a Ti, nuestro Inquiridor. Por amor a Ti, el Poderoso de poderosos. Por amor a Ti, Creador del viento y Formador de montañas. Por amor a Ti, Colosal en consuelo, que humilla y exalta. Por amor a Ti, Enunciador de rectitud, Maestro de principios justos. Por amor a Ti, Aquel que conoce y es testigo si un hombre se esconde en lugares ocultos. Por amor a Ti, Aquel que es Uno y que podría contestarle a Él.

לְמַעַנְךָ lemaanaj זַךְ zaj ייז וְנָקִי venakí ע"ה קס"א וּמִתְבָּרֵר umitbarer עִם im
בָּרִים barim: לְמַעַנְךָ lemaanaj חוֹפֵשׂ jofés מַצְפּוּן matspún•
וְחוֹקֵר vejoker כָּל col ילי וַחֲדָרִים jadarim: לְמַעַנְךָ lemaanaj טִפְּחָה tipjá
יְמִינוֹ yeminó שָׁמַיִם shamáyim י"פ טל, י"פ כוזו• וְעָשָׂה veasá
מְאוֹרִים meorim: לְמַעַנְךָ lemaanaj יָסַד yasad אֶרֶץ érets•
בַּצּוּרוֹת batsurot בִּקַּע bikea יְאוֹרִים yeorim: לְמַעַנְךָ lemaanaj כַּבִּיר cabir
כֹּחַ cóaj• מְכֻבָּד mejubad בְּאוּרִים baurim: לְמַעַנְךָ lemaanaj
לֹא lo יִתַּמּוּ yitamú שְׁנוֹתָיו shenotav לְדוֹר ledor דּוֹרִים dorim:

הוֹשַׁעְנָא hoshaaná• הוֹשַׁעְנָא hoshaaná:

אָנָּא aná ב"ן לכב הַבּוֹרֵא haboré עוֹלָמוֹ olamó בְּיָמִים beyamim נלך
שִׁשָּׁה shishá• הַבּוֹנֶה haboné ס"נ שֵׁשׁ shesh צְלָעוֹת tselaot
לִצְדָדִים litsdadim שִׁשָּׁה shishá• הַיּוֹצֵר hayotser שְׂרָפִים serafim
בִּכְנָפַיִם bijnafáyim שִׁשָּׁה shishá• הוֹשִׁיעֵנוּ hoshienu בְּהַקָּפַת behakafat
פְּעָמִים peamim שִׁשָּׁה shishá: אָנָּא aná ב"ן לכב זְכוֹר zejor ע"ב קס"א, יהי אור ע"ה
אָב av זָנַח zanaj תּוֹעֵבוֹת toevot שִׁשָּׁה shishá• אַחֲרֵי ajarei
זְקֻנָיו zekunav נוֹלְדוּ noldú לוֹ lo בָּנִים banim שִׁשָּׁה shishá• נָטַע natá
אֵשֶׁל éshel וּבֵרַךְ uvoraj בְּקֵץ bekets מנק שָׁנִים shanim שִׁשָּׁה shishá:
הוֹשִׁיעֵנוּ hoshienu בְּהַקָּפַת behakafat פְּעָמִים peamim שִׁשָּׁה shishá:

Por amor a Ti, el Puro e Inmaculado,

que actúa con integridad con todos los que le son fieles. Por amor a Ti, Inquiridor de lo oculto e Investigador de todas las cámaras. Por amor a Ti, Aquel cuya palma derecha creó los Cielos y quien hizo las luminarias. Por amor a Ti, Aquel que fundó la Tierra; Él que es grande en poder, glorificado por aquellos que moran en los valles. Por amor a Ti, Aquel cuyos años no terminarán generaciones infinitas.

Por favor, redime ahora. Por favor, redime ahora.

Por favor, Aquel que creó Su mundo en seis días, que construyó seis lados en seis direcciones, que formó a los Serafim con seis alas; sálvanos en la sexta ronda. Por favor, recuerda al patriarca (Avraham) que abandonó seis abominaciones, que le nacieron seis hijos después de su vejez, que plantó un árbol de tamarisco y fue bendecido al cabo de seis años; sálvanos en la sexta ronda. Por favor, recuerda al único (Yitsjak) atado en el lugar de seis arreglos. Tú lo escudaste y lo protegiste de seis dificultades, él cavó pozos de agua para aquellos que expusieron seis niveles sobre éstos; sálvanos en esta sexta ronda.

אָנָּא aná ב"ן לכב זְכוֹר zejor ע"ב קס"א, יהי אור ע"ה

הַנֶּעֱקַד haneekad בִּמְקוֹם bimkom מַעֲרָכוֹת maarajot שִׁשָּׁה •shishá

גּוֹנַנְתּוֹ gonantó וּמִלַּטְתּוֹ umilatetó מִצָּרוֹת mitsarot שִׁשָּׁה •shishá כָּרָה cará

מִקְוָאוֹת mikvaot לְדוֹרְשֵׁי ledorshei בָּם bam מ"ב מַעֲלוֹת maalot

שִׁשָּׁה :shishá הוֹשִׁיעֵנוּ hoshienu בְּהַקָּפַת behakafat פְּעָמִים peamim

שִׁשָּׁה :shishá אָנָּא aná ב"ן לכב זְכוֹר zejor ע"ב קס"א, יהי אור ע"ה תָּם tam

הוֹלִיד holid מִן min הַבְּכִירָה habjirá שִׁשָּׁה •shishá וְצִוָּה vetsivá קָהַת kajat

מִנְחָה minjá מִמִּינִים miminim שִׁשָּׁה •shishá וְהִגְבִּיר vehigbir אֲבִי aví

שִׁשָּׁה shishá הַמְבוֹרָכִים hamevorajim בְּשִׁשָּׁה :beshishá הוֹשִׁיעֵנוּ hoshienu

בְּהַקָּפַת behakafat פְּעָמִים peamim שִׁשָּׁה :shishá אָנָּא aná ב"ן לכב

הַמְחַבֵּר hamejaber לָאֵפוֹד laefod שֵׁמוֹת shemot שִׁשָּׁה •shishá

הַמַּצִּיל hamatsil נְפָשׁוֹת nefashot בְּעָרֵי bearei מִקְלָט miklat שִׁשָּׁה •shishá

הַמּוֹרִישֵׁנוּ hamorishenu וְחָכְמַת jojmat סְדָרִים sedarim שִׁשָּׁה :shishá

הוֹשִׁיעֵנוּ hoshienu בְּהַקָּפַת behakafat פְּעָמִים peamim שִׁשָּׁה :shishá

הוֹשַׁעְנָא •hoshaaná הוֹשַׁעְנָא :hoshaaná

זְכוּת zejut נִשְׁמַר ,nishmar בְּרִית brit שָׁמַר ,shamar בְּמִדַּת bemidat

הַיְסוֹד haYesod ההע וְחָתוּם •jatum לִמְלֹךְ limloj זָכָה ,zajá

וּבִמְלוּכָה ,uvimlujá לוֹ lo נִגְלָה niglá כָּל col ילי סָתוּם •satum

וּבִזְכוּתוֹ ,uvizjutó לְאֻמָּתוֹ ,leumató גִּלָּה galé קֵץ kets מנק

הֶחָתוּם •hejatum וְתִרְדּוֹף ,vetirdof וְגַם vegam תְּהַדּוֹף ,tahadof

לִרְשָׁעִים lirshaím יְסִיתוּם •yesitum זְכוּת zejut אָבוֹת ,avot

רוֹכֵב rojev עֲרָבוֹת ,aravot זְכוֹר zejor ע"ב קס"א, יהי אור ע"ה

הַיּוֹם hayom נגד, מזבח, זן, אל יהוה לְרוֹמְמֶךָ •leromemeja

Por favor, recuerda al perfecto (Yaakov) que engendró de los seis mayores, que ordenó traer un regalo de seis especies, que dio poder a aquel que tuvo seis hijos, quienes son bendecidos con seis; sálvanos en la sexta ronda. Por favor, Aquel que adhirió seis Nombres al Efod, que salva vidas en las ciudades de refugio que eran seis, que nos otorgó la sabiduría de seis órdenes; sálvanos en la sexta ronda. El mérito de aquel que fue protegido, quien protegió el pacto; fue sellado con el atributo de Yesod, él tuvo el mérito de reinar, y en este reino se le reveló todo lo que está oculto. Y en su mérito se le reveló a su pueblo el sello final; que Tú persigas y alejes a los perversos que los seducen. Recuerda hoy el mérito de los Padres para los que te exaltan, Tú que moras en el Cielo.

זָכְרֵנוּ zojrenu יְהֹוָה יאהדונהי Adonai בִּרְצוֹן birtsón מהש ע"ה, ע"ב בריבוע וקס"א ע"ה,

אל שדי ע"ה עַמֶּךָ ameja: בִּזְכוּת bizjut יוֹסֵף Yosef ציון, ו"פ יהוה, קנאה

הֱיֵה heyé יהה מְאַסֵּף measef, נַחֲלָתְךָ najalatjá בְּבֵית beveit ב"פ ראה

קָדְשֶׁךָ kodsheja. וּרְצֵה urtsé אֵל El ייא"י (מילוי דס"ג) וְחַי jai,

בְּנִיחוֹחַי benijojai, תְּפִלַּת tefilat עַם am מְקַדְּשֶׁךָ mekudasheja.

וּבְרִיתוֹ uvritó, וּזְכוּתוֹ uzjutó, זְכוֹר zejor ע"ב קס"א, יהי אור ע"ה לְעַם leam עלם

מְגוֹרָשֶׁךָ megorasheja. וְחָתְמֵם jotmem לְגִילָה leguilá וְצָהֳלָה vetsahalá,

וְקַבְּצֵם vekabtsem לְמִגְרָשֶׁךָ lemigrasheja. הוֹשַׁעְנָא hoshaaná,

וְרַחֵם verajem אברהם, וז"פ אל, רי"ו ול"ב נתיבות החכמה, רמ"ח (אברים), עסמ"ב וט"ז אותיות פשוטות

נָא na בִּזְכוּתוֹ bizjutó לְאֻמֶּיךָ leumeja. זָכְרֵנוּ zojrenu יְהֹוָה יאהדונהי Adonai

בִּרְצוֹן birtsón מהש ע"ה, ע"ב בריבוע וקס"א ע"ה, אל שדי ע"ה עַמֶּךָ ameja:

זְכוּת zejut פִּינְחָס Pinjás הַמְיֻחָס hameyujás, לְמִדַּת lemidat צַדִּיק tsadik

יְסוֹד yesod ההע עוֹלָם olam. לִבְרִית livrit קִנֵּא kiné, וַיְפַלֵּל vayfalel

עִם im קוֹנֶה koné, הַמֵּבִיא hameví בְּמִשְׁפָּט bemishpat ע"ה ה"פ אלהים עַל al

כָּל col ילי ; עמם נֶעְלָם neelam. וַתֵּעָצַר vateatsar מִשְׁלַחַת mishlájat

צָר tsar, וְהוּא vehú נִתְבַּצַּר nitbatsar בְּרוּם berum עוֹלָם olam ר"ת ע"ב,

ריבוע יהוה ; ברום עולם = קס"א קנ"א קמ"ג וג"כ (לא כולל אהיה). הֲגַם hagam הָלוֹם halom,

בְּרִית brit שָׁלוֹם shalom, וְחַיִּים jayim אהיה אהיה יהוה, בינה ע"ה

וְעֵלוּם veelom, לִכְהֻנַּת lijehunat עוֹלָם olam. וּבִזְכוּתוֹ uvizjutó,

לַעֲדָתוֹ laadató, קָרֵב karev קֵץ kets מנק יְמִינֶךָ yemineja.

Recuérdanos, Señor, cuando beneficies a Tu pueblo.

Por el mérito de Yosef, reúne a Tu heredad en Tu Santo Santuario; encuentra gracia, Dios viviente, en mis ofrendas agradables, las oraciones de un pueblo que Tú santificas. Recuerda su pacto y su mérito por Tu pueblo exiliado; séllalos para la dicha y la exultación, y júntalos en Tu lugar. Por favor, salva a Tu pueblo, sé misericordioso, por el mérito de él. Recuérdanos, Señor, cuando beneficies a Tu pueblo. El mérito de Pinjás, el linaje hacia el atributo del justo, cimiento del mundo, quien tenía fervor por el pacto y quien oró al Creador, que trae justicia por cada pecado oculto. Y la misión del agresor fue detenida, y él fue fortalecido en las alturas del universo, ahora también el pacto de paz, vida y ocultamiento, el sacerdocio perpetuo. Y en su mérito, por su congregación, acerca el extremo de Tu diestra.

זָכְרֵנוּ zojrenu יְהֹוָה(אדני)יאהדונהי Adonai בִּרְצוֹן birtsón מהש ע״ה,

ע״ב בריבוע וקס״א ע״ה, אל שדי ע״ה עַמֶּךָ ameja: בִּזְכוּת bizjut מְקַנֵּא mekané,

הָיָה heyé יהה עוֹנֶה oné, לְשַׁוְעַת leshavat מְקֻדָּשֶׁיךָ mekudasheja.

רְצֵה retsé אֵל El ייא״י (מילוי דס״ג) וְחַי jai, בְּנִיחוֹחַי benijojai,

וְחֵלֶף jélef קָרְבָּנִי korbaní לַחְמִי lajmí לְאִשֶּׁךָ leisheja. וְשֶׂה vesé

פְּזוּרָה pezurá, שַׁי shai לַמּוֹרָא lamorá, יוֹבִילוּ yovilu אֶל el נְוֵה nevé

קָדְשֶׁךָ kodshejá. וְחָתְמֵם jotmem לְגִילָה leguilá, וְצַהֲלָה vetsahalá,

וְקַבְּצֵם vekabetsem לְמִגְרָשֶׁיךָ lemigrasheja. הוֹשַׁעְנָא hoshaaná,

וְרַחֵם verajem אברהם, וח״פ אל, רי״ו ול״ב נתיבות החכמה, רמ״ח (אברים), עסמ״ב וט״ז אותיות פשוטות

נָא na, לְכַנָּה lejaná אֲשֶׁר asher נָטְעָה natá

יְמִינֶךָ yemineja. זָכְרֵנוּ zojrenu יְהֹוָה(אדני)יאהדונהי Adonai

בִּרְצוֹן birtsón מהש ע״ה, ע״ב בריבוע וקס״א ע״ה, אל שדי ע״ה עַמֶּךָ ameja:

תּוֹדִיעֵנִי todieni אֹרַח óraj חַיִּים jayim אהיה אהיה יהוה, בינה ע״ה

שֹׂבַע sova שְׂמָחוֹת semajot אֶת et פָּנֶיךָ paneja ס״ג מ״ה ב״ן

נְעִמוֹת neimot בִּימִינְךָ biminjá נֶצַח nétsaj:

יָחִיד yajid גֵּאֶה gueé. לְעַמְּךָ leamjá פְּנֵה pené ע״ב ס״ג.

זוֹכְרֵי zojrei קְדֻשָּׁתֶךָ kedusateja:

יגל פזק

Recuérdanos, Señor, cuando beneficies a Tu pueblo.

Por el mérito del fervoroso, puedas Tu contestar el clamor del pueblo que Tú santificas; acepta favorablemente, Dios viviente, las ofrendas agradables en lugar de mi sacrificio de alimento de Tu ofrenda ígnea. Y la oveja dispersa, un regalo para el Maravilloso, ellos llevarán a Tu Santo Santuario; séllalos para la dicha y exultación, y júntalos en Tu lugar. Redime y sé misericordioso ahora con los cimientos que Tu diestra ha establecido. Recuérdanos, Señor, cuando beneficies a Tu pueblo.

"Me darás a conocer la senda de la vida, en Tu presencia hay plenitud de gozo; en tu diestra, deleites para siempre" (Salmos 16:11).

יגל פזק *Único y Orgulloso, vuélvete a Tu pueblo, aquellos que recuerdan Tu santidad.*

LA SÉPTIMA HAKAFÁ (RONDA) – DAVID – MALJUT

El habla de la *Hakafá* conecta con *Biná* (lo Circundante de *Ima*) אל יוד הי ואו הי – ייא״י דס״ג.

La acción de la *Hakafá* conecta con Misericordias de *Dáat:*

אל ג״פ יוד הה וו = קכ״ו = א אד אדנ אדני (*Kéter* para *Nukvá*)

Y el hombre que da las rondas (אדם = 45) conecta con los Seis Bordes de *Zeir Anpín*:

אל יוד הא ואו הא (45 = מ״ה) (קנ״א קנ״א קנ״א היוצאים מג׳ אלפין דמ״ה).

Medita en conectar con energía de protección (מגן = 93) mediante los tres Nombres אל (= 31).

אֶרְחַץ erjats בְּנִקָּיוֹן benikayón כַּפָּי capai וַאֲסֹבְבָה vaasoveva אֶת et

מִזְבַּחֲךָ mizbajajá נגד, זן, אל יהוה יְהֹוָהאדנייאהדונהי Adonai: לַשְׁמִעַ lashmía

בְּקוֹל bekol תּוֹדָה todá וּלְסַפֵּר ulsaper כָּל col ילי נִפְלְאוֹתֶיךָ nifleoteja:

הוֹשַׁעְנָא hoshaaná. הוֹשַׁעְנָא hoshaaná:

לְמַעַנְךָ lemaanaj אֱלֹהֵינוּ Eloheinu ילה: לְמַעַנְךָ lemaanaj בּוֹרְאֵנוּ borenu:

לְמַעַנְךָ lemaanaj גּוֹאֲלֵנוּ goalenu: לְמַעַנְךָ lemaanaj דּוֹרְשֵׁנוּ dorshenu:

לְמַעַנְךָ lemaanaj אַדִּיר adir הרי אַדִּירִים adirim הרי: לְמַעַנְךָ lemaanaj

בּוֹרֵא boré רוּחַ rúaj וְיוֹצֵר veyotser הָרִים harim: לְמַעַנְךָ lemaanaj

גְּדוֹל guedol להח, ועם ד׳ אותיות מבה, יזל, אום הָעֵצָה haetsá. מַשְׁפִּיל mashpil

וּמֵרִים umerim: לְמַעַנְךָ lemaanaj דּוֹבֵר dover צֶדֶק tsédek מַגִּיד maguid

מֵישָׁרִים meisharim: לְמַעַנְךָ lemaanaj הַיּוֹדֵעַ hayodea וָעֵד vaed

אִם im יוהך, מ״א אותיות דפשוט, דמילוי ודמילוי דמילוי דאהיה ע״ה יִסָּתֵר yisater ב״פ מצר

אִישׁ ish בַּמִּסְתָּרִים bamistarim: לְמַעַנְךָ lemaanaj וְהוּא vehú

בְּאֶחָד beejad אהבה, דאגה וּמִי umí ילי יְשִׁיבֶנּוּ yeshivenu אֲמָרִים amarim:

LA SÉPTIMA HAKAFÁ (RONDA) – DAVID – MALJUT

"Lavaré en pureza mis manos y andaré en torno a Tu altar, Señor, proclamando con voz de acción de gracias y contando todas Tus maravillas" (*Salmos 26:6-7*).

Por favor, redime ahora. Por favor, redime ahora.

Por amor a Ti, nuestro Dios. Por amor a Ti, nuestro Creador. Por amor a Ti, nuestro Redentor. Por amor a Ti, nuestro Inquiridor. Por amor a Ti, el Poderoso de poderosos. Por amor a Ti, Creador del viento y Formador de montañas. Por amor a Ti, Colosal en consuelo, que humilla y exalta. Por amor a Ti, Enunciador de rectitud, Maestro de principios justos. Por amor a Ti, Aquel que conoce y es testigo si un hombre se esconde en lugares ocultos. Por amor a Ti, Aquel que es Uno y que podría contestarle a Él.

לְמַעַנְךָ lemaanaj זַךְ zaj ייז וְנָקִי venakí ע״ה קס״א וּמִתְבָּרֵר umitbarer עִם im

בָּרִים :barim לְמַעַנְךָ lemaanaj וְחוֹפֵשׂ jofés מַצְפּוּן •matspún

וְחוֹקֵר vejoker כָּל col ילי וַחֲדָרִים :jadarim לְמַעַנְךָ lemaanaj טִפְּחָה tipeja

יְמִינוֹ yeminó שָׁמַיִם shamáyim י״פ טל, י״פ כוזו• וְעָשָׂה veasá

מְאוֹרִים :meorim לְמַעַנְךָ lemaanaj יָסַד yasad אֶרֶץ •érets

בַּצּוּרוֹת batsurot בִּקֵּעַ bikea יְאוֹרִים :yeorim לְמַעַנְךָ lemaanaj כַּבִּיר cabir

כֹּחַ •cóaj מְכֻבָּד mejubad בָּאוּרִים :baurim לְמַעַנְךָ lemaanaj

לֹא lo יִתַּמּוּ yitamú שְׁנוֹתָיו shenotav לְדוֹר ledor דּוֹרִים :dorim

הוֹשַׁעְנָא •hoshaaná הוֹשַׁעְנָא :hoshaaná

אָנָּא aná ב״ן, לכב הַמַּקְדִּים hamakdim לָעוֹלָם laolam ריבוע דס״ג וי׳ אותיות

דְּבָרִים devarim ראה שִׁבְעָה •shivá הַסּוֹדֵר hasoder בְּרֵאשִׁית bereshit

לְיָמִים leyamim נלך שִׁבְעָה •shivá הַנּוֹטֶה hanoté שָׁמַיִם shamáyim י״פ טל, י״פ כוזו

שִׁבְעָה •shivá וְרוֹקַע veroka אֲרָצוֹת aratsot שִׁבְעָה •shivá

הוֹשִׁיעֵנוּ hoshienu בַּחֲגִיגַת bajaguigat יָמִים yamim נלך שִׁבְעָה shivá

וּבְהַקָּפַת uvehakafat פְּעָמִים peamim שִׁבְעָה :shivá אָנָּא aná ב״ן, לכב

זְכוֹר zejor ע״ב קס״א, יהי אור ע״ה אָב av הִבְטַחְתּוֹ hivtajtó

לָרֶשֶׁת laréshet אַרְצוֹת artsot עֲמָמִים amamim שִׁבְעָה •shivá

Por amor a Ti, el Puro e Inmaculado,

que actúa con integridad con todos los que le son fieles. Por amor a Ti, Inquiridor de lo oculto e Investigador de todas las cámaras. Por amor a Ti, Aquel cuya palma derecha creó los Cielos y quien hizo las luminarias. Por amor a Ti, Aquel que fundó la Tierra; Él que es grande en poder, glorificado por aquellos que moran en los valles. Por amor a Ti, Aquel cuyos años no terminarán generaciones infinitas.

Por favor, redime ahora. Por favor, redime ahora.

Por favor, Aquel que antecedió al mundo con siete cosas, que hizo la Creación en siete días, que extendió siete Cielos y desplegó siete continentes; sálvanos en la celebración de siete días y en la séptima ronda. Por favor, recuerda al patriarca (Avraham) a quien prometiste que heredaría las tierras de siete naciones;

בָּנָה baná בַּיִת báyit ב"פ ראה לְחָכְמָה lejojmá במילוי = תרי"ג (מצוות)
וְחָצַב vejatsav עַמּוּדֶיהָ amudeha שִׁבְעָה shivá• כָּרַת carat בְּרִית brit
לְנָגִיד lenaguid בְּכִבְשׂוֹת bijvasot שִׁבְעָה shivá• הוֹשִׁיעֵנוּ hoshienu
בַּחֲגִיגַת bajaguigat יָמִים yamim זכך שִׁבְעָה shivá וּבְהַקָּפַת uvehakafat
פְּעָמִים peamim שִׁבְעָה shivá: אָנָּא aná ב"ן, לכב זְכוֹר zejor ע"ב קס"א, יהי אור ע"ה
יָחִיד yajid בִּשַּׂרְתּוֹ bisartó לְקֵץ lekets מנק יָמִים yamim זכך שִׁבְעָה shivá•
הוּעֲלָה hualá עַל al הַר har שְׁבִיעִי shevií לֶהָרִים leharim שִׁבְעָה shivá•
שָׂמַח samaj בְּמָצְאוֹ bemotsó מַיִם máyim וַיִּקְרָא vayikrá עם ה' אותיות = ב"פ קס"א
אוֹתָהּ otá שִׁבְעָה shivá• הוֹשִׁיעֵנוּ hoshienu בַּחֲגִיגַת bajaguigat
יָמִים yamim זכך שִׁבְעָה shivá וּבְהַקָּפַת uvehakafat פְּעָמִים peamim
שִׁבְעָה shivá: אָנָּא aná ב"ן, לכב זְכוֹר zejor ע"ב קס"א, יהי אור ע"ה תָּם tam
הַמִּשְׁתַּחֲוֶה hamishtajavé אַרְצָה artsa פְּעָמִים peamim שִׁבְעָה shivá•
עַל al שֵׁם shem שֶׁבַע sheva יִפּוֹל yipol צַדִּיק tsadik
וָקָם vakam שִׁבְעָה shivá• צֵרַפְתּוֹ tseraftó בִּשְׁנֵי bishnei
שָׂבָע savá שִׁבְעָה shivá וְרָעָב veraav שִׁבְעָה shivá•
הוֹשִׁיעֵנוּ hoshienu בַּחֲגִיגַת bajaguigat יָמִים yamim זכך שִׁבְעָה shivá
וּבְהַקָּפַת uvehakafat פְּעָמִים peamim שִׁבְעָה shivá: אָנָּא aná ב"ן, לכב
הַמַּנְחִילֵנוּ hamanjilenu שַׁבָּת Shabat לְיָמִים leyamim זכך שִׁבְעָה shivá•
וּשְׁנַת ushnat הַשְּׁמִטָּה hashemitá לְשָׁנִים leshanim שִׁבְעָה shivá•
וּשְׁנַת ushnat הַיּוֹבֵל hayovel לְקֵץ lekets מנק שָׁבוּעִים shavuím שִׁבְעָה shivá•

---

que construyó una casa de sabiduría y talló en ella siete pilares, y que estableció un pacto con el gobernante por medio de siete ovejas; sálvanos en la celebración de siete días y en la séptima ronda. Por favor, recuerda al único (Yitsjak) a quien Tú diste noticias al final de siete días, él fue llevado a la séptima de siete montañas, él se regocijó cuando descubrió agua y la llamó Shivá; sálvanos en la celebración de siete días y en la séptima ronda. Por favor, recuerda al perfecto (Yaakov) que se postró en el suelo siete veces, basado en el versículo: "el justo cae siete veces, y se levanta siete" (Proverbios 24:16); Tú lo purificaste durante los siete años de abundancia y los siete años de hambruna, sálvanos en la celebración de siete días y en la séptima ronda. Por favor, Aquel que nos ha legado el Shabat a los siete días, el año sabático a los siete años y el año del Jubileo al cabo de siete sabáticos;

הוֹשִׁיעֵנוּ hoshienu בַּחֲגִיגַת bajaguigat יָמִים yamim זכך שִׁבְעָה shivá

וּבְהַקָּפַת uvehakafat פְּעָמִים peamim שִׁבְעָה shivá: אָנָּא aná בו״ן, לכב

הַחוֹקֵק hajokek זְמַן zemán חֵרוּתֵנוּ jerutenu יָמִים yamim זכך

שִׁבְעָה shivá. וְחַג vejag הַבִּכּוּרִים habikurim לְשָׁבוּעִים leshavuím

שִׁבְעָה shivá. וְלוּלָב velulav וחיים, בינה ע״ה, אהיה אהיה יהוה

וְחַג vejag וְסוּכָּה vesucá סאל (יאהדונהי) וְנִסּוּךְ venisuj הַמַּיִם hamáyim

שִׁבְעָה shivá. הוֹשִׁיעֵנוּ hoshienu בַּחֲגִיגַת bajaguigat יָמִים yamim זכך

שִׁבְעָה shivá וּבְהַקָּפַת uvehakafat פְּעָמִים peamim שִׁבְעָה shivá:

זְכוֹר zejor ע״ב קס״א, יהי אור ע״ה סֶגֶן seguen, אֲשֶׁר asher נִגֵּן niguén, עֲלֵי alei

עָשׂוֹר asor וְגַם vegam נֶבֶל nével. בְּשִׁירוֹתָיו beshirotav,

וּזְמִירוֹתָיו uzmirotav, יְהוֹדוּן yehodún לָךְ laj בְּכָל bejol לכב תֵּבֵל tevel ב״פ

ר״ו. לָךְ laj נִמְשַׁח nimshaj, וְנֶגְדָּךְ venegdaj זן, מזבח, אל יהוה שַׂח shaj,

נְשׂוֹא nesó לָךְ laj עוֹל ol וְגַם vegam סֵבֶל sével. פְּדֵה pedé נְכֵאָה nejea,

מְקוֹרָאָה mekoraá, לְךָ lejá נַחֲלָה najalá וְגַם vegam וְחֶבֶל jével.

לְהוֹשִׁיעָה lehoshiá יהוה ש״ע נהורין לְהַרְגִּיעָה leharguía, תִּגָּלֶה tigalé

מִמְּרוֹמֶךָ mimeromeja. זָכְרֵנוּ zojrenu יְהֹוָה(אדני)יאהדונהי Adonai בִּרְצוֹן birtsón

מהש ע״ה, ע״ב בריבוע וקס״א ע״ה, אל שדי ע״ה עַמֶּךָ ameja: בִּזְכוּת bizjut דָּוִד David,

אִישׁ ish יְדִיד yedid, נֶחְתָּם nejtam בְּכֶתֶר bejéter מַלְכוּתֶךָ maljuteja.

תְּרַחֵם terajem ג״פ ר״ו ; אברהם, ח״פ אל, ר״ו ול״ב נתיבות החכמה, רמ״ח (אברים), עסמ״ב וט״ז

אותיות פשוטות וְגַם vegam תְּנַחֵם tenajem עַמְּךָ ameja וְנַחֲלָתֶךָ venajalateja.

---

sálvanos en la celebración de siete días y en la séptima ronda. Por favor, Aquel que promulgó el tiempo de nuestra libertad a los siete días, y el Festival de las Primicias después de siete semanas, y el Lulav y el Festival y la Sucá, y las siete libaciones de agua; sálvanos en la celebración de siete días y en la séptima ronda. Recuerda al monarca (el Rey David) que tocaba música en un arpa de diez cuerdas y también en la lira, con sus cánticos y melodías te alabarán en todo el mundo. Por Ti él fue ungido y ante Ti él se inclinó, cargando Tu yugo y también la carga; redime al oprimido que es llamado Tu heredad y Tu porción. Revélate a Tus montes, para que los liberes y los calmes. Recuérdanos, Señor, cuando beneficies a Tu pueblo. Por el mérito de David, un hombre amado, sellado con la corona de Tu Reino, ten misericordia y también consuela a Tu pueblo y Tu heredad.

בִּזְכוּתוֹ bizjutó הַרְאֵה haré, לְעַם leam עלם נְכֵאָה nijé, בִּנְיַן binyán
בֵּיתְךָ beitjá ב״פ ראה וּנְוָתֶךָ unevateja. וּזְכוּת uzjut אָבוֹת avot,
מֵעֲרָבוֹת mearavot, זְכוֹר zejor ע״ב, קס״א, יהי אור ע״ה נָא na
לַעֲדָתֶךָ laadateja. וְנַטְּלֵם venatelem, וְנַשְּׂאֵם venaseem, בִּזְכוּת bizjut
שִׁבְעָה shivá תְּמִימֶיךָ temimeja. זָכְרֵנוּ zojrenu יְהֹוָה Adonai
בִּרְצוֹן birtsón מהש ע״ה, ע״ב בריבוע וקס״א ע״ה, אל שדי ע״ה עַמֶּךָ ameja:
זְכוֹר zejor ע״ב קס״א, יהי אור ע״ה לָנוּ lanu אלהים, אהיה אדני אֱלֹהֵינוּ Eloheinu ילה
זְכוּת zejut דָּוִד David בְּנוֹ benó יִשַׁי Yishai. וּמִגְּזָעוֹ umiguizó.
תְּצַו tetsav וְזוֹטֵר joter, לְקַבֵּץ lekabets אֶת et מְגוֹרָשַׁי megorashai.
וּבִזְכוּתוֹ uvizjutó, אֱסוֹף esof נִדְּחוֹ nidjó, וְאֶת veet בָּנַי banai וְאֶת veet
נָשַׁי nashai. וְנָגִילָה venaguilá בְּמַלְכוּתֶךָ bemaljuteja, וְדִבְרֵי vedivrei
נִפְלְאוֹתֶיךָ nifleoteja. זָכְרֵנוּ zojrenu יְהֹוָה Adonai
בִּרְצוֹן birtsón מהש ע״ה, ע״ב בריבוע וקס״א ע״ה, אל שדי ע״ה עַמֶּךָ ameja:
תּוֹדִיעֵנִי todieni אֹרַח óraj חַיִּים jayim אהיה אהיה יהוה, בינה ע״ה
שֹׂבַע sova שְׂמָחוֹת semajot אֶת et פָּנֶיךָ paneja ס״ג מ״ה ב״ן
נְעִמוֹת neimot בִּימִינְךָ biminjá נֶצַח nétsaj:
שַׁוְעָתֵנוּ shavatenu קַבֵּל kabel. וּשְׁמַע ushmá צַעֲקָתֵנוּ tsaakatenu.
יוֹדֵעַ yodea תַּעֲלוּמוֹת taalumot:

שקו צית

Por el mérito de él, muestra al pueblo oprimido la reconstrucción de Tu Casa y Tu lugar de morada, y recuerda por Tu congregación el mérito de los Padres desde los Cielos. Tómalos y cárgalos por el mérito de Tus siete perfectos. Recuérdanos, Señor, cuando beneficies a Tu pueblo. Recuerda para nosotros, Dios nuestro, el mérito de David, hijo de Yishái; y ordena a su compañero a reunir a mis exiliados de su linaje. Y por su mérito reúne a su dispersión, a mis hijos y mis mujeres; y permítenos regocijarnos en Tu reino y por causa de Tus maravillas. Recuérdanos, Señor, cuando beneficies a Tu pueblo.

"Me darás a conocer la senda de la vida, en Tu presencia hay plenitud de gozo; en tu diestra, deleites para siempre" (Salmos 16.11).

שקו צית *Acepta nuestro clamor y escucha nuestro lamento, Tú que conoces todo lo oculto.*

הוֹשַׁעְנָא hoshaaná• הוֹשַׁעְנָא hoshaaná:

אָנָּא aná ב"ן לכב הוֹשִׁיעָה hoshía יהוה ש"ע נהורין נָּא na: (X2)

אָנָּא aná ב"ן לכב יַשֵּׁר yasher עַם am בָּא ba• בְּהוֹשַׁעְנָא beHoshaaná

רַבָּא Rabá קנ"א ב"ן, יהוה אלהים יהוה אדני, מילוי קס"א וס"ג, מ"ה ברבוע וע"ב ע"ה•

לְסַלְסְלָךְ lesalselaj בְּחִבָּה bejibá• אֵל El ייא"י (מילוי דס"ג) מוֹשִׁיעִי moshií:

וְחִישׁ vejish נָא na פִּדְיוֹם pidyom• אֵל El ייא"י (מילוי דס"ג) נוֹרָא norá

וְאָיוֹם veayom• וּבִירוּשָׁלַיִם uvirushaláyim כְּהַיּוֹם quehayom נגד, מזבח, זן, אל יהוה•

נְהַלְּלָךְ nehalelaj בְּיוֹם beyom נגד, מזבח, זן, אל יהוה שְׁבִיעִי shevií•

הוֹשִׁיעָה hoshía יהוה ש"ע נהורין נָּא na:

אָנָּא aná ב"ן לכב הוֹשִׁיעָה hoshía יהוה ש"ע נהורין נָּא na: (X2)

אָנָּא aná ב"ן לכב סוֹחֶה sejé נָא na כָּלִיל calil• מַמְלְכוֹת mamlejot

הָאֱלִיל haelil• וְאָרוֹן vearón עֲלֵי alei וְחָלִיל jalil• בְּחַג bejag

שַׁעֲשׁוּעַי shaashuí• פְּדוּתִי pedutí רָאָה raá ראה• וְגַם vegam גָּאָה gaó

גָּאָה gaá• וּבִירוּשָׁלַיִם uvirushaláyim לְשָׁנָה leshaná הַבָּאָה habaá•

נְהַלְּלָךְ nehalelaj בְּיוֹם beyom נגד, מזבח, זן, אל יהוה שְׁבִיעִי shevií•

הוֹשִׁיעָה hoshía יהוה ש"ע נהורין נָּא na:

אָנָּא aná ב"ן לכב הוֹשִׁיעָה hoshía יהוה ש"ע נהורין נָּא na: (X2)

אָנָּא aná ב"ן לכב בְּנֵה bené שַׁעַר shaar הַשִּׁיר hashir• וְשָׁם vesham

לְךָ lejá אָשִׁיר ashir• וְגַם vegam שַׁי shai לְךָ lejá אַתְשִׁיר atshir•

אֵל El ייא"י (מילוי דס"ג) מַרְגּוֹעִי margoí• בְּקַבֶּצְךָ bekabetsjá נֶאֱנָקִים neenakim•

Redime, por favor. Redime, por favor.
Por favor, trae salvación ahora. (x2)
Por favor, endereza al pueblo que viene en Hoshaná Rabá para exaltarte con amor, Dios, mi salvador; por favor, apresura la redención, Dios asombroso y temido, y permítenos alabarte hoy en Jerusalén en el séptimo día. Por favor, redime ahora. Por favor, trae salvación ahora. (x2) Por favor, elimina por completo los reinos de los dioses y yo te cantaré, junto con la flauta, en el festival de mi deleite; Él vio mi redención y Él fue exaltado por encima de los exaltados en Jerusalén el próximo año; permítenos alabarte en el séptimo día. Por favor, redime ahora. Por favor, trae salvación ahora. (x2)
Por favor, reconstruye el puente de la canción y allí cantaré, y también te presentaré un obsequio, Dios de mi serenidad; cuando Tú reúnas a aquellos que están gimiendo

מִמֶּרְחַקִּים mimerjakim• וְסֻכָּתְךָ vesucatjá תְּקִים takim•

נְהַלֶּלְךָ nehalelaj בְּיוֹם beyom נגד, מזבח, זן, אל יהוה שְׁבִיעִי shevií•

הוֹשִׁיעָה hoshía יהוה ש״ע נהורין נָּא na:

אָנָּא aná ב״ן לכב הוֹשִׁיעָה hoshía יהוה ש״ע נהורין נָּא na: (X2)

אָנָּא aná ב״ן לכב רְצֵה retsé נָא na וְקוֹמֵם vekomem• הַר har

הַשָּׁמֵם hashamem• וּמִגְדָּלְךָ umigdaljá תְּרוֹמֵם teromem• וְגַלֵּה vegalé

קֵץ kets מנק יִשְׁעִי yishí• רוֹמְמוּתְךָ romemutjá הַרְאֵה haré• לְעָם leam עלם

הַנִּכְאָה hanijé• וּמוּלְךָ umuljá יֵרָאֶה yeraé רי״ו ראה• נְהַלֶּלְךָ nehalelaj

בְּיוֹם beyom נגד, מזבח, זן, אל יהוה שְׁבִיעִי shevií• הוֹשִׁיעָה hoshía יהוה ש״ע נהורין נָּא na:

אָנָּא aná ב״ן לכב הוֹשִׁיעָה hoshía יהוה ש״ע נהורין נָּא na: (X2)

אָנָּא aná ב״ן לכב יְדִידִים yedidim בְּטוּבְךָ betuvjá לאו רַוֵּה ravé•

וְהוֹדְךָ vehodjá עָלָיו alav תְּשַׁוֶּה teshavé• וְטוּבְךָ vetuvjá לאו אֲחַוֶּה ajavé•

בְּתוֹךְ betoj עַם am נוֹשָׁעִי noshaí• צִיּוֹן Tsiyón יוסף, ו״פ יהוה, קנאה מַלֵּא malé•

מֵעַם meam אֵלֶּה ele• וְשָׁם vesham לְךָ lejá נְחַלֶּה nejalé•

נְהַלֶּלְךָ nehalelaj בְּיוֹם beyom נגד, מזבח, זן, אל יהוה שְׁבִיעִי shevií•

הוֹשִׁיעָה hoshía יהוה ש״ע נהורין נָּא na:

אָנָּא aná ב״ן לכב הוֹשִׁיעָה hoshía יהוה ש״ע נהורין נָּא na: (X2)

אָנָּא aná ב״ן לכב וְחֵילְךָ jeiljá הַנְחֵל hanjel•

חוֹמוֹת jomot קס״א קנ״א קמ״ג וָחֵיל vajeil ומב• וְקָמִים vekamim גַּחֵל gajel•

וְהַצְמַח vehatsmaj אהיה יהוה יהוה אדני יִשְׁעִי yishí• קְהָלִי kehalí כּוֹנֵן conén כוק

---

desde tierras remotas y restablezcas Tu Sucá; permítenos alabarte en el séptimo día.
Por favor, redime ahora. Por favor, trae salvación ahora. (x2)
Por favor, encuentra gracia y restablece el monte desolado,

y erige Tu fortaleza y revela el fin, mi redención; muestra Tu grandeza al pueblo oprimido y ante Ti aparecerán; permítenos alabarte en el séptimo día. Por favor, redime ahora. Por favor, trae salvación ahora. (x2) Por favor, sacia a los preciados con Tu benevolencia, y cúbrelos con Tu gloria, y yo relataré Tu bondad a las personas salvadas; llena a Sión con este pueblo y allí oraremos a Ti; permítenos alabarte en el séptimo día. Por favor, redime ahora. Por favor, trae salvación ahora. (x2)
Por favor, otorga a Tu multitud el muro y el dique;
consume a aquellos que intenten subir y genera mi salvación; establece mi congregación,

וְטוּבְךָ vetuvjá לאו אֲשַׁנֵּן •ashanén וּלְשִׁמְךָ uleshimjá אֲרַנֵּן •aranén

נְהַלְלָךְ nehalelaj בְּיוֹם beyom נג״ד, מזבח, זן, אל יהוה שְׁבִיעִי •shevií

הוֹשִׁיעָה hoshía יהוה ש״ע נהורין נָּא :na

אָנָּא aná ב״ן לכב הוֹשִׁיעָה hoshía יהוה ש״ע נהורין נָּא :na (X2)

אֲנִי Aní אני וָהוּ Vahú והו הוֹשִׁיעָה hoshía יהוה ש״ע נהורין נָּא :na (X2)

כְּהוֹשַׁעְתָּ quehoshatá יְדִידִים •yedidim מִכַּף micaf מַעֲבִידִים •maavidim

וַתִּמְחַץ vatimjats לוּדִים •ludim אֲצִים atsim לְהַכְנִיעִי •lehajnií

עֲלוּבֵי aluvei עוֹלֵב •olev הַמְּהַלְלִים hamehalelim בְּכָל bejol לכב לֵב •lev

בְּאֶתְרוֹג beetrog ירת הַדּוֹמֶה hadomé לַלֵּב •lalev נְהַלֶּלְךָ nehalelaj

בְּיוֹם beyom נג״ד, מזבח, זן, אל יהוה שְׁבִיעִי •shevií כֵּן quen הוֹשַׁעְנָא :hoshaaná

אֲנִי Aní אני וָהוּ Vahú והו הוֹשִׁיעָה hoshía יהוה ש״ע נהורין נָּא :na (X2)

כְּהוֹשַׁעְתָּ quehoshatá וַתַּעֲזוֹר •vataazor אֲנוּשֵׁי anushei מָזוֹר •mazor

וַתֵּאָזוֹר vateezor אֵזוֹר •ezor לִשְׁפּוֹט lishpot מַרְשִׁיעִי •marshií

יֶתֶר yéter פְּזוּרָה •pezurá סוֹבְבֵי sovevei תוֹרָה •torá בְּלוּלָב belulav חיים,

בינה ע״ה, אהיה אהיה יהוה הַדּוֹמֶה hadomé לַשִּׁדְרָה •lashidrá נְהַלֶּלְךָ nehalelaj

בְּיוֹם beyom נג״ד, מזבח, זן, אל יהוה שְׁבִיעִי •shevií כֵּן quen הוֹשַׁעְנָא :hoshaaná

אֲנִי Aní אני וָהוּ Vahú והו הוֹשִׁיעָה hoshía יהוה ש״ע נהורין נָּא :na (X2)

כְּהוֹשַׁעְתָּ quehoshatá סְגוּרֵי segurei צִנּוֹק •tsinok נוֹאֲקִים noakim אָנוֹק •anok

וַתַּעֲנִיק vataanik עָנוֹק •anok וְהִשְׁקַעְתָּ vehishkata מַשְׁקִיעִי •mashkií

---

y hablaré constantemente de Tu benevolencia, y a Tu Nombre cantaré;
permítenos alabarte en el séptimo día. Por favor, redime ahora. Por favor, trae salvación ahora. (x2)
Aní Vahú (de los 72 Nombres de Dios), por favor, trae salvación ahora. (x2)
Así como Tú salvaste a los preciados de la mano de esclavizadores y heriste a los Ludim que buscaban doblegarme; aquellos humillados por el mofador, quienes alaban con todo su corazón, con un etrog que se asemeja a sus corazones; permítenos alabarte en el séptimo día. Por lo tanto, redime ahora, por favor.
Aní Vahú (de los 72 Nombres de Dios), por favor, trae salvación ahora. (x2)
Tal como Tú salvaste y socorriste a los afligidos cuando no tuvieron más remedio, y te ceñiste para juzgar a mis acusadores; el remanente de los esparcidos, quienes dan vueltas alrededor de Tu Torá con un Lulav que asemeja la médula espinal; permítenos alabarte en el séptimo día. Por lo tanto, redime ahora, por favor.
Aní Vahú (de los 72 Nombres de Dios), por favor, trae salvación ahora. (x2)
Así como Tú salvaste a los prisioneros confinados,
quienes clamaron en su angustia, y diste regalos, y hundiste a aquellos que me hundían,

סוֹבְבִים sovevim בְּמַחֲנַיִם bemajanáyim • בְּמַזָּל bemazal מֹאזְנַיִם moznáyim •

בַּהֲדַס bahadás ווים ע"ה הַדּוֹמֶה hadomé לָעֵינַיִם laeináyim ריבוע מ"ה •

נְהַלֶּלְךָ nehalelaj בְּיוֹם beyom נגד, מזבח, זן, אל יהוה • שְׁבִיעִי shevií •

כֵּן quen הוֹשַׁעְנָא hoshaaná:

אֲנִי Aní אני וָהוּ Vahú והו הוֹשִׁיעָה hoshía יהוה ש"ע נהורין נָא na: (X2)

כְּהוֹשַׁעְתָּ quehoshatá פְּדוּיֵי peduyei עַם am זֶה ze • בְּיַד beyad חוֹזֶה jozé

וּמָזֶה umazé • וַתָּשֶׁת vatashet נִמְבְּזֶה nemivzé • חוֹשֵׁךְ joshek לְהַטְבִּיעִי lehatbií •

פּוֹתְחֵי potjei דְּלָתַיִם delatáyim • לְצַלְצֵל letsaltsel בִּמְצִלְתַּיִם bimtsiltáyim •

בַּעֲרָבָה baaravá זרע הַדּוֹמָה hadomá לִשְׂפָתַיִם lisfatáyim • נְהַלֶּלְךָ nehalelaj

בְּיוֹם beyom נגד, מזבח, זן, אל יהוה שְׁבִיעִי shevií • כֵּן quen הוֹשַׁעְנָא hoshaaná:

אֲנִי Aní אני וָהוּ Vahú והו הוֹשִׁיעָה hoshía יהוה ש"ע נהורין נָא na: (X2)

אָנָּא aná כ"ן לכב אֵל El יא"י (מילוי דס"ג) נָא na

הוֹשַׁעְנָא hoshaaná וְהוֹשִׁיעָה vehoshía יהוה ש"ע נהורין נָא na: (X2)

אֵל El יא"י (מילוי דס"ג) נָא na אוֹצָרְךָ otsarjá הַטּוֹב hatov והו תִּפְתַּח tiftaj

מִזְּבוּלָה mizvulá • וְהָאָרֶץ vehaárets אלהים דההין ע"ה תִּתֵּן titén ב"פ כהת

יְבוּלָהּ yevulá • הוֹשַׁעְנָא hoshaaná וְהוֹשִׁיעָה vehoshía יהוה ש"ע נהורין נָא na:

אֵל El יא"י (מילוי דס"ג) נָא na נִטְפֵי nitfei נְדָבוֹת nedavot יִרְווּ yeravú

דִּשְׁאֵי dishei חָצִיר jatsir • וְהִשִּׂיג vehisig לָכֶם lajem דַּיִשׁ dáyish אֶת et

בָּצִיר batsir • הוֹשַׁעְנָא hoshaaná וְהוֹשִׁיעָה vehoshía יהוה ש"ע נהורין נָא na:

---

aquellos que circulan en grupos alrededor de la constelación del Balance con hadás que parecen ojos; permítenos alabarte en el séptimo día. Por lo tanto, redime ahora, por favor.

Aní Vahú (de los 72 Nombres de Dios), por favor, trae salvación ahora. (x2)

Tal como Tú salvaste a los redimidos de esta nación a través del profeta [que se le preguntó] qué es lo que está [en tu mano]. Y avergonzaste a los que querían hundirme; aquellos que abren las puertas para tocar los címbalos, con una Aravá que se asemeja a los labios; permítenos alabarte en el séptimo día. Por lo tanto, redime ahora, por favor.

Aní Vahú (de los 72 Nombres de Dios), por favor, trae salvación ahora. (x2)

Por favor, Dios, redime ahora y trae salvación ahora. (x2)

Dios, por favor, abre Tu buen repositorio desde su Morada, para que la tierra produzca su fruto. Redime ahora y trae salvación ahora.

Dios, por favor, que las gotas benévolas sacien la sed de la hierba y el pasto, para que la trilla dure hasta la cosecha. Redime ahora y trae salvación ahora.

אֵל El ייא״י (מילוי דס״ג) נָא na יְבוּל yevul הָאָרֶץ haárets אלהים דההין ע״ה
לְבָרֵךְ levarej הֶעָתֵר heater◆ אָכוֹל ajol וְשָׂבוֹעַ vesavoa וְהוֹתֵר vehoter◆
הוֹשַׁעְנָא hoshaaná וְהוֹשִׁיעָה vehoshía יהוה ש״ע נהורין נָא na⁘

אֵל El ייא״י (מילוי דס״ג) נָא na יוֹם yom נגד, מזבח, זן, אל יהוה זֶה ze וַחֲתוֹם jatom
נָא na וחוֹתֶמֶת jotémet◆ וּבָרֵךְ uvarej וְחִטָּה jitá אכא וּשְׂעוֹרָה useorá
וְכֻסֶּמֶת vejusémet◆ הוֹשַׁעְנָא hoshaaná וְהוֹשִׁיעָה vehoshía יהוה ש״ע נהורין נָא na⁘

אֵל El ייא״י (מילוי דס״ג) נָא na וְגֶשֶׁם veguéshem נְדָבוֹת nedavot תְּחוֹלֵל tejolel
רוּחַ rúaj צָפוֹן tsafón◆ וּבָרֵךְ uvarej שִׁבֹּלֶת shibólet שׁוּעָל shual
וְשִׁיפוֹן veshifón◆ הוֹשַׁעְנָא hoshaaná וְהוֹשִׁיעָה vehoshía יהוה ש״ע נהורין נָא na⁘

אֵל El ייא״י (מילוי דס״ג) נָא na סַפֵּק sapek סֶפֶק séfek בְּכָל bejol לכב
חֹדֶשׁ jódesh י״ב הויות וְחֹדֶשׁ vejódesh י״ב הויות◆ וּבָרֵךְ uvarej
אֹרֶז órez וְדוֹחַן vedoján וּפוֹל uful וְעֶדֶשׁ veédesh◆
הוֹשַׁעְנָא hoshaaná וְהוֹשִׁיעָה vehoshía יהוה ש״ע נהורין נָא na⁘

אֵל El ייא״י (מילוי דס״ג) נָא na פְּצֵה petsé שָׁנָה shaná זוֹ zo מִשָּׁמִיר mishamir
וָשַׁיִת vasháyit◆ וּבָרֵךְ uvarej עֵץ ets שֶׁמֶן shemen וְזַיִת vezáyit◆
הוֹשַׁעְנָא hoshaaná וְהוֹשִׁיעָה vehoshía יהוה ש״ע נהורין נָא na⁘

אֵל El ייא״י (מילוי דס״ג) נָא na בְּמָטָר bematar רַוֵּה ravé חַרְבוֹנֵי jarbonei
יְשִׁימוֹן yeshimón◆ וּבָרֵךְ uvarej גֶּפֶן guefen וּתְאֵנָה uteená וְרִמּוֹן verimón◆
הוֹשַׁעְנָא hoshaaná וְהוֹשִׁיעָה vehoshía יהוה ש״ע נהורין נָא na⁘

Dios, por favor, permite la bendición del fruto de la tierra, para comer, estar saciados y que nos sobre.
Redime ahora y trae salvación ahora.
Dios, por favor, sella este día y bendice el trigo, la cebada y la escanda.
Redime ahora y trae salvación ahora.
Dios, por favor, permite que el viento del Norte inicie la lluvia benevolente y bendice la avena y el centeno.
Redime ahora y trae salvación ahora.
Por favor, proporciona lo suficiente a cada uno y cada mes; bendice el arroz, el mijo, los granos y las lentejas.
Redime ahora y trae salvación ahora.
Dios, por favor, libera este año de los escaramujos y las espinas; y bendice los olivos y las aceitunas.
Redime ahora y trae salvación ahora.
Dios, por favor, sacia el desierto seco con lluvia; y bendice las uvas, los higos y las granadas.
Redime ahora y trae salvación ahora.

אֵל El ייא״י (מילוי דס״ג) נָא na רוֹמֵם romem עֲצֶרֶת atséret עוֹלְלֵי olelei

טִפּוּזִים tipujim. וּבָרֵךְ uvarej אֱגוֹז egoz וְתָמָר vetamar

וְתַפּוּזִים vetapujim. הוֹשַׁעְנָא hoshaaná וְהוֹשִׁיעָה vehoshía יהוה ש״ע נהורין נָא na:

אֵל El ייא״י (מילוי דס״ג) נָא na יָדְךָ yadjá הַרְחֵב harjev וְרַבֵּה verabé

וַחֲזִיזֵי jazizei מְעוֹנִים meonim. וּבָרֵךְ uvarej בָּטְנִים botnim וּשְׁקֵדִים ushkedim

וְעַרְמוֹנִים vearmonim. הוֹשַׁעְנָא hoshaaná וְהוֹשִׁיעָה vehoshía יהוה ש״ע נהורין נָא na:

אֵל El ייא״י (מילוי דס״ג) נָא na צִדְקְךָ tsidkejá מֵעַמְּךָ meamjá בַּל bal

יִפָּסֵק yipasek. וּבָרֵךְ uvarej וְחָרוּב jaruv וּקְרוּסְטְמַל ukrustemal

וַאֲפַרְסֵק vaafarsek. הוֹשַׁעְנָא hoshaaná וְהוֹשִׁיעָה vehoshía יהוה ש״ע נהורין נָא na:

אֵל El ייא״י (מילוי דס״ג) נָא na וְחַלֵּץ jalets קְהִלָּה kehilá

אֲשֶׁר asher סְבִיבֶיךָ seviveja תַּעֲרוֹג taarog. וּבָרֵךְ uvarej

הַתּוּת hatut וְהָאֱגוֹז vehaegoz וְהָאֶתְרוֹג vehaetrog ירת.

הוֹשַׁעְנָא hoshaaná וְהוֹשִׁיעָה vehoshía יהוה ש״ע נהורין נָא na:

אֵל El נָא na קְרָא kerá נָא na שָׂבָע savá בְּמִטְרוֹת bemitrot

רְקִיעִים rekiím. וּבָרֵךְ uvarej כָּל col יכי מִינֵי minei יְרָקוֹת yerakot

וּזְרָעִים uzraím. הוֹשַׁעְנָא hoshaaná וְהוֹשִׁיעָה vehoshía יהוה ש״ע נהורין נָא na:

אָנָּא aná בין לכב אֵל El ייא״י (מילוי דס״ג) נָא na

הוֹשַׁעְנָא hoshaaná וְהוֹשִׁיעָה vehoshía יהוה ש״ע נהורין נָא na: (X2)

Dios, por favor, eleva a los jovencitos prisioneros; y bendice las nueces, los dátiles y las manzanas.
Redime ahora y trae salvación ahora.
Dios, por favor, sé magnánimo y haz abundantes las nubes celestiales;
y bendice los pistachos, las almendras y las castañas.
Redime ahora y trae salvación ahora.
Dios, por favor, que Tu justicia nunca abandone a Tu pueblo;
y bendice las algarrobas, las peras y los duraznos.
Redime ahora y trae salvación ahora.
Dios, por favor, salva a la congregación que anhela estar cerca de Ti;
y bendice las bayas, las nueces y los cidros.
Redime ahora y trae salvación ahora.
Dios, por favor, proclama plenitud con lluvias de los cielos; y bendice todas las clases de vegetales y granos.
Redime ahora y trae salvación ahora.
Por favor, Dios, redime ahora y trae salvación ahora. (x2)

אֵל El ייא״י (מילוי דס״ג) נָא na יוֹם yom נגד, מזבח, זן, אל יהוה זֶה ze עַל al

קֵץ kets מנק תַּפְסִיעַ tafsía• וְחָלֵץ vejalets שְׁסוּעָה shesuá מִכַּף micaf

מַשְׁסִיעַ mashsía• גֶּפֶן guefen מִמִּצְרַיִם miMitsráyim מצר תַּסִּיעַ tasía•

הוֹשַׁעְנָא hoshaaná וְהַצְלִיחָה vehatslija נָא na:

אֵל El ייא״י (מילוי דס״ג) נָא na וּמִנּוֹף umiNof נִהַלְתָּ nehalta גִּזְעֶיהָ guizeha•

וַתַּפְרִיחַ vatafríaj זְמוֹרֵי zemorei זְרוּעֶיהָ zerueha• תְּגָרֵשׁ tegaresh גּוֹיִם goyim

וַתִּטָּעֶהָ vatitaeha: הוֹשַׁעְנָא hoshaaná וְהַצְלִיחָה vehatslija נָא na:

אֵל El ייא״י (מילוי דס״ג) נָא na סְמָדָרֶיהָ semadareha הֵנִיצוֹתָ henitsotá

בְּמֶרֶץ bemérets• וּפִנִּיתָ ufinita לְפָנֶיהָ lefaneha שִׁבְעָה shivá גּוֹיִם goyim

בְּעֶרֶץ beérets• וַתַּשְׁרֵשׁ vatashresh שָׁרָשֶׁיהָ shorasheha וַתְּמַלֵּא vatemalé

אָרֶץ árets: הוֹשַׁעְנָא hoshaaná וְהַצְלִיחָה vehatslija נָא na:

אֵל El ייא״י (מילוי דס״ג) נָא na פְּאֵרוֹת peerot הִפְרַחְתָּ hifrajta

פִּרְיָם piryam• וּבְטוּב uvatov והו הִשְׂבַּעְתָּ hisbata עֶדְיָם edyam•

תְּשַׁלַּח teshalaj קְצִירֶהָ ketsireha עַד ad יָם yam יכלי•

הוֹשַׁעְנָא hoshaaná וְהַצְלִיחָה vehatslija נָא na:

אֵל El ייא״י (מילוי דס״ג) נָא na הֲלֹא haló אַתָּה Atá נְטַעְתָּהּ netaata

וַתִּצְּרֶיהָ vatitsereha• וּמֵאָז umeaz ומב נְצַרְתָּהּ netsarta

וַתִּשְׁמְרֶהָ vatishmereha• לָמָּה lama פָּרַצְתָּ paratsta גְּדֵרֶיהָ guedereha•

הוֹשַׁעְנָא hoshaaná וְהַצְלִיחָה vehatslija נָא na:

Dios, por favor, que en este día Tú impulses hacia la redención y rescates a los quebrantados de las garras del destructor; Tú, que sacaste a la vid de Egipto. Redime ahora y trae éxito ahora.

Dios, por favor, Tú llevaste a su linaje desde Nof e hiciste que sus capullos florecieran; Tú expulsaste naciones y los sembraste. Redime ahora y trae éxito ahora.

Dios, por favor, Tú hiciste que sus flores se abrieran rápidamente, y despejaste siete naciones ante ella al humillarlas; Tú arraigaste sus raíces y llenaste la tierra. Redime ahora y trae éxito ahora.

Dios, por favor, Tú llenaste las ramas con frutos, y en Tu benevolencia saciaste su apetito; y expandiste su cosecha hasta el mar. Redime ahora y trae éxito ahora.

Dios, por favor, ¿acaso no eres Tú quien la instauró y la resguardó, y siempre la has protegido y vigilado? ¿Por qué has roto sus murallas? Redime ahora y trae éxito ahora.

אֵל El יא״י (מילוי דס״ג) נָא na קָדוֹשׁ kadosh רַב rav עֱזוּזוֹת ezuzot•

הַבֵּט habet מִשָּׁמַיִם mishamáyim ר״פ טל, י״פ כוזו לַחֲזוֹת lajazot• וּפְקֹד ufkod מנק

גֶּפֶן guefen זֹאת zot• הוֹשַׁעְנָא hoshaaná וְהַצְלִיחָה vehatslija נָא na:

אֵל El יא״י (מילוי דס״ג) נָא na טוּבְךָ tuvjá לאו גַּלֵּה galé לַעֲמוּסֵי laamusei

מֵעַיִם meáyim• יִשְׂבְּעוּ yisbeú טוּבְךָ tuvjá לאו נוֹחֲלֵי nojalei דָת dat

יוֹמַיִם yomáyim• וּמִמַּעַיְנֵי umimaayenei הַיְשׁוּעָה hayeshuá יִשְׁאָבוּן yishavún

מַיִם máyim• הוֹשַׁעְנָא hoshaaná וְהַצְלִיחָה vehatslija נָא na:

אָנָּא aná ב״ן לכב אֵל El יא״י (מילוי דס״ג) נָא na

הוֹשַׁעְנָא hoshaaná וְהַרְוִיחָה veharvija נָא na אָבִינוּ avinu אָתָּה Atá: (X2)

אֵל El יא״י (מילוי דס״ג) נָא na לְמַעַן lemaan אָב av אָמוּץ amuts

מִמּוֹצְאֵי mimotseéi עֲלִילָה alilá עַל al מַיִם máyim• בְּצִלְּךָ betsiljá

גּוֹנַנְתּוֹ gonantó וְהִצַּלְתּוֹ vehitsaltó מִשְּׁטִיפַת mishtifat מַיִם máyim•

בִּגְלָלוֹ biglaló נִשְׁבַּעְתָּ nishbata שֶׁלֹּא sheló לְהָבִיא lehaví מַבּוּל mabul

מַיִם máyim• בַּעֲבוּרוֹ baavuró לֹא lo תִּמְנַע timná מַיִם máyim•

הוֹשַׁעְנָא hoshaaná וְהַרְוִיחָה veharvija נָא na:

אֵל El יא״י (מילוי דס״ג) נָא na לְמַעַן lemaan אָב av

נָאַם naam יֻקַּח yukaj ווּעם נָא na מְעַט meat מַיִם máyim•

בּוֹגְדִים bogdim הִמְשִׁיךְ himshij אַחֲרֶיךָ ajareja

אֵל El יא״י (מילוי דס״ג) מוֹדֵד moded בְּשָׁעֳלוֹ beshaoló מַיִם máyim•

Dios, por favor, Santísimo de gran poder, mira hacia abajo desde el Cielo y ve; y recuerda este viñedo. Redime ahora y trae éxito ahora.

Dios, por favor, revela Tu benevolencia a aquellos que están en el vientre, que sean saciados con Tu bienaventuranza los que heredan la ley de dos mil años y que tomen agua de los manantiales de la salvación. Redime ahora y trae éxito ahora.

Dios, por favor, redime ahora y trae prosperidad ahora. Porque Tú eres nuestro Padre. (x2)

Dios, por favor, por amor al padre que fue fortalecido por sobre aquellos que dijeron calumnias acerca del agua; bajo Tu sombra protectora lo resguardaste y Tú lo rescataste del diluvio de agua; y, considerándolo a él, Tú juraste no causar otro diluvio de agua, por amor a él, no retengas el agua. Redime ahora y trae prosperidad ahora.

Dios, por favor, por amor al patriarca que dijo: "Que se tome un poco de agua" (Génesis 18:4); quien atrajo a traidores para seguirte, Dios, que mide las aguas en Su puño,

בִּתֵּק bitek זָרִים zarim עוֹבְדֵי ovdei אֵשׁ esh וּמַיִם umáyim•

בַּעֲבוּרוֹ baavuró לֹא lo תִּמְנַע timná מַיִם máyim•

הוֹשַׁעְנָא hoshaaná וְהַרְוִיחָה veharvija נָא na:

אֵל El ייא״י (מילוי דס״ג) נָא na לְמַעַן lemaan בֵּן ben הַנֶּעֱקַד haneekad

וְחָפַר vejafar בְּאֵר beer קנ״א ב״ן, יהוה אלהים יהוה אדני, מילוי קס״א וס״ג, מ״ה ברבוע וע״ב ע״ה

מַיִם máyim• גָּר gar בִּגְרָר bigrar וְרָבוּ veravú עַל al הַמַּיִם hamáyim•

בִּשְׂרוּהוּ bisruhú עֲבָדָיו avadav מָצָאנוּ matsanu מַיִם máyim•

בַּעֲבוּרוֹ baavuró לֹא lo תִּמְנַע timná מַיִם máyim•

הוֹשַׁעְנָא hoshaaná וְהַרְוִיחָה veharvija נָא na:

אֵל El ייא״י (מילוי דס״ג) נָא na לְמַעַן lemaan תָּם tam גָּל gal אֶבֶן even

מֵעַל meal עלם בְּאֵר beer קנ״א ב״ן, יהוה אלהים יהוה אדני, מילוי קס״א וס״ג, מ״ה ברבוע וע״ב ע״ה

מַיִם máyim• דָּלָה dalá וְהִשְׁקָה vehishka צֹאן tson לָבָן Laván מַיִם máyim•

וְהִצִּיג vehitsig מַקְלוֹת maklot בְּשִׁקְתוֹת beshikatot הַמַּיִם hamáyim•

בַּעֲבוּרוֹ baavuró לֹא lo תִּמְנַע timná מַיִם máyim•

הוֹשַׁעְנָא hoshaaná וְהַרְוִיחָה veharvija נָא na:

אֵל El ייא״י (מילוי דס״ג) נָא na לְמַעַן lemaan דָּגוּל dagul מָשׁוּי mashui

מִמַּיִם mimáyim• הֶעֱבִיר heevir חֶבְלָךְ jevlaj בְּתוֹךְ betoj גַּלֵּי galei

מַיִם máyim• פָּתַח pataj צוּר tsur אלהים דההין ע״ה וַיָּזוּבוּ vayazuvu מַיִם máyim•

בַּעֲבוּרוֹ baavuró לֹא lo תִּמְנַע timná מַיִם máyim•

הוֹשַׁעְנָא hoshaaná וְהַרְוִיחָה veharvija נָא na:

---

que dividió a extranjeros adoradores del fuego y la tierra; por amor a él, no retengas el agua. Redime ahora y trae prosperidad ahora.

Dios, por favor, por amor al hijo que fue amordazado, que cavó pozos de agua, que vivió en Guerar y allí discutieron por el agua; cuyos siervos le informaron: "Hemos descubierto agua" (Génesis 26:32); por amor a él, no retengas el agua. Redime ahora y trae prosperidad ahora.

Dios, por favor, por amor al perfecto que quitó una peña de encima de un pozo de agua; quien sacó agua y dio de beber a la oveja de Laván, y que estableció estandartes en los abrevaderos: por amor a él, no retengas el agua. Redime ahora y trae prosperidad ahora.

Dios, por favor, por el preeminente que fue sacado de las aguas, quien hizo que Tu porción pasara a través de olas de agua, que abrió una roca y las aguas brotaron; por amor a él, no retengas el agua. Redime ahora y trae prosperidad ahora.

אָנָּא aná ב״ן לכב אֵל El ייא״י (מילוי דס״ג) נָא na.

רְפָא refá נָא na. סְלַח selaj יהוה ע״ב נָא na.

הוֹשַׁעְנָא hoshaaná וְהוֹשִׁיעָה vehoshía יהוה ש״ע נהורין נָא na.

אָבִינוּ avinu אָתָּה Atá: (X2)

לְמַעַן lemaan אָב av נִפְקַד nifkad וַיִּבָּחֵן vayibajén. כִּכְלוֹת quijlot
דּוֹר dor צוֹחֵן tsojén. וְנֹחַ veNóaj מָצָא matsá חֵן jen מוח״י. בַּעֲבוּרוֹ baavuró
תַּלְבִּישׁ talbish תְּהִלָּה tehilá ע״ה אמת. לְעוֹרְכֵי leorjei לָךְ lejá תְּפִלָּה tefilá
א״ת ב״ש אוכצ. הוֹשַׁעְנָא hoshaaná וְהוֹשִׁיעָה vehoshía יהוה ש״ע נהורין נָא na:

לְמַעַן lemaan נֶאֱמָן neeman אַמִּיץ amits בְּלִי blí וְחֵשֶׁל jéshel.
וְנִצַּל venitsal מִכֶּשֶׁל miquéshel וַיִּטַּע vayitá אֵשֶׁל éshel. בַּעֲבוּרוֹ baavuró
הַיּוֹם hayom נגד, מזבח, זן, אל יהוה תַּכְלֵל tajlel. גּוֹמְרֵי gomrei לָךְ lejá
הַלֵּל halel ללה. הוֹשַׁעְנָא hoshaaná וְהוֹשִׁיעָה vehoshía יהוה ש״ע נהורין נָא na:

לְמַעַן lemaan יָחִיד yajid מְקוֹרָאִי mekorai. בֵּרְכוֹ berjó יהוה ריבוע יהוה ריבוע
מ״ה אֵל El ייא״י (מילוי דס״ג) רוֹאִי roí. בִּבְאֵר biveer קנ״א ב״ן, יהוה אלהים יהוה אדני,
מילוי קס״א וס״ג, מ״ה ברבוע וע״ב ע״ה לַחַי lajai רוֹאִי roí. בַּעֲבוּרוֹ baavuró
הַיּוֹם hayom נגד, מזבח, זן, אל יהוה יוּכְסַף yujsaf. יוֹסְפֵי yosfei לָךְ lejá
מוּסָף musaf יוסף. הוֹשַׁעְנָא hoshaaná וְהוֹשִׁיעָה vehoshía יהוה ש״ע נהורין נָא na:

לְמַעַן lemaan יָשֵׁן yashán בְּטַבּוּר betabur עוֹלָם olam. וְסוֹד vesod מיכ, י״פ האא
נֶעְלָם neelam וְחָלַם jalam. וַיַּחֲלֹם vayajalom וְהִנֵּה vehiné סֻלָּם sulam.
בַּעֲבוּרוֹ baavuró תְּבָרֵךְ tevarej רֹבַע rova. סוֹבְבֵי sovevei שֶׁבַע sheva.

Por favor, Dios, por favor, sana ahora, perdona ahora y trae salvación ahora. Porque Tú eres nuestro Padre. (x2) Por amor al padre (Nóaj), ordenado y probado cuando pereció una generación pestilente, "Nóaj halló gracia" (Génesis 6:8); por amor a él, envuelve en loor a aquellos que hacen oraciones a Ti.

Redime ahora y trae salvación ahora.

Por amor al fiel (Avraham), valiente sin debilidad, quien fue salvado de la caída y quien sembró un árbol de tamarisco; por amor a él, corona hoy a los que completen el Halel para Ti.

Redime ahora y trae salvación ahora.

Por amor al único (Yitsjak) que fue llamado individualmente, Dios, que todo lo ve, lo bendijo en el pozo de Lajái Roí; por amor a él, que hoy sean atesorados todos los que te dedican el Musaf. Redime ahora y trae salvación ahora. Por amor al único (Yaakov) que durmió en medio del mundo, que soñó acerca de un secreto oculto: "Y tuvo un sueño, y he aquí, había una escalera" (Génesis 28:12); por amor a él, bendice a su linaje que da siete (rondas).

הוֹשַׁעְנָא hoshaaná וְהוֹשִׁיעָה vehoshía יהוה ש״ע נהורין נָּא na:

לְמַעַן lemaan וָתִיק vatik קָרַן karán עוֹר or פָּנָיו panav•

וְאוֹר veor רז, א״ס עֵינָיו einav ריבוע מ״ה• וְהָאִישׁ vehaish מֹשֶׁה Moshé מהש,

ע״ב בריבוע קס״א, אל שדי, ד״פ אלהים ע״ה מְאֹד meod עָנָיו anav• בַּעֲבוּרוֹ baavuró

תְּבָרֵךְ tevarej שָׁנָה shaná• לְצוֹעֲקֵי letsoakei הוֹשַׁעְנָא hoshaaná•

הוֹשַׁעְנָא hoshaaná וְהוֹשִׁיעָה vehoshía יהוה ש״ע נהורין נָּא na:

לְמַעַן lemaan פּוֹעֲלֵי poalei רַע ra הָלַם halam• וְשָׁלוֹם veshalom לוֹ lo

הָשְׁלַם hushlam• בְּרִית brit כְּהֻנַּת quehunat עוֹלָם olam• בַּעֲבוּרוֹ baavuró

גְּאוֹן gueón עָרִיץ arits תְּחַסֵּר tejaser• וְתַשְׁמִיעַ vetashmía מְבַשֵּׂר mevaser•

הוֹשַׁעְנָא hoshaaná וְהוֹשִׁיעָה vehoshía יהוה ש״ע נהורין נָּא na:

הוֹשִׁיעֵנוּ hoshienu מוֹשִׁיעֵנוּ moshienu• כִּי qui לְךָ lejá עֵינֵינוּ eineinu ריבוע מ״ה•

וּלְכָה uljá לִישׁוּעָתֵנוּ lishuatenu: (X2)

יוֹשֵׁב yoshev קֶדֶם kédem אָיוֹם ayom וְנוֹרָא venorá•

יוֹם yom נג״ד, מזבח, זן, אל יהוה זֶה ze תְּאַמֵּץ teamets סוֹבְבֵי sovevei

תּוֹרָה torá• וְשָׁנָה veshaná זוֹ zo תְּהֵא tehé שְׁנַת shenat אוֹרָה orá:

כִּי qui לְךָ lejá עֵינֵינוּ eineinu ריבוע מ״ה• וּלְכָה uljá לִישׁוּעָתֵנוּ lishuatenu:

וְנוֹפֵף venofef קוֹרְאֶיךָ koreja בְּרוּחַ berúaj נְמוּכָה nemoja•

סוֹבְבִים sovevim שִׁבְעָה shivá הַיּוֹם hayom נג״ד, מזבח, זן, אל יהוה

נְסוּכָה nesuja• וְשָׁנָה veshaná זוֹ zo תְּהֵא tehé שְׁנַת shenat בְּרָכָה brajá:

כִּי qui לְךָ lejá עֵינֵינוּ eineinu ריבוע מ״ה• וּלְכָה uljá לִישׁוּעָתֵנוּ lishuatenu:

Redime ahora y trae salvación ahora.

Por amor al distinguido (Moshé), la piel de su cara irradió luminiscencia y también sus ojos, y el hombre Moshé era muy humilde; por amor a él, bendice el año para quienes exclaman "Hoshaná".

Redime ahora y trae salvación ahora.

Por amor a aquel (Pinjás) que atacó a los malhechores y se le dio paz a él, un pacto de sacerdocio perpetuo; por amor a él, disminuye la arrogancia de los perversos y proclama el mensaje de las buenas nuevas.

Redime ahora y trae salvación ahora.

Sálvanos, Salvador nuestro, porque nuestros ojos están fijados en Ti; por lo tanto, ven y sálvanos. (x2)

Aquel que mora en los Cielos, temible y asombroso, que en este día Tu des fortaleza a aquellos que dan vueltas alrededor de la Torá y permite que este año sea un año de Luz. Porque nuestros ojos están fijados en Ti; por lo tanto, ven y sálvanos. Alienta a quienes te claman con humildad, quienes hoy rondan siete veces alrededor de la espléndida Torá; permite que este año sea un año de bendiciones.

Porque nuestros ojos está fijados en Ti; por lo tanto, ven y sálvanos.

•majalá מַחֲלָה ילי micol מִכָּל zo זוֹ shaná שָׁנָה saguev שַׂגֵּב

•utlulá וּטְלוּלָה deshuná דְּשׁוּנָה gueshumá גְּשׁוּמָה veshitá וְשִׁיתָהּ

:guilá גִּילָה shenat שְׁנַת tehé תְּהֵא zo זוֹ veshaná וְשָׁנָה

:lishuatenu לִישׁוּעָתֵנוּ uljá וּלְכָה •מ״ה ריבוע eineinu עֵינֵינוּ lejá לְךָ qui כִּי

•quetirtsá כְּתִרְצָה yafá יָפָה leom לְאוֹם harjev הַרְחֵב petajeja פְּתָחֶיךָ

behegyón בְּהֶגְיוֹן ב״ן מ״ה ס״ג lefaneja לְפָנֶיךָ mitjanénet מִתְחַנֶּנֶת

:ditsá דִּיצָה shenat שְׁנַת tehé תְּהֵא zo זוֹ veshaná וְשָׁנָה •melitsá מְלִיצָה

:lishuatenu לִישׁוּעָתֵנוּ uljá וּלְכָה •מ״ה ריבוע eineinu עֵינֵינוּ lejá לְךָ qui כִּי

noshá נוֹשַׁע am עַם lemoshaot לְמוֹשָׁעוֹת (מילוי דס״ג) ייא״י ; לאה haEl הָאֵל

bejasdejá בְּחַסְדְּךָ hoshaaná הוֹשַׁעְנָא •baAdonai בַּיהֹוָהאדנייאהדונהי

lishuatjá לִישׁוּעָתְךָ qui כִּי •laAdonai לַיהֹוָהאדנייאהדונהי meyajalim מְיַחֲלִים

לכב ,ב״ן uvhemá וּבְהֵמָה מ״ה adam אָדָם •Adonai יְהֹוָהאדנייאהדונהי kivinu קִוִּינוּ

lishuatjá לִישׁוּעָתְךָ qui כִּי :Adonai יְהֹוָהאדנייאהדונהי toshía תּוֹשִׁיעַ

veyifrú וְיִפְרוּ érets אֶרֶץ tiftaj תִּפְתַּח :Adonai יְהֹוָהאדנייאהדונהי kivinu קִוִּינוּ

bejipuram בְּכִפּוּרָם asher אֲשֶׁר עלם leam לְעַם •yesha יֶשַׁע

anavim עֲנָוִים taavat תַּאֲוַת •mipesha מִפֶּשַׁע peditam פְּדִיתָם

lishuatjá לִישׁוּעָתְךָ qui כִּי •Adonai יְהֹוָהאדנייאהדונהי shamata שָׁמַעְתָּ

ravé רָוֶה malé מָלֵא mipéleg מִפֶּלֶג :Adonai יְהֹוָהאדנייאהדונהי kivinu קִוִּינוּ

yatsata יָצָאתָ asher אֲשֶׁר נגד, מזבח, זן, אל יהוה queyom כְּיוֹם •leumeja לְאֻמֶּךָ

asher אֲשֶׁר נגד, מזבח, זן, אל יהוה yom יוֹם •ameja עַמֶּךָ leyesha לְיֶשַׁע

:Adonai יְהֹוָהאדנייאהדונהי vayosha וַיּוֹשַׁע bo בּוֹ neemar נֶאֱמַר

Fortalece este año contra toda dolencia y haz que sea lluvioso, fértil y cubierto de rocío; permite que este año sea un año de regocijo. Porque nuestros ojos está fijados en Ti; por lo tanto, ven y sálvanos. Abre Tus puertas ampliamente para una nación que es hermosa cuando sus acciones son agradables, que te busca con expresión apropiada; permite que este año sea un año de deleite. Porque nuestros ojos está fijados en Ti; por lo tanto, ven y sálvanos. Dios que trae salvación a un pueblo salvado por el Señor; por favor, en Tu misericordia, salva a aquellos que ponen su esperanza en el Señor. Porque es Tu salvación lo que esperamos, Señor; que salvas a hombre y bestia, Señor. Porque es Tu salvación lo que esperamos, Señor. Abre la tierra y haz que esté llena de salvación para las personas quienes, en Tu perdón, Tú has redimido del pecado; el deseo del humilde Tú has oído, Señor. Porque es Tu salvación lo que esperamos, Señor. Sacia a Tu pueblo con un arroyo abundante, como en el día en el que saliste a salvar a Tu nación, el día acerca del cual está escrito: "Y el Señor salvó" (Éxodo 14:30).

כִּי qui לִישׁוּעָתְךָ lishuatjá קִוִּינוּ kivinu יְהֹוָהאדניאהדונהי Adonai: הֱיֵה heyé יהה

נָא na לִישׁוּעָה lishuá צוּר tsur אלהים דההין ע״ה עוֹנֶה oné בַּצַּר batsar.

פְּדוּתִי pedutí קָרֵב karev כִּי qui יָדְךָ yadjá לֹא lo תִקְצַר tiktsar. רְאֵה reé ראה

כִּי qui תַאֲבְתִּי taavti יְשׁוּעָתְךָ yeshuatjá יְהֹוָהאדניאהדונהי Adonai: כִּי qui

לִישׁוּעָתְךָ lishuatjá קִוִּינוּ kivinu יְהֹוָהאדניאהדונהי Adonai: הוֹשִׁיעָה hoshía יהוה

ש״ע נהורין אָסִיר asir ע״ה ריבוע יהוה וריבוע אלהים צוֹעֵק tsoek מִבֵּית mibeit ב״פ ראה

כֶּלֶא quele. לְשַׁוְעִי leshaví הִמָּצֵא himatsé צוּר Tsur אלהים דההין ע״ה עוֹשֶׂה osé

פֶּלֶא fele. פְּתַח petaj פֶּלֶג péleg מָלֵא malé. יִשְׂבְּעוּ yisbeú עֲצֵי atsei

יְהֹוָהאדניאהדונהי Adonai: כִּי qui לִישׁוּעָתְךָ lishuatjá קִוִּינוּ kivinu

יְהֹוָהאדניאהדונהי Adonai: הַטֵּה haté אָזְנְךָ ozneja יוד הי ואו הה שְׁמַע shemá

נָא na וְהוֹשַׁע vehoshá נָא na. נְפָשׁוֹת nefashot הַטְּרוּחוֹת haterujot

בְּמַאֲרִיכֵי bemaarijei תְּחִנָּה tejiná. שִׂפְתוֹתָם siftotam תַּבַּעְנָה tabana

יְשׁוּעָתָה yeshuatá לַיהֹוָהאדניאהדונהי laAdonai: כִּי qui לִישׁוּעָתְךָ lishuatjá

קִוִּינוּ kivinu יְהֹוָהאדניאהדונהי Adonai: רְצֵה retsé שַׁוְעַת shavat

אֲמֵלִים amelim. יְשׁוּעָתְךָ yeshuatjá מְיַחֲלִים meyajalim.

וּמְזוֹנָם umezonam שׁוֹאֲלִים shoalim. בְּיוֹם beyom נגד, מזבח, זן, אל יהוה

לוּלָב lulav וחיים, אהיה אהיה יהוה, בינה ע״ה נוֹטְלִים notlim. גְּשָׁמִים gueshamim

וּטְלָלִים utelalim. תַּזִּיל tazil מִזְּבוּלִים mizevulim. וְחִישׁ vejish

יֵלְכוּ yeljú גְּאוּלִים gueulim. וּפְדוּיֵי ufduyei יְהֹוָהאדניאהדונהי Adonai:

כִּי qui לִישׁוּעָתְךָ lishuatjá קִוִּינוּ kivinu יְהֹוָהאדניאהדונהי Adonai:

"¡Por Tu salvación he esperado Señor!" (Génesis 49:18).

Sé una salvación, Fortaleza, que responde ante la angustia. Acerca mi redención porque Tu mano no tiene límites; ve cuánto anhelo Tu salvación, Señor. Porque es Tu salvación lo que esperamos, Señor. Salva a al cautivo que clama desde su prisión; está disponible a mi clamor, Fortaleza que realiza maravillas, abre un arroyo abundante para que los árboles del Señor sean saciados, Porque es Tu salvación lo que esperamos, Señor. Inclina Tu oído, por favor, escucha y salva, por favor, a las almas que están cargadas con largas súplicas; sus labios expresan la salvación de Dios. Porque es Tu salvación lo que esperamos, Señor. Acepta favorablemente el clamor de los exiliados, quienes ansían Tu salvación y piden por su sustento en el día que toman el Lulav. Haz que fluyan las lluvias y el rocío de los Cielos, y que vayan tan libremente como los redimidos por el Señor. Porque es Tu salvación lo que esperamos, Señor.

קוֹל kol מְבַשֵּׂר mevaser מְבַשֵּׂר mevaser וְאוֹמֵר veomer: (X7)

יְפֵה yefé נוֹף nof אֲנוֹפֵף anofef בְּחֶזְיוֹן bejezyón תְּעוּדָה teudá.

יִשְׂמַח yismaj משיח הַר har צִיּוֹן Tsiyón יוסף, ר"פ, יהוה, קנאה תָּגֵלְנָה taguelna

בְּנוֹת benot יְהוּדָה Yehudá. מְבַשֵּׂר mevaser מְבַשֵּׂר mevaser וְאוֹמֵר veomer:

וָוֵי vavei נָוֵךְ navej אֲפַסֵּג afaseg וְאַרְחִיב vearjiv גְּבוּלֵךְ guevulej.

כִּי qui יְהֹוָה(אדני)אהדונהי Adonai יִהְיֶה yihyé ייי לָךְ laj

לְאוֹר leor רז, א"ס עוֹלָם olam וְשָׁלְמוּ veshalmú יְמֵי yemei אֶבְלֵךְ evlej:

מְבַשֵּׂר mevaser מְבַשֵּׂר mevaser וְאוֹמֵר veomer:

סֹבּוּ sobú צִיּוֹן Tsiyón יוסף, ר"פ, יהוה, קנאה וְהַקִּיפוּהָ vehakifuha

סִפְרוּ sifrú מִגְדָּלֶיהָ migdaleha: שִׂישׂוּ sisu אִתָּהּ itá

מָשׂוֹשׂ masós כָּל col ילי הַמִּתְאַבְּלִים hamitabelim עָלֶיהָ aleha פהל:

מְבַשֵּׂר mevaser מְבַשֵּׂר mevaser וְאוֹמֵר veomer:

פֶּתַע peta אַשְׁלִיךְ ashlij עַל al אֱדוֹם edom נַעֲלַיִם naaláyim.

פִּצְחוּ pitsjú רַנְּנוּ ranenú יַחְדָּיו yajdav חָרְבוֹת jarvot

יְרוּשָׁלָיִם Yerushaláyim: מְבַשֵּׂר mevaser מְבַשֵּׂר mevaser וְאוֹמֵר veomer:

קֵץ kets מנק יְשׁוּעָתִי yeshuatí חַשְׁתִּי jashti מִמְּעוֹן mimón

שׁוֹחַק shajak. קֵרַבְתִּי keravti צִדְקָתִי tsidkati לֹא lo תִרְחָק tirjak:

מְבַשֵּׂר mevaser מְבַשֵּׂר mevaser וְאוֹמֵר veomer:

Una voz anuncia, anuncia y proclama. (x7)
La visión más hermosa de todas elevaré a través de visión profética;
que el Monte Sión se regocije, que las hijas de Judá se deleiten. Ella anuncia, anuncia y proclama.
Los pilares de Tu Morada elevaré y expandiré tus fronteras; porque el Señor será para ti una Luz eterna y tus días de duelo terminarán. Ella anuncia, anuncia y proclama.
Den vueltas, Sión, y caminen alrededor de ella, cuenten sus torres;
celebren un regocijo con ella, todos los que han llorado por ella. Ella anuncia, anuncia y proclama.
De pronto, cierro las puertas de Edom, entonen un cántico;
cante al unísono, ruinas de Jerusalén.
Ella anuncia, anuncia y proclama.
La culminación de Mi salvación Yo he apresurado desde la Morada Celestial; he acercado Mi rectitud para que no esté lejos. Ella anuncia, anuncia y declara.

הִתְעוֹרְרִי hitoreri מִמִּזְרָחוֹ mimizraj וּבֹאִי uvoi מִמַּעֲרָב mimaarav.

הַר har צִיּוֹן Tsiyón יוסף, ר"פ יהוה, קנאה יַרְכְּתֵי yarquetei צָפוֹן tsafón קִרְיַת kiryat

מֶלֶךְ mélej רָב rav: מְבַשֵּׂר mevaser מְבַשֵּׂר mevaser וְאוֹמֵר veomer:

קוֹל kol מְבַשֵּׂר mevaser מְבַשֵּׂר mevaser וְאוֹמֵר veomer: (X2)

כַּכָּתוּב cacatuv: מַה ma מ"ה נָּאווּ navú עַל al הֶהָרִים heharim

רַגְלֵי raglei מְבַשֵּׂר mevaser מַשְׁמִיעַ mashmía שָׁלוֹם shalom

מְבַשֵּׂר mevaser טוֹב tov והו מַשְׁמִיעַ mashmía יְשׁוּעָה yeshuá אֹמֵר omer

לְצִיּוֹן leTsiyón יוסף, ר"פ יהוה, קנאה מָלַךְ malaj אֱלֹהָיִךְ Eloháyij ילה:

וְנֶאֱמַר veneemar: קוֹל kol צֹפַיִךְ tsofáyij נָשְׂאוּ nasú קוֹל kol

יַחְדָּו yajdav יְרַנֵּנוּ yeranenu כִּי qui עַיִן ayin ריבוע מ"ה בְּעַיִן beayin ריבוע מ"ה

יִרְאוּ yirú בְּשׁוּב beshuv יְהֹוָהאדנייאהדונהי Adonai צִיּוֹן Tsiyón יוסף, ר"פ יהוה, קנאה:

וְנֶאֱמַר veneemar: פִּצְחוּ pitsjú רַנְּנוּ ranenú יַחְדָּו yajdav

חָרְבוֹת jorvot יְרוּשָׁלָיִם Yerushaláyim כִּי qui נִחַם nijam

יְהֹוָהאדנייאהדונהי Adonai עַמּוֹ amó גָּאַל gaal אתב"ש כתר יְרוּשָׁלָיִם Yerushaláyim:

וְנֶאֱמַר veneemar: כִּי qui נִחַם nijam יְהֹוָהאדנייאהדונהי Adonai

צִיּוֹן Tsiyón יוסף, ר"פ יהוה, קנאה נִחַם nijam כָּל col ילי חָרְבֹתֶיהָ jorvoteha

וַיָּשֶׂם vayasem מִדְבָּרָהּ midbará כְּעֵדֶן queéden וְעַרְבָתָהּ vearvatá

כְּגַן quegán יְהֹוָהאדנייאהדונהי Adonai שָׂשׂוֹן sasón וְשִׂמְחָה vesimjá

יִמָּצֵא yimatsé בָהּ va תּוֹדָה todá וְקוֹל vekol זִמְרָה zimrá:

Despierta del Este, ven del Oeste, Monte Sión, al lado norte, la ciudad de un gran rey.
Ella anuncia, anuncia y proclama.
Una voz anuncia, anuncia y proclama. (x2)
Está escrito: "Qué hermosos son sobre los montes los pies del que trae buenas nuevas, del que anuncia la paz, del que trae las buenas nuevas del bien, del que anuncia la salvación y dice a Sión: 'Tu Dios reina'" (Isaías 52:7). Y está escrito: "¡Se oyen los centinelas! Ellos alzan la voz, juntos gritan de júbilo porque verán con sus propios ojos cuando el Señor regrese a Sion" (Isaías 52:8). Y está escrito: "Prorrumpan gritos de júbilo, lugares desolados de Jerusalén, porque el Señor ha consolado a Su pueblo, ha redimido a Jerusalén" (Isaías 52:9). Y está dicho: "Porque el Señor ha consolado a Sión, consoló todos sus lugares desolados; convirtió su desierto en Edén, y su yermo en huerto del Señor. Gozo y alegría se encuentran en ella, acciones de gracias y sonido melodioso" (Isaías 51:3).

וְנֶאֱמַר veneemar: רָנּוּ ranú שָׁמַיִם shamáyim י"פ טל, י"פ כוזו וְגִילִי veguilí
אָרֶץ árets וּפִצְחוּ ufitsjú (כתיב: ופצחו) הָרִים harim רִנָּה riná כִּי qui
נִחַם nijam יְהֹוָה יאהדונהי Adonai עַמּוֹ amó וַעֲנִיָּו vaaniyav יְרַחֵם yerajem
אברהם, וז"פ אל, רי"ו ול"ב נתיבות החכמה, רמ"ח (אברים), עסמ"ב וט"ז אותיות פשוטות:
וְנֶאֱמַר veneemar: וְהָלְכוּ vehaljú עַמִּים amim רַבִּים rabim וְאָמְרוּ veamrú
לְכוּ lejú וְנַעֲלֶה venaalé אֶל el הַר har יְהֹוָה יאהדונהי Adonai אֶל el
בֵּית beit ב"פ ראה אֱלֹהֵי Elohei דמב, מילוי ע"ב ; ילה יַעֲקֹב Yaakov יאהדונהי אידהנויה
וְיוֹרֵנוּ veyorenú מִדְּרָכָיו midrajav וְנֵלְכָה venelja בְּאֹרְחֹתָיו beorjotav.
כִּי qui מִצִּיּוֹן miTsiyón יוסף, ו"פ יהוה, קנאה תֵּצֵא tetsé תוֹרָה torá וּדְבַר udvar ראה
יְהֹוָה יאהדונהי Adonai מִירוּשָׁלָיִם mirushaláyim: וְנֶאֱמַר veneemar:
וּפְדוּיֵי ufduyei יְהֹוָה יאהדונהי Adonai יְשֻׁבוּן yeshuvún וּבָאוּ uvau
צִיּוֹן Tsiyón יוסף, ו"פ יהוה, קנאה בְּרִנָּה beriná וְשִׂמְחַת vesimjat עוֹלָם olam
עַל al רֹאשָׁם rosham שָׂשׂוֹן sasón וְשִׂמְחָה vesimjá יַשִּׂיגוּ yasigu
וְנָסוּ venasú יָגוֹן yagón וַאֲנָחָה vaanajá: וְנֶאֱמַר veneemar: חָשַׂף jasaf
יְהֹוָה יאהדונהי Adonai אֶת et זְרוֹעַ zeroa קָדְשׁוֹ kodshó לְעֵינֵי leeinei ריבוע מ"ה
כָּל col ילי הַגּוֹיִם hagoyim וְרָאוּ veraú כָּל col ילי אַפְסֵי afsei אָרֶץ árets
אֵת et יְשׁוּעַת yeshuat אֱלֹהֵינוּ Eloheinu ילה: וְנֶאֱמַר veneemar:

Y está escrito:

"Griten de júbilo, cielos, y regocíjate, Tierra. Prorrumpan, montes, en gritos de alegría, porque el Señor ha consolado a Su pueblo y de Sus afligidos tendrá compasión" (Isaías 49:13). Y está escrito: "Vendrán muchos pueblos, y dirán: Vengan, subamos al monte del Señor, a la casa del Dios de Yaakov; para que nos enseñe acerca de Sus caminos, y andemos en Sus sendas. Porque de Sión saldrá la Torá, y de Jerusalén la palabra del Señor" (Isaías 2:3). Y está escrito: "Volverán los rescatados del Señor, entrarán en Sión con gritos de júbilo, con alegría eterna sobre sus cabezas. Gozo y alegría alcanzarán, y huirán la tristeza y el gemido" (Isaías 35:10). Como está escrito: "El Señor ha descubierto Su santo brazo a la vista de todas las naciones, y todos los confines de la tierra verán la salvación de nuestro Dios" (Isaías 52:10). Y está escrito:

וְיִהְיוּ veyihyú אל (יי"א) דְבָרַי devarai ראה אֵלֶּה ele אֲשֶׁר asher

הִתְחַנַּנְתִּי hitjananti לִפְנֵי lifnei יְהֹוָהאדניאהדונהי Adonai קְרֹבִים kerovim

אֶל el יְהֹוָהאדניאהדונהי Adonai אֱלֹהֵינוּ Eloheinu ילה יוֹמָם yomam

וָלָיְלָה valayla מלה לַעֲשׂוֹת laasot מִשְׁפַּט mishpat ע"ה ה"פ אלהים עַבְדּוֹ avdó

וּמִשְׁפַּט umishpat ע"ה ה"פ אלהים עַמּוֹ amó יִשְׂרָאֵל Yisrael דְּבַר devar ראה

יוֹם yom נגד, מזבח, זן, אל יהוה בְּיוֹמוֹ beyomó: לְמַעַן lemaan דַּעַת dáat כָּל col ילי

עַמֵּי amei הָאָרֶץ haárets אלהים דההין ע"ה כִּי qui יְהֹוָהאדניאהדונהי Adonai הוּא hu

הָאֱלֹהִים haElohim ילה ; ר"ת יהה ; יהוה הוא האלהים = ענו ע"ג כ אֵין ein עוֹד od:

"Que estas palabras mías, con las que he suplicado delante del Señor, estén cerca del Señor, nuestro Dios, día y noche, para que Él haga justicia a su siervo y justicia a su pueblo Israel, según las necesidades de cada día, a fin de que todos los pueblos de la tierra sepan que el Señor es Dios; no hay otro" (I Reyes 8:59-60).

EL ORDEN PARA BATIR LAS RAMAS DE SAUCE

La acción física de batir las ramas de sauce contra el piso activa fuerzas espirituales que sepultan juicios y negatividad en el suelo. Cuando la rama de sauce es alzada, se elevan chispas de Luz purificadas, lo cual enciende nuestra alma con la energía protectora del Creador. Batimos las cinco ramas de sauce cinco veces, que corresponden a las cinco letras finales del alfabeto מןץףך, las cuales representan el código de ADN espiritual relacionado con el Juicio.

En *Hoshaná Rabá* debemos tomar cinco ramas de sauce, sostenerlas juntas en la mano y decir:

לְשֵׁם leshem יִחוּד yijud קוּדְשָׁא Kudeshá בְּרִיךְ Berij
הוּא Hu וּשְׁכִינְתֵּיהּ ushjintei (יאהדונהי) בִּדְחִילוּ bidjilu
וּרְחִימוּ urjimu (יאהדויהה), וּרְחִימוּ urjimu וּדְחִילוּ udjilu (איההיוהה),
לְיַחֲדָא leyajdá שֵׁם shem יוּ"ד Yud קֵ"י Kei בְּוָא"ו beVav קֵ"י Kei
בְּיִחוּדָא beyijudá שְׁלִים shelim (יהוה) בְּשֵׁם beshem כָּל col ילי
יִשְׂרָאֵל Yisrael, הִנֵּה hiné אֲנַחְנוּ anajnu בָּאִים vaim לְקַיֵּם lekayem
מִצְוַת mitsvat עֲרָבָה aravá זרע. מִנְהַג minhag נְבִיאִים neviím
הָרִאשׁוֹנִים harishonim. אֲשֶׁר asher שָׁרְשָׁם shorsham פָּתוּחַ patúaj
עַל al עַרְבֵי arvei נָחַל nájal. לְתַקֵּן letakén אֶת et שָׁרְשָׁהּ shorshá
בְּמָקוֹם bemakom עֶלְיוֹן elyón. וִיהִי vihí נֹעַם nóam אֲדֹנָי Adonai ללה
אֱלֹהֵינוּ Eloheinu ילה עָלֵינוּ aleinu וּמַעֲשֵׂה umaasé יָדֵינוּ yadeinu
כּוֹנְנָה conená עָלֵינוּ aleinu וּמַעֲשֵׂה umaasé יָדֵינוּ yadeinu כּוֹנְנֵהוּ: conenehu
וִיהִי vihí רָצוֹן ratsón מהש ע"ה, ע"ב בריבוע וקס"א ע"ה, אל שדי ע"ה
מִלְּפָנֶיךָ milfaneja ס"ג מ"ה ב"ן יְהֹוָהאדניאהדונהי Adonai אֱלֹהֵינוּ Eloheinu ילה
וֵאלֹהֵי veElohei דמב, מילוי ע"ב ; ילה אֲבוֹתֵינוּ avoteinu, אֵל El ייא"י (מילוי דס"ג)
עֶלְיוֹן elyón, רוֹכֵב rojev בָּעֲרָבוֹת baaravot, הַבּוֹחֵר habojer
בִּנְבִיאִים binviím טוֹבִים tovim וּבְמִנְהֲגָם uveminhagam הַטּוֹבִים hatovim.

EL ORDEN PARA BATIR LAS RAMAS DE SAUCE

Por el bien de la unificación del Santo, Bendito sea, y Su Shejiná, con temor y amor y con amor y temor, a fin de unificar el Nombre Yud-Kei y Vav-Kei en perfecta unidad, y en nombre de Israel hemos venido por este medio a cumplir el precepto de [batir la] Aravá, una costumbre ordenada por los antiguos profetas, cuya fuente emana de los sauces de río para corregir su raíz en el Lugar Celestial. "Y sea la gracia del Señor, nuestro Dios, sobre nosotros y pueda Él establecer en nosotros la obra de nuestras manos y que la obra de nuestras manos pueda establecerlo a Él" (Salmos 90:17).

Que sea agradable ante Ti, Señor, nuestro Dios y Dios de nuestros antepasados,
Dios Supremo, que mora en los Cielos excelsos, que escoge buenos profetas y sus buenas costumbres,

שֶׁתִּצָּרֵף shetetsaref מַחְשְׁבוֹתֵינוּ majshavtenu בַּחֲבָטַת bajavatat

וַחֲמִשָּׁה jamishá בַּדֵּי badei עֲרָבָה aravá זרע כְּאִלּוּ queílu כִּוַּנּוּ quivanu

בְּכָל bejol לככ הַכַּוָּנוֹת hacavanot כְּתִקְנָן quetiknán. וּבְכֵן uvjén ע"ב, ריבוע יהוה

עַל al יְדֵי yedei וַחֲבָטַת javatat וַחֲמִשָּׁה jamishá בַּדֵּי badei עֲרָבָה aravá זרע

פְּעָמִים peamim בַּקַּרְקַע bakarka, נֶגֶד négued מוכו, זן, אל יהוה וְחָמֵשׁ jamesh

אוֹתִיּוֹת otiyot מנצפ"ך mantsepaj גְּבוּרוֹת guevurot אֲדֹנָי Adonai ללה

אֱלֹהִים Elohim אהיה אדני ; ילה. אָנָּא aná ב"ן, לככ בְּכֹחַ bejóaj סְגֻלַּת segulat

מִצְוַת mitsvat עֲרָבָה aravá זרע זוֹ zo בְּמֶתֶק bemétek שְׂפָתַיִם sefatáyim

תּוֹסִיף tosif לְקָחוֹ lekaj שְׁכִינַת shejinat עֻזֵּנוּ uzenu וְחָמֵשׁ jamesh

גְּבוּרוֹת guevurot מְמֻתָּקוֹת memutakot בְּמֶתֶק bemétek הָאוֹר haor רז, א"ס,

טַל tal יוד הא ואו, כוזו אוֹרֹת orot טַלֶּךָ taleja שֵׁם shem יוֹד Yud

הא Hei ואו Vav הָעוֹלֶה haolé ט"ל tal. וְכַכַּלָּה vejacalá מלה

תַּעְדֶּה taadé כֵלֶיהָ jeleha לְהִתְיַחֵד lehityajed עִם im דּוֹדָהּ dodá

בְּאַהֲבָה beahavá אחד, דאגה וְאַחֲוָה veajavá וְרֵעוּת vereut.

וְזֵרוּעֶיהָ uzrueha תַּצְמִיחַ tatsmíaj. זֶרַע zera ערבה קֹדֶשׁ kódesh

מַצַּבְתָּהּ matsavtá לְעֶזְרַת leezrat מיכאל מלכיאל שנדיאל יְהֹוָה יאהדונהי Adonai

בַּגִּבּוֹרִים baguiborim וְתוֹכָהּ vetojá רָצוּף ratsuf אַהֲבָה ahavá אחד, דאגה.

בִּשְׂפָתַיִם bisfatáyim יִשַּׁק yishak נְשִׁיקִין neshikín דִּרְחִימוּ dirjimu.

Iniciales de los Nombres: אדני מנצפך (*Guevurot*—Juicios).

אָבוֹא avó בִּגְבֻרוֹת bigvurot אֲדֹנָי Adonai ללה יֱהֹוִה Elohim אַזְכִּיר azquir

צִדְקָתְךָ tsidkatjá לְבַדֶּךָ levadeja: דּוֹר dor לְדוֹר ledor

יְשַׁבַּח yeshabaj מַעֲשֶׂיךָ maaseja וּגְבוּרֹתֶיךָ ugvuroteja יַגִּידוּ yaguidu: ייז

---

que Tú nos acompañes en nuestra intención de batir las cinco ramas de sauce como si hubiésemos tenido todas las intenciones correctamente. Y, de este modo, a través de batir las cinco ramas de sauce, cinco veces contra el suelo, corresponden a las cinco letras finales, el poder del Señor, Dios. Por favor, con el poder del beneficio espiritual de este precepto de Aravá, con dulzura de la Luz, con rocío de luces que es Tu rocío, el Nombre Yud, Kei, Vav que es un total de treintainueve. Y, como una novia, que esté ceñida con sus atuendos para ser unificada con su amado en amor, hermandad y amistad. Y que Tú causes que su siembra crezca, una simiente sagrada es su cultivo para ser la ayuda del Señor entre los poderosos, dentro de ella establecida con amor; Él besará con labios, besos de amor.

א *Yo vendré con los poderes del Señor, Dios; yo sólo declararé Tu rectitud.*

ד *Generación tras generación ensalzarán Tus obras y contarán Tus maravillosos actos.*

נָהָר nahar פְּלָגָיו pelagav יְשַׂמְּחוּ yesamjú עִיר ir אֱלֹהִים Elohim ילה

קְדֹשׁ kedosh מִשְׁכְּנֵי mishquenei עֶלְיוֹן elyón: יָפְיָפִיתָ yafyafita מִבְּנֵי mibnei

אָדָם adam מ״ה הוּצַק hutsak חֵן jen מוחי בְּשִׂפְתוֹתֶיךָ besiftoteja עַל al כֵּן quen

בֵּרַכְךָ berajeja אֱלֹהִים Elohim ילה לְעוֹלָם leolam ריבוע ס״ג וי׳ אותיות: מִי mi

יְמַלֵּל yemalel גְּבוּרוֹת guevurot יְהֹוָה (יאהדונהי) Adonai יַשְׁמִיעַ yashmía כָּל col ילי

תְּהִלָּתוֹ tehilató: נִכְבָּדוֹת nijbadot מְדֻבָּר medubar ראה בָּךְ baj עִיר ir ערי

הָאֱלֹהִים haElohim ילה סֶלָה sela: צָמְאָה tsamá נַפְשִׁי nafshí לֵאלֹהִים leElohim ילה

לְאֵל leEl ייא״י (מילוי דס״ג) חָי jai מָתַי matai אָבוֹא avó וְאֵרָאֶה veeraé פְּנֵי penei

חכמה בינה אֱלֹהִים Elohim ילה: פָּקַדְתָּ pakadta הָאָרֶץ haárets אלהים דההין ע״ה

וַתְּשֹׁקְקֶהָ vatshokekeha רַבַּת rabat תַּעְשְׁרֶנָּה tashrena פֶּלֶג péleg

אֱלֹהִים Elohim ילה מָלֵא malé מָיִם máyim תָּכִין tajín דְּגָנָם deganam כִּי qui

כֵּן jen תְּכִינֶהָ tejineha: כִּסְאֲךָ quisajá אֱלֹהִים Elohim ילה עוֹלָם olam

וָעֶד vaed שֵׁבֶט shévet מִישֹׁר mishor שֵׁבֶט shévet מַלְכוּתֶךָ maljuteja:

וְלָנוּ velanu אלהים, אהיה אדני אֲנַחְנוּ anajnu עֲבָדֶיךָ avadeja

הַמִּתְפַּלְּלִים hamitpalelim לְפָנֶיךָ lefaneja ס״ג מ״ה ב״ן תַּשְׁפִּיעַ tashpía

לָנוּ lanu אלהים, אהיה אדני מִשֵּׁם mishem אוֹר or רז, א״ס הַחַיִּים hajayim

אהיה אהיה יהוה, בינה ע״ה. וְגַם vegam עַד ad זִקְנָה zikná וְשֵׂיבָה veseivá

אֱלֹהִים Elohim אהיה אדני ; ילה אַל al תַּעַזְבֵנִי taazveni עַד ad אַגִּיד aguid

זְרוֹעֲךָ zeroajá לְדוֹר ledor לְכָל lejol ילי יָבוֹא yavó גְּבוּרָתֶךָ gucvurateja:

נ *El río, su flujo alegrará a la ciudad de Dios, el sagrado lugar de morada del Supremo.*

י *Tú eres más hermosa que las personas, el encanto ha sido derramado sobre tus labios, por lo tanto, Dios te ha bendecido más.*

מ *¿Quién puede hablar del poder de Dios? Que todos proclamen Su alabanza.*

נ *Asuntos honorables son tratados en ti, ciudad de Dios, Sela.*

צ *Mi alma ansía a Dios, el Dios viviente; ¿cuándo llegaré a presentarme ante Dios?*

פ *Tú recuerdas a la tierra y Tú la riegas, Dios llenó arroyos con agua; Tú preparas el grano para quienes lo preparas.*

כ *Tu Trono, Dios, es eterno, una vara de justicia es la vara de Tu reino.*

Y para nosotros, Tus siervos, quienes oramos ante Ti, haz que fluya desde el Nombre de la Luz de la Vida. Asimismo, hasta mi largura de años y vejez, Dios, no me abandones; hasta que yo cuente de Tu poder a una generación, a quienes les llegará Tu poder.

וְתַאֲרִיךְ vetaarij יָמֵינוּ yameinu בַּטּוֹב batov והו וּשְׁנוֹתֵינוּ ushnoteinu
בַּנְּעִימִים baneimim דְּשֵׁנִים deshenim וְרַעֲנַנִּים veraananim. וְתֵן vetén
לָנוּ lanu אלהים, אהיה אדני חַיִּים jayim אהיה אהיה יהוה, בינה ע״ה אֲרוּכִּים aruquim,
חַיִּים jayim אהיה אהיה יהוה, בינה ע״ה שֶׁל shel שָׁלוֹם shalom, חַיִּים jayim
אהיה אהיה יהוה, בינה ע״ה שֶׁל shel טוֹבָה tová אכא, חַיִּים jayim אהיה אהיה יהוה, בינה ע״ה
שֶׁל shel בְּרָכָה brajá, חַיִּים jayim אהיה אהיה יהוה, בינה ע״ה שֶׁל shel
פַּרְנָסָה parnasá טוֹבָה tová אכא, חַיִּים jayim אהיה אהיה יהוה, בינה ע״ה שֶׁל shel
חִלּוּץ jiluts עֲצָמוֹת atsamot, חַיִּים jayim אהיה אהיה יהוה, בינה ע״ה שֶׁיֵּשׁ sheyesh
בָּהֶם bahem יִרְאַת yirat חֵטְא jet, חַיִּים jayim אהיה אהיה יהוה, בינה ע״ה
שֶׁאֵין sheéin בָּהֶם bahem בּוּשָׁה bushá וּכְלִימָה ujlimá,
חַיִּים jayim אהיה אהיה יהוה, בינה ע״ה שֶׁל shel עֹשֶׁר ósher וְכָבוֹד vejavod,
חַיִּים jayim אהיה אהיה יהוה, בינה ע״ה שֶׁתְּהֵא shetehé בָּנוּ banu אַהֲבַת ahavat
תּוֹרָה torá וְיִרְאַת veyirat שָׁמַיִם shamáyim י״פ טל, י״פ כוזו,
חַיִּים jayim אהיה אהיה יהוה, בינה ע״ה שֶׁתְּמַלֵּא shetemalé כָּל col ילי
מִשְׁאֲלוֹת mishalot לִבֵּנוּ libenu לְטוֹבָה letová אכא לַעֲבוֹדָתֶךָ laavodateja

(Once veces la palabra חיים—*jayim*—vida, que corresponde a las letras *Hei* ה y *Vav* ו)

וְאוֹצָרְךָ veotsarjá הַטּוֹב hatov תִּפְתַּח tiftaj לְהַשְׂבִּיעַ lehasbía
נֶפֶשׁ néfesh שׁוֹקֵקָה shokeká. וְרַוֵּה veravé פְּנֵי penei חכמה בינה
תֵּבֵל tevel ב״פ רי״ו וְשַׂבַּע vesabá אֶת et הָעוֹלָם haolam
כֻּלּוֹ culó מִטּוּבָךְ mituvaj. לאו. וּמַלֵּא umalé יָדֵינוּ yadeinu
מִבִּרְכוֹתֶיךָ mibirjoteja וּמֵעֹשֶׁר umeósher מַתְּנוֹת matnot יָדֶיךָ yadeja.
וְקַיֵּם vekayem בָּנוּ banu מִקְרָא mikrá שֶׁכָּתוּב shecatuv:

Que Tú alargues nuestros días en bienaventuranza y nuestros años en gozo, plenos y vigorosos. Y otórganos una larga vida, una vida de paz, una vida de benevolencia, una vida de bendición, una vida de buena fortuna, una vida de fortaleza física, una vida con temor al pecado, una vida en la cual no haya vergüenza ni humillación, una vida de riqueza y honor, una vida en la cual exista en nosotros amor por la Torá y temor del Cielo, una vida en la cual Tú cumplas todas las peticiones de nuestro corazón para el bien de Tu servicio. Y que Tú abras Tu buen tesoro para satisfacer el alma sedienta y saciar la sed de la faz de la Tierra, y sacia a todo el mundo con Tu dadivosidad. Llena nuestras manos de Tus bendiciones y de la riqueza de Tus regalos, y realiza para nosotros el versículo que está escrito:

יִפְתַּח yiftaj יְהֹוָאדהנויאהדונהי Adonai לְךָ lejá ר"ת ייל אֶת־ et אוֹצָרוֹ otsaró
הַטּוֹב hatov והו ; ר"ת האא אֶת־ et הַשָּׁמַיִם hashamáyim י"פ טל, י"פ כוזו
לָתֵת latet מְטַר־ metar אַרְצְךָ artseja בְּעִתּוֹ beitó וּלְבָרֵךְ ulvarej
אֵת et כָּל־ col ילי מַעֲשֵׂה maasé יָדֶךָ yadeja• וּפָקְדֵנוּ ufokdenu
בִּפְקֻדַּת bifkudat יְשׁוּעָה yeshuá וְרַחֲמִים verajamim• עוֹרְרָה orerá אֶת et
גְּבוּרָתֶךָ guevurateja וּלְכָה uljá לִישׁוּעָתָה lishuatá לָנוּ lanu אלהים, אהיה אדני•
וְשָׂא vesá נֵס nes מ"ה אדני לְקַבֵּץ lekabets גָּלֻיּוֹתֵינוּ galuyoteinu•
וְקַבְּצֵנוּ vekabetsenu יַחַד yájad מֵאַרְבַּע mearbá כַּנְפוֹת canfot
כָּל־ col ילי הָאָרֶץ haárets אלהים דההין ע"ה• וְהָיָה vehayá יהוה ; יהוה
יְהֹוָאדהנויאהדונהי Adonai לְמֶלֶךְ lemélej עַל־ al כָּל־ col ילי ; עמם
הָאָרֶץ haárets אלהים דההין ע"ה בַּיּוֹם bayom ע"ה נגד, מזבח, זן, אל יהוה
הַהוּא hahú יִהְיֶה yihyé ייי יְהֹוָאדהנויאהדונהי Adonai אֶחָד ejad אהבה, דאגה
וּשְׁמוֹ ushmó מהש ע"ה, ע"ב בריבוע וקס"א ע"ה, אל שדי ע"ה אֶחָד ejad אהבה, דאגה:

אָנָּא aná ב"ן, לכב יְהֹוָאדהנויאהדונהי Adonai לְמַעַן lemaan מִצְוַת mitsvat
הָעֲרָבָה haaravá זרע הַזֹּאת hazot שֶׁהִיא shehí מִנְהַג minhag
נְבִיאִים neviím, אֲשֶׁר asher עוֹלֶה olé מִסְפָּרָהּ mispará אֹרַח óraj
חַיִּים jayim אהיה אהיה יהוה, בינה ע"ה• תּוֹדִיעֵנִי todieni אֹרַח óraj
חַיִּים jayim אהיה אהיה יהוה, בינה ע"ה שֹׂבַע sova שְׂמָחוֹת semajot אֶת et
פָּנֶיךָ paneja ס"ג מ"ה ב"ן נְעִימוֹת neimot בִּימִינְךָ biminjá נֶצַח nétsaj•

"Abrirá el Señor para ti Su buen tesoro, el Cielo, para dar lluvia a tu tierra a su tiempo y para bendecir toda la obra de tu mano; y tú prestarás a muchas naciones, pero no tomarás prestado" (Deuteronomio 28:12). Evoca para nosotros una remembranza de salvación y compasión. Despierta Tu poder y ven a salvarnos, y reúnenos prontamente desde los cuatro confines de la Tierra en nuestra tierra. "El Señor será Rey sobre toda la tierra y, aquel día, el Señor será Uno y Uno Su Nombre" (Zacarías 14:9). Por favor, Señor, por el mérito de este precepto del sauce, que es una costumbre de los profetas, cuyo valor numérico es "senda de la vida" (= 277): "Me darás a conocer la senda de la vida; en Tu presencia hay plenitud de gozo; en Tu diestra, deleites para siempre" (Salmos 16:11).

אָנָּא aná ב"ן, לכב יְהֹוָהאדניאהדונהי Adonai לְמַעַן lemaan מִצְוַת mitsvat
הָעֲרָבָה haaravá זרע אֲשֶׁר asher עוֹלֶה olé מִסְפָּרָהּ mispará עֵזֶר ézer
וּמִסְפַּר umispar זֶרַע zera, תַּעֲשֶׂה taasé בְּרַחֲמֶיךָ berajameja עֵזֶר ézer
לְזֶרַע lazera שֶׁלִּי shelí, וְיִהְיוּ veyihyú אל (ייא"י) כָּל col ילי זַרְעִי zarí זֶרַע zera
בָּרֵךְ beraj יְהֹוָהאדניאהדונהי Adonai, וּתְבָרֵךְ utvarej אֶת et זַרְעִי zarí
בַּבְּרָכוֹת babrajot אֲשֶׁר asher צִוִּיתָ tsivita אֶת et אַהֲרֹן Aharón
כֹּהֲנֶךָ cohaneja וְאֶת veet בָּנָיו banav לְבָרֵךְ levarej אֶת et
עַמְּךָ amjá יִשְׂרָאֵל Yisrael בְּאַהֲבָה beahavá אחד דאגה, כַּכָּתוּב cacatuv:

Las iniciales de los tres versos nos dan el Nombre Sagrado: ייי.
En esta sección hay 15 palabras, lo que es igual al valor numérico de la Nombre Sagrado: ההה.

(Derecha – *Jésed*)

יְבָרֶכְךָ yevarejejá יְהֹוָהאדניאהדונהי Adonai וְיִשְׁמְרֶךָ veyishmereja

ר"ת = יהוה ; וס"ת = מ"ה:

(Izquierda - *Guevurá*)

יָאֵר yaer כף ויו זין ויו יְהֹוָהאדניאהדונהי Adonai | פָּנָיו panav
אֵלֶיךָ eleja וִיחֻנֶּךָּ vijuneca מגד ; יהה אותיות בפסוק:

(Central – *Tiféret*)

יִשָּׂא yisá יְהֹוָהאדניאהדונהי Adonai | פָּנָיו panav אֵלֶיךָ eleja
וְיָשֵׂם veyasem לְךָ lejá שָׁלוֹם shalom האא תיבות בפסוק:

(*Maljut*)

וְשָׂמוּ vesamu אֶת־ et שְׁמִי shmí עַל־ al בְּנֵי benei יִשְׂרָאֵל Yisrael
וַאֲנִי vaaní אֲבָרְכֵם avarjem:

Por favor, Señor, por el mérito de este precepto del sauce, cuyo valor numérico es "asistencia" (= 207) y el valor numérico de "semilla", en Tu compasión actúa amablemente en nombre de mi simiente, y que toda mi descendencia sea "simiente bendecida por el Señor". Y que Tú bendigas a mi descendencia con las bendiciones que Tú ordenaste a Aharón, Tu sacerdote, y a sus hijos, para bendecir a Tu pueblo, Israel, con amor. Como está escrito: "Que el Señor te bendiga y te proteja. Que el Señor haga brillar Su rostro sobre ti y te dé gracia. Que el Señor eleve Su rostro hacia ti y te conceda paz. Y ellos pondrán Mi Nombre sobre los Hijos de Israel y Yo les bendeciré" (Números 6:24-27).

אָנָּא aná ב"ן, לכב יְהֹוָה יאהדונהי Adonai לְמַעַן lemaan עֲשָׂרָה asará
שְׁמוֹתֶיךָ shemoteja הַקְּדוֹשִׁים hakedoshim עִם im מִסְפָּר mispar טוֹב tov והו
שֶׁעוֹלֶה sheolé מִסְפָּרָם misparam כְּמִסְפָּר quemispar עֲרָבָה aravá זרע,
תַּעֲלֶה taalé לְרָצוֹן leratsón מהש ע"ה, ע"ב בריבוע וקס"א ע"ה, אל שדי ע"ה
לְפָנֶיךָ lefaneja ס"ג מ"ה ב"ן מִצְוַת mitsvat וַחֲבָטַת javatat הָעֲרָבָה haaravá זרע
הַזֹּאת hazot אֲשֶׁר asher אֲנִי aní אני מוּכָן muján לַחְבֹּט lajbot
עַל al הַקַּרְקַע hakarka חָמֵשׁ jamesh פְּעָמִים peamim, וּתְכַפֵּר utjaper
לָנוּ lanu אלהים, אהיה אדני עַל al מַה ma מ"ה שֶׁחָטָאנוּ shejatanu
בְּפִינוּ befinu וּבִשְׂפָתֵינוּ uvisfateinu בְּכָל bejol ילי דִּבּוּר dibur
אָסוּר asur, כִּי qui עֲרָבָה aravá זרע דּוֹמָה domá לִשְׂפָתַיִם lasfatáyim.
אָנָּא aná ב"ן, לכב יְהֹוָה יאהדונהי Adonai לְמַעַן lemaan מִצְוַת mitsvat
וַחֲבָטַת javatat הָעֲרָבָה haaravá זרע הַזֹּאת hazot חָמֵשׁ jamesh
פְּעָמִים peamim עַל al הַקַּרְקַע hakarka תְּרַחֵם terajem ג"פ רי"ו ;
אברהם, וז"פ אל, רי"ו ול"ב נתיבות החכמה, רמ"ח (אברים), עסמ"ב וט"ז אותיות פשוטות עָלֵינוּ aleinu
שֶׁלֹּא sheló יִשְׁלֹט yishlot עָלֵינוּ aleinu שׁוּם shum מְקַטְרֵג mekatreg
וּמַשְׂטִין umastín, וְלֹא veló יִשְׁלֹט yishlot בָּנוּ banu שׁוּם shum
לָשׁוֹן lashón הָרָע hará וְעֵצָה veetsá רָעָה raá, וְלֹא veló יֵעָשֶׂה yaasé
בָּנוּ banu שׁוּם shum רֹשֶׁם roshem בֵּין bein לְמַעְלָה lemala
בֵּין bein לְמַטָּה lemata. וּתְקַיֵּם utkayem בָּנוּ banu מִקְרָא mikrá
שֶׁכָּתוּב shecatuv עַל al יְדֵי yedei יְשַׁעְיָה Yeshayá נְבִיאֶךָ nevieja:

Por favor, Señor, en el mérito de Tus diez Nombres Sagrados (= 260) con el valor numérico de "bueno" (= 17), que totaliza en números el valor de "Aravá" (= 207), que éstos asciendan favorablemente ante Ti en el precepto de batir el sauce, el cual estoy preparado para batir contra el suelo cinco veces. Y que Tú nos perdones por los pecados que hemos cometido con nuestra boca y nuestros labios, con toda el habla prohibida, puesto que el sauce es similar a los labios. Por favor, Señor, en el mérito de este precepto de batir el sauce contra el piso cinco veces, apiádate de nosotros a fin de que no tengan domino sobre nosotros ningún acusador ni fiscal; y que no haya tengan dominio sobre nosotros ninguna calumnia ni ardid, y que no tengan efecto en nosotros ni Arriba ni Abajo. Y que Tú realices para nosotros el versículo que fue escrito por Yeshayá, Tu profeta:

כָּל col ילי כְּלִי cli כלי יוּצַר yutsar עָלַיִךְ aláyij לֹא lo יִצְלָח yitslaj

וְכָל vejol ילי לָשׁוֹן lashón תָּקוּם takum כ״א יהוה אִתָּךְ itaj

לַמִּשְׁפָּט lamishpat ע״ה ה״פ אלהים תַּרְשִׁיעִי tarshíi זֹאת zot נַחֲלַת najalat

עַבְדֵי avdei יְהֹוָאדהנויאהדונהי Adonai וְצִדְקָתָם vetsidkatam מֵאִתִּי meití

נְאֻם neúm יְהֹוָאדהנויאהדונהי Adonai:

וְהִנֵּה vehiné אֲנַחְנוּ anajnu עַמְּךָ amjá וְנַחֲלָתֶךָ venajalateja בְּנֵי benei

בְּרִיתֶךָ briteja, בְּנֵי benei אַבְרָהָם Avraham וז״פ אל, רי״ו ול״ב נתיבות החכמה, רמ״ח

(אברים), עסמ״ב וט״ז אותיות פשוטות אוֹהֲבֶךָ ohaveja, זֶרַע zera יִצְחָק Yitsjak ד״פ ב״ן

עֲקֵדֶךָ akedeja, עֲדַת adat יַעֲקֹב Yaakov ז׳ הויות, אידהנויה בִּנְךָ binjá

בְּכוֹרֶךָ vejoreja, מְצַפִּים metsapim לִישׁוּעָתְךָ lishuatjá וּבוֹטְחִים uvotjim

עַל al צִדְקוֹתֶיךָ tsidkoteja, כִּי qui כֵּן jen דַּרְכְּךָ darqueja לַעֲשׂוֹת laasot

חֶסֶד jésed ע״ב, ריבוע יהוה וְחִנָּם jinam תָּמִיד tamid ע״ה קס״א קנ״א קמ״ג.

וְחָנֵּנוּ janenu יְהֹוָאדהנויאהדונהי Adonai וְחָנֵּנוּ janenu, וּבִישׁוּעָתְךָ uvishuatjá

מַלְכֵּנוּ malquenu תָּרוּם tarum וְתַגְבִּיהַּ vetagbiha קַרְנֵנוּ karnenu,

וּמַהֵר umaher חוּשָׁה jushá לְעֶזְרָתֵנוּ leezratenu, וְכָל־ vejol ילי

הַקָּמִים hakamim עָלֵינוּ aleinu לְרָעָה leraá רהע מְהֵרָה meherá הָפֵר hafer

עֲצָתָם atsatam וְקַלְקֵל vekalkel מַחְשְׁבוֹתָם majshevotam. תִּפֹּל tipol

עֲלֵיהֶם aleihem אֵימָתָה eimatá וָפַחַד vafájad ר״ת תעאו שם קדוש בִּגְדֹל bigdol

זְרוֹעֲךָ zeroajá יִדְּמוּ yidemu כָּאָבֶן caavén ר״ת = טל, כוזו, יוד הא ואו:

"Ningún arma forjada contra ti prosperará, y condenarás toda lengua que se alce contra ti en juicio. Esta es la herencia de los siervos del Señor, y su dádiva viene de Mí' declara el Señor" (Isaías 54:17). *Y he aquí que nosotros somos Tu nación y Tu heredad, los miembros de Tu pacto, los hijos de Avraham, quien te amó, los descendientes de Yitsjak, Tu atado, la congregación de Yaakov, Tu primogénito; esperamos Tu salvación y contamos con Tu rectitud, porque Tú obras siempre benevolentemente sin que lo merezcamos. Sé amable con nosotros, Señor, sé amable con nosotros y, a través de Tu salvación, Rey nuestro, alza y eleva nuestra asta y apresúrate en socorrernos. Anula los planes y deshaz las ideas de todos aquellos que se alzan contra nosotros para hacernos daño. El pavor y el miedo los envolvió por la grandeza de Tu brazo. Quedaron tiesos como piedras.*

יִהְיוּ yihyú אל (ייא״י) כְּמֹץ quemots לִפְנֵי lifnei רוּחַ rúaj וּמַלְאַךְ umalaj

יְהֹוָה יאהדונהי Adonai דּוֹחֶה dojé: וְקַיֵּם vekayem לָנוּ lanu אלהים, אהיה אדני

יְהֹוָה יאהדונהי Adonai אֱלֹהֵינוּ Eloheinu ילה בְּחַסְדְּךָ bejasdejá אֶת et

אֲשֶׁר asher הִבְטַחְתָּנוּ hivtajtanu עַל al יְדֵי yedei יְשַׁעְיָה Yeshayá

נְבִיאֶךָ nevieja כָּאָמוּר caamur: אַל־ al תִּירָא tirá כִּי qui עִמְּךָ־ imeja

אָנִי aní אני אַל־ al תִּשְׁתָּע tishtá כִּי־ qui אֲנִי aní אני אֱלֹהֶיךָ Eloheja ילה

אִמַּצְתִּיךָ imatstija אַף־ af עֲזַרְתִּיךָ azartija אַף־ af תְּמַכְתִּיךָ temajtija

בִּימִין bimín צִדְקִי tsidkí: הֵן hen יֵבֹשׁוּ yevoshu וְיִכָּלְמוּ veyicalmú כֹּל col ילי

הַנֶּחֱרִים hanejerim בָּךְ baj יִהְיוּ yihyú אל (ייא״י) כְאַיִן jeayin

וְיֹאבְדוּ veyovdú אַנְשֵׁי anshei רִיבֶךָ riveja: תְּבַקְשֵׁם tevakshem וְלֹא veló

תִמְצָאֵם timtsaem אַנְשֵׁי anshei מַצֻּתֶךָ matsuteja יִהְיוּ yihyú אל (ייא״י)

כְאַיִן jeayin וּכְאֶפֶס ujeéfes אַנְשֵׁי anshei מִלְחַמְתֶּךָ miljamteja: כִּי qui

אֲנִי aní אני יְהֹוָה יאהדונהי Adonai אֱלֹהֶיךָ Eloheja ילה מַחֲזִיק majazik

יְמִינֶךָ yemineja הָאֹמֵר haomer לְךָ lejá אַל־ al תִּירָא tirá אֲנִי aní אני

עֲזַרְתִּיךָ azartija: אַל־ al תִּירְאִי tirí תּוֹלַעַת toláat יַעֲקֹב Yaakov ד הויות,

יאהדונהי אידהנויה מְתֵי metei יִשְׂרָאֵל Yisrael אֲנִי aní עֲזַרְתִּיךְ azartij

נְאֻם־ neum יְהֹוָה יאהדונהי Adonai וְגֹאֲלֵךְ vegoalej קְדוֹשׁ kedosh

יִשְׂרָאֵל Yisrael: הִנֵּה hiné שַׂמְתִּיךְ samtij לְמוֹרַג lemorag חָרוּץ jaruts

חָדָשׁ jadash יב הויות, קס״א קנ״א בַּעַל báal פִּיפִיּוֹת pifiyot תָּדוּשׁ tadush

הָרִים harim וְתָדֹק vetadok וּגְבָעוֹת ugvaot כַּמֹּץ camots תָּשִׂים tasim:

Que sean como la paja ante el viento, impulsados por el ángel del Señor. Y realiza para nosotros, Señor, nuestro Dios, en Tu benevolencia, aquello que nos prometiste a través de Isaías, Tu profeta, como está dicho: 'No temas, porque Yo estoy contigo; no te apartes, porque Yo soy tu Dios; te he fortalecido y te he asistido. Te he sostenido con Mi diestra justa. He aquí que ellos serán avergonzados y humillados, todos los que te guardan rencor; serán como la nada y perecerán aquellos que peleen contra ti. Tú los buscarás, pero no encontrarás a esas personas que contiendan contra ti; serán como la nada e inexistentes aquellos que combatieron contra ti. Porque Yo soy el Señor, tu Dios, quien te toma con la diestra; Aquél que te dice: 'No temas, porque yo te he ayudado; no tengan miedo, simiente de Yaakov, pueblo de Israel, porque Yo los he ayudado', así dice el Señor y tu Redentor, el Santo de Israel. He aquí que Yo te he hecho como un nuevo y afilado instrumento de trilla; tú trillarás montes y los molerás, y las colinas moverás como paja.

useará וּסְעָרָה tisaem תִּשָּׂאֵם verúaj וְרוּחַ tizrem תִּזְרֵם
taguil תָּגִיל veatá וְאַתָּה otam אוֹתָם tafits תָּפִיץ
:tithalal תִּתְהַלָּל Yisrael יִשְׂרָאֵל bikdosh בִּקְדוֹשׁ baAdonai בַּיהֹוָהאדניאהדונהי

Mientras batimos las ramas de sauce cinco veces contra el piso, debemos decir:

:barij בָּרִיךְ velá וְלָא javit חֲבִיט javit חֲבִיט

Mientras batimos las ramas de sauce contra el piso, debemos meditar en bajar las Cinco *Guevurot* en *Yesod* de *Nukvá* y endulzarlas. Mientras alzamos las ramas de sauce, debemos meditar en elevar las Cinco *Guevurot* en el secreto de los *Neshikín* (besos; la Unificación Superior) para la Unificación en *Simjat Torá*.

Debemos meditar de la siguiente manera:

Primera batida (primer Juicio): גבורה א׳ םןץףך יוד הא ואו

Segunda batida (segundo Juicio): גבורה ב׳ םןץףך יוד הא ואו

Tercera batida (tercer Juicio): גבורה ג׳ םןץףך יוד הא ואו

Cuarta batida (cuarto Juicio): גבורה ד׳ םןץףך יוד הא ואו

Quinta batida (quinto Juicio): גבורה ה׳ םןץףך יוד הא ואו

Después debemos decir "*Nishmat Col Jai*", que se encuentra en las páginas 306-312 (hasta las palabras "*Atá El*").
Y luego decimos:

,néder נֶדֶר bli בְּלִי ,aleinu עָלֵינוּ mekabelim מְקַבְּלִים anajnu אֲנַחְנוּ
,hazot הַזֹּאת uvaoná וּבְעוֹנָה baet בְּעֵת habaá הַבָּאָה leshaná לְשָׁנָה qui כִּי
:jai חַי יְלִי col כָּל nishmat נִשְׁמַת :nomar נֹאמַר

"Las separarás y el viento las cargará, y una tormenta las esparcirá; y tú te regocijarás en el Señor, en el Santo de Israel serás glorificado" (Isaías 41:16).

Bate, bate, pero no recites bendición alguna.

Aceptamos sobre nosotros, sin hacer una promesa, que el próximo año en esta época y esta temporada diremos: "El alma de todo ser viviente…".

KADISH TITKABAL

יִתְגַּדַּל yitgadal וְיִתְקַדַּשׁ veyitkadash שדי ומילוי שדי ; י"א אותיות כמנין ו"ה

שְׁמֵיהּ Shmei (שם י"ה דע"ב) רַבָּא rabá קנ"א ב"ן, יהוה אלהים יהוה אדני,

מילוי קס"א וס"ג, מ"ה ברבוע וע"ב ע"ה ; ר"ת = ו"פ אלהים ; ס"ת = ג"פ יב"ק: אָמֵן Amén אידהנויה.

בְּעָלְמָא bealmá דִּי di בְרָא verá כִּרְעוּתֵיהּ quirutei.

וְיַמְלִיךְ veyamlij מַלְכוּתֵיהּ maljutei. וְיַצְמַח veyatsmaj

פּוּרְקָנֵיהּ purkanei. וִיקָרֵב vikarev מְשִׁיחֵיהּ Meshijei: אָמֵן Amén אידהנויה.

בְּחַיֵּיכוֹן bejayeijón וּבְיוֹמֵיכוֹן uveyomeijón וּבְחַיֵּי uvejayei

דְכָל dejol יכ"י בֵּית beit ב"פ ראה יִשְׂרָאֵל Yisrael בַּעֲגָלָא baagalá

וּבִזְמַן uvizmán קָרִיב kariv וְאִמְרוּ veimrú אָמֵן Amén: אָמֵן Amén אידהנויה.

La congregación y el *jazán* dicen lo siguiente:

Veintiocho palabras (hasta *bealmá*) y veintiocho letras (hasta *almayá*)

יְהֵא yehé שְׁמֵיהּ Shmei (שם י"ה דס"ג) רַבָּא rabá קנ"א ב"ן,

יהוה אלהים יהוה אדני, מילוי קס"א וס"ג, מ"ה ברבוע וע"ב ע"ה מְבָרַךְ mevaraj,

לְעָלַם lealam לְעָלְמֵי lealmei עָלְמַיָּא almayá. יִתְבָּרַךְ yitbaraj.

Siete palabras con seis letras cada una (שם בן מ"ב) – y siete veces la letra *Vav* (שם בן מ"ב)

וְיִשְׁתַּבַּח veyishtabaj י"פ ע"ב יהוה אל אבג יתץ.

וְיִתְפָּאַר veyitpaar הי נו יה קרע שטן. וְיִתְרוֹמַם veyitromam וה כוזו נגד יכש.

וְיִתְנַשֵּׂא veyitnasé במוכסז בטר צתג. וְיִתְהַדָּר veyihadar כוזו יה וזקב טנע.

וְיִתְעַלֶּה veyitalé וה יוד ה יגל פזק. וְיִתְהַלָּל veyithalal א ואו הא שקו צית.

שְׁמֵיהּ Shmei (שם י"ה דמ"ה) דְּקוּדְשָׁא deKudshá בְּרִיךְ Verij הוּא Hu:

אָמֵן Amén אידהנויה.

KADISH TITKABAL

Glorificado y santificado sea Su gran Nombre (Amén).

En el mundo que Él creó de acuerdo a Su voluntad, y pueda Su Reino reinar. Y pueda Él hacer que Su redención florezca y pueda Él acercar al Mesías (Amén). En tus vidas y en tus días y en la vida de toda la Casa de Israel, prontamente y en el futuro cercano, y dígase: Amén (Amén). Que Su gran Nombre sea bendito por siempre y por toda la eternidad. Bendito y alabado, y glorificado y exaltado, y ensalzado y honrado, y adorado y loado sea el Nombre del Santísimo, bendito sea Él (Amén).

לְעֵלָּא leelá מִן min כָּל col יל״י בִּרְכָתָא birjatá• שִׁירָתָא shiratá•

תֻּשְׁבְּחָתָא tishbejatá וְנֶחֱמָתָא venejamatá• דַּאֲמִירָן daamirán

בְּעָלְמָא bealmá וְאִמְרוּ veimrú אָמֵן Amén: אָמֵן Amén אידהנויה.

תִּתְקַבַּל titkabal צְלוֹתָנָא tselotaná וּבָעוּתָנָא uvautaná

עִם im צְלוֹתְהוֹן tselothón וּבָעוּתְהוֹן uvautehón דְּכָל dejol יל״י

בֵּית beit ב״פ ראה יִשְׂרָאֵל Yisrael קֳדָם kadam אֲבוּנָא avuná

דְּבִשְׁמַיָּא devishmayá וְאִמְרוּ veimrú אָמֵן Amén: אָמֵן Amén אידהנויה•

יְהֵא yehé שְׁלָמָא shlamá רַבָּא rabá קנ״א ב״ן, יהוה אלהים יהוה אדני, מילוי קס״א וס״ג,

מ״ה ברבוע וע״ב ע״ה מִן min שְׁמַיָּא shmayá• וְחַיִּים jayim אהיה אהיה יהוה, בינה ע״ה

וְשָׂבָע vesavá וִישׁוּעָה vishuá וְנֶחָמָה venejamá וְשֵׁיזָבָא vesheizavá

וּרְפוּאָה urefuá וּגְאֻלָּה ugueulá וּסְלִיחָה uslijá וְכַפָּרָה vejapará

וְרֶיוַח vereivaj וְהַצָּלָה vehatsalá• לָנוּ lanu אלהים, אהיה אדני וּלְכָל ulejol יה אדני

עַמּוֹ amó יִשְׂרָאֵל Yisrael וְאִמְרוּ veimrú אָמֵן Amén: אָמֵן Amén אידהנויה.

Da tres pasos para atrás y di:

עוֹשֶׂה osé שָׁלוֹם shalom

בִּמְרוֹמָיו bimromav ע״ב, ריבוע יהוה• הוּא Hu בְּרַחֲמָיו berajamav

יַעֲשֶׂה yaasé שָׁלוֹם shalom עָלֵינוּ aleinu ר״ת ש״ע נהורין•

וְעַל veal כָּל col יל״י ; עמם עַמּוֹ amó יִשְׂרָאֵל Yisrael וְאִמְרוּ veimrú אָמֵן Amén:

אָמֵן Amén אידהנויה•

Más allá de todas las bendiciones, himnos, alabanzas y palabras de consolación que jamás se dijeran en el mundo, y dígase: Amén (Amén). Sean aceptadas nuestras oraciones y súplicas, junto con las oraciones y las súplicas de toda la Casa de Israel, ante nuestro Padre en los Cielos, y dígase: Amén (Amén). Que haya paz abundante del Cielo. Vida, satisfacción, salvación, consuelo, entrega, sanación, redención, perdón, expiación, comodidad y alivio para nosotros y para toda Su nación, Israel y dígase: Amén (Amén). Él, que establece la paz en Sus Alturas, Él, en Su compasión, hará la paz sobre nosotros y sobre toda Su nación, Israel. Y dígase: Amén (Amén).

Antes de abrir el Arca, decimos:
En *Shabat* empezamos aquí:

אַתָּה Atá הָרְאֵתָ horeta לָדַעַת ladáat כִּי qui יְהֹוָה יאהדונהי Adonai הוּא Hu
הָאֱלֹהִים haElohim אהיה אדני ; ילה ; ה' הוא האלקים = ענו ענ"כ ; ר"ת יהה אֵין ein עוֹד od
מִלְּבַדּוֹ milvadó מ"ב: אֵין־ ein כָּמוֹךָ camoja בָאֱלֹהִים vaElohim אהיה אדני ; ילה
אֲדֹנָי Adonai ללה וְאֵין veéin כְּמַעֲשֶׂיךָ quemaaseja:

Cuando la festividad cae en día de semana empezamos aquí:

יְהִי yehí יְהֹוָה יאהדונהי Adonai אֱלֹהֵינוּ Eloheinu ילה עִמָּנוּ imanu ריבוע ס"ג, קס"א
ע"ה וד' אותיות כַּאֲשֶׁר caasher הָיָה hayá יהה עִם־ im אֲבֹתֵינוּ avoteinu אַל־ al
יַעַזְבֵנוּ yaazvenu וְאַל־ veal יִטְּשֵׁנוּ yiteshenu: הוֹשִׁיעָה hoshía יהוה וש"ע נהורין
אֶת־ et עַמֶּךָ ameja ס"ת כהת, משיח בן דוד ע"ה וּבָרֵךְ uvarej אֶת־ et
נַחֲלָתֶךָ najalateja וּרְעֵם ureem וְנַשְּׂאֵם venasem עַד־ ad הָעוֹלָם haolam:
וַיְהִי vayehí בִּנְסֹעַ binsoa הָאָרֹן haarón וַיֹּאמֶר vayómer מֹשֶׁה Moshé מהש,
ע"ב בריבוע קס"א, אל שדי, ד"פ אלהים ע"ה קוּמָה kuma קנ"א (מקוה) | יְהֹוָה יאהדונהי Adonai
וְיָפֻצוּ veyafutsu אֹיְבֶיךָ oyveja וְיָנֻסוּ veyanusu מְשַׂנְאֶיךָ mesaneja
מִפָּנֶיךָ mipaneja ס"ג מ"ה ב"ן: קוּמָה kumá קנ"א (מקוה) יְהֹוָה יאהדונהי Adonai
לִמְנוּחָתֶךָ limnujateja אַתָּה Atá וַאֲרוֹן vaarón עֻזֶּךָ uzeja:
כֹּהֲנֶיךָ cohaneja יִלְבְּשׁוּ־ yilbeshú צֶדֶק tsédek וַחֲסִידֶיךָ vajasideja
יְרַנֵּנוּ yeranenú: בַּעֲבוּר baavur דָּוִד David עַבְדֶּךָ avdeja פוי, אל אדני
אַל־ al תָּשֵׁב tashev פְּנֵי pnei וחכמה בינה מְשִׁיחֶךָ meshijeja:

"Tú has demostrado para que se conozca que el Señor es el Dios y no hay nadie aparte de Él" (Deuteronomio 4:35). *"No hay ninguno como Tú entre las deidades, Señor, y no hay nada como Tus obras"* (Salmos 86:8). *"Que el Señor, nuestro Dios, esté con nosotros como estuvo con nuestros padres, y no nos desampare ni nos deje"* (I Reyes 8:57). *"Salva a Tu Pueblo y bendice Tu heredad. Guíalos y elévalos para siempre"* (Salmos 28:9). *"Cuando el Arca viajaba, Moshé decía: Levántate, Señor. Que Tus enemigos sean esparcidos y que aquellos que te odian huyan ante Ti"* (Números 10:35). *"Levántate, Señor, a Tu lugar de descanso, Tú y el Arca de Tu fortaleza. Tus sacerdotes imparten justicia y Tus piadosos cantarán. Por David, Tu siervo, no abandones a Tus ungidos"* (Salmos 132:8-10).

APERTURA DEL ARCA

Atraer la Luz de *Jojmá*.

Rabí Shimón Bar Yojái dice: "Mientras el Arca está abierta, debemos prepararnos con temor reverencial. Todos deben despertar un sentido interno de asombro, como si realmente estuviéramos parados en el Monte Sinaí, temblando mientras contemplamos la abrumadora manifestación de Luz. Permanecemos parados en silencio, enfocados solamente en la oportunidad de escuchar cada palabra sagrada del pergamino. Cuando sacamos la Torá para leerla en público, todas las Puertas de la Misericordia en el Cielo están abiertas y despertamos un amor desde Arriba".

וַיְהִי vayehí בִּנְסֹעַ binsoa הָאָרֹן haarón וַיֹּאמֶר vayómer מֹשֶׁה Moshé

מהש, ע״ב בריבוע וקס״א, אל שדי, ד״פ אלהים ע״ה קוּמָה kuma קנ״א (מקוה) |

יְהֹוָה אדני אהדונהי Adonai וְיָפֻצוּ veyafutsu אֹיְבֶיךָ oyveja וְיָנֻסוּ veyanusu

מְשַׂנְאֶיךָ mesaneja מִפָּנֶיךָ mipaneja ס״ג מ״ה ב״ן: כִּי qui

מִצִּיּוֹן miTsiyón יוסף, ו׳ הויות, קנאה תֵּצֵא tetsé תוֹרָה Torá וּדְבַר udvar ראה

יְהֹוָה אדני אהדונהי Adonai מִירוּשָׁלִָם mirushaláyim: בָּרוּךְ Baruj שֶׁנָּתַן shenatán

תּוֹרָה Torá לְעַמּוֹ leamó יִשְׂרָאֵל Yisrael בִּקְדֻשָּׁתוֹ bikdusható•

LOS TRECE ATRIBUTOS

Los Trece Atributos son 13 virtudes o propiedades que reflejan 13 aspectos de nuestra relación con el Creador. Estos Trece Atributos son la forma en la que interactuamos con Dios en nuestra vida diaria, bien sea que lo sepamos o no. Funcionan como un espejo.

Cuando nos vemos en un espejo y sonreímos, la imagen sonríe de vuelta. Cuando nos vemos en un espejo y maldecimos, la imagen maldice de vuelta. Si realizamos una acción negativa en nuestro mundo, el espejo nos refleja energía negativa. Hay 13 atributos que tienen estas propiedades reflectantes dentro de nosotros. A medida que intentamos transformar nuestra naturaleza reactiva en una proactiva, esta retroalimentación directa nos guía y corrige.

El número 13 también representa "uno por encima de los 12 signos del Zodíaco". Los 12 signos astrológicos determinan nuestro comportamiento instintivo y reactivo. El número 13 nos da el control sobre los 12 signos, lo que nos da el dominio sobre nuestra naturaleza reactiva.

APERTURA DEL ARCA

"Cuando el Arca viajaba, Moshé decía: Levántate, Señor. Que Tus enemigos sean esparcidos y que aquellos que te odian huyan ante Ti" (Números 10:35). "Porque de Sión emergerá la Torá y la Palabra del Señor desde Jerusalén" (Isaías 2:3). Bendito es Él que dio la Torá a Su Nación, Israel, por Su Santidad.

En *Shabat* o en *Jol Hamoed* omitimos los 13 Atributos y continuamos con "*Berij Shmei*".

Recitanos este verso tres veces:

יְהֹוָהאדניאהדונהי Adonai | יְהֹוָהאדניאהדונהי Adonai

(1 אֵל El ייא״י מילוי דס״ג (2 **(Kéter)** רַחוּם rajum (3 *(Jojmá)* וְחַנּוּן vejanún

(4 אֶרֶךְ érej (5 אַפַּיִם apáyim (6 וְרַב־ verav חֶסֶד jésed ע״ב, ריבוע יהוה

(7 וֶאֱמֶת veemet אהיה פעמים אהיה, ז״פ ס״ג: (8 נֹצֵר notser חֶסֶד jésed ע״ב, ריבוע יהוה

(9 לָאֲלָפִים laalafim ר״ת שם נו״ל (10 נֹשֵׂא nosé עָוֹן avón (11 וָפֶשַׁע vafesha

(12 וְחַטָּאָה vejataa (13 וְנַקֵּה venaké קס״א (אלף הי יוד הי)

וע״י שם זה יכוין לברר ולנקות את נצוצי הקדושה שנפלו עם הקיטרוגים, להעלותם לשורשם:

LA ORACIÓN DEL ARÍ (UN DESEO PERSONAL)

Es a través del mérito del Kabbalista Rav Yitsjak Luria (El Arí) que tenemos la oportunidad de pedir un deseo personal en la festividad para efectuar un cambio para todo el año. Con mucha frecuencia, pedimos lo que queremos en lugar de pedir lo que realmente necesitamos para ayudarnos a crecer espiritualmente. Sólo mediante el crecimiento y la transformación interior podemos alcanzar la realización duradera en vez de la gratificación instantánea y momentánea.

רִבּוֹנוֹ Ribonó שֶׁל shel עוֹלָם olam, מַלֵּא malé מִשְׁאֲלוֹתַי mishalotai

לְטוֹבָה letová אכא, וְהָפֵק vehafek רְצוֹנִי retsoní, וְתֵן vetén שְׁאֵלָתִי sheelatí

וּמְחוֹל umejol כָּל col ילי עֲוֹנוֹתַי avonotai וַעֲוֹנוֹת vaavonot

בְּנֵי benei בֵּיתִי beití ב״פ ראה, מְחִילָה mejilá בְּחֶסֶד bejésed ע״ב, ריבוע יהוה,

מְחִילָה mejilá בְּרַחֲמִים berajamim מצפץ, אלהים דיודין, י״פ ייי,

וְטַהֲרֵנִי vetahareni מֵהַפְּשָׁעִים mehapeshaim וְהַחֲטָאִים vehajataim.

וְזָכְרֵנִי vezojreni בְּרָצוֹן beratsón מהש ע״ה, ע״ב בריבוע וקס״א ע״ה, אל שדי ע״ה

טוֹב tov והו מִלְּפָנֶיךָ milfaneja ס״ג מ״ה ב״ן

וּפָקְדֵנִי ufokdeni בִּפְקֻדַּת bifkudat יְשׁוּעָה yeshuá וְרַחֲמִים verajamim.

LOS TRECE ATRIBUTOS

"Señor, Señor, 1) Dios (Kéter) 2) Compasivo (Jojmá) 3) Amable 4) Grande 5) Paciente 6) Abundante con benevolencia 7) y verdad 8) Él conserva la benevolencia 9) para los miles 10) Él dispensa las iniquidades 11) y el pecado 12) y la trasgresión 13) y purifica" (Éxodo 34:6-7).

LA ORACIÓN DEL ARÍ (UN DESEO PERSONAL)

Señor del mundo, satisface favorablemente mis peticiones y exhorta mi deseo y concédeme mi petición y perdona todos mis pecados y los pecados de los miembros de mi casa y el perdón a través del favor, un perdón a través de la misericordia. Purifícame de pecados y crímenes. Y recuérdame favorablemente ante Ti y visítame con redención y misericordia.

וזכרני vezojreni לחיים lejayim אהיה אהיה יהוה, בינה ע"ה טובים tovim
ואריכים vearuquim, ופרנסה ufarnasá טובה tová אכא וכלכלה vejalcalá,
ולחם veléjem ג"פ יהוה לאכול leejol ובגד uvégued ללבוש lilbosh,
ועושר veósher וכבוד vejavod ואריכות vearijut ימים yamim נלך
בתורתך betorateja ובמצותיך vevemitsvoteja, והפק vehafak תעלה tealá
ורפואה urefuá לכל lejol יה אדני מכאובי majovei ליבנו libenu,
ותברך utevarej מעשי maasei ידינו yadeinu, וגזור ugzor עלינו aleinu
גזרות guezerot טובות tovot ובטל uvatel מעלינו mealeinu כל col ילי
גזרות guezerot קשות kashot ורעות veraot. אמן יאהדונהי Amén כן quen יהי yehí
רצון ratsón מהש ע"ה, ע"ב בריבוע וקס"א ע"ה, אל שדי ע"ה. יהיו yihyú אל (ייא" מילוי דס"ג)
לרצון leratsón מהש ע"ה, ע"ב בריבוע וקס"א ע"ה, אל שדי ע"ה אמרי imrei
פי fi ר"ת אלף = אלף למד + שין דלת יוד ע"ה והגיון vehegyón לבי libí
לפניך lefaneja ס"ג מ"ה ב"ן יהוהאדניאהדונהי Adonai צורי tsurí וגאלי vegoalí:

BERIJ SHMEI

Esta sección es tomada directamente del *Zóhar* y aparece en su arameo original. El *Berij Shmei* funciona como una máquina del tiempo que, literalmente, transporta nuestra alma de regreso al evento de revelación en el Monte Sinaí, cuando Moshé recibió las tablas. Al volver a visitar el momento y lugar exacto de la revelación, podemos atraer hacia nosotros los aspectos de la Luz original mediante la lectura de la Torá. El *Berij Shmei* contiene 130 palabras. Adam fue separado de su esposa, Javá (Eva), por 130 años; tiempo en el que él pecó. Cada palabra en esta oración ayuda a corregir uno de esos años. Cada uno de nosotros estaba incluido en el alma de Adam. Nosotros somos Adam. Adam es simplemente el código para el alma unificada que incluye a cada ser humano que alguna vez transitó o transitará por este planeta.

בריך Berij שמיה Shmei דמארי demarei עלמא almá
בריך Berij כתרך quitraj ואתרך veatraj. יהא yehé
רעותך reutaj עם im עמך amaj ישראל Yisrael לעלם lealam.

Recuérdame para una vida larga y buena y con buen sustento y con ganancias y con pan para comer y con vestidos para vestir y con abundancia, honor y largos días en el estudio de Tu Torá y en el cumplir de Tus mandamientos. Envía cura y sanación a todos los dolores de nuestros corazones y bendice nuestras obras, Amén, que sea Tu voluntad. Senténcianos con veredictos buenos y cancela por nosotros todos los veredictos negativos y difíciles. "Sean gratos ante Ti, Señor, mi Fortaleza y mi Redentor, los dichos de mi boca y los pensamientos de mi corazón" (Salmos 19:15).

BERIJ SHMEI

Bendito es el Nombre del Señor del Mundo.
Bendita es Tu corona y Tu lugar. Que Tu deseo esté con Tu Nación, Israel, para siempre.

וּפוּרְקַן ufurkán יְמִינָךְ yeminaj אַחֲזֵי ajzei לְעַמָּךְ leamaj

בְּבֵית beveit ב"פ ראה מַקְדְּשָׁךְ ◆mikdashaj לְאַמְטוּיֵי leamtuyei לָנָא laná

מִטּוּב mituv נְהוֹרָךְ ◆nehoraj וּלְקַבֵּל ulekabel צְלוֹתָנָא tselotaná

בְּרַחֲמִין ◆berajamín יְהֵא yehé רַעֲוָא raavá קֳדָמָךְ kodamaj

דְּתוֹרִיךְ detorij לָן lan חַיִּין jayín בְּטִיבוּ ◆betivu וְלֶהֱוֵי velehevei אֲנָא aná ב"ן

עַבְדָּךְ avedaj פוי, אל אדני פְּקִידָא pekidá בְּגוֹ begó צַדִּיקַיָּא ◆tsadikaya

לְמִרְחַם lemirjam אברהם, ו"פ אל, רי"ו ול"ב נתיבות החכמה, רמ"ח (אברים), עסמ"ב וט"ז אותיות

פשוטות עָלַי alai וּלְמִנְטַר ulemintar יָתִי yatí וְיַת veyat כָּל col ילי

דִּילִי dili וְדִי vedí לְעַמָּךְ leamaj יִשְׂרָאֵל ◆Yisrael אַנְתְּ ant הוּא Hu

זָן zan נגד, מזבח, אל יהוה לְכֹלָּא lejolá וּמְפַרְנֵס umfarnés לְכֹלָּא ◆lejolá

אַנְתְּ ant הוּא Hu שַׁלִּיט shalit עַל al כֹּלָּא ◆colá אַנְתְּ ant הוּא Hu

דְּשַׁלִּיט deshalit עַל al מַלְכַיָּא maljayá וּמַלְכוּתָא umaljutá דִּילָךְ dilaj

הִיא ◆hi אֲנָא aná ב"ן עַבְדָּא avda דְקוּדְשָׁא deKudshá בְּרִיךְ Berij

הוּא Hu דְּסָגִידְנָא desaguidná קַמֵּהּ kamé וּמִן umín קַמֵּהּ kamé דִּיקַר dikar

אוֹרַיְתֵהּ orayté בְּכָל־ bejol ב"ן, לכב עִדָּן idán וְעִדָּן ◆veidán

לָא la עַל al אֱנָשׁ enash רָחִיצְנָא ◆rajitsná וְלָא velá עַל al

בַּר bar אֱלָהִין elahín ילה סָמִיכְנָא ◆samijná אֶלָּא ela בֶּאֱלָהָא beelahá

דִּשְׁמַיָּא ◆dishmayá דְּהוּא dehú אֱלָהָא elahá קְשׁוֹט ◆keshot

וְאוֹרַיְתֵהּ veorayté קְשׁוֹט keshot וּנְבִיאוֹהִי uneviohí קְשׁוֹט ◆keshot

וּמַסְגֵּא umasguei לְמֶעְבַּד lemebad טַבְוָן tavevan וּקְשׁוֹט ◆ukeshot

---

Que puedas mostrar la redención de Tu Diestra a Tu Nación en Tu Templo Sagrado. Que nos puedas llenar con lo mejor de Tu iluminación y que puedas recibir nuestras oraciones con misericordia. Que sea agradable ante Ti el alargar nuestras vidas con bien. Y yo, Tu siervo, seré recordado junto a los justos. Ten misericordia de mí y protégeme, y todo lo que poseo y todo lo que pertenece a Tu Nación, Israel. Tú eres el que nutre todo y provee a todo con sustento. Tú eres el que gobierna todo. Tú tienes control sobre reyes y sus reinos son Tuyos. Yo soy el siervo del Santo Bendito Sea, mientras me postro ante Él y ante la gloria de Su Torá, en cada y todo momento. Yo no coloco mi confianza en ningún hombre y no tengo fe en los hijos de los dioses. Mi confianza y fe están sólo en el Dios en el Cielo, quien es el verdadero Dios; Su Torá es verdadera; Sus profetas son verdaderos; y Él ejecuta abundante compasión y verdad.

בֵּיהּ bei אֲנָא aná ב"ן רָחִיץ rajits וְלִשְׁמֵהּ veliShmei יַקִּירָא yakirá
קַדִּישָׁא kadishá אֲנָא aná ב"ן אֵמַר emar תֻּשְׁבְּחָן tushbeján• יְהֵא yehé
רַעֲוָא raavá קֳדָמָךְ kodamaj דְּתִפְתַּח detiftaj לִבָּאִי libaí
בְּאוֹרַיְתָךְ beoraytaj• (וְתִיהַב vetihav לִי li בְּנִין benín דִּכְרִין dijrín
דְּעָבְדִין deavdín רְעוּתָךְ reutaj).• וְתַשְׁלִים vetashlim מִשְׁאֲלִין mishalín
דְּלִבָּאִי delibai וְלִבָּא velibá דְּכָל dejol ילי עַמָּךְ amaj יִשְׂרָאֵל Yisrael
לְטָב letav וּלְחַיִּין ulejayín וְלִשְׁלָם velishlam אָמֵן Amén יאהדונהי:

SACAR LA TORÁ DEL ARCA

Cuando la Torá es sacada del Arca, hay una oportunidad de hacer una conexión especial con ella, bien sea besándola o tocándola. A veces, las personas se apresuran en hacer su conexión, empujando, aglomerándose y apartando a la gente a un lado mientras intentan tocar el pergamino. Espiritualmente hablando, estas acciones reflejan una energía opuesta a la de la Torá. La conexión con la Torá no sólo es física. Las conexiones con la Torá se realizan a través de un estado mental espiritual, el cual incluye tolerancia y ocupación por los demás. No podemos estar en el marco mental espiritual adecuado si somos descorteses con otro individuo.

בָּרוּךְ Baruj הַמָּקוֹם hamakom שֶׁנָּתַן shenatán תּוֹרָה Torá לְעַמּוֹ leamó
יִשְׂרָאֵל Yisrael בָּרוּךְ Baruj הוּא Hu: אַשְׁרֵי ashrei הָעָם haam
שֶׁכָּכָה shecaja מושה, מהש, ע"ב בריבוע קס"א, אל שדי, ד"פ אלהים ע"ה לוֹ lo אַשְׁרֵי ashrei
הָעָם haam ר"ת לאה שֶׁיְהֹוָאדהיאהדונהי sheAdonai אֱלֹהָיו Elohav ילה:

Antes de que la Torá sea llevada a la *bimá* (podio), el *jazán* dice:

גַּדְּלוּ gadlú לַיהֹוָאדהיאהדונהי laAdonai אִתִּי ití וּנְרוֹמְמָה uneromemá
שְׁמוֹ Shemó מהש ע"ה, ע"ב בריבוע וקס"א ע"ה, אל שדי ע"ה יַחְדָּו yajdav:

En Él, yo confío y digo alabanzas a Su Santo y precioso Nombre.
Que sea agradable ante Ti y Tú abras mi corazón con Tu Torá (y que Tú me concedas hijos varones, que puedan satisfacer Tu deseo). Y que Tú puedas satisfacer las solicitudes de mi corazón y el corazón de toda Tu Nación, Israel, para bien, para vida y para paz. Amén.

SACAR LA TORÁ DEL ARCA

Bendita es la Providencia Quien ha dado la Torá a su Nación, Israel, Bendito es Él. "Bienaventurada es la Nación a la que le pertenece esto, bienaventurada es la Nación de la que el Señor es su Dios" (Salmos 114:15). "Glorifiquen conmigo al Señor, alabemos Su Nombre todos juntos" (Salmos 34:4).

Entonces la congregación dice lo siguiente mientras la Torá es llevada a la *bimá*:

לְךָ lejá יְהֹוָה יאהדונהי Adonai הַגְּדֻלָּה haguedulá וְהַגְּבוּרָה vehaGuevurá רי"ו
וְהַתִּפְאֶרֶת vehaTiféret וְהַנֵּצַח vehaNétsaj וְהַהוֹד vehaHod ההה כִּי־ qui
כֹּל jol ילי בַּשָּׁמַיִם bashamáyim י"פ טל, י"פ כוזו וּבָאָרֶץ uvaárets לְךָ lejá
יְהֹוָה יאהדונהי Adonai הַמַּמְלָכָה hamamlajá וְהַמִּתְנַשֵּׂא vehamitnasé
לְכֹל lejol יה אדני לְרֹאשׁ lerosh ריבוע אלהים ואלהים דיודין ע"ה: רוֹמְמוּ romemú
יְהֹוָה יאהדונהי Adonai אֱלֹהֵינוּ Eloheinu ילה וְהִשְׁתַּחֲווּ vehishtajavú
לַהֲדֹם lahadom רַגְלָיו raglav קָדוֹשׁ kadosh הוּא Hu: רוֹמְמוּ romemú
יְהֹוָה יאהדונהי Adonai אֱלֹהֵינוּ Eloheinu ילה וְהִשְׁתַּחֲווּ vehishtajavú לְהַר lehar
קָדְשׁוֹ kodshó כִּי־ qui קָדוֹשׁ kadosh יְהֹוָה יאהדונהי Adonai אֱלֹהֵינוּ Eloheinu ילה:

Algunos añaden esta sección:

אֵין־ ein קָדוֹשׁ kadosh כַּיהֹוָה יאהדונהי caAdonai כִּי qui אֵין ein בִּלְתֶּךָ bilteja
וְאֵין veéin צוּר tsur אלהים דההין ע"ה כֵּאלֹהֵינוּ queEloheinu ילה: כִּי qui מִי mi ילי
אֱלוֹהַּ Elohá מ"ב מִבַּלְעֲדֵי mibaladei יְהֹוָה יאהדונהי Adonai וּמִי umí ילי צוּר tsur
אלהים דההין ע"ה זוּלָתִי zulatí אֱלֹהֵינוּ Eloheinu ילה: תּוֹרָה Torá צִוָּה־ tsivá לָנוּ lanu
אלהים, אהיה אדני מֹשֶׁה Moshé מהש, ע"ב בריבוע וקס"א, אל שדי, ד"פ אלהים ע"ה
מוֹרָשָׁה morashá קְהִלַּת kehilat יַעֲקֹב Yaakov ז' הויות, יאהדונהי אידהנויה:
עֵץ־ ets חַיִּים jayim אהיה אהיה יהוה, בינה ע"ה הִיא hi
לַמַּחֲזִיקִים lamajazikim ר"ת להח בָּהּ ba וְתֹמְכֶיהָ vetomjeha מְאֻשָּׁר meushar:
דְּרָכֶיהָ derajeha דַרְכֵי־ darjei נֹעַם nóam וְכָל־ vejol ילי
נְתִיבוֹתֶיהָ netivoteha שָׁלוֹם shalom: שָׁלוֹם shalom רָב rav
לְאֹהֲבֵי leohavei תוֹרָתֶךָ torateja וְאֵין־ veéin לָמוֹ lamó מִכְשׁוֹל mijshol:

"Tuyos, Señor, son la grandeza, la fortaleza, el esplendor, el triunfo y la gloria, incluso todo lo que hay en los Cielos y en la Tierra. Tuyos, Señor, son el Reino y la soberanía sobre cada líder" (I Crónicas 29:11). Exalten al Señor, nuestro Dios, y póstrense ante Su estrado, porque es Santo. "Exalten al Señor, nuestro Dios, y póstrense ante Su Santa Montaña porque el Señor, nuestro Dios, es Santo" (Salmos 99:9).

"No hay nadie tan Santo como el Señor, porque no hay nadie más aparte de Ti. No hay Fortaleza como nuestro Dios" (I Samuel 2:2). "Porque ¿quién es Dios además del Señor? ¿Quién es Fortaleza además de nuestro Dios?" (Salmos 18:32). "La Torá que Moshé nos encomendó es una herencia para la congregación de Yaakov" (Deuteronomio 33:4). "Es un árbol de vida para aquellos que se aferran a él y los que lo apoyan son felices" (Proverbios 3:18). "Sus caminos son el camino de lo agradable y todos sus senderos llevan a la paz" (Proverbios 3:17). "Abundancia de paz para aquellos que aman Tu Torá y para ellos no hay obstáculos" (Salmos 119:165).

יְהֹוָהאדניהיאהדונהי Adonai עֹז oz לְעַמּוֹ leamó יִתֵּן yitén יְהֹוָהאדניהיאהדונהי Adonai
יְבָרֵךְ yevarej ע״ב ס״ג מ״ה ב״ן, הברכה (למתק את ז׳ המלכים שמתו) אֶת־ et עַמּוֹ amó
בַשָּׁלוֹם vashalom ר״ת ע״ב, ריבוע יהוה: כִּי qui שֵׁם shem יְהֹוָהאדניהיאהדונהי Adonai
אֶקְרָא ekrá הָבוּ havú אחד, אהבה, דאגה גֹדֶל gódel לֵאלֹהֵינוּ leEloheinu ילה:
הַכֹּל hacol ילי תְּנוּ tenú עֹז oz לֵאלֹהִים leElohim אהיה אדני ; ילה
וּתְנוּ utnú כָבוֹד javod לַתּוֹרָה laTorá:

LA ELEVACIÓN DE LA TORÁ

Después de que el pergamino es colocado en la *bimá* (podio), se llama a una persona para alzar la Torá para que la congregación vea la sección específica que se leerá de la Torá. Mientras elevamos la Torá, también meditamos en elevar nuestro nivel de conciencia. Debemos observar el pergamino para intentar ver la primera letra de la lectura de esa semana. También debemos tratar de encontrar la primera letra de nuestro nombre hebreo en el texto. Puedes usar el *Talit* para ayudarte a enfocar (si no tienes un *Talit*, puedes usar tu dedo).

וְזֹאת vezot הַתּוֹרָה haTorá אֲשֶׁר־ asher שָׂם sam מֹשֶׁה Moshé
מהש, ע״ב בריבוע וקס״א, אל שדי, ד״פ אלהים ע״ה לִפְנֵי lifnei בְּנֵי bnei יִשְׂרָאֵל Yisrael:
אֵל El ייא״י (מילוי דס״ג) שַׁדַּי Shadai אל שדי = משה, מהש, ע״ב בריבוע וקס״א, ד״פ אלהים ע״ה
אֱמֶת emet אהיה פעמים אהיה, ז״פ ס״ג וּמֹשֶׁה uMoshé מהש, ע״ב בריבוע וקס״א, אל שדי,
ד״פ אלהים ע״ה אֱמֶת emet אהיה פעמים אהיה, ז״פ ס״ג וְתוֹרָתוֹ vetorató
אֱמֶת emet אהיה פעמים אהיה, ז״פ ס״ג: תּוֹרָה Torá צִוָּה־ tsivá
לָנוּ lanu אלהים, אהיה אדני מֹשֶׁה Moshé מהש, ע״ב בריבוע וקס״א, אל שדי, ד״פ אלהים ע״ה
מוֹרָשָׁה morashá קְהִלַּת kehilat יַעֲקֹב Yaakov ז׳ הויות, יאהדונהי אידהנויה:
הָאֵל haEl ייא״י (מילוי דס״ג) תָּמִים tamim דַּרְכּוֹ darcó אִמְרַת imrat
יְהֹוָהאדניהיאהדונהי Adonai צְרוּפָה tserufá מָגֵן maguén ג״פ אל (ייא״י מילוי דס״ג)
ר״ת מיכאל גבריאל נוריאל הוּא hu לְכֹל lejol יה אדני הַחֹסִים hajosim בּוֹ bo:

"El Señor da fuerza a Su pueblo. El Señor bendice a Su nación con paz" (Salmos 29:11). *"Cuando yo llamo al Nombre del Señor, proclamo grandeza a nuestro Dios"* (Deuteronomio 32:3). *"Todos reconozcan el poder de Dios"* (Salmos 68:35). *Y muestren respeto a la Torá.*

LA ELEVACIÓN DE LA TORÁ

"Y esta es la Torá que Moshé colocó ante los Hijos de Israel" (Deuteronomio 4:44). *Dios es verdad y Moshé es verdad y Su Torá es verdad. "La Torá que Moshé nos encomendó es una herencia para la congregación de Yaakov"* (Deuteronomio 33:4). *"¡Dios! Sus caminos son perfectos. La declaración del Señor es pura. Él es el Escudo para todos aquellos que se refugian en Él"* (II Samuel 22:31).

La lectura de la Torá para el primer día de *Sucot* se encuentra en la pág. 732.

La lectura de la Torá para *Jol Hamoed* se encuentra en las págs. 743-745.

La lectura de la Torá para *Shabat Jol Hamoed* se encuentra en la pág. 738.

La lectura de la Torá para *Simjat Torá* se encuentra en la pág. 746.

El *jazán* *dice:*

בֵּית beit ב"פ ראה אַהֲרֹן Aharón בָּרְכוּ barjú יהוה ריבוע יהוה ריבוע מ"ה אֶת et

ה' Hashem הַמְבֹרָךְ hamevoraj, כֹּהֵן cohén מלה קְרַב kerav וְכַהֵן vejahén מלה.

La persona que sube a la Torá ("el *olé*"), sostiene el Pergamino con ambas manos y dice:

יְהֹוָה אדני יאהדונהי Adonai עִמָּכֶם imajem:

La congregación responde:

יְבָרֶכְךָ yevarjejá ה' Hashem:

El *olé* continúa:

(ויכוין "ברכו את ה' המבורך" - מ"ב ור"ך שהם שמאל וימין):

רַבָּנָן rabanán: בָּרְכוּ Barjú יהוה ריבוע יהוה ריבוע מ"ה אֶת et

יְהֹוָה אדני יאהדונהי Adonai הַמְבֹרָךְ hamevoraj ס"ת כהת, משיח בן דוד ע"ה.

La congregación responde:

Néfesh בָּרוּךְ Baruj — *Rúaj* יְהֹוָה אדני יאהדונהי Adonai — *Neshamá* הַמְבוֹרָךְ hamevoraj

Jayá לְעוֹלָם leolam ריבוע ס"ג וי' אותיות דס"ג — *Yejidá* וָעֶד vaed:

El *olé* repite esta línea después de la congregación:

Néfesh בָּרוּךְ Baruj — *Rúaj* יְהֹוָה אדני יאהדונהי Adonai — *Neshamá* הַמְבוֹרָךְ hamevoraj

Jayá לְעוֹלָם leolam ריבוע ס"ג וי' אותיות דס"ג — *Yejidá* וָעֶד vaed:

LA LECTURA

(La Casa de Aharón, bendigan al Señor, el Bendito. Cohén, acércate y ponte de pie y realiza tu responsabilidad sacerdotal). Que el Señor esté con ustedes. Que el Señor te bendiga. Señores: Bendigan al Señor que es Bendito.Bendito es el Señor que es Bendito, por siempre y para la eternidad.

Y después dice la siguiente bendición:

בָּרוּךְ Baruj אַתָּה Atá יְהֹוָואדניאהדונהי Adonai אֱלֹהֵינוּ Eloheinu ילה
מֶלֶךְ Mélej הָעוֹלָם haolam אֲשֶׁר asher בָּחַר־ bajar בָּנוּ banu
מִכָּל־ micol ילי הָעַמִּים haamim וְנָתַן־ venatán לָנוּ lanu אלהים, אהיה אדני
אֶת et תּוֹרָתוֹ •torató בָּרוּךְ Baruj אַתָּה Atá יְהֹוָואדניאהדונהי Adonai
נוֹתֵן notén אבג יתץ, ושר הַתּוֹרָה •haTorá

Después de la lectura, el *olé* dice la siguiente bendición:

בָּרוּךְ Baruj אַתָּה Atá יְהֹוָואדניאהדונהי Adonai אֱלֹהֵינוּ Eloheinu ילה
מֶלֶךְ Mélej הָעוֹלָם haolam אֲשֶׁר asher נָתַן natán לָנוּ lanu אלהים, אהיה אדני
אֶת et תּוֹרָתוֹ torató תּוֹרַת־ torat אֱמֶת emet אהיה פעמים אהיה, ז"פ ס"ג
וְחַיֵּי vejayei עוֹלָם olam נָטַע natá בְּתוֹכֵנוּ •betojenu בָּרוּךְ Baruj
אַתָּה Atá יְהֹוָואדניאהדונהי Adonai נוֹתֵן notén אבג יתץ, ושר הַתּוֹרָה •haTorá

BENDICIÓN DE HAGOMEL

אוֹדֶה odé יְהֹוָואדניאהדונהי Adonai בְּכָל־ bejol ב"ן, לכב לֵבָב levav בוכו
בְּסוֹד besod מיכ, י"פ האא יְשָׁרִים yesharim וְעֵדָה veedá סיט:

בָּרוּךְ Baruj אַתָּה Atá יְהֹוָואדניאהדונהי Adonai אֱלֹהֵינוּ Eloheinu ילה
מֶלֶךְ Mélej הָעוֹלָם haolam הַגּוֹמֵל hagomel לְחַיָּבִים lejayavim
טוֹבוֹת ,tovot שֶׁגְּמָלַנִי sheguemalani כָּל col ילי טוֹב tuv והו•

La congregación responde *Amén*:

אָמֵן Amén יאהדונהי

Y luego la congregación recita:

הָאֵל haEl לאה ; ייא"י (מילוי דס"ג) שֶׁגְּמָלְךָ sheguemalaj כָּל col ילי טוֹב tuv והו•
הוּא Hu יִגְמָלְךָ yigmaljá כָּל col ילי טוֹב tuv והו סֶלָה •sela

La persona que dijo "*HaGomel*" recita silenciosamente:

אָמֵן Amén יאהדונהי כֵּן quen יְהִי yehí רָצוֹן ratsón מהש ע"ה, ע"ב בריבוע וקס"א ע"ה, אל שדי ע"ה•

Bendito eres Tú, Señor, nuestro Dios, el Rey del Universo, quien nos escogió entre las naciones y nos otorgó Su Torá. Bendito eres Tú, Señor, quien otorga la Torá. Bendito eres Tú, Señor, nuestro Dios, Rey del Universo, quien nos otorgó Su Torá, la Torá de verdad e implantó dentro de nosotros la vida eterna. Bendito eres Tú, Señor, quien otorga la Torá.

BENDICIÓN DE HAGOMEL

"Doy gracias al Señor de todo corazón, en la congregación y en la asamblea de los justos" (Salmos 111:1). *Bendito eres Tú, Señor, nuestro Dios, Rey del Universo, quien concede bienes al culpable, quien me concede todo lo que es bueno. El Dios, quien te concedió todo lo mejor, te concederá todo lo mejor, Sela. Amén, que así sea.*

MEDIO KADISH

יִתְגַּדַּל yitgadal וְיִתְקַדַּשׁ veyitkadash שׁדי ומילוי שׁדי ; י״א אותיות כמנין ו״ה

שְׁמֵיהּ Shmei (שׁם י״ה דע״ב) רַבָּא rabá קנ״א ב״ן, יהוה אלהים יהוה אדני,

מילוי קס״א וס״ג, מ״ה ברבוע וע״ב ע״ה ; ר״ת = ו״פ אלהים ; ס״ת = ג״פ יב״ק: אָמֵן Amén אידהנויה.

בְּעָלְמָא bealmá דִּי di בְרָא verá כִּרְעוּתֵיהּ quirutei.

וְיַמְלִיךְ veyamlij מַלְכוּתֵיהּ maljutei. וְיַצְמַח veyatsmaj פֻּרְקָנֵיהּ purkanei.

וִיקָרֵב vikarev מְשִׁיחֵיהּ Meshijei: אָמֵן Amén אידהנויה.

בְּחַיֵּיכוֹן bejayeijón וּבְיוֹמֵיכוֹן uveyomeijón וּבְחַיֵּי uvejayei

דְכָל dejol ילי בֵּית beit ב״פ ראה יִשְׂרָאֵל Yisrael בַּעֲגָלָא baagalá

וּבִזְמַן uvizmán קָרִיב kariv וְאִמְרוּ veimrú אָמֵן Amén: אָמֵן Amén אידהנויה.

La congregación y el *jazán* dicen lo siguiente:

Veintiocho palabras (hasta *bealmá*) – y veintiocho letras (hasta *almayá*)

יְהֵא yehé שְׁמֵיהּ Shmei (שׁם י״ה דס״ג) רַבָּא rabá קנ״א ב״ן,

יהוה אלהים יהוה אדני, מילוי קס״א וס״ג, מ״ה ברבוע וע״ב ע״ה מְבָרַךְ mevaraj,

לְעָלַם lealam לְעָלְמֵי lealmei עָלְמַיָּא almayá. יִתְבָּרַךְ yitbaraj.

Siete palabras con seis letras cada una (שׁם ב״ן מ״ב). También, siete veces la letra *Vav* (שׁם ב״ן מ״ב).

וְיִשְׁתַּבַּח veyishtabaj י״פ ע״ב יהוה אל אבג יתץ.

וְיִתְפָּאַר veyitpaar הי נו יה קרע שׂטן. וְיִתְרוֹמַם veyitromam וה כוזו נגד יכשׁ.

וְיִתְנַשֵּׂא veyitnasé במוכסז בטר צתג. וְיִתְהַדָּר veyithadar כוזו יה וזקב טנע.

וְיִתְעַלֶּה veyitalé וה יוד ה יגל פזק. וְיִתְהַלָּל veyithalal א ואו הא שׁקו צית.

שְׁמֵיהּ Shmei (שׁם י״ה דמ״ה) דְּקוּדְשָׁא deKudshá בְּרִיךְ Verij הוּא Hu:

אָמֵן Amén אידהנויה.

MEDIO KADISH

Glorificado y santificado sea Su Gran Nombre (Amén).

En el mundo que Él creó de acuerdo a Su voluntad y pueda Su Reino reinar. Y pueda hacer que Su redención florezca y pueda Él acercar al Mesías (Amén). En tus vidas y en tus días y en la vida de toda la Casa de Israel, prontamente y en el futuro cercano, y dígase: Amén (Amén). Que Su gran Nombre sea bendito por siempre y por toda la eternidad, bendito, y alabado, y glorificado y exaltado, y ensalzado y honrado, y adorado y loado sea el Nombre del Santo Bendito Sea (Amén).

לְעֵלָּא leelá מִן min כָּל col ילי בִּרְכָתָא birjatá• שִׁירָתָא shiratá•
תֻּשְׁבְּחָתָא tishbejatá וְנֶחֱמָתָא venejamatá• דַּאֲמִירָן daamirán
בְּעָלְמָא bealmá וְאִמְרוּ veimrú אָמֵן Amén: אָמֵן Amén אידהנויה

En *Jol Hamoed* (no en *Shabat*) continua en la pág. 663.

BENDICIÓN DE LA HAFTARÁ

El *Maftir* (el *olé* del *Maftir*) recita esta bendición antes de la lectura de la *Haftará*. Se recomienda seguir y leer individualmente la *Haftará* (mientras ésta es recitada), ya que simplemente escucharla mientras la lee el lector no es una conexión completa.

Hay un nivel mucho más elevado que la Inspiración Divina llamado profecía. Muchos grandes personajes a lo largo de la historia han recibido Inspiración Divina. Esto se refiere a la recepción de conocimiento o mensajes ocultos de la vida que, normalmente, están fuera del alcance del individuo promedio. Más aún, el receptor de este mensaje lo entiende perfectamente, sin imprecisión alguna. En la profecía, la persona logra una unión absoluta y un vínculo con el Creador. El Kabbalista Rav Moshé Jaim Luzzatto explica que incluso la profecía debe llegar a través de un intermediario, el cual actúa como un lente a través del cual ver la visión. Alcanzar este nivel es un proceso de elevación gradual, progresiva. Las palabras en esta bendición nos preparan a nosotros, la Vasija, para una poderosa conexión con la sabiduría de los profetas en la *Haftará*, la lectura que viene después de la Torá. El hacer esta conexión nos ayuda a convertirnos en profetas.

בָּרוּךְ Baruj אַתָּה Atá יְהֹוָֹאדהנויאהדונהי Adonai אֱלֹהֵינוּ Eloheinu ילה
מֶלֶךְ Mélej הָעוֹלָם haolam אֲשֶׁר asher בָּחַר bajar
בִּנְבִיאִים bineviím טוֹבִים tovim וְרָצָה veratsá בְדִבְרֵיהֶם vedivreihem
הַנֶּאֱמָרִים haneemarim בֶּאֱמֶת beemet אהיה פעמים אהיה, ז"פ ס"ג•
בָּרוּךְ Baruj אַתָּה Atá יְהֹוָֹאדהנויאהדונהי Adonai הַבּוֹחֵר habojer
בַּתּוֹרָה baTorá וּבְמֹשֶׁה uveMoshé מהש, ע"ב בריבוע וקס"א, אל שדי, ד"פ אלהים ע"ה
עַבְדּוֹ avdó וּבְיִשְׂרָאֵל uveYisrael עַמּוֹ amó וּבִנְבִיאֵי uvineviei
הָאֱמֶת haemet אהיה פעמים אהיה, ז"פ ס"ג וְהַצֶּדֶק vehatsédek:

Más allá de todas las bendiciones,
himnos, alabanzas y palabras de consolación que pueden decirse en el mundo, y dirán: Amén (Amén).

BENDICIÓN DE LA HAFTARÁ

Bendito eres Tú, Señor, nuestro Dios, el Rey del mundo, quien ha escogido buenos profetas y quien se complació con sus palabras que fueron proferidas con verdad. Bendito eres Tú, Señor, quien escogió la Torá y a Moshé, Su siervo, e Israel, Su Nación, y los profetas de verdad y justicia.

BENDICIÓN PARA DESPUÉS DE LA HAFTARÁ

El lector recita estas bendiciones después de la lectura de la *Haftará*:

בָּרוּךְ Baruj אַתָּה Atá יְהֹוָהאדניאהדונהי Adonai אֱלֹהֵינוּ Eloheinu ילה
מֶלֶךְ Mélej הָעוֹלָם haolam, צוּר tsur אלהים ההין ע״ה כָּל col ילי
הָעוֹלָמִים haolamim, צַדִּיק tsadik בְּכָל bejol ב״ן, לכב הַדּוֹרוֹת hadorot,
הָאֵל haEl לאה ; ייא״י (מילוי דס״ג) הַנֶּאֱמָן haneemán הָאוֹמֵר haomer
וְעֹשֶׂה veosé, הַמְדַבֵּר hamedaber ראה וּמְקַיֵּם umekayem, כִּי qui כָּל jol ילי
דְּבָרָיו devarav ראה אֱמֶת emet אהיה פעמים אהיה, ז״פ ס״ג וָצֶדֶק vatsédek:
נֶאֱמָן neemán אַתָּה Atá הוּא Hu יְהֹוָהאדניאהדונהי Adonai אֱלֹהֵינוּ Eloheinu ילה
וְנֶאֱמָנִים veneemanim דְּבָרֶיךָ devarej ראה וְדָבָר vedavar ראה אֶחָד ejad
אהבה, דאגה מִדְּבָרֶיךָ midevareja ראה אָחוֹר ajor לֹא lo יָשׁוּב yashuv
רֵיקָם reikam, כִּי qui אֵל El ייא״י (מילוי דס״ג) מֶלֶךְ Mélej נֶאֱמָן neemán
וְרַחֲמָן verajamán אָתָּה Atá. בָּרוּךְ Baruj אַתָּה Atá יְהֹוָהאדניאהדונהי Adonai
הָאֵל haEl לאה ; ייא״י הַנֶּאֱמָן haneemán בְּכָל bejol ב״ן, לכב דְּבָרָיו devarav ראה:

רַחֵם rajem אברהם, ו״פ אל, רי״ו ול״ב נתיבות החכמה, רמ״ח (אברים), עסמ״ב וט״ז אותיות פשוטות
עַל al צִיּוֹן Tsiyón יוסף, ו׳ הויות, קנאה כִּי qui הִיא hi בֵּית beit ב״פ ראה וְחַיֵּינוּ jayeinu,
וְלַעֲלוּבַת velaaluvat נֶפֶשׁ néfesh תּוֹשִׁיעַ toshía בִּמְהֵרָה bimherá
בְּיָמֵינוּ beyameinu. בָּרוּךְ Baruj אַתָּה Atá יְהֹוָהאדניאהדונהי Adonai
מְשַׂמֵּחַ mesaméaj צִיּוֹן Tsiyón יוסף, ו׳ הויות, קנאה בְּבָנֶיהָ bevaneha:

BENDICIÓN PARA DESPUÉS DE LA HAFTARÁ

Bendito eres Tú, señor, nuestro Dios, Rey del mundo, roca de todas las eternidades, justo en todas las generaciones. El Dios confiable quien dice y hace, quien habla y cumple, porque todas Sus palabras son verdad y justas. Confiable eres Tú, Señor, nuestro Dios, y confiables son Tus palabras, y ni una de Tus palabras regresa a su origen insatisfecha, porque Tú, Dios, eres un Rey confiable y compasivo. Bendito eres Tú, Señor, el Dios quien es confiable en todas Sus palabras. Ten misericordia de Sión, porque es la casa de nuestro sustento, y para aquel cuyo espíritu es humillado trae rápidamente salvación en nuestros días. Bendito eres Tú, Señor, que alegras a Sión con sus hijos.

שַׂמְּחֵנוּ samjenu יְהֹוָהאדניאהדונהי Adonai אֱלֹהֵינוּ Eloheinu ילה
בְּאֵלִיָּהוּ beEliyahu לככב הַנָּבִיא Hanaví עַבְדֶּךָ avdeja פוי, אל אדני
וּבְמַלְכוּת uvemaljut בֵּית beit ב"פ ראה דָּוִד David מְשִׁיחֶךָ meshijeja,
בִּמְהֵרָה bimherá יָבֹא yavó וְיָגֵל veyaguel להח לִבֵּנוּ libenu,
עַל al כִּסְאוֹ quisó לֹא lo יֵשֶׁב yeshev זָר zar, וְלֹא veló
יִנְחֲלוּ yinjalú עוֹד od אֲחֵרִים ajerim אֶת et כְּבוֹדוֹ quevodó,
כִּי qui בְשֵׁם veShem קָדְשְׁךָ kodshejá נִשְׁבַּעְתָּ nishbata לוֹ lo,
שֶׁלֹּא sheló יִכְבֶּה yijbé נֵרוֹ neró לְעוֹלָם leolam ריבוע ס"ג וי' אותיות דס"ג
וָעֶד vaed. בָּרוּךְ Baruj אַתָּה Atá יְהֹוָהאדניאהדונהי Adonai
מָגֵן maguén ג"פ אל ("יא" מילוי דס"ג) ; ר"ת מיכאל גבריאל נוריאל דָּוִד David:

עַל al הַתּוֹרָה haTorá וְעַל veal הָעֲבוֹדָה haavodá
וְעַל veal הַנְּבִיאִים haneviím וְעַל veal יוֹם yom ע"ה נגד, מזבח, זן, אל יהוה
(**En** ***Shabat*** **agrega:** הַשַּׁבָּת haShabat הַזֶּה hazé והו וְעַל veal יוֹם yom ע"ה נגד, מזבח, זן, אל יהוה)
(**En** ***Sucot*** **di:** וְחַג jag הַסֻּכּוֹת haSucot הַזֶּה hazé).
(**En** ***Simjat Torá*** **di:** שְׁמִינִי Shminí וְחַג jag עֲצֶרֶת Atséret הַזֶּה hazé).
וְעַל veal יוֹם yom ע"ה נגד, מזבח, זן, אל יהוה טוֹב tov והו מִקְרָא mikrá
קֹדֶשׁ kódesh הַזֶּה hazé והו. שֶׁנָּתַתָּ shenatata לָּנוּ lanu אלהים, אהיה אדני
יְהֹוָהאדניאהדונהי Adonai אֱלֹהֵינוּ Eloheinu ילה (**En** ***Shabat*** **agrega:** לִקְדֻשָּׁה likdushá
וְלִמְנוּחָה velimnujá) לְכָבוֹד lejavod וּלְתִפְאָרֶת ultifáret:

Alégranos, Señor, nuestro Dios,

a través de Eliyahu el Profeta, Tu siervo, y con el Reino de la Casa de David, Tu ungido, que pueda él venir rápidamente y hacer que nuestros corazones se regocijen. No dejes que en su trono se siente ningún extraño, ni dejes que nunca otros más hereden su honor, porque por Tu santo Nombre, Tú le juraste que la luz de su vela nunca se extinguiría por la eternidad. Bendito eres Tú, Señor, el escudo de David.

Por la Torá y por los Profetas y por este día
(**en Shabat:** *de Shabat y en este día*)
(**en Sucot:** *de Sucot*) (**en Simjat Torá:** *de Shminí la Festividad de Atséret*)
en este buen día de Santa Convocatoria que Tú, Señor nuestro Dios, nos has dado
(**en Shabat:** *para santidad y contento,*) *para honor y para esplendor.*

עַל al הַכֹּל hacol ילי יְהֹוָואדהנויאהדונהי Adonai אֱלֹהֵינוּ Eloheinu ילה אֲנַחְנוּ anajnu

מוֹדִים modim כנגד מאה ברכות שתיקן דוד לאמרם כל יום לָךְ laj

וּמְבָרְכִים umevarjim אוֹתָךְ otaj יִתְבָּרַךְ yitbaraj שִׁמְךָ Shimjá בְּפִי befí

כָּל col ילי וַחָי jai כל חי = אהיה אהיה יהוה, בינה ע״ה, חיים תָּמִיד tamid ע״ה קס״א קנ״א קמ״ג

לְעוֹלָם leolam ריבוע ס״ג וי׳ אותיות דס״ג וָעֶד vaed.

בָּרוּךְ Baruj אַתָּה Atá יְהֹוָואדהנויאהדונהי Adonai מְקַדֵּשׁ mekadesh

(**en** ***Shabat*** **agrega:** הַשַּׁבָּת haShabat וְ ve) יִשְׂרָאֵל Yisrael וְהַזְּמַנִּים vehazemanim:

El "*Amén*" es dicho por el que recitó la bendición junto con toda la congregación:

אָמֵן יאהדונהי Amén.

Para ***Simjat Torá*:**

YIZCOR - ORACIÓN PARA LOS DIFUNTOS

Pocas veces al año tenemos la oportunidad de ayudar a elevar las almas de los seres queridos que han partido. *Simjat Torá* es uno de esos momentos. Podemos tomar la Luz que estamos recibiendo y usarla para ayudar a que el alma de un ser querido se eleve más alto y con más facilidad hacia los Mundos Superiores. También hay un vacío metafísico en nuestra vida cuando un ser querido fallece. Parte de la Luz que ellos automáticamente compartían con nosotros ahora no está. *Yizcor* ayuda a llenar este vacío con su energía espiritual al hacer una conexión con el alma en los Mundos Superiores.

El Arí usaba la versión corta de esta "Oración para los difuntos". Él solía decir que a veces las palabras en la versión larga en realidad no ayudan a elevar el alma del difunto, sino que perturban el proceso de elevación.

הַמְרַחֵם hamerajem אברהם, ו״פ אל, רי״ו ול״ב נתיבות החכמה, רמ״ח (אברים), עסמ״ב וט״ז אותיות פשוטות

עַל al כָּל col ילי ; עמם בְּרִיּוֹתָיו briyotav הוּא hu יָחוּס yajús

וְיַחֲמוֹל veyajamol וִירַחֵם virajem אברהם, ו״פ אל, רי״ו ול״ב נתיבות החכמה, רמ״ח (אברים),

עסמ״ב וט״ז אותיות פשוטות עַל al נֶפֶשׁ Néfesh רוּחַ Rúaj וּנְשָׁמָה uNeshamá

שֶׁל shel (el nombre del difunto y el nombre de su padre) רוּחַ rúaj יְהֹוָואדהנויאהדונהי Adonai

רוח ה׳ = י״פ יוד תְּנִיחֶנּוּ tenijenu (para mujer: תְּנִיחֶנָּה tenijena) בְּגַן beGan עֵדֶן Éden:

Por todo esto te estamos agradecidos,

Señor, nuestro Dios, y te bendecimos. Que Tu Nombre sea bendecido por la boca de todo ser vivo por siempre y para toda la eternidad. Y Tu palabra, nuestro Rey, es verdad y existe por siempre. Bendito eres Tu Señor, Rey sobre todo el Universo que santificas (**en Shabat:** *el Shabat e) Israel y los Tiempos. Amén.*

YIZCOR - ORACIÓN PARA LOS DIFUNTOS

Que Aquel que es misericordioso con todo lo que Él ha creado tenga piedad y consideración, y sea misericordioso con el Néfesh, Rúaj y Neshamá de (Nombre) *el hijo/la hija de* (el nombre del padre). *Que el Espíritu de Dios lo sitúe en el Jardín de Edén.*

TIKÚN HAGUÉSHEM

La oración de la lluvia: Dos veces al año tenemos la oportunidad de hacer conexiones con las aguas de nuestro planeta; específicamente: el rocío y la lluvia. Durante *Sucot*, nuestras bendiciones son dirigidas al agua de lluvia para garantizar la medida adecuada de hidratación para nuestro mundo. Equilibrar la afluencia de lluvia es vital si queremos evitar una sobreabundancia (inundaciones) o un déficit (sequías). El agua representa el concepto de compartir, pero el agua también puede representar la destrucción: agua en los pulmones puede provocar la muerte y una inundación puede destruir toda una comunidad. Las palabras místicas de esta oración le otorgan al agua la fuerza de positividad a fin de que produzca vida, longevidad y renovación.

En *Simjat Torá* decimos:

מַדְכַּר madcar עַבְדְּכוֹן avdejón קֳדָמְכוֹן •kodamjón דְּעָבַר deavar
זְמַן zemán הַטָּל hatal יוד הא ואו, כוזו וּבָא uvá זְמַן zemán הַגֶּשֶׁם hagueshem
שביל (י״פ אל ול״ב נתיבות החכמה) ע״ה• לְחַיִּים lejayim אהיה אהיה יהוה, בינה ע״ה וְלֹא veló
לְמָוֶת •lemavet לְשָׂבָע lesavá וְלֹא veló לְרָעָב •leraav לִבְרָכָה livrajá
וְלֹא veló לִקְלָלָה •liklalá לְשָׁלוֹם leshalom וְלֹא veló לְמִלְחָמָה •lemiljamá
לְחֵירוּת lejerut וְלֹא veló לְעַבְדוּת •leavdut יוֹשֵׁב yoshev בְּסֵתֶר beséter
ב״פ מצר עֶלְיוֹן elyón תּוֹרִיד torid גְּשָׁמֵינוּ gueshameinu בְּעִתָּם beitam:
שִׁפְעַת shifat רְבִיבִים revivim יוֹרִיד yorid מִזְּבוּלָיו •mizvulav
לְהַחֲיוֹת lehajayot זֶרַע zera וְלָתֵת velatet פְּרִי pri יְבוּלָיו •yevulav
מָטָר matar יוֹרֶה yoré וּמַלְקוֹשׁ •umalkosh יוֹרִיד yorid עִם im אֲגָלָיו •eglav
הֱיוֹת heyot דָּשֵׁן dashen וְשָׁמֵן •veshamen כָּל col ילי פְּרִי pri עֵץ ets
וְעָלָיו •vealav וְזִישׁ jish וּשְׁלַח ushlaj עוֹפֶר •ófer טֶרֶם térem
יְנוּסוּן yenusún צְלָלָיו •tselalav זָכוֹר zajor ע״ב קס״א, יהי אור ע״ה יִזְכּוֹר yizcor
לִי •li נוֹטֵעַ notea אֲשֵׁלָיו •ashelav קוֹמֵם komem גַּן gan נָעוּל •naúl

---

TIKÚN HAGUÉSHEM

Tu siervo declara ante Ti que la temporada de rocío ha terminado y la temporada de lluvia ha llegado, para la vida y no para la muerte, para abundancia y no para hambruna, para bendición y no para maldición, para la paz y no para la guerra, para la libertad y no para la esclavitud. Aquel que mora en las alturas ocultas, hace que nuestras lluvias caigan en su momento apropiado. Que Él haga descender una abundancia de lluvias desde Sus lugares celestiales, para mantener viva a su prole y producir el fruto de Sus cultivos. Él hará descender la lluvia temprana y la lluvia tardía en gotitas, a fin de que todos los frutos y hojas de los árboles sean grandes y robustos. Apúrate en enviar al "cervatillo" antes de que su sombra se disperse; que Él siempre recuerde a aquél que plantará Sus árboles. Erige el jardín cerrado,

וּפַרְדֵּס ufardés רִמּוֹן rimón שְׁתִילָיו shetilav• קִרְיַת kiryat חָנָה janá

דָּוִד David• וּמִגְדַּל umigdal עוֹז oz וַחֲיָלָיו jayalav• שׁוֹבֵב shovev

לְצַוָּאר letsavar הַשֵּׁן hashén• מְלוּאֵי meluei הוֹד hod ההה כְּלִילָיו quelilav•

בָּנוּי banui לְתַלְפִּיּוֹת letalpiyot• וְנָהֲרוּ venaharú כָּל col ילי

הַגּוֹיִם hagoyim אֵלָיו elav• אֶלֶף élef המספר אלף = אלף למד פין שין דלת יוד ע"ה

הַמָּגֵן hamaguén ר"ת מיכאל גבריאל נוריאל תָּלוּי talui עָלָיו alav: מְכַסֶּה mejasé

שָׁמַיִם shamáyim י"פ טל, י"פ כוזו בְּעָבִים beavim וּמַלְבִּישֵׁם umalbishem•

וּמַחֲלִיף umajalif זְמַנִּים zemanim• עֲלֵי alei חוֹק jok וָרֶשֶׁם varéshem•

אוֹצָרְךָ otsarjá הַטּוֹב hatov והו פְּתַח petaj נָא na• לְהַחֲיוֹת lehajayot

בּוֹ bo כָּל col ילי נְפוּחֵי nefujei נֶשֶׁם néshem• מַשִּׁיב mashiv הָרוּחַ harúaj

ר"ת מ"ה וּמוֹרִיד umorid הַגֶּשֶׁם haguéshem שביל (י"פ אל וכ"ב נתיבות החכמה) ע"ה:

אֵלֶיךָ eleja יְשַׂבֵּרוּ yesaberu מִקְצוֹת miktsot הָאָרֶץ háarets אלהים דההין

ע"ה וְעַד vead קְצוֹת ketsot• אָדָם adam מ"ה וּבְהֵמָה uvehema ב"ן, לכב

וְכָל vejol ילי יְצוּרֵי yetsurei אֲרָצוֹת aratsot• מַשִּׁיב mashiv הָרוּחַ harúaj

מ"ה לְעִתּוֹת leitot קְצוּצוֹת ketsutsot• וְשׁוֹלֵחַ vesholéaj מַיִם máyim עַל al

פְּנֵי penei חכמה בינה חוּצוֹת jutsot: אוֹצָרְךָ otsarjá הַטּוֹב hatov והו

פְּתַח petaj נָא na• לְהַחֲיוֹת lehajayot בּוֹ bo כָּל col ילי

נְפוּחֵי nefujei נֶשֶׁם néshem• מַשִּׁיב mashiv הָרוּחַ harúaj ר"ת מ"ה

וּמוֹרִיד umorid הַגֶּשֶׁם haguéshem שביל (י"פ אל וכ"ב נתיבות החכמה) ע"ה:

---

y el huerto de granadas; sus retoños, la ciudad en la cual moró David y la torre de fortaleza de sus tropas. Regresa al cuello de marfil a los que están llenos con el esplendor de sus coronas. Está construida para la enseñanza, y todas las naciones migrarán hacia ésta; el escudo de miles que dependen de ella. Tú, que cubres los Cielos con nubes y los ciñes, y cambias las estaciones conforme al estatuto y el orden, por favor, abre Tu buen tesoro para avivar a todo ser que tenga aliento. Tú, que causas que el viento sople y que la lluvia caiga.

Es a Ti a quien ellos esperan,

de un confín de la Tierra al otro, hombre y animal, y todos los creadores de las tierras, Tú, que causas que el viento sople en su momento debido y envías aguas a través de los efluvios. Por favor, abre Tu buen tesoro para avivar a todo ser que tenga aliento. Tú, que causas que el viento sople y que la lluvia caiga.

צִמָּאוֹן tsimaón וְשָׁרָב vesharav וְכָל vejol ילי וְחַרְבוֹת jarvot קָטוֹב katov.

תְּשַׁלְּחוֹ teshalaj רוּחֲךָ rujajá. וְיִהְיוּ veyihyú ייא"י (מילוי ד"ס ג') כְּגַן quegán

רָטוֹב ratov. אָדָם adam מ"ה וּבְהֵמָה uvehemá ב"ן, לכב אֲשֶׁר asher הֶחֱשׁוּ hejeshu

מִטּוֹב mitov והו. תִּפְתַּח tiftaj יָדְךָ yadjá יִשְׂבְּעוּן yisbeún טוֹב tov והו:

אוֹצָרְךָ otsarjá הַטּוֹב hatov והו פְּתַח petaj נָא na. לְהַחֲיוֹת lehajayot

בּוֹ bo כָּל col ילי נְפוּחֵי nefujei נֶשֶׁם néshem. מַשִּׁיב mashiv הָרוּחַ harúaj

ר"ת מ"ה וּמוֹרִיד umorid הַגֶּשֶׁם haguéshem שב"ל (י"פ אל ול"ב נתיבות החכמה) ע"ה:

תַּלְמֵי talmei צִיָּה tsiyá אֲשֶׁר asher נוֹתְרָה notrá עֲרוּמָה arumá.

מִתְנוּבַת mitnuvat דֶּשֶׁא deshe וְחָצִיר jatsir וְקָמָה vekama.

תַּפְרִיחַ tafríaj נִצָּנֶיהָ nitsaneha וְתַלְבִּישָׁהּ vetalbisha רִקְמָה rikmá.

וּתְחַדֵּשׁ utjadesh י"ב הויות, קס"א קנ"א וחכמה בינה פְּנֵי penei אֲדָמָה adamá:

אוֹצָרְךָ otsarjá הַטּוֹב hatov והו פְּתַח petaj נָא na. לְהַחֲיוֹת lehajayot בּוֹ bo

כָּל col ילי נְפוּחֵי nefujei נֶשֶׁם néshem. מַשִּׁיב mashiv הָרוּחַ harúaj ר"ת מ"ה

וּמוֹרִיד umorid הַגֶּשֶׁם haguéshem שב"ל (י"פ אל ול"ב נתיבות החכמה) ע"ה:

אָב av רַחֲמָן rajamán. נוֹשֵׂא nosé חוֹבַת jovat לֵב lev עָקוֹשׁ akosh.

פְּדֵה pedé נֶפֶשׁ néfesh תּוֹרְךָ toreja מִיַּד miyad יָקוֹשׁ yakosh.

הַשְׁלִימָה hashlima נָא na דְּבָרֶיךָ devareja. וְאִם veim יוהך, מ"א אותיות אהיה פשוט

מילוי ומילוי דמילוי אֵין ein בָּנוּ banu מִתְקוֹשֵׁשׁ mitkoshesh וָקוֹשׁ vakosh.

וְנָתַתִּי venatati מְטַר metar אַרְצְכֶם artsejem בְּעִתּוֹ beitó יוֹרֶה yoré

וּמַלְקוֹשׁ umalkosh: אוֹצָרְךָ otsarjá הַטּוֹב hatov והו פְּתַח petaj נָא na.

Puedas Tú alejar toda sed,

aridez y sequedad destructiva con Tu viento, y que sean como un jardín fresco. Puedas Tú abrir Tu mano a todo hombre y bestia carente de bienaventuranza, y que abras Tu buen tesoro para avivar a todo ser que tenga aliento. Tú, que causas que el viento sople y que la lluvia caiga. Que las grietas de la sequía que hayan dejado la tierra infértil sin vegetación, hierba y caña puedas Tú florecer, y las ciñas con atuendo tejido y renueves la faz de la Tierra. Por favor, abre Tu buen tesoro para avivar a todo ser que tenga aliento, Tú, que causas que el viento sople y la lluvia caiga. Padre misericordioso, que perdonas la iniquidad del corazón corrupto, libera del grillete al alma de Tu paloma. Por favor, cumple Tus palabras a pesar de que entre nosotros puede que no haya individuos meticulosos, "Enviaré lluvia sobre tu tierra en el momento apropiado, tanto lluvia temprana como lluvia tardía". Por favor, abre Tu buen tesoro

לְהַחֲיוֹת lehajayot בּוֹ bo כָּל col ילי נְפוּחֵי nefujei נֶשֶׁם néshem.

מַשִּׁיב mashiv הָרוּחַ harúaj ר״ת מ״ה וּמוֹרִיד umorid הַגֶּשֶׁם haguéshem

שביל (י״פ אל ול״ב נתיבות החכמה) ע״ה:

לְשׁוֹנִי leshoní כּוֹנַנְתָּ jonanta, אֱלֹהַי Elohai מילוי דע״ב, דמב ; ילי

וַתִּבְחַר vativjar. בְּשִׁירִים beshirim שֶׁשַּׂמְתָּ shesamta, בְּפִי befí טוֹב tov והו

מִמִּסְחָר mimisjar. וְנֶגְדְּךָ venegdaj מזבח, זן, אל יהוה כּוֹנַנְתָּ conanta,

צְעָדַי tseadai מִמִּשְׁחָר mimishjar. וְלִי velí גָּרוֹן garón תַּתָּה tatá,

בְּקָרְאִי bekorí לֹא lo נִחָר nijar. וְיִצְרִי veyitsrí הִלְבַּנְתָּ hilbanta,

כְּמוֹ quemó צֶמֶר tsémer מצר צַחָר tsájar. וְלָכֵן velajén לֹא lo שַׁתָּה shata,

לְבָבִי levaví בִּי vi סְחַרְחַר sejarjar. הָיָה heyé יהה סִתְרִי sitrí כ״פ מצר

עַתָּה ata, כְּאֶתְמוֹל queetmol וּכְמָחָר ujemajar. מָגִנִּי maguiní אַתָּה Atá,

אֱלֹהַי Elohai אַל al תְּאַחַר teajar: יִשְׂבְּעוּן yisbeún יְדִידֶיךָ yedideja

מֵאוֹצְרוֹת meotsrot שָׁמַיִם shamáyim י״פ טל, י״פ כוזו. וְשַׂבַּע vesabá

אֲדָמָה adamá לֹא lo שָׂבְעָה savá מַיִם máyim. פְּדוּת pedut תִּשְׁלַח tishlaj

לִשְׁחוּיִים lishjuyim פַּעֲמַיִם paamáyim. יְחַיֵּנוּ yejayeinu מִיּוֹמָיִם miyomáyim:

אֱלֹהֵינוּ Eloheinu ילה וֵאלֹהֵי veElohei לכב ; מילוי דע״ב = דמב ; ילי אֲבוֹתֵינוּ avoteinu

בְּגִשְׁמֵי beguishmei אוֹרָה orá תָּאִיר tair אֲדָמָה adamá:

בְּגִשְׁמֵי beguishmei בְּרָכָה berajá תְּבָרֵךְ tevarej אֲדָמָה adamá:

בְּגִשְׁמֵי beguishmei גִּילָה guilá תָּגִיל taguil אֲדָמָה adamá:

---

para avivar a todo ser que tenga aliento. Tú, que causas que el viento sople y la lluvia caiga. Tú has establecido mis habilidades verbales, mi Dios, y Tú has seleccionado mejor que cualquier otro producto las canciones que has puesto en mi boca. Hacia Ti has destinado mis andares desde el alba. La voz que me diste en mi llamado nunca ha vacilado. Mi inclinación Tú has limpiado como lana blanca. Tú no me diste un corazón confundido. Sé mi refugio protector ahora, como lo has sido ayer y lo serás mañana; Tú eres mi escudo. Mi Dios, no demores. Que Tus amados sean saciados con los tesoros celestiales y alimenta la tierra que no ha sido saciada con agua. Envía redención a los que han sido humillados dos veces, "Que Él nos fortalezca en los dos días". Dios nuestro, Dios de nuestros antepasados, ilumina la Tierra con lluvias de Luz; bendice la Tierra con lluvias de bendiciones; alegra la Tierra con lluvias de regocijo;

בְּגִשְׁמֵי beguishmei דִּיצָה ditsá תַּדְשֵׁן tedashén אֲדָמָה adamá:

בְּגִשְׁמֵי beguishmei הוֹד hod ההה תְּהַדֵּר tehader אֲדָמָה adamá:

בְּגִשְׁמֵי beguishmei וַעַד vaad טוֹב tov והו תְּוַעֵד tevaed אֲדָמָה adamá:

בְּגִשְׁמֵי beguishmei זִמְרָה zimrá תְּזַמֵּר tezamer אֲדָמָה adamá:

בְּגִשְׁמֵי beguishmei חַיִּים jayim אהיה אהיה יהוה, בינה ע״ה

תְּחַיֶּה tejayé אֲדָמָה adamá:

בְּגִשְׁמֵי beguishmei טוֹבָה tová אכא תֵּיטִיב teitiv אֲדָמָה adamá:

בְּגִשְׁמֵי beguishmei יְשׁוּעָה yeshuá תּוֹשִׁיעַ toshía אֲדָמָה adamá:

בְּגִשְׁמֵי beguishmei כַּלְכָּלָה jalcalá תְּכַלְכֵּל tejalquel אֲדָמָה adamá:

כְּמוֹ quemó שֶׁאַתָּה sheatá הוּא Hu יְהֹוָהאדניאהדונהי Adonai אֱלֹהֵינוּ Eloheinu ילה

רַב rav לְהוֹשִׁיעַ lehoshía, מַשִּׁיב mashiv הָרוּחַ harúaj ר״ת מ״ה וּמוֹרִיד umorid

הַגֶּשֶׁם haguéshem שביל ע״ה (י״פ אל ול״ב נתיבות החכמה ע״ה) לִבְרָכָה livrajá: אָנָּא aná

ב״ן, לכב הוֹרִידֵם horidem לְאוֹרָה leorá. לִבְרָכָה livrajá. לְגִילָה leguilá.

לְדִיצָה leditsá. לְהוֹד lehod ההה. לְוַעַד levaad טוֹב tov והו. לְזִמְרָה lezimrá.

לְחַיִּים lejayim אהיה אהיה יהוה, בינה ע״ה טוֹבִים tovim. לְטוֹבָה letová אכא.

לִישׁוּעָה lishuá. לְכַלְכָּלָה lejalcalá. כְּמוֹ quemó שֶׁאַתָּה sheatá

הוּא hu יְהֹוָהאדניאהדונהי Adonai אֱלֹהֵינוּ Eloheinu ילה רַב rav

לְהוֹשִׁיעַ lehoshía, מַשִּׁיב mashiv הָרוּחַ harúaj ר״ת מ״ה וּמוֹרִיד umorid

הַגֶּשֶׁם haguéshem שביל ע״ה (י״פ אל ול״ב נתיבות החכמה ע״ה) לִבְרָכָה livrajá:

---

enriquece la Tierra con lluvias de júbilo; adorna la Tierra con lluvias de esplendor; prepara la Tierra con lluvias de buena cosecha; armoniza la Tierra con lluvias de melodía; revitaliza la Tierra con lluvias de vida; mejora la Tierra con lluvias de bienaventuranza; salva la Tierra con lluvias de salvación; abastece la Tierra con lluvias de sustento. Por favor, haz que éstas caigan para Luz, bendición, alegría, júbilo, esplendor, buena cosecha, melodía, buena vida, bienaventuranza, salvación, bienestar y sustento; de la misma manera en que Tú, Señor, Dios nuestro, muy capaz de redimir, causas que el viento sople y la lluvia caiga para bendición.

EL ASHREI

De las veintidós letras del alfabeto arameo, veintiuna de ellas están codificadas en el *Ashrei* en el orden correcto, de la *Álef* a la *Tav*. El Rey David, el autor, dejó a la letra aramea *Nun* fuera de esta oración, ya que la *Nun* es la primera letra de la palabra aramea *Nefilá*, que significa "caída". Caída se refiere a un descenso espiritual, caer en la *klipá*. Los sentimientos de duda, depresión, preocupación e incertidumbre son consecuencias de la caída espiritual. Debido a que las letras arameas son los verdaderos instrumentos de la Creación, esta oración ayuda a inyectar el orden y la fuerza de la Creación en nuestra vida, sin la energía de la caída.

En este Salmo está escrito diez veces el Nombre: יהוה por las Diez *Sefirot*. Este Salmo está escrito según el orden del *Álef Bet*, pero la letra *Nun* es omitida para evitar la caída.

אַשְׁרֵי ashrei (סוד הכתר) יוֹשְׁבֵי yoshvei בֵיתֶךָ veiteja ב״פ ראה

עוֹד od יְהַלְלוּךָ yehaleluja סֶּלָה sela: אַשְׁרֵי ashrei הָעָם haam

שֶׁכָּכָה shecaja מהש, משה, ע״ב בריבוע וקס״א, אל שדי, ד״פ אלהים ע״ה לוֹ lo

אַשְׁרֵי ashrei הָעָם haam ר״ת לאה שֶׁיְהֹוָהאדניאהדונהי sheAdonai (*Kéter*)

אֱלֹהָיו Elohav ילה: תְּהִלָּה tehilá ע״ה אמת, אהיה פעמים אהיה, ז״פ ס״ג לְדָוִד leDavid

אֲרוֹמִמְךָ aromimjá אֱלוֹהַי Elohai הַמֶּלֶךְ haMélej וַאֲבָרְכָה vaavarjá

שִׁמְךָ Shimjá לְעוֹלָם leolam ריבוע דס״ג וי׳ אותיות דס״ג וָעֶד vaed:

בְּכָל־ bejol ב״ן, לכב יוֹם yom ע״ה נגד, מזבח, זן, אל יהוה

אֲבָרְכֶךָ avarjecá וַאֲהַלְלָה vaahalelá מ״ה יהוה שִׁמְךָ Shimjá

לְעוֹלָם leolam ריבוע דס״ג וי׳ אותיות דס״ג וָעֶד vaed:

גָּדוֹל gadol להח ; עם ד׳ אותיות = מבה, יזל, אום

יְהֹוָהאדניאהדונהי Adonai (*Jojmá*) וּמְהֻלָּל umehulal אדני, ללה

מְאֹד meod וְלִגְדֻלָּתוֹ veligdulató והו אֵין ein חֵקֶר jéker:

EL ASHREI

"Dichosos aquellos que moran en Tu casa, ellos te alabarán, Sela" (Salmos 84:5). *"Dichosa es la nación que así es para ella y dichosa la nación de la que el Señor es su Dios"* (Salmos 144:15). *"Una alabanza de David:*

א *Yo te exaltaré a Ti, mi Dios, el Rey, y yo bendeciré Tu Nombre por siempre y por la eternidad.*

ב *Te bendeciré cada día y alabaré Tu Nombre por siempre y por la eternidad.*

ג *El Señor es grande y extremadamente alabado. Su grandeza es inescrutable.*

דּוֹר dor לְדוֹר ledor יְשַׁבַּח yeshabaj מַעֲשֶׂיךָ maaseja ר"ת דלים

וּגְבוּרֹתֶיךָ ugvuroteja יַגִּידוּ yaguidu יי"ז, כ"ב אותיות פשוטות (=אכא) וה' אותיות סופיות מנצפך:

הֲדַר hadar כְּבוֹד quevod הוֹדֶךָ hodeja וְדִבְרֵי vedivrei

נִפְלְאוֹתֶיךָ nifleoteja ר"ת אלהים, אהיה אדני

אָשִׂיחָה asija ר"ת הפסוק = פ"ז (בסוד כתם טהור פז):

וֶעֱזוּז veezuz נוֹרְאֹתֶיךָ noroteja יֹאמֵרוּ yomeru וּגְדוּלָּתְךָ ugdulatjá

(כתיב: וגדלותיך) ר"ת = ע"ב, ריבוע יהוה אֲסַפְּרֶנָּה asaprena ס"ת = "יא" (במילוי דס"ג):

זֵכֶר zéjer רַב־ rav טוּבְךָ tuvjá לאו יַבִּיעוּ yabíu

וְצִדְקָתְךָ vetsidkatjá יְרַנֵּנוּ yeranenú ס"ת = ב"ן, יבמ, לכב ; ר"ת הפסוק = רי"ו יהוה:

חַנּוּן janún וְרַחוּם verajum יְהֹוָהאדניאהדונהי Adonai (*Biná*)

וחנון ורחום יהוה = עשל אֶרֶךְ érej ס"ת = ס"ג ב"ן אַפַּיִם apáyim ר"ת = יהוה

וּגְדָל־ ugdal (כתיב: וגדול) וָחֶסֶד jásed ע"ב, ריבוע יהוה:

טוֹב־ tov והו יְהֹוָהאדניאהדונהי Adonai (*Jésed*) לַכֹּל lacol

יה אדני ; ס"ת ל"ז (במילוי דס"ג) וְרַחֲמָיו verajamav עַל־ al

כָּל col ילי ; עמם ; ר"ת ריבוע ב"ן ע"ה מַעֲשָׂיו maasav ס"ת ע"ב, ריבוע יהוה:

ד *Una generación y la próxima alabarán Tus obras y narrarán Tus proezas.*
ה *Yo hablaré de la luminosidad de Tu espléndida gloria y de la maravilla de Tus actos.*
ו *Ellos proclamarán el asombroso poder de Tus actos y yo hablaré de Tu grandeza.*
ז *Ellos expresarán el recuerdo de Tu abundante bondad y proclamarán dichosos Tu justicia.*
ח *El Señor es misericordioso y compasivo, lento para la ira y grande en misericordia.*
ט *El Señor es bueno para con todos, Su compasión se extiende sobre todos Sus actos.*

יוֹדוּךָ yoduja יְהֹוָהאדנָיאהדונהי Adonai (*Guevurá*) כָּל־ col ילי מַעֲשֶׂיךָ maaseja

וַחֲסִידֶיךָ vajasideja ר״ת אלהים, אהיה אדני יְבָרְכוּכָה yevarjuja ס״ת = מ״ה:

כְּבוֹד quevod מַלְכוּתְךָ maljutjá יֹאמֵרוּ yomeru וּגְבוּרָתְךָ ugvuratjá

יְדַבֵּרוּ yedaberu ר״ת הפסוק = אלהים, אהיה אדני ; ס״ת = ב״ן, יבמ, לכב:

לְהוֹדִיעַ lehodía לִבְנֵי livnei הָאָדָם haadam ר״ת ללה, אדני

גְּבוּרֹתָיו guevurotav וּכְבוֹד ujvod הֲדַר hadar

מַלְכוּתוֹ maljutó ר״ת מ״ה וס״ת = רי״ו ; ר״ת הפסוק ע״ה = ק״כ צירופי אלהים:

מַלְכוּתְךָ maljutjá מַלְכוּת maljut כָּל־ col ילי עֹלָמִים olamim

וּמֶמְשַׁלְתְּךָ umemshaltejá בְּכָל־ bejol ב״ן, לכב דּוֹר dor וָדֹר vador רי״ו:

סוֹמֵךְ somej ריבוע אדני יְהֹוָהאדנָיאהדונהי Adonai (*Tiféret*)

לְכָל־ lejol יה אדני ; סומך אדני לכל ר״ת סאל, אמן (יאהדונהי) הַנֹּפְלִים hanoflim

וְזוֹקֵף vezokef לְכָל־ lejol יה אדני הַכְּפוּפִים hacfufim נמם:

עֵינֵי־ einei ריבוע דמ״ה כֹל jol ילי אֵלֶיךָ eleja יְשַׂבֵּרוּ yesaberu וְאַתָּה veAtá

נוֹתֵן־ notén אבגיתץ, ושר לָהֶם lahem אֶת־ et אָכְלָם ojlam בְּעִתּוֹ beitó:

י *Todas Tus obras te agradecerán, Señor, y Tus fieles devotos te bendicen.*
כ *Ellos dirán de la gloria de Tu Reino y hablarán de Tus poderosos actos.*
ל *Él, hace que el hombre conozca Sus proezas y la gloria de Su espléndido Reino.*
מ *Tuyo es el Reino de todos los mundos y Tu dominio se extiende a toda y cada generación.*
ס *El Señor sostiene a todos aquellos que caen y endereza a los doblegados.*
ע *Los ojos de todos ven con esperanza hacia Ti, y Tú les das su alimento al momento apropiado.*

POTÉAJ ET YADEJA

Conectamos con las letras *Pei*, *Álef* y *Yud* al abrir nuestras manos con las palmas hacia arriba. Nuestra conciencia está enfocada en recibir el sustento y la prosperidad financiera de parte de la Luz a través de nuestras acciones del diezmo y compartir; nuestro Deseo de Recibir para Dar y Compartir. Al hacer esto, también reconocemos que el sustento que recibimos proviene de una Fuente Superior y no de nuestras acciones. Según los sabios, si no meditamos en esta idea en este punto, debemos repetir la oración.

פתוז (שע"ז נהורין למ"ה ולס"ה)

יוד הי ויו הי יוד הי ויו הי (וז' וזיוורתי) — פותוז את ידך ר"ת פאי
אלף למד אלף למד (ש"ע) — ג'ימ' יאהדונהי זו"ן
יוד הא ואו הא (לז"א) — וזכמה דז"א ו"ק
אד"ני (ולנוקבא) — יסוד דנוק'

פּוֹתֵוַז potéaj אֶת et יָדֶךָ yadeja ר"ת פאי וס"ת וזתך עם ג' אותיות = דִיקָרְנוֹסָא

ובאתב"ש הוא סאל, פאי, אמן, יאהדונהי ; ועוד יכוין שם וזתך בשילוב יהוה – יְוָזהָתָוָכָה

Atrayendo abundancia y sustento desde *Jojmá* de *Zeir Anpín*.

יוד הי ויו הי יוד ויו דלת הי יוד ויו יוד ויו הי יוד

וזתך סאל יאהדונהי

וּמַשְׂבִּיעַ umasbía וזתך עם ג' אותיות = דִיקָרְנוֹסָא

ובא"ת ב"ש הוא סאל, אמן, יאהדונהי ; ועוד יכוין שם וזתך בשילוב יהוה – יְוָזהָתָוָכָה

Atrayendo abundancia y sustento desde *Jojmá* de *Zeir Anpín*.

יוד הי ויו הי יוד ויו דלת הי יוד ויו יוד ויו הי יוד

לְכָל־ lejol יה אדני (להמשיך מווזין ד-יה אל הנוקבא שהיא אדני)

וַזי jai כל וזי = אהיה אהיה יהוה, בינה ע"ה, וזיים

רָצוֹן ratsón מהש ע"ה, ע"ב בריבוע וקס"א ע"ה, אל שדי ע"ה ;
ר"ת רוזל שהיא המלכות הצריכה לשפע

יוד יוד הי יוד הי ויו יוד הי ויו הי יסוד דאבא
אלף הי יוד הי יסוד דאימא
להמתיק רוזל וב' דמעין שך פר

También debemos meditar en atraer abundancia, sustento y bendiciones a todos los mundos desde el *ratsón* mencionado anteriormente. Debemos meditar y enfocarnos en este versículo porque es la esencia de la prosperidad, y meditar en que Dios esté interviniendo, sustentando y apoyando a toda la Creación.

POTÉAJ ET YADEJA

פ *Abre Tus Manos y satisface el deseo de todo ser viviente.*

צַדִּיק tsadik יְהֹוָה יאהדונהי Adonai (*Yesod*) בְּכָל bejol ב"ן, לכב
דְּרָכָיו derajav וְחָסִיד vejasid בְּכָל bejol ב"ן, לכב מַעֲשָׂיו maasav יבמ, ב"ן:

קָרוֹב karov יְהֹוָה יאהדונהי Adonai (*Maljut*) לְכָל־ lejol יה אדני
קֹרְאָיו korav לְכֹל lejol יה אדני אֲשֶׁר asher
יִקְרָאֻהוּ yikraúhu בֶאֱמֶת veemet אהיה פעמים אהיה, ז"פ ס"ג:

רְצוֹן retsón מהש ע"ה, ע"ב בריבוע וקס"א ע"ה, אל שדי ע"ה יְרֵאָיו yereav יַעֲשֶׂה yaasé
ר"ת רי"י וְאֶת־ veet שַׁוְעָתָם shavatam יִשְׁמַע yishmá וְיוֹשִׁיעֵם veyoshiem:

שׁוֹמֵר shomer כ"א הויות שבתפילין יְהֹוָה יאהדונהי Adonai (*Nétsaj*)
אֶת־ et כָּל־ col ילי אֹהֲבָיו ohavav ר"ת אכא
וְאֵת veet כָּל־ col ילי הָרְשָׁעִים hareshaim יַשְׁמִיד yashmid:

תְּהִלַּת tehilat יְהֹוָה יאהדונהי Adonai (*Hod*) יְדַבֶּר yedaber ראה פִּי pi
וִיבָרֵךְ vivarej ע"ב ס"ג מ"ה ב"ן, הברכה (למתק את ז' המלכים שמתו) כָּל col ילי
בָּשָׂר basar שֵׁם shem קָדְשׁוֹ kodshó לְעוֹלָם leolam ריבוע ס"ג וי' אותיות דס"ג
וָעֶד vaed: וַאֲנַחְנוּ vaanajnu נְבָרֵךְ nevarej יָהּ Yah מֵעַתָּה meatá
וְעַד־ vead עוֹלָם olam הַלְלוּיָהּ haleluyá אלהים, אהיה אדני ; ללה:

REGRESAR LA TORÁ AL ARCA

Antes de regresar la Torá al Arca, recitamos el siguiente versículo dos veces:

יִמְלֹךְ yimloj יְהֹוָה יאהדונהי Adonai | לְעֹלָם leolam ריבוע ס"ג וי' אותיות דס"ג
אֱלֹהַיִךְ Eloháyij ילה צִיּוֹן Tsiyón יוסף, ו' הויות, קנאה לְדֹר ledor
וָדֹר vador רי"ו ; ר"ת אצלו (רמז שמלכות אצל ז"א) הַלְלוּיָהּ haleluyá אלהים = אהיה אדני ; ללה:

צ *El Señor es justo en todos Sus caminos y virtuoso en todas Sus obras.*
ק *El Señor está cerca de todos los que lo llaman, de todos aquellos que lo llaman sinceramente.*
ר *Él cumplirá la voluntad de aquellos que le temen; Él escucha sus clamores y los salva.*
ש *El Señor protege a todos los que lo aman y destruye a los impíos.*
ת *Mis labios proclamarán la alabanza al Señor y toda criatura bendecirá Su Santo Nombre, por siempre y por la eternidad"* (Salmos 145). *"Y bendeciremos a Dios por siempre y por la eternidad. ¡Aleluya!"* (Salmos 115:18).

REGRESAR LA TORÁ AL ARCA

"El Señor reinará por siempre, tu Dios, Sión, para todas las generaciones, ¡Aleluya!" (Salmos 146:10).

מִזְמוֹר mizmor לְדָוִד leDavid הָבוּ havú אוזר, אהבה, דאגה

לַיהֹוָהאדניאהדונהי laAdonai בְּנֵי benei ר"ת הבל אֵלִים elim הבו יהוה בני אלים = יעקב

הָבוּ havú אוזר, אהבה, דאגה לַיהֹוָהאדניאהדונהי laAdonai כָּבוֹד cavod וָעֹז vaoz:

הָבוּ havú אוזר, אהבה, דאגה לַיהֹוָהאדניאהדונהי laAdonai כְּבוֹד quevod שְׁמוֹ Shemó

מהש ע"ה, ע"ב בריבוע וקס"א ע"ה, אל שדי ע"ה ; הבו יהוה כבוד שמו = אדם דוד משיח

הִשְׁתַּחֲווּ hishtajavú לַיהֹוָהאדניאהדונהי laAdonai בְּהַדְרַת behadrat ר"ת הבל

קֹדֶשׁ kódesh ר"ת למפרע קבלה (שביום שבת צריך ללמוד קבלה): קוֹל kol

יְהֹוָהאדניאהדונהי Adonai עַל־ al הַמָּיִם hamáyim ר"ת = אלף למד (יוסד - ואל ב' רמוז

במילה בהמשך). אֵל־ El ייא"י (מילוי דס"ג) הַכָּבוֹד haCavod לאו הִרְעִים hirim ה"פ אדני

(להמתיק שכ"ה דינים) יְהֹוָהאדניאהדונהי Adonai עַל־ al מַיִם máyim רַבִּים rabim

ר"ת הרעים (שכ"ה דינים - ושני השכ"ה דינים נמתקים ע"י שני שמות א"ל הרמוזים לעיל):

קוֹל־ kol יְהֹוָהאדניאהדונהי Adonai בַּכֹּחַ bacóaj ר"ת יב"ק, אלהים יהוה, אהיה אדני יהוה

קוֹל kol יְהֹוָהאדניאהדונהי Adonai בֶּהָדָר behadar ר"ת יב"ק, אלהים יהוה, אהיה אדני יהוה:

קוֹל kol יְהֹוָהאדניאהדונהי Adonai שֹׁבֵר shover אֲרָזִים arazim וַיְשַׁבֵּר vayshaber

יְהֹוָהאדניאהדונהי Adonai אֶת־ et אַרְזֵי arzei הַלְּבָנוֹן haLevanón ר"ת האא:

וַיַּרְקִידֵם vayarkidem כְּמוֹ־ quemó עֵגֶל éguel לְבָנוֹן Levanón

וְשִׂרְיוֹן veSiryón כְּמוֹ quemó בֶן־ ven רְאֵמִים reemim: קוֹל־ kol

יְהֹוָהאדניאהדונהי Adonai חֹצֵב jotsev ס"ת הב"ל לַהֲבוֹת lahavot אֵשׁ esh:

קוֹל kol יודהואואדניאהדונהי Adonai יָחִיל yajil ס"ת ללה, אדני מִדְבָּר midbar

יָחִיל yajil יְהֹוָהאדניאהדונהי Adonai מִדְבַּר midbar קָדֵשׁ Kadesh ר"ת = קין:

"Salmo de David: Atribuyan al Señor, hijos de los poderosos, atribuyan al Señor gloria y fuerza. Atribuyan al Señor la honra debida a Su Nombre. Adoren al Señor en la belleza de Su Santidad. La Voz del Señor está sobre las aguas, truena el Dios de gloria, el Señor está sobre muchas aguas. La Voz del Señor es poderosa. La Voz del Señor es majestuosa. La Voz del Señor rompe los cedros, la Voz del Señor rompe los cedros del Líbano. Él los hace saltar como becerros, y a Líbano y a Sirión como un antílope joven. La Voz del Señor levanta llamas de fuego. La Voz del Señor estremece el desierto, el Señor sacude el desierto de Kadesh.

קוֹל kol יְהֹוָהאדניאהדונהי Adonai יְחוֹלֵל yejolel אַיָּלוֹת ayalot

וַיֶּחֱשֹׂף vayejesof יְעָרוֹת yearot וּבְהֵיכָלוֹ uveheijaló כֻּלּוֹ culó אֹמֵר omer

כָּבוֹד: cavod: יְהֹוָהאדניאהדונהי Adonai לַמַּבּוּל lamabul יָשָׁב yashav

ר"ת ילי וס"ת הב"ל וַיֵּשֶׁב vayéshev יְהֹוָהאדניאהדונהי Adonai מֶלֶךְ Mélej

לְעוֹלָם leolam ריבוע ס"ג וי' אותיות דס"ג: יְהֹוָהאדניאהדונהי Adonai עֹז oz

לְעַמּוֹ leamó יִתֵּן yitén יְהֹוָהאדניאהדונהי Adonai יְבָרֵךְ yevarej עסמ"ב, הברכה

(למתק את ז' המלכים שמתו) אֶת־ et עַמּוֹ amó בַשָּׁלוֹם vashalom ר"ת ע"ב, ריבוע יהוה:

שׁוּבָה shuva הו"ש לִמְעוֹנָךְ limeonaj וּשְׁכוֹן ushjón בְּבֵית beveit ב"פ ראה

מַאֲוָיָךְ maavayaj. כִּי qui כָל jol ילי פֶּה pe מילה ע"ה, אלהים, אהיה אדני

וְכָל vejol ילי לָשׁוֹן lashón יִתְּנוּ yitnú הוֹד hod ההה וְהָדָר vehadar

לְמַלְכוּתָךְ: lemaljutaj: וּבְנֻחֹה uvenujó יֹאמַר yomar שׁוּבָה shuva הו"ש

יְהֹוָהאדניאהדונהי Adonai רִבְבוֹת rivevot אַלְפֵי alfei יִשְׂרָאֵל: Yisrael:

הֲשִׁיבֵנוּ hashivenu יְהֹוָהאדניאהדונהי Adonai | אֵלֶיךָ eleja וְנָשׁוּבָה venashuva

(כתיב: ונשוב) חַדֵּשׁ jadesh י"ב הויות, קס"א קנ"א יָמֵינוּ yameinu כְּקֶדֶם: quekédem:

MEDIO KADISH

יִתְגַּדַּל yitgadal וְיִתְקַדַּשׁ veyitkadash שד"י ומילוי שד"י ; י"א אותיות כמנין ו"ה

שְׁמֵיהּ Shmei (שם י"ה דע"ב) רַבָּא rabá קנ"א ב"ן, יהוה אלהים יהוה אדני,

מילוי קס"א וס"ג, מ"ה ברבוע וע"ב ע"ה ; ר"ת = ו"פ אלהים ; ס"ת = ג"פ יב"ק: אָמֵן Amén אידהנויה.

La Voz del Señor asusta a las ciervas y desnuda los bosques, y en Su Templo todo proclama Su Gloria. El Señor se sentó en el diluvio, y el Señor se sienta como Rey por siempre. El Señor da fuerza a Su pueblo. El Señor bendice a Su pueblo con la paz" (Salmos 29). "Regresa a Tu Sitio de morada y reside en Tu Casa deseada, porque cada boca y cada lengua proclaman la majestad y esplendor de Tu reino. Y cuando descansó, él diría: Vuélvete, Señor, hacia las miríadas de millares de Israel" (Números 10:36). "Regrésanos a Ti, Señor, y nosotros volveremos. Renueva nuestros días como en los días de antaño" (Lamentaciones 5:21).

MEDIO KADISH

Glorificado y santificado sea Su Gran Nombre (Amén).

בְּעָלְמָא bealmá דִּי di בְרָא verá כִּרְעוּתֵיהּ quirutei•
וְיַמְלִיךְ veyamlij מַלְכוּתֵיהּ maljutei• וְיַצְמַח veyatsmaj
פּוּרְקָנֵיהּ purkanei• וִיקָרֵב vikarev מְשִׁיחֵיהּ Meshijei: אָמֵן Amén אידהנויה•
בְּחַיֵּיכוֹן bejayeijón וּבְיוֹמֵיכוֹן uveyomeijón וּבְחַיֵּי uvejayei
דְּכָל dejol ילי בֵּית beit ב״פ ראה יִשְׂרָאֵל Yisrael בַּעֲגָלָא baagalá
וּבִזְמַן uvizmán קָרִיב kariv וְאִמְרוּ veimrú אָמֵן Amén: אָמֵן Amén אידהנויה•

La congregación y el *jazán* dicen lo siguiente:

Veintiocho palabras (hasta *bealmá*) – y veintiocho letras (hasta *almayá*)

יְהֵא yehé שְׁמֵיהּ Shmei (שם י״ה דס״ג) רַבָּא rabá קנ״א ב״ן,
יהוה אלהים יהוה אדני, מילוי קס״א וס״ג, מ״ה ברבוע וע״ב ע״ה מְבָרַךְ mevaraj,
לְעָלַם lealam לְעָלְמֵי lealmei עָלְמַיָּא almayá• יִתְבָּרַךְ yitbaraj•

Siete palabras con seis letras cada una (שם בן מ״ב) y siete veces la letra *Vav* (שם בן מ״ב).

וְיִשְׁתַּבַּח veyishtabaj י״פ ע״ב יהוה אל אבג יתץ•

וְיִתְפָּאַר veyitpaar הי נו יה קרע שטן• וְיִתְרוֹמַם veyitromam וה כוזו נגד יכש•
וְיִתְנַשֵּׂא veyitnasé במוכסז בטר צתג• וְיִתְהַדָּר veyithadar כוזו יה וזקב טנע•
וְיִתְעַלֶּה veyitalé וה יוד ה יגל פזק• וְיִתְהַלָּל veyithalal א ואו הא שקו צית•
שְׁמֵיהּ Shmei (שם י״ה דמ״ה) דְּקוּדְשָׁא deKudshá בְּרִיךְ Verij הוּא Hu:

אָמֵן Amén אידהנויה•

לְעֵלָּא leelá מִן min כָּל col ילי בִּרְכָתָא birjatá• שִׁירָתָא shiratá•
תֻּשְׁבְּחָתָא tishbejatá וְנֶחֱמָתָא venejamatá• דַּאֲמִירָן daamirán
בְּעָלְמָא bealmá וְאִמְרוּ veimrú אָמֵן Amén: אָמֵן Amén אידהנויה.

En el mundo que Él creó de acuerdo a Su voluntad y pueda Su Reino reinar. Y pueda Él hacer que Su redención florezca y pueda Él acercar al Mesías (Amén). En tus vidas y en tus días y en la vida de la Casa de Israel, prontamente y en el futuro cercano, y dígase: Amén (Amén). Que Su gran Nombre sea bendito por siempre y para toda la eternidad, y bendito y alabado, y glorificado y exaltado, y ensalzado y honrado, y adorado y loado, sea el Nombre del Santo Bendito Sea (Amén). Mas allá de todas las bendiciones, cantos, alabanzas y palabras de consuelo que puedan decirse en este mundo, y dígase: Amén (Amén).

MUSAF DE SUCOT Y SIMJAT TORÁ

אֲדֹנָי Adonai ללה (pausa aquí) שְׂפָתַי sfatai תִּפְתָּח tiftaj וּפִי ufí יַגִּיד yaguid

תְּהִלָּתֶךָ tehilateja (יי"ז (כ"ב אותיות פשוטות [=אכא] וה' אותיות סופיות מנצפך) ס"ת = בוכו:

LA PRIMERA BENDICIÓN – INVOCA AL ESCUDO DE AVRAHAM

Avraham es el canal de la energía de la Columna Derecha de positividad, compartir y misericordia. Las acciones dadoras pueden protegernos de todas las formas de negatividad.

Jésed que se convierte en *Jojmá*

En esta sección hay 42 palabras, el secreto del Nombre de Dios de 42 letras y, por lo tanto, comienza con la letra *Bet* (2) y termina con la letra *Mem* (40).

Flexiona tus rodillas en "*Baruj*", inclínate en "*Atá*" y enderézate en "*Adonai*".

א ב

בָּרוּךְ Baruj אַתָּה Atá א-ת (אותיות הא"ב המסמלות את השפע המגיע) לה' המלכות

ג י

יְהֹוָאדהנויאהדונהי Adonai (י"א) אֱלֹהֵינוּ Eloheinu ילה

ת צ

וֵאלֹהֵי veElohei לכב ; מילוי ע"ב, דמב ; ילה אֲבוֹתֵינוּ avoteinu:

ק ר

אֱלֹהֵי Elohei מילוי ע"ב, דמב ; ילה אַבְרָהָם Avraham (*Jojmá*)

וז"פ אל, רי"ו ול"ב נתיבות החכמה, רמ"ח (אברים), עסמ"ב וט"ז אותיות פשוטות.

ע ש

אֱלֹהֵי Elohei מילוי ע"ב, דמב ; ילה יִצְחָק Yitsjak (*Biná*) ד"פ ב"ן

ט נ

וֵאלֹהֵי veElohei לכב ; מילוי ע"ב, דמב ; ילה יַעֲקֹב Yaakov (*Dáat*) ד' הויות, יאהדונהי אידהנויה

MUSAF DE SUCOT Y SIMJAT TORÁ

LA AMIDÁ

"Mi Señor, abre mis labios y mi boca declarará Tu alabanza" (*Salmos 51:17*).

LA PRIMERA BENDICIÓN

Bendito eres, Señor,

nuestro Dios y Dios de nuestros ancestros: el Dios de Avraham, el Dios de Yitsjak y el Dios de Yaakov.

ג ג

הָאֵל haEl לאה ; יי"א (מילוי דס"ג) הַגָּדוֹל hagadol האל הגדול = סיט ; גדול = להח

ד י

עם ד' אותיות = מבה, יזל, אום הַגִּבּוֹר haguibor ר"ת ההה וְהַנּוֹרָא vehanorá.

כ ש

אֵל El יי"א (מילוי דס"ג) ; ר"ת ע"ב, ריבוע יהוה עֶלְיוֹן elyón.

ב ט ר צ ת

גּוֹמֵל gomel חֲסָדִים jasadim טוֹבִים tovim. קוֹנֵה koné הַכֹּל hacol ילי

ג ח ק ב

וְזוֹכֵר vezojer חַסְדֵי jasdei אָבוֹת avot. וּמֵבִיא umeví

ט נ ע י

גּוֹאֵל goel לִבְנֵי livnei בְנֵיהֶם veneihem לְמַעַן lemaan

ג ל

שְׁמוֹ Shemó מהש ע"ה, ע"ב בריבוע וקס"א ע"ה, אל שדי ע"ה בְּאַהֲבָה beahavá אחד, דאגה:

Cuando digas la palabra "*beahavá*" debes meditar en dedicar tu alma a santificar el Santo Nombre y aceptar sobre ti mismo las cuatro formas de muerte.

פ ז ק ש

מֶלֶךְ Mélej עוֹזֵר ozer וּמוֹשִׁיעַ umoshía וּמָגֵן umaguén

ג"פ אל (יי"א מילוי דס"ג) ; ר"ת מיכאל גבריאל נוריאל:

Flexiona tus rodillas en "*Baruj*", inclínate en "*Atá*" y enderézate en "*Adonai*".

אהיה יהו אלף הי יוד הי (en *Shabat*: יְהֹוָה)

ק ו צ

בָּרוּךְ Baruj אַתָּה Atá יְהֹוָהאדני(יְהֹוָהאֲדֹנָי)יאהדונהי Adonai (הד')

י ת

מָגֵן maguén ג"פ אל (יי"א מילוי דס"ג) ; ר"ת מיכאל גבריאל נוריאל אַבְרָהָם Avraham

ז"פ אל, רי"ו ול"ב נתיבות החכמה, רמ"ח (אברים), עסמ"ב וט"ז אותיות פשוטות:

El Dios grande, poderoso y reverenciado.

El Dios Celestial. El que otorga benevolencia y crea todas las cosas. El que recuerda las buenas acciones de nuestros ancestros y El que trae un redentor a los hijos de sus hijos por el bien de Su Nombre, con amor. Rey, Asistente, Salvador y Escudo. Bendito seas Tú, Señor, Escudo de Avraham.

LA SEGUNDA BENDICIÓN

LA ENERGÍA DE YITSJAK ENCIENDE EL PODER DE LA RESURRECCIÓN DE LOS MUERTOS

Mientras que Avraham representa el poder de compartir, Yitsjak representa a la Columna Izquierda, energía de Juicio. El Juicio acorta el proceso de *tikún* y prepara la vía para nuestra resurrección final.

Guevurá que se convierte en _Biná_

En esta sección hay 49 palabras que corresponden a las 49 Puertas del Sistema Puro en *Biná*.

אַתָּה Atá גִּבּוֹר guibor לְעוֹלָם leolam ריבוע ס״ג וי׳ אותיות דס״ג אֲדֹנָי Adonai ללה

(ר״ת אַגְלָא והוא שם גדול ואמיץ, ובו היה יהודה מתגבר על אויביו. ע״ה אלד, בוכו).

מְחַיֵּה mejayé ס״ג מֵתִים metim אַתָּה Atá. רַב rav לְהוֹשִׁיעַ lehoshía.

Solamente en _Simjat Torá_:

מַשִּׁיב mashiv הָרוּחַ harúaj ר״ת מ״ה

וּמוֹרִיד umorid הַגֶּשֶׁם haguéshem

שביל [י״ש (= י״פ אל) ול״ב נתיבות החכמה] ע״ה:

Si por error dices “*Morid hatal*” y te das cuenta de ello antes del final de la bendición (“*Baruj Atá Adonai*”), debes regresar al comienzo de la bendición (“*Atá guibor*”) y continuar normalmente. Pero si sólo te das cuenta de ello después del final de la bendición, debes continuar sin regresar.

Durante _Sucot_:

מוֹרִיד morid הַטָּל hatal

יוד הא ואו, כוזו, מספר אותיות דמילואי עסמ״ב ;

ר״ת מ״ה (יוד הא ואו הא):

Si por error dices “*Mashiv harúaj*” y te das cuenta de ello antes del final de la bendición (“*Baruj Atá Adonai*”), debes regresar al comienzo de la bendición (“*Atá guibor*”) y continuar normalmente. Pero si sólo te das cuenta de ello después del final de la bendición, debes iniciar la *Amidá* desde el principio.

מְכַלְכֵּל mejalquel חַיִּים jayim אהיה אהיה יהוה, בינה ע״ה בְּחֶסֶד bejésed

ע״ב, ריבוע יהוה. מְחַיֵּה mejayé ס״ג מֵתִים metim בְּרַחֲמִים berajamim

(במוכסז) מצפצ, אלהים דההין, י״פ ייי רַבִּים rabim (טלא דעתיק). סוֹמֵךְ somej

(אכדטם) כוק, ריבוע אדני נוֹפְלִים noflim (זו״ן). וְרוֹפֵא verofé חוֹלִים jolim

חולה = מ״ה וד׳ אותיות. וּמַתִּיר umatir אֲסוּרִים asurim. וּמְקַיֵּם umekayem

אֱמוּנָתוֹ emunató לִישֵׁנֵי lishenei עָפָר afar. מִי mi ילי כָּמוֹךָ jamoja

(debes pronunciar la letra *Ayin* en la palabra “*Báal*”) בַּעַל báal גְּבוּרוֹת guevurot

וּמִי umí ילי דּוֹמֶה domé לָּךְ laj. מֶלֶךְ Mélej מֵמִית memit

וּמְחַיֶּה umejayé ס״ג (יוד הי ואו הי) וּמַצְמִיחַ umatsmíaj יְשׁוּעָה yeshuá:

LA SEGUNDA BENDICIÓN

Tú, Señor, eres poderoso por siempre. Tú revives a los muertos y eres muy capaz de redimir.

Solamente en _Simjat Torá_:

El que hace soplar el viento y caer la lluvia.

Durante _Sucot_:

El que hace caer el rocío.

Tú sostienes a los vivientes con bondad y revives a los muertos con gran compasión. Tú sostienes a los caídos, curas a los enfermos, pones en libertad a los cautivos y cumples Tu promesa con los que duermen en el polvo. ¿Quién es como Tú, Señor de fortaleza, y quién puede compararse contigo, Rey, que causas la muerte, das vida y haces crecer la salvación?

וְנֶאֱמָן veneemán אַתָּה Atá לְהַחֲיוֹת lehajayot מֵתִים metim:

אהיה יהו אלף הי יוד הי (en *Shabat*: יְהֹוָה)

בָּרוּךְ Baruj אַתָּה Atá יְהֹוָהאדני(יְהֹוָהאדני)יאהדונהי Adonai

מְחַיֵּה mejayé ס״ג (יוד הי ואו הי) הַמֵּתִים hametim ר״ת מ״ה וס״ת מ״ה:

LA KEDUSHÁ DE KÉTER

Toda la congregación recita esta oración.

Kéter es el nivel más alto en la atmósfera espiritual. Al llegar a este punto culminante en nuestras conexiones, nos paramos con los pies juntos. Es también una de las oraciones más poderosas para ayudarnos a conectar con el nivel de semilla de la vida antes de que hubiera alguna diferenciación entre las células del cuerpo. Nuestras meditaciones durante este momento aumentan la producción de células madre en nuestro cuerpo.

Levantar un cofre pesado lleno de vastos tesoros es imposible si usas un simple hilo. El hilo se rompe porque es muy débil. Sin embargo, si nos unimos y combinamos numerosos hilos, finalmente construiremos una soga. Una soga puede fácilmente levantar el cofre con los tesoros. Al combinar y unir las oraciones de la congregación, nos transformamos en una fuerza unida, capaz de halar los tesoros espirituales más valiosos. Más aún, esta unidad ayuda a las personas que no están bien versadas o no conocen bien las conexiones. Al unirnos y meditar como una sola alma, todos recibimos los beneficios debido al poder de la unidad, sin importar nuestro conocimiento y entendimiento. Esta oración tiene lugar entre la segunda y la tercera bendición. Representa a la Columna Central que une las Columnas Izquierda y Derecha.

En esta oración, los ángeles hablan entre ellos, diciendo: "*Kadosh, Kadosh, Kadosh*" ("Santo, Santo, Santo"). Cuando recitamos estas tres palabras, nuestros pies están juntos como si fuesen uno solo. Cada vez que pronunciamos *Kadosh*, saltamos un poco más alto en el aire. Saltar es un acto de restricción y de desafío a la fuerza de la gravedad. Espiritualmente hablando, la gravedad contiene la energía del Deseo de Recibir para Sí Mismo. Es la fuerza reactiva de nuestro planeta, siempre atrae todo para sí.

El secreto de la *Kedushá* de parte del Ramjal:

Nosotros (los humanos) decimos *Kedushá* (Santidad) sólo desde el poder de la Santidad de los ángeles. Porque nuestra forma de lograr la Unificación es recitando el *Shemá* y los ángeles lo hacen mediante la *Kedushá*. Pero incluso la corrección de los ángeles es hecha por nosotros. Porque la Santidad de los ángeles se originó de *Aba* e *Ima*, ellos están protegidos de la negatividad, ya que *Aba* e *Ima* no permiten que la negatividad se acerque siquiera al aspecto externo de los ángeles.

Para nosotros, la negatividad puede aferrarse al aspecto externo, que es el cuerpo. Todo esto es temporal, durante el proceso de *tikún*. Pero al final del proceso de *tikún*, incluso el cuerpo será corregido y santo, e incluso los ángeles obtendrán su *Kedushá* de nosotros. Pero por ahora, decimos la *Kedushá* desde el poder de los ángeles, ya que no tenemos el poder de hacerlo nosotros mismos y necesitamos obtenerla de la corrección de los ángeles y, de esta manera, recibimos una pequeña iluminación, hasta para el cuerpo. Esta iluminación no es lo suficientemente fuerte para eliminar completamente las fuerzas negativas, pero sólo podemos recibir la Santidad que está disponible ahora. Para la oración de la congregación, debemos meditar en ser como *Maljut* (tú), que ahora se está uniendo con *Jésed*, *Guevurá* y *Tiféret* (la congregación). Entonces el despertar se elevará hacia *Arij Anpín* para atraer la abundancia de Santidad a *Maljut* y desde *Ella* a nosotros.

Al decir la *Kedushá* (santidad) meditamos en traer la Santidad del Creador entre nosotros. Ya que dice: "*Venikdashti betoj Bnei Yisrael*" (Dios es santificado entre los hijos de Israel).

Y eres fiel para resucitar a los muertos. Bendito eres Tú, Señor, que resucitas a los muertos.

כֶּתֶר Kéter ה׳ מלך ה׳ מלך ה׳ ימלוך לעולם ועד ובאתב״ש גאל יִתְּנוּ yitnú לְךָ lejá
יְהֹוָה(אדני/אהדונהי) Adonai אֱלֹהֵינוּ Eloheinu ילה (*Zeir* y *Nukvá*) מַלְאָכִים malajim
הֲמוֹנֵי hamonei מַעְלָה malá (*Aba* e *Ima*) עִם im עַמְּךָ amjá יִשְׂרָאֵל Yisrael
קְבוּצֵי kevutsei מַטָּה matá (por los Justos). יַחַד yájad כֻּלָּם culam
קְדֻשָּׁה kedushá לְךָ lejá יְשַׁלֵּשׁוּ yeshaleshu כַּדָּבָר cadavar ראה
הָאָמוּר haamur עַל al יַד yad נְבִיאֶךָ neviaj וְקָרָא vekará
זֶה ze אֶל־ el זֶה ze י״ב פרקין דיעקב מאירין אל י״ב פרקין דרוחל וְאָמַר veamar:

Medita en elevar *Maljut* a *Jésed, Guevurá, Tiféret* de *Ima* Celestial.

(***Jésed***) קָדוֹשׁ kadosh | (***Guevurá***) קָדוֹשׁ kadosh (***Tiféret***) קָדוֹשׁ kadosh
יְהֹוָה(אדני/אהדונהי) Adonai צְבָאוֹת Tsevaot פני שכינה מְלֹא meló כָל־ jol ילי
הָאָרֶץ haárets אלהים דההין ע״ה כְּבוֹדוֹ quevodó:
כְּבוֹדוֹ quevodó מָלֵא malé עוֹלָם olam וּמְשָׁרְתָיו umeshartav שׁוֹאֲלִים shoalim

En *Shabat*: Medita en recibir el alma adicional llamada: *Neshamá*
desde el aspecto del día de *Shabat*.

Biná	***Jojmá***	***Dáat***
Ima	***Aba***	**Decimotercer *Mazal* (ונקה)**
ayé ה	יֵ	אַ

מְקוֹם mekom כְּבוֹדוֹ quevodó

Maljut (que es llamada כבוד ו׳ – el honor de *Zeir Anpín*)
está en *Jojmá, Biná, Dáat* (también conocido como איה – *Ayé*, como se mencionó anteriormente).

לְהַעֲרִיצוֹ lehaaritsó איה מקום כבודו להעריצו ר״ת = אמן (יאהדונהי)
לְעֻמָּתָם leumatam מְשַׁבְּחִים meshabjim וְאוֹמְרִים veomrim:
(או״א) בָּרוּךְ Baruj כְּבוֹד־ Quevod יְהֹוָה(אדני/אהדונהי) Adonai ; כבוד ה׳ = יוד הי ואו הה
מִמְּקוֹמוֹ mimekomó עסמ״ב, הברכה (למתק את ז׳ המלכים שמתו) ; ר״ת ע״ב, ריבוע יהוה ; ר״ת מיכ:

KEDUSHÁ DE KÉTER

Te darán una corona, Señor, nuestro Dios, los ángeles de las multitudes arriba, junto con Tu nación, Israel, que está reunida abajo. Juntos todos te recitarán la Santidad tres veces, como la palabra hablada por Tu profeta: "Y llamó uno al otro y dijo: Santo, Santo, Santo es el Señor de los Ejércitos, la Tierra entera está llena con Su gloria" (Isaías 6:3). Su gloria llena el mundo y Sus siervos preguntan: ¿Dónde está el lugar de Su Gloria para adorarlo? Uno frente al otro lo alaban y dicen: "Bendita es la Gloria del Señor desde Su Lugar" (Ezequiel 3:12)

מִמְּקוֹמוֹ mimekomó עסמ"ב, הברכה (למתק את ז' המלכים שמתו) הוּא Hu יִפֶן yifén
בְּרַחֲמָיו berajamav לְעַמּוֹ leamó הַמְיַחֲדִים hameyajadim שְׁמוֹ Shemó מהש ע"ה, ע"ב
בריבוע וקס"א ע"ה, אל שדי ע"ה עֶרֶב érev וָבֹקֶר vavóker בְּכָל bejol ב"ן, לכב יוֹם yom
ע"ה נגד, מזבח, זן, אל יהוה תָּמִיד tamid ע"ה קס"א קנ"א קמ"ג
אוֹמְרִים omrim פַּעֲמַיִם paamáyim בְּאַהֲבָה beahavá אחד, דאגה:

Medita en dedicar tu alma a la santificación del Santo Nombre y así como también en elevar tu *Neshamá* de *Neshamá*, mediante el Nombre ע"ב, a fin de que se convierta en *Mayin Dujrín* para *Zeir Anpín* y en elevar tu *Neshamá*, mediante el Nombre ס"ג, a fin de que se conviertan en *Mayin Mayin* para que Ellas puedan ser unificadas en *Ima* (**en *Shabat*:** *Zeir Anpín* en *Aba* y *Nukvá* en *Ima*) en el secreto de la Completa Unificación.

שְׁמַע Shemá ע' רבתי יִשְׂרָאֵל Yisrael יְהֹוָהאדניאהדונהי Adonai אֱלֹהֵינוּ Eloheinu ילה
יְהֹוָהאדניאהדונהי Adonai | אֶחָד ejad ד' רבתי ; אהבה, דאגה:
הוּא Hu אֱלֹהֵינוּ Eloheinu ילה. הוּא Hu אָבִינוּ avinu. הוּא Hu מַלְכֵּנוּ malquenu.
הוּא Hu מוֹשִׁיעֵנוּ moshienu. הוּא Hu יוֹשִׁיעֵנוּ yoshienu וְיִגְאָלֵנוּ veyigalenu
שֵׁנִית shenit. וְיַשְׁמִיעֵנוּ veyashmienu בְּרַחֲמָיו berajamav לְעֵינֵי leeinei ריבוע מ"ה
כָּל col ילי וְחַי jai כל וחי = אהיה אהיה יהוה, בינה ע"ה, וחיים לֵאמֹר lemor.
הֵן hen גָּאַלְתִּי gaalti אֶתְכֶם etjem אַחֲרִית ajarit כְּרֵאשִׁית quereshit
לִהְיוֹת lihyot לָכֶם lajem לֵאלֹהִים leElohim אהיה אדני ; ילה.
אֲנִי Aní אני יְהֹוָהאדניאהדונהי Adonai אֱלֹהֵיכֶם Eloheijem ילה:
וּבְדִבְרֵי uvedivrei קָדְשְׁךָ kodshaj כָּתוּב catuv לֵאמֹר lemor:
(זו"ן) יִמְלֹךְ yimloj קדוש ברוך ימלך ר"ת יב"ק, אלהים יהוה, אהיה אדני יהוה
יְהֹוָהאדניאהדונהי Adonai לְעוֹלָם leolam ריבוע ס"ג ו' אותיות דס"ג אֱלֹהַיִךְ Eloháyij ילה
צִיּוֹן Tsiyón יוסף, ו' הויות, קנאה לְדֹר ledor וָדֹר vador רי"ו ; ר"ת אצלו (מלכות אצ"ל ז"א - ו)
הַלְלוּיָהּ haleluyá אלהים, אהיה אדני ; ללה:

Desde Su lugar, Él se puede volver con compasión a Su nación, la cual, de noche y de mañana, dos veces cada día, proclama con constancia la Unidad de Su Nombre, diciendo con amor: "Escucha, Israel, el Señor es nuestro Dios, el Señor es Uno" (Deuteronomio 6:4). Él es nuestro Dios. Él es nuestro Padre. Él es nuestro Rey. Él es nuestro Salvador. Él nos salvará y nos redimirá de nuevo y nos dejará escuchar, a través de Su compasión, a los ojos de todos los vivientes, y dirá: He aquí que Yo los he redimido tanto en tiempos posteriores como en tiempos anteriores, para ser un Dios para ustedes. Yo soy el Señor, su Dios. Y en Tus Sagradas Escrituras, lo siguiente está escrito: "El Señor reinará por siempre, tu Dios, Sión, de una generación a la otra, ¡aleluya!" (Salmos 146:10).

LA TERCERA BENDICIÓN

Esta bendición nos conecta con Yaakov, la Columna Central y el poder de la restricción. Yaakov es nuestro canal para conectar la Misericordia con el Juicio. Al restringir nuestro comportamiento reactivo, estamos deteniendo nuestro Deseo de Recibir para Nosotros Mismos. Yaakov también nos da el poder para equilibrar nuestros actos de Misericordia y Juicio hacia otras personas en nuestra vida.

Tiféret* que se convierte en *Dáat (14 palabras).

אַתָּה Atá קָדוֹשׁ kadosh וְשִׁמְךָ veShimjá קָדוֹשׁ kadosh ר"ת = אור, רז, אין סוף•

וּקְדוֹשִׁים ukdoshim בְּכָל־ bejol ב"ן, לכב יוֹם yom ע"ה נגד, מזבח, זן, אל יהוה

יְהַלְלוּךָ yehaleluja סֶּלָה sela:•

אה"ה יהו אלף הא יוד הא (en *Shabat*: מצפצ)

בָּרוּךְ Baruj אַתָּה Atá יְהֹוָ‌אדהי(יאהדונהי)יאהדונהי Adonai

הָאֵל haEl לאה ; ייא"י (מילוי דס"ג) הַקָּדוֹשׁ hakadosh י"פ מ"ה (יוד הא ואו הא):•

Medita aquí en el Nombre: יאהדונהי, ya que puede ayudar a eliminar la ira.

LA BENDICIÓN DEL MEDIO

La cuarta bendición nos conecta con el verdadero poder de *Sucot* y *Simjat Torá*. *Sucot* y *Simjat Torá* son la semilla para todo un año de misericordia y felicidad. Así como la semilla de una manzana engendra un manzano, una semilla negativa engendra un año negativo. De la misma manera, una semilla positiva genera un año positivo. *Sucot* y *Simjat Torá son* nuestra oportunidad de escoger la semilla que deseamos sembrar para nuestro próximo año. El poder de las letras en esta bendición radica en su capacidad de ayudarnos a escoger automáticamente la semilla correcta que necesitamos y no necesariamente la semilla que queremos.

אַתָּה Atá בְּחַרְתָּנוּ vejartanu מִכָּל micol ילי הָעַמִּים haamim•

אָהַבְתָּ ahavta אוֹתָנוּ otanu וְרָצִיתָ veratsita בָּנוּ banu•

וְרוֹמַמְתָּנוּ veromamtanu מִכָּל micol ילי הַלְשׁוֹנוֹת haleshonot•

וְקִדַּשְׁתָּנוּ vekidashtanu בְּמִצְוֹתֶיךָ bemitsvoteja• וְקֵרַבְתָּנוּ vekeravtanu

מַלְכֵּנוּ malquenu לַעֲבוֹדָתֶךָ laavodateja• וְשִׁמְךָ veShimjá הַגָּדוֹל hagadol

להוז ; ועם ד' אותיות = מבה, יזל, אום וְהַקָּדוֹשׁ vehakadosh עָלֵינוּ aleinu קָרָאתָ karata:•

LA TERCERA BENDICIÓN

Tú eres Santo y Santo es Tu Nombre, y los seres santos te alaban día a día,
porque Tú eres Dios, el Rey Santo, Sela. Bendito eres Tú, Señor, el Santo Dios.

LA BENDICIÓN DEL MEDIO

Tú nos has elegido entre todas las naciones. Tú nos has amado y has encontrado favor entre nosotros. Tú nos has exaltado sobre todas las lenguas y Tú nos has santificado con tus preceptos. Tú nos acercaste, Rey nuestro, a Tu servicio y proclamaste sobre nosotros Tu gran y Santo Nombre.

וַתִּתֶּן vatitén ב"פ כהת לָנוּ lanu אלהים, אהיה אדני יְהֹוָהאדניאהדונהי Adonai

אֱלֹהֵינוּ Eloheinu ילה בְּאַהֲבָה beahavá אחד, דאגה (En *Shabat* agrega:

שַׁבָּתוֹת shabatot לִמְנוּחָה limnujá ו (u מוֹעֲדִים moadim לְשִׂמְחָה lesimjá.

חַגִּים jaguim וּזְמַנִּים uzmanim לְשָׂשׂוֹן lesasón. אֶת et

יוֹם yom ע"ה נגד, מזבח, זן, אל יהוה (En *Shabat* agrega: הַשַּׁבָּת haShabat הַזֶּה hazé והו.

וְאֶת veet יוֹם yom ע"ה נגד, מזבח, זן, אל יהוה)

(En *Sucot* di: וְחַג jag הַסֻּכּוֹת haSucot הַזֶּה hazé).

(En *Simjat Torá* di: שְׁמִינִי Shminí וְחַג jag עֲצֶרֶת Atséret הַזֶּה hazé).

אֶת et יוֹם yom ע"ה נגד, מזבח, זן, אל יהוה (En *Jol Hamoed* omitimos la palabra "*tov*": טוֹב tov והו)

מִקְרָא mikrá קֹדֶשׁ kódesh הַזֶּה hazé והו. זְמַן zemán שִׂמְחָתֵנוּ simjatenu.

בְּאַהֲבָה beahavá אחד, דאגה מִקְרָא mikrá קֹדֶשׁ kódesh.

זֵכֶר zéjer לִיצִיאַת litsiat מִצְרָיִם Mitsráyim מצר.

אֱלֹהֵינוּ Eloheinu ילה וֵאלֹהֵי veElohei לכב; מילוי ע"ב, דמב; ילה אֲבוֹתֵינוּ avoteinu

מִפְּנֵי mipnei חֲטָאֵינוּ jataeinu גָּלִינוּ galinu מֵאַרְצֵנוּ meartsenu.

וְנִתְרַחַקְנוּ venitrajaknu מֵעַל meal עלם אַדְמָתֵנוּ admatenu. וְאֵין veein

אֲנַחְנוּ anajnu יְכוֹלִים yejolim לַעֲלוֹת laalot וְלֵרָאוֹת veleraot

וּלְהִשְׁתַּחֲוֹת ulehishtajavot לְפָנֶיךָ lefaneja ס"ג מ"ה ב"ן בְּבֵית beveit ב"פ ראה

בְּחִירָתָךְ bejirataj בִּנְוֵה binvé הֲדָרָךְ hadaraj ב"פ יב"ק, קס"א ס"ג

בַּבַּיִת babáyit ב"פ ראה הַגָּדוֹל hagadol להח; עם ד' אותיות = מבה, יזל, אום

וְהַקָּדוֹשׁ vehakadosh שֶׁנִּקְרָא shenikrá שִׁמְךָ Shimjá עָלָיו alav מִפְּנֵי mipnei

הַיָּד hayad והו שֶׁנִּשְׁתַּלְּחָה shenishtaljá בְּמִקְדָּשָׁךְ bemikdashaj:

---

*Y puedas darnos Tú, Señor, nuestro Dios con amor (***en Shabat agrega***: Shabatot para descanso y) festividades para júbilo, festivales y tiempos de regocijo este día (***en Shabat agrega:*** de Shabat y este día)*
(**en Sucot:** *de Sucot*) (**en Simjat Torá:** *de Shminí, la festividad de Atséret*)
y este buen día de Santa Convocatoria; el tiempo de nuestra alegría.
con amor, una convocatoria Santa,recuerdo de la salida del Egipto.
Nuestro Dios, Dios de nuestros padres, por motivo de nuestros pecados, fuimos exiliados de nuestra tierra y fuimos distanciados de nuestro suelo. Y no podemos venir a peregrinar, ser vistos por Ti e inclinarnos ante Ti, en tu casa de preferencia, Tu casa de gloria, la gran y Santa casa llamada en Tu Nombre, debido a la mano que destruyó Tu Templo.

YEHÍ RATSÓN

Esta oración nos conecta con el deseo de ver reconstruido el Templo Sagrado. A pesar de que, según la Kabbalah, el templo todavía existe a nivel espiritual, la estructura física no está; esto deja incompleto a nuestro mundo. Esta oración nos ayuda a poner en marcha y acelerar la construcción final del templo físico.

יְהִי yehí רָצוֹן ratsón מִלְּפָנֶיךָ milfaneja יְהֹוָאדהנויאהדונהי Adonai

אֱלֹהֵינוּ Eloheinu ילה וֵאלֹהֵי veElohei לכב; מילוי ע"ב, דמב; ילה אֲבוֹתֵינוּ avoteinu♦

מֶלֶךְ Mélej רַחֲמָן rajamán♦ שֶׁתָּשׁוּב shetashuv וּתְרַחֵם uterajem ג"פ רי"ו; אברהם,

ו"פ אל, רי"ו ול"ב נתיבות החכמה, רמ"ח (איברים), עסמ"ב וט"ז אותיות פשוטות עָלֵינוּ aleinu♦

וְעַל veal מִקְדָּשְׁךָ mikdashjá בְּרַחֲמֶיךָ berajameja הָרַבִּים harabim♦

וְתִבְנֵהוּ vetivnehú מְהֵרָה meherá♦ וּתְגַדֵּל utegadel כְּבוֹדוֹ quevodó♦

אָבִינוּ avinu♦ מַלְכֵּנוּ malquenu♦ אֱלֹהֵינוּ Eloheinu ילה♦ גַּלֵּה galé כְּבוֹד quevod

מַלְכוּתְךָ maljutjá עָלֵינוּ aleinu מְהֵרָה meherá♦ וְהוֹפַע vehofá

וְהִנָּשֵׂא vehinasé עָלֵינוּ aleinu לְעֵינֵי leeinei ריבוע מ"ה כָּל col ילי

חָי jai כל חי = חיים, אהיה אהיהיהוה, בינה ע"ה♦ וְקָרֵב vekarev פְּזוּרֵינוּ pezureinu

מִבֵּין mibein הַגּוֹיִם hagoyim♦ וּנְפוּצוֹתֵינוּ unefutsoteinu כַּנֵּס canés

מִיַּרְכְּתֵי miyarquetei אָרֶץ árets♦ וַהֲבִיאֵנוּ vahavienu יְהֹוָאדהנויאהדונהי Adonai

אֱלֹהֵינוּ Eloheinu ילה לְצִיּוֹן leTsiyón יוסף, ו' הויות, קנאה עִירְךָ iraj בְּרִנָּה beriná♦

וְלִירוּשָׁלַיִם velirushaláyim עִיר ir ערי, מנצפך, סנדלפון מִקְדָּשְׁךָ mikdashjá

בְּשִׂמְחַת besimjat עוֹלָם olam♦ אָנָּא aná ב"ן, לכב אֱלֹהֵינוּ Eloheinu ילה

וְשָׁם vesham נַעֲשֶׂה naasé לְפָנֶיךָ lefaneja ס"ג מ"ה ב"ן אֶת et קָרְבְּנוֹת korbenot

חוֹבוֹתֵינוּ jovoteinu♦ תְּמִידִים temidim כְּסִדְרָם quesidram♦ וּמוּסָפִים umusafim

כְּהִלְכָתָם quehiljatam♦ (**En días de semana decimos:** אֶת et מוּסַף musaf יוסף)

Que sea Tu voluntad, Señor, nuestro Dios, Dios de nuestros antepasados, Rey compasivo, que Tú de nuevo tengas misericordia de nosotros y de Tu Santuario, en Tu abundante compasión, y puedas reconstruirlo prontamente y hagas grande su gloria. Nuestro Padre, nuestro Rey, nuestro Dios, revela la gloria de Tu Reino sobre nosotros prontamente, y aparece y sé exaltado sobre nosotros, ante los ojos de todo ser viviente. Acerca a los dispersos de entre las naciones, y reúne a nuestros dispersos desde los confines de la Tierra. Y tráenos, Señor, nuestro Dios, a Sión, Tu ciudad, con alegres cánticos, y a Jerusalén, ciudad de Tu Santuario, con regocijo eterno. Por favor, Dios nuestro; y ahí realizaremos ante Ti los sacrificios obligatorios: las ofrendas diarias en el orden adecuado y las ofrendas de Musaf según los estatutos.

(**en días de semana decimos:** *Las ofrendas de Musaf*)

(En *Shabat* decimos: אֶת et מוּסְפֵי musfei יוֹם yom ע"ה נגד, מזבח, זן, אל יהוה

הַשַּׁבָּת haShabat הַזֶּה hazé והו. וְאֵת (veet יוֹם yom ע"ה נגד, מזבח, זן, אל יהוה

(En *Sucot* di: וְחַג jag הַסֻּכּוֹת haSucot הַזֶּה hazé).

(En *Simjat Torá* di: וְחַג jag שְׁמִינִי Shminí עֲצֶרֶת Atséret הַזֶּה hazé).

אֶת et יוֹם yom ע"ה נגד, מזבח, זן, אל יהוה (En *Jol Hamoed* omitimos la palabra "*tov*": טוֹב tov והו)

מִקְרָא mikrá קֹדֶשׁ kódesh הַזֶּה hazé והו. נַעֲשֶׂה naasé

וְנַקְרִיב venakriv לְפָנֶיךָ lefaneja ס"ג מ"ה ב"ן בְּאַהֲבָה beahavá אחד, דאגה

כְּמִצְוַת quemitsvat רְצוֹנָךְ retsonaj כְּמוֹ quemó שֶׁכָּתַבְתָּ shecatavta

עָלֵינוּ aleinu בְּתוֹרָתָךְ betorataj עַל al יְדֵי yedei

מֹשֶׁה Moshé מהש, ע"ב בריבוע וקס"א, אל שדי, ד"פ אלהים ע"ה עַבְדָּךְ avdeja פוי, אל יהוה:

אֱלֹהֵינוּ Eloheinu ילה וֵאלֹהֵי veElohei לכב; מילוי ע"ב, דמב; ילה אֲבוֹתֵינוּ avoteinu,

מֶלֶךְ Mélej רַחֲמָן rajamán רַחֵם rajem אברהם, וו"פ אל, רי"ו ול"ב נתיבות החכמה, רמ"ח

(איברים), עסמ"ב וט"ז אותיות פשוטות עָלֵינוּ aleinu. טוֹב tov והו וּמֵטִיב umetiv

הִדָּרֵשׁ hidaresh לָנוּ lanu אלהים, אדני אהיה. שׁוּבָה shuvá הוש עָלֵינוּ aleinu

בַּהֲמוֹן bahamón רַחֲמֶיךָ rajameja. בִּגְלַל biglal אָבוֹת avot שֶׁעָשׂוּ sheasú

רְצוֹנֶךָ retsoneja. בְּנֵה bené בֵיתְךָ veitjá ב"פ ראה כְּבַתְּחִלָּה quevatejilá.

כּוֹנֵן conén כוק בֵּית beit ב"פ ראה מִקְדָּשְׁךָ mikdashjá עַל al מְכוֹנוֹ mejonó.

הַרְאֵנוּ harenu בְּבִנְיָנוֹ bevinyanó. שַׂמְּחֵנוּ samjenu בְּתִקּוּנוֹ betikunó.

וְהָשֵׁב vehashev שְׁכִינָתְךָ shjinatjá לְתוֹכוֹ letojó, וְהָשֵׁב vehashev

כֹּהֲנִים Cohanim לַעֲבוֹדָתָם laavodatam, וּלְוִיִּם uLeviyim לְדוּכָנָם ledujanam

---

(**en Shabat decimos:** *Las ofrendas de Musaf de este día de Shabat y de) este día*
(**en Sucot:** *de Sucot)* (**en Simjat Torá:** *de Shminí, la festividad de Atséret*)
El (**en Jol Hamoed omitimos esta palabra:** *buen*) *día de Santa Convocatoria.*
Prepararemos y ofreceremos ante Ti, con amor, se acuerdo con el mandamiento de Tu voluntad,
como Tú has escrito para nosotros en Tu Torá, por medio de Moshé, Tu siervo.
Nuestro Dios y el Dios de nuestros padres,

Rey compasivo, ten misericordia de nosotros. Bueno y Benévolo, búscanos. Regresa a nosotros con Tu magna compasión. Por nuestros padres quienes obedecieron Tu voluntad. Construye Tu casa como antes. Y regresa el Templo a su lugar. Muéstranos su reconstrucción. Permítenos ser felices con su restauración. Trae a Tu Shejiná y regresa a los cohanim a sus funciones, a los levitas a su podio,

Yisrael יִשְׂרָאֵל vehashev וְהָשֵׁב •ulezimram וּלְזִמְרָם leshiram לְשִׁירָם

veneraé וְנֵרָאֶה naalé נַעֲלֶה vesham וְשָׁם •linveihem לִנְוֵיהֶם

beshalosh בְּשָׁלֹשׁ ב"ן, מ"ה ס"ג lefaneja לְפָנֶיךָ venishtajavé וְנִשְׁתַּחֲוֶה

•veshaná וְשָׁנָה shaná שָׁנָה אדני יה bejol בְּכָל regaleinu רְגָלֵינוּ peamei פַּעֲמֵי

peamim פְּעָמִים shalosh שָׁלוֹשׁ :baTorá בַּתּוֹרָה cacatuv כַּכָּתוּב

et אֶת zejurjá זְכוּרְךָ ילי jol כָּל ריו yeraé יֵרָאֶה bashaná בַּשָּׁנָה

ילה Eloheja אֱלֹהֶיךָ Adonai אדני יאהדונהי יְהֹוָה בינה חכמה penei פְּנֵי

haMatsot הַמַּצּוֹת beJag בְּחַג yivjar יִבְחָר asher אֲשֶׁר bamakom בַּמָּקוֹם

veló וְלֹא haSucot הַסֻּכּוֹת uveJag וּבְחַג haShavuot הַשָּׁבוּעוֹת uveJag וּבְחַג

:reikam רֵיקָם Adonai אדני יאהדונהי יְהֹוָה בינה חכמה penei פְּנֵי et אֶת ריו yeraé יֵרָאֶה

quevircat כְּבִרְכַּת yadó יָדוֹ quematnat כְּמַתְּנַת ish אִישׁ

:laj לָךְ natán נָתַן asher אֲשֶׁר ילה Eloheja אֱלֹהֶיךָ Adonai אדני יאהדונהי יְהֹוָה

•ילה Eloheinu אֱלֹהֵינוּ Adonai אדני יאהדונהי יְהֹוָה vehasienu וְהַשִּׂיאֵנוּ

ע"ה בינה ,יהוה אהיה אהיה lejayim לְחַיִּים moadeja מוֹעֲדֶיךָ bircat בִּרְכַּת et אֶת

ratsita רָצִיתָ caasher כַּאֲשֶׁר •uveshalom וּבְשָׁלוֹם besimjá בְּשִׂמְחָה

tevarjenu תְּבָרְכֵנוּ quen כֵּן •levarjenu לְבָרְכֵנוּ veamarta וְאָמַרְתָּ

:sela סֶלָה

MEKADESH YISRAEL VEHAZMANIM (LOS TIEMPOS)

ילה ; דמב ,ע"ב מילוי ; לכב veElohei וֵאלֹהֵי ילה Eloheinu אֱלֹהֵינוּ :En *Shabat* agrega)

(vimnujateinu בִּמְנוּחָתֵינוּ na נָא retsé רְצֵה avoteinu אֲבוֹתֵינוּ

---

con sus canciones y cánticos. Regresa a Israel a su lugar de morada. Ahí llegaremos a postrarnos ante Ti, cada año, durante las tres peregrinaciones. Como está dicho en la Torá: "Tres veces al año todas sus remembranzas verán el rostro del Señor, su Dios, en Su lugar de preferencia durante la festividad de las Matsot, la festividad de Shavuot y la festividad de Sucot, y nadie debería ver el rostro del señor con las manos vacías. Cada persona tendrá un presente bendecido por lo que el Señor, su Dios, les ha dado" (Deuteronomio 16:16-17). *Y entréganos, Señor, nuestro Dios, Tu bendición de Tus festividades, para una vida feliz y pacífica. Como Tú deseas y dices que nos bendices, así nos bendecirás, Sela.*

MEKADESH YISRAEL VEHAZMANIM (LOS TIEMPOS)

(**en Shabat:** *Dios nuestro y el Dios de nuestros antepasados, por favor, desea nuestro reposo).*

קַדְּשֵׁנוּ kadeshenu בְּמִצְוֹתֶיךָ vemitsvoteja• תֵּן ten וְחֶלְקֵנוּ jelkenu

בְּתוֹרָתָךְ vetorataj• שַׂבְּעֵנוּ sabenu מִטּוּבָךְ mituvaj לאו•

שַׂמֵּחַ saméaj נַפְשֵׁנוּ nafshenu בִּישׁוּעָתָךְ bishuataj•

וְטַהֵר vetaher לִבֵּנוּ libenu לְעָבְדְּךָ leovdejá פוי, אל יהוה בֶּאֱמֶת veemet

אהיה פעמים אהיה, ז"פ ס"ג• וְהַנְחִילֵנוּ vehanjilenu יְהֹוָהאדניאהדונהי Adonai

אֱלֹהֵינוּ Eloheinu ילה (En Shabat agrega: בְּאַהֲבָה beahavá אחד, דאגה

וּבְרָצוֹן uveratsón מהש ע"ה, ע"ב בריבוע וקס"א ע"ה, אל שדי) בְּשִׂמְחָה vesimjá

וּבְשָׂשׂוֹן uvesasón (En Shabat agrega: שַׁבָּתוֹת shabatot וּ u) מוֹעֲדֵי moadei

קָדְשֶׁךָ kodshejá, וְיִשְׂמְחוּ veyismejú בְךָ vejá כָּל col ילי יִשְׂרָאֵל Yisrael

מְקַדְּשֵׁי mekadshei שְׁמֶךָ Shemeja• בָּרוּךְ Baruj אַתָּה Atá

יְהֹוָהאדניאהדונהי Adonai

אהיה יהו אלף הה יוד הה (en Shabat: יה אדני)

מְקַדֵּשׁ mekadesh (En Shabat agrega: הַשַּׁבָּת haShabat וְ ve) יִשְׂרָאֵל Yisrael

וְהַזְּמַנִּים vehazemanim:

LAS TRES BENDICIONES FINALES

A través del mérito de Moshé, Aharón y Yosef, quienes son nuestros canales para las últimas tres bendiciones, somos capaces de hacer descender toda la energía espiritual que despertamos con nuestras oraciones y bendiciones.

LA QUINTA BENDICIÓN

Durante esta bendición, que se refiere a Moshé, siempre debemos meditar en tratar de saber exactamente qué quiere Dios de nosotros en nuestra vida, como lo indica la frase: "*Que sea la voluntad de Dios*". Estamos pidiéndole a Dios que nos guíe hacia el trabajo que vinimos a hacer en esta Tierra. El Creador no puede aceptar sólo el trabajo que queremos hacer, debemos llevar a cabo el trabajo que estamos destinados a hacer.

---

*Santifícanos con Tus mandamientos y sitúa nuestro destino en Tu Torá, y sácianos con Tu benevolencia y alegra nuestros espíritus con Tu salvación, y purifica nuestro corazón para servirte verdaderamente. Y alegra nuestros espíritus con Tu salvación, y purifica nuestro corazón para servirte verdaderamente. Y otórganos, Señor, Dios nuestro, (***en Shabat:** *con amor y gracia,) con felicidad y dicha, (***en Shabat:** *Shabatot y) las festividades, y todo Israel, quienes santifican Tu Nombre, estará regocijado contigo. Bendito eres Tú, Señor, que santificas (***en Shabat:** *el Shabat) Israel y los Tiempos.*

Nétsaj

Medita en el Deseo Celestial (*Kéter*) que es llamado *Métsaj Haratsón* (la Frente del Deseo).

רְצֵה retsé אלף למד הה יוד מם

Aquí medita en transformar el infortunio y la tragedia (צרה) en deseo y aceptación (רצה).

יְהֹוָהאדניאהדונהי Adonai אֱלֹהֵינוּ Eloheinu ילה בְּעַמְּךָ beameja יִשְׂרָאֵל Yisrael

וְלִתְפִלָּתָם velitfilatam שְׁעֵה sheé. וְהָשֵׁב vehashev הָעֲבוֹדָה haavodá

לִדְבִיר lidvir רי"ו בֵּיתֶךָ beiteja ב"פ ראה. וְאִשֵּׁי veishei יִשְׂרָאֵל Yisrael

וּתְפִלָּתָם utfilatam מְהֵרָה meherá בְּאַהֲבָה beahavá אוזר, דאגה

תְּקַבֵּל tekabel בְּרָצוֹן beratsón מהש ע"ה, ע"ב בריבוע וקס"א ע"ה, אל שדי ע"ה.

וּתְהִי utehí לְרָצוֹן leratsón מהש ע"ה, ע"ב בריבוע וקס"א ע"ה, אל שדי ע"ה

תָּמִיד tamid ע"ה קס"א קנ"א קמ"ג עֲבוֹדַת avodat יִשְׂרָאֵל Yisrael עַמֶּךָ ameja:

וְאַתָּה veAtá בְּרַחֲמֶיךָ verajameja הָרַבִּים harabim.

תַּחְפֹּץ tajpots בָּנוּ banu וְתִרְצֵנוּ vetirtsenu

וְתֶחֱזֶינָה vetejezena עֵינֵינוּ eineinu ריבוע מ"ה בְּשׁוּבְךָ beshuvjá

לְצִיּוֹן leTsiyón יוסף, ו' הויות, קנאה בְּרַחֲמִים berajamim מצפצ, אלהים דיודין, י"פ ייי:

בָּרוּךְ Baruj אַתָּה Atá

אהיה יהו אלף למד הי יוד מם (en *Shabat*: אל)

יְהֹוָהאדניאהדונהי Adonai

הַמַּחֲזִיר hamajazir שְׁכִינָתוֹ Shejinató לְצִיּוֹן leTsiyón יוסף, ו' הויות, קנאה:

LAS ÚLTIMAS TRES BENDICIONES

LA QUINTA BENDICIÓN

Encuentra gracia, Señor, nuestro Dios, en Tu pueblo, Israel y oye su oración.

Restaura el culto en el santuario interno de Tu Templo. Acepta las ofrendas de Israel y sus oraciones con complacencia, prontamente y con amor. Que siempre sea agradable a Ti, el culto de Israel, Tu Nación. Y Tú en Tu gran compasión, te deleites en nosotros y estés agradado con nosotros. Puedan nuestros ojos contemplar Tu retorno a Sión con compasión. Bendito eres Tú, Señor, que devuelve Su Shejiná a Sión.

LA SEXTA BENDICIÓN

Esta bendición es nuestro agradecimiento. Kabbalísticamente, el mayor "agradecimiento" que le podemos dar a nuestro Creador es hacer exactamente lo que estamos destinados a hacer en términos de nuestro trabajo espiritual.

Hod

Inclina todo tu cuerpo en "*modim*" y enderézate en "*Adonai*".

מוֹדִים modim מאה ברכות שתיקן דוד לאמרם כל יום אֲנַחְנוּ anajnu לָךְ laj

שֶׁאַתָּה sheAtá הוּא Hu יְהֹוָאדהנויאהדונהי Adonai (וג) אֱלֹהֵינוּ Eloheinu ילה

וֵאלֹהֵי veElohei לכב ; מילוי ע״ב, דמב ; ילה אֲבוֹתֵינוּ avoteinu לְעוֹלָם leolam

ריבוע ס״ג וי׳ אותיות דס״ג וָעֶד vaed• צוּרֵנוּ tsurenu צוּר tsur אלהים דההין ע״ה

חַיֵּינוּ jayeinu וּמָגֵן umaguén ג״פ אל (ייא״י מילוי דס״ג) ; ר״ת מיכאל גבריאל נוריאל

יִשְׁעֵנוּ yishenu אַתָּה Atá הוּא Hu• לְדוֹר ledor וָדוֹר vador ריי״ נוֹדֶה nodé

לְּךָ lejá וּנְסַפֵּר unesaper תְּהִלָּתֶךָ tehilateja• עַל־ al חַיֵּינוּ jayeinu

הַמְּסוּרִים hamesurim בְּיָדֶךָ beyadeja• וְעַל veal נִשְׁמוֹתֵינוּ nishmoteinu

הַפְּקוּדוֹת hapekudot לָךְ laj• וְעַל־ veal נִסֶּיךָ niseja שֶׁבְּכָל shebejol

ב״ן, לכב יוֹם yom ע״ה נגד, מזבח, זן, אל יהוה עִמָּנוּ imanu ריבוע ס״ג, קס״א ע״ה וד׳ אותיות

וְעַל veal נִפְלְאוֹתֶיךָ nifleoteja וְטוֹבוֹתֶיךָ vetovoteja שֶׁבְּכָל shebejol

ב״ן, לכב עֵת et• עֶרֶב érev וָבֹקֶר vavóker וְצָהֳרָיִם vetsahoráyim• הַטּוֹב hatov

והו כִּי־ qui לֹא־ lo כָלוּ jalú רַחֲמֶיךָ rajameja• הַמְרַחֵם hamerajem

אברהם, וז״פ אל, רי״ו ול״ב נתיבות החכמה, רמ״ח (אברים), עסמ״ב וט״ז אותיות פשוטות כִּי־ qui לֹא lo

תַמּוּ tamu חֲסָדֶיךָ jasadeja כִּי qui מֵעוֹלָם meolam קִוִּינוּ kivinu לָךְ laj•:

LA SEXTA BENDICIÓN

Nosotros te damos gracias a Ti, porque eres Tú, Señor, quien es nuestro Dios y el Dios de nuestros padres, por siempre y por toda la eternidad. Tú eres nuestra Fortaleza, la Fortaleza de nuestras vidas y el Escudo de nuestra salvación. De una generación a otra, te daremos gracias a Ti y cantaremos Tu alabanza, por nuestras vidas que están en Tus Manos, por nuestras almas que están a Tu cuidado, por Tus milagros que diariamente están con nosotros y por Tus maravillas y Tus favores que están con nosotros en todo momento: de noche, de mañana y de tarde. Tú eres bueno, porque Tu compasión nunca se ha acabado. Tú eres el misericordioso, porque Tu bondad nunca ha cesado, porque siempre hemos puesto nuestras esperanzas en Ti.

MODIM DERABANÁN

Esta oración es recitada por la congregación en la repetición cuando el *jazán* dice "*modim*".

En esta sección hay 44 palabras, que es el mismo valor numérico que el Nombre: ריבוע אהיה (א אה אהי אהיה).

מוֹדִים modim מאה ברכות שתיקן דוד לאמרם כל יום אֲנַחְנוּ anajnu לָךְ laj
שָׁאַתָּה sheAtá הוּא Hu יְהֹוָהאדהויאהדונהי Adonai אֱלֹהֵינוּ Eloheinu ילה
וֵאלֹהֵי veElohei לכב ; מילוי ע"ב, דמב ; ילה אֲבוֹתֵינוּ avoteinu
אֱלֹהֵי Elohei מילוי ע"ב, דמב ; ילה כָל jol ילי בָּשָׂר basar. יוֹצְרֵנוּ yotsrenu
יוֹצֵר yotser בְּרֵאשִׁית bereshit. בְּרָכוֹת brajot וְהוֹדָאוֹת vehodaot
לְשִׁמְךָ leShimjá הַגָּדוֹל haGadol להח ; עם ד' אותיות = מבה, יזל, אום
וְהַקָּדוֹשׁ vehakadosh עַל al שֶׁהֶחֱיִיתָנוּ shehejeyitanu וְקִיַּמְתָּנוּ vekiyamtanu.
כֵּן quen תְּחַיֵּינוּ tejayeinu וּתְחָנֵּנוּ utejonenu. וְתֶאֱסוֹף veteesof
גָּלֻיּוֹתֵינוּ galuyoteinu לְחַצְרוֹת lejatsrot קָדְשֶׁךָ kodshejá. לִשְׁמוֹר lishmor
חֻקֶּיךָ jukeja וְלַעֲשׂוֹת velaasot רְצוֹנְךָ retsonjá. וּלְעָבְדְּךָ uleovdejá
פוי, אל אדני בְּלֵבָב belevav בוכו שָׁלֵם shalem. עַל al שֶׁאֲנַחְנוּ sheanajnu
מוֹדִים modim לָךְ laj. בָּרוּךְ Baruj אֵל El ייא" (מילוי דס"ג) הַהוֹדָאוֹת hahodaot:

וְעַל veal כֻּלָּם culam יִתְבָּרַךְ yitbaraj וְיִתְרוֹמָם veyitromam
וְיִתְנַשֵּׂא veyitnasé תָּמִיד tamid ע"ה קס"א קנ"א קמ"ג שִׁמְךָ Shimjá
מַלְכֵּנוּ malquenu לְעוֹלָם leolam ריבוע ס"ג וי' אותיות דס"ג וָעֶד vaed.
וְכָל־ vejol ילי הַחַיִּים hajayim אהיה אהיה יהוה, בינה ע"ה יוֹדוּךָ yoduja סֶּלָה sela:

וִיהַלְלוּ vihalelú וִיבָרְכוּ vivarjú יהוה ריבוע יהוה ריבוע מ"ה
אֶת־ et שִׁמְךָ Shimjá הַגָּדוֹל hagadol להח ; עם ד' אותיות = מבה, יזל, אום

MODIM DERABANÁN

Nosotros te agradecemos, porque eres Tú Señor, nuestro Dios y el Dios de nuestros padres, el Dios de toda carne, nuestro Hacedor y el Creador de toda la creación. Bendiciones y gracias a Tu gran y Santo Nombre por darnos vida y por preservarnos. Que puedas Tú continuar dándonos vida, sé amable con nosotros y reúne nuestros exiliados en las cortes de Tu Santuario, para que podamos cumplir Tus leyes, hacer Tu voluntad y Te sirvamos con todo el corazón. Por esto te agradecemos. ¡Bendito sea el Dios de los agradecimientos!

Y por todas estas cosas, que Tu Nombre sea siempre bendecido, exultado y exaltado, nuestro Rey, por siempre y para siempre, y todo lo que vive te agradecerá, Sela. Y te alabarán y bendecirán Tu gran Nombre.

בֶּאֱמֶת beemet אהיה פעמים אהיה, ז"פ ס"ג לְעוֹלָם leolam ריבוע ס"ג ו' אותיות דס"ג

כִּי qui טוֹב tov והו ; כי טוב = יהוה, אהיה, אום, מבה, יזל.

הָאֵל haEl לאה ; ייא" (מילוי דס"ג) יְשׁוּעָתֵנוּ yeshuatenu

וְעֶזְרָתֵנוּ veezratenu סֶלָה sela. הָאֵל haEl לאה ; ייא" (מילוי דס"ג) הַטּוֹב hatov והו:

Flexiona tus rodillas en "*Baruj*", inclínate en "*Atá*" y enderézate en "*Adonai*".

אהיה יהו אלף למד הה יוד מם (*en Shabat*: אלהים)

בָּרוּךְ Baruj אַתָּה Atá יְהֹוָואַדֲנָי־אהדונהי Adonai (הי) הַטּוֹב hatov והו

שִׁמְךָ Shimjá וּלְךָ ulejá נָאֶה naé לְהוֹדוֹת lehodot ס"ת כהת, משיח בן דוד ע"ה:

Para la bendición de los *Cohanim*, ver la página 355.

LA BENDICIÓN FINAL

Estamos emanando la energía de paz para el mundo entero. También nos proponemos utilizar nuestras bocas sólo para el bien. Kabbalísticamente, el poder de las palabras y del habla es inimaginable. Esperamos usar este poder sabiamente, lo que tal vez es una de las tareas más difíciles de llevar a cabo.

Yesod

שִׂים sim שָׁלוֹם shalom

טוֹבָה tová אכא וּבְרָכָה uvrajá וְחַיִּים jayim אהיה אהיה יהוה, בינה ע"ה

חֵן jen מילוי דמ"ה בריבוע, מוחי וָחֶסֶד vajésed ע"ב, ריבוע יהוה

צְדָקָה tsedaká ע"ה ריבוע אלהים וְרַחֲמִים verajamim עָלֵינוּ aleinu

וְעַל־ veal כָּל־ col ילי ; עמם יִשְׂרָאֵל Yisrael עַמֶּךָ ameja

וּבָרְכֵנוּ uvarjenu אָבִינוּ avinu כֻּלָּנוּ culanu כְּאֶחָד queejad אהבה, דאגה

בְּאוֹר beor רז, א"ס פָּנֶיךָ paneja ס"ג מ"ה ב"ן כִּי qui בְאוֹר veor רז, א"ס

פָּנֶיךָ paneja ס"ג מ"ה ב"ן נָתַתָּ natata לָּנוּ lanu אלהים, אהיה אדני יְהֹוָואַדֲנָי־אהדונהי Adonai

אֱלֹהֵינוּ Eloheinu ילה תּוֹרָה Torá וְחַיִּים vejayim אהיה אהיה יהוה, בינה ע"ה.

---

sinceramente y para siempre, porque es bueno, el Dios de nuestra salvación y nuestra ayuda, Sela, el buen Dios. Bendito eres Tú, Señor, cuyo Nombre es bueno, y a Ti es propio dar gracias.

LA BENDICIÓN FINAL

Concede paz, bondad, bendiciones, vida, gracia, amabilidad, justicia y misericordia a nosotros y a todo Israel, Tu Pueblo. Bendícenos a todos como a uno solo, Padre nuestro, con la Luz de Tu Rostro, porque es con la Luz de Tu Rostro que Tú, Señor, nuestro Dios, nos has dado la Torá y la vida,

אַהֲבָה ahavá אחד, דאגה וָחֶסֶד vajésed ע״ב, ריבוע יהוה.
צְדָקָה tsedaká ע״ה ריבוע אלהים וְרַחֲמִים verajamim. בְּרָכָה brajá
וְשָׁלוֹם veshalom. וְטוֹב vetov והו בְּעֵינֶיךָ beeineja ע״ה קס״א ; ריבוע מ״ה
לְבָרְכֵנוּ levarjenu וּלְבָרֵךְ ulevarej אֶת et כָּל־ col ילי עַמְּךָ ameja
יִשְׂרָאֵל Yisrael בְּרוֹב־ berov י״פ אהיה עֹז oz וְשָׁלוֹם veshalom:

בָּרוּךְ Baruj אַתָּה Atá
אהיה יהו אלף למד הה יוד מם (*en Shabat*: מצפצ)
יְהֹוָהאדניאהדונהי Adonai

הַמְבָרֵךְ hamevarej אֶת et עַמּוֹ amó יִשְׂרָאֵל Yisrael
ר״ת = אלהים (אילהיוהם = יב״ק) בַּשָּׁלוֹם bashalom. אָמֵן Amén יאהדונהי.

YIHYÚ LERATSÓN

Hay 42 letras en el versículo en el secreto del *Aná Bejóaj*.

יִהְיוּ yihyú אל (ייא״י מילוי דס״ג) לְרָצוֹן leratsón מהש ע״ה, ע״ב בריבוע וקס״א ע״ה, אל שדי ע״ה
אִמְרֵי־ imrei פִי fi ר״ת אֶלֶף = אלף למד שין דלת יוד ע״ה וְהֶגְיוֹן vehegyón לִבִּי libí
לְפָנֶיךָ lefaneja ס״ג מ״ה ב״ן יְהֹוָהאדניאהדונהי Adonai צוּרִי tsurí וְגֹאֲלִי vegoalí:

ELOHAI NETSOR

אֱלֹהַי Elohai מילוי ע״ב, דמב ; ילה נְצוֹר netsor לְשׁוֹנִי leshoní מֵרָע merá.
וְשִׂפְתוֹתַי vesiftotai מִדַּבֵּר midaber ראה מִרְמָה mirmá. וְלִמְקַלְלַי velimkalelai
נַפְשִׁי nafshá תִדּוֹם tidom. וְנַפְשִׁי venafshá כֶּעָפָר queafar
לַכֹּל lacol יה אדני תִּהְיֶה tihyé. פְּתַח petaj לִבִּי libí בְּתוֹרָתֶךָ betorateja.

---

amor y amabilidad, justicia y misericordia, bendición y paz. Que sea grato a Tus Ojos bendecirnos y bendecir a Tu Nación, Israel, con abundante poder y con paz. Bendito eres Tú, Señor, que bendice a Su Pueblo, Israel, con paz, Amén.

YIHYÚ LERATSÓN

"Sean gratos ante Ti, Señor, mi Fortaleza y mi Redentor, los dichos de mi boca y los pensamientos de mi corazón" (Salmos 19:15).

ELOHAI NETSOR

Mi Dios, cuida mi lengua del mal y mis labios de decir falsedad. Que mi alma permanezca en silencio ante aquellos que me maldicen y permite que mi espíritu sea humilde ante todos, como el polvo. Abre mi corazón a Tu Torá

וְאַחֲרֵי veajarei מִצְוֹתֶיךָ mitsvoteja תִּרְדּוֹף tirdof נַפְשִׁי nafshí.

וְכָל־ vejol ילי הַקָּמִים hakamim עָלַי alai לְרָעָה leraá רהע. מְהֵרָה meherá

הָפֵר hafer עֲצָתָם atsatam וְקַלְקֵל vekalkel מַחְשְׁבוֹתָם majshevotam.

עֲשֵׂה asé לְמַעַן lemaan שְׁמָךְ. Shmaj. עֲשֵׂה asé לְמַעַן lemaan

יְמִינָךְ. yeminaj. עֲשֵׂה asé לְמַעַן lemaan תּוֹרָתָךְ. torataj. עֲשֵׂה asé

לְמַעַן lemaan קְדוּשָּׁתָךְ. kedushataj. ר״ת הפסוק = מ״ה יהוה לְמַעַן lemaan

יֵחָלְצוּן yejaltsún יְדִידֶיךָ yedideja ר״ת ילי הוֹשִׁיעָה hoshía יהוה וש״ע נהורין

יְמִינְךָ yeminjá וַעֲנֵנִי vaaneni (כתיב: ועננו) ר״ת אל (ייא״י מילוי דס״ג):

Antes de que recitemos el próximo verso ("*Yihyú leratsón*") tenemos una oportunidad de fortalecer la conexión con nuestra alma usando nuestro nombre. Cada persona tiene un versículo en la Torá que lo conecta con su nombre. O bien su nombre está en el versículo o la primera letra y última letra de nuestro nombre corresponden a la primera y última letra del versículo. Por ejemplo, el nombre Yehuda empieza con una *Yud* y termina con una *Hei*. Antes de terminar la *Amidá*, declaramos que nuestro nombre sea siempre recordado cuando nuestra alma abandone este mundo.

YIHYÚ LERATSÓN (EL SEGUNDO)

Hay 42 letras en el versículo en el secreto del *Aná Bejóaj*.

יִהְיוּ yihyú אל (ייא״י מילוי דס״ג) לְרָצוֹן leratsón מהש ע״ה, ע״ב בריבוע וקס״א ע״ה, אל שדי ע״ה

אִמְרֵי־ imrei פִּי fi ר״ת אֱלֶף = אלף למד שין דלת יוד ע״ה וְהֶגְיוֹן vehegyón לִבִּי libí

לְפָנֶיךָ lefaneja ס״ג מ״ה ב״ן יְהֹוָהאדנייאהדונהי Adonai צוּרִי tsurí וְגֹאֲלִי vegoalí:

---

y permite que mi corazón siga Tus mandamientos. Prontamente frustra los planes y daña los pensamientos de todos aquellos que se levantan contra mí para hacerme daño. Hazlo por la gloria de Tu Nombre. Haz esto por el bien de Tu Diestra. Haz esto por el mérito de Tu Torá. Haz esto por Tu santidad, "Que Tus amados sean rescatados. Sálvalos con Tu Diestra y contéstame" (Salmos 60:7).

YIHYÚ LERATSÓN (EL SEGUNDO)

"Sean gratos ante Ti, Señor,
mi Fortaleza y mi Redentor, los dichos de mi boca y los pensamientos de mi corazón" (Salmos 19:15).

OSÉ SHALOM

Da tres pasos hacia atrás;

עוֹשֶׂה osé שָׁלוֹם shalom

Izquierda
Te vuelves a la izquierda y dices:

בִּמְרוֹמָיו bimromav ר"ת ע"ב, ריבוע יהוה

הוּא Hu בְּרַחֲמָיו verajamav יַעֲשֶׂה yaasé

Derecha
Te vuelves a la derecha y dices:

שָׁלוֹם shalom עָלֵינוּ aleinu ר"ת ש"ע נהורין

Centro
Te alineas al centro y dices:

וְעַל veal כָּל־ col ילי ; עמם עַמּוֹ amó יִשְׂרָאֵל Yisrael

וְאִמְרוּ veimrú אָמֵן Amén יאהדונהי:

יְהִי yehí רָצוֹן ratsón מהש ע"ה, ע"ב בריבוע וקס"א ע"ה, אל שדי ע"ה מִלְּפָנֶיךָ milfaneja ס"ג מ"ה ב"ן יְהֹוָאדנהיאהדונהי Adonai אֱלֹהֵינוּ Eloheinu ילה וֵאלֹהֵי veElohei לכב ; מילוי ע"ב, דמב ; ילה אֲבוֹתֵינוּ avoteinu, שֶׁתִּבְנֶה shetivné בֵּית beit ב"פ ראה הַמִּקְדָּשׁ hamikdash בִּמְהֵרָה bimherá בְיָמֵינוּ veyameinu וְתֵן vetén חֶלְקֵנוּ jelkenu בְּתוֹרָתֶךָ vetorataj לַעֲשׂוֹת laasot חֻקֵּי jukei רְצוֹנָךְ retsonaj וּלְעָבְדָךְ uleovdaj פוי, אל אדני בְּלֵבָב belevav בוכו שָׁלֵם shalem.

Da tres pasos hacia delante.

OSÉ SHALOM

Él, que establece paz en Sus altos lugares, Él, en Su compasión, hará que la paz esté entre nosotros y sobre Su pueblo entero, Israel, y dirán: Amén.

Sea agradable ante Ti, Señor, nuestro Dios y Dios de nuestros antepasados, que puedas reconstruir rápidamente el santo Templo, en nuestros días, y otórganos participación en Tu Torá, para que podamos cumplir las leyes de Tu deseo y servirte con todo el corazón.

KADISH TITKABAL

יִתְגַּדַּל yitgadal וְיִתְקַדַּשׁ veyitkadash שׁדי ומילוי שׁדי ; י"א אותיות כמנין ו"ה

שְׁמֵיהּ Shmei (שׁם י"ה דע"ב) רַבָּא rabá קנ"א ב"ן, יהוה אלהים יהוה אדני,

מילוי קס"א וס"ג, מ"ה ברבוע וע"ב ע"ה ; ר"ת = ו"פ אלהים ; ס"ת = ג"פ יב"ק: אָמֵן Amén אידהנויה•

בְּעָלְמָא bealmá דִּי di בְרָא verá כִרְעוּתֵיהּ quirutei•

וְיַמְלִיךְ veyamlij מַלְכוּתֵיהּ maljutei• וְיַצְמַח veyatsmaj

פּוּרְקָנֵיהּ purkanei• וִיקָרֵב vikarev מְשִׁיחֵיהּ Meshijei: אָמֵן Amén אידהנויה•

בְּחַיֵּיכוֹן bejayeijón וּבְיוֹמֵיכוֹן uveyomeijón וּבְחַיֵּי uvejayei

דְכָל dejol יל"י בֵּית beit ב"פ ראה יִשְׂרָאֵל Yisrael בַּעֲגָלָא baagalá

וּבִזְמַן uvizmán קָרִיב kariv וְאִמְרוּ veimrú אָמֵן Amén: אָמֵן Amén אידהנויה•

La congregación y el *jazán* dicen lo siguiente:

Veintiocho palabras (hasta *bealmá*) y veintiocho letras (hasta *almayá*)

יְהֵא yehé שְׁמֵיהּ Shmei (שׁם י"ה דס"ג) רַבָּא rabá קנ"א ב"ן,

יהוה אלהים יהוה אדני, מילוי קס"א וס"ג, מ"ה ברבוע וע"ב ע"ה מְבָרַךְ mevaraj,

לְעָלַם lealam לְעָלְמֵי lealmei עָלְמַיָּא almayá• יִתְבָּרַךְ yitbaraj•

Siete palabras con seis letras cada una (שׁם בן מ"ב) y siete veces la letra *Vav* (שׁם בן מ"ב).

וְיִשְׁתַּבַּח veyishtabaj י"פ ע"ב יהוה אל אבג יתץ•

וְיִתְפָּאַר veyitpaar הי נו יה קרע שׂטן• וְיִתְרוֹמַם veyitromam וה כוזו נגד יכש•

וְיִתְנַשֵּׂא veyitnasé במוכסז בטר צתג• וְיִתְהַדָּר veyihadar כוזו יה וזקב טנע•

וְיִתְעַלֶּה veyitalé וה יוד ה יגל פזק• וְיִתְהַלָּל veyithalal א ואו הא שקו צית•

שְׁמֵיהּ Shmei (שׁם י"ה) דְּקוּדְשָׁא deKudshá בְּרִיךְ Verij הוּא Hu:

אָמֵן Amén אידהנויה•

KADISH TITKABAL

Glorificado y santificado sea Su gran Nombre (Amén). En el mundo que Él creó de acuerdo a Su voluntad, y pueda Su Reino reinar. Y pueda Él hacer que Su redención florezca y pueda Él acercar al Mesías (Amén). En tus vidas y en tus días y en la vida de toda la Casa de Israel, prontamente y en el futuro cercano, y dígase: Amén (Amén). Que Su gran Nombre sea bendito por siempre y por toda la eternidad. Bendito y alabado, y glorificado y exaltado, y ensalzado y honrado, y adorado y loado, sea el Nombre del Santo Bendito sea (Amén).

לְעֵלָּא leelá מִן min כָּל col יכ"י בִּרְכָתָא birjatá• שִׁירָתָא shiratá•

תֻּשְׁבְּחָתָא tishbejatá וְנֶחֱמָתָא venejamatá• דַּאֲמִירָן daamirán

בְּעָלְמָא bealmá וְאִמְרוּ veimrú אָמֵן Amén: אָמֵן Amén אידהנויה.

תִּתְקַבַּל titkabal צְלוֹתָנָא tselotaná וּבָעוּתָנָא uvautaná

עִם im צְלוֹתְהוֹן tselothón וּבָעוּתְהוֹן uvautehón דְּכָל dejol יכ"י

בֵּית beit ב"פ ראה יִשְׂרָאֵל Yisrael קֳדָם kadam אֲבוּנָא avuná

דְּבִשְׁמַיָּא devishmayá וְאִמְרוּ veimrú אָמֵן Amén: אָמֵן Amén אידהנויה•

יְהֵא yehé שְׁלָמָא shlamá רַבָּא rabá קנ"א ב"ן, יהוה אלהים יהוה אדני, מילוי קס"א וס"ג,

מ"ה ברבוע וע"ב ע"ה מִן min שְׁמַיָּא shmayá• וְחַיִּים jayim אהיה אהיה יהוה, בינה ע"ה

וְשָׂבָע vesavá וִישׁוּעָה vishuá וְנֶחָמָה venejamá וְשֵׁיזָבָא vesheizavá

וּרְפוּאָה urefuá וּגְאֻלָּה ugueulá וּסְלִיחָה uslijá וְכַפָּרָה vejapará

וְרֵיוַח vereivaj וְהַצָּלָה vehatsalá• לָנוּ lanu אלהים, אהיה אדני וּלְכָל ulejol יה אדני

עַמּוֹ amó יִשְׂרָאֵל Yisrael וְאִמְרוּ veimrú אָמֵן Amén: אָמֵן Amén אידהנויה.

Da tres pasos para atrás y di:

עוֹשֶׂה osé שָׁלוֹם shalom

בִּמְרוֹמָיו bimromav ע"ב, ריבוע יהוה• הוּא Hu בְּרַחֲמָיו berajamav

יַעֲשֶׂה yaasé שָׁלוֹם shalom עָלֵינוּ aleinu ר"ת ע"ע נהורין•

וְעַל veal כָּל col יכ"י ; עמם עַמּוֹ amó יִשְׂרָאֵל Yisrael וְאִמְרוּ veimrú אָמֵן Amén:

אָמֵן Amén אידהנויה•

Más allá de todas las bendiciones, himnos, alabanzas y palabras de consolación que jamás se dijeran en el mundo, y dígase: Amén (Amén). Sean aceptadas nuestras oraciones y súplicas, junto con las oraciones y las súplicas de toda la Casa de Israel, ante nuestro Padre en los Cielos, y dígase: Amén (Amén). Que haya paz abundante del Cielo; vida, satisfacción, salvación, consuelo, entrega, sanación, redención, perdón, expiación, comodidad y alivio para nosotros y para toda Su nación, Israel y dígase: Amén (Amén). Él, que establece paz en Sus Alturas, Él, en Su compasión, hará la paz sobre nosotros y sobre toda Su nación, Israel. Y dígase: Amén (Amén).

KAVÉ

Ahora conectamos con el mundo de la Acción, *Asiyá*. Durante esta oración sucede algo extraordinario. Ahora que hemos terminado todas nuestras conexiones espirituales de la mañana, queremos conservar toda la energía por la cual hemos trabajado arduamente, resguardándola y sellándola. *Kavé* nos trae de regreso a través de los Mundos Superiores de Acción (*Asiyá*), Formación (*Yetsirá*), Creación (*Briá*) y Emanación (*Atsilut*) hasta una dimensión conocida como *Arij Anpín* (Cara Larga). A partir de este plano espiritual, nos elevamos aún más arriba, más allá de las dimensiones de *Atik* (Anciano) y *Adam Kadmón* (Hombre Primordial), hasta llegar a la realidad de la Luz del Mundo Infinito. Este viaje repasa nuestro recorrido a través de los Mundos Superiores para asegurar que no dejemos aberturas a través de las cuales pueda entrar la negatividad.

En este punto, el Satán quiere evitar que cerremos estas aberturas, así que comienza a bombardearnos con sentimientos de impaciencia, y deseamos que las oraciones acaben pronto. Su objetivo es hacernos bajar la guardia y debilitar nuestra concentración durante esta etapa final para que dejemos una abertura a través de la cual él pueda entrar y sabotear nuestros esfuerzos y manchar nuestra Luz con energía negativa.

קַוֵּה kavé אֶל־ el יְהֹוָהאדניאהדונהי Adonai חֲזַק jazak פהל

וְיַאֲמֵץ veyaamets לִבֶּךָ libeja וְקַוֵּה vekavé אֶל־ el יְהֹוָהאדניאהדונהי Adonai:

אֵין ein קָדוֹשׁ Kadosh כַּיהֹוָהאדניאהדונהי caAdonai כִּי qui אֵין ein בִּלְתֶּךָ bilteja

וְאֵין veéin צוּר tsur אלהים ההין ע"ה כֵּאלֹהֵינוּ queEloheinu ילה: כִּי qui

מִי mi ילי אֱלוֹהַּ Elohá שם בן מ"ב מִבַּלְעֲדֵי mibaladei יְהֹוָהאדניאהדונהי Adonai

וּמִי umí ילי צוּר tsur אלהים ההין ע"ה זוּלָתִי zulatí אֱלֹהֵינוּ Eloheinu ילה:

Conexión con *Olam Asiyá* (Acción)

אֵין ein הה כֵּאלֹהֵינוּ queEloheinu ילה נוקבא.

אֵין ein וו כַּאדוֹנֵנוּ caAdonenu ז"א.

אֵין ein הה כְּמַלְכֵּנוּ queMalquenu אמא.

אֵין ein יוד כְּמוֹשִׁיעֵנוּ queMoshienu אבא:

KAVÉ

"Pon tus esperanzas en el Señor. Haz de tu corazón uno fuerte y valiente, y pon tus esperanzas en el Señor" (Salmos 27:14). *"No hay nadie tan Santo como el Señor, porque no hay nadie como Tú, ni hay Roca que se compare con nuestro Dios"* (I Samuel 2:2). *"¿Pues quién es Dios además del Señor y quién es una Roca a parte de nuestro Dios?"* (Salmos 18:32).

No hay ninguno como nuestro Dios. No hay ninguno como nuestro Señor.
No hay ninguno como nuestro Rey. No hay ninguno como nuestro Redentor.

Conexión con *Olam Yetsirá* (Formación)

מִי ילי mi הא כֵּאלֹהֵינוּ jeEloheinu ילה נוקבא.

מִי ילי mi ואו כַּאדוֹנֵנוּ jaAdonenu ז"א.

מִי ילי mi הא כְּמַלְכֵּנוּ jeMalquenu אמא.

מִי ילי mi יוד כְּמוֹשִׁיעֵנוּ jeMoshienu אבא:

Conexión con *Olam Briá* (Creación)

אין, מי, נודה ר"ת אמן = יאהדונהי – וזיבור ז"א ומלכות.

נוֹדֶה nodé הי לֵאלֹהֵינוּ leEloheinu ילה נוקבא.

נוֹדֶה nodé ואו לַאדוֹנֵנוּ laAdonenu ז"א.

נוֹדֶה nodé הי לְמַלְכֵּנוּ leMalquenu אמא.

נוֹדֶה nodé יוד לְמוֹשִׁיעֵנוּ leMoshienu אבא:

Conexión con *Olam Atsilut* (Emanación)

בָּרוּךְ baruj הי אֱלֹהֵינוּ Eloheinu ילה נוקבא.

בָּרוּךְ baruj ויו אֲדוֹנֵנוּ Adonenu ז"א.

בָּרוּךְ baruj הי מַלְכֵּנוּ Malquenu אמא.

בָּרוּךְ baruj יוד מוֹשִׁיעֵנוּ Moshienu אבא:

Conexión con los Mundos por encima de *Atsilut*

Conexión con *Kéter* de *Arij Anpín* (Cara Larga)

אַתָּה Atá הוּא Hu אֱלֹהֵינוּ Eloheinu ילה.

Conexión con la Cabeza de *Atik* (Anciano)

אַתָּה Atá הוּא Hu אֲדוֹנֵנוּ Adonenu.

Conexión con *Adam Kadmón* (Hombre Primordial)

אַתָּה Atá הוּא Hu מַלְכֵּנוּ Malquenu.

Conexión con la Luz Infinita, que está revestida por *Adam Kadmón*

אַתָּה Atá הוּא Hu מוֹשִׁיעֵנוּ Moshienu:

¿Quién es como nuestro Dios? ¿Quién es como nuestro Señor? ¿Quién es como nuestro Rey? ¿Quién es como nuestro Redentor? Debemos darle gracias a nuestro Dios, debemos darle gracias a nuestro Señor, debemos darle gracias a nuestro Rey, debemos darle gracias a nuestro Redentor. Bendito es nuestro Dios. Bendito es nuestro Señor. Bendito es nuestro Rey. Bendito es nuestro Redentor. Tú eres nuestro Dios. Tú eres nuestro Señor. Tú eres nuestro Rey. Tú eres nuestro Redentor.

toshienu תושיענו *Knéset Yisrael* (Congregación de *Yisrael*)) Atá תה

אל, וז"פ אברהם, ; ריו ג"פ terajem תרחם כ"א הויות שבתפילין takum תקום Atá אתה

קנאה הויות, ו' יוסף, Tsiyón ציון אותיות פשוטות וט"ז עסמ"ב (אברים), רמ"ח החכמה, נתיבות ול"ב רי"ו

:moed מועד va בא qui כי lejenená לחננה et עת qui כי

(En este punto algunos dicen la porción de "*Ketóret*" de las páginas: 214-220)

TANÁ DEVEI ELIYAHU

Se dice que las personas que estudian la Torá traen paz. Como cada letra aramea está imbuida de fuerzas místicas, recitar palabras que hablan acerca de traer paz activa la energía de paz en el mundo. La palabra aramea "*shalom*" inspira sentimientos de paz y armonía dentro de nosotros. Si no podemos desarrollar paz dentro de nosotros, no podemos compartir paz con los demás, porque uno no puede compartir lo que no tiene. Para concluir esta conexión estamos diciendo que Dios nos bendiga con paz.

hashoné השונה ילי col כל לכב Eliyahu אליהו devei דבי taná תנא

יהוה אל זן, מזבח, נגד, ע"ה yom יום לכב ב"ן, bejol בכל halajot הלכות

haolam העולם ben בן shehú שהוא lo לו muvtaj מובטח

•lo לו olam עולם halijot הליכות sheneemar שנאמר •habá הבא

:halajot הלכות ela אלא halijot הליכות tikrei תקרי al אל

:Janiná חנינא Ribí רבי amar אמר Eleazar אלעזר Ribí רבי amar אמר

shalom שלום marbim מרבים jajamim וחכמים talmidei תלמידי

banáyij בניך ילי vejol וכל :sheneemar שנאמר •baolam בעולם

:banáyij בניך shlom שלום verav ורב Adonai יהוהאדניאהדונהי limudei למודי

yehí יהי :bonáyij בוניך ela אלא banáyij בניך tikrei תקרי al אל

:bearmenotáyij בארמנותיך shalvá שלוה bejeilej בחילך shalom שלום

"Tú nos redimirás. Tú te elevarás

y serás misericordioso con Sión, porque es tiempo de gracia ha llegado el tiempo fijado" (Salmos 102:14).

TANÁ DEVEI ELIYAHU

"Enseñaban en la Casa de aprendizaje de Eliyahu que alguien que estudia las leyes rectoras, cada día, tiene asegurada su presencia en el Mundo por Venir" (Meguilá 28b). *Estaba dicho: "Los caminos del mundo son de Él"* (Habacuc 3:6). *No leas "caminos" sino "leyes rectoras". Rabí Elazar decía que Rabí Janiná había dicho que los eruditos versados aumentan la paz en el mundo* (Brajot 64a; Yevamot 122b; Kritut 28b; Tamid 32b). *Como está dicho: "Y todos tus hijos son los estudiantes de Dios"* (Isaías 54:13). *No leas "tus hijos" sino "tus constructores". Que haya paz en tus aposentos y serenidad en tus palacios.*

לְמַעַן lemaan אַחַי ajai וְרֵעָי vereái אֲדַבְּרָה־ adabrá נָּא na

שָׁלוֹם shalom בָּךְ: baj לְמַעַן lemaan בֵּית־ beit ב"פ ראה

יְהֹוָהאדניאהדונהי Adonai אֱלֹהֵינוּ Eloheinu ילה אֲבַקְשָׁה avakshá

טוֹב tov והו לָךְ: laj וּרְאֵה uré ראה בָנִים vanim לְבָנֶיךָ levaneja

שָׁלוֹם shalom עַל־ al יִשְׂרָאֵל: Yisrael שָׁלוֹם shalom רָב rav

לְאֹהֲבֵי leohavei תוֹרָתֶךָ torateja וְאֵין־ veéin לָמוֹ lamó מִכְשׁוֹל: mijshol

יְהֹוָהאדניאהדונהי Adonai עֹז oz לְעַמּוֹ leamó יִתֵּן yitén יְהֹוָהאדניאהדונהי Adonai

יְבָרֵךְ yevarej ע"ב ס"ג מ"ה ב"ן, הברכה (למתק את ז' המלכים שמתו)

אֶת־ et עַמּוֹ amó בַשָּׁלוֹם vashalom ר"ת ע"ב, ריבוע יהוה:

KADISH AL YISRAEL

Este *Kadish* ayuda a elevar todas las almas en el secreto de la Resurrección de los Muertos. Según el Arí: Si una persona perdió a uno de sus padres, debe decir este *Kadish* durante todo el primer año, incluso en *Shabat* y en festividades. Porque, además del hecho de que el *Kadish* ayuda a que un alma se salve de la limpieza espiritual de *Guehinom*, este *Kadish* ayuda a elevar a un alma de un nivel espiritual al siguiente y a entrar al Jardín de Edén.

יִתְגַּדַּל yitgadal וְיִתְקַדַּשׁ veyitkadash שדי ומילוי שדי ; י"א אותיות כמנין ו"ה

שְׁמֵיהּ Shmei (שם י"ה דע"ב) רַבָּא rabá קנ"א ב"ן, יהוה אלהים יהוה אדני,

מילוי קס"א וס"ג, מ"ה ברבוע וע"ב ע"ה ; ר"ת = ר"פ אלהים ; ס"ת = ג"פ יב"ק: אָמֵן Amén אידהנויה.

בְּעָלְמָא bealmá דִּי di בְרָא verá כִרְעוּתֵיהּ quirutei.

וְיַמְלִיךְ veyamlij מַלְכוּתֵיהּ maljutei. וְיַצְמַח veyatsmaj

פּוּרְקָנֵיהּ purkanei. וִיקָרֵב vikarev מְשִׁיחֵיהּ Meshijei: אָמֵן Amén אידהנויה.

"Por mis hermanos y mis compañeros, yo procuraré que sea la paz contigo. Por el bien de la Casa del Señor, nuestro Dios, procuraré tu bien" (Salmos 122:7-9). *"Que alcances a ver a los hijos de tus hijos y la paz sobre Israel"* (Salmos 128:6). *"Hay abundancia de paz para aquellos que aman Tu Torá y para ellos no hay obstáculo"* (Salmos 128:6). *"Que el Señor le dé fuerza a Su pueblo. Que el Señor bendiga a Su nación con paz"* (Salmos 29:11).

KADISH AL YISRAEL

¡Glorificado y santificado sea Su Gran Nombre! (Amén).

En el mundo que Él creó de acuerdo a Su voluntad y pueda Su Reino reinar. Y pueda Él hacer que Su Redención florezca y pueda Él acercar al Mesías (Amén).

בְּחַיֵּיכוֹן bejayeijón וּבְיוֹמֵיכוֹן uveyomeijón וּבְחַיֵּי uvejayei

דְכָל dejol ילי בֵּית beit ב"פ ראה יִשְׂרָאֵל Yisrael בַּעֲגָלָא baagalá

וּבִזְמַן uvizmán קָרִיב kariv וְאִמְרוּ veimrú אָמֵן Amén: אָמֵן Amén אידהנויה.

La congregación y el *jazán* dicen lo siguiente:

Veintiocho palabras (hasta *bealmá*) y veintiocho letras (hasta *almayá*)

יְהֵא yehé שְׁמֵיהּ Shmei (שם י"ה דס"ג) רַבָּא rabá קנ"א ב"ן,

יהוה אלהים יהוה אדני, מילוי קס"א וס"ג, מ"ה ברבוע וע"ב ע"ה מְבָרַךְ mevaraj,

לְעָלַם lealam לְעָלְמֵי lealmei עָלְמַיָּא almayá. יִתְבָּרַךְ yitbaraj.

Siete palabras con seis letras cada una (שם בן מ"ב) y también siete veces la letra *Vav* (שם בן מ"ב)

וְיִשְׁתַּבַּח veyishtabaj י"פ ע"ב יהוה אל אבג יתץ.

וְיִתְפָּאַר veyitpaar הי נו יה קרע שטן. וְיִתְרוֹמַם veyitromam וה כוזו נגד יכש.

וְיִתְנַשֵּׂא veyitnasé במוכסז בטר צתג. וְיִתְהַדָּר veyithadar כוזו יה וקב טנע.

וְיִתְעַלֶּה veyitalé וה יוד ה יגל פזק. וְיִתְהַלָּל veyithalal א ואו הא שקו צית.

שְׁמֵיהּ Shmei (שם י"ה) דְּקוּדְשָׁא deKudshá בְּרִיךְ Verij הוּא Hu:

אָמֵן Amén אידהנויה.

לְעֵלָּא leelá מִן min כָּל col ילי בִּרְכָתָא birjatá. שִׁירָתָא shiratá.

תֻּשְׁבְּחָתָא tishbejatá וְנֶחֱמָתָא venejamatá. דַּאֲמִירָן daamirán

בְּעָלְמָא bealmá וְאִמְרוּ veimrú אָמֵן Amén: אָמֵן Amén אידהנויה.

En tus vidas y en tus días y en la vida de la Casa de Israel, prontamente y en el futuro cercano, y dígase: Amén (Amén). Que Su gran Nombre sea bendito por siempre y para toda la eternidad. Bendito y alabado, y glorificado y exaltado, y ensalzado y honrado, y adorado y loado, sea el Nombre del Santo Bendito Sea (Amén). Más allá de todas las bendiciones, himnos, alabanzas y palabras de consolación que deben decirse en el mundo, y dirán: Amén (Amén).

עַל al יִשְׂרָאֵל Yisrael וְעַל veal רַבָּנָן rabanán וְעַל veal

תַּלְמִידֵיהוֹן talmideihón וְעַל veal כָּל col ילי ; עמם תַּלְמִידֵי talmidei

תַּלְמִידֵיהוֹן talmideihón. דְּעָסְקִין deaskín בְּאוֹרַיְתָא beoraitá

קַדִּשְׁתָּא kadishtá. דִּי di בְּאַתְרָא veatrá הָדֵין hadein וְדִי vedí

בְּכָל vejol ב"ן, לכב אֲתַר atar וַאֲתַר veatar. יְהֵא yehé

לָנָא laná וּלְהוֹן ulehón וּלְכוֹן ulejón חִנָּא jiná וְחִסְדָּא vejisdá

וְרַחֲמֵי verajamei. מִן min קֳדָם kadam מָארֵי marei שְׁמַיָּא shmayá

וְאַרְעָא veará וְאִמְרוּ veimrú אָמֵן Amén: אָמֵן Amén אידהנויה.

יְהֵא yehé שְׁלָמָא shlamá רַבָּא rabá קנ"א ב"ן, יהוה אלהים יהוה אדני, מילוי קס"א וס"ג,

מ"ה ברבוע וע"ב ע"ה מִן min שְׁמַיָּא shmayá. וְחַיִּים jayim אהיה אהיה יהוה, בינה ע"ה

וְשָׂבָע vesavá וִישׁוּעָה vishuá וְנֶחָמָה venejamá וְשֵׁיזָבָא vesheizavá

וּרְפוּאָה urefuá וּגְאֻלָּה ugueulá וּסְלִיחָה uslijá וְכַפָּרָה vejapará

וְרֵיוַח vereivaj וְהַצָּלָה vehatsalá. לָנוּ lanu אלהים, אהיה אדני וּלְכָל ulejol יה אדני

עַמּוֹ amó יִשְׂרָאֵל Yisrael וְאִמְרוּ veimrú אָמֵן Amén: אָמֵן Amén אידהנויה.

Da tres pasos para atrás y di:

עוֹשֶׂה osé שָׁלוֹם shalom בִּמְרוֹמָיו bimromav ע"ב, ריבוע יהוה. הוּא Hu

בְּרַחֲמָיו berajamav יַעֲשֶׂה yaasé שָׁלוֹם shalom עָלֵינוּ aleinu ר"ת ש"ע נהורין.

וְעַל veal כָּל col ילי; עמם עַמּוֹ amó יִשְׂרָאֵל Yisrael וְאִמְרוּ veimrú אָמֵן Amén:

אָמֵן Amén אידהנויה.

Sobre Israel, sus sabios, sus discípulos y todos los estudiantes de sus discípulos que se ocupan de la Santa Torá, en este lugar y en cada y toda localidad, que haya para nosotros, para ellos, y para todos, gracia, benevolencia y compasión del Señor de los Cielos y la Tierra y dígase: Amén (Amén). Que haya paz abundante del Cielo, vida, satisfacción, salvación, consuelo, entrega, sanación, redención, perdón, expiación, comodidad y alivio para nosotros y para toda Su nación, Israel, y dígase: Amén (Amén). Él, que establece la paz en Sus Alturas y con Su compasión hará la paz sobre nosotros y sobre toda Su nación, Israel. Y dígase: Amén (Amén).

BARJÚ

El *jazán* (o la persona que recitó el *Kadish Al Yisrael*) dice:

רַבָּנָן rabanán: בָּרְכוּ barjú יהוה ריבוע יהוה ריבוע מ״ה אֶת et

יְהֹוָהאדניאהדונהי Adonai הַמְּבוֹרָךְ hamevoraj ס״ת כהת, משיח בן דוד ע״ה:

Primero la congregación responde con lo siguiente y después el *jazán* (o la persona que recitó el *Kadish Al Israel*) repite:

Néfesh בָּרוּךְ Baruj *Rúaj* יְהֹוָהאדניאהדונהי Adonai *Neshamá* הַמְּבוֹרָךְ hamevoraj

Jayá לְעוֹלָם leolam ריבוע ס״ג ו׳ אותיות דס״ג *Yejidá* וָעֶד vaed:

ALEINU

El *Aleinu* es un agente sellador cósmico. Cementa y asegura todas nuestras oraciones, protegiéndolas de cualquier fuerza negativa tales como las *klipot*. Todas las oraciones anteriores al *Aleinu* atrajeron lo que los kabbalistas llaman Luz Interna. Sin embargo, el *Aleinu* atrae Luz Circundante, la cual envuelve nuestras oraciones con un campo de fuerza protectora para bloquear a las *klipot*

Atrayendo Luz Circundante a *Atsilut*

עָלֵינוּ aleinu ריבוע דס״ג לְשַׁבֵּחַ leshabéaj עלינו לשבח = אבג יתץ, ושר

לַאֲדוֹן laAdón אני ; ס״ת ס״ג ע״ה הַכֹּל hacol ר״ת ללה, אדני

Atrayendo Luz Circundante a *Briá*

לָתֵת latet גְּדֻלָּה guedulá לְיוֹצֵר leyotser בְּרֵאשִׁית bereshit ר״ת גל״ב (באך ב״י יג״ל)

Atrayendo Luz Circundante a *Yetsirá*

שֶׁלֹּא sheló עָשָׂנוּ asanu כְּגוֹיֵי quegoyei הָאֲרָצוֹת haaratsot

Atrayendo Luz Circundante a *Asiyá*

וְלֹא veló שָׂמָנוּ samanu כְּמִשְׁפְּחוֹת quemishpejot הָאֲדָמָה haadamá

BARJÚ

Señores: ¡Bendigan a Dios, el Bendito!
Bendito es el Señor, el Bendito, por siempre y para siempre.

ALEINU

Es nuestro deber alabar al Soberano de todo y atribuir grandeza al Moldeador de la Creación, que no nos ha hecho como los pueblos del mundo. Él no nos colocó como a las familias de la Tierra.

שֶׁלֹּא sheló שָׂם sam וְחֶלְקֵנוּ jelkenu כָּהֶם cahem וְגוֹרָלֵנוּ vegoralenu

כְּכָל quejol הֲמוֹנָם hamonam. שֶׁהֵם shehem מִשְׁתַּחֲוִים mishtajavim

לָהֶבֶל lahével וָרִיק varik וּמִתְפַּלְּלִים umitpalelim אֶל el אֵל el

לֹא lo יוֹשִׁיעַ yoshía. (haz una pausa aquí, y cuando digas "*vaanajnu mishtajavim*" inclina todo tu cuerpo)

וַאֲנַחְנוּ vaanajnu מִשְׁתַּחֲוִים mishtajavim לִפְנֵי lifnei מֶלֶךְ Mélej

מַלְכֵי maljei הַמְּלָכִים hamelajim הַקָּדוֹשׁ haKadosh בָּרוּךְ Baruj

הוּא Hu. שֶׁהוּא shehú נוֹטֶה noté שָׁמַיִם shamáyim י"פ טל, י"פ כוזו; ר"ת = י"פ אדני

שב"י ספירות של נוקבא דז"א וְיוֹסֵד veyosed אָרֶץ árets. וּמוֹשַׁב umoshav

יְקָרוֹ yekaró בַּשָּׁמַיִם bashamáyim י"פ טל, י"פ כוזו מִמַּעַל mimáal עלם.

וּשְׁכִינַת ushjinat עֻזּוֹ uzó בְּגָבְהֵי begavhei מְרוֹמִים meromim.

הוּא Hu אֱלֹהֵינוּ Eloheinu ילה וְאֵין veéin עוֹד od אַחֵר ajer.

אֱמֶת emet אהיה פעמים אהיה, ז"פ ס"ג מַלְכֵּנוּ Malquenu וְאֶפֶס veéfes

זוּלָתוֹ zulató. כַּכָּתוּב cacatuv בַּתּוֹרָה baTorá: וְיָדַעְתָּ veyadata

הַיּוֹם hayom ע"ה נגד, מזבח, זן, אל יהוה וַהֲשֵׁבֹתָ vahashevota אֶל־ el

לְבָבֶךָ levaveja ר"ת לאו כִּי qui יְהֹוָה(אדני)יאהדונהי Adonai הוּא Hu

הָאֱלֹהִים haElohim אהיה אדני ; ילה ; ר"ת יהה וכן עולה למנין ענו ע"ג"כ

בַּשָּׁמַיִם bashamáyim י"פ טל, י"פ כוזו מִמַּעַל mimáal עלם ;

רמז לאור פנימי המתוח"ל מלמעלה וְעַל־ veal הָאָרֶץ haárets אלהים דההין ע"ה

מִתָּחַת mitájat רמז לאור מקיף המתוח"ל מלמטה אֵין ein עוֹד od:

Él no hizo nuestro lote como el de ellos ni nuestro destino como el de sus multitudes, ya que ellos se inclinan ante la futilidad y el vacío, y rezan a una deidad que no ayuda. Nosotros nos inclinamos ante el Supremo Rey de Reyes, el Santo, Bendito Sea. Él es quien extiende los Cielos y funda la Tierra. La Sede de Su gloria está arriba en el Cielo y la Presencia Divina de Su poder está en las alturas excelsas. Él es nuestro Dios y no hay ningún otro. Nuestro Rey es verdadero y no hay nadie excepto Él. Como está escrito en la Torá: "Aprende hoy y grábalo en tu corazón que el Señor es Dios arriba en los Cielos y abajo sobre la Tierra, y no hay otro" (Deuteronomio 4:39).

עַל al כֵּן quen נְקַוֶּה nekavé לְּךָ laj יְהֹוָהאדניאהדונהי Adonai אֱלֹהֵינוּ Eloheinu
ילה לִרְאוֹת lirot מְהֵרָה meherá בְּתִפְאֶרֶת betiféret עֻזָּךְ uzaj ס"ת כהת, מש"ו בן
דוד ע"ה לְהַעֲבִיר lehaavir גִּלּוּלִים guilulim מִן min הָאָרֶץ haárets אלהים דההין
ע"ה וְהָאֱלִילִים vehaelilim כָּרוֹת carot יִכָּרֵתוּן yicaretún. לְתַקֵּן letakén
עוֹלָם olam בְּמַלְכוּת bemaljut שַׁדַּי Shadai. וְכָל vejol ילי בְּנֵי bnei
בָשָׂר vasar יִקְרְאוּ yikreú בִשְׁמֶךָ vishmeja לְהַפְנוֹת lehafnot אֵלֶיךָ eleja
כָּל col ילי רִשְׁעֵי rishei אָרֶץ árets. יַכִּירוּ yaquiru וְיֵדְעוּ veyedú כָּל col ילי
יוֹשְׁבֵי yoshvei תֵבֵל tevel ב"פ רי"ו. כִּי qui לְךָ Lejá תִּכְרַע tijrá כָּל־ col ילי
בֶּרֶךְ bérej תִּשָּׁבַע tishavá כָּל col ילי לָשׁוֹן lashón. לְפָנֶיךָ lefaneja ס"ג מ"ה ב"ן
יְהֹוָהאדניאהדונהי Adonai אֱלֹהֵינוּ Eloheinu ילה יִכְרְעוּ yijreú וְיִפֹּלוּ veyipolu
וְלִכְבוֹד velijvod שִׁמְךָ Shimjá יְקָר yekar יִתֵּנוּ yitenu. וִיקַבְּלוּ vikabelú
כֻלָּם julam אֶת et עוֹל־ ol מַלְכוּתֶךָ maljuteja. וְתִמְלוֹךְ vetimloj
עֲלֵיהֶם aleihem מְהֵרָה meherá לְעוֹלָם leolam ריבוע ס"ג וי' אותיות דס"ג וָעֶד vaed.
כִּי qui הַמַּלְכוּת hamaljut שֶׁלְּךָ sheljá הִיא hi. וּלְעוֹלְמֵי uleolmei
עַד ad תִּמְלוֹךְ timloj בְּכָבוֹד bejavod בוכו. כַּכָּתוּב cacatuv
בְּתוֹרָתָךְ betorataj: יְהֹוָהאדניאהדונהי Adonai | יִמְלֹךְ yimloj לְעֹלָם leolam ריבוע
ס"ג וי' אותיות דס"ג ; ר"ת ייל וָעֶד vaed. וְנֶאֱמַר veneemar: וְהָיָה vehayá יהוה ; יהה
יְהֹוָהאדניאהדונהי Adonai לְמֶלֶךְ leMélej עַל־ al כָּל־ col ילי ; עמם
הָאָרֶץ haárets אלהים דההין ע"ה בַּיּוֹם bayom ע"ה נגד, מזבח, זן, אל יהוה הַהוּא hahú
יִהְיֶה yihyé ייי יְהֹוָהאדניאהדונהי Adonai אֶחָד ejad אהבה, דאגה וּשְׁמוֹ uShmó מהש
ע"ה, ע"ב בריבוע וקס"א ע"ה, אל שדי ע"ה אֶחָד ejad אהבה, דאגה:

Por eso, Señor, nuestro Dios, esperamos contemplar pronto la gloria majestuosa de Tu poder, cuando elimines los ídolos de la Tierra y los falsos dioses hayan sido completamente destruidos, para perfeccionar al mundo con el Reino del Todopoderoso. Y la humanidad entera invocará Tu Nombre y todos los malvados de la Tierra se dirigirán a Ti. Entonces todos los habitantes del mundo reconocerán y sabrán que, por Ti, toda rodilla se dobla y toda lengua se colma. Que ante Ti, Señor, nuestro Dios, se arrodillen y se prosternen y honren Tu glorioso Nombre. Y todos aceptarán el yugo de Tu Reino y Tú reinarás sobre ellos para siempre jamás. Pues el Reino es Tuyo. Y para siempre y por la eternidad, Tú reinarás en gloria. Como está escrito en la Torá: "El Señor reinará por los siglos de los siglos" (Éxodo 15:18) y también está dicho: "El Señor será Rey sobre toda la Tierra y en aquel día el Señor será Uno y Uno su Nombre" (Zacarías 14:9).

VAYÓMER

Hay un ángel específico que lleva cada oración que decimos hacia los Mundos Superiores. Al recitar esta oración adicional después de *Aleinu*, garantizamos que nuestras oraciones se eleven a los Mundos Superiores. Hay cuatro *Yud* יייי dentro del versículo "Yo soy Dios, tu sanador" que, de acuerdo con el Arí, activan el poder de la sanación.

וַיֹּאמֶר vayómer אִם־ im יוהך מ"א אותיות דפשוט, דמילוי ודמילוי דמילוי דאהיה ע"ה

שָׁמוֹעַ shamoa תִּשְׁמַע tishmá לְקוֹל lekol | יְהֹוָ֗ה Adonai

אֱלֹהֶיךָ Eloheja ילה וְהַיָּשָׁר vehayashar בְּעֵינָיו beeinav ריבוע מ"ה

תַּעֲשֶׂה taasé וְהַאֲזַנְתָּ vehaazanta לְמִצְוֹתָיו lemitsvotav וְשָׁמַרְתָּ veshamarta

כָּל־ col ילי חֻקָּיו jukav כָּל־ col ילי הַמַּחֲלָה hamajalá

אֲשֶׁר־ asher שַׂמְתִּי samti בְמִצְרַיִם veMitsráyim מצר לֹא־ lo אָשִׂים asim

עָלֶיךָ aleja כִּי qui אֲנִי Aní אני יְהֹוָה Adonai

Corresponde a las cuatro *Yud* del Santo Nombre: ע"ב (יוד הי ויו הי)

רֹפְאֶךָ rofeja ר"ת אי"ר:

עֵץ־ ets חַיִּים jayim אהיה אהיה יהוה, בינה ע"ה הִיא hi

לַמַּחֲזִיקִים lamajazikim ר"ת להח בָּהּ ba וְתֹמְכֶיהָ vetomjeha

מְאֻשָּׁר meushar: דְּרָכֶיהָ derajeha דַרְכֵי־ darjei נֹעַם nóam וְכָל־ vejol ילי

נְתִיבוֹתֶיהָ netivoteha שָׁלוֹם shalom: מִגְדַּל־ migdal עֹז oz שֵׁם shem

יְהֹוָה Adonai בּוֹ־ bo יָרוּץ yaruts צַדִּיק tsadik וְנִשְׂגָּב venisgav:

מבש	עוי	מיץ
גרג	וזה	יצר
דצב	זדו	היי
לקה	שוה	ונק

כִּי qui בִי vi מ"ב יִרְבּוּ yirbú יָמֶיךָ yameja וְיוֹסִיפוּ veyosifu לְּךָ lejá

שְׁנוֹת shenot חַיִּים jayim אהיה אהיה יהוה, בינה ע"ה:

VAYÓMER

"Y Dios dijo: Si escuchas la Voz del Señor, tu Dios, y haces lo que es recto a Sus ojos, y cumples Sus preceptos y guardas todos Sus estatutos, no pondré sobre ti las plagas que puse sobre Egipto, pues Yo soy el Señor, tu sanador" (Éxodo 15:26). *"Es un Árbol de Vida para los que se aferran a ella y felices son quienes se aferran fuertemente a ella"* (Proverbios 3:18). *"Sus caminos son caminos dichosos y todas sus sendas son de paz"* (Proverbios 3:17). *"El Nombre del Señor es una torre de fortaleza. A ella el justo corre y es fortalecido"* (Proverbios 18:10). *"Porque a través de Mí tus días serán aumentados y se incrementarán los años de tu vida"* (Proverbios 9:11).

YEHÍ RATSÓN

La siguiente conexión nos ayuda a garantizar que nuestras oraciones sean aceptadas. También nos ayuda a eliminar los celos y la envidia que albergamos dentro de nosotros.

יְהִי yehí רָצוֹן ratsón מהש ע״ה, ע״ב בריבוע וקס״א ע״ה, אל שדי ע״ה מִלְּפָנֶיךָ milfaneja
ס״ג מ״ה ב״ן יְהֹוָהאדהנויאהדונהי Adonai אֱלֹהַי Elohai מילוי ע״ב, דמב ; ילה וֵאלֹהֵי veElohei לכב;
מילוי ע״ב, דמב ; ילה אֲבוֹתַי avotai, שֶׁלֹּא sheló נִכָּשֵׁל nicashel בִּדְבַר bidvar ראה
הֲלָכָה halajá. וְלֹא veló נֹאמַר nomar עַל al טָמֵא tamé טָהוֹר tahor י״פ אכא
וְלֹא veló עַל al טָהוֹר tahor י״פ אכא טָמֵא tamé, וְלֹא veló עַל al אִיסוּר isur
מוּתָּר mutar וְלֹא veló עַל al מוּתָּר mutar אִיסוּר isur, וְלֹא veló יִכָּשְׁלוּ yicashlú
חֲבֵרַי javerai בִּדְבַר bidvar ראה הֲלָכָה halajá וְאֶשְׂמַח veesmaj אֲנִי aní אני
בָּהֶם bahem. וְלֹא veló אֶכָּשֵׁל ecashel אֲנִי aní אני בּוֹ vo וְיִשְׂמְחוּ veyismejú
הֵם hem בִּי bi, כִּי qui יְהֹוָהאדהנויאהדונהי Adonai יִתֵּן yitén חָכְמָה jojmá
במילוי = תרי״ג (מצוות) מִפִּיו mipiv דַּעַת dáat וּתְבוּנָה utvuná. גַּל־ gal
עֵינַי einai ריבוע מ״ה וְאַבִּיטָה veabita נִפְלָאוֹת niflaot מִתּוֹרָתֶךָ mitorateja:

Hay una conexión adicional que nos ayuda a mantener la Luz en nuestra conciencia durante todo el día. Antes de cerrar nuestro libro de oraciones e irnos, recitamos esta oración para mantener a los ángeles con nosotros el resto del día.

יְהֹוָהאדהנויאהדונהי Adonai נְחֵנִי nejení בְצִדְקָתֶךָ vetsidkateja לְמַעַן lemaan
שׁוֹרְרָי shorerai הַיְשַׁר hayeshar (כתיב: הושר) לְפָנַי lefanai דַּרְכֶּךָ darqueja:
וְיַעֲקֹב veYaakov ז׳ הויות, יאהדונהי אידהנויה הָלַךְ halaj מ״ה לְדַרְכּוֹ ledarcó
וַיִּפְגְּעוּ־ vayifgueú בוֹ vo מַלְאֲכֵי malajei אֱלֹהִים Elohim אהיה אדני ; ילה:
וַיֹּאמֶר vayómer יַעֲקֹב Yaakov ז׳ הויות, יאהדונהי אידהנויה כַּאֲשֶׁר caasher
רָאָם raam מַחֲנֵה majané אֱלֹהִים Elohim אהיה אדני ; ילה זֶה ze וַיִּקְרָא vayikrá עם
ה׳ אותיות ב״פ קס״א שֵׁם־ shem הַמָּקוֹם hamakom הַהוּא hahú מַחֲנָיִם Majanáyim:

YEHÍ RATSÓN

Que sea Tu voluntad, Señor, mi Dios y Dios de mis antepasados, que no erremos en materia de Halajá, y que no llamemos impuro a lo puro ni puro a lo impuro, y que no llamemos prohibido a lo permitido ni permitido a lo prohibido. Que mis colegas no erren en materia de Halajá y que yo me regocije en ellos, y que ninguna ofensa ocurra a través de mí, y que todos mis colegas se regocijen en mí. Porque de Su boca el Señor da sabiduría y entendimiento: "Abre mis ojos para que pueda ver las maravillas de Tu Torá" (Salmos 119:18).

"Señor, instrúyeme con Tu rectitud, y condúceme en Tus caminos en contra de mis enemigos" (Salmos 5:9).
"Y Yaakov siguió su camino, y los ángeles de Dios se encontraron con él. Al verlos, Yaakov dijo: Este es el campamento de Dios. Y llamó a ese lugar Majanáyim" (Génesis 32:2-3).

KIDUSH PARA EL DÍA DE SUCOT Y SIMJAT TORÁ

Todas nuestras oraciones han estado despertando energía espiritual desde los Mundos Superiores, pero ahora necesitamos manifestar y expresar esta energía en nuestro mundo físico para que podamos emplearla de manera práctica. Beber el vino es uno de los métodos para expresar esta energía.

En *Shabat* agregamos:

וְשָׁמְרוּ veshamrú בְנֵי־ venei יִשְׂרָאֵל Yisrael אֶת־ et הַשַּׁבָּת haShabat ר"ת ביאה
לַעֲשׂוֹת laasot אֶת־ et הַשַּׁבָּת haShabat לְדֹרֹתָם ledorotam ר"ת אהל (זו אשתו, למשיך
נשמה קדושה ולא מסט"א) בְּרִית brit עוֹלָם olam: בֵּינִי beiní וּבֵין uvein בְּנֵי bnei
יִשְׂרָאֵל Yisrael אוֹת ot הִוא hi ר"ת ביאה לְעֹלָם leolam ריבוע דס"ג ו' אותיות דס"ג כִּי־ qui
שֵׁשֶׁת shéshet יָמִים yamim נלך עָשָׂה asá יְהֹוָהאדניאהדונהי Adonai אֶת־ et
הַשָּׁמַיִם hashamáyim י"פ טל, י"פ כוזו וְאֶת־ veet הָאָרֶץ haárets אלהים דההין ע"ה
וּבַיּוֹם uvayom ע"ה נגד, מזבח, זן, אל יהוה הַשְּׁבִיעִי hashevií שָׁבַת shavat
וַיִּנָּפַשׁ vayinafash:

אֵלֶּה ele מוֹעֲדֵי moadei יְהֹוָהאדניאהדונהי Adonai מִקְרָאֵי mikraei קֹדֶשׁ kódesh
אֲשֶׁר־ asher תִּקְרְאוּ tikreú אֹתָם otam בְּמוֹעֲדָם bemoadam:
וַיְדַבֵּר vaydaber ראה מֹשֶׁה Moshé מהש, ע"ב בריבוע וקס"א, אל שדי, ד"פ אלהים ע"ה
אֶת־ et מֹעֲדֵי moadei יְהֹוָהאדניאהדונהי Adonai אֶל־ el בְּנֵי bnei יִשְׂרָאֵל Yisrael:

En *Shabat* agregamos:

עַל al כֵּן quen בֵּרַךְ beraj יְהֹוָהאדניאהדונהי Adonai אֶת et
יוֹם yom ע"ה נגד, מזבח, זן, אל יהוה הַשַּׁבָּת haShabat וַיְקַדְּשֵׁהוּ vaykadshehu:

סַבְרִי savrí מָרָנָן maranán (**Respondemos:** לְחַיִּים lejáyim)
בָּרוּךְ Baruj אַתָּה Atá יְהֹוָהאדניאהדונהי Adonai אֱלֹהֵינוּ Eloheinu מֶלֶךְ Mélej
הָעוֹלָם haolam בּוֹרֵא boré פְּרִי prí הַגָּפֶן haguefen:

KIDUSH PARA EL DÍA DE SUCOT Y SIMJAT TORÁ

En Shabat, agregamos: *"Y los Hijos de Israel deberán guardar el Shabat, para hacer del Shabat una alianza eterna para todas sus generaciones. Entre Yo y los Hijos de Israel es una señal eterna de que en seis días hizo el Señor los Cielos y la Tierra, y en el Séptimo Día, cesó, y reposó. Por esa razón, el Señor bendijo el día de Shabat y lo hizo Santo"* (Éxodo 31:17).

Esas son las festividades del Señor, Santa alianza deberán llamarlas en su momento.
Y Moshé les mencionó las festividades del Señor a los hijos de Israel.

En Shabat, agregamos: *Entonces el Señor bendijo el día de Shabat y lo Santificó.*

Con su permiso, maestros míos. (Respondemos: *¡Por la vida!*)
Bendito eres Tú, Señor, Nuestro Dios, Rey del universo, quien crea los frutos de la vid.

MINJÁ DE SUCOT Y SIMJAT TORÁ

El valor numérico de la palabra *Minjá* (103) también es el número de submundos (dentro de los cinco mundos principales), controlados por la Columna Izquierda de Juicio. El propósito de la oración de *Minjá* no es simplemente hacer una conexión con la Luz del Creador, es aquietar la energía de Juicio en el mundo.

Yitsjak el Patriarca es nuestro canal para superar el Juicio. Yitsjak vino a este mundo a crear un sendero que nos conduciría a suavizar el Juicio en nuestra vida.

LESHEM YIJUD

לְשֵׁם leShem יִחוּד yijud קוּדְשָׁא Kudshá בְּרִיךְ Berij הוּא Hu

וּשְׁכִינְתֵּיהּ uShjintei (יאהדונהי), בִּדְחִילוּ bidjilu וּרְחִימוּ urjimu

(יאההויהה), וּרְחִימוּ urjimu וּדְחִילוּ udjilu (איההויהה), לְיַחֲדָא leyajdá

שֵׁם Shem יו"ד Yud קֵ"י Kei בְּוא"ו beVav קֵ"י Kei בְּיִחוּדָא beyijudá

שְׁלִים shelim (יהוה) בְּשֵׁם beshem כָּל col ילי יִשְׂרָאֵל Yisrael, הִנֵּה hiné

אֲנַחְנוּ anajnu בָּאִים baim לְהִתְפַּלֵּל lehitpalel תְּפִלַּת tefilat מִנְחָה minjá

ע"ה ב"פ ב"ן שֶׁל shel (en *Shabat* agrega: שַׁבָּת Shabat קוֹדֶשׁ kódesh וְ ve)

(en *Sucot* di: סֻכּוֹת Sucot) (en *Simjat Torá* di: שְׁמִינִי Shminí עֲצֶרֶת Atséret).

שֶׁתִּקֵּן shetikén יִצְחָק Yitsjak ד"פ ב"ן אָבִינוּ avinu עָלָיו alav

הַשָּׁלוֹם hashalom עִם im כָּל col ילי הַמִּצְוֹת hamitsvot

הַכְּלוּלוֹת haclulot בָּהּ ba, לְתַקֵּן letakén אֶת et שָׁרְשָׁהּ shorshá

בִּמְקוֹם bemakom עֶלְיוֹן elyón לַעֲשׂוֹת laasot נַחַת־ nájat רוּחַ rúaj

לְיוֹצְרֵנוּ leyotsrenu, וְלַעֲשׂוֹת velaasot רְצוֹן retsón מהש ע"ה, ע"ב

ברבוע וקס"א ע"ה, אל שדי ע"ה בּוֹרְאֵנוּ borenu. וִיהִי vihí נֹעַם nóam אֲדֹנָי Adonai ללה

אֱלֹהֵינוּ Eloheinu ילה עָלֵינוּ aleinu וּמַעֲשֵׂה umaasé יָדֵינוּ yadeinu

כּוֹנְנָה conená עָלֵינוּ aleinu וּמַעֲשֵׂה umaasé יָדֵינוּ yadeinu כּוֹנְנֵהוּ conenehu:

MINJÁ DE SUCOT Y SIMJAT TORÁ - LESHEM YIJUD

Para la unificación de El Santo, Bendito sea y Su Shejiná,

con temor y amor y con amor y temor, para unificar El Nombre Yud-Kei y Vav-Kei en perfecta unidad, y en el nombre de Israel, hemos venido por este medio a recitar la oración de Minjá para, (**en Shabat agrega**: *del Santo Shabat y*) (**en Sucot:** *Sucot*) (**en Simjat Torá**: *Shminí Atséret*), *establecida por Yitsjak, nuestro antepasado, sea la paz con él con todos sus preceptos, para corregir su raíz en el Sitio Supremo, para llevar satisfacción a nuestro Hacedor, y para satisfacer el deseo de nuestro Creador. "Y sea la gracia del Señor, nuestro Dios, sobre nosotros y pueda Él establecer en nosotros la obra de nuestras manos y que la obra de nuestras manos pueda establecerlo a Él"* (*Salmos 90:17*).

LOS SACRIFICIOS – KORBANOT - EL TAMID – OFRENDA (DIARIA)

וַיְדַבֵּר vaydaber ראה יְהֹוָהאדניאהדונהי Adonai אֶל־ el מֹשֶׁה Moshé

מהש, ע"ב בריבוע וקס"א, אל שדי לֵּאמֹר: lemor צַו tsav פוי, אל אדני אֶת־ et בְּנֵי bnei

יִשְׂרָאֵל Yisrael וְאָמַרְתָּ veamarta אֲלֵהֶם alehem אֶת־ et קָרְבָּנִי korbaní

לַחְמִי lajmí לְאִשַּׁי leishai רֵיחַ réaj נִיחֹחִי nijojí תִּשְׁמְרוּ tishmerú

לְהַקְרִיב lehakriv לִי li בְּמוֹעֲדוֹ: bemoadó וְאָמַרְתָּ veamarta לָהֶם lahem

זֶה ze הָאִשֶּׁה haishé אֲשֶׁר asher תַּקְרִיבוּ takrivu לַיהֹוָהאדניאהדונהי laAdonai

כְּבָשִׂים quevasim בְּנֵי־ bnei שָׁנָה shaná תְמִימִם temimim שְׁנַיִם shnáyim

לַיּוֹם layom ע"ה נגד, מזבח, זן, אל יהוה עֹלָה olá ר"ת עשל תָּמִיד tamid ע"ה קס"א קנ"א קמ"ג:

אֶת־ et הַכֶּבֶשׂ haqueves אֶחָד ejad אהבה, דאגה תַּעֲשֶׂה taasé בַבֹּקֶר vabóker

וְאֵת veet הַכֶּבֶשׂ haqueves הַשֵּׁנִי hashení תַּעֲשֶׂה taasé בֵּין bein

הָעַרְבָּיִם: haarbáyim וַעֲשִׂירִית vaasirit הָאֵיפָה haefá סֹלֶת sólet

לְמִנְחָה leminjá ע"ה ב"פ ב"ן בְּלוּלָה belulá בְּשֶׁמֶן beshemen

כָּתִית catit רְבִיעִת reviít הַהִין: hahín עֹלַת olat ושר, אבגית"ץ

(Aquí meditar en doblegar la *klipá* llamada *Tolá* usando el Nombre: אבגית"ץ)

תָּמִיד tamid ע"ה קס"א קנ"א קמ"ג הָעֲשֻׂיָה haasuyá

בְּהַר behar סִינַי Sinai נמם, ה הויות (ה גבורות) לְרֵיחַ leréaj נִיחֹחַ nijóaj

אִשֶּׁה ishé לַיהֹוָהאדניאהדונהי: laAdonai וְנִסְכּוֹ veniscó רְבִיעִת reviít

הַהִין hahín לַכֶּבֶשׂ laqueves הָאֶחָד haejad אהבה, דאגה בַּקֹּדֶשׁ bakódesh

הַסֵּךְ hasej נֶסֶךְ nésej שֵׁכָר shejar י"פ ב"ן לַיהֹוָהאדניאהדונהי: laAdonai

---

LOS SACRIFICIOS – KORBANOT - EL TAMID – OFRENDA (DIARIA)

"Y habló Dios a Moshé y dijo: Ordena a los Hijos de Israel y diles: Mi ofrenda, el pan para ofrenda por fuego, Mi agradable fragancia, guardarán para entregar en sacrificio a Mí en el momento especificado. Y les dirás: Esta es la ofrenda por fuego que ofrecerán a Dios: cordero de un año sin defecto, dos diarios, como una ofrenda diaria regular; un cordero ofrecerán en la mañana y el segundo cordero ofrecerán al final de la tarde. Y una décima de efá de harina fina, para la ofrenda de harina, mezclada con un cuarto de hin de aceite. Una ofrenda quemada permanente hecha en el Monte Sinaí para fragancia adorable y una ofrenda por fuego ante Dios. Su libación es un cuarto de hin para el cordero en el Santuario, vierte una libación de vino superior ante Dios.

ואת veet הכבש haqueves השני hashení תעשה taasé בין bein
הערבים haarbáyim כמנחת queminjat הבקר habóker וכנסכו ujniscó
תעשה taasé אשה ishé (elevación a *Yetsirá*) ריח réaj (elevación a *Briá*)
ניחח nijóaj (elevación a *Atsilut*) ליהוה יאהדונהי laAdonai ; (elevación al Mundo Infinito):

EL INCIENSO

Estos versículos de la Torá y del *Talmud* hablan sobre las 11 hierbas y especias que fueron usadas en el Templo. Estas hierbas y especias fueron usadas con un solo propósito: Para ayudarnos a eliminar la fuerza de la muerte de cada área de nuestra vida. Esta es una de las pocas oraciones cuyo único propósito es la erradicación de la muerte. El *Zóhar* nos enseña que todo aquel que tenga juicio persiguiéndole, necesita conectarse con este incienso. Estas 11 hierbas y especias se conectan con las 11 Luces que sostienen a las *klipot* (cáscaras de negatividad). Cuando arrancamos las 11 Luces que sostienen a las *klipot* a través del poder del incienso, las *klipot* pierden su fuerza vital y mueren. Además de llevar las 11 especias al Templo, la gente llevaba resina, vino y otros elementos con propiedades metafísicas para ayudar a combatir al Ángel de la Muerte.

Está escrito en el *Zóhar*: "Ven y ve: Quien es perseguido por el juicio necesita incienso y debe arrepentirse ante su Señor, ya que el incienso ayuda a desaparecer el juicio de él". Las 11 hierbas y especias corresponden a las 11 Iluminaciones Santas que reviven a la *klipá*. Al elevarlas, la *klipá* muere. Mediante estas 11 hierbas, las *klipot* son alejadas y se elimina la fuerza energética que les daba vida. Y debido a que el Lado Puro y su sustento desaparecen, las *klipot* quedan sin vida. Por lo tanto, el secreto del incienso es que éste limpia la fuerza de la plaga y la cancela. El incienso destruye al Ángel de la Muerte y le quita su poder de asesinar.

אתה Atá הוא Hu יהוה יאהדונהי Adonai אלהינו Eloheinu ילה
שהקטירו shehiktiru אבותינו avoteinu לפניך lefaneja ס"ג מ"ה ב"ן
את et קטרת ketóret י"א פעמים אדני (הנבררים מהקליפות ע"י י"א הסממנים) ;
קטרת - הק' באתב"ש ד' = תרי"ג (מצוות) הסמים hasamim ע"ה קנ"א, אדני אלהים
בזמן bizmán שבית shebeit ב"פ ראה המקדש hamikdash קים kayam
כאשר caasher צוית tsivita אותם otam על al יד yad משה Moshé מהש,
ע"ב בריבוע וקס"א, אל שדי נביאך neviaj ככתוב cacatuv בתורתך beTorataj:

Ofrecerás el segundo cordero en la tarde como la ofrenda de la mañana; su libación ofrecerás como ofrenda por fuego de una fragancia agradable a Dios" (Números 28:1-8).

EL INCIENSO

Eres Tú, Señor, nuestro Dios, ante quien nuestros antepasados quemaron las especias del incienso. Durante el tiempo en el que existía el Sagrado Templo, como habías ordenado a través de Moshé, Tu Profeta, y como está escrito en Tu Torá:

LA PORCIÓN DEL INCIENSO

Para elevar las *Sefirot* de todas las *Noga* de *Atsilut, Briá, Yetsirá* y *Asiyá.*

וַיֹּאמֶר vayómer יְהֹוָה־אדני־יאהדונהי Adonai אֶל־ el מֹשֶׁה Moshé

מהש, ע"ב בריבוע וקס"א, אל שדי קַח־ kaj לְךָ lejá סַמִּים samim (*Tiféret, Nétsaj*)

ע"ה קנ"א, אדני אלהים נָטָף nataf | (*Hod*) וּשְׁחֵלֶת ushjélet (*Yesod*) וְחֶלְבְּנָה vejelbená

(*Maljut*) ע"ה פוי, אל אדני סַמִּים samim (*Kéter, Jojmá, Biná, Jésed, Guevurá*)

ע"ה קנ"א, אדני אלהים וּלְבֹנָה ulevoná זַכָּה zacá (Luz Circundante) בַּד bad בְּבַד bevad

יִהְיֶה yihyé ייי ׃ וְעָשִׂיתָ veasita אֹתָהּ otá קְטֹרֶת ketóret י"א פעמים אדני (הנבררים

מהקליפות ע"י י"א הסממנים); קטרת - הק' באתב"ש ד' = תרי"ג (מצוות) רֹקַח rókaj מַעֲשֵׂה maasé

רוֹקֵחַ rokéaj שדי מְמֻלָּח memulaj טָהוֹר tahor י"פ אכא קֹדֶשׁ kódesh

ס"ת רוחש בכוונה לגרש החיצונים ומועיל לזכירה׃ וְשָׁחַקְתָּ veshajakta מִמֶּנָּה mimena

הָדֵק hadek וְנָתַתָּה venatata מִמֶּנָּה mimena לִפְנֵי lifnei הָעֵדֻת haedut

בְּאֹהֶל beóhel מוֹעֵד moed אֲשֶׁר asher אִוָּעֵד ivaed לְךָ lejá שָׁמָּה shama

קֹדֶשׁ kódesh קָדָשִׁים kodashim תִּהְיֶה tihyé לָכֶם lajem. וְנֶאֱמַר veneemar:

וְהִקְטִיר vehiktir עָלָיו alav אַהֲרֹן Aharón קְטֹרֶת ketóret י"א פעמים אדני

(הנבררים מהקליפות ע"י י"א הסממנים); קטרת - הק' באתב"ש ד' = תרי"ג (מצוות) סַמִּים samim

ע"ה קנ"א, אדני אלהים בַּבֹּקֶר babóker בַּבֹּקֶר babóker בְּהֵיטִיבוֹ beheitivo

אֶת־ et הַנֵּרֹת hanerot יַקְטִירֶנָּה yaktirena: וּבְהַעֲלֹת uvehaalot

אַהֲרֹן Aharón אֶת־ et הַנֵּרֹת hanerot בֵּין bein הָעַרְבַּיִם haarbáyim

ר"ת אהבה, דאגה, אחד יַקְטִירֶנָּה yaktirena קְטֹרֶת ketóret י"א פעמים אדני

(הנבררים מהקליפות ע"י י"א הסממנים); קטרת - הק' בא"ת ב"ש ד' = תרי"ג (מצוות) תָּמִיד tamid

ע"ה קס"א קנ"א קמ"ג לִפְנֵי lifnei יְהֹוָה־אדני־יאהדונהי Adonai לְדֹרֹתֵיכֶם ledoroteijem:

LA PORCIÓN DEL INCIENSO

"Y Dios dijo a Moshé: Toma especias de bálsamo, uña aromática, gálbano y olíbano puro, de todo en igual peso. Y deberás preparar una mezcla de incienso: la obra de un perfumador, bien combinada, pura y santa. Molerás de ella pulverizándola y la colocarás delante del Testimonio en el Tabernáculo de Reunión, en donde Yo me encontraré contigo. Será el Santo de los Santos para ti" (Éxodo 30:34-36). *Y Dios también dijo: "Aharón quemará sobre el Altar especies de incienso cada mañana cuando prepare las velas. Y cuando Aharón encienda las velas a la caída del Sol, él deberá quemar especias de incienso como una ofrenda de incienso permanente ante Dios, por todas sus generaciones"* (Éxodo 30:7-8).

LAS FUNCIONES DEL INCIENSO

El relleno del incienso tiene dos propósitos: primero, remover las *klipot* para evitar que éstas acompañen la elevación de los Mundos y, segundo, atraer Luz hacia *Asiyá*. Por lo tanto, medita en elevar las chispas de Luz de todas las *Noga* de *Atsilut*, *Briá*, *Yetsirá* y *Asiyá*.

Cuenta el incienso uno por uno usando tu mano derecha y no te saltes ni uno, porque está escrito: “Si uno omite uno de los ingredientes, es probable que reciba la pena de muerte”. Y, por lo tanto, debes tener cuidado de no saltarte ninguno, porque recitar este párrafo es un sustituto de la verdadera quema del incienso.

תנו tanú רבנן rabanán פטום pitum הקטרת haketóret י״א פעמים אדני
(הנבררים מהקליפות ע״י י״א הסממנים); קטרת - הק׳ באתב״ש ד׳ = תרי״ג (מצוות);
פטום הקטרת = יהוה יהוה מצפצ יה אדני אל אלהים מצפצ (ז׳ מרגלאין דשבת) :
כיצד queitsad. שלש shlosh מאות meot המספר = ש׳, אלהים דיודין
וששים veshishim המספר = מילוי הש׳ (ין) ושמונה ushmoná מנים manim היו hayú
בה va. שלש shlosh מאות meot המספר = ש׳, אלהים דיודין וששים veshishim
המספר = מילוי הש׳ (ין) וחמשה vajamishá כמנין queminyán ימות yemot
החמה hajamá מנה mané ע״ה פוי, אל אדני בכל bejol ב״ן, לכב
יום yom ע״ה נגד, מזבח, זן, אל יהוה. מחציתו majatsitó בבקר babóker
ומחציתו umajatsitó בערב baérev. ושלשה ushloshá מנים manim
יתרים yeterim קס״א, קנ״א וקמ״ג שמהם shemehem מכניס majnís כהן Cohén מלה
גדול gadol להח ; עם ד׳ אותיות = מבה, יזל, אום ונוטל venotel מהם mehem
מלא meló חפניו jafnav ביום beyom ע״ה נגד, מזבח, זן, אל יהוה הכפורים haKipurim.
ומחזירן majazirán למכתשת lamajtéshet בערב beérev
יום Yom ע״ה נגד, מזבח, זן, אל יהוה הכפורים haKipurim כדי quedei לקים lekayem
מצות mitsvat דקה daká מן min הדקה hadaká. ואחד veajad אהבה, דאגה
עשר asar סמנים samanim היו hayú בה va. ואלו veelu הן hen:

LAS FUNCIONES DEL INCIENSO

Nuestros Sabios han enseñado: ¿Cómo se hacía la composición del incienso? Trescientas sesenta y ocho porciones estaban contenidas allí. Trescientas sesenta y cinco correspondían al número de días en el año solar, una porción para cada día: La mitad de ella en la mañana y la otra mitad a la caída del Sol. Y las tres porciones restantes, El Sumo Sacerdote (Cohén Hagadol), en Yom Kipur, se llenaba ambas manos con ellas. En la Víspera de Yom Kipur, él las llevaría de regreso al mortero para cumplir el requerimiento de que debían estar muy finamente molidas. Cada porción contenía once especias:

1) הַצֳּרִי haTsorí (*Kéter*) מצפצ, אלהים דיודין, י״פ ייי• 2) וְהַצִּפֹּרֶן vehaTsiporén (*Yesod*)

יהוה אדני אהיה שדי• 3) וְהַחֶלְבְּנָה vehaJelbená (*Maljut*) ע״ה פוי, אל אדני•

4) וְהַלְּבוֹנָה vehaLevoná (**Luz Circundante** - שהוא אור לבן והוא יוזידי הנקרא אדון יוזיד)

מִשְׁקַל mishkal שִׁבְעִים shivim שִׁבְעִים shivim מָנֶה mané ע״ה פוי, אל אדני•

5) מוֹר Mor (*Jésed*)• 6) וּקְצִיעָה uKetsía רהע (*Guevurá* - ״כי מצפון תפתח הרעה״,

והגבורה סוד רווח צפון)• 7) וְשִׁבֹּלֶת veShibólet נֵרְדְּ Nerd (*Tiféret*)•

8) וְכַרְכֹּם veJarcom (*Nétsaj*) בוזחך, סנדלפון, ערי• מִשְׁקַל mishkal שִׁשָּׁה shishá

עָשָׂר asar שִׁשָּׁה shishá עָשָׂר asar מָנֶה mané ע״ה פוי, אל אדני• 9) קֹשְׁטְ Kosht

(*Jojmá*) שְׁנֵים shnéim עָשָׂר asar• 10) קִלּוּפָה Kilufá (*Biná*) שְׁלֹשָׁה shloshá•

11) קִנָּמוֹן Kinamón (*Hod*) ר״ת ג״פ ק׳ (בסוד קדוש קדוש קדוש) תִּשְׁעָה tishá•

בּוֹרִית borit כַּרְשִׁינָא carshiná תִּשְׁעָה tishá קַבִּין kabín• יֵין yein מיכ, י״פ האא

קַפְרִיסִין Kafrisín סְאִין seín תְּלַת telat וְקַבִּין vekabín תְּלָתָא telatá אהיה קבין

וְאִם veím יוהך, מ״א אותיות דפשוט, דמילוי ודמילוי דמילוי דאהיה ע״ה לֹא lo מָצָא matsá

יֵין yein מיכ, י״פ האא קַפְרִיסִין Kafrisín מֵבִיא meví חֲמַר jamar חִוָּר jivar

עַתִּיק atik• מֶלַח mélaj סְדוֹמִית Sedomit רוֹבַע rova• מַעֲלֶה maalé

עָשָׁן ashán כָּל col ילי שֶׁהוּא shehú• רִבִּי Ribí נָתָן Natán הַבַּבְלִי haBavlí

אוֹמֵר omer אַף af מִכִּפַּת miquipat הַיַּרְדֵּן haYardén י׳ הויות וד׳ אותיות כָּל col ילי

שֶׁהִיא shehí• אִם im יוהך, מ״א אותיות דפשוט, דמילוי ודמילוי דמילוי דאהיה ע״ה נָתַן natán

בָּהּ ba דְּבַשׁ devash שו׳ (דשופר) וי״ד (האוזז) = ש״ך דינין דגדלות פְּסָלָהּ pesalá•

וְאִם veim יוהך, מ״א אותיות דפשוט, דמילוי ודמילוי דמילוי דאהיה ע״ה וְחִסֵּר jiser

אַחַת ajat מִכָּל־ micol ילי סַמָּמָנֶיהָ samemaneha חַיָּב jayav מִיתָה mitá׃

---

1) Bálsamo 2) Uña aromática 3) Gálbano 4) Olíbano; el peso de setenta porciones cada una. 5) Mirra 6) Acacia 7) Nardo 8) Y Azafrán; el peso de dieciséis porciones cada una. 9) Doce porciones de Costo 10) Tres de Corteza aromática 11) Nueve de Canela. Asimismo, nueve kabín de Lejía de Carsina. Y tres kabín y tres seín de Vino de Chipre. Y si uno no encontrase vino de Chipre, él deberá traer vino blanco añejo. Y un cuarto de la sal de Sodoma. Y una pequeña medida de una hierba generadora de humo. Rabí Natán, el Babilonio, también aconsejaba una pequeña cantidad de ámbar de Jordania. Si se le añadía miel, se hacía defectuoso. Si omite aunque sea una de todas las hierbas, era merecedor de la muerte.

רַבָּן Rabán שִׁמְעוֹן Shimón בֶּן ben גַּמְלִיאֵל Gamliel אוֹמֵר omer:
הַצֳּרִי haTsorí מצפ״צ, אלהים דיודין, י״פ ייי אֵינוֹ einó אֶלָּא ela שְׂרָף seraf
הַנּוֹטֵף hanotef מֵעֲצֵי meatsei הַקְּטָף haktaf. בּוֹרִית borit
כַּרְשִׁינָא carshiná לָמָּה lemá הִיא hi בָאָה vaá כְּדֵי quedei
לְשַׁפּוֹת leshapot בָּהּ ba אֶת et הַצִּפֹּרֶן haTsiporén יהוה אדני אהיה שדי
כְּדֵי quedei שֶׁתְּהֵא shetehé נָאָה naá. יֵין yein ע׳ (כנגד ע׳ אומות העולם התלויים בסמאל)
מ״כ, י״פ האא קַפְרִיסִין Kafrisín לָמָּה lemá הוּא hu בָא va כְּדֵי quedei
לִשְׁרוֹת lishrot בּוֹ bo אֶת et הַצִּפֹּרֶן haTsiporén יהוה אדני אהיה שדי
כְּדֵי quedei שֶׁתְּהֵא shetehé עַזָּה azá. וַהֲלֹא vahaló מֵי mei ילי רַגְלַיִם ragláyim
יָפִין yafín לָהּ la אֶלָּא ela שֶׁאֵין sheéin מַכְנִיסִין majnisín מֵי mei ילי
רַגְלַיִם ragláyim בַּמִּקְדָּשׁ bamikdash מִפְּנֵי mipnei הַכָּבוֹד hacavod לאו:
תַּנְיָא tanyá רִבִּי Ribí נָתָן Natán אוֹמֵר omer כְּשֶׁהוּא queshehú
שׁוֹחֵק shojek אוֹמֵר omer הָדֵק hadek הֵיטֵב heitev. הֵיטֵב heitev
הָדֵק hadek. מִפְּנֵי mipnei שֶׁהַקּוֹל shehakol יָפֶה yafé לַבְּשָׂמִים labesamim.
פִּטְּמָהּ pitmá לַחֲצָאִין lajatsaín כְּשֵׁרָה quesherá. לִשְׁלִישׁ leshalish
וְלִרְבִיעַ uleravía לֹא lo שָׁמַעְנוּ shamanu. אָמַר amar רִבִּי Ribí
יְהוּדָה Yehudá זֶה ze הַכְּלָל haclal אִם im יוהך, מ״א אותיות דפשוט, דמילוי
ודמילוי דמילוי דאהיה ע״ה כְּמִדָּתָהּ quemidatá כְּשֵׁרָה quesherá לַחֲצָאִין lajatsaín.
וְאִם veim יוהך, מ״א אותיות דפשוט, דמילוי ודמילוי דמילוי דאהיה ע״ה וְחִסַּר jiser
אַחַת ajat מִכָּל־ micol ילי סַמָּמָנֶיהָ samemaneha חַיָּב jayav מִיתָה mitá:

Rabán Shimón ben Gamliel dice: El bálsamo era sólo una savia que rezumaba de los árboles de bálsamo. ¿Para qué se añadía la lejía de Carsina? Para frotar la uña aromática con ella y hacerlo agradable a la vista. ¿Cuál era el propósito de añadir vino de Chipre? Para remojarlo con la uña aromática. Orina es lo más apropiado para esto, pero no se lleva orina al Templo Sagrado por respeto. Se enseñaba que Rabí Natán decía: Cuando él molía, él decía: "Muélela finamente, muélela finamente". Esto es porque la voz es beneficiosa para las especias. Si combina la mitad de la cantidad es todavía válido, pero con relación a un tercio o un cuarto no poseemos información. Rabí Yehuda decía: Esta es la regla general: Si está en las proporciones correctas, la mitad es válida. Pero si él omite una de las especias, es merecedor de la muerte.

תָּנֵי tanei בַּר Var קַפָּרָא Kapará אַחַת ajat לְשִׁשִּׁים leshishim אוֹ o
לְשִׁבְעִים leshivim שָׁנָה shaná הָיְתָה haytá בָּאָה vaá שֶׁל shel
שִׁירַיִם shiráyim לַחֲצָאִין lajatsaín• וְעוֹד veod תָּנֵי tanei בַּר Var
קַפָּרָא Kapará אִלּוּ ilú הָיָה hayá יהה נוֹתֵן notén אבגיתץ, ושר בָּהּ ba
קָרְטוֹב kartov שֶׁל shel דְּבַשׁ devash שו׳ (דשופר) וי״ד (האווזז) = ש״ך דינין דגדלות
אֵין ein אָדָם adam מ״ה יָכוֹל yajol לַעֲמוֹד laamod מִפְּנֵי mipnei
רֵיחָהּ reijá• וְלָמָּה velama אֵין ein מְעָרְבִין mearvín בָּהּ ba דְּבַשׁ devash
שו׳ (דשופר) וי״ד (האווזז) = ש״ך דינין דגדלות מִפְּנֵי mipnei שֶׁהַתּוֹרָה shehaTorá
אָמְרָה amrá (ויקרא ב׳, י״א)։ כִּי qui כָל־ jol ילי שְׂאֹר seor ג׳ מוחין דאלהים דקטנות
(ש׳ = אלהים דיודין ; א׳ כללות שם אלהים ; ר׳ = ריבוע אלהים) וְכָל־ vejol ילי דְּבַשׁ devash
שו׳ (דשופר) וי״ד (האווזז) = ש״ך דינין דגדלות לֹא־ lo תַקְטִירוּ taktiru מִמֶּנּוּ mimenu
שכן הם בחינת דינין דקטנות ודגדלות לכן נאסרה הקרבתן אִשֶּׁה ishé לַיהוָה laAdonai׃

Derecha

יְהוָה Adonai צְבָאוֹת Tsevaot פני שכינה עִמָּנוּ imanu
ריבוע דס״ג = קס״א ע״ה וד׳ אותיות מִשְׂגָּב־ misgav משה, מהש, ע״ב בריבוע קס״א, אל שדי,
ד״פ אלהים ע״ה לָנוּ lanu אלהים, אהיה אדני אֱלֹהֵי Elohei מילוי ע״ב, דמב ; ילה
יַעֲקֹב Yaakov ז׳ הויות, יאהדונהי אידהנויה סֶלָה sela׃

Izquierda

יְהוָה Adonai צְבָאוֹת Tsevaot פני שכינה אַשְׁרֵי ashrei
אָדָם adam מ״ה ; יהוה צבאות אשרי אדם = תפארת בֹּטֵחַ botéaj
בָּךְ baj אדם בוטח בך = אמן (יאהדונהי) ע״ה ; בוטח בך = מילוי ע״ב ע״ה׃

Bar Kapara enseñaba que una vez cada sesenta o setenta años, las sobras se acumularían hasta llegar a la mitad de la medida. Bar Kapara también enseñaba que si se le añadía un kortov de miel, ningún hombre soportaría su olor. ¿Por qué no se mezcla miel con ella? Porque la Torá ha estipulado: Porque cualquier levadura o miel, no debes quemar en una ofrenda por fuego a Dios (Kritut 6; Yerushalmi, Yomá: cap. 4). (Derecha) *"El Señor de los Ejércitos está con nosotros, nuestra fuerza es el Dios de Yaakov, Sela" (Salmos 46:12).* (Izquierda) *"El Señor de los Ejércitos, dichoso es aquel que confía en Ti" (Salmos 84:13).*

Central Central

יְהֹוָהאדניאהדונהי Adonai הוֹשִׁיעָה hoshía יהוה וש״ע נהורין הַמֶּלֶךְ haMélej ר״ת יהה

יַעֲנֵנוּ yaanenu בְיוֹם veyom ע״ה, נגד, מזבח, זן, אל יהוה

קֹרְאֵנוּ korenu ר״ת יב״ק, אלהים יהוה, אהיה אדני יהוה ; ס״ת = ב״ן ועם כף דהמלך = ע״ב :

וְעָרְבָה vearvá לַיהֹוָהאדניאהדונהי laAdonai

מִנְחַת minjat יְהוּדָה Yehudá וִירוּשָׁלָםִ virushaláim

כִּימֵי quimei עוֹלָם olam וּכְשָׁנִים ujeshanim קַדְמֹנִיּוֹת kadmoniyot:

ANÁ BEJÓAJ (para saber más sobre el *Aná Bejóaj*, ir a las págs. 222-224)

El *Aná Bejóaj* probablemente sea la oración más poderosa en todo el universo. El kabbalista del siglo II Rav Najunyá ben HaKaná fue el primer sabio en revelar esta combinación de 42 letras, la cual contiene el poder de la Creación.

Jésed, domingo (***Álef Bet Guímel Yud Tav Tsadi***) אבג יתץ

אָנָּא aná בְּכֹחַ bejóaj• גְּדֻלַּת guedulat יְמִינְךָ yemineja•

תַּתִּיר tatir צְרוּרָה tserurá:

Guevurá, lunes (***Kof Resh Ayin Sin Tet Nun***) קרע שטן

קַבֵּל kabel רִנַּת rinat• עַמְּךָ ameja שַׂגְּבֵנוּ sagvenu•

טַהֲרֵנוּ taharenu נוֹרָא norá:

Tiféret, martes (***Nun Guímel Dálet Yud Caf Shin***) נגד יכש

נָא na גִבּוֹר guibor• דּוֹרְשֵׁי dorshei יִחוּדְךָ yijudeja•

כְּבָבַת quevavat שָׁמְרֵם shamrem:

(Central) *"Señor, sálvanos. El Rey nos responderá el día que lo invoquemos"* (*Salmos 20:10*). *"Que el Señor encuentre la ofrenda de Yehuda y Jerusalén agradable como siempre y como en los tiempos antiguos"* (*Malaquías 3:4*).

ANÁ BEJÓAJ

Jésed, domingo אבג יתץ

Te suplicamos, con el gran poder de Tu diestra, pon en libertad a los cautivos.

Guevurá, lunes קרע שטן

Acepta el canto de Tu Nación. Fortifícanos y purifícanos, Reverenciado.

Tiféret, martes נגד יכש

Por favor, Todopoderoso, a los que buscan Tu unidad, cuídalos como a la pupila de los ojos.

Nétsaj, miércoles (***Bet Tet Resh Tsadi Tav Guímel***) בטר צתג

בָּרְכֵם barjem טַהֲרֵם taharem• רַחֲמֵי rajamei צִדְקָתֶךָ tsidkateja•

תָּמִיד tamid גָּמְלֵם gomlem:

Hod, jueves (***Jet Kof Bet Tet Nun Ayin***) חקב טנע

חֲסִין jasín קָדוֹשׁ kadosh• בְּרוֹב berov טוּבְךָ tuvjá•

נַהֵל nahel עֲדָתֶךָ adateja:

Yesod, viernes (***Yud Guímel Lámed Pei Zayin Kof***) יגל פזק

יָחִיד yajid גֵּאֶה gueé• לְעַמְּךָ leamjá פְּנֵה pené•

זוֹכְרֵי zojrei קְדֻשָּׁתֶךָ kedushateja:

Maljut, sábado (***Shin Kof Vav Tsadi Yud Tav***) שקו צית

שַׁוְעָתֵנוּ shavatenu קַבֵּל kabel• וּשְׁמַע ushmá צַעֲקָתֵנוּ tsaakatenu•

יוֹדֵעַ yodea תַּעֲלוּמוֹת taalumot:

BARUJ SHEM QUEVOD

Susurrar este verso final atrae toda la Luz de los Mundos Superiores hacia nuestra existencia física.

(Susurra): יודו אותיות בָּרוּךְ Baruj שֵׁם Shem כְּבוֹד quevod מַלְכוּתוֹ maljutó

לְעוֹלָם leolam ריבוע ס״ג וי׳ אותיות דס״ג וָעֶד vaed:

Nétsaj, miércoles בטר צתג

Bendícelos. Purifícalos. Otórgales siempre Tu fidelidad compasiva.

Hod, jueves חקב טנע

Invencible y Todopoderoso, con la abundancia de Tu bondad, guía a Tu congregación.

Yesod, viernes יגל פזק

Exaltado y orgulloso, vuélvete a Tu pueblo, aquellos que recuerdan Tu santidad.

Maljut, sábado שקו צית

Acepta nuestra plegaria y escucha nuestro clamor, Tú que conoces todo lo oculto.

BARUJ SHEM QUEVOD

"Bendito es el Nombre de la Gloria. Su Reino es para siempre y para la eternidad" (*Pesajim 56a*).

EL ASHREI

De las veintidós letras del alfabeto arameo, veintiuna de ellas están codificadas en el *Ashrei* en el orden correcto, de la *Álef* a la *Tav*. El Rey David, el autor, dejó a la letra aramea *Nun* fuera de esta oración, ya que la *Nun* es la primera letra de la palabra aramea *Nefilá*, que significa "caída". Caída se refiere a un descenso espiritual, caer en la *klipá*. Los sentimientos de duda, depresión, preocupación e incertidumbre son consecuencias de la caída espiritual. Debido a que las letras arameas son los verdaderos instrumentos de la Creación, esta oración ayuda a inyectar el orden y la fuerza de la Creación en nuestra vida, sin la energía de la caída.

En este Salmo está escrito diez veces el Nombre: יהוה por las Diez *Sefirot*. Este Salmo está escrito según el orden del *Álef Bet*, pero la letra *Nun* es omitida para evitar la caída.

אַשְׁרֵי ashrei (סוד הכתר) יוֹשְׁבֵי yoshvei בֵיתֶךָ veiteja ב"פ ראה

עוֹד od יְהַלְלוּךָ yehaleluja סֶּלָה sela: אַשְׁרֵי ashrei הָעָם haam

שֶׁכָּכָה shecaja מהש (משה), ע"ב בריבוע קס"א, אל שדי, ד"פ אלהים ע"ה לוֹ lo

אַשְׁרֵי ashrei הָעָם haam ר"ת לאה שֶׁיְהֹוָה sheAdonai (*Kéter*)

אֱלֹהָיו Elohav ילה: תְּהִלָּה tehilá ע"ה אמת, אהיה פעמים אהיה, ז"פ ס"ג לְדָוִד leDavid

אֲרוֹמִמְךָ aromimjá אֱלוֹהַי Elohai הַמֶּלֶךְ haMélej וַאֲבָרְכָה vaavarjá

שִׁמְךָ Shimjá לְעוֹלָם leolam ריבוע ס"ג ו' אותיות ס"ג וָעֶד vaed:

בְּכָל bejol ב"ן, לכב יוֹם yom ע"ה נגד, מזבח, זן, אל יהוה

אֲבָרְכֶךָּ avarjecá וַאֲהַלְלָה vaahalelá מ"ה יהוה שִׁמְךָ Shimjá

לְעוֹלָם leolam ריבוע ס"ג ו' אותיות ס"ג וָעֶד vaed:

גָּדוֹל gadol להח ; עם ד' אותיות = מבה, יזל, אום

יְהֹוָה Adonai (*Jojmá*) וּמְהֻלָּל umehulal אדני, ללה

מְאֹד meod וְלִגְדֻלָּתוֹ veligdulató והו אֵין ein חֵקֶר jéker:

EL ASHREI

"Dichosos aquellos que moran en Tu casa, ellos te alabarán, Sela" (Salmos 84:5). *"Dichosa es la nación que así es para ella y dichosa la nación de la que El Señor es su Dios"* (Salmos 145:15). *"Una alabanza de David:*

א *Yo te exaltaré a Ti, mi Dios, el Rey, y yo bendeciré Tu Nombre por siempre y por la eternidad.*

ב *Te bendeciré cada día y alabaré Tu Nombre por siempre y por la eternidad.*

ג *El Señor es grande y extremadamente alabado. Su grandeza es inescrutable.*

דּוֹר dor לְדוֹר ledor יְשַׁבַּח yeshabaj מַעֲשֶׂיךָ maaseja ר"ת דלים

וּגְבוּרֹתֶיךָ ugvuroteja יַגִּידוּ yaguidu יי"ז, כ"ב אותיות פשוטות (=אכא) וה' אותיות סופיות מנצפך:

הֲדַר hadar כְּבוֹד quevod הוֹדֶךָ hodeja וְדִבְרֵי vedivrei

נִפְלְאוֹתֶיךָ nifleoteja ר"ת אלהים, אהיה אדני

אָשִׂיחָה asija ר"ת הפסוק = פ"ז (בסוד כתם טהור פז):

וֶעֱזוּז veezuz נוֹרְאֹתֶיךָ noroteja יֹאמֵרוּ yomeru וּגְדוּלָּתְךָ ugdulatjá

(כתיב: וגדלותיך) ר"ת = ע"ב, ריבוע יהוה אֲסַפְּרֶנָּה asaprena ס"ת = ייא"י (מילוי דס"ג):

זֵכֶר zéjer רַב־ rav טוּבְךָ tuvjá לאו יַבִּיעוּ yabíu

וְצִדְקָתְךָ vetsidkatjá יְרַנֵּנוּ yeranenú ס"ת = ב"ן, יבמ, לכב ; ר"ת הפסוק = רי"ו יהוה:

חַנּוּן janún וְרַחוּם verajum יְהֹוָהאדניאהדונהי Adonai (Biná)

חנון ורחום יהוה = עשל אֶרֶךְ érej ס"ת = ס"ג ב"ן אַפַּיִם apáyim ר"ת = יהוה

וּגְדָל־ ugdal (כתיב: וגדול) חָסֶד jásed ע"ב, ריבוע יהוה:

טוֹב־ tov והו יְהֹוָהאדניאהדונהי Adonai (*Jésed*) לַכֹּל lacol

יה אדני ; ס"ת ל"ז (מילוי דס"ג) וְרַחֲמָיו verajamav עַל־ al

כָּל col ילי ; עמם ; ר"ת ריבוע ב"ן ע"ה מַעֲשָׂיו maasav ס"ת ע"ב, ריבוע יהוה:

ד *Una generación y la próxima alabarán Tus obras y narrarán Tus proezas.*

ה *Yo hablaré de la luminosidad de Tu espléndida gloria y de la maravilla de Tus actos.*

ו *Ellos proclamarán el asombroso poder de tus actos y yo hablaré de Tu grandeza.*

ז *Ellos expresarán el recuerdo de Tu abundante bondad y proclamarán dichosos Tu justicia.*

חט *El Señor es misericordioso y compasivo, lento para la ira y grande en misericordia.*

ט *El Señor es bueno para con todos, Su compasión se extiende sobre todos Sus actos.*

יוֹדוּךָ yoduja יְהֹוָאדֹנָי יאהדונהי Adonai (*Guevurá*) כָּל־ col ילי מַעֲשֶׂיךָ maaseja

וַחֲסִידֶיךָ vajasideja ר״ת אלהים, אהיה אדני יְבָרְכוּכָה yevarjuja ס״ת = מ״ה:

כְּבוֹד quevod מַלְכוּתְךָ maljutjá יֹאמֵרוּ yomeru וּגְבוּרָתְךָ ugvuratjá

יְדַבֵּרוּ yedaberu ר״ת הפסוק = אלהים, אהיה אדני ; ס״ת = ב״ן, יבמ, לכב:

לְהוֹדִיעַ lehodía לִבְנֵי livnei הָאָדָם haadam ר״ת ללה, אדני

גְּבוּרֹתָיו guevurotav וּכְבוֹד ujvod הֲדַר hadar

מַלְכוּתוֹ maljutó ר״ת מ״ה וס״ת רי״ו ; ר״ת הפסוק ע״ה = ק״כ צירופי אלהים:

מַלְכוּתְךָ maljutjá מַלְכוּת maljut כָּל־ col ילי עֹלָמִים olamim

וּמֶמְשַׁלְתְּךָ umemshaltejá בְּכָל־ bejol ב״ן, לכב דּוֹר dor וָדֹר vador רי״ו:

סוֹמֵךְ somej ריבוע אדני יְהֹוָאדֹנָי יאהדונהי Adonai (*Tiféret*)

לְכָל־ lejol יה אדני ; סומך אדני לכל ר״ת סאל, אמן (יאהדונהי) הַנֹּפְלִים hanoflim

וְזוֹקֵף vezokef לְכָל־ lejol יה אדני הַכְּפוּפִים hacfufim נמם:

עֵינֵי־ einei ריבוע דמ״ה כֹל jol ילי אֵלֶיךָ eleja יְשַׂבֵּרוּ yesaberu וְאַתָּה veAtá

נוֹתֵן־ notén אבגית״ץ, ושר לָהֶם lahem אֶת־ et אָכְלָם ojlam בְּעִתּוֹ beitó:

י *Todas tus obras te agradecerán, Señor, y Tus fieles devotos te bendicen.*
כ *Ellos dirán de la gloria de Tu Reino y hablarán de Tus poderosos actos.*
ל *Él hace que el hombre conozca Sus proezas y la gloria de Su espléndido Reino.*
מ *Tuyo es el Reino de todos los mundos y Tu dominio se extiende a toda y cada generación.*
ס *El Señor sostiene a todos aquellos que caen y endereza a los doblegados.*
ע *Los ojos de todos ven con esperanza hacia Ti, y Tú les das su alimento al momento apropiado.*

POTÉAJ ET YADEJA

Conectamos con las letras *Pei*, *Álef* y *Yud* al abrir nuestras manos con las palmas hacia arriba. Nuestra conciencia está enfocada en recibir el sustento y la prosperidad financiera de parte de la Luz a través de nuestras acciones del diezmo y compartir; nuestro Deseo de Recibir para Dar y Compartir. Al hacer esto, también reconocemos que el sustento que recibimos proviene de una fuente superior y no de nuestras acciones. Según los sabios, si no meditamos en esta idea en este punto, debemos repetir la oración.

פתוח (שע״ח נהורין למ״ה ולס״ה)

יוד הי ויו הי יוד הי ויו הי (וז׳ וזיוורתי) פותוז את ידך ר״ת פאי
אלף למד אלף למד (ש״ע) גימ׳ יאהדונהי זו״ן
יוד הא ואו הא (לז״א) וזכמה דז״א ו״ק
אדני (ולנוקבא) יסוד דנוק׳

פּוֹתֵחַ potéaj אֶת et יָדֶךָ yadeja ר״ת פאי וס״ת וזתך עם ג׳ אותיות = דִיקַרְנוֹסָא

ובאתב״ש הוא סאל, פאי, אמן, יאהדונהי ; ועוד יכוין שם וזתך בשילוב יהוה – יוֹזְהָתוֹכָה

אלף למד הי יוד מם אלף למד הי יוד מם מוחין דפנים דאוזור אלהים אלהים
להמשיך פ״ו אורות לכל מילוי דכל

אוזור דפרצופי נה״י וזג״ת וזתך ואוזור דפרצופי נה״י וזג״ת
דפרצוף וזג״ת דיצירה דז״א דיצירה דרוזל הנקראת לאה
לף מד י וד ם לף מד י וד ם
אלף למד הי יוד מם סאל יאהדונהי אלף למד הי יוד מם

וּמַשְׂבִּיעַ umasbía וזתך עם ג׳ אותיות = דִיקַרְנוֹסָא

ובא״ת ב״ש הוא סאל, אמן, יאהדונהי ; ועוד יכוין שם וזתך בשילוב יהוה – יוֹזְהָתוֹכָה

אלף למד הי יוד מם אלף למד הי יוד מם מוחין דפנים דאוזור אלהים אלהים
להמשיך פ״ו אורות לכל מילוי דכל

אוזור דפרצופי נה״י וזג״ת וזתך ואוזור דפרצופי נה״י וזג״ת
דפרצוף נה״י דיצירה דז״א דיצירה דרוזל הנקראת לאה
לף מד י וד ם לף מד י וד ם
אלף למד הי יוד מם אלף למד הי יוד מם

לְכָל־ lejol יה אדני (להמשיך מוחין ד-יה אל הנוקבא שהיא אדני)

חַי jai כל חי = אהיה אהיה יהוה, בינה ע״ה, חיים

רָצוֹן ratsón מהש ע״ה, ע״ב בריבוע וקס״א ע״ה, אל שדי ע״ה ; ר״ת רוזל שהיא המלכות הצריכה לשפע

יוד יוד הי יוד הי ויו יוד הי ויו הי יסוד דאבא
אלף הי יוד הי יסוד דאימא
להמתיק רוזל וב׳ דמעין שך פר

También debemos meditar en atraer abundancia, sustento y bendiciones a todos los mundos desde el *ratsón* mencionado anteriormente. Debemos meditar y enfocarnos en este versículo porque es la esencia de la prosperidad, y meditar en que Dios esté interviniendo, sustentando y apoyando a toda la Creación.

POTÉAJ ET YADEJA

פ *Abre Tus Manos y satisface el deseo de todo ser viviente.*

צַדִּיק tsadik יְהֹוָהאדנייאהדונהי Adonai (*Yesod*) בְּכָל bejol ב״ן, לכב

דְּרָכָיו derajav וְחָסִיד vejasid בְּכָל bejol ב״ן, לכב מַעֲשָׂיו maasav יבמ, ב״ן:

קָרוֹב karov יְהֹוָהאדנייאהדונהי Adonai (*Maljut*) לְכָל־ lejol יה אדני

קֹרְאָיו korav לְכֹל lejol יה אדני אֲשֶׁר asher

יִקְרָאֻהוּ yikraúhu בֶאֱמֶת veemet אהיה פעמים אהיה, ז״פ ס״ג:

רְצוֹן retsón מהש ע״ה, ע״ב בריבוע וקס״א ע״ה, אל שדי ע״ה יְרֵאָיו yereav יַעֲשֶׂה yaasé

ר״ת רי״ וְאֶת־ veet שַׁוְעָתָם shavatam יִשְׁמַע yishmá וְיוֹשִׁיעֵם veyoshiem:

שׁוֹמֵר shomer כ״א הויות שבתפילין יְהֹוָהאדנייאהדונהי Adonai (*Nétsaj*)

אֶת־ et כָּל־ col ילי אֹהֲבָיו ohavav ר״ת אכא

וְאֵת veet כָּל־ col ילי הָרְשָׁעִים hareshaim יַשְׁמִיד yashmid:

תְּהִלַּת tehilat יְהֹוָהאדנייאהדונהי Adonai (*Hod*) יְדַבֶּר yedaber ראה

פִּי pi וִיבָרֵךְ vivarej ע״ב ס״ג מ״ה ב״ן, הברכה (למתק את ז׳ המלכים שמתו)

כָּל col ילי בָּשָׂר basar שֵׁם Shem קָדְשׁוֹ kodshó

לְעוֹלָם leolam ריבוע ס״ג ו״ אותיות דס״ג וָעֶד vaed:

וַאֲנַחְנוּ vaanajnu נְבָרֵךְ nevarej יָהּ Yah מֵעַתָּה meatá

וְעַד־ vead עוֹלָם olam הַלְלוּיָהּ haleluyá אלהים, אהיה אדני ; ללה:

צ *El Señor es justo en todos Sus caminos y virtuoso en todas Sus obras.*

ק *El Señor está cerca de todos los que lo llaman, de todos aquellos que lo llaman sinceramente.*

ר *Él cumplirá la voluntad de aquellos que le temen; Él escucha sus clamores y los salva.*

ש *El Señor protege a todos los que lo aman y destruye a los impíos.*

ת *"Mis labios proclamarán la alabanza al Señor y toda criatura bendecirá Su Santo Nombre, por siempre y por la eternidad"* (Salmos 145). *"Y bendeciremos a Dios por siempre y por la eternidad. ¡Aleluya!"* (Salmos 115:18).

UVÁ LETSIYÓN

Esta oración es nuestra conexión con la redención. La oración comienza: *"Y vendrá un redentor a Sión"*. El redentor es una referencia al *Mashíaj* (Mesías). Kabbalísticamente, el *Mashíaj* no es una persona justa que vendrá y nos salvará y traerá paz al mundo. *Mashíaj* es un estado de espiritualidad y conciencia que puede alcanzar todo individuo. Nadie viene a salvarnos ni a hacer el trabajo por nosotros. Cada uno de nosotros debe conseguir su propio nivel de crecimiento espiritual y realización, nuestro *Mashíaj* personal, y cuando una masa crítica de personas haya alcanzado este estado, el *Mashíaj* global aparecerá para la humanidad.

וּבָא uvá לְצִיּוֹן leTsiyón יוסף, ו' הויות, קנאה גּוֹאֵל goel וּלְשָׁבֵי uleshavei פֶשַׁע fesha

בְּיַעֲקֹב beYaakov ו' הויות, יאהדונהי אידהנויה נְאֻם neúm יְהֹוָהאדניאהדונהי Adonai:

וַאֲנִי vaAní אני ; ר"ת גוף בניו (שירדו לחיצונים בעון הוצאת ז"ל, ויחזרו לגוף אוצר הנשמות, ויבוא גואל)

זֹאת zot בְּרִיתִי brití אוֹתָם otam אָמַר amar יְהֹוָהאדניאהדונהי Adonai

רוּחִי rují אֲשֶׁר asher עָלֶיךָ aleja וּדְבָרַי udevarai אֲשֶׁר asher

שַׂמְתִּי samti בְּפִיךָ befija לֹא lo יָמוּשׁוּ yamushu מִפִּיךָ mipija

וּמִפִּי umipí זַרְעֲךָ zarajá וּמִפִּי umipí זֶרַע zera זַרְעֲךָ zarajá

אָמַר amar יְהֹוָהאדניאהדונהי Adonai מֵעַתָּה meatá וְעַד vead עוֹלָם olam:

וְאַתָּה veAtá קָדוֹשׁ kadosh יוֹשֵׁב yoshev תְּהִלּוֹת tehilot יִשְׂרָאֵל Yisrael:

וְקָרָא vekará זֶה ze אֶל el זֶה ze י"ב פרקין דיעקב מאירין ל"ב פרקין דרוזל וְאָמַר veamar:

> **En *Shabat*:** Medita en las letras *Tav* ת y *Tsadi* צ de: אבגיתץ, las cuales ayudan a la memoria espiritual.

קָדוֹשׁ kadosh | (*Jésed*) קָדוֹשׁ kadosh (*Guevurá*) קָדוֹשׁ kadosh (*Tiféret*)

יְהֹוָהאדניאהדונהי Adonai צְבָאוֹת Tsevaot פני שכינה מְלֹא meló

כָל jol ילי הָאָרֶץ haárets אלהים דההין ע"ה כְּבוֹדוֹ quevodó:

וּמְקַבְּלִין umekablín דֵּין dein מִן min דֵּין dein וְאָמְרִין veamrín.

קַדִּישׁ kadish ב"פ אור, ב"פ רז, ב"פ א"ס בִּשְׁמֵי bishmei מְרוֹמָא meromá

עִלָּאָה ilaá בֵּית beit ב"פ ראה שְׁכִינְתֵּהּ Shejintei.

UVÁ LETSIYÓN

"Y vendrá un redentor a Sión, a los que se vuelven de la transgresión de entre [la Casa de] Yaakov, dice el Señor. En cuanto a Mí, este es Mi pacto con ellos, dice el Señor. Mi espíritu que es sobre ti y Mis palabas que he puesto en tu boca, no se apartarán de tu boca ni de la boca de tus hijos ni de la boca de los hijos de tus hijos, dice el Señor, desde ahora y por siempre" (Isaías 59:20-21). *"Y Tú eres Santo y esperas las alabanzas de Israel. Y uno llamó al otro diciendo: Santo, Santo, Santo es el Señor de los Ejércitos, toda la Tierra es llenada con Su gloria"* (Isaías 6:3). *Y ellos reciben consentimiento uno del otro y dicen: Santo en los Elevados Cielos es la morada de Su Shejiná.*

קַדִּישׁ kadish ב״פ אור, ב״פ רז, ב״פ א״ס עַל־ al אַרְעָא ará עוֹבַד ovad
גְּבוּרְתֵּהּ guevurtei. קַדִּישׁ kadish ב״פ אור, ב״פ רז, ב״פ א״ס לְעָלַם lealam
וּלְעָלְמֵי ulealmei עָלְמַיָּא almayá: יְהֹוָהאדניאהדונהי Adonai צְבָאוֹת Tsevaot
פני שכינה מַלְיָא malyá כָל jol ילי אַרְעָא ará זִיו ziv יְקָרֵהּ yekarei:
וַתִּשָּׂאֵנִי vatisaeni רוּחַ rúaj וָאֶשְׁמַע vaeshmá אַחֲרַי ajarai קוֹל kol
רַעַשׁ raash גָּדוֹל gadol להח ; עם ד׳ אותיות = מבה, יזל, אום בָּרוּךְ Baruj
כְּבוֹד Quevod יְהֹוָהאדניאהדונהי Adonai כבוד יהוה = יוד הי ואו הה מִמְּקוֹמוֹ mimekomó
עסמ״ב, הברכה (למתק את ז׳ המלכים שמתו) ; ר״ת = ע״ב, ריבוע יהוה ; ר״ת מ״כ, י״פ האא:
וּנְטָלַתְנִי unetalatni רוּחָא rujá. וּשְׁמָעִית ushmait בַּתְרַי batrai קָל kal
נמם (ה׳ גבורות) זִיעַ ziá שַׂגִּיא saguí דִּמְשַׁבְּחִין dimeshabjín וְאָמְרִין veamrín
בְּרִיךְ berij יְקָרָא yekará דַּיהֹוָהאדניאהדונהי daAdonai מֵאֲתַר meatar
בֵּית beit ב״פ ראה שְׁכִינְתֵּהּ Shejintei. יְהֹוָהאדניאהדונהי Adonai | יִמְלֹךְ yimloj
לְעֹלָם leolam ריבוע ס״ג וי׳ אותיות דס״ג ; ר״ת ייל וָעֶד vaed: יְהֹוָהאדניאהדונהי Adonai
מַלְכוּתֵהּ maljutei קָאֵם kaim לְעָלַם lealam וּלְעָלְמֵי ulealmei
עָלְמַיָּא almayá: יְהֹוָהאדניאהדונהי Adonai אֱלֹהֵי Elohei מילוי ע״ב, דמב ; ילה
אַבְרָהָם Avraham ו״פ אל, רי״ו ול״ב נתיבות החכמה, רמ״ח (אברים), עסמ״ב וט״ז אותיות פשוטות
יִצְחָק Yitsjak ד״פ ב״ן וְיִשְׂרָאֵל veYisrael אֲבֹתֵינוּ avoteinu
שָׁמְרָה־ shomrá זֹּאת zot לְעוֹלָם leolam ריבוע ס״ג וי׳ אותיות דס״ג
לְיֵצֶר leyétser מַחְשְׁבוֹת majshevot לְבַב levav בוכו
עַמֶּךָ ameja וְהָכֵן vehajén לְבָבָם levavam אֵלֶיךָ eleja:

Santo, sobre la Tierra, es el trabajo de Su valor. Santo, para siempre y para toda la eternidad, es el Señor de los Ejércitos, toda la Tierra es llenada con el esplendor de Su gloria. "Y un viento me cargó y detrás de mí escuché una gran voz estruendosa dando alabanza: Bendita sea la gloria del Señor desde Su morada" (Ezequiel 3:12). Y diciendo: Bendita sea la gloria del Señor desde el lugar de residencia de Su Shejiná. "El Señor reinará por siempre jamás" (Éxodo 15:18). El Señor, Su Reino es establecido por siempre y para la eternidad. "El Señor, Dios de Avraham, Yitsjak e Israel (nuestros antepasados), ¡resguarda esto para siempre en honor a los pensamientos en los corazones de Tu Nación, y dirige sus corazones hacia Ti!" (I Crónicas 29:18).

וְהוּא veHú רַחוּם rajum יְכַפֵּר yejaper ר"ת רי"ו עָוֹן avón (**Aba** de la **klipá**)
וְלֹא veló יַשְׁחִית yashjit (**Ima** de la **klipá**) וְהִרְבָּה vehirbá לְהָשִׁיב lehashiv
אַפּוֹ apó (**Zeir** de la **klipá**) וְלֹא־ veló יָעִיר yair כָּל־ col ילי חֲמָתוֹ jamató
(**Nukvá de la klipá**): כִּי־ qui אַתָּה Atá אֲדֹנָי Adonai ללה טוֹב tov והו
וְסַלָּח vesalaj יהוה ע"ב וְרַב־ verav (**Yitsjak**) חֶסֶד jésed (**Avraham**) ע"ב, ריבוע יהוה
לְכָל־ lejol יה אדני קֹרְאֶיךָ koreja (**Yaakov**): צִדְקָתְךָ tsidkatjá צֶדֶק tsédek
לְעוֹלָם leolam ריבוע ס"ג וי' אותיות דס"ג וְתוֹרָתְךָ vetoratjá אֱמֶת emet
אהיה פעמים אהיה, ז"פ ס"ג: תִּתֵּן titén ב"פ כהת אֱמֶת emet אהיה פעמים אהיה, ז"פ ס"ג
לְיַעֲקֹב leYaakov ד' הויות, יאהדונהי אידהנויה חֶסֶד jésed ע"ב, ריבוע יהוה
לְאַבְרָהָם leAvraham וז"פ אל, רי"ו ול"ב נתיבות החכמה, רמ"ח (אברים), עסמ"ב וט"ז אותיות פשוטות
אֲשֶׁר־ asher נִשְׁבַּעְתָּ nishbata לַאֲבֹתֵינוּ laavoteinu מִימֵי mimei קֶדֶם kédem:
בָּרוּךְ Baruj אֲדֹנָי Adonai ללה יוֹם yom ע"ה נגד, מזבח, זן אל יהוה יוֹם yom
ע"ה נגד, מזבח, זן אל יהוה יַעֲמָס־ yaamós ר"ת ייי לָנוּ lanu אלהים, אהיה אדני ; ר"ת ייל
הָאֵל haEl לאה ; אל (יא"י מילוי דס"ג) ; ר"ת ילה יְשׁוּעָתֵנוּ yeshuatenu סֶלָה sela:
יְהֹוָאדנָיאהדונהי Adonai צְבָאוֹת Tsevaot פני שכינה עִמָּנוּ imanu
ריבוע ס"ג, קס"א ע"ה וד' אותיות מִשְׂגָּב־ misgav מהש, ע"ב בריבוע וקס"א, אל שדי, ד"פ אלהים ע"ה
לָנוּ lanu אלהים, אהיה אדני אֱלֹהֵי Elohei מילוי ע"ב, דמב ; ילה יַעֲקֹב Yaakov
ד' הויות, יאהדונהי אידהנויה סֶלָה sela: יְהֹוָאדנָיאהדונהי Adonai צְבָאוֹת Tsevaot פני שכינה
אַשְׁרֵי ashrei אָדָם adam מ"ה ; יהוה צבאות אשרי אדם = תפארת בֹּטֵחַ botéaj
בָּךְ baj אדם בוטח בך = אמן (יאהדונהי) ע"ה ; בוטח בך = מילוי ע"ב ע"ה:

"Y Él es misericordioso y perdona iniquidades, y no destruirá, y Él con frecuencia disminuye su ira y nunca despertará todo Su enojo" (Salmos 78:38). *"Porque Tú, Señor, eres bueno y misericordioso, y abundante en benevolencia para todos los que te claman"* (Salmos 86:5). *"Tu rectitud es una justicia eterna, y Tu Torá es verdadera"* (Salmos 119:42). *"Tú das la verdad a Yaakov y benevolencia a Avraham, como lo has acordado con nuestros antepasados desde el principio de los tiempos"* (Miqueas 7:20). *"Bendito es el Señor, Quien lleva nuestras cargas día tras día, el Dios de nuestra salvación, Sela"* (Salmos 68:20). *"El Señor de los Ejércitos está con nosotros; el Dios de Yaakov es nuestra fortaleza. Sela"* (Salmos 46:12). *"Señor de los Ejércitos, dichoso es el hombre que confía en Ti"* (Salmos 84:13).

יהוהאדניאהדונהי Adonai הושיעה hoshía יהוה וש״ע נהורין המלך: haMélej ר״ת יהה

יעננו yaanenu ביום־ veyom ע״ה נגד, מזבח, זן, אל יהוה קראנו korenu

ר״ת יב״ק, אלהים יהוה, אהיה אדני יהוה וס״ת ב״ן ועם אות כ׳ דהמלך = ע״ב:

BARUJ ELOHEINU

Recitar el siguiente verso ("*Baruj Eloheinu*") con felicidad genuina y un corazón que confía generará Luz adicional para nuestra vida, y nuestro proceso de *tikún* será mucho más fácil. Medita en dedicar tu alma a santificar el Santo Nombre (*Kedushat HaShem*).

ברוך Baruj אלהינו Eloheinu ילה שבראנו sheberaanu לכבודו lijvodó

והבדילנו vehivdilanu מן min התועים hatoim (conectando con la información correcta)

ונתן venatán לנו lanu אלהים, אהיה אדני תורת torat אמת emet אהיה פעמים אהיה, ז״פ ס״ג

וחיי vejayei עולם olam נטע natá בתוכנו betojenu. הוא Hu יפתח yiftaj

לבנו libenu בתורתו betorató. וישים veyasim בלבנו belibenu אהבתו ahavató

ויראתו veyirató לעשות laasot רצונו retsonó ולעבדו uleovdó

בלבב belevav בוכו שלם shalem. לא lo ניגע nigá לריק larik

(Aquí medita en ser protegido de las emisiones nocturnas, para que el esfuerzo espiritual no se vaya a la negatividad [*Rik* y *Behalá*]. También medita en tener hijos justos que sigan la senda de la Luz).

ולא veló נלד neled לבהלה labehalá. יהי yehí רצון ratsón מהש ע״ה,

ע״ב בריבוע וקס״א ע״ה, אל שדי ע״ה מלפניך milfaneja ס״ג מ״ה ב״ן יהוהאדניאהדונהי Adonai

אלהינו Eloheinu ילה ואלהי veElohei לכב ; מילוי ע״ב, דמב ; ילה אבותינו avoteinu

שנשמור shenishmor חקיך jukeja ומצותיך umitsvoteja

בעולם baolam הזה hazé והו. ונזכה venizqué ונחיה venijyé ונירש venirash

טובה tová אכא וברכה uvrajá לחיי lejayei העולם haolam הבא habá:

"Señor, sálvanos. El Rey nos responderá en el día que nosotros le llamemos" (Salmos 20:10).

BARUJ ELOHEINU

Bendito es nuestro Dios, quien nos creó por Su gloria, quien nos separó de los que tomaron el mal camino, quien nos dio la Torá de la verdad y quien implantó en nosotros la vida eterna. Que abra nuestros corazones con Su Torá y coloque en nuestros corazones amor hacia Él y temor por Él, para satisfacer Su voluntad y servirlo con todo el corazón. Que nuestros esfuerzos no sean en vano y que no le demos cabida al pánico. Que sea Tu voluntad, Señor, nuestro Dios y Dios de nuestros antepasados, que mantengamos tus estatutos y Tus mandamientos en este mundo, y que logremos mérito, vida, bondad y bendición para la vida en el Mundo por Venir.

לְמַעַן lemaan יְזַמֶּרְךָ yezamerja כָבוֹד javod וְלֹא veló יִדֹּם yidom

יְהֹוָהאדניאהדונהי Adonai ר״ת = אלהים, אהיה אדני אֱלֹהַי Elohai מילוי ע״ב, דמב ; ילה

לְעוֹלָם leolam ריבוע ס״ג וי׳ אותיות דס״ג אוֹדֶךָּ odeca: יְהֹוָהאדניאהדונהי Adonai

וְחָפֵץ jafets לְמַעַן lemaan צִדְקוֹ tsidkó יַגְדִּיל yagdil תּוֹרָה Torá ר״ת צ״ת

וְיַאְדִּיר veyaadir ר״ת = אבגית״ץ, ושר: וְיִבְטְחוּ veyivtejú בְךָ vejá יוֹדְעֵי yodei

שְׁמֶךָ shemeja כִּי qui ר״ת יכש לֹא lo עָזַבְתָּ azavta דֹרְשֶׁיךָ dorsheja

יְהֹוָהאדניאהדונהי Adonai ס״ת כהת, משיח בן דוד ע״ה: יְהֹוָהאדניאהדונהי Adonai

אֲדֹנֵינוּ adoneinu מָה־ ma מ״ה אַדִּיר adir הרי שִׁמְךָ shimjá בְּכָל־ bejol

ב״ן, לכב ; ומב הָאָרֶץ haárets אלהים דההין ע״ה: חִזְקוּ jizkú וְיַאֲמֵץ veyaamets

לְבַבְכֶם levavjem כָּל col ילי הַמְיַחֲלִים hameyajalim לַיהֹוָהאדניאהדונהי laAdonai:

MEDIO KADISH

יִתְגַּדַּל yitgadal וְיִתְקַדַּשׁ veyitkadash שדי ומילוי שדי ; י״א אותיות כמנין ו״ה

שְׁמֵיהּ Shmei (שם י״ה דע״ב) רַבָּא rabá קנ״א ב״ן, יהוה אלהים יהוה אדני,

מילוי קס״א וס״ג, מ״ה ברבוע וע״ב ע״ה ; ר״ת = ו״פ אלהים ; ס״ת = ג״פ יב״ק • אָמֵן Amén אידהנויה•

בְּעָלְמָא bealmá דִּי di בְרָא verá כִרְעוּתֵיהּ quirutei•

וְיַמְלִיךְ veyamlij מַלְכוּתֵיהּ maljutei• וְיַצְמַח veyatsmaj

פּוּרְקָנֵיהּ purkanei• וִיקָרֵב vikarev מְשִׁיחֵיהּ Meshijei: אָמֵן Amén אידהנויה•

"Para que mi gloria pueda cantarte alabanzas, y no quedarse callada. Señor, Dios mío, te agradeceré por siempre" (Salmos 30:13). "El Señor desea rectitud: Él hace la Torá grandiosa y poderosa" (Isaías 42:21). "Y colocarán su confianza en Ti, todos aquellos que conocen Tu Nombre, porque Tú no has abandonado a los que te buscan, Señor" (Salmos 9:11). "Señor, nuestro Señor, que poderoso es Tu Nombre a lo largo del mundo" (Salmos 8:2). Sean fuertes y sus corazones valientes, todos aquellos que colocan su esperanza en el Señor.

MEDIO KADISH

¡Glorificado y santificado sea su Gran Nombre! (Amén).
En el mundo que Él creó de acuerdo a Su voluntad y pueda Su Reino reinar.
Y pueda Él hacer que Su redención florezca y pueda Él acercar al Mesías (Amén).

בְּחַיֵּיכוֹן bejayeijón וּבְיוֹמֵיכוֹן uveyomeijón וּבְחַיֵּי uvejayei

דְּכָל dejol בֵּית beit ב"פ ראה יִשְׂרָאֵל Yisrael בַּעֲגָלָא baagalá

וּבִזְמַן uvizmán קָרִיב kariv וְאִמְרוּ veimrú אָמֵן Amén: אָמֵן Amén אידהנויה.

La congregación y el *jazán* dicen lo siguiente:

Veintiocho palabras (hasta *bealmá*) y veintiocho letras (hasta *almayá*)

יְהֵא yehé שְׁמֵיהּ Shmei (שם י"ה דס"ג) רַבָּא rabá קנ"א ב"ן,

יהוה אלהים יהוה אדני, מילוי קס"א וס"ג, מ"ה ברבוע וע"ב ע"ה מְבָרַךְ mevaraj,

לְעָלַם lealam לְעָלְמֵי lealmei עָלְמַיָּא almayá. יִתְבָּרַךְ yitbaraj.

Siete palabras con seis letras cada una (שׂם בן מ"ב). También, siete veces la letra *Vav* (מ"ב שׂם בן).

וְיִשְׁתַּבַּח veyishtabaj י"פ ע"ב יהוה אל אבג יתץ.

וְיִתְפָּאַר veyitpaar הי נו יה קרע שטן. וְיִתְרוֹמַם veyitromam וה כוזו נגד יכש.

וְיִתְנַשֵּׂא veyitnasé במוכסז בטר צתג. וְיִתְהַדָּר veyithadar כוזו יה חקב טנע.

וְיִתְעַלֶּה veyitalé וה יוד ה יגל פזק. וְיִתְהַלָּל veyithalal א ואו הא שקו צית.

שְׁמֵיהּ Shmei (שם י"ה דמ"ה) דְּקֻדְשָׁא deKudshá בְּרִיךְ Verij הוּא Hu:

אָמֵן Amén אידהנויה.

לְעֵלָּא leelá מִן min כָּל col ילי בִּרְכָתָא birjatá. שִׁירָתָא shiratá.

תֻּשְׁבְּחָתָא tishbejatá וְנֶחֱמָתָא venejamatá. דַּאֲמִירָן daamirán

בְּעָלְמָא bealmá וְאִמְרוּ veimrú אָמֵן Amén: אָמֵן Amén אידהנויה.

En *Shabat*, seguimos con "*Vaaní Tefilatí*" en la pág. 573.

En día de semana, continuamos con la *Amidá en la pág.* 582.

En tus vidas y en tus días y en la vida de la Casa de Israel, prontamente y en el futuro cercano, y dígase, Amén (Amén). Que Su gran Nombre sea bendito por siempre y para toda la eternidad, y bendito y alabado, y glorificado y exaltado, y ensalzado y honrado, y adorado y loado, sea el Nombre del Santo Bendito Sea (Amén). Más allá de todas las bendiciones, himnos, alabanzas y palabras de consolación que deben decirse en el mundo, y dígase: Amén (Amén).

Vaaní Tefilatí

Vaaní Tefilatí ayuda a eliminar todo el juicio que nos enfrentará durante la próxima semana. A medida que recitamos *Vaaní Tefilatí*, nuestra intención y objetivo debe ser convertir todos los Juicios que vienen hacia nosotros en actos de Misericordia.

Este versículo debe decirse mientras se está de pie, incluso cuando no hay un pergamino de Torá presente.

El *jazán* debe ponerse un *Talit* antes de comenzar *Vaaní Tefilatí* porque este tiempo es llamado "*Et Ratsón*" (tiempo de satisfacción y aceptación) mientras la Luz de *Mitsjá Deraavá* (la Frente del Deseo) es revelada. Medita en la letra י de שְׁקוֹצִית mientras *Zeir Anpín* está siendo elevado a los 500 *nimín* (cuerdas) de *Dikná* de *Arij Anpín* (durante el resto de la semana, *Zeir Anpín* recibe esta Iluminación desde una larga distancia), y Él reviste estos 500 *nimín* (representado por el Nombre: יוד הי ויו הי)

וַאֲנִי vaaní אני תְפִלָּתִי־ tefilatí לְךָ lejá יְהֹוָאדהֹנָי־אהדונהי Adonai

יוד הי ויו הי

Medita en atraer a *Zeir Anpín* la Iluminación de los 500 *nimín* de *Arij Anpín*.

עֵת et י״פ יהוה ו״פ אהיה רָצוֹן ratsón מהש ע״ה, ע״ב בריבוע וקס״א ע״ה, אל שדי ע״ה

Medita en atraer Iluminación de *Jésed* de *Atik Yomín* al *Yesod* de *Atik Yomín* (que está revestida por la Frente de *Arij Anpín*), y en bajar todas las Iluminaciones previamente mencionadas a *Tiféret* de *Dikná* de *Arij Anpín*, que es el octavo *Mazal* ("*notser jésed*", *notser* tiene las mismas letras que *ratsón* o deseo), ya que aquí es hacia donde *Zeir Anpín* se va a elevar en la *Minjá* de *Shabat*. Ahora, medita en atraer todas las Iluminaciones previamente mencionadas a las Tres *Sefirot* Superiores de *Zeir Anpín* (las cuales están en el lugar de *Kéter, Jojmá, Biná, Dáat* de *Aba* e *Ima* Celestiales). Así que primero medita en dividir y revelar las Tres *Sefirot* Superiores de *Aba* e *Ima* Celestiales y, sólo entonces, medita en dividir la esencia de las Tres *Sefirot* Superiores de *Zeir Anpín* y, al hacer esto, *Nétsaj, Hod, Yesod* de *Aba* e *Ima* (que están dentro de *Jojmá, Biná, Dáat* de *Zeir Anpín*, y hacia donde *Jojmá, Biná, Dáat* de *Briá* fueron elevadas) son divididas. **Entonces los *Mojín*** que solían estar cubiertos por *Nétsaj, Hod, Yesod* de *Aba* e *Ima* Celestiales y dentro de la Frente de *Zeir Anpín*, **son revelados** y Ellos son Iluminados en *Jojmá, Biná, Dáat* de la esencia de *Zeir Anpín*. Todos los procesos mencionados anteriormente endulzan el Juicio que es revelado en la Frente de *Zeir Anpín* y lo hacen como *Mitsjá Deraavá*, la Frente de *Atik Yomín*.

Cinco *Jasadim* (Misericordias)

אֶהְיֶה יְהֶוֶה   אִהְיִה יְהִוִה

אֵהֵיֵה יֵהֵוֵה

אֻהְיֻה יֻהֻוֻה   אֻהְיֻה יֻהֻוֻה

Cinco *Guevurot* (Juicios)

אֶהֶיֶה יְהֶוֶה   אְהְיְה יְהְוְה

אֵהֵיֵה יֵהֵוֵה

אֻהֻיֻה יֻהֻוֻה   אֻהֻיֻה יֻהֻוֻה

אֱלֹהִים Elohim אהיה אדני ; ילה בְּרָב־ berov וְחַסְדֶּךָ jasdeja

עֲנֵנִי aneni בֶּאֱמֶת beemet אהיה פעמים אהיה, ד״פ ס״ג יִשְׁעֶךָ yisheja:

Vaaní Tefilatí

"Y en cuanto a mí, que mi oración a Ti, Señor, sea un momento de deseo.

Dios, con la abundancia de Tu gracia, respóndeme con la verdad de Tu salvación" (*Salmos 69:14*).

Segunda vez:

וַאֲנִי vaaní אני תְפִלָּתִי־ tefilatí

Para conectar *Maljut* con *Zeir Anpín*

לְךָ lejá יְהֹוָואדני‏אהדונהי Adonai

A pesar de que *Maljut* no está ascendiendo a *Dikná* de *Arij Anpín*, debes meditar en atraer la Iluminación mencionada anteriormente (*Mitsjá Deraavá*) a *Maljut*. Ahora, medita en atraer Iluminación desde *Jésed* de *Atik Yomín* a *Yesod* de *Atik Yomín* y luego a la Frente de *Arij Anpín* y, junto con la Iluminación del octavo *Mazal*, a *Jojmá* y *Biná* de *Yaakov* y *Rajel*. Hacer esto causa que Sus *Mojín* (los Nombres que están a continuación equivalen a la palabra "*et*", 470) y que el alma de *Nukvá* (las cuatro letras del Nombre: יְהֹוָה como está a continuación) sean revelados (todos juntos —los *Mojín* [470] y el alma [4]— equivalen a *Dáat*, que es 474). Y estos *Mojín* están iluminando en la Frente de *Yaakov* y *Rajel* y están endulzando el Juicio en Su Frente por la Iluminación de la Frente de *Atik Yomín* (*Mitsjá Deraavá*).

עֵת et י״פ יהוה וי״פ אהיה רָצוֹן ratsón מהש ע״ה, ע״ב בריבוע וקס״א ע״ה, אל שדי ע״ה

יְהֹוָה

י יה יהו יהוה

י יה יהו יהוה

יוד יוד הא יוד הא ואו יוד הא ואו הא

יוד יוד הה יוד הה וו יוד הה וו הה

יוד הה וו הה

אֱלֹהִים Elohim אהיה אדני ; ילה בְּרָב־ berov וַחַסְדֶּךָ jasdejá

עֲנֵנִי aneni בֶּאֱמֶת beemet אהיה פעמים אהיה, ז״פ ס״ג יִשְׁעֶךָ yisheja:

Medita que ahora, durante *Minjá* de *Shabat* (después de la repetición de *Musaf*), *Zeir* y *Nukvá* están ascendiendo a *Kéter* de *Aba* e *Ima* Celestiales. Y *Briá* ascendió y revistió el espacio de la esencia de *Zeir Anpín*, para atraer gran Luz hacia *Briá* para que podamos recibir la Iluminación de la Torá.

VAANÍ TEFILATÍ

"Y en cuanto a mí, que mi oración a Ti, Señor, sea un momento de deseo. Dios, con la abundancia de Tu gracia, respóndeme con la verdad de Tu salvación" (*Salmos 69:14*).

APERTURA DEL ARCA

Atrayendo la Luz de *Jojmá*.

Rabí Shimón bar Yojái dice: "Mientras el Arca está abierta, debemos prepararnos con temor reverencial. Todos deben despertar un sentido interno de asombro, como si realmente estuviéramos parados en el Monte Sinaí, temblando mientras contemplamos la abrumadora manifestación de Luz. Permanecemos parados en silencio, enfocados solamente en la oportunidad de escuchar cada palabra sagrada del pergamino. Cuando sacamos la Torá para leerla en público, todas las Puertas de la Misericordia en el Cielo están abiertas, y despertamos un amor desde Arriba".

וַיְהִי vayehí בִּנְסֹעַ binsoa הָאָרֹן haarón וַיֹּאמֶר vayómer מֹשֶׁה Moshé

מהש, ע"ב בריבוע וקס"א, אל שדי, ד"פ אלהים ע"ה קוּמָה kuma קנ"א (מקוה) |

יְהֹוָאהדונהי Adonai וְיָפֻצוּ veyafutsu אֹיְבֶיךָ oyveja וְיָנֻסוּ veyanusu

מְשַׂנְאֶיךָ mesaneja מִפָּנֶיךָ mipaneja ס"ג מ"ה ב"ן: כִּי qui

מִצִּיּוֹן miTsiyón יוסף, ו' הויות, קנאה תֵּצֵא tetsé תוֹרָה Torá וּדְבַר udvar ראה

יְהֹוָאהדונהי Adonai מִירוּשָׁלָםִ: mirushaláyim בָּרוּךְ Baruj שֶׁנָּתַן shenatán

תּוֹרָה Torá לְעַמּוֹ leamó יִשְׂרָאֵל Yisrael בִּקְדֻשָּׁתוֹ: bikdusható

BERIJ SHMEI

Esta sección es tomada directamente del *Zóhar* y aparece en su arameo original. El *Berij Shmei* funciona como una máquina del tiempo que, literalmente, transporta nuestra alma de regreso al evento de revelación en el Monte Sinaí, cuando Moshé recibió las tablas. Al volver a visitar el momento y lugar exacto de la revelación, podemos atraer hacia nosotros los aspectos de la Luz original mediante la lectura de la Torá. El *Berij Shmei* contiene 130 palabras. Adam fue separado de su esposa, Javá (Eva), por 130 años; tiempo en el que él pecó. Cada palabra en esta oración ayuda a corregir uno de esos años. Cada uno de nosotros estaba incluido en el alma de Adam. Nosotros somos Adam. Adam es simplemente el código para el alma unificada que incluye a cada ser humano que alguna vez transitó o transitará por este planeta.

בְּרִיךְ berij שְׁמֵיהּ shmei דְּמָארֵי demarei עָלְמָא almá בְּרִיךְ berij

כִּתְרָךְ quitraj וְאַתְרָךְ: veatraj יְהֵא yehé רְעוּתָךְ reutaj עִם im

עַמָּךְ amaj יִשְׂרָאֵל Yisrael לְעָלַם: lealam וּפוּרְקַן ufurkán יְמִינָךְ yeminaj

אַחֲזֵי ajzei לְעַמָּךְ leamaj בְּבֵית beveit ב"פ ראה מַקְדְּשָׁךְ mikdashaj

---

APERTURA DEL ARCA

"Cuando el Arca viajaba, Moshé decía: Levántate, Señor. Que Tus enemigos sean esparcidos y que aquellos que te odian huyan ante Ti" (Números 10:35). "Porque de Sión emergerá la Torá y la Palabra del Señor desde Jerusalén" (Isaías 2:3). Bendito es Él que dio la Torá a Su Nación, Israel, por Su Santidad.

BERIJ SHMEI

Bendito es el Nombre del Señor del Mundo.

Bendita es Tu corona y Tu lugar. Que Tu deseo esté con Tu Nación, Israel, para siempre. Que puedas mostrar la redención de Tu Diestra a Tu Nación en Tu Templo Sagrado.

לְאַמְטוּיֵי leamtuyei לָנָא laná מִטּוּב mituv נְהוֹרָךְ •nehoraj וּלְקַבֵּל ulekabel

צְלוֹתָנָא tselotaná בְּרַחֲמִין •berajamín יְהֵא yehé רַעֲוָא raava

קֳדָמָךְ kodamaj דְּתוֹרִיךְ detorij לָן lan וְחַיִּין jayín בְּטִיבוּ •betivu

וְלֶהֱוֵי velehevei אֲנָא aná ב"ן עַבְדָּךְ avedaj פוי, אל אדני פְּקִידָא pekidá

בְּגוֹ begó צַדִּיקַיָּא •tsadikaya לְמִרְחַם lemirjam אברהם, וז"פ אל, רי"ו ול"ב נתיבות

החכמה, רמ"ח (אברים), עסמ"ב וט"ז אותיות פשוטות עָלַי alai וּלְמִנְטַר ulemintar יָתִי yatí

וְיַת veyat כָּל col ילי דִּלִי dili וְדִי vedí לְעַמָּךְ leamaj יִשְׂרָאֵל •Yisrael

אַנְתְּ ant הוּא Hu זָן zan נגד, מזבח, אל יהוה לְכֹלָּא lejolá וּמְפַרְנֵס umfarnés

לְכֹלָּא •lejolá אַנְתְּ ant הוּא Hu שַׁלִּיט shalit עַל al כֹּלָּא •colá אַנְתְּ ant

הוּא Hu דְּשַׁלִּיט deshalit עַל al מַלְכַיָּא maljayá וּמַלְכוּתָא umaljutá

דִּילָךְ dilaj הִיא •hi אֲנָא aná ב"ן עַבְדָּא avdá דְּקוּדְשָׁא deKudshá

בְּרִיךְ Berij הוּא Hu דְּסָגִידְנָא desaguidná קַמֵּהּ kamé וּמִן umín קַמֵּהּ kamé

דִּיקַר dikar אוֹרַיְתֵהּ orayté בְּכָל bejol ב"ן, לכב עִדָּן idán וְעִדָּן •veidán

לָא la עַל al אֱנָשׁ enash רָחִיצְנָא •rajitsná וְלָא velá עַל al

בַּר bar אֱלָהִין elahín ילה סָמִיכְנָא •samijná אֶלָּא ela בֶּאֱלָהָא beelahá

דִּשְׁמַיָּא •dishmayá דְּהוּא dehú אֱלָהָא elahá קְשׁוֹט •keshot

וְאוֹרַיְתֵהּ veorayté קְשׁוֹט keshot וּנְבִיאוֹהִי uneviohí קְשׁוֹט •keshot

וּמַסְגֵּי umasguei לְמֶעְבַּד lemebad טַבְוָן taveván וּקְשׁוֹט •ukeshot

בֵּיהּ bei אֲנָא aná ב"ן רָחִיץ rajits וְלִשְׁמֵהּ veliShmei יַקִּירָא yakirá

קַדִּישָׁא kadishá אֲנָא aná ב"ן אֵמַר emar תֻּשְׁבְּחָן •tushbeján

---

Que nos puedas llenar con lo mejor de Tu iluminación y que puedas recibir nuestras oraciones con misericordia. Que sea agradable ante Ti el alargar nuestras vidas con bien. Y yo, Tu siervo, seré recordado junto a los justos. Ten misericordia de mí y protégeme, y todo lo que poseo y todo lo que pertenece a Tu Nación, Israel. Tú eres el que nutre todo y provee a todo con sustento. Tú eres el que gobierna todo. Tú tienes control sobre reyes y sus reinos son Tuyos. Yo soy el siervo del Santo Bendito Sea, mientras me postro ante Él y ante la gloria de Su Torá, en cada y todo momento. Yo no coloco mi confianza en ningún hombre y no tengo fe en los hijos de los dioses. Mi confianza y fe están sólo en el Dios en el Cielo, quien es el verdadero Dios; Su Torá es verdadera; Sus profetas son verdaderos; y Él ejecuta abundante compasión y verdad. En Él yo confío y digo alabanzas a Su Santo y precioso Nombre.

יְהֵא yehé רַעֲוָא raavá קֳדָמָךְ kodamaj דְּתִפְתַּח detiftaj לִבָּאִי libaí
בְּאוֹרַיְתָךְ beoraytaj. (וְתִיהַב vetihav לִי li בְּנִין benín דִּכְרִין dijrín
דְּעָבְדִין deavdín רְעוּתָךְ reutaj). וְתַשְׁלִים vetashlim מִשְׁאֲלִין mishalín
דְּלִבָּאִי delibai וְלִבָּא velibá דְּכָל dejol ילי עַמָּךְ amaj יִשְׂרָאֵל Yisrael
לְטָב letav וּלְחַיִּין ulejayín וְלִשְׁלָם velishlam אָמֵן Amén יאהדונהי:

SACAR LA TORÁ DEL ARCA

Cuando la Torá es sacada del Arca, hay una oportunidad de hacer una conexión especial con ella, bien sea besándola o tocándola. A veces, las personas se apresuran en hacer su conexión, empujando, aglomerándose y apartando a la gente a un lado mientras intentan tocar el pergamino. Espiritualmente hablando, estas acciones reflejan una energía opuesta a la de la Torá. La conexión con la Torá no sólo es física. Las conexiones con la Torá se realizan a través de un estado mental espiritual, el cual incluye tolerancia y ocupación por los demás. No podemos estar en el marco mental espiritual adecuado si somos descorteses con otro individuo.

Antes de que la Torá sea llevada a la *bimá* (podio), el *jazán* dice:

גַּדְּלוּ gadlú לַיהֹוָה אדני אהדונהי laAdonai אִתִּי ití וּנְרוֹמְמָה uneromemá
שְׁמוֹ Shemó מהש ע"ה, ע"ב בריבוע וקס"א ע"ה, אל שדי ע"ה יַחְדָּו yajdav:

Entonces la congregación dice lo siguiente mientras la Torá es llevada a la *bimá*:

לְךָ lejá יְהֹוָה אדני אהדונהי Adonai הַגְּדֻלָּה haguedulá וְהַגְּבוּרָה vehaGuevurá ר"ו
וְהַתִּפְאֶרֶת vehaTiféret וְהַנֵּצַח vehaNétsaj וְהַהוֹד vehaHod ההה כִּי qui
כֹּל jol ילי בַּשָּׁמַיִם bashamáyim י"פ טל, י"פ כוזו וּבָאָרֶץ uvaárets לְךָ lejá
יְהֹוָה אדני אהדונהי Adonai הַמַּמְלָכָה hamamlajá וְהַמִּתְנַשֵּׂא vehamitnasé
לְכֹל lejol יה אדני לְרֹאשׁ lerosh ריבוע אלהים ואלהים דיודין ע"ה: רוֹמְמוּ romemú
יְהֹוָה אדני אהדונהי Adonai אֱלֹהֵינוּ Eloheinu ילה וְהִשְׁתַּחֲווּ vehishtajavú
לַהֲדֹם lahadom רַגְלָיו raglav קָדוֹשׁ kadosh הוּא Hu: רוֹמְמוּ romemú
יְהֹוָה אדני אהדונהי Adonai אֱלֹהֵינוּ Eloheinu ילה וְהִשְׁתַּחֲווּ vehishtajavú לְהַר lehar
קָדְשׁוֹ kodshó כִּי qui קָדוֹשׁ kadosh יְהֹוָה אדני אהדונהי Adonai אֱלֹהֵינוּ Eloheinu ילה:

Que sea agradable ante Ti y Tú abrirás mi corazón con Tu Torá (y que Tú me concedas hijos varones, que puedan satisfacer Tu deseo). Y que Tú puedas satisfacer las solicitudes de mi corazón y el corazón de toda Tu Nación, Israel, para bien, para vida y para paz. Amén.

SACAR LA TORÁ DEL ARCA

"Glorifiquen conmigo al Señor, alabemos Su Nombre todos juntos" (Salmos 34:4). "Tuyos, Señor, son la grandeza, la fortaleza, el esplendor, el triunfo y la gloria, incluso todo lo que hay en los Cielos y en la Tierra. Tuyos, Señor, son el Reino y la soberanía sobre cada líder" (I Crónicas 29:11). Exalten al Señor, nuestro Dios, y póstrense ante Su estrado, porque es Santo. "Exalten al Señor, nuestro Dios, y póstrense ante Su Santa Montaña porque el Señor, nuestro Dios, es Santo" (Salmos 99:9).

Algunos añaden esta sección:

אֵין ein קָדוֹשׁ kadosh כַּיהֹוָה יאהדונהי caAdonai כִּי qui אֵין ein בִּלְתֶּךָ bilteja

וְאֵין veéin צוּר tsur אלהים דההין ע״ה כֵּאלֹהֵינוּ queEloheinu ילה: כִּי qui מִי mi ילי

אֱלוֹהַּ Elohá מ״ב מִבַּלְעֲדֵי mibaladei יְהֹוָה יאהדונהי Adonai וּמִי umí ילי צוּר tsur

אלהים דההין ע״ה זוּלָתִי zulatí אֱלֹהֵינוּ Eloheinu ילה: תּוֹרָה Torá צִוָּה־ tsivá לָנוּ lanu

אלהים, אהיה אדני מֹשֶׁה Moshé מהש, ע״ב בריבוע וקס״א, אל שדי, ד״פ אלהים ע״ה

מוֹרָשָׁה morashá קְהִלַּת kehilat יַעֲקֹב Yaakov ו׳ הויות, יאהדונהי אידהנויה: עֵץ־ ets

חַיִּים jayim אהיה אהיה יהוה, בינה ע״ה הִיא hi לַמַּחֲזִיקִים lamajazikim ר״ת להח

בָּהּ ba וְתֹמְכֶיהָ vetomjeha מְאֻשָּׁר meushar: דְּרָכֶיהָ derajeha

דַּרְכֵי־ darjei נֹעַם nóam וְכָל־ vejol ילי נְתִיבוֹתֶיהָ netivoteha שָׁלוֹם shalom:

שָׁלוֹם shalom רָב rav לְאֹהֲבֵי leohavei תוֹרָתֶךָ torateja וְאֵין־ veéin לָמוֹ lamó

מִכְשׁוֹל mijshol: יְהֹוָה יאהדונהי Adonai עֹז oz לְעַמּוֹ leamó יִתֵּן yitén

יְהֹוָה יאהדונהי Adonai יְבָרֵךְ yevarej עסמ״ב, הברכה (למתק את ו׳ המלכים שמתו)

אֶת־ et עַמּוֹ amó בַשָּׁלוֹם vashalom ר״ת ע״ב, ריבוע יהוה:

כִּי qui שֵׁם shem יְהֹוָה יאהדונהי Adonai אֶקְרָא ekrá הָבוּ havú אחד, אהבה, דאגה

גֹּדֶל godel לֵאלֹהֵינוּ leEloheinu ילה: הַכֹּל hacol ילי תְּנוּ tenú עֹז oz

לֵאלֹהִים leElohim אהיה אדני ; ילה וּתְנוּ utnú כָבוֹד javod לַתּוֹרָה laTorá:

LA ELEVACIÓN DE LA TORÁ

Después de que el pergamino es colocado en la *bimá* (podio), se llama a una persona para alzar la Torá para que la congregación vea la sección específica que se leerá de la Torá. Mientras elevamos la Torá, también meditamos en elevar nuestro nivel de conciencia. Debemos observar el pergamino para intentar ver la primera letra de la lectura de esa semana. También debemos tratar de encontrar la primera letra de nuestro nombre hebreo en el texto. Puedes usar el *Talit* para ayudarte a enfocar (si no tienes un *Talit*, puedes usar tu dedo).

"No hay nadie tan Santo como el Señor, porque no hay nadie más aparte de Ti. No hay Fortaleza como nuestro Dios" (I Samuel 2:2). "Porque ¿quién es Dios además del Señor? ¿Quién es Fortaleza además de nuestro Dios?" (Salmos 18:32). "La Torá que Moshé nos encomendó es una herencia para la congregación de Yaakov" (Deuteronomio 33:4). "Es un árbol de vida para aquellos que se aferran a él y los que lo apoyan son felices" (Proverbios 3:18). "Sus caminos son el camino de lo agradable y todos sus senderos llevan a la paz" (Proverbios 3:17). "Abundancia de paz para aquellos que aman Tu Torá y para ellos no hay obstáculos" (Salmos 119:165). "El Señor da fuerza a Su pueblo. El Señor bendice a Su nación con paz" (Salmos 29:11). "Cuando yo llamo al Nombre del Señor, proclamo grandeza a nuestro Dios" (Deuteronomio 32:3). "Todos reconozcan el poder de Dios" (Salmos 68:35). Y muestren respeto a la Torá.

וְזֹאת vezot הַתּוֹרָה haTorá אֲשֶׁר־ asher שָׂם sam מֹשֶׁה Moshé
מהש, ע"ב בריבוע וקס"א, אל שדי, ד"פ אלהים ע"ה לִפְנֵי lifnei בְּנֵי bnei יִשְׂרָאֵל Yisrael:
אֵל El ייא" (מילוי דס"ג) שַׁדַּי Shadai אל שדי = משה, מהש, ע"ב בריבוע וקס"א, ד"פ אלהים ע"ה
אֱמֶת emet אהיה פעמים אהיה, ז"פ ס"ג וּמֹשֶׁה uMoshé מהש, ע"ב בריבוע וקס"א, אל שדי,
ד"פ אלהים ע"ה אֱמֶת emet אהיה פעמים אהיה, ז"פ ס"ג וְתוֹרָתוֹ veTorató
אֱמֶת emet אהיה פעמים אהיה, ז"פ ס"ג: תּוֹרָה Torá צִוָּה־ tsivá
לָנוּ lanu אלהים, אהיה אדני מֹשֶׁה Moshé מהש, ע"ב בריבוע וקס"א, אל שדי, ד"פ אלהים ע"ה
מוֹרָשָׁה morashá קְהִלַּת kehilat יַעֲקֹב Yaakov ז' הויות, יאהדונהי אידהנויה:
הָאֵל haEl ייא" (מילוי דס"ג) תָּמִים tamim דַּרְכּוֹ darcó אִמְרַת imrat
יְהֹוָהאדניאהדונהי Adonai צְרוּפָה tserufá מָגֵן maguén ג"פ אל (ייא" מילוי דס"ג)
ר"ת מיכאל גבריאל נוריאל הוּא hu לְכֹל lejol יה אדני הַחֹסִים hajosim בּוֹ bo:

LA LECTURA

Para maximizar el poder de la conexión, es importante compartir toda la energía que estamos recibiendo con todas las demás personas al convertirnos en canales para la Luz espiritual. Si pensamos sólo en nosotros mismos, es como fundir un fusible. No fluye ninguna corriente, aun cuando el enchufe esté conectado al tomacorriente. Cuando alguien es llamado (el *olé*) para recitar la bendición antes de la lectura de la Torá, él hace conexión visual con las letras de la Torá para activar el poder de las palabras que son leídas. Se recita una bendición antes y una después de cada una de las lecturas. La primera bendición equivale a conectar un enchufe (nuestra alma) a un tomacorriente (la Torá). La última bendición atrae la corriente espiritual hacia nosotros para traer Luz a nuestra vida.

Meditación para las personas que suben a la Torá durante *Minjá*

Las tres *Sefirot* Superiores (*Jojmá, Biná, Dáat* de *Zeir Anpín*) revelan ahora la iluminación de *Aba* Celestial dentro de Ellas y esta iluminación (*Yesod* de *Aba*) está saliendo. Las tres personas que suben a la Torá durante *Minjá* son: la primera corresponde a *Jojmá*, la segunda corresponde a *Biná*, y la tercera corresponde a *Dáat*. (Y así como la sexta *Aliyá* de la lectura de la Torá de *Shabat* en la mañana es más significativa porque ésta es el aspecto de *Yesod*, uno debe intentar conseguir la tercera *Aliyá* de *Minjá*, que corresponde a *Dáat*, y es también para la corrección del *Yesod*).

Llamamos a tres personas a la Torá y leemos la porción de "*Vezot habrajá*" en las págs. 746-747, desde "*vezot*" hasta "*alfei menashe*". Las bendiciones de la Torá se encuentran en las págs. 499-500.

LA ELEVACIÓN DE LA TORÁ

"Y esta es la Torá que Moshé colocó ante los Hijos de Israel" (Deuteronomio 4:44). *Dios es verdad y Moshé es verdad y Su Torá es verdad. "La Torá que Moshé nos encomendó es una herencia para la congregación de Yaakov"* (Deuteronomio 33:4). *"¡Dios! Sus caminos son perfectos. La declaración del Señor es pura. Él es el Escudo para todos aquellos que se refugian en Él"* (II Samuel 22:31).

REGRESAR LA TORÁ AL ARCA

Antes de regresar la Torá al Arca, el *jazán* dice:

יְהַלְלוּ yehalelú אֶת־ et שֵׁם Shem יְהֹוָאדניאהדונהי Adonai כִּי־ qui

נִשְׂגָּב nisgav שְׁמוֹ Shemó מהש ע״ה, ע״ב בריבוע וקס״א ע״ה, אל שדי ע״ה לְבַדּוֹ levadó מ״ב

Luego la congregación dice lo siguiente mientras la Torá es llevada de regreso al Arca:

הוֹדוֹ hodó אהיה עַל־ al אֶרֶץ érets וְשָׁמָיִם veshamáyim י״פ טל, י״פ כוזו:

וַיָּרֶם vayarem קֶרֶן keren לְעַמּוֹ leamó תְּהִלָּה tehilá ע״ה אמת, אהיה פעמים אהיה,

ז״פ ס״ג לְכָל־ lejol יה אדני וַחֲסִידָיו jasidav לִבְנֵי livnei יִשְׂרָאֵל Yisrael

עַם־ am קְרֹבוֹ kerovó הַלְלוּיָהּ haleluyá אלהים, אהיה אדני ; ללה:

Luego el *jazán* dice:

יְהֹוָאדניאהדונהי Adonai הוּא Hu הָאֱלֹהִים haElohim

אהיה אדני ; ילה ; ר״ת יהה ועולה למנין ענו עם ג׳ כוללים:

יְהֹוָאדניאהדונהי Adonai הוּא Hu הָאֱלֹהִים haElohim

אהיה אדני ; ילה ; ר״ת יהה ועולה למנין ענו עם ג׳ כוללים:

בַּשָּׁמַיִם bashamáyim י״פ טל, י״פ כוזו מִמַּעַל mimáal עלם וְעַל־ veal

הָאָרֶץ haárets אלהים ההין ע״ה מִתָּחַת mitájat אֵין ein עוֹד od:

אֵין־ ein כָּמוֹךָ camoja בָאֱלֹהִים vaElohim אהיה אדני ; ילה אֲדֹנָי Adonai ללה

וְאֵין veéin כְּמַעֲשֶׂיךָ quemaaseja: וּבְנֻחֹה uvenujó יֹאמַר yomar שׁוּבָה shuva

הו״ש יְהֹוָאדניאהדונהי Adonai רִבְבוֹת rivevot אַלְפֵי alfei יִשְׂרָאֵל Yisrael:

הֲשִׁיבֵנוּ hashivenu יְהֹוָאדניאהדונהי Adonai | אֵלֶיךָ eleja וְנָשׁוּבָה venashuva

(כתיב: ונשוב) חַדֵּשׁ jadesh י״ב הויות, קס״א קנ״א יָמֵינוּ yameinu כְּקֶדֶם quekédem:

REGRESAR LA TORÁ AL ARCA

"Alaben todos el Nombre del Señor, porque sólo Su Nombre es sublime. Su majestad está sobre el Cielo y la Tierra. Él exalta la fuerza de Su pueblo, alaba a todos Sus fieles, los hijos de Israel, pueblo cercano a Él. ¡Aleluya!" (Salmos 148:13-14). "¡El Señor es el Dios! ¡El Señor es el Dios! En los Cielos arriba y en la Tierra debajo, no hay nadie como Él" (Deuteronomio 4:39). "No hay nadie como Tú entre los dioses, Señor, y no hay obras como las Tuyas" (Salmos 86:8). "Y cuando el Arca se posaba, Moshé decía: Vuélvete, Señor, hacia las miríadas de millares de Israel" (Números 10:36). "Regrésanos a Ti, Señor, y nosotros volveremos. Renueva nuestros días como en los días de antaño" (Lamentaciones 5:21).

ר"ת הפסוק = נפש רוח נשמה חיה יחידה ע"ה

תִּכּוֹן ticón תְּפִלָּתִי tefilatí קְטֹרֶת ketóret י"א פעמים אדני לְפָנֶיךָ lefaneja ס"ג מ"ה ב"ן

מַשְׂאַת masat כַּפַּי capai מִנְחַת־ minjat עָרֶב árev: הַקְשִׁיבָה hakshiva

לְקוֹל lekol שַׁוְעִי shaví מַלְכִּי malquí וֵאלֹהָי veElohai לכב ; מילוי ע"ב, דמ"ב ; ילה

כִּי־ qui אֵלֶיךָ eleja אֶתְפַּלָּל etpalal:

MEDIO KADISH

יִתְגַּדַּל yitgadal וְיִתְקַדַּשׁ veyitkadash ש"די ומילוי ש"די ; י"א אותיות כמנין ו"ה

שְׁמֵיהּ Shmei (שם י"ה דע"ב) רַבָּא rabá קנ"א ב"ן, יהוה אלהים יהוה אדני,

מילוי קס"א וס"ג, מ"ה ברבוע וע"ב ע"ה ; ר"ת = ו"פ אלהים ; ס"ת = ג"פ יב"ק: אָמֵן Amén אידהנויה.

בְּעָלְמָא bealmá דִּי di בְרָא verá כִּרְעוּתֵיהּ quirutei.

וְיַמְלִיךְ veyamlij מַלְכוּתֵיהּ maljutei. וְיַצְמַח veyatsmaj

פּוּרְקָנֵיהּ purkanei. וִיקָרֵב vikarev מְשִׁיחֵיהּ Meshijei: אָמֵן Amén אידהנויה.

בְּחַיֵּיכוֹן bejayeijón וּבְיוֹמֵיכוֹן uveyomeijón וּבְחַיֵּי uvejayei

דְּכָל dejol ילי בֵּית beit ב"פ ראה יִשְׂרָאֵל Yisrael בַּעֲגָלָא baagalá

וּבִזְמַן uvizmán קָרִיב kariv וְאִמְרוּ veimrú אָמֵן Amén: אָמֵן Amén אידהנויה.

La congregación y el *jazán* dicen lo siguiente:

Veintiocho palabras (hasta *bealmá*) y veintiocho letras (hasta *almayá*)

יְהֵא yehé שְׁמֵיהּ Shmei (שם י"ה דס"ג) רַבָּא rabá קנ"א ב"ן,

יהוה אלהים יהוה אדני, מילוי קס"א וס"ג, מ"ה ברבוע וע"ב ע"ה מְבָרַךְ mevaraj,

לְעָלַם lealam לְעָלְמֵי lealmei עָלְמַיָּא almayá. יִתְבָּרַךְ yitbaraj.

"Que mi oración se coloque ante Ti, como el sacrificio del incienso, el alzar de mi mano como la ofrenda de cereales de la tarde. Escucha mis lamentos, mi Rey, mi Dios, porque es por Ti por quien estoy rezando" (Salmos 5:3).

MEDIO KADISH

¡Glorificado y santificado sea Su Gran Nombre! (Amén). En el mundo que Él creó de acuerdo a Su voluntad y pueda Su Reino reinar. Y pueda Él hacer que Su redención florezca y pueda Él acercar al Mesías (Amén). En tus vidas y en tus días y en la vida de la Casa de Israel, prontamente y en el futuro cercano, y dígase: Amén (Amén). Que Su gran Nombre sea bendito por siempre y para toda la eternidad, y bendito

Siete palabras con seis letras cada una (שם בן מ״ב) y también siete veces la letra *Vav* (שם בן מ״ב).

וְיִשְׁתַּבַּח veyishtabaj י״פ ע״ב יהוה אל אבג יתץ.

וְיִתְפָּאַר veyitpaar הי נו יה קרע שטן. וְיִתְרוֹמַם veyitromam וה כוזו נגד יכש.

וְיִתְנַשֵּׂא veyitnasé במוכסז בטר צתג. וְיִתְהַדָּר veyithadar כוזו יה וזקב טנע.

וְיִתְעַלֶּה veyitalé וה יוד ה יגל פזק. וְיִתְהַלָּל veyithalal א ואו הא שקו צית.

שְׁמֵיהּ Shmei (שם י״ה דמ״ה) דְּקוּדְשָׁא deKudshá בְּרִיךְ Verij הוּא Hu:

אָמֵן Amén אידהנויה.

לְעֵלָּא leelá מִן min כָּל col ילי בִּרְכָתָא birjatá. שִׁירָתָא shiratá.
תֻּשְׁבְּחָתָא tishbejatá וְנֶחָמָתָא venejamatá. דַּאֲמִירָן daamirán
בְּעָלְמָא bealmá וְאִמְרוּ veimrú אָמֵן Amén: אָמֵן Amén אידהנויה.

LA AMIDÁ

Cuando comenzamos la conexión, damos tres pasos hacia atrás que significan que estamos dejando este mundo físico. Después damos tres pasos hacia delante para comenzar la *Amidá*. Los tres pasos son:

1. Entrar a la tierra de Israel; para entrar en el primer círculo espiritual.
2. Entrar en la ciudad de Jerusalén; para entrar en el segundo círculo espiritual.
3. Entrar en el Sancta Sanctórum; para entrar en el círculo más interno.

Antes de recitar el primer verso de la *Amidá*, pedimos: "*Dios, abre mis labios y permite que mi boca hable*", estamos pidiendo a la Luz que hable por nosotros para que podamos recibir lo que necesitamos y no sólo lo que queremos. Con mucha frecuencia, lo que queremos de la vida no es necesariamente el deseo del alma, que es lo que verdaderamente necesitamos para estar satisfechos. Al pedirle a la Luz que hable a través de nosotros, nos aseguramos de que nuestra conexión nos traiga realización genuina y oportunidades para el crecimiento espiritual y el cambio.

---

y alabado, y glorificado y exaltado, y ensalzado y honrado,
y adorado y loado, sea el Nombre del Santo Bendito Sea (Amén). Más allá de todas las bendiciones, himnos, alabanzas y palabras de consolación que deben decirse en el mundo, y dígase: Amén (Amén).

El formato de la Ascensión en *Minjá* de *Shabat*

En la *Amidá* silenciosa, *Zeir Anpín* (significando *Yisrael* y *Leá*) se eleva a *Nétsaj, Hod, Yesod* de *Dikná* en sus tres *tikunim* (correcciones, las cuales son el decimotercer *tikún*, el duodécimo *tikún* y el undécimo *tikún*), significando que los cinco *Tselamim* de *Nétsaj, Hod, Yesod* de *Dikná* (que es la letra צ del *Tsélem*) se expanden en los cinco *Partsufim* de *Nétsaj, Hod, Yesod* de *Kéter* de *Zeir Anpín* (y es llamado *Néfesh, Rúaj, Neshamá, Jayá, Yejidá* de *Néfesh* de *Yejidá*). **Así que ahora**, *Kéter, Jojmá, Biná* de *Zeir Anpín* son elevadas a *Nétsaj, Hod, Yesod* de *Dikná*, y *Jésed, Guevurá, Tiféret* de *Zeir Anpín* son elevadas a *Kéter, Jojmá, Biná* de *Aba* e *Ima* Celestiales, y *Nétsaj, Hod, Yesod* de *Zeir Anpín* son elevadas a *Jésed, Guevurá, Tiféret* de *Aba* e *Ima* Celestiales. Y *Yaakov* y *Rajel* (quienes están de pie en *Nétsaj, Hod, Yesod* de *Jojmá* de *Zeir Anpín*, significando *Nétsaj, Hod, Yesod* de *Aba* e *Ima* Celestiales) son elevados a *Jésed, Guevurá, Tiféret* de *Jojmá* de *Zeir Anpín* (significando a *Jésed, Guevurá, Tiféret* de *Aba* e *Ima* Celestiales, y a donde *Nétsaj, Hod, Yesod* de *Zeir Anpín* son elevados ahora en *Minjá*). Y *Nétsaj, Hod, Yesod* de *Zeir Anpín* se convierten en *Mojín* para *Jojmá, Biná, Dáat* de *Yaakov* y *Rajel*.

En la repetición, *Zeir Anpín* (significando *Yisrael* y *Leá*), se eleva a *Jésed, Guevurá, Tiféret* de *Dikná* en sus tres *tikunim* (correcciones, las cuales son el décimo *tikún*, el noveno *tikún* y el octavo *tikún*), significando que los cinco *Tselamim* de *Jésed, Guevurá, Tiféret* de *Dikná* de *Arij Anpín* (que es la letra ל del *Tsélem*) se expanden en los cinco *Partsufim* de *Jésed, Guevurá, Tiféret* de *Kéter* de *Zeir Anpín* (y son llamados *Néfesh, Rúaj, Neshamá, Jayá, Yejidá* de *Rúaj* de *Yejidá*). **Así que ahora**, *Kéter, Jojmá, Biná* de *Zeir Anpín* son elevadas a *Jésed, Guevurá, Tiféret* de *Dikná*, y *Jésed, Guevurá, Tiféret* de *Zeir Anpín* son elevadas a *Nétsaj, Hod, Yesod* de *Dikná*, y *Nétsaj, Hod, Yesod* de *Zeir Anpín* son elevadas a *Jojmá, Biná, Dáat* de *Aba* e *Ima* Celestiales. Y *Yaakov* y *Rajel* (Quienes están de pie en *Jésed, Guevurá, Tiféret* de *Jojmá* de *Zeir Anpín*, significando *Jésed, Guevurá, Tiféret* de *Aba* e *Ima* Celestiales) son elevados a *Kéter, Jojmá, Biná* de *Jojmá* de *Zeir Anpín* (significando a *Kéter, Jojmá, Biná* de *Aba* e *Ima* Celestiales, y a donde *Nétsaj, Hod, Yesod* de *Zeir Anpín* son elevadas ahora en la repetición de *Minjá*). Y *Nétsaj, Hod, Yesod* de *Zeir Anpín* se convierten en *Mojín* para *Jojmá, Biná, Dáat* de *Yaakov* y *Rajel*.

En *Shabat Jol Hamoed* continúa con la *Amidá* en la pág. 716.

אֲדֹנָי Adonai ללה (pausa aquí) שְׂפָתַי sfatai תִּפְתָּח tiftaj וּפִי ufí יַגִּיד yaguid

ייז (כ״ב אותיות פשוטות [=אכא] וה׳ אותיות סופיות במנצפך) תְּהִלָּתֶךָ tehilateja ס״ת = בוכו:

LA PRIMERA BENDICIÓN – INVOCA AL ESCUDO DE AVRAHAM

Avraham es el canal de la energía de la Columna Derecha de positividad, compartir y misericordia. Las acciones dadoras pueden protegernos de todas las formas de negatividad.

Jésed que se convierte en *Jojmá*

En esta sección hay 42 palabras, el secreto del Nombre de Dios de 42 letras y, por lo tanto, comienza con la letra *Bet* (2) y termina con la letra *Mem* (40).

Flexiona tus rodillas en "*Baruj*", inclínate en "*Atá*" y enderézate en "*Adonai*".

א ב

בָּרוּךְ Baruj אַתָּה Atá א-ת (אותיות הא״ב המסמלות את השפע המגיע) לה׳ המלכות

ג י

יְהֹוָואדהניאהדונהי Adonai (יא) אֱלֹהֵינוּ Eloheinu ילה

ת צ

וֵאלֹהֵי veElohei לכב ; מילוי ע״ב, דמב ;ילה אֲבוֹתֵינוּ avoteinu

ק ר

אֱלֹהֵי Elohei מילוי ע״ב, דמב ; ילה אַבְרָהָם Avraham (*Jojmá*)

וז״פ אל, רי״ו ול״ב נתיבות החכמה, רמ״ח (אברים), עסמ״ב וט״ז אותיות פשוטות.

ע ש

אֱלֹהֵי Elohei מילוי ע״ב, דמב ; ילה יִצְחָק Yitsjak (*Biná*) ד״פ ב״ן

ט נ

וֵאלֹהֵי veElohei לכב ;מילוי ע״ב, דמב ; ילה יַעֲקֹב Yaakov (*Dáat*) ד׳ הויות, יאהדונהי אידהנויה

LA AMIDÁ

"Mi Señor, abre mis labios y mi boca declarará Tu alabanza" (*Salmos 51:17*).

LA PRIMERA BENDICIÓN

Bendito eres, Señor,

nuestro Dios y Dios de nuestros ancestros: el Dios de Avraham, el Dios de Yitsjak y el Dios de Yaakov.

נ ג

הָאֵל haEl לאה ; ייא״ (מילוי דס״ג) הַגָּדוֹל hagadol האל הגדול = סיט ; גדול = להח

ד י

עם ד׳ אותיות = מבה, יזל, הום הַגִּבּוֹר haguibor ר״ת ההה וְהַנּוֹרָא vehanorá•

כ ש

אֵל El ייא״ (מילוי דס״ג) ; ר״ת ע״ב, ריבוע יהוה עֶלְיוֹן elyón•

ב ט ר צ ת

גּוֹמֵל gomel חֲסָדִים jasadim טוֹבִים tovim• קוֹנֵה koné הַכֹּל hacol ילי

ג ח ק ב

וְזוֹכֵר vezojer חַסְדֵי jasdei אָבוֹת avot• וּמֵבִיא umeví

ט נ ע י

גּוֹאֵל goel לִבְנֵי livnei בְנֵיהֶם veneihem לְמַעַן lemaan

ג ל

שְׁמוֹ Shemó מהש ע״ה, ע״ב בריבוע וקס״א ע״ה, אל שדי ע״ה בְּאַהֲבָה beahavá אחד, דאגה:

Cuando digas la palabra "*beahavá*" debes meditar en dedicar tu alma a santificar el Nombre Sagrado y aceptar sobre ti mismo las cuatro formas de muerte.

פ ז ק ש

מֶלֶךְ Mélej עוֹזֵר ozer וּמוֹשִׁיעַ umoshía וּמָגֵן umaguén

ג״פ אל (ייא״ מילוי דס״ג) ; ר״ת מיכאל גבריאל נוריאל:

Flexiona tus rodillas en "*Baruj*", inclínate en "*Atá*" y enderézate en "*Adonai*".

אהיה יהו אלף הי יוד הי (*en Shabat*: יְהֹוָה)

ק ו צ

בָּרוּךְ Baruj אַתָּה Atá יְהֹוָאדהי(יְהֹוָאדהי)יאהדונהי Adonai (הה)

י ת

מָגֵן maguén ג״פ אל (ייא״ מילוי דס״ג) ; ר״ת מיכאל גבריאל נוריאל אַבְרָהָם Avraham

וז״פ אל, רי״ו ול״ב נתיבות החכמה, רמ״ח (אברים), עסמ״ב וט״ז אותיות פשוטות:

El Dios grande, poderoso y reverenciado.

El Dios Celestial. El que otorga benevolencia y crea todas las cosas. El que recuerda las buenas acciones de nuestros ancestros y El que trae un redentor a los hijos de sus hijos por el bien de Su Nombre, con amor. Rey, Asistente, Salvador y Escudo. Bendito seas Tú, Señor, Escudo de Avraham.

LA SEGUNDA BENDICIÓN

LA ENERGÍA DE YITSJAK ENCIENDE EL PODER DE LA RESURRECCIÓN DE LOS MUERTOS

Mientras que Avraham representa el poder de compartir, Yitsjak representa a la Columna Izquierda, energía de Juicio. El Juicio acorta el proceso de *tikún* y prepara la vía para nuestra resurrección final.

Guevurá que se convierte en *Biná*

En esta sección hay 49 palabras que corresponden a las 49 Puertas del Sistema Puro en *Biná*.

אַתָּה Atá גִּבּוֹר guibor לְעוֹלָם leolam ריבוע ס״ג וי׳ אותיות דס״ג אֲדֹנָי Adonai ללה

(ר״ת אַגְלָא והוא שם גדול ואמיץ, ובו היה יהודה מתגבר על אויביו. ע״ה אלד, בוכו.)

מְחַיֵּה mejayé ס״ג מֵתִים metim אַתָּה Atá◆ רַב rav לְהוֹשִׁיעַ lehoshía◆

Durante *Sucot*:

מוֹרִיד morid הַטָּל hatal

יוד הא ואו, כוזו, מספר אותיות דמילואי עסמ״ב ;

ר״ת מ״ה (יוד הא ואו הא):

Si por error dices "*Mashiv harúaj*" y te das cuenta de ello antes del final de la bendición ("*Baruj Atá Adonai*"), debes regresar al comienzo de la bendición ("*Atá guibor*") y continuar normalmente. Pero si sólo te das cuenta de ello después del final de la bendición, debes iniciar la *Amidá* desde el principio.

Solamente en *Simjat Torá*:

מַשִּׁיב mashiv הָרוּחַ harúaj ר״ת מ״ה

וּמוֹרִיד umorid הַגֶּשֶׁם hagueshem

שביל [י״ש (= י״פ אל) ול״ב נתיבות החכמה] ע״ה:

Si por error dices "*Morid hatal*" y te das cuenta de ello antes del final de la bendición ("*Baruj Atá Adonai*"), debes regresar al comienzo de la bendición ("*Atá guibor*") y continuar normalmente. Pero si sólo te das cuenta de ello después del final de la bendición, debes continuar sin regresar.

מְכַלְכֵּל mejalquel חַיִּים jayim אהיה אהיה יהוה, בינה ע״ה בְּחֶסֶד bejésed

ע״ב, ריבוע יהוה◆ מְחַיֵּה mejayé ס״ג מֵתִים metim בְּרַחֲמִים berajamim

(במוכסז) מצפצ, אלהים דההין, י״פ ייי רַבִּים rabim (טלא דעתיק)◆ סוֹמֵךְ somej

(אכדטם) כוק, ריבוע אדני נוֹפְלִים noflim (זו״ן)◆ וְרוֹפֵא verofé חוֹלִים jolim

וחולה = מ״ה וד׳ אותיות◆ וּמַתִּיר umatir אֲסוּרִים asurim◆ וּמְקַיֵּם umekayem

אֱמוּנָתוֹ emunató לִישֵׁנֵי lishenei עָפָר afar◆ מִי mi ילי כָּמוֹךָ jamoja

בַּעַל báal (debes pronunciar la letra *Ayin* en la palabra "*Báal*") גְּבוּרוֹת guevurot

וּמִי umí ילי דּוֹמֶה domé לָּךְ laj◆ מֶלֶךְ Mélej מֵמִית memit

וּמְחַיֶּה umejayé ס״ג (יוד הי ואו הי) וּמַצְמִיחַ umatsmíaj יְשׁוּעָה yeshuá◆:

LA SEGUNDA BENDICIÓN

Tú, Señor, eres poderoso por siempre. Tú revives a los muertos y eres muy capaz de redimir.

Durante *Sucot*:

El que hace caer el rocío.

Solamente en *Simjat Torá*:

El que hace soplar el viento y caer la lluvia.

Tú sostienes a los vivientes con bondad y revives a los muertos con gran compasión. Tú sostienes a los caídos, curas a los enfermos, pones en libertad a los cautivos y cumples Tu promesa con los que duermen en el polvo. ¿Quién es como Tú, Señor de fortaleza, y quién puede compararse contigo, Rey, que causas la muerte, das vida y haces crecer la salvación?

:metim מֵתִים lehajayot לְהַחֲיוֹת Atá אַתָּה veneemán וְנֶאֱמָן

(יֱהֹוִה :en *Shabat*) אהיה יהו אלף הי יוד הי

Adonai יְהֹוָהאדני(יְהֹוִהאדני)יאהדונהי Atá אַתָּה Baruj בָּרוּךְ

:מ"ה וס"ת מ"ה ר"ת hametim הַמֵּתִים (יוד הי ואו הי) ס"ג mejayé מְחַיֵּה

NAKDISHAJ – LA KEDUSHÁ

Toda la congregación recita esta oración.

Al decir la *Kedushá* (Santidad) meditamos en traer la santidad del Creador entre nosotros. Como dice: "*Venikdashti betoj Bnei Yisrael*" (Dios es santificado entre los hijos de Israel).

.venaaritsaj וְנַעֲרִיצָךְ nakdishaj נַקְדִּישָׁךְ

sarfei שַׂרְפֵי האא י"פ מיכ, sod סוֹד síaj שִׂיחַ quenóam כְּנוֹעַם

.kedushá קְדֻשָּׁה lejá לְךָ hameshaleshim הַמְשַׁלְּשִׁים kódesh קֹדֶשׁ

vekará וְקָרָא .neviaj נְבִיאָךְ yad יַד al עַל catuv כָּתוּב vején וְכֵן

:veamar וְאָמַר דרוז"ל ל"ב מאירים דיעקב פרקין י"ב פרקין ze זֶה el אֶל־ ze זֶה

(סוד ג' רישין דעתיקא קדישא) kadosh קָדוֹשׁ kadosh קָדוֹשׁ | kadosh קָדוֹשׁ

ילי jol כָּל־ meló מְלֹא שכינה פני Tsevaot צְבָאוֹת Adonai יְהֹוָהאדניאהדונהי

:quevodó כְּבוֹדוֹ ע"ה אלהים דההין haárets הָאָרֶץ

:veomrim וְאוֹמְרִים meshabjim מְשַׁבְּחִים leumatam לְעֻמָּתָם

יוד הי ואו הה = כבוד ה' ; Adonai יְהֹוָהאדניאהדונהי quevod כְּבוֹד־ Baruj בָּרוּךְ (א"א)

:ר"ת מיכ ;עסמ"ב, הברכה (למתק את ז' המלכים שמתו) ;ר"ת ע"ב, ריבוע יהוה mimekomó מִמְּקוֹמוֹ

:lemor לֵאמֹר catuv כָּתוּב kodshaj קָדְשְׁךָ uvedivrei וּבְדִבְרֵי

יהוה אדני אהיה יהוה, אלהים יב"ק, ר"ת ימלך ברוך קדוש yimloj יִמְלֹךְ (ז"ן)

ילה Eloháyij אֱלֹהַיִךְ ו' אותיות דס"ג ריבוע ס"ג leolam לְעוֹלָם Adonai יְהֹוָהאדניאהדונהי

(מלכות אצל ז"א – ו) ר"ת אצלו ; רי"ו vador וָדֹר ledor לְדֹר קנאה, ו' הויות, יוסף Tsiyón צִיּוֹן

:ללה ; אלהים, אהיה אדני haleluyá הַלְלוּיָהּ

Y eres fiel para resucitar a los muertos. Bendito eres Tú, Señor, que resucitas a los muertos.

NAKDISHAJ

Te santificamos y te honramos, según las palabras agradables de los Ángeles Santos, que recitan 'Santo' ante Ti tres veces, como está escrito por Tu Profeta: "Y cada uno llamó al otro y dijo: Santo, Santo, Santo es el Señor de los Ejércitos, todo el mundo está lleno de Su gloria" (Isaías 6:3). Frente a ellos alaban y dicen: "Bendita sea la gloria del Señor desde Su Lugar" (Ezequiel 3:12). Y en Tus santas Palabras, está escrito como sigue: 'El Señor, tu Dios, reinará por siempre, para toda y cada generación. ¡Sión, alaben al Señor!" (Salmos 146:10).

LA TERCERA BENDICIÓN

Esta bendición nos conecta con Yaakov, la Columna Central, el poder de la restricción. Yaakov es nuestro canal para conectar la Misericordia con el Juicio. Al restringir nuestro comportamiento reactivo, estamos deteniendo nuestro Deseo de Recibir para Nosotros Mismos. Yaakov también nos da el poder para equilibrar nuestros actos de Misericordia y Juicio hacia otras personas en nuestra vida.

Tiféret que se convierte en *Dáat* (14 palabras).

אַתָּה Atá קָדוֹשׁ kadosh וְשִׁמְךָ veShimjá קָדוֹשׁ kadosh ר״ת = אור, רז, אין סוף.

וּקְדוֹשִׁים ukdoshim בְּכָל־ bejol ב״ן, לכב יוֹם yom ע״ה נגד, מזבח, זן, אל יהוה

יְהַלְלוּךָ yehaleluja סֶּלָה sela:

אהי״ה יהו אלף הא יוד הא (en *Shabat*: מצפצ)

בָּרוּךְ Baruj אַתָּה Atá יְהֹוָה(יְהֹוָה אֲדֹנָי)יאהדונהי Adonai

הָאֵל haEl לאה ; ייא״י (מילוי דס״ג) הַקָּדוֹשׁ hakadosh י״פ מ״ה (יוד הא ואו הא):

Medita aquí en el Nombre: יאהדונהי, esto puede ayudar a eliminar la ira.

LA BENDICIÓN DEL MEDIO

La cuarta bendición nos conecta con el verdadero poder de *Sucot* y *Simjat Torá*. *Sucot* y *Simjat Torá* son para todo un año de misericordia y felicidad. Así como la semilla de una manzana engendra un manzano, una semilla negativa engendra un año negativo, de la misma manera, una semilla positiva genera un año positivo. *Sucot* y *Simjat Torá* son nuestra oportunidad de escoger la semilla que deseamos sembrar para nuestro próximo año. El poder de las letras en esta bendición radica en su capacidad de ayudarnos a escoger automáticamente la semilla correcta que necesitamos y no necesariamente la semilla que queremos.

אַתָּה Atá בְּחַרְתָּנוּ vejartanu מִכָּל micol ילי הָעַמִּים haamim.

אָהַבְתָּ ahavta אוֹתָנוּ otanu וְרָצִיתָ veratsita בָּנוּ banu.

וְרוֹמַמְתָּנוּ veromamtanu מִכָּל micol ילי הַלְּשׁוֹנוֹת haleshonot.

וְקִדַּשְׁתָּנוּ vekidashtanu בְּמִצְוֹתֶיךָ bemitsvoteja. וְקֵרַבְתָּנוּ vekeravtanu

מַלְכֵּנוּ malquenu לַעֲבוֹדָתֶךָ laavodateja. וְשִׁמְךָ veShimjá הַגָּדוֹל hagadol

להח ; ועם ד׳ אותיות = מבה, יזל, הום וְהַקָּדוֹשׁ vehakadosh עָלֵינוּ aleinu קָרָאתָ karata:

LA TERCERA BENDICIÓN

Tú eres Santo y Santo es Tu Nombre, y los Seres Santos Te alaban día a día, Sela.
De generación en generación, ellos proclaman a Dios como Rey, porque solo Él es y es Santo.

LA BENDICIÓN DEL MEDIO

Tú nos has elegido entre todas las naciones. Tú nos has amado y has encontrado favor entre nosotros. Tú nos has exaltado sobre todas las lenguas y Tú nos has santificado con Tus preceptos. Tú nos acercaste, Rey nuestro, a Tu servicio y proclamaste sobre nosotros Tu gran y Santo Nombre.

וַתִּתֶּן vatitén ב"פ כהת לָנוּ lanu אלהים, אהיה אדני יְהֹוָאדנהיאהדונהי Adonai

אֱלֹהֵינוּ Eloheinu ילה בְּאַהֲבָה beahavá אחד, דאגה

(En *Shabat* agrega: שַׁבָּתוֹת shabatot לִמְנוּחָה limnujá וּ u)

מוֹעֲדִים moadim לְשִׂמְחָה lesimjá. וְחַגִּים jaguim וּזְמַנִּים uzmanim

לְשָׂשׂוֹן lesasón. אֶת et יוֹם yom ע"ה נגד, מזבח, זן, אל יהוה (En *Shabat* agrega:

הַשַּׁבָּת haShabat הַזֶּה hazé והו. וְאֶת veet יוֹם yom ע"ה נגד, מזבח, זן, אל יהוה)

(En *Sucot* di: וְחַג jag הַסֻּכּוֹת haSucot הַזֶּה hazé).

(En *Simjat Torá* di: שְׁמִינִי Shminí וְחַג jag עֲצֶרֶת Atséret הַזֶּה hazé).

אֶת et יוֹם yom ע"ה נגד, מזבח, זן, אל יהוה טוֹב tov והו מִקְרָא mikrá קֹדֶשׁ kódesh

הַזֶּה hazé והו. זְמַן zemán שִׂמְחָתֵנוּ simjatenu. בְּאַהֲבָה beahavá אחד, דאגה

מִקְרָא mikrá קֹדֶשׁ kódesh. זֵכֶר zéjer לִיצִיאַת litsiat מִצְרָיִם Mitsráyim מצר.

אֱלֹהֵינוּ Eloheinu ילה וֵאלֹהֵי veElohei לכב ; מילוי ע"ב, דמב ; ילה אֲבוֹתֵינוּ avoteinu

יַעֲלֶה yaalé וְיָבֹא veyavó וְיַגִּיעַ veyaguía וְיֵרָאֶה veyeraé רי"ו וְיֵרָצֶה veyeratsé

וְיִשָּׁמַע veyishamá וְיִפָּקֵד veyipaked וְיִזָּכֵר veyizajer ר"ת = מ"ב

זִכְרוֹנֵנוּ zijronenu וְזִכְרוֹן vezijrón ע"ב קס"א ונש"ב אֲבוֹתֵינוּ avoteinu.

זִכְרוֹן zijrón ע"ב קס"א ונש"ב יְרוּשָׁלַיִם Yerushaláyim עִירָךְ iraj.

וְזִכְרוֹן vezijrón ע"ב קס"א ונש"ב מָשִׁיחַ Mashíaj בֶּן ben דָּוִד David ע"ה כהת ;

בן דוד = אדני ע"ה עַבְדָּךְ avdaj פוי, אל אדני. וְזִכְרוֹן vezijrón ע"ב קס"א ונש"ב

כָּל col ילי עַמְּךָ ameja בֵּית beit ב"פ ראה יִשְׂרָאֵל Yisrael

לְפָנֶיךָ lefaneja ס"ג מ"ה ב"ן לִפְלֵיטָה lifleitá לְטוֹבָה letová אכא.

לְחֵן lején מילוי דמ"ה בריבוע ; מוזי לְחֶסֶד lejésed ע"ב, ריבוע יהוה

Y puedas darnos Tú, Señor, nuestro Dios con amor este día (**en Shabat agrega:** *Shabat para descanso y*) *Festividades para alegría, Festivales y tiempos de regocijo, este día* (**en Shabat agrega:** *de Shabat y este día*) (**en Sucot:** *de Sucot*) (**en Simjat Torá:** *de Shminí la festividad de Atséret*)

y este bien día de Santa Convocatoria; el tiempo de nuestra alegría. con amor, una convocatoria Santa, un recuerdo de la salida del Egipto. Nuestro Dios y el Dios de nuestros padres, pueda levantarse y venir y llegar y aparecer y encontrar el favor y ser oído y ser considerado y ser recordado, nuestra remembranza y la remembranza de nuestros padres, las remembranza de Jerusalén, Tu ciudad, y la remembranza del Mesías Ben David, Tu sirviente, y la remembranza de toda Tu Nación, la Casa de Israel, ante Ti, para aceptación, para bien, para gracia, amabilidad

וּלְרַחֲמִים ulerajamim. לְחַיִּים lejayim אהיה אהיה יהוה, בינה ע"ה טוֹבִים tovim
וּלְשָׁלוֹם uleshalom. בְּיוֹם beyom ע"ה נגד, מזבח, זן, אל יהוה
(**En** *Shabat* **agrega:** הַשַּׁבָּת haShabat הַזֶּה hazé והו. וּבְיוֹם uveyom ע"ה נגד, מזבח, זן, אל יהוה)
(**En** *Sucot* **di:** חַג jag הַסֻּכּוֹת haSucot הַזֶּה hazé).
(**En** *Simjat Torá* **di:** שְׁמִינִי Shminí חַג jag עֲצֶרֶת Atséret הַזֶּה hazé).
בְּיוֹם beyom ע"ה נגד, מזבח, זן, אל יהוה טוֹב tov והו
מִקְרָא mikrá קֹדֶשׁ kódesh הַזֶּה hazé והו.
לְרַחֵם lerajem אברהם, וז"פ אל, רי"ו ול"ב נתיבות החכמה, רמ"ח (אברים), עסמ"ב וט"ז אותיות פשוטות בּוֹ bo עָלֵינוּ aleinu וּלְהוֹשִׁיעֵנוּ ulehoshienu.
זָכְרֵנוּ zojrenu **(desde *Zeir Anpín*)** יְהֹוָהאדניאהדונהי Adonai אֱלֹהֵינוּ Eloheinu ילה
בּוֹ bo לְטוֹבָה letová. אכא. וּפָקְדֵנוּ ufokdenu **(desde *Nukvá*)** בוֹ vo
לִבְרָכָה livrajá. וְהוֹשִׁיעֵנוּ vehoshienu **(desde *Dáat*)** בוֹ vo לְחַיִּים lejayim
אהיה אהיה יהוה, בינה ע"ה טוֹבִים tovim. בִּדְבַר bidvar ראה יְשׁוּעָה yeshuá
וְרַחֲמִים verajamim. חוּס jus וְחָנֵּנוּ vejanenu וַחֲמוֹל vajamol
וְרַחֵם verajem אברהם, וז"פ אל, רי"ו ול"ב נתיבות החכמה, רמ"ח (אברים), עסמ"ב וט"ז אותיות פשוטות
עָלֵינוּ aleinu. וְהוֹשִׁיעֵנוּ vehoshienu כִּי qui אֵלֶיךָ eleja עֵינֵינוּ eineinu ריבוע מ"ה.
כִּי qui אֵל El יא"י מֶלֶךְ Mélej חַנּוּן janún וְרַחוּם verajum אָתָּה Atá:
וְהַשִּׂיאֵנוּ vehasienu יְהֹוָהאדניאהדונהי Adonai אֱלֹהֵינוּ Eloheinu ילה.
אֶת et בִּרְכַּת bircat מוֹעֲדֶיךָ moadeja לְחַיִּים lejayim אהיה אהיה יהוה, בינה ע"ה
בְּשִׂמְחָה besimjá וּבְשָׁלוֹם uveshalom. כַּאֲשֶׁר caasher רָצִיתָ ratsita
וְאָמַרְתָּ veamarta לְבָרְכֵנוּ levarjenu. כֵּן quen תְּבָרְכֵנוּ tevarjenu סֶלָה selá:

---

y compasión, para una buena vida y para paz en este día (**en Shabat agrega:** *de Shabat y en este día*) (**en Sucot:** *de Sucot*) (**en Simjat Torá:** *de Shminí la festividad de Atséret) y en este buen día de Santa Convocatoria; para tener misericordia de nosotros y para salvarnos. Recuérdanos, Señor, nuestro Dios, para bien y considéranos en ello para la bendición y entréganosla para una buena vida con las palabras de entrega y misericordia. Ten piedad y sé amable con nosotros y ten misericordia y sé compasivo con nosotros y sálvanos, porque nuestros ojos van hacia Ti, porque Tú eres Dios, Rey que es amable y compasivo. Y danos, Señor, nuestro Dios, Tu bendición de Tus días de fiesta para felicidad y vida pacífica. Como Tu deseas y dijiste bendecirnos. Así has de bendecirnos, Sela.*

MEKADESH YISRAEL VEHAZMANIM (LOS TIEMPOS)

(En Shabat agrega: אֱלֹהֵינוּ Eloheinu ילה וֵאלֹהֵי veElohei לכב ; מילוי ע״ב, דמב ; ילה
אֲבוֹתֵינוּ avoteinu רְצֵה retsé נָא na בִּמְנוּחָתֵינוּ vimnujateinu)
קַדְּשֵׁנוּ kadshenu בְּמִצְוֹתֶיךָ vemitsvoteja• תֵּן ten וְחֶלְקֵנוּ jelkenu
בְּתוֹרָתָךְ vetorataj• שַׂבְּעֵנוּ sabenu מִטּוּבָךְ mituvaj לאו•
שַׂמֵּחַ saméaj נַפְשֵׁנוּ nafshenu בִּישׁוּעָתָךְ bishuataj•
וְטַהֵר vetaher לִבֵּנוּ libenu לְעָבְדְּךָ leovdejá פוי, אל יהוה בֶּאֱמֶת veemet
אהיה פעמים אהיה, ז״פ ס״ג• וְהַנְחִילֵנוּ vehanjilenu יְהֹוָהאדניאהדונהי Adonai
אֱלֹהֵינוּ Eloheinu ילה (En Shabat agrega: בְּאַהֲבָה beahavá אחד, דאגה
וּבְרָצוֹן uveratsón מהש ע״ה, ע״ב בריבוע וקס״א ע״ה, אל שדי) בְּשִׂמְחָה vesimjá
וּבְשָׂשׂוֹן uvesasón (En Shabat agrega: שַׁבָּתוֹת shabatot וּ (u מוֹעֲדֵי moadei
קָדְשֶׁךָ kodshejá, וְיִשְׂמְחוּ veyismejú בְךָ vejá כָּל col ילי יִשְׂרָאֵל Yisrael
מְקַדְּשֵׁי mekadshei שְׁמֶךָ Shemeja• בָּרוּךְ Baruj אַתָּה Atá
יְהֹוָהאדניאהדונהי Adonai
אהיה יהו אלף הה יוד הה (en Shabat: יה אדני)
מְקַדֵּשׁ mekadesh (En Shabat agrega: הַשַּׁבָּת haShabat וְ (ve יִשְׂרָאֵל Yisrael
וְהַזְּמַנִּים vehazmanim:

LAS TRES BENDICIONES FINALES

A través del mérito de Moshé, Aharón y Yosef, quienes son nuestros canales para las últimas tres bendiciones, somos capaces de hacer descender toda la energía espiritual que despertamos con nuestras oraciones y bendiciones.

LA QUINTA BENDICIÓN

Durante esta bendición, que se refiere a Moshé, siempre debemos meditar en tratar de saber exactamente que quiere Dios de nosotros en nuestra vida, como lo indica la frase: "Que sea la voluntad de Dios". Estamos pidiéndole a Dios que nos guíe hacia el trabajo que vinimos a hacer en la Tierra. El Creador no puede aceptar sólo el trabajo que queremos hacer, debemos llevar a cabo el trabajo que estamos destinados a hacer.

MEKADESH YISRAEL VEHAZMANIM (LOS TIEMPOS)

(**En Shabat:** *Dios nuestro y Dios de nuestros antepasados, que Te plazca nuestro descanso).*
Santifícanos con Tus mandamientos y sitúa nuestro destino en Tu Torá, y sácianos con Tu benevolencia y alegra nuestros espíritus con Tu salvación, y purifica nuestro corazón para servirte verdaderamente. Y otórganos, Señor, Dios nuestro, (**en Shabat:** *con amor y gracia,) con felicidad y dicha,* (**en Shabat:** *Shabatot y) las festividades, y todo Israel, quienes santifican Tu Nombre, estará regocijado contigo. Bendito eres Tú, Señor, que santificas* (**en Shabat:** *el Shabat) Israel y los Tiempos.*

Nétsaj

Medita por el Deseo Celestial (*Kéter*), que es llamado *Métsaj HaRatsón* (la Frente del Deseo).

רְצֵה retsé אלף למד הה יוד מם

Aquí medita en transformar el infortunio y la tragedia (צרה) en deseo y aceptación (רצה).

יְהֹוָאדהיאהדונהי Adonai אֱלֹהֵינוּ Eloheinu ילה בְּעַמְּךָ beameja יִשְׂרָאֵל Yisrael

וְלִתְפִלָּתָם velitfilatam שְׁעֵה sheé• וְהָשֵׁב vehashev הָעֲבוֹדָה haavodá

לִדְבִיר lidvir רי״ו בֵּיתֶךָ beiteja ב״פ ראה• וְאִשֵּׁי veishei יִשְׂרָאֵל Yisrael

וּתְפִלָּתָם utfilatam מְהֵרָה meherá בְּאַהֲבָה beahavá אחד, דאגה

תְּקַבֵּל tekabel בְּרָצוֹן beratsón מהש ע״ה, ע״ב בריבוע וקס״א ע״ה, אל שדי ע״ה•

וּתְהִי utehí לְרָצוֹן leratsón מהש ע״ה, ע״ב בריבוע וקס״א ע״ה, אל שדי ע״ה

תָּמִיד tamid ע״ה קס״א קנ״א קמ״ג עֲבוֹדַת avodat יִשְׂרָאֵל Yisrael עַמֶּךָ ameja:•

וְאַתָּה veAtá בְּרַחֲמֶיךָ verajameja הָרַבִּים harabim•

תַּחְפֹּץ tajpots בָּנוּ banu וְתִרְצֵנוּ vetirtsenu וְתֶחֱזֶינָה vetejezena

עֵינֵינוּ eineinu ריבוע מ״ה בְּשׁוּבְךָ beshuvjá לְצִיּוֹן leTsiyón יוסף, ו׳ הויות, קנאה

בְּרַחֲמִים berajamim מצפצ, אלהים דיודין, י״פ ייי:•

אהיה יהו אלף למד הי יוד מם (en Shabat: אל)

בָּרוּךְ Baruj אַתָּה Atá יְהֹוָאדהיאהדונהי Adonai

הַמַּחֲזִיר hamajazir שְׁכִינָתוֹ Shejinató לְצִיּוֹן leTsiyón יוסף, ו׳ הויות, קנאה:•

LAS TRES BENDICIONES FINALES

LA QUINTA BENDICIÓN

Encuentra gracia, Señor, nuestro Dios, en Tu pueblo, Israel y oye su oración. Restaura el culto en el santuario interno de Tu Templo. Acepta las ofrendas de Israel y sus oraciones con complacencia, prontamente y con amor. Que siempre sea agradable a Ti, el servicio de Israel, Tu nación. Y Tú en Tu gran compasión, te deleites en nosotros y estés complacido con nosotros. Puedan nuestros ojos contemplar Tu retorno a Sión con compasión. ¡Bendito eres Tú, Señor, que devuelve Su Shejiná a Sión!

La sexta bendición

Esta bendición es nuestro agradecimiento. Kabbalísticamente, el mayor "agradecimiento" que le podemos dar a nuestro Creador es hacer exactamente lo que estamos destinados a hacer en términos de nuestro trabajo espiritual.

Hod

Inclina todo tu cuerpo en "*modim*" y endérezate en "*Adonai*".

מוֹדִים modim מאה ברכות שתיקן דוד לאמרם כל יום אֲנַחְנוּ anajnu לָךְ laj

שָׁאַתָּה sheAtá הוּא Hu יְהֹוָהאדניאהדונהי Adonai (וּ) אֱלֹהֵינוּ Eloheinu ילה

וֵאלֹהֵי veElohei לכב ; מילוי ע״ב, דמב ; ילה אֲבוֹתֵינוּ avoteinu לְעוֹלָם leolam

וָעֶד vaed. ריבוע ס״ג ו״י אותיות דס״ג צוּרֵנוּ tsurenu צוּר tsur אלהים דההין ע״ה

וְחַיֵּינוּ jayeinu וּמָגֵן umaguén ג״פ אל (ייא״י מילוי דס״ג) ; ר״ת מיכאל גבריאל נוריאל

יִשְׁעֵנוּ yishenu אַתָּה Atá הוּא Hu. לְדוֹר ledor וָדוֹר vador רי״ו נוֹדֶה nodé

לְךָ lejá וּנְסַפֵּר unesaper תְּהִלָּתֶךָ tehilateja. עַל־ al חַיֵּינוּ jayeinu

הַמְּסוּרִים hamesurim בְּיָדֶךָ beyadeja. וְעַל veal נִשְׁמוֹתֵינוּ nishmoteinu

הַפְּקוּדוֹת hapekudot לָךְ laj. וְעַל־ veal נִסֶּיךָ niseja שֶׁבְּכָל shebejol

ב״ן, לכב יוֹם yom ע״ה נגד, מזבח, זן, אל יהוה עִמָּנוּ imanu ריבוע ס״ג, קס״א ע״ה וד׳ אותיות

וְעַל veal נִפְלְאוֹתֶיךָ nifleoteja וְטוֹבוֹתֶיךָ vetovoteja שֶׁבְּכָל shebejol

ב״ן, לכב עֵת et. עֶרֶב érev וָבֹקֶר vavóker וְצָהֳרָיִם vetsahoráyim. הַטּוֹב hatov

והו כִּי־ qui לֹא־ lo כָלוּ jalú רַחֲמֶיךָ rajameja. הַמְרַחֵם hamerajem

אברהם, וז״פ אל, רי״ו ול״ב נתיבות החכמה, רמ״ח (אברים), עסמ״ב וט״ז אותיות פשוטות כִּי־ qui לֹא lo

תַמּוּ tamu חֲסָדֶיךָ jasadeja כִּי qui מֵעוֹלָם meolam קִוִּינוּ kivinu לָךְ laj:

La sexta bendición

Nosotros te damos gracias a Ti, porque eres Tú, Señor, quien es nuestro Dios y el Dios de nuestros padres, por siempre y por toda la eternidad. Tú eres nuestra Fortaleza, la Fortaleza de nuestras vidas y el Escudo de nuestra salvación. De una generación a otra, te daremos gracias a Ti y cantaremos Tu alabanza. Por nuestras vidas que están en Tus Manos, por nuestras almas que están a Tu cuidado, por Tus milagros que están con nosotros todos los días y por Tus maravillas y Tus favores que están con nosotros en todo momento: de noche, de mañana y de tarde. Tú eres bueno, porque Tu compasión nunca se ha acabado. Tú eres el misericordioso, porque Tu bondad nunca ha cesado, porque siempre hemos puesto nuestras esperanzas en Ti.

MODIM DERABANÁN

Esta oración es recitada por la congregación en la repetición cuando el *jazán* dice "*modim*".

En esta sección hay 44 palabras, que es el mismo valor numérico que el Nombre: ריבוע אהיה (א אה אהי אהיה).

מוֹדִים modim מאה ברכות שתיקן דוד לאמרם כל יום אֲנַחְנוּ anajnu לָךְ laj
שָׁאַתָּה sheAtá הוּא Hu יְהֹוָאדהנייאהדונהי Adonai אֱלֹהֵינוּ Eloheinu ילה
וֵאלֹהֵי veElohei לכב ; מילוי ע"ב, דמב ; ילה אֲבוֹתֵינוּ avoteinu
אֱלֹהֵי Elohei מילוי ע"ב, דמב ; ילה כָּל jol ילי בָּשָׂר basar. יוֹצְרֵנוּ yotsrenu
יוֹצֵר yotser בְּרֵאשִׁית bereshit. בְּרָכוֹת brajot וְהוֹדָאוֹת vehodaot
לְשִׁמְךָ leShimjá הַגָּדוֹל haGadol להח ; עם ד' אותיות = מבה, יזל, אום
וְהַקָּדוֹשׁ vehakadosh עַל al שֶׁהֶחֱיִיתָנוּ shehejeyitanu וְקִיַּמְתָּנוּ vekiyamtanu.
כֵּן quen תְּחַיֵּינוּ tejayeinu וּתְחָנֵּנוּ utejonenu. וְתֶאֱסוֹף veteesof
גָּלֻיּוֹתֵינוּ galuyoteinu לְחַצְרוֹת lejatsrot קָדְשֶׁךָ kodshejá. לִשְׁמוֹר lishmor
חֻקֶּיךָ jukeja וְלַעֲשׂוֹת velaasot רְצוֹנֶךָ retsonjá. וּלְעָבְדְךָ uleovdejá
פוי, אל אדני בְּלֵבָב belevav בוכו שָׁלֵם shalem. עַל al שֶׁאֲנַחְנוּ sheanajnu
מוֹדִים modim לָךְ laj. בָּרוּךְ Baruj אֵל El ייא" (מילוי דס"ג) הַהוֹדָאוֹת hahodaot:

וְעַל veal כֻּלָּם culam יִתְבָּרַךְ yitbaraj וְיִתְרוֹמָם veyitromam
וְיִתְנַשֵּׂא veyitnasé תָּמִיד tamid ע"ה קס"א קנ"א קמ"ג שִׁמְךָ Shimjá
מַלְכֵּנוּ malquenu לְעוֹלָם leolam ריבוע ס"ג ויו אותיות דס"ג וָעֶד vaed.
וְכָל־ vejol ילי הַחַיִּים hajayim אהיה אהיה יהוה, בינה ע"ה יוֹדוּךָ yoduja סֶּלָה sela:
וִיהַלְלוּ vihalelú וִיבָרְכוּ vivarjú יהוה ריבוע יהוה ריבוע מ"ה
אֶת־ et שִׁמְךָ Shimjá הַגָּדוֹל hagadol להח ; עם ד' אותיות = מבה, יזל, אום

MODIM DERABANÁN

Nosotros te agradecemos,

porque eres Tú Señor, nuestro Dios y el Dios de nuestros padres, el Dios de toda carne, nuestro Hacedor y el Creador de toda la creación. Bendiciones y gracias a Tu gran y Santo Nombre por darnosvida y por preservarnos. Que puedas Tú continuar dándonos vida, sé amable con nosotros y reúne nuestros exiliados en las cortes de Tu Santuario, para que podamos cumplir Tus leyes, hacer Tu voluntad y te sirvamos con todo el corazón. Por esto te agradecemos. ¡Bendito sea el Dios de los agradecimientos!

Y por todas estas cosas, que Tu Nombre sea siempre bendecido, exaltado y exultado, nuestro Rey, por siempre y para siempre, y todo lo que vive te agradecerá, Sela. Y te alabarán y bendecirán Tu gran Nombre.

בֶּאֱמֶת beemet אהיה פעמים אהיה, ז"פ ס"ג לְעוֹלָם leolam ריבוע ס"ג ו' אותיות דס"ג

כִּי qui טוֹב tov והו ; כי טוב = יהוה אהיה, אום, מבה, יזל.

הָאֵל haEl לאה ; ייא"י (מילוי דס"ג) יְשׁוּעָתֵנוּ yeshuatenu וְעֶזְרָתֵנוּ veezratenu

סֶלָה sela. הָאֵל haEl לאה ; ייא"י (מילוי דס"ג) הַטּוֹב hatov והו:

Flexiona tus rodillas en "*Baruj*", inclínate en "*Atá*" y enderézate en "*Adonai*".

אהיה יהו אלף למד הה יוד מם (en *Shabat*: אלהים)

בָּרוּךְ Baruj אַתָּה Atá יְהֹוָהאדניאהדונהי Adonai (הי) הַטּוֹב hatov והו

שִׁמְךָ Shimjá וּלְךָ ulejá נָאֶה naé לְהוֹדוֹת lehodot ס"ת כהת, משיח בן דוד ע"ה:

LA BENDICIÓN FINAL

Estamos emanando la energía de paz para el mundo entero. También nos proponemos utilizar nuestras bocas sólo para el bien. Kabbalísticamente, el poder de las palabras y del habla es inimaginable. Esperamos usar este poder sabiamente, lo que tal vez es una de las tareas más difíciles de llevar a cabo.

Yesod

שִׂים sim שָׁלוֹם shalom

טוֹבָה tová אכא וּבְרָכָה uvrajá חַיִּים jayim אהיה אהיה יהוה, בינה ע"ה

חֵן jen מילוי דמ"ה בריבוע, מוחי וָחֶסֶד vajésed ע"ב, ריבוע יהוה

צְדָקָה tsedaká ע"ה ריבוע אלהים וְרַחֲמִים verajamim עָלֵינוּ aleinu וְעַל veal

כָּל col ילי ; עמם יִשְׂרָאֵל Yisrael עַמֶּךָ ameja וּבָרְכֵנוּ uvarjenu

אָבִינוּ avinu כֻּלָּנוּ culanu כְּאֶחָד queejad אהבה, דאגה בְּאוֹר beor רז, א"ס

פָּנֶיךָ paneja ס"ג מ"ה ב"ן כִּי qui בְאוֹר veor רז, א"ס פָּנֶיךָ pancja ס"ג מ"ה ב"ן

נָתַתָּ natata לָנוּ lanu אלהים, אהיה אדני יְהֹוָהאדניאהדונהי Adonai

אֱלֹהֵינוּ Eloheinu ילה תּוֹרָה Torá וְחַיִּים vejayim אהיה אהיה יהוה, בינה ע"ה.

---

sinceramente y para siempre, porque es bueno, el Dios de nuestra salvación y nuestra ayuda, Sela, el buen Dios. Bendito eres Tú, Señor, cuyo Nombre es bueno, y a Ti es propio dar gracias.

LA BENDICIÓN FINAL

Otorga paz, bondad, bendiciones, vida, gracia, amabilidad, justicia y misericordia a nosotros y a todo Israel, Tu Pueblo. Bendícenos a todos como uno solo, Padre nuestro, con la Luz de Tu Rostro, porque es con la Luz de Tu rostro que Tú, Señor, nuestro Dios, nos has dado la Torá y vida,

אַהֲבָה ahavá אחד, דאגה וָחֶסֶד vajésed ע״ב, ריבוע יהוה.
צְדָקָה tsedaká ע״ה ריבוע אלהים וְרַחֲמִים verajamim. בְּרָכָה brajá
וְשָׁלוֹם veshalom. וְטוֹב vetov והו בְּעֵינֶיךָ beeineja ע״ה קס״א ; ריבוע מ״ה
לְבָרְכֵנוּ levarjenu וּלְבָרֵךְ ulevarej אֶת et כָּל־ col ילי עַמְּךָ ameja
יִשְׂרָאֵל Yisrael בְּרוֹב־ berov ר״פ אהיה עֹז oz וְשָׁלוֹם veshalom:

בָּרוּךְ Baruj אַתָּה Atá
אהיה יהו אלף למד הא יוד מם (en *Shabat*: מצפצ)
יְהֹוָהאדניאהדונהי Adonai

הַמְבָרֵךְ hamevarej אֶת et עַמּוֹ amó יִשְׂרָאֵל Yisrael
ר״ת = אלהים = (אילההויהם = יב״ק) בַּשָּׁלוֹם bashalom. אָמֵן Amén יאהדונהי.

YIHYÚ LERATSÓN

Hay 42 letras en el versículo en el secreto del *Aná Bejóaj*.

יִהְיוּ yihyú אל (ייא״י מילוי דס״ג) לְרָצוֹן leratsón מהש ע״ה, ע״ב בריבוע וקס״א ע״ה, אל שדי ע״ה
אִמְרֵי־ imrei פִי fi ר״ת אֶלֶף = אלף למד שין דלת יוד ע״ה וְהֶגְיוֹן vehegyón לִבִּי libí
לְפָנֶיךָ lefaneja ס״ג מ״ה ב״ן יְהֹוָהאדניאהדונהי Adonai צוּרִי tsurí וְגֹאֲלִי vegoalí:

ELOHAI NETSOR

אֱלֹהַי Elohai מילוי ע״ב, דמב ; ילה נְצוֹר netsor לְשׁוֹנִי leshoní מֵרָע merá.
וּשְׂפָתוֹתַי vesiftotai מִדַּבֵּר midaber ראה מִרְמָה mirmá. וְלִמְקַלְלַי velimkalelai
נַפְשִׁי nafshí תִדּוֹם tidom. וְנַפְשִׁי venafshí כֶּעָפָר queafar
לַכֹּל lacol יה אדני תִּהְיֶה tihyé. פְּתַח petaj לִבִּי libí בְּתוֹרָתֶךָ betorateja.

---

amor y amabilidad, justicia y misericordia, bendición y paz. Que sea grato a Tus Ojos bendecirnos y bendecir a Tu nación, Israel, con abundante poder y con paz. ¡Bendito eres Tú, Señor, que bendice a Su Pueblo, Israel, con paz, Amén!

YIHYÚ LERATSÓN

"Sean gratos ante Ti, Señor, mi Fortaleza y mi Redentor, los dichos de mi boca y los pensamientos de mi corazón" (Salmos 19:15).

ELOHAI NETSOR

Mi Dios, cuida mi lengua del mal y mis labios de decir falsedad. Que mi alma permanezca en silencio ante aquellos que me maldicen y permite que mi espíritu sea humilde ante todos, como el polvo. Abre mi corazón a Tu Torá

וְאַחֲרֵי veajarei מִצְוֺתֶיךָ mitsvoteja תִּרְדּוֹף tirdof נַפְשִׁי nafshí•

וְכָל־ vejol ילי הַקָּמִים hakamim עָלַי alai לְרָעָה leraá רהע• מְהֵרָה meherá

הָפֵר hafer עֲצָתָם atsatam וְקַלְקֵל vekalkel מַחְשְׁבוֹתָם majshevotam•

עֲשֵׂה asé לְמַעַן lemaan שְׁמָךְ: Shemaj• עֲשֵׂה asé לְמַעַן lemaan

יְמִינָךְ: yeminaj• עֲשֵׂה asé לְמַעַן lemaan תּוֹרָתָךְ: torataj• עֲשֵׂה asé

לְמַעַן lemaan קְדוּשָּׁתָךְ: kedushataj• ר״ת הפסוק = מ״ה יהוה לְמַעַן lemaan

יֵחָלְצוּן yejaltsún יְדִידֶיךָ yedideja ר״ת ילי הוֹשִׁיעָה hoshía יהוה וש״ע נהורין

יְמִינְךָ yeminjá וַעֲנֵנִי vaaneni (כתיב: ועננו) ר״ת אל (יי״א מילוי דס״ג):

Antes de que recitemos el próximo verso ("*Yihyú leratsón*") tenemos una oportunidad de fortalecer la conexión con nuestra alma usando nuestro nombre. Cada persona tiene un versículo en la Torá que lo conecta con su nombre. O bien su nombre está en el versículo o la primera letra y última letra de nuestro nombre corresponden a la primera y última letra del versículo. Por ejemplo, el nombre Yehuda empieza con una *Yud* y termina con una *Hei*. Antes de terminar la *Amidá*, declaramos que nuestro nombre sea siempre recordado cuando nuestra alma abandone este mundo.

YIHYÚ LERATSÓN (EL SEGUNDO)

Hay 42 letras en el versículo en el secreto del *Aná Bejóaj*.

יִהְיוּ yihyú אל (יי״א מילוי דס״ג) לְרָצוֹן leratsón מהש ע״ה, ע״ב בריבוע וקס״א ע״ה, אל שדי ע״ה

אִמְרֵי־ imrei פִי fi ר״ת אֱלֶף = אלף למד שין דלת יוד ע״ה וְהֶגְיוֹן vehegyón לִבִּי libí

לְפָנֶיךָ lefaneja ס״ג מ״ה ב״ן יְהֹוָאדהנּיאהדונהי Adonai צוּרִי tsurí וְגֹאֲלִי vegoalí:

---

y permite que mi corazón siga Tus mandamientos. Prontamente frustra los planes y daña los pensamientos de todos aquellos que se levantan contra mí para hacerme daño. Hazlo por la gloria de Tu Nombre. Haz esto por el bien de Tu Diestra. Haz esto por el mérito de Tu Torá. Haz esto por Tu santidad, "Que Tus amados sean rescatados. Sálvalos con Tu Diestra y contéstame" (Salmos 60:7).

YIHYÚ LERATSÓN (EL SEGUNDO)

"Sean gratos ante Ti, Señor,
mi Fortaleza y mi Redentor, los dichos de mi boca y los pensamientos de mi corazón" (Salmos 19:15).

OSÉ SHALOM

Da tres pasos hacia atrás;

עוֹשֶׂה osé שָׁלוֹם shalom

Izquierda
Te vuelves a la izquierda y dices:

בִּמְרוֹמָיו bimromav ר"ת ע"ב, ריבוע יהוה

הוּא Hu בְּרַחֲמָיו verajamav יַעֲשֶׂה yaasé

Derecha
Te vuelves a la derecha y dices:

שָׁלוֹם shalom עָלֵינוּ aleinu ר"ת ש"ע נהורין

Centro
Te alineas al centro y dices:

וְעַל veal כָּל־ col ילי ; עמם עַמּוֹ amó יִשְׂרָאֵל Yisrael

וְאִמְרוּ veimrú אָמֵן Amén יאהדונהי:

יְהִי yehí רָצוֹן ratsón מהש ע"ה, ע"ב בריבוע וקס"א ע"ה, אל שדי ע"ה מִלְּפָנֶיךָ milfaneja ס"ג מ"ה ב"ן יְהֹוָהאדניאהדונהי Adonai אֱלֹהֵינוּ Eloheinu ילה וֵאלֹהֵי veElohei לכב ; מילוי ע"ב, דמב ; ילה אֲבוֹתֵינוּ avoteinu, שֶׁתִּבְנֶה shetivné בֵּית beit ב"פ ראה הַמִּקְדָּשׁ hamikdash בִּמְהֵרָה bimherá בְיָמֵינוּ veyameinu וְתֵן vetén חֶלְקֵנוּ jelkenu בְּתוֹרָתָךְ vetorataj לַעֲשׂוֹת laasot חֻקֵּי jukei רְצוֹנָךְ retsonaj וּלְעָבְדָךְ uleovdaj פוי, אל אדני בְּלֵבָב belevav בוכו שָׁלֵם shalem.

Da tres pasos hacia delante.

OSÉ SHALOM

Él, que establece Paz en Sus altos lugares, Él, en Su compasión, hará que la paz esté entre nosotros y sobre Su pueblo entero, Israel, y dirán: Amén. Sea agradable ante Ti, Señor, nuestro Dios y Dios de nuestros antepasados, que puedas reconstruir rápidamente el santo Templo, en nuestros días, y otórganos participación en Tu Torá, para que podamos cumplir las leyes de Tu deseo y servirte con todo el corazón.

KADISH TITKABAL

יִתְגַּדַּל yitgadal וְיִתְקַדַּשׁ veyitkadash ש״ד ומילוי ש״ד ; י״א אותיות כמנין ו״ה

שְׁמֵיהּ Shmei (שם י״ה דע״ב) רַבָּא rabá קנ״א ב״ן, יהוה אלהים יהוה אדני,

מילוי קס״א וס״ג, מ״ה ברבוע וע״ב ע״ה ; ר״ת = ו״פ אלהים ; ס״ת = ג״פ יב״ק: אָמֵן Amén אידהנויה.

בְּעָלְמָא bealmá דִּי di בְרָא verá כִּרְעוּתֵיהּ quirutei.

וְיַמְלִיךְ veyamlij מַלְכוּתֵיהּ maljutei. וְיַצְמַח veyatsmaj

פּוּרְקָנֵיהּ purkanei. וִיקָרֵב vikarev מְשִׁיחֵיהּ Meshijei: אָמֵן Amén אידהנויה.

בְּחַיֵּיכוֹן bejayeijón וּבְיוֹמֵיכוֹן uveyomeijón וּבְחַיֵּי uvejayei

דְכָל dejol בֵּית beit ב״פ ראה יִשְׂרָאֵל Yisrael בַּעֲגָלָא baagalá

וּבִזְמַן uvizmán קָרִיב kariv וְאִמְרוּ veimrú אָמֵן Amén: אָמֵן Amén אידהנויה.

La congregación y el *jazán* dicen lo siguiente:

Veintiocho palabras (hasta *bealmá*) y veintiocho letras (hasta *almayá*)

יְהֵא yehé שְׁמֵיהּ Shmei (שם י״ה דס״ג) רַבָּא rabá קנ״א ב״ן,

יהוה אלהים יהוה אדני, מילוי קס״א וס״ג, מ״ה ברבוע וע״ב ע״ה מְבָרַךְ mevaraj,

לְעָלַם lealam לְעָלְמֵי lealmei עָלְמַיָּא almayá. יִתְבָּרַךְ yitbaraj.

Siete palabras con seis letras cada una (שם בן מ״ב). También, siete veces la letra *Vav* (שם בן מ״ב).

וְיִשְׁתַּבַּח veyishtabaj י״פ ע״ב יהוה אל אבג יתץ.

וְיִתְפָּאַר veyitpaar הי נו יה קרע שטן. וְיִתְרוֹמַם veyitromam וה כוזו נגד יכש.

וְיִתְנַשֵּׂא vcyitnasé במוכסז בטר צתג. וְיִתְהַדָּר veyithadar כוזו יה וקכב טנע.

וְיִתְעַלֶּה veyitalé וה יוד ה יגל פזק. וְיִתְהַלָּל veyithalal א ואו הא שקו צית.

שְׁמֵיהּ Shmei (שם י״ה דמ״ה) דְּקוּדְשָׁא deKudshá בְּרִיךְ Verij הוּא Hu:

אָמֵן Amén אידהנויה.

KADISH TITKABAL

Glorificado y santificado sea Su gran Nombre (Amén).

En el mundo que Él creó de acuerdo a Su voluntad, y pueda Su Reino reinar. Y pueda Él hacer que Su redención florezca y pueda Él acercar al Mashíaj (Amén). En tus vidas y en tus días y en la vida de toda la Casa de Israel, prontamente y en el futuro cercano, y dígase: Amén (Amén). Que Su gran Nombre sea bendito por siempre y por toda la eternidad. Bendito y alabado, y glorificado y exaltado, y ensalzado y honrado, y adorado y loado, sea el Nombre del Santo Bendito sea (Amén).

לְעֵלָּא leelá מִן min כָּל col יל״י בִּרְכָתָא birjatá• שִׁירָתָא shiratá•
תֻּשְׁבְּחָתָא tishbejatá וְנֶחָמָתָא venejamatá• דַּאֲמִירָן daamirán
בְּעָלְמָא bealmá וְאִמְרוּ veimrú אָמֵן Amén: אָמֵן Amén אידהנויה.

תִּתְקַבַּל titkabal צְלוֹתָנָא tselotaná וּבָעוּתָנָא uvautaná
עִם im צְלוֹתְהוֹן tselothón וּבָעוּתְהוֹן uvautehón דְּכָל dejol יל״י
בֵּית beit ב״פ ראה יִשְׂרָאֵל Yisrael קֳדָם kadam אֲבוּנָא avuná
דְּבִשְׁמַיָּא devishmayá וְאִמְרוּ veimrú אָמֵן Amén: אָמֵן Amén אידהנויה•

יְהֵא yehé שְׁלָמָא shlamá רַבָּא rabá קנ״א ב״ן, יהוה אלהים יהוה אדני, מילוי קס״א וס״ג,
מ״ה ברבוע וע״ב ע״ה מִן min שְׁמַיָּא shmayá• וְחַיִּים jayim אהיה אהיה יהוה, בינה ע״ה
וְשָׂבָע vesavá וִישׁוּעָה vishuá וְנֶחָמָה venejamá וְשֵׁיזָבָא vesheizavá
וּרְפוּאָה urefuá וּגְאֻלָּה ugueulá וּסְלִיחָה uslijá וְכַפָּרָה vejapará
וְרֶיוַח vereivaj וְהַצָּלָה vehatsalá• לָנוּ lanu אלהים, אהיה אדני וּלְכָל ulejol יה אדני
עַמּוֹ amó יִשְׂרָאֵל Yisrael וְאִמְרוּ veimrú אָמֵן Amén: אָמֵן Amén אידהנויה.

Da tres pasos para atrás y di:

עוֹשֶׂה osé שָׁלוֹם shalom

בִּמְרוֹמָיו bimromav ע״ב, ריבוע יהוה• הוּא Hu בְּרַחֲמָיו berajamav
יַעֲשֶׂה yaasé שָׁלוֹם shalom עָלֵינוּ aleinu ר״ת ש״ע נהורין•
וְעַל veal כָּל col יל״י ; עמם עַמּוֹ amó יִשְׂרָאֵל Yisrael וְאִמְרוּ veimrú אָמֵן Amén:
אָמֵן Amén אידהנויה•

Más allá de todas las bendiciones, himnos, alabanzas y palabras de consolación que jamás se dijeran en el mundo, y dígase: Amén (Amén). Sean aceptadas nuestras oraciones y súplicas, junto con las oraciones y las súplicas de toda la Casa de Israel, ante nuestro Padre en los Cielos, y dígase: Amén (Amén). Que haya paz abundante del Cielo; vida, satisfacción, salvación, consuelo, entrega, sanación, redención, perdón, expiación, comodidad y alivio para nosotros y para toda Su nación, Israel y dígase: Amén (Amén). Él, que establece paz en Sus Alturas, Él, en Su compasión, hará la paz sobre nosotros y sobre toda Su nación, Israel. Y dígase: Amén (Amén).

Cuando la festividad cae en *Shabat* agregamos el Salmo de "*Haleluyá*."
En *Shabat Jol Hamoed* decimos "*Haleluyá*" en lugar de "*Shir Hamaalot LeDavid*".

HALELUYÁ

Según el orden del *Álef Bet* (para atraer orden a nuestra vida).

הַלְלוּיָהּ haleluyá אלהים, אהיה אדני ; ילה ; ללה אוֹדֶה odé יְהֹוָהאדניאהדונהי Adonai
בְּכָל־ bejol ב״ן, לכב לֵבָב levav בוכו בְּסוֹד besod מיכ, י״פ האא יְשָׁרִים yesharim
וְעֵדָה veedá סיט: גְּדֹלִים guedolim מַעֲשֵׂי maasei יְהֹוָהאדניאהדונהי Adonai
דְּרוּשִׁים derushim לְכָל־ lejol יה אדני חֶפְצֵיהֶם jeftseihem:
הוֹד־ hod ההה וְהָדָר vehadar פָּעֳלוֹ paoló וְצִדְקָתוֹ vetsidkató עֹמֶדֶת omédet
לָעַד laad ב״פ ב״ן: זֵכֶר zéjer עָשָׂה asá לְנִפְלְאֹתָיו lenifleotav חַנּוּן janún
וְרַחוּם verajum יְהֹוָהאדניאהדונהי Adonai חנון ורחום יהוה = עשל: טֶרֶף téref נָתַן natán
לִירֵאָיו lireav יִזְכֹּר yizcor לְעוֹלָם leolam ריבוע דס״ג וי׳ אותיות דס״ג בְּרִיתוֹ: britó
כֹּחַ cóaj מַעֲשָׂיו maasav הִגִּיד higuid לְעַמּוֹ leamó לָתֵת latet לָהֶם lahem
נַחֲלַת najalat גּוֹיִם goyim: מַעֲשֵׂי maasei יָדָיו yadav
אֱמֶת emet אהיה פעמים אהיה, ז״פ ס״ג וּמִשְׁפָּט umishpat ע״ה ה״פ אלהים
נֶאֱמָנִים neemanim כָּל־ col ילי פִּקּוּדָיו pikudav מנק: סְמוּכִים semujim
לָעַד laad ב״פ ב״ן לְעוֹלָם leolam ריבוע דס״ג וי׳ אותיות דס״ג עֲשׂוּיִם asuyim
בֶּאֱמֶת beemet אהיה פעמים אהיה, ז״פ ס״ג וְיָשָׁר veyashar: פְּדוּת pedut שָׁלַח shalaj
לְעַמּוֹ leamó צִוָּה־ tsivá לְעוֹלָם leolam ריבוע דס״ג וי׳ אותיות דס״ג בְּרִיתוֹ britó
קָדוֹשׁ kadosh וְנוֹרָא venorá שְׁמוֹ Shemó ע״ב בריבוע קס״א ע״ה, אל שדי ע״ה, מהש ע״ה:

HALELUYÁ

"¡Alabado sea el Señor!

א *Daré gracias al Señor con todo el corazón,* **ב** *en la compañía de los rectos y en la congregación.* **ג** *Las obras del Señor son grandes,* **ד** *buscadas por todos las que se deleitan en ellas.* **ה** *Su obra es gloria y majestad;* **ו** *y Su justicia perdura para siempre.* **ז** *Ha hecho memorables Sus obras magnas;* **חו** *el Señor es benévolo y lleno de compasión.* **ט** *Ha dado alimento a quienes temen a Él;* **י** *Siempre recordará Su pacto.* **כ** *Ha dado a Su pueblo el poder de Sus obras,* **ל** *al darles la heredad de las naciones.* **מ** *Las obras de Sus manos son verdad y justicia;* **נ** *todos Sus preceptos son fieles.* **ס** *Son establecidos por siempre,* **ע** *son hechos en verdad y rectitud.* **פ** *Él ha enviado redención a Su pueblo;* **צ** *Él ha ordenado su pacto para siempre;* **ק** *Santo y asombroso es Su Nombre.*

רֵאשִׁית reshit	וְחָכְמָה jojmá	במילוי	=	תרי"ג	(מצוות) יִרְאַת yirat
יְהֹוָה(אדני אהדונהי) Adonai	שֵׂכֶל séjel	טוֹב tov	והו	לְכָל־ lejol	יה אדני
עֹשֵׂיהֶם oseihem	תְּהִלָּתוֹ tehilató	עֹמֶדֶת omédet	לָעַד laad	ב"פ	ב"ן:

SHIR HAMAALOT LEDAVID

Estos versículos nos conectan con el antiguo Templo Sagrado, el centro energético y fuente de toda la Luz espiritual para el mundo entero. Desde su destrucción, las letras arameas en esta conexión restablecen los canales de comunicación con la esencia espiritual del Templo, dándonos la capacidad de capturar esta energía para nuestra vida personal.

שִׁיר shir הַמַּעֲלוֹת hamaalot לְדָוִד leDavid שָׂמַחְתִּי samajti

בְּאֹמְרִים beomrim לִי li בֵּית beit ב"פ ראה יְהֹוָה(אדני אהדונהי) Adonai נֵלֵךְ nelej נלך:

עֹמְדוֹת omdot הָיוּ hayú רַגְלֵינוּ ragleinu ר"ת רהע בִּשְׁעָרַיִךְ bishearáyij

יְרוּשָׁלִָם Yerushaláyim: יְרוּשָׁלִַם Yerushaláyim הַבְּנוּיָה habnuyá

כְּעִיר queir סן, סנדלפון, ערי שֶׁחֻבְּרָה־ shejubrá לָּהּ la יַחְדָּו yajdav:

לְיִשְׂרָאֵל leYisrael לְהֹדוֹת lehodot לְשֵׁם leShem יְהֹוָה(אדני אהדונהי) Adonai:

שֶׁשָּׁם shesham עָלוּ alú שְׁבָטִים shevatim שִׁבְטֵי־ shivtei יָהּ Yah עֵדוּת edut

לְיִשְׂרָאֵל leYisrael לְהֹדוֹת lehodot לְשֵׁם leShem יְהֹוָה(אדני אהדונהי) Adonai:

כִּי qui שָׁמָּה shama יָשְׁבוּ yashvú כִסְאוֹת jisot לְמִשְׁפָּט lemishpat ע"ה ה"פ אלהים

כִּסְאוֹת quisot לְבֵית leveit ב"פ ראה דָּוִד David: שַׁאֲלוּ shaalú שְׁלוֹם shlom

יְרוּשָׁלִָם Yerushaláyim יִשְׁלָיוּ yishlayú אֹהֲבָיִךְ ohaváyij: יְהִי־ yehí

שָׁלוֹם shalom בְּחֵילֵךְ bejeilej שַׁלְוָה shalvá בְּאַרְמְנוֹתָיִךְ bearmenotáyij:

לְמַעַן lemaan אַחַי ajai וְרֵעָי vereái אֲדַבְּרָה־ adabrá נָּא na שָׁלוֹם shalom

בָּךְ baj: לְמַעַן lemaan בֵּית beit ב"פ ראה יְהֹוָה(אדני אהדונהי) Adonai

אֱלֹהֵינוּ Eloheinu ילה אֲבַקְשָׁה avakshá טוֹב tov והו לָךְ laj:

ר *El temor a Dios es el comienzo de la sabiduría;*
ש *buen entendimiento tienen quienes la practican;* ת *Su alabanza perdura por siempre"* (Salmos 111).

SHIR HAMAALOT LEDAVID

"Cántico de las Ascensiones de David:

Me alegré cuando me dijeron: Vayamos a la Casa del Señor. Nuestros pies ya están pisando dentro de tus portones, Jerusalén. Jerusalén que fuiste edificada en forma unificada. Allí subieron las tribus, las tribus del Señor, como testimonio para Israel, para ensalzar el Nombre del Señor. Por cuanto allí fueron puestos tronos para juzgar, los tronos de la Casa de David, pidieron por la paz de Jerusalén. Tengan serenidad quienes te aman y haya paz en tus palacios. Por amor a mis hermanos y mis compañeros, yo hablaré de paz en su nombre. Por amor a la Casa del Señor, buscaré tu felicidad" (Salmos 122).

KADISH YEHÉ SHLAMÁ

יִתְגַּדַּל yitgadal וְיִתְקַדַּשׁ veyitkadash שדי ומילוי שדי ; י"א אותיות כמנין וה"

שְׁמֵיהּ Shemei (שם י"ה דע"ב) רַבָּא rabá קנ"א ב"ן, יהוה אלהים יהוה אדני,

מילוי קס"א וס"ג, מ"ה ברבוע וע"ב ע"ה ; ר"ת = ו"פ אלהים ; ס"ת = ג"פ יב"ק: אָמֵן Amén אידהנויה.

בְּעָלְמָא bealmá דִּי di בְרָא verá כִּרְעוּתֵיהּ quirutei.

וְיַמְלִיךְ veyamlij מַלְכוּתֵיהּ maljutei. וְיַצְמַח veyatsmaj פּוּרְקָנֵיהּ purkanei.

וִיקָרֵב vikarev מְשִׁיחֵיהּ Meshijei: אָמֵן Amén אידהנויה.

בְּחַיֵּיכוֹן bejayeijón וּבְיוֹמֵיכוֹן uvyomeijón וּבְחַיֵּי uvejayei

דְּכָל dejol יל"י בֵּית beit ב"פ ראה יִשְׂרָאֵל Yisrael בַּעֲגָלָא baagalá

וּבִזְמַן uvizmán קָרִיב kariv וְאִמְרוּ veimrú אָמֵן Amén: אָמֵן Amén אידהנויה.

La congregación y el *jazán* dicen lo siguiente:

Veintiocho palabras (hasta *bealmá*) y veintiocho letras (hasta *almayá*)

יְהֵא yehé שְׁמֵיהּ Shemei (שם י"ה דס"ג) רַבָּא rabá קנ"א ב"ן,

יהוה אלהים יהוה אדני, מילוי קס"א וס"ג, מ"ה ברבוע וע"ב ע"ה מְבָרַךְ mevaraj,

לְעָלַם lealam לְעָלְמֵי lealmei עָלְמַיָּא almayá. יִתְבָּרַךְ yitbaraj.

Siete palabras con seis letras cada una (שם בן מ"ב). También, siete veces la letra *Vav* (שם בן מ"ב):

וְיִשְׁתַּבַּח veyishtabaj י"פ ע"ב יהוה אל אבג יתץ.

וְיִתְפָּאַר veyitpaar הי גו יה קרע שטן. וְיִתְרוֹמַם veyitromam וה כוזו נגד יכש.

וְיִתְנַשֵּׂא veyitnasé במוכסז בטר צתג. וְיִתְהַדָּר veyithadar כוזו יה וקב טנע.

וְיִתְעַלֶּה veyitalé וה יוד ה יגל פזק. וְיִתְהַלָּל veyithalal א ואו הא שקו צית.

שְׁמֵיהּ Shemei (שם י"ה דמ"ה) דְּקוּדְשָׁא deKudshá בְּרִיךְ verij הוּא Hu:

אָמֵן Amén אידהנויה.

KADISH YEHÉ SHLAMÁ

Glorificado y santificado sea Su gran Nombre (Amén).

En el mundo que Él creó de acuerdo a Su voluntad, y pueda Su Reino reinar. Y pueda Él hacer que Su redención florezca y pueda Él acercar al Mesías (Amén). En tus vidas y en tus días y en la vida de toda la Casa de Israel, prontamente y en el futuro cercano, y dígase: Amén (Amén). Que Su gran Nombre sea bendito por siempre y por toda la eternidad. Bendito y alabado, y glorificado y exaltado, y ensalzado y honrado, y adorado y loado, sea el Nombre del Santísimo, Bendito sea Él (Amén).

לְעֵלָּא leelá מִן min כָּל col יל׳ בִּרְכָתָא birjatá• שִׁירָתָא shiratá•

תֻּשְׁבְּחָתָא tishbejatá וְנֶחָמָתָא venejamatá• דַּאֲמִירָן daamirán

בְּעָלְמָא bealmá וְאִמְרוּ veimrú אָמֵן Amén: אָמֵן Amén אידהנויה.

יְהֵא yehé שְׁלָמָא shlamá רַבָּא rabá קנ״א ב״ן, יהוה אלהים יהוה אדני, מילוי קס״א וס״ג,

מ״ה ברבוע וע״ב ע״ה מִן min שְׁמַיָּא shmayá• וְחַיִּים jayim אהיה אהיה יהוה, בינה ע״ה

וְשָׂבָע vesavá וִישׁוּעָה vishuá וְנֶחָמָה venejamá וְשֵׁיזָבָא vesheizavá

וּרְפוּאָה urefuá וּגְאֻלָּה ugueulá וּסְלִיחָה uslijá וְכַפָּרָה vejapará

וְרֶיוַח vereivaj וְהַצָּלָה vehatsalá• לָנוּ lanu אלהים, אהיה אדני וּלְכָל ulejol יה אדני

עַמּוֹ amó יִשְׂרָאֵל Yisrael וְאִמְרוּ veimrú אָמֵן Amén: אָמֵן Amén אידהנויה.

Da tres pasos para atrás y dice:

עוֹשֶׂה osé שָׁלוֹם shalom בִּמְרוֹמָיו bimromav ע״ב, ריבוע יהוה• הוּא Hu

בְּרַחֲמָיו berajamav יַעֲשֶׂה yaasé שָׁלוֹם shalom עָלֵינוּ aleinu ר״ת ש״ע נהורין•

וְעַל veal כָּל col יל׳ ; עמם עַמּוֹ amó יִשְׂרָאֵל Yisrael וְאִמְרוּ veimrú אָמֵן Amén:

אָמֵן Amén אידהנויה•

ALEINU

Atrayendo Luz Circundante para ser protegido de las *klipot* (la inclinación negativa).

עָלֵינוּ aleinu ריבוע דס״ג לְשַׁבֵּחַ leshabéaj עלינו לשבח = אבג יתץ, ושר

לַאֲדוֹן laAdón אני ; ס״ת ס״ג ע״ה הַכֹּל hacol ר״ת ללה, אדני

לָתֵת latet גְּדֻלָּה guedulá לְיוֹצֵר leyotser בְּרֵאשִׁית bereshit ר״ת גל״ב (באך ב״י יג״ל).

שֶׁלֹּא sheló עָשָׂנוּ asanu כְּגוֹיֵי quegoyei הָאֲרָצוֹת haaratsot

וְלֹא veló שָׂמָנוּ samanu כְּמִשְׁפְּחוֹת quemishpejot הָאֲדָמָה haadamá

Más allá de todas las bendiciones, himnos, alabanzas y palabras de consolación que jamás se dijeran en el mundo, y dígase: Amén (Amén). Que haya paz abundante del Cielo; vida, satisfacción, salvación, consuelo, entrega, sanación, redención, perdón, expiación, comodidad y alivio para nosotros y para toda Su nación, Israel y dígase: Amén (Amén). Él, que establece la paz en Sus Alturas, Él, en Su compasión, hará la paz sobre nosotros y sobre toda Su nación, Israel. Y dirán: Amén (Amén).

ALEINU

Es nuestro deber alabar al Soberano de todo y atribuir grandeza al Moldeador de la Creación, que no nos ha hecho como los pueblos del mundo. Él no nos colocó como las familias de la Tierra.

שֶׁלֹּא sheló שָׂם sam וְחֶלְקֵנוּ jelkenu כָּהֶם cahem וְגוֹרָלֵנוּ vegoralenu

כְּכָל quejol הֲמוֹנָם hamonam. שֶׁהֵם shehem מִשְׁתַּחֲוִים mishtajavim

לָהֶבֶל lahével וָרִיק varik וּמִתְפַּלְּלִים umitpalelim אֶל el אֶל el

לֹא lo יוֹשִׁיעַ yoshía. (haz una pausa aquí, y cuando digas "*vaanajnu mishtajavim*" inclina todo tu cuerpo)

וַאֲנַחְנוּ vaanajnu מִשְׁתַּחֲוִים mishtajavim לִפְנֵי lifnei מֶלֶךְ Mélej

מַלְכֵי maljei הַמְּלָכִים hamelajim הַקָּדוֹשׁ haKadosh בָּרוּךְ Baruj

הוּא Hu. שֶׁהוּא sheHú נוֹטֶה noté שָׁמַיִם shamáyim י״פ טל, י״פ כוזו ; ר״ת = י״פ אדני

שבי׳ ספירות של נוקבא דז״א וְיוֹסֵד veyosed אָרֶץ árets. וּמוֹשַׁב umoshav

יְקָרוֹ yekaró בַּשָּׁמַיִם bashamáyim י״פ טל, י״פ כוזו מִמַּעַל mimáal עלם.

וּשְׁכִינַת ushjinat עֻזּוֹ uzó בְּגָבְהֵי begavhei מְרוֹמִים meromim.

הוּא Hu אֱלֹהֵינוּ Eloheinu ילה וְאֵין veéin עוֹד od אַחֵר ajer.

אֱמֶת emet אהיה פעמים אהיה, ז״פ ס״ג מַלְכֵּנוּ malquenu וְאֶפֶס veéfes

זוּלָתוֹ zulató. כַּכָּתוּב cacatuv בַּתּוֹרָה baTorá: וְיָדַעְתָּ veyadata

הַיּוֹם hayom ע״ה נגד, מזבח, זן, אל יהוה וַהֲשֵׁבֹתָ vahashevota אֶל־ el

לְבָבֶךָ levaveja ר״ת לאו כִּי qui יְהֹוָהאדניאהדונהי Adonai הוּא Hu

הָאֱלֹהִים haElohim אהיה אדני ; ילה ; ר״ת יהה וכן עולה למנין ענו ע״ג

בַּשָּׁמַיִם bashamáyim י״פ טל, י״פ כוזו מִמַּעַל mimáal עלם ;

רמז לאור פנימי המתחזיל מלמעלה וְעַל־ veal הָאָרֶץ haárets אלהים דההין ע״ה

מִתָּחַת mitájat רמז לאור מקיף המתחזיל מלמטה אֵין ein עוֹד od:

Él no hizo nuestra suerte como la de ellos ni nuestro destino como el de sus multitudes, ya que ellos se inclinan ante la futilidad y el vacío, y rezan a una deidad que no ayuda. Nosotros nos inclinamos ante el Supremo Rey de Reyes, el Santísimo, Bendito sea Él. Él es quien extiende los Cielos y funda la Tierra. La Sede de Su gloria está arriba en el Cielo y la Presencia Divina de Su poder está en las alturas excelsas. Él es nuestro Dios y no hay ningún otro. Nuestro Rey es verdadero y no hay nadie excepto Él. Como está escrito en la Torá: "Aprende hoy y grábalo en tu corazón que el Señor es Dios arriba en los Cielos y abajo sobre la Tierra, y no hay otro" (Deuteronomio 4:39).

עַל al כֵּן quen נְקַוֶּה nekavé לְּךָ laj יְהֹוָאדניאהדונהי Adonai אֱלֹהֵינוּ Eloheinu

ילה לִרְאוֹת lirot מְהֵרָה meherá בְּתִפְאֶרֶת betiféret עֻזָּךְ uzaj ס"ת כהת, משיח

בן דוד ע"ה לְהַעֲבִיר lehaavir גִּלּוּלִים guilulim מִן min הָאָרֶץ haárets אלהים דההין

ע"ה וְהָאֱלִילִים vehaelilim כָּרוֹת carot יִכָּרֵתוּן yicaretún • לְתַקֵּן letakén

עוֹלָם olam בְּמַלְכוּת bemaljut שַׁדַּי Shadai • וְכָל vejol ילי בְּנֵי bnei

בָשָׂר vasar יִקְרְאוּ yikreú בִשְׁמֶךָ vishmeja לְהַפְנוֹת lehafnot אֵלֶיךָ eleja

כָּל col ילי רִשְׁעֵי rishei אָרֶץ árets • יַכִּירוּ yaquiru וְיֵדְעוּ veyedú כָּל col ילי

יוֹשְׁבֵי yoshvei תֵבֵל tevel ב"פ רי"ו • כִּי qui לְךָ lejá תִכְרַע tijrá כָּל־ col ילי

בֶּרֶךְ bérej תִּשָּׁבַע tishavá כָּל col ילי לָשׁוֹן lashón • לְפָנֶיךָ lefaneja ס"ג מ"ה ב"ן

יְהֹוָאדניאהדונהי Adonai אֱלֹהֵינוּ Eloheinu ילה יִכְרְעוּ yijreú וְיִפֹּלוּ veyipolu

וְלִכְבוֹד velijvod שִׁמְךָ Shimjá יְקָר yekar יִתֵּנוּ yitenu • וִיקַבְּלוּ vikablú

כֻלָּם julam אֶת et עוֹל־ ol מַלְכוּתֶךָ maljuteja • וְתִמְלוֹךְ vetimloj

עֲלֵיהֶם aleihem מְהֵרָה meherá לְעוֹלָם leolam ריבוע ס"ג וי' אותיות דס"ג וָעֶד vaed •

כִּי qui הַמַּלְכוּת hamaljut שֶׁלְּךָ sheljá הִיא hi • וּלְעוֹלְמֵי uleolmei

עַד ad תִּמְלוֹךְ timloj בְּכָבוֹד bejavod בוכו • כַּכָּתוּב cacatuv

בְּתוֹרָתָךְ beTorataj : יְהֹוָאדניאהדונהי Adonai | יִמְלֹךְ yimloj לְעֹלָם leolam

ריבוע ס"ג וי' אותיות דס"ג ; ר"ת ייל וָעֶד vaed • וְנֶאֱמַר veneemar : וְהָיָה vehayá יהוה ; יהה

יְהֹוָאדניאהדונהי Adonai לְמֶלֶךְ leMélej עַל־ al כָּל־ col ילי ; עמם

הָאָרֶץ haárets אלהים דההין ע"ה בַּיּוֹם bayom ע"ה נגד, מזבח, זן, אל יהוה

הַהוּא hahú יִהְיֶה yihyé ייי יְהֹוָאדניאהדונהי Adonai אֶחָד Ejad אהבה, דאגה

וּשְׁמוֹ uShmó מהש ע"ה, ע"ב בריבוע וקס"א ע"ה, אל שדי ע"ה אֶחָד Ejad אהבה, דאגה:

Por eso, Señor, nuestro Dios, esperamos contemplar pronto la gloria majestuosa de Tu poder, cuando elimines los ídolos de la Tierra y los falsos dioses hayan sido completamente destruidos, para perfeccionar al mundo con el Reino del Todopoderoso. Y la humanidad entera invocará Tu Nombre y todos los malvados de la Tierra se dirigirán a Ti. Entonces todos los habitantes del mundo reconocerán y sabrán que, por Ti, toda rodilla se dobla y toda lengua se colma. Que ante Ti, Señor, nuestro Dios, se arrodillen y se prosternen y honren Tu glorioso Nombre. Y todos aceptarán el yugo de Tu Reino y Tú reinarás sobre ellos para siempre jamás. Pues el Reino es Tuyo. Y para siempre y por la eternidad, Tú reinarás en gloria. Como está escrito en la Torá: "El Señor reinará por los siglos de los siglos" (Éxodo 15:18) y también está dicho: "El Señor será Rey sobre toda la Tierra y, en aquel día, el Señor será Uno y Uno su Nombre" (Zacarías 14:9).

ARVIT DE MOTSAÉI SUCOT Y SIMJAT TORÁ

En la conexión vespertina de *Arvit*, conectamos con Yaakov el Patriarca, quien es el canal para la energía de la Columna Central. Él nos ayuda a conectar la energía de Juicio y de Misericordia de forma equilibrada. Se dice que todo el mundo fue creado sólo para Yaakov, quien es la personificación de la verdad: "Dale verdad a Yaakov" (*Miqueas 7:20*). Para activar el poder de nuestra oración, y específicamente el poder de la oración de *Arvit*, debemos ser sinceros con los demás y, sobre todo, con nosotros mismos.

LESHEM YIJUD

Hu הוּא Berij בְּרִיךְ Kudshá קוּדְשָׁא yijud יִחוּד leshem לְשֵׁם

urjimu וּרְחִימוּ bidjilu בִּדְחִילוּ (יאהדונהי), uShjintei וּשְׁכִינְתֵּיהּ

leyajdá לְיַחֲדָא (איההויהה), udjilu וּדְחִילוּ urjimu וּרְחִימוּ (יאהההויהה),

beyijudá בְּיִחוּדָא Kei קֵ"י beVav בְּוָא"ו Kei קֵ"י Yud יוּ"ד Shem שֵׁם

,Yisrael יִשְׂרָאֵל ילי col כָּל beshem בְּשֵׁם (יהוה) shelim שְׁלִים

tefilat תְּפִלַּת lehitpalel לְהִתְפַּלֵּל baim בָּאִים anajnu אֲנַחְנוּ hiné הִנֵּה

avinu אָבִינוּ י' הויות, יאהדונהי אידהנויה Yaakov יַעֲקֹב shetikén שֶׁתִּקֵּן arvit עַרְבִית

hamitsvot הַמִּצְוֹת ילי col כָּל im עִם hashalom הַשָּׁלוֹם alav עָלָיו

shorshá שׁוֹרְשָׁהּ et אֶת letakén לְתַקֵּן ba בָּהּ haclulot הַכְּלוּלוֹת

rúaj רוּחַ nájat נַחַת laasot לַעֲשׂוֹת elyón עֶלְיוֹן bemakom בְּמָקוֹם

מהש ע"ה, ע"ב בריבוע וקס"א ע"ה, אל retsón רְצוֹן velaasot וְלַעֲשׂוֹת leyotsrenu לְיוֹצְרֵנוּ

ללה Adonai אֲדֹנָי nóam נֹעַם vihí וִיהִי .boreinu בּוֹרְאֵינוּ ע"ה שדי

yadeinu יָדֵינוּ umaasé וּמַעֲשֵׂה aleinu עָלֵינוּ ילה Eloheinu אֱלֹהֵינוּ

:conenehu כּוֹנְנֵהוּ yadeinu יָדֵינוּ umaasé וּמַעֲשֵׂה aleinu עָלֵינוּ conená כּוֹנְנָה

ARVIT DE MOTSAÉI SUCOT Y SIMJAT TORÁ - LESHEM YIJUD

Para la unificación del Santísimo, Bendito sea Él, y Su Shejiná, con temor y amor y con amor y temor, para unificar el Nombre Yud-Kei y Vav-Kei en perfecta unidad, y en el nombre de Israel, hemos venido aquí a recitar la oración del Arvit establecido por Yaakov nuestro ancestro, sea la paz sobre él, con todos sus mandamientos, para corregir sus raíces en el Lugar Celestial, para llevar satisfacción a nuestro Hacedor, y para satisfacer el deseo de nuestro Creador. "Y sea la Gracia del Señor, nuestro Dios, sobre nosotros y Él establezca el trabajo de nuestras manos sobre nosotros y pueda el trabajo de nuestras manos establecerlo a Él" (*Salmos 90:17*).

Derecha

יְהֹוָה יאהדונהי Adonai צְבָאוֹת Tsevaot פני שכינה עִמָּנוּ imanu

ריבוע ס"ג, קס"א ע"ה וד' אותיות מִשְׂגָּב־ misgav משה, מהש, ריבוע ע"ב וקס"א, אל שדי,

ד"פ אלהים ע"ה לָנוּ lanu אלהים, אהיה אדני אֱלֹהֵי Elohei מילוי ע"ב, דמב ; ילה

יַעֲקֹב Yaakov ו' הויות, יאהדונהי אידהנויה סֶלָה sela:

Izquierda

יְהֹוָה יאהדונהי Adonai צְבָאוֹת Tsevaot פני שכינה אַשְׁרֵי ashrei

אָדָם adam מ"ה ; ה' צבאות אשרי אדם = תפארת בֹּטֵחַ botéaj

בָּךְ baj אדם בוטח בך = אמן (יאהדונהי) ע"ה ; בוטח בך = מילוי ע"ב ע"ה:

Central

יְהֹוָה יאהדונהי Adonai הוֹשִׁיעָה hoshía יהוה וש"ע נהורין הַמֶּלֶךְ haMélej ר"ת יהה

יַעֲנֵנוּ yaanenu בְיוֹם veyom ע"ה נגד, מזבח, זן, אל יהוה קָרְאֵנוּ korenu ר"ת יב"ק,

אלהים יהוה, אהיה אדני יהוה ; ס"ת = ב"ן ועם אות כ' דהמלך = ע"ב:

MEDIO KADISH

יִתְגַּדַּל yitgadal וְיִתְקַדַּשׁ veyitkadash שדי ומילוי שדי ; י"א אותיות כמנין ו"ה

שְׁמֵיהּ Shmei (שם י"ה דע"ב) רַבָּא rabá קנ"א ב"ן, יהוה אלהים יהוה אדני,

מילוי קס"א וס"ג, מ"ה ברבוע וע"ב ע"ה ; ר"ת = ו"פ אלהים ; ס"ת = ג"פ יב"ק: אָמֵן Amén אידהנויה.

בְּעָלְמָא bealmá דִּי di בְרָא verá כִרְעוּתֵיהּ quirutei.

וְיַמְלִיךְ veyamlij מַלְכוּתֵיהּ maljutei. וְיַצְמַח veyatsmaj

פּוּרְקָנֵיהּ purkanei. וִיקָרֵב vikarev מְשִׁיחֵיהּ Meshijei: אָמֵן Amén אידהנויה.

"El Señor de los Ejércitos, dichoso es aquel que confía en Ti" (Salmos 84:13).

"El Señor de los Ejércitos está con nosotros. El Dios de Yaakov es un refugio para nosotros, Sela. Dios, redímenos. El Rey nos contestará el día en que le clamemos" (Salmos 20:10).

MEDIO KADISH

¡Glorificado y santificado sea Su Gran Nombre! (Amén).
En el mundo que Él creó de acuerdo a Su voluntad y pueda Su Reino reinar.
Y pueda Él hacer que Su redención florezca y pueda Él acercar al Mesías (Amén).

בְּחַיֵּיכוֹן bejayeijón וּבְיוֹמֵיכוֹן uveyomeijón וּבְחַיֵּי uvejayei

דְכָל dejol ילי בֵּית beit ב״פ ראה יִשְׂרָאֵל Yisrael בַּעֲגָלָא baagalá

וּבִזְמַן uvizmán קָרִיב kariv וְאִמְרוּ veimrú אָמֵן Amén: אָמֵן Amén אידהנויה.

La congregación y el *jazán* dicen lo siguiente:

Veintiocho palabras (hasta *bealmá*) – medita en:

מילוי דמילוי דע״ב (יוד ויו דלת הי יוד ויו יוד ויו הי יוד)

veintiocho letras (hasta *almayá*) – medita en:

מילוי דמילוי דס״ג (יוד ויו דלת הי יוד ואו אלף ואו הי יוד)

יְהֵא yehé שְׁמֵיהּ Shmei (שם י״ה דס״ג) רַבָּא rabá קנ״א ב״ן,

יהוה אלהים יהוה אדני, מילוי קס״א וס״ג, מ״ה ברבוע וע״ב ע״ה מְבָרַךְ mevaraj,

לְעָלַם lealam לְעָלְמֵי lealmei עָלְמַיָּא almayá. יִתְבָּרַךְ yitbaraj.

Siete palabras con seis letras cada una (שם בן מ״ב) – medita en:

יהוה - יוד הי ויו הי - מילוי דמילוי דע״ב (יוד ויו דלת הי יוד ויו יוד ויו הי יוד)

También, siete veces la letra *Vav* (שם בן מ״ב) – medita en:

יהוה - יוד הי ואו הי - מילוי דמילוי דס״ג (יוד ויו דלת הי יוד ואו אלף ואו הי יוד).

וְיִשְׁתַּבַּח veyishtabaj י״פ ע״ב יהוה אל אבג יתץ.

וְיִתְפָּאַר veyitpaar הי נו יהקרע שטן. וְיִתְרוֹמַם veyitromam וה כוזו נגד יכש.

וְיִתְנַשֵּׂא veyitnasé במוכסז בטר צתג. וְיִתְהַדָּר veyithadar כוזו יה וזקב טנע.

וְיִתְעַלֶּה veyitalé וה יוד ה יגל פזק. וְיִתְהַלָּל veyithalal א ואו הא שקו צית.

שְׁמֵיהּ Shmei (שם י״ה דמ״ה) דְקוּדְשָׁא deKudshá בְּרִיךְ Verij הוּא Hu:

אָמֵן Amén אידהנויה.

לְעֵלָּא leelá מִן min כָּל col ילי בִּרְכָתָא birjatá. שִׁירָתָא shiratá.

תֻּשְׁבְּחָתָא tishbejatá וְנֶחָמָתָא venejamatá. דַּאֲמִירָן daamirán

בְּעָלְמָא bealmá וְאִמְרוּ veimrú אָמֵן Amén: אָמֵן Amén אידהנויה.

En tus vidas y en tus días y en la vida de la Casa de Israel, prontamente y en el futuro cercano, y dígase: Amén (Amén). Que Su gran Nombre sea bendito por siempre y para toda la eternidad, y bendito y alabado, y glorificado y exaltado, y ensalzado y honrado, y adorado y loado, sea el Nombre del Santo Bendito Sea (Amén). Más allá de todas las bendiciones, himnos, alabanzas y palabras de consolación que deben decirse en el mundo, y dígase: Amén (Amén).

VEHÚ RAJUM

"*Vehú Rajum*" contiene 13 palabras. El número 13 denota los Trece Atributos de Misericordia, los cuales, en este caso, recitamos para enfriar los fuegos del infierno para todos los que allí habitan.

Hay 13 palabras que corresponden a los 13 Atributos de Misericordia de *Arij Anpín*.

וְהוּא vehú רַחוּם rajum יְכַפֵּר yejaper ר״ת רי״ו עָוֹן avón (*Aba de la klipá*)

וְלֹא־ veló יַשְׁחִית yashjit (*Ima de la klipá*) וְהִרְבָּה vehirbá לְהָשִׁיב lehashiv

אַפּוֹ apó (*Zeir de la klipá*) וְלֹא־ veló יָעִיר yair כָּל־ col ילי וַחֲמָתוֹ jamató

(*Nukvá de la klipá*): יְהֹוָהאדניאהדונהי Adonai הוֹשִׁיעָה hoshía יהוה וש״ע נהורין

הַמֶּלֶךְ haMélej ר״ת יהה יַעֲנֵנוּ yaanenu בְיוֹם veyom ע״ה נגד, מזבח, זן אל יהוה

קָרְאֵנוּ korenu ר״ת יב״ק, אלהים יהוה, אהיה אדני יהוה ; ס״ת ב״ן ועם כ׳ דהמלך = ע״ב:

BARJÚ

El *jazán* dice:

בָּרְכוּ barjú יהוה ריבוע יהוה ריבוע מ״ה אֶת et יְהֹוָהאדניאהדונהי Adonai

הַמְבֹרָךְ: hamevoraj ס״ת כהת, משיח בן דוד ע״ה:

Primero la congregación responde con lo siguiente y después el *jazán* lo repite:

Néfesh *Rúaj* *Neshamá*

בָּרוּךְ Baruj יְהֹוָהאדניאהדונהי Adonai הַמְבֹרָךְ: hamevoraj

Jayá *Yejidá*

לְעוֹלָם leolam ריבוע ס״ג וי׳ אותיות דס״ג וָעֶד vaed:

VEHÚ RAJUM

"Y Él es misericordioso,
olvida iniquidades y no destruye; con frecuencia deja a un lado Su ira y no ejerce toda Su fuerza" (Salmos 78:38). *"Dios, redímenos. El Rey nos contestará el día en que le clamemos"* (Salmos 20:10).

BARJÚ

¡Bendigan a Dios, el Bendito!
Bendito es el Señor, el Bendito, por siempre y para siempre.

HAMAARIV ARAVIM – LA PRIMERA CÁMARA – LIVNAT HASAPIR

Al momento del *Arvit*, tenemos una oportunidad de conectar con cuatro "Cámaras" diferentes en la Casa del Rey: La Cámara de Zafiro (*Livnat Hasapir*), la Cámara del Amor (*Ahavá*), la Cámara del Deseo (*Ratsón*) y la Cámara del Sancta Sanctórum (*Kódesh HaKodashim*). Cada Cámara nos conecta con otro nivel en el plano espiritual. La bendición que nos conecta con la Primera Cámara, *Livnat Hasapir*, contiene 53 palabras, que también es la numerología de la palabra *gan* גַּן, que quiere decir "jardín"; por lo tanto, nos conecta con el Jardín de Edén de nuestro mundo.

Heijal Livnat Hasapir (la Cámara de Zafiro) de *Nukvá* en *Briá*.

בָּרוּךְ Baruj אַתָּה Atá יְהֹוָהאדניאהדונהי Adonai אֱלֹהֵינוּ Eloheinu ילה

מֶלֶךְ Mélej הָעוֹלָם haolam אֲשֶׁר asher בִּדְבָרוֹ bidvaró מַעֲרִיב maariv

עֲרָבִים aravim בְּחָכְמָה bejojmá (*Atsilut*) במילוי = תרי"ג (מצוות).

פּוֹתֵחַ potéaj שְׁעָרִים shearim כתר בִּתְבוּנָה bitvuná (*Briá*).

מְשַׁנֶּה meshané עִתִּים itim (*Yetsirá*) וּמַחֲלִיף umajalif אֶת et

הַזְּמַנִּים hazemanim (*Asiyá*) וּמְסַדֵּר umesader אֶת et הַכּוֹכָבִים hacojavim

(*Los siete planetas*). בְּמִשְׁמְרוֹתֵיהֶם bemishmeroteihem בָּרָקִיעַ barakía

כִּרְצוֹנוֹ quirtsonó. בּוֹרֵא boré יוֹמָם yomam וָלַיְלָה valayla מלה. גּוֹלֵל golel

אוֹר or רז, אין סוף מִפְּנֵי mipenei וָחֹשֶׁךְ jóshej שך נצוצות של ז' המלכים

וְחֹשֶׁךְ vejóshej שך נצוצות של ז' המלכים מִפְּנֵי mipenei אוֹר or רז, אין סוף.

הַמַּעֲבִיר hamaavir יוֹם yom ע"ה נגד, מזבח, זן, אל יהוה וּמֵבִיא umeví לַיְלָה layla

מלה. וּמַבְדִּיל umavdil בֵּין bein יוֹם yom ע"ה נגד, מזבח, זן, אל יהוה וּבֵין uvein

לָיְלָה layla מלה. יְהֹוָהאדניאהדונהי Adonai צְבָאוֹת Tsevaot פני שכינה שְׁמוֹ Shemó

מהש ע"ה, ע"ב בריבוע וקס"א ע"ה, אל שדי ע"ה יְהֹוָהאדניאהדונהי Adonai. בָּרוּךְ Baruj

אַתָּה Atá יְהֹוָהאדניאהדונהי Adonai הַמַּעֲרִיב hamaariv עֲרָבִים aravim:

HAMAARIV ARAVIM – PRIMERA CÁMARA – LIVNAT HASAPIR

Bendito eres Tú, Señor, nuestro Dios, Rey del universo, que con Sus palabras trae con sabiduría las noches. Él abre las puertas con discernimiento. Él cambia las estaciones y varía los tiempos y organiza las estrellas en sus constelaciones en el cielo, de acuerdo a Su voluntad. Él crea el día y la noche y aparta la Luz de la oscuridad, y la oscuridad de la Luz. Él es quien causa que el día suceda y trae la noche, y separa el día de la noche. Señor de los Ejércitos, Su nombre es el Señor. Bendito eres Tú, Señor, quien trae las noches.

AHAVAT OLAM – LA SEGUNDA CÁMARA – AMOR

Esta bendición nos conecta con la Segunda Cámara, *Ahavá* (Amor), y su propósito es inspirarnos con un amor renovado por los demás y por el mundo.

Heijal Ahavá (la Cámara del Amor) de *Nukvá* en *Briá*.
El siguiente párrafo tiene 50 palabras que corresponden a las 50 Puertas de *Biná*.

אַהֲבַת ahavat עוֹלָם olam בֵּית beit ב"פ ראה יִשְׂרָאֵל Yisrael עַמְּךָ ameja
אָהָבְתָּ ahavta. תּוֹרָה Torá (**Atsilut**) וּמִצְוֹת umitsvot (**Briá**) חֻקִּים jukim
(**Yetsirá**) וּמִשְׁפָּטִים umishpatim (**Asiyá**) אוֹתָנוּ otanu לִמַּדְתָּ limadta.
עַל al כֵּן quen יְהֹוָה יאהדונהי Adonai אֱלֹהֵינוּ Eloheinu ילה
בְּשָׁכְבֵנוּ beshojvenu וּבְקוּמֵנוּ uvekumenu נָשִׂיחַ nasíaj בְּחֻקֶּיךָ bejukeja
וְנִשְׂמַח venismaj וְנַעֲלֹז venaaloz בְּדִבְרֵי bedivrei תַלְמוּד talmud
תּוֹרָתֶךָ torateja וּמִצְוֹתֶיךָ umitsvoteja וְחֻקּוֹתֶיךָ vejukoteja
לְעוֹלָם leolam ריבוע דס"ג וי' אותיות דס"ג וָעֶד vaed. כִּי qui הֵם hem
חַיֵּינוּ jayeinu וְאֹרֶךְ veórej יָמֵינוּ yameinu וּבָהֶם uvahem נֶהְגֶּה nehgué
יוֹמָם yomam וָלָיְלָה valayla מלה. וְאַהֲבָתְךָ veahavatjá לֹא lo תָסוּר tasur
מִמֶּנּוּ mimenu לְעוֹלָמִים leolamim. בָּרוּךְ Baruj אַתָּה Atá
יְהֹוָה יאהדונהי Adonai אוֹהֵב ohev אֶת et עַמּוֹ amó יִשְׂרָאֵל Yisrael:

EL SHEMÁ (para saber más sobre el *Shemá*, ve a la pág. 330)

El *Shemá* es una de las herramientas más poderosas para atraer energía sanadora a nuestra vida. El verdadero poder del *Shemá* es liberado cuando recitamos esta oración mientras meditamos en otras personas que necesiten energía de sanación.

1) Para poder recibir la Luz del *Shemá*, debes aceptar el precepto de: "Ama a tu prójimo como a ti mismo", y verte a ti mismo unido con todas las almas que componen el Adam Original.

2) Necesitas meditar en conectarte al precepto de Recitar el *Shemá* dos veces al día.

3) Antes de recitar el *Shemá*, debes cubrir tus ojos con la mano derecha y luego decir las palabras "*Shemá Yisrael ... leolam vaed*". Y debes decir el *Shemá* con una meditación profunda, cantándolo con las entonaciones. Es necesario ser cuidadoso con la pronunciación de todas las letras.

AHAVAT OLAM – SEGUNDA CÁMARA – AMOR

Con eterno amor Tú has amado a Tu nación, la Casa de Israel. Tú nos has enseñado Torá, mandamientos, estatutos y leyes. Por lo tanto, Señor, nuestro Dios, cuando nos acostemos y cuando nos levantemos, discutiremos Tus estatutos y nos regocijaremos y exultaremos en las palabras de las enseñanzas de Tu Torá, Tus mandamientos y Tus estatutos, por siempre y para siempre. Ellos son nuestras vidas y la longitud de nuestros días; con ellos nos dirigiremos día y noche. Y Tu amor nunca apartarás de nosotros. Bendito eres Tú, Señor, que amas a Tu nación, Israel.

Primero, medita en general, en el primer *Yijud* de los cuatro *Yijudim* del Nombre: יהוה y, en particular, para despertar a la letra ה, y luego para conectarla con la letra ו. Entonces conecta la letra י y la letra ה juntas en el orden siguiente: *Hei* (ה), *Hei-Vav* (ה"ו), luego *Yud-Hei* (י"ה), lo que suma 31, el secreto de "א"ל" del Nombre ס"ג. Es bueno meditar en este *Yijud* antes de recitar cualquier *Shemá* porque actúa como un reemplazo por las veces que quizás no hayas recitado el *Shemá*. Este *Yijud* tiene la capacidad de crear una conexión Celestial igual que la lectura del *Shemá*: elevar a *Zeir* y a *Nukvá* juntos para el *Zivug* de *Aba* e *Ima*.

Shemá – שְׁמַע

Meditación general: שם ע – para atraer la energía desde las siete *Sefirot* inferiores de *Ima* hacia la *Nukvá*, la cual permite a la *Nukvá* elevar las *Mayin Nukvín* (despertar desde Abajo). **Meditación particular**: שם = יהוה + שדי y cinco veces las letras י y ד de ב"ן = ע [La letra *Hei* (ה) es formada por las letras *Dálet* (ד) y *Yud* (י), por lo tanto en ב"ן tenemos cuatro veces la letra ה más otra vez las letras י y ד de יוד de ב"ן]. También las tres letras ו (18) que quedan de ב"ן, más ב"ן mismo (52) equivale a ע (70).

Yisrael – יִשְׂרָאֵל

Meditación general: שי"ר אל – para atraer energía desde *Jésed* y *Guevurá* de *Aba* hacia *Zeir Anpín*, para hacer su acción en el secreto de *Mayin Dujrín* (despertar desde Arriba).

Meditación particular: (las letras reordenadas de la palabra *Yisrael*): שר אלי

אלהים דיודין (אלף למד הי יוד מם) = ש',

רבוע אלהים (א אל אלה אלהי אלהים) = ר',

מ"א אותיות רבוע אלהים במילואו (אלף אלף למד אלף למד הי אלף למד הי יוד אלף למד הי יוד מם) = אל"י.

También medita en atraer el *Mojín* Interno de *Aba* de *Katnut* hacia *Zeir Anpín*.

Adonai Eloheinu Adonai – יהוה אלהינו יהוה

Meditación general: para atraer energía hacia *Aba*, *Ima* y *Dáat* desde *Arij Anpín*.

Meditación particular: ע"ב (יוד הי ויו הי) קס"א (אלף הי יוד הי) ע"ב (יוד הי וי הי).

Ejad – אֶחָד

(El secreto del completo *Yijud-Unificación*)

Las letras *Álef* א y *Jet* ח de *Ejad* אחד son *Zeir Anpín* y la letra *Dálet* ד es *Nukvá*. **Debes meditar** en dedicar tu alma a la santificación del Nombre Sagrado, elevando de este modo a tu *Néfesh*, *Rúaj*, *Neshamá* y *Neshamá* de *Neshamá* con *Zeir Anpín* y *Nukvá* (usando los Nombres: ע"ב y ס"ג) hacia *Aba* e *Ima* como en el secreto de *Mayin Nukvín*, y por esa energía, *Aba* e *Ima* serán unificados en el secreto del Nombre: יאהדויה"ה. **También medita** en atraer los Seis Bordes Internos de *Gadlut* de *Ima* hacia *Zeir Anpín*. La Gota, que es ע"ב, es sacada desde lo externo de *Arij Anpín*, y desciende hacia *Yesod* de *Ima*, donde se convierte en: ע"ב ס"ג מ"ה ב"ן, y las cuatro אהיה deletreadas (אלף הי יוד הי, אלף הי יוד הי, אלף הא יוד הא, אלף הה יוד הה) se convierten en Su vestimenta. Como resultado, *Zeir Anpín* tiene cuatro יה"ו deletreadas (יוד הי ויו, יוד הי ואו, יוד הא ואו, יוד הה וו), cuatro אה"י deletreadas (אלף הי יוד, אלף הי יוד, אלף הא יוד, אלף הה יוד) y los Seis Bordes Internos de *Gadlut* de *Ima*. **También medita en el Nombre:** אל"ף ה"י וי"ו ה"י, que es el *Mojín* entero en el secreto de *Dáat*. **Y también medita** (según el Ramjal) en las cuatro *Álef* deletreadas (אלף = 111) del Nombre: אהי"ה que es igual a la palabra *Midat* (444), haciendo el *Kéter* para *Leá*.

Baruj Shem – בָּרוּךְ שֵׁם כְּבוֹד מַלְכוּתוֹ לְעוֹלָם וָעֶד

Baruj Shem Quevod – *Jojmá*, *Biná*, *Dáat* de *Leá*;

Maljutó – Su *Kéter*; **Leolam** – el resto de Su *Partsuf*;

Vaed – los cuatro היה (4 veces 20 es igual a *Vaed* = 80) harán el *Kéter* para *Rajel*.

Y las cuatro היה deletreadas (הי יוד הי, הי יוד הי, הא יוד הא, הה יוד הה) harán el resto de Su cuerpo.

שְׁמַע Shemá ע׳ רבתי יִשְׂרָאֵל Yisrael יְהֹוָהאדניאהדונהי Adonai

אֱלֹהֵינוּ Eloheinu ילה יְהֹוָהאדניאהדונהי Adonai | אֶחָד Ejad ד׳ רבתי ; אהבה, דאגה:

(susurrar): יוזו אותיות בָּרוּךְ Baruj שֵׁם Shem כְּבוֹד quevod מַלְכוּתוֹ maljutó,

לְעוֹלָם leolam ריבוע ס״ג וי׳ אותיות דס״ג וָעֶד vaed:

***Yud, Jojmá,* cabeza** – 42 palabras que corresponden al Santo Nombre de Dios de 42 Letras.

א ב

וְאָהַבְתָּ veahavtá ב״פ אור, ב״פ רז, ב״פ אין סוף ; (יכוין לקיים מ״ע של אהבת ה׳) אֵת et

ג י

יְהֹוָהאדניאהדונהי Adonai אֱלֹהֶיךָ Eloheja ילה ; ס״ת כהת, משיח בן דוד ע״ה

ת צ ק ר

בְּכָל־ bejol ב״ן, לכב לְבָבְךָ levavjá וּבְכָל־ uvejol ב״ן, לכב נַפְשְׁךָ nafshejá

ע ש ט נ

וּבְכָל־ uvejol ב״ן, לכב מְאֹדֶךָ: meodeja וְהָיוּ vehayú הַדְּבָרִים hadevarim

נ ג ד י כ

הָאֵלֶּה haele אֲשֶׁר asher אָנֹכִי anojí מְצַוְּךָ metsaveja הַיּוֹם hayom

ש ב ט

ע״ה נגד, מזבח, זן, אל יהוה (pausa aquí) עַל al לְבָבֶךָ: levaveja וְשִׁנַּנְתָּם veshinantam

ר צ ת ג

לְבָנֶיךָ levaneja וְדִבַּרְתָּ vedibarta בָּם bam מ״ב בְּשִׁבְתְּךָ beshivtejá

ח ק ב

בְּבֵיתֶךָ beveiteja ב״פ ראה וּבְלֶכְתְּךָ uvelejtejá בַדֶּרֶךְ: vadérej

ט נ

ב״פ יב״ק, ס״ג קס״א וּבְשָׁכְבְּךָ uveshojbejá וּבְקוּמֶךָ: uvkumeja

ע י ג ל

וּקְשַׁרְתָּם ukshartam לְאוֹת leot עַל־ al יָדֶךָ yadeja

EL SHEMÁ

"Escucha, Israel, el Señor nuestro Dios. El Señor es Uno" (Deuteronomio 6:4).

"Bendito es el glorioso Nombre, Su reino es por siempre y para la eternidad" (Pesajim 56a).

"Y amarás al Señor, tu Dios, con todo tu corazón y con toda tu alma y con todo lo que posees. Deja que estas palabras que te ordeno hoy descansen sobre tu corazón. Y las enseñarás a tus hijos y hablarás de ellas mientras estés sentado en tu hogar y mientras caminas por el sendero y cuando te acuestas y cuando te levantas. Las atarás como una señal sobre tu mano

פ ז ק ש

וְהָיוּ vehayú לְטֹטָפֹת letotafot בֵּין bein עֵינֶיךָ eineja

ק ו

ע"ה קס"א ; ריבוע מ"ה: וּכְתַבְתָּם ujtavtam עַל־ al

צ י ת

מְזֻזוֹת mezuzot נ"ת (זן מות) בֵּיתֶךָ beiteja ב"פ ראה וּבִשְׁעָרֶיךָ uvisheareja:

VEHAYÁ IM SHAMOA

***Hei, Biná,* brazos y cuerpo** – 72 palabras que corresponden a los 72 Nombres de Dios.

והו ילי

וְהָיָה vehayá יהוה ; יהה אִם־ im יוה"ך, מ"א אותיות דפשוט, דמילוי ודמילוי דמילוי דאהיה ע"ה

סיט עלם מהש ללה אכא

שָׁמֹעַ shamoa תִּשְׁמְעוּ tishmeú אֶל־ el מִצְוֹתַי mitsvotai אֲשֶׁר asher

כהת הזי אלד לאו

אָנֹכִי anojí מְצַוֶּה metsavé אֶתְכֶם etjem הַיּוֹם hayom ע"ה נגד, מזבח, זן, אל יהוה

ההע יזל מבה

(haz una pausa aquí) לְאַהֲבָה leahavá אחד, דאגה אֶת־ et יְהֹוָהאדניאהדונהי Adonai

הרי הקם

אֱלֹהֵיכֶם Eloheijem ילה (pronuncia la letra *Ayin* en la palabra "*uleavdó*") וּלְעָבְדוֹ uleavdó

לאו כלי לוו

בְּכָל־ bejol ב"ן, לכב לְבַבְכֶם levavjem וּבְכָל־ uvejol ב"ן, לכב

פהל נלך ייי מלה

נַפְשְׁכֶם nafshejem: וְנָתַתִּי venatati מְטַר־ metar אַרְצְכֶם artsejem

ווהו נתה האא ירת שאה

בְּעִתּוֹ beitó יוֹרֶה yoré וּמַלְקוֹשׁ umalkosh וְאָסַפְתָּ veasafta דְגָנֶךָ deganeja

ריי אום לכב ושר

וְתִירֹשְׁךָ vetiroshjá וְיִצְהָרֶךָ veyitzhareja: וְנָתַתִּי venatati עֵשֶׂב ésev ע"ב שמות

---

y serán como filacterias entre tus ojos.

Y las escribirás en los umbrales de tu casa y en tus puertas" (Deuteronomio 6:5-9).

VEHAYÁ IM SHAMOA

"Y sucederá que si escuchan Mis mandamientos

que les estoy ordenando hoy de amar al Señor, su Dios, y servirle con todo su corazón y con toda su alma, entonces enviaré lluvias sobre su tierra en el momento apropiado, tanto lluvias tempranas como lluvias tardías. Y recogerás tus granos y tu vino y tu aceite. Y te daré hierba

יוזו להוו כוק מגד

בְּשָׂדְךָ besadeja לִבְהֶמְתֶּךָ livhemteja וְאָכַלְתָּ veajalta וְשָׂבָעְתָּ vesavata:

אני וזעם רהע ייז ההה

הִשָּׁמְרוּ hishamrú לָכֶם lajem פֶּן־ pen יִפְתֶּה yifté לְבַבְכֶם levavjem

מיכ ויל ילה סאל

וְסַרְתֶּם vesartem וַעֲבַדְתֶּם vaavadtem אֱלֹהִים elohim אֲחֵרִים ajerim

ערי עשל

מושה (העומד נגד הקליפות) וְהִשְׁתַּחֲוִיתֶם vehishtajavitem לָהֶם lahem:

מיה והו דני הזיע

וְחָרָה vejará (haz una pausa aquí) אַף־ af יְהֹוָה(אדני אהדונהי) Adonai בָּכֶם bajem

עמם ננא נית מבה

וְעָצַר veatsar אֶת־ et הַשָּׁמַיִם hashamáyim י״פ טל, י״פ כוזו וְלֹא־ veló

פוי נמם ייל הרח מצר

יִהְיֶה yihyé ייי מָטָר matar וְהָאֲדָמָה vehaadamá לֹא lo תִתֵּן titén ב״פ כהת

ומב יהה ענו מוזי דמב

אֶת־ et יְבוּלָהּ yevulá וַאֲבַדְתֶּם vaavadetem מְהֵרָה meherá מֵעַל meal עלם

מנק איע וזבו

הָאָרֶץ haárets אלהים דההין ע״ה הַטֹּבָה hatová אֲשֶׁר asher

ראה יבמ היי

יְהֹוָה(אדני אהדונהי) Adonai נֹתֵן notén אבג יתץ, ושר לָכֶם lajem: *Vav, Zeir Anpín*

מום

וְשַׂמְתֶּם vesamtem **estómago** – 50 palabras que corresponden a las 50 Puertas of *Biná*

א ה י ה א

אֶת־ et דְּבָרַי devarai ראה אֵלֶּה ele עַל־ al לְבַבְכֶם levavjem

ה י ה א

וְעַל־ veal נַפְשְׁכֶם nafshejem וּקְשַׁרְתֶּם ukshartem אֹתָם otam

---

en tu campo para tu ganado. Y comerás y quedarás saciado. Pero cuiden que su corazón no sea seducido y se alejen para servir a deidades foráneas y se postren ante ellas. Y la ira del Señor caerá sobre ustedes y Él detendrá los Cielos y no habrá más lluvia y la tierra no brindará su cosecha. Y rápidamente perecerán de la buena tierra que el Señor les ha dado. Y pondrán estas palabras Mías sobre su corazón y sobre su alma y las atarán

ה י ה א

לְאוֹת leot ר"ת לאו עַל־ al יֶדְכֶם yedjem וְהָיוּ vehayú

ה י ה

לְטוֹטָפֹת letotafot בֵּין bein עֵינֵיכֶם eineijem ריבוע מ"ה:

א ה י ה

וְלִמַּדְתֶּם velimadtem אֹתָם otam אֶת־ et בְּנֵיכֶם beneijem

א ה י

לְדַבֵּר ledaber ראה בָּם bam שם בן מ"ב בְּשִׁבְתְּךָ beshivtejá

ה א ה

בְּבֵיתֶךָ beveiteja ב"פ ראה וּבְלֶכְתְּךָ uvelejtejá בַדֶּרֶךְ vadérej ב"פ יב"ק, ס"ג קס"א

י ה א ה

וּבְשָׁכְבְּךָ uveshojbejá וּבְקוּמֶךָ :uvkumeja וּכְתַבְתָּם ujtavtam עַל־ al

י ה א ה

מְזֻזוֹת mezuzot בֵּיתֶךָ beiteja ב"פ ראה וּבִשְׁעָרֶיךָ :uvishaareja לְמַעַן lemaan

י ה א ה

יִרְבּוּ yirbú יְמֵיכֶם yemeijem ר"ת י"ל וִימֵי vimei בְנֵיכֶם veneijem

י ה אהיה

עַל al הָאֲדָמָה haadamá אֲשֶׁר asher (pronuncia la letra *Ayin* en la palabra "*nishbá*")

אהיה אהיה

נִשְׁבַּע nishbá יכוין לשבועת המבול יְהֹוָהאדניאהדונהי Adonai

אהיה אהיה אהיה אהיה

לַאֲבֹתֵיכֶם laavoteijem לָתֵת latet לָהֶם lahem כִּימֵי quimei

אהיה אהיה אהיה

הַשָּׁמַיִם hashamáyim י"פ טל, י"פ כוזו עַל־ al הָאָרֶץ haárets אלהים דההין ע"ה:

---

como una señal sobre sus manos y serán como filacterias entre sus ojos. Y las enseñarán a sus hijos hablando de ellas mientras estés sentado en tu hogar y mientras caminas por el sendero y cuando te acuestas y cuando te levantas. Y las escribirás en los umbrales de tu casa y sobre tus puertas. Esto es para que sus días sean numerosos y también los días de sus hijos sobre la Tierra que el Señor ha prometido a sus padres darles como los días de los Cielos sobre la Tierra" (Deuteronomio 11:13-21).

VAYÓMER

Hei, *Maljut*, piernas y órganos reproductores,

72 palabras que corresponden a los 72 Nombres de Dios en orden directo (según el Ramjal).

(וו) וַיֹּאמֶר vayómer (ייי) יְהֹוָ(אדני)ה אהדונהי Adonai (סבט) אֶל־ el (עאם) מֹשֶׁה Moshé

מהש, ע״ב בריבוע וקס״א, אל שדי, ד״פ אלהים ע״ה (מבש) לֵּאמֹר lemor: (ליה) דַּבֵּר daber ראה (אנא) אֶל־ el

(כמת) בְּנֵי bnei (הזי) יִשְׂרָאֵל Yisrael (אנד) וְאָמַרְתָּ veamarta (לכו) אֲלֵהֶם alehem (המע) וְעָשׂוּ veasú

(יצל) לָהֶם lahem (מרה) צִיצִת tsitsit (היי) עַל־ al (המם) כַּנְפֵי canfei (לוו) בִגְדֵיהֶם vigdeihem

(כבי) לְדֹרֹתָם ledorotam (ליו) וְנָתְנוּ venatnú (פנל) עַל־ al (נמך) צִיצִת tsitsit

(ייזי) הַכָּנָף hacanaf ע״ה קנ״א, אדני אלהים (מנה) פְּתִיל petil י״פ ב״ן (וזהו) תְּכֵלֶת tejélet:

(ניה) וְהָיָה vehayá יהוה ; יהה (השא) לָכֶם lajem (ירת) לְצִיצִת letsitsit (שאה) וּרְאִיתֶם ureitem (רלי) אֹתוֹ otó

(אום) וּזְכַרְתֶּם uzjartem (ליב) אֶת־ et (והר) כָּל־ col ילי (ייו) מִצְוֹת mitsvot (להח) יְהֹוָ(אדני)ה אהדונהי Adonai

(כעק) וַעֲשִׂיתֶם vaasitem (מנד) אֹתָם otam (אני) וְלֹא־ veló (וזום) תָתוּרוּ taturu (רהע) אַחֲרֵי ajarei

(ייזז) לְבַבְכֶם levavjem (השה) וְאַחֲרֵי veajarei (מככ) עֵינֵיכֶם eineijem ריבוע מ״ה

Debes meditar en el precepto: "No seguirás los pensamientos sexuales negativos del corazón ni las miradas de los ojos que buscan prostitución".

VAYÓMER

"Y el Señor le habló a Moshé y dijo: Habla a los Hijos de Israel y diles que deben hacer para sí mismos Tsitsit, en las esquinas de sus vestimentas, a lo largo de todas sus generaciones. Y deben colocar sobre el Tsitsit de cada esquina un filamento azul. Y esto será para ustedes como un Tsitsit; lo verán y recordarán los mandamientos del Señor y los cumplirán. Y no se dejen llevar en pos de su corazón y de sus ojos,

Debes meditar en recordar el Éxodo de *Mitsráyim* (Egipto).

lihyot לִהְיוֹת lajem לָכֶם leElohim לֵאלֹהִים אהיה אדני ; ילה

Aní אֲנִי אני Adonai יְהֹוָה Eloheijem אֱלֹהֵיכֶם ילה:

Está atento de completar este párrafo junto con el *jazán* y la congregación, y de decir la palabra "*emet*" en voz alta. El *jazán* debe decir la palabra "*emet*" susurrando.

אֱמֶת emet אהיה פעמים אהיה, ו"פ ס"ג.

La congregación debe estar en silencio, escuchar y oír las palabras "*Adonai Eloheijem emet*" dichas por el *jazán*. Si no completaste el párrafo junto al *jazán*, debes repetir las últimas tres palabras por cuenta propia. Con estas tres palabras el *Shemá* es concluido.

יְהֹוָה Adonai אֱלֹהֵיכֶם Eloheijem ילה:

אֱמֶת emet אהיה פעמים אהיה, ו"פ ס"ג.

---

porque de acuerdo con ellos irás por mal camino. Para que se acuerden y hagan todos Mis mandamientos y de este modo serán santos ante su Dios. Yo soy el Señor, su Dios, quien los sacó de la tierra de Egipto para ser su Dios. Yo, el Señor, su Dios, es verdad" (*Números 15:37-41*). *El Señor, su Dios, ¡es verdad!*

VEEMUNÁ – LA TERCERA CÁMARA – RATSÓN

Veemuná nos conecta con la Tercera Cámara en la Casa del Rey: *Ratsón*, o deseo. Antes de que podamos conectar con cualquier forma de energía espiritual, tenemos que sentir un anhelo o deseo. El deseo es la vasija que atrae a la Luz espiritual. Un deseo pequeño atrae poca cantidad de Luz. Un gran deseo atrae una gran cantidad.

Heijal Ratsón (la Cámara del Deseo) de *Nukvá* en *Briá*.

וֶאֱמוּנָה veemuná (בוזינת לילה) כָּל col ילי זֹאת zot וְקַיָּם vekayam עָלֵינוּ aleinu,
כִּי qui הוּא Hu יְהֹוָהאדניאהדונהי Adonai אֱלֹהֵינוּ Eloheinu ילה וְאֵין veéin
זוּלָתוֹ zulató• וַאֲנַחְנוּ vaanajnu יִשְׂרָאֵל Yisrael עַמּוֹ amó•
הַפּוֹדֵנוּ hapodenu מִיַּד miyad מְלָכִים melajim• הַגּוֹאֲלֵנוּ hagoalenu
מַלְכֵּנוּ malquenu מִכַּף micaf כָּל col ילי עָרִיצִים aritsim•
הָאֵל haEl לאה ; ייא״ (מילוי דס״ג) הַנִּפְרָע hanifrá לָנוּ lanu אלהים, אהיה אדני
מִצָּרֵינוּ mitsareinu• הַמְשַׁלֵּם hameshalem גְּמוּל guemul לְכָל lejol יה אדני
אוֹיְבֵי oyvei נַפְשֵׁנוּ nafshenu: הַשָּׂם hasam נַפְשֵׁנוּ nafshenu
בַּחַיִּים bajayim אהיה אהיה יהוה, בינה ע״ה וְלֹא veló נָתַן natán לַמּוֹט lamot
רַגְלֵנוּ raglenu• הַמַּדְרִיכֵנוּ hamadrijenu עַל al בָּמוֹת bamot
אוֹיְבֵינוּ oyveinu• וַיָּרֶם vayarem קַרְנֵנוּ karnenu עַל al כָּל col ילי ; עמם
שׂוֹנְאֵינוּ soneinu• הָאֵל haEl לאה ; ייא״ (מילוי דס״ג) הָעוֹשֶׂה haosé
לָנוּ lanu אלהים, אהיה אדני נִסִּים nisim וּנְקָמָה unekamá בְּפַרְעֹה beFaró•
בְּאוֹתוֹת beotot וּבְמוֹפְתִים uvemoftim בְּאַדְמַת beadmat בְּנֵי bnei
חָם jam• הַמַּכֶּה hamaqué בְעֶבְרָתוֹ veevrató כָּל col ילי
בְּכוֹרֵי bejorei מִצְרָיִם Mitsráyim מצר• וַיּוֹצֵא vayotsí אֶת et
עַמּוֹ amó יִשְׂרָאֵל Yisrael מִתּוֹכָם mitojam לְחֵרוּת lejerut עוֹלָם olam•

VEEMUNÁ –TERCERA CÁMARA - RATSÓN

Y fidedigno. Todo eso y Él está sobre nosotros porque Él es el Señor, nuestro Dios, y no hay ningún otro. Y nosotros somos Israel, Su Nación. Él nos redime de las manos de reyes. Él es nuestro Rey, que nos libera del alcance de los tiranos; el Dios, que nos venga contra nuestros enemigos. Él paga a nuestros enemigos mortales su deuda. Él, que nos mantiene vivos y no permite que nuestros pies resbalen. Él, que nos ha guiado sobre las llanuras de nuestros enemigos y Él, que eleva nuestro poder sobre todos los que nos odian. Él es Dios, que hizo por nosotros milagros y acciones contra el Faraón, con señales y maravillas, en la tierra de los hijos de Jam. Él que con Su ira azotó a los primogénitos de Egipto y sacó a Su Nación, Israel, de entre ellos a una libertad eterna.

הַמַּעֲבִיר hamaavir בָּנָיו banav

בֵּין bein גִּזְרֵי guizrei יַם yam ילי סוּף Suf. וְאֶת veet רוֹדְפֵיהֶם rodfeihem
וְאֶת veet שׂוֹנְאֵיהֶם soneihem בִּתְהוֹמוֹת bitehomot טִבַּע tibá. רָאוּ raú
בָנִים vanim אֶת et גְּבוּרָתוֹ guevurató שִׁבְּחוּ shibjú וְהוֹדוּ vehodú אהיה
לִשְׁמוֹ liShmó מהש ע"ה, ע"ב בריבוע וקס"א ע"ה, אל שדי ע"ה. וּמַלְכוּתוֹ umaljutó
בְּרָצוֹן beratsón מהש ע"ה, ע"ב בריבוע וקס"א ע"ה, אל שדי ע"ה קִבְּלוּ kiblú
עֲלֵיהֶם aleihem. מֹשֶׁה Moshé מהש, ע"ב בריבוע קס"א, אל שדי, ד"פ אלהים ע"ה
וּבְנֵי uvnei יִשְׂרָאֵל Yisrael ר"ת ע"ה נגד, מזבח, זן, אל יהוה לְךָ lejá עָנוּ anú
שִׁירָה shirá בְּשִׂמְחָה besimjá רַבָּה rabá וְאָמְרוּ veamrú כֻלָּם julam:
מִי mi ילי כָמֹכָה jamoja בָּאֵלִם baelim יְהֹוָאדהויאהדונהי Adonai
ר"ת ע"ב, ריבוע יהוה ; ס"ת מ"ה מִי mi ילי כָּמֹכָה camoja נֶאְדָּר needar
בַּקֹּדֶשׁ bakódesh ר"ת יב"ק, אלהים יהוה, אהיה אדני יהוה נוֹרָא norá תְהִלֹּת tehilot
עֹשֵׂה osé פֶלֶא fele: מַלְכוּתְךָ maljutjá יְהֹוָאדהויאהדונהי Adonai
אֱלֹהֵינוּ Eloheinu ילה רָאוּ raú בָנֶיךָ vaneja עַל־ al הַיָּם hayam ילי
יַחַד yájad כֻּלָּם culam הוֹדוּ hodú אהיה וְהִמְלִיכוּ vehimliju
וְאָמְרוּ veamrú: יְהֹוָאדהויאהדונהי Adonai | יִמְלֹךְ yimloj לְעֹלָם leolam
ריבוע ס"ג וי' אותיות דס"ג ; ר"ת ייל וָעֶד vaed. וְנֶאֱמַר veneemar: כִּי־ qui פָדָה fadá
יְהֹוָאדהויאהדונהי Adonai אֶת־ et יַעֲקֹב Yaakov ז' הויות, יאהדונהי אידהנויה
וּגְאָלוֹ uguealó מִיַּד miyad חָזָק jazak פהל מִמֶּנּוּ mimenu: בָּרוּךְ Baruj
אַתָּה Atá יְהֹוָאדהויאהדונהי Adonai גָּאַל gaal באתב"ש כתר יִשְׂרָאֵל Yisrael:

Él, que hizo pasar a Sus Hijos entre las secciones del Mar Rojo mientras ahogó en las profundidades a sus perseguidores y sus enemigos. Los Hijos contemplaron Su poder y lo alabaron y dieron gracias a Su Nombre; aceptaron Su soberanía sobre ellos con deseo. Moshé y los Hijos de Israel elevaron sus voces en canto a Él, con gran alegría y dijeron todos: "¿Quién es como Tú entre los dioses, Señor? ¿Quién es como Tú, poderoso en santidad, impresionante en alabanza y que hace maravillas?" (Éxodo 15:11). Nuestros Hijos vieron Tu Reino, Señor, nuestro Dios, sobre el mar y todos al unísono te dan las gracias y aceptan Tu soberanía y dicen: "El Señor reinará por siempre y para siempre" (Éxodo 15:18). Y está dicho: "Porque el Señor ha liberado a Yaakov y lo ha rescatado de la mano de uno más fuerte que él" (Jeremías 31:10). Bendito eres Tú, Señor, quien redimió a Israel.

HASHKIVENU – LA CUARTA CÁMARA – EL SANCTA SANCTÓRUM

La Cuarta Cámara es *Kódesh HaKodashim*, el Sancta Sanctórum, el cual es nuestro vínculo al siguiente nivel que alcanzamos mediante la *Amidá*.

Heijal Kódesh HaKodashim (la Cámara del Sancta Sanctórum) de *Nukvá* en *Briá*.

השכיבנו hashquivenu אבינו avinu לשלום leshalom ר"ת לאה

והעמידנו vehaamidenu מלכנו malquenu לחיים lejayim אהיה אהיה יהוה, בינה ע"ה

טובים tovim ולשלום uleshalom ופרוש ufrós עלינו aleinu

סכת sucat סוכה = סאל, אמן (יאהדונהי) שלומך shlomeja ותקננו vetaknenu

מלכנו malquenu בעצה beetsá טובה tová אכא מלפניך milfaneja ס"ג מ"ה ב"ן

והושיענו vehoshienu מהרה meherá למען lemaan שמך Shemeja

והגן vehaguén בעדנו baadenu• והסר vehaser מעלינו mealeinu מכת macat

אויב oyev• דבר déver• וחרב jérev• וחולי joli חולה = מ"ה עם ד' אותיות•

צרה tsará אלהים דההין• רעה raá רהע• רעב raav• ויגון veyagón•

ומשחית umashjit• ומגפה umaguefá• שבור shevor והסר vehaser

השטן hasatán מלפנינו milfaneinu ומאחרינו umeajareinu• ובצל uvetsel

כנפיך quenafeja תסתירנו tastirenu• ושמור ushmor צאתנו tsetenu

ובואנו uvoenu לחיים lejayim אהיה אהיה יהוה, בינה ע"ה טובים tovim

ולשלום uleshalom מעתה meatá ועד vead עולם olam: כי qui אל El יי"א

(מילוי דס"ג) שומרנו shomrenu כ"א הויות שבתפילין ומצילנו umatsilenu אתה Atá

מכל micol ילי דבר davar ראה רע ra ומפחד umipájad לילה layla מלה•

ברוך Baruj אתה Atá יהוהאדניאהדונהי Adonai שומר shomer כ"א הויות שבתפילין

את et עמו amó ישראל Yisrael לעד laad כ"פ ב"ן• אמן Amén יאהדונהי:

HASHKIVENU – LA CUARTA CÁMARA – EL SANCTA SANCTÓRUM

Otórganos, Padre, que descansemos en paz y que nuevamente, Rey nuestro, nos levantemos a la buena vida y a la paz. Corrígenos con Tu buen consejo y sálvanos pronto por amor a Tu Nombre. Y elimina de nosotros el ataque de nuestro enemigo, pestilencia, sable, enfermedad, angustia, malicia, hambruna, tristeza, ruina y plaga. Destruye y elimina al Satán delante y detrás de nosotros. Ocúltanos en la sombra de Tus Alas y cuídanos en nuestro andar, para la buena vida y para la paz, desde ahora y hasta la eternidad. Porque Tú, Dios, eres nuestro Guardián y nuestro Salvador de todas las cosas malignas y del terror de la noche. Bendito eres Tú, Señor, quien guarda a Su nación, Israel, por siempre. ¡Amén!

MEDIO KADISH

יִתְגַּדַּל yitgadal וְיִתְקַדַּשׁ veyitkadash שד״י ומילוי שד״י ; י״א אותיות כמנין ו״ה

שְׁמֵיהּ Shmei (שם י״ה דע״ב) רַבָּא rabá קנ״א ב״ן, יהוה אלהים יהוה אדני,

מילוי קס״א וס״ג, מ״ה ברבוע וע״ב ע״ה ; ר״ת = ו״פ אלהים ; ס״ת = ג״פ יב״ק: אָמֵן Amén אידהנויה.

בְּעָלְמָא bealmá דִּי di בְרָא verá כִּרְעוּתֵיהּ quirutei.

וְיַמְלִיךְ veyamlij מַלְכוּתֵיהּ maljutei. וְיַצְמַח veyatsmaj

פּוּרְקָנֵיהּ purkanei. וִיקָרֵב vikarev מְשִׁיחֵיהּ Meshijei: אָמֵן Amén אידהנויה.

בְּחַיֵּיכוֹן bejayeijón וּבְיוֹמֵיכוֹן uveyomeijón וּבְחַיֵּי uvejayei

דְכָל dejol ילי בֵּית beit ב״פ ראה יִשְׂרָאֵל Yisrael בַּעֲגָלָא baagalá

וּבִזְמַן uvizmán קָרִיב kariv וְאִמְרוּ veimrú אָמֵן Amén: אָמֵן Amén אידהנויה.

La congregación y el *jazán* dicen lo siguiente:

Veintiocho palabras (hasta *bealmá*) – meditar: מילוי דמילוי דע״ב (יוד ויו דלת הי יוד ויו יוד ויו הי יוד)
Veintiocho letras (hasta *almayá*) – meditar: מילוי דמילוי דע״ב (יוד ויו דלת הי יוד ויו יוד ויו הי יוד)

יְהֵא yehé שְׁמֵיהּ Shmei (שם י״ה דס״ג) רַבָּא rabá קנ״א ב״ן,

יהוה אלהים יהוה אדני, מילוי קס״א וס״ג, מ״ה ברבוע וע״ב ע״ה מְבָרַךְ mevaraj,

לְעָלַם lealam לְעָלְמֵי lealmei עָלְמַיָּא almayá. יִתְבָּרַךְ yitbaraj.

MEDIO KADISH

Glorificado y santificado sea Su Gran Nombre (Amén).
En el mundo que Él creó de acuerdo a Su voluntad y pueda Su Reino reinar. Y pueda hacer que Su redención florezca y pueda Él acercar al Mesías (Amén). En tus vidas y en tus días y en la vida de toda la Casa de Israel, prontamente y en el futuro cercano, y dígase: Amén (Amén).
Que Su gran Nombre sea bendito por siempre y por toda la eternidad, bendito,

Siete palabras con seis letras cada una (שֵׁם בֶּן מ"ב) – meditar:

יהוה ✦ יוד הי ויו הי ✦ מילוי דמילוי דע"ב (יוד ויו דלת הי יוד ויו יוד ויו הי יוד)

También, siete veces la letra *Vav* (שֵׁם בֶּן מ"ב) – meditar:

יהוה ✦ יוד הי ויו הי ✦ מילוי דמילוי דע"ב (יוד ויו דלת הי יוד ויו יוד ויו הי יוד).

וְיִשְׁתַּבַּח veyishtabaj י״פ ע״ב יהוה אל אבג יתץ.

וְיִתְפָּאַר veyitpaar הי נו יה קרע שטן. וְיִתְרוֹמַם veyitromam וה כוזו נגד יכש.

וְיִתְנַשֵּׂא veyitnasé במוכסז בטר צתג. וְיִתְהַדָּר veyithadar כוזו יה וזקב טנע.

וְיִתְעַלֶּה veyitalé וה יוד ה יגל פזק. וְיִתְהַלָּל veyithalal א ואו הא שקו צית.

שְׁמֵיהּ Shmei (שם י״ה דמ״ה) דְּקוּדְשָׁא deKudshá בְּרִיךְ Verij הוּא Hu:

אָמֵן Amén אידהנויה.

לְעֵלָּא leelá מִן min כָּל col ילי בִּרְכָתָא birjatá. שִׁירָתָא shiratá.

תֻּשְׁבְּחָתָא tishbejatá וְנֶחָמָתָא venejamatá. דַּאֲמִירָן daamirán

בְּעָלְמָא bealmá וְאִמְרוּ veimrú אָמֵן Amén: אָמֵן Amén אידהנויה.

LA AMIDÁ

Cuando comenzamos la conexión, damos tres pasos hacia atrás que significan que estamos dejando este mundo físico. Después damos tres pasos hacia delante para comenzar la *Amidá*. Los tres pasos son:

1. Entrar a la tierra de Israel; para entrar en el primer círculo espiritual.
2. Entrar en la ciudad de Jerusalén; para entrar en el segundo círculo espiritual.
3. Entrar en el Sancta Sanctórum; para entrar en el círculo más interno.

Antes de recitar el primer verso de la *Amidá*, pedimos: "*Dios, abre mis labios y permite que mi boca hable*", estamos pidiendo a la Luz que hable por nosotros para que podamos recibir lo que necesitamos y no sólo lo que queremos. Con mucha frecuencia, lo que queremos de la vida no es necesariamente el deseo del alma, que es lo que verdaderamente necesitamos para estar satisfechos. Al pedirle a la Luz que hable a través de nosotros, nos aseguramos de que nuestra conexión nos traiga realización genuina y oportunidades para el crecimiento espiritual y el cambio.

---

y alabado, y glorificado y exaltado, y ensalzado y honrado,
y adorado y loado sea el Nombre del Santo Bendito Sea (Amén). Más allá de todas las bendiciones, himnos, alabanzas y palabras de consolación que deben decirse en el mundo, y dirán: Amén (Amén).

אֲדֹנָי Adonai ללה (pausa aquí) שְׂפָתַי sfatai תִּפְתָּח tiftaj וּפִי ufí יַגִּיד yaguid

ייו (כ״ב אותיות פשוטות [=אכא] וה׳ אותיות סופיות מנצפך) תְּהִלָּתֶךָ tehilateja ס״ת = בוכו:

LA PRIMERA BENDICIÓN – INVOCA AL ESCUDO DE AVRAHAM

Avraham es el canal de la energía de la Columna Derecha de positividad, compartir y misericordia. Las acciones dadoras pueden protegernos de todas las formas de negatividad.

Jésed que se convierte en *Jojmá*

En esta sección hay 42 palabras, el secreto del Nombre de Dios de 42 letras y, por lo tanto, comienza con la letra *Bet* (2) y termina con la letra *Mem* (40).

Flexiona tus rodillas en "*Baruj*", inclínate en "*Atá*" y enderézate en "*Adonai*".

א ב

בָּרוּךְ Baruj אַתָּה Atá א-ת (אותיות הא״ב המסמלות את השפע המגיע) לה׳ המלכות

ג י

יְהֹוָהאדניאהדונהי Adonai (יא) אֱלֹהֵינוּ Eloheinu ילה

ת צ

וֵאלֹהֵי veElohei לכב ; מילוי ע״ב, דמב ; ילה אֲבוֹתֵינוּ avoteinu.

ק ר

אֱלֹהֵי Elohei מילוי ע״ב, דמב ; ילה אַבְרָהָם Avraham (*Jojmá*)

וז״פ אל, רי״ו ול״ב נתיבות החכמה, רמ״ח (אברים), עסמ״ב וט״ז אותיות פשוטות.

ע ש

אֱלֹהֵי Elohei מילוי ע״ב, דמב ; ילה יִצְחָק Yitsjak (*Biná*) ד״פ ב״ן

ט נ

וֵאלֹהֵי veElohei לכב ; מילוי ע״ב, דמב ; ילה יַעֲקֹב Yaakov (*Dáat*) ו׳ הויות, יאהדונהי אידהנויה

LA AMIDÁ

"Mi Señor, abre mis labios y mi boca declarará Tu alabanza" (*Salmos 51:17*).

LA PRIMERA BENDICIÓN

Bendito eres, Señor,
nuestro Dios y Dios de nuestros padres:el Dios de Avraham, el Dios de Yitsjak y el Dios de Yaakov.

ג ג

הָאֵל haEl לאה ; ייא״י (מילוי דס״ג) הַגָּדוֹל hagadol האל הגדול = סיט ; גדול = להח

ד י

עם ד׳ אותיות = מבה, יזל, אום הַגִּבּוֹר haguibor ר״ת ההה וְהַנּוֹרָא vehanorá•

כ ש

אֵל El ייא״י (מילוי דס״ג) ; ר״ת ע״ב, ריבוע יהוה עֶלְיוֹן elyón•

ב ט ר צ ת

גּוֹמֵל gomel חֲסָדִים jasadim טוֹבִים tovim• קוֹנֵה koné הַכֹּל hacol יכי

ג ח ק ב

וְזוֹכֵר vezojer חַסְדֵי jasdei אָבוֹת avot• וּמֵבִיא umeví

ט ג ע י

גּוֹאֵל goel לִבְנֵי livnei בְנֵיהֶם veneihem לְמַעַן lemaan

ג ל

שְׁמוֹ Shemó מהש ע״ה, ע״ב בריבוע וקס״א ע״ה, אל שדי ע״ה בְּאַהֲבָה beahavá אחד, דאגה:

Cuando digas la palabra "*beahavá*" debes meditar en dedicar tu alma a santificar el Santo Nombre y aceptar sobre ti mismo las cuatro formas de muerte.

פ ז ק ש

מֶלֶךְ Mélej עוֹזֵר ozer וּמוֹשִׁיעַ umoshía וּמָגֵן umaguén

ג״פ אל (ייא״י מילוי דס״ג) ; ר״ת מיכאל גבריאל נוריאל:

Flexiona tus rodillas en "*Baruj*", inclínate en "*Atá*" y enderézate en "*Adonai*".

ק ו צ

בָּרוּךְ Baruj אַתָּה Atá יְהֹוָהאדניה (יְהֹוָהאדֹנָי) יאהדונהי Adonai (הד)

י ת

מָגֵן maguén ג״פ אל (ייא״י מילוי דס״ג) ; ר״ת מיכאל גבריאל נוריאל אַבְרָהָם Avraham

וז״פ אל, רי״ו ול״ב נתיבות החכמה, רמ״ח (אברים), עסמ״ב וט״ז אותיות פשוטות:

El Dios grande, poderoso y reverenciado.

El Dios Celestial. El que otorga benevolencia y crea todas las cosas. El que recuerda las buenas acciones de nuestros ancestros y El que trae un redentor a los hijos de sus hijos por el bien de Su Nombre, con amor. Rey, Asistente, Salvador y Escudo. Bendito seas Tú, Señor, Escudo de Avraham.

LA SEGUNDA BENDICIÓN

LA ENERGÍA DE YITSJAK ENCIENDE EL PODER DE LA RESURRECCIÓN DE LOS MUERTOS

Mientras que Avraham representa el poder de compartir, Yitsjak representa a la Columna Izquierda, energía de Juicio. El Juicio acorta el proceso de *tikún* y prepara la vía para nuestra resurrección final.

Guevurá que se convierte en *Biná*

En esta sección hay 49 palabras que corresponden a las 49 Puertas del Sistema Puro en *Biná*.

אַתָּה Atá גִּבּוֹר guibor לְעוֹלָם leolam ריבוע ס"ג וי' אותיות דס"ג אֲדֹנָי Adonai ללה

(ר"ת אַגְלָא והוא שם גדול ואמיץ, ובו היה יהודה מתגבר על אויביו. ע"ה אלד, בוכו.)

מְחַיֶּה mejayé ס"ג מֵתִים metim אַתָּה Atá. רַב rav לְהוֹשִׁיעַ lehoshía.

Solamente en *Motsaéi Simjat Torá*:

מַשִּׁיב mashiv הָרוּחַ harúaj ר"ת מ"ה

וּמוֹרִיד umorid הַגֶּשֶׁם haguéshem

שביל [י"ש (= י"פ אל) ול"ב נתיבות החכמה] ע"ה:

Si por error dices "*Morid hatal*" y te das cuenta de ello antes del final de la bendición ("*Baruj Atá Adonai*"), debes regresar al comienzo de la bendición ("*Atá guibor*") y continuar normalmente. Pero si sólo te das cuenta de ello después del final de la bendición, debes continuar y no regresar.

Durante *Sucot*:

מוֹרִיד morid הַטָּל hatal

יוד הא ואו, כוזו, מספר אותיות דמילואי עסמ"ב ;

ר"ת מ"ה (יוד הא ואו הא):

Si por error dices "*Mashiv harúaj*" y te das cuenta de ello antes del final de la bendición ("*Baruj Atá Adonai*"), debes regresar al comienzo de la bendición ("*Atá guibor*") y continuar normalmente. Pero si sólo te das cuenta de ello después del final de la bendición, debes iniciar la *Amidá* desde el principio.

מְכַלְכֵּל mejalquel חַיִּים jayim אהיה אהיה יהוה, בינה ע"ה בְּחֶסֶד bejésed

ע"ב, ריבוע יהוה. מְחַיֵּה mejayé ס"ג מֵתִים metim בְּרַחֲמִים berajamim

(במוכסז) מצפצ, אלהים דההין, י"פ ייי רַבִּים rabim (טלא דעתיק). סוֹמֵךְ somej

(אכדטם) כוק, ריבוע אדני נוֹפְלִים noflim (זו"ן). וְרוֹפֵא verofé חוֹלִים jolim

חולה = מ"ה וד' אותיות. וּמַתִּיר umatir אֲסוּרִים asurim. וּמְקַיֵּם umekayem

אֱמוּנָתוֹ emunató לִישֵׁנֵי lishenei עָפָר afar. מִי mi ילי כָּמוֹךָ jamoja

(debes pronunciar la letra *Ayin* en la palabra "*Báal*") בַּעַל báal גְּבוּרוֹת guevurot

וּמִי umí ילי דּוֹמֶה domé לָּךְ laj. מֶלֶךְ Mélej מֵמִית memit

וּמְחַיֶּה umejayé ס"ג (יוד הי ואו הי) וּמַצְמִיחַ umatsmíaj יְשׁוּעָה yeshuá:

LA SEGUNDA BENDICIÓN

Tú, Señor, eres poderoso por siempre. Tú revives a los muertos y eres muy capaz de redimir.

Solamente en *Motsaéi Simjat Torá*:

El que hace soplar el viento y caer la lluvia.

Durante *Sucot*:

El que hace caer el rocío.

Tú sostienes a los vivientes con bondad y revives a los muertos con gran compasión. Tú sostienes a los caídos, curas a los enfermos, pones en libertad a los cautivos y cumples Tu promesa con los que duermen en el polvo. ¿Quién es como Tú, Señor de fortaleza, y quién puede compararse contigo, Rey, que causas la muerte, das vida y haces crecer la salvación?

וְנֶאֱמָן veneemánn אַתָּה Atá לְהַחֲיוֹת lehajayot מֵתִים metim:

בָּרוּךְ Baruj אַתָּה Atá יְהֹוָהאדנִי(יְהֹוָאֲדֹנָי)יאהדונהי Adonai

מְחַיֵּה mejayé ס״ג (יוד הי ואו הי) הַמֵּתִים hametim ר״ת מ״ה וס״ת מ״ה:

LA TERCERA BENDICIÓN

Esta bendición nos conecta con Yaakov, la Columna Central, el poder de la restricción. Yaakov es nuestro canal para conectar la Misericordia con el Juicio. Al restringir nuestro comportamiento reactivo, estamos deteniendo nuestro Deseo de Recibir para Nosotros Mismos. Yaakov también nos da el poder para equilibrar nuestros actos de Misericordia y Juicio hacia otras personas en nuestra vida.

Tiféret que se convierte en *Dáat* (14 palabras).

אַתָּה Atá קָדוֹשׁ kadosh וְשִׁמְךָ veShimjá קָדוֹשׁ kadosh ר״ת = אור, רז, אין סוף

וּקְדוֹשִׁים ukdoshim בְּכָל־ bejol ב״ן, לכב יוֹם yom ע״ה נגד, מזבח, זן, אל יהוה

יְהַלְלוּךָ yehaleluja סֶּלָה sela:

בָּרוּךְ Baruj אַתָּה Atá יְהֹוָהאדנִי(יְהֹוָאֲדֹנָי)יאהדונהי Adonai

הָאֵל haEl לאה ; ייא״י (מילוי דס״ג) הַקָּדוֹשׁ hakadosh י״פ מ״ה (יוד הא ואו הא):

Medita aquí en el Nombre: יאהדונהי, ya que puede ayudar a eliminar la ira.

LAS TRECE BENDICIONES DEL MEDIO

Hay trece bendiciones en el medio de la *Amidá* que nos conectan a los Trece Atributos.

LA PRIMERA (CUARTA) BENDICIÓN

Esta bendición nos ayuda a transformar la información en conocimiento al ayudarnos a internalizar todo lo que aprendemos.

Jojmá

En esta bendición hay 17 palabras, el mismo valor numérico de la palabra *Tov* (bueno) en el secreto de *Ets HaDáat Tov vaRá*, (Árbol de Conocimiento del Bien y el Mal), donde conectamos solamente con el *Tov*.

אַתָּה Atá חוֹנֵן jonén לְאָדָם leadam מ״ה דַּעַת dáat

וּמְלַמֵּד umelamed לֶאֱנוֹשׁ leenosh בִּינָה biná ע״ה אהיה אהיה יהוה, וזיים

Y eres fiel para resucitar a los muertos. Bendito eres Tú, Señor, que resucitas a los muertos.

LA TERCERA BENDICIÓN

Tú eres Santo y Santo es Tu Nombre, y los Seres Santos te alaban día a día, porque Tú eres Dios, el Rey Santo, Sela. Bendito eres Tú, Señor, el Santo Dios.

LAS TRECE BENDICIONES DEL MEDIO - LA PRIMERA (CUARTA) BENDICIÓN

Tú graciosamente le otorgas conocimiento al hombre y entendimiento a la humanidad.

En *Motsaéi Shabat* **(sábado en la noche)** y en *Motsaéi Jag* agregamos lo siguiente:

ATÁ JONANTANU

Esta conexión nos ayuda a diferenciar lo bueno de lo malo durante la semana. Con demasiada frecuencia atraemos a las personas equivocadas y aprovechamos las oportunidades equivocadas en nuestra vida. Esta conexión nos da el sexto sentido para percibir las consecuencias a largo plazo.

אַתָּה Atá חוֹנַנְתָּנוּ jonantanu יְהֹוָהאדניאהדונהי Adonai אֱלֹהֵינוּ Eloheinu ילה

מַדָּע madá וְהַשְׂכֵּל vehasquel, אַתָּה Atá אָמַרְתָּ amarta לְהַבְדִּיל lehavdil

בֵּין bein קֹדֶשׁ kódesh לְחוֹל lejol וּבֵין uvein אוֹר or רז, א״ס

לְחוֹשֶׁךְ lejóshej וּבֵין uvein יִשְׂרָאֵל Yisrael לָעַמִּים laamim,

וּבֵין uvein יוֹם yom ע״ה נגד, מזבח, זן, אל יהוה הַשְּׁבִיעִי hashevií לְשֵׁשֶׁת leshéshet

יְמֵי yemei הַמַּעֲשֶׂה hamaasé. כְּשֵׁם queshem שֶׁהִבְדַּלְתָּנוּ shehivdaltanu

יְהֹוָהאדניאהדונהי Adonai אֱלֹהֵינוּ Eloheinu ילה מֵעַמֵּי meamei

הָאֲרָצוֹת haaratsot וּמִמִּשְׁפְּחוֹת umimishpejot הָאֲדָמָה haadamá,

כָּךְ caj פְּדֵנוּ pedenu וְהַצִּילֵנוּ vehatsilenu מִשָּׂטָן misatán רָע ra

וּמִפֶּגַע umipega רָע ra, וּמִכָּל umicol ילי גְּזֵרוֹת guezerot קָשׁוֹת kashot

וְרָעוֹת veraot הַמִּתְרַגְּשׁוֹת hamitragshot לָבֹא lavó בָּעוֹלָם baolam:

וְחָנֵּנוּ vejonenú מֵאִתְּךָ meitjá חָכְמָה Jojmá במילוי = תרי״ג (מצוות)

בִּינָה Biná ע״ה אהיה אהיה יהוה, וחיים וָדַעַת vaDáat ר״ת וחבו:

בָּרוּךְ Baruj אַתָּה Atá יְהֹוָהאדניאהדונהי Adonai חוֹנֵן jonén הַדָּעַת hadáat:

ATÁ JONANTANU

Tú nos has otorgado graciosamente, Señor, nuestro Dios, conocimiento e inteligencia. Tú nos ordenaste separar entre lo santo y lo no santo, entre la Luz y la oscuridad, entre Israel y las naciones y entre el Séptimo Día y los seis días de la Creación. Así como nos separaste, Señor, nuestro Dios, de las naciones de la Tierra y de las familias en la Tierra, que así puedas redimirnos y rescatarnos del adversario malvado, de cualquier deformidad, y de todo tipo de decretos severos y malvados que apasionadamente vienen al mundo.

Concédenos con gracia, de Ti, sabiduría, comprensión y conocimiento.

¡Bendito eres Tú, Señor, que con gracia concedes conocimiento!

LA SEGUNDA (QUINTA) BENDICIÓN

Esta bendición nos mantiene en la Luz. Todos nosotros, en algún momento u otro, sucumbimos a las dudas y a la incertidumbre que el Satán constantemente nos implanta. Si cometemos el desafortunado error de retroceder y alejarnos de la Luz, no queremos que el Creador imite nuestras acciones y se aleje de nosotros. En lugar de eso, queremos que Él nos atrape. En el recuadro inferior hay algunas líneas que podemos recitar y sobre las que podemos meditar para el beneficio de otros que pudiesen estar alejándose. La guerra contra el Satán es la guerra más antigua que conoce el hombre. Y la única manera de vencer al Satán es uniéndonos, compartiendo, ayudando y meditando unos por otros.

Biná

En esta bendición hay 15 palabras, al igual que la poderosa acción de la *teshuvá* (arrepentimiento) que eleva 15 niveles en el camino hacia el *Quisé HaCavod* (el Trono de Honor). Éste pasa por siete *Rekiim* (Firmamentos), siete *Avirim* (Aires), y otro Firmamento en la parte superior de los Animales Santos (juntos suman 15). Además, hay 15 palabras en los dos versículos principales del Profeta Yeshayahu y del Rey David que hablan sobre la *teshuvá (Isaías 55:7; Salmos 32:5)*. El número 15 también es el secreto del Nombre: יה.

הֲשִׁיבֵנוּ hashivenu אָבִינוּ avinu לְתוֹרָתֶךָ letorateja (ווסד שבה – יְהֹוָאֲדֹנָי יאהדונהי)•
וְקָרְבֵנוּ vekarvenu מַלְכֵּנוּ malquenu לַעֲבוֹדָתֶךָ laavodateja•
וְהַחֲזִירֵנוּ vehajazirenu בִּתְשׁוּבָה bitshuvá שְׁלֵמָה shelemá
לְפָנֶיךָ lefaneja ס״ג מ״ה ב״ן:

Si quieres meditar por otra persona y ayudarla en su proceso espiritual, recita:

יְהִי yehí רָצוֹן ratsón מהש ע״ה, ע״ב בריבוע וקס״א ע״ה, אל שדי ע״ה
מִלְּפָנֶיךָ milfaneja ס״ג מ״ה ב״ן יְהֹוָאֲדֹנָי אהדונהי Adonai אֱלֹהַי Elohai מילוי ע״ב, דמב ; ילה
וֵאלֹהֵי veElohei לכב ; מילוי ע״ב, דמב ; ילה אֲבוֹתַי avotai שֶׁתַּחְתּוֹר shetajtor
וַחֲתִירָה jatirá מִתַּחַת mitájat כִּסֵּא quisé כְּבוֹדֶךָ quevodeja וּתְקַבֵּל utekabel
בִּתְשׁוּבָה bitshuvá אֶת et (el nombre de la persona y el nombre de su padre) כִּי qui יְמִינְךָ yeminjá
יְהֹוָאֲדֹנָי אהדונהי Adonai פְּשׁוּטָה peshutá לְקַבֵּל lekabel שָׁבִים shavim•

בָּרוּךְ Baruj אַתָּה Atá יְהֹוָאֲדֹנָי אהדונהי Adonai
הָרוֹצֶה harotsé בִּתְשׁוּבָה bitshuvá:

LA SEGUNDA (QUINTA) BENDICIÓN

Regrésanos, Padre nuestro, a Tu Torá
y acércanos, Rey nuestro, a Tu servicio, y haznos retornar ante Ti en perfecto arrepentimiento.

Que sea agradable ante Ti, Señor, mi Dios y Dios de mis ancestros, que Tú seas generoso en el Trono de Tu Gloria y aceptes como arrepentido a (el nombre de la persona y el nombre su padre) *porque Tu Diestra, Señor, se extiende hacia fuera para recibir a aquellos que se arrepienten.*

¡Bendito eres Tú, Señor, que desea arrepentimiento!

LA TERCERA (SEXTA) BENDICIÓN

Esta bendición nos ayuda a alcanzar el perdón verdadero. Tenemos el poder de limpiarnos de nuestro comportamiento negativo y acciones hirientes hacia los demás a través del perdón. Esta bendición no significa que al rogar por el perdón ya nuestra pizarra quedará limpia. El perdón se refiere a la metodología para eliminar los residuos que provienen de nuestras injusticias. Hay dos formas de eliminar los residuos: física y espiritual. Acumulamos residuo físico cuando no aceptamos nuestras faltas y las leyes de causa y efecto. Nos limpiamos a nosotros mismos cuando experimentamos cualquier tipo de dolor, bien sea financiero, emocional o físico. Si decidimos limpiarnos espiritualmente, prescindimos de la limpieza física. Hacemos esto generando en nosotros el dolor que les causamos a los demás. Sentimos a la otra persona y, con un corazón sincero, recitamos esta oración mientras experimentamos la herida y el dolor que infligimos a los demás. Esta forma de limpieza espiritual evita que tengamos que pasar por una limpieza física.

Jésed

En esta bendición hay 21 palabras, el cual es el valor numérico del Nombre Sagrado: אהיה.

סְלַח selaj יהוה ע״ב לָנוּ lanu אלהים, אהיה אדני אָבִינוּ avinu ר״ת סאל, אמן, (יאהדונהי)

כִּי qui חָטָאנוּ jatanu• מְחוֹל mejol לָנוּ lanu אלהים, אהיה אדני ; מחול לנו ע״ה =

מַלְכֵּנוּ malquenu קס״א וי׳ אותיות כִּי qui פָשָׁעְנוּ fashanu• כִּי qui אֵל El ייא״י (מילוי דס״ג)

טוֹב tov והו וְסַלָּח vesalaj יהוה ע״ב אָתָּה Atá: בָּרוּךְ Baruj אַתָּה Atá

יְהֹוָהאדניאהדונהי Adonai חַנּוּן janún הַמַּרְבֶּה hamarbé לִסְלוֹחַ lislóaj:

LA CUARTA (SÉPTIMA) BENDICIÓN

Esta bendición nos ayuda a alcanzar la redención después que somos limpiados espiritualmente.

Guevurá

רְאֵה reé ראה נָא na בְעָנְיֵנוּ veonyenu ר״ת רנ״ב (אברים באשה, כנגד הגבורה)

וְרִיבָה verivá רִיבֵנוּ rivenu• וּמַהֵר umaher לְגָאֳלֵנוּ legaolenu

גְּאֻלָּה gueulá מ״ה שְׁלֵמָה shelemá לְמַעַן lemaan שְׁמֶךָ Shemeja

כִּי qui אֵל El ייא״י (מילוי דס״ג) גּוֹאֵל goel וְחָזָק jazak פהל אָתָּה Atá:

בָּרוּךְ Baruj אַתָּה Atá יְהֹוָהאדניאהדונהי Adonai גּוֹאֵל goel יִשְׂרָאֵל Yisrael:

LA QUINTA (OCTAVA) BENDICIÓN

Esta bendición nos da el poder de sanar cada parte de nuestro cuerpo. Toda sanación se origina en la Luz del Creador. El aceptar y entender esta verdad nos da la abertura para recibir esta Luz. También debemos pensar en compartir esta energía de sanación con otros.

LA TERCERA (SEXTA) BENDICIÓN

Perdónanos, Padre nuestro,

porque hemos transgredido. Perdónanos, Rey nuestro, porque hemos pecado, porque Tú eres un Dios bueno y que perdona. ¡Bendito eres Tú, Señor, que eres bondadoso y perdonas de manera magnánima!

LA CUARTA (SÉPTIMA) BENDICIÓN

Mira nuestra aflicción y defiende nuestra causa; por Tu Nombre redímenos prontamente, pues Tú eres un Dios poderoso y redentor. ¡Bendito eres Tú, Señor, que redimes a Israel!

Tiféret

רְפָאֵנוּ refaenu יְהֹוָהאדניאהדונהי Adonai וְנֵרָפֵא venerafé ר״ת רי״ו.
הוֹשִׁיעֵנוּ hoshienu וְנִוָּשֵׁעָה venivashea כִּי qui תְהִלָּתֵנוּ tehilatenu
אַתָּה Atá ר״ת = ב״פ רי״ו. וְהַעֲלֵה vehaalé אֲרוּכָה arujá וּמַרְפֵּא umarpé
לְכָל־ lejol יה אדני תַּחֲלוּאֵינוּ tajalueinu. וּלְכָל־ ulejol יה אדני
מַכְאוֹבֵינוּ majoveinu וּלְכָל־ ulejol יה אדני מַכּוֹתֵינוּ macoteinu.

Para meditar por sanación para ti mismo u otras personas, agrega lo siguiente; y en los paréntesis a continuación, incluye los nombres:

יְהִי yehí רָצוֹן ratsón מהש ע״ה, ע״ב בריבוע וקס״א ע״ה, אל שדי ע״ה
מִלְּפָנֶיךָ milfaneja ס״ג מ״ה ב״ן יְהֹוָהאדניאהדונהי Adonai אֱלֹהַי Elohai מילוי ע״ב, דמב ; ילה
וֵאלֹהֵי veElohei לכב ; מילוי ע״ב, דמב ; ילה אֲבוֹתַי avotai שֶׁתְּרַפְּאֵנִי shetirpaeni
(וְתִרְפָּא vetirpá (incluye el nombre de la persona) בֶּן ben (Mujeres: בַּת bat) (incluye el nombre de su madre))
רְפוּאָה refuá שְׁלֵמָה shelemá רְפוּאַת refuat הַנֶּפֶשׁ hanéfesh
וּרְפוּאַת urefuat הַגּוּף haguf, כְּדֵי quedei שֶׁאֶהְיֶה sheehyé חָזָק jazak פהל
(Mujeres: חֲזָקָה jazaká פהל) בִּבְרִיאוּת bivriut, וְאַמִּיץ veamits
(Mujeres: וְאַמִּיצַת veamitsat) כֹּחַ cóaj, בְּמָאתַיִם bematáyim וְאַרְבָּעִים vearbaim
וּשְׁמוֹנָה ushmoná רמ״ח (אברים), אברהם, ו״פ אל, רי״ו ול״ב נתיבות החכמה, עסמ״ב וט״ז אותיות
פשוטות (Mujeres: בְּמָאתַיִם bematáyim וַחֲמִשִּׁים vejamishim וּשְׁנַיִם ushnáyim)
אֵבָרִים evarim וּשְׁלֹשׁ ushlosh מֵאוֹת meot המספר = ש = אלהים דיודין
וְשִׁשִּׁים veshishim המספר = מילוי הש״ (ין) וַחֲמִשָּׁה vajamishá גִּידִים guidim שֶׁל shel
נִשְׁמָתִי nishmatí וְגוּפִי vegufí, לְקִיּוּם lekiyum תּוֹרָתְךָ toratjá הַקְּדוֹשָׁה hakedoshá.

כִּי qui אֵל El יא״י (מילוי דס״ג) רוֹפֵא rofé הָרַחֲמָן harajamán וְנֶאֱמָן veneemán
אַתָּה Atá: בָּרוּךְ Baruj אַתָּה Atá יְהֹוָהאדניאהדונהי Adonai רוֹפֵא rofé
חוֹלֵי jolei חולה = מ״ה (יוד הא ואו הא) וד׳ אותיות עַמּוֹ amó יִשְׂרָאֵל Yisrael

ר״ת רפ״ו (להעלות הניצוצות שנפלו לקליפה דמשם באים התחלואים):

LA QUINTA (OCTAVA) BENDICIÓN

Cúranos, Señor, y seremos curados. Sálvanos y seremos salvados. Porque Tú eres nuestro orgullo. Trae curación y sanación a todas nuestras dolencias, a todos nuestros dolores, a todas nuestras heridas.

Sea agradable ante Ti, Señor, mi Dios y Dios de mis ancestros, que Tú me sanes completamente (y el nombre de la persona y el nombre de su madre) *con la sanación del espíritu y la sanación del cuerpo, para que sea fuerte en salud y vigoroso en mi fortaleza en todos mis 248* (la mujer dice*: 252) órganos y los 365 tendones de mi alma y mi cuerpo, para que yo sea capaz de guardar Tu Santa Torá.*

Porque Tú eres un Dios sanador, compasivo y leal.
¡Bendito eres Tú, Señor, que sanas a los enfermos de Tu pueblo, Israel!

LA SEXTA (NOVENA) BENDICIÓN

Esta bendición trae sustento y prosperidad para todo el planeta y nos provee sustento personal. Quisiéramos que todos nuestros años estuviesen llenos de rocío y lluvia, que son la corriente vital que sostiene nuestro mundo.

Nétsaj

En *Jol Hamoed Sucot* decimos lo siguiente:

Si por error dices "*Barej alenu*" en lugar de "*Barjenu*" y te das cuenta de ello antes del final de la *Amidá* ("*yihyú leratsón*", el segundo), entonces debes regresar y decir "*Barjenu*" y continuar normalmente. Si te das cuenta de ello después, debes comenzar la *Amidá* desde el principio.

בָּרְכֵנוּ barjenu יְהֹוָה יאהדונהי Adonai אֱלֹהֵינוּ Eloheinu ילה בְּכָל־ bejol

ב״ן, לכב מַעֲשֵׂי maasei יָדֵינוּ yadeinu• וּבָרֵךְ uvarej שְׁנָתֵנוּ shenatenu

בְּטַלְלֵי betalelei רָצוֹן ratsón מהש ע״ה, ע״ב בריבוע וקס״א ע״ה, אל שדי ע״ה

בְּרָכָה brajá וּנְדָבָה unedavá בינה (וע״ה אהיה אהיה יהוה, וחיים)• וּתְהִי utehí

אַחֲרִיתָהּ ajaritá וְחַיִּים jayim אהיה אהיה יהוה, בינה ע״ה וְשָׂבָע vesavá

וְשָׁלוֹם veshalom כַּשָּׁנִים cashanim הַטּוֹבוֹת hatovot לִבְרָכָה livrajá•

Si deseas meditar por sustento puedes agregar:

יְהִי yehí רָצוֹן ratsón מהש ע״ה, ע״ב בריבוע וקס״א ע״ה, אל שדי ע״ה מִלְּפָנֶיךָ milfaneja

ס״ג מ״ה ב״ן יְהֹוָה יאהדונהי Adonai אֱלֹהֵינוּ Eloheinu ילה וֵאלֹהֵי veElohei

לכב ; מילוי ע״ב, דמב ; ילה אֲבוֹתֵינוּ avoteinu שֶׁתִּתֵּן shetitén ב״פ כהת לִי li

וּלְכָל ulejol יה אדני הַסְּמוּכִים hasemujim עַל al שׁוּלְחָנִי shuljaní, הַיּוֹם hayom

ע״ה נגד, מזבח, זן, אל יהוה וּבְכָל uvejol ב״ן, לכב יוֹם yom ע״ה נגד, מזבח, זן, אל יהוה

מְזוֹנוֹתַי mezonotai וּמְזוֹנוֹתֵיהֶם umezonoteihem בְּכָבוֹד bejavod בוכו וְלֹא veló

בְּבִזּוּי bevizui בְּהֶיתֵּר beheiter וְלֹא veló בְּאִיסּוּר beisur בִּזְכוּת bizjut

שִׁמְךָ Shimjá הַגָּדוֹל hagadol להח ; עם ד׳ אותיות = מבה, יזל, אום

(No pronunciar este nombre: דִּיקַרְנוֹסָא וחתך עם ג׳ אותיות - ובאתב״ש סאל, אמן, יאהדונהי)

LA SEXTA (NOVENA) BENDICIÓN

En *Jol Hamoed Sucot* decimos lo siguiente:

Bendícenos, Señor, nuestro Dios, en todos nuestros esfuerzos, y bendice nuestros años con el rocío de la buena voluntad, bendiciones y benevolencia. Que su conclusión sea vida, satisfacción y paz, así como otros años de bendiciones,

Sea agradable ante Ti,
Señor, mi Dios y Dios de mis ancestros, que Tú me proveas a mí y a mi hogar, hoy y todos los días, mi alimento y el de ellos, con dignidad y no con vergüenza, de forma permisible y no prohibida, en virtud de Tu gran Nombre

הַיּוֹצֵא hayotsé מִפָּסוּק mipasuk: וַהֲרִיקֹתִי vaharikoti לָכֶם lajem
בְּרָכָה brajá עַד־ ad בְּלִי־ bli דָי dai וּמִפָּסוּק umipasuk: נְסָה nesá
עָלֵינוּ aleinu אוֹר or ,רו, אין סוף פָּנֶיךָ paneja ס"ג מ"ה ב"ן יְהֹוָה(אדני)אהדונהי Adonai
וְאַל veal תַּצְרִיכֵנוּ tatsrijenu לִידֵי lidei מַתְּנוֹת matenot בָּשָׂר basar
וָדָם vadam, כִּי qui אִם im יוהך, מ"א אותיות אהיה בפשוטו מילואו ומילוי דמילואו ע"ה
מִיָּדְךָ miyadjá הַמְּלֵאָה hameleá וּמֵאוֹצַר umeotsar מַתְּנַת matnat וְחִנָּם jinam
תְּכַלְכְּלֵנִי tejalquelni וְתַשְׁפִּיעֵנִי vetashpieni, אָמֵן Amén יאהדונהי סֶלָה sela.

כִּי qui אֵל El יא"י (מילוי דס"ג) טוֹב tov והו וּמֵטִיב umetiv
אַתָּה Atá וּמְבָרֵךְ umevarej הַשָּׁנִים hashanim: בָּרוּךְ Baruj
אַתָּה Atá יְהֹוָה(אדני)אהדונהי Adonai מְבָרֵךְ mevarej הַשָּׁנִים hashanim:

En *Motsaéi Simjat Torá* decimos lo siguiente:

Si por error dices *"barjenu"* en lugar de *"barej aleinu"*, y te das cuenta de esto antes del final de la bendición (*"Baruj Atá Adonai"*), debes volver y decir *"barej aleinu"* y continuar como siempre Si sólo te das cuenta después, debes decir *"vetén tal umatar livrajá"* en *"shomea tefilá"*. Si sólo te das cuenta después de empezar el *"retsé"* debes empezar la *Amidá* desde el principio.

בָּרֵךְ barej עָלֵינוּ aleinu יְהֹוָה(אדני)אהדונהי Adonai אֱלֹהֵינוּ Eloheinu ילה
אֶת et הַשָּׁנָה hashaná הַזֹּאת hazot. וְאֶת veet כָּל־ col ילי
מִינֵי minei תְבוּאָתָהּ tevuatá לְטוֹבָה letová אכא. וְתֵן vetén
טַל tal יוד הא ואו, כוזו וּמָטָר umatar לִבְרָכָה livrajá עַל al כָּל־ col ילי ; עמם
פְּנֵי penei וחכמה בינה הָאֲדָמָה haadamá. וְרַוֵּה veravé פְּנֵי penei וחכמה בינה
תֵּבֵל tevel ב"פ רי"ו וְשַׂבַּע vesabá אֶת et הָעוֹלָם haolam
כֻּלּוֹ culó מִטּוּבָךְ mituvaj לאו. וּמַלֵּא umalé יָדֵינוּ yadeinu
מִבִּרְכוֹתֶיךָ mibirjoteja וּמֵעֹשֶׁר umeósher מַתְּנוֹת matenot יָדֶיךָ yadeja.

---

que proviene del versículo: "derramar bendiciones sobre ti hasta que no haya espacio suficiente para éstas" (Malaquías 3:10) y del versículo: "Eleva sobre nosotros la Luz de Tu rostro, Señor" (Salmos 4:7), y no necesitaremos los regalos de carne y sangre, sino sólo de Tu mano, la cual está llena, y del tesoro del regalo gratuito, Tú me sostendrás y me alimentarás. Amén. Sela.

porque Tú eres un Dios bueno y benefactor y Tú bendices los años.
¡Bendito eres Tú, Dios, que bendices los años!

En *Motsaéi Simjat Torá* decimos lo siguiente:

Bendice, Señor, nuestro Dios, este año y todas sus clases de cosechas para bien. Y da rocío y lluvia como bendición sobre toda la faz de la Tierra. Sacia la sed de la faz de la Tierra y sacia a todo el mundo de Tu dadivosidad. Llena nuestras manos con Tus bendiciones y de la riqueza de los regalos de Tus Manos.

Si quieres meditar por sustento, puedes agregar lo siguiente:

יְהִי yehí רָצוֹן ratsón מהש ע״ה, ע״ב בריבוע וקס״א ע״ה, אל שדי ע״ה מִלְּפָנֶיךָ milfaneja

ס״ג מ״ה ב״ן יְהֹוָואדה״יאהדונה״י Adonai אֱלֹהֵינוּ Eloheinu ילה וֵאלֹהֵי veElohei

לכב ; מילוי ע״ב, דמב ; ילה אֲבוֹתֵינוּ avoteinu שֶׁתִּתֶּן shetitén ב״פ כהת לִי li

(וְכֵן vején לְ (inserta en nombre de la persona) בֶּן ben (mujeres: בַּת bat) (inserta el nombre del padre))

וּלְכָל ulejol יה אדני הַסְּמוּכִים hasemujim עַל al שׁוּלְחָנִי shuljaní, הַיּוֹם hayom

ע״ה נגד, מזבח, זן, אל יהוה וּבְכָל uvejol ב״ן, לכב יוֹם yom ע״ה נגד, מזבח, זן, אל יהוה

מְזוֹנוֹתַי mezonotai וּמְזוֹנוֹתֵיהֶם umezonoteihem בְּכָבוֹד bejavod בוכו וְלֹא veló

בְּבִזּוּי bevizui בְּהֶיתֵּר beheiter וְלֹא veló בְּאִיסּוּר beisur בִּזְכוּת bizjut

שִׁמְךָ Shimjá הַגָּדוֹל hagadol להח ; עם ד׳ אותיות = מבה, יזל, אום

(No pronunciar este nombre: דִּיקַרְנוּסָא ויתך עם ג׳ אותיות - ובאתב״ש סאל, אמן, יאהדונה״י)

הַיּוֹצֵא hayotsé מִפָּסוּק mipasuk: וַהֲרִיקֹתִי vaharikoti לָכֶם lajem

בְּרָכָה brajá עַד־ ad בְּלִי־ bli דָי dai וּמִפָּסוּק umipasuk: נְסָה nesá

עָלֵינוּ aleinu אוֹר or רז, אין סוף פָּנֶיךָ paneja ס״ג מ״ה ב״ן יְהֹוָואדה״יאהדונה״י Adonai

וְאַל veal תַּצְרִיכֵנוּ tatsrijenu לִידֵי lidei מַתְּנוֹת matenot בָּשָׂר basar

וָדָם vadam, כִּי qui אִם im יוהך, מ״א אותיות אהיה בפשוטו מילואו ומילוי דמילואו ע״ה

מִיָּדְךָ miyadjá הַמְּלֵאָה hameleá וּמֵאוֹצַר umeotsar מַתְּנַת matnat חִנָּם jinam

תְּכַלְכְּלֵנִי tejalquelni וְתַשְׁפִּיעֵנִי vetashpieni, אָמֵן Amén יאהדונה״י סֶלָה sela.

שָׁמְרָה shomrá וְהַצִּילָה vehatsilá שָׁנָה shaná זוֹ zo מִכָּל־ micol ילי

דָּבָר davar ראה רָע ra. וּמִכָּל־ umicol ילי מִינֵי minei מַשְׁחִית mashjit

וּמִכָּל־ umicol ילי מִינֵי minei פּוּרְעָנוּת puranut. וַעֲשֵׂה vaasé לָהּ la

תִּקְוָה tikvá טוֹבָה tová אכא וְאַחֲרִית veajarit שָׁלוֹם shalom. חוּס jus

---

Sea agradable ante Ti, Señor, mi Dios y Dios de mis antepasados, que Tú me proveas a mí y a mi hogar, hoy y todos los días, mi alimento y el de ellos, con dignidad y no con vergüenza, de forma permisible y no prohibida, en virtud de Tu gran Nombre que proviene del versículo: "derramar bendiciones sobre ti hasta que no haya espacio suficiente para éstas" (Malaquías 3:10) *y del versículo: "Eleva sobre nosotros la Luz de Tu rostro, Señor"* (Salmos 4:7), *y no necesitaremos los regalos de carne y sangre, sino sólo de Tu mano, la cual está llena, y del tesoro del regalo gratuito Tú me sostendrás y me alimentarás. Amén. Sela.*

Protege y guarda este año de todo mal y de toda forma de destrucción y de toda forma de tribulación. Haz que éste tenga buena esperanza y un final pacífico. Ten piedad

ורחם verajem אברהם, וח״פ אל, רי״ו ול״ב נתיבות החכמה, רמ״ח (אברים), עסמ״ב וט״ז אותיות פשוטות

עליה aleha פהל ועל veal כל- col ילי ; עמם תבואתה tevuatá

ופירותיה ufeiroteha• וברכה uvarjá בגשמי beguishmei

רצון ratsón מהש ע״ה, ע״ב בריבוע וקס״א ע״ה, אל שדי ע״ה

ברכה brajá ונדבה unedavá בינה (וע״ה אהיה אהיה יהוה, וחיים)

ותהי utehí אחריתה ajaritá חיים jayim אהיה אהיה יהוה, בינה ע״ה

ושבע vesavá ושלום veshalom• כשנים cashanim הטובות hatovot

לברכה livrajá• כי qui אל El ייא״י (מילוי דס״ג) טוב tov והו ומטיב umetiv

אתה Atá ומברך umevarej השנים hashanim: ברוך Baruj

אתה Atá יהואדניאהדונהי Adonai מברך mevarej השנים hashanim:

LA SÉPTIMA (DÉCIMA) BENDICIÓN

Esta bendición nos da el poder de influir de manera positiva sobre toda la humanidad. La Kabbalah enseña que cada individuo afecta la totalidad. Nosotros tenemos un efecto sobre el mundo y el resto del mundo tiene un efecto sobre nosotros, aunque no podamos percibir esta relación con nuestros cinco sentidos. Llamamos a esta relación conciencia cuántica.

Hod

תקע teká ב״פ כוזו״ו וי׳ אותיות בשופר beshofar גדול gadol להח ; עם ד׳ אותיות =

מבה, יזל, אום לחרותנו lejerutenu• ושא vesá נס nes מ״ה אדני לקבץ lekabets

גלויותינו galuyoteinu• וקבצנו vekabetsenu יחד yájad מארבע mearbá

כנפות canfot וזבו (בסגולתו להוציא ניצוצות מן הקליפות) ויכוין וזבו עם נקודותיו = ע״ב, ריבוע יהוה

הארץ haárets אלהים דההין ע״ה ; ר״ת = אדני לארצנו leartsenu:

> Lo siguiente se recita durante todo el año:
>
> La siguiente meditación nos ayuda a liberar y redimir todas las chispas restantes de Luz que hemos perdido mediante nuestras acciones irresponsables (especialmente el comportamiento sexual irresponsable):

---

y ten misericordia sobre éste y sobre todas sus cosechas y frutos; bendícelo con lluvias de bondad, bendición y benevolencia. Y que su final sea vida, satisfacción y paz, porque Tú eres un Dios bueno y benévolo, y Tú bendices los años. Bendito eres Tú, Señor, quien bendice los años.

LA SÉPTIMA (DÉCIMA) BENDICIÓN

Suena un gran Shofar para nuestra libertad y levanta un estandarte para reunir a nuestros exiliados, y reúnenos prontamente de los cuatro confines de la Tierra en nuestra tierra.

יהי yehí רצון ratsón מהש ע"ה, ע"ב בריבוע וקס"א ע"ה, אל שדי ע"ה מלפניך milfaneja
יהוהאדניאהדונהי Adonai אלהי Elohai מילוי ע"ב, דמב ; ילה ס"ג מ"ה ב"ן
ואלהי veElohei לכב ; מילוי ע"ב, דמב ; ילה אבותי avotai שכל shecol ילי טיפה tipá
וטיפה vetipá של shel קרי kerí שיצא sheyatsá ממני mimeni לבטלה levatalá
ומכל umicol ילי ישראל Yisrael בכלל bijlal ובפרט ubifrat שלא sheló
במקום bimkom מצוה mitsvá בין bein באונס beones בין bein ברצון beratsón
מהש ע"ה, ע"ב בריבוע וקס"א ע"ה, אל שדי ע"ה בין bein בשוגג beshogueg בין bein
במזיד bemezid, בין bein בהרהור behirhur ובין uvein במעשה bemaasé,
בין bein בגלגול beguilgul זה ze בין bein בגלגול beguilgul אחר ajer
ונבלע venivlá בקליפות baklipot, שתקיא shetakí הקליפות hakelipot
הניצוצות hanitsotsot קרי kerí שנבלעו shenivleú בה ba, בזכות bizejut
שמך Shimjá הגדול hagadol להח ; עם ד' אותיות = מבה, יזל, אום היוצא hayotsé
מפסוק mipasuk: חיל jáyil ומב בלע balá ויקאנו vaykienu ר"ת וזבו ו-ילי
מבטנו mibitnó ירשנו yorishenu אל El ייא"י (מילוי דס"ג) ; ס"ת וול ובזכות uvizejut
שמך Shimjá הגדול hagadol להח; עם ד' אותיות = מבה, יזל, אום יוזהבויה
שתחזירם shetajazirem למקום limkom קדושה kedushá
והטוב vehatov והו בעיניך beeineja קס"א ע"ה ; ריבוע מ"ה עשה asé.

Debes meditar en corregir el pensamiento que provocó la pérdida de las chispas de Luz. También medita en los Nombres que controlan nuestros pensamientos para cada uno de los seis días de la semana como está a continuación:

Domingo	יהוה	ושם:	דמרגלא	אהיה	מן	א	על צבא כף ואו זין ואו טפטפיה	*Briá.*
Lunes	יהוה	ושם:	דמרגלא	אהיה	מן	ה	על מגן כף ואו זין ואו טפטפיה	*Yetsirá.*
Martes	מצפץ	ושם:	דמרגלא	אהיה	מן	י	צוה פוזד כף ואו זין ואו טפטפיה	*Asiyá.*
Miércoles	אל	ושם:	דמרגלא	יהו	מן	י	צוה פוזד כף ואו זין ואו טפטפיה	*Asiyá.*
Jueves	אלהים	ושם:	דמרגלא	יהו	מן	ה	על מגן כף ואו זין ואו טפטפיה	*Yetsirá.*
Viernes	מצפץ	ושם:	דמרגלא	יהו	מן	ו	על צבא כף ואו זין ואו טפטפיה	*Briá.*

Cada uno de estos Nombres (**על צבא, כף ואו זין ואו, טפטפיה**) tienen una suma total de 193, que es el mismo valor numérico de la palabra *zokef* (elevar). Estos Nombres elevan la Chispa Sagrada de los *Jitsoniyim*. Asimismo, cuando digas las palabras "*mekabets nidjei*" (en la continuación de la bendición), que tiene una suma total de 304, el mismo valor numérico de *Shin*, *Dálet* (demonio), medita en reunir todas las chispas perdidas y anular el poder de las fuerzas negativas.

Sea agradable ante Ti, Señor, mi Dios y Dios de mis ancestros, que cada una de las gotas de kerí que salieron de mí en vano, y de todo Israel en general, y especialmente no a causa de un precepto, si fue obligado o voluntariamente, con o sin intención, debido a pensamiento o acción, en esta vida o en vidas anteriores, y si fue devorado por la klipá, que ésta vomite todas las chispas de kerí en virtud de Tu gran Nombre que proviene del versículo: "Él devoró riqueza y la vomitó, y de su estómago Dios la extrajo" (Job 20:15), y en virtud de Tu gran Nombre las regresarás al Lugar Santo, y harás lo que es bueno ante Tus ojos.

ברוך Baruj אתה Atá יהוהאדניאהדונהי Adonai ; יכוין וחבו בשילוב יהוה כזה: יחהבווה
מקבץ mekabets ע"ב ס"ג מ"ה ב"ן, הברכה (למתק את ז' המלכים שמתו)
נדחי nidjei ע"ב, ריבוע יהוה עמו amó וחבו ישראל Yisrael:

LA OCTAVA (UNDÉCIMA) BENDICIÓN

Esta bendición nos ayuda a equilibrar el juicio con misericordia. Debido a que la misericordia es tiempo, podemos emplearlo en cambiarnos a nosotros mismos antes que el juicio ocurra.

Yesod

השיבה hashiva שופטינו shofteinu כבראשונה quevarishoná ◆
ויועצינו veyoatseinu כבתחלה quevatejilá ר"ת שכ"ה (דינים זכרים שביסוד) ויהוה (הממתקם) ◆
והסר vehaser ממנו mimenu יגון yagón (סמאל) ואנחה vaanajá (לילית) ◆
ומלוך umloj עלינו aleinu מהרה meherá אתה Atá
יהוהאדניאהדונהי Adonai לבדך levadjá ◆ בחסד bejésed ע"ב, ריבוע יהוה
וברחמים uverajamim מצפצ, אלהים דיודין, י"פ ייי ; להמתיק ברחמים דיני צדק ומשפט
בצדק betsédek ובמשפט uvemishpat ע"ה = ה"פ אלהים: ברוך Baruj אתה Ata
יהוהאדניאהדונהי Adonai מלך Mélej אוהב ohev ממתיק דיני
צדקה tsedaká ע"ה ריבוע אלהים ומשפט umishpat ע"ה ה"פ אלהים:

LA NOVENA (DUODÉCIMA) BENDICIÓN

Esta bendición nos ayuda eliminar todas las formas de negatividad, ya sea que provengan de personas, situaciones o, inclusive, de la energía negativa del Ángel de la Muerte [(**no pronunciar estos nombres**) *Sa-ma-el* (aspecto masculino) y *Li-lit* (aspecto femenino), los cuales están codificados aquí], al usar el Santo Nombre: *Shadai* שדי, el cual está codificado matemáticamente en las últimas cuatro palabras de esta bendición y también se encuentra dentro de la *Mezuzá* con el mismo propósito.

¡Bendito eres Tú, Señor, que reúnes a los dispersos de Su Nación, Israel!

LA OCTAVA (UNDÉCIMA) BENDICIÓN

Restaura nuestros jueces, como al principio, y a nuestros consejeros, como al principio. Aparta de nosotros el pesar y los lamentos. Reina sobre nosotros pronto, Tú solo, Señor, con bondad y compasión, con rectitud y justicia. ¡Bendito eres Tú, Dios, el Rey que ama la rectitud y la justicia!

Kéter

לַמִּינִים laminim וְלַמַּלְשִׁינִים velamalshinim אַל al תְּהִי tehí תִקְוָה tikvá

וְכָל vejol ילי הַזֵּדִים hazedim כְּרֶגַע querega ג״פ אלהים עם ט״ו אותיות פשוטות

יֹאבֵדוּ yovedu♦ וְכָל־ vejol ילי אוֹיְבֶיךָ oyveja (סמאל)

וְכָל־ vejol ילי שׂוֹנְאֶיךָ soneja (לילית) מְהֵרָה meherá יִכָּרֵתוּ yicaretu♦

וּמַלְכוּת umaljut הָרִשְׁעָה harishá מְהֵרָה meherá תְעַקֵּר teaker

וּתְשַׁבֵּר uteshaber וּתְכַלֵּם utejalem וְתַכְנִיעֵם vetajniem בִּמְהֵרָה bimherá

בְיָמֵינוּ veyameinu: בָּרוּךְ Baruj אַתָּה Atá יְהֹוָהאדני(יאהדונהי) Adonai

שׁוֹבֵר shover אוֹיְבִים oyvim וּמַכְנִיעַ umajnía זֵדִים zedim ר״ת = שדי:

LA DÉCIMA (DECIMOTERCERA) BENDICIÓN

Esta bendición nos rodea con absoluta positividad para ayudarnos a estar siempre en el lugar correcto en el momento correcto. También nos ayuda a atraer sólo personas positivas a nuestra vida.

Yesod

עַל al הַצַּדִּיקִים hatsadikim צדיק יסוד עולם וְעַל veal הַחֲסִידִים hajasidim

וְעַל veal שְׁאֵרִית sheerit עַמְּךָ ameja בֵּית beit ב״פ ראה יִשְׂרָאֵל Yisrael♦

וְעַל veal פְּלֵיטַת pleitat בֵּית beit ב״פ ראה סוֹפְרֵיהֶם sofreihem♦

וְעַל veal גֵּרֵי guerei הַצֶּדֶק hatsédek וְעָלֵינוּ vealeinu♦ יֶהֱמוּ yehemú

נָא na רַחֲמֶיךָ rajameja יְהֹוָהאדניאהדונהי Adonai אֱלֹהֵינוּ Eloheinu ילה

וְתֵן vetén שָׂכָר sajar י״פ ב״ן טוֹב tov והו לְכָל־ lejol יה אדני

הַבּוֹטְחִים habotjim בְּשִׁמְךָ beShimjá בֶּאֱמֶת beemet אהיה פעמים אהיה, ו״פ ס״ג♦

LA NOVENA (DUODÉCIMA) BENDICIÓN

Para los herejes y los difamadores, que no haya esperanza. Que los impíos perezcan en un instante. Y que todos Tus enemigos y los que te odian sean pronto arrasados. Y en el caso del gobierno dañino, puedas Tú rápidamente desarraigarlo y aplastarlo, y puedas Tú destruirlo y humillarlo, con rapidez en nuestros días. ¡Bendito eres Tú, Señor, que aplastas a los enemigos y humillas a los malvados!

LA DÉCIMA (DECIMOTERCERA) BENDICIÓN

Sobre los justos, sobre los piadosos, sobre los demás de la Casa de Israel, sobre los remanentes de las academias de sus escritoros, sobre los conversos sinceros y sobre nosotros, que se encienda Tu compasión, Señor, nuestro Dios. Otorga buena recompensa a todos los que verdaderamente confían en Tu Nombre.

וְשִׂים vesim וְחֶלְקֵנוּ jelkenu עִמָּהֶם imahem וּלְעוֹלָם uleolam ריבוע ס"ג וי' אותיות דס"ג

לֹא lo נֵבוֹשׁ nevosh כִּי qui בְךָ vejá בָטָחְנוּ batajnu

וְעַל veal חַסְדְּךָ jasdeja הַגָּדוֹל hagadol להח ; עם ד' אותיות = מבה, יזל, אום

בֶּאֱמֶת beemet אהיה פעמים אהיה, ז"פ ס"ג נִשְׁעָנְנוּ nishanenu:

בָּרוּךְ Baruj אַתָּה Atá יְהֹוָה אדני אהדונהי Adonai מִשְׁעָן mishán

וּמִבְטָח umivtaj לַצַּדִּיקִים latsadikim ר"ת ימול (כל מי שנימול נקרא צדיק):

LA UNDÉCIMA (DECIMOCUARTA) BENDICIÓN

Esta bendición nos conecta con la energía de Jerusalén, con la construcción del Templo y con la preparación para el *Mashíaj*.

Hod

תִּשְׁכּוֹן tishcón בְּתוֹךְ betoj יְרוּשָׁלַיִם Yerushaláyim עִירְךָ irjá

כַּאֲשֶׁר caasher דִּבַּרְתָּ dibarta ראה וְכִסֵּא vejisé דָוִד David

עַבְדְּךָ avdejá פוי, אל אדני מְהֵרָה meherá בְּתוֹכָהּ vetojá תָּכִין tajín

Meditar aquí en que el *Mashíaj Ben Yosef* no sea asesinado por el malvado *Armilos* **(no pronunciar)**.

וּבְנֵה uvné אוֹתָהּ otá בִּנְיַן binyán עוֹלָם olam בִּמְהֵרָה bimherá

בְּיָמֵינוּ veyameinu: בָּרוּךְ Baruj אַתָּה Atá יְהֹוָה אדני אהדונהי Adonai

בּוֹנֵה boné ס"ג יְרוּשָׁלָיִם Yerushaláyim:

LA DUODÉCIMA (DECIMOQUINTA) BENDICIÓN

Esta bendición nos ayuda a lograr un estado personal de *Mashíaj* al transformar nuestra naturaleza reactiva en proactiva. Así como hay un *Mashíaj* global, cada uno de nosotros tiene dentro un *Mashíaj* personal. Cuando suficientes personas alcancen su transformación, se preparará el camino para la aparición del *Mashíaj* global.

---

y coloca nuestra suerte junto a la de ellos. Que nunca nos avergoncemos, porque es en Ti en quien colocamos nuestra confianza; es en Tu gran compasión en la que nos apoyamos. ¡Bendito eres Tú, Señor, que eres sostén y refugio de los justos!

LA UNDÉCIMA (DECIMOCUARTA) BENDICIÓN

Puedas Tú morar en Jerusalén, Tu Ciudad, como lo has prometido. Y puedas Tú establecer el trono de David, Tu servidor, rápidamente dentro de ella y construirlo como una estructura eterna, pronto en nuestros días. ¡Bendito eres Tú, Señor, que construye Jerusalén!

Nétsaj

Esta bendición contiene 20 palabras, que es el mismo número de palabras en el versículo “*Qui nijam Adonai Tsiyón nijam col jorvotea...*” (Isaías 51:3), un versículo que habla sobre la Redención Final.

אֶת et צֶמַח tsémaj יהוה אהיה יהוה אדני דָּוִד David
עַבְדְּךָ avdejá פוי, אל אדני מְהֵרָה meherá תַּצְמִיחַ tatsmíaj וְקַרְנוֹ vekarnó
תָּרוּם tarum בִּישׁוּעָתֶךָ bishuateja• כִּי qui לִישׁוּעָתְךָ lishuatjá
קִוִּינוּ kivinu כָּל־ col ילי הַיּוֹם hayom ע״ה נגד, מזבח, זן, אל יהוה

Aquí debes meditar y pedir por que la Redención Final ocurra ahora mismo.

בָּרוּךְ Baruj אַתָּה Atá יְהֹוָהאדניאהדונהי Adonai
מַצְמִיחַ matsmíaj קֶרֶן keren יְשׁוּעָה yeshuá:

LA DECIMOTERCERA (DECIMOSEXTA) BENDICIÓN

Esta bendición es la más importante de todas las bendiciones, porque aquí reconocemos todos nuestros comportamientos reactivos. Hacemos referencia a comportamientos errados en general y también especificamos algún incidente en particular. La sección dentro del recuadro nos ofrece una oportunidad para pedirle a la Luz sustento personal. El Arí afirma que a través de esta oración, inclusive en los días de ayuno, tenemos un ángel personal acompañándonos. Si meditamos en este ángel, todas nuestras oraciones deberán ser respondidas. La decimotercera bendición es uno por encima de los doce signos del Zodíaco y nos eleva más allá de la influencia de las estrellas y los planetas.

Tiféret

שְׁמַע Shemá קוֹלֵנוּ kolenu יְהֹוָהאדניאהדונהי Adonai (יוד הה וו הה)
אֱלֹהֵינוּ Eloheinu ילה (אבג יתץ). אָב av הָרַחֲמָן harajamán רַחֵם rajem
אברהם, וז״פ אל, רי״ו ול״ב נתיבות החכמה, רמ״ח (אברים), עסמ״ב וט״ז אותיות פשוטות עָלֵינוּ aleinu
(קרע שטן). וְקַבֵּל vckabcl בְּרַחֲמִים berajamim מצפצ, אלהים דיודין, י״פ ייי
וּבְרָצוֹן uveratsón מהש ע״ה, ע״ב בריבוע וקס״א ע״ה, אל שדי ע״ה אֶת et
תְּפִלָּתֵנוּ tefilatenu (נגד יכש). כִּי qui אֵל El ייא״י (מילוי דס״ג)
שׁוֹמֵעַ shomea תְּפִלּוֹת tefilot וְתַחֲנוּנִים vetajanunim אָתָּה Atá (בטר צתג).

LA DUODÉCIMA (DECIMOQUINTA) BENDICIÓN

La progenie de David, Tu servidor, puedas Tú rápidamente hacer florecer. Y puedas Tú exaltar su gloria con Tu salvación, porque es por Tu salvación que esperamos todo el día. ¡Bendito eres Tú, Señor, que haces florecer la salvación!

LA DECIMOTERCERA (DECIMOSEXTA) BENDICIÓN

Escucha nuestra voz, Señor, nuestro Dios, Padre misericordioso, ten piedad de nosotros. Acepta nuestra oración con compasión y favor, porque Tú eres Dios, que escuchas oraciones y súplicas.

Es bueno que estés al tanto, reconozcas y confieses tus acciones negativas del pasado y que pidas por tu sustento aquí:

רִבּוֹנוֹ Ribonó שֶׁל shel עוֹלָם Olam, וְחָטָאתִי jatati עָוִיתִי aviti
וּפָשַׁעְתִּי ufashati לְפָנֶיךָ lefaneja ס״ג מ״ה ב״ן יְהִי yehí רָצוֹן ratsón מהש ע״ה,
ע״ב בריבוע וקס״א ע״ה, אל שדי ע״ה מִלְּפָנֶיךָ milfaneja ס״ג מ״ה ב״ן שֶׁתִּמְחוֹל shetimjol
וְתִסְלַח vetislaj יהוה ע״ב וּתְכַפֵּר utejaper לִי li עַל al כָּל col ילי ; עמם
מַה ma מ״ה שֶׁחָטָאתִי shejatati וְשֶׁעָוִיתִי vesheaviti וְשֶׁפָּשַׁעְתִּי veshepashati
לְפָנֶיךָ lefaneja ס״ג מ״ה ב״ן מִיּוֹם miyom ע״ה נגד, מזבח, זן, אל יהוה
שֶׁנִּבְרֵאתִי shenivreti עַד ad הַיּוֹם hayom ע״ה נגד, מזבח, זן, אל יהוה הַזֶּה hazé והו
וּבִפְרַט uvifrat (menciona aquí alguna acción negativa o comportamiento por el cual te gustaría pedir perdón)
וִיהִי viyhí רָצוֹן ratsón מהש ע״ה, ע״ב בריבוע וקס״א ע״ה, אל שדי ע״ה
מִלְּפָנֶיךָ milfaneja ס״ג מ״ה ב״ן יְהֹוָהאדניאהדונהי Adonai אֱלֹהֵינוּ Eloheinu ילה
וֵאלֹהֵי veElohei לכב ; מילוי ע״ב, דמב ; ילה אֲבוֹתֵינוּ avoteinu שֶׁתַּזְמִין shetazmín
פַּרְנָסָתֵנוּ parnasatenu וּמְזוֹנוֹתֵינוּ umezonoteinu לִי li וּלְכָל ulejol יה אדני
אַנְשֵׁי anshei בֵּיתִי veití ב״פ ראה הַיּוֹם hayom ע״ה נגד, מזבח, זן, אל יהוה
וּבְכָל uvejol ב״ן, לכב יוֹם yom ע״ה נגד, מזבח, זן, אל יהוה
וָיוֹם vayom ע״ה נגד, מזבח, זן, אל יהוה בְּרֵיוַח bereivaj וְלֹא veló
בְּצִמְצוּם vetsimtsum, בְּכָבוֹד bejavod בוכו וְלֹא veló בְּבִזּוּי bevizui,
בְּנַחַת benájat וְלֹא veló בְּצַעַר vetsáar, וְלֹא veló אֶצְטָרֵךְ etstarej
לְמַתְּנוֹת lematenot בָּשָׂר basar וָדָם vadam וְלֹא veló לְהַלְוָאָתָם lehalvaatam,
אֶלָּא ela מִיָּדְךָ miyadjá הָרְחָבָה harjavá וְהַפְּתוּחָה vehapetujá
וְהַמְּלֵאָה vehameleá וּבִזְכוּת ubizjut שִׁמְךָ Shimjá הַגָּדוֹל hagadol
להוז; עם ד׳ אותיות = מבה, יזל, אום (No pronunciar este Nombre: דִּיקַרְנוֹסָא וזתך עם ג׳ אותיות
– ובאתב״ש = סאל, אמן, יאהדונהי) הַמְמוּנֶּה hamemuné עַל al הַפַּרְנָסָה haparnasá:

¡Señor del mundo!
He transgredido. He cometido iniquidades y he pecado frente a Ti. Sea Tu voluntad que me perdones y olvides y expíes por todo aquello que he transgredido, y por todas las iniquidades que he cometido y por todo lo que he pecado ante Ti, desde el día en que he sido creado y hasta este día (y especialmente: menciona aquí alguna acción negativa o comportamiento por el cual te gustaría pedir perdón) *Sea agradable ante Ti, Señor, nuestro Dios y el Dios de mis antepasados, que Tú me proveas de vitalidad y sustento a mí y a toda mi familia, hoy y todos y cada día, con abundancia y no con escasez; con dignidad y no con vergüenza; con comodidad y no con sufrimiento; y que yo no requiera los regalos de la carne y la sangre, ni sus préstamos, sino sólo de Tu Mano que es generosa, abierta y llena y por virtud de Tu gran Nombre, que es responsable del sustento.*

וּמִלְּפָנֶיךָ umilfaneja ס״ג מ״ה ב״ן מַלְכֵּנוּ malquenu

רֵיקָם reikam אַל־ al תְּשִׁיבֵנוּ teshivenu (וזקב טֹגֹע)

וְחָנֵּנוּ jonenu וַעֲנֵנוּ vaanenu וּשְׁמַע ushmá תְּפִלָּתֵנוּ tefilatenu:

כִּי qui אַתָּה Atá שׁוֹמֵעַ shomea תְּפִלַּת tefilat כָּל־ col ילי פֶּה pe

(פה דו״א) מילה ; וע״ה אלהים, אהיה אדני (יגל פזק)

בָּרוּךְ Baruj אַתָּה Atá יְהֹוָהאדניאהדונהי Adonai

En este punto debes meditar en el Santo Nombre: **אראריתא״**

Rav Jayim Vital dice: “He encontrado en los libros de los kabbalistas que la oración de un individuo que medite en este Nombre, en la bendición *shomea tefilá*, siempre será respondida”.

שׁוֹמֵעַ shomea תְּפִלָּה tefilá (שׁקו צית) אתב״ש אִוכַּצַ, ב״ן אדני וניקודה ע״ה = יוד הי וו הה:

LAS TRES BENDICIONES FINALES

A través del mérito de Moshé, Aharón y Yosef, quienes son nuestros canales para las últimas tres bendiciones, somos capaces de hacer descender toda la energía espiritual que despertamos con nuestras oraciones y bendiciones.

LA DECIMOSÉPTIMA BENDICIÓN

Durante esta bendición, que se refiere a Moshé, siempre debemos meditar en tratar de saber exactamente qué quiere Dios de nosotros en nuestra vida, como lo indica la frase: "Que sea la voluntad de Dios". Estamos pidiéndole a Dios que nos guíe hacia el trabajo que vinimos a hacer en esta Tierra. El Creador no puede aceptar sólo el trabajo que queremos hacer, debemos llevar a cabo el trabajo que estamos destinados a hacer.

Nétsaj

Has hecho peticiones (de necesidades diarias) a Dios. Ahora, después de pedir que tus necesidades sean cumplidas, debes alabar al Creador en las últimas tres bendiciones. Esto es como una persona que haya recibido lo que necesita de su Señor y se aparte de Él. Debes decir “*retsé*” y meditar en el Deseo Celestial (*Kéter*) que es llamado *Métsaj Haratsón* (la Frente del Deseo).

רְצֵה retsé אלף למד הה יוד מם

Aquí meditar en transformar el infortunio y la tragedia (צרה) en deseo y aceptación (רצה).

יְהֹוָהאדניאהדונהי Adonai אֱלֹהֵינוּ Eloheinu ילה בְּעַמְּךָ beameja יִשְׂרָאֵל Yisrael

וְלִתְפִלָּתָם velitfilatam שְׁעֵה sheé. וְהָשֵׁב vehashev הָעֲבוֹדָה haavodá

Y de Tu presencia, nuestro Rey,
no nos devuelvas con manos vacías, pero sé amable, responde y escucha nuestra oración. Porque Tú escuchas la oración de cada boca. Bendito eres Tú, Señor, que escuchas las oraciones.

LAS TRES BENDICIONES FINALES - LA DECIMOSÉPTIMA BENDICIÓN

Encuentra gracia, Señor, nuestro Dios, en Tu pueblo, Israel, y oye su oración. Restaura el culto

לִדְבִיר lidvir ר"י בֵּיתֶךָ beiteja ב"פ ראה • וְאִשֵּׁי veishei יִשְׂרָאֵל Yisrael

וּתְפִלָּתָם utfilatam מְהֵרָה meherá בְּאַהֲבָה beahavá אחד, דאגה

תְקַבֵּל tekabel בְּרָצוֹן beratsón מהש ע"ה, ע"ב בריבוע וקס"א ע"ה, אל שדי ע"ה •

וּתְהִי utehí לְרָצוֹן leratsón מהש ע"ה, ע"ב בריבוע וקס"א ע"ה, אל שדי ע"ה

תָּמִיד tamid ע"ה קס"א קנ"א קמ"ג עֲבוֹדַת avodat יִשְׂרָאֵל Yisrael עַמֶּךָ ameja:

En *Jol Hamoed Sucot* agregamos:

Durante Sucot hay una oleada de energía espiritual extra en nuestro medio. Estas bendiciones adicionales son nuestra antena para atraer esta fuerza extra a nuestra vida.

Si por error olvidaste decir "*yaalé veyavó*" y te das cuenta antes del final de la bendición ("*Baruj Atá Adonai*") debes volver y decir "*yaalé veyavó*" y continuar como siempre. Si sólo te das cuenta luego del final de la bendición ("*hamajazir Shejinató leTsiyón*") pero antes de empezar la bendición siguiente ("*modim*"), debes decir "*yaalé veyavó*" en ese momento y continuar normalmente. Si te das cuenta de ello luego de haber empezado la siguiente bendición ("*modim*") pero antes del segundo "*yihyú leratsón*" (en la pág. 649) debes volver a "*retsé*" (pág. 643) y continúa desde allí. Si te das cuenta de ello después (el segundo "*yihyú leratsón*") debes empezar la *Amidá* desde el principio.

אֱלֹהֵינוּ Eloheinu ילה וֵאלֹהֵי veElohei לכב ; מילוי ע"ב, דמב ; ילה אֲבוֹתֵינוּ avoteinu

יַעֲלֶה yaalé וְיָבֹא veyavó וְיַגִּיעַ veyaguía וְיֵרָאֶה veyeraé ר"י וְיֵרָצֶה veyeratsé

וְיִשָּׁמַע veyishamá וְיִפָּקֵד veyipaked וְיִזָּכֵר veyizajer ר"ת מ"ב (ו"פ ו)

זִכְרוֹנֵנוּ zijronenu וְזִכְרוֹן vezijrón ע"ב קס"א ונש"ב אֲבוֹתֵינוּ avoteinu • זִכְרוֹן zijrón

ע"ב קס"א ונש"ב יְרוּשָׁלַיִם Yerushaláyim עִירָךְ iraj •

וְזִכְרוֹן vezijrón ע"ב קס"א ונש"ב מָשִׁיחַ Mashíaj בֶּן ben דָּוִד David

ע"ה כהת ; בן דוד = אדני ע"ה עַבְדָּךְ avdaj פוי, אל אדני • וְזִכְרוֹן vezijrón ע"ב קס"א ונש"ב

כָּל col ילי עַמְּךָ ameja בֵּית beit ב"פ ראה יִשְׂרָאֵל Yisrael

לְפָנֶיךָ lefaneja ס"ג מ"ה ב"ן לִפְלֵיטָה lifleitá לְטוֹבָה letová אכא •

לְחֵן lején מילוי דמ"ה בריבוע, מוזי לְחֶסֶד lejésed ע"ב, ריבוע יהוה

וּלְרַחֲמִים ulerajamim • לְחַיִּים lejayim אהיה אהיה יהוה, בינה ע"ה •

טוֹבִים tovim וּלְשָׁלוֹם uleshalom • בְּיוֹם beyom ע"ה נגד, מזבח, זן, אל יהוה:

---

en el santuario interno de Tu Templo. Acepta las ofrendas de Israel y sus oraciones con complacencia, prontamente y con amor. Que siempre sea agradable a Ti, el servicio de Israel, Tu nación.

En *Jol Hamoed Sucot* agregamos:

Nuestro Dios y el Dios de nuestros padres, pueda levantarse y venir y llegar y aparecer y encontrar el favor y ser oído y ser considerado y ser recordado, nuestra remembranza y la remembranza de nuestros padres, la remembranza de Jerusalén, Tu ciudad, y la remembranza del Mesías Ben David, Tu sirviente, y la remembranza de toda Tu Nación, la Casa de Israel, ante Ti, para aceptación, para bien, para gracia, amabilidad y compasión, para una buena vida y para paz en este Día de:

וְחַג jag הַסֻּכּוֹת haSucot הַזֶּה hazé והו

בְּיוֹם beyom ע"ה נגד, מזבח, זן, אל יהוה מִקְרָא mikrá קֹדֶשׁ kódesh הַזֶּה hazé והו.
לְרַחֵם lerajem אברהם, וז"פ אל, רי"ו ול"ב נתיבות החכמה, רמ"ח (אברים),
עסמ"ב וט"ז אותיות פשוטות בּוֹ bo עָלֵינוּ aleinu וּלְהוֹשִׁיעֵנוּ ulehoshienu.
זָכְרֵנוּ zojrenu יְהֹוָהאדניאהדונהי Adonai אֱלֹהֵינוּ Eloheinu ילה בּוֹ bo
לְטוֹבָה letová אכא. וּפָקְדֵנוּ ufokdenu בוֹ vo לִבְרָכָה livrajá.
וְהוֹשִׁיעֵנוּ vehoshienu בוֹ vo לְחַיִּים lejayim אהיה אהיה יהוה, בינה ע"ה
טוֹבִים tovim. בִּדְבַר bidvar ראה יְשׁוּעָה yeshuá וְרַחֲמִים verajamim.
חוּס jus וְחָנֵּנוּ vejonenu וַחֲמוֹל vajamol וְרַחֵם verajem אברהם, וז"פ אל,
רי"ו ול"ב נתיבות החכמה, רמ"ח (אברים), עסמ"ב וט"ז אותיות פשוטות עָלֵינוּ aleinu.
וְהוֹשִׁיעֵנוּ vehoshienu כִּי qui אֵלֶיךָ eleja עֵינֵינוּ eineinu ריבוע מ"ה. כִּי qui
אֵל El ייא" (מילוי דס"ג) מֶלֶךְ Mélej חַנּוּן janún וְרַחוּם verajum אָתָּה Atá:

וְאַתָּה veAtá בְּרַחֲמֶיךָ verajameja הָרַבִּים harabim. תַּחְפֹּץ tajpots בָּנוּ banu
וְתִרְצֵנוּ vetirtsenu וְתֶחֱזֶינָה vetejezena עֵינֵינוּ eineinu ריבוע מ"ה
בְּשׁוּבְךָ beshuvjá לְצִיּוֹן leTsiyón יוסף, ו' הויות, קנאה בְּרַחֲמִים berajamim
מצפצ, אלהים דיודין, י"פ ייי: בָּרוּךְ Baruj אַתָּה Atá יְהֹוָהאדניאהדונהי Adonai
הַמַּחֲזִיר hamajazir שְׁכִינָתוֹ Shejinató לְצִיּוֹן leTsiyón יוסף, ו' הויות, קנאה:

Este festival de Sucot, en este buen día de Convocación Santa, para tener misericordia de nosotros y para salvarnos. Recuérdanos, Señor, nuestro Dios, para bien y considéranos en ello para la bendición y entréganosla para una buena vida con las palabras de entrega y misericordia. Ten piedad y sé amable con nosotros y ten misericordia y sé compasivo con nosotros y sálvanos, porque nuestros ojos van hacia Ti, porque Tú eres Dios, Rey que es amable y compasivo.

Y Tú, en Tu gran compasión, te deleites en nosotros y estés complacido con nosotros. Puedan nuestros ojos contemplar Tu retorno a Sión con compasión. ¡Bendito eres Tú, Señor, que devuelve Su Shejiná a Sión!

LA DECIMOCTAVA BENDICIÓN

Esta bendición es nuestro agradecimiento. Kabbalísticamente, el mayor agradecimiento que le podemos dar a nuestro Creador es hacer exactamente lo que necesitamos hacer en nuestro trabajo espiritual.

Hod

Inclina todo tu cuerpo en "*modim*" y enderézate en "*Adonai*".

מוֹדִים modim מאה ברכות שתיקן דוד לאמרם כל יום אֲנַחְנוּ anajnu לָךְ laj

שָׁאַתָּה sheAtá הוּא Hu יְהֹוָֽאדהֹנָיאהדונהי Adonai (וּנ) אֱלֹהֵינוּ Eloheinu ילה

וֵאלֹהֵי veElohei לכב ; מילוי ע"ב, דמב ; ילה אֲבוֹתֵינוּ avoteinu לְעוֹלָם leolam

ריבוע ס"ג וי' אותיות דס"ג וָעֶד vaed. צוּרֵנוּ tsurenu צוּר tsur אלהים דההין ע"ה

וְחַיֵּינוּ jayeinu וּמָגֵן umaguén ג"פ אל (ייא" מילוי דס"ג) ; ר"ת מיכאל גבריאל נוריאל

יִשְׁעֵנוּ yishenu אַתָּה Atá הוּא Hu. לְדֹר ledor וָדֹר vador ר"ר נוֹדֶה nodé

לְּךָ lejá וּנְסַפֵּר unesaper תְּהִלָּתֶךָ tehilateja. עַל־ al חַיֵּינוּ jayeinu

הַמְּסוּרִים hamesurim בְּיָדֶךָ beyadeja. וְעַל veal נִשְׁמוֹתֵינוּ nishmoteinu

הַפְּקוּדוֹת hapekudot לָךְ laj. וְעַל־ veal נִסֶּיךָ niseja שֶׁבְּכָל shebejol

ב"ן, לכב יוֹם yom ע"ה נגד, מזבח, זן, אל יהוה עִמָּנוּ imanu ריבוע ס"ג, קס"א ע"ה וד' אותיות

וְעַל veal נִפְלְאוֹתֶיךָ nifleoteja וְטוֹבוֹתֶיךָ vetovoteja שֶׁבְּכָל shebejol

ב"ן, לכב עֵת et. עֶרֶב érev וָבֹקֶר vavóker וְצָהֳרָיִם vetsahoráyim. הַטּוֹב hatov

והו כִּי־ qui לֹא־ lo כָלוּ jalu רַחֲמֶיךָ rajameja. הַמְרַחֵם hamerajem

אברים, וז"פ אל, רי"ו ול"ב נתיבות החכמה, רמ"ח (אברים), עסמ"ב וט"ז אותיות פשוטות כִּי־ qui לֹא lo

תַמּוּ tamu חֲסָדֶיךָ jasadeja כִּי qui מֵעוֹלָם meolam קִוִּינוּ kivinu לָךְ laj:

LA DECIMOCTAVA BENDICIÓN

Nosotros te damos gracias a Ti, porque eres Tú, Señor, quien es nuestro Dios y el Dios de nuestros padres, por siempre y por toda la eternidad. Tú eres nuestra Fortaleza, la Fortaleza de nuestras vidas y el Escudo de nuestra salvación. De una generación a otra, te daremos gracias a Ti y cantaremos Tu alabanza. Por nuestras vidas que están en Tus Manos, por nuestras almas que están a Tu cuidado, por Tus milagros que están con nosotros todos los días y por Tus maravillas y Tus favores que están con nosotros en todo momento: de noche, de mañana y de tarde. Tú eres bueno, porque Tu compasión nunca se ha acabado. Tú eres el misericordioso, porque Tu bondad nunca ha cesado, porque siempre hemos puesto nuestras esperanzas en Ti.

וְעַל veal כֻּלָּם culam יִתְבָּרַךְ yitbaraj וְיִתְרוֹמַם veyitromam

וְיִתְנַשֵּׂא veyitnasé תָּמִיד tamid ע"ה קס"א קנ"א קמ"ג שִׁמְךָ Shimjá

מַלְכֵּנוּ malquenu לְעוֹלָם leolam ריבוע ס"ג וי' אותיות דס"ג וָעֶד vaed.

וְכָל־ vejol ילי הַחַיִּים hajayim אהיה אהיה יהוה, בינה ע"ה יוֹדוּךָ yoduja סֶּלָה sela:

וִיהַלְלוּ vihalelú וִיבָרְכוּ vivarjú יהוה ריבוע יהוה ריבוע מ"ה אֶת־ et

שִׁמְךָ Shimjá הַגָּדוֹל hagadol להוו ; עם ד' אותיות = מבה, יזל, אום בֶּאֱמֶת beemet אהיה

פעמים אהיה, ז"פ ס"ג לְעוֹלָם leolam ריבוע ס"ג וי' אותיות דס"ג כִּי qui טוֹב tov והו ;

כי טוב = יהוה אהיה, אום, מבה, יזל. הָאֵל haEl לאה ; ייא"י (מילוי דס"ג) יְשׁוּעָתֵנוּ yeshuatenu

וְעֶזְרָתֵנוּ veezratenu סֶלָה sela. הָאֵל haEl לאה ; ייא"י (מילוי דס"ג) הַטּוֹב hatov והו:

Flexiona tus rodillas en "*Baruj*", inclínate en "*Atá*" y endérezate en "*Adonai*".

בָּרוּךְ Baruj אַתָּה Atá יְהֹוָאדהנהי Adonai (הי) הַטּוֹב hatov והו

שִׁמְךָ Shimjá וּלְךָ ulejá נָאֶה naé לְהוֹדוֹת lehodot ס"ת כהת, משיח בן דוד ע"ה:

LA BENDICIÓN FINAL

Estamos emanando la energía de paz para el mundo entero. También nos proponemos utilizar nuestras bocas sólo para el bien. Kabbalísticamente, el poder de las palabras y del habla es inimaginable. Esperamos usar este poder sabiamente, lo que tal vez sea una de las tareas más difíciles de llevar a cabo.

Yesod

שִׂים sim שָׁלוֹם shalom

טוֹבָה tová אכא וּבְרָכָה uvrajá וְחַיִּים jayim אהיה אהיה יהוה, בינה ע"ה

חֵן jen מילוי דמ"ה בריבוע, מוזי וָחֶסֶד vajésed ע"ב, ריבוע יהוה

צְדָקָה tsedaká ע"ה ריבוע אלהים וְרַחֲמִים verajamim עָלֵינוּ aleinu

וְעַל־ veal כָּל־ col ילי ; עמם יִשְׂרָאֵל Yisrael עַמֶּךָ ameja

---

Y por todas estas cosas, que Tu Nombre sea siempre bendecido, exaltado y ensalzado, por siempre, nuestro Rey, por siempre y para siempre, y todos los vivientes te agradecen, Sela. Y ellos te alabarán y bendecirán Tu gran Nombre, sinceramente y para siempre, porque es bueno, el Dios de nuestra salvación y nuestra ayuda, Sela, el buen Dios. Bendito eres Tú, Señor, cuyo Nombre es bueno. Y a Ti es propio dar gracias.

LA BENDICIÓN FINAL

Otorga paz, bondad, bendiciones,
vida, gracia, amabilidad, justicia y misericordia a nosotros y a todo Israel, Tu pueblo.

וּבָרְכֵנוּ uvarjenu אָבִינוּ avinu כֻּלָּנוּ culanu כְּאֶחָד queejad אהבה,

דאגה בְּאוֹר beor רז, א"ס פָּנֶיךָ paneja ס"ג מ"ה ב"ן כִּי qui בְאוֹר veor רז, א"ס

פָּנֶיךָ paneja ס"ג מ"ה ב"ן נָתַתָּ natata לָּנוּ lanu אלהים, אהיה אדני

יְהֹוָהאדניאהדונהי Adonai אֱלֹהֵינוּ Eloheinu ילה תּוֹרָה Torá וְחַיִּים vejayim

אהיה אהיה יהוה, בינה ע"ה• אַהֲבָה ahavá אחד, דאגה וָחֶסֶד vajésed ע"ב, ריבוע יהוה•

צְדָקָה tsedaká ע"ה ריבוע אלהים וְרַחֲמִים verajamim• בְּרָכָה brajá

וְשָׁלוֹם veshalom• וְטוֹב vetov והו בְּעֵינֶיךָ beeineja ע"ה קס"א ; ריבוע מ"ה

לְבָרְכֵנוּ levarjenu וּלְבָרֵךְ ulevarej אֶת et כָּל־ col ילי עַמְּךָ ameja

יִשְׂרָאֵל Yisrael בְּרֹב־ berov י"פ אהיה עֹז oz וְשָׁלוֹם veshalom:•

בָּרוּךְ Baruj אַתָּה Atá יְהֹוָהאדניאהדונהי Adonai

הַמְבָרֵךְ hamevarej אֶת et עַמּוֹ amó יִשְׂרָאֵל Yisrael

ר"ת = אלהים (אילההויהם = יב"ק) בַּשָּׁלוֹם bashalom• אָמֵן Amén יאהדונהי•

YIHYÚ LERATSÓN

Hay 42 letras en el versículo en el secreto del *Aná Bejóaj*.

יִהְיוּ yihyú אל (ייא" מילוי דס"ג) לְרָצוֹן leratsón מהש ע"ה, ע"ב בריבוע וקס"א ע"ה, אל שדי ע"ה

אִמְרֵי־ imrei פִי fi ר"ת אֱלֶף = אלף למד שין דלת יוד ע"ה וְהֶגְיוֹן vehegyón לִבִּי libí

לְפָנֶיךָ lefaneja ס"ג מ"ה ב"ן יְהֹוָהאדניאהדונהי Adonai צוּרִי tsurí וְגֹאֲלִי vegoalí:•

Bendícenos a todos como uno solo, Padre nuestro, con la Luz de Tu rostro, porque es con la Luz de Tu rostro que Tú, Señor, nuestro Dios, nos has dado la Torá y vida, amor y amabilidad, justicia y misericordia, bendición y paz. Que sea grato a Tus ojos bendecirnos y bendecir a Tu nación, Israel, con abundante poder y con paz. ¡Bendito eres Tú, Señor, que bendice a Su pueblo, Israel, con paz, Amén!

YIHYÚ LERATSÓN

"Sean gratos ante Ti, Señor, mi Fortaleza y mi Redentor, los dichos de mi boca y los pensamientos de mi corazón" (Salmos 19:15).

ELOHAI NETSOR

אֱלֹהַי Elohai מילוי ע״ב, דמב ; ילה נְצוֹר netsor לְשׁוֹנִי leshoní מֵרָע merá.
וְשִׂפְתוֹתַי vesiftotai מִדַּבֵּר midaber ראה מִרְמָה mirmá. וְלִמְקַלְלַי velimkalelai
נַפְשִׁי nafshí תִדּוֹם tidom. וְנַפְשִׁי venafshí כֶּעָפָר queafar
לַכֹּל lacol יה אדני תִּהְיֶה tihyé. פְּתַח petaj לִבִּי libí בְּתוֹרָתֶךָ betorateja.
וְאַחֲרֵי veajarei מִצְוֹתֶיךָ mitsvoteja תִּרְדּוֹף tirdof נַפְשִׁי nafshí.
וְכָל־ vejol ילי הַקָּמִים hakamim עָלַי alai לְרָעָה leraá רהע. מְהֵרָה meherá
הָפֵר hafer עֲצָתָם atsatam וְקַלְקֵל vekalkel מַחְשְׁבוֹתָם majshevotam.
עֲשֵׂה asé לְמַעַן lemaan שְׁמָךְ Shemaj. עֲשֵׂה asé לְמַעַן lemaan
יְמִינָךְ yeminaj. עֲשֵׂה asé לְמַעַן lemaan תּוֹרָתָךְ torataj. עֲשֵׂה asé
לְמַעַן lemaan קְדֻשָּׁתָךְ kedushataj. ר״ת הפסוק = מ״ה יהוה לְמַעַן lemaan
יֵחָלְצוּן yejaltsún יְדִידֶיךָ yedideja ר״ת ילי הוֹשִׁיעָה hoshía יהוה וש״ע נהורין
יְמִינְךָ yeminjá וַעֲנֵנִי vaaneni (כתיב: ועננו) ר״ת אל (וייא״י מילוי דס״ג):

Antes de que recitemos el próximo verso ("*Yihyú leratsón*") tenemos una oportunidad para fortalecer la conexión con nuestra alma usando nuestro nombre. Cada persona tiene un versículo en la Torá que lo conecta con su nombre. O bien su nombre está en el versículo o la primera letra y última letra del nombre corresponden a la primera y última letra del versículo.

YIHYÚ LERATSÓN (EL SEGUNDO)

Hay 42 letras en el versículo en el secreto del *Aná Bejóaj*.

יִהְיוּ yihyú אל (וייא״י מילוי דס״ג) לְרָצוֹן leratsón מהש ע״ה, ע״ב בריבוע וקס״א ע״ה, אל שדי ע״ה
אִמְרֵי־ imrei פִי fi ר״ת אֱלֹף = אלף למד שין דלת יוד ע״ה וְהֶגְיוֹן vehegyón לִבִּי libí
לְפָנֶיךָ lefaneja ס״ג מ״ה ב״ן יְהֹוָהאדניאהדונהי Adonai צוּרִי tsurí וְגֹאֲלִי vegoalí:

ELOHAI NETSOR

Mi Dios, cuida mi lengua del mal y mis labios de decir falsedad. Que mi alma permanezca en silencio ante aquellos que me maldicen y permite que mi espíritu sea humilde ante todos, como el polvo. Abre mi corazón a Tu Torá y permite que mi corazón siga Tus mandamientos. Prontamente frustra los planes y daña los pensamientos de todos aquellos que se levantan contra mí para hacerme daño. Hazlo por la gloria de Tu Nombre. Haz esto por el bien de Tu Diestra. Haz esto por el mérito de Tu Torá. Haz esto por Tu santidad, "Que Tus amados sean rescatados. Sálvalos con Tu Diestra y contéstame" (Salmos 60:7).

YIHYÚ LERATSÓN (EL SEGUNDO)

"Que los dichos de mi boca y los pensamientos de mi corazón
sean gratos ante Ti, Señor, mi Fortaleza y mi Redentor" (Salmos 19:15).

OSÉ SHALOM

Da tres pasos hacia atrás;

Izquierda
Te vuelves a la izquierda y dices:

עֹשֶׂה osé שָׁלוֹם shalom

בִּמְרוֹמָיו bimromav ר"ת ע"ב, ריבוע יהוה

Derecha
Te vuelves a la derecha y dices:

הוּא Hu בְּרַחֲמָיו verajamav יַעֲשֶׂה yaasé

שָׁלוֹם shalom עָלֵינוּ aleinu ר"ת ש"ע נהורין

Centro
Te alineas al centro y dices:

וְעַל veal כָּל־ col ילי ; עמם עַמּוֹ amó יִשְׂרָאֵל Yisrael

וְאִמְרוּ veimrú אָמֵן Amén יאהדונהי:

יְהִי yehí רָצוֹן ratsón מהש ע"ה, ע"ב בריבוע וקס"א ע"ה, אל שדי ע"ה
מִלְּפָנֶיךָ milfaneja ס"ג מ"ה ב"ן יְהֹוָהאדניאהדונהי Adonai אֱלֹהֵינוּ Eloheinu ילה
וֵאלֹהֵי veElohei לכב ; מילוי ע"ב, דמב ; ילה אֲבוֹתֵינוּ avoteinu, שֶׁתִּבְנֶה shetivné
בֵּית beit ב"פ ראה הַמִּקְדָּשׁ hamikdash בִּמְהֵרָה bimherá בְיָמֵינוּ veyameinu
וְתֵן vetén חֶלְקֵנוּ jelkenu בְּתוֹרָתָךְ vetorataj לַעֲשׂוֹת laasot חֻקֵּי jukei
רְצוֹנָךְ retsonaj וּלְעָבְדָךְ uleovdaj פוי, אל אדני בְּלֵבָב belevav בוכו שָׁלֵם shalem.

Da tres pasos hacia delante.

OSÉ SHALOM

Él, que establece paz en Sus altos lugares,
Él, en Su compasión, hará que la paz esté entre nosotros y sobre Su pueblo entero, Israel, y dirán: Amén.
Sea agradable ante Ti, Señor, nuestro Dios y Dios de nuestros antepasados, que puedas reconstruir rápidamente el Templo, en nuestros días, y otórganos participación en Tu Torá, para que podamos cumplir las leyes de Tu deseo y servirte con todo el corazón.

KADISH TITKABAL

יִתְגַּדַּל yitgadal וְיִתְקַדַּשׁ veyitkadash שדי ומילוי שדי ; י"א אותיות כמנין ו"ה
שְׁמֵיהּ Shmei (שם י"ה דע"ב) רַבָּא rabá קנ"א ב"ן, יהוה אלהים יהוה אדני,
מילוי קס"א וס"ג, מ"ה ברבוע וע"ב ע"ה ; ר"ת = ו"פ אלהים ; ס"ת = ג"פ יב"ק: אָמֵן Amén אידהנויה.
בְּעָלְמָא bealmá דִּי di בְרָא verá כִּרְעוּתֵיהּ quirutei.
וְיַמְלִיךְ veyamlij מַלְכוּתֵיהּ maljutei. וְיַצְמַח veyatsmaj
פּוּרְקָנֵיהּ purkanei. וִיקָרֵב vikarev מְשִׁיחֵיהּ Meshijei: אָמֵן Amén אידהנויה.
בְּחַיֵּיכוֹן bejayeijón וּבְיוֹמֵיכוֹן uveyomeijón וּבְחַיֵּי uvejayei
דְכָל dejol ילי בֵּית beit ב"פ ראה יִשְׂרָאֵל Yisrael בַּעֲגָלָא baagalá
וּבִזְמַן uvizmán קָרִיב kariv וְאִמְרוּ veimrú אָמֵן Amén: אָמֵן Amén אידהנויה.

La congregación y el *jazán* dicen lo siguiente:

28 palabras (hasta *bealmá*) – meditar en: מילוי דמילוי דע"ב (יוד ויו דלת הי יוד ויו יוד ויו הי יוד)
28 letras (hasta *almayá*) - meditar en: מילוי דמילוי דע"ב (יוד ויו דלת הי יוד ויו יוד ויו הי יוד)

יְהֵא yehé שְׁמֵיהּ Shmei (שם י"ה דס"ג) רַבָּא rabá קנ"א ב"ן,
יהוה אלהים יהוה אדני, מילוי קס"א וס"ג, מ"ה ברבוע וע"ב ע"ה מְבָרַךְ mevaraj,
לְעָלַם lealam לְעָלְמֵי lealmei עָלְמַיָּא almayá. יִתְבָּרַךְ yitbaraj.

Siete palabras con seis letras cada una (שם בן מ"ב) – meditar en:
יהוה + יוד הי ויו הי + מילוי דמילוי דע"ב (יוד ויו דלת הי יוד ויו יוד ויו הי יוד)
También, siete veces la letra *Vav* (שם בן מ"ב) – meditar en:
יהוה + יוד הי ויו הי + מילוי דמילוי דע"ב (יוד ויו דלת הי יוד ויו יוד ויו הי יוד).

וְיִשְׁתַּבַּח veyishtabaj י"פ ע"ב יהוה אל אבג יתץ.
וְיִתְפָּאַר veyitpaar הי נו יה קרע שטן. וְיִתְרוֹמַם veyitromam וה כוזו נגד יכש.
וְיִתְנַשֵּׂא veyitnasé במוכסז בטר צתג. וְיִתְהַדָּר veyihadar כוזו יה וזקב טנע.
וְיִתְעַלֶּה veyitalé וה יוד ה יגל פזק. וְיִתְהַלָּל veyithalal א ואו הא שקו צית.
שְׁמֵיהּ Shmei (שם י"ה דמ"ה) דְּקוּדְשָׁא deKudshá בְּרִיךְ Verij הוּא Hu:
אָמֵן Amén אידהנויה.

KADISH TITKABAL

Glorificado y santificado sea Su gran Nombre (Amén). En el mundo que Él creó de acuerdo a Su voluntad, y pueda Su Reino reinar. Y pueda Él hacer que Su redención florezca y pueda Él acercar al Mesías (Amén). En tus vidas y en tus días y en la vida de toda la Casa de Israel, prontamente y en el futuro cercano, y dígase: Amén (Amén). Que Su gran Nombre sea bendito por siempre y por toda la eternidad. Bendito y alabado, y glorificado y exaltado, y ensalzado y honrado, y adorado y loado, sea el Nombre del Santo Bendito sea (Amén).

לְעֵלָּא leelá מִן min כָּל col יכ״י בִּרְכָתָא birjatá• שִׁירָתָא shiratá•
תֻּשְׁבְּחָתָא tishbejatá וְנֶחָמָתָא venejamatá• דַּאֲמִירָן daamirán
בְּעָלְמָא bealmá וְאִמְרוּ veimrú אָמֵן Amén: אָמֵן Amén אידהנויה.

תִּתְקַבַּל titkabal צְלוֹתָנָא tselotaná וּבָעוּתָנָא uvautaná
עִם im צְלוֹתְהוֹן tselothón וּבָעוּתְהוֹן uvautehón דְּכָל dejol יכ״י
בֵּית beit ב״פ ראה יִשְׂרָאֵל Yisrael קֳדָם kadam אֲבוּנָא avuná
דְּבִשְׁמַיָּא devishmayá וְאִמְרוּ veimrú אָמֵן Amén: אָמֵן Amén אידהנויה•
יְהֵא yehé שְׁלָמָא shlamá רַבָּא rabá קנ״א ב״ן, יהוה אלהים יהוה אדני, מילוי קס״א וס״ג,
מ״ה ברבוע וע״ב ע״ה מִן min שְׁמַיָּא shmayá• וְחַיִּים jayim אהיה אהיה יהוה, בינה ע״ה
וְשָׂבָע vesavá וִישׁוּעָה vishuá וְנֶחָמָה venejamá וְשֵׁיזָבָא vesheizavá
וּרְפוּאָה urfuá וּגְאֻלָּה ugueulá וּסְלִיחָה uslijá וְכַפָּרָה vejapará
וְרֵיוַח vereivaj וְהַצָּלָה vehatsalá• לָנוּ lanu אלהים, אהיה אדני, וּלְכָל ulejol יה אדני
עַמּוֹ amó יִשְׂרָאֵל Yisrael וְאִמְרוּ veimrú אָמֵן Amén: אָמֵן Amén אידהנויה.

Da tres pasos para atrás y di:

עוֹשֶׂה osé שָׁלוֹם shalom

בִּמְרוֹמָיו bimromav ע״ב, ריבוע יהוה • הוּא Hu בְּרַחֲמָיו berajamav

יַעֲשֶׂה yaasé שָׁלוֹם shalom עָלֵינוּ aleinu ר״ת ש״ע נהורין •

וְעַל veal כָּל col יכ״י ; עמם עַמּוֹ amó יִשְׂרָאֵל Yisrael וְאִמְרוּ veimrú אָמֵן Amén:

אָמֵן Amén אידהנויה•

Más allá de todas las bendiciones, himnos, alabanzas y palabras de consolación que jamás se dijeran en el mundo, y dígase: Amén (Amén). Sean aceptadas nuestras oraciones y súplicas, junto con las oraciones y las súplicas de toda la Casa de Israel, ante nuestro Padre en los Cielos, y dígase: Amén (Amén). Que haya paz abundante del Cielo; vida, satisfacción, salvación, consuelo, entrega, sanación, redención, perdón, expiación, comodidad y alivio para nosotros y para toda Su nación, Israel y dígase: Amén (Amén). Él, que establece la paz en Sus Alturas, Él, en Su compasión, hará la paz sobre nosotros y sobre toda Su nación, Israel. Y dígase: Amén (Amén).

SHIR LAMAALOT

שִׁיר shir לַמַּעֲלוֹת lamaalot אֶשָּׂא esá עֵינַי einai ריבוע מ״ה

אֶל־ el הֶהָרִים heharim מֵאַיִן meayin יָבֹא yavó עֶזְרִי ezrí:

עֶזְרִי ezrí מֵעִם meím יְהֹוָהאדניאהדונהי Adonai עֹשֵׂה osé שָׁמַיִם shamáyim

וָאָרֶץ vaárets: י״פ טל, י״פ כוזו אַל־ al יִתֵּן yitén לַמּוֹט lamot רַגְלֶךָ ragleja

אַל־ al יָנוּם yanum שֹׁמְרֶךָ shomreja: הִנֵּה hiné לֹא־ lo יָנוּם yanum

וְלֹא veló יִישָׁן yishán ש״ע נהורין דא״א שׁוֹמֵר shomer כ״א ההויות שבתפילין

יִשְׂרָאֵל Yisrael: יְהֹוָהאדניאהדונהי Adonai שֹׁמְרֶךָ shomreja

יְהֹוָהאדניאהדונהי Adonai צִלְּךָ tsiljá עַל־ al יַד yad יְמִינֶךָ yemineja הי״י:

יוֹמָם yomam הַשֶּׁמֶשׁ hashémesh לֹא־ lo יַכֶּכָּה yaqueca ר״ת ילה

וְיָרֵחַ veyaréaj בַּלָּיְלָה balayla מלה: יְהֹוָהאדניאהדונהי Adonai

יִשְׁמָרְךָ yishmorjá מִכָּל־ micol ילי רָע ra יִשְׁמֹר yishmor

אֶת־ et נַפְשֶׁךָ nafsheja מ״כ: יְהֹוָהאדניאהדונהי Adonai יִשְׁמָר yishmor

צֵאתְךָ tsetjá וּבוֹאֶךָ uvoeja מֵעַתָּה meatá וְעַד־ vead עוֹלָם olam וו״כ:

KADISH YEHÉ SHLAMÁ

יִתְגַּדַּל yitgadal וְיִתְקַדַּשׁ veyitkadash שד״י ומילוי שד״י ; י״א אותיות כמנין ו״ה

שְׁמֵיהּ Shmei (שם י״ה דע״ב) רַבָּא rabá קנ״א ב״ן, יהוה אלהים יהוה אדני,

מילוי קס״א וס״ג, מ״ה ברבוע וע״ב ע״ה ; ר״ת = ו״פ אלהים ; ס״ת = ג״פ יב״ק: אָמֵן Amén אידהנויה.

בְּעָלְמָא bealmá דִּי di בְרָא verá כִּרְעוּתֵיהּ quirutei.

וְיַמְלִיךְ veyamlij מַלְכוּתֵיהּ maljutei. וְיַצְמַח veyatsmaj

פּוּרְקָנֵיהּ purkanei. וִיקָרֵב vikarev מְשִׁיחֵיהּ Meshijei: אָמֵן Amén אידהנויה.

SHIR LAMAALOT

"Un cántico de ascensión: Alzo mis ojos a las montañas; ¿de dónde vendrá mi ayuda? Mi ayuda proviene del Señor, Creador de los Cielos y la Tierra. Él no permitirá que tus pies resbalen. Tu Guardián no se dormirá. He aquí que el Guardián de Israel ni descansa ni duerme. El Señor es tu Guardián. El Señor es tu sombra protectora a tu diestra. Durante el día, el Sol no te fatigará, ni la Luna de noche. El Señor te protegerá de todo mal, Él guardará tu alma. Él te protegerá cuando salgas y cuando regreses, ahora y eternamente" (Salmos 121).

KADISH YEHÉ SHLAMÁ

Glorificado y santificado sea Su gran Nombre (Amén).
En el mundo que Él creó de acuerdo a Su voluntad, y pueda Su Reino reinar.
Y pueda Él hacer que Su redención florezca y acercar al Mesías (Amén).

בְּחַיֵּיכוֹן bejayeijón וּבְיוֹמֵיכוֹן uveyomeijón וּבְחַיֵּי uvejayei

דְכָל dejol ילי בֵּית beit ב"פ ראה יִשְׂרָאֵל Yisrael בַּעֲגָלָא baagalá

וּבִזְמַן uvizmán קָרִיב kariv וְאִמְרוּ veimrú אָמֵן Amén: אָמֵן Amén אידהנויה.

La congregación y el *jazán* dicen lo siguiente:

Veintiocho palabras (hasta *bealmá*) – meditar en:

מילוי דמילוי דס"ג (יוד ויו דלת הי יוד ואו אלף ואו הי יוד)

Veintiocho letras (hasta *almayá*) - meditar en:

מילוי דמילוי דמ"ה (יוד ואו דלת הא אלף ואו אלף ואו הא אלף).

יְהֵא yehé שְׁמֵיהּ Shmei (שם י"ה דס"ג) רַבָּא rabá קנ"א ב"ן,

יהוה אלהים יהוה אדני, מילוי קס"א וס"ג, מ"ה ברבוע וע"ב ע"ה מְבָרַךְ mevaraj,

לְעָלַם lealam לְעָלְמֵי lealmei עָלְמַיָּא almayá. יִתְבָּרַךְ yitbaraj.

Siete palabras con seis letras cada una (שם בן מ"ב) – meditar en:

יהוה - יוד הי ואו הי - מילוי דמילוי דס"ג (יוד ויו דלת הי יוד ואו אלף ואו הי יוד) ;

También, siete veces la letra *Vav* (שם בן מ"ב) – meditar en:

יהוה - יוד הא ואו הא - מילוי דמילוי דמ"ה (יוד ואו דלת הא אלף ואו אלף ואו הא אלף).

וְיִשְׁתַּבַּח veyishtabaj י"פ ע"ב יהוה אל אבג יתץ.

וְיִתְפָּאַר veyitpaar הי נו יה קרע שטן. וְיִתְרוֹמַם veyitromam וה כוזו נגד יכש.

וְיִתְנַשֵּׂא veyitnasé במוכסז בטר צתג. וְיִתְהַדָּר veyihadar כוזו יה וקב טנע.

וְיִתְעַלֶּה veyitalé וה יוד ה יגל פזק. וְיִתְהַלָּל veyithalal א ואו הא שקו צית.

שְׁמֵיהּ Shmei (שם י"ה דמ"ה) דְּקוּדְשָׁא deKudshá בְּרִיךְ Verij הוּא Hu:

אָמֵן Amén אידהנויה.

לְעֵלָּא leelá מִן min כָּל col ילי בִּרְכָתָא birjatá. שִׁירָתָא shiratá.

תֻּשְׁבְּחָתָא tishbejatá וְנֶחָמָתָא venejamatá. דַּאֲמִירָן daamirán

בְּעָלְמָא bealmá וְאִמְרוּ veimrú אָמֵן Amén: אָמֵן Amén אידהנויה.

En tus vidas y en tus días y en la vida de toda la Casa de Israel, prontamente y en el futuro cercano, y dígase: Amén (Amén). *Que Su gran Nombre sea bendito por siempre y por toda la eternidad. Bendito y alabado, y glorificado y exaltado, y ensalzado y honrado, y adorado y loado, sea el Nombre del Santo Bendito sea* (Amén). *Más allá de todas las bendiciones, himnos, alabanzas y palabras de consolación que jamás se dijeran en el mundo, y dígase: Amén* (Amén).

יְהֵא yehé שְׁלָמָא shlamá רַבָּא rabá קנ"א ב"ן, יהוה אלהים יהוה אדני, מילוי קס"א וס"ג,
מ"ה ברבוע וע"ב ע"ה מִן min שְׁמַיָּא shmayá• וְחַיִּים jayim אהיה אהיה יהוה, בינה ע"ה
וְשָׂבָע vesavá וִישׁוּעָה vishuá וְנֶחָמָה venejamá וְשֵׁיזָבָא vesheizavá
וּרְפוּאָה urefuá וּגְאֻלָּה ugueulá וּסְלִיחָה uslijá וְכַפָּרָה vejapará
וְרֵיוַח vereivaj וְהַצָּלָה vehatsalá• לָנוּ lanu אלהים, אהיה אדני וּלְכָל ulejol יה אדני
עַמּוֹ amó יִשְׂרָאֵל Yisrael וְאִמְרוּ veimrú אָמֵן Amén: אָמֵן Amén אידהנויה.

Da tres pasos para atrás y di:

עוֹשֶׂה osé שָׁלוֹם shalom בִּמְרוֹמָיו bimromav ע"ב, ריבוע יהוה• הוּא Hu
בְּרַחֲמָיו berajamav יַעֲשֶׂה yaasé שָׁלוֹם shalom עָלֵינוּ aleinu ר"ת ש"ע נהורין•
וְעַל veal כָּל col ילי ; עמם עַמּוֹ amó יִשְׂרָאֵל Yisrael וְאִמְרוּ veimrú אָמֵן Amén:
אָמֵן Amén אידהנויה•

BARJÚ

El *jazán* (o la persona que recitó el "*Kadish Yehé Shlamá*") dice:

רַבָּנָן rabanán: בָּרְכוּ barjú יהוה ריבוע יהוה ריבוע מ"ה אֶת et
יְהֹוָהאדניאהדונהי Adonai הַמְבֹרָךְ hamevoraj ס"ת כהת, משיח בן דוד ע"ה:

Primero la congregación responde lo siguiente,
y luego el *jazán* (o la persona que recitó el "*Kadish Yehé Shlamá*") lo repite:

Néfesh בָּרוּךְ Baruj *Rúaj* יְהֹוָהאדניאהדונהי Adonai *Neshamá* הַמְבֹרָךְ hamevoraj
Jayá לְעוֹלָם leolam ריבוע ס"ג וי' אותיות דס"ג *Yejidá* וָעֶד vaed:

Que haya paz abundante del Cielo;
vida, satisfacción, salvación, consuelo, entrega, sanación, redención, perdón, expiación, comodidad y alivio para nosotros y para toda Su nación, Israel, y dirán: Amén (Amén). Él, que establece la paz en Sus Alturas, Él, en Su compasión, hará la paz sobre nosotros y sobre toda Su nación, Israel. Y dirán: Amén (Amén).

BARJÚ

Maestros: Bendigan al Señor, el Bendito.
Bendito sea el Señor, el Bendito, por siempre y por la eternidad.

ALEINU

El *Aleinu* es un agente sellador cósmico. Cementa y asegura todas nuestras oraciones, protegiéndolas de cualquier fuerza negativa tales como las *klipot*. Todas las oraciones anteriores al *Aleinu* atrajeron lo que los kabbalistas llaman Luz Interna. Sin embargo, el *Aleinu* atrae Luz Circundante, la cual envuelve nuestras oraciones con un campo de fuerza protectora para bloquear a las *klipot*.

Atrayendo Luz Circundante para ser protegido de las *klipot* (la inclinación negativa).

עָלֵינוּ aleinu ריבוע דס"ג לְשַׁבֵּחַ leshabéaj עלינו לשבח = אבג יתץ, ושר

לַאֲדוֹן laAdón אני ; ס"ת ס"ג ע"ה הַכֹּל hacol ר"ת ללה, אדני

לָתֵת latet גְּדֻלָּה guedulá לְיוֹצֵר leyotser בְּרֵאשִׁית bereshit ר"ת גל"ב (באך ב"י יג"ל)

שֶׁלֹּא sheló עָשָׂנוּ asanu כְּגוֹיֵי quegoyei הָאֲרָצוֹת haaratsot

וְלֹא veló שָׂמָנוּ samanu כְּמִשְׁפְּחוֹת quemishpejot הָאֲדָמָה haadamá

שֶׁלֹּא sheló שָׂם sam חֶלְקֵנוּ jelkenu כָּהֶם cahem וְגוֹרָלֵנוּ vegoralenu

כְּכָל quejol הֲמוֹנָם hamonam. שֶׁהֵם shehem מִשְׁתַּחֲוִים mishtajavim

לְהֶבֶל lahével וָרִיק varik וּמִתְפַּלְּלִים umitpalelim אֶל el אֵל el

לֹא lo יוֹשִׁיעַ yoshía. (haz una pausa aquí, y cuando digas "*vaanajnu mishtajavim*" inclina todo tu cuerpo)

וַאֲנַחְנוּ vaanajnu מִשְׁתַּחֲוִים mishtajavim לִפְנֵי lifnei מֶלֶךְ Mélej

מַלְכֵי maljei הַמְּלָכִים hamelajim הַקָּדוֹשׁ haKadosh בָּרוּךְ Baruj

הוּא Hu. שֶׁהוּא sheHú נוֹטֶה noté שָׁמַיִם shamáyim י"פ טל, י"פ כוזו ; ר"ת = י"פ אדני

שבי' ספירות של נוקבא דז"א וְיוֹסֵד veyosed אָרֶץ árets. וּמוֹשַׁב umoshav

יְקָרוֹ yekaró בַּשָּׁמַיִם bashamáyim י"פ טל, י"פ כוזו מִמַּעַל mimáal עלם.

וּשְׁכִינַת ushjinat עֻזּוֹ uzó בְּגָבְהֵי begavhei מְרוֹמִים meromim.

הוּא Hu אֱלֹהֵינוּ Eloheinu ילה וְאֵין veéin עוֹד od אַחֵר ajer.

ALEINU

Es nuestro deber alabar al Soberano de todo y atribuir grandeza al Moldeador de la Creación, que no nos ha hecho como los pueblos del mundo. Él no nos colocó como las familias de la Tierra. Él no hizo nuestra suerte como el de ellos ni nuestro destino como el de sus multitudes, ya que ellos se inclinan ante la futilidad y el vacío, y rezan a una deidad que no ayuda. Nosotros nos inclinamos ante el Supremo Rey de Reyes, el Santo, Bendito Sea. Él es quien extiende los Cielos y funda la Tierra. La Sede de Su gloria está arriba en el Cielo y la Presencia Divina de Su poder está en las alturas excelsas. Él es nuestro Dios y no hay ningún otro.

אֱמֶת emet אהיה פעמים אהיה, ז״פ ס״ג מַלְכֵּנוּ malquenu וְאֶפֶס veéfes

זוּלָתוֹ zulató. כַּכָּתוּב cacatuv בַּתּוֹרָה baTorá: וְיָדַעְתָּ veyadata

הַיּוֹם hayom ע״ה נגד, מזבח, זן, אל יהוה וַהֲשֵׁבֹתָ vahashevota אֶל־ el

לְבָבֶךָ levaveja ר״ת לאו כִּי qui יְהֹוָה אדני אהדונהי Adonai הוּא Hu

הָאֱלֹהִים haElohim אהיה אדני ; ילה ; ר״ת יהה וכן עולה למנין ענו ע״ג כ

בַּשָּׁמַיִם bashamáyim י״פ טל, י״פ כוזו מִמַּעַל mimáal עלם ;

רמז לאור פנימי המתווזיל מלמעלה וְעַל־ veal הָאָרֶץ haárets אלהים דההין ע״ה

מִתָּחַת mitájat רמז לאור מקיף המתווזיל מלמטה אֵין ein עוֹד od:

עַל al כֵּן quen נְקַוֶּה nekavé לָךְ laj יְהֹוָה אדני אהדונהי Adonai

אֱלֹהֵינוּ Eloheinu ילה לִרְאוֹת lirot מְהֵרָה meherá בְּתִפְאֶרֶת betiféret

עֻזָּךְ uzaj ס״ת כהת, משיח בן דוד ע״ה לְהַעֲבִיר lehaavir גִּלּוּלִים guilulim מִן min

הָאָרֶץ haárets אלהים דההין ע״ה וְהָאֱלִילִים vehaelilim כָּרוֹת carot

יִכָּרֵתוּן yicaretún. לְתַקֵּן letakén עוֹלָם olam בְּמַלְכוּת bemaljut

שַׁדַּי Shadai. וְכָל vejol ילי בְּנֵי bnei בָשָׂר vasar יִקְרְאוּ yikreú

בִשְׁמֶךָ viShmeja לְהַפְנוֹת lehafnot אֵלֶיךָ eleja כָּל col ילי רִשְׁעֵי rishei

אָרֶץ árets. יַכִּירוּ yaquiru וְיֵדְעוּ veyedú כָּל col ילי יוֹשְׁבֵי yoshvei

תֵבֵל tevel ב״פ רי״ו. כִּי qui לְךָ lejá תִּכְרַע tijrá כָּל־ col ילי בֶּרֶךְ bérej.

תִּשָּׁבַע tishavá כָּל col ילי לָשׁוֹן lashón. לְפָנֶיךָ lefaneja ס״ג מ״ה ב״ן

Nuestro Rey es verdadero y no hay nadie excepto Él. Como está escrito en la Torá: "Aprende hoy y grábalo en tu corazón que el Señor es Dios arriba en los Cielos y abajo sobre la Tierra, y no hay otro" (Deuteronomio 4:39). Por eso, Señor, nuestro Dios, esperamos contemplar pronto la gloria majestuosa de Tu poder, cuando elimines los ídolos de la Tierra y los falsos dioses hayan sido completamente destruidos, para perfeccionar al mundo con el reino del Todopoderoso. Y la humanidad entera invocará Tu Nombre y todos los malvados de la Tierra se dirigirán a Ti. Entonces todos los habitantes del mundo reconocerán y sabrán que, por Ti, toda rodilla se dobla y toda lengua se colma. Que ante Ti,

יְהֹוָה יאהדונהי Adonai אֱלֹהֵינוּ Eloheinu ילה יִכְרְעוּ yijreú וְיִפֹּלוּ veyipolu
וְלִכְבוֹד velijvod שִׁמְךָ Shimjá יְקָר yekar יִתֵּנוּ yitenu • וִיקַבְּלוּ vikablú
כֻלָּם julam אֶת et עוֹל־ ol מַלְכוּתֶךָ maljuteja • וְתִמְלוֹךְ vetimloj
עֲלֵיהֶם aleihem מְהֵרָה meherá לְעוֹלָם leolam ריבוע ס"ג וי' אותיות דס"ג וָעֶד vaed •
כִּי qui הַמַּלְכוּת hamaljut שֶׁלְּךָ sheljá הִיא hi • וּלְעוֹלְמֵי uleolmei
עַד ad תִּמְלוֹךְ timloj בְּכָבוֹד bejavod • בוכו כַּכָּתוּב cacatuv
בְּתוֹרָתָךְ beTorataj: יְהֹוָה יאהדונהי Adonai | יִמְלֹךְ yimloj לְעֹלָם leolam
ריבוע ס"ג וי' אותיות דס"ג ; ר"ת ייל וָעֶד vaed • וְנֶאֱמַר veneemar: וְהָיָה vehayá יהוה ; יהה
יְהֹוָה יאהדונהי Adonai לְמֶלֶךְ leMélej עַל־ al כָּל־ col ילי ; עמם
הָאָרֶץ haárets אלהים דההין ע"ה בַּיּוֹם bayom ע"ה נגד, מזבח, זן, אל יהוה הַהוּא hahú
יִהְיֶה yihyé ייי יְהֹוָה יאהדונהי Adonai אֶחָד Ejad אהבה, דאגה
וּשְׁמוֹ uShmó מהש ע"ה, ע"ב בריבוע וקס"א ע"ה, אל שדי ע"ה אֶחָד Ejad אהבה, דאגה:

Si rezaste solo, recita lo siguiente antes de comenzar *Arvit* y antes de "*Aleinu*" en lugar de "*Barjú*":

אָמַר amar רַבִּי Rabí עֲקִיבָא Akivá וְחַיָּה jayá אַחַת ajat עוֹמֶדֶת omédet
בְּרָקִיעַ barakía וּשְׁמָהּ ushmá יִשְׂרָאֵל Yisrael וְחָקוּק vejakuk עַל al
מִצְחָהּ mitsjá יִשְׂרָאֵל Yisrael. עוֹמֶדֶת omédet בְּאֶמְצַע beemtsa
הָרָקִיעַ harakía וְאוֹמֶרֶת veoméret: בָּרְכוּ barjú יהוה ריבוע יהוה וריבוע מ"ה אֶת et
יְהֹוָה יאהדונהי Adonai הַמְבֹרָךְ hamevoraj ס"ת כהת, משיח בן דוד ע"ה וְכָל vejol ילי
גְּדוּדֵי guedudei מַעְלָה mala עוֹנִים onim: בָּרוּךְ Baruj יְהֹוָה יאהדונהי Adonai
הַמְבֹרָךְ hamevoraj לְעוֹלָם leolam ריבוע ס"ג וי אותיות דס"ג וָעֶד vaed.

Señor, nuestro Dios, se arrodillen y se prosternen y honren Tu glorioso Nombre.

Y todos aceptarán el yugo de Tu reino y Tú reinarás sobre ellos para siempre jamás. Pues el reino es Tuyo. Y para siempre y por la eternidad, Tú reinarás en gloria. Como está escrito en la Torá: "El Señor reinará por los siglos de los siglos" (Éxodo 15:18) *y también está dicho: "El Señor será Rey sobre toda la Tierra y, en aquel día, el Señor será Uno y Uno Su Nombre"* (Zacarías 14:9).

Rabí Akivá dijo: Erguido en el Cielo hay un animal llamado Israel, e Israel está grabado en su frente, y ella está erguida en medio del Cielo diciendo: Bendigan al Señor, el Bendito, y todas las huestes del Cielo contestan: Bendito sea el Señor, el Bendito, por siempre y por la eternidad.

HAVDALÁ

Para completar y cerrar el *Shabat* o la festividad hacemos *Havdalá*, que significa literalmente "separación". Muchas veces, las personas que consideramos como nuestros amigos en realidad son nuestros enemigos, y las personas que consideramos como nuestros enemigos son realmente nuestros amigos. Si compartimos información personal e íntima con nuestros supuestos amigos, en caso de que lleguen a convertirse en nuestros enemigos, serían el tipo de enemigo más peligroso que podríamos tener. Por ende, saber diferenciar entre el bien y el mal es vital si queremos alcanzar un estado de paz y serenidad en nuestra vida. Participar en la *Havdalá* nos ayuda a obtener una comprensión más profunda, conocimiento y mayor conciencia sobre qué es bueno y qué es malo para nuestra vida personal.

Algunos comienzan aquí:

אָנָּא aná ב״ן יְהֹוָהאדניאהדונהי Adonai הוֹשִׁיעָה hoshía יהוה וש״ע נהורין נָּא na:
אָנָּא aná ב״ן יְהֹוָהאדניאהדונהי Adonai הוֹשִׁיעָה hoshía יהוה וש״ע נהורין נָּא na:
אָנָּא aná ב״ן יְהֹוָהאדניאהדונהי Adonai הַצְלִיחָה hatslija נָּא na:
אָנָּא aná ב״ן יְהֹוָהאדניאהדונהי Adonai הַצְלִיחָה hatslija נָּא na:
הַצְלִיחֵנוּ hatslijenu. הַצְלִיחַ hatslíaj דְּרָכֵינוּ derajeinu. הַצְלִיחַ hatslíaj
לִמּוּדֵינוּ limudeinu. וּשְׁלַח ushlaj בְּרָכָה brajá רְוָחָה revajá
וְהַצְלָחָה vehatslajá בְּכָל bejol ב״ן, לכב מַעֲשֵׂה maasé יָדֵינוּ yadeinu,
כְּדִכְתִיב quedijtiv: יִשָּׂא yisá בְרָכָה vrajá מֵאֵת meet ר״ת יבמ, ב״ן
יְהֹוָהאדניאהדונהי Adonai וּצְדָקָה utsdaká ע״ה ריבוע אלהים ; יהה מֵאֱלֹהֵי meElohei
מילוי דע״ב, דמב ; ילה יִשְׁעוֹ yishó שכינה ע״ה ; ס״ת יהוה: לַיְּהוּדִים layehudim מלה
הָיְתָה haytá אוֹרָה orá וְשִׂמְחָה vesimjá וְשָׂשֹׂן vesasón וִיקָר vikar, וּכְתִיב ujtiv:
וַיְהִי vayehí דָוִד David לְכָל־ lejol יה אדני דְּרָכָו derajav מַשְׂכִּיל masquil
וַיהֹוָהאדניאהדונהי vaAdonai עִמּוֹ imó: כֵּן quen יִהְיֶה yihyé ייי
עִמָּנוּ imanu ריבוע ס״ג, קס״א ע״ה וד׳ אותיות תָּמִיד tamid ע״ה קס״א קנ״א קמ״ג:

Continúa con "*cos yeshuot esá*..." en la página siguiente.

Meditación para la memoria espiritual (antes de decir *Havdalá*):

משבענא עליך פורה שר של שכחה שתסיר לב טפש ממני
ותשליכהו על טורי רומיא ארמימ״ס רמימ״ס מימ״ס ימ״ס מ״ס ס׳.
וְנֹחַ veNóaj מָצָא matsá חֵן jen מילוי ריבוע מ״ה, מוזי
בְּעֵינֵי beeinei ריבוע מ״ה יְהֹוָהאדניאהדונהי Adonai:

HAVDALÁ

"Por favor, Señor, sálvanos. Por favor, Señor, sálvanos. Por favor, Señor, danos éxito. Por favor, Señor, danos éxito" (Salmos 118:25). Prospéranos, haz nuestros caminos exitosos, haz nuestros estudios exitosos, y envía bendiciones y tranquilidad a toda la obra de nuestras manos, como está escrito: "Él recibirá bendición del Señor y rectitud del Dios de su salvación" (Salmos 24:5). "Y fue para los judíos Luz y alegría, y dicha y honra" (Ester 8:16). Y también está escrito: "Y David fue exitoso en todos sus caminos porque el Señor está con él. Que Él esté con nosotros por siempre" (I Samuel 18:14).

No debemos agregar agua al vino de *Havdalá*.

הִנֵּה hiné אֵל El ייא״י (מילוי דס״ג) יְשׁוּעָתִי yeshuatí אֶבְטַח evtaj
וְלֹא veló אֶפְחָד efjad כִּי־ qui עָזִּי ozí אלהים ע״ה, אהיה אדני ע״ה וְזִמְרָת vezimrat
יָהּ Yah ההה יְהֹוָה(יאהדונהי) Adonai וַיְהִי־ vayehí לִי li לִישׁוּעָה lishuá:
וּשְׁאַבְתֶּם־ usheavtem מַיִם máyim בְּשָׂשׂוֹן besasón מִמַּעַיְנֵי mimaaynei
הַיְשׁוּעָה hayeshuá: לַיהֹוָה(יאהדונהי) laAdonai הַיְשׁוּעָה hayeshuá עַל־ al
עַמְּךָ ameja בִרְכָתֶךָ virjateja סֶּלָה sela: יְהֹוָה(יאהדונהי) Adonai
צְבָאוֹת Tsevaot פני שכינה עִמָּנוּ imanu ריבוע ס״ג, קס״א ע״ה וד׳ אותיות
מִשְׂגָּב־ misgav מהש, ע״ב בריבוע קס״א, אל שדי, ד״פ אלהים ע״ה לָנוּ lanu אלהים, אהיה אדני
אֱלֹהֵי Elohei מילוי ע״ב, דמב ; ילה יַעֲקֹב Yaakov ז׳ הויות, יאהדונהי אידהנויה סֶלָה sela:
יְהֹוָה(יאהדונהי) Adonai צְבָאוֹת Tsevaot פני שכינה אַשְׁרֵי ashrei אָדָם adam מ״ה ;
יהוה צבאות אשרי אדם = תפארת בֹּטֵחַ botéaj בָּךְ baj אדם בוטח בך = אמן (יאהדונהי) ע״ה; בוטח
בך = מילוי ע״ב ע״ה: יְהֹוָה(יאהדונהי) Adonai הוֹשִׁיעָה hoshía יהוה וש״ע נהורין
הַמֶּלֶךְ haMélej ר״ת יהה יַעֲנֵנוּ yaanenu בְיוֹם veyom ע״ה נגד, מזבח, זן, אל יהוה
קָרְאֵנוּ korenu ר״ת יב״ק, אלהים יהוה = אהיה אדני יהוה ; ס״ת = ב״ן ועם כ׳ דהמלך = ע״ב:
לַיְּהוּדִים layehudim מלה הָיְתָה haytá אוֹרָה orá וְשִׂמְחָה vesimjá
וְשָׂשֹׂן vesasón וִיקָר vikar: כֵּן quen תִּהְיֶה tihyé לָנוּ lanu אלהים, אהיה אדני:
כּוֹס־ cos אלהים, אהיה אדני ; ובמילוי (כף וו סמך) = עסמ״ב, הברכה (למתק את ז׳ המלכים שמתו)
יְשׁוּעוֹת yeshuot אֶשָּׂא esá וּבְשֵׁם uveshem יְהֹוָה(יאהדונהי) Adonai אֶקְרָא ekrá:

"He aquí que Dios es mi salvación, yo confiaré y no temeré. Efectivamente, el Señor es mi fortaleza y mi canción, y Él se ha convertido en mi salvación. Obtendrán agua con dicha de los pozos de salvación" (Isaías 12:2-3). *"La salvación pertenece al Señor, que Tus bendiciones reposen sobre Tu pueblo, Sela"* (Salmos 3:9). *"El Señor de los Ejércitos está con nosotros, el Dios de Yaakov es refugio para nosotros, Sela"* (Salmos 84:13). *"Señor de los Ejércitos, feliz es aquel que confía en Ti. Señor, sálvanos; que el Rey nos conteste el día que le llamemos"* (Salmos 20:10). *"Y fue para los judíos Luz y alegría, y dicha y honra"* (Ester 8:16). *"Que así sea para nosotros. Alzaré la copa de salvaciones e invocaré el Nombre del Señor"* (Salmos 116:13).

סַבְרִי savrí מָרָנָן maranán

(:Y los demás contestan) לְחַיִּים lejayim אהיה אהיה יהוה, בינה ע״ה

BORÉ PRI HAGUEFEN

בָּרוּךְ Baruj אַתָּה Atá יְהֹוָאדניאהדונהי Adonai (יוד הי ויו הי) אֱלֹהֵינוּ Eloheinu

ילה מֶלֶךְ Mélej הָעוֹלָם haolam בּוֹרֵא boré פְּרִי pri הַגָּפֶן haguefen:

En la noche del sábado (*Motsaéi Shabat*) agregamos la bendición sobre *Besamim* y sobre el fuego:

BORÉ ATSEI BESAMIM

La *Havdalá* incluye oler la fragancia de una rama de mirto (si no tenemos una rama de mirto, podemos usar otra fuente de fragancia natural) para llenar el espacio creado por la partida del alma adicional que estuvo presente en nosotros durante el *Shabat*.

Debes tomar un manojo de tres ramas de mirto (el que usaste en *Shabat*) y meditar en que ellas corresponden a *Néfesh*, *Rúaj* y *Neshamá* para resguardar la energía del alma adicional (de todos los tres aspectos) de *Shabat*, y esto se hace ahora mismo con estos tres mirtos y con el acto de olerlos. Sostén los mirtos con tu mano derecha cuando los huelas, inhala profundamente su fragancia a través de tus fosas nasales tres veces (que corresponden a *Néfesh*, *Rúaj* y *Neshamá*). También medita en las siguientes cuatro palabras (sin pronunciarlas):

רֵיחַ נִיחוֹחַ אִשֶּׁה לַיהֹוָאדניאהדונהי:

בָּרוּךְ Baruj אַתָּה Atá יְהֹוָאדניאהדונהי Adonai (יוד הי ואו הי)

אֱלֹהֵינוּ Eloheinu ילה מֶלֶךְ Mélej הָעוֹלָם haolam בּוֹרֵא boré

עֲצֵי atsei (עִשְׂבֵּי isbei) (מִינֵי minei) בְשָׂמִים vesamim:

BORÉ MEOREI HAESH

Después hacemos un puño con nuestra mano derecha y ocultamos el dedo pulgar debajo de los otros cuatro dedos, y subimos la mano de modo que podamos ver el reflejo de la vela de *Havdalá* en las uñas de nuestros cuatro dedos. Los antiguos kabbalistas nos enseñan que el cuerpo de Adam en realidad estaba compuesto de este esmalte. A medida que finaliza el *Shabat*, las fuerzas y entidades negativas inmediatamente rondan a nuestro alrededor como predadores hambrientos que intentan robarnos nuestra Luz. El primer lugar que impactan es los dedos, específicamente en las uñas. La luz de la vela reflejada en nuestras uñas extingue a estas entidades.

Con el permiso de ustedes, maestros, (y los demás contestan) *¡por la vida!*

BORÉ PRI HAGUEFEN

Bendito eres Tú, Señor, nuestro Dios, Rey del mundo, quien crea los frutos de la vid.

BORÉ ATSEI BESAMIM

Bendito eres Tú, Señor, nuestro Dios,
Rey del mundo, quien crea las plantas (especias) (variedades) de fragancia.

Usamos una vela especial compuesta de cera y que se enciende como antorcha para la conexión con esta bendición. Debes doblar los dedos de tu mano derecha hacia la palma, de modo que el pulgar quede cubierto debajo de éstos. Y los dedos deben formar un puño firmemente cerrado y que apunte hacia tu cara y hacia la vela. Debes sostener tu mano derecha arriba a la vez que flexionas tu codo y el frente de tus dedos da hacia tu rostro; después debes doblar los dedos contra la palma de la mano y hacer que la parte dorsal de tus dedos esté en dirección a la vela. En efecto, tus dedos deben estar doblados de modo que cubran al dedo pulgar, y sólo debes ver el reflejo de la Luz que proviene de tus uñas y no el resto de tus dedos. La razón es que en los cuatro dedos hay 2500 fuerzas externas que absorben energía de los dedos, y es por ello que los exponemos ante la llama de la vela (que representa a la *Shejiná*) para doblegarlas. Y decimos la bendición "*boré meorei haesh*" porque queremos conectar con su Creador, no con ellas.

בָּרוּךְ Baruj אַתָּה Atá יְהֹוָה אדני יאהדונהי Adonai (יוד הא ואו הא)
אֱלֹהֵינוּ Eloheinu ילה מֶלֶךְ Mélej הָעוֹלָם haolam
בּוֹרֵא boré מְאוֹרֵי meorei הָאֵשׁ haesh שאה:

HAMAVDIL

La bendición final separa el bien del mal, lo que nos da la capacidad de distinguir entre estas dos fuerzas en cada área de nuestra vida.

בָּרוּךְ Baruj אַתָּה Atá יְהֹוָה אדני יאהדונהי Adonai אֱלֹהֵינוּ Eloheinu ילה
מֶלֶךְ Mélej הָעוֹלָם haolam הַמַּבְדִּיל hamavdil בֵּין bein קֹדֶשׁ kódesh
לְחוֹל lejol וּבֵין uvein אוֹר or רז, א״ס לְחוֹשֶׁךְ lejóshej שך נצוצות של ז׳ המלכים
וּבֵין uvein יִשְׂרָאֵל Yisrael לָעַמִּים laamim וּבֵין uvein יוֹם yom
ע״ה נגד, מזבח, זן, אל יהוה הַשְּׁבִיעִי hashevií לְשֵׁשֶׁת lesheshet יְמֵי yemei
הַמַּעֲשֶׂה hamaasé. בָּרוּךְ Baruj אַתָּה Atá יְהֹוָה אדני יאהדונהי Adonai
(יוד הה וו הה) הַמַּבְדִּיל hamavdil בֵּין bein קֹדֶשׁ kódesh לְחוֹל lejol (קליפת נגה):

En *Sucot* debemos recitar la bendición de "*Leshev BaSucá*" en la página 127 antes de sentarnos y beber del vino.

Después de realizar la *Havdalá*, debes sentarte y beber "*reviit*" (aproximadamente tres onzas de vino) y luego decir la última bendición. Si no puedes beber del vino, debes dárselo a alguien que tenga la intención de cumplir su obligación de beber (en tu lugar) y esta persona debe decir la última bendición. Pero si la otra persona no tiene la intención de cumplir su obligación de beber el vino, sólo debe decir la bendición "*boré pri haguefen*" y beber.

BORÉ MEOREI HAESH

Bendito eres Tú, Señor, nuestro Dios, Rey del mundo, quien crea las luminarias de fuego.

HAMAVDIL

Bendito eres Tú, Señor, nuestro Dios, Rey del mundo, quien distingue entre lo Sagrado y lo mundano, y entre la Luz y la oscuridad, y entre Israel y las otras naciones, y entre el Séptimo Día y los seis días de acción. Bendito eres Tú, Señor, quien distingue lo Sagrado de lo mundano.

REGRESAR LA TORÁ AL ARCA

Guardar la Torá en el Arca es similar a depositar dinero en el banco. Por ejemplo, cada vez que queramos retirar fondos, tenemos una reserva de dinero esperándonos en nuestro banco más cercano. El Arca es nuestro banco de Luz. Toda la energía espiritual que hemos generado está ahora en reserva, esperando que nosotros la empleemos durante la semana.

Antes de que la Torá sea llevada al Arca, el *jazán* dice:

יְהַלְלוּ yehalelú אֶת־ et שֵׁם Shem יְהֹוָה יאהדונהי Adonai כִּי־ qui

נִשְׂגָּב nisgav שְׁמוֹ Shemó מהש ע"ה, ע"ב בריבוע וקס"א ע"ה, אל שדי ע"ה לְבַדּוֹ levadó מ"ב

Luego la congregación dice lo siguiente mientras la Torá es llevada de regreso al Arca:

הוֹדוֹ hodú אהיה עַל־ al אֶרֶץ érets וְשָׁמָיִם veshamáyim י"פ טל, י"פ כוזו:

וַיָּרֶם vayarem קֶרֶן keren לְעַמּוֹ leamó תְּהִלָּה tehilá ע"ה אמת, אהיה פעמים אהיה,

ז"פ ס"ג לְכָל־ lejol יה אדני וַחֲסִידָיו jasidav לִבְנֵי livnei יִשְׂרָאֵל Yisrael

עַם־ am קְרֹבוֹ kerovó הַלְלוּיָהּ haleluyá אלהים, אהיה אדני ; ללה:

Luego el *jazán* dice:

יְהֹוָה יאהדונהי Adonai הוּא hu הָאֱלֹהִים haElohim אהיה אדני ; ילה ; ר"ת יהה

ועולה למנין ענו עם ג' כוללים: יְהֹוָה יאהדונהי Adonai הוּא hu הָאֱלֹהִים haElohim

אהיה אדני ; ילה ; ר"ת יהה ועולה למנין ענו עם ג' כוללים: בַּשָּׁמַיִם bashamáyim י"פ טל, י"פ כוזו

מִמַּעַל mimáal עלם וְעַל־ veal הָאָרֶץ haárets אלהים דההין ע"ה מִתָּחַת mitájat

אֵין ein עוֹד od: אֵין־ ein כָּמוֹךָ camoja בָאֱלֹהִים vaElohim

אהיה אדני ; ילה אֲדֹנָי Adonai ללה וְאֵין veéin כְּמַעֲשֶׂיךָ quemaaseja:

וּבְנֻחֹה uvenujó יֹאמַר yomar שׁוּבָה shuva הוש יְהֹוָה יאהדונהי Adonai

רִבְבוֹת rivevot אַלְפֵי alfei יִשְׂרָאֵל Yisrael: הֲשִׁיבֵנוּ hashivenu

יְהֹוָה יאהדונהי Adonai | אֵלֶיךָ eleja וְנָשׁוּבָה venashuva (כתיב : ונשוב)

חַדֵּשׁ jadesh י"ב הויות, קס"א קנ"א יָמֵינוּ yameinu כְּקֶדֶם quekédem:

REGRESAR LA TORÁ AL ARCA

"Alaben todos el Nombre del Señor, porque sólo Su Nombre es sublime. Su majestad está sobre el Cielo y la Tierra. Él exalta la fuerza de Su pueblo, alaba a todos Sus fieles, los hijos de Israel, pueblo cercano a Él. ¡Aleluya!" (Salmos 148:13-14). *"¡El Señor es el Dios! ¡El Señor es el Dios! En los Cielos arriba y en la Tierra debajo, no hay nadie como Él"* (Deuteronomio 4:39).

"No hay nadie como Tú entre los dioses, Señor, y no hay obras como las Tuyas" (Salmos 86:8).

"Y cuando el Arca se posaba, Moshé decía:

Vuélvete, Señor, hacia las miríadas de millares de Israel" (Números 10:36). *"Regrésanos a Ti, Señor, y nosotros volveremos. Renueva nuestros días como en los días de antaño"* (Lamentaciones 5:21).

EL ASHREI

De las veintidós letras del alfabeto arameo, veintiuna de ellas están codificadas en el *Ashrei* en el orden correcto, de la *Álef* a la *Tav*. El Rey David, el autor, dejó a la letra aramea *Nun* fuera de esta oración, ya que la *Nun* es la primera letra de la palabra aramea *Nefilá*, que significa "caída". Caída se refiere a un descenso espiritual, caer en la *klipá*. Los sentimientos de duda, depresión, preocupación e incertidumbre son consecuencias de la caída espiritual. Debido a que las letras arameas son los verdaderos instrumentos de la Creación, esta oración ayuda a inyectar el orden y la fuerza de la Creación en nuestra vida, sin la energía de la caída.

En este Salmo está escrito diez veces el Nombre: יהוה por las Diez *Sefirot*. Este Salmo está escrito según el orden del *Álef Bet*, pero la letra *Nun* es omitida para evitar la caída.

אַשְׁרֵי ashrei (סוד הכתר) יוֹשְׁבֵי yoshvei בֵיתֶךָ veiteja ב"פ ראה

עוֹד od יְהַלְלוּךָ yehaleluja סֶּלָה sela: אַשְׁרֵי ashrei הָעָם haam

שֶׁכָּכָה shecaja מהש (משה), ע"ב בריבוע וקס"א, אל שדי, ד"פ אלהים ע"ה לוֹ lo

אַשְׁרֵי ashrei הָעָם haam ר"ת לאה שֶׁיְהֹוָהאדניאהדונהי sheAdonai (*Kéter*)

אֱלֹהָיו Elohav ילה : תְּהִלָּה tehilá ע"ה אמת, אהיה פעמים אהיה, ז"פ ס"ג לְדָוִד leDavid

אֲרוֹמִמְךָ aromimjá אֱלוֹהַי Elohai הַמֶּלֶךְ haMélej וַאֲבָרְכָה vaavarjá

שִׁמְךָ Shimjá לְעוֹלָם leolam ריבוע ס"ג וי' אותיות דס"ג וָעֶד vaed:

בְּכָל־ bejol ב"ן, לכב יוֹם yom ע"ה נגד, מזבח, זן, אל יהוה

אֲבָרְכֶךָ avarjecá וַאֲהַלְלָה vaahalelá מ"ה יהוה שִׁמְךָ Shimjá

לְעוֹלָם leolam ריבוע ס"ג וי' אותיות דס"ג וָעֶד vaed:

גָּדוֹל gadol להח ; עם ד' אותיות = מבה, יזל, אום

יְהֹוָהאדניאהדונהי Adonai (*Jojmá*) וּמְהֻלָּל umehulal אדני, ללה

מְאֹד meod וְלִגְדֻלָּתוֹ veligdulató והו אֵין ein וְחֵקֶר jéker:

EL ASHREI

"Dichosos aquellos que moran en Tu casa, ellos te alabarán, Sela" (*Salmos 84:5*).

"Dichosa es la nación que así es para ella y dichosa la nación de la que el Señor es su Dios" (*Salmos 145:15*).

"Una alabanza de David:

א *Yo te exaltaré a Ti, mi Dios, el Rey, y yo bendeciré Tu Nombre por siempre y por la eternidad.*

ב *Te bendeciré cada día y alabaré Tu Nombre por siempre y por la eternidad.*

ג *El Señor es grande y extremadamente alabado. Su grandeza es inescrutable.*

דּוֹר dor לְדוֹר ledor יְשַׁבַּח yeshabaj מַעֲשֶׂיךָ maaseja ר"ת דלים

וּגְבוּרֹתֶיךָ ugvuroteja יַגִּידוּ yaguidu יי״ = כ״ב אותיות פשוטות (=אכא) וה׳ אותיות סופיות בןזהך:

הֲדַר hadar כְּבוֹד quevod הוֹדֶךָ hodeja וְדִבְרֵי vedivrei

נִפְלְאוֹתֶיךָ nifleoteja ר"ת אלהים, אהיה אדני

אָשִׂיחָה asija ר"ת הפסוק = פ״ז (בסוד) כתם טהור פז):

וֶעֱזוּז veezuz נוֹרְאֹתֶיךָ noroteja יֹאמֵרוּ yomeru וּגְדוּלָּתְךָ ugdulatjá

(כתיב: וגדלותיך) ר"ת = ע״ב, ריבוע יהוה אֲסַפְּרֶנָּה asaprena ס"ת = ייא״י (מילוי דס״ג):

זֵכֶר zéjer רַב־ rav טוּבְךָ tuvjá לאו יַבִּיעוּ yabíu

וְצִדְקָתְךָ vetsidkatjá יְרַנֵּנוּ yeranenu ס"ת = ב״ן, יבמ, לכב ; ר"ת הפסוק = רי״ו יהוה:

חַנּוּן janún וְרַחוּם verajum יְהֹוָהאדניאהדונהי Adonai (*Biná*)

חנון ורחום יהוה = עש״ל אֶרֶךְ érej ס"ת = ס״ג ב״ן אַפַּיִם apáyim ר"ת = יהוה

וּגְדָל־ ugdal (כתיב: וגדול) וְחָסֶד jásed ע״ב (יוד הי ויו הי), ריבוע יהוה (י יה יהו יהוה):

טוֹב־ tov והו יְהֹוָהאדניאהדונהי Adonai (*Jésed*) לַכֹּל lacol

יה אדני ; ס"ת ל״ו (מילוי דס״ג) וְרַחֲמָיו verajamav עַל־ al

כָּל col ילי ; עמם ; ר"ת ריבוע ב״ן ע״ה מַעֲשָׂיו maasav ס"ת = ע״ב, ריבוע יהוה:

ד *Una generación y la próxima alabarán Tus obras y narrarán Tus proezas.*

ה *Yo hablaré de la luminosidad de Tu espléndida gloria y de la maravilla de Tus actos.*

ו *Ellos proclamarán el asombroso poder de tus actos y yo hablaré de Tu grandeza.*

ז *Ellos expresarán el recuerdo de Tu abundante bondad y proclamarán dichosos Tu justicia.*

ח *El Señor es misericordioso y compasivo, lento para la ira y grande en misericordia.*

ט *El Señor es bueno para con todos, Su compasión se extiende sobre todos Sus actos.*

יוֹדוּךָ yoduja יְהֹוָהאדניאהדונהי Adonai (*Guevurá*) כָּל־ col ילי מַעֲשֶׂיךָ maaseja

וַחֲסִידֶיךָ vajasideja ר"ת = אלהים, אהיה אדני יְבָרְכוּכָה yevarjuja ס"ת = מ"ה:

כְּבוֹד quevod מַלְכוּתְךָ maljutjá יֹאמֵרוּ yomeru וּגְבוּרָתְךָ ugvuratjá

יְדַבֵּרוּ yedaberu ר"ת הפסוק = אלהים, אהיה אדני; ס"ת = ב"ן, יבמ, לכב:

לְהוֹדִיעַ lehodía לִבְנֵי livnei הָאָדָם haadam ר"ת ללה, אדני

גְּבוּרֹתָיו guevurotav וּכְבוֹד ujvod הֲדַר hadar

מַלְכוּתוֹ maljutó ר"ת מ"ה וס"ת רי"ו ; ר"ת הפסוק ע"ה = ק"ך צירופי אלהים:

מַלְכוּתְךָ maljutjá מַלְכוּת maljut כָּל־ col ילי עֹלָמִים olamim

וּמֶמְשַׁלְתְּךָ umemshaltejá בְּכָל־ bejol ב"ן, לכב דּוֹר dor וָדֹר vador רי"ו:

סוֹמֵךְ somej ריבוע אדני יְהֹוָהאדניאהדונהי Adonai (*Tiféret*)

לְכָל־ lejol יה אדני ; סומך אדני לכל ר"ת סאל, אמן (יאהדונהי) הַנֹּפְלִים hanoflim

וְזוֹקֵף vezokef לְכָל־ lejol יה אדני הַכְּפוּפִים hacfufim נמם:

עֵינֵי־ einei ריבוע דמ"ה כֹל jol ילי אֵלֶיךָ eleja יְשַׂבֵּרוּ yesaberu וְאַתָּה veAtá

נוֹתֵן־ notén אבגית"ץ, ושר לָהֶם lahem אֶת־ et אָכְלָם ojlam בְּעִתּוֹ beitó:

י *Todas tus obras Te agradecerán, Señor, y Tus fieles devotos te bendicen.*
כ *Ellos dirán de la gloria de Tu Reino y hablarán de Tus poderosos actos.*
ל *Él hace que el hombre conozca Sus proezas y la gloria de Su espléndido Reino.*
מ *Tuyo es el Reino de todos los mundos y Tu dominio se extiende a toda y cada generación.*
ס *El Señor sostiene a todos aquellos que caen y endereza a los doblegados.*
ע *Los ojos de todos ven con esperanza hacia Ti, y Tú les das su alimento al momento apropiado.*

POTÉAJ ET YADEJA

Conectamos con las letras *Pei*, *Álef* y *Yud* al abrir nuestras manos con las palmas hacia arriba. Nuestra conciencia está enfocada en recibir el sustento y la prosperidad financiera de parte de la Luz a través de nuestras acciones del diezmo y compartir; nuestro *Deseo de Recibir para Dar y Compartir*. Al hacer esto, también reconocemos que el sustento que recibimos proviene de una Fuente Superior y no de nuestras acciones. Según los sabios, si no meditamos en esta idea en este punto, debemos repetir la oración.

פתוח (שע"ח נהורין למ"ה ולס"ה)

יוד הי ויו הי יוד הי ויו הי (וז' וזיוורתי) — פותוז את ידך ר"ת פאי

אלף למד אלף למד (ש"ע) — גימ' יאהדונהי זו"ן

יוד הא ואו הא (לז"א) — וזכמה דז"א ו"ק

אדני (ולנוקבא) — יסוד דנוק'

פּוֹתֵחַ potéaj אֶת et יָדֶךָ yadeja ר"ת פאי וס"ת וזתך עם ג' אותיות = דִּיקָרְנוֹסָא

ובאתב"ש הוא סאל, פאי, אמן, יאהדונהי ; ועוד יכוין שם וזתך בשילוב יהוה – יְוֹזֶהָתְוֹכָהָ

Atrayendo abundancia y sustento desde *Jojmá de Zeir Anpín*

יוד הי ויו הי יוד ויו דלת הי יוד ויו יוד ויו הי יוד

וזתך סאל יאהדונהי

וּמַשְׂבִּיעַ umasbía וזתך עם ג' אותיות = דִּיקָרְנוֹסָא

ובא"ת ב"ש הוא סאל, אמן, יאהדונהי ; ועוד יכוין שם וזתך בשילוב יהוה – יְוֹזֶהָתְוֹכָהָ

Atrayendo abundancia y sustento desde *Jojmá de Zeir Anpín*

יוד הי ויו הי יוד ויו דלת הי יוד ויו יוד ויו הי יוד

לְכָל־ lejol יה אדני (להמשיך מוחין ד-יה אל הנוקבא שהיא אדני)

חַי jai כל חי = אהיה אהיה יהוה, בינה ע"ה, חיים

רָצוֹן ratsón מהש ע"ה, ע"ב בריבוע וקס"א ע"ה, אל שדי ע"ה

ר"ת רחל שהיא המלכות הצריכה לשפע

יוד יוד הי יוד הי ויו יוד הי ויו הי יסוד דאבא

אלף הי יוד הי יסוד דאימא

להמתיק רחל וב' דמעין שך פר

También debemos meditar en atraer abundancia, sustento y bendiciones a todos los mundos desde el *ratsón* mencionado anteriormente. Debemos meditar y enfocarnos en este versículo porque es la esencia de la prosperidad, y meditar en que Dios esté interviniendo, sustentando y apoyando a toda la Creación.

POTÉAJ ET YADEJA

פ *Abre Tus Manos y satisface el deseo de todo ser viviente.*

צַדִּיק tsadik יהוהאדניאהדונהי Adonai (*Yesod*) בְּכָל bejol ב״ן, לכב
דְּרָכָיו derajav וְחָסִיד vejasid בְּכָל bejol ב״ן, לכב מַעֲשָׂיו maasav יבמ, ב״ן :

קָרוֹב karov יהוהאדניאהדונהי Adonai (*Maljut*) לְכָל־ lejol יה אדני
קֹרְאָיו korav לְכֹל lejol יה אדני אֲשֶׁר asher
יִקְרָאֻהוּ yikraúhu בֶאֱמֶת veemet אהיה פעמים אהיה, ז״פ ס״ג :

רְצוֹן retsón מהש ע״ה, ע״ב בריבוע וקס״א ע״ה, אל שדי ע״ה יְרֵאָיו yereav יַעֲשֶׂה yaasé
ר״ת ריי וְאֶת־ veet שַׁוְעָתָם shavatam יִשְׁמַע yishmá וְיוֹשִׁיעֵם veyoshiem :

שׁוֹמֵר shomer כ״א הויות שבתפילין יהוהאדניאהדונהי Adonai (*Nétsaj*)
אֶת־ et כָּל־ col ילי אֹהֲבָיו ohavav ר״ת אכא
וְאֵת veet כָּל־ col ילי הָרְשָׁעִים hareshaim יַשְׁמִיד yashmid :

תְּהִלַּת tehilat יהוהאדניאהדונהי Adonai (*Hod*) יְדַבֶּר yedaber ראה פִּי pi
וִיבָרֵךְ vivarej ע״סמ״ב, הברכה (למתק את ז׳ המלכים שמתו) כָּל col ילי
בָּשָׂר basar שֵׁם Shem קָדְשׁוֹ kodshó לְעוֹלָם leolam ריבוע ס״ג וי׳ אותיות דס״ג
וָעֶד vaed : וַאֲנַחְנוּ vaanajnu נְבָרֵךְ nevarej יָהּ Yah מֵעַתָּה meatá
וְעַד־ vead עוֹלָם olam הַלְלוּיָהּ haleluyá אלהים, אהיה אדני ; ללה :

UVÁ LETSIYÓN

Esta oración es nuestra conexión con la redención. La oración comienza: *"Y vendrá un redentor a Sión"*. El redentor es una referencia al *Mashíaj* (Mesías). Kabbalísticamente, el *Mashíaj* no es una persona justa que vendrá y nos salvará y traerá paz al mundo. *Mashíaj* es un estado de espiritualidad y conciencia que puede alcanzar todo individuo. Nadie viene a salvarnos ni a hacer el trabajo por nosotros. Cada uno de nosotros debe conseguir su propio nivel de crecimiento espiritual y realización, nuestro *Mashíaj* personal, y cuando una masa crítica de personas haya alcanzado este estado, el *Mashíaj* global aparecerá para la humanidad.

צ *El Señor es justo en todos Sus caminos y virtuoso en todas Sus obras.*
ק *El Señor está cerca de todos los que Lo llaman, de todos aquellos que Lo llaman sinceramente.*
ר *Él cumplirá la voluntad de aquellos que Le temen; Él escucha sus clamores y los salva.*
ש *El Señor protege a todos los que Lo aman y destruye a los impíos.*
ת *Mis labios proclamarán la alabanza al Señor y toda criatura bendecirá Su Santo Nombre, por siempre y por la eternidad"* (Salmos 145). *"Y bendeciremos a Dios por siempre y por la eternidad. ¡Aleluya!"* (Salmos 115:18).

וּבָא uvá לְצִיּוֹן leTsiyón יוסף, ו׳ הויות, קנאה גּוֹאֵל goel וּלְשָׁבֵי ulshavei פֶשַׁע fesha

בְּיַעֲקֹב beYaakov ו׳ הויות, יאהדונהי אידהנויה נְאֻם neúm יְהֹוָה יאהדונהי Adonai:

וַאֲנִי vaaní אני ; ר״ת גוף בניו (שירדו לחיצונים בעון הוצאת ז״ל, ויחזרו לגוף אוצר הנשמות, ויבוא גואל)

זֹאת zot בְּרִיתִי brití אוֹתָם otam אָמַר amar יְהֹוָה יאהדונהי Adonai

רוּחִי rují אֲשֶׁר asher עָלֶיךָ aleja וּדְבָרַי udvarai אֲשֶׁר־ asher

שַׂמְתִּי samti בְּפִיךָ befija לֹא־ lo יָמוּשׁוּ yamushu מִפִּיךָ mipija

וּמִפִּי umipí זַרְעֲךָ zarajá וּמִפִּי umipí זֶרַע zera זַרְעֲךָ zarajá

אָמַר amar יְהֹוָה יאהדונהי Adonai מֵעַתָּה meatá וְעַד־ vead עוֹלָם olam:

וְאַתָּה veAtá קָדוֹשׁ kadosh יוֹשֵׁב yoshev תְּהִלּוֹת tehilot יִשְׂרָאֵל Yisrael:

וְקָרָא vekará זֶה ze אֶל־ el זֶה ze י״ב פרקין דיעקב מאירין ל״ב פרקין דרחל

וְאָמַר veamar קָדוֹשׁ Kadosh | (*Jésed*) קָדוֹשׁ Kadosh (*Guevurá*)

קָדוֹשׁ Kadosh (*Tiféret*) יְהֹוָה יאהדונהי Adonai צְבָאוֹת Tsevaot פני שכינה

מְלֹא meló כָל־ jol ילי הָאָרֶץ haárets אלהים דההין ע״ה כְּבוֹדוֹ quevodó:

וּמְקַבְּלִין umekablín דֵּין dein מִן min דֵּין dein וְאָמְרִין veamrín•

קַדִּישׁ kadish ב״פ אור, ב״פ רז, ב״פ א״ס בִּשְׁמֵי bishmei

מְרוֹמָא meromá עִלָּאָה ilaá בֵּית beit ב״פ ראה שְׁכִינְתֵּהּ Shejintei•

קַדִּישׁ kadish ב״פ אור, ב״פ רז, ב״פ א״ס עַל־ al אַרְעָא ará עוֹבַד ovad

גְּבוּרְתֵּהּ guevurtei• קַדִּישׁ kadish ב״פ אור, ב״פ רז, ב״פ א״ס לְעָלַם lealam

וּלְעָלְמֵי ulealmei עָלְמַיָּא almayá: יְהֹוָה יאהדונהי Adonai צְבָאוֹת Tsevaot

פני שכינה מַלְיָא malyá כָל jol ילי אַרְעָא ará זִיו ziv יְקָרֵהּ yekarei:

UVÁ LETSIYÓN

"Y vendrá un redentor a Sión, a los que se vuelven de la transgresión de entre [la Casa de] Yaakov, dice el Señor. En cuanto a Mí, este es Mi pacto con ellos, dice el Señor. Mi espíritu que es sobre ti y Mis palabas que he puesto en tu boca, no se apartarán de tu boca ni de la boca de tus hijos ni de la boca de los hijos de tus hijos, dice el Señor, desde ahora y por siempre" (Isaías 59:20-21). *"Y Tú eres Santo y esperas las alabanzas de Israel. Y uno llamó al otro diciendo: Santo, Santo, Santo es el Señor de los Ejércitos, toda la Tierra es llenada con Su gloria"* (Isaías 6:3). *Y ellos reciben consentimiento uno del otro y dicen: Santo en los Elevados Cielos es la morada de Su Shejiná. Santo, sobre la Tierra, es el trabajo de Su valor. Para siempre y para toda la eternidad, es el Señor de los Ejércitos, toda la Tierra es llenada con el esplendor de Su gloria.*

וַתִּשָּׂאֵנִי vatisaeni רוּחַ rúaj וָאֶשְׁמַע vaeshmá אַחֲרַי ajarai קוֹל kol

רַעַשׁ ráash גָּדוֹל gadol לההו ; עם ד' אותיות = מבה, יזל, אום בָּרוּךְ Baruj

כְּבוֹד Quevod יְהֹוָה Adonai כבוד יהוה = יוד הי ואו הה מִמְּקוֹמוֹ mimekomó

עסמ"ב, הברכה (למתק את ז' המלכים שמתו) ; ר"ת = ע"ב, ריבוע יהוה ; ר"ת מ"כ, י"פ האא:

וּנְטָלַתְנִי unetalatni רוּחָא rujá. וְשִׁמְעֵית ushmait בַּתְרַי batrai קָל kal

נמם (ה' גבורות) זִיעַ ziá שַׂגִּיא saguí דִּמְשַׁבְּחִין dimeshabjín וְאָמְרִין veamrín

בְּרִיךְ berij יְקָרָא yekará דַּיהֹוָה daAdonai מֵאֲתַר meatar

בֵּית beit ב"פ ראה שְׁכִינְתֵּהּ Shejintei. יְהֹוָה Adonai | יִמְלֹךְ yimloj

לְעֹלָם leolam ריבוע ס"ג וי' אותיות דס"ג ; ר"ת ייל וָעֶד vaed: יְהֹוָה Adonai

מַלְכוּתֵהּ maljutei קָאֵם kaim לְעָלַם lealam וּלְעָלְמֵי ulealmei

עָלְמַיָּא almayá: יְהֹוָה Adonai אֱלֹהֵי Elohei מילוי ע"ב, דמב ; ילה

אַבְרָהָם Avraham וז"פ אל, רי"ו ול"ב נתיבות החכמה, רמ"ח (אברים), עסמ"ב וט"ז אותיות פשוטות

יִצְחָק Yitsjak ד"פ ב"ן וְיִשְׂרָאֵל veYisrael אֲבֹתֵינוּ avoteinu

שָׁמְרָה־ shomrá זֹּאת zot לְעוֹלָם leolam ריבוע ס"ג וי' אותיות דס"ג

לְיֵצֶר leyétser מַחְשְׁבוֹת majshevot לְבַב levav בוכו

עַמֶּךָ ameja וְהָכֵן vehajén לְבָבָם levavam אֵלֶיךָ eleja:

וְהוּא veHú רַחוּם rajum יְכַפֵּר yejaper ר"ת רי"ו עָוֹן avón (*Aba* de la *klipá*)

וְלֹא veló יַשְׁחִית yashjit (*Ima* de la *klipá*) וְהִרְבָּה vehirbá

לְהָשִׁיב lehashiv אַפּוֹ apó (*Zeir* de la *klipá*) וְלֹא־ veló

יָעִיר yair כָּל־ col ילי וַחֲמָתוֹ jamató (*Nukvá* de la *klipá*):

"Y un viento me cargó y detrás de mí escuché una gran voz estruendosa dando alabanza: Bendita sea la gloria del Señor desde Su morada" (Ezequiel 3:12). *Y diciendo: Bendita sea la gloria del Señor desde el lugar de residencia de Su Shejiná. "El Señor reinará por siempre jamás"* (Éxodo 15:18). *El Señor, Su Reino es establecido por siempre y para la eternidad. "El Señor, Dios de Avraham, Yitsjak e Israel (nuestros antepasados), ¡resguarda esto para siempre en honor a los pensamientos en los corazones de Tu Nación, y dirige sus corazones hacia Ti!"* (I Crónicas 29:18). *"Y Él es misericordioso y perdona iniquidades, y no destruirá, y Él con frecuencia disminuye su ira y nunca despertará todo Su enojo"* (Salmos 78:38).

כִּי־ qui אַתָּה Atá אֲדֹנָי Adonai ללה טוֹב tov והו וְסַלָּח vesalaj יהוה ע״ב

וְרַב־ verav (*Yitsjak*) חֶסֶד jésed (*Avraham*) ע״ב, ריבוע יהוה לְכָל־ lejol יה אדני

קֹרְאֶיךָ koreja (*Yaakov*): צִדְקָתְךָ tsidkatjá צֶדֶק tsédek

לְעוֹלָם leolam ריבוע ס״ג וי׳ אותיות דס״ג וְתוֹרָתְךָ vetoratjá אֱמֶת emet

אהיה פעמים אהיה, ז״פ ס״ג: תִּתֵּן titén ב״פ כהת אֱמֶת emet אהיה פעמים אהיה, ז״פ ס״ג

לְיַעֲקֹב leYaakov ז׳ הויות, יאהדונהי אידהנויה חֶסֶד jésed ע״ב, ריבוע יהוה

לְאַבְרָהָם leAvraham וז״פ אל, רי״ו ול״ב נתיבות החכמה, רמ״ח (אברים), עסמ״ב וט״ז אותיות פשוטות

אֲשֶׁר־ asher נִשְׁבַּעְתָּ nishbata לַאֲבֹתֵינוּ laavoteinu מִימֵי mimei קֶדֶם kédem:

בָּרוּךְ Baruj אֲדֹנָי Adonai ללה יוֹם yom ע״ה נגד, מזבח, זן אל יהוה יוֹם yom ע״ה נגד,

מזבח, זן אל יהוה יַעֲמָס־ yaamós ר״ת ייי לָנוּ lanu אלהים, אהיה אדני ; ר״ת ייל

הָאֵל haEl לאה ; אל (״יא״ מילוי דס״ג) ; ר״ת ילה יְשׁוּעָתֵנוּ yeshuatenu סֶלָה sela:

יְהֹוָה יאהדונהי Adonai צְבָאוֹת Tsevaot פני שכינה עִמָּנוּ imanu

ריבוע ס״ג, קס״א ע״ה וד׳ אותיות מִשְׂגָּב־ misgav מהש, ע״ב בריבוע וקס״א, אל שדי, ד״פ אלהים ע״ה

לָנוּ lanu אלהים, אהיה אדני אֱלֹהֵי Elohei מילוי ע״ב, דמב ; ילה יַעֲקֹב Yaakov

ז׳ הויות, יאהדונהי אידהנויה סֶלָה sela: יְהֹוָה יאהדונהי Adonai צְבָאוֹת Tsevaot פני שכינה

אַשְׁרֵי ashrei אָדָם adam מ״ה ; יהוה צבאות אשרי אדם = תפארת בֹּטֵחַ botéaj

בָּךְ: baj אדם בוטח בך = אמן (יאהדונהי) ע״ה ; בוטח בך = מילוי ע״ב ע״ה:

יְהֹוָה יאהדונהי Adonai הוֹשִׁיעָה hoshía יהוה וש״ע נהורין הַמֶּלֶךְ haMélej ר״ת יהה

יַעֲנֵנוּ yaanenu בְיוֹם־ veyom ע״ה נגד, מזבח, זן, אל יהוה קָרְאֵנוּ korenu

ר״ת יב״ק, אלהים יהוה, אהיה אדני יהוה וס״ת ב״ן ועם אות כ׳ דהמלך = ע״ב:

"Porque Tú, Señor, eres bueno y misericordioso, y abundante en benevolencia para todos los que Te claman" (Salmos 86:5). *"Tu rectitud es una justicia eterna, y Tu Torá es verdadera"* (Salmos 119:42). *"Tú das la verdad a Yaakov y benevolencia a Avraham, como lo has acordado con nuestros antepasados desde el principio de los tiempos"* (Miqueas 7:20). *"Bendito es el Señor, Quien lleva nuestras cargas día tras día, el Dios de nuestra salvación, Sela"* (Salmos 68:20). *"El Señor de los Ejércitos está con nosotros; el Dios de Yaakov es nuestra fortaleza. Sela"* (Salmos 46:12). *"Señor de los Ejércitos, dichoso es el hombre que confía en Ti"* (Salmos 84:13). *"Señor, sálvanos. El Rey nos responderá en el día que nosotros le llamemos"* (Salmos 20:10).

BARUJ ELOHEINU

Recitar el siguiente verso "*Baruj Eloheinu*" con felicidad genuina y un corazón que confía generará Luz adicional para nuestra vida, y nuestro proceso de *tikún* será mucho más fácil. Medita en dedicar tu alma a santificar el Santo Nombre (*Kedushat HaShem*).

בָּרוּךְ Baruj אֱלֹהֵינוּ Eloheinu ילה שֶׁבְּרָאָנוּ sheberaanu לִכְבוֹדוֹ lijvodó

וְהִבְדִּילָנוּ vehivdilanu מִן min הַתּוֹעִים hatoim (conectando con la información correcta)

וְנָתַן venatán לָנוּ lanu אלהים, אהיה אדני תּוֹרַת torat אֱמֶת emet אהיה פעמים אהיה, ד"פ ס"ג

וְחַיֵּי vejayei עוֹלָם olam נָטַע natá בְּתוֹכֵנוּ• betojenu הוּא Hu יִפְתַּח yiftaj

לִבֵּנוּ libenu בְּתוֹרָתוֹ• betorató וְיָשִׂים veyasim בְּלִבֵּנוּ belibenu אַהֲבָתוֹ ahavató

וְיִרְאָתוֹ veyirató לַעֲשׂוֹת laasot רְצוֹנוֹ retsonó וּלְעָבְדוֹ uleovdó

בְּלֵבָב belevav בוכו שָׁלֵם• shalem לֹא lo נִיגַּע nigá לָרִיק larik

(Aquí medita en ser protegido de las emisiones nocturnas, para que el esfuerzo espiritual no se vaya a la negatividad [*Rik* y *Behalá*]. También medita en tener hijos justos que sigan la senda de la Luz).

וְלֹא veló נֵלֵד neled לַבֶּהָלָה• labehalá יְהִי yehí רָצוֹן ratsón מהש ע"ה,

ע"ב בריבוע וקס"א ע"ה, אל שדי ע"ה מִלְּפָנֶיךָ milfaneja ס"ג מ"ה ב"ן יְהֹוָאדִהֹנָהִי Adonai

אֱלֹהֵינוּ Eloheinu ילה וֵאלֹהֵי veElohei לכב ; מילוי ע"ב, דמב ; ילה אֲבוֹתֵינוּ avoteinu

שֶׁנִּשְׁמוֹר shenishmor חֻקֶּיךָ jukeja וּמִצְוֹתֶיךָ umitsvoteja

בָּעוֹלָם baolam הַזֶּה hazé והו• וְנִזְכֶּה venizqué וְנִחְיֶה venijyé וְנִירַשׁ venirash

טוֹבָה tová אכא וּבְרָכָה uvrajá לְחַיֵּי lejayei הָעוֹלָם haolam הַבָּא habá:

לְמַעַן lemaan יְזַמֶּרְךָ yezamerja כָבוֹד javod וְלֹא veló יִדֹּם yidom

יְהֹוָאדִהֹנָהִי Adonai ר"ת = אלהים, אהיה אדני אֱלֹהַי Elohai מילוי ע"ב, דמב ; ילה

לְעוֹלָם leolam ריבוע ס"ג וי' אותיות דס"ג אוֹדֶךָּ odeca:

BARUJ ELOHEINU

Bendito es nuestro Dios,

Quien nos creo por Su gloria, Quien nos separó de los que tomaron el mal camino, Quien nos dio la Torá de la verdad y Quien implantó en nosotros la vida eterna. Que abra nuestros corazones con Su Torá y coloque en nuestros corazones amor hacia Él y temor por Él, para satisfacer Su voluntad y servirlo con todo el corazón. Que nuestros esfuerzos no sean en vano y que no le demos cabida al pánico. Que sea Tu voluntad, Señor, nuestro Dios y Dios de nuestros antepasados, que mantengamos tus estatutos y Tus mandamientos en este mundo, y que logremos mérito, vida, bondad y bendición para la vida en el Mundo por Venir. "Para que mi gloria pueda cantarte alabanzas, y no quedarse callada. Señor, Dios mío, Te agradeceré por siempre" (Salmos 30:13).

יְהֹוָ֖ה יאהדונהי Adonai חָפֵ֣ץ jafets לְמַ֣עַן lemaan צִדְק֑וֹ tsidkó יַגְדִּ֥יל yagdil

תּוֹרָ֖ה Torá ר״ת צ״ת ר״ת veyaadir וְיַאְדִּֽיר ר״ת = אבגית״ץ, ושר: וְיִבְטְח֣וּ veyivtejú

בְ֭ךָ vejá יוֹדְעֵ֣י yodei שְׁמֶ֑ךָ Shemeja כִּ֤י qui ר״ת יכש לֹא־ lo עָזַ֖בְתָּ azavta

דֹרְשֶׁ֣יךָ dorsheja יְהֹוָֽה׃ יאהדונהי Adonai ס״ת כהת, משיח בן דוד ע״ה:

יְהֹוָ֤ה יאהדונהי Adonai אֲדֹנֵ֗ינוּ adoneinu מָה־ ma מ״ה אַדִּ֣יר adir הרי

שִׁ֭מְךָ Shimjá בְּכָל־ bejol ב״ן, לכב ; ומב הָאָ֑רֶץ haárets אלהים דההין ע״ה:

חִזְק֣וּ jizkú וְיַאֲמֵ֣ץ veyaamets לְבַבְכֶ֑ם levavjem

כָּל col ילי הַ֝מְיַחֲלִ֗ים hameyajalim לַיהֹוָֽה׃ יאהדונהי laAdonai:

BEIT YAAKOV

En esta oración nos recuerdan que sólo hay un Dios y que no debemos servir a otras deidades. Hoy en día, las otras deidades tienen forma de adicciones al dinero, al trabajo, a la percepción que los demás tienen de nosotros; por mencionar algunas. Cuando permitimos que las trampas del mundo físico nos dominen, estamos sirviendo a otras deidades. La naturaleza de Dios es proactiva y dadora. Cuando vivimos nuestra vida de forma proactiva y dadora, atraemos la Luz de Dios a nuestra vida.

בֵּ֖ית beit ב״פ ראה יַעֲקֹ֑ב Yaakov ז׳ הויות, יאהדונהי אידהנויה

לְכ֥וּ leju וְנֵלְכָ֖ה venelja בְּא֥וֹר beor רז, אין סוף יְהֹוָֽה׃ יאהדונהי Adonai:

כִּ֚י qui כָּל־ col ילי הָ֣עַמִּ֔ים haamim יֵלְכ֖וּ yeljú אִ֣ישׁ ish בְּשֵׁ֣ם beshem

אֱלֹהָ֑יו elohav ילה וַאֲנַ֗חְנוּ vaanajnu נֵלֵ֛ךְ nelej נלך בְּשֵׁם־ beshem

יְהֹוָ֥ה יאהדונהי Adonai אֱלֹהֵ֖ינוּ Eloheinu ילה לְעוֹלָ֥ם leolam ריבוע ס״ג וי׳ אותיות דס״ג

וָעֶֽד׃ vaed: יְהִ֨י yehí יְהֹוָ֤ה יאהדונהי Adonai אֱלֹהֵ֙ינוּ֙ Eloheinu ילה עִמָּ֔נוּ imanu

מילוי דס״ג, קס״א ע״ה וד׳ אותיות כַּאֲשֶׁ֥ר caasher הָיָ֖ה hayá יהה עִם־ im

אֲבֹתֵ֑ינוּ avoteinu אַל־ al יַעַזְבֵ֖נוּ yaazvenu וְאַֽל־ veal יִטְּשֵֽׁנוּ׃ yiteshenu:

"El Señor desea rectitud: Él hace la Torá grandiosa y poderosa" (Isaías 42:21). *"Y colocarán su confianza en Ti, todos aquellos que conocen Tu Nombre, porque Tú no has abandonado a los que Te buscan, Señor"* (Salmos 9:11). *"Señor, nuestro Señor, que poderoso es Tu Nombre a lo largo del mundo"* (Salmos 8:2). *Sean fuertes y sus corazones valientes, todos aquellos que colocan su esperanza en el Señor.*

BEIT YAAKOV

"Ven, Casa de Yaakov, caminemos a la Luz del Señor" (Isaías 2:5). *"Porque todas las naciones caminarán en nombre de su dios, pero nosotros caminaremos en Nombre del Señor, nuestro Dios, por siempre y para siempre"* (Miqueas 4:5). *"Que el Señor, nuestro Dios, esté con nosotros como lo estuvo con nuestros ancestros. Que no nos abandone ni nos olvide,*

לְהַטּוֹת lehatot לְבָבֵנוּ levavenu אֵלָיו elav לָלֶכֶת laléjet בְּכָל־ bejol

ב"ן, לכב דְּרָכָיו derajav וְלִשְׁמֹר velishmor מִצְוֹתָיו mitsvotav וְחֻקָּיו vejukav

וּמִשְׁפָּטָיו umishpatav אֲשֶׁר asher צִוָּה tsivá אֶת־ et אֲבֹתֵינוּ avoteinu:

וְיִהְיוּ veyihyú אל (ייא" מילוי דס"ג) דְּבָרַי devarai ראה אֵלֶּה ele אֲשֶׁר asher

הִתְחַנַּנְתִּי hitjananti לִפְנֵי lifnei יְהֹוָאדֹנָיאהדונהי Adonai קְרֹבִים kerovim

אֶל־ el יְהֹוָאדֹנָיאהדונהי Adonai אֱלֹהֵינוּ Eloheinu ילה יוֹמָם yomam

וָלָיְלָה valayla מלה לַעֲשׂוֹת laasot | מִשְׁפַּט mishpat ע"ה ה"פ אלהים

עַבְדּוֹ avdó וּמִשְׁפַּט umishpat ע"ה ה"פ אלהים עַמּוֹ amó יִשְׂרָאֵל Yisrael

דְּבַר־ devar ראה יוֹם yom ע"ה נגד, מזבח, זן אל יהוה בְּיוֹמוֹ beyomó:

לְמַעַן lemaan דַּעַת dáat כָּל־ col ילי עַמֵּי amei

הָאָרֶץ haárets אלהים דההין ע"ה כִּי qui יְהֹוָאדֹנָיאהדונהי Adonai הוּא hu

הָאֱלֹהִים haElohim אהיה אדני ; ילה ; ר"ת יהה ועולה למנין ענו ע"ג"כ אֵין ein עוֹד od:

SHIR HAMAALOT

Las 57 letras de este párrafo corresponden al valor numérico de *Nun* נ, *Guímel* ג, *Dálet* ד, en el *Ana Bejóaj*, el Nombre de Dios de 42 Letras. Este número también es el valor de la palabra *Zan* זן, que significa sustento en hebreo. Es importante recitar esta oración sin ninguna interrupción entre las palabras. La unidad de la oración es la chispa que enciende el poder del sustento.

שִׁיר shir הַמַּעֲלוֹת hamaalot לְדָוִד leDavid לוּלֵי lulei יְהֹוָאדֹנָיאהדונהי Adonai

שֶׁהָיָה shehayá יהה לָנוּ lanu אלהים, אהיה אדני יֹאמַר־ yomar נָא na

יִשְׂרָאֵל Yisrael: לוּלֵי lulei יְהֹוָאדֹנָיאהדונהי Adonai ; ר"ת ילי שֶׁהָיָה shehayá יהה

לָנוּ lanu אלהים, אהיה אדני בְּקוּם bekum עָלֵינוּ aleinu אָדָם adam (אדם בליעל ס"מ):

---

para que podamos inclinar nuestros corazones a Él, caminar Sus senderos, guardar Sus mandamientos, Sus estatutos y Sus leyes, como ordenó a nuestros antepasados. Que esas palabras que he clamado ante el Señor estén cerca del Señor, nuestro Dios, día y noche, para que sacie las necesidades de Su siervo y de Su nación, Israel. Todas las naciones del mundo sabrán que el Señor es Dios y que no hay otro" (I Reyes 8:57-60).

SHIR HAMAALOT

"Un cántico de David: Si no fuese por el Señor, que estuvo ahí por nosotros, que Israel ahora diga: Si no fuese por el Señor, que estuvo ahí por nosotros cuando los hombres nos atacaron,

אֲזַי azai וְחַיִּים jayim אהיה אהיה יהוה, בינה ע"ה בְּלָעוּנוּ belaunu בַּחֲרוֹת bajarot

אַפָּם apam (נוקבא דס"מ) בָּנוּ: banu אֲזַי azai הַמַּיִם hamáyim שְׁטָפוּנוּ shetafunu

(לילית וכת דלהון) נַחְלָה najlá עָבַר avar עַל־ al נַפְשֵׁנוּ: nafshenu אֲזַי azai

עָבַר avar עַל־ al נַפְשֵׁנוּ nafshenu הַמַּיִם hamáyim הַזֵּידוֹנִים: hazeidonim

בָּרוּךְ Baruj יְהֹוָֽאדהנויאהדונהי Adonai שֶׁלֹּא sheló נְתָנָנוּ netananu טֶרֶף téref

לְשִׁנֵּיהֶם: leshineihem נַפְשֵׁנוּ nafshenu כְּצִפּוֹר quetsipor נִמְלְטָה nimletá

מִפַּח mipaj יוֹקְשִׁים yokshim הַפַּח hapaj נִשְׁבָּר nishbar

וַאֲנַחְנוּ vaanajnu נִמְלָטְנוּ: nimlatnu עֶזְרֵנוּ ezrenu בְּשֵׁם beshem

יְהֹוָֽאדהנויאהדונהי Adonai עֹשֵׂה osé שָׁמַיִם shamáyim י"פ טל, י"פ כוזו וָאָרֶץ: vaárets

SHIR SHEL YOM

Los siguientes seis Salmos nos conectan con los seis días de la semana y los seis días de la Creación. Cada día decimos el Salmo que corresponde a la expresión única de Luz espiritual de ese día. Conectar con el nivel original de la semilla de los seis días de la Creación nos da el poder de cambiar nuestro destino.

DOMINGO - JÉSED - AVRAHAM

Medita que el domingo, *Jésed* de *Atsilut* está iluminando יְהֶוֶֶה

También medita en el Nombre: אבג״יתץ que incluye a todos los Nombres del *Aná Bejóaj*.

Y en el Nombre: יְהֶוֶּה

(Tetragramatón con las vocales de las iniciales del versículo: "בראשית ברא אלהים את")

הַיּוֹם hayom ע"ה נגד, מזבח, זן, אל יהוה יוֹם yom ע"ה נגד, מזבח, זן, אל יהוה

אֶחָד ejad אהבה, דאגה בְּשַׁבָּת beShabat קוֹדֶשׁ: kódesh

---

ellos nos habrían tragado vivos cuando su ira se sublevó contra nosotros. Las aguas nos habrían inundado y la corriente nos habría ahogado. Las aguas malignas nos habrían tragado. Bendito es el Señor, Quien no nos permitió ser presa de sus mandíbulas. Nuestra alma escapó como un ave de la trampa de los cazadores. La trampa fue quebrada y escapamos. Nuestra ayuda es el Nombre del Señor, Quien forma los Cielos y la Tierra" (Salmos 124).

SHIR SHEL YOM

DOMINGO - JÉSED - AVRAHAM

Hoy es el día uno del conteo hacia el Santo Shabat.

לְדָוִד leDavid מִזְמוֹר mizmor (pausa)

לַיהֹוָה laAdonai הָאָרֶץ haárets אלהים ההין ע"ה וּמְלוֹאָהּ umeloá

תֵּבֵל tevel ב"פ רי"ו וְיֹשְׁבֵי veyoshvei בָהּ va: כִּי־ qui הוּא hu

עַל al יַמִּים yamim נלך יְסָדָהּ yesadá וְעַל־ veal נְהָרוֹת neharot

יְכוֹנְנֶהָ yejoneneha עם התיבה והכולל = קמ"ג: מִי mi ילי יַעֲלֶה yaalá

בְהַר־ veHar ר"ת יבמ, ב"ן יְהֹוָה Adonai וּמִי umí ילי יָקוּם yakum

בִּמְקוֹם bimkom קָדְשׁוֹ kodshó ר"ת יב"ק, אלהים יהוה, אהיה אדני יהוה ; ס"ת מום, אלהים:

נְקִי nekí ע"ה קס"א כַפַּיִם japáyim ע"ה קנ"א, אדני אלהים (מזרע לבטלה)

וּבַר־ uvar יצחק, ד"פ ב"ן לֵבָב levav בוכו ; בר לבב = ע"ב ס"ג מ"ה ב"ן,

הברכה (למתק את ז' המלכים שמתו) אֲשֶׁר asher לֹא־ lo נָשָׂא nasá לַשָּׁוְא lashav

נַפְשִׁי nafshí (כתיב: נפשו) וְלֹא veló נִשְׁבַּע nishbá לְמִרְמָה lemirmá:

יִשָּׂא yisá בְרָכָה vrajá מֵאֵת meet ר"ת יבמ, ב"ן יְהֹוָה Adonai

וּצְדָקָה utsdaká ע"ה ריבוע אלהים ; יהה מֵאֱלֹהֵי meElohei מילוי ע"ב, דמב ; ילה

יִשְׁעוֹ yishó שכינה ע"ה ; ס"ת יהוה: זֶה ze דּוֹר dor דֹּרְשָׁיו dorshav

(כתיב: דרשו) מְבַקְשֵׁי mevakshei פָנֶיךָ faneja ס"ג מ"ה ב"ן

יַעֲקֹב Yaakov ד' הויות, יאהדונהי אידהנויה סֶלָה sela: שְׂאוּ seú שְׁעָרִים shearim כתר

רָאשֵׁיכֶם rasheijem וְהִנָּשְׂאוּ vehinasú ו' שהוא זעיר אנפין וה' שהיא מלכו – נשאו

פִּתְחֵי pitjei עוֹלָם olam וְיָבוֹא veyavó מֶלֶךְ mélej הַכָּבוֹד hacavod לאו:

מִי mi ילי זֶה ze מֶלֶךְ mélej ר"ת = פ"ז בסוד כתם טהור פז

הַכָּבוֹד hacavod לאו יְהֹוָה Adonai ; כבוד יהוה = יוד הי ואו הה עִזּוּז izuz

וְגִבּוֹר veguibor יְהֹוָה Adonai גִּבּוֹר guibor מִלְחָמָה miljamá:

"Un Salmo de David: Del Señor es la Tierra y su plenitud, el mundo y los que en él habitan, porque Él la fundó sobre los mares y la afirmó sobre los ríos. ¿Quién subirá al monte del Señor? ¿Y quién estará en Su lugar santo? El limpio de manos y puro de corazón; el que no ha elevado su alma a cosas vanas ni ha jurado con engaño. Él recibirá bendición del Señor y justicia del Dios de salvación. Tal es la generación de los que lo buscan, de los que buscan Tu rostro, Dios de Yaakov. Sela. Alcen sus manos, puertas, y elévense, portales del mundo, y permitan entrar al Rey glorioso. ¿Quién es el Rey glorioso? Es el Señor, quien es poderoso y valiente. El Señor, quien es poderoso en batalla.

שְׂאוּ seú שְׁעָרִים shearim כתר רָאשֵׁיכֶם rasheijem

וּשְׂאוּ useú ו' עִילאה שהוא ת"ת נשא פִּתְחֵי pitjei

עוֹלָם olam וְיָבֹא veyavó מֶלֶךְ mélej הַכָּבוֹד hacavod לאו:

מִי mi ילי הוּא hu זֶה ze מֶלֶךְ mélej הַכָּבוֹד hacavod לאו

יְהֹוָאדהּהֹיאהדונהי Adonai ; כבוד יהוה = יוד הי ואו הה צְבָאוֹת Tsevaot פני שכינה

הוּא hu מֶלֶךְ mélej הַכָּבוֹד hacavod לאו סֶלָה sela:

Continúa con "*hoshienu*" en la página 685.

LUNES - GUEVURÁ - YITSJAK

Medita que el lunes *Guevurá* de *Atsilut* está iluminando יְהֹוָה

También medita en el Nombre: קרעשטן y en el Nombre: יֱהֹוָה

(Tetragrámaton con las vocales de las iniciales del versículo: "ויאמר אלהים יהי רקיע")

En este Salmo hay 15 versículos, que corresponden al Santo Nombre: י"ה

הַיּוֹם hayom ע"ה נגד, מזבח, זן, אל יהוה

יוֹם yom ע"ה נגד, מזבח, זן, אל יהוה שֵׁנִי shení בְּשַׁבָּת beShabat קוֹדֶשׁ kódesh:

שִׁיר shir מִזְמוֹר mizmor לִבְנֵי־ livnei קֹרַח Kóraj: גָּדוֹל gadol להח ;

יְהֹוָאדהּהֹיאהדונהי עם ד' אותיות = מבה, יזל, אום Adonai וּמְהֻלָּל umehulal ס"ת ללה, אדני

מְאֹד meod בְּעִיר beir סנדלפון, סנדלפון, ערי אֱלֹהֵינוּ Eloheinu ילה

הַר־ har קָדְשׁוֹ kodshó: יְפֵה yefé נוֹף nof מְשׂוֹשׂ mesós כָּל־ col ילי

הָאָרֶץ haárets אלהים דההין ע"ה הַר־ har צִיּוֹן Tsiyón יוסף, ו' הויות, קנאה

יַרְכְּתֵי yarquetei צָפוֹן tsafón קִרְיַת kiryat מֶלֶךְ mélej רָב rav:

אֱלֹהִים Elohim אהיה אדני ; ילה בְּאַרְמְנוֹתֶיהָ bearmenoteha נוֹדַע nodá

לְמִשְׂגָּב lemisgav משה, מהש, ע"ב בריבוע וקס"א, אל שדי, ד"פ אלהים ע"ה: כִּי־ qui

הִנֵּה hiné הַמְּלָכִים hamelajim נוֹעֲדוּ noadú עָבְרוּ avrú יַחְדָּו yajdav:

Alcen sus manos, puertas, y eleven sus portales eternos y permitan entrar al Rey glorioso. ¿Quién es el Rey glorioso? Es el Señor de los Ejércitos. Él es el Rey glorioso, Sela" (*Salmos 24*). *[Sálvanos].*

LUNES - GUEVURÁ - YITSJAK

Hoy es el segundo día del conteo hacia el Santo Shabat.

"Canción de Salmo a los hijos de Kóraj: El Señor es grande y alabado en gran manera en la ciudad de nuestro Dios, Su montaña sagrada; un paisaje hermoso y una fuente de dicha para toda la tierra, Monte Sión, al Norte, la ciudad de un gran Rey. Es conocido que los palacios de Dios son poderosos. He aquí que los reyes se han reunido y salieron juntos.

הֵמָּה hemá רָאוּ raú כֵּן quen תָּמָהוּ tamahú נִבְהֲלוּ nivhalú נֶחְפָּזוּ nejpazú:

רְעָדָה readá אֲחָזָתַם ajazatam שָׁם sham ומב חִיל jil כַּיּוֹלֵדָה cayoledá:

בְּרוּחַ berúaj קָדִים kadim תְּשַׁבֵּר teshaber אֳנִיּוֹת oniyot תַּרְשִׁישׁ Tarshish:

כַּאֲשֶׁר caasher שָׁמַעְנוּ shamanu כֵּן quen רָאִינוּ raínu

בְּעִיר־ beir בוזוך, סנדלפון, ערי יְהֹוָהאדני יאהדונהי Adonai צְבָאוֹת Tsevaot פני שכינה

בְּעִיר beir בוזוך, סנדלפון, ערי אֱלֹהֵינוּ Eloheinu ילה אֱלֹהִים Elohim אהיה אדני ; ילה

יְכוֹנְנֶהָ yejoneneha עם התיבה וע״ה קמ״ג עַד־ ad עוֹלָם olam סֶלָה sela:

דִּמִּינוּ diminu אֱלֹהִים Elohim אהיה אדני ; ילה חַסְדֶּךָ jasdeja בְּקֶרֶב bekérev

הֵיכָלֶךָ heijaleja: כְּשִׁמְךָ queshimjá אֱלֹהִים Elohim אהיה אדני ; ילה

כֵּן quen תְּהִלָּתְךָ tehilatjá עַל־ al קַצְוֵי־ katsvei אֶרֶץ érets צֶדֶק tsédek

מָלְאָה malá יְמִינֶךָ yemineja: יִשְׂמַח yismaj משיוח הַר־ har

צִיּוֹן Tsiyón יוסף, ו׳ הויות, קנאה תָּגֵלְנָה taguelna בְּנוֹת benot יְהוּדָה Yehudá

לְמַעַן lemaan מִשְׁפָּטֶיךָ mishpateja: סֹבּוּ sobú צִיּוֹן Tsiyón יוסף, ו׳ הויות, קנאה

וְהַקִּיפוּהָ vehakifuha סִפְרוּ sifrú מִגְדָּלֶיהָ migdaleha: שִׁיתוּ shitú

לִבְּכֶם libjem לְחֵילָה lejeilá פַּסְּגוּ pasgú אַרְמְנוֹתֶיהָ armenoteha

לְמַעַן lemaan תְּסַפְּרוּ tesaprú לְדוֹר ledor אַחֲרוֹן ajarón:

כִּי qui זֶה ze אֱלֹהִים Elohim אהיה אדני ; ילה אֱלֹהֵינוּ Eloheinu ילה

עוֹלָם olam וָעֶד vaed הוּא hu יְנַהֲגֵנוּ yenahaguenu עַל־ al מוּת mut:

Continúa con "*hoshienu*" en la página 685.

Y ellos la vieron y se maravillaron. Se asombraron y huyeron rápidamente. Un temblor se apoderó de ellos; como una mujer en labores de parto. Con un viento oriental Tú demoliste las naves de Tarsis. Como hemos escuchado, así lo hemos visto en la ciudad del Señor de los Ejércitos, en la ciudad de nuestro Dios. Que Dios la establezca por siempre, Sela. Dios, hemos esperado por Tu benevolencia en medio de Tu Santuario. Así como es Tu Nombre, Dios, también es Tu alabanza en todos los confines de la Tierra. La rectitud llena Tu diestra. El Monte Sión se regocijará y las hijas de Yehuda se regocijarán por Tus juicios. Rodea a Sión y camina a su alrededor. Cuenta sus edificaciones. Envía Tu corazón a ella y eleva sus murallas, para que Tú puedas relacionarte con la generación venidera. Porque Él es el Señor, nuestro Dios, Él nos guiará por toda la eternidad" (Salmos 48). *[Sálvanos].*

MARTES – TIFERET – YAAKOV

Medita que el martes *Tiféret* de *Atsilut* está iluminando יהוה
También medita en el Nombre: נגדיכש y en el Nombre: יְהֻוָה
(Tetragrámaton con las vocales de las iniciales del versículo: "ויאמר אלהים יקוו המים")

הַיּוֹם hayom ע"ה נגד, מזבח, זן, אל יהוה

יוֹם yom ע"ה נגד, מזבח, זן, אל יהוה שְׁלִישִׁי shlishí בְּשַׁבָּת beShabat קוֹדֶשׁ kódesh:

מִזְמוֹר mizmor לְאָסָף leAsaf אֱלֹהִים Elohim אהיה אדני ; ילה
נִצָּב nitsav בַּעֲדַת baadat אֵל El ייא"י (מילוי דס"ג) בְּקֶרֶב bekérev
אֱלֹהִים Elohim אהיה אדני ; ילה יִשְׁפֹּט yishpot: עַד־ ad מָתַי matai
תִּשְׁפְּטוּ־ tishpetú עָוֶל ável וּפְנֵי ufnei וחכמה בינה רְשָׁעִים reshaim
תִּשְׂאוּ־ tisú סֶלָה sela: שִׁפְטוּ־ shiftú דַל dal וְיָתוֹם veyatom יוסף
עָנִי aní ריבוע מ"ה וָרָשׁ varash הַצְדִּיקוּ hatsdiku: פַּלְּטוּ־ paltú דַל dal
וְאֶבְיוֹן veevyón מִיַּד miyad רְשָׁעִים reshaim הַצִּילוּ hatsilu:
לֹא lo יָדְעוּ yadú וְלֹא veló יָבִינוּ yavinu בַּחֲשֵׁכָה bajasheját
יִתְהַלָּכוּ yithalaju יִמּוֹטוּ yimotu כָּל־ col ילי מוֹסְדֵי mosdei אָרֶץ árets:
אֲנִי aní אני אָמַרְתִּי amarti אֱלֹהִים Elohim אהיה אדני ; ילה אַתֶּם atem
וּבְנֵי uvnei עֶלְיוֹן elyón כֻּלְּכֶם culjem: אָכֵן ajén כְּאָדָם queadam מ"ה
תְּמוּתוּן temutún וּכְאַחַד ujeajad אהבה, דאגה הַשָּׂרִים hasarim
תִּפֹּלוּ tipolu: קוּמָה kumá קנ"א (מקוה) אֱלֹהִים Elohim אהיה אדני ; ילה
שָׁפְטָה shoftá הָאָרֶץ haárets אלהים דההין ע"ה כִּי־ qui
אַתָּה Atá תִנְחַל tinjal בְּכָל־ bejol ב"ן, לכב הַגּוֹיִם hagoyim:

Continúa con "*hoshienu*" en la página 685.

MARTES - TIFÉRET - YAAKOV

Hoy es el tercer día del conteo hacia el Santo Shabat.

"Salmo de Asaf: Dios está presente en la asamblea celestial. Entre los jueces, Él juzga. ¿Hasta cuándo juzgarán deshonestamente y favorecerán a los impíos? Sela. Juzga al pobre y al huérfano. Sentencien a favor del pobre y el necesitado. Rescaten a los indigentes y los desdichados. Libérenlos de las manos de los inicuos, quienes no saben ni entienden que caminan en la oscuridad; ellos hacen que los cimientos de la Tierra colapsen. He dicho que ustedes son como ángeles y son todos hijos de lo celestial, no obstante, morirán como Adam y caerán como uno de los jefes. Elévate, Dios, y juzga al mundo porque Tú legarás sobre toda las naciones" (Salmos 82). *[Sálvanos].*

MIERCOLES - NETSAJ - MOSHE

Medita que el miércoles *Nétsaj* de *Atsilut* está iluminando יְהֹוָה.
También medita en el Nombre: בטרצתג y en el Nombre: יְהֹוָה
(Tetragrámaton con las vocales de las iniciales del versículo: “ויאמר אלהים יהי מארות”)

הַיּוֹם hayom ע״ה נגד, מזבח, זן, אל יהוה

יוֹם yom ע״ה נגד, מזבח, זן, אל יהוה רְבִיעִי revií בְּשַׁבָּת beShabat קוֹדֶשׁ kódesh:

אֵל El ייא״י (מילוי דס״ג) נְקָמוֹת nekamot יְהֹוָהאדניאהדונהי Adonai ; ר״ת אני

אֵל El ייא״י (מילוי דס״ג) נְקָמוֹת nekamot ר״ת = יב״ק, אלהים יהוה, אהיה אדני יהוה

הוֹפִיעַ hofía: הִנָּשֵׂא hinasé שֹׁפֵט shofet הָאָרֶץ haárets אלהים דההין ע״ה

הָשֵׁב hashev ר״ת = שדי ע״ה גְּמוּל guemul עַל־ al גֵּאִים gueim: עַד־ ad

מָתַי matai רְשָׁעִים reshaim יְהֹוָהאדניאהדונהי Adonai עַד־ ad מָתַי matai

רְשָׁעִים reshaim יַעֲלֹזוּ yaalozu ג״פ אכא: יַבִּיעוּ yabíu יְדַבְּרוּ yedabrú

עָתָק atak יִתְאַמְּרוּ yitamrú כָּל־ col ילי פֹּעֲלֵי poalei אָוֶן aven: עַמְּךָ ameja

יְהֹוָהאדניאהדונהי Adonai יְדַכְּאוּ yedacú וְנַחֲלָתְךָ venajalatjá יְעַנּוּ yeanú:

אַלְמָנָה almaná וְגֵר veguer יַהֲרֹגוּ yahargú וִיתוֹמִים vitomim יְרַצֵּחוּ yeratsejú:

וַיֹּאמְרוּ vayomrú לֹא lo יִרְאֶה־ yiré רי״ו יָּהּ Yah וְלֹא־ veló יָבִין yavín

אֱלֹהֵי Elohei מילוי ע״ב, דמב ; ילה יַעֲקֹב Yaakov ז׳ הויות, יאהדונהי אידהנויה: בִּינוּ binú

בֹּעֲרִים boarim בָּעָם baam וּכְסִילִים ujsilim מָתַי matai תַּשְׂכִּילוּ tasquilu:

הֲנֹטַע hanotá אֹזֶן ozen יוד הי ואו הה הֲלֹא haló יִשְׁמָע yishmá

אִם־ im יוהך, מ״א אותיות דפשוט, דמילוי ודמילוי דמילוי דאהיה ע״ה יֹצֵר yotser

עַיִן ayin ריבוע מ״ה הֲלֹא haló יַבִּיט yabit: הֲיֹסֵר hayoser גּוֹיִם goyim

הֲלֹא haló יוֹכִיחַ yojíaj הַמְלַמֵּד hamelamed אָדָם adam מ״ה דָּעַת dáat:

MIÉRCOLES - NÉTSAJ - MOSHÉ

Hoy es el cuarto día del conteo hacia el Santo Shabat.

“El Señor es el Dios de la venganza. Dios de la represalia, ¡preséntate! ¡Elévate, juez de la Tierra! Págale a los arrogantes lo que merecen. ¿Por cuánto más se regocijarán los perversos, Señor? Ellos se expresan y hablan con arrogancia. Todos los malhechores son orgullosos; Señor, ellos degradan a Tu Nación y torturan a Tus hijos. Ellos asesinan a viudas y conversos; asesinan a huérfanos. Y dicen: El Señor no ve y el Dios de Yaakov no entiende. Ustedes deben entender, estúpidos e incautos entre la gente: ¿cuándo serán sabios? ¿Podría no oír Aquél que creó los oídos? ¿Podría no ver Aquél que creó los ojos? ¿Podría no amonestar Aquél que castiga a las naciones? ¡Aquél que le da conocimiento al hombre!

יְהֹוָהאדניאהדונהי Adonai יֹדֵעַ yodea מַחְשְׁבוֹת majshevot אָדָם adam מ"ה

כִּי־ qui הֵמָּה hemá הָבֶל hável מילוי דס"ג: אַשְׁרֵי ashrei הַגֶּבֶר haguéver

אֲשֶׁר־ asher תְּיַסְּרֶנּוּ teyasrenu יָּהּ Yah וּמִתּוֹרָתְךָ umitoratjá

תְלַמְּדֶנּוּ: telamdenu לְהַשְׁקִיט lehashkit לוֹ lo מִימֵי mimei רָע ra עַד ad

יִכָּרֶה yicaré לָרָשָׁע larashá שָׁחַת: shájat כִּי qui לֹא־ lo יִטֹּשׁ yitosh

יְהֹוָהאדניאהדונהי Adonai עַמּוֹ amó וְנַחֲלָתוֹ venajalató לֹא lo יַעֲזֹב: yaazov

כִּי־ qui עַד־ ad צֶדֶק tsédek יָשׁוּב yashuv מִשְׁפָּט mishpat ע"ה ה"פ אלהים

וְאַחֲרָיו veajarav כָּל־ col ילי יִשְׁרֵי־ yishrei לֵב: lev מִי־ mi ילי

יָקוּם yakum לִי li עִם־ im מְרֵעִים mereim מִי־ mi ילי יִתְיַצֵּב yityatsev

לִי li עִם־ im פֹּעֲלֵי poalei אָוֶן: áven לוּלֵי lulei יְהֹוָהאדניאהדונהי Adonai

עֶזְרָתָה ezratá לִי li כִּמְעַט quimat שָׁכְנָה shajná דוּמָה dumá נַפְשִׁי: nafshí

אִם im יוהך, מ"א אותיות דפשוט, דמילוי ודמילוי דמילוי דאהיה ע"ה אָמַרְתִּי amarti ר"ת = ב"ן

מָטָה matá רַגְלִי raglí חַסְדְּךָ jasdeja יְהֹוָהאדניאהדונהי Adonai

יִסְעָדֵנִי yisadeni אני: בְּרֹב berov י"פ אהיה שַׂרְעַפַּי sarapai בְּקִרְבִּי bekirbí שדי

תַּנְחוּמֶיךָ tanjumeja יְשַׁעַשְׁעוּ yeshaasheu נַפְשִׁי nafshí ר"ת נית (זו מות):

הַיְחָבְרְךָ hayejovreja כִּסֵּא quisé הַוּוֹת havot יֹצֵר yotser

עָמָל amal עֲלֵי־ alei חֹק: jok יָגוֹדּוּ yagodu עַל־ al

נֶפֶשׁ néfesh צַדִּיק tsadik וְדָם vedam נָקִי nakí ע"ה קס"א

יַרְשִׁיעוּ: yarshíu וַיְהִי vayehí יְהֹוָהאדניאהדונהי Adonai לִי li

לְמִשְׂגָּב lemisgav משה, מהש, ע"ב בריבוע וקס"א, אל שדי, ד"פ אלהים ע"ה

El Señor sabe que los pensamientos del hombre son en vano. Afortunado es el hombre que sabe que Tú castigas, Señor, y de Tu Torá Tú le enseñas, para que esté seguro ante los tiempos turbulentos, mientras una fosa es cavada para los impíos. El Señor no olvida a Su Nación ni abandona Su heredad porque, hasta que no se haga justicia, el juicio perdurará. Le siguen los justos de corazón. ¿Quién se alzará a mi favor en contra de los malhechores? ¿Quién me defenderá ante los hacedores de iniquidad? De no haber sido por el Señor que me ayudó, mi alma moraría en el Infierno. Si mi pie llegara a resbalar, Tu benevolencia, Señor, me sostendría. Cuando muchos pensamientos deprimentes acechan dentro de mí, Tus palabras consoladoras animan mi alma. ¿Podría un trono de maldad estar vinculado a Ti por uno de los que hacen leyes injustas? Ellos se reúnen en contra de la vida de los justos, y ellos condenan la sangre inocente. Pero el Señor fue mi fortaleza,

וֵאלֹהַי veElohai (אליהו הנביא) לכב ; מילוי ע"ב, דמב ; ילה
לְצוּר letsur אלהים דההין ע"ה מַחְסִי majsí הרוז: וַיָּשֶׁב vayashev
עֲלֵיהֶם aleihem אֶת־ et אוֹנָם onam וּבְרָעָתָם uvraatam יַצְמִיתֵם yatsmitem
יַצְמִיתֵם yatsmitem יְהֹוָהאדניאהדונהי Adonai אֱלֹהֵינוּ Eloheinu ילה:

Continúa con "hoshienu" en la página 685.

JUEVES - HOD - AHARÓN

Medita que el jueves *Hod* de *Atsilut* está iluminando יהוה
También medita en el Nombre: וזקבטנע y en el Nombre: יֶהֹוָה
(Tetragrámaton con las vocales de las iniciales del versículo: "ויאמר אלהים ישרצו המים")
En este Salmo hay 126 palabras que corresponden al Santo Nombre: ריבוע אדני (א אד אדנ אדני) = כוק

הַיּוֹם hayom ע"ה נגד, מזבח, זן, אל יהוה
יוֹם yom ע"ה נגד, מזבח, זן, אל יהוה וְחֲמִישִׁי jamishí בְּשַׁבָּת beShabat קוֹדֶשׁ kódesh:
לַמְנַצֵּחַ lamenatséaj עַל־ al הַגִּתִּית haguitit לְאָסָף leAsaf: הַרְנִינוּ harninu
לֵאלֹהִים leElohim אהיה אדני ; ילה עוּזֵּנוּ uzenu הָרִיעוּ haríu אלהים דאלפין
לֵאלֹהֵי leElohei מילוי ע"ב, דמב ; ילה יַעֲקֹב Yaakov ו' הויות, יאהדונהי אידהנויה ; ר"ת ילה:
שְׂאוּ־ seú זִמְרָה zimrá וּתְנוּ־ utnú תֹף tof כִּנּוֹר quinor נָעִים naim
עִם im נָבֶל navel: תִּקְעוּ tikú בַחֹדֶשׁ vajódesh י"ב הויות, קס"א קנ"א
שׁוֹפָר shófar בַּכֶּסֶה baquesé לְיוֹם leyom ע"ה נגד, מזבח, זן, אל יהוה וְחַגֵּנוּ jaguenu:
כִּי qui חֹק jok לְיִשְׂרָאֵל leYisrael הוּא hu מִשְׁפָּט mishpat ע"ה ה"פ אלהים
לֵאלֹהֵי leElohei מילוי ע"ב, דמב ; ילה יַעֲקֹב Yaakov ו' הויות, יאהדונהי אידהנויה:
עֵדוּת edut בִּיהוֹסֵף bihosef שָׂמוֹ samó בְּצֵאתוֹ betsetó עַל־ al אֶרֶץ érets
מִצְרָיִם Mitsráyim מצר שְׂפַת sfat לֹא lo יָדַעְתִּי yadati אֶשְׁמָע eshmá:

---

y Dios fue la roca de mi refugio. Él devolverá las acciones negativas contra ellos y los azotará con su propia iniquidad. El Señor, nuestro Dios, los azotará" (Salmos 94). *[Sálvanos].*

JUEVES - HOD - AHARÓN

Hoy es el quinto día del conteo hacia el Santo Shabat.

"Al director musical, sobre Guitit. Salmo de Asaf: Canten con dicha al Dios de nuestra fortaleza. Alaben con fuerza al Dios de Yaakov. Entonen canción y toquen el pandero, el arpa que deleita junto a la lira. Toquen el Shofar en la renovación del mes durante en la Luna nueva en día de nuestro festival. Porque es un estatuto para Israel, un día de juicio por el Dios de Yaakov. Yosef fue ataviado con vestimentas cuando salió a la tierra de Egipto, donde escuchó un lenguaje que no conocía.

הֲסִירוֹתִי hasiroti מִסֵּבֶל misével שִׁכְמוֹ shijmó כַּפָּיו capav מִדּוּד midud

תַּעֲבֹרְנָה taavorna: בַּצָּרָה batsará אלהים דההין קָרָאתָ karata

וָאֲחַלְּצֶךָּ vaajaltseca אֶעֶנְךָ eenjá בְּסֵתֶר beséter ב"פ מצר רַעַם ráam

אֶבְחָנְךָ evjonjá עַל־ al מֵי mei ילי ; עמם מְרִיבָה merivá סֶלָה sela:

שְׁמַע shmá עַמִּי amí וְאָעִידָה veaída בָּךְ baj יִשְׂרָאֵל Yisrael

אִם im יוהך, מ"א אותיות דפשוט, דמילוי ודמילוי דמילוי דאהיה ע"ה תִּשְׁמַע־ tishmá לִי li:

לֹא־ lo יִהְיֶה yihyé ייי בְךָ vejá אֵל el זָר zar אל זר = רוזל (דקליפה)

וְלֹא veló תִשְׁתַּחֲוֶה tishtajavé לְאֵל leel נֵכָר nejar: אָנֹכִי anojí

יְהֹוָהאדניאהדונהי Adonai אֱלֹהֶיךָ Eloheja ילה הַמַּעַלְךָ hamaaljá

מֵאֶרֶץ meérets מִצְרָיִם Mitsráyim מצר הַרְחֶב־ harjev פִּיךָ pija

וַאֲמַלְאֵהוּ vaamalehu: וְלֹא veló שָׁמַע shamá עַמִּי amí לְקוֹלִי lekolí

וְיִשְׂרָאֵל veYisrael לֹא־ lo אָבָה avá לִי li: וָאֲשַׁלְּחֵהוּ vaashaljehu

בִּשְׁרִירוּת bishrirut לִבָּם libam יֵלְכוּ yeljú בְּמוֹעֲצוֹתֵיהֶם bemoatsoteihem:

לוּ lu עַמִּי amí שֹׁמֵעַ shomea לִי li יִשְׂרָאֵל Yisrael בִּדְרָכַי bidrajai

יְהַלֵּכוּ yehaleju: כִּמְעַט quimat אוֹיְבֵיהֶם oyveihem אַכְנִיעַ ajnía

וְעַל־ veal צָרֵיהֶם tsareihem אָשִׁיב ashiv יָדִי yadí: מְשַׂנְאֵי mesanei

יְהֹוָהאדניאהדונהי Adonai יְכַחֲשׁוּ־ yejajashú לוֹ lo וִיהִי vihí עִתָּם itam

לְעוֹלָם leolam ריבוע דס"ג וי' אותיות דס"ג: וַיַּאֲכִילֵהוּ vayaajilehu

מֵחֵלֶב mejélev חִטָּה jitá אכא וּמִצּוּר umitsur אלהים דההין ע"ה

דְּבַשׁ devash שו' דשופר (ועם י"ד האוזז הרי ש"ך דינין דגדלות) אַשְׂבִּיעֶךָ asbieca:

Continúa con "*hoshienu*" en la página 685.

Quité la carga de sus hombros; aparté sus manos de hacer obras de barro. Clamaste en la calamidad y Yo te rescaté. Yo contesto tu llamado con velocidad. Te probé en las aguas de Merivá. Sela. Escuchen, Mi pueblo, y les advierto: Israel, si tan sólo me escucharan. No habrá deidad extranjera entre ustedes, ni se postrarán ante un dios ajeno. Yo soy el Señor, su Dios, quien los sacó de la tierra de Egipto. Abre tu boca y Yo la llenaré. El pueblo no hizo caso a Mis palabras. Israel no me obedeció. Los confiné a la dureza de sus corazones. Ellos siguieron su consejo maligno. Si Mi nación me hubiese escuchado e Israel siguiera Mis senderos, doblegaría por completo a sus enemigos y volvería Mi Mano en contra de sus opresores. Los que odian al Señor lo niegan, pero el tiempo de Israel será para siempre. Yo los alimentaré con el mejor trigo y los saciaré con miel extraída de la peña" (Salmos 81). [Sálvanos].

VIERNES - YESOD - YOSEF

Medita que el viernes *Yesod* de *Atsilut* está iluminando יוהווהי

También medita en el Nombre: יגלפזק y en el Nombre: יְהֶוָה

(Tetragrámaton con las vocales de las iniciales del versículo: "ויאמר אלהים תוציא הארץ")

En este Salmo hay 45 palabras que corresponden al Santo Nombre: מ״ה (יוד הא ואו הא)

הַיּוֹם hayom ע״ה נגד, מזבח, זן, אל יהוה

יוֹם yom ע״ה נגד, מזבח, זן, אל יהוה הַשִּׁשִּׁי hashishí בְּשַׁבָּת beShabat קוֹדֶשׁ kódesh:

יְהֹוָהאדניאהדונהי Adonai מָלָךְ malaj גֵּאוּת gueut לָבֵשׁ lavesh לָבֵשׁ lavesh

יְהֹוָהאדניאהדונהי Adonai עֹז oz הִתְאַזָּר hitazar אַף־ af ר״ת = אלהים, אהיה אדני

תִּכּוֹן ticón תֵּבֵל tevel ב״פ רי״ו בַּל־ bal תִּמּוֹט timot: נָכוֹן najón כִּסְאֲךָ quisajá

מֵאָז meaz ומב מֵעוֹלָם meolam אָתָּה Atá ר״ת הפסוק קנ״א, אדני אלהים:

נָשְׂאוּ nasú נְהָרוֹת neharot יְהֹוָהאדניאהדונהי Adonai נָשְׂאוּ nasú ר״ת = קין

נְהָרוֹת neharot קוֹלָם kolam יִשְׂאוּ yisú נְהָרוֹת neharot דָּכְיָם dojyam ר״ת דני:

מִקֹּלוֹת mikolot מַיִם máyim רַבִּים rabim אַדִּירִים adirim הרי

מִשְׁבְּרֵי־ mishberei יָם yam ילי ; ר״ת אמי אַדִּיר adir הרי

בַּמָּרוֹם bamarom יְהֹוָהאדניאהדונהי Adonai ; ר״ת אבי: עֵדֹתֶיךָ edoteja

נֶאֶמְנוּ neemnú מְאֹד meod ר״ת = קין לְבֵיתְךָ leveitjá ב״פ ראה

נַאֲוָה־ naavá קֹדֶשׁ kódesh יְהֹוָהאדניאהדונהי Adonai לְאֹרֶךְ leórej:

יָמִים yamim נלך ; ר״ת ילי ; ס״ת = אדני ; יהוה לאורך ימים = ש״ע נהורין עם י״ג אותיות:

Continúa con "*hoshienu*" en la página 685.

VIERNES - YESOD - YOSEF

Hoy es el sexto día del conteo hacia el Santo Shabat.

"El Señor reina. Él se atavía de magnificencia. El Señor se viste y se ciñe con poder. Él también estableció firmemente al mundo para que no colapsara. Tu Trono ha sido establecido. Desde ese entonces, Tú eres eternemente. Los ríos han elevado sus voces, Señor. Los ríos elevarán sus olas poderosas, más que el bramar de las abundantes aguas y olas del mar, Tú eres poderoso en las Alturas, Señor. Tus testimonios son muy confiables. Tu Casa es el Santo Santuario. El Señor estará por la largura de días" (Salmos 93). [Sálvanos].

HOSHIENU

Recibiendo energía adicional para el día.

Tras recitar los Salmos diarios se dice lo siguiente:

הוֹשִׁיעֵנוּ hoshienu יְהֹוָה יאהדונהי Adonai אֱלֹהֵינוּ Eloheinu ילה
וְקַבְּצֵנוּ vekabtsenu מִן min הַגּוֹיִם hagoyim לְהוֹדוֹת lehodot לְשֵׁם leshem
קָדְשֶׁךָ kodshejá לְהִשְׁתַּבֵּחַ lehishtabéaj בִּתְהִלָּתֶךָ: bitehilateja
בָּרוּךְ־ Baruj יְהֹוָה יאהדונהי Adonai אֱלֹהֵי Elohei מילוי ע״ב, דמב ; ילה
יִשְׂרָאֵל Yisrael ס״ת = אדני ; יהוה אלהי ישראל = תרי״ג (מצוות) מִן־ min הָעוֹלָם haolam
וְעַד vead הָעוֹלָם haolam וְאָמַר veamar כָּל col ילי הָעָם haam
אָמֵן Amén יאהדונהי הַלְלוּיָהּ haleluyá אלהים, אהיה אדני ; ללה:
בָּרוּךְ Baruj יְהֹוָה יאהדונהי Adonai מִצִּיּוֹן miTsiyón יוסף, ו׳ הויות, קנאה
שֹׁכֵן shojén יְרוּשָׁלָיִם Yerushaláyim הַלְלוּיָהּ haleluyá אלהים, אהיה אדני ; ללה:
בָּרוּךְ Baruj יְהֹוָה יאהדונהי Adonai אֱלֹהִים Elohim אהיה אדני ; ילה
אֱלֹהֵי Elohei מילוי ע״ב, דמב ; ילה יִשְׂרָאֵל Yisrael עֹשֵׂה osé נִפְלָאוֹת niflaot
לְבַדּוֹ levadó מ״ב: וּבָרוּךְ uvaruj שֵׁם shem כְּבוֹדוֹ quevodó לְעוֹלָם leolam
ריבוע ס״ג וי׳ אותיות דס״ג וְיִמָּלֵא veyimalé כְבוֹדוֹ jevodó אֶת־ et כָּל־ col ילי
הָאָרֶץ haárets אלהים דההין ע״ה אָמֵן Amén יאהדונהי וְאָמֵן veAmén יאהדונהי:

Continúa con Medio *Kadish* en las páginas 517-518 y luego con *Musaf* desde la página 519 hasta la página 550.

HOSHIENU

"Sálvanos, Señor, Dios nuestro, y reúnenos de entre las naciones para dar gracias a Tu Santo Nombre y glorificarnos en Tu alabanza. Bendito es el Señor, Dios de Israel, desde este mundo hasta el siguiente; y todos los pueblos dirán: ¡Amén! ¡Alabado sea el Señor!" (Salmos 6:47-48). "Bendito es el Señor de Sión. Él, quien mora en Jerusalén. ¡Alabado sea el Señor!" (Salmos 135:21). Bendito es el Señor, nuestro Dios, Dios de Israel, el Único que hace maravillas. Y bendito sea Su Nombre de gloria para siempre. Y Su gloria llenará el mundo entero. Amén y Amén.

LA AMIDÁ DE ARVIT DE SHABAT Y JOL HAMOED

אֲדֹנָי Adonai ללה (pausa aquí) שְׂפָתַי sfatai תִּפְתָּח tiftaj וּפִי ufí יַגִּיד yaguid

ייז (כ"ב אותיות פשוטות [=אכא] וה' אותיות סופיות מנצפך) תְּהִלָּתֶךָ tehilateja ס"ת = בוכו:

LA PRIMERA BENDICIÓN – INVOCA AL ESCUDO DE AVRAHAM

Avraham es el canal de la energía de la Columna Derecha de positividad, compartir y misericordia. Las acciones dadoras pueden protegernos de todas las formas de negatividad.

Jésed que se convierte en *Jojmá*

En esta sección hay 42 palabras, el secreto del Nombre de Dios de 42 letras y, por lo tanto, comienza con la letra *Bet* (2) y termina con la letra *Mem* (40).

Flexiona tus rodillas en "*Baruj*", inclínate en "*Atá*" y enderézate en "*Adonai*".

א ב

בָּרוּךְ Baruj אַתָּה Atá א-ת (אותיות הא"ב המסמלות את השפע המגיע) לה' המלכות

ג י

יְהֹוָהאדניאהדונהי Adonai (יא) אֱלֹהֵינוּ Eloheinu ילה

ת צ

וֵאלֹהֵי veElohei לכב ; מילוי ע"ב, דמב ; ילה אֲבוֹתֵינוּ avoteinu

ק ר

אֱלֹהֵי Elohei מילוי ע"ב, דמב ; ילה אַבְרָהָם Avraham (*Jojmá*)

וז"פ אל, רי"ו ול"ב נתיבות החכמה, רמ"ח (אברים), עסמ"ב וט"ז אותיות פשוטות.

ע ש

אֱלֹהֵי Elohei מילוי ע"ב, דמב ; ילה יִצְחָק Yitsjak (*Biná*) ד"פ ב"ן

ט נ

וֵאלֹהֵי veElohei לכב ;מילוי ע"ב, דמב ; ילה יַעֲקֹב Yaakov (*Dáat*) ו' הויות, יאהדונהי אידהנויה

LA AMIDÁ

"Mi Señor, abre mis labios y mi boca declarará Tu alabanza" (Salmos 51:17).

LA PRIMERA BENDICIÓN

Bendito eres, Señor,

nuestro Dios y Dios de nuestros padres: el Dios de Avraham, el Dios de Yitsjak y el Dios de Yaakov,

נ ג

הָאֵל haEl לאה ; ייא״ (מילוי דס״ג) הַגָּדוֹל hagadol האל הגדול = סיט ; גדול = להוז

ד י

עם ד׳ אותיות = מבה, יזל, אום הַגִּבּוֹר haguibor ר״ת ההה וְהַנּוֹרָא vehanorá.

כ ע

אֵל El ייא״ (מילוי דס״ג) ; ר״ת ע״ב, ריבוע יהוה עֶלְיוֹן elyón.

ב ט ר צ ת

גּוֹמֵל gomel חֲסָדִים jasadim טוֹבִים tovim. קוֹנֵה koné הַכֹּל hacol

ג וז ק ב

וְזוֹכֵר vezojer חַסְדֵי jasdei אָבוֹת avot. וּמֵבִיא umeví

ט נ ע י

גּוֹאֵל goel לִבְנֵי livnei בְנֵיהֶם veneihem לְמַעַן lemaan

ג ל

שְׁמוֹ Shemó מהש ע״ה, ע״ב בריבוע וקס״א ע״ה, אל שדי ע״ה בְּאַהֲבָה beahavá אחד, דאגה:

Cuando digas la palabra "*beahavá*" debes meditar en dedicar tu alma a santificar el Santo Nombre y aceptar sobre ti mismo las cuatro formas de muerte.

פ ז ק ש

מֶלֶךְ Mélej עוֹזֵר ozer וּמוֹשִׁיעַ umoshía וּמָגֵן umaguén

ג״פ אל (ייא״ מילוי דס״ג) ; ר״ת מיכאל גבריאל נוריאל:

Flexiona tus rodillas en "*Baruj*", inclínate en "*Atá*" y enderézate en "*Adonai*".

אהיה יהו יְהֹוָה

ק ו צ

בָּרוּךְ Baruj אַתָּה Atá יְהֹוָאדָנָי (יְהֹוָאֱדֹנָי) יאהדונהי Adonai (הד)

י ת

מָגֵן maguén ג״פ אל (ייא״ מילוי דס״ג) ; ר״ת מיכאל גבריאל נוריאל אַבְרָהָם Avraham

וז״פ אל, רי״ו ול״ב נתיבות החכמה, רמ״ח (אברים), עסמ״ב וט״ז אותיות פשוטות:

---

y el El Dios grande, poderoso y reverenciado.

El Dios sublime. El que otorga favores. Amo de todas las cosas. El que recuerda las buenas acciones de nuestros antepasados y El que trae un redentor a los hijos de sus hijos por el bien de Su nombre, con amor. Rey, Asistente, Salvador y Escudo. Bendito seas Tú, Señor, Escudo de Avraham.

LA SEGUNDA BENDICIÓN

LA ENERGÍA DE YITSJAK ENCIENDE EL PODER DE LA RESURRECCIÓN DE LOS MUERTOS

Mientras que Avraham representa el poder de compartir, Yitsjak representa a la Columna Izquierda, energía de Juicio. El Juicio acorta el proceso de *tikún* y prepara la vía para nuestra resurrección final.

Guevurá que se convierte en *Biná*

En esta sección hay 49 palabras que corresponden a las 49 Puertas del Sistema Puro en *Biná*.

אַתָּה Atá גִּבּוֹר guibor לְעוֹלָם leolam ריבוע ס"ג - י' אותיות דס"ג אֲדֹנָי Adonai ללה

(ר"ת אַגְלָא והוא שם גדול ואמיץ, ובו היה יהודה מתגבר על אויביו. ע"ה אלד, בוכו).

מְחַיֶּה mejayé ס"ג מֵתִים metim אַתָּה Atá. רַב rav לְהוֹשִׁיעַ lehoshía.

מוֹרִיד morid הַטָּל hatal יוד הא ואו, כוזו, מספר אותיות דמילואי עסמ"ב ; ר"ת מ"ה:

Si por error dices "*Mashiv harúaj*" y te das cuenta de ello antes del final de la bendición ("*Baruj Atá Adonai*"), debes regresar al comienzo de la bendición ("*Atá guibor*") y continuar normalmente. Pero si sólo te das cuenta de ello después del final de la bendición, debes iniciar la *Amidá* desde el principio.

מְכַלְכֵּל mejalquel חַיִּים jayim אהיה אהיה יהוה, בינה ע"ה בְּחֶסֶד bejésed

ע"ב, ריבוע יהוה. מְחַיֶּה mejayé ס"ג מֵתִים metim בְּרַחֲמִים berajamim

(במוכסז) מצפצ, אלהים דההין, י"פ ייי רַבִּים rabim (טלא דעתיק). סוֹמֵךְ somej

(אכדטם) כוק, ריבוע אדני נוֹפְלִים noflim (זו"ן). וְרוֹפֵא verofé חוֹלִים jolim

וחולה = מ"ה וד' אותיות. וּמַתִּיר umatir אֲסוּרִים asurim. וּמְקַיֵּם umekayem

אֱמוּנָתוֹ emunató לִישֵׁנֵי lishenei עָפָר afar. מִי mi ילי כָּמוֹךָ jamoja

(debes pronunciar la letra *Ayin* en la palabra "*Báal*") בַּעַל báal גְּבוּרוֹת guevurot

וּמִי umí ילי דּוֹמֶה domé לָּךְ laj. מֶלֶךְ Mélej מֵמִית memit

וּמְחַיֶּה umejayé ס"ג (יוד הי ואו הי) וּמַצְמִיחַ umatsmíaj יְשׁוּעָה yeshuá:

וְנֶאֱמָן veneemán אַתָּה Atá לְהַחֲיוֹת lehajayot מֵתִים metim:

אהיה יהו יְהוָה

בָּרוּךְ Baruj אַתָּה Atá יְהֹוָהּאֲדֹנָי(יְהֹוָאֱדֹנָי)אהדונהי Adonai

מְחַיֶּה mejayé ס"ג (יוד הי ואו הי) הַמֵּתִים hametim ר"ת מ"ה וס"ת מ"ה:

LA SEGUNDA BENDICIÓN

Tú, Señor, eres poderoso por siempre. Tú revives a los muertos y eres muy capaz de redimir. El que hace caer el rocío. Tú sostienes a los vivientes con bondad y revives a los muertos con gran misericordia. Tú sostienes a los caídos, curas a los enfermos, pones en libertad a los cautivos y cumples Tu promesa con los que duermen en el polvo. ¿Quién es como Tú, Señor de fortaleza, y quién puede compararse contigo, Rey, que causas la muerte, das vida y haces crecer la salvación? Y eres fiel para resucitar a los muertos. Bendito eres Tú, Señor, que resucitas a los muertos.

LA TERCERA BENDICIÓN

Esta bendición nos conecta con Yaakov, la Columna Central y el poder de la restricción. Yaakov es nuestro canal para conectar la Misericordia con el Juicio. Al restringir nuestro comportamiento reactivo, estamos deteniendo nuestro Deseo de Recibir para Nosotros Mismos. Yaakov también nos da el poder para equilibrar nuestros actos de Misericordia y Juicio hacia otras personas en nuestras vidas.

Tiféret* que se convierte en *Dáat (14 palabras).

אַתָּה Atá קָדוֹשׁ kadosh וְשִׁמְךָ veShimjá קָדוֹשׁ kadosh ר"ת = אור, רז, אין סוף.

וּקְדוֹשִׁים ukdoshim בְּכָל־ bejol ב"ן, לכב יוֹם yom ע"ה נגד, מזבח, זן, אל יהוה

יְהַלְלוּךָ yehaleluja סֶּלָה sela:

אהיה יהו מצפצ

בָּרוּךְ Baruj אַתָּה Atá יְהֹוָאדִהֵי(יאהדונהי) Adonai

הָאֵל haEl לאה ; ייא"י (מילוי דס"ג) הַקָּדוֹשׁ hakadosh י"פ מ"ה (יוד הא ואו הא):

Medita aquí en el Nombre: יאהדונהי, ya que puede ayudar a eliminar la ira.

LA CUARTA BENDICIÓN

En la cuarta bendición, *Mekadesh haShabat* (que santifica el *Shabat*), medita en atraer los *Mojín* de *Kéter* a *Nukvá* y este es el secreto del novio que santifica (*Mekadesh*) a la novia (*Shabat*).

אַתָּה Atá קִדַּשְׁתָּ kidashta

אֶת et יוֹם yom ע"ה נגד, מזבח, זן, אל יהוה הַשְּׁבִיעִי hashevií לִשְׁמֶךָ lishmeja

Medita en el Santo Nombre: יוד הי ואו הי y luego una pausa por unos segundos.

תַּכְלִית tajlit מַעֲשֵׂה maasé שָׁמַיִם shamáyim י"פ טל, י"פ כוזו וָאָרֶץ vaárets.

וּבֵרַכְתּוֹ uverajtó מִכָּל micol ילי הַיָּמִים hayamim נלך.

וְקִדַּשְׁתּוֹ vekidashtó מִכָּל micol ילי הַזְּמַנִּים hazmanim וְכֵן vején

כָּתוּב catuv בְּתוֹרָתָךְ betorataj:

LA TERCERA BENDICIÓN

Tú eres Santo y Santo es Tu Nombre, y los Seres Santos te alaban día a día, Sela.
De generación en generación, ellos proclaman a Dios como Rey, porque solo Él es y es Santo.

LA CUARTA BENDICIÓN

Tú has santificado el séptimo día
por amor a Tu Nombre, como la conclusión de la creación de los Cielos y la Tierra. Y Tú lo has bendecido entre todos los días, y Tú lo has santificado entre todas las estaciones, y también está escrito en Tu Torá:

VAYJULU

Estos versículos de la Torá nos conectan con el primer *Shabat* que tuvo lugar en el Jardín de Edén. Este *Shabat* fue la semilla de la creación de nuestro universo. Al conectarnos con la semilla original, capturamos la fuerza de Creación, trayendo rejuvenecimiento y renovación a nuestra vida.

Medita en la letra 'שׁ, del Nombre: שׁקוצית

וַיְכֻלּוּ vayjulu ע״ב, ריבוע יהוה (י יה יהו יהוה) הַשָּׁמַיִם hashamáyim י״פ טל, י״פ כוזו

וְהָאָרֶץ vehaárets אלהים דההין ע״ה ; ר״ת והו וְכָל־ vejol צְבָאָם tsevaam ס״ת צלם:

וַיְכַל vayjal אֱלֹהִים Elohim אהיה אדני ; ילה בַּיּוֹם bayom ע״ה נגד, מזבח, זן, אל יהוה

הַשְּׁבִיעִי hashevií מְלַאכְתּוֹ melajtó אֲשֶׁר asher עָשָׂה asá

וַיִּשְׁבֹּת vayishbot בַּיּוֹם bayom ע״ה נגד, מזבח, זן, אל יהוה הַשְּׁבִיעִי hashevií

מִכָּל־ micol ילי מְלַאכְתּוֹ melajtó אֲשֶׁר asher עָשָׂה asá: וַיְבָרֶךְ vayvarej

עסמ״ב, הברכה (למתק את ז׳ המלכים שמתו) אֱלֹהִים Elohim אהיה אדני ; ילה אֶת־ et

יוֹם yom ע״ה נגד, מזבח, זן, אל יהוה הַשְּׁבִיעִי hashevií וַיְקַדֵּשׁ vaykadesh אֹתוֹ otó

כִּי qui בוֹ vo שָׁבַת shavat מִכָּל־ micol ילי מְלַאכְתּוֹ melajtó אֲשֶׁר־ asher

בָּרָא bará קנ״א ב״ן, יהוה אלהים יהוה אדני, מילוי קס״א וס״ג, מ״ה ברבוע וע״ב ע״ה

אֱלֹהִים Elohim אהיה אדני ; ילה לַעֲשׂוֹת laasot:

YISMEJÚ

"*Zéjer Lemaasé Bereshit*" (remembranza de la obra de la Creación): Este versículo se refiere al *Shabat* original que tuvo lugar en el Jardín de Edén. Para activar el poder de nuestro *Shabat*, debemos darnos cuenta de que estamos conectando con la energía espiritual primordial que fue revelada durante el primer *Shabat*. Tanto Einstein como Moshé entendían que el tiempo era una ilusión. El tiempo es como una rueda giratoria. La misma chispa de energía que hubo en el *Shabat* original regresa nuevamente cada semana. Los eventos no pasan ante nosotros como un tren de carga de un solo viaje. Nos movemos en la rueda del tiempo, revisitando los mismos momentos cada año. Lo único que cambia es la "decoración del plató" para darnos una ilusión de un día nuevo, un año nuevo, una nueva vida.

Ahora la *Maljut* es llamada: וזק״ל (campo) como el valor numérico de las siguientes combinaciones: יאההויהה יאהדונהי que son incorporadas en Ella ahora.
En "*yismejú*" hay 24 palabras, que corresponden a los 24 *kishutei calá* (accesorios de la Novia).

VAYJULU

"Y se concluyeron los Cielos y la Tierra y todas sus huestes.
Y completó Dios, en el séptimo día, la obra que Él había hecho. Y Él cesó, en el séptimo día, de toda Su obra que Él había hecho. Y bendijo Dios el séptimo día y Él lo santificó, porque en él descanso Dios de toda Su obra creadora que Dios había hecho" *(Génesis 2:1-3).*

יִשְׂמְחוּ yismejú בְּמַלְכוּתְךָ vemaljutaj שׁוֹמְרֵי shomrei כ״א הויות שבתפילין
שַׁבָּת Shabat וְקוֹרְאֵי vekorei עֹנֶג óneg. עַם am מְקַדְּשֵׁי mekadshei
שְׁבִיעִי shevií. כֻּלָּם culam יִשְׂבְּעוּ yisbeú וְיִתְעַנְּגוּ veyitangú
מִטּוּבָךְ mituvaj לאו. וְהַשְּׁבִיעִי vehashevií רָצִיתָ ratsita בּוֹ bo
וְקִדַּשְׁתּוֹ vekidashtó. חֶמְדַּת jemdat יָמִים yamim נכך אוֹתוֹ otó קָרָאתָ karata
זֵכֶר zéjer לְמַעֲשֵׂה lemaasé בְרֵאשִׁית vereshit ר״ת מ״ב - ש״ם בן מ״ב:

MEKADESH HASHABAT

"Que santifica el Shabat": Durante la semana, nuestra batalla con las fuerzas negativas en la vida está equilibrada 50-50. No obstante, en *Shabat* el campo de guerra está inclinado a nuestro favor. Por lo tanto, podemos vencer al Satán en cada *Shabat*. Por este motivo el *Shabat* es considerado como un regalo. En el juego de la vida, el *Shabat* es nuestra mejor jugada. Contamos con un jugador adicional a nuestro favor.

אֱלֹהֵינוּ Eloheinu ילה וֵאלֹהֵי veElohei לכב ; מילוי דע״ב, דמב ; ילה
אֲבוֹתֵינוּ avoteinu רְצֵה retsé נָא na בִמְנוּחָתֵנוּ vimnujatenu.
קַדְּשֵׁנוּ kadeshenu בְּמִצְוֹתֶיךָ bemitsvoteja שִׂים sim וְחֶלְקֵנוּ jelkenu
בְּתוֹרָתָךְ betorataj שַׂבְּעֵנוּ sabenu מִטּוּבָךְ mituvaj לאו. שַׂמֵּחַ saméaj
נַפְשֵׁנוּ nafshenu בִּישׁוּעָתָךְ bishuataj. וְטַהֵר vetaher לִבֵּנוּ libenu
לְעָבְדָךְ leovdejá פוי, אל אדני בֶּאֱמֶת beemet אהיה פעמים אהיה, ז״פ ס״ג.
וְהַנְחִילֵנוּ vehanjilenu יְהֹוָהאדניאהדונהי Adonai אֱלֹהֵינוּ Eloheinu ילה
בְּאַהֲבָה beahavá אחד, דאגה וּבְרָצוֹן uveratsón מהש ע״ה, ע״ב בריבוע וקס״א ע״ה,
אל שדי ע״ה שַׁבַּת Shabat קָדְשָׁךְ kodshejá. וְיָנוּחוּ veyanuju בָהּ va

La palabra "va" (בָהּ) está en forma femenina, porque en la noche de *Shabat* la elevación principal y la ascensión es para la *Nukvá* (el aspecto femenino), puesto que *Zeir Anpín* (el aspecto masculino) no tiene ascensión en la noche de *Shabat* (pero Su *Jésed*, *Guevurá*, *Tiféret* son expandidos e incluyen a Su *Jojmá*, *Biná*, *Dáat*; y Su *Jojmá*, *Biná*, *Dáat* incluyen a los *Mojín* Circundantes).

YISMEJÚ

Todos aquellos que guardan el Shabat y lo llaman deleite. Las personas que santifican el séptimo (día). Ellos serán saciados y agradados con Tu benevolencia. Y en el séptimo, Tú hallaste gracia y lo santificaste. El día más anhelado Tú lo has llamado, una remembranza de las obras de la Creación.

MEKADESH HASHABAT

Dios nuestro y Dios de nuestros antepasados, que nuestro descanso sea de Tu agrado, santifícanos con Tus mandamientos y concédenos participación en Tu Torá, sácianos con Tu bondad, alegra nuestras almas con Tu salvación y purifica nuestro corazón para servirte sinceramente. Y concédenos, Señor, nuestro Dios, con amor y favor, Tu Santo Shabat como una herencia. Y que descanse en él

•shemeja שְׁמֶךָ mekadshei מְקַדְּשֵׁי Yisrael יִשְׂרָאֵל ילי col כָּל
אהיה יהו יה אדני

Adonai יְהֹוָואדניאהדונהי Atá אַתָּה Baruj בָּרוּךְ

Medita en los *Neshikín* (besos – la Unificación Superior), **desde** las Diez *Sefirot* de *Jojmá* de *Kéter* de los cinco *Partsufim* de *Nétsaj*, *Hod*, *Yesod* de *Jésed*, *Guevurá*, *Tiféret* de *Jojmá* de *Zeir Anpín* **hasta** las Diez *Sefirot* de *Jojmá* de *Kéter* de los cinco *Partsufim* de *Nétsaj*, *Hod*, *Yesod* de *Jésed*, *Guevurá*, *Tiféret* de *Jojmá* de *Yaakov* y *Rajel*

Jojmá	*Dáat*	*Biná*
א	י	ה
יהוה	מצפץ	יְהֹוִה
אֶהְיֶה	אֶהְיֶה	אֶהְיֶה
יְהֹוָה	יְהֹוָה	יְהֹוָה

Medita en atraer iluminación **hacia** *Kéter* de *Yaakov* y *Rajel* (mientras Ellos se encuentran ahora en *Nétsaj*, *Hod*, *Yesod* de *Zeir Anpín*) **desde** los tres *Mojín* (de la Izquierda) *Jojmá*, *Biná*, *Dáat*; del primer *Gadlut* cubierto por *Nétsaj*, *Hod*, *Yesod* y *Jésed*, *Guevurá*, *Tiféret* de *Yisrael Saba* y *Tevuná* (que los *Mojín* están ahora en *Jojmá*, *Biná*, *Dáat* y de *Zeir Anpín*).

También atrae *Maljut* de *Kéter* de todos los cinco *Partsufim* de *Nétsaj*, *Hod*, *Yesod* de *Jésed*, *Guevurá*, *Tiféret* de *Biná* del *Zeir Anpín* Interno **hacia** *Kéter* de todos los cinco *Partsufim* de *Nétsaj*, *Hod*, *Yesod* de *Jésed*, *Guevurá*, *Tiféret* de *Biná* de lo Interno de *Yaakov* y *Rajel*. **También atrae** *Maljut* de *Kéter* de todos los cinco *Partsufim* de *Jésed*, *Guevurá*, *Tiféret* de *Jésed*, *Guevurá*, *Tiféret* de *Biná* de lo Externo de *Zeir Anpín* **hacia** *Kéter* de los cinco *Partsufim* de *Jésed*, *Guevurá*, *Tiféret* de *Jésed*, *Guevurá*, *Tiféret* de *Biná* de lo Externo de *Yaakov* y *Rajel* (*Kéter* de *Yaakov* y *Rajel* que se encuentra en el Pecho de *Zeir Anpín*):

אֶהְיֶה יְהֹוָה

(a las tres Vasijas de *Kéter* de *Nukvá*)

יוד הא ואו הה   יוד יוד הא יוד הא ואו יוד הא ואו הה   י יה יהו יהוה

:haShabat הַשַּׁבָּת mekadesh מְקַדֵּשׁ

LAS TRES BENDICIONES FINALES

A través del mérito de Moshé, Aharón y Yosef, quienes son nuestros canales para las últimas tres bendiciones, somos capaces de hacer descender toda la energía espiritual que despertamos con nuestras oraciones y bendiciones.

LA QUINTA BENDICIÓN

Durante esta bendición, que se refiere a Moshé, siempre debemos meditar en tratar de saber exactamente qué quiere Dios de nosotros en nuestra vida, como lo indica la frase: "Que sea la voluntad de Dios". Estamos pidiéndole a Dios que nos guíe hacia el trabajo que vinimos a hacer en la Tierra. El Creador no puede aceptar sólo el trabajo que queremos hacer, debemos llevar a cabo el trabajo que estamos destinados a hacer.

Nétsaj

Meditar por el Deseo Celestial (*Kéter*), que es llamado *Métsaj HaRatsón* (la Frente del Deseo).

אלף למד הה יוד מם retsé רְצֵה

Aquí medita en transformar el infortunio y la tragedia (צרה) en deseo y aceptación (רצה).

Yisrael יִשְׂרָאֵל beameja בְּעַמְּךָ ילה Eloheinu אֱלֹהֵינוּ Adonai יְהֹוָואדניאהדונהי

---

todo Israel, santificando Tu Nombre. Bendito eres Tú, Señor, que santificas el Shabat.

LAS TRES BENDICIONES FINALES - LA QUINTA BENDICIÓN

Encuentra gracia, Señor, nuestro Dios, en Tu pueblo, Israel

וְלִתְפִלָּתָם velitfilatam שְׁעֵה •sheé וְהָשֵׁב vehashev הָעֲבוֹדָה haavodá

לִדְבִיר lidvir ר״ו בֵּיתֶךָ beiteja ב״פ ראה• וְאִשֵּׁי veishei יִשְׂרָאֵל Yisrael

וּתְפִלָּתָם utfilatam מְהֵרָה meherá בְּאַהֲבָה beahavá אחד, דאגה

תְקַבֵּל tekabel בְּרָצוֹן beratsón מהש ע״ה, ע״ב בריבוע וקס״א ע״ה, אל שדי ע״ה•

וּתְהִי utehí לְרָצוֹן leratsón מהש ע״ה, ע״ב בריבוע וקס״א ע״ה, אל שדי ע״ה

תָּמִיד tamid ע״ה קס״א קנ״א קמ״ג עֲבוֹדַת avodat יִשְׂרָאֵל Yisrael עַמֶּךָ ameja:•

YAALÉ VEYAVÓ

Durante *Sucot* hay una corriente extra de energía espiritual a nuestro alrededor. "*Yaalé Veyavó*" es nuestra antena para atraer esta energía adicional a nuestra vida.

Si por error olvidaste decir "*yaalé veyavó*", y te das cuenta de esto antes del final de la bendición ("*Baruj Atá Adonai*"), debes regresar para decir "*yaalé veyavó*" y continuar normalmente. Si te das cuenta de esto después del final de la bendición ("*hamajazir Shejinató leTsiyón*") pero antes de comenzar la bendición siguiente ("*modim*"), debes decir "*yaalé veyavó*" ahí y continuar normalmente. Si sólo te das cuenta de esto después de haber comenzado la bendición siguiente ("*modim*") pero antes del segundo "*yihyú leratsón*" (en la pág. 698), debes regresar a "*retsé*" (pág. 692) y continuar desde ahí. Si te das cuenta de esto después del segundo "*yihyú leratsón*", debes comenzar la *Amidá* desde el principio.

אֱלֹהֵינוּ Eloheinu ילה וֵאלֹהֵי veElohei לכב ; מילוי ע״ב, דמב ; ילה אֲבוֹתֵינוּ avoteinu

יַעֲלֶה yaalé וְיָבֹא veyavó וְיַגִּיעַ veyaguía וְיֵרָאֶה veyeraé ר״ו וְיֵרָצֶה veyeratsé

וְיִשָּׁמַע veyishamá וְיִפָּקֵד veyipaked וְיִזָּכֵר veyizajer ר״ת מ״ב (ז״פ ו׳)

זִכְרוֹנֵנוּ zijronenu וְזִכְרוֹן vezijrón ע״ב קס״א ונש״ב אֲבוֹתֵינוּ •avoteinu

זִכְרוֹן zijrón ע״ב קס״א ונש״ב יְרוּשָׁלַיִם Yerushaláyim עִירָךְ •iraj

וְזִכְרוֹן vezijrón ע״ב קס״א ונש״ב מָשִׁיחַ Mashíaj בֶּן ben דָּוִד David ע״ה כהת ; בן

דוד = אדני ע״ה עַבְדָּךְ avdaj פוי, אל אדני• וְזִכְרוֹן vezijrón ע״ב קס״א ונש״ב כָּל col

ילי עַמְּךָ ameja בֵּית beit ב״פ ראה יִשְׂרָאֵל Yisrael לְפָנֶיךָ lefaneja ס״ג מ״ה ב״ן

לִפְלֵיטָה lifletá לְטוֹבָה letová אכא• לְחֵן lején מילוי דמ״ה בריבוע, מוזי

לְחֶסֶד lejésed ע״ב, ריבוע יהוה וּלְרַחֲמִים •ulerajamim

---

y oye su oración.

Restaura el culto en el santuario interno de Tu Templo. Acepta las ofrendas de Israel y sus oraciones con complacencia, prontamente y con amor. Que siempre sea agradable a Ti, el culto de Israel, Tu Nación.

YAALÉ VEYAVÓ

Nuestro Dios y el Dios de nuestros padres, que la rememoración de nosotros y de nuestros padres, de Jerusalén, Tu ciudad, del Mesías Ben David, Tu sirviente, de toda Tu Nación, la Casa de Israel, ascienda y llegue a Ti y sea aceptada, para salvación y felicidad, para gracia, bondad y misericordia,

לְחַיִּים lejayim אהיה אהיה יהוה, בינה ע"ה. טוֹבִים tovim וּלְשָׁלוֹם uleshalom.

בְּיוֹם beyom ע"ה נגד, מזבח, זן, אל יהוה: וְחַג jag הַסֻּכּוֹת haSucot הַזֶּה hazé והו

בְּיוֹם beyom ע"ה נגד, מזבח, זן, אל יהוה מִקְרָא mikrá קֹדֶשׁ kódesh הַזֶּה hazé והו.

לְרַחֵם lerajem אברהם, ח"פ אל, רי"ו ול"ב נתיבות החכמה, רמ"ח (אברים), עסמ"ב וט"ז אותיות

פשוטות בּוֹ bo עָלֵינוּ aleinu וּלְהוֹשִׁיעֵנוּ ulehoshienu. זָכְרֵנוּ zojrenu

יְהֹוָהאדניאהדונהי Adonai אֱלֹהֵינוּ Eloheinu ילה בּוֹ bo לְטוֹבָה letová אכא.

וּפָקְדֵנוּ ufokdenu בוֹ vo לִבְרָכָה livrajá. וְהוֹשִׁיעֵנוּ vehoshienu בוֹ vo

לְחַיִּים lejayim אהיה אהיה יהוה, בינה ע"ה טוֹבִים tovim. בִּדְבַר bidvar ראה

יְשׁוּעָה yeshuá וְרַחֲמִים verajamim. חוּס jus וְחָנֵּנוּ vejonenu

וַחֲמוֹל vajamol וְרַחֵם verajem אברהם, ח"פ אל, רי"ו ול"ב נתיבות החכמה, רמ"ח (אברים),

עסמ"ב וט"ז אותיות פשוטות עָלֵינוּ aleinu. וְהוֹשִׁיעֵנוּ vehoshienu

כִּי qui אֵלֶיךָ eleja עֵינֵינוּ eineinu ריבוע מ"ה. כִּי qui אֵל El ייא"י

מֶלֶךְ Mélej חַנּוּן janún וְרַחוּם verajum אָתָּה Atá:

וְאַתָּה veAtá בְּרַחֲמֶיךָ verajameja הָרַבִּים harabim.

תַחְפֹּץ tajpots בָּנוּ banu וְתִרְצֵנוּ vetirtsenu וְתֶחֱזֶינָה vetejezena

עֵינֵינוּ eineinu ריבוע מ"ה בְּשׁוּבְךָ beshuvjá לְצִיּוֹן leTsiyón יוסף, ו' הויות, קנאה

בְּרַחֲמִים berajamim מצפצ, אלהים דיודין, י"פ ייי:

אהיה יהו אל

בָּרוּךְ Baruj אַתָּה Atá יְהֹוָהאדניאהדונהי Adonai

הַמַּחֲזִיר hamajazir שְׁכִינָתוֹ Shejinató לְצִיּוֹן leTsiyón יוסף, ו' הויות, קנאה:

---

para una buena vida y para paz, en este Día de Festival de las Cabañas y en este Día de Convocación Santa, para tener misericordia de nosotros y para salvarnos. Recuérdanos, Señor, nuestro Dios, para bien y considéranos, en ello, para la bendición y sálvanos para gozar una buena vida con palabras de liberación y misericordia. Ten piedad y sé amable con nosotros y ten misericordia y sé compasivo con nosotros y sálvanos, porque nuestros ojos miran hacia Ti, porque Tú eres Dios y Rey que es amable y compasivo. Y Tú en Tu gran compasión, te deleites en nosotros y estés agradado con nosotros. Puedan nuestros ojos contemplar Tu retorno a Sión con compasión. Bendito eres Tú, Señor, que devuelve Su Shejiná a Sión.

LA SEXTA BENDICIÓN

Esta bendición es nuestro agradecimiento. Kabbalísticamente, el mayor "agradecimiento" que le podemos dar a nuestro Creador es hacer exactamente lo que estamos destinados a hacer en términos de nuestro trabajo espiritual.

Hod

Inclina todo tu cuerpo en "*modim*" y enderézate en "*Adonai*".

מוֹדִים modim מאה ברכות שתיקן דוד לאמרם כל יום אֲנַחְנוּ anajnu לָךְ laj

שָׁאַתָּה sheAtá הוּא Hu יְהֹוָהאדניאהדונהי Adonai (ונ) אֱלֹהֵינוּ Eloheinu ילה

וֵאלֹהֵי veElohei לכב ; מילוי ע״ב, דמב ; ילה אֲבוֹתֵינוּ avoteinu לְעוֹלָם leolam

ריבוע ס״ג וי׳ אותיות דס״ג וָעֶד vaed. צוּרֵנוּ tsurenu צוּר tsur אלהים דההין ע״ה

חַיֵּינוּ jayeinu וּמָגֵן umaguén ג״פ אל (ייא״י מילוי דס״ג) ; ר״ת מיכאל גבריאל נוריאל

יִשְׁעֵנוּ yishenu אַתָּה Atá הוּא Hu. לְדֹר ledor וָדֹר vador רי״ו נוֹדֶה nodé

לְךָ lejá וּנְסַפֵּר unesaper תְּהִלָּתֶךָ tehilateja. עַל־ al חַיֵּינוּ jayeinu

הַמְּסוּרִים hamesurim בְּיָדֶךָ beyadeja. וְעַל veal נִשְׁמוֹתֵינוּ nishmoteinu

הַפְּקוּדוֹת hapekudot לָךְ laj. וְעַל־ veal נִסֶּיךָ niseja שֶׁבְּכָל shebejol

ב״ן, לכב יוֹם yom ע״ה נגד, מזבח, זן, אל יהוה עִמָּנוּ imanu ריבוע ס״ג, קס״א ע״ה וד׳ אותיות

וְעַל veal נִפְלְאוֹתֶיךָ nifleoteja וְטוֹבוֹתֶיךָ vetovoteja שֶׁבְּכָל shebejol

ב״ן, לכב עֵת et. עֶרֶב érev וָבֹקֶר vavóker וְצָהֳרָיִם vetsahoráyim. הַטּוֹב hatov

והו כִּי־ qui לֹא־ lo כָלוּ jalú רַחֲמֶיךָ rajameja. הַמְרַחֵם hamerajem אברהם, וו״פ

אל, רי״ו ול״ב נתיבות החכמה, רמ״ח (אברים), עסמ״ב וט״ז אותיות פשוטות כִּי־ qui לֹא lo

תַמּוּ tamu חֲסָדֶיךָ jasadeja כִּי qui מֵעוֹלָם meolam קִוִּינוּ kivinu לָךְ laj:

LA SEXTA BENDICIÓN

Nosotros te damos gracias a Ti, porque eres Tú, Señor, quien es nuestro Dios y el Dios de nuestros padres, por siempre y por toda la eternidad. Tú eres nuestra Fortaleza, la Fortaleza de nuestras vidas y el Escudo de nuestra salvación. De una generación a otra, te daremos gracias a Ti y cantaremos Tu alabanza, por nuestras vidas que están en Tus Manos, porque nuestras almas que están a Tu cuidado, por Tus milagros que diariamente están con nosotros y por Tus maravillas y Tus favores que están con nosotros en todo momento: de noche, de mañana y de tarde. Tú eres bueno, porque Tu compasión nunca se ha acabado. Tú eres el misericordioso, porque Tu bondad nunca ha cesado, porque siempre hemos puesto nuestras esperanzas en Ti.

וְעַל veal כֻּלָּם culam יִתְבָּרַךְ yitbaraj וְיִתְרוֹמָם veyitromam

וְיִתְנַשֵּׂא veyitnasé תָּמִיד tamid ע״ה קס״א קנ״א קמ״ג שִׁמְךָ Shimjá

מַלְכֵּנוּ malquenu לְעוֹלָם leolam ריבוע ס״ג ו׳ אותיות דס״ג וָעֶד vaed.

וְכָל־ vejol ילי הַחַיִּים hajayim אהיה אהיה יהוה, בינה ע״ה יוֹדוּךָ yoduja סֶּלָה sela:

וִיהַלְלוּ vihalelú וִיבָרְכוּ vivarjú יהוה ריבוע יהוה ריבוע מ״ה אֶת־ et

שִׁמְךָ Shimjá הַגָּדוֹל hagadol להח ; עם ד׳ אותיות = מבה, יזל, אום בֶּאֱמֶת beemet

אהיה פעמים אהיה, ז״פ ס״ג לְעוֹלָם leolam ריבוע ס״ג ו׳ אותיות דס״ג כִּי qui טוֹב tov והו ;

כי טוב = יהוה אהיה, אום, מבה, יזל. הָאֵל haEl לאה ; ייא״י (מילוי דס״ג) יְשׁוּעָתֵנוּ yeshuatenu

וְעֶזְרָתֵנוּ veezratenu סֶלָה sela. הָאֵל haEl לאה ; ייא״י (מילוי דס״ג) הַטּוֹב hatov והו:

Flexiona tus rodillas en "*Baruj*", inclínate en "*Atá*" y enderézate en "*Adonai*".

אהיה יהו אלהים

בָּרוּךְ Baruj אַתָּה Atá יְהֹוָאדָהֵיאהדונהי Adonai (הי) הַטּוֹב hatov והו

שִׁמְךָ Shimjá וּלְךָ ulejá נָאֶה naé לְהוֹדוֹת lehodot ס״ת כהת, משיח בן דוד ע״ה:

LA BENDICIÓN FINAL

Estamos emanando la energía de paz para el mundo entero. También nos proponemos utilizar nuestras bocas sólo para el bien. Kabbalísticamente, el poder de las palabras y del habla es inimaginable. Esperamos usar este poder sabiamente, lo que tal vez sea una de las tareas más difíciles de llevar a cabo.

Yesod

שִׂים sim שָׁלוֹם shalom

טוֹבָה tová אכא וּבְרָכָה uvrajá וְחַיִּים jayim אהיה אהיה יהוה, בינה ע״ה

חֵן jen מילוי דמ״ה בריבוע, מוחי וָחֶסֶד vajésed ע״ב, ריבוע יהוה

צְדָקָה tsedaká ע״ה ריבוע אלהים וְרַחֲמִים verajamim עָלֵינוּ aleinu

---

Y por todas estas cosas, que Tu Nombre sea siempre bendecido, exaltado y exultado, nuestro Rey, por siempre y para siempre, y todo lo que vive te agradecerá, Sela. Y te alabarán y bendecirán Tu gran Nombre, sinceramente y para siempre, porque es bueno, el Dios de nuestra salvación y nuestra ayuda, Sela, el buen Dios. Bendito eres Tú, Señor, cuyo Nombre es bueno, y a Ti es propio dar gracias.

LA BENDICIÓN FINAL

Concede paz, bondad, bendiciones, vida, gracia, amabilidad, justicia y misericordia a nosotros

וְעַל־ veal כָּל־ col ילי ; עמם יִשְׂרָאֵל Yisrael עַמֶּךָ ameja וּבָרְכֵנוּ uvarjenu

אָבִינוּ avinu כֻּלָּנוּ culanu כְּאֶחָד queejad אהבה, דאגה בְּאוֹר beor רו, א״ס

פָּנֶיךָ paneja ס״ג מ״ה ב״ן כִּי qui בְאוֹר veor רו, א״ס פָּנֶיךָ paneja ס״ג מ״ה ב״ן

נָתַתָּ natata לָּנוּ lanu אלהים, אהיה אדני יְהֹוָהאדניאהדונהי Adonai

אֱלֹהֵינוּ Eloheinu ילה תּוֹרָה Torá וְחַיִּים vejayim אהיה אהיה יהוה, בינה ע״ה.

אַהֲבָה ahavá אחד, דאגה וָחֶסֶד vajésed ע״ב, ריבוע יהוה.

צְדָקָה tsedaká ע״ה ריבוע אלהים וְרַחֲמִים verajamim. בְּרָכָה brajá

וְשָׁלוֹם veshalom. וְטוֹב vetov והו בְּעֵינֶיךָ־ beeineja ע״ה קס״א ; ריבוע מ״ה

לְבָרְכֵנוּ levarjenu וּלְבָרֵךְ ulevarej אֶת et כָּל־ col ילי עַמֶּךָ ameja

יִשְׂרָאֵל Yisrael בְּרוֹב־ berov י״פ אהיה עֹז oz וְשָׁלוֹם veshalom:

אהיה יהו מצפצ

בָּרוּךְ Baruj אַתָּה Atá יוּהוּווּאדניוּיאהדונהי Adonai

הַמְּבָרֵךְ hamevarej אֶת et עַמּוֹ amó יִשְׂרָאֵל Yisrael

ר״ת = אלהים = (אילההויהם = יב״ק) בַּשָּׁלוֹם bashalom. אָמֵן Amén יאהדונהי.

YIHYÚ LERATSÓN

Hay 42 letras en el versículo en el secreto del *Aná Bejóaj*.

יִהְיוּ yihyú אל (״יא״ מילוי דס״ג) לְרָצוֹן leratsón מהש ע״ה, ע״ב בריבוע וקס״א ע״ה, אל שדי ע״ה

אִמְרֵי־ imrei פִי fi ר״ת אֶלֶף = אלף למד שין דלת יוד ע״ה וְהֶגְיוֹן vehegyón לִבִּי libí

לְפָנֶיךָ lefaneja ס״ג מ״ה ב״ן יְהֹוָהאדניאהדונהי Adonai צוּרִי tsurí וְגֹאֲלִי vegoalí:

---

y a todo Israel, Tu Pueblo. Bendícenos a todos como a uno solo, Padre nuestro, con la Luz de Tu Rostro, porque es con la Luz de Tu Rostro que Tú, Señor, nuestro Dios, nos has dado la Torá y la vida, amor y amabilidad, justicia y misericordia, bendición y paz. Que sea grato a Tus Ojos bendecirnos y bendecir a Tu Nación, Israel, con abundante poder y con paz.

Bendito eres Tú, Señor, que bendice a Su Pueblo, Israel, con paz, Amén.

YIHYÚ LERATSÓN

"Sean gratos ante Ti, Señor,

mi Fortaleza y mi Redentor, los dichos de mi boca y los pensamientos de mi corazón" (Salmos 19:15).

ELOHAI NETSOR

אֱלֹהַי Elohai במילוי ע"ב, דמב ; ילה נְצוֹר netsor לְשׁוֹנִי leshoní מֵרָע merá•
וּשְׂפָתוֹתַי vesiftotai מִדַּבֵּר midaber ראה מִרְמָה mirmá• וְלִמְקַלְלַי velimkalelai
נַפְשִׁי nafshí תִדּוֹם tidom• וְנַפְשִׁי venafshí כֶּעָפָר queafar
לַכֹּל lacol יה אדני תִּהְיֶה tihyé• פְּתַח petaj לִבִּי libí בְּתוֹרָתֶךָ betorateja•
וְאַחֲרֵי veajarei מִצְוֹתֶיךָ mitsvoteja תִּרְדֹּף tirdof נַפְשִׁי nafshí•
וְכָל־ vejol ילי הַקָּמִים hakamim עָלַי alai לְרָעָה leraá רהע• מְהֵרָה meherá
הָפֵר hafer עֲצָתָם atsatam וְקַלְקֵל vekalkel מַחְשְׁבוֹתָם majshevotam•
עֲשֵׂה asé לְמַעַן lemaan שְׁמָךְ Shemaj• עֲשֵׂה asé לְמַעַן lemaan
יְמִינָךְ yeminaj• עֲשֵׂה asé לְמַעַן lemaan תּוֹרָתָךְ torataj• עֲשֵׂה asé
לְמַעַן lemaan קְדֻשָּׁתָךְ kedushataj• ר"ת הפסוק = מ"ה יהוה לְמַעַן lemaan
יֵחָלְצוּן yejaltsún יְדִידֶיךָ yedideja ר"ת ילי הוֹשִׁיעָה hoshía יהוה וש"ע נהורין
יְמִינְךָ yeminjá וַעֲנֵנִי vaaneni (כתיב: ועננו) ר"ת אל (ייא" במילוי דס"ג):

Antes de que recitemos el próximo verso ("*Yihyú leratsón*") tenemos una oportunidad de fortalecer la conexión con nuestra alma usando nuestro nombre. Cada persona tiene un versículo en la Torá que lo conecta con su nombre. O bien su nombre está en el versículo o la primera letra y última letra de nuestro nombre corresponden a la primera y última letra del versículo. Por ejemplo, el nombre Yehuda comienza con una *Yud* y termina con una *Hei*. Antes de terminar la *Amidá*, declaramos que nuestro nombre sea siempre recordado cuando nuestra alma abandone este mundo.

YIHYÚ LERATSÓN (EL SEGUNDO)

Hay 42 letras en el versículo en el secreto del *Aná Bejóaj*.

יִהְיוּ yihyú אל (ייא" במילוי דס"ג) לְרָצוֹן leratsón מהש ע"ה, ע"ב בריבוע וקס"א ע"ה, אל שדי ע"ה
אִמְרֵי־ imrei פִי fi ר"ת אֶלֶף = אלף למד שין דלת יוד ע"ה וְהֶגְיוֹן vehegyón לִבִּי libí
לְפָנֶיךָ lefaneja ס"ג מ"ה ב"ן יְהֹוָהאדניאהדונהי Adonai צוּרִי tsurí וְגֹאֲלִי vegoalí:

ELOHAI NETSOR

Mi Dios, cuida mi lengua del mal y mis labios de decir falsedad. Que mi alma permanezca en silencio ante aquellos que me maldicen y permite que mi espíritu sea humilde ante todos, como el polvo. Abre mi corazón a Tu Torá y permite que mi corazón siga Tus mandamientos. Prontamente frustra los planes y daña los pensamientos de todos aquellos que se levantan contra mí para hacerme daño. Hazlo por la gloria de Tu Nombre. Haz esto por el bien de Tu Diestra. Haz esto por el mérito de Tu Torá. Haz esto por Tu santidad, "Que Tus amados sean rescatados. Sálvalos con Tu Diestra y contéstame" (Salmos 60:7).

YIHYÚ LERATSÓN (EL SEGUNDO)

"Sean gratos ante Ti, Señor, mi Fortaleza y mi Redentor,
los dichos de mi boca y los pensamientos de mi corazón" (Salmos 19:15).

OSÉ SHALOM

Da tres pasos hacia atrás;

עוֹשֶׂה osé שָׁלוֹם shalom

Izquierda
Te vuelves a la izquierda y dices:

בִּמְרוֹמָיו bimromav ר"ת ע"ב, ריבוע יהוה

הוּא Hu בְּרַחֲמָיו verajamav יַעֲשֶׂה yaasé

Derecha
Te vuelves a la derecha y dices:

שָׁלוֹם shalom עָלֵינוּ aleinu ר"ת ש"ע נהורין

Centro
Te alineas al centro y dices:

וְעַל veal כָּל־ col ילי ; עמם עַמּוֹ amó יִשְׂרָאֵל Yisrael

וְאִמְרוּ veimrú אָמֵן Amén יאהדונהי:

יְהִי yehí רָצוֹן ratsón מהש ע"ה, ע"ב בריבוע וקס"א ע"ה, אל שדי ע"ה מִלְּפָנֶיךָ milfaneja ס"ג מ"ה ב"ן יְהֹוָהאדניאהדונהי Adonai אֱלֹהֵינוּ Eloheinu ילה וֵאלֹהֵי veElohei לכב ; מילוי ע"ב, דמב ; ילה אֲבוֹתֵינוּ avoteinu, שֶׁתִּבְנֶה shetivné בֵּית beit ב"פ ראה הַמִּקְדָּשׁ hamikdash בִּמְהֵרָה bimherá בְיָמֵינוּ veyameinu וְתֵן vetén חֶלְקֵנוּ jelkenu בְּתוֹרָתָךְ vetorataj לַעֲשׂוֹת laasot חֻקֵּי jukei רְצוֹנָךְ retsonaj וּלְעָבְדָךְ uleovdaj פוי, אל אדני בְּלֵבָב belevav בוכו שָׁלֵם shalem.

Da tres pasos hacia delante.

Continúa con "*Bircat Meén Sheva*" en la pág. 111 hasta la pág. 123.

OSÉ SHALOM

Él, que establece la Paz en Sus altos lugares, Él, en Su compasión, hará que la paz esté entre nosotros y sobre Su pueblo entero, Israel, y dirán: Amén.

Sea agradable ante Ti, Señor, nuestro Dios y Dios de nuestros antepasados, que puedas reconstruir rápidamente el santo Templo, en nuestros días, y otórganos participación en Tu Torá, para que podamos cumplir las leyes de Tu deseo y servirte con todo el corazón.

LA AMIDÁ DE SHAJARIT DE SHABAT Y JOL HAMOED

אֲדֹנָי Adonai ללה (pausa aquí) שְׂפָתַי sfatai תִּפְתָּח tiftaj וּפִי ufí יַגִּיד yaguid

יי״ו (כ״ב אותיות פשוטות [=אכא] וה׳ אותיות סופיות םןץףך) תְּהִלָּתֶךָ tehilateja ס״ת = בוכו׃

LA PRIMERA BENDICIÓN – INVOCA AL ESCUDO DE AVRAHAM

Avraham es el canal de la energía de la Columna Derecha de positividad, compartir y misericordia. Las acciones dadoras pueden protegernos de todas las formas de negatividad.

Jésed que se convierte en *Jojmá*

En esta sección hay 42 palabras, el secreto del Nombre de Dios de 42 letras y, por lo tanto, comienza con la letra *Bet* (2) y termina con la letra *Mem* (40).

Flexiona tus rodillas en "*Baruj*", inclínate en "*Atá*" y enderézate en "*Adonai*".

א ב

בָּרוּךְ Baruj אַתָּה Atá א-ת (אותיות הא״ב המסמלות את השפע המגיע) לה׳ המלכות

ג י

יְהֹוָהאדניאהדונהי Adonai (י״א) אֱלֹהֵינוּ Eloheinu ילה

ת צ

וֵאלֹהֵי veElohei לכב ; מילוי ע״ב, דמב ;ילה אֲבוֹתֵינוּ avoteinu

ק ר

אֱלֹהֵי Elohei מילוי ע״ב, דמב ; ילה אַבְרָהָם Avraham (*Jojmá*)

ו״פ אל, רי״ו ול״ב נתיבות החכמה, רמ״ח (אברים), עסמ״ב וט״ז אותיות פשוטות.

ע ש

אֱלֹהֵי Elohei מילוי ע״ב, דמב ; ילה יִצְחָק Yitsjak (***Biná***) ד״פ ב״ן

ט נ

וֵאלֹהֵי veElohei לכב ;מילוי ע״ב, דמב ; ילה יַעֲקֹב Yaakov (***Dáat***) ו׳ הויות, יאהדונהי אידהנויה

LA AMIDÁ DE SHAJARIT DE SHABAT Y JOL HAMOED

"Mi Señor, abre mis labios y mi boca declarará Tu alabanza" (Salmos 51:17).

LA PRIMERA BENDICIÓN

Bendito eres, Señor, nuestro Dios y Dios de nuestros padres: el Dios de Avraham, el Dios de Yitsjak y el Dios de Yaakov,

הָאֵל haEl לאה ; יי״א (מילוי דס״ג) הַגָּדוֹל hagadol האל הגדול = סיט ; גדול = להח

עם ד׳ אותיות = מבה, יזל, אום הַגִּבּוֹר haguibor ר״ת ההה וְהַנּוֹרָא vehanorá.

אֵל El יי״א (מילוי דס״ג) ; ר״ת ע״ב, ריבוע יהוה עֶלְיוֹן elyón.

גּוֹמֵל gomel חֲסָדִים jasadim טוֹבִים tovim. קוֹנֵה koné הַכֹּל hacol

וְזוֹכֵר vezojer חַסְדֵי jasdei אָבוֹת avot. וּמֵבִיא umeví

גּוֹאֵל goel לִבְנֵי livnei בְנֵיהֶם veneihem לְמַעַן lemaan

שְׁמוֹ Shemó מהש ע״ה, ע״ב בריבוע וקס״א ע״ה, אל שדי ע״ה בְּאַהֲבָה beahavá אחד, דאגה:

Cuando digas la palabra "*beahavá*" debes meditar en dedicar tu alma a santificar el Santo Nombre y aceptar sobre ti mismo las cuatro formas de muerte.

מֶלֶךְ Mélej עוֹזֵר ozer וּמוֹשִׁיעַ umoshía וּמָגֵן umaguén

ג״פ אל (יי״א מילוי דס״ג) ; ר״ת מיכאל גבריאל נוריאל:

Flexiona tus rodillas en "*Baruj*", inclínate en "*Atá*" y enderézate en "*Adonai*".

אהיה יהו יְהֹוָה

בָּרוּךְ Baruj אַתָּה Atá יְהֹוָהאֲדֹנָי (יאהדונהי) Adonai

מָגֵן maguén ג״פ אל (יי״א מילוי דס״ג) ; ר״ת מיכאל גבריאל נוריאל אַבְרָהָם Avraham

וז״פ אל, רי״ו ול״ב נתיבות החכמה, רמ״ח (אברים), עסמ״ב וט״ז אותיות פשוטות:

El Dios grande, poderoso y reverenciado. El Dios sublime. El que otorga favores. Amo de todas las cosas. El que recuerda las buenas acciones de nuestros antepasados y El que trae un redentor a los hijos de sus hijos por el bien de Su nombre, con amor. Rey, Asistente, Salvador y Escudo. Bendito seas Tú, Señor, Escudo de Avraham.

LA SEGUNDA BENDICIÓN

LA ENERGÍA DE YITSJAK ENCIENDE EL PODER DE LA RESURRECCIÓN DE LOS MUERTOS

Mientras que Avraham representa el poder de compartir, Yitsjak representa a la Columna Izquierda, energía de Juicio. El Juicio acorta el proceso de *tikún* y prepara la vía para nuestra resurrección final.

Guevurá que se convierte en _Biná_

En esta sección hay 49 palabras que corresponden a las 49 Puertas del Sistema Puro en *Biná*.

אַתָּה Atá גִּבּוֹר guibor לְעוֹלָם leolam ריבוע ס״ג וי׳ אותיות דס״ג אֲדֹנָי Adonai ללה

(ר״ת אַגְלָא והוא שם גדול ואמיץ, ובו היה יהודה מתגבר על אויביו. ע״ה אלד, בוכו).

מְחַיֵּה mejayé ס״ג מֵתִים metim אַתָּה Atá♦ רַב rav לְהוֹשִׁיעַ lehoshía♦

מוֹרִיד morid הַטָּל hatal יוד הא ואו, כוזו, מספר אותיות דמילואי עסמ״ב ; ר״ת מ״ה:

Si por error dices "*Mashiv harúaj*" y te das cuenta de ello antes del final de la bendición ("*Baruj Atá Adonai*"), debes regresar al comienzo de la bendición ("*Atá guibor*") y continuar normalmente. Pero si sólo te das cuenta de ello después del final de la bendición, debes iniciar la *Amidá* desde el principio.

מְכַלְכֵּל mejalquel חַיִּים jayim אהיה אהיה יהוה, בינה ע״ה בְּחֶסֶד bejésed

ע״ב, ריבוע יהוה♦ מְחַיֵּה mejayé ס״ג מֵתִים metim בְּרַחֲמִים berajamim

(במוכסז) מצפצ, אלהים דההין, י״פ ייי רַבִּים rabim (טלא דעתיק) ♦ סוֹמֵךְ somej

(אכדטם) כוק, ריבוע אדני נוֹפְלִים noflim (זו״ן)♦ וְרוֹפֵא verofé חוֹלִים jolim

חולה = מ״ה וד׳ אותיות♦ וּמַתִּיר umatir אֲסוּרִים asurim♦ וּמְקַיֵּם umekayem

אֱמוּנָתוֹ emunató לִישֵׁנֵי lishenei עָפָר afar♦ מִי mi ילי כָּמוֹךָ jamoja

(debes pronunciar la letra *Ayin* en la palabra "*Báal*") בַּעַל báal גְּבוּרוֹת guevurot

וּמִי umí ילי דּוֹמֶה domé לָּךְ laj♦ מֶלֶךְ Mélej מֵמִית memit

וּמְחַיֶּה umejayé ס״ג (יוד הי ואו הי) וּמַצְמִיחַ umatsmíaj יְשׁוּעָה yeshuá:

וְנֶאֱמָן veneemán אַתָּה Atá לְהַחֲיוֹת lehajayot מֵתִים metim:

אהיה יהו יְהוִה

בָּרוּךְ Baruj אַתָּה Atá יְהֹוָאֲדֹנָי(יְהֹוָאֲדֹנָי)יאהדונהי Adonai

מְחַיֵּה mejayé ס״ג (יוד הי ואו הי) הַמֵּתִים hametim ר״ת מ״ה וס״ת מ״ה:

LA SEGUNDA BENDICIÓN

Tú, Señor, eres poderoso por siempre. Tú revives a los muertos y eres muy capaz de redimir. El que hace caer el rocío. Tú sostienes a los vivientes con bondad y revives a los muertos con gran misericordia. Tú sostienes a los caídos, curas a los enfermos, pones en libertad a los cautivos y cumples Tu promesa con los que duermen en el polvo. ¿Quién es como Tú, Señor de fortaleza, y quién puede compararse contigo, Rey, que causas la muerte, das vida y haces crecer la salvación? Y eres fiel para resucitar a los muertos. Bendito eres Tú, Señor, que resucitas a los muertos.

NAKDISHAJ

נַקְדִּישָׁךְ nakdishaj וְנַעֲרִיצָךְ venaaritsaj.

כְּנוֹעַם quenóam שִׂיחַ síaj סוֹד sod מיכ, י״פ האא שַׂרְפֵי sarfei

קֹדֶשׁ kódesh הַמְשַׁלְּשִׁים hameshalshim לְךָ lejá קְדֻשָּׁה kedushá.

וְכֵן vején כָּתוּב catuv עַל al יַד yad נְבִיאָךְ neviaj. וְקָרָא vekará

זֶה ze אֶל־ el זֶה ze י״ב פרקין דיעקב מאירים ל״ב פרקין דרוזל וְאָמַר veamar:

קָדוֹשׁ Kadosh | קָדוֹשׁ Kadosh קָדוֹשׁ Kadosh (סוד ג׳ רישין דעתיקא קדישא)

יְהֹוָהאדניאהדונהי Adonai צְבָאוֹת Tsevaot פני שכינה מְלֹא meló כָל־ jol ילי

הָאָרֶץ haárets אלהים דההין ע״ה כְּבוֹדוֹ quevodó:

לְעֻמָּתָם leumatam מְשַׁבְּחִים meshabjim וְאוֹמְרִים veomrim:

(אר״א) בָּרוּךְ Baruj כְּבוֹד־ Quevod יְהֹוָהאדניאהדונהי Adonai ; כבוד ה׳ = יוד הי ואו הה

מִמְּקוֹמוֹ mimekomó עסמ״ב, הברכה (למתק את ז׳ המלכים שמתו); ר״ת ע״ב, ריבוע יהוה ; ר״ת מיכ:

וּבְדִבְרֵי uvedivrei קָדְשְׁךָ kodshaj כָּתוּב catuv לֵאמֹר lemor:

(זו״ן) יִמְלֹךְ yimloj קדוש ברוך ימלך ר״ת יב״ק, אלהים יהוה, אהיה אדני יהוה

יְהֹוָהאדניאהדונהי Adonai לְעוֹלָם leolam ריבוע ס״ג וי׳ אותיות דס״ג אֱלֹהַיִךְ Eloháyij ילה

צִיּוֹן Tsiyón יוסף, ו׳ הויות, קנאה לְדֹר ledor וָדֹר vador רי״ו ר״ת אצלו (מלכות אצל ז״א – ו)

הַלְלוּיָהּ haleluyá אלהים, אהיה אדני ; ללה:

LA TERCERA BENDICIÓN

Esta bendición nos conecta con Yaakov, la Columna Central, el poder de la restricción. Yaakov es nuestro canal para conectar la Misericordia con el Juicio. Al restringir nuestro comportamiento reactivo, estamos deteniendo nuestro Deseo de Recibir para Nosotros Mismos. Yaakov también nos da el poder para equilibrar nuestros actos de Misericordia y Juicio hacia otras personas en nuestra vida.

NAKDISHAJ

Te santificamos y te honramos, como la agradable charla de la reunión de los Santos Serafines, que recitan la Santidad ante Ti tres veces, como está escrito por Tu Profeta: "Y cada uno llamó al otro y dijo: Santo, Santo, Santo es el Señor de los Ejércitos, todo el mundo está lleno de Su gloria" (Isaías 6:3). Frente a ellos alaban y dicen: "Bendita sea la gloria del Señor desde Su Lugar" (Ezequiel 3:12). Y en Tus santas Palabras, está escrito como sigue: "El Señor, tu Dios, reinará por siempre, para toda y cada generación, Sión, ¡Aleluya!" (Salmos 146:10).

Tiféret que se convierte en *Dáat* (14 palabras)

אַתָּה Atá קָדוֹשׁ kadosh וְשִׁמְךָ veShimjá קָדוֹשׁ kadosh ר״ת = אור, רז, אין סוף

וּקְדוֹשִׁים ukdoshim בְּכָל־ bejol ב״ן, לכב יוֹם yom ע״ה נגד, מזבח, זן, אל יהוה

יְהַלְלוּךָ yehaleluja סֶּלָה sela:

אהי״ה יהו מצפצ

בָּרוּךְ Baruj אַתָּה Atá יְהֹוָהאדני (יאהדונהי) (יְהֹוָהאדני) יאהדונהי Adonai

הָאֵל haEl לאה ; ייא״י (מילוי דס״ג) הַקָּדוֹשׁ hakadosh י״פ מ״ה (יוד הא ואו הא):

Medita aquí en el Nombre: יאהדונהי, ya que puede ayudar a eliminar la ira.

LA CUARTA BENDICIÓN – YISMAJ MOSHÉ

La cuarta bendición es la bendición del medio que corresponde a *Maljut*, la cual está en el medio entre *Jésed*, *Guevurá*, *Tiféret* (los tres Patriarcas; las tres primeras bendiciones) y entre *Nétsaj*, *Hod*, *Yesod* (las últimas tres bendiciones) como está explicado en *Tikunéi HaZóhar*.

Medita en la letra ו (*Vav*) del Nombre: שקו״צי״ת

יִשְׂמַח yismaj משיח (ז״א) מֹשֶׁה Moshé מהש, ע״ב בריבוע קס״א, אל שדי, ד״פ אלהים ע״ה

בְּמַתְּנַת bematenat ר״ת = ב״ן (שנפל בחלק משה והמתיקו בר״ת כי עבד נאמן עם ג׳ תיבות = קמ״ג)

חֶלְקוֹ jelkó (שעלה במקיפים דצלם דאו״א ע״י וניתנו לו המוחין הנז׳ במתנה וירש המקום ונעשו חלקו)

כִּי qui עֶבֶד éved נֶאֱמָן neemán קמ״ג (דעיל) קָרָאתָ karata לוֹ lo

ר״ת = ה׳ הויות (ה״ח הבאים בראש ז״א) (פירוש: בחול ע״י עבד נאמן שהוא מטטרו״ן היה הזיווג ר״ל בהתלבשות היצירה, משא״כ בשבת שהזיווג הוא במקומו באצילות שלא ע״י העבד הנזכר).

כְּלִיל quelil תִּפְאֶרֶת tiféret בְּרֹאשׁוֹ beroshó נָתַתָּ natata.

בְּעָמְדוֹ beamdó לְפָנֶיךָ lefaneja ס״ג מ״ה ב״ן עַל al הַר har סִינַי Sinai נמם ;

ר״ת = קל״ה (ה״ג הבאין לנוקבא דעתה קלה) ; סיני – ס׳ – שמשה שמו בס׳ המסכתות שקיבל בהר סיני.

LA TERCERA BENDICIÓN

Tú eres Santo y Santo es Tu Nombre, y los Seres Santos te alaban día a día, Sela.
De generación en generación, ellos proclaman a Dios como Rey, porque solo Él es y es Santo.

LA CUARTA BENDICIÓN – YISMAJ MOSHÉ

Moshé se regocijó en el regalo de su porción porque Tú lo has llamado siervo fiel.
Una corona de esplendor Tú colocaste sobre su cabeza cuando estaba parado ante Ti en el Monte Sinaí.

שְׁנֵי shnei לוּחוֹת lujot אֲבָנִים avanim הוֹרִיד horid בְּיָדוֹ beyadó
וְכָתוּב vejatuv בָּהֶם bahem שְׁמִירַת shmirat שַׁבָּת Shabat.
וְכֵן vején כָּתוּב catuv בְּתוֹרָתָךְ betorataj:

VESHAMRÚ

Tenemos la capacidad de unir el Cielo y la Tierra mediante el poder del *Álef-Hei-Vav-Hei* אהוה. Nuestro objetivo es imbuir nuestro caótico reino físico de los diferentes atributos espirituales del Cielo.

Medita en incluir el atributo de la noche (*Shamor*) en el atributo del día (*Zajor*).

וְשָׁמְרוּ veshamrú בְנֵי־ venei יִשְׂרָאֵל Yisrael אֶת־ et הַשַּׁבָּת haShabat
ר"ת ביאה לַעֲשׂוֹת laasot אֶת־ et הַשַּׁבָּת haShabat לְדֹרֹתָם ledorotam
ר"ת אהל (זו אשתו, למשוך נשמה קדושה ולא מסט"א) בְּרִית berit עוֹלָם olam:
בֵּינִי beiní וּבֵין uvein בְּנֵי bnei יִשְׂרָאֵל Yisrael אוֹת ot הִוא hi ר"ת ביאה
לְעֹלָם leolam ריבוע דס"ג י' אותיות דס"ג כִּי־ qui שֵׁשֶׁת shéshet יָמִים yamim נלך
עָשָׂה asá יְהֹוָהאדניאהדונהי Adonai אֶת־ et הַשָּׁמַיִם hashamáyim י"פ טל, י"פ כוזו
וְאֶת־ veet הָאָרֶץ haárets אלהים דההין ע"ה וּבַיּוֹם uvayom ע"ה נגד, מזבח, זן, אל יהוה
הַשְּׁבִיעִי hashevií שָׁבַת shavat וַיִּנָּפַשׁ vayinafash:

VELÓ NETATÓ

El *Shabat* es un poderoso regalo que nos dieron con el propósito de limpiarnos de nuestras acciones negativas durante la semana. Sin el *Shabat*, somos forzados a enfrentar las fuertes consecuencias de nuestras acciones en un futuro; la fuente de todo el caos que crea estragos en nuestra vida. Sin embargo, el *Shabat* es una manera proactiva de limpiarnos. Las repercusiones y juicios pendientes sobre nosotros son tratados de forma extremadamente misericordiosa. Además, el *Shabat* elimina gradualmente los rasgos negativos en nuestro carácter que en principio nos impulsan a hacer acciones hirientes.

Él trajo dos tablas en su mano, sobre las cuales estaba inscrito el cumplimiento del Shabat. Y así está escrito en Tu Torá:

VESHAMRÚ

"Observarán los Hijos de Israel el Shabat, para hacer el Shabat un convenio eterno para todas las generaciones. Será entre Hijos de Israel y Yo una señal eterna porque en seis días el Señor creó los Cielos y la Tierra y, en el séptimo día, Él descansó" (Éxodo 31:16).

El *Shabat* no es entregado a todas las personas. Debemos merecerlo verdaderamente. Es por esta razón que no todos lo guardan o están conscientes de la poderosa oportunidad que este día ofrece. Debemos apreciar realmente la oportunidad de participar en el *Shabat*. No obstante, esto puede ser difícil porque el poder purificador del *Shabat* a veces es pesado y agotador. Podemos estar impacientes, cansados o inquietos mientras el cuerpo atraviesa una limpieza durante la lectura de la Torá y las oraciones. Para agravar esta situación, el Satán se aprovecha de estas respuestas corporales y nos bombardea con más pensamientos negativos. La forma de vencer al Satán y superar la pesadez es simplemente deseando el *Shabat* con todo nuestro corazón y toda nuestra alma, y apreciar todo lo que puede hacer por nosotros.

וְלֹא veló נְתַתּוֹ netató אלף למד אלף דלת נון יוד יְהֹוָהאדניאהדונהי Adonai
אֱלֹהֵינוּ Eloheinu ילה לְגוֹיֵי legoyei הָאֲרָצוֹת haaratsot• וְלֹא veló
הִנְחַלְתּוֹ hinjaltó מַלְכֵּנוּ malquenu לְעוֹבְדֵי leovdei אֱלִילִים elilim•
גַּם gam בִּמְנוּחָתוֹ bimnujató לֹא lo יִשְׁכְּנוּ yishquenu עֲרֵלִים arelim•
כִּי qui לְעַמְּךָ leamjá יִשְׂרָאֵל Yisrael נְתַתּוֹ netató

Medita en atraer iluminación y Torá a *Maljut* para que Ella pueda recibir un Nombre nuevo: אלף למד אלף דלת נון יוד (en vez del Nombre אל אדנ"י que Ella solía tener), el cual tiene el mismo valor numérico de la palabra נתתו (*netató*).

בְּאַהֲבָה beahavá אחד, דאגה• לְזֶרַע lezera יַעֲקֹב Yaakov י' הויות, יאהדונהי אידהנויה
אֲשֶׁר asher בָּם bam מ"ב בָּחָרְתָּ bajarta:

YISMEJÚ

יִשְׂמְחוּ yismejú בְמַלְכוּתְךָ vemaljutaj שׁוֹמְרֵי shomrei כ"א הויות שבתפילין
שַׁבָּת Shabat וְקוֹרְאֵי vekorei עֹנֶג óneg• עַם am מְקַדְּשֵׁי mekadshei
שְׁבִיעִי shevií• כֻּלָּם culam יִשְׂבְּעוּ yisbeú וְיִתְעַנְּגוּ veyitangú
מִטּוּבֶךָ mituvaj לאו• וְהַשְּׁבִיעִי vehashevií רָצִיתָ ratsita בּוֹ bo
וְקִדַּשְׁתּוֹ vekidashtó• חֶמְדַּת jemdat יָמִים yamim נלך אוֹתוֹ otó
קָרָאתָ karata:

VELÓ NETATÓ

No lo entregaste, Señor, nuestro Dios, a las naciones del mundo, ni lo hiciste heredad de los adoradores de ídolos tallados, Rey nuestro. Y su satisfacción no la aguantarán los incircuncisos. Porque a Israel, Tu nación, Tú lo has dado con amor, a la progenie de Yaakov, a quienes Tú elegiste.

YISMEJÚ

Ellos se regocijarán en Tu Reinado, aquellos que guardan el Shabat y lo llaman deleite, la nación que santifica al séptimo. Ellos estarán saciados y deleitados en Tu benevolencia. Y en el séptimo, Tú hallaste gracia y lo santificaste. Lo has llamado el día más anhelado.

MEKADESH HASHABAT

אֱלֹהֵינוּ Eloheinu ילה וֵאלֹהֵי veElohei לכב ; מילוי דע״ב, דמב ; ילה אֲבוֹתֵינוּ avoteinu

רְצֵה retsé נָא na בִּמְנוּחָתֵנוּ vimnujatenu◆ קַדְּשֵׁנוּ kadshenu

בְּמִצְוֹתֶיךָ bemitsvoteja שִׂים sim וְחֶלְקֵנוּ jelkenu בְּתוֹרָתֶךָ betorataj

שַׂבְּעֵנוּ sabenu מִטּוּבָךְ mituvaj לאו◆ שַׂמֵּחַ saméaj נַפְשֵׁנוּ nafshenu

בִּישׁוּעָתָךְ bishuataj◆ וְטַהֵר vetaher לִבֵּנוּ libenu לְעָבְדְּךָ leovdejá

פוי, אל אדני בֶּאֱמֶת beemet אהיה פעמים אהיה, ז״פ ס״ג◆ וְהַנְחִילֵנוּ vehanjilenu

יְהֹוָאדנָיה יאהדונהי Adonai אֱלֹהֵינוּ Eloheinu ילה בְּאַהֲבָה beahavá אחד, דאגה

וּבְרָצוֹן uveratsón מהש ע״ה, ע״ב בריבוע וקס״א ע״ה, אל שדי ע״ה

שַׁבַּת Shabat קָדְשֶׁךָ kodshejá◆ וְיָנוּחוּ veyanuju בוֹ vo

כָּל col ילי יִשְׂרָאֵל Yisrael מְקַדְּשֵׁי mekadshei שְׁמֶךָ Shemeja◆

אהיה יהו יה אדני

בָּרוּךְ Baruj אַתָּה Atá יְהֹוָאדנָיה יאהדונהי Adonai

Medita en los *Neshikín* (besos – la unificación superior)

desde las Diez *Sefirot* de *Jojmá* de *Kéter* de los cinco *Partsufim* de *Nétsaj*, *Hod*, *Yesod* (**en la repetición:** *Jésed*, *Guevurá*, *Tiféret*) de *Jojmá* de *Zeir Anpín* **hasta** las Diez *Sefirot* de *Jojmá* de *Kéter* de los cinco *Partsufim* de *Nétsaj*, *Hod*, *Yesod* (**en la repetición:** *Jésed*, *Guevurá*, *Tiféret*) de *Jojmá* de *Yaakov* y *Rajel*.

Jojmá	*Daat*	*Biná*
א	י	ה
יהוה	מצפץ	יְהוָה
אַהַיַהַ	אֶהְיֶה	אֱהִיֵהֵ
יַהַוַהַ	יֶהֱוֶה	יֵהֵוֵהֵ

Medita en atraer iluminación a *Kéter* de *Yaakov* y *Rajel* (mientras Ellos se encuentran ahora en *Nétsaj*, *Hod*, *Yesod* de *Zeir Anpín*) de los tres *Mojín* —*Jojmá*, *Biná*, *Dáat*— del Segundo *Gadlut* cubiertos por *Nétsaj*, *Hod*, *Yesod* (**en la repetición:** *Jésed*, *Guevurá*, *Tiféret*) de *Aba* e *Ima* Celestiales (mientras los *Mojín* están en *Jojmá*, *Biná*, *Dáat* de *Zeir Anpín*). **También atrae** *Maljut* de *Kéter* de todos los cinco *Partsufim* de *Nétsaj*, *Hod*, *Yesod* (**en la repetición:** *Jésed*, *Guevurá*, *Tiféret*) de *Jojmá* de lo Interno de *Zeir Anpín* **hasta** *Kéter* de todos los cinco *Partsufim* de *Nétsaj*, *Hod*, *Yesod* (**en la repetición:** *Jésed*, *Guevurá*, *Tiféret*) de *Jojmá* de lo Externo e Interno de *Yaakov* y *Rajel* hacia el *Kéter* de *Yaakov* y *Rajel*, el cual está en el Pecho de *Zeir Anpín*:

אֶהְיֶה יְהֹוָה

(a las tres Vasijas de *Kéter* de *Nukvá*)

יוד הא ואו הה יוד יוד הא יוד הא ואו יוד הא ואו הה י יה יהו יהוה

מְקַדֵּשׁ mekadesh הַשַּׁבָּת haShabat:

MEKADESH HASHABAT

Dios nuestro y Dios de nuestros antepasados, que nuestro descanso sea de Tu agrado, santifícanos con Tus mandamientos y concédenos participación en Tu Torá, sácianos con Tu bondad, alegra nuestras almas con Tu salvación y purifica nuestro corazón para servirte sinceramente. Y concédenos, Señor, nuestro Dios, con amor y favor, Tu Santo Shabat como una herencia. Y que descanse en él todo Israel, santificando Tu Nombre. ¡Bendito eres Tú, Señor, que santificas el Shabat!

LAS TRES BENDICIONES FINALES

A través del mérito de Moshé, Aharón y Yosef, quienes son nuestros canales para las últimas tres bendiciones, somos capaces de hacer descender toda la energía espiritual que despertamos con nuestras oraciones y bendiciones.

LA QUINTA BENDICIÓN

Durante esta bendición, que se refiere a Moshé, siempre debemos meditar en tratar de saber exactamente qué quiere Dios de nosotros en nuestra vida, como lo indica la frase: "Que sea la voluntad de Dios". Estamos pidiéndole a Dios que nos guíe hacia el trabajo que vinimos a hacer en la Tierra. El Creador no puede aceptar sólo el trabajo que queremos hacer, debemos llevar a cabo el trabajo que estamos destinados a hacer.

Nétsaj

Medita por el Deseo Celestial (*Kéter*), que es llamado *Métsaj HaRatsón* (la Frente del Deseo).

אלף למד הה יוד מם retsé רְצֵה

Aquí medita en transformar el infortunio y la tragedia (צרה) en deseo y aceptación (רצה).

Yisrael יִשְׂרָאֵל beameja בְּעַמְּךָ ילה Eloheinu אֱלֹהֵינוּ Adonai יְהֹוָהאדניאהדונהי

haavodá הָעֲבוֹדָה vehashev וְהָשֵׁב •sheé שְׁעֵה velitfilatam וְלִתְפִלָּתָם

Yisrael יִשְׂרָאֵל veishei וְאִשֵּׁי •ראה ב״פ beiteja בֵּיתֶךָ רי״ו lidvir לִדְבִיר

דאגה ,אוזד beahavá בְּאַהֲבָה meherá מְהֵרָה utfilatam וּתְפִלָּתָם

•ע״ה שדי אל ,ע״ה וקס״א בריבוע ע״ב ,ע״ה מהש beratsón בְּרָצוֹן tekabel תְּקַבֵּל

ע״ה שדי אל ,ע״ה וקס״א בריבוע ע״ב ,ע״ה מהש leratsón לְרָצוֹן utehí וּתְהִי

:ameja עַמֶּךָ Yisrael יִשְׂרָאֵל avodat עֲבוֹדַת קמ״ג קנ״א קס״א ע״ה tamid תָּמִיד

YAALÉ VEYAVÓ

Durante *Sucot* hay una corriente extra de energía espiritual a nuestro alrededor. "*Yaalé Veyavó*" es nuestra antena para atraer esta energía adicional a nuestra vida.

Si por error olvidaste decir "*yaalé veyavó*", y te das cuenta de esto antes del final de la bendición ("*Baruj Atá Adonai*"), debes regresar para decir "*yaalé veyavó*" y continuar normalmente. Si te das cuenta de esto después del final de la bendición ("*hamajazir Shejinató leTsiyón*") pero antes de comenzar la bendición siguiente ("*modim*"), debes decir "*yaalé veyavó*" ahí y continuar normalmente. Si sólo te das cuenta de esto después de haber comenzado la bendición siguiente ("*modim*") pero antes del segundo "*yihyú leratsón*" (en la pág. 714), debes regresar a "*retsé*" (pág. 708) y continuar desde ahí. Si te das cuenta de esto después del segundo "*yihyú leratsón*", debes comenzar la *Amidá* desde el principio.

LAS TRES BENDICIONES FINALES - LA QUINTA BENDICIÓN

Encuentra gracia, Señor, nuestro Dios, en Tu pueblo, Israel y oye su oración.

Restaura el culto en el santuario interno de Tu Templo. Acepta las ofrendas de Israel y sus oraciones con complacencia, prontamente y con amor. Que siempre sea agradable a Ti, el culto de Israel, Tu Nación.

אֱלֹהֵינוּ Eloheinu ילה וֵאלֹהֵי veElohei לכב ; מילוי ע"ב, דמב ; ילה אֲבוֹתֵינוּ avoteinu

יַעֲלֶה yaalé וְיָבֹא veyavó וְיַגִּיעַ veyaguía וְיֵרָאֶה veyeraé ר"ו וְיֵרָצֶה veyeratsé

וְיִשָּׁמַע veyishamá וְיִפָּקֵד veyipaked וְיִזָּכֵר veyizajer ר"ת מ"ב (ז"פ ו')

זִכְרוֹנֵנוּ zijronenu וְזִכְרוֹן vezijrón ע"ב קס"א ונש"ב אֲבוֹתֵינוּ avoteinu◆

זִכְרוֹן zijrón ע"ב קס"א ונש"ב יְרוּשָׁלַיִם Yerushaláyim עִירָךְ iraj◆

וְזִכְרוֹן vezijrón ע"ב קס"א ונש"ב מָשִׁיחַ Mashíaj בֶּן ben דָּוִד David ע"ה כהת ; בן

דוד = אדני ע"ה עַבְדָּךְ avdaj פוי, אל אדני◆ וְזִכְרוֹן vezijrón ע"ב קס"א ונש"ב כָּל col

ילי עַמְּךָ ameja בֵּית beit ב"פ ראה יִשְׂרָאֵל Yisrael לְפָנֶיךָ lefaneja ס"ג מ"ה ב"ן

לִפְלֵיטָה lifleitá לְטוֹבָה letová אכא◆ לְחֵן lején מילוי דמ"ה בריבוע, מוחי

לְחֶסֶד lejésed ע"ב, ריבוע יהוה וּלְרַחֲמִים ulerajamim◆

לְחַיִּים lejayim אהיה אהיה יהוה, בינה ע"ה◆ טוֹבִים tovim וּלְשָׁלוֹם uleshalom◆

בְּיוֹם beyom ע"ה נגד, מזבח, זן, אל יהוה: וְחַג jag הַסֻּכּוֹת haSucot הַזֶּה hazé והו

בְּיוֹם beyom ע"ה נגד, מזבח, זן, אל יהוה מִקְרָא mikrá קֹדֶשׁ kódesh הַזֶּה hazé והו◆

לְרַחֵם lerajem אברהם, וח"פ אל, רי"ו ול"ב נתיבות החכמה, רמ"ח (אברים), עסמ"ב וט"ז אותיות

פשוטות בּוֹ bo עָלֵינוּ aleinu וּלְהוֹשִׁיעֵנוּ ulehoshienu◆ זָכְרֵנוּ zojrenu

יְהֹוָהאדניאהדונהי Adonai אֱלֹהֵינוּ Eloheinu ילה בּוֹ bo לְטוֹבָה letová אכא◆

וּפָקְדֵנוּ ufokdenu בוֹ vo לִבְרָכָה livrajá◆ וְהוֹשִׁיעֵנוּ vehoshienu בוֹ vo

לְחַיִּים lejayim אהיה אהיה יהוה, בינה ע"ה טוֹבִים tovim◆

בִּדְבַר bidvar ראה יְשׁוּעָה yeshuá וְרַחֲמִים verajamim◆ חוּס jus

וְחָנֵּנוּ vejokdusnenu וַחֲמוֹל vajamol וְרַחֵם verajem אברהם, וח"פ אל,

רי"ו ול"ב נתיבות החכמה, רמ"ח (אברים), עסמ"ב וט"ז אותיות פשוטות עָלֵינוּ aleinu◆

YAALÉ VEYAVÓ

Nuestro Dios y el Dios de nuestros padres, que la rememoración de nosotros y de nuestros padres, de Jerusalén, Tu ciudad, del Mesías Ben David, Tu sirviente, de toda Tu Nación, la Casa de Israel, ascienda y llegue a Ti y sea aceptada, para salvación y felicidad, para gracia, bondad y misericordia para una buena vida y para paz, en este Día de Festival de las Cabañas, y en este Día de Convocación Santa, para tener misericordia de nosotros y para salvarnos. Recuérdanos, Señor, nuestro Dios, para bien y considéranos, en ello, para la bondición y sálvanos para gozar una buena vida con palabras de liberación y misericordia. Ten piedad y sé amable con nosotros y ten misericordia y sé compasivo con nosotros,

וְהוֹשִׁיעֵנוּ vehoshienu כִּי qui אֵלֶיךָ eleja עֵינֵינוּ eineinu ריבוע מ״ה. כִּי qui
אֵל El ייא״י מֶלֶךְ Mélej חַנּוּן janún וְרַחוּם verajum אָתָּה Atá:
וְאַתָּה veAtá בְּרַחֲמֶיךָ verajameja הָרַבִּים harabim.
תַּחְפֹּץ tajpots בָּנוּ banu וְתִרְצֵנוּ vetirtsenu וְתֶחֱזֶינָה vetejezena
עֵינֵינוּ eineinu ריבוע מ״ה בְּשׁוּבְךָ beshuvjá לְצִיּוֹן leTsiyón יוסף, ו׳ הויות, קנאה:
בְּרַחֲמִים berajamim מצפצ, אלהים דיודין, י״פ ייי:
אהיה יהו אל
בָּרוּךְ Baruj אַתָּה Atá יְהֹוָאדִּהֹנָהִי Adonai
הַמַּחֲזִיר hamajazir שְׁכִינָתוֹ Shejinató לְצִיּוֹן leTsiyón יוסף, ו׳ הויות, קנאה

LA SEXTA BENDICIÓN

Esta bendición es nuestro agradecimiento. Kabbalísticamente, el mayor "agradecimiento" que le podemos dar a nuestro Creador es hacer exactamente lo que estamos destinados a hacer en términos de nuestro trabajo espiritual.

Hod

Inclina todo tu cuerpo en "*modim*" y enderézate en "*Adonai*".

מוֹדִים modim מאה ברכות שתיקן דוד לאמרם כל יום אֲנַחְנוּ anajnu לָךְ laj
שָׁאַתָּה sheAtá הוּא Hu יְהֹוָאדִּהֹנָהִי Adonai (ונ) אֱלֹהֵינוּ Eloheinu ילה
וֵאלֹהֵי veElohei לכב ; מילוי ע״ב, דמב ; ילה אֲבוֹתֵינוּ avoteinu לְעוֹלָם leolam
וָעֶד vaed. ריבוע ס״ג וי׳ אותיות דס״ג צוּרֵנוּ tsurenu צוּר tsur אלהים דההין ע״ה
חַיֵּינוּ jayeinu וּמָגֵן umaguén ג״פ אל (ייא״י מילוי דס״ג) ; ר״ת מיכאל גבריאל נוריאל
יִשְׁעֵנוּ yishenu אַתָּה Atá הוּא Hu. לְדֹר ledor וָדֹר vador רי״ו
נוֹדֶה nodé לְּךָ lejá וּנְסַפֵּר unesaper תְּהִלָּתֶךָ tehilateja.
עַל־ al חַיֵּינוּ jayeinu הַמְּסוּרִים hamesurim בְּיָדֶךָ beyadeja.

---

sálvanos, porque nuestros ojos miran hacia Ti, porque Tú eres Dios y Rey que es amable y compasivo. Y Tú en Tu gran compasión, te deleites en nosotros y estés agradado con nosotros. Puedan nuestros ojos contemplar Tu retorno a Sión con compasión. Bendito eres Tú, Señor, que devuelve Su Shejiná a Sión.

LA SEXTA BENDICIÓN

Nosotros te damos gracias a Ti, porque eres Tú,

Señor, quien es nuestro Dios y el Dios de nuestros padres, por siempre y por toda la eternidad. Tú eres nuestra Fortaleza, la Fortaleza de nuestras vidas y el Escudo de nuestra salvación. De una generación a otra, te daremos gracias a Ti y cantaremos Tu alabanza, por nuestras vidas que están en Tus Manos,

וְעַל veal נִשְׁמוֹתֵינוּ nishmoteinu הַפְּקוּדוֹת hapekudot לָךְ. laj וְעַל־ veal
נִסֶּיךָ niseja שֶׁבְּכָל shebejol ב"ן, לכב יוֹם yom ע"ה נגד, מזבח, זן, אל יהוה
עִמָּנוּ imanu ריבוע ס"ג, קס"א ע"ה וד' אותיות וְעַל veal נִפְלְאוֹתֶיךָ nifleoteja
וְטוֹבוֹתֶיךָ vetovoteja שֶׁבְּכָל shebejol ב"ן, לכב עֵת. et עֶרֶב érev
וָבֹקֶר vavóker וְצָהֳרָיִם. vetsahoráyim הַטּוֹב hatov והו כִּי־ qui לֹא־ lo
כָלוּ jalú רַחֲמֶיךָ. rajameja הַמְרַחֵם hamerajem אברהם, וז"פ אל, רי"ו ול"ב נתיבות
החכמה, רמ"ח (אברים), עסמ"ב וט"ז אותיות פשוטות כִּי־ qui לֹא lo תַמּוּ tamu
וַחֲסָדֶיךָ jasadeja כִּי qui מֵעוֹלָם meolam קִוִּינוּ kivinu לָךְ: laj

MODIM DERABANÁN

Esta oración es recitada por la congregación en la repetición cuando el *jazán* dice "*modim*".

En esta sección hay 44 palabras, que es el mismo valor numérico del Nombre:
ריבוע אהיה (א אה אהי אהיה)

מוֹדִים modim מאה ברכות שתיקן דוד לאמרם כל יום אֲנַחְנוּ anajnu לָךְ laj
שָׁאַתָּה sheAtá הוּא hu יְהֹוָואדנָיאהדונהי Adonai אֱלֹהֵינוּ Eloheinu ילה
וֵאלֹהֵי veElohei לכב ; מילוי ע"ב, דמב ; ילה אֲבוֹתֵינוּ avoteinu
אֱלֹהֵי Elohei מילוי ע"ב, דמב ; ילה כָּל jol ילי בָּשָׂר. basar יוֹצְרֵנוּ yotsrenu
יוֹצֵר yotser בְּרֵאשִׁית. bereshit בְּרָכוֹת brajot וְהוֹדָאוֹת vehodaot
לְשִׁמְךָ leShimjá הַגָּדוֹל hagadol להח ; עם ד' אותיות = מבה, יזל, אום
וְהַקָּדוֹשׁ vehakadosh עַל al שֶׁהֶחֱיִיתָנוּ shehejeyitanu וְקִיַּמְתָּנוּ. vekiyamtanu
כֵּן quen תְּחַיֵּינוּ tejayeinu וּתְחָנֵּנוּ. utejonenu וְתֶאֱסוֹף veteesof
גָּלֻיּוֹתֵינוּ galuyoteinu לְחַצְרוֹת lejatsrot קָדְשֶׁךָ. kodsheja לִשְׁמוֹר lishmor
חֻקֶּיךָ jukeja וְלַעֲשׂוֹת velaasot רְצוֹנֶךָ. retsoneja וּלְעָבְדְךָ uleovdejá
פוי, אל אדני בְּלֵבָב belevav בוכו שָׁלֵם. shalem עַל al שֶׁאֲנַחְנוּ sheanajnu
מוֹדִים modim לָךְ. laj בָּרוּךְ Baruj אֵל El ייא"י (מילוי דס"ג) הַהוֹדָאוֹת: hahodaot

porque nuestras almas que están a Tu cuidado, por Tus milagros que diariamente están con nosotros y por Tus maravillas y Tus favores que están con nosotros en todo momento: de noche, de mañana y de tarde. Tú eres bueno, porque Tu compasión nunca se ha acabado. Tú eres el misericordioso, porque Tu bondad nunca ha cesado, porque siempre hemos puesto nuestras esperanzas en Ti.

MODIM DERABANÁN

Nosotros te damos gracias a Ti, porque eres Tú quien es nuestro Dios y el Dios de nuestros padres, el Dios de toda la humanidad, nuestro Hacedor y el Creador de toda la Creación. Bendiciones y gracias a Tu gran y Santo Nombre por darnos vida y por preservarnos. Que puedas Tú continuar dándonos vida, sé amable con nosotros y reúne nuestros exiliados en las Cortes de Tu Santuario, para que podamos cumplir Tus leyes, hacer Tu voluntad y servir a Ti con todo el corazón. Por esto te agradecemos. Bendito sea el Dios de los agradecimientos.

וְעַל veal כֻּלָּם culam יִתְבָּרַךְ yitbaraj וְיִתְרוֹמָם veyitromam

וְיִתְנַשֵּׂא veyitnasé תָּמִיד tamid ע״ה קס״א קנ״א קמ״ג שִׁמְךָ Shimjá

מַלְכֵּנוּ malquenu לְעוֹלָם leolam ריבוע ס״ג ו׳ אותיות דס״ג וָעֶד vaed•

וְכָל־ vejol ילי הַחַיִּים hajayim אהיה אהיה יהוה, בינה ע״ה יוֹדוּךָ yoduja סֶּלָה sela:

וִיהַלְלוּ vihalelú וִיבָרְכוּ vivarjú יהוה ריבוע יהוה ריבוע מ״ה אֶת־ et

שִׁמְךָ Shimjá הַגָּדוֹל hagadol להח ; עם ד׳ אותיות = מבה, יזל, אום בֶּאֱמֶת beemet

אהיה פעמים אהיה, ז״פ ס״ג לְעוֹלָם leolam ריבוע ס״ג ו׳ אותיות דס״ג כִּי qui טוֹב tov והו ;

כי טוב = יהוה אהיה, אום, מבה, יזל• הָאֵל haEl לאה ; ייא״י (מילוי דס״ג) יְשׁוּעָתֵנוּ yeshuatenu

וְעֶזְרָתֵנוּ veezratenu סֶלָה sela• הָאֵל haEl לאה ; ייא״י (מילוי דס״ג) הַטּוֹב hatov והו:

Flexiona tus rodillas en “*Baruj*”, inclínate en “*Atá*” y enderézate en “*Adonai*”.

אהיה יהו אלהים

בָּרוּךְ Baruj אַתָּה Atá יְהֹוָהאדהנויאהדונהי Adonai (ה׳) הַטּוֹב hatov והו

שִׁמְךָ Shimjá וּלְךָ ulejá נָאֶה naé לְהוֹדוֹת lehodot ס״ת כהת, משיח בן דוד ע״ה:

Para la bendición de los *Cohanim* ir a la pág. 355.

LA BENDICIÓN FINAL

Estamos emanando la energía de paz para el mundo entero. También nos proponemos utilizar nuestras bocas sólo para el bien. Kabbalísticamente, el poder de las palabras y del habla es inimaginable. Esperamos usar este poder sabiamente, lo que tal vez es una de las tareas más difíciles de llevar a cabo.

Yesod

שִׂים sim שָׁלוֹם shalom

טוֹבָה tová אכא וּבְרָכָה uvrajá חַיִּים jayim אהיה אהיה יהוה, בינה ע״ה

חֵן jen מילוי דמ״ה בריבוע, מוזי וָחֶסֶד vajésed ע״ב, ריבוע יהוה

צְדָקָה tsedaká ע״ה ריבוע אלהים וְרַחֲמִים verajamim עָלֵינוּ aleinu

---

Y por todas estas cosas, que Tu Nombre sea siempre bendecido, exaltado y exultado, nuestro Rey, por siempre y para siempre, y todo lo que vive te agradecerá, Sela. Y te alabarán y bendecirán Tu gran Nombre, sinceramente y para siempre, porque Es bueno, el Dios de nuestra salvación y nuestra ayuda, Sela, el buen Dios. Bendito eres Tú, Señor, cuyo Nombre es bueno, y a Ti es propio dar gracias.

LA BENDICIÓN FINAL

Concede paz, bondad, bendiciones, vida, gracia, amabilidad, justicia y misericordia a nosotros

וְעַל־ veal כָּל־ col ילי ; עמם יִשְׂרָאֵל Yisrael עַמְּךָ ameja וּבָרְכֵנוּ uvarjenu

אָבִינוּ avinu כֻּלָּנוּ culanu כְּאֶחָד queejad אהבה, דאגה בְּאוֹר beor רז, א״ס

פָּנֶיךָ paneja ס״ג מ״ה ב״ן כִּי qui בְאוֹר veor רז, א״ס פָּנֶיךָ paneja ס״ג מ״ה ב״ן

נָתַתָּ natata לָנוּ lanu אלהים, אהיה אדני יְהֹוָואדניאהדונהי Adonai

אֱלֹהֵינוּ Eloheinu ילה תּוֹרָה Torá וְחַיִּים vejayim אהיה אהיה יהוה, בינה ע״ה.

אַהֲבָה ahavá אחד, דאגה וָחֶסֶד vajésed ע״ב, ריבוע יהוה.

צְדָקָה tsedaká ע״ה ריבוע אלהים וְרַחֲמִים verajamim. בְּרָכָה brajá

וְשָׁלוֹם veshalom. וְטוֹב vetov והו בְּעֵינֶיךָ beeineja ע״ה קס״א ; ריבוע מ״ה

לְבָרְכֵנוּ levarjenu וּלְבָרֵךְ ulevarej אֶת et כָּל־ col ילי עַמְּךָ ameja

יִשְׂרָאֵל Yisrael בְּרוֹב־ berov י״פ אהיה עֹז oz וְשָׁלוֹם veshalom:

אהיה יהו מצפצ

בָּרוּךְ Baruj אַתָּה Atá יוּהוּווּאדניאהדונהי Adonai

הַמְבָרֵךְ hamevarej אֶת et עַמּוֹ amó יִשְׂרָאֵל Yisrael

ר״ת = אלהים (אילההויהם = יב״ק) בַּשָּׁלוֹם bashalom. אָמֵן Amén יאהדונהי.

YIHYÚ LERATSÓN

Hay 42 letras en el versículo en el secreto del *Aná Bejóaj*.

יִהְיוּ yihyú אל (ייא״י מילוי דס״ג) לְרָצוֹן leratsón מהש ע״ה, ע״ב בריבוע וקס״א ע״ה, אל שדי ע״ה

אִמְרֵי־ imrei פִי fi ר״ת אֱלֶף = אלף למד שין דלת יוד ע״ה וְהֶגְיוֹן vehegyón לִבִּי libí

לְפָנֶיךָ lefaneja ס״ג מ״ה ב״ן יְהֹוָואדניאהדונהי Adonai צוּרִי tsurí וְגֹאֲלִי vegoalí:

---

a todo Israel, Tu Pueblo. Bendícenos a todos como a uno solo, Padre nuestro, con la Luz de Tu Rostro, porque es con la Luz de Tu Rostro que Tú, Señor, nuestro Dios, nos has dado la Torá y la vida, amor y amabilidad, justicia y misericordia, bendición y paz. Que sea grato a Tus Ojos bendecirnos y bendecir a Tu Nación, Israel, con abundante poder y con paz. Bendito eres Tú, Señor, que bendice a Su Pueblo, Israel, con paz, Amén.

YIHYÚ LERATSÓN

"Sean gratos ante Ti, Señor, mi Fortaleza y mi Redentor, los dichos de mi boca y los pensamientos de mi corazón" (Salmos 19:15).

Elohai Netsor

אֱלֹהַי Elohai מילוי ע״ב, דמב ; ילה נְצוֹר netsor לְשׁוֹנִי leshoní מֵרָע merá.
וְשִׂפְתוֹתַי vesiftotai מִדַּבֵּר midaber ראה מִרְמָה mirmá. וְלִמְקַלְלַי velimkalelai
נַפְשִׁי nafshí תִדּוֹם tidom. וְנַפְשִׁי venafshí כֶּעָפָר queafar
לַכֹּל lacol יה אדני תִּהְיֶה tihyé. פְּתַח petaj לִבִּי libí בְּתוֹרָתֶךָ betorateja.
וְאַחֲרֵי veajarei מִצְוֹתֶיךָ mitsvoteja תִּרְדּוֹף tirdof נַפְשִׁי nafshí.
וְכָל־ vejol ילי הַקָּמִים hakamim עָלַי alai לְרָעָה leraá רהע. מְהֵרָה meherá
הָפֵר hafer עֲצָתָם atsatam וְקַלְקֵל vekalkel מַחְשְׁבוֹתָם majshevotam.
עֲשֵׂה asé לְמַעַן lemaan שְׁמָךְ Shmaj. עֲשֵׂה asé לְמַעַן lemaan
יְמִינָךְ yeminaj. עֲשֵׂה asé לְמַעַן lemaan תּוֹרָתָךְ torataj. עֲשֵׂה asé
לְמַעַן lemaan קְדֻשָּׁתָךְ kedushataj. ר״ת הפסוק = מ״ה יהוה לְמַעַן lemaan
יֵחָלְצוּן yejaltsún יְדִידֶיךָ yedideja ר״ת ילי הוֹשִׁיעָה hoshía יהוה וש״ע נהורין
יְמִינְךָ yeminjá וַעֲנֵנִי vaaneni (כתיב: ועננו) ר״ת אל (יא״י מילוי דס״ג):

Antes de que recitemos el próximo verso ("*Yihyú leratsón*") tenemos una oportunidad de fortalecer la conexión con nuestra alma usando nuestro nombre. Cada persona tiene un versículo en la Torá que lo conecta con su nombre. O bien su nombre está en el versículo o la primera letra y última letra de nuestro nombre corresponden a la primera y última letra del versículo. Por ejemplo, el nombre Yehuda comienza con una *Yud* y termina con una *Hei*. Antes de terminar la *Amidá*, declaramos que nuestro nombre sea siempre recordado cuando nuestra alma abandone este mundo.

Yihyú Leratsón (el segundo)

Hay 42 letras en el versículo en el secreto del *Aná Bejóaj*.

יִהְיוּ yihyú אל (יא״י מילוי דס״ג) לְרָצוֹן leratsón מהש ע״ה, ע״ב בריבוע וקס״א ע״ה, אל שדי ע״ה
אִמְרֵי־ imrei פִי fi ר״ת אֱלֹף = אלף למד שין דלת יוד ע״ה וְהֶגְיוֹן vehegyón לִבִּי libí
לְפָנֶיךָ lefaneja ס״ג מ״ה ב״ן יְהֹוָהאדניאהדונהי Adonai צוּרִי tsurí וְגֹאֲלִי vegoalí:

Elohai Netsor

Mi Dios, cuida mi lengua del mal y mis labios de decir falsedad. Que mi alma permanezca en silencio ante aquellos que me maldicen y permite que mi espíritu sea humilde ante todos, como el polvo. Abre mi corazón a Tu Torá y permite que mi corazón siga Tus mandamientos. Prontamente frustra los planes y daña los pensamientos de todos aquellos que se levantan contra mí para hacerme daño. Hazlo por la gloria de Tu Nombre. Haz esto por el bien de Tu Diestra. Haz esto por el mérito de Tu Torá. Haz esto por Tu santidad, "Que Tus amados sean rescatados. Sálvalos con Tu Diestra y contéstame" (Salmos 60:7).

Yihyú Leratsón (el segundo)

"Sean gratos ante Ti, Señor,
mi Fortaleza y mi Redentor, los dichos de mi boca y los pensamientos de mi corazón" (Salmos 19:15).

OSÉ SHALOM

Da tres pasos hacia atrás;

עוֹשֶׂה osé שָׁלוֹם shalom

Izquierda
Te vuelves a la izquierda y dices:

בִּמְרוֹמָיו bimromav ר"ת ע"ב, ריבוע יהוה

הוּא Hu בְּרַחֲמָיו verajamav יַעֲשֶׂה yaasé

Derecha
Te vuelves a la derecha y dices:

שָׁלוֹם shalom עָלֵינוּ aleinu ר"ת ש"ע נהורין

Centro
Te alineas al centro y dices:

וְעַל veal כָּל־ col ילי ; עמם עַמּוֹ amó יִשְׂרָאֵל Yisrael

וְאִמְרוּ veimrú אָמֵן Amén יאהדונהי:

יְהִי yehí רָצוֹן ratsón מהש ע"ה, ע"ב בריבוע וקס"א ע"ה, אל שדי ע"ה
מִלְּפָנֶיךָ milfaneja ס"ג מ"ה ב"ן יְהֹוָהאדניאהדונהי Adonai אֱלֹהֵינוּ Eloheinu ילה
וֵאלֹהֵי veElohei לכב ; מילוי ע"ב, דמב ; ילה אֲבוֹתֵינוּ avoteinu, שֶׁתִּבְנֶה shetivné
בֵּית beit ב"פ ראה הַמִּקְדָּשׁ hamikdash בִּמְהֵרָה bimherá בְּיָמֵינוּ veyameinu
וְתֵן vetén חֶלְקֵנוּ jelkenu בְּתוֹרָתֶךָ vetorataj לַעֲשׂוֹת laasot חֻקֵּי jukei
רְצוֹנָךְ retsonaj וּלְעָבְדָךְ uleovdaj פוי, אל אדני בְּלֵבָב belevav בוכו שָׁלֵם shalem.

Da tres pasos hacia delante.

Continúa con "*Halel*" en la pág. 375.

OSÉ SHALOM

Él, que establece Paz en Sus altos lugares, Él, en Su compasión, hará que la paz esté entre nosotros y sobre Su pueblo entero, Israel, y dirán: Amén.

Sea agradable ante Ti, Señor, nuestro Dios y Dios de nuestros antepasados, que puedas reconstruir rápidamente el santo Templo, en nuestros días, y otórganos participación en Tu Torá, para que podamos cumplir las leyes de Tu deseo y servirte con todo el corazón.

LA AMIDÁ DE MINJÁ DE SHABAT Y JOL HAMOED

אֲדֹנָי Adonai ללה (pausa aquí) שְׂפָתַי sfatai תִּפְתָּח tiftaj וּפִי ufí יַגִּיד yaguid

ייז (כ״ב אותיות פשוטות [=אכא] וה׳ אותיות סופיות מנצפך) תְּהִלָּתֶךָ tehilateja ס״ת = בוכו:

LA PRIMERA BENDICIÓN – INVOCA AL ESCUDO DE AVRAHAM

Avraham es el canal de la energía de la Columna Derecha de positividad, compartir y misericordia. Las acciones dadoras pueden protegernos de todas las formas de negatividad.

Jésed que se convierte en *Jojmá*

En esta sección hay 42 palabras, el secreto del Nombre de Dios de 42 letras y, por lo tanto, comienza con la letra *Bet* (2) y termina con la letra *Mem* (40).

Flexiona tus rodillas en "*Baruj*", inclínate en "*Atá*" y enderézate en "*Adonai*".

א ב

בָּרוּךְ Baruj אַתָּה Atá א-ת (אותיות הא״ב המסמלות את השפע המגיע) לה המלכות

ג י

יְהֹוָהאדניאהדונהי Adonai (יא) אֱלֹהֵינוּ Eloheinu ילה

ת צ

וֵאלֹהֵי veElohei לכב ; מילוי ע״ב, דמב ; ילה אֲבוֹתֵינוּ avoteinu.

ק ר

אֱלֹהֵי Elohei מילוי ע״ב, דמב ; ילה אַבְרָהָם Avraham (*Jojmá*)

וו״פ אל, רי״ו ול״ב נתיבות החכמה, רמ״ח (אברים), עסמ״ב וט״ז אותיות פשוטות.

ע ש

אֱלֹהֵי Elohei מילוי ע״ב, דמב ; ילה יִצְחָק Yitsjak (*Biná*) ד״פ ב״ן

ט נ

וֵאלֹהֵי veElohei לכב ;מילוי ע״ב, דמב ; ילה יַעֲקֹב Yaakov (*Dáat*) ד׳ הויות, יאהדונהי אידהנויה

LA AMIDÁ DE MINJÁ DE SHABAT Y JOL HAMOED

"Mi Señor, abre mis labios y mi boca declarará Tu alabanza" (*Salmos 51:17*).

LA PRIMERA BENDICIÓN

Bendito eres, Señor,

nuestro Dios y Dios de nuestros padres: el Dios de Avraham, el Dios de Yitsjak y el Dios de Yaakov.

נ ג

הָאֵל haEl לאה ; ייא״י (מילוי דס״ג) הַגָּדוֹל hagadol האל הגדול = סיט ; גדול = להח

ד י

עם ד׳ אותיות = מבה, יזל, הום הַגִּבּוֹר haguibor ר״ת ההה וְהַנּוֹרָא vehanorá.

כ ש

אֵל El ייא״י (מילוי דס״ג) ; ר״ת ע״ב, ריבוע יהוה עֶלְיוֹן elyón.

ב ט ר צ ת

גּוֹמֵל gomel חֲסָדִים jasadim טוֹבִים tovim. קוֹנֵה koné הַכֹּל hacol

ג ח ק ב

וְזוֹכֵר vezojer חַסְדֵי jasdei אָבוֹת avot. וּמֵבִיא umeví

ט נ ע י

גּוֹאֵל goel לִבְנֵי livnei בְנֵיהֶם veneihem לְמַעַן lemaan

ג ל

שְׁמוֹ Shemó מהש ע״ה, ע״ב בריבוע וקס״א ע״ה, אל שדי ע״ה בְּאַהֲבָה beahavá אחד, דאגה:

Cuando digas la palabra "*beahavá*" debes meditar en dedicar tu alma a santificar el Santo Nombre y aceptar sobre ti mismo las cuatro formas de muerte.

פ ז ק ש

מֶלֶךְ Mélej עוֹזֵר ozer וּמוֹשִׁיעַ umoshía וּמָגֵן umaguén

ג״פ אל (ייא״י מילוי דס״ג) ; ר״ת מיכאל גבריאל נוריאל:

אהיה יהו יְהֹוָה

Flexiona tus rodillas en "*Baruj*", inclínate en "*Atá*" y enderézate en "*Adonai*".

ק ו צ

בָּרוּךְ Baruj אַתָּה Atá יְהֹוָהאדני(יְהֹוָאדֹנָי)איאהדונהי Adonai

י ת

מָגֵן maguén ג״פ אל (ייא״י מילוי דס״ג) ; ר״ת מיכאל גבריאל נוריאל אַבְרָהָם Avraham

ח״פ אל, רי״ו ול״ב נתיבות החכמה, רמ״ח (איברים), עסמ״ב וט״ז אותיות פשוטות:

El Dios grande, poderoso y reverenciado.

El Dios sublime. El que otorga favores. Amo de todas las cosas. El que recuerda las buenas acciones de nuestros antepasados y El que trae un redentor a los hijos de sus hijos por el bien de Su nombre, con amor. Rey, Asistente, Salvador y Escudo. Bendito seas Tú, Señor, Escudo de Avraham.

LA SEGUNDA BENDICIÓN

LA ENERGÍA DE YITSJAK ENCIENDE EL PODER DE LA RESURRECCIÓN DE LOS MUERTOS

Mientras que Avraham representa el poder de compartir, Yitsjak representa a la Columna Izquierda, energía de Juicio. El Juicio acorta el proceso de *tikún* y prepara la vía para nuestra resurrección final.

Guevurá que se convierte en *Biná*

En esta sección hay 49 palabras que corresponden a las 49 Puertas del Sistema Puro en *Biná*.

אַתָּה Atá גִּבּוֹר guibor לְעוֹלָם leolam ריבוע ס"ג וי' אותיות דס"ג אֲדֹנָי Adonai ללה

(ר"ת אַגְלָא והוא שם גדול ואמיץ, ובו היה יהודה מתגבר על אויביו. ע"ה אלד, בוכו).

מְחַיֵּה mejayé ס"ג מֵתִים metim אַתָּה Atá. רַב rav לְהוֹשִׁיעַ lehoshía.

מוֹרִיד morid הַטָּל hatal יוד הא ואו, כוזו, מספר אותיות דמילואי עסמ"ב ; ר"ת מ"ה:

Si por error dices "*Mashiv harúaj*" y te das cuenta de ello antes del final de la bendición ("*Baruj Atá Adonai*"), debes regresar al comienzo de la bendición ("*Atá guibor*") y continuar normalmente. Pero si sólo te das cuenta de ello después del final de la bendición, debes iniciar la *Amidá* desde el principio.

מְכַלְכֵּל mejalquel חַיִּים jayim אהיה אהיה יהוה, בינה ע"ה בְּחֶסֶד bejésed

ע"ב, ריבוע יהוה. מְחַיֵּה mejayé ס"ג מֵתִים metim בְּרַחֲמִים berajamim

(במוכסז) מצפצ, אלהים דההין, י"פ ייי רַבִּים rabim (טלא דעתיק). סוֹמֵךְ somej

(אכדטם) כוק, ריבוע אדני נוֹפְלִים noflim (זו"ן). וְרוֹפֵא verofé חוֹלִים jolim

חולה = מ"ה וד' אותיות. וּמַתִּיר umatir אֲסוּרִים asurim. וּמְקַיֵּם umekayem

אֱמוּנָתוֹ emunató לִישֵׁנֵי lishenei עָפָר afar. מִי mi ילי כָּמוֹךָ jamoja

(debes pronunciar la letra *Ayin* en la palabra "*Báal*") בַּעַל báal גְּבוּרוֹת guevurot

וּמִי umí ילי דּוֹמֶה domé לָּךְ laj. מֶלֶךְ mélej מֵמִית memit

וּמְחַיֶּה umejayé ס"ג (יוד הי ואו הי) וּמַצְמִיחַ umatsmíaj יְשׁוּעָה yeshuá:

וְנֶאֱמָן veneemán אַתָּה Atá לְהַחֲיוֹת lehajayot מֵתִים metim:

אהיה יהוה

בָּרוּךְ Baruj אַתָּה Atá יְהֹוָאדהי(יהואדני)יאהדונהי Adonai

מְחַיֵּה mejayé ס"ג (יוד הי ואו הי) הַמֵּתִים hametim ר"ת מ"ה וס"ת מ"ה:

LA SEGUNDA BENDICIÓN

Tú, Señor, eres poderoso por siempre. Tú revives a los muertos y eres muy capaz de redimir. El que hace caer el rocío. Tú sostienes a los vivientes con bondad y revives a los muertos con gran misericordia. Tú sostienes a los caídos, curas a los enfermos, pones en libertad a los cautivos y cumples Tu promesa con los que duermen en el polvo. ¿Quién es como Tú, Señor de fortaleza, y quién puede compararse contigo, Rey, que causas la muerte, das vida y haces crecer la salvación? Y eres fiel para resucitar a los muertos. Bendito eres Tú, Señor, que resucitas a los muertos.

NAKDISHAJ

נַקְדִּישָׁךְ nakdishaj וְנַעֲרִיצָךְ venaaritsaj.

כְּנוֹעַם quenóam שִׂיחַ síaj סוֹד sod מיכ, י״פ האא שַׂרְפֵי sarfei

קֹדֶשׁ kódesh הַמְשַׁלְּשִׁים hameshalshim לְךָ lejá קְדֻשָּׁה kedushá.

וְכֵן vején כָּתוּב catuv עַל al יַד yad נְבִיאָךְ neviaj. וְקָרָא vekará

זֶה ze אֶל־ el זֶה ze י״ב פרקין דיעקב מאירים ל״ב דרוז״ל וְאָמַר veamar:

Aunque *Zeir Anpín* sólo se eleva hasta *Tiféret* de *Dikná* y no hasta *Jojmá* de *Dikná*:

Medita en atraer iluminación de *Jojmá* de *Dikná* a *Zeir Anpín* | Kadosh קָדוֹשׁ

Medita en atraer iluminación de *Tiféret* de *Dikná* (8vo *Mazal*) a *Zeir Anpín* Kadosh קָדוֹשׁ

Medita en atraer iluminación de *Yesod* de *Dikná* (13er *Mazal*) a *Zeir Anpín* Kadosh קָדוֹשׁ

(סוד ג׳ רישין דעתיקא קדישא) יְהֹוָהאדניאהדונהי Adonai צְבָאוֹת Tsevaot פני שכינה

מְלֹא meló כָל־ jol ילי הָאָרֶץ haárets אלהים ההין ע״ה כְּבוֹדוֹ quevodó:

לְעֻמָּתָם leumatam מְשַׁבְּחִים meshabjim וְאוֹמְרִים veomrim:

(או״א) בָּרוּךְ Baruj כְּבוֹד־ quevod יְהֹוָהאדניאהדונהי Adonai ; כבוד ה׳ = יוד הי ואו הה

מִמְּקוֹמוֹ mimekomó עסמ״ב, הברכה (למתק את ז׳ המלכים שמתו); ר״ת ע״ב, ריבוע יהוה ; ר״ת מיכ:

וּבְדִבְרֵי uvedivrei קָדְשְׁךָ kodshaj כָּתוּב catuv לֵאמֹר lemor:

(זו״ן) יִמְלֹךְ yimloj קדוש ברוך ימלך ר״ת יב״ק, אלהים יהוה, אהיה אדני יהוה

יְהֹוָהאדניאהדונהי Adonai לְעוֹלָם leolam ריבוע ס״ג וי׳ אותיות דס״ג אֱלֹהַיִךְ Eloháyij ילה

צִיּוֹן Tsiyón יוסף, ו׳ הויות, קנאה לְדֹר ledor וָדֹר vador רי״ו ר״ת אצלו (מלכות אצל ז״א - ו)

הַלְלוּיָהּ haleluyá אלהים, אהיה אדני ; ללה:

LA TERCERA BENDICIÓN

Esta bendición nos conecta con Yaakov, la Columna Central, el poder de la restricción. Yaakov es nuestro canal para conectar la Misericordia con el Juicio. Al restringir nuestro comportamiento reactivo, estamos deteniendo nuestro Deseo de Recibir para Nosotros Mismos. Yaakov también nos da el poder para equilibrar nuestros actos de Misericordia y Juicio hacia otras personas en nuestra vida.

NAKDISHAJ

Te santificamos y te honramos,

como la agradable charla de la reunión de los Santos Serafines, que recitan la Santidad ante Ti tres veces, como está escrito por Tu Profeta: "Y cada uno llamó al otro y dijo: Santo, Santo, Santo es el Señor de los Ejércitos, todo el mundo está lleno de Su gloria" (Isaías 6:3). Frente a ellos alaban y dicen: "Bendita sea la gloria del Señor desde Su lugar" (Ezequiel 3:12). Y en Tus santas Palabras, está escrito como sigue: "El Señor, tu Dios, reinará por siempre, para toda y cada generación, Sión, ¡Aleluya!" (Salmos 146:10).

Tiféret que se convierte en _Dáat_ (14 palabras).

אַתָּה Atá קָדוֹשׁ Kadosh וְשִׁמְךָ veShimjá קָדוֹשׁ Kadosh רת = אר, ה, אן סף ◆

וּקְדוֹשִׁים ukdoshim בְּכָל־ bejol ב״ן, לכב יוֹם yom ע״ה נגד, מזבח, זן, אל יהוה

יְהַלְלוּךָ yehaleluja סֶּלָה sela:

אה״ה יהו מצפצ

בָּרוּךְ Baruj אַתָּה Atá יְהֹוָהאדהי(יְהֹוָאדהי)יאהדונהי Adonai

הָאֵל haEl לאה ; ייא״י (מילוי דס״ג) הַקָּדוֹשׁ hakadosh י״פ מ״ה (יוד הא ואו הא):

Aqui medita en el Nombre: יאהדונהי, ya que puede ayudar a eliminar la ira.

LA CUARTA BENDICIÓN - ATÁ EJAD

La cuarta bendición es la bendición del medio que corresponde a *Maljut*, la cual está en el medio entre *Jésed*, *Guevurá*, *Tiféret* (los tres Patriarcas; las tres primeras bendiciones) y entre *Nétsaj*, *Hod*, *Yesod* (las últimas tres bendiciones) como está explicado en *Tikunéi HaZóhar*.

Medita en la letra **ת** (*Tav*) del Nombre: **שקוצי״ת**.

אַתָּה Atá אֶחָד ejad אהבה, דאגה

Las letras *Álef* **א** y *Jet* **ח** son *Zeir Anpín*, y la letra *Dálet* **ד** (4) es cuatro veces *Yud* **י** del Nombre: יוד הי ויו הי, mientras *Zeir Anpín* asciende a los 500 *nimín* (acordes) de *Arij Anpín*. También, *Zeir Anpín* (representado por la palabra "*Atá*") recibe de los Trece *Tikunéi Dikná* (representados por la palabra "*ejad*", que equivale 13). También, *Aba* (representado por la palabra "*Atá*") asciende con *Zeir Anpín* a los Trece *Tikunéi Dikná* y todos Ellos son uno (*ejad*).

וְשִׁמְךָ veShimjá אֶחָד ejad אהבה, דאגה.

Nukvá (representada por la palabra "*shimjá*"), a pesar de que Ella (*Yaakov* y *Rajel*) no ascienda a los Trece *Tikunéi Dikná*, Ella recibe iluminación desde ahí. Asimismo, *Ima* (también representada por la palabra "*shimjá*") asciende con *Zeir Anpín* a los Trece *Tikunéi Dikná*, y todos Ellos son uno.

וּמִי umi ילי כְּעַמְּךָ jeameja כְּיִשְׂרָאֵל queYisrael

LA TERCERA BENDICIÓN

Tú eres Santo y Santo es Tu Nombre, y los Seres Santos Te alaban día a día, Sela.
De generación en generación, ellos proclaman a Dios como Rey, porque solo Él es y es Santo

LA CUARTA BENDICIÓN - ATÁ EJAD

Tú eres Uno y Tu Nombre es Uno, y no hay ninguno como Tu Pueblo, Israel,

גּוֹי goy אֶחָד ejad אהבה, דאגה

Dáat asciende con *Aba* e *Ima* a los Trece *Tikunéi Dikná*.

Tres veces la palabra "*ejad*" equivale a 39, que es el mismo valor numérico del Santo Nombre: יוד הא ואו (también el valor numérico de ט"ל, rocío), que es *Zeir Anpín*, que asciende con *Aba* e *Ima*.

בָּאָרֶץ baárets

Yaakov y *Rajel* (ahora se encuentran en el lugar de *Aba*) se convierten en un alojamiento para *Zeir Anpín* que fue elevado a *Dikná* de *Arij Anpín*.

תִּפְאֶרֶת tiféret גְּדֻלָּה guedulá וַעֲטֶרֶת vaatéret יְשׁוּעָה yeshuá•

יוֹם yom ע"ה נגד, מזבח, זן, אל יהוה מְנוּחָה menujá וּקְדֻשָּׁה ukdushá

לְעַמְּךָ leameja נָתַתָּ natata• אַבְרָהָם Avraham **(*Jésed*)** וז"פ אל,

ר"ו ול"ב נתיבות החכמה, רמ"ח (אברים), עסמ"ב וט"ז אותיות פשוטות יָגֵל yaguel להו•

יִצְחָק Yitsjak **(*Guevurá*)** ד"פ בין יְרַנֵּן yeranen•

יַעֲקֹב Yaakov **(*Tiféret*)** ו' הויות, יאהדונהי אידהנויה

וּבָנָיו uvanav **(*Nétsaj, Hod, Yesod*)**

Atrayendo Luz de *Jojmá*, *Biná*, *Dáat* de *Zeir Anpín* (que fue elevado a *Nétsaj*, *Hod*, *Yesod* de *Dikná*) a los Seis Bordes (*Jésed*, *Guevurá*, *Tiféret*, *Nétsaj*, *Hod*, *Yesod*).

יָנוּחוּ yanuju ר"ת = אל יהוה Con la ascensión, *Nukvá* recibe un nuevo Nombre: בוֹ vo•

מְנוּחַת menujat אַהֲבָה ahavá **(*Aba*)** אחד, דאגה

וּנְדָבָה unedavá **(*Ima*)** בינה, אהיה אהיה יהוה, וע"ה חיים. מְנוּחַת menujat

אֱמֶת emet אהיה אהיה פעמים אהיה, ז"פ ס"ג **(*Zeir Anpín*,** לכולם יש להם מנוחה שעולים לא"א)

וֶאֱמוּנָה veemuná **(*Nukvá*,** שגם לה יש מנוחה שנמשך לה הארה מא"א)•

Una nación en la Tierra.
El esplendor y grandeza y la corona de salvación,
un Día de descanso y santidad Tú has dado a Tu Pueblo. Avraham se regocijaría, Yitsjak exultaría y Yaakov y sus hijos reposarían en él. Un descanso de amor y magnanimidad. Un descanso de verdad y fe.

מְנוּחַת menujat שָׁלוֹם shalom הַשְׁקֵט hashket ר"ת משה = אל שדי

Con la ascensión, *Zeir Anpín* da Su Nombre a *Nukvá* y recibe nuevo Nombre: אל שדי

וָבֶטַח ◆vavétaj מְנוּחָה menujá שְׁלֵמָה shlemá שֶׁאַתָּה sheAtá

הוּא hu רוֹצֶה rotsé בָּהּ ◆va יַכִּירוּ yaquiru בָנֶיךָ vaneja **(*Yisrael*)**

וְיֵדְעוּ veyedú כִּי qui מֵאִתְּךָ meitjá **(*Kéter de Arij Anpín*)**

הִיא hi מְנוּחָתָם ◆menujatam (כי משם נמשך הארה לישראל מא"א)

וְעַל veal מְנוּחָתָם menujatam יַקְדִּישׁוּ yakdishu אֶת et שְׁמֶךָ ׃shemeja

Aba e *Ima* son elevados a *Arij Anpín* para la Unificación Celestial. Para la Unificación necesitan *Mayin Nukvín* de la unificación de *Zeir* y *Nukvá*. Pero como *Zeir Anpín* estaba elevado con Ellos, *Nukvá* es dejada sola y no puede crear *Mayin Nukvín* sin *Zeir*. Entonces, medita en dedicar tu alma a la santificación del Santo Nombre, acepta sobre ti las cuatro formas de muerte, y eleva tu *Néfesh*, *Rúaj*, *Neshamá*, *Jayá*, *Yejidá* junto con los *Partsufim* de *Nétsaj*, *Hod*, *Yesod* (**en la repetición:** *Jésed*, *Guevurá*, *Tiféret*) de *Yaakov* y *Rajel* para que sean como *Mayin Nukvín* para unificar a *Aba* e *Ima* (Ellos encuentran en *Dikná* de *Arij Anpín*). Debes meditar en que la Unificación Celestial de *Aba* e *Ima* está en los *Partsufim* generales de *Nétsaj*, *Hod*, *Yesod* (**en la repetición:** *Jésed*, *Guevurá*, *Tiféret*).

MEKADESH HASHABAT

אֱלֹהֵינוּ Eloheinu ילה וֵאלֹהֵי veElohei לכב ; מילוי דע"ב, דמ"ב ; ילה

אֲבוֹתֵינוּ avoteinu רְצֵה retsé נָא na בִמְנוּחָתֵנוּ ◆vimnujatenu

קַדְּשֵׁנוּ kadshenu בְּמִצְוֹתֶיךָ bemitsvoteja שִׂים sim וְחֶלְקֵנוּ jelkenu

בְּתוֹרָתֶךָ׃ betorataj שַׂבְּעֵנוּ sabenu מִטּוּבָךְ׃ mituvaj ◆לאו

Un reposo de paz, tranquilidad y seguridad. Un descanso que es agradable a Ti. Tus hijos reconocerán y sabrán que de Ti viene su descanso y, en su descanso, santificarán Tu Nombre.

MEKADESH HASHABAT

Dios nuestro y Dios de nuestros antepasados, por favor desea nuestro descanso. Santifícanos con Tus mandamientos y otórganos nuestra porción en Tu Torá. Sácianos con Tu benevolencia,

שַׂמֵּחַ saméaj נַפְשֵׁנוּ nafshenu בִּישׁוּעָתֶךָ bishuataj. וְטַהֵר vetaher לִבֵּנוּ libenu

לְעָבְדְּךָ leovdeja פוי, אל אדני בֶּאֱמֶת beemet אהיה פעמים אהיה, ו״פ ס״ג.

וְהַנְחִילֵנוּ vehanjilenu יְהֹוָהאדניאהדונהי Adonai אֱלֹהֵינוּ Elohienu ילה

בְּאַהֲבָה beahavá אחד, דאגה וּבְרָצוֹן uveratsón מהש ע״ה, ע״ב בריבוע קס״א ע״ה, אל שדי ע״ה,

שַׁבַּת Shabat קָדְשֶׁךָ kodshejá. וְיָנוּחוּ veyanuju בוֹ vo

כָּל col ילי יִשְׂרָאֵל Yisrael מְקַדְּשֵׁי mekadshei שְׁמֶךָ Shemeja.

אהיה יהו יה אדני

בָּרוּךְ Baruj אַתָּה Atá יְהֹוָהאדניאהדונהי Adonai

Medita en los *Neshikín* (besos – la unificación superior),

desde las Diez *Sefirot* de *Jojmá* de *Kéter* de los cinco *Partsufim* de *Nétsaj*, *Hod*, *Yesod* (**en la repetición**: *Jésed*, *Guevurá*, *Tiféret*) de *Kéter* de *Zeir Anpín* **hasta** las Diez *Sefirot* de *Jojmá* de *Kéter* de los cinco *Partsufim* de *Nétsaj*, *Hod*, *Yesod* (**en la repetición:** *Jésed*, *Guevurá*, *Tiféret*) de *Jojmá* de Yaakov y Rajel.

Jojmá	*Daat*	*Biná*
א	י	ה
יהוה	מצפץ	יְהֹוִה
אהיה	אֶהְיֶה	אֱהֱיֱהֱ
יהוה	יְהָוֶה	יֱהֱוֱהֱ

Medita en atraer iluminación a *Kéter* de *Yaakov* y *Rajel* (que se encuentran en *Nétsaj*, *Hod*, *Yesod* de *Zeir Anpín*, con su *Jésed*, *Guevurá*, *Tiféret* [**en la repetición:** *Jojmá*, *Biná*, *Dáat*] de *Aba* de *Ima*) de los tres *Mojín* (*Jojmá*, *Biná*, *Dáat*) cubiertos por *Nétsaj*, *Hod*, *Yesod* (**en la repetición:** *Jésed*, *Guevurá*, *Tiféret*) de *Dikná de Arij Anpín* (mientras los *Mojín* están en *Jojmá*, *Biná*, *Dáat* de *Zeir Anpín*; mediante *Jésed*, *Guevurá*, *Tiféret* de *Zeir Anpín*.

También atrae *Maljut* de *Kéter* de todos los cinco *Partsufim* de *Nétsaj*, *Hod*, *Yesod* (**en la repetición:** *Jésed*, *Guevurá*, *Tiféret*) de *Kéter* de lo Interno de *Zeir Anpín* **hasta** *Kéter* de todos los cinco *Partsufim* de *Nétsaj*, *Hod*, *Yesod* (**en la repetición:** *Jésed*, *Guevurá*, *Tiféret*) de *Kéter* de lo Externo e Interno de *Yaakov* y *Rajel* **hacia** el *Kéter* de *Yaakov* y *Rajel*, el cual está en el Pecho de *Zeir Anpín*:

אָהָיָהָ יָהָוָהָ

(a las tres Vasijas de *Kéter* de *Nukvá*)

יוד הא ואו הה   יוד יוד הא יוד הא ואו יוד הא ואו הה   י יה יהו יהוה

מְקַדֵּשׁ mekadesh הַשַּׁבָּת haShabat:

---

alegra nuestras almas con Tu salvación, y purifica nuestros corazones para servirte sinceramente. Señor, Dios nuestro, con amor y favor, otórganos Tu santo Shabat como heredad, y que todo Israel, quienes santifican Tu Nombre, descanse en él. Bendito eres Tú, Señor, quien santifica el Shabat.

LAS TRES BENDICIONES FINALES

A través del mérito de Moshé, Aharón y Yosef, quienes son nuestros canales para las últimas tres bendiciones, somos capaces de hacer descender toda la energía espiritual que despertamos con nuestras oraciones y bendiciones.

LA QUINTA BENDICIÓN

Durante esta bendición, que se refiere a Moshé, siempre debemos meditar en tratar de saber exactamente qué quiere Dios de nosotros en nuestra vida, como lo indica la frase: "Que sea la voluntad de Dios". Estamos pidiéndole a Dios que nos guíe hacia el trabajo que vinimos a hacer en la Tierra. El Creador no puede aceptar sólo el trabajo que queremos hacer, debemos llevar a cabo el trabajo que estamos destinados a hacer

Nétsaj

Medita por el Deseo Celestial (*Kéter*), que es llamado *Métsaj HaRatsón* (la Frente del Deseo).

רְצֵה retsé אלף למד הה יוד מם

Aquí medita en transformar el infortunio y la tragedia (צרה) en deseo y aceptación (רצה).

יְהֹוָהאדניאהדונהי Adonai אֱלֹהֵינוּ Eloheinu ילה בְּעַמְּךָ beameja יִשְׂרָאֵל Yisrael

וְלִתְפִלָּתָם velitfilatam שְׁעֵה sheé• וְהָשֵׁב vehashev הָעֲבוֹדָה haavodá

לִדְבִיר lidvir רי״ו בֵּיתֶךָ beiteja ב״פ ראה• וְאִשֵּׁי veishei יִשְׂרָאֵל Yisrael

וּתְפִלָּתָם utfilatam מְהֵרָה meherá בְּאַהֲבָה beahavá אהבה, דאגה

תְקַבֵּל tekabel בְּרָצוֹן beratsón מהש ע״ה, ע״ב בריבוע וקס״א ע״ה, אל שדי ע״ה•

וּתְהִי utehí לְרָצוֹן leratsón מהש ע״ה, ע״ב בריבוע וקס״א ע״ה, אל שדי ע״ה

תָּמִיד tamid ע״ה קס״א קנ״א קמ״ג עֲבוֹדַת avodat יִשְׂרָאֵל Yisrael עַמֶּךָ ameja:

YAALÉ VEYAVÓ

Durante *Sucot* hay una corriente extra de energía espiritual a nuestro alrededor. "*Yaalé Veyavó*" es nuestra antena para atraer esta energía adicional a nuestra vida.

Si por error olvidaste decir "*yaalé veyavó*", y te das cuenta de esto antes del final de la bendición ("*Baruj Atá Adonai*"), debes regresar para decir "*yaalé veyavó*" y continuar normalmente. Si te das cuenta de esto después del final de la bendición ("*hamajazir Shejinató leTsiyón*") pero antes de comenzar la bendición siguiente ("*modim*"), debes decir "*yaalé veyavó*" ahí y continuar normalmente. Si sólo te das cuenta de esto después de haber comenzado la bendición siguiente ("*modim*") pero antes del segundo "*yihyú leratsón*" (en la pág. 730), debes regresar a "*retsé*" (pág. 724) y continuar desde ahí. Si te das cuenta de esto después del segundo "*yihyú leratsón*", debes comenzar la *Amidá* desde el principio.

LAS TRES BENDICIONES FINALES – LA QUINTA BENDICIÓN

Encuentra gracia, Señor, nuestro Dios, en Tu pueblo, Israel y oye su oración.

Restaura el culto en el santuario interno de Tu Templo. Acepta las ofrendas de Israel y sus oraciones con complacencia, prontamente y con amor. Que siempre sea agradable a Ti, el servicio de Israel, Tu Nación.

אֱלֹהֵינוּ Eloheinu ילה וֵאלֹהֵי veElohei לכב ; מילוי ע"ב, דמב ; ילה אֲבוֹתֵינוּ avoteinu

יַעֲלֶה yaalé וְיָבֹא veyavó וְיַגִּיעַ veyaguía וְיֵרָאֶה veyeraé ר"ו וְיֵרָצֶה veyeratsé

וְיִשָּׁמַע veyishamá וְיִפָּקֵד veyipaked וְיִזָּכֵר veyizajer ר"ת מ"ב (ו"פ ו')

זִכְרוֹנֵנוּ zijronenu וְזִכְרוֹן vezijrón ע"ב קס"א ונש"ב אֲבוֹתֵינוּ avoteinu.

זִכְרוֹן zijrón ע"ב קס"א ונש"ב יְרוּשָׁלַיִם Yerushaláyim עִירָךְ iraj.

וְזִכְרוֹן vezijrón ע"ב קס"א ונש"ב מָשִׁיחַ Mashíaj בֶּן ben דָּוִד David ע"ה כהת ; בן

דוד = אדני ע"ה עַבְדָּךְ avdaj פוי, אל אדני. וְזִכְרוֹן vezijrón ע"ב קס"א ונש"ב כָּל col

ילי עַמְּךָ ameja בֵּית beit ב"פ ראה יִשְׂרָאֵל Yisrael לְפָנֶיךָ lefaneja ס"ג מ"ה ב"ן

לִפְלֵיטָה lifleitá לְטוֹבָה letová אכא. לְחֵן lején מילוי דמ"ה בריבוע, מוזי

לְחֶסֶד lejésed ע"ב, ריבוע יהוה וּלְרַחֲמִים ulerajamim.

לְחַיִּים lejayim אהיה אהיה יהוה, בינה ע"ה. טוֹבִים tovim וּלְשָׁלוֹם uleshalom.

בְּיוֹם beyom ע"ה נגד, מזבח, זן, אל יהוה: חַג jag הַסֻּכּוֹת haSucot הַזֶּה hazé והו

בְּיוֹם beyom ע"ה נגד, מזבח, זן, אל יהוה מִקְרָא mikrá קֹדֶשׁ kódesh הַזֶּה hazé והו.

לְרַחֵם lerajem אברהם, ו"פ אל, ר"ו ול"ב נתיבות החכמה, רמ"ח (אברים), עסמ"ב וט"ז אותיות

פשוטות בּוֹ bo עָלֵינוּ aleinu וּלְהוֹשִׁיעֵנוּ ulehoshienu. זָכְרֵנוּ zojrenu

יְהֹוָהאדניאהדונהי Adonai אֱלֹהֵינוּ Eloheinu ילה בּוֹ bo לְטוֹבָה letová אכא.

וּפָקְדֵנוּ ufokdenu בוֹ vo לִבְרָכָה livrajá. וְהוֹשִׁיעֵנוּ vehoshienu בוֹ vo

לְחַיִּים lejayim אהיה אהיה יהוה, בינה ע"ה טוֹבִים tovim.

בִּדְבַר bidvar ראה יְשׁוּעָה yeshuá וְרַחֲמִים verajamim. חוּס jus

וְחָנֵּנוּ vejonenu וַחֲמוֹל vajamol וְרַחֵם verajem אברהם, ו"פ אל,

ר"ו ול"ב נתיבות החכמה, רמ"ח (אברים), עסמ"ב וט"ז אותיות פשוטות עָלֵינוּ aleinu.

YAALÉ VEYAVÓ

Nuestro Dios y el Dios de nuestros padres, que la rememoración de nosotros y de nuestros padres, de Jerusalén, Tu ciudad, del Mesías Ben David, Tu sirviente, de toda Tu Nación, la Casa de Israel, ascienda y llegue a Ti y sea aceptada, para salvación y felicidad, para gracia, bondad y misericordia, para una buena vida y para paz, en este Día de Festival de las Cabañas, y en este Día de Convocación Santa, para tener misericordia de nosotros y para salvarnos. Recuérdanos, Señor, nuestro Dios, para bien y considéranos, en ello, para la bendición y sálvanos para gozar una buena vida con palabras de liberación y misericordia. Ten piedad y sé amable con nosotros y ten misericordia y sé compasivo con nosotros.

וְהוֹשִׁיעֵנוּ vehoshienu כִּי qui אֵלֶיךָ eleja עֵינֵינוּ eineinu ריבוע מ״ה. כִּי qui
אֵל El ייא״י מֶלֶךְ Mélej חַנּוּן janún וְרַחוּם verajum אָתָּה Atá:

וְאַתָּה veAtá בְּרַחֲמֶיךָ verajameja הָרַבִּים harabim.

תַּחְפֹּץ tajpots בָּנוּ banu וְתִרְצֵנוּ vetirtsenu וְתֶחֱזֶינָה vetejezena
עֵינֵינוּ eineinu ריבוע מ״ה בְּשׁוּבְךָ beshuvjá לְצִיּוֹן leTsiyón יוסף, ו׳ הויות, קנאה
בְּרַחֲמִים berajamim מצפצ, אלהים דיודין, י״פ ייי:
אהיה יהו אל
בָּרוּךְ Baruj אַתָּה Atá יְהֹוָואדניאהדונהי Adonai
הַמַּחֲזִיר hamajazir שְׁכִינָתוֹ Shejinató לְצִיּוֹן leTsiyón יוסף, ו׳ הויות, קנאה:

LA SEXTA BENDICIÓN

Esta bendición es nuestro agradecimiento. Kabbalísticamente, el mayor "agradecimiento" que le podemos dar a nuestro Creador es hacer exactamente lo que estamos destinados a hacer en términos de nuestro trabajo espiritual.

Hod

Inclina todo tu cuerpo en "*modim*" y enderézate en "*Adonai*".

מוֹדִים modim מאה ברכות שתיקן דוד לאמרם כל יום אֲנַחְנוּ anajnu לָךְ laj
שָׁאַתָּה sheAtá הוּא Hu יְהֹוָואדניאהדונהי Adonai (נ״ו) אֱלֹהֵינוּ Eloheinu ילה
וֵאלֹהֵי veElohei לכב ; מילוי ע״ב, דמב ; ילה אֲבוֹתֵינוּ avoteinu לְעוֹלָם leolam
ריבוע ס״ג ו״י אותיות דס״ג וָעֶד vaed. צוּרֵנוּ tsurenu צוּר tsur אלהים דההין ע״ה
חַיֵּינוּ jayeinu וּמָגֵן umaguén ג״פ אל (ייא״י מילוי דס״ג) ; ר״ת מיכאל גבריאל נוריאל
יִשְׁעֵנוּ yishenu אַתָּה Atá הוּא Hu. לְדוֹר ledor וָדוֹר vador רי״ו
נוֹדֶה nodé לְךָ lejá וּנְסַפֵּר unesaper תְּהִלָּתֶךָ tehilateja.
עַל־ al חַיֵּינוּ jayeinu הַמְּסוּרִים hamesurim בְּיָדֶךָ beyadeja.

Y sálvanos, porque nuestros ojos miran hacia Ti, porque Tú eres Dios y Rey que es amable y compasivo. Y Tú en Tu gran compasión, te deleites en nosotros y estés agradado con nosotros. Puedan nuestros ojos contemplar Tu retorno a Sión con compasión. Bendito eres Tú, Señor, que devuelve Su Shejiná a Sión.

LA SEXTA BENDICIÓN

Nosotros te damos gracias a Ti, porque eres Tú,

Señor, quien es nuestro Dios y el Dios de nuestros padres, por siempre y por toda la eternidad. Tú eres nuestra Fortaleza, la Fortaleza de nuestras vidas y el Escudo de nuestra salvación. De una generación a otra, te daremos gracias a Ti y cantaremos Tu alabanza, por nuestras vidas que están en Tus Manos,

וְעַל veal נִשְׁמוֹתֵינוּ nishmoteinu הַפְּקוּדוֹת hapekudot לָךְ. laj וְעַל־ veal
נִסֶּיךָ niseja שֶׁבְּכָל shebejol ב"ן, לכב יוֹם yom ע"ה נגד, מזבח, זן, אל יהוה
עִמָּנוּ imanu ריבוע ס"ג, קס"א ע"ה וד' אותיות וְעַל veal נִפְלְאוֹתֶיךָ nifleoteja
וְטוֹבוֹתֶיךָ vetovoteja שֶׁבְּכָל shebejol ב"ן, לכב עֵת. et עֶרֶב érev
וָבֹקֶר vavóker וְצָהֳרָיִם. vetsahoráyim הַטּוֹב hatov והו כִּי־ qui לֹא־ lo
כָלוּ jalú רַחֲמֶיךָ. rajameja הַמְרַחֵם hamerajem אברהם, ו"פ אל, רי"ו ול"ב
נתיבות החכמה, רמ"ח (אברים), עסמ"ב וט"ז אותיות פשוטות כִּי־ qui לֹא lo תַמּוּ tamu
וַחֲסָדֶיךָ jasadeja כִּי qui מֵעוֹלָם meolam קִוִּינוּ kivinu לָךְ: laj:

MODIM DERABANAN

Esta oración es recitada por la congregación en la repetición cuando el *jazán* dice "*modim*".

En esta sección hay 44 palabras, que es el mismo valor numérico del Nombre: ריבוע אהיה (א אה אהי אהיה).

מוֹדִים modim מאה ברכות שתיקן דוד לאמרם כל יום אֲנַחְנוּ anajnu לָךְ laj
שֶׁאַתָּה sheAtá הוּא hu יְהֹוָאדהיאהדונהי Adonai אֱלֹהֵינוּ Eloheinu ילה
וֵאלֹהֵי veElohei לכב ; מילוי ע"ב, דמב ; ילה אֲבוֹתֵינוּ avoteinu
אֱלֹהֵי Elohei מילוי ע"ב, דמב ; ילה כָּל jol ילי בָּשָׂר. basar יוֹצְרֵנוּ yotsrenu
יוֹצֵר yotser בְּרֵאשִׁית. bereshit בְּרָכוֹת brajot וְהוֹדָאוֹת vehodaot
לְשִׁמְךָ leShimjá הַגָּדוֹל hagadol להח ; עם ד אותיות = מבה, יזל, אום
וְהַקָּדוֹשׁ vehakadosh עַל al שֶׁהֶחֱיִיתָנוּ shehejeyitanu וְקִיַּמְתָּנוּ. vekiyamtanu
כֵּן quen תְּחַיֵּינוּ tejayeinu וּתְחָנֵּנוּ. utejonenu וְתֶאֱסוֹף veteesof
גָּלֻיּוֹתֵינוּ galuyoteinu לְחַצְרוֹת lejatsrot קָדְשֶׁךָ. kodshejá לִשְׁמוֹר lishmor
חֻקֶּיךָ jukeja וְלַעֲשׂוֹת velaasot רְצוֹנְךָ. retsonjá וּלְעָבְדְּךָ uleovdejá
פוי, אל אדני בְּלֵבָב belevav בוכו שָׁלֵם. shalem עַל al שֶׁאֲנַחְנוּ sheanajnu
מוֹדִים modim לָךְ. laj בָּרוּךְ Baruj אֵל El יאי (מילוי דס"ג) הַהוֹדָאוֹת: hahodaot:

---

porque nuestras almas que están a Tu cuidado, por Tus milagros que diariamente están con nosotros y por Tus maravillas y Tus favores que están con nosotros en todo momento: de noche, de mañana y de tarde. Tú eres bueno, porque Tu compasión nunca se ha acabado. Tú eres el misericordioso, porque Tu bondad nunca ha cesado, porque siempre hemos puesto nuestras esperanzas en Ti.

MODIM DERABANÁN

Te damos gracias, porque eres Tú, Dios, nuestro Dios y Dios de nuestros antepasados,
el Dios de toda carne, nuestro Hacedor y el Formador de toda la Creación. Bendiciones y agradecimientos a Tu gran y Santo Nombre por darnos vida y cuidarnos. Para que Tú continúes dándonos vida, siendo amable con nosotros, y reúnas a nuestros exiliados en los patios de Tu Santuario, para que podamos guardar Tus leyes, cumplir Tu voluntad, y servirte con todo el corazón. Por esto, te agradecemos. Bendito sea el Dios de los agradecimientos.

וְעַל veal כֻּלָּם culam יִתְבָּרַךְ yitbaraj וְיִתְרוֹמַם veyitromam

וְיִתְנַשֵּׂא veyitnasé תָּמִיד tamid ע"ה קס"א קנ"א קמ"ג שִׁמְךָ Shimjá

מַלְכֵּנוּ malquenu לְעוֹלָם leolam ריבוע ס"ג וי' אותיות דס"ג וָעֶד vaed.

וְכָל־ vejol ילי הַחַיִּים hajayim אהיה אהיה יהוה, בינה ע"ה יוֹדוּךָ yoduja סֶּלָה sela:

וִיהַלְלוּ vihalelú וִיבָרְכוּ vivarjú יהוה ריבוע יהוה ריבוע מ"ה אֶת־ et

שִׁמְךָ Shimjá הַגָּדוֹל hagadol להח ; עם ד' אותיות = מבה, יזל, אום בֶּאֱמֶת beemet

אהיה פעמים אהיה, ז"פ ס"ג לְעוֹלָם leolam ריבוע ס"ג וי' אותיות דס"ג כִּי qui טוֹב tov והו ;

כי טוב = יהוה אהיה, אום, מבה, יזל. הָאֵל haEl לאה ; ייא"י (מילוי דס"ג) יְשׁוּעָתֵנוּ yeshuatenu

וְעֶזְרָתֵנוּ veezratenu סֶלָה sela. הָאֵל haEl לאה ; ייא"י (מילוי דס"ג) הַטּוֹב hatov והו:

Flexiona tus rodillas en "*Baruj*", inclínate en "*Atá*" y endérezate en "*Adonai*".

אהיה יהו אלהים

בָּרוּךְ Baruj אַתָּה Atá יְהֹוָהאדניאהדונהי Adonai (הי) הַטּוֹב hatov והו

שִׁמְךָ Shimjá וּלְךָ ulejá נָאֶה naé לְהוֹדוֹת lehodot ס"ת כהת, משיח בן דוד ע"ה:

LA BENDICIÓN FINAL

Estamos emanando la energía de paz para el mundo entero. También nos proponemos utilizar nuestras bocas sólo para el bien. Kabbalísticamente, el poder de las palabras y del habla es inimaginable. Esperamos usar este poder sabiamente, lo que tal vez es una de las tareas más difíciles de llevar a cabo.

Yesod

שִׂים sim שָׁלוֹם shalom

טוֹבָה tová אכא וּבְרָכָה uvrajá וְחַיִּים jayim אהיה אהיה יהוה, בינה ע"ה

חֵן jen מילוי דמ"ה בריבוע, מוזי וָחֶסֶד vajésed ע"ב, ריבוע יהוה

צְדָקָה tsedaká ע"ה ריבוע אלהים וְרַחֲמִים verajamim עָלֵינוּ aleinu

---

Y por todas estas cosas, que Tu Nombre sea siempre bendecido, exaltado y exultado, nuestro Rey, por siempre y para siempre, y todo lo que vive te agradecerá, Sela. Y te alabarán y bendecirán Tu gran Nombre, sinceramente y para siempre, porque Es bueno, el Dios de nuestra salvación y nuestra ayuda, Sela, el buen Dios. Bendito eres Tú, Señor, cuyo Nombre es bueno, y a Ti es propio dar gracias.

LA BENDICIÓN FINAL

Concede paz, bondad, bendiciones, vida, gracia, amabilidad, justicia y misericordia a nosotros

וְעַל־ veal כָּל־ col ילי ; עמם יִשְׂרָאֵל Yisrael עַמֶּךָ ameja

וּבָרְכֵנוּ uvarjenu אָבִינוּ avinu כֻּלָּנוּ culanu כְּאֶחָד queejad אהבה, דאגה

בְּאוֹר beor רז, א״ס פָּנֶיךָ paneja ס״ג מ״ה ב״ן כִּי qui בְּאוֹר veor רז, א״ס

פָּנֶיךָ paneja ס״ג מ״ה ב״ן נָתַתָּ natata לָּנוּ lanu אלהים, אהיה אדני יְהֹוָהאדניאהדונהי Adonai

אֱלֹהֵינוּ Eloheinu ילה תּוֹרָה Torá וְחַיִּים vejayim אהיה אהיה יהוה, בינה ע״ה.

אַהֲבָה ahavá אחד, דאגה וָחֶסֶד vajésed ע״ב, ריבוע יהוה.

צְדָקָה tsedaká ע״ה ריבוע אלהים וְרַחֲמִים verajamim. בְּרָכָה brajá

וְשָׁלוֹם veshalom. וְטוֹב vetov והו בְּעֵינֶיךָ־ beeineja ע״ה קס״א ; ריבוע מ״ה

לְבָרְכֵנוּ levarjenu וּלְבָרֵךְ ulevarej אֶת et כָּל־ col ילי עַמְּךָ ameja

יִשְׂרָאֵל Yisrael בְּרוֹב־ berov י״פ אהיה עֹז oz וְשָׁלוֹם veshalom:

אהיה יהו מצפצ

בָּרוּךְ Baruj אַתָּה Atá יֹוהֹווּהאדניאהדונהי Adonai

הַמְּבָרֵךְ hamevarej אֶת et עַמּוֹ amó יִשְׂרָאֵל Yisrael

ר״ת = אלהים (אילהויהם = יב״ק) בַּשָּׁלוֹם bashalom. אָמֵן Amén יאהדונהי.

YIHYÚ LERATSÓN

Hay 42 letras en el versículo en el secreto del *Ana Bejóaj*.

יִהְיוּ yihyú אל (ייא״י מילוי דס״ג) לְרָצוֹן leratsón מהש ע״ה, ע״ב בריבוע וקס״א ע״ה, אל שדי ע״ה

אִמְרֵי־ imrei פִי fi ר״ת אֱלֶף = אלף למד שין דלת יוד ע״ה וְהֶגְיוֹן vehegyón לִבִּי libí

לְפָנֶיךָ lefaneja ס״ג מ״ה ב״ן יְהֹוָהאדניאהדונהי Adonai צוּרִי tsurí וְגֹאֲלִי vegoalí:

---

y a todo Israel, Tu Pueblo. Bendícenos a todos como a uno solo, Padre nuestro, con la Luz de Tu Rostro, porque es con la Luz de Tu Rostro que Tú, Señor, nuestro Dios, nos has dado la Torá y la vida, amor y amabilidad, justicia y misericordia, bendición y paz. Que sea grato a Tus Ojos bendecirnos y bendecir a Tu nación, Israel, con abundante poder y con paz. Bendito eres Tú, Señor, que bendice a Su Pueblo, Israel, con paz, Amén.

YIHYÚ LERATSÓN

"Sean gratos ante Ti, Señor, mi Fortaleza y mi Redentor, los dichos de mi boca y los pensamientos de mi corazón" (Salmos 19:15).

ELOHAI NETSOR

אֱלֹהַי Elohai מילוי ע״ב, דמב ; ילה נְצוֹר netsor לְשׁוֹנִי leshoní מֵרָע merá•

וְשִׂפְתוֹתַי vesiftotai מִדַּבֵּר midaber ראה מִרְמָה mirmá• וְלִמְקַלְלַי velimkalelai

נַפְשִׁי nafshí תִדּוֹם tidom• וְנַפְשִׁי venafshí כֶּעָפָר queafar

לַכֹּל lacol יה אדני תִּהְיֶה tihyé• פְּתַח petaj לִבִּי libí בְּתוֹרָתֶךָ betorateja•

וְאַחֲרֵי veajarei מִצְוֹתֶיךָ mitsvoteja תִּרְדּוֹף tirdof נַפְשִׁי nafshí•

וְכָל־ vejol ילי הַקָּמִים hakamim עָלַי alai לְרָעָה leraá רהע• מְהֵרָה meherá

הָפֵר hafer עֲצָתָם atsatam וְקַלְקֵל vekalkel מַחְשְׁבוֹתָם majshevotam•

עֲשֵׂה asé לְמַעַן lemaan שְׁמָךְ Shmaj• עֲשֵׂה asé לְמַעַן lemaan

יְמִינָךְ yeminaj• עֲשֵׂה asé לְמַעַן lemaan תּוֹרָתָךְ torataj•

עֲשֵׂה asé לְמַעַן lemaan קְדוּשָּׁתָךְ kedushataj• ר״ת הפסוק = מ״ה יהוה

לְמַעַן lemaan יֵחָלְצוּן yejaltsún יְדִידֶיךָ yedideja ר״ת ילי הוֹשִׁיעָה hoshía

יהוה וש״ע נהורין יְמִינְךָ yeminjá וַעֲנֵנִי vaaneni (כתיב: ועננו) ר״ת אל (ייא״י מילוי דס״ג)׃

Antes de que recitemos el próximo verso ("*Yihyú leratsón*") tenemos una oportunidad de fortalecer la conexión con nuestra alma usando nuestro nombre. Cada persona tiene un versículo en la Torá que lo conecta con su nombre. O bien su nombre está en el versículo o la primera letra y última letra de nuestro nombre corresponden a la primera y última letra del versículo. Por ejemplo, el nombre Yehuda comienza con una *Yud* y termina con una *Hei*. Antes de terminar la *Amidá*, declaramos que nuestro nombre sea siempre recordado cuando nuestra alma abandone este mundo.

YIHYÚ LERATSÓN (EL SEGUNDO)

Hay 42 letras en el versículo en el secreto del *Aná Bejóaj*.

יִהְיוּ yihyú אל (ייא״י מילוי דס״ג) לְרָצוֹן leratsón מהש ע״ה, ע״ב בריבוע וקס״א ע״ה, אל שדי ע״ה

אִמְרֵי־ imrei פִי fi ר״ת אֶלֶף = אלף למד שין דלת יוד ע״ה וְהֶגְיוֹן vehegyón לִבִּי libí

לְפָנֶיךָ lefaneja ס״ג מ״ה ב״ן יְהֹוָהאדניאהדונהי Adonai צוּרִי tsurí וְגֹאֲלִי vegoalí׃

ELOHAI NETSOR

Mi Dios, cuida mi lengua del mal y mis labios de decir falsedad. Que mi alma permanezca en silencio ante aquellos que me maldicen y permite que mi espíritu sea humilde ante todos, como el polvo. Abre mi corazón a Tu Torá y permite que mi corazón siga Tus mandamientos. Prontamente frustra los planes y daña los pensamientos de todos aquellos que se levantan contra mí para hacerme daño. Hazlo por la gloria de Tu Nombre. Haz esto por el bien de Tu Diestra. Haz esto por el mérito de Tu Torá. Haz esto por Tu santidad, "Que Tus amados sean rescatados. Sálvalos con Tu Diestra y contéstame" (Salmos 60:7).

YIHYÚ LERATSÓN (EL SEGUNDO)

"Sean gratos ante Ti, Señor, mi Fortaleza y mi Redentor,
los dichos de mi boca y los pensamientos de mi corazón" (Salmos 19:15).

OSÉ SHALOM

Da tres pasos hacia atrás;

Izquierda
Te vuelves a la *izquierda* y dices:

עוֹשֶׂה osé שָׁלוֹם shalom

בִּמְרוֹמָיו bimromav ר״ת ע״ב, ריבוע יהוה

הוּא Hu בְּרַחֲמָיו verajamav יַעֲשֶׂה yaasé

Derecha
Te vuelves a la derecha y dices:

שָׁלוֹם shalom עָלֵינוּ aleinu ר״ת ש״ע נהורין

וְעַל veal כָּל־ col ילי ; עמם עַמּוֹ amó יִשְׂרָאֵל Yisrael

Centro
Te alineas al centro y dices:

וְאִמְרוּ veimrú אָמֵן Amén יאהדונהי:

יְהִי yehí רָצוֹן ratsón מהש ע״ה, ע״ב בריבוע וקס״א ע״ה, אל שדי ע״ה מִלְּפָנֶיךָ milfaneja ס״ג מ״ה ב״ן יְהֹוָהאדניאהדונהי Adonai אֱלֹהֵינוּ Eloheinu ילה וֵאלֹהֵי veElohei לכב ; מילוי ע״ב, דמב ; ילה אֲבוֹתֵינוּ avoteinu, שֶׁתִּבְנֶה shetivné בֵּית beit ב״פ ראה הַמִּקְדָּשׁ hamikdash בִּמְהֵרָה bimherá בְיָמֵינוּ veyameinu וְתֵן vetén חֶלְקֵנוּ jelkenu בְּתוֹרָתָךְ vetorataj לַעֲשׂוֹת laasot חֻקֵּי jukei רְצוֹנָךְ retsonaj וּלְעָבְדָךְ uleovdaj פוי, אל אדני בְּלֵבָב belevav בוכו שָׁלֵם shalem.

Da tres pasos hacia delante.

Continúa con "*Kadish Titkabal*" en página 599.

OSÉ SHALOM

Él, que establece Paz en Sus altos lugares, Él, en Su compasión, hará que la paz esté entre nosotros y sobre Su pueblo entero, Israel, y dirán: Amén.

Sea agradable ante Ti, Señor, nuestro Dios y Dios de nuestros antepasados, que puedas reconstruir rápidamente el santo Templo, en nuestros días, y otórganos participación en Tu Torá, para que podamos cumplir las leyes de Tu deseo y servirte con todo el corazón.

LECTURA DE LA TORÁ PARA EL PRIMER DÍA DE SUCOT

וַיְדַבֵּר יְהֹוָה יאהדונהי אֶל־מֹשֶׁה לֵּאמֹר: שׁוֹר אוֹ־כֶשֶׂב אוֹ־עֵז כִּי יִוָּלֵד וְהָיָה שִׁבְעַת יָמִים תַּחַת אִמּוֹ וּמִיּוֹם הַשְּׁמִינִי וָהָלְאָה יֵרָצֶה לְקָרְבַּן אִשֶּׁה לַיהֹוָה יאהדונהי: וְשׁוֹר אוֹ־שֶׂה אֹתוֹ וְאֶת־בְּנוֹ לֹא תִשְׁחֲטוּ בְּיוֹם אֶחָד: וְכִי־תִזְבְּחוּ זֶבַח־תּוֹדָה לַיהֹוָה יאהדונהי לִרְצֹנְכֶם תִּזְבָּחוּ: בַּיּוֹם הַהוּא יֵאָכֵל לֹא־תוֹתִירוּ מִמֶּנּוּ עַד־בֹּקֶר אֲנִי יְהֹוָה יאהדונהי: וּשְׁמַרְתֶּם מִצְוֹתַי וַעֲשִׂיתֶם אֹתָם אֲנִי יְהֹוָה יאהדונהי: וְלֹא תְחַלְּלוּ אֶת־שֵׁם קָדְשִׁי וְנִקְדַּשְׁתִּי בְּתוֹךְ בְּנֵי יִשְׂרָאֵל אֲנִי יְהֹוָה יאהדונהי מְקַדִּשְׁכֶם: הַמּוֹצִיא אֶתְכֶם מֵאֶרֶץ מִצְרַיִם לִהְיוֹת לָכֶם לֵאלֹהִים אֲנִי יְהֹוָה יאהדונהי: *(Leví en Shabat)* וַיְדַבֵּר יְהֹוָה יאהדונהי אֶל־מֹשֶׁה לֵּאמֹר: דַּבֵּר אֶל־בְּנֵי יִשְׂרָאֵל וְאָמַרְתָּ אֲלֵהֶם מוֹעֲדֵי יְהֹוָה יאהדונהי אֲשֶׁר־תִּקְרְאוּ אֹתָם מִקְרָאֵי קֹדֶשׁ אֵלֶּה הֵם מוֹעֲדָי: שֵׁשֶׁת יָמִים תֵּעָשֶׂה מְלָאכָה וּבַיּוֹם הַשְּׁבִיעִי שַׁבַּת שַׁבָּתוֹן מִקְרָא־קֹדֶשׁ כָּל־מְלָאכָה לֹא תַעֲשׂוּ שַׁבָּת הִוא לַיהֹוָה יאהדונהי בְּכֹל מוֹשְׁבֹתֵיכֶם: *Leví (Tercera en Shabat)* אֵלֶּה מוֹעֲדֵי יְהֹוָה יאהדונהי מִקְרָאֵי קֹדֶשׁ אֲשֶׁר־תִּקְרְאוּ אֹתָם בְּמוֹעֲדָם: בַּחֹדֶשׁ הָרִאשׁוֹן בְּאַרְבָּעָה עָשָׂר לַחֹדֶשׁ בֵּין הָעַרְבָּיִם פֶּסַח לַיהֹוָה יאהדונהי: וּבַחֲמִשָּׁה עָשָׂר יוֹם לַחֹדֶשׁ הַזֶּה חַג הַמַּצּוֹת לַיהֹוָה יאהדונהי שִׁבְעַת יָמִים מַצּוֹת תֹּאכֵלוּ: בַּיּוֹם הָרִאשׁוֹן מִקְרָא־קֹדֶשׁ יִהְיֶה לָכֶם כָּל־מְלֶאכֶת עֲבֹדָה לֹא תַעֲשׂוּ: וְהִקְרַבְתֶּם אִשֶּׁה לַיהֹוָה יאהדונהי שִׁבְעַת יָמִים בַּיּוֹם הַשְּׁבִיעִי מִקְרָא־קֹדֶשׁ כָּל־מְלֶאכֶת עֲבֹדָה לֹא תַעֲשׂוּ: *(Cuarta en Shabat)*

LECTURA DE LA TORÁ PARA EL PRIMER DÍA DE SUCOT

"Y habló el Señor a Moshé, diciendo: Cuando nazca un ternero, un cordero o un cabrito, quedará siete días con su madre. A partir del octavo día, será aceptable como sacrificio de ofrenda ígnea al Señor. Y no matarán a una vaca u oveja junto a su cría en el mismo día. Y cuando sacrifiquen la ofrenda de acción de gracias al Señor, sacrifíquenlo de modo que sea aceptado. Lo comerán en el mismo día, sin dejar nada para la mañana siguiente. Yo soy el Señor. Y guardarán Mis Mandamientos y los cumplirán. Yo soy el Señor. No profanarán Mi Santo Nombre, sino que seré santificado entre los hijos de Israel. Yo soy el Señor, quien los santifico, quien los sacó de la tierra de Egipto para ser su Dios. Yo soy el Señor. **(LEVÍ EN SHABAT)** *Habló el Señor a Moshé, diciendo: Habla a los hijos de Israel y diles: Estas son las festividades señaladas del Señor que ustedes han de proclamar como santas convocatorias, son Mis Tiempos Señalados: Seis días se trabajará, pero el séptimo día será un solemne Shabat de reposo, una santa convocatoria, y no harán trabajo alguno; dondequiera que habiten, es un Shabat para el Señor.* **LEVÍ (ISRAEL EN SHABAT)** *Estas son las festividades señaladas por el Señor, santas convocatorias que proclamarán en las fechas asignadas para ellas: El día catorce del primer mes, al caer el Sol, es la Pascua del Señor. El día quince del mismo mes es la Festividad del Pan Ácimo para el Señor; por siete días comerán pan sin levadura. En el primer día tendrán santa convocatoria y no harán ningún trabajo servil. Y presentarán al Señor una ofrenda ígnea durante siete días, y el séptimo día es santa convocatoria; no harán ningún trabajo servil.* **(CUARTA EN SHABAT)**

וַיְדַבֵּר יְהוָה אדניאהדונהי אֶל־מֹשֶׁה לֵּאמֹר: דַּבֵּר אֶל־בְּנֵי יִשְׂרָאֵל וְאָמַרְתָּ
אֲלֵהֶם כִּי־תָבֹאוּ אֶל־הָאָרֶץ אֲשֶׁר אֲנִי נֹתֵן לָכֶם וּקְצַרְתֶּם אֶת־קְצִירָהּ
וַהֲבֵאתֶם אֶת־עֹמֶר רֵאשִׁית קְצִירְכֶם אֶל־הַכֹּהֵן: וְהֵנִיף אֶת־הָעֹמֶר לִפְנֵי
יְהוָה אדניאהדונהי לִרְצֹנְכֶם מִמָּחֳרַת הַשַּׁבָּת יְנִיפֶנּוּ הַכֹּהֵן: וַעֲשִׂיתֶם בְּיוֹם
הֲנִיפְכֶם אֶת־הָעֹמֶר כֶּבֶשׂ תָּמִים בֶּן־שְׁנָתוֹ לְעֹלָה לַיהוָה אדניאהדונהי:
וּמִנְחָתוֹ שְׁנֵי עֶשְׂרֹנִים סֹלֶת בְּלוּלָה בַשֶּׁמֶן אִשֶּׁה לַיהוָה אדניאהדונהי רֵיחַ נִיחֹחַ
וְנִסְכֹּה יַיִן רְבִיעִת הַהִין: וְלֶחֶם וְקָלִי וְכַרְמֶל לֹא תֹאכְלוּ עַד־עֶצֶם
הַיּוֹם הַזֶּה עַד הֲבִיאֲכֶם אֶת־קָרְבַּן אֱלֹהֵיכֶם חֻקַּת עוֹלָם לְדֹרֹתֵיכֶם
בְּכֹל מֹשְׁבֹתֵיכֶם: *(Quinta en Shabat)* *Israel* וּסְפַרְתֶּם לָכֶם מִמָּחֳרַת הַשַּׁבָּת
מִיּוֹם הֲבִיאֲכֶם אֶת־עֹמֶר הַתְּנוּפָה שֶׁבַע שַׁבָּתוֹת תְּמִימֹת תִּהְיֶינָה:
עַד מִמָּחֳרַת הַשַּׁבָּת הַשְּׁבִיעִת תִּסְפְּרוּ חֲמִשִּׁים יוֹם וְהִקְרַבְתֶּם
מִנְחָה חֲדָשָׁה לַיהוָה אדניאהדונהי: מִמּוֹשְׁבֹתֵיכֶם תָּבִיאוּ | לֶחֶם תְּנוּפָה שְׁתַּיִם
שְׁנֵי עֶשְׂרֹנִים סֹלֶת תִּהְיֶינָה חָמֵץ תֵּאָפֶינָה בִּכּוּרִים לַיהוָה אדניאהדונהי:
וְהִקְרַבְתֶּם עַל־הַלֶּחֶם שִׁבְעַת כְּבָשִׂים תְּמִימִם בְּנֵי שָׁנָה וּפַר בֶּן־בָּקָר אֶחָד
וְאֵילִם שְׁנָיִם יִהְיוּ עֹלָה לַיהוָה וּמִנְחָתָם וְנִסְכֵּיהֶם אִשֵּׁה רֵיחַ־נִיחֹחַ
לַיהוָה אדניאהדונהי: וַעֲשִׂיתֶם שְׂעִיר־עִזִּים אֶחָד לְחַטָּאת וּשְׁנֵי כְבָשִׂים בְּנֵי שָׁנָה
לְזֶבַח שְׁלָמִים: וְהֵנִיף הַכֹּהֵן | אֹתָם עַל לֶחֶם הַבִּכֻּרִים תְּנוּפָה
לִפְנֵי יְהוָה אדניאהדונהי עַל־שְׁנֵי כְּבָשִׂים קֹדֶשׁ יִהְיוּ לַיהוָה אדניאהדונהי לַכֹּהֵן:

Y el Señor habló a Moshé, diciendo: Habla a los hijos de Israel y diles: Cuando entren en la tierra que Yo les daré y sieguen su mies, traerán al sacerdote una gavilla de los primeros frutos de su cosecha. Y él ondeará la gavilla delante del Señor, a fin de que sea aceptada; el sacerdote la ondeará el día después del Shabat. El mismo día en que ondeen la gavilla, ofrecerán un cordero de un año sin defecto como holocausto al Señor. Y junto con su ofrenda de cereal, la cual será de dos décimas de un efá de flor de harina mezclada con aceite, como ofrenda ígnea para el Señor, un aroma agradable, con su libación, un cuarto de hin de vino. No comerán pan, ni grano tostado ni espigas frescas hasta ese mismo día en el que traigan la ofrenda a su Dios. Esto es estatuto perpetuo para todas sus generaciones, dondequiera que habiten. **ISRAEL (QUINTA EN SHABAT)** *Y contarán siete semanas completas desde el día después del Shabat, el día en que trajeron la ofrenda ondeada. Contarán cincuenta días hasta el día después del séptimo Shabat; entonces presentarán una nueva ofrenda de cereal al Señor. De sus moradas traerán dos panes hechos de dos décimas de un efá de flor de harina, amasados con levadura, como ofrenda ondeada de los primeros frutos al Señor. Presenten este pan con siete corderos de un año sin defecto, un novillo y dos carneros; serán holocausto al Señor, junto con sus ofrendas de cereal y sus libaciones, una ofrenda ígnea, un aroma agradable al Señor. También sacrificarán a un macho cabrío como ofrenda por pecado y dos corderos de un año como sacrificio de las ofrendas de paz. El sacerdote ondeará los dos corderos como ofrenda ondeada ante el Señor junto con el pan de los primeros frutos; serán cosa sagrada del Señor para el sacerdote.*

וּקְרָאתֶם בְּעֶצֶם | הַיּוֹם הַזֶּה מִקְרָא־קֹדֶשׁ יִהְיֶה לָכֶם כָּל־מְלֶאכֶת עֲבֹדָה
לֹא תַעֲשׂוּ חֻקַּת עוֹלָם בְּכָל־מוֹשְׁבֹתֵיכֶם לְדֹרֹתֵיכֶם: וּבְקֻצְרְכֶם אֶת־קְצִיר
אַרְצְכֶם לֹא־תְכַלֶּה פְּאַת שָׂדְךָ בְּקֻצְרֶךָ וְלֶקֶט קְצִירְךָ לֹא תְלַקֵּט לֶעָנִי וְלַגֵּר
תַּעֲזֹב אֹתָם אֲנִי יְהֹוָה יאהדונהי אֱלֹהֵיכֶם: *Cuarta (Sexta en Shabat)* וַיְדַבֵּר
יְהֹוָה יאהדונהי אֶל־מֹשֶׁה לֵּאמֹר: דַּבֵּר אֶל־בְּנֵי יִשְׂרָאֵל לֵאמֹר בַּחֹדֶשׁ
הַשְּׁבִיעִי בְּאֶחָד לַחֹדֶשׁ יִהְיֶה לָכֶם שַׁבָּתוֹן זִכְרוֹן תְּרוּעָה מִקְרָא־קֹדֶשׁ:
כָּל־מְלֶאכֶת עֲבֹדָה לֹא תַעֲשׂוּ וְהִקְרַבְתֶּם אִשֶּׁה לַיהֹוָה יאהדונהי: וַיְדַבֵּר
יְהֹוָה יאהדונהי אֶל־מֹשֶׁה לֵּאמֹר: אַךְ בֶּעָשׂוֹר לַחֹדֶשׁ הַשְּׁבִיעִי הַזֶּה יוֹם
הַכִּפֻּרִים הוּא מִקְרָא־קֹדֶשׁ יִהְיֶה לָכֶם וְעִנִּיתֶם אֶת־נַפְשֹׁתֵיכֶם וְהִקְרַבְתֶּם
אִשֶּׁה לַיהֹוָה יאהדונהי: וְכָל־מְלָאכָה לֹא תַעֲשׂוּ בְּעֶצֶם הַיּוֹם הַזֶּה כִּי יוֹם
כִּפֻּרִים הוּא לְכַפֵּר עֲלֵיכֶם לִפְנֵי יְהֹוָה יאהדונהי אֱלֹהֵיכֶם: כִּי כָל־הַנֶּפֶשׁ אֲשֶׁר
לֹא־תְעֻנֶּה בְּעֶצֶם הַיּוֹם הַזֶּה וְנִכְרְתָה מֵעַמֶּיהָ: וְכָל־הַנֶּפֶשׁ אֲשֶׁר תַּעֲשֶׂה
כָּל־מְלָאכָה בְּעֶצֶם הַיּוֹם הַזֶּה וְהַאֲבַדְתִּי אֶת־הַנֶּפֶשׁ הַהִוא מִקֶּרֶב עַמָּהּ:
כָּל־מְלָאכָה לֹא תַעֲשׂוּ חֻקַּת עוֹלָם לְדֹרֹתֵיכֶם בְּכֹל מֹשְׁבֹתֵיכֶם:
שַׁבַּת שַׁבָּתוֹן הוּא לָכֶם וְעִנִּיתֶם אֶת־נַפְשֹׁתֵיכֶם בְּתִשְׁעָה לַחֹדֶשׁ
בָּעֶרֶב מֵעֶרֶב עַד־עֶרֶב תִּשְׁבְּתוּ שַׁבַּתְּכֶם: *Quinta (Séptima en Shabat)*
וַיְדַבֵּר יְהֹוָה יאהדונהי אֶל־מֹשֶׁה לֵּאמֹר: דַּבֵּר אֶל־בְּנֵי יִשְׂרָאֵל לֵאמֹר בַּחֲמִשָּׁה
עָשָׂר יוֹם לַחֹדֶשׁ הַשְּׁבִיעִי הַזֶּה חַג הַסֻּכּוֹת שִׁבְעַת יָמִים לַיהֹוָה יאהדונהי:

Y en ese mismo día proclamarán una santa convocatoria y no harán ningún trabajo servil. Es estatuto perpetuo para todas sus generaciones, dondequiera que habiten. Y cuando sieguen la mies de su tierra, no segarán hasta el último rincón de ella ni espigarán el sobrante de su mies; los dejarán para el pobre y para el forastero. Yo soy el Señor, su Dios. **CUARTA (SEXTA EN SHABAT)** *Y el Señor habló a Moshé, diciendo: Habla a los hijos de Israel y diles: En el primer día del séptimo mes tendrán día solemne de reposo, de santa convocatoria, conmemorada al son de trompetas. No harán ningún trabajo servil y presentarán una ofrenda ígnea al Señor. Y el Señor habló a Moshé, diciendo: El décimo día de este séptimo mes es el Día de Expiación; será santa convocatoria para ustedes y afligirán sus almas y presentarán una ofrenda ígnea al Señor. Tampoco harán ningún trabajo servil en ese día, porque es Día de Expiación, para hacer expiación por ustedes ante el Señor, su Dios. Todo el que no se aflija en ese día, será cortado de entre su pueblo. Y cualquiera que haga trabajo alguno en ese día, a esa alma la exterminaré de entre su pueblo. No harán trabajo alguno. Es estatuto perpetuo para sus generaciones, dondequiera que habiten. Será un Shabat de reposo solemne para ustedes, y afligirán sus almas; en la tarde del noveno día del mes, de una tarde a otra tarde, guardarán su Shabat.* **QUINTA (SÉPTIMA EN SHABAT)** *Y el Señor habló a Moshé, diciendo: Habla a los hijos de Israel, y diles: El día quince del séptimo mes es la Fiesta de Sucot por siete días para el Señor.*

בַּיּוֹם הָרִאשׁוֹן מִקְרָא־קֹדֶשׁ כָּל־מְלֶאכֶת עֲבֹדָה לֹא תַעֲשׂוּ׃ שִׁבְעַת יָמִים
תַּקְרִיבוּ אִשֶּׁה לַיהֹוָה אהדונהי בַּיּוֹם הַשְּׁמִינִי מִקְרָא־קֹדֶשׁ יִהְיֶה לָכֶם
וְהִקְרַבְתֶּם אִשֶּׁה לַיהֹוָה אהדונהי עֲצֶרֶת הִוא כָּל־מְלֶאכֶת עֲבֹדָה לֹא תַעֲשׂוּ׃
אֵלֶּה מוֹעֲדֵי יְהֹוָה אהדונהי אֲשֶׁר־תִּקְרְאוּ אֹתָם מִקְרָאֵי קֹדֶשׁ לְהַקְרִיב
אִשֶּׁה לַיהֹוָה אהדונהי עֹלָה וּמִנְחָה זֶבַח וּנְסָכִים דְּבַר־יוֹם בְּיוֹמוֹ׃ מִלְּבַד
שַׁבְּתֹת יְהֹוָה אהדונהי וּמִלְּבַד מַתְּנוֹתֵיכֶם וּמִלְּבַד כָּל־נִדְרֵיכֶם וּמִלְּבַד כָּל־
נִדְבֹתֵיכֶם אֲשֶׁר תִּתְּנוּ לַיהֹוָה אהדונהי׃ אַךְ בַּחֲמִשָּׁה עָשָׂר יוֹם לַחֹדֶשׁ
הַשְּׁבִיעִי בְּאָסְפְּכֶם אֶת־תְּבוּאַת הָאָרֶץ תָּחֹגּוּ אֶת־חַג־יְהֹוָה אהדונהי שִׁבְעַת
יָמִים בַּיּוֹם הָרִאשׁוֹן שַׁבָּתוֹן וּבַיּוֹם הַשְּׁמִינִי שַׁבָּתוֹן׃ וּלְקַחְתֶּם לָכֶם בַּיּוֹם
הָרִאשׁוֹן פְּרִי עֵץ הָדָר כַּפֹּת תְּמָרִים וַעֲנַף עֵץ־עָבֹת וְעַרְבֵי־נָחַל וּשְׂמַחְתֶּם
לִפְנֵי יְהֹוָה אהדונהי אֱלֹהֵיכֶם שִׁבְעַת יָמִים׃ וְחַגֹּתֶם אֹתוֹ חַג לַיהֹוָה אהדונהי
שִׁבְעַת יָמִים בַּשָּׁנָה חֻקַּת עוֹלָם לְדֹרֹתֵיכֶם בַּחֹדֶשׁ הַשְּׁבִיעִי תָּחֹגּוּ אֹתוֹ׃
בַּסֻּכֹּת תֵּשְׁבוּ שִׁבְעַת יָמִים כָּל־הָאֶזְרָח בְּיִשְׂרָאֵל יֵשְׁבוּ בַּסֻּכֹּת׃ לְמַעַן יֵדְעוּ
דֹרֹתֵיכֶם כִּי בַסֻּכּוֹת הוֹשַׁבְתִּי אֶת־בְּנֵי יִשְׂרָאֵל בְּהוֹצִיאִי אוֹתָם מֵאֶרֶץ
מִצְרָיִם אֲנִי יְהֹוָה אהדונהי אֱלֹהֵיכֶם׃ וַיְדַבֵּר מֹשֶׁה אֶת־מֹעֲדֵי יְהֹוָה אהדונהי
אֶל־בְּנֵי יִשְׂרָאֵל׃

Después de la lectura, recitar Medio *Kadish* en las páginas 501-502, y luego leer el *Maftir* en la página 736.

El primer día es santa convocatoria; no harán ninguna clase de trabajo servil. Durante siete días presentarán al Señor una ofrenda ígnea, y el octavo día será santa convocatoria y presentarán al Señor una ofrenda ígnea; es un día de asamblea solemne. No harán trabajo servil. Estas son las festividades señaladas del Señor que proclamarán como santas convocatorias para presentar ofrendas ígneas al Señor, holocaustos y ofrendas de cereal, sacrificios y libaciones, cada uno en su propio día, además de los Shabatot del Señor, y además de sus dones, y además de todos sus votos y ofrendas voluntarias que den al Señor. El día quince del séptimo mes, después de haber recogido el fruto de la tierra, celebrarán el festival del Señor por siete días; el primer día es un día solemne de reposo y el octavo también es día solemne de reposo. Y el primer día tomarán para sí mismos frutos de árboles, hoja de palma, ramas de mirto y sauces del arroyo, y se regocijarán ante del Señor, su Dios, por siete días. Celebren esto como festival al Señor por siete días cada año. Es estatuto perpetuo para todas sus generaciones; la celebrarán en el séptimo mes. Habitarán en la Sucá por siete días; todo nativo de Israel morará en la Sucá, para que sus generaciones sepan que Yo hice habitar en Sucot a los hijos de Israel cuando los saqué de la tierra de Egipto. Yo soy el Señor, su Dios. Y Moshé declaró a los hijos de Israel las festividades señaladas del Señor" (Levítico 22:26-23:44).

MAFTIR PARA SUCOT

וּבַחֲמִשָּׁה עָשָׂר יוֹם לַחֹדֶשׁ הַשְּׁבִיעִי מִקְרָא־קֹדֶשׁ יִהְיֶה לָכֶם כָּל־מְלֶאכֶת עֲבֹדָה לֹא תַעֲשׂוּ וְחַגֹּתֶם חַג לַיהוָה שִׁבְעַת יָמִים׃ וְהִקְרַבְתֶּם עֹלָה אִשֵּׁה רֵיחַ נִיחֹחַ לַיהוָה פָּרִים בְּנֵי־בָקָר שְׁלֹשָׁה עָשָׂר אֵילִם שְׁנָיִם כְּבָשִׂים בְּנֵי־שָׁנָה אַרְבָּעָה עָשָׂר תְּמִימִם יִהְיוּ׃ וּמִנְחָתָם סֹלֶת בְּלוּלָה בַשָּׁמֶן שְׁלֹשָׁה עֶשְׂרֹנִים לַפָּר הָאֶחָד לִשְׁלֹשָׁה עָשָׂר פָּרִים שְׁנֵי עֶשְׂרֹנִים לָאַיִל הָאֶחָד לִשְׁנֵי הָאֵילִם׃ וְעִשָּׂרוֹן עִשָּׂרוֹן לַכֶּבֶשׂ הָאֶחָד לְאַרְבָּעָה עָשָׂר כְּבָשִׂים׃ וּשְׂעִיר־עִזִּים אֶחָד חַטָּאת מִלְּבַד עֹלַת הַתָּמִיד מִנְחָתָהּ וְנִסְכָּהּ׃

Recitar la bendición antes de la *Haftará* en la página 502, y luego leer la *Haftará* a continuación:

HAFTARÁ PARA EL PRIMER DÍA DE SUCOT

הִנֵּה יוֹם־בָּא לַיהוָה וְחֻלַּק שְׁלָלֵךְ בְּקִרְבֵּךְ׃ וְאָסַפְתִּי אֶת־כָּל־הַגּוֹיִם ׀ אֶל־יְרוּשָׁלִַם לַמִּלְחָמָה וְנִלְכְּדָה הָעִיר וְנָשַׁסּוּ הַבָּתִּים וְהַנָּשִׁים תִּשָּׁכַבְנָה (כתיב: תשגלנה) וְיָצָא חֲצִי הָעִיר בַּגּוֹלָה וְיֶתֶר הָעָם לֹא יִכָּרֵת מִן־הָעִיר׃ וְיָצָא יְהוָה וְנִלְחַם בַּגּוֹיִם הָהֵם כְּיוֹם הִלָּחֲמוֹ בְּיוֹם קְרָב׃ וְעָמְדוּ רַגְלָיו בַּיּוֹם־הַהוּא עַל־הַר הַזֵּיתִים אֲשֶׁר עַל־פְּנֵי יְרוּשָׁלִַם מִקֶּדֶם וְנִבְקַע הַר הַזֵּיתִים מֵחֶצְיוֹ מִזְרָחָה וָיָמָּה גֵּיא גְּדוֹלָה מְאֹד וּמָשׁ חֲצִי הָהָר צָפוֹנָה וְחֶצְיוֹ־נֶגְבָּה׃ וְנַסְתֶּם גֵּיא־הָרַי כִּי־יַגִּיעַ גֵּי־הָרִים אֶל־אָצַל וְנַסְתֶּם כַּאֲשֶׁר נַסְתֶּם מִפְּנֵי הָרַעַשׁ בִּימֵי עֻזִּיָּה מֶלֶךְ־יְהוּדָה וּבָא יְהוָה אֱלֹהַי כָּל־קְדֹשִׁים עִמָּךְ׃

MAFTIR PARA SUCOT

"Y en el día quince del séptimo mes, tendrán santa convocación: no harán ninguna clase de trabajo mundano, y guardarán fiesta al Eterno por siete días; y ofrecerán un holocausto, una ofrenda ígnea como aroma agradable al Eterno: trece novillos, dos carneros, catorce corderos de un año, serán sin defecto; y su ofrenda de cereal, flor de harina mezclada con aceite: tres décimas por cada novillo de los trece novillos, dos décimas por cada carnero de los dos carneros, y una décima por cada uno de los catorce corderos; y un macho cabrío como ofrenda por pecado, además del holocausto continuo, de su ofrenda de cereal y de su libación" (Números 29:12-16).

HAFTARÁ PARA EL PRIMER DÍA DE SUCOT

"He aquí, viene el día del Señor cuando serán repartidos tus despojos en medio de ti. Yo reuniré a todas las naciones en batalla contra Jerusalén; y será tomada la ciudad y serán saqueadas las casas y violadas las mujeres; la mitad de la ciudad será desterrada, pero el resto del pueblo no será cortado de la ciudad. Entonces saldrá el Señor y combatirá contra aquellas naciones, como cuando Él combatió el día de la batalla. Sus pies se posarán aquel día en el Monte de los Olivos, que está frente a Jerusalén, al Este; y el Monte de los Olivos se hendirá por el medio, de Este a Oeste, formando un enorme valle, y una mitad del monte se apartará hacia el Norte y la otra mitad hacia el Sur. Entonces huirán al valle de mis montes, porque el valle de los montes llegará hasta Atsal; huirán tal como huyeron del terremoto en los días del Rey Uzías de Judá. Y el Señor, mi Dios, vendrá con todos los ángeles a socorrer.

וְהָיָה בַּיּוֹם הַהוּא לֹא־יִהְיֶה אוֹר יְקָרוֹת וְקִפָּאוֹן (כתיב: יקפאון): וְהָיָה יוֹם־אֶחָד
הוּא יִוָּדַע לַיהֹוָה אהדונהי לֹא־יוֹם וְלֹא־לָיְלָה וְהָיָה לְעֵת־עֶרֶב יִהְיֶה־אוֹר:
וְהָיָה | בַּיּוֹם הַהוּא יֵצְאוּ מַיִם־חַיִּים מִירוּשָׁלִַם חֶצְיָם אֶל־הַיָּם הַקַּדְמוֹנִי
וְחֶצְיָם אֶל־הַיָּם הָאַחֲרוֹן בַּקַּיִץ וּבָחֹרֶף יִהְיֶה: וְהָיָה יְהֹוָה אהדונהי לְמֶלֶךְ עַל־
כָּל־הָאָרֶץ בַּיּוֹם הַהוּא יִהְיֶה יְהֹוָה אהדונהי אֶחָד וּשְׁמוֹ אֶחָד: יִסּוֹב כָּל־
הָאָרֶץ כָּעֲרָבָה מִגֶּבַע לְרִמּוֹן נֶגֶב יְרוּשָׁלִָם וְרָאֲמָה וְיָשְׁבָה תַחְתֶּיהָ
לְמִשַּׁעַר בִּנְיָמִן עַד־מְקוֹם שַׁעַר הָרִאשׁוֹן עַד־שַׁעַר הַפִּנִּים וּמִגְדַּל חֲנַנְאֵל
עַד יִקְבֵי הַמֶּלֶךְ: וְיָשְׁבוּ בָהּ וְחֵרֶם לֹא יִהְיֶה־עוֹד וְיָשְׁבָה יְרוּשָׁלִַם לָבֶטַח:
וְזֹאת | תִּהְיֶה הַמַּגֵּפָה אֲשֶׁר יִגֹּף יְהֹוָה אהדונהי אֶת־כָּל־הָעַמִּים אֲשֶׁר צָבְאוּ
עַל־יְרוּשָׁלִָם הָמֵק | בְּשָׂרוֹ וְהוּא עֹמֵד עַל־רַגְלָיו וְעֵינָיו תִּמַּקְנָה בְחֹרֵיהֶן
וּלְשׁוֹנוֹ תִּמַּק בְּפִיהֶם: וְהָיָה בַּיּוֹם הַהוּא תִּהְיֶה מְהוּמַת־יְהֹוָה אהדונהי רַבָּה
בָּהֶם וְהֶחֱזִיקוּ אִישׁ יַד רֵעֵהוּ וְעָלְתָה יָדוֹ עַל־יַד רֵעֵהוּ: וְגַם־יְהוּדָה תִּלָּחֵם
בִּירוּשָׁלִָם וְאֻסַּף חֵיל כָּל־הַגּוֹיִם סָבִיב זָהָב וָכֶסֶף וּבְגָדִים לָרֹב מְאֹד: וְכֵן
תִּהְיֶה מַגֵּפַת הַסּוּס הַפֶּרֶד הַגָּמָל וְהַחֲמוֹר וְכָל־הַבְּהֵמָה אֲשֶׁר יִהְיֶה בַּמַּחֲנוֹת
הָהֵמָּה כַּמַּגֵּפָה הַזֹּאת: וְהָיָה כָּל־הַנּוֹתָר מִכָּל־הַגּוֹיִם הַבָּאִים עַל־יְרוּשָׁלִָם
וְעָלוּ מִדֵּי שָׁנָה בְשָׁנָה לְהִשְׁתַּחֲוֺת לְמֶלֶךְ יְהֹוָה אהדונהי צְבָאוֹת וְלָחֹג אֶת־חַג
הַסֻּכּוֹת: וְהָיָה אֲשֶׁר לֹא־יַעֲלֶה מֵאֵת מִשְׁפְּחוֹת הָאָרֶץ אֶל־יְרוּשָׁלִַם
לְהִשְׁתַּחֲוֺת לְמֶלֶךְ יְהֹוָה אהדונהי צְבָאוֹת וְלֹא עֲלֵיהֶם יִהְיֶה הַגָּשֶׁם:

Y sucederá que en aquel día no habrá luz clara ni oscuridad profunda. Este día será conocido sólo del Señor, ni día ni noche; y a la hora de la tarde habrá luz. En aquel día brotarán aguas vivas de Jerusalén, una mitad hacia el mar oriental y la otra mitad hacia el mar occidental, será lo mismo en verano que en invierno. Y el Señor será rey sobre toda la tierra; aquel día el Señor será Uno, y Uno Su Nombre. Toda la tierra se volverá como una llanura desde la colina de Gueva hasta Rimón, al Sur de Jerusalén; pero dicha ciudad se levantará y será habitada en su lugar desde la Puerta de Binyamín hasta el lugar de la primera puerta, hasta la puerta del ángulo, y desde la torre de Jananel hasta los lagares del rey. Y habitarán en ella y no habrá más excomunión; y Jerusalén habitará en seguridad. Esta será la plaga con la que el Señor azotará a todos los pueblos que han hecho guerra contra Jerusalén: se pudrirá su carne estando ellos aún de pie, y se pudrirán sus ojos en sus cuencas, y su lengua se pudrirá en su boca. Y sucederá aquel día que habrá entre ellos la confusión del Señor; y cada uno agarrará la mano de su prójimo, y levantará su mano contra la mano de su prójimo. También Judá peleará en Jerusalén; y se amontonarán las riquezas de todas las naciones circunvecinas: oro, plata y vestidos en gran abundancia. Como aquella plaga así será la plaga del caballo, del mulo, del camello, del asno y de todos los animales que haya en aquellos campamentos. Y todo sobreviviente de todas las naciones que fueron contra Jerusalén subirán cada año para adorar al Señor, Rey de los Ejércitos, y para celebrar la festividad de Sucot. Y los de las familias de la tierra que no suban a Jerusalén para adorar al Señor, Rey de los Ejércitos, no recibirán lluvia sobre ellos.

וְאִם־מִשְׁפַּחַת מִצְרַיִם לֹא־תַעֲלֶה וְלֹא בָאָה וְלֹא עֲלֵיהֶם תִּהְיֶה הַמַּגֵּפָה אֲשֶׁר יִגֹּף יְהֹוָה יאהדונהי אֶת־הַגּוֹיִם אֲשֶׁר לֹא יַעֲלוּ לָחֹג אֶת־חַג הַסֻּכּוֹת׃ זֹאת תִּהְיֶה חַטַּאת מִצְרָיִם וְחַטַּאת כָּל־הַגּוֹיִם אֲשֶׁר לֹא יַעֲלוּ לָחֹג אֶת־חַג הַסֻּכּוֹת׃ בַּיּוֹם הַהוּא יִהְיֶה עַל־מְצִלּוֹת הַסּוּס קֹדֶשׁ לַיהֹוָה יאהדונהי וְהָיָה הַסִּירוֹת בְּבֵית יְהֹוָה יאהדונהי כַּמִּזְרָקִים לִפְנֵי הַמִּזְבֵּחַ׃ וְהָיָה כָּל־סִיר בִּירוּשָׁלַםִ וּבִיהוּדָה קֹדֶשׁ לַיהֹוָה יאהדונהי צְבָאוֹת וּבָאוּ כָּל־הַזֹּבְחִים וְלָקְחוּ מֵהֶם וּבִשְּׁלוּ בָהֶם וְלֹא־יִהְיֶה כְנַעֲנִי עוֹד בְּבֵית־יְהֹוָה יאהדונהי צְבָאוֹת בַּיּוֹם הַהוּא׃

Recitar la bendición después de la *Haftará* en las páginas 503-504.

LECTURA DE LA TORÁ PARA SHABAT JOL HAMOED

וַיֹּאמֶר מֹשֶׁה אֶל־יְהֹוָה יאהדונהי רְאֵה אַתָּה אֹמֵר אֵלַי הַעַל אֶת־הָעָם הַזֶּה וְאַתָּה לֹא הוֹדַעְתַּנִי אֵת אֲשֶׁר־תִּשְׁלַח עִמִּי וְאַתָּה אָמַרְתָּ יְדַעְתִּיךָ בְשֵׁם וְגַם־מָצָאתָ חֵן בְּעֵינָי׃ וְעַתָּה אִם־נָא מָצָאתִי חֵן בְּעֵינֶיךָ הוֹדִעֵנִי נָא אֶת־דְּרָכֶךָ וְאֵדָעֲךָ לְמַעַן אֶמְצָא־חֵן בְּעֵינֶיךָ וּרְאֵה כִּי עַמְּךָ הַגּוֹי הַזֶּה׃ וַיֹּאמַר פָּנַי יֵלֵכוּ וַהֲנִחֹתִי לָךְ׃ וַיֹּאמֶר אֵלָיו אִם־אֵין פָּנֶיךָ הֹלְכִים אַל־תַּעֲלֵנוּ מִזֶּה׃ וּבַמֶּה | יִוָּדַע אֵפוֹא כִּי־מָצָאתִי חֵן בְּעֵינֶיךָ אֲנִי וְעַמֶּךָ הֲלוֹא בְּלֶכְתְּךָ עִמָּנוּ וְנִפְלֵינוּ אֲנִי וְעַמְּךָ מִכָּל־הָעָם אֲשֶׁר עַל־פְּנֵי הָאֲדָמָה׃ *Leví*

Y si la familia de Egipto no sube ni viene, entonces sobre ellos no habrá lluvia; será la plaga con la cual el Señor azotará a las naciones que no suban a celebrar la festividad de Sucot. Este será el castigo de Egipto y el castigo de todas las naciones que no suban a celebrar la festividad de Sucot. En aquel día los cascabeles de los caballos santificarán al Señor. Y serán las ollas en la casa del Señor como los tazones delante del Altar. Y toda olla en Jerusalén y en Judá será consagrada al Señor de los Ejércitos; todos los que ofrezcan sacrificios vendrán y tomarán de ellas y en ellas cocerán; y no habrá más cananeo en la casa del Señor de los Ejércitos en aquel día" (Zacarías 14:1-21).

LECTURA DE LA TORÁ PARA SHABAT JOL HAMOED

"Y Moshé dijo al Señor: 'Mira, Tú me dices: Haz subir a este pueblo', pero Tú no me has declarado a quién enviarás conmigo; y has dicho: 'Te he distinguido por tu nombre, y también has hallado gracia ante mis ojos'. Ahora pues, si he hallado gracia ante Tus ojos, te ruego que me hagas conocer Tus caminos para que yo te conozca y halle gracia ante Tus ojos; pero considera también que esta nación es Tu pueblo'. Él respondió: 'Mi presencia irá contigo, y Yo te daré descanso'. Entonces Moshé le dijo: 'Si Tu presencia no va con nosotros, no nos hagas partir de aquí. ¿Pues en qué se conocerá que he hallado gracia ante Tus ojos, yo y Tu pueblo? ¿No es acaso en que Tú vayas con nosotros, para que nosotros, yo y Tu pueblo, nos distingamos de todos los demás pueblos que están sobre la faz de la Tierra?'. **LEVÍ**

וַיֹּאמֶר יְהֹוָהאדניאהדונהי אֶל־מֹשֶׁה גַּם אֶת־הַדָּבָר הַזֶּה אֲשֶׁר דִּבַּרְתָּ אֶעֱשֶׂה
כִּי־מָצָאתָ חֵן בְּעֵינַי וָאֵדָעֲךָ בְּשֵׁם: וַיֹּאמַר הַרְאֵנִי נָא אֶת־כְּבֹדֶךָ: וַיֹּאמֶר
אֲנִי אַעֲבִיר כָּל־טוּבִי עַל־פָּנֶיךָ וְקָרָאתִי בְשֵׁם יְהֹוָהאדניאהדונהי לְפָנֶיךָ וְחַנֹּתִי
אֶת־אֲשֶׁר אָחֹן וְרִחַמְתִּי אֶת־אֲשֶׁר אֲרַחֵם: *Israel* וַיֹּאמֶר לֹא תוּכַל לִרְאֹת
אֶת־פָּנָי כִּי לֹא־יִרְאַנִי הָאָדָם וָחָי: וַיֹּאמֶר יְהֹוָהאדניאהדונהי הִנֵּה מָקוֹם אִתִּי
וְנִצַּבְתָּ עַל־הַצּוּר: וְהָיָה בַּעֲבֹר כְּבֹדִי וְשַׂמְתִּיךָ בְּנִקְרַת הַצּוּר וְשַׂכֹּתִי כַפִּי
עָלֶיךָ עַד־עָבְרִי: וַהֲסִרֹתִי אֶת־כַּפִּי וְרָאִיתָ אֶת־אֲחֹרָי וּפָנַי לֹא יֵרָאוּ: *Cuarta*
וַיֹּאמֶר יְהֹוָהאדניאהדונהי אֶל־מֹשֶׁה פְּסָל־לְךָ שְׁנֵי־לֻחֹת אֲבָנִים כָּרִאשֹׁנִים
וְכָתַבְתִּי עַל־הַלֻּחֹת אֶת־הַדְּבָרִים אֲשֶׁר הָיוּ עַל־הַלֻּחֹת הָרִאשֹׁנִים אֲשֶׁר
שִׁבַּרְתָּ: וֶהְיֵה נָכוֹן לַבֹּקֶר וְעָלִיתָ בַבֹּקֶר אֶל־הַר סִינַי וְנִצַּבְתָּ לִי שָׁם עַל־
רֹאשׁ הָהָר: וְאִישׁ לֹא־יַעֲלֶה עִמָּךְ וְגַם־אִישׁ אַל־יֵרָא בְּכָל־הָהָר גַּם־הַצֹּאן
וְהַבָּקָר אַל־יִרְעוּ אֶל־מוּל הָהָר הַהוּא: *Quinta* וַיִּפְסֹל שְׁנֵי־לֻחֹת אֲבָנִים
כָּרִאשֹׁנִים וַיַּשְׁכֵּם מֹשֶׁה בַבֹּקֶר וַיַּעַל אֶל־הַר סִינַי כַּאֲשֶׁר צִוָּה יְהֹוָהאדניאהדונהי
אֹתוֹ וַיִּקַּח בְּיָדוֹ שְׁנֵי לֻחֹת אֲבָנִים: וַיֵּרֶד יְהֹוָהאדניאהדונהי בֶּעָנָן וַיִּתְיַצֵּב
עִמּוֹ שָׁם וַיִּקְרָא בְשֵׁם יְהֹוָהאדניאהדונהי: וַיַּעֲבֹר יְהֹוָהאדניאהדונהי | עַל־פָּנָיו
וַיִּקְרָא יְהֹוָהאדניאהדונהי | יְהֹוָהאדניאהדונהי אֵל רַחוּם וְחַנּוּן אֶרֶךְ אַפַּיִם וְרַב־חֶסֶד
וֶאֱמֶת: נֹצֵר חֶסֶד לָאֲלָפִים נֹשֵׂא עָוֹן וָפֶשַׁע וְחַטָּאָה וְנַקֵּה לֹא יְנַקֶּה
פֹּקֵד | עֲוֹן אָבוֹת עַל־בָּנִים וְעַל־בְּנֵי בָנִים עַל־שִׁלֵּשִׁים וְעַל־רִבֵּעִים:

Y el Señor dijo a Moshé: 'También haré esto que has hablado, por cuanto has hallado gracia ante Mis ojos y te he distinguido por tu nombre'. Y Moshé dijo: 'Muéstrame ahora Tu gloria'. Y Él respondió: 'Yo haré pasar toda mi bondad delante de ti, y proclamaré el Nombre del Señor delante de ti; y haré merced a quien me plazca, y tendré compasión de quien tendré compasión'. **ISRAEL** *Y añadió: 'No puedes ver Mi rostro; porque nadie puede verme y vivir'. Y el Señor dijo: 'He aquí que hay un lugar junto a Mí, y tú estarás sobre la peña. Y al pasar Mi gloria, te pondré en una hendidura de la peña y te cubriré con Mi mano hasta que Yo haya pasado. Después apartaré Mi mano y verás Mis espaldas; pero Mi rostro no se verá'.* **CUARTA** *Y el Señor dijo a Moshé: 'Lábrate dos tablas de piedra como las anteriores, y Yo escribiré sobre las tablas las palabras que estaban en las primeras tablas que tú quebraste. Prepárate en la mañana y sube temprano al Monte Sinaí, y allí preséntate a Mí en la cima del monte. Que no suba nadie contigo, ni se vea a nadie en todo el monte; ni siquiera ovejas ni bueyes pasten delante de ese monte'.* **QUINTA** *Y Moshé labró dos tablas de piedra como las anteriores, se levantó muy de mañana y subió al Monte Sinaí, como el Señor le había mandado, llevando en su mano las dos tablas de piedra. Y el Señor descendió en una nube y estuvo allí con él, mientras éste invocaba el Nombre del Señor. Y el Señor pasó por delante de él y proclamó: 'El Señor, el Señor, Dios compasivo y clemente, lento para la ira y abundante en misericordia por miles de generaciones, el que perdona la iniquidad, el pecado voluntario y el error, y que limpia pero no permite impunidad, el que recuerda la iniquidad de los padres sobre los hijos y sobre los nietos hasta la tercera y cuarta generación'.*

וַיְמַהֵר מֹשֶׁה וַיִּקֹּד אַרְצָה וַיִּשְׁתָּחוּ: וַיֹּאמֶר אִם־נָא מָצָאתִי חֵן בְּעֵינֶיךָ אֲדֹנָי
יֵלֶךְ־נָא אֲדֹנָי בְּקִרְבֵּנוּ כִּי עַם־קְשֵׁה־עֹרֶף הוּא וְסָלַחְתָּ לַעֲוֺנֵנוּ וּלְחַטָּאתֵנוּ
וּנְחַלְתָּנוּ: וַיֹּאמֶר הִנֵּה אָנֹכִי כֹּרֵת בְּרִית נֶגֶד כָּל־עַמְּךָ אֶעֱשֶׂה נִפְלָאֹת אֲשֶׁר
לֹא־נִבְרְאוּ בְכָל־הָאָרֶץ וּבְכָל־הַגּוֹיִם וְרָאָה כָל־הָעָם אֲשֶׁר־אַתָּה בְקִרְבּוֹ
אֶת־מַעֲשֵׂה יְהוָה אדני יאהדונהי כִּי־נוֹרָא הוּא אֲשֶׁר אֲנִי עֹשֶׂה עִמָּךְ: *Sexta* שְׁמָר־
לְךָ אֵת אֲשֶׁר אָנֹכִי מְצַוְּךָ הַיּוֹם הִנְנִי גֹרֵשׁ מִפָּנֶיךָ אֶת־הָאֱמֹרִי וְהַכְּנַעֲנִי
וְהַחִתִּי וְהַפְּרִזִּי וְהַחִוִּי וְהַיְבוּסִי: הִשָּׁמֶר לְךָ פֶּן־תִּכְרֹת בְּרִית לְיוֹשֵׁב הָאָרֶץ
אֲשֶׁר אַתָּה בָּא עָלֶיהָ פֶּן־יִהְיֶה לְמוֹקֵשׁ בְּקִרְבֶּךָ: כִּי אֶת־מִזְבְּחֹתָם תִּתֹּצוּן
וְאֶת־מַצֵּבֹתָם תְּשַׁבֵּרוּן וְאֶת־אֲשֵׁרָיו תִּכְרֹתוּן: כִּי לֹא תִשְׁתַּחֲוֶה לְאֵל אַחֵר
כִּי יְהוָה אדני יאהדונהי קַנָּא שְׁמוֹ אֵל קַנָּא הוּא: פֶּן־תִּכְרֹת בְּרִית לְיוֹשֵׁב הָאָרֶץ
וְזָנוּ | אַחֲרֵי אֱלֹהֵיהֶם וְזָבְחוּ לֵאלֹהֵיהֶם וְקָרָא לְךָ וְאָכַלְתָּ מִזִּבְחוֹ: וְלָקַחְתָּ
מִבְּנֹתָיו לְבָנֶיךָ וְזָנוּ בְנֹתָיו אַחֲרֵי אֱלֹהֵיהֶן וְהִזְנוּ אֶת־בָּנֶיךָ אַחֲרֵי אֱלֹהֵיהֶן:
אֱלֹהֵי מַסֵּכָה לֹא תַעֲשֶׂה־לָּךְ: *Séptima* אֶת־חַג הַמַּצּוֹת תִּשְׁמֹר שִׁבְעַת יָמִים
תֹּאכַל מַצּוֹת אֲשֶׁר צִוִּיתִךָ לְמוֹעֵד חֹדֶשׁ הָאָבִיב כִּי בְּחֹדֶשׁ הָאָבִיב יָצָאתָ
מִמִּצְרָיִם: כָּל־פֶּטֶר רֶחֶם לִי וְכָל־מִקְנְךָ תִּזָּכָר פֶּטֶר שׁוֹר וָשֶׂה: וּפֶטֶר חֲמוֹר
תִּפְדֶּה בְשֶׂה וְאִם־לֹא תִפְדֶּה וַעֲרַפְתּוֹ כֹּל בְּכוֹר בָּנֶיךָ תִּפְדֶּה וְלֹא־יֵרָאוּ פָנַי
רֵיקָם: שֵׁשֶׁת יָמִים תַּעֲבֹד וּבַיּוֹם הַשְּׁבִיעִי תִּשְׁבֹּת בֶּחָרִישׁ וּבַקָּצִיר תִּשְׁבֹּת:

Y Moshé se apresuró en arrodillarse en la tierra y postrarse. Dijo: 'Si ahora, Señor, he hallado gracia ante Tus ojos, vaya ahora el Señor en medio de nosotros, aunque el pueblo sea de dura cerviz; y perdona nuestra iniquidad y nuestro pecado, y tómanos como Tu heredad'. Y Dios contestó: 'He aquí que voy a hacer un pacto. Delante de todo tu pueblo haré maravillas que no se han hecho en toda la Tierra ni en ninguna de las naciones; y todo el pueblo en medio del cual estás verá la obra del Señor, porque es cosa temible la que haré contigo. **SEXTA** *Observa lo que te mando hoy: he aquí que Yo echo de delante de ti al amorreo, al cananeo, al hitita, al ferezeo, al heveo y al jebuseo. Cuídate de no hacer pacto con los habitantes de la tierra adonde vas, no sea que esto se convierta en tropiezo en medio de ti. En lugar de ello, derribarán sus altares y quebrarán sus pilares y cortarán sus árboles sagrados. Porque no adorarás a dios ajeno, ya que el Señor, cuyo nombre es Celoso, es Dios celoso. No sea que hagas pacto con los habitantes de aquella tierra, y cuando se prostituyan con sus dioses y les ofrezcan sacrificios, alguien te invite y comas de su sacrificio; y tomes de sus hijas para tus hijos, y ellas se prostituyan con sus dioses, y hagan que también tus hijos se prostituyan con los dioses de ellas. No te harás dioses de fundición.* **SÉPTIMA** *Guardarás la fiesta de las matsot, conforme te he mandado, por siete días comerás matsot en el tiempo señalado en el mes de primavera, porque en el mes de primavera saliste de Egipto. Todo primogénito de vientre me pertenece, y de todo rebaño tuyo, el primogénito de vaca y de oveja, que sea macho. Redimirás con una oveja o cabrito el primer nacido de asno; y si no lo redimes, quebrarás su cerviz. Redimirás a todo primogénito de tus hijos; nadie se presentará ante Mí con las manos vacías. Seis días trabajarás y en el séptimo día te abstendrás de trabajar; te abstendrás de arar y de segar.*

וְחַג שָׁבֻעֹת תַּעֲשֶׂה לְךָ בִּכּוּרֵי קְצִיר חִטִּים וְחַג הָאָסִיף תְּקוּפַת הַשָּׁנָה׃
שָׁלֹשׁ פְּעָמִים בַּשָּׁנָה יֵרָאֶה כָּל־זְכוּרְךָ אֶת־פְּנֵי הָאָדֹן ׀ יְהֹוָה אהדונהי אֱלֹהֵי
יִשְׂרָאֵל׃ כִּי־אוֹרִישׁ גּוֹיִם מִפָּנֶיךָ וְהִרְחַבְתִּי אֶת־גְּבֻלֶךָ וְלֹא־יַחְמֹד אִישׁ אֶת־
אַרְצְךָ בַּעֲלֹתְךָ לֵרָאוֹת אֶת־פְּנֵי יְהֹוָה אהדונהי אֱלֹהֶיךָ שָׁלֹשׁ פְּעָמִים בַּשָּׁנָה׃
לֹא־תִשְׁחַט עַל־חָמֵץ דַּם־זִבְחִי וְלֹא־יָלִין לַבֹּקֶר זֶבַח חַג הַפָּסַח׃ רֵאשִׁית
בִּכּוּרֵי אַדְמָתְךָ תָּבִיא בֵּית יְהֹוָה אהדונהי אֱלֹהֶיךָ לֹא־תְבַשֵּׁל גְּדִי בַּחֲלֵב אִמּוֹ׃

Luego de la lectura, recitar Medio *Kadish* en las páginas 501-502, leer el *Maftir* según el día en las páginas 743-744, y luego decir la bendición antes de la *Haftará* en la página 502.

HAFTARÁ PARA SHABAT JOL HAMOED

וְהָיָה ׀ בַּיּוֹם הַהוּא בְּיוֹם בּוֹא גוֹג עַל־אַדְמַת יִשְׂרָאֵל נְאֻם אֲדֹנָי
יֱהֹוִה אהדונהי תַּעֲלֶה חֲמָתִי בְּאַפִּי׃ וּבְקִנְאָתִי בְאֵשׁ־עֶבְרָתִי דִּבַּרְתִּי אִם־לֹא ׀
בַּיּוֹם הַהוּא יִהְיֶה רַעַשׁ גָּדוֹל עַל אַדְמַת יִשְׂרָאֵל׃ וְרָעֲשׁוּ מִפָּנַי דְּגֵי הַיָּם
וְעוֹף הַשָּׁמַיִם וְחַיַּת הַשָּׂדֶה וְכָל־הָרֶמֶשׂ הָרֹמֵשׂ עַל־הָאֲדָמָה וְכֹל הָאָדָם
אֲשֶׁר עַל־פְּנֵי הָאֲדָמָה וְנֶהֶרְסוּ הֶהָרִים וְנָפְלוּ הַמַּדְרֵגוֹת וְכָל־חוֹמָה לָאָרֶץ
תִּפּוֹל׃ וְקָרָאתִי עָלָיו לְכָל־הָרַי חֶרֶב נְאֻם אֲדֹנָי יֱהֹוִה אהדונהי חֶרֶב אִישׁ
בְּאָחִיו תִּהְיֶה׃ וְנִשְׁפַּטְתִּי אִתּוֹ בְּדֶבֶר וּבְדָם וְגֶשֶׁם שׁוֹטֵף וְאַבְנֵי אֶלְגָּבִישׁ
אֵשׁ וְגָפְרִית אַמְטִיר עָלָיו וְעַל־אֲגַפָּיו וְעַל־עַמִּים רַבִּים אֲשֶׁר אִתּוֹ׃

Celebrarás la festividad de Shavuot con los primeros frutos de la siega del trigo, y la fiesta de la cosecha al final del cambio anual de temporadas. Tres veces al año se presentarán todos tus varones delante del Amo, el Señor, Dios de Israel. Porque Yo expulsaré a las naciones de tu presencia y expandiré tus fronteras, y nadie codiciará tu tierra cuando subas tres veces al año a presentarte delante del Señor, tu Dios. No ofrecerás la sangre de Mi sacrificio con pan leudado, ni se dejará nada del sacrificio de la festividad de Pésaj hasta la mañana. Traerás al Templo del Señor, tu Dios, las primicias de los primeros frutos de tu tierra. No cocerás el cabrito en la leche de su madre" (Éxodo 33:12-34:26).

HAFTARÁ DE SHABAT JOL HAMOED

"Sucederá en aquel día cuando venga Gog contra la tierra de Israel —declara el Señor, mi Dios— que subirá Mi ira. Porque hablaré por medio de Mi indignación y Mi furia. Juro que ese día habrá un gran terremoto en la tierra de Israel. Y temblarán ante Mí los peces del mar, las aves del cielo, las bestias del campo y todos los animales que se arrastran sobre la tierra, y cada ser humano sobre la faz de la Tierra. Los montes se derrumbarán, se desplomarán los precipicios y todo muro caerá por tierra. En todos Mis montes llamaré contra él la espada; declara el Señor, Dios. La espada de cada hombre se volverá contra su hermano. Lo castigaré con pestilencia y sangre, lluvia torrencial, de piedras de granizo, fuego y azufre sobre él, sobre sus tropas, y sobre los muchos pueblos que están con él.

וְהִתְגַּדִּלְתִּי וְהִתְקַדִּשְׁתִּי וְנוֹדַעְתִּי לְעֵינֵי גּוֹיִם רַבִּים וְיָדְעוּ כִּי־אֲנִי
יְהֹוָה: וְאַתָּה בֶן־אָדָם הִנָּבֵא עַל־גּוֹג וְאָמַרְתָּ כֹּה אָמַר אֲדֹנָי
יֱהֹוִה הִנְנִי אֵלֶיךָ גּוֹג נְשִׂיא רֹאשׁ מֶשֶׁךְ וְתֻבָל: וְשֹׁבַבְתִּיךָ
וְשִׁשֵּׁאתִיךָ וְהַעֲלִיתִיךָ מִיַּרְכְּתֵי צָפוֹן וַהֲבִאוֹתִךָ עַל־הָרֵי יִשְׂרָאֵל: וְהִכֵּיתִי
קַשְׁתְּךָ מִיַּד שְׂמֹאולֶךָ וְחִצֶּיךָ מִיַּד יְמִינְךָ אַפִּיל: עַל־הָרֵי יִשְׂרָאֵל תִּפּוֹל
אַתָּה וְכָל־אֲגַפֶּיךָ וְעַמִּים אֲשֶׁר אִתָּךְ לְעֵיט צִפּוֹר כָּל־כָּנָף וְחַיַּת הַשָּׂדֶה
נְתַתִּיךָ לְאָכְלָה: עַל־פְּנֵי הַשָּׂדֶה תִּפּוֹל כִּי אֲנִי דִבַּרְתִּי נְאֻם אֲדֹנָי
יֱהֹוִה: וְשִׁלַּחְתִּי־אֵשׁ בְּמָגוֹג וּבְיֹשְׁבֵי הָאִיִּים לָבֶטַח וְיָדְעוּ כִּי־אֲנִי
יְהֹוָה: וְאֶת־שֵׁם קָדְשִׁי אוֹדִיעַ בְּתוֹךְ עַמִּי יִשְׂרָאֵל וְלֹא־אַחֵל
אֶת־שֵׁם־קָדְשִׁי עוֹד וְיָדְעוּ הַגּוֹיִם כִּי־אֲנִי יְהֹוָה קָדוֹשׁ בְּיִשְׂרָאֵל:
הִנֵּה בָאָה וְנִהְיָתָה נְאֻם אֲדֹנָי יֱהֹוִה הוּא הַיּוֹם אֲשֶׁר דִּבַּרְתִּי:
וְיָצְאוּ יֹשְׁבֵי ׀ עָרֵי יִשְׂרָאֵל וּבִעֲרוּ וְהִשִּׂיקוּ בְּנֶשֶׁק וּמָגֵן וְצִנָּה בְּקֶשֶׁת
וּבְחִצִּים וּבְמַקֵּל יָד וּבְרֹמַח וּבִעֲרוּ בָהֶם אֵשׁ שֶׁבַע שָׁנִים: וְלֹא־יִשְׂאוּ עֵצִים
מִן־הַשָּׂדֶה וְלֹא יַחְטְבוּ מִן־הַיְּעָרִים כִּי בַנֶּשֶׁק יְבַעֲרוּ־אֵשׁ וְשָׁלְלוּ
אֶת־שֹׁלְלֵיהֶם וּבָזְזוּ אֶת־בֹּזְזֵיהֶם נְאֻם אֲדֹנָי יֱהֹוִה: וְהָיָה בַיּוֹם הַהוּא
אֶתֵּן לְגוֹג ׀ מְקוֹם־שָׁם קֶבֶר בְּיִשְׂרָאֵל גֵּי הָעֹבְרִים קִדְמַת הַיָּם וְחֹסֶמֶת
הִיא אֶת־הָעֹבְרִים וְקָבְרוּ שָׁם אֶת־גּוֹג וְאֶת־כָּל־הֲמוֹנֹה וְקָרְאוּ גֵּיא
הֲמוֹן גּוֹג: וּקְבָרוּם בֵּית יִשְׂרָאֵל לְמַעַן טַהֵר אֶת־הָאָרֶץ שִׁבְעָה חֳדָשִׁים:

Seré engrandecido y santificado, y seré conocido a ojos de muchas naciones; y sabrán que Yo soy el Señor. Y tú, hombre, profetiza contra Gog, y di: Así dice el Señor, Dios: He aquí, Yo estoy contra ti, Gog, príncipe, líder de Mesec y Tubal. Te desviaré y te seduciré, te recogeré de las partes remotas del Norte y te traeré a los montes de Israel. Golpearé el arco de tu mano izquierda y derribaré las saetas de tu mano derecha. Caerás sobre los montes de Israel, tú y todas tus tropas y los pueblos que están contigo. Te daré por comida a toda ave de rapiña y a las bestias del campo. Sobre el campo abierto caerás; porque soy Yo el que ha hablado; declara el Señor, Dios. Y enviaré fuego contra Magog y sobre los que habitan seguros en las islas, y sabrán que Yo soy el Señor. Daré a conocer Mi Santo Nombre en medio de Mi pueblo, Israel, y jamás permitiré que Mi Santo Nombre sea profanado y las naciones sabrán que Yo soy el Señor, el Santo en Israel. He aquí que viene y se cumplirá —declara el Señor Dios—, este es el día del cual he hablado. Entonces saldrán los habitantes de las ciudades de Israel y harán hogueras con las armas, escudos, paveses, arcos y saetas, mazas y lanzas, y harán fuego con ellos durante siete años. No tomarán leña del campo ni la cortarán de los bosques, porque harán hogueras con las armas. Despojarán a sus despojadores y saquearán a sus saqueadores; declara el Señor, Dios. En aquel día daré a Gog un lugar para sepultura allí en Israel, el valle de los viajeros, y allí enterrarán a Gog con toda su multitud, y lo llamarán el valle de la Multitud de Gog. La familia de Israel los estará enterrando durante siete meses, a fin de limpiar la tierra.

וְקָבְרוּ כָּל־עַם הָאָרֶץ וְהָיָה לָהֶם לְשֵׁם יוֹם הִכָּבְדִי נְאֻם אֲדֹנָי
יֱהֹוִה|אדני|יאהדונהי: וְאַנְשֵׁי תָמִיד יַבְדִּילוּ עֹבְרִים בָּאָרֶץ מְקַבְּרִים אֶת־הָעֹבְרִים
אֶת־הַנּוֹתָרִים עַל־פְּנֵי הָאָרֶץ לְטַהֲרָהּ מִקְצֵה שִׁבְעָה־חֳדָשִׁים יַחְקֹרוּ: וְעָבְרוּ
הָעֹבְרִים בָּאָרֶץ וְרָאָה עֶצֶם אָדָם וּבָנָה אֶצְלוֹ צִיּוּן עַד קָבְרוּ אֹתוֹ
הַמְקַבְּרִים אֶל־גֵּיא הֲמוֹן גּוֹג: וְגַם שֶׁם־עִיר הֲמוֹנָה וְטִהֲרוּ הָאָרֶץ:

Decir la bendición después de la *Haftará* en las páginas 503-504.

LECTURA DE LA TORÁ PARA EL 16 DE TISHREI – 1° DÍA DE JOL HAMOED

Se llaman a cuatro personas para subir a la Torá en *Jol Hamoed*.

וּבַיּוֹם הַשֵּׁנִי פָּרִים בְּנֵי־בָקָר שְׁנֵים עָשָׂר אֵילִם שְׁנָיִם כְּבָשִׂים בְּנֵי־שָׁנָה
אַרְבָּעָה עָשָׂר תְּמִימִם: וּמִנְחָתָם וְנִסְכֵּיהֶם לַפָּרִים לָאֵילִם וְלַכְּבָשִׂים
בְּמִסְפָּרָם כַּמִּשְׁפָּט: וּשְׂעִיר־עִזִּים אֶחָד חַטָּאת מִלְּבַד עֹלַת הַתָּמִיד
וּמִנְחָתָהּ וְנִסְכֵּיהֶם:

En *Jol Hamoed* (no en *Shabat*) decir Medio *Kadish* en las págs. 501-502, luego regresar la Torá al Arca en la pág. 663 y después seguir con *Shajarit* para *Jol Hamoed* en la pág. 664.

LECTURA DE LA TORÁ PARA EL 17 DE TISHREI – 2° DÍA DE JOL HAMOED

Se llaman a cuatro personas para subir a la Torá en *Jol Hamoed*.
Si *Shabat Jol Hamoed* cae el 17 de *Tishrei*, leemos esta sección como *Maftir*.

וּבַיּוֹם הַשְּׁלִישִׁי פָּרִים עַשְׁתֵּי־עָשָׂר אֵילִם שְׁנָיִם כְּבָשִׂים בְּנֵי־שָׁנָה אַרְבָּעָה
עָשָׂר תְּמִימִם: וּמִנְחָתָם וְנִסְכֵּיהֶם לַפָּרִים לָאֵילִם וְלַכְּבָשִׂים בְּמִסְפָּרָם
כַּמִּשְׁפָּט: וּשְׂעִיר חַטָּאת אֶחָד מִלְּבַד עֹלַת הַתָּמִיד וּמִנְחָתָהּ וְנִסְכָּהּ:

En *Jol Hamoed* decir Medio *Kadish* en las págs. 501-502, luego regresar la Torá al Arca en la pág. 663 y después seguir con *Shajarit* para *Jol Hamoed* en la pág. 664. **En *Shabat Jol Hamoed***, continuar con la *Haftará* en la pág. 741.

Todo el pueblo de la tierra los enterrará; y será para ellos memorable el día en que Yo manifieste Mi gloria; declara el Señor, Dios. Escogerán guardias oficiales que recorran la tierra y entierren a los que pasen, a los que queden sobre la superficie de la tierra, a fin de limpiarla. Al cabo de siete meses harán una inspección. Y cuando pasen los que recorran la tierra, el que vea un hueso humano, construirá una señal junto a él, hasta que los sepultureros lo entierren en el Valle de la Multitud de Gog. Y el nombre de la ciudad será Hamoná, y dejarán limpia la tierra" (Ezequiel 38:18-39:16).

LECTURA DE LA TORÁ PARA EL 16 DE TISHREI – 1° DÍA DE JOL HAMOED

"Y en el segundo día presentarán doce novillos, dos carneros, catorce corderos de un año, sin defecto, y su ofrenda de cereal, y sus libaciones por los novillos, por los carneros y por los corderos, por su número según la ordenanza; y un macho cabrío como ofrenda por pecado, además del holocausto continuo, de su ofrenda de cereal y de sus libaciones" (Números 29:17-19).

LECTURA DE LA TORÁ PARA EL 17 DE TISHREI – 2° DÍA DE JOL HAMOED

"Y en el tercer día once novillos, dos carneros, catorce corderos de un año, sin defecto, y su ofrenda de cereal, y sus libaciones por los novillos, por los carneros y por los corderos, por su número según la ordenanza; y un macho cabrío como ofrenda por pecado, además del holocausto continuo, de su ofrenda de cereal y de su libación" (Números 29:20-22).

LECTURA DE LA TORÁ PARA EL 18 DE TISHREI – 3° DÍA DE JOL HAMOED

Se llaman a cuatro personas para subir a la Torá en *Jol Hamoed*.

וּבַיּוֹם הָרְבִיעִי פָּרִים עֲשָׂרָה אֵילִם שְׁנָיִם כְּבָשִׂים בְּנֵי־שָׁנָה אַרְבָּעָה עָשָׂר
תְּמִימִם׃ מִנְחָתָם וְנִסְכֵּיהֶם לַפָּרִים לָאֵילִם וְלַכְּבָשִׂים בְּמִסְפָּרָם כַּמִּשְׁפָּט׃
וּשְׂעִיר־עִזִּים אֶחָד חַטָּאת מִלְּבַד עֹלַת הַתָּמִיד מִנְחָתָהּ וְנִסְכָּהּ׃

En *Jol Hamoed* (no en *Shabat*) decir Medio *Kadish* en las págs. 501-502, luego regresar la Torá al Arca en la pág. 663 y después seguir con *Shajarit* para *Jol Hamoed* en la pág. 664.

LECTURA DE LA TORÁ PARA EL 19 DE TISHREI – 4° DÍA DE JOL HAMOED

Se llaman a cuatro personas para subir a la Torá en *Jol Hamoed*.
Si *Shabat Jol Hamoed* cae el 19 de *Tishrei*, leemos esta sección como *Maftir*.

וּבַיּוֹם הַחֲמִישִׁי פָּרִים תִּשְׁעָה אֵילִם שְׁנָיִם כְּבָשִׂים בְּנֵי־שָׁנָה אַרְבָּעָה עָשָׂר
תְּמִימִם׃ וּמִנְחָתָם וְנִסְכֵּיהֶם לַפָּרִים לָאֵילִם וְלַכְּבָשִׂים בְּמִסְפָּרָם כַּמִּשְׁפָּט׃
וּשְׂעִיר חַטָּאת אֶחָד מִלְּבַד עֹלַת הַתָּמִיד וּמִנְחָתָהּ וְנִסְכָּהּ׃

En *Jol Hamoed* decir Medio *Kadish* en las págs. 501-502, luego regresar la Torá al Arca en la pág. 663 y después seguir con *Shajarit* para *Jol Hamoed* en la pág. 664. **En *Shabat Jol Hamoed***, continuar con la *Haftará* en la pág. 741.

LECTURA DE LA TORÁ PARA EL 20 DE TISHREI – 5° DÍA DE JOL HAMOED

Se llaman a cuatro personas para subir a la Torá en *Jol Hamoed*.
Si *Shabat Jold Hamoed* cae el 20 de *Tishrei*, leemos esta sección como *Maftir*.

וּבַיּוֹם הַשִּׁשִּׁי פָּרִים שְׁמֹנָה אֵילִם שְׁנָיִם כְּבָשִׂים בְּנֵי־שָׁנָה אַרְבָּעָה עָשָׂר
תְּמִימִם׃ וּמִנְחָתָם וְנִסְכֵּיהֶם לַפָּרִים לָאֵילִם וְלַכְּבָשִׂים בְּמִסְפָּרָם כַּמִּשְׁפָּט׃
וּשְׂעִיר חַטָּאת אֶחָד מִלְּבַד עֹלַת הַתָּמִיד מִנְחָתָהּ וּנְסָכֶיהָ׃

En *Jol Hamoed* decir Medio *Kadish* en las págs. 501-502, luego regresar la Torá al Arca en la pág. 663 y después seguir con *Shajarit* para *Jol Hamoed* en la pág. 664. **En *Shabat Jol Hamoed***, continuar con la *Haftará* en la pág. 741.

LECTURA DE LA TORÁ PARA EL 18 DE TISHREI – 3° DÍA DE JOL HAMOED

"Y en el cuarto día diez novillos, dos carneros, catorce corderos de un año, sin defecto, y su ofrenda de cereal y sus libaciones por los novillos, por los carneros y por los corderos, por su número según la ordenanza; y un macho cabrío como ofrenda por pecado, además del holocausto continuo, de su ofrenda de cereal y de su libación" (*Números 29:23-25*).

LECTURA DE LA TORÁ PARA EL 19 DE TISHREI – 4° DÍA DE JOL HAMOED

"Y en el quinto día nueve novillos, dos carneros, catorce corderos de un año, sin defecto, y su ofrenda de cereal y sus libaciones por los novillos, por los carneros y por los corderos, por su número según la ordenanza; y un macho cabrío como ofrenda por pecado, además del holocausto continuo, de su ofrenda de cereal y de su libación" (*Números 29:26-28*).

LECTURA DE LA TORÁ PARA EL 20 DE TISHREI – 5° DÍA DE JOL HAMOED

"Y en el sexto día ocho novillos, dos carneros, catorce corderos de un año, sin defecto, y su ofrenda de cereal y sus libaciones por los novillos, por los carneros y por los corderos, por su número según la ordenanza; y un macho cabrío como ofrenda por pecado, además del holocausto continuo, de su ofrenda de cereal y de sus libaciones" (*Números 29:29-31*).

LECTURA DE LA TORÁ PARA HOSHANÁ RABÁ

Se llaman a cuatro personas para subir a la Torá en *Hoshaná Rabá*.

וּבַיּוֹם הַשְּׁבִיעִי פָּרִים שִׁבְעָה אֵילִם שְׁנָיִם כְּבָשִׂים בְּנֵי־שָׁנָה אַרְבָּעָה עָשָׂר
תְּמִימִם׃ וּמִנְחָתָם וְנִסְכֵּהֶם לַפָּרִים לָאֵילִם וְלַכְּבָשִׂים בְּמִסְפָּרָם כְּמִשְׁפָּטָם׃
וּשְׂעִיר חַטָּאת אֶחָד מִלְּבַד עֹלַת הַתָּמִיד מִנְחָתָהּ וְנִסְכָּהּ׃

En ***Hoshaná Rabá*** decir Medio *Kadish* en las págs. 501-502, luego regresar la Torá al Arca en la pág. 663 y después seguir con *Shajarit* para *Jol Hamoed* en la pág. 664.

LECTURA DE LA TORÁ PARA HOSHANÁ RABÁ

"Y en el séptimo día siete novillos, dos carneros, catorce corderos de un año, sin defecto, y su ofrenda de cereal y sus libaciones por los novillos, por los carneros y por sus corderos, por su número según la ordenanza; y un macho cabrío como ofrenda por pecado, además del holocausto continuo, de su ofrenda de cereal y de su libación" (Números 29:32-34).

LECTURA DE LA TORÁ PARA SIMJAT TORÁ

וְזֹאת הַבְּרָכָה אֲשֶׁר בֵּרַךְ מֹשֶׁה אִישׁ הָאֱלֹהִים אֶת־בְּנֵי יִשְׂרָאֵל לִפְנֵי
מוֹתוֹ: וַיֹּאמַר יְהֹוָה אהדונהי מִסִּינַי בָּא וְזָרַח מִשֵּׂעִיר לָמוֹ הוֹפִיעַ מֵהַר פָּארָן
וְאָתָה מֵרִבְבֹת קֹדֶשׁ מִימִינוֹ אֵשׁ דָּת (כתיב: אשדת) לָמוֹ: אַף חֹבֵב עַמִּים
כָּל־קְדֹשָׁיו בְּיָדֶךָ וְהֵם תֻּכּוּ לְרַגְלֶךָ יִשָּׂא מִדַּבְּרֹתֶיךָ: תּוֹרָה צִוָּה־לָנוּ מֹשֶׁה
מוֹרָשָׁה קְהִלַּת יַעֲקֹב: וַיְהִי בִישֻׁרוּן מֶלֶךְ בְּהִתְאַסֵּף רָאשֵׁי עָם יַחַד שִׁבְטֵי
יִשְׂרָאֵל: יְחִי רְאוּבֵן וְאַל־יָמֹת וִיהִי מְתָיו מִסְפָּר: וְזֹאת לִיהוּדָה וַיֹּאמַר
שְׁמַע יְהֹוָה אהדונהי קוֹל יְהוּדָה וְאֶל־עַמּוֹ תְּבִיאֶנּוּ יָדָיו רָב לוֹ וְעֵזֶר מִצָּרָיו
תִּהְיֶה: *Levi* וּלְלֵוִי אָמַר תֻּמֶּיךָ וְאוּרֶיךָ לְאִישׁ חֲסִידֶךָ אֲשֶׁר נִסִּיתוֹ בְּמַסָּה
תְּרִיבֵהוּ עַל־מֵי מְרִיבָה: הָאֹמֵר לְאָבִיו וּלְאִמּוֹ לֹא רְאִיתִיו וְאֶת־אֶחָיו לֹא
הִכִּיר וְאֶת־בָּנָו לֹא יָדָע כִּי שָׁמְרוּ אִמְרָתֶךָ וּבְרִיתְךָ יִנְצֹרוּ: יוֹרוּ מִשְׁפָּטֶיךָ
לְיַעֲקֹב וְתוֹרָתְךָ לְיִשְׂרָאֵל יָשִׂימוּ קְטוֹרָה בְּאַפֶּךָ וְכָלִיל עַל־מִזְבְּחֶךָ: בָּרֵךְ
יְהֹוָה אהדונהי חֵילוֹ וּפֹעַל יָדָיו תִּרְצֶה מְחַץ מָתְנַיִם קָמָיו וּמְשַׂנְאָיו מִן־
יְקוּמוּן: לְבִנְיָמִן אָמַר יְדִיד יְהֹוָה אהדונהי יִשְׁכֹּן לָבֶטַח עָלָיו חֹפֵף עָלָיו כָּל־
הַיּוֹם וּבֵין כְּתֵפָיו שָׁכֵן: *Israel* וּלְיוֹסֵף אָמַר מְבֹרֶכֶת יְהֹוָה אהדונהי אַרְצוֹ
מִמֶּגֶד שָׁמַיִם מִטָּל וּמִתְּהוֹם רֹבֶצֶת תָּחַת: וּמִמֶּגֶד תְּבוּאֹת שָׁמֶשׁ
וּמִמֶּגֶד גֶּרֶשׁ יְרָחִים: וּמֵרֹאשׁ הַרְרֵי־קֶדֶם וּמִמֶּגֶד גִּבְעוֹת עוֹלָם:

LECTURA DE LA TORÁ PARA SIMJAT TORÁ

"Esta es la bendición con la que Moshé, hombre de Dios, bendijo a los hijos de Israel antes de morir. Y dijo: 'El Señor vino del Sinaí, les esclareció desde Seir; resplandeció desde el Monte Parán, y vino de en medio de miríadas santas; de Su diestra les presentó una Torá centellante. En verdad, Él ama las tribus; todos Sus santos están en Tus manos, pues están postrados a Tus pies aceptando la carga de Tus palabras. La Torá que nos prescribió Moshé, una herencia para la congregación de Yaakov. Él era rey en Yeshurún cuando se reunieron los líderes de la nación, junto con las tribus de Israel. Que Rubén viva y no muera, y que no sean pocos sus hombres. En cuanto a Yehuda, esto dijo: Escucha, Señor, la oración de Yehuda y tráelo a salvo con su pueblo. Que sus manos le proporcionen triunfos y Tú seas su ayuda contra sus adversarios. **LEVÍ** *Y a Leví dijo: Que tu Tumim y tu Urim sean para tu varón devoto, a quien pusiste a prueba en Masá y desafiaste en las aguas de Meribá; el que dijo de su padre y de su madre: 'No los hemos visto' y no reconoció a sus hermanos, ni consideró a sus propios hijos, porque obedecieron Tu palabra y guardaron Tu pacto. Ellos tendrán el mérito de enseñar Tus ordenanzas a Yaakov y Tu Torá a Israel. Pondrán incienso delante de Tu presencia y holocaustos sobre Tu altar. Bendice, Señor, sus recursos y acepta la obra de sus manos. Quebranta los lomos de los que se levantan contra él, y que sus enemigos no se levanten más. De Binyamín, dijo: Que el amado del Señor habite en seguridad junto a Él, que le protege todo el día y mora entre cuyos hombros.* **ISRAEL** *Y de Yosef, dijo: Que el Señor bendiga su tierra, con abundancia de rocío del cielo y con las aguas profundas que yacen debajo; con lo mejor de los frutos que madura el Sol y con los mejores productos que madura la Luna; con lo mejor de los montes antiguos y con lo selecto de los collados eternamente fértiles;*

וּמִמֶּגֶד אֶרֶץ וּמְלֹאָהּ וּרְצוֹן שֹׁכְנִי סְנֶה תָּבוֹאתָה לְרֹאשׁ יוֹסֵף וּלְקָדְקֹד נְזִיר
אֶחָיו: בְּכוֹר שׁוֹרוֹ הָדָר לוֹ וְקַרְנֵי רְאֵם קַרְנָיו בָּהֶם עַמִּים יְנַגַּח יַחְדָּו אַפְסֵי־
אָרֶץ וְהֵם רִבְבוֹת אֶפְרַיִם וְהֵם אַלְפֵי מְנַשֶּׁה: *Cuarta* וְלִזְבוּלֻן אָמַר שְׂמַח
זְבוּלֻן בְּצֵאתֶךָ וְיִשָּׂשכָר בְּאֹהָלֶיךָ: עַמִּים הַר־יִקְרָאוּ שָׁם יִזְבְּחוּ זִבְחֵי־צֶדֶק
כִּי שֶׁפַע יַמִּים יִינָקוּ וּשְׂפֻנֵי טְמוּנֵי חוֹל: וּלְגָד אָמַר בָּרוּךְ מַרְחִיב גָּד
כְּלָבִיא שָׁכֵן וְטָרַף זְרוֹעַ אַף־קָדְקֹד: וַיַּרְא רֵאשִׁית לוֹ כִּי־שָׁם חֶלְקַת
מְחֹקֵק סָפוּן וַיֵּתֵא רָאשֵׁי עָם צִדְקַת יְהֹוָה עָשָׂה וּמִשְׁפָּטָיו עִם־
יִשְׂרָאֵל: *Quinta* וּלְדָן אָמַר דָּן גּוּר אַרְיֵה יְזַנֵּק מִן־הַבָּשָׁן: וּלְנַפְתָּלִי אָמַר
נַפְתָּלִי שְׂבַע רָצוֹן וּמָלֵא בִּרְכַּת יְהֹוָה יָם וְדָרוֹם יְרָשָׁה: וּלְאָשֵׁר
אָמַר בָּרוּךְ מִבָּנִים אָשֵׁר יְהִי רְצוּי אֶחָיו וְטֹבֵל בַּשֶּׁמֶן רַגְלוֹ: בַּרְזֶל וּנְחֹשֶׁת
מִנְעָלֶךָ וּכְיָמֶיךָ דָּבְאֶךָ: אֵין כָּאֵל יְשֻׁרוּן רֹכֵב שָׁמַיִם בְּעֶזְרֶךָ וּבְגַאֲוָתוֹ שְׁחָקִים:

PERMISO PARA JATÁN TORÁ

מֵרְשׁוּת mershut הָאֵל haEl הַגָּדוֹל hagadol הַגִּבּוֹר haguibor וְהַנּוֹרָא vehanorá,
וּמֵרְשׁוּת omershut מִפָּז mipaz וּמִפְּנִינִים umipninim יְקָרָה yekará,
וּמֵרְשׁוּת umershut סַנְהֶדְרִין sanhedrín הַקְּדוֹשָׁה hakedoshá וְהַטְּהוֹרָה vehatehorá,
וּמֵרְשׁוּת vmershut רָאשֵׁי rashei יְשִׁיבוֹת yeshivot וְאַלּוּפֵי vealufei הַתּוֹרָה hatorá,

---

con lo mejor de la tierra y su totalidad, y el favor de Él que habitaba en la zarza. Que descienda esta bendición sobre la cabeza de Yosef y sobre la coronilla del que fue separado de sus hermanos. Su majestad es como la del primogénito del toro, y sus cuernos son los cuernos del búfalo; con ellos empujará a los pueblos, todos juntos, hasta los confines de la Tierra. Tales son las miríadas de las víctimas de Efráyim y tales las miríadas de las víctimas de Menashé. **CUARTA** *Y de Zevulún, dijo: Alégrate, Zevulún, en tus excursiones, e Yisasjar, en tus tiendas. Las tribus se llamarán al Templo del Monte; allí ofrecerán sacrificios de justicia, pues recibirán de la abundancia de los mares y de los tesoros escondidos en la arena. Y de Gad, dijo: Bendito sea Él, que ensancha a Gad; se echa como león y desgarra el brazo y también la coronilla. Él reservó para sí la primera parte, pues allí la porción de Legislador estaba oculta. Él vino con los jefes de la tribu; y ejecutó la justicia del Señor y Sus ordenanzas con Israel.* **QUINTA** *Y de Dan, dijo: Dan es cachorro de león que salta desde Basán. Y de Naftalí, dijo: Naftalí, colmado de favores y lleno de la bendición del Señor, toma posesión del mar y la costa del Sur. Y de Asher, dijo: Que Asher sea el más bendecido con hijos; que sea grato a sus hermanos y moje su pie en aceite. De hierro y de bronce serán tus cerrojos, y tu vejez será como los días de tu juventud. Nadie hay como el Dios [de] Yeshurún. Él cabalga los Cielos para venir en tu ayuda, y las alturas excelsas en Su majestad"* (Deuteronomio 33:1-26).

PERMISO PARA JATÁN TORÁ

Con el permiso del gran, poderoso y majestuoso Dios;

con el permiso de [la Torá] la cual es más preciosa que el oro y las joyas más finas; con el permiso del sagrado y elevado Sanhedrín; con el permiso de los líderes de academias y los estudiosos de la Torá,

וּמֵרְשׁוּת umershut זְקֵנִים zekenim וּנְעָרִים unearim יוֹשְׁבֵי yoshvei שׁוּרָה shurá,
אֶפְתַּח eftaj פִּי pi בְּשִׁירָה beshirá וּבְזִמְרָה uvezimrá, לְהוֹדוֹת lehodot
וּלְהַלֵּל ulehalel לְדָר ledar בִּנְהוֹרָא binhorá, שֶׁהֶחֱיָנוּ shehejeyanu וְקִיְּמָנוּ vekiymanu
בְּיִרְאָתוֹ beyirató הַטְּהוֹרָה hatehorá, וְהִגִּיעָנוּ vehiguianu לִשְׂמוֹחַ lismóaj
בְּשִׂמְחַת beSimjat הַתּוֹרָה haTorá, הַמְשַׂמַּחַת hamesamájat לֵב lev
וְעֵינַיִם veeináyim מְאִירָה meirá, נוֹתֶנֶת noténet עֹשֶׁר ósher וְכָבוֹד vejavod
וְחַיִּים vejayim וְתִפְאָרָה vetifará, מַאֲרֶכֶת maaréjet יָמִים yamim
וּמוֹסֶפֶת umoséfet גְּבוּרָה guevurá, לְאוֹהֲבֶיהָ leohaveha וּלְשׁוֹמְרֶיהָ uleshomreha
בְּצִוּוּי betsivui וְאַזְהָרָה veazhará, וּבְכֵן uvjén יְהִי yehí רָצוֹן ratsón
מִלִּפְנֵי milifnei הַגְּבוּרָה haguevurá, לָתֵת latet חַיִּים jayim וָחֶסֶד vajésed
וַעֲטָרָה vaatará, לְרַבִּי lerabí [nombre del *Jatán Torá*] בֵּן ben [nombre de su padre]
הַנִּבְחָר hanivjar לְהַשְׁלִים lehashlim הַתּוֹרָה hatorá: לְאַמְּצוֹ leamtsó
לְבָרְכוֹ levarjó לְגַדְּלוֹ legadló בְּתַלְמוּד betalmud תּוֹרָה torá,
לְדָרְשׁוֹ ledorshó לְהַדְּרוֹ lehadró לְוַעֲדוֹ levaadó בַּחֲבוּרָה bejavurá,
לְזָרְזוֹ lezarzó לְחַסְּנוֹ lejasnó לְטַכְּסוֹ letacsó לְיַשְּׁרוֹ leyashró לְכַבְּדוֹ lejavdó
לְלַמְּדוֹ lelamdó לֶקַח lekaj וּסְבָרָה usvará, לְמַלְּטוֹ lemaltó לְנַשְּׂאוֹ lenasó
לְסַעֲדוֹ lesaadó בְּסַעַד vesáad בְּרוּרָה berurá, לְעַדְּנוֹ leadnó לְפַרְנְסוֹ lefarnesó
לְצַדְּקוֹ letsadkó בְּעָם veam נִבְרָא nivrá, לְקָרְבוֹ lekarvó לְרַחֲמוֹ lerajamó
לְשָׁמְרוֹ leshomró מִכָּל micol צוּקָה tsuká וְצָרָה vetsará, לְתָקְפוֹ letakfó
לְסָמְכוֹ lesamjó לְתָמְכוֹ letamjó בְּרוּחַ berúaj נִשְׁבָּרָה nishbará.

---

con el permiso de los ancianos y los jóvenes que se sientan en las filas, abriré mi boca con cántico e himno para agradecer y alabarlo a Él, que mora en medio de la Luz, que nos ha mantenido vivos y nos ha sustentado mediante Su reverencia pura, y nos ha traído para regocijarnos con la alegría de la Torá que alegra el corazón e ilumina los ojos; que provee vida, prosperidad, honra y gloria; que trae buena fortuna a aquellos que caminan sus buenos y rectos caminos; que da largura de días y aumenta la fuerza de quienes la aman y guardan sus mandamientos y sanciones, los que se ocupan con su estudio y la preservan con amor y reverencia. Por lo tanto, que sea la voluntad del Omnipotente, el que otorga vida, benevolencia, diadema y corona sobre (nombre del Jatán Torá) hijo de (el nombre de su padre), quien ha sido escogido para completar la Torá, que lo fortalezca, lo bendiga y lo engrandezca en el estudio de la Torá; que lo busque para la vida, que lo glorifique y lo establezca en la sociedad; que le otorgue mérito y vida, y que lo asigne en el concejo de la Luz; que le otorgue virtud y distinción, que le enseñe conocimiento y lógica; que le permita escapar del peligro, que lo haga crecer y lo ayude con apoyo exquisito; que lo deleite, que le provea, que lo haga un justo entre el pueblo para el cual fue creado; que lo acerque, que le muestre misericordia y lo proteja contra toda angustia y tribulación; que lo fortalezca y lo asista, y lo apoye cuando su espíritu esté quebrantado.

עֲמוֹד amod עֲמוֹד amod עֲמוֹד amod

רַבִּי rabí [nombre del *Jatán Torá*] בֶּן ben [nombre de su padre] וְחָתַן jatán תּוֹרָה torá,
וְתֵן vetén כָּבוֹד cavod לָאֵל leEl גָּדוֹל gadol וְנוֹרָא venorá, וּבִשְׂכַר uvisjar
זֶה ze תִּזְכֶּה tizqué מֵאֵל meEl נוֹרָא norá, לִרְאוֹת lirot בָּנִים banim וּבְנֵי uvnei
בָנִים banim עוֹסְקִים oskim בַּתּוֹרָה batorá, וּמְקַיְּמֵי umkaymei מִצְוֹת mitsvot
בְּתוֹךְ betoj עַם am יָפָה yafá וּבָרָה uvará, וְתִזְכֶּה vetizqué לִשְׂמוֹחַ lismóaj
בְּשִׂמְחַת besimjat בֵּית beit הַבְּחִירָה habejirá, וּפָנֶיךָ ufaneja לְהָאִיר lehair
בִּצְדָקָה bitsdaká בְּאַסְפַּקְלַרְיָא beaspaklaryá הַמְּאִירָה hameirá, כִּנְבָא quenibá
יְשַׁעְיָהוּ Yeshaayahu מָלֵא malé רוּחַ rúaj עֵצָה etsá וּגְבוּרָה uguevurá,
שִׂמְחוּ simjú אֶת et יְרוּשָׁלַיִם Yerushaláyim וְגִילוּ veguilú בָהּ ba מְהֵרָה meherá,
שִׂישׂוּ sisu אִתָּהּ itá מָשׂוֹשׂ masós, כָּל jol הַמִּתְאַבְּלִים hamitabelim
עָלֶיהָ aleha בְּאֶבְלָהּ beevlá וְצָרָה vetsará. עֲמוֹד amod עֲמוֹד amod עֲמוֹד amod
רַבִּי rabí [nombre del *Jatán Torá*] בֶּן ben [nombre del padre] וְחָתַן jatán
הַתּוֹרָה hatorá, מֵרְשׁוּת mershut כָּל col הַקָּהָל hakahal הַקָּדוֹשׁ hakadosh
הַזֶּה hazé וְהַשְׁלֵם vehashlem הַתּוֹרָה hatorá: יַעֲמוֹד yaamod
רַבִּי rabí [nombre del *Jatán Torá*] בֶּן ben [nombre del padre] וְחָתַן jatán הַתּוֹרָה hatorá:

LA LECTURA PARA JATÁN TORÁ

מְעֹנָה אֱלֹהֵי קֶדֶם
וּמִתַּחַת זְרֹעֹת עוֹלָם וַיְגָרֶשׁ מִפָּנֶיךָ אוֹיֵב וַיֹּאמֶר הַשְׁמֵד: וַיִּשְׁכֹּן יִשְׂרָאֵל
בֶּטַח בָּדָד עֵין יַעֲקֹב אֶל־אֶרֶץ דָּגָן וְתִירוֹשׁ אַף־שָׁמָיו יַעַרְפוּ טָל:

Elévate, elévate, elévate (nombre del Jatán Torá) hijo de (nombre de su padre), el novio de la Torá, y rinde honor al gran y majestuoso Dios, y que en recompensa por esto el Asombroso Dios te de el mérito de ver hijos y nietos ocupados con la Torá y cumpliendo sus mandamientos entre el pueblo hermoso y refinado. Que tú tengas el mérito de regocijarte en la alegría del Pueblo Escogido; que tu rostro dé iluminación con rectitud como si fuese un lente claro, tal como Yeshayahu profetizó con un espíritu de consejo y fortaleza. Alégrense con Jerusalén y deléitense con ella prontamente, regocíjense en su dicha, todos los que la lloraron con dolor y angustia. Elévate, elévate, elévate (nombre del Jatán Torá) hijo de (nombre de su padre), el novio de la Torá, con el permiso de toda esta santa congregación, y concluye la Torá. Elévate (nombre del Jatán Torá) hijo de (nombre de su padre), el novio de la Torá.

LECTURA DE LA TORÁ PARA JATÁN TORÁ

"Los Cielos son la morada del Dios eterno,

y debajo están los poderosos del mundo. Él echó al enemigo delante de ti, y dijo: '¡Destruye!'. E Israel habita seguro, apartado, la fuente de Jacob, en una tierra de grano y mosto. Sus Cielos también destilan rocío.

אַשְׁרֶיךָ יִשְׂרָאֵל מִי כָמוֹךָ עַם נוֹשַׁע בַּיהֹוָה יאהדונהי מָגֵן עֶזְרֶךָ וַאֲשֶׁר־חֶרֶב
גַּאֲוָתֶךָ וְיִכָּחֲשׁוּ אֹיְבֶיךָ לָךְ וְאַתָּה עַל־בָּמוֹתֵימוֹ תִדְרֹךְ׃ וַיַּעַל מֹשֶׁה
מֵעַרְבֹת מוֹאָב אֶל־הַר נְבוֹ רֹאשׁ הַפִּסְגָּה אֲשֶׁר עַל־פְּנֵי יְרֵחוֹ וַיַּרְאֵהוּ
יְהֹוָה יאהדונהי אֶת־כָּל־הָאָרֶץ אֶת־הַגִּלְעָד עַד־דָּן׃ וְאֵת כָּל־נַפְתָּלִי
וְאֶת־אֶרֶץ אֶפְרַיִם וּמְנַשֶּׁה וְאֵת כָּל־אֶרֶץ יְהוּדָה עַד הַיָּם הָאַחֲרוֹן׃
וְאֶת־הַנֶּגֶב וְאֶת־הַכִּכָּר בִּקְעַת יְרֵחוֹ עִיר הַתְּמָרִים עַד־צֹעַר׃
וַיֹּאמֶר יְהֹוָה יאהדונהי אֵלָיו זֹאת הָאָרֶץ אֲשֶׁר נִשְׁבַּעְתִּי לְאַבְרָהָם לְיִצְחָק
וּלְיַעֲקֹב לֵאמֹר לְזַרְעֲךָ אֶתְּנֶנָּה הֶרְאִיתִיךָ בְעֵינֶיךָ וְשָׁמָּה לֹא תַעֲבֹר׃
וַיָּמָת שָׁם מֹשֶׁה עֶבֶד־יְהֹוָה יאהדונהי בְּאֶרֶץ מוֹאָב עַל־פִּי יְהֹוָה יאהדונהי׃
וַיִּקְבֹּר אֹתוֹ בַגַּי בְּאֶרֶץ מוֹאָב מוּל בֵּית פְּעוֹר וְלֹא־יָדַע אִישׁ אֶת־קְבֻרָתוֹ
עַד הַיּוֹם הַזֶּה׃ וּמֹשֶׁה בֶּן־מֵאָה וְעֶשְׂרִים שָׁנָה בְּמֹתוֹ לֹא־כָהֲתָה עֵינוֹ
וְלֹא־נָס לֵחֹה׃ וַיִּבְכּוּ בְנֵי יִשְׂרָאֵל אֶת־מֹשֶׁה בְּעַרְבֹת מוֹאָב שְׁלֹשִׁים יוֹם
וַיִּתְּמוּ יְמֵי בְכִי אֵבֶל מֹשֶׁה׃ וִיהוֹשֻׁעַ בִּן־נוּן מָלֵא רוּחַ חָכְמָה כִּי־סָמַךְ
מֹשֶׁה אֶת־יָדָיו עָלָיו וַיִּשְׁמְעוּ אֵלָיו בְּנֵי־יִשְׂרָאֵל וַיַּעֲשׂוּ כַּאֲשֶׁר צִוָּה
יְהֹוָה יאהדונהי אֶת־מֹשֶׁה׃ וְלֹא־קָם נָבִיא עוֹד בְּיִשְׂרָאֵל כְּמֹשֶׁה אֲשֶׁר יְדָעוֹ
יְהֹוָה יאהדונהי פָּנִים אֶל־פָּנִים׃ לְכָל־הָאֹתֹת וְהַמּוֹפְתִים אֲשֶׁר שְׁלָחוֹ
יְהֹוָה יאהדונהי לַעֲשׂוֹת בְּאֶרֶץ מִצְרָיִם לְפַרְעֹה וּלְכָל־עֲבָדָיו וּלְכָל־אַרְצוֹ׃

Dichoso tú, Israel. ¿Quién como tú, pueblo salvado por el Señor? El es escudo de tu ayuda y espada de tu gloria. Tus enemigos tratarán engañarte, y tú hollarás sus lugares altos. Y subió Moshé desde la llanura de Moab al monte Nebo, a la cumbre del Pisgá, que está frente a Jericó, y el Señor le mostró toda la tierra: Guilead hasta Dan, todo Naftalí, la tierra de Efráyim y de Menashé, toda la tierra de Yehuda hasta el último mar, el Neguev y la llanura del valle de Jericó, la ciudad de las palmeras, hasta Zoar. Entonces el Señor le dijo: 'Esta es la tierra que juré dar a Avraham, Yitsjak y Yaakov, diciendo: Yo la daré a tu descendencia. Te he permitido verla con tus ojos, pero no pasarás a ella'. Y Moshé, siervo del Señor, murió allí en la tierra de Moab, conforme a la palabra del Señor. Él lo enterró en el valle, en la tierra de Moab, frente a Beit Peor; y nadie sabe hasta hoy el lugar de su sepultura. Moshé tenía ciento veinte años cuando murió, no se habían apagado sus ojos, ni había perdido su vigor. Y los hijos de Israel lloraron a Moshé por treinta días en la llanura de Moab; así se cumplieron los días de llanto y duelo por Moshé. Y Yehoshúa, hijo de Nun, estaba lleno del espíritu de sabiduría, porque Moshé había puesto sus manos sobre él. Por lo tanto, los hijos de Israel le obedecieron, tal como el Señor había mandado a Moshé. Nunca más ha vuelto a surgir en Israel un profeta como Moshé, a quien el Señor conocía cara a cara, como se demuestra por las señales y prodigios que el Señor le mandó hacer en la tierra de Egipto, contra Faraón, contra todos sus siervos y contra toda su tierra.

וּלְכֹל הַיָּד הַחֲזָקָה וּלְכֹל הַמּוֹרָא הַגָּדוֹל אֲשֶׁר עָשָׂה מֹשֶׁה לְעֵינֵי כָּל־יִשְׂרָאֵל׃

(No decimos aquí *Kadish*)

La congregación y después el líder:

פהל jazak **חֲזַק (Columna Derecha—*Jésed*)** פהל jazak **חֲזַק (Columna Izquierda—*Guevurá*)**

פהל jazak **חֲזַק (Columna Central—*Tiféret*)** venitjazek **וְנִתְחַזֵּק (*Maljut*)**

Permiso para Jatán Bereshit

מֵרְשׁוּת mershut מְרוֹמָם meromam עַל al כָּל col בְּרָכָה brajá וְשִׁירָה veshirá,
נוֹרָא norá עַל al כָּל col תְּהִלָּה tehilá וְזִמְרָה vezimrá, חֲכַם jajam לֵבָב levav
וְאַמִּיץ veamits כֹּחַ cóaj וּגְבוּרָה uguevurá, וּמוֹשֵׁל umoshel עוֹלָם olam
אֲדוֹן adón כָּל col יְצִירָה yetsirá, וּמֵרְשׁוּת umershut כְּבוּדָּה quevudá בַּת bat
מֶלֶךְ mélej פְּנִימָה penimá עֲצוּרָה atsurá, רֵאשִׁית reshit קִנְיָנוֹ kinyanó
אַלְפַּיִם alpáyim אֲצוּרָה atsurá, בָּרָה bará תְּמִימָה temimá מְשִׁיבַת meshivat
נֶפֶשׁ néfesh וּמַחֲזִירָה umajazirá, יְשֻׁרוּן Yeshurún נִתְּנָה nitná מוֹרָשָׁה morashá
לַעֲבָדָהּ leovdá וּלְשָׁמְרָהּ ulshomrá מְלֻמָּדֶיהָ melumadeha גְּאוֹנֵי gueonei
יַעֲקֹב Yaakov לְפָתְחָהּ lefotjá וּלְסָגְרָהּ ulsográ, כְּלִיל quelil הוֹד hod
נְשִׂיא nasí מַרְבֶּה marbé הַמִּשְׂרָה hamisrá, יוֹשְׁבֵי yoshvei עַל al מִדִּין midín
מְשִׁיבֵי meshivei מִלְחָמָה miljamá שַׁעְרָה shará, רָאשֵׁי rashei
יְשִׁיבוֹת yeshivot רָאשֵׁי rashei גּוֹלָה golá פְּזוּרָה pezurá. וּמֵרְשׁוּת umershut
חֲבוּרַת javurat צֶדֶק tsédek עֵדָה edá הַמְאֻשָּׁרָה hameushará,
זְקֵנִים zekenim וּנְעָרִים unearim בְּכָל bejol שׁוּרָה shurá וְשׁוּרָה veshurá,

---

Y por todos los hechos grandiosos
y el asombroso poder que Moshé ejerció ante los ojos de todo Israel" (Deuteronomio 33:27-34:12).
¡Sé fuerte! ¡Sé fuerte! ¡Sé fuerte! Y que nosotros nos fortalezcamos.

Permiso para Jatán Bereshit

Con el permiso de Él, que es exaltado por sobre toda bendición y cántico, asombroso por encima de toda alabanza e himno, el benevolente, vigorosamente fuerte, el Poderoso, Gobernante del Mundo, Amo de toda la Creación; y con el permiso de la Princesa [la Torá] cuya gloria está confinada dentro; Su más preciada posesión que ha sido atesorada por dos mil generaciones; ésta es pura y perfecta, refresca el alma y la restaura; de Yeshurún, a quien le fue dada como heredad para ejercer y cumplir; para que sea comenzada y completada por sus estudiantes, los grandes estudiosos de Yaakov; del totalmente glorioso Nasi, que disfruta de dominio abundante; de quienes se sientan en juicio y llevan las batallas a las puertas; los líderes de las academias, los líderes del exilio disperso; y con el permiso de la compañía justa, la congregación que merece alabanza; los ancianos y los jóvenes de cada hilera,

קְבוּצִים kevutsim פֹּה po הַיּוֹם hayom לְשִׂמְחַת lesimjat תּוֹרָה, torá
וְנֶעֱצָרִים veneetsarim לְסַיֵּם lesayem וּלְהָחֵל ulehajel בְּגִיל beguil
וּבְמוֹרָא, uvemorá אוֹתָהּ otá מְחַבְּבִים mejavevim כְּיוֹם queyom נְתִינָתָהּ netinatá
בַּהֲדָרָהּ, bahadará מְסַלְסְלִים mesalselim בָּהּ ba כַּחֲדָשָׁה cajadashá וְלֹא veló
כִּישָׁנָה cayshaná שֶׁעָבְרָה, sheavrá צְמֵאִים tsemeim לָמוֹץ lamots
וּלְהִתְעַנֵּג ulehitaneg מִזִּיו miziv יְקָרָהּ, yekará מְשַׂמַּחַת mesamájat לֵב lev
וְעֶצֶב veétsev מְסִירָה, mesirá תַּנְחוּמֶיהָ tanjumeha יְשַׁעַשְׁעוּ yeshaasheu
נַפְשָׁם nafsham בָּהּ ba לְהִתְפָּאֲרָה, lehitpaará וְהוֹגִים vehoguim בְּמִקְרָא bemikrá
וְהַגָּדָה vehagadá בְּמִשְׁנָה bemishná וּגְמָרָא, ugmará רָצִים ratsim
וּמְבִיאִים umeviim טַפָּם tapam לְבֵית leveit הָעֲתִירָה, haatirá וְעוֹשִׂים veosim
גַּם gam מַעֲשִׂים maasim בְּאַזְהָרָה, beazhará לָכֵן lajén גָּדוֹל gadol
שְׂכָרָם sejaram מֵאֵת meet הַגְּבוּרָה, haguevurá עַל al רֹאשָׁם rosham
שִׂמְחַת simjat עוֹלָם olam קְשׁוּרָה, keshurá תְּאֵבִים teevim לִרְאוֹת lirot
בִּנְיַן binyán בֵּית beit הַבְּחִירָה habejirá וּבְכֵן uvején נִסְכַּמְתִּי niscamti
דַּעַת dáat כֻּלָּם culam לְבָרְרָה, levarerá בָּחוּר bajur הֲרִימוֹתִי harimoti
מֵעָם meam תּוֹךְ toj הַחֲבוּרָה, hajavurá מְצָאתִיו metsativ לֵב lev
נָבוֹן navón לְהַסְבִּירָה, lehasbirá צֶדֶק tsédek וָחֶסֶד vajésed רוֹדֵף rodef
בְּאָרְחוֹ beóraj יְשָׁרָה, yeshará וּנְשָׂאוֹ unsaó לִבּוֹ libó וְנָדְבָה venadvá
רוּחוֹ rujó לְהִתְעוֹרְרָה, lehitorerá תְּחִלָּה tejilá וְרִאשׁוֹן verishón
הֱיוֹת heyot לְהַתְחִיל lehatjil הַתּוֹרָה, hatorá וְעַתָּה veatá קוּם kum רַבִּי rabí
[nombre del *Jatán Bereshit*] בֶּן ben [nombre de su padre] עֲמוֹד amod לְהִתְאַזְּרָה, lehitazrá
בֹּא bo וְהִתְיַצֵּב vehityatsev וַעֲמוֹד vaamod לִימִינִי liminí וּקְרָא, ukrá

---

quienes están aquí reunidos por la alegría de la Torá; y permanecen para completarla y comenzarla con regocijo y reverencia. Ellos la adoran tal como el día en que fue entregada majestuosamente; ellos se enorgullecen de ésta como con un tesoro nuevo y no algo viejo cuyo tiempo ya ha pasado. Ellos ansían extraer y disfrutar su precioso brillo, el cual alegra el corazón y elimina la tristeza. Sus almas disfrutan su consuelo para glorificarse, y ellos estudian la Escritura y la Hagadá, la Mishná y la Guemará. Ellos se apresuran en traer a sus hijos a la casa de oración, y éstos hacen buenas acciones bajo petición de sus padres; por lo tanto, su recompensa es grande de parte del Omnipotente. La dicha eterna está adherida a sus cabezas, porque ellos ansían ver la reconstrucción del Templo Escogido. Por lo tanto, ahora consiento a la decisión unánime de seleccionar a un escogido, exaltado por el pueblo entre la compañía, porque me parece que él tiene un corazón comprensivo; él va tras la rectitud y la misericordia de manera justa y su corazón lo ha inspirado a comenzar la Torá. Por lo tanto, párate ahora (nombre del Jatán Bereshit) hijo de (el nombre de su padre), ponte de pie y cíñete, ven y está derecho, y párate a mi derecha y lee

מַעֲשֵׂה maasé בְּרֵאשִׁית Bereshit לִכְבוֹד lijvod צוּר tsur בָּרָא bará.
עַל al זֹאת zot מַתְכִּיפִין matquifín הַתְחָלָה hatjalá לְהַשְׁלָמָה lehashlamá
בִּתְדִירָה bitdirá, עַד ad שֶׁלֹּא sheló יְרַגֵּל yeraguel בְּעַם beam זוֹ zo
לְשַׁקְרָה leshakrá, יַעַן yaan נַעֲשֵׂיתָ naaseita רִאשׁוֹן rishón לְמִצְוָה lemitsvá
גְּמוּרָה guemurá, מָה ma רַב rav טוּבְךָ tuvjá וּמַשְׂכֻּרְתְּךָ umascurteja
יְתֵרָה yeterá, טוֹב tov עַיִן ayin תְּבֹרָךְ tevoraj בְּנִדְבָתְךָ benidvatjá
מִלַּעֲצְרָה milatsrá, וּמִבִּרְכוֹת umibirkot בּוֹרַאֲךָ voraajá תְּבֹרָךְ tevoraj
יָדְךָ yadjá מִלְּקַצְּרָה milkatsrá, בַּעֲבוּר vaavur שֶׁכָּל shecol
הַמְכַבֵּד hamejabed תּוֹרָה torá בִּצְפִירָה bitsfirá, יְהִי yehí גּוּפוֹ gufó
מְכֻבָּד mejuvad בְּכֹחַ bejóaj לְהִתְאַשְּׁרָה lehitashrá, מַהֵר maher עֲמֹד amod
עֲמֹד amod עֲמֹד amod רַבִּי rabí [nombre del *Jatán Bereshit*] בֵּן ben [nombre del padre]
וַחֲתַן jatán בְּרֵאשִׁית Bereshit בָּרָא bará, מֵרְשׁוּת mershut הַקָּהָל hakahal
הַקָּדוֹשׁ hakadosh הַזֶּה hazé לְבָרֵךְ levarej אֵל El גָּדוֹל gadol וְנוֹרָא venorá,
אָמֵן amén יַעֲנוּ yaanú אַחֲרֶיךָ ajareja הַכֹּל hacol מְהֵרָה meherá:
יַעֲמוֹד yaamod רַבִּי rabí [nombre del *Jatán Torá*] בֵּן ben [nombre del padre]
וַחֲתַן jatán בְּרֵאשִׁית bereshit:

LECTURA DE LA TORÁ PARA JATÁN BERESHIT

JÉSED בְּרֵאשִׁית בָּרָא אֱלֹהִים אֵת הַשָּׁמַיִם וְאֵת הָאָרֶץ: וְהָאָרֶץ הָיְתָה תֹהוּ
וָבֹהוּ וְחֹשֶׁךְ עַל־פְּנֵי תְהוֹם וְרוּחַ אֱלֹהִים מְרַחֶפֶת עַל־פְּנֵי הַמָּיִם: וַיֹּאמֶר

---

la historia de la Creación en honor a Él, quien formó y creó. Es por esto que siempre nos apresuramos en comenzar una Torá nueva tan pronto como una es completada, a fin de que [el Satán] no acuse maliciosamente a las personas. Dado que tú fuiste hecho para este primer y perfecto precepto, cuán abundante es tu bienaventuranza y cuán obsequiosa es tu recompensa. Hombre generoso, que seas bendecido sin que tu dar sea restringido, y que con las bendiciones de tu Creador tu mano sea bendita a fin de que nunca escatime; porque el que honra hermosamente a la Torá, su cuerpo será honrado poderosamente y será fuerte. De prisa, de pie, de pie, de pie (nombre del Jatán Bereshit) hijo de (el nombre de su padre), el novio de Bereshit Bará, con el permiso de esta santa congregación, para que bendigas al Gran y Asombroso Dios. Contestemos 'Amén' rápidamente después de ti. De pie (nombre del Jatán Bereshit) hijo de (el nombre de su padre), el novio de Bereshit.

LECTURA DE LA TORÁ PARA JATÁN BERESHIT

JÉSED *"En el principio, creó Dios los Cielos y la Tierra, y la Tierra estaba sin completamente vacía, y las tinieblas cubrían la superficie del abismo, y la Presencia Divina se movía sobre la superficie de las aguas.*

אֱלֹהִים יְהִי אוֹר וַיְהִי־אוֹר׃ וַיַּרְא אֱלֹהִים אֶת־הָאוֹר כִּי־טוֹב וַיַּבְדֵּל אֱלֹהִים
בֵּין הָאוֹר וּבֵין הַחֹשֶׁךְ׃ וַיִּקְרָא אֱלֹהִים ׀ לָאוֹר יוֹם וְלַחֹשֶׁךְ קָרָא לָיְלָה וַיְהִי־
עֶרֶב וַיְהִי־בֹקֶר יוֹם אֶחָד׃ **GUEVURÁ** וַיֹּאמֶר אֱלֹהִים יְהִי רָקִיעַ בְּתוֹךְ הַמָּיִם
וִיהִי מַבְדִּיל בֵּין מַיִם לָמָיִם׃ וַיַּעַשׂ אֱלֹהִים אֶת־הָרָקִיעַ וַיַּבְדֵּל בֵּין הַמַּיִם
אֲשֶׁר מִתַּחַת לָרָקִיעַ וּבֵין הַמַּיִם אֲשֶׁר מֵעַל לָרָקִיעַ וַיְהִי־כֵן׃ וַיִּקְרָא
אֱלֹהִים לָרָקִיעַ שָׁמָיִם וַיְהִי־עֶרֶב וַיְהִי־בֹקֶר יוֹם שֵׁנִי׃ **TIFÉRET** וַיֹּאמֶר
אֱלֹהִים יִקָּווּ הַמַּיִם מִתַּחַת הַשָּׁמַיִם אֶל־מָקוֹם אֶחָד וְתֵרָאֶה הַיַּבָּשָׁה וַיְהִי־
כֵן׃ וַיִּקְרָא אֱלֹהִים ׀ לַיַּבָּשָׁה אֶרֶץ וּלְמִקְוֵה הַמַּיִם קָרָא יַמִּים וַיַּרְא אֱלֹהִים
כִּי־טוֹב׃ וַיֹּאמֶר אֱלֹהִים תַּדְשֵׁא הָאָרֶץ דֶּשֶׁא עֵשֶׂב מַזְרִיעַ זֶרַע עֵץ פְּרִי
עֹשֶׂה פְּרִי לְמִינוֹ אֲשֶׁר זַרְעוֹ־בוֹ עַל־הָאָרֶץ וַיְהִי־כֵן׃ וַתּוֹצֵא הָאָרֶץ דֶּשֶׁא
עֵשֶׂב מַזְרִיעַ זֶרַע לְמִינֵהוּ וְעֵץ עֹשֶׂה־פְּרִי אֲשֶׁר זַרְעוֹ־בוֹ לְמִינֵהוּ וַיַּרְא
אֱלֹהִים כִּי־טוֹב׃ וַיְהִי־עֶרֶב וַיְהִי־בֹקֶר יוֹם שְׁלִישִׁי׃ **NÉTSAJ** וַיֹּאמֶר אֱלֹהִים
יְהִי מְאֹרֹת בִּרְקִיעַ הַשָּׁמַיִם לְהַבְדִּיל בֵּין הַיּוֹם וּבֵין הַלָּיְלָה וְהָיוּ לְאֹתֹת
וּלְמוֹעֲדִים וּלְיָמִים וְשָׁנִים׃ וְהָיוּ לִמְאוֹרֹת בִּרְקִיעַ הַשָּׁמַיִם לְהָאִיר עַל־
הָאָרֶץ וַיְהִי־כֵן׃ וַיַּעַשׂ אֱלֹהִים אֶת־שְׁנֵי הַמְּאֹרֹת הַגְּדֹלִים אֶת־הַמָּאוֹר
הַגָּדֹל לְמֶמְשֶׁלֶת הַיּוֹם וְאֶת־הַמָּאוֹר הַקָּטֹן לְמֶמְשֶׁלֶת הַלַּיְלָה וְאֵת הַכּוֹכָבִים׃

Y Dios dijo: 'Sea la luz',

y hubo luz. Y Dios vio que la luz era buena, y Dios separó la luz de las tinieblas. Y llamó Dios a la luz 'día', y a las tinieblas llamó 'noche'. **Y fue la tarde y fue la mañana: día uno.** **GUEVURÁ** *Y Dios dijo: Haya firmamento en medio de las aguas, y separe las aguas de las aguas'. Y Dios hizo el firmamento, y separó las aguas que estaban debajo del firmamento de las aguas que estaban sobre el firmamento. Y fue así. Y Dios llamó al firmamento: 'Cielo'.*

Y fue la tarde y fue la mañana: el segundo día.

TIFÉRET *Y Dios dijo: 'Júntense en un lugar las aguas que están debajo del Cielo, y que aparezca lo seco'. Y fue así. Y Dios llamó a lo seco 'tierra', y al conjunto de las aguas llamó 'mares'. Y Dios vio que era bueno. Y Dios dijo: 'Produzca la tierra vegetación, hierbas que den semilla, y árboles frutales que den fruto sobre la tierra según su género, con su semilla en él'. Y fue así. Y la tierra produjo vegetación: hierbas que dan semilla según su género y árboles que dan fruto con su semilla en él según su género. Y Dios vio que era bueno.* **Y fue la tarde y fue la mañana: el tercer día.** **NÉTSAJ** *Y Dios dijo: 'Haya luminarias en el firmamento del Cielo para separar el día de la noche, y sean para señales y para estaciones y para días y para años; y sean por luminarias en el firmamento del Cielo para alumbrar sobre la Tierra'. Y fue así. Y Dios hizo las dos grandes luminarias, la luminaria mayor para dominio del día y la luminaria menor para dominio de la noche; y las estrellas.*

וַיִּתֵּן אֹתָם אֱלֹהִים בִּרְקִיעַ הַשָּׁמָיִם לְהָאִיר עַל־הָאָרֶץ׃ וְלִמְשֹׁל בַּיּוֹם
וּבַלַּיְלָה וּֽלֲהַבְדִּיל בֵּין הָאוֹר וּבֵין הַחֹשֶׁךְ וַיַּרְא אֱלֹהִים כִּי־טוֹב׃ וַֽיְהִי־עֶרֶב
וַֽיְהִי־בֹקֶר יוֹם רְבִיעִי׃ **HOD** וַיֹּאמֶר אֱלֹהִים יִשְׁרְצוּ הַמַּיִם שֶׁרֶץ נֶפֶשׁ חַיָּה
וְעוֹף יְעוֹפֵף עַל־הָאָרֶץ עַל־פְּנֵי רְקִיעַ הַשָּׁמָיִם׃ וַיִּבְרָא אֱלֹהִים אֶת־הַתַּנִּינִם
הַגְּדֹלִים וְאֵת כָּל־נֶפֶשׁ הַחַיָּה ׀ הָֽרֹמֶשֶׂת אֲשֶׁר שָׁרְצוּ הַמַּיִם לְמִֽינֵהֶם וְאֵת
כָּל־עוֹף כָּנָף לְמִינֵהוּ וַיַּרְא אֱלֹהִים כִּי־טוֹב׃ וַיְבָרֶךְ אֹתָם אֱלֹהִים לֵאמֹר פְּרוּ
וּרְבוּ וּמִלְאוּ אֶת־הַמַּיִם בַּיַּמִּים וְהָעוֹף יִרֶב בָּאָרֶץ׃ וַֽיְהִי־עֶרֶב וַֽיְהִי־בֹקֶר יוֹם
חֲמִישִׁי׃ **YESOD** וַיֹּאמֶר אֱלֹהִים תּוֹצֵא הָאָרֶץ נֶפֶשׁ חַיָּה לְמִינָהּ בְּהֵמָה וָרֶמֶשׂ
וְחַֽיְתוֹ־אֶרֶץ לְמִינָהּ וַֽיְהִי־כֵן׃ וַיַּעַשׂ אֱלֹהִים אֶת־חַיַּת הָאָרֶץ לְמִינָהּ וְאֶת־
הַבְּהֵמָה לְמִינָהּ וְאֵת כָּל־רֶמֶשׂ הָאֲדָמָה לְמִינֵהוּ וַיַּרְא אֱלֹהִים כִּי־טוֹב׃
וַיֹּאמֶר אֱלֹהִים נַעֲשֶׂה אָדָם בְּצַלְמֵנוּ כִּדְמוּתֵנוּ וְיִרְדּוּ בִדְגַת הַיָּם וּבְעוֹף
הַשָּׁמַיִם וּבַבְּהֵמָה וּבְכָל־הָאָרֶץ וּבְכָל־הָרֶמֶשׂ הָרֹמֵשׂ עַל־הָאָרֶץ׃ וַיִּבְרָא
אֱלֹהִים ׀ אֶת־הָֽאָדָם בְּצַלְמוֹ בְּצֶלֶם אֱלֹהִים בָּרָא אֹתוֹ זָכָר וּנְקֵבָה בָּרָא
אֹתָם׃ וַיְבָרֶךְ אֹתָם אֱלֹהִים וַיֹּאמֶר לָהֶם אֱלֹהִים פְּרוּ וּרְבוּ וּמִלְאוּ אֶת־
הָאָרֶץ וְכִבְשֻׁהָ וּרְדוּ בִּדְגַת הַיָּם וּבְעוֹף הַשָּׁמַיִם וּבְכָל־חַיָּה הָֽרֹמֶשֶׂת עַל־
הָאָרֶץ׃ וַיֹּאמֶר אֱלֹהִים הִנֵּה נָתַתִּי לָכֶם אֶת־כָּל־עֵשֶׂב ׀ זֹרֵעַ זֶרַע אֲשֶׁר עַל־
פְּנֵי כָל־הָאָרֶץ וְאֶת־כָּל־הָעֵץ אֲשֶׁר־בּוֹ פְרִי־עֵץ זֹרֵעַ זָרַע לָכֶם יִהְיֶה לְאָכְלָה׃

Y Dios las puso en el firmamento del Cielo para alumbrar sobre la Tierra, para dominar en el día y en la noche, y para separar la luz de las tinieblas. Y Dios vio que era bueno. **Y fue la tarde y fue la mañana: el cuarto día.** **HOD** *Y Dios dijo: 'Que en las aguas pululen seres vivientes, y vuelen las aves sobre la Tierra a lo largo de la expansión del Cielo'. Y Dios creó las grandes criaturas marinas y todo ser viviente que se mueve, los cuales pululan en las aguas según su género, y toda ave alada según su género. Y Dios vio que era bueno. Y Dios los bendijo, diciendo: 'Sean fecundos y multiplíquense, y llenen las aguas en los mares, y multiplíquense las aves en la tierra'.* **Y fue la tarde y fue la mañana: el quinto día.** **YESOD** *Y Dios dijo: 'Que la tierra produzca seres vivientes según su género. Ganados, reptiles y bestias de la tierra según su género'. Y fue así. Y Dios hizo las bestias de la tierra según su género, y el ganado según su género, y todo lo que se arrastra sobre la tierra según su género. Y Dios vio que era bueno. Y Dios dijo: 'Hagamos al hombre a Nuestra imagen, conforme a Nuestra semejanza. Que ellos ejerzan dominio sobre los peces del mar, sobre las aves del cielo, sobre los ganados, sobre toda la Tierra, y sobre todo reptil que se arrastra sobre la tierra'. Así, Dios creó al hombre a Su propia imagen, a imagen de Dios lo creó; varón y hembra los creó. Y Dios los bendijo y les dijo: 'Sean fecundos y multiplíquense, y llenen la tierra y sojúzguenla; ejerzan dominio sobre los peces del mar, sobre las aves del cielo y sobre todo ser viviente que se mueve sobre la tierra'. Y Dios dijo: 'He aquí que Yo les he dado toda planta que da semilla que hay en la superficie de toda la Tierra, y todo árbol que tiene fruto que da semilla; esto les servirá de alimento.*

וּֽלְכָל־חַיַּ֣ת הָ֠אָ֠רֶץ וּלְכָל־ע֨וֹף הַשָּׁמַ֜יִם וּלְכֹ֣ל ׀ רוֹמֵ֣שׂ עַל־הָאָ֗רֶץ אֲשֶׁר־בּוֹ֙
נֶ֣פֶשׁ חַיָּ֔ה אֶת־כָּל־יֶ֥רֶק עֵ֖שֶׂב לְאָכְלָ֑ה וַֽיְהִי־כֵֽן׃ וַיַּ֤רְא אֱלֹהִים֙ אֶת־כָּל־אֲשֶׁ֣ר
עָשָׂ֔ה וְהִנֵּה־ט֖וֹב מְאֹ֑ד וַֽיְהִי־עֶ֥רֶב וַֽיְהִי־בֹ֖קֶר י֥וֹם הַשִּׁשִּֽׁי׃ MALJUT וַיְכֻלּ֛וּ
הַשָּׁמַ֥יִם וְהָאָ֖רֶץ וְכָל־צְבָאָֽם׃ וַיְכַ֤ל אֱלֹהִים֙ בַּיּ֣וֹם הַשְּׁבִיעִ֔י מְלַאכְתּ֖וֹ אֲשֶׁ֣ר
עָשָׂ֑ה וַיִּשְׁבֹּת֙ בַּיּ֣וֹם הַשְּׁבִיעִ֔י מִכָּל־מְלַאכְתּ֖וֹ אֲשֶׁ֥ר עָשָֽׂה׃ וַיְבָ֤רֶךְ אֱלֹהִים֙
אֶת־י֣וֹם הַשְּׁבִיעִ֔י וַיְקַדֵּ֖שׁ אֹת֑וֹ כִּ֣י ב֤וֹ שָׁבַת֙ מִכָּל־מְלַאכְתּ֔וֹ אֲשֶׁר־בָּרָ֥א
אֱלֹהִ֖ים לַעֲשֽׂוֹת׃

Después de la lectura recitar el Medio *Kadish* en las páginas 501-502, y luego leer el *Maftir* a continuación.

MAFTIR PARA SIMJAT TORÁ

בַּיּוֹם֙ הַשְּׁמִינִ֔י עֲצֶ֖רֶת תִּהְיֶ֣ה לָכֶ֑ם כָּל־מְלֶ֥אכֶת עֲבֹדָ֖ה לֹ֥א תַעֲשֽׂוּ׃
וְהִקְרַבְתֶּ֨ם עֹלָ֜ה אִשֵּׁ֨ה רֵ֤יחַ נִיחֹ֨חַ֙ לַֽיהוָ֔ה יאהדונהי פַּ֥ר אֶחָ֖ד אַ֣יִל אֶחָ֑ד
כְּבָשִׂ֧ים בְּנֵי־שָׁנָ֛ה שִׁבְעָ֖ה תְּמִימִֽם׃ מִנְחָתָ֣ם וְנִסְכֵּיהֶ֗ם לַפָּ֡ר לָאַ֜יִל וְלַכְּבָשִׂ֛ים
בְּמִסְפָּרָ֖ם כַּמִּשְׁפָּֽט׃ וּשְׂעִ֥יר חַטָּ֖את אֶחָ֑ד מִלְּבַד֙ עֹלַ֣ת הַתָּמִ֔יד וּמִנְחָתָ֖הּ
וְנִסְכָּֽהּ׃ אֵ֛לֶּה תַּעֲשׂ֥וּ לַיהוָ֖ה יאהדונהי בְּמוֹעֲדֵיכֶ֑ם לְבַ֨ד מִנִּדְרֵיכֶ֜ם וְנִדְבֹתֵיכֶ֗ם
לְעֹלֹתֵיכֶם֙ וּלְמִנְחֹ֣תֵיכֶ֔ם וּלְנִסְכֵּיכֶ֖ם וּלְשַׁלְמֵיכֶֽם׃ וַיֹּ֥אמֶר מֹשֶׁ֖ה אֶל־בְּנֵ֣י
יִשְׂרָאֵ֑ל כְּכֹ֛ל אֲשֶׁר־צִוָּ֥ה יְהוָ֖ה יאהדונהי אֶת־מֹשֶֽׁה׃

Y a toda bestia de la tierra, a toda ave de los cielos y a todo lo que se mueve sobre la tierra, en lo que haya un alma viviente, les he dado toda planta verde por alimento'. Y fue así. Y Dios vio todo lo que había hecho, y he aquí que era muy bueno. ***Y fue la tarde y fue la mañana: el sexto día.*** **MALJUT** *Así fueron acabados el Cielo y la Tierra y todas sus huestes. Al séptimo día Dios completó Su obra que había hecho, y reposó en el séptimo día de todo el trabajo que había realizado. Dios bendijo el séptimo día y lo santificó, porque en él reposó de toda la obra que Él había creado" (Génesis 1:1-2:3).*

MAFTIR PARA SIMJAT TORÁ

"En el octavo día tendrán asamblea solemne; no harán ninguna clase de trabajo mundano, sino que presentarán un holocausto, una ofrenda ígnea como aroma agradable al Eterno: un novillo, un carnero, siete corderos de un año, sin defecto, su ofrenda de cereal y sus libaciones por el novillo, por el carnero y por los corderos, por su número según la ordenanza; y un macho cabrío como ofrenda por pecado, además del holocausto continuo, de su ofrenda de cereal y de su libación. Ofrecerán éstos para el Eterno en sus fechas señaladas, además de sus votos y de sus ofrendas de buena voluntad, ya sea que fueren sus holocaustos, sus ofrendas de cereal, sus libaciones o sus ofrendas de paz'. Y Moshé habló a los hijos de Israel conforme a todo lo que el Eterno había ordenado a Moshé" (Números 29:35-30:1).

HAFTARÁ PARA SIMJAT TORÁ

Recitar la bendición antes de la *Haftará* en la página 502, y luego leer la *Haftará* a continuación.

וַיְהִי אַחֲרֵי מוֹת מֹשֶׁה עֶבֶד יְהֹוָה וַיֹּאמֶר יְהֹוָה אֶל־יְהוֹשֻׁעַ בִּן־נוּן מְשָׁרֵת מֹשֶׁה לֵאמֹר: מֹשֶׁה עַבְדִּי מֵת וְעַתָּה קוּם עֲבֹר אֶת־הַיַּרְדֵּן הַזֶּה אַתָּה וְכָל־הָעָם הַזֶּה אֶל־הָאָרֶץ אֲשֶׁר אָנֹכִי נֹתֵן לָהֶם לִבְנֵי יִשְׂרָאֵל: כָּל־מָקוֹם אֲשֶׁר תִּדְרֹךְ כַּף־רַגְלְכֶם בּוֹ לָכֶם נְתַתִּיו כַּאֲשֶׁר דִּבַּרְתִּי אֶל־מֹשֶׁה: מֵהַמִּדְבָּר וְהַלְּבָנוֹן הַזֶּה וְעַד־הַנָּהָר הַגָּדוֹל נְהַר־פְּרָת כֹּל אֶרֶץ הַחִתִּים וְעַד־הַיָּם הַגָּדוֹל מְבוֹא הַשָּׁמֶשׁ יִהְיֶה גְּבוּלְכֶם: לֹא־יִתְיַצֵּב אִישׁ לְפָנֶיךָ כֹּל יְמֵי חַיֶּיךָ כַּאֲשֶׁר הָיִיתִי עִם־מֹשֶׁה אֶהְיֶה עִמָּךְ לֹא אַרְפְּךָ וְלֹא אֶעֶזְבֶךָּ: חֲזַק וֶאֱמָץ כִּי אַתָּה תַּנְחִיל אֶת־הָעָם הַזֶּה אֶת־הָאָרֶץ אֲשֶׁר־נִשְׁבַּעְתִּי לַאֲבוֹתָם לָתֵת לָהֶם: רַק חֲזַק וֶאֱמַץ מְאֹד לִשְׁמֹר לַעֲשׂוֹת כְּכָל־הַתּוֹרָה אֲשֶׁר צִוְּךָ מֹשֶׁה עַבְדִּי אַל־תָּסוּר מִמֶּנּוּ יָמִין וּשְׂמֹאול לְמַעַן תַּשְׂכִּיל בְּכֹל אֲשֶׁר תֵּלֵךְ: לֹא־יָמוּשׁ סֵפֶר הַתּוֹרָה הַזֶּה מִפִּיךָ וְהָגִיתָ בּוֹ יוֹמָם וָלַיְלָה לְמַעַן תִּשְׁמֹר לַעֲשׂוֹת כְּכָל־הַכָּתוּב בּוֹ כִּי־אָז תַּצְלִיחַ אֶת־דְּרָכֶךָ וְאָז תַּשְׂכִּיל: הֲלוֹא צִוִּיתִיךָ חֲזַק וֶאֱמָץ אַל־תַּעֲרֹץ וְאַל־תֵּחָת כִּי עִמְּךָ יְהֹוָה אֱלֹהֶיךָ בְּכֹל אֲשֶׁר תֵּלֵךְ: וַיְצַו יְהוֹשֻׁעַ אֶת־שֹׁטְרֵי הָעָם לֵאמֹר: עִבְרוּ | בְּקֶרֶב הַמַּחֲנֶה וְצַוּוּ אֶת־הָעָם לֵאמֹר הָכִינוּ לָכֶם צֵידָה כִּי בְּעוֹד | שְׁלֹשֶׁת יָמִים אַתֶּם עֹבְרִים אֶת־הַיַּרְדֵּן הַזֶּה לָבוֹא לָרֶשֶׁת אֶת־הָאָרֶץ אֲשֶׁר יְהֹוָה אֱלֹהֵיכֶם נֹתֵן לָכֶם לְרִשְׁתָּהּ:

HAFTARÁ PARA SIMJAT TORÁ

"Y sucedió después de la muerte de Moshé, siervo del Señor, que el Señor habló a Yehoshúa, hijo de Nun, y ayudante de Moshé, diciendo: 'Moshé, Mi siervo, ha muerto; ahora pues, levántate, cruza este Jordán, tú y todo este pueblo, a la tierra que Yo les doy a ellos, los hijos de Israel'. Todo lugar que pise la planta de sus pies les he dado, tal como dije a Moshé. Desde el desierto y este Líbano hasta el gran río, el río Eufrates, toda la tierra de los hititas hasta el Mar Grande que está hacia el Oeste, será su territorio. Nadie te podrá desafiar en todos los días de tu vida. Así como estuve con Moshé, estaré contigo; no te dejaré ni te abandonaré. Sé fuerte y persevera, porque tú darás a este pueblo posesión de la tierra que juré a sus padres que les daría. Sé fuerte y muy perseverante, a fin de que observes toda la ley que Moshé, Mi siervo, te mandó. No te desvíes de ella ni a la derecha ni a la izquierda, para que tengas éxito dondequiera que vayas. Este Libro de la Torá no se apartará de tu boca. Meditarás en él día y noche, a fin de que observes todo lo que en él está escrito. Porque entonces harás prosperar tus caminos y tendrás discernimiento. De cierto te he ordenado: Sé fuerte y persevera. No temas ni te acobardes, porque el Señor, tu Dios, estará contigo dondequiera que vayas'. Entonces Yehoshúa dio órdenes a los oficiales del pueblo, diciendo: 'Pasen por medio del campamento y ordenen al pueblo, diciendo: Preparen sus provisiones, porque dentro de tres días cruzarán este Jordán para entrar a poseer la tierra que el Señor, su Dios, les da en posesión'.

וְלָרֻאוּבֵנִי וְלַגָּדִי וְלַחֲצִי שֵׁבֶט הַמְנַשֶּׁה אָמַר יְהוֹשֻׁעַ לֵאמֹר׃ זָכוֹר אֶת־הַדָּבָר אֲשֶׁר צִוָּה אֶתְכֶם מֹשֶׁה עֶבֶד־יְהֹוָהאדניאהדונהי לֵאמֹר יְהֹוָהאדניאהדונהי אֱלֹהֵיכֶם מֵנִיחַ לָכֶם וְנָתַן לָכֶם אֶת־הָאָרֶץ הַזֹּאת׃ נְשֵׁיכֶם טַפְּכֶם וּמִקְנֵיכֶם יֵשְׁבוּ בָּאָרֶץ אֲשֶׁר נָתַן לָכֶם מֹשֶׁה בְּעֵבֶר הַיַּרְדֵּן וְאַתֶּם תַּעַבְרוּ חֲמֻשִׁים לִפְנֵי אֲחֵיכֶם כֹּל גִּבּוֹרֵי הַחַיִל וַעֲזַרְתֶּם אוֹתָם׃ עַד אֲשֶׁר־יָנִיחַ יְהֹוָהאדניאהדונהי | לַאֲחֵיכֶם כָּכֶם וְיָרְשׁוּ גַם־הֵמָּה אֶת־הָאָרֶץ אֲשֶׁר־יְהֹוָהאדניאהדונהי אֱלֹהֵיכֶם נֹתֵן לָהֶם וְשַׁבְתֶּם לְאֶרֶץ יְרֻשַּׁתְכֶם וִירִשְׁתֶּם אוֹתָהּ אֲשֶׁר | נָתַן לָכֶם מֹשֶׁה עֶבֶד יְהֹוָהאדניאהדונהי בְּעֵבֶר הַיַּרְדֵּן מִזְרַח הַשָּׁמֶשׁ׃ וַיַּעֲנוּ אֶת־יְהוֹשֻׁעַ לֵאמֹר כֹּל אֲשֶׁר־צִוִּיתָנוּ נַעֲשֶׂה וְאֶל־כָּל־אֲשֶׁר תִּשְׁלָחֵנוּ נֵלֵךְ׃ כְּכֹל אֲשֶׁר־שָׁמַעְנוּ אֶל־מֹשֶׁה כֵּן נִשְׁמַע אֵלֶיךָ רַק יִהְיֶה יְהֹוָהאדניאהדונהי אֱלֹהֶיךָ עִמָּךְ כַּאֲשֶׁר הָיָה עִם־מֹשֶׁה׃ כָּל־אִישׁ אֲשֶׁר־יַמְרֶה אֶת־פִּיךָ וְלֹא־יִשְׁמַע אֶת־דְּבָרֶיךָ לְכֹל אֲשֶׁר־תְּצַוֶּנּוּ יוּמָת רַק חֲזַק וֶאֱמָץ׃

Decir la bendición después de la *Haftará* en las páginas 503-504.

Y a los rubenitas, a los gaditas y a la media tribu de Menashé, Yehoshúa dijo: 'Recuerden la palabra que Moshé, siervo del Señor, les ordenó, diciendo: El Señor, su Dios, les da reposo y les dará esta tierra. Sus mujeres, sus pequeños y su ganado permanecerán en la tierra que Moshé les dio al otro lado del Jordán; pero ustedes, todos los hombres valientes, pasarán en orden de batalla delante de sus hermanos, y los ayudarán; hasta que el Señor dé reposo a sus hermanos como a ustedes, y ellos también posean la tierra que el Señor, su Dios, les da. Entonces volverán a la tierra de su posesión, y poseerán lo que Moshé, siervo del Señor, les dio al otro lado del Jordán hacia el Este'. Y ellos respondieron a Yehoshúa, diciendo: 'Haremos todo lo que nos has mandado, y adondequiera que nos envíes, iremos. Conforme obedecimos en todo a Moshé, así te obedeceremos a ti; siempre que el Señor, tu Dios, esté contigo como estuvo con Moshé. Cualquiera que se rebele contra tu mandato y no obedezca tus palabras en todo lo que le ordenes, se le dará muerte; solamente sé fuerte y valiente'" (Josué 1:1-18).

SIMJAT TORÁ Y LAS HAKAFOT (RONDAS) – DEL RAV

El *Zóhar* pregunta por qué esta festividad tiene dos nombres, *Sheminí Atséret* (Octavo día de la Asamblea) y *Simjat Torá* (Alegría de la Torá), y por qué es llamada "*zmán simjatenu*" (tiempo de nuestro regocijo).

De acuerdo con el principio que hace que una bombilla irradie luz, la dicha sólo puede revelarse cuando todos reciben cuidados. Los polos positivos y negativos existen pero, sin la resistencia del filamento interno, no se puede generar Luz. La Luz existe en estado potencial todo el tiempo, pero no se revela sin la resistencia de la Columna Central. Por lo tanto, está escrito en el *Zóhar* que Yaakov, junto con los demás invitados, es parte y componente de *Simjat Torá*; dado que Yaakov es la Columna Central. De este modo, Yaakov y la restricción ya existen en *Simjat Torá*. Y después de trabajar en la restricción durante toda la festividad, ahora podemos disfrutar la Luz. Esta felicidad es indiscriminada porque es la revelación de toda la Luz.

En *Simjat Torá* se revela toda la Luz de la Torá (así como ocurrió en *Shavuot*, cuando se entregaron los Diez Enunciados), incluso para las personas que no fueron rigurosos en cumplir todas las indicaciones de *Rosh Hashaná*, *Yom Kipur* y *Sucot*. Esto se debe a la presencia de la Columna Central. En este sentido, *Simjat Torá* es como una boda, es un momento en el cual *Zeir Anpín* se une con *Maljut*. Todos los que asisten a la boda, aun los que no se han preparado para el evento, pueden participar en la celebración; la novia, el novio y sus familias han tenido que asumir molestias debido a la preparación del evento, pero todos los invitados pueden ciertamente disfrutar la fiesta. Es como la persona que enciende la luz en una habitación; todo el que entre en la habitación puede disfrutar la luz de forma gratuita. Todos pueden recibir, siempre y cuando estén conscientes de ser uno solo con todos los presentes y estén dispuestos a compartir.

No hay explicación en la Torá para el nombre *atséret* (reunión o asamblea) y no hay una razón explícita para la celebración de esta festividad. Sólo el *Zóhar* explica que *atséret* proviene de la palabra *atsirá* (detener). Esto se refiere a la resistencia, la Columna Central y Yaakov. Además, el significado de la palabra *atséret* es "reunión", dado que en esta festividad se reúne toda la Luz. Por lo tanto, primero realizamos el trabajo espiritual durante *Sucot*. Después, en el octavo día, llega la festividad de *Atséret*, para la reunión y descubrimiento de toda la Luz. En el día de *Simjat Torá* recibimos Luz Circundante para todo el año. Sólo al dejar ir lo que tenemos ahora es que podemos recibir una porción de vida para todo un año. Al aferrarnos a lo que tenemos, evitamos que la Luz entre en nuestra vida y, por ende, estamos destinados a perderlo todo.

La Kabbalah enseña que en *Simjat Torá* se nos da la capacidad de librar nuestra vida del cáncer y otras enfermedades graves. ¿Cómo es posible esto? Sabemos que cada enfermedad existe siempre que el cuerpo tenga vida. Las enfermedades se desarrollan en los procesos de vida que ocurren en el cuerpo; por lo tanto, en el momento que una persona muere, toda enfermedad se detiene. Este principio se aplica a todas las dificultades que enfrentamos en la vida. Si pudiéramos omitir los procesos en el mundo físico e ir por encima de la ilusión del continuo espacio-tiempo, podríamos entrar en un estado *post mórtem* y, de esta manera, causar una extinción inmediata a todas las manifestaciones de caos en nuestra vida. Así de grande es la oportunidad de *Simjat Torá*. En esta festividad nos elevamos por encima de la ilusión del tiempo, dado que *Simjat Torá* es Luz Circundante —la unión del pasado, presente y futuro— y, por lo tanto, constituye una oportunidad sin precedentes para liberar nuestra vida de todo caos. Para conectar con la Luz Circundante damos vueltas alrededor de la *bimá* con los rollos de la Torá la noche de *Simjat Torá*, la mañana y la noche siguiente (como el Arí solía hacerlo). La cantidad de rondas es igual a la fortaleza de la conexión con la Luz Circundante para todo el año.

Todo está disponible para nosotros. Lo único que necesitamos es certeza en que existe. Cuando derribamos las ilusiones ante nosotros, anulamos nuestras presuposiciones limitantes y abolimos todos los prejuicios y dudas, nos abrimos para dejar que entre la Luz. Esto es importante hacerlo cada día, pero en especial en *Simjat Torá*.

HAKAFOT (RONDAS) DE SIMJAT TORÁ

אַתָּה Atá הָרְאֵתָ horeta לָדַעַת ladáat כִּי qui יְהֹוָה יאהדונהי Adonai הוּא hu

הָאֱלֹהִים haElohim אהיה אדני ; ילה ; ר"ת יהה ; ה' הוא האלקים = ענו ע"ג כ"ב אֵין ein עוֹד od

מִלְּבַדּוֹ milvadó מ"ב: לְעֹשֵׂה leosé נִפְלָאוֹת niflaot גְּדֹלוֹת guedolot

לְבַדּוֹ levadó מ"ב כִּי qui לְעוֹלָם leolam ריבוע ס"ג וי' אותיות וְחַסְדּוֹ jasdó ג' הויות,

מילא ; ר"ת = נגה: אֵין ein כָּמוֹךָ camoja בָאֱלֹהִים vaElohim אהיה אדני ; ילה

אֲדֹנָי Adonai ללה וְאֵין veéin כְּמַעֲשֶׂיךָ quemaaseja: יְהִי yehí כְבוֹד jevod

יְהֹוָה יאהדונהי Adonai כבוד יהוה = יוד הי ואו הה לְעוֹלָם leolam ריבוע ס"ג וי' אותיות

יִשְׂמַח yismaj משיח ; לעולם ישמח ע"ה = ריבוע קס"א יְהֹוָה יאהדונהי Adonai

בְּמַעֲשָׂיו bemaasav ה' במעשיו ע"ה = קס"א קנ"א קמ"ג ; הו"ש ; ר"ת הפסוק = אמן (יאהדונהי) ע"ה:

יְהִי yehí שֵׁם shem יְהֹוָה יאהדונהי Adonai מְבֹרָךְ mevoraj ר"ת = ריבוע ע"ב

ריבוע ס"ג ; ה' מברך = רפ"ח (להעלות רפ"ח ניצוצות שנפלו לקליפה דמשם באים התולדאים)

מֵעַתָּה meatá וְעַד vead עוֹלָם olam י"ל: יְהִי yehí יְהֹוָה יאהדונהי Adonai

אֱלֹהֵינוּ Eloheinu ילה עִמָּנוּ imanu כַּאֲשֶׁר caasher הָיָה hayá יהה עִם im

אֲבֹתֵינוּ avoteinu אַל al יַעַזְבֵנוּ yaazvenu וְאַל veal יִטְּשֵׁנוּ yiteshenu:

וְאִמְרוּ veimrú הוֹשִׁיעֵנוּ hoshienu אֱלֹהֵי Elohei מילוי ע"ב, דמב ; ילה

יִשְׁעֵנוּ yishenu וְקַבְּצֵנוּ vekabetsenu וְהַצִּילֵנוּ vehatsilenu מִן min הַגּוֹיִם hagoyim

לְהֹדוֹת lehodot לְשֵׁם leshem קָדְשֶׁךָ kodsheja לְהִשְׁתַּבֵּחַ lehishtabéaj

בִּתְהִלָּתֶךָ bitehilateja: יְהֹוָה יאהדונהי Adonai מֶלֶךְ mélej

יְהֹוָה יאהדונהי Adonai מָלָךְ malaj יְהֹוָה יאהדונהי Adonai | יִמְלֹךְ yimloj מלך

מלך ימלך = בוזזךך, סנדלפון, ערי לְעֹלָם leolam ריבוע ס"ג וי' אותיות ; ר"ת יי"ל וָעֶד vaed:

HAKAFOT (RONDAS) DE SIMJAT TORÁ

"A ti te fue mostrado, para que supieras que el Señor es Dios y ningún otro hay además de Él" (Deuteronomio 4:35). "Al único que hace grandes maravillas, porque para siempre es Su misericordia" (Salmos 136:4). "No hay nadie como Tú entre los dioses, Señor, ni hay obras como las Tuyas" (Salmos 86:8). "Sea para siempre la gloria del Señor. Alégrese el Señor en Sus obras" (Salmos 104:31). "Bendito sea el nombre del Señor desde ahora y para toda la eternidad" (Salmos 113:2). "Que el Señor, nuestro Dios, esté con nosotros como estuvo con nuestros padres; que no nos deje ni nos abandone" (Reyes I 8:57). "Entonces digan: Sálvanos, Dios de nuestra salvación, y júntanos y líbranos de las naciones, para que demos gracias a Tu Santo Nombre y nos glorifiquemos en Tu alabanza" (Crónicas I 16:35). El Señor es Rey, el Señor ha reinado, el Señor reinará por siempre y eternamente.

יְהֹוָה יאהדונהי Adonai עֹז oz לְעַמּוֹ leamó יִתֵּן yitén יְהֹוָה יאהדונהי Adonai

יְבָרֵךְ yevarej עסמ״ב, הברכה (למתק את י׳ המלכים שמתו) אֶת et עַמּוֹ amó

בַשָּׁלוֹם vashalom ר״ת ע״ב: וִיהִיוּ veyihyú ייא״י (מילוי דס״ג) נָא na אֲמָרֵינוּ amareinu

לְרָצוֹן leratsón מהש ע״ה, ע״ב בריבוע וקס״א ע״ה, אל שדי ע״ה לִפְנֵי lefnei אֲדוֹן Adón אני

כָּל col ילי: וַיְהִי vayehí בִּנְסֹעַ binsoa הָאָרֹן haarón וַיֹּאמֶר vayómer

מֹשֶׁה Moshé מהש, ע״ב בריבוע וקס״א, אל שדי, ד״פ אלהים ע״ה קוּמָה kumá קנ״א (מקוה)

יְהֹוָה יאהדונהי Adonai וְיָפֻצוּ veyafutsu אֹיְבֶיךָ oyveja וְיָנֻסוּ veyanusu

מְשַׂנְאֶיךָ mesaneja מִפָּנֶיךָ mipaneja ס״ג מ״ה ב״ן: קוּמָה kuma קנ״א (מקוה)

יְהֹוָה יאהדונהי Adonai לִמְנוּחָתֶךָ limnujateja אַתָּה Atá וַאֲרוֹן vaarón

עֻזֶּךָ: uzeja כֹּהֲנֶיךָ cohaneja יִלְבְּשׁוּ yilbeshú צֶדֶק tsédek

וַחֲסִידֶיךָ vajasideja יְרַנֵּנוּ: yeranenú בַּעֲבוּר baavur דָּוִד David

עַבְדֶּךָ avdeja פוי, אל אדני אַל al תָּשֵׁב tashev פְּנֵי penei וחכמה בינה

מְשִׁיחֶךָ: meshijeja וְאָמַר veamar בַּיּוֹם bayom ע״ה נגד, מזבח, ון, אל יהוה

הַהוּא hahú הִנֵּה hiné אֱלֹהֵינוּ Eloheinu ילה זֶה ze קִוִּינוּ kivinu

לוֹ lo וְיוֹשִׁיעֵנוּ veyoshienu זֶה ze יְהֹוָה יאהדונהי Adonai קִוִּינוּ kivinu

לוֹ lo נָגִילָה naguilá וְנִשְׂמְחָה venismejá בִּישׁוּעָתוֹ: bishuató

מַלְכוּתְךָ maljutjá מַלְכוּת maljut כָּל col ילי עֹלָמִים olamim

וּמֶמְשַׁלְתְּךָ umemshaltcjá בְּכָל bejol ב״ן לכב דּוֹר dor וָדֹר vador רי״ו:

כִּי qui מִצִּיּוֹן miTsiyón יוסף, ר״פ יהוה, קנאה תֵּצֵא tetsé תוֹרָה Torá

וּדְבַר udvar ראה יְהֹוָה יאהדונהי Adonai מִירוּשָׁלָיִם mirushaláyim:

"Que el Señor dé fuerza a Su pueblo; que el Señor bendiga a Su pueblo con paz" (Salmos 29:11). *"Cuando el arca se ponía en marcha, Moshé decía: Levántate, Señor, y sean dispersados Tus enemigos, huyan de Tu presencia los que te aborrecen"* (Números 10:35). *"Levántate, Señor, al lugar de tu reposo; Tú y el Arca de Tu poder. Vístanse de justicia Tus sacerdotes; y canten con gozo Tus piadosos. Por amor a David, Tu siervo, no apartes Tu rostro de Tu ungido"* (Salmos 132:8-10). *"Y se dirá en aquel día: He aquí, éste es nuestro Dios a quien hemos esperado para que nos salvara; éste es el Señor a quien hemos esperado; regocijémonos y alegrémonos en Su salvación"* (Isaías 25:9). *"Tuyo es el Reino de todos los mundos y Tu dominio permanece por todas las generaciones"* (Salmos 145:13). *"Porque de Sión saldrá la Torá, y de Jerusalén la palabra del Señor"* (Isaías 2:3).

לְשֵׁם leshem יִחוּד yijud קוּדְשָׁא Kudshá בְּרִיךְ Berij הוּא Hu

וּשְׁכִינְתֵּיהּ uShjintei (יאהדונה״י) בִּדְחִילוּ bidjilu וּרְחִימוּ urjimu (יאההויהה),

וּרְחִימוּ urjimu וּדְחִילוּ udjilu (איההיוהה), לְיַחֲדָא leyajadá שֵׁם Shem

יו״ד Yud קֵ״י Kei בְּוָא״ו beVav קֵ״י Kei בְּיִחוּדָא beyijudá שְׁלִים shelim (יהוה)

בְּשֵׁם beshem כָּל col ילי יִשְׂרָאֵל Yisrael, הִנֵּה hiné אֲנַחְנוּ anajnu

בָּאִים baim לְקַיֵּם lekayem מִנְהַג minhag יִשְׂרָאֵל Yisrael קְדוֹשִׁים kedoshim

לְהַקִּיף lehakif שִׁבְעָה shivá הַקָּפוֹת hakafot לַתֵּיבָה lateivá שֶׁבָּהּ shebá

סֵפֶר séfer הַתּוֹרָה haTorá וּלְהַרְבּוֹת uleharbot בְּשִׂמְחַת besimjat

הַתּוֹרָה haTorá לְתַקֵּן letakén אֶת et שָׁרְשָׁן shorshán בְּמָקוֹם bemakom

עֶלְיוֹן elyón. וִיהִי vihí רָצוֹן ratsón מהש ע״ה, ע״ב בריבוע וקס״א ע״ה, אל שדי ע״ה

מִלְּפָנֶיךָ milfaneja ס״ג מ״ה ב״ן יְהֹוָהאדניאהדונהי Adonai אֱלֹהֵינוּ Eloheinu ילה

וֵאלֹהֵי veElohei לכב ; מילוי ע״ב, דמב ; ילה אֲבוֹתֵינוּ avoteinu. שֶׁבְּכֹחַ shebejóaj

הַקָּפוֹת hakafot אֵלּוּ elu. תִּפֹּל tipol חוֹמַת jomat ע״ה קס״א קנ״א קמ״ג

בַּרְזֶל barzel הַמַּפְסֶקֶת hamafséket בֵּינֵינוּ beineinu לְבֵינֶיךָ leveineja.

וְנִהְיֶה venihyé מֻקָּפִים mukafim מִתּוֹרָה mitorá וּמִצְוֹת umitsvot

מִבַּיִת mibáyit ב״פ ראה וּמִחוּץ umijuts. וְנִדְבַּק venidavek

בְּךָ bejá וּבְתוֹרָתְךָ uvetoratjá תָּמִיד tamid ע״ה קס״א קנ״א קמ״ג.

אֲנַחְנוּ anajnu וְזַרְעֵנוּ vezarenu וְזֶרַע vezera זַרְעֵנוּ zarenu.

וִיהִי vihí נֹעַם nóam אֲדֹנָי Adonai ללה אֱלֹהֵינוּ Eloheinu ילה

עָלֵינוּ aleinu וּמַעֲשֵׂה umaasé יָדֵינוּ yadeinu כּוֹנְנָה conená עָלֵינוּ aleinu

וּמַעֲשֵׂה umaasé יָדֵינוּ yadeinu כּוֹנְנֵהוּ conenehu:

Por el bien de la unificación del Santo, bendito sea Él, y Su Shejiná, con temor y amor y con amor y amor, a fin de unificar el Nombre Yud-Kei y Vav-Kei en perfecta unidad, y en el nombre de Israel, venimos por este medio a realizar la costumbre de Israel, el pueblo santo, de completar siete rondas alrededor de la bimá, sobre la cual reposa el rollo de la Torá, y de regocijarnos grandemente en la alegría de la Torá, de corregir su raíz en el Lugar Celestial. Y que sea Tu voluntad, Señor, nuestro Dios y Dios de nuestros padres, que con la fortaleza de estas hakafot caiga el portón de hierro que nos separa a nosotros de Ti. Y que estemos rodeados con Torá y preceptos tanto por dentro como por fuera, y que nos aferremos a Ti y a Tu Torá constantemente, nosotros y nuestra descendencia, y la descendencia de nuestra descendencia. "Que la gracia de Dios, nuestro Dios, esté sobre nosotros y que Él establezca la obra de nuestras manos y que la obra de nuestras manos lo establezca a Él" (Salmos 90:17).

מִזְמוֹר mizmor לְדָוִד leDavid הָבוּ havú אחד, אהבה, דאגה

לַיהֹוָה יאהדונהי laAdonai בְּנֵי benei ר"ת הבל אֵלִים elim הבו יהוה בני אלים = יעקב

הָבוּ havú אחד, אהבה, דאגה לַיהֹוָה יאהדונהי laAdonai כָּבוֹד cavod וָעֹז vaoz:

הָבוּ havú אחד, אהבה, דאגה לַיהֹוָה יאהדונהי laAdonai כְּבוֹד quevod שְׁמוֹ Shemó

מהש ע"ה, ע"ב בריבוע וקס"א ע"ה, אל שדי ע"ה ; הבו יהוה כבוד שמו = אדם דוד משיח

הִשְׁתַּחֲווּ hishtajavú לַיהֹוָה יאהדונהי laAdonai בְּהַדְרַת־ behadrat ר"ת הבל

קֹדֶשׁ kódesh ר"ת למפרע קבלה (שביום שבת צריך ללמוד קבלה): קוֹל kol

יְהֹוָה יאהדונהי Adonai עַל־ al הַמָּיִם hamáyim ר"ת = אלף למד (חסד - ואל שני רמח

במילה בהמשך). אֵל־ El ייא"י (מילוי דס"ג) הַכָּבוֹד hacavod לאו הִרְעִים hirim ה"פ אדני

(להמתיק שכ"ה דינים) יְהֹוָה יאהדונהי Adonai עַל־ al מַיִם máyim רַבִּים rabim

ר"ת הרעים (שכ"ה דינים - ושני השכ"ה דינים נמתקים ע"י שני שמות א"ל הרמוזים לעיל):

קוֹל־ kol יְהֹוָה יאהדונהי Adonai בַּכֹּחַ bacóaj ר"ת יב"ק, אלהים יהוה, אהיה אדני יהוה

קוֹל kol יְהֹוָה יאהדונהי Adonai בֶּהָדָר behadar ר"ת יב"ק, אלהים יהוה, אהיה אדני יהוה:

קוֹל kol יְהֹוָה יאהדונהי Adonai שֹׁבֵר shover אֲרָזִים arazim וַיְשַׁבֵּר vayshaber

יְהֹוָה יאהדונהי Adonai אֶת־ et אַרְזֵי arzei הַלְּבָנוֹן haLevanón ר"ת האא:

וַיַּרְקִידֵם vayarkidem כְּמוֹ־ quemó עֵגֶל éguel לְבָנוֹן Levanón וְשִׂרְיוֹן veSiryón

כְּמוֹ quemó בֶן־ ven רְאֵמִים reemim: קוֹל־ kol יְהֹוָה יאהדונהי Adonai

חֹצֵב jotsev ס"ת הב"ל לַהֲבוֹת lahavot אֵשׁ esh: קוֹל kol

יְהֹוָה יאהדונהי Adonai יָחִיל yajil ס"ת ללה, אדני מִדְבָּר midbar יָחִיל yajil

יְהֹוָה יאהדונהי Adonai מִדְבַּר midbar קָדֵשׁ Kadesh ר"ת = קין:

"Salmo de David: Tributen al Señor, hijos de los poderosos, tributen al Señor gloria y poder. Tributen al Señor la gloria debida a Su Nombre; adoren al Señor en la majestad de Su Santidad. La Voz del Señor está sobre las aguas, el Dios de gloria truena, el Señor está sobre las muchas aguas. La Voz del Señor es poderosa, la Voz del Señor es majestuosa. La Voz del Señor rompe los cedros, el Señor hace rompe los cedros del Líbano. Como becerro hace saltar al Líbano y al Sirión como cría de búfalo. La Voz del Señor alza llamas de fuego. La Voz del Señor hace temblar el desierto; el Señor hace temblar el desierto de Cadés.

קוֹל kol יְהֹוָה יאהדונהי Adonai יְחוֹלֵל yejolel אַיָּלוֹת ayalot
וַיֶּחֱשֹׂף vayejesof יְעָרוֹת yearot וּבְהֵיכָלוֹ uveheijaló כֻּלּוֹ culó אֹמֵר omer
כָּבוֹד cavod: יְהֹוָה יאהדונהי Adonai לַמַּבּוּל lamabul יָשָׁב yashav ר"ת יכ"י
וס"ת הבל וַיֵּשֶׁב vayeshev יְהֹוָה יאהדונהי Adonai מֶלֶךְ mélej לְעוֹלָם leolam ריבוע
ס"ג י' אותיות דס"ג: יְהֹוָה יאהדונהי Adonai עֹז oz לְעַמּוֹ leamó יִתֵּן yitén
יְהֹוָה יאהדונהי Adonai יְבָרֵךְ yevarej עסמ"ב, הברכה (למתק את ז' המלכים שמתו)
אֶת־ et עַמּוֹ amó בַשָּׁלוֹם vashalom ר"ת ע"ב, ריבוע יהוה:
אל ("יא" מילוי דס"ג) אותיות בפסוק הַלְלוּיָהּ haleluyá **(*Kéter*)** אלהים, אהיה אדני ; ללה
הַלְלוּ־ halelú אֵל El ("יא" מילוי דס"ג) בְּקָדְשׁוֹ bekodshó
הַלְלוּהוּ haleluhu **(*Jojmá*)** בִּרְקִיעַ birkía עֻזּוֹ uzó ס"ת = ע"ב ב"ן:
הַלְלוּהוּ haleluhu **(*Biná*)** בִּגְבוּרֹתָיו vigvurotav הַלְלוּהוּ haleluhu **(*Jésed*)**
כְּרֹב querov גֻּדְלוֹ gudló: הַלְלוּהוּ haleluhu **(*Guevurá*)** בְּתֵקַע beteka
שׁוֹפָר shofar הַלְלוּהוּ haleluhu **(*Tiféret*)** בְּנֵבֶל benével וְכִנּוֹר vejinor:
הַלְלוּהוּ haleluhu **(*Nétsaj*)** בְתֹף betof וּמָחוֹל umajol הַלְלוּהוּ haleluhu **(*Hod*)**
בְּמִנִּים beminim וְעֻגָב veugav: הַלְלוּהוּ haleluhu **(*Yesod*)** בְצִלְצְלֵי־ vetsiltselei
שָׁמַע shamá הַלְלוּהוּ haleluhu **(*Maljut*)** בְּצִלְצְלֵי betsiltselei תְרוּעָה teruá:

כֹּל col יכ"י הַנְּשָׁמָה haneshamá תְּהַלֵּל tehalel ר"ת כהת, משיח בן דוד ע"ה
יָהּ Yah הַלְלוּיָהּ haleluyá אלהים, אהיה אדני ; ללה:

כֹּל col יכ"י הַנְּשָׁמָה haneshamá תְּהַלֵּל tehalel ר"ת כהת, משיח בן דוד ע"ה
יָהּ Yah הַלְלוּיָהּ haleluyá אלהים, אהיה אדני ; ללה:

La Voz del Señor hace parir a las ciervas y deja los bosques desnudos, y en Su Templo todo proclama Su Gloria. El Señor se sentó cuando el diluvio, y como Rey se sienta el Señor para siempre. El Señor da fuerza a Su pueblo; el Señor bendice a Su pueblo con paz" (Salmos 29). *"¡Alaben al Señor! Alaben a Dios en Su Santuario; alábenlo en Su majestuoso firmamento. Alábenlo por Sus hechos poderosos; alábenlo según la excelencia de Su grandeza. Alábenlo con toque del Shofar; alábenlo con arpa y lira. Alábenlo con pandero y danza; alábenlo con instrumentos y flauta. Alábenlo con el sonido de címbalos; alábenlo con címbalos resonantes. Todas las almas alaben a Dios. ¡Alábenlo!"* (Salmos 150).

LA PRIMERA HAKAFÁ (RONDA)—AVRAHAM—JÉSED

אָנָּא aná ב"ן לכב יְהֹוָהאדניאהדונהי Adonai הוֹשִׁיעָה hoshía יהוה ש"ע נהורין נָּא na:
אָנָּא aná ב"ן לכב יְהֹוָהאדניאהדונהי Adonai הַצְלִיחָה hatslija נָּא na:
אָנָּא aná ב"ן לכב יְהֹוָהאדניאהדונהי Adonai עֲנֵנוּ anenu בְיוֹם veyom
ע"ה נגד, מזבח, זן, אל יהוה קָרְאֵנוּ korenu: אֱלֹהֵי Elohei מילוי ע"ב, דמב ; ילה
הָרוּחוֹת harujot הוֹשִׁיעָה hoshía יהוה ש"ע נהורין נָּא na. בּוֹחֵן bojén
לְבָבוֹת levavot הַצְלִיחָה hatslija נָּא na: גּוֹאֵל goel וְחָזָק jazak פהל
עֲנֵנוּ anenu בְּיוֹם veyom ע"ה נגד, מזבח, זן, אל יהוה קָרְאֵנוּ korenu:

יְדִיד yedid נֶפֶשׁ néfesh אָב av הָרַחֲמָן harajamán. מְשׁוֹךְ meshoj
עַבְדְּךָ avdaj פוי, אל אדני אֶל el רְצוֹנָךְ retsonaj. יָרוּץ yaruts
עַבְדְּךָ avdaj פוי, אל אדני כְּמוֹ quemó אַיָּל ayal. יִשְׁתַּחֲוֶה yishtajavé אֶל el
מוּל mul הֲדָרָךְ hadaraj ב"פ יבק, ס"ג קס"א. יֶעֱרַב yeerav לוֹ lo
יְדִידוּתָךְ yedidutaj ר"ת ילי. מִנֹּפֶת minófet צוּף tsuf וְכָל vejol טָעַם taam:
הָדוּר hadur נָאֶה naé זִיו ziv הָעוֹלָם haolam. נַפְשִׁי nafshí
חוֹלַת jolat אַהֲבָתָךְ ahavataj. אָנָּא aná ב"ן אֵל El ייא"י (מילוי דס"ג)
נָא na רְפָא refá נָא na לָהּ la (**Nombre de 11 letras** para sanación).
בְּהַרְאוֹת beharot לָהּ la נוֹעַם nóam זִיוָךְ zivaj. אָז az תִּתְחַזֵּק titjazek
וְתִתְרַפֵּא vetitrapé. וְהָיְתָה vehaytá לָהּ la שִׂמְחַת simjat עוֹלָם olam:

LA PRIMERA HAKAFÁ (RONDA)—AVRAHAM—JÉSED

"Te rogamos, Señor, sálvanos ahora. Te rogamos, Señor, prospéranos ahora" (Salmos 118:25). *Te rogamos, Señor, contéstanos en el día que clamemos. Dios de los espíritus, sálvanos ahora. Probador de los corazones, prospéranos ahora. Redentor poderoso, contéstanos en el día que clamemos.*
י *Amado de mi alma, Padre Compasivo, atrae Tu siervo a Tu deseo. Tu siervo correrá como venado, se inclinará ante Tu majestuosidad. Tu amistad será más dulce que la miel y que cualquier otro sabor*
ה *Majestuoso, hermoso, resplandor del mundo, mi alma languidece por Tu amor. Por favor, Dios, sánala por medio de mostrarle Tu resplandor. Entonces ella será fortalecida y sanada, y tendrá la alegría del mundo.*

וְתִיק vatik יֶהֱמוּ yehemu רַחֲמֶיךָ rajameja◆ וְחוּסָה vejusá

נָא na עַל al בֵּן ben אֲהוּבָךְ ahuvaj◆ כִּי qui זֶה ze

כַּמֶּה jamé נִכְסוֹף nijsof נִכְסַף nijsaf◆ לִרְאוֹת lirot

בְּתִפְאֶרֶת betiféret עֻזָּךְ uzaj◆ אָנָּא aná ב"ן אֵלִי Elí וְחֶמְדַּת jemdat

לִבִּי libí◆ וְחוּשָׁה jushá נָא na וְאַל veal תִּתְעַלָּם titalam:

הִגָּלֶה higalé נָא na וּפְרוֹשׁ ufrós חֲבִיב javiv הוי◆ עָלַי alai אֶת et סֻכַּת sucat

שְׁלוֹמָךְ shelomaj◆ תָּאִיר tair אֶרֶץ érets מִכְּבוֹדָךְ miquevodaj ב"ן, לכב◆

נָגִילָה naguilá וְנִשְׂמְחָה venismejá בָּךְ vaj◆ מַהֵר maher אָהוּב ahuv

כִּי qui בָא va מוֹעֵד moed◆ וְחָנֵּנוּ vejonenú כִּימֵי quimei עוֹלָם olam:

Después de la ronda debemos decir:

יְמִין yemín יְהֹוָה יאהדונהי Adonai רוֹמֵמָה romemá ר"ת רי"י יְמִין yemín

יְהֹוָה יאהדונהי Adonai עֹשָׂה osá ר"ת הע חָיִל jáyil ומב:

שְׁמַע shemá יִשְׂרָאֵל Yisrael יְהֹוָה יאהדונהי Adonai אֱלֹהֵינוּ Eloheinu ילה

יְהֹוָה יאהדונהי | Adonai אֶחָד ejad אהבה, דאגה:

יְהֹוָה יאהדונהי Adonai מֶלֶךְ mélej יְהֹוָה יאהדונהי Adonai מָלָךְ malaj

יְהֹוָה יאהדונהי Adonai | יִמְלֹךְ yimloj (מֶלֶךְ מָלָךְ יִמְלֹךְ = מנצפך, סנדלפון, ער"י)

לְעֹלָם leolam ריבוע דס"ג וי' אותיות דס"ג ; ר"ת יי"ל וָעֶד vaed:

אָנָּא aná ב"ן לכב יְהֹוָה יאהדונהי Adonai הוֹשִׁיעָה hoshía יהוה ש"ע נהורין נָא na:

אָנָּא aná ב"ן לכב יְהֹוָה יאהדונהי Adonai הַצְלִיחָה hatslija נָא na:

יְהִי yehí חַסְדְּךָ jasdeja יְהֹוָה יאהדונהי Adonai עָלֵינוּ aleinu כַּאֲשֶׁר caasher

יִחַלְנוּ yijalnu סא"ל לָךְ laj: קוּמָה kuma קנ"א (מקוה) עֶזְרָתָה ezrata

לָנוּ lanu אלהים, אהיה אדני וּפְדֵנוּ ufdenu לְמַעַן lemaan חַסְדֶּךָ jasdeja:

ו *Todopoderoso, que Tu misericordia sea despertada y te apiades de los hijos de Tu amado, porque desde hace mucho tiempo he deseado intensamente ver pronto el esplendor de Tu fortaleza. Mi corazón sólo desea estas cosas, así que, por favor, apiádate y no te ocultes.* ה *Revela y extiende sobre mí, amado mío, el refugio de Tu paz. Ilumina el mundo con Tu gloria a fin de que nos regocijemos y estemos contentos contigo. Apresúrate, muestra amor, porque el tiempo ha llegado, y muéstranos gracia como en los días de antaño. "La diestra del Señor es exaltada. La diestra del Señor hace proezas"* (Salmos 118:16). *"Escucha, Israel, al Señor nuestro Dios. El Señor es Uno"* (Deuteronomio 6:4). *El Señor es Rey, el Señor ha reinado, el Señor reinará por siempre y por la eternidad. "Te rogamos, Señor: sálvanos ahora. Te rogamos, Señor: prospéranos ahora"* (Salmos 118:25). *"Señor, sea sobre nosotros Tu misericordia, puesto que hemos esperado en Ti"* (Salmos 33:22). *"¡Levántate! Sé nuestra ayuda y redímenos por amor de Tu misericordia"* (Salmos 44:27).

וְחֶסֶד vejésed ע״ב, ריבוע יהוה יְהֹוָהאדניאהדונהי Adonai | מֵעוֹלָם meolam וְעַד vead
עוֹלָם olam עַל al יְרֵאָיו yereav וְצִדְקָתוֹ vetsidkató לִבְנֵי livnei בָנִים vanim:

אָנָּא aná ב״ן לכב בְּכֹחַ bejóaj. גְּדֻלַּת guedulat יְמִינְךָ yemineja.
תַּתִּיר tatir צְרוּרָה tserurá: אבג יתץ

יְהִי yehí רָצוֹן ratsón מהש ע״ה, ע״ב בריבוע וקס״א ע״ה, אל שדי ע״ה
מִלְּפָנֶיךָ milfaneja ס״ג מ״ה ב״ן יְהֹוָהאדניאהדונהי Adonai אֱלֹהֵינוּ Eloheinu ילה
וֵאלֹהֵי veElohei לכב ; מילוי ע״ב, דמב ; ילה אֲבוֹתֵינוּ avoteinu. אָב av
הָרַחֲמִים harajamim שאה. שֶׁתְּהֵא shetehé חֲשׁוּבָה jashuvá וּמְקֻבֶּלֶת umkubélet
וּרְצוּיָה urtsuyá לְפָנֶיךָ lefaneja ס״ג מ״ה ב״ן הַקָּפָה hakafá רִאשׁוֹנָה rishoná
שֶׁהִקַּפְנוּ shehikafnu לַתֵּיבָה lateivá בְּשִׂמְחַת besimjat תּוֹרָתְךָ toratjá
הָרוֹמֶזֶת harométzet לַחֶסֶד laJésed ע״ב, ריבוע יהוה. כְּאִלּוּ queílu כִּוַּנּוּ quivanu
בְּכָל bejol ב״ן, לכב הַכַּוָּנוֹת hacavanot הָרְאוּיוֹת hareuyot לְכַוֵּן lejavén.
וְאַתָּה veAtá בְּטוּבְךָ betuvjá לאו תְּרַחֵם terajem ג״פ רי״ו ; אברהם, וי״פ אל,
רי״ו ול״ב נתיבות החכמה, רמ״ח (אברים), עסמ״ב וט״ז אותיות פשוטות עָלֵינוּ aleinu. יְהִי yehí
חַסְדְּךָ jasdejá יְהֹוָהאדניאהדונהי Adonai עָלֵינוּ aleinu. וּתְזַכֵּנוּ utezaquenu
לְעָבְדְךָ leovdejá פוי, אל אדני בְּיִרְאָה beyirá רי״ו וְאַהֲבָה veahavá אוזה, דאגה.
וְתִהְיֶה vetihyé אַהֲבָתְךָ ahavatjá תְּקוּעָה tekuá בְּלִבֵּנוּ belibenu תָּמִיד tamid
ע״ה קס״א קנ״א קמ״ג כָּל col ילי יְמֵי yemei חַיֵּינוּ jayeinu. וְתִהְיֶה vetihyé
יִרְאָתְךָ yiratjá עַל al פָּנֵינוּ paneinu לְבִלְתִּי leviltí נֶחֱטָא nejetá.
וּבְכָל uvjol ב״ן, לכב מִדָּה midá וּמִדָּה umidá שֶׁתִּמְדֹּד shetimdod
לָנוּ lanu אלהים, אהיה אדני נוֹדֶה nodé לְּךָ lejá בִּמְאֹד bimeod מְאֹד meod.

"La misericordia del Señor es desde siempre hasta la eternidad para los que le temen, y Su justicia para los hijos de los hijos" (Salmos 103:17).

אבג יתץ *Te suplicamos, con el gran poder de Tu diestra, pon en libertad a los cautivos.*

Que sea Tu voluntad, Señor, nuestro Dios y Dios de nuestros padres, Padre Misericordioso, que sea considerada valiosa y aceptable y favorable ante Ti la primera ronda que hemos hecho alrededor de la bimá en la alegría de Tu Torá; la cual alude a la Benevolencia, como ha sido nuestra intención con todos los significados que son apropiados para proponer. Y que Tú, en Tu bondad, tengas misericordia de nosotros. Señor, que Tu benevolencia esté sobre nosotros, y que Tú causes que tengamos el mérito de servirte con reverencia y amor. Que Tu amor sea implantado en nuestro corazón constantemente, todos los días de nuestra vida, y que Tu reverencia esté sobre nosotros a fin de que no pequemos. Y con cada una de las medidas que Tú ejerzas sobre nosotros, te alabaremos abundantemente.

וּתְזַכֵּנוּ utezaquenu לְהַשְׂכִּיל lehasquil לְהֵטִיב lehetiv וְלִגְמֹל veligmol
וָחֶסֶד Jésed ע״ב, ריבוע יהוה בְּכָל bejol ב״ן, לכב כֹּחֵנוּ cojenu בְּגוּפֵנוּ begufenu
וּבְמָמוֹנֵנוּ umamonenu בְּלֵבָב belevav בוכו שָׁלֵם •shalem וְיִהְיוּ veyihyú י״א (במילוי דס״ג)
כָּל jol ילי מַעֲשֵׂינוּ maaseinu לְשִׁמְךָ leshimjá וּלְזִכְרְךָ ulzijrejá
תַּאֲוַת taavat נֶפֶשׁ •néfesh וּתְזַכֵּנוּ utezaquenu לְהִתְרַחֵק lehitrajek
מֵהַקִּנְאָה mehakiná יוסף, ציון, ר״פ יהוה וְאַכְזָרִיּוּת veajzariyut וָכַעַס •vajaas
וְלִקְנוֹת veliknot מִדּוֹת midot הַחֶסֶד haJésed ע״ב, ריבוע יהוה בְּקִנְיָן bekinyán
גָּמוּר •gamur וּלְמַעַן ulmaan תּוֹרָתְךָ toratjá הַקְּדוֹשָׁה hakedoshá
הַנִּתֶּנֶת haniténet בְּיָמִין •bayamín וּלְמַעַן ulmaan אַבְרָהָם Avraham
אֲהוּבֶךָ ahuveja ו״פ אל, רי״ו ול״ב נתיבות החכמה, רמ״ח (אברים), עסמ״ב וט״ז אותיות פשוטות
אִישׁ ish הַחֶסֶד haJésed ע״ב, ריבוע יהוה• תְּמַלֵּא temalé מִשְׁאֲלוֹת mishalot
לִבֵּנוּ libenu לְטוֹבָה letová אכא• יִוָּדַע yivadá לְעֵינֵי leeinei ריבוע מ״ה
הַכֹּל hacol ילי טוּבְךָ tuvjá לאו וַחֲסָדְךָ vejasdejá עִמָּנוּ imanu ריבוע ס״ג:

Iniciales de *Jésed*—וחסד.

חַסְדֵי jasdei יְהֹוָהאדהנויאהדונהי Adonai עוֹלָם olam אָשִׁירָה ashira לְדֹר ledor
וָדֹר vador רי״ו אוֹדִיעַ odía אֱמוּנָתְךָ emunatjá בְּפִי :befí סִתְרִי sitrí ב״פ מצר
וּמָגִנִּי umaguiní אָתָּה atá לִדְבָרְךָ lidvarjá יִחָלְתִּי :yijalti דְּרָכֶיךָ derajeja
יְהֹוָהאדהנויאהדונהי Adonai הוֹדִיעֵנִי hodieni אֹרְחוֹתֶיךָ orjoteja לַמְּדֵנִי :lamdeni

Hay 42 letras en el verso en el secreto del *Aná Bejóaj*.

יִהְיוּ yihyú אל (יי״א מילוי דס״ג) לְרָצוֹן leratsón מהש ע״ה, ע״ב בריבוע וקס״א ע״ה, אל שדי ע״ה
אִמְרֵי imrei פִי fi ר״ת אֶלֶף = אלף למד ~ שין דלת יוד ע״ה וְהֶגְיוֹן vehegyón לִבִּי libí
לְפָנֶיךָ lefaneja ס״ג מ״ה ב״ן יְהֹוָהאדהנויאהדונהי Adonai צוּרִי tsurí וְגֹאֲלִי :vegoalí

Y haz que tengamos el mérito de distinguir, hacer bien, otorgar benevolencia con todo nuestro poder, con nuestro cuerpo y nuestras posesiones, con todo el corazón. Y permite que todas nuestras acciones sean por Tu Nombre y Tu remembranza, puesto que este es el deseo de nuestra alma. Y haz que tengamos el mérito de estar alejados de envidia, crueldad y rabia, y que adquiramos los atributos de la benevolencia con absoluto éxito. Y por amor de Tu Santa Torá, la cual has entregado con Tu diestra, y por amor de Avraham, Tu amado, el hombre de misericordia, cumple los deseos de nuestro corazón para bien. Que sea sabido ante los ojos de todos que Tu bondad y Tu benevolencia están con nosotros. "Cantaré de las misericordias del Señor por siempre; con mi boca daré a conocer Tu fidelidad a todas las generaciones" (Salmos 89:2). *"Tú eres mi refugio y mi escudo; en Tu palabra he esperado"* (Salmos 119:114). *"Que los dichos de mi boca y los pensamientos de mi corazón sean gratos ante Ti, Señor, mi Fortaleza y mi Redentor"* (Salmos 19:15).

LA SEGUNDA HAKAFÁ (RONDA)—YITSJAK—GUEVURÁ

אָנָּא aná ב"ן לכב יְהֹוָה יאהדונהי Adonai הוֹשִׁיעָה hoshía יהוה ש"ע נהורין נָא na:

אָנָּא aná ב"ן לכב יְהֹוָה יאהדונהי Adonai הַצְלִיחָה hatslija נָא na: אָנָּא aná ב"ן לכב

יְהֹוָה יאהדונהי Adonai עֲנֵנוּ anenu בְיוֹם veyom ע"ה נגד, מזבח, זן, אל יהוה

קָרְאֵנוּ korenu: דוֹבֵר dover צְדָקוֹת tsedakot הוֹשִׁיעָה hoshía יהוה ש"ע נהורין

נָא na. הָדוּר hadur בִּלְבוּשׁוֹ bilvushó הַצְלִיחָה hatslija נָא na: וְתִיק vatik

וְחָסִיד vejasid עֲנֵנוּ anenu בְיוֹם veyom ע"ה נגד, מזבח, זן, אל יהוה קָרְאֵנוּ korenu:

Kéter אֵל El י"א" (מילוי ד"ס"ג) מִסְתַּתֵּר mistater בְּשַׁפְרִיר beshafrir

חֶבְיוֹן jevyón, הַשֵּׂכֶל haséjel הַנֶּעֱלָם haneelam מִכָּל micol ילי

רַעֲיוֹן raayón, עִלַּת ilat הָעִלּוֹת hailot מוּכְתַּר mujtar בְּכֶתֶר bejéter ה' מלך ה'

מלך ה' ימלוך לעולם ועד ובאתב"ש גאל עֶלְיוֹן elyón, כֶּתֶר Kéter ה' מלך

ה' מלך ה' ימלוך לעולם ועד ובאתב"ש גאל יִתְּנוּ yitnú לְךָ lejá יְהֹוָה יאהדונהי Adonai.

Jojmá בְּרֵאשִׁית bereshit תּוֹרָתְךָ toratjá הַקְּדוּמָה hakedumá,

רְשׁוּמָה reshumá חָכְמָתְךָ jojmatjá הַסְּתוּמָה hasetumá, מֵאַיִן meayin

תִּמָּצֵא timatsé וְהִיא vehí נֶעֱלָמָה neelamá, רֵאשִׁית reshit חָכְמָה Jojmá

במילוי תרי"ג (מצוות) יִרְאַת yirat יְהֹוָה יאהדונהי Adonai.

Biná רְחוֹבוֹת rejovot הַנָּהָר hanahar נַחֲלֵי najalei אֱמוּנָה emuná,

מַיִם máyim עֲמוּקִים amukim יִדְלֵם yidlem אִישׁ ish תְּבוּנָה tevuná,

תּוֹצְאוֹתֶיהָ totsoteha חֲמִשִּׁים jamisim שַׁעֲרֵי shaarei בִּינָה Biná

ע"ה אהיה אהיה יהוה, ע"ה חיים אֱמוּנִים emunim נוֹצֵר notser יְהֹוָה יאהדונהי Adonai.

LA SEGUNDA HAKAFÁ (RONDA)—YITSJAK—GUEVURÁ

"Te rogamos, Señor, sálvanos ahora. Te rogamos, Señor, prospéranos ahora" (Salmos 118:25). Te rogamos, Señor, contéstanos en el día que clamemos. Dios de los espíritus, sálvanos ahora. Probador de los corazones, prospéranos ahora. Redentor poderoso, contéstanos en el día que clamemos. Majestuoso con un atuendo, prospéranos ahora. Fiel y Devoto, contéstanos en el día que clamemos.

Kéter *– Dios se oculta en un dosel de secretos, la sabiduría oculta de toda noción. Causa de todas las causas, coronado con la Corona Celestial; ellos te darán una Corona, Señor.*
Jojmá *– En el principio estaba Tu antigua Torá, inscrita con Tu sabiduría oculta, ¿adónde será encontrada puesto que ha desaparecido? La fuente de la sabiduría es el temor del Señor.*
Biná *– La anchura del río, como un riachuelo de fe son aguas profundas atraídas por el hombre sabio, cuyos resultados son las cincuenta Puertas de Biná; los fieles son guardados por el Señor.*

Jésed הָאֵל haEl לאה, ייא״י (מילוי דס״ג) הַגָּדוֹל hagadol להוז, עם ד׳ אותיות מבה, יזל, אום
עֵינֵי einei ריבוע מ״ה כֹּל jol ילי נֶגְדֶּךָ negdejá זן, מזבח, אל יהוה רַב rav
חֶסֶד Jésed ע״ב, ריבוע יהוה גָּדוֹל gadol להוז, עם ד׳ אותיות מבה, יזל, אום עַל al
הַשָּׁמַיִם hashamáyim י״פ טל, י״פ כוזו וַחֲסָדֶךָ jasdejá, אֱלֹהֵי Elohei מילוי ע״ב, דמב ; ילה
אַבְרָהָם Avraham וז״פ אל, רי״ו ול״ב נתיבות הוזכמה, רמ״וז (אברים), עסמ״ב וט״ז אותיות פשוטות
זְכוֹר zejor ע״ב קס״א, יהי אור ע״ה לְעַבְדֶּךָ leavdejá פוי, אל אדני וַחֲסָדֵי jasdei
יְהֹוָה אהדונהי Adonai אַזְכִּיר azquir תְּהִלּוֹת tehilot יְהֹוָה אהדונהי Adonai.
Guevurá מָרוֹם marom נֶאְדָּר needar בְּכֹחַ bejóaj וּגְבוּרָה uGvurá רי״ו
מוֹצִיא motsí אוֹרָה orá רז, א״ס מֵאַיִן meéin תְּמוּרָה temurá, פַּחַד pájad
יִצְחָק Yitsjak ד״פ ב״ן מִשְׁפָּטֵינוּ mishpateinu ע״ה ה״פ אלהים הָאִירָה hairá,
אַתָּה Atá גִּבּוֹר guibor לְעוֹלָם leolam ריבוע ס״ג עם י׳ אותיות יְהֹוָה אהדונהי Adonai.

Después de la ronda debemos decir:

יְמִין yemín יְהֹוָה אהדונהי Adonai רוֹמֵמָה romemá ר״ת רי״י יְמִין yemín
יְהֹוָה אהדונהי Adonai עֹשָׂה osá ר״הע חָיִל jáyil ומב:

שְׁמַע shemá יִשְׂרָאֵל Yisrael יְהֹוָה אהדונהי Adonai אֱלֹהֵינוּ Eloheinu ילה
יְהֹוָה אהדונהי | Adonai אֶחָד ejad אהבה, דאגה:

יְהֹוָה אהדונהי Adonai מֶלֶךְ mélej יְהֹוָה אהדונהי Adonai מָלָךְ malaj
יְהֹוָה אהדונהי Adonai | יִמְלֹךְ yimloj (מֶלֶךְ מָלָךְ יִמְלֹךְ = מנזוזך, סנדלפון, ערי)
לְעֹלָם leolam ריבוע דס״ג וי׳ אותיות דס״ג ; ר״ת ייל וָעֶד vaed:
אָנָּא aná ב״ן לכב יְהֹוָה אהדונהי Adonai הוֹשִׁיעָה hoshía יהוה ש״ע נהורין נָא na:
אָנָּא aná ב״ן לכב יְהֹוָה אהדונהי Adonai הַצְלִיחָה hatslija נָא na:

Jésed *– Grande Dios, todos los ojos miran hacia Ti, Maestro de gran bondad, en el Cielo está Tu bondad; Dios de Avraham, recuerda a Tu siervo; proclamaré la benevolencia de Dios en alabanzas al Señor.* ***Guevurá*** *– El Celestial es adornado en fuerza y poder, atrae Luz de lo que no tiene valor. El temido por Yitsjak, ilumina nuestra sentencia, Tu poder es para siempre, Señor.*

"La diestra del Señor es exaltada. La diestra del Señor hace proezas" (Salmos 118:16).
"Escucha, Israel, al Señor nuestro Dios. El Señor es Uno" (Deuteronomio 6:4).
El Señor es Rey, el Señor ha reinado, el Señor reinará por siempre y por la eternidad.
"Te rogamos, Señor: sálvanos ahora. Te rogamos, Señor: prospéranos ahora" (Salmos 118:25).

עוֹרְרָה orerá אֶת et גְּבוּרָתֶךָ guevurateja וּלְכָה uljá לִישֻׁעָתָה lishuatá
לָּנוּ lanu אלהים, אהיה אדני: לְךָ lejá זְרוֹעַ zeroa עִם im גְּבוּרָה guevurá ר"ו תָּעֹז taoz
יָדְךָ yadjá תָּרוּם tarum יְמִינֶךָ: yemineja עַתָּה atá יָדַעְתִּי yadati כִּי qui
הוֹשִׁיעַ hoshía יְהֹוָה Adonai מְשִׁיחוֹ meshijó ר"ת מ"ה יַעֲנֵהוּ yaanehu
מִשְּׁמֵי mishmei קָדְשׁוֹ kodshó בִּגְבֻרוֹת bigvurot יֵשַׁע yesha יְמִינוֹ: yeminó

קַבֵּל kabel רִנַּת rinat• עַמְּךָ ameja שַׂגְּבֵנוּ sagvenu•
טַהֲרֵנוּ taharenu נוֹרָא norá: קרע שטן

יְהִי yehí רָצוֹן ratsón מהש ע"ה, ע"ב בריבוע וקס"א ע"ה, אל שדי ע"ה
מִלְּפָנֶיךָ milfaneja ס"ג מ"ה ב"ן יְהֹוָה Adonai אֱלֹהֵינוּ Eloheinu ילה
וֵאלֹהֵי veElohei לכב ; מילוי ע"ב, דמב ; ילה אֲבוֹתֵינוּ avoteinu•
אָב av הָרַחֲמִים harajamim •שאה שֶׁתְּהֵא shetehé וַחֲשׁוּבָה jashuvá
וּמְקֻבֶּלֶת umkubélet וּרְצוּיָה urtsuyá לְפָנֶיךָ lefaneja ס"ג מ"ה ב"ן הַקָּפָה hakafá
הַזֹּאת hazot הַשֵּׁנִית hashenit הָרוֹמֶזֶת harométzet לַגְּבוּרָה laGuevurá ר"ו•
כְּאִלּוּ queílu כִּוַּנּוּ quivanu בְּכָל bejol ב"ן לכב הַכַּוָּנוֹת hacavanot
הָרְאוּיוֹת hareuyot לְכַוֵּן lejavén• וְאַתָּה veAtá בְּטוּבְךָ betuvjá לאו
תְּרַחֵם terajem ג"פ ר"ו ; אברהם, וז"פ אל, ר"ו ול"ב נתיבות החכמה, רמ"ח (אברים), עסמ"ב וט"ז אותיות
פשוטות עָלֵינוּ aleinu וּתְזַכֵּנוּ utezaquenu לְהִתְגַּבֵּר lehitgaber עַל al
יִצְרֵנוּ yitsrenu• וְתֵן vetén בָּנוּ banu כֹּחַ cóaj לִכְבּשׁ lijbosh
תַּאֲוֹתֵינוּ taavoteinu הַגּוּפָנִיּוֹת hagufniyot• וּלְמַעַן ulmaan יִצְחָק Yitsjak ד"פ ב"ן
עֲקֵדֶךָ akedeja נֶאְזָר neezar בִּגְבוּרָה bigvurá ר"ו• עוֹרְרָה orerá אֶת et
גְּבוּרָתֶךָ guevurateja וּלְכָה uljá לִישֻׁעָתָה lishuatá לָּנוּ lanu אלהים, אהיה אדני:

"Mueve Tu poder y ven a salvarnos" (Salmos 80:3). *"El Tuyo es un brazo poderosísimo, fuerte es Tu mano y exaltada es Tu diestra"* (Salmos 89:14). *"Ahora sé que el Señor salva a Su ungido; le responderá desde Su santo cielo, con la potencia salvadora de Su diestra"* (Salmos 20:7).

קרע שטן *Acepta el cántico de Tu Nación. Fortalécenos y purifícanos, Reverenciado.*

Que sea Tu voluntad, Señor, nuestro Dios y Dios de nuestros padres, Padre Misericordioso, que sea considerada valiosa y aceptable y favorable ante Ti esta segunda ronda, la cual alude al Poder, como si hubiésemos tenido todas las intenciones apropiadas para este fin. Y que Tú, en Tu benevolencia, tengas misericordia de nosotros y que hagas que tengamos el mérito de vencer nuestra inclinación. Y danos fortaleza para dominar nuestros deseos corpóreos; y por el mérito de Yitsjak, Tu atado, ceñido de poder, "mueve Tu diestra y sálvanos" (Salmos 80:3).

וּכְמוֹ ujmó שֶׁכָּבַשׁ shecavash אַבְרָהָם Avraham ו״פ אל, רי״ו ול״ב נתיבות החכמה,
רמ״ח (אברים), עסמ״ב וט״ז אותיות פשוטות אָבִינוּ avinu אֶת et רַחֲמָיו rajamav
לַעֲשׂוֹת laasot רְצוֹנְךָ retsonjá בְּלֵבָב belevav בוכו שָׁלֵם shalem• כֵּן quen
יִכְבְּשׁוּ yijbeshú רַחֲמֶיךָ rajameja אֶת et כַּעַסְךָ caaseja וְיִגֹּלוּ veyigolu
רַחֲמֶיךָ rajameja עַל al מִדּוֹתֶיךָ midoteja• וְתִתְנַהֵג vetitnaheg
עִמָּנוּ imanu ריבוע ס״ג יְהֹוָהאדניאהדונהי Adonai אֱלֹהֵינוּ Eloheinu ילה
בְּמִדַּת bemidat הַחֶסֶד hajésed ע״ב, ריבוע יהוה וּבְמִדַּת uvmidat
הָרַחֲמִים harajamim• וְתִכָּנֵס veticanés לָנוּ lanu אלהים, אהיה אדני
לִפְנִים lifnim מִשּׁוּרַת mishurat הַדִּין hadín• וּבְטוּבְךָ uvtuvjá לאו
הַגָּדוֹל hagadol להוז, עם ד׳ אותיות מבה, יזל, אום יָשׁוּב yashuv חֲרוֹן jarón
אַפְּךָ apaj מֵעַמְּךָ meamaj וּמֵעִירָךְ umeiraj וּמֵאַרְצָךְ umeartsaj
וּמִנַּחֲלָתָךְ uminajalataj• וּתְבַטֵּל utvatel מֵעָלֵינוּ mealeinu כָּל col ילי
גְּזֵירוֹת guezerot קָשׁוֹת kashot וְרָעוֹת veraot• וְתִגְזֹר vetigzor
עָלֵינוּ aleinu גְּזֵירוֹת guezerot טוֹבוֹת tovot כְּרֹב querov רַחֲמֶיךָ rajameja•:

Iniciales de *Guevurá*—גבורה.

גַּם gam מִזֵּדִים mizedim חֲשׂךְ jasoj עַבְדֶּךָ avdejá פוי, אל אדני אַל al
יִמְשְׁלוּ yimshelú בִי vi אָז az אֵיתָם eitam וְנִקֵּיתִי venikeiti מִפֶּשַׁע mipesha רָב rav:
בְּאֶבְרָתוֹ beevrató יָסֶךְ yasej לָךְ laj וְתַחַת vetájat כְּנָפָיו quenafav
תֶּחְסֶה tejsé צִנָּה tsiná וְסֹחֵרָה vesojerá אֲמִתּוֹ amitó: וַאֲנַחְנוּ vaanajnu
עַמְּךָ amjá וְצֹאן vetsón מַרְעִיתֶךָ mariteja נוֹדֶה nodé לְּךָ lejá לְעוֹלָם leolam ריבוע
ס״ג עם י׳ אותיות לְדֹר ledor וָדֹר vador רי״ו נְסַפֵּר nesaper תְּהִלָּתֶךָ tehilateja:

Tal como nuestro Patriarca Avraham dominó su compasión para poder hacer Tu voluntad con todo el corazón, que así Tu compasión domine Tu ira y Tu compasión sea movida sobre Tus atributos. Trata con nosotros, Señor, nuestro Dios, con el atributo de benevolencia y el atributo de compasión, e intercede por nosotros por encima de la ley estricta. Que por Tu gran bondad Tu ira sea retirada de Tu nación, Tu ciudad, Tu tierra y Tu heredad. Y que elimines de todos nosotros los decretos severos y malignos, y que Tú decretes para nosotros decretos buenos, conforme a Tu abundancia de misericordia. "Aparta también a Tu siervo de los pecados de soberbia, para que no puedan dominarme; entonces seré sin tacha y estaré librado de las transgresiones grandes" (Salmos 19:14). "Te cubrirá con sus plumas, y bajo Sus alas tendrás refugio, Su verdad es un escudo y una adarga" (Salmos 91:4). "Nosotros, Tu pueblo y el rebaño de Tu dehesa, te alabaremos por siempre; en cada generación cantaremos Tu alabanza" (Salmos 79:13).

רֹעֵה roé יִשְׂרָאֵל Yisrael הַאֲזִינָה haazina נֹהֵג noheg כַּצֹּאן catsón
יוֹסֵף Yosef צִיּוֹן, ו"פ יהוה, קנאה יֹשֵׁב yoshev הַכְּרוּבִים haqueruvim הוֹפִיעָה hofía:
הוֹרֵנִי horeni יְהֹוָהאדניאהדונהי Adonai דַּרְכֶּךָ darquejá אֲהַלֵּךְ ahalej
בַּאֲמִתֶּךָ baamiteja יַחֵד yajed לְבָבִי levaví לְיִרְאָה leyirá ר"ת שְׁמֶךָ shemeja:

Hay 42 letras en el verso en el secreto del *Aná Bejóaj*.

יִהְיוּ yihyú אל (ייא" מילוי דס"ג) לְרָצוֹן leratsón מהש ע"ה, ע"ב בריבוע וקס"א ע"ה, אל שדי ע"ה
אִמְרֵי־ imrei פִי fi ר"ת אֶלֶף = אלף למד + שין דלת יוד ע"ה וְהֶגְיוֹן vehegyón לִבִּי libí
לְפָנֶיךָ lefaneja ס"ג מ"ה ב"ן יְהֹוָהאדניאהדונהי Adonai צוּרִי tsurí וְגֹאֲלִי vegoalí:

LA TERCERA HAKAFÁ (RONDA)—YAAKOV—TIFÉRET

אָנָּא aná ב"ן לכב יְהֹוָהאדניאהדונהי Adonai הוֹשִׁיעָה hoshía יהוה ע"ע נהורין נָא na:
אָנָּא aná ב"ן לכב יְהֹוָהאדניאהדונהי Adonai הַצְלִיחָה hatslija נָא na:
אָנָּא aná ב"ן לכב יְהֹוָהאדניאהדונהי Adonai עֲנֵנוּ anenu בְיוֹם veyom ע"ה נגד, מזבח, זן,
אל יהוה קָרְאֵנוּ korenu: זַךְ zaj ייי וְיָשָׁר veyashar הוֹשִׁיעָה hoshía יהוה ע"ע נהורין
נָא na. חוֹמֵל jomel דַּלִּים dalim הַצְלִיחָה hatslija נָא na: טוֹב tov והו
וּמֵטִיב umetiv עֲנֵנוּ anenu בְיוֹם veyom ע"ה נגד, מזבח, זן, אל יהוה קָרְאֵנוּ korenu:
Tiféret מִי mi ילי אֵל El ייא" (מילוי דס"ג) כָּמוֹךָ camoja
עוֹשֶׂה osé גְדוֹלוֹת guedolot להח, עם ד' אותיות מבה, יזל, אום, אֲבִיר avir הריו
יַעֲקֹב Yaakov ו"פ יהוה, אידהנויה נוֹרָא norá תְהִלּוֹת tehilot,
תִּפְאֶרֶת Tiféret יִשְׂרָאֵל Yisrael שׁוֹמֵעַ shomea תְּפִלּוֹת tefilot,
כִּי qui שׁוֹמֵעַ shomea אֶל el אֶבְיוֹנִים evyonim יְהֹוָהאדניאהדונהי Adonai.

"Escucha, Pastor de Israel, Tú que conduces a Yosef como a un rebaño; Tú que eres entronizado entre los querubines, danos Tu resplandor" (Salmos 80:2). *"Enséñame Tu camino, Señor, para que ande en Tu verdad; unifica mi corazón para temer Tu Nombre"* (Salmos 80:2). *"Que los dichos de mi boca y los pensamientos de mi corazón sean gratos ante Ti, Señor, mi Fortaleza y mi Redentor"* (Salmos 19:15).

LA TERCERA HAKAFÁ (RONDA) – YAAKOV – TIFÉRET

"Te rogamos, Señor, sálvanos ahora. Te rogamos, Señor, prospéranos ahora" (Salmos 118:25). *Te rogamos, Señor, contéstanos en el día que clamemos. Puro y Justo, sálvanos ahora. Aquel que se apiada de los pobres, prospéranos ahora. Dios benévolo, contéstanos en el día que clamemos.* **Tiféret** *¿Quién es como Tú, que hace proezas, Caballero de Yaakov digno de alabanzas? El Esplendor de Israel escucha las oraciones, porque el Señor atiende las oraciones de los pobres.*

Nétsaj יָהּ Yah ההה זְכוּת zejut אָבוֹת avot יָגֵן yaguén עָלֵינוּ aleinu,
נֶצַח Nétsaj יִשְׂרָאֵל Yisrael מִצָּרוֹתֵינוּ mitsaroteinu גְּאָלֵנוּ guealenu,
וּמִבּוֹר umibor גָּלוּת galut דְּלֵנוּ delenu וְהַעֲלֵנוּ vehaalenu, לְנַצֵּחַ lenatséaj
עַל al מְלֶאכֶת meléjet בֵּית beit ב"פ ראה יְהֹוָה אדני אהדונהי Adonai.
Hod מִיָּמִין miyamín וּמִשְּׂמֹאל umismol יְנִיקַת yenikat הַנְּבִיאִים haneviim,
נֶצַח Nétsaj וָהוֹד vaHod ההה מֵהֶם mehem נִמְצָאִים nimtsaim,
יָכִין yajín וּבֹעַז uvoaz בְּשֵׁם beshem נִקְרָאִים nikraim,
וְכָל vejol ילי בָּנַיִךְ banáyij לִמּוּדֵי limudei יְהֹוָה אדני אהדונהי Adonai.
Yesod יְסוֹד Yesod ההע צַדִּיק tsadik בְּשִׁבְעָה beshivá נֶעְלָם neelam,
אוֹת ot בְּרִית brit הוּא hu לְעוֹלָם leolam ריבוע ס"ג עם י' אותיות,
מַעְיַן meéin הַבְּרָכָה habrajá צַדִּיק tsadik יְסוֹד Yesod ההע
עוֹלָם olam, צַדִּיק tsadik אַתָּה Atá יהוה אדני אהדונהי Adonai.
Maljut נָא na הָקֵם hakem הקם מַלְכוּת maljut דָּוִד David
וּשְׁלֹמֹה uShlomó, בַּעֲטָרָה baatará שֶׁעִטְּרָה sheitrá לּוֹ lo אִמּוֹ imó,
כְּנֶסֶת kenéset יִשְׂרָאֵל Yisrael כַּלָּה calá קְרוּאָה kruá בִּנְעִימָה baneimá,
עֲטֶרֶת atéret תִּפְאֶרֶת Tiféret בְּיַד beyad יְהֹוָה אדני אהדונהי Adonai.
וְחָזָק jazak פהל מְיַחֵד meyajed כְּאֶחָד queejad אהבה, דאגה עֶשֶׂר éser
סְפִירוֹת sefirot, וּמְאַחֵד umajed אַלּוּף aluf יִרְאֶה yiré רי"י
מְאוֹרוֹת meorot, סַפִּיר sapir גִּזְרָתָם guizratam יַחַד yájad מְאִירוֹת meirot,
תִּקְרַב tikrav רִנָּתִי rinatí לְפָנֶיךָ lefaneja ס"ג מ"ה ב"ן יְהֹוָה אדני אהדונהי Adonai.

Nétsaj *– Yah, que el mérito de nuestros ancestros nos protejan, que la victoria de Israel nos redima de nuestros problemas y del abismo del exilio Él nos sacará y nos elevará para ser victoriosos en el servicio de la Casa del Señor.*

Hod *– Los profetas son alimentados de la derecha y la izquierda, ellos se encuentran en Nétsaj y Hod. Son llamados por los nombres Yajín y Boaz, todos sus hijos aprenderán del Señor.*

Yesod *– Los cimientos de un hombre justo están ocultos en siete, él es la señal del pacto para el mundo. Una fuente de bendición; un tsadik es el cimiento del mundo. Tú eres un tsadik, Señor.*

Maljut *– Restaura los reinos de David y Shlomó con la diadema mediante la cual su madre lo coronó. Israel es llamada desposada agradable; ella es una corona de hermosura en la mano del Señor. La fuerza nos unifica como a uno, las Diez Emanaciones Luminosas, y une al jefe que ve las luces. Las luces juntas fueron esculpidas del zafiro; acerca mi cántico ante Ti, Señor.*

Después de la ronda debemos decir:

יְמִין yemín יְהֹוָה יאהדונהי Adonai רוֹמֵמָה romemá ר"ת ריי יְמִין yemín

יְהֹוָה יאהדונהי Adonai עֹשָׂה osá ר"הע וָחָיִל jáyil ומב:

שְׁמַע shemá יִשְׂרָאֵל Yisrael יְהֹוָה יאהדונהי Adonai אֱלֹהֵינוּ Eloheinu ילה

יְהֹוָה יאהדונהי | Adonai אֶחָד ejad אהבה, דאגה:

יְהֹוָה יאהדונהי Adonai מֶלֶךְ mélej יְהֹוָה יאהדונהי Adonai מָלָךְ malaj

יְהֹוָה יאהדונהי | Adonai יִמְלֹךְ yimloj (מֶלֶךְ מָלָךְ יִמְלֹךְ = מנצפך, סנדלפון, ערי)

לְעֹלָם leolam ריבוע דס"ג וי' אותיות דס"ג ; ר"ת ייל וָעֶד vaed:

אָנָּא aná ב"ן לכב יְהֹוָה יאהדונהי Adonai הוֹשִׁיעָה hoshía יהוה ש"ע נהורין נָא na:

אָנָּא aná ב"ן לכב יְהֹוָה יאהדונהי Adonai הַצְלִיחָה hatslija נָא na:

כִּי qui תִפְאֶרֶת tiféret עֻזָּמוֹ uzamó אָתָּה Atá וּבִרְצֹנְךָ uvirtsonjá

תָּרוּם tarum (כתיב תרים) קַרְנֵנוּ karnenu: תִּתֵּן titén ב"פ כהת לְרֹאשְׁךָ leroshjá

לִוְיַת livyat חֵן jen מוזי עֲטֶרֶת atéret תִּפְאֶרֶת tiféret תְּמַגְּנֶךָּ temagneca:

וּלְתִתְּךָ ultitjá עֶלְיוֹן elyón עַל al כָּל col ילי ; עמם הַגּוֹיִם hagoyim

אֲשֶׁר asher עָשָׂה asá לִתְהִלָּה litehilá ע"ה אמת וּלְשֵׁם ulshem

וּלְתִפְאָרֶת ultifáret וְלִהְיֹתְךָ velihyotjá עַם am קָדֹשׁ kadosh

לַיהֹוָה יאהדונהי laAdonai אֱלֹהֶיךָ Eloheja ילה כַּאֲשֶׁר caasher דִּבֵּר diber ראה:

נָא na גִּבּוֹר guibor• דּוֹרְשֵׁי dorshei יִחוּדֶךָ yijudeja•

כְּבָבַת quevavat שָׁמְרֵם shomrem: נגד יכש

יְהִי yehí רָצוֹן ratsón מהש ע"ה, ע"ב בריבוע וקס"א ע"ה, אל שדי ע"ה

מִלְּפָנֶיךָ milfaneja ס"ג מ"ה ב"ן יְהֹוָה יאהדונהי Adonai אֱלֹהֵינוּ Eloheinu ילה

וֵאלֹהֵי veElohei לכב ; מילוי ע"ב, דמב ; ילה אֲבוֹתֵינוּ avoteinu•

"La diestra del Señor es exaltada. La diestra del Señor hace proezas" (Salmos 118:16). *"Escucha, Israel, al Señor nuestro Dios. El Señor es Uno"* (Deuteronomio 6:4). *El Señor es Rey, el Señor ha reinado, el Señor reinará por siempre y por la eternidad. "Te rogamos, Señor: sálvanos ahora. Te rogamos, Señor: prospéranos ahora"* (Salmos 118:25). *"Porque Tú eres la gloria de su fuerza, y en Tu favor es exaltada nuestra trompeta"* (Salmos 89:18). *"Te dará a tu cabeza una guirnalda de gracia. Una corona de gloria te otorgará"* (Proverbios 4:9). *"Y te elevará por sobre los demás pueblos que Él creó, en alabanzas, en renombre y en esplendor, para que tú seas un pueblo santo para el Señor, tu Dios, como Él lo ha dicho"* (Deuteronomio 26:19).

נגד יכש *Por favor, Todopoderoso, guarda a los que buscan Tu unidad como a la pupila de los ojos.*

Que sea Tu voluntad, Señor, nuestro Dios y Dios de nuestros padres,

אָב av הָרַחֲמִים harajamim שׁאה. שֶׁתְּהֵא shetehé וַחֲשׁוּבָה jashuvá
וּמְקֻבֶּלֶת umkubélet וּרְצוּיָה urtsuyá לְפָנֶיךָ lefaneja ס״ג מ״ה ב״ן הַקָּפָה hakafá
שְׁלִישִׁית shelishit הָרוֹמֶזֶת harométzet לְתִפְאֶרֶת leTiféret. וּתְזַכֵּנוּ utezaquenu
לִהְיוֹת lihyot מֵעֲבָדֶיךָ meavadeja הַנֶּאֱמַר haneemar עֲלֵיהֶם aleihem.
יִשְׂרָאֵל Yisrael אֲשֶׁר asher בְּךָ bejá אֶתְפָּאַר etpaar. וּתְזַכֵּנוּ utezaquenu
לַעֲסֹק laasok בְּתוֹרָתְךָ betoratjá הַקְּדוֹשָׁה hakedoshá תּוֹרַת torat אֱמֶת emet
ז״פ יהוה, אהיה פ׳ אהיה. וּתְזַכֵּנוּ utezaquenu לְעָבְדְךָ leovdejá פוי בֶּאֱמֶת beemet
ז״פ יהוה, אהיה פ׳ אהיה. וְתִהְיֶה vetihyé כָּל col ילי מְגַמָּתֵנוּ megamatenu
לְבַקֵּשׁ levakesh הָאֱמֶת haemet ז״פ יהוה, אהיה פ׳ אהיה. וּתְחָנֵּנוּ utjonenu
לְמַעַן lemaan דַּעַת dáat אֲמִתּוּת amitut דִּינֵי dinei הַתּוֹרָה hatorá.
וּתְזַכֵּנוּ utezaquenu לְהִתְרַחֵק lehitrajek מֵהַשֶּׁקֶר mehashéker וְהַכָּזָב vehacazav
וְכָל vejol ילי פִּנּוֹת pinot שֶׁנִּפְנֶה shenifné יִהְיוּ yihyú אל (ייא״י מילוי דס״ג) עַל al
דְּבַר devar ראה אֱמֶת emet ז״פ יהוה, אהיה פ׳ אהיה. וּבִזְכוּת uvizjut תּוֹרַת torat
אֱמֶת emet ז״פ יהוה, אהיה פ׳ אהיה וּזְכוּת uzjut יַעֲקֹב Yaakov ז״פ יהוה יאהדונהי אידהנויה
אָבִינוּ avinu הֶחָתוּם hejatum בְּתִפְאֶרֶת beTiféret מִדַּת midat אֱמֶת emet ז״פ
יהוה, אהיה פ׳ אהיה. וּכְתִיב ujtiv: תִּתֵּן titén ב״פ כהת אֱמֶת emet ז״פ יהוה, אהיה
פ׳ אהיה לְיַעֲקֹב leYaakov ז״פ יהוה, יאהדונהי אידהנויה. תַּעֲנֵנוּ taanenu וְתַעֲשֶׂה vetaasé
בַּקָּשָׁתֵנוּ bakashatenu. וְנִקְרָאָה venikreá יְרוּשָׁלַיִם Yerushaláyim עִיר ir
בוזחך, סנדלפון, ערי הָאֱמֶת haemet ז״פ יהוה, אהיה פ׳ אהיה. עַל al כֵּן quen נְקַוֶּה nekavé
לְךָ laj יְהֹוָהאדניאהדונהי Adonai אֱלֹהֵינוּ Eloheinu ילה לִרְאוֹת lirot
מְהֵרָה meherá בְּתִפְאֶרֶת betiféret עֻזָּךְ uzaj ס״ת כהת, משיחו בן דוד ע״ה:

Padre Misericordioso, que sea considerada valiosa y aceptable y favorable ante Ti esta tercera ronda, la cual alude a la Gloria, como si hubiésemos tenido todas las intenciones apropiadas para este fin. Y que Tú, en Tu benevolencia, tengas misericordia de nosotros y que hagas que tengamos el mérito de servirte con sinceridad. Y que nuestro único objetivo sea buscar la verdad; y que Tú, con gracia, nos lo otorgues, a fin de que conozcamos la verdad de las leyes de la Torá. Y que hagas que tengamos el mérito de estar apartados de toda falsedad y engaño; y que cada camino que tomemos sea por la verdad. Por el mérito de la Torá de la verdad, y por el mérito de nuestro Patriarca Yaakov, quien está sellado con Gloria, el atributo de la verdad, y como está escrito: "Otorgarás la verdad a Yaakov" (Miqueas 7:20), contéstanos y cumple nuestra petición. Y permite que Jerusalén sea llamada la ciudad de la verdad. Por lo tanto, esperamos por Ti, Señor, nuestro Dios, para ver la gloria de Tu Poder prontamente.

Iniciales de *Tiféret*—תפארת.

תִּקְרַב tikrav רִנָּתִי rinatí לְפָנֶיךָ lefaneja ס"ג מ"ה ב"ן יְהֹוָואדהנויאהדונהי Adonai

כִּדְבָרְךָ quidvarjá הֲבִינֵנִי havineni: פְּעָמַי peamai הָכֵן hajén

בְּאִמְרָתֶךָ beimrateja וְאַל veal תַּשְׁלֶט tashlet בִּי bi כָל jol ילי אָוֶן aven:

אַשְׁרֵי ashrei אָדָם adam מ"ה עֹז oz לוֹ lo בָךְ vaj מְסִלּוֹת mesilot

בִּלְבָבָם bilvavam: רַחֲמֶיךָ rajameja רַבִּים rabim יְהֹוָואדהנויאהדונהי Adonai

כְּמִשְׁפָּטֶיךָ quemishpateja חַיֵּנִי jayeini: תְּהִלַּת tehilat יְהֹוָואדהנויאהדונהי Adonai

יְדַבֶּר yedaber ראה פִּי pi וִיבָרֵךְ vivarej עסמ"ב כָּל col ילי בָּשָׂר basar

שֵׁם shem קָדְשׁוֹ kodshó לְעוֹלָם leolam ריבוע ס"ג עם י' אותיות וָעֶד vaed:

Hay 42 letras en el verso en el secreto del *Aná Bejóaj*.

יִהְיוּ yihyú אל (ייא" מילוי דס"ג) לְרָצוֹן leratsón מהש ע"ה, ע"ב בריבוע וקס"א ע"ה, אל שדי ע"ה

אִמְרֵי imrei פִי fi ר"ת אֶלֶף = אלף למד - שין דלת יוד ע"ה וְהֶגְיוֹן vehegyón לִבִּי libi

לְפָנֶיךָ lefaneja ס"ג מ"ה ב"ן יְהֹוָואדהנויאהדונהי Adonai צוּרִי tsurí וְגֹאֲלִי vegoalí:

LA CUARTA HAKAFÁ (RONDA)—MOSHÉ—NÉTSAJ

אָנָּא aná ב"ן לכב יְהֹוָואדהנויאהדונהי Adonai הוֹשִׁיעָה hoshía יהוה ש"ע נהורין נָא na:

אָנָּא aná ב"ן לכב יְהֹוָואדהנויאהדונהי Adonai הַצְלִיחָה hatslija נָא na: אָנָּא aná ב"ן לכב

יְהֹוָואדהנויאהדונהי Adonai עֲנֵנוּ anenu בְיוֹם veyom ע"ה נגד, מזבח, זן, אל יהוה

קָרְאֵנוּ korenu: יוֹדֵעַ yodea מַחֲשָׁבוֹת majashavot הוֹשִׁיעָה hoshía יהוה ש"ע נהורין

נָא na. כַּבִּיר cabir וְנָאוֹר venaor הַצְלִיחָה hatslija נָא na: לוֹבֵשׁ lovesh

צְדָקוֹת tsedakot עֲנֵנוּ anenu בְיוֹם veyom ע"ה נגד, מזבח, זן, אל יהוה קָרְאֵנוּ korenu:

"Que mi clamor se acerque a Ti, Señor: dame entendimiento conforme a Tu palabra" (Salmos 119:169). *"Ordena mis pasos por Tu palabra, y que no me domine ninguna iniquidad"* (Salmos 119:133). *"Bienaventurado el hombre cuya fuerza se fundamenta en Ti y los caminos en su corazón. Tu compasión es grande, Señor, preserva mi vida conforme a Tus leyes"* (Salmos 119:156). *"Mi boca dirá la alabanza del Señor. Y que toda carne bendiga Su Santo Nombre por siempre y para siempre"* (Salmos 145:21).

"Que los dichos de mi boca y los pensamientos de mi corazón sean gratos ante Ti, Señor, mi Fortaleza y mi Redentor" (Salmos 19:15).

LA CUARTA HAKAFÁ (RONDA) – MOSHÉ – NÉTSAJ

"Te rogamos, Señor, sálvanos ahora. Te rogamos, Señor, prospéranos ahora" (Salmos 118:25).

Te rogamos, Señor, contéstanos en el día que clamemos. Conocedor de los pensamientos, salva ahora. Poderoso e Ilustre, prospéranos ahora. Aquel que se atavía en rectitud, contéstanos en el día que clamemos.

הָאַדֶּרֶת	haadéret	וְהָאֱמוּנָה	vehaemuná	לְחַי עוֹלָמִים	lejai olamim
הַבִּינָה	habiná	וְהַבְּרָכָה	vehabrajá	לְחַי עוֹלָמִים	lejai olamim
בינה ע"ה = אהיה אהיה יהוה = ווי"ם					
הַגַּאֲוָה	hagaavá	וְהַגְּדֻלָּה	vehaguedulá	לְחַי עוֹלָמִים	lejai olamim
הַדֵּעָה	hadea	וְהַדִּבּוּר	vehadibur	לְחַי עוֹלָמִים	lejai olamim
הַהוֹד (ההה)	hahod	וְהֶהָדָר	vehehadar	לְחַי עוֹלָמִים	lejai olamim
הַוַּעַד	haváad	וְהַוָּתִיקוּת	vehavatikut	לְחַי עוֹלָמִים	lejai olamim
הַזַּךְ (ייי)	hazaj	וְהַזֹּהַר	vehazóhar	לְחַי עוֹלָמִים	lejai olamim
הַחַיִל (ומב)	hajáyil	וְהַחֹסֶן	vehajósen	לְחַי עוֹלָמִים	lejai olamim
הַטֶּכֶס	hatejes	וְהַטֹּהַר	vehatóhar	לְחַי עוֹלָמִים	lejai olamim
הַיִּחוּד	hayijud	וְהַיִּרְאָה (רי"ו)	vehayirá	לְחַי עוֹלָמִים	lejai olamim
הַכֶּתֶר	hakéter	וְהַכָּבוֹד (לאו)	vehacavod	לְחַי עוֹלָמִים	lejai olamim
כתר = ה' מלך ה' מלך ה' ימלוך לעולם ועד ובאתב"ש גאל					
הַלֶּקַח	halékaj	וְהַלִּבּוּב	vehalibuv	לְחַי עוֹלָמִים	lejai olamim
הַמְּלוּכָה	hamelujá	וְהַמֶּמְשָׁלָה	vehamemshalá	לְחַי עוֹלָמִים	lejai olamim
הַנּוֹי	hanoi	וְהַנֵּצַח	vehanétsaj	לְחַי עוֹלָמִים	lejai olamim
הַסִּגּוּי	hasiguy	וְהַשֶּׂגֶב	vehaséguev	לְחַי עוֹלָמִים	lejai olamim
הָעֹז	haoz	וְהָעֲנָוָה	vehaanavá	לְחַי עוֹלָמִים	lejai olamim
הַפְּדוּת	hapedut	וְהַפְּאֵר	vehapeer	לְחַי עוֹלָמִים	lejai olamim

---

La fortaleza y la fidelidad a Él que vive eternamente. El discernimiento y la bendición a Él que vive eternamente. La sublimidad y la grandeza a Él que vive eternamente. La sabiduría y el discurso a Él que vive eternamente. La gloria y la majestuosidad a Él que vive eternamente. La convocatoria y la autoridad a Él que vive eternamente. El refinamiento y el resplandor a Él que vive eternamente. El logro y el poder a Él que vive eternamente. El embellecimiento y la pureza a Él que vive eternamente. La unicidad y la reverencia a Él que vive eternamente. La corona y la honra a Él que vive eternamente. El estudio y la introspección a Él que vive eternamente. El reinado y el domino a Él que vive eternamente. La belleza y el triunfo a Él que vive eternamente. La eminencia y la supremacía a Él que vive eternamente. El poder y la modestia a Él que vive eternamente. La redención y el esplendor a Él que vive eternamente.

הַצְּבִי hatseví וְהַצֶּדֶק vehatsédek לְחַי lejai עוֹלָמִים olamim

הַקְּרִיאָה hakeriá וְהַקְּדֻשָּׁה vehakedushá לְחַי lejai עוֹלָמִים olamim

הָרֹן harón וְהָרוֹמֵמוּת veharomemot לְחַי lejai עוֹלָמִים olamim

הַשִּׁיר hashir וְהַשֶּׁבַח vehashévaj לְחַי lejai עוֹלָמִים olamim

הַתְּהִלָּה hatehilá וְהַתִּפְאֶרֶת vehatiféret לְחַי lejai עוֹלָמִים olamim

תהלה ע"ה = אמת, אהיה פעמים אהיה, ז"פ ס"ג

Después de la ronda debemos decir:

יְמִין yemín יְהֹוָהאדניאהדונהי Adonai רוֹמֵמָה romemá ר"ת רי"י יְמִין yemín

יְהֹוָהאדניאהדונהי Adonai עֹשָׂה osá רהע חָיִל jáyil ומב:

שְׁמַע shemá יִשְׂרָאֵל Yisrael יְהֹוָהאדניאהדונהי Adonai אֱלֹהֵינוּ Eloheinu ילה

יְהֹוָהאדניאהדונהי | Adonai אֶחָד ejad אהבה, דאגה:

יְהֹוָהאדניאהדונהי Adonai מֶלֶךְ mélej יְהֹוָהאדניאהדונהי Adonai מָלָךְ malaj

יְהֹוָהאדניאהדונהי Adonai | יִמְלֹךְ yimloj (מֶלֶךְ מָלָךְ יִמְלֹךְ = מנצפך, סנדלפון, ערי)

לְעֹלָם leolam ריבוע דס"ג וי' אותיות דס"ג ; ר"ת יי"ל וָעֶד vaed:

אָנָּא aná ב"ן לכב יְהֹוָהאדניאהדונהי Adonai הוֹשִׁיעָה hoshía יהוה ע"ש נהורין נָא na:

אָנָּא aná ב"ן לכב יְהֹוָהאדניאהדונהי Adonai הַצְלִיחָה hatslija נָא na:

יְהֹוָהאדניאהדונהי Adonai אֱלֹהִים Elohim ילה צְבָאוֹת Tsevaot הֲשִׁיבֵנוּ hashivenu

הָאֵר hacr פָּנֶיךָ paneja ס"ג מ"ה ב"ן וְנִוָּשֵׁעָה venivashea: תּוֹדִיעֵנִי todieni

אֹרַח óraj חַיִּים jayim אהיה אהיה יהוה, בינה ע"ה שֹׂבַע sová שְׂמָחוֹת semajot

אֶת et פָּנֶיךָ paneja ס"ג מ"ה ב"ן נְעִמוֹת neimot בִּימִינְךָ biminjá נֶצַח nétsaj:

El deseo y la rectitud a Él que vive eternamente. Las reuniones y la santidad a Él que vive eternamente. La exultación y exaltación a Él que vive eternamente. El cántico y la alabanza a Él que vive eternamente.

El loor y la magnificencia a Él que vive eternamente.

"La diestra del Señor es exaltada.

La diestra del Señor hace proezas" (Salmos 118:16). *"Escucha, Israel, al Señor nuestro Dios. El Señor es Uno"* (Deuteronomio 6:4). *El Señor es Rey, el Señor ha reinado, el Señor reinará por siempre y por la eternidad. "Te rogamos, Señor: sálvanos ahora. Te rogamos, Señor: prospéranos ahora"* (Salmos 118:25). *Señor, Dios de los ejércitos, regrésanos; irradia tu semblante y seremos salvados. Hazme saber el camino de la vida, saciado con dicha por Tu presencia, el agrado que está en Tu diestra eternamente.*

בָּרְכֵם barjem טַהֲרֵם •taharem רַחֲמֵי rajamei צִדְקָתֶךָ •tsidkateja

תָּמִיד tamid גָּמְלֵם :gomlem בטר צתג

יְהִי yehí רָצוֹן ratsón מהש ע"ה, ע"ב בריבוע וקס"א ע"ה, אל שדי ע"ה

מִלְּפָנֶיךָ milfaneja ס"ג מ"ה ב"ן יְהֹוָהאדניאהדונהי Adonai אֱלֹהֵינוּ Eloheinu ילה

וֵאלֹהֵי veElohei לכב ; מילוי ע"ב, דמב ; ילה אֲבוֹתֵינוּ •avoteinu

אָב av הָרַחֲמִים harajamim •שאה שֶׁתְּהֵא shetehé וַחֲשׁוּבָה jashuvá

וּמְקֻבֶּלֶת umkubélet וּרְצוּיָה urtsuyá לְפָנֶיךָ lefaneja ס"ג מ"ה ב"ן הַקָּפָה hakafá

הָרְבִיעִית hareviit הָרוֹמֶזֶת harométzet לְמִדַּת lemidat נֶצַח •Nétsaj

כְּאִלּוּ queílu כִּוַּנּוּ quivanu בְּכָל bejol ב"ן לכב הַכַּוָּנוֹת hacavanot הָרְאוּיוֹת hareuyot

לְכַוֵּן •lejavén וְאַתָּה veAtá בְּטוּבְךָ betuvjá לאו תְּרַחֵם terajem ג"פ רי"ו ; אברהם,

ח"פ אל, רי"ו ול"ב נתיבות החכמה, רמ"ח (אברים), עסמ"ב וט"ז אותיות פשוטות עָלֵינוּ •aleinu

וְרַחֲמֶיךָ verajameja הָרַבִּים harabim אַל al יַעַזְבוּנוּ yaazvunu נֶצַח nétsaj

סֶלָה sela וָעֶד •vaed וְנִשְׂמְחָה venismeja וְנִרְאֶה veniré נְעִימוֹת neimot

בִּימִינְךָ biminjá נֶצַח •Nétsaj וּתְזַכֵּנוּ utezaquenu לְכָל lejol יה אדני

הַבְטָחוֹת havtajot וְנֶחָמוֹת venejamot שֶׁהִבְטַחְתָּנוּ shehivtajtanu עַל al

יְדֵי yedei נְבִיאֶיךָ nevieja הַקְּדוֹשִׁים •hakedoshim וְגַם vegam נֵצַח nétsaj

יִשְׂרָאֵל Yisrael לֹא lo יְשַׁקֵּר yeshaker וְלֹא veló יִנָּחֵם •yinajem

וּתְחַזְּקֵנוּ utejazkenu וּתְאַמְּצֵנוּ utamtsenu לָנֶצַח •lanétsaj וּתְנַצֵּחַ utnatséaj

אוֹיְבֵינוּ •oyveinu וְתִסְתּוֹם vetistom וְתַחְתּוֹם vetajtom פֶּה pe מילה ;

ע"ה אלהים, אהיה אדני כָּל col ילי הַמְקַטְרְגִים hamkatreguim עָלֵינוּ •aleinu

וּלְמַעַן ulmaan זְכוּת zejut מֹשֶׁה Moshé מהש, ע"ב בריבוע קס"א, אל שדי, ד"פ אלהים ע"ה

בטר צתג *Bendícelos. Purifícalos. Otórgales siempre Tu fidelidad compasiva.*

Que sea Tu voluntad, Señor, Dios nuestro y Dios de nuestros padres, Padre Misericordioso, que sea considerada valiosa y aceptable y favorable ante Ti esta cuarta ronda, la cual alude a la Victoria, como si hubiésemos tenido todas las intenciones apropiadas para este fin. Y que Tú, en Tu benevolencia, tengas misericordia de nosotros y que Tu gran compasión nunca nos abandone, sela por siempre. Y que nos regocijemos y podamos ver la afabilidad que está en Tu brazo derecho eternamente. Y haz que tengamos el mérito de recibir todas las solicitudes y consolaciones que Tú nos prometiste a través de Tus profetas. Asimismo, el Victorioso de Israel no engañará ni se retractará. Que Tú nos fortalezcas y nos fortifiques por la eternidad; y que Tú derrotes a nuestros enemigos. Y que cierres y selles los labios de todos los que nos acusan. Y que, por el mérito de Moshé,

רַעְיָא Raayá מְהֵימְנָא Meheimná הֶחָתוּם hejatum בְּמִדַּת bemidat

הַנֵּצַח haNétsaj• תָּאִיר tair עֵינֵינוּ eineinu ריבוע מ״ה בְּתוֹרָתֶךָ betorateja•

וְאַחֲרֵי veajarei מִצְוֹתֶיךָ mitsvoteja תִּרְדֹּף tirdof נַפְשֵׁנוּ nafshenu•

וְתִגְאָלֵנוּ vetigalenu גְּאֻלַּת gueulat עוֹלָם olam מִגָּלוּת migalut הַחֵל hajel

הַזֶּה hazé •והו בִּזְכוּת bizjut מֹשֶׁה Moshé מהש, ע״ב בריבוע קס״א, אל שד״י,

ד״פ אלהים ע״ה רַעְיָא Raayá מְהֵימְנָא Meheimná• וְתִבְנֶה vetivné

בֵּית beit ב״פ ראה הַמִּקְדָּשׁ hamikdash בִּמְהֵרָה bimherá בְּיָמֵינוּ beyameinu•

וְקוֹל vekol בֶּן ben לֵוִי Leví תִּסּוֹב tisov עַל al שִׁירָה shirá וּנְבָלָה unvalá

עִמּוֹ imó כִּנּוֹר quinor נְעִים naim עִם im נֶבֶל navel לְנַצֵּחַ lenatséaj

עַל al מְלֶאכֶת meléjet בֵּית beit ב״פ ראה יְהֹוָאדהיאהדונהי Adonai:

Iniciales de *Nétsaj*—נצח.

נוֹדָע nodá בִּיהוּדָה bihudá אֱלֹהִים Elohim ילה בְּיִשְׂרָאֵל beYisrael גָּדוֹל gadol

להח, עם ד׳ אותיות מבה, יזל, אום שְׁמוֹ Shemó מהש ע״ה, ע״ב בריבוע וקס״א ע״ה, אל שדי ע״ה:

צֶדֶק tsédek לְפָנָיו lefanav יְהַלֵּךְ yehalej וְיָשֵׂם veyasem לְדֶרֶךְ ledérej ב״פ יב״ק

פְּעָמָיו peamav: חָנֵּנִי janeni אֲדֹנָי Adonai כִּי qui אֵלֶיךָ eleja אֶקְרָא ekrá

כָּל col ילי הַיּוֹם hayom נגד, מזבח, זן, אל יהוה:

Hay 42 letras en el verso en el secreto del *Aná Bejóaj*.

יִהְיוּ yihyú אל (ייא״י מילוי דס״ג) לְרָצוֹן leratsón מהש ע״ה, ע״ב בריבוע וקס״א ע״ה, אל שדי ע״ה

אִמְרֵי־ imrei פִי fi ר״ת אֶלֶף = אלף למד + שין דלת יוד ע״ה וְהֶגְיוֹן vehegyón לִבִּי libí

לְפָנֶיךָ lefaneja ס״ג מ״ה ב״ן יְהֹוָאדהיאהדונהי Adonai צוּרִי tsurí וְגֹאֲלִי vegoalí:

---

el Pastor Fiel que está sellado con el atributo de la Victoria, Tú ilumines nuestros ojos con Tu Torá y permitas que nuestra alma vaya tras Tus mandamientos. Redímenos de este exilio de las masas con una redención perpetua, por el mérito de Moshé, el Pastor Fiel; y reconstruye el Templo prontamente en nuestros días. Establece la voz del levita en el cántico y el arpa de Dios con éste, el arpa agradable con la lira, para administrar la obra de la Casa del Señor. "En Judá Dios es conocido; Su Nombre es grande en Israel" (Salmos 76:2). "La justicia andará delante de Él, y sus pasos abrirán un camino" (Salmos 85:14). "Sé misericordioso conmigo, Señor, porque a Ti clamo todo el día" (Salmos 86:3). "Que los dichos de mi boca y los pensamientos de mi corazón sean gratos ante Ti, Señor, mi Fortaleza y mi Redentor" (Salmos 19:15).

LA QUINTA HAKAFÁ (RONDA)—AHARÓN—HOD

אָנָּא aná ב"ן לכב יְהֹוָה אדני אהדונהי Adonai הוֹשִׁיעָה hoshía יהוה ש"ע נהורין נָּא na:

אָנָּא aná ב"ן לכב יְהֹוָה אדני אהדונהי Adonai הַצְלִיחָה hatslija נָא na: אָנָּא aná ב"ן לכב

יְהֹוָה אדני אהדונהי Adonai עֲנֵנוּ anenu בְּיוֹם veyom ע"ה נגד, מזבח, זן, אל יהוה

קָרְאֵנוּ korenu: מֶלֶךְ mélej עוֹלָמִים olamim הוֹשִׁיעָה hoshía יהוה ש"ע נהורין

נָא na. נָאוֹר naor וְאַדִּיר veadir הרי הַצְלִיחָה hatslija נָא na: סוֹמֵךְ somej כוק

נוֹפְלִים noflim עֲנֵנוּ anenu בְּיוֹם veyom ע"ה נגד, מזבח, זן, אל יהוה קָרְאֵנוּ korenu:

מִפִּי mipí אֵל El יא"י. מִפִּי mipí אֵל El יא"י. יְבֹרַךְ yevarej אֶת et עסמ"ב יִשְׂרָאֵל Yisrael:

אֵין ein אַדִּיר adir הרי כַּיהֹוָה אדני אהדונהי caAdonai. וְאֵין veéin בָּרוּךְ baruj

כְּבֶן quevén עַמְרָם Amram. אֵין ein גְּדוֹלָה guedolá להח כַּתּוֹרָה caTorá.

וְאֵין veéin דּוֹרְשָׁה dorshá כְּיִשְׂרָאֵל queYisrael:

מִפִּי mipí אֵל El יא"י. מִפִּי mipí אֵל El יא"י. יְבֹרַךְ yevarej אֶת et עסמ"ב יִשְׂרָאֵל Yisrael:

אֵין ein הָדוּר hadur כַּיהֹוָה אדני אהדונהי caAdonai. וְאֵין veéin וָתִיק vatik

כְּבֶן quevén עַמְרָם Amram. אֵין ein זְכָאָה zacaá כַּתּוֹרָה caTorá.

וְאֵין veéin חוֹמְדָה jomdá כְּיִשְׂרָאֵל queYisrael:

מִפִּי mipí אֵל El יא"י. מִפִּי mipí אֵל El יא"י. יְבֹרַךְ yevarej אֶת et עסמ"ב יִשְׂרָאֵל Yisrael:

אֵין ein טָהוֹר tahor י"פ אכא כַּיהֹוָה אדני אהדונהי caAdonai. וְאֵין veéin יָשָׁר yashar

כְּבֶן quevén עַמְרָם Amram. אֵין ein כְּבוּדָה quevudá כַּתּוֹרָה caTorá.

וְאֵין veéin לוֹמְדָה lomdá כְּיִשְׂרָאֵל queYisrael:

מִפִּי mipí אֵל El יא"י. מִפִּי mipí אֵל El יא"י. יְבֹרַךְ yevarej אֶת et עסמ"ב יִשְׂרָאֵל Yisrael:

LA QUINTA HAKAFÁ (RONDA) – AHARÓN – HOD

"Te rogamos, Señor, sálvanos ahora. Te rogamos, Señor, prospéranos ahora" (Salmos 118:25). Te rogamos, Señor, contéstanos en el día que clamemos. Rey Eterno, sálvanos ahora. Ilustre y Poderoso, prospéranos ahora. Sostén del caído, contéstanos en el día que clamemos.

No hay nadie tan poderoso como el Señor. No hay nadie tan bendecido como el hijo de Amram. No hay grandeza como la Torá; nadie la ilustra como Israel. De la boca de Dios, de la boca de Dios, que Israel sea bendecido. No hay nadie tan majestuoso como el Señor. No hay nadie tan valioso como el hijo de Amram. No hay mérito como la Torá; ésta no tiene estudiosos como Israel. De la boca de Dios, de la boca de Dios, que Israel sea bendecido. No hay nadie tan puro como el Señor. No hay nadie tan recto como el hijo de Amram. No hay honra como la Torá; ésta no tiene estudiosos como Israel. De la boca de Dios, de la boca de Dios, que Israel sea bendecido.

אֵין ein מֶלֶךְ mélej כַּיהֹוָהאדניאהדונהי caAdonai. וְאֵין veéin נָבִיא naví

כְּבֶן quevén עַמְרָם Amram. אֵין ein סוֹמְכָה somjá כַּתּוֹרָה caTorá.

וְאֵין veéin עוֹזְרָה ozrá כְּיִשְׂרָאֵל queYisrael:

מִפִּי mipí אֵל El י"א"י. מִפִּי mipí אֵל El י"א"י. יְבֹרַךְ yevarej עסמ"ב אֶת et יִשְׂרָאֵל Yisrael:

אֵין ein פּוֹדֶה podé כַּיהֹוָהאדניאהדונהי caAdonai. וְאֵין veéin צַדִּיק tsadik

כְּבֶן quevén עַמְרָם Amram. אֵין ein קְדוֹשָׁה kedoshá כַּתּוֹרָה caTorá.

וְאֵין veéin רוֹחֲשָׁה rojashá כְּיִשְׂרָאֵל queYisrael:

מִפִּי mipí אֵל El י"א"י. מִפִּי mipí אֵל El י"א"י. יְבֹרַךְ yevarej עסמ"ב אֶת et יִשְׂרָאֵל Yisrael:

אֵין ein שׁוֹמֵר shomer כ"א פ' יהוה כַּיהֹוָהאדניאהדונהי caAdonai. וְאֵין veéin תָּמִים tamim

כְּבֶן quevén עַמְרָם Amram. אֵין ein תְּמִימָה temimá כַּתּוֹרָה caTorá.

וְאֵין veéin תּוֹמְכָה tomjá כְּיִשְׂרָאֵל queYisrael:

מִפִּי mipí אֵל El י"א"י. מִפִּי mipí אֵל El י"א"י. יְבֹרַךְ yevarej עסמ"ב אֶת et יִשְׂרָאֵל Yisrael:

Después de la ronda debemos decir:

יְמִין yemín יְהֹוָהאדניאהדונהי Adonai רוֹמֵמָה romemá ר"ת רי"י יְמִין yemín

יְהֹוָהאדניאהדונהי Adonai עֹשָׂה osá רהע חָיִל jáyil ומב"ב:

שְׁמַע shemá יִשְׂרָאֵל Yisrael יְהֹוָהאדניאהדונהי Adonai אֱלֹהֵינוּ Eloheinu ילה

יְהֹוָהאדניאהדונהי | Adonai אֶחָד ejad אהבה, דאגה:

יְהֹוָהאדניאהדונהי Adonai מֶלֶךְ mélej יְהֹוָהאדניאהדונהי Adonai מָלָךְ malaj

יְהֹוָהאדניאהדונהי Adonai | יִמְלֹךְ yimloj (מֶלֶךְ מָלָךְ יִמְלֹךְ = מנ"ןך, סנדלפון, ע"רי)

לְעֹלָם leolam ריבוע דס"ג וי' אותיות דס"ג ; ר"ת יי"ל וָעֶד vaed:

No hay rey como el Señor.

No hay profeta como el hijo de Amram. No hay tesoro como la Torá; ésta no posee eruditos como Israel. De la boca de Dios, de la boca de Dios, que Israel sea bendecido. No hay nadie que redima como el Señor. No hay nadie tan justo como el hijo de Amram. No hay santidad como la Torá; ésta no tiene quien la exalte como Israel. De la boca de Dios, de la boca de Dios, que Israel sea bendecido. No hay nadie tan Santo como el Señor. No hay nadie tan misericordioso como el hijo de Amram. No hay protección como la Torá; ésta no tiene quien la avale como Israel. De la boca de Dios, de la boca de Dios, que Israel sea bendecido.

"La diestra del Señor es exaltada. La diestra del Señor hace proezas" (Salmos 118:16).

"Escucha, Israel, al Señor nuestro Dios. El Señor es Uno" (Deuteronomio 6:4).

El Señor es Rey, el Señor ha reinado, el Señor reinará por siempre y por la eternidad.

אָנָּא aná ב"ן לכב יְהֹוָאדֹנָי־אהדונהי Adonai הוֹשִׁיעָה hoshía יהוה ש"ע נהורין נָא na:

אָנָּא aná ב"ן לכב יְהֹוָאדֹנָי־אהדונהי Adonai הַצְלִיחָה hatslija נָא na:

יְהֹוָאדֹנָי־אהדונהי Adonai אֲדֹנֵינוּ adoneinu מָה ma מ"ה אַדִּיר adir הרי

שִׁמְךָ shimjá בְּכָל bejol ב"ן, לכב הָאָרֶץ haárets אלהים דההין ע"ה אֲשֶׁר asher

תְּנָה tená קס"א קנ"א קמ"ג, נתה הוֹדְךָ hodjá עַל al הַשָּׁמָיִם hashamáyim י"פ טל, י"פ כוזו:

גָּדוֹל gadol להוז, עם ד' אותיות מבה, יזל, אום כְּבוֹדוֹ quevodó

בִּישׁוּעָתֶךָ bishuateja הוֹד hod ההה וְהָדָר vehadar תְּשַׁוֶּה teshavé עָלָיו alav:

חֲסִין jasín קָדוֹשׁ kadosh• בְּרוֹב berov י"פ אהיה טוּבְךָ tuvjá לאו•

נַהֵל nahel עֲדָתֶךָ adateja: חקב טנע

יְהִי yehí רָצוֹן ratsón מהש ע"ה, ע"ב בריבוע וקס"א ע"ה, אל שדי ע"ה

מִלְּפָנֶיךָ milfaneja ס"ג מ"ה ב"ן יְהֹוָאדֹנָי־אהדונהי Adonai אֱלֹהֵינוּ Eloheinu ילה

וֵאלֹהֵי veElohei לכב ; מילוי ע"ב, דמב ; ילה אֲבוֹתֵינוּ avoteinu• אָב av

הָרַחֲמִים harajamim שאה• שֶׁתְּהֵא shetehé חֲשׁוּבָה jashuvá

וּמְקֻבֶּלֶת umkubélet וּרְצוּיָה urtsuyá לְפָנֶיךָ lefaneja ס"ג מ"ה ב"ן הַהַקָּפָה hakafá

חֲמִישִׁית jamishit הָרוֹמֶזֶת haromézet לְהוֹד leHod ההה• כְּאִלּוּ queílu

כִּוַּנּוּ quivanu בְּכָל bejol ב"ן לכב הַכַּוָּנוֹת hacavanot הָרְאוּיוֹת haruyot

לְכַוֵּן lejavén• וְאַתָּה veatá בְּטוּבְךָ betuvjá לאו תְּרַחֵם terajem ג"פ רי"ו ; אברהם, חו"פ

אל, רי"ו ול"ב נתיבות החכמה, רמ"ח (אברים), עסמ"ב וט"ז אותיות פשוטות עָלֵינוּ aleinu•

וּתְזַכֵּנוּ utezaquenu לְכַבֵּד lejabed הַתּוֹרָה haTorá וְלוֹמְדֶיהָ velomdeha•

וּלְהַחֲזִיק ulehajazik וּלְאַמֵּץ ulamets בִּרְכַּיִם bircáyim כּוֹשְׁלוֹת coshlot

הָנֵי hanei בִּרְכֵּי birquei דְרַבָּנָן derabanán דִשַׁלְהֵי deshalhei•

"Te rogamos, Señor: sálvanos ahora. Te rogamos, Señor: prospéranos ahora" (Salmos 118:25). *"¡Eterno, Señor nuestro! ¡Cuán glorioso es Tu Nombre en toda la Tierra! Tu majestad está puesta sobre los Cielos"* (Salmos 8:2). *"Grande es Su honra por Tu salvación; honor y majestad derramas sobre Él"* (Salmos 21:6).

חקב טנע *Invencible y Todopoderoso, con la abundancia de Tu bondad guía a Tu congregación.*

Que sea Tu voluntad, Señor, Dios nuestro y Dios de nuestros padres, Padre Misericordioso, que sea considerada valiosa y aceptable y favorable ante Ti esta quinta ronda, la cual alude al Esplendor, como si hubiésemos tenido todas las intenciones apropiadas para este fin. Y que Tú, en Tu benevolencia, tengas misericordia de nosotros y que causes que tengamos el mérito de honrar a la Torá y a quienes la estudian, y que fortalezcas y fortifiques las rodillas débiles, las rodillas cansadas de los estudiosos.

וּתְזַכֵּנוּ utezaquenu שֶׁלֹּא sheló נֵלֵךְ nelej נלך בַּעֲצַת baatsat רְשָׁעִים reshaim

וְלֹא veló נִהְיֶה nihyé מֵהוֹלְכֵי meholjei רָכִיל rajil• וּלְמַעַן ulmaan

זְכוּת zejut אַהֲרֹן Aharón קְדוֹשׁ kedosh יְהֹוָהאדניאהדונהי Adonai

הֶחָתוּם hejatum בְּמִדַּת bemidat הוֹד Hod ההה לְטוֹבָה letová אכא•

תְּזַכֵּנוּ tezaquenu לִרְדֹּף lirdof שָׁלוֹם shalom וּלְבַקֵּשׁ ulvakesh שָׁלוֹם shalom

וְלָשִׂים velasim שָׁלוֹם shalom וּלְהַרְבּוֹת uleharbot שָׁלוֹם shalom

בָּעוֹלָם baolam• וּלְמֶעְבַּד ulmeebad עוֹבָדָא ovadá דְאַהֲרֹן deAharón•

וְתָשִׂים vetasim שָׁלוֹם shalom בֵּינֵינוּ beineinu• וּתְבָרְכֵנוּ utvarjenu

לְחַיִּים lejayim אהיה אהיה יהוה, בינה ע״ה טוֹבִים tovim וּלְשָׁלוֹם ulshalom•

וּבָא uvá לְצִיּוֹן leTsiyón יוסף, ו״פ יהוה, קנאה גּוֹאֵל goel• גָּדוֹל gadol להח,

עם ד׳ אותיות מבה, יזל, אום כְּבוֹדוֹ quevodó בִּישׁוּעָתֶךָ bishuateja הוֹד Hod ההה

וְהָדָר vehadar תְּשַׁוֶּה teshavé עָלָיו alav בִּמְהֵרָה bimherá בְּיָמֵינוּ beyameinu:

Iniciales de *Hod*—הוד.

הַשָּׂם hasham נַפְשֵׁנוּ nafshenu בַּחַיִּים bajayim אהיה אהיה יהוה, בינה ע״ה וְלֹא veló

נָתַן natán לַמּוֹט lamot רַגְלֵנוּ raglenu: וַיְהִי vayhí יְהֹוָהאדניאהדונהי Adonai לִי li

לְמִשְׂגָּב lemisgav מהש, ע״ב בריבוע קס״א, אל שדי, ד״פ אלהים ע״ה וֵאלֹהַי veElohai מילוי ע״ב,

דמב ; ילה לְצוּר letsur אלהים דההין ע״ה מַחְסִי majsí: דֶּרֶךְ dérej ב״פ יב״ק

מִצְוֹתֶיךָ mitsvoteja אָרוּץ aruts כִּי qui תַרְחִיב tarjiv לִבִּי libí:

Hay 42 letras en el verso en el secreto del *Aná Bejóaj*.

יִהְיוּ yihyú אל (יי״א מילוי דס״ג) לְרָצוֹן leratsón מהש ע״ה, ע״ב בריבוע וקס״א ע״ה, אל שדי ע״ה

אִמְרֵי imrei פִי fi ר״ת אֶלֶף = אלף למד ← שין דלת יוד ע״ה וְהֶגְיוֹן vehegyón לִבִּי libí

לְפָנֶיךָ lefaneja ס״ג מ״ה ב״ן יְהֹוָהאדניאהדונהי Adonai צוּרִי tsurí וְגֹאֲלִי vegoalí:

Y que Tú nos des el mérito de que no andemos tras el consejo del perverso, y que no seamos de aquellos que hablan calumnias. Y que por el mérito de Aharón, el santo del Señor, quien está sellado con el atributo del Esplendor para bien, que Tú hagas que tengamos el mérito de ir tras la paz, busquemos la paz y establezcamos la paz, incrementemos la paz en el mundo, y realicemos las acciones de Aharón. Establece la paz entre nosotros, y bendícenos para una buena vida y paz. Y un redentor vendrá de Sión, su honra es grande por medio de Tu salvación; esplendor y majestuosidad pondrás en él, prontamente en nuestros días. "Él da vida a nuestra alma y no permite que nuestro pie resbale" (Salmos 66:9). *"Pero el Señor ha sido una Fortaleza para mí y mi Dios la Roca de mi refugio"* (Salmos 94:22). *"Seguiré el camino de Tus mandamientos, porque Tú ensanchas mi corazón"* (Salmos 119:32). *"Que los dichos de mi boca y los pensamientos de mi corazón sean gratos ante Ti, Señor, mi Fortaleza y mi Redentor"* (Salmos 19:15).

LA SEXTA HAKAFÁ (RONDA)—YOSEF—YESOD

אָנָּא aná ב"ן לכב יְהֹוָהאדניאהדונהי Adonai הוֹשִׁיעָה hoshía יהוה ש"ע נהורין נָּא na:

אָנָּא aná ב"ן לכב יְהֹוָהאדניאהדונהי Adonai הַצְלִיחָה hatslija נָּא na: אָנָּא aná ב"ן לכב

יְהֹוָהאדניאהדונהי Adonai עֲנֵנוּ anenu בְיוֹם veyom ע"ה נגד, מזבח, זן, אל יהוה

קָרְאֵנוּ korenu: עוֹזֵר ozer דַּלִּים dalim הוֹשִׁיעָה hoshía יהוה ש"ע נהורין נָּא na.

פּוֹדֶה podé וּמַצִּיל umatsil הרי הַצְלִיחָה hatslija נָּא na: צוּר tsur

עוֹלָמִים olamim עֲנֵנוּ anenu בְיוֹם veyom ע"ה נגד, מזבח, זן, אל יהוה קָרְאֵנוּ korenu:

בַּר Bar יוֹחָאי Yojái נִמְשַׁחְתָּ nimshajta אַשְׁרֶיךָ ashreja

שֶׁמֶן shemen שָׂשׂוֹן sason מֵחֲבֵרֶיךָ mejavereja:

Maljut

בַּר Bar יוֹחָאי Yojái שֶׁמֶן shemen מִשְׁחַת mishjat קֹדֶשׁ kódesh,

נִמְשַׁחְתָּ nimshajta מִמִּדַּת mimidat הַקֹּדֶשׁ hakódesh

נָשָׂאתָ nasata צִיץ tsits מנק נֵזֶר nézer הַקֹּדֶשׁ hakódesh,

חָבוּשׁ javush עַל al רֹאשְׁךָ roshjá פְּאֵרֶךָ peereja: ***Bar Yojái***

Yesod

בַּר Bar יוֹחָאי Yojái מוֹשַׁב moshav טוֹב tov והו יָשַׁבְתָּ yashavta,

יוֹם yom ע"ה נגד, מזבח, זן, אל יהוה נַסְתָּ nasta

יוֹם yom ע"ה נגד, מזבח, זן, אל יהוה אֲשֶׁר asher בָּרַחְתָּ barajta

בִּמְעָרַת bimarat צוּרִים tsurim שֶׁעָמַדְתָּ sheamadeta שָּׁם sham

קָנִיתָ kanita הוֹדְךָ hodjá וַהֲדָרֶךָ vahadareja: ***Bar Yojái***

LA SEXTA HAKAFÁ (RONDA) – YOSEF – YESOD

"Te rogamos, Señor, sálvanos ahora. Te rogamos, Señor, prospéranos ahora" (Salmos 118:25). *Te rogamos, Señor, contéstanos en el día que clamemos. Ayudante del desamparado, sálvanos ahora. Redentor del menesteroso, prospéranos ahora. Roca Eterna, contéstanos en el día que clamemos.*

¡Bar Yojái, estás ungido para tu felicidad con el aceite del júbilo de tus compañeros!

Maljut *Bar Yojái, aceite Sagrado te es ungido desde el tributo Sagrado. Tú llevas la Tiara de la Corona Sagrada en tu cabeza para tu belleza.*

Yesod *Bar Yojái, te asentaste en un buen lugar el día que corriste y escapaste. En la cueva de la roca te detuviste, para obtener tu majestuosidad y gloria.*

Nétsaj Hod

בַּר Bar יוֹחָאי Yojái עֲצֵי atsei שִׁטִּים shitim עוֹמְדִים omdim,
לִמּוּדֵי limudei יְהֹוָה אדני אהדונהי Adonai הֵם hem לוֹמְדִים lomdim. אוֹר or רז, א״ס
מֻפְלָא muflá אוֹר or רז, א״ס הַיְקוֹד hayekod הֵם hem יוֹקְדִים yokdim,
הֲלֹא haló הֵמָּה hema יוֹרוּךָ yoruja מוֹרֶךָ moreja: *Bar Yojái*

Tiféret

בַּר Bar יוֹחָאי Yojái וְלִשְׂדֵה velisdé תַּפּוּחִים tapujim,
עָלִיתָ alita לִלְקוֹט lilkot בּוֹ vo מֶרְקָחִים merkajim.
סוֹד sod מ״כ, י״פ האא תּוֹרָה torá כְּצִיצִים quetsitsim וּפְרָחִים ufrajim,
נַעֲשֶׂה naasé אָדָם adam נֶאֱמַר neemar בַּעֲבוּרֶךָ baavureja: *Bar Yojái*

Guevurá

בַּר bar יוֹחָאי Yojái נֶאֱזַרְתָּ neezarta בִּגְבוּרָה bigvurá רי״ו
וּבְמִלְחֶמֶת uvmiljémet אֵשׁ esh דָּת dat הַשְּׂעָרָה hashara.
וְחֶרֶב vejérev רי״ו הוֹצֵאתָ hotseta מִתַּעְרָהּ mitara,
שָׁלַפְתָּ shalafta נֶגֶד négued מוזבח, זן, אל יהוה צוֹרְרֶיךָ tsorereja: *Bar Yojái*

Jésed

בַּר bar יוֹחָאי Yojái לִמְקוֹם limkom אַבְנֵי avnei שַׁיִשׁ sháyish,
הִגַּעְתָּ higata לִפְנֵי lifnei וחכמה בינה אַרְיֵה aryé לַיִשׁ láyish.
גַּם gam גֻּלַּת gulat כּוֹתֶרֶת cotéret עַל al עַיִשׁ áyish,
תָּשׁוּרִי tashuri וּמִי umí ילי יְשׁוּרֶךָ yeshureja: *Bar Yojái*

Nétsaj Hod *Bar Yojái, la madera de acacia se para por ti para estudiar las enseñanzas de Dios. Una maravillosa Luz brillante es un resplandor, como tus maestros te enseñaron.*

Tiféret *Bar Yojái, viniste a un campo de manzanas para cosechar brebajes. El secreto de la Torá es como los brotes y las flores, "Vamos a crear al hombre" fue dicho contigo en la mente.*

Guevurá *Bar Yojái, tomas valor con vigor, y luchas con fuego. Sacaste una espada de su funda contra tu oponente.*

Jésed *Bar Yojái, al lugar de las piedras de mármol, llegaste con la cara de un león. Veremos también las cabezas de los leones, pero ¿quién te verá a ti?*

Biná

בַּר Bar יוֹחָאי Yojái בְּקֹדֶשׁ bekódesh הַקֳּדָשִׁים hakodashim,
קַו kav יָרוֹק yarok מְחַדֵּשׁ mejadesh י״ב הויות, קס״א קנ״א וַחֳדָשִׁים jodashim.
שֶׁבַע sheva שַׁבָּתוֹת shabatot סוֹד sod מ״כ, י״פ האא וַחֲמִשִּׁים jamishim,
קָשַׁרְתָּ kasharta קִשְׁרֵי kishrei שִׁי״ן shin קְשָׁרֶיךָ keshareja: *Bar Yojái*

Jojmá

בַּר Bar יוֹחָאי Yojái יו״ד yod חָכְמָה Jojmá במילוי = תרי״ג (מצוות)
קְדוּמָה keduma, הִשְׁקַפְתָּ hishkafta לִכְבוֹדוֹ lijvodó פְּנִימָה penima.
ל״ב lev נְתִיבוֹת netivot רֵאשִׁית reshit תְּרוּמָה teruma,
אַתְּ at כְּרוּב queruv מִמְשַׁח mimshaj זִיו ziv אוֹרֶךָ oreja: *Bar Yojái*

Kéter

בַּר Bar יוֹחָאי Yojái אוֹר or רז, א״ס מֻפְלָא muflá רוּם rom מַעְלָה mala,
יָרֵאתָ yareta מִלְּהַבִּיט milhabit כִּי qui רַב rav לָהּ la,
תַּעֲלוּמָה taalumá וְאַיִן veayin קוֹרֵא koré לָהּ la,
נַמְתָּ namta עַיִן ayin ריבוע דמ״ה לֹא lo תְשׁוּרֶךָ teshureja: *Bar Yojái*

בַּר Bar יוֹחָאי Yojái אַשְׁרֵי ashrei יוֹלַדְתֶּךָ yoladeteja,
אַשְׁרֵי ashrei הָעָם haam הֵם hem לוֹמְדֶךָ lomdeja.
וְאַשְׁרֵי veashrei הָעוֹמְדִים haomdim עַל al סוֹדֶךָ sodeja מ״כ, י״פ האא
לְבוּשֵׁי levushei חֹשֶׁן joshen תֻּמֶּיךָ tumeja וְאוּרֶךָ veureja: *Bar Yojái*

בַּר Bar יוֹחָאי Yojái נִמְשַׁחְתָּ nimshajta אַשְׁרֶיךָ ashreja,
שֶׁמֶן shemen שָׂשׂוֹן sason מֵחֲבֵרֶיךָ mejavereja:

Biná *Bar Yojái, en el Sancta Sanctórum, una línea verde renovará los meses. Siete Shabatot son el secreto de cincuenta, la letra Shin es para tu propia conexión.*

Jojmá *Bar Yojái, la antigua Yud de Jojmá, tú observaste su honor interior. 32 caminos son el comienzo de la ofrenda, tú eres el Querubín del cual una Luz brillante se unge.*

Kéter *Bar Yojái, una Luz maravillosa de elevada magnitud, temes al ver su grandeza. Un misterio que nadie puede leer, duermes y ningún ojo puede verte.*

Bar Yojái, ¡alabados quienes te dieron la vida! Alabada es la gente que estudia tus escrituras. Y alabada es la gente que puede entender tu secreto, vestido con armadura de tu peto y con tu Urim VeTunim.
¡Bar Yojái, estás ungido para tu felicidad con el aceite del júbilo de tus compañeros!

Después de la ronda debemos decir:

יְמִין yemín יְהֹוָהאדניאהדונהי Adonai רוֹמֵמָה romemá ר"ת ריי יְמִין yemín

יְהֹוָהאדניאהדונהי Adonai עֹשָׂה osá ר"ת ההע וָחָיִל jáyil ומב:

שְׁמַע shemá יִשְׂרָאֵל Yisrael יְהֹוָהאדניאהדונהי Adonai אֱלֹהֵינוּ Eloheinu ילה

יְהֹוָהאדניאהדונהי | Adonai אֶחָד ejad אהבה, דאגה:

יְהֹוָהאדניאהדונהי Adonai מֶלֶךְ mélej יְהֹוָהאדניאהדונהי Adonai מָלָךְ malaj

יְהֹוָהאדניאהדונהי | Adonai יִמְלֹךְ yimloj (מֶלֶךְ מָלַךְ יִמְלֹךְ = מנצפך, סנדלפון, ערי)

לְעֹלָם leolam ריבוע דס"ג וי' אותיות דס"ג ; ר"ת ייל וָעֶד vaed:

אָנָּא aná ב"ן לכב יְהֹוָהאדניאהדונהי Adonai הוֹשִׁיעָה hoshía יהוה ש"ע נהורין נָא na:

אָנָּא aná ב"ן לכב יְהֹוָהאדניאהדונהי Adonai הַצְלִיחָה hatslija נָא na:

צַדִּיק tsadik יְהֹוָהאדניאהדונהי Adonai בְּכָל bejol ב"ן, לכב דְּרָכָיו derajav

וְחָסִיד vejasid בְּכָל bejol ב"ן, לכב מַעֲשָׂיו maasav: יָצָאתָ yatsata לְיֵשַׁע leyesha

עַמֶּךָ ameja לְיֵשַׁע leyesha אֶת et מְשִׁיחֶךָ meshijeja מָחַצְתָּ majatsta

רֹאשׁ rosh ריבוע אלהים ואלהים דיודין ע"ה מִבֵּית mibeit ב"פ ראה

רָשָׁע rashá עָרוֹת arot יְסוֹד yesod ההע עַד ad צַוָּאר tsavar סֶלָה sela:

יָחִיד yajid גֵּאֶה gueé. לְעַמְּךָ leamjá פְּנֵה pené ע"ב ס"ג.

זוֹכְרֵי zojrei קְדוּשָּׁתֶךָ kedusateja: יג"ל פז"ק

יְהִי yehí רָצוֹן ratsón מהש ע"ה, ע"ב בריבוע וקס"א ע"ה, אל שדי ע"ה מִלְּפָנֶיךָ milfaneja

ס"ג מ"ה ב"ן יְהֹוָהאדניאהדונהי Adonai אֱלֹהֵינוּ Eloheinu ילה

וֵאלֹהֵי veElohei לכב ; מילוי ע"ב, דמב ; ילה אֲבוֹתֵינוּ avoteinu.

אָב av הָרַחֲמִים harajamim שאה. שֶׁתְּהֵא shetehé וְחָשׁוּבָה jashuvá

"La diestra del Señor es exaltada. La diestra del Señor hace proezas" (Salmos 118:16). *"Escucha, Israel, al Señor nuestro Dios. El Señor es Uno"* (Deuteronomio 6:4). *El Señor es Rey, el Señor ha reinado, el Señor reinará por siempre y por la eternidad. "Te rogamos, Señor: sálvanos ahora. Te rogamos, Señor: prospéranos ahora"* (Salmos 118:25). *"El Señor es justo en todos Sus caminos y benevolente en todas Sus obras"* (Salmos 145:17). *"Has ido a salvar a Tu pueblo, a salvar a Tu ungido; Tú has quebrado la cabecera de la casa de los malhechores, desenfundando los cimientos de las fortificaciones. Sela".*

יג"ל פז"ק *Exaltado y orgulloso, vuélvete a Tu pueblo, quienes recuerdan Tu santidad.*

Que sea Tu voluntad, Señor, Dios nuestro y Dios de nuestros padres, Padre Misericordioso, que sea considerada

ומקבלת umkubélet ורצויה urtsuyá לפניך lefaneja ס"ג מ"ה ב"ן הקפה hakafá
הששית hashishit הרומזת haromézet ליסוד laYesod ההע. כאלו queílu
כוננו quivanu בכל bejol ב"ן לכב הכונות hacavanot הראויות hareuyot
לכון lejavén. ואתה veAtá בטובך betuvjá לאו תרחם terajem ג"פ רי"ו ;
אברהם, וז"פ אל, רי"ו ול"ב נתיבות החכמה, רמ"ח (אברים), עסמ"ב וט"ז אותיות פשוטות עלינו aleinu.
ותצילנו vetatsilenu מכל micol ילי וחטא jet ועון veavón
והרהורים vehirhurim רעים raim. ואתה veAtá בטובך betuvjá לאו
הגדול hagadol להח, עם ד' אותיות מבה, יזל, אום תלקט telaket אשר asher
פזרנו pizarnu. ותיחד utyajed אשר asher הפרדנו hifradnu.
ותתקן utetakén אשר asher עותנו ivatnu. ותוציא vetotsí לאור laor רז, א"ס
כל col ילי הניצוצות hanitsotsot של shel קדשה kedushá אשר asher
נטמעו nitmeú בין bein הקלפות hakelipot. וחיל jáyil ומב בלע balá
ויקאנו vaykienu ר"ת וחבו ו- ילי מבטנו mibitnó ירשנו yorishenu
אל El ייא"י (מילוי דס"ג) ; ס"ת ווכל: ותזכנו utezaquenu לשמור lishmor עצמנו atsmenu
ודרכינו udrajeinu מכל micol ילי וחטא jet. ולא veló ימצא yimatsé
בנו banu ולא veló בזרענו bezarenu שום shum פגם pegam.
ויהיה veyihyé ייי כל col ילי זרענו zarenu זרע zera קדש kódesh.
ובזכות uvizjut יוסף Yosef ציון, ו"פ יהוה, קנאה צדיקך tsadikeja
החתום hejatum במדת bemidat היסוד haYesod ההע.

---

valiosa y aceptable y favorable ante Ti esta sexta ronda, la cual alude a la Fundación, como si hubiésemos tenido todas las intenciones apropiadas para este fin. Y que Tú, en Tu benevolencia, tengas misericordia de nosotros; y nos rescates de todo pecado, iniquidad y malos pensamientos. Y que Tú, en Tu gran bondad, reúnas a los dispersos, unifiques a los que están separados y rectifiques lo que hemos corrompido, y que devuelvas a la Luz todas las chispas de santidad que hemos arrojado entre las klipot. "Él devoró riqueza y la vomitó, y desde su estómago Dios la extrajo" (Job 20:15). Que Tú hagas que tengamos el mérito de guardarnos a nosotros y a nuestros caminos de todo pecado. Y que no se encuentre en nosotros ni en nuestra descendencia ningún defecto; y que toda nuestra progenie sea simiente sagrada. Y que por el mérito de Yosef, Tu justo, quien está sellado con el atributo de la Fundación,

תְּרַחֵם terajem ג"פ רי"ו ; אברהם, וז"פ אל, רי"ו ול"ב נתיבות החכמה, רמ"ח (אברים), עסמ"ב וט"ז אותיות פשוטות עָלֵינוּ aleinu. אֵל El שַׁדַּי Shadai מהש, ע"ב בריבוע קס"א, אל שדי, ד"פ אלהים ע"ה.

יַסֵּד yased יְסוֹד yesod ההע צִיּוֹן Tsiyón יוסף, ו"פ יהוה, קנאה. תְּרוֹמַמְנָה teromamná

קַרְנוֹת karnot צַדִּיק tsadik: וּבִזְכוּת uvizjut יוֹסֵף Yosef ציון, ו"פ יהוה, קנאה.

יוֹסִיף yosif אֲדֹנָי Adonai ללה שֵׁנִית shenit יָדוֹ yadó וְיִגְאָלֵנוּ veyigalenu

גְּאֻלַּת gueulat עוֹלָם olam. בִּמְהֵרָה bimherá בְּיָמֵינוּ beyameinu:

Iniciales de *Yesod*—יסוד.

יִשָּׂא yishá בְרָכָה verajá מֵאֵת meet ר"ת יבמ יְהֹוָאדהֹנָהי Adonai

וּצְדָקָה utsdaká ע"ה ריבוע אלהים מֵאֱלֹהֵי meElohei מילוי ע"ב, דמב ; ילה

יִשְׁעוֹ yishó שכינה ע"ה ; ס"ת יהוה: סוּר sur מֵרָע mera וַעֲשֵׂה vaasé טוֹב tov והו

בַּקֵּשׁ bakesh שָׁלוֹם shalom וְרָדְפֵהוּ verodfehu: וְהָיָה vehayá יהה, יהוה

כְּעֵץ queéts שָׁתוּל shatul עַל al פַּלְגֵי palguei מָיִם máyim אֲשֶׁר asher

פִּרְיוֹ piryó יִתֵּן yitén בְּעִתּוֹ beitó וְעָלֵהוּ vealehu לֹא lo יִבּוֹל yibol

וְכֹל vejol ילי אֲשֶׁר asher יַעֲשֶׂה yaasé יַצְלִיחַ yatslíaj:

דְּרָכַי derajai סִפַּרְתִּי siparti וַתַּעֲנֵנִי vataaneni לַמְּדֵנִי lamdeni חֻקֶּיךָ jukeja:

Hay 42 letras en el verso en el secreto del *Aná Bejóaj*.

יִהְיוּ yihyú אל (ייא" מילוי דס"ג) לְרָצוֹן leratsón מהש ע"ה, ע"ב בריבוע וקס"א ע"ה, אל שדי ע"ה

אִמְרֵי imrei פִי fi ר"ת אֶלֶף = אלף למד - שין דלת יוד ע"ה וְהֶגְיוֹן vehegyón לִבִּי libí

לְפָנֶיךָ lefaneja ס"ג מ"ה ב"ן יְהֹוָאדהֹנָהי Adonai צוּרִי tsurí וְגֹאֲלִי vegoalí:

Tú tengas misericordia de nosotros. El Shadai, restablece los cimientos de Sión; que las trompetas de los justos sean exaltadas. Y que por el mérito de Yosef el Señor extienda Su mano una segunda vez, y que nos redima con una redención eterna, prontamente en nuestros días. "Éste recibirá una bendición del Eterno, y justicia del Dios de su salvación" (Salmos 24:5). *"Apártense del mal y hagan el bien. Busquen la paz y persíganla"* (Salmos 34:15). *"Y será como un árbol plantado por corrientes de agua que trae su fruto a su debido tiempo y cuyas hojas no se marchitan, y en todo lo que hace prospera"* (Salmos 1:3). *"Declaré mis caminos y Tú me respondiste. Enséñame Tus estatutos"* (Salmos 119:26). *"Que los dichos de mi boca y los pensamientos de mi corazón sean gratos ante Ti, Señor, mi Fortaleza y mi Redentor"* (Salmos 19:15).

LA SÉPTIMA HAKAFÁ (RONDA)—DAVID—MALJUT

אָנָּא aná ב״ן לכב יְהֹוָהאדניאהדונהי Adonai הוֹשִׁיעָה hoshía יהוה ש״ע נהורין נָּא na:

אָנָּא aná ב״ן לכב יְהֹוָהאדניאהדונהי Adonai הַצְלִיחָה hatslija נָא na: אָנָּא aná ב״ן לכב

יְהֹוָהאדניאהדונהי Adonai עֲנֵנוּ anenu בְיוֹם veyom ע״ה נגד, מזבח, זן, אל יהוה

קָרְאֵנוּ korenu: קָדוֹשׁ kadosh וְנוֹרָא venorá הוֹשִׁיעָה hoshía יהוה ש״ע נהורין

נָא na. רַחוּם rajum וְחַנּוּן vejanún הַצְלִיחָה hatslija נָא na:

שׁוֹמֵר shomer כ״א פ׳ יהוה הַבְּרִית habrit עֲנֵנוּ anenu בְיוֹם veyom

ע״ה נגד, מזבח, זן, אל יהוה קָרְאֵנוּ korenu: תּוֹמֵךְ tomej תְּמִימִים temimim

הוֹשִׁיעָה hoshía יהוה ש״ע נהורין נָא na. תַּקִּיף takif לָעַד laad ב״פ ב״ן

הַצְלִיחָה hatslija נָא na: תָּמִים tamim בְּמַעֲשָׂיו bemaasav

עֲנֵנוּ anenu בְיוֹם veyom ע״ה נגד, מזבח, זן, אל יהוה קָרְאֵנוּ korenu:

Después de la ronda debemos decir:

יְמִין yemín יְהֹוָהאדניאהדונהי Adonai רוֹמֵמָה romemá ר״ת ריי יְמִין yemín

יְהֹוָהאדניאהדונהי Adonai עֹשָׂה osá ר״ע וָחָיִל jáyil ומב:

שְׁמַע shemá יִשְׂרָאֵל Yisrael יְהֹוָהאדניאהדונהי Adonai אֱלֹהֵינוּ Eloheinu ילה

יְהֹוָהאדניאהדונהי | Adonai אֶחָד ejad אהבה, דאגה:

יְהֹוָהאדניאהדונהי Adonai מֶלֶךְ mélej יְהֹוָהאדניאהדונהי Adonai מָלָךְ malaj

יְהֹוָהאדניאהדונהי Adonai | יִמְלֹךְ yimloj (מֶלֶךְ מָלָךְ יִמְלֹךְ = מנצפך, סנדלפון, ערי)

לְעֹלָם leolam ריבוע דס״ג וי׳ אותיות דס״ג ; ר״ת ייל וָעֶד vaed:

LA SÉPTIMA HAKAFÁ (RONDA) – DAVID – MALJUT

"Te rogamos, Señor, sálvanos ahora. Te rogamos, Señor, prospéranos ahora" (Salmos 118:25). Te rogamos, Señor, contéstanos en el día que clamemos. Santo y Asombroso, sálvanos ahora. Misericordioso y Benevolente, prospéranos ahora. Protector del Pacto, contéstanos en el día que clamemos. Sostén del íntegro, sálvanos ahora. Eternamente Poderoso, prospéranos ahora. Perfecto en Sus obras, contéstanos en el día que clamemos. "La diestra del Señor es exaltada. La diestra del Señor hace proezas" (Salmos 118:16). "Escucha, Israel, al Señor nuestro Dios. El Señor es Uno" (Deuteronomio 6:4). El Señor es Rey, el Señor ha reinado, el Señor reinará por siempre y por la eternidad.

אָנָּא aná ב״ן לכב יְהֹוָה Adonai הוֹשִׁיעָה hoshía יהוה ע״ע נהורין נָא na:

אָנָּא aná ב״ן לכב יְהֹוָה Adonai הַצְלִיחָה hatslija נָא na:

כִּי qui אַתָּה Atá אֲדֹנָי Adonai ללה טוֹב tov והו וְסַלָּח vesalaj יהוה ע״ב וְרַב verav

חֶסֶד jésed ע״ב, ריבוע יהוה לְכָל lejol יה אדני קֹרְאֶיךָ koreja: מַלְכוּתְךָ maljutjá

מַלְכוּת maljut כָּל col ילי עֹלָמִים olamim וּמֶמְשַׁלְתְּךָ umemshaltejá

בְּכָל bejol ב״ן, לכב דּוֹר dor וָדֹר vador ר״ו: לְךָ lejá יְהֹוָה Adonai

הַגְּדֻלָּה haguedulá וְהַגְּבוּרָה vehaguevurá ר״ו וְהַתִּפְאֶרֶת vehatiféret וְהַנֵּצַח vehanétsaj

וְהַהוֹד vehahod ההה כִּי qui כֹּל jol ילי בַּשָּׁמַיִם hashamáyim י״פ טל, י״פ כוזו

וּבָאָרֶץ uvaárets לְךָ lejá יְהֹוָה Adonai הַמַּמְלָכָה hamamlajá

וְהַמִּתְנַשֵּׂא vehamitnasé לְכֹל lejol יה אדני לְרֹאשׁ lerosh ריבוע אלהים ואלהים דיודין ע״ה:

שַׁוְעָתֵנוּ shavatenu קַבֵּל kabel. וּשְׁמַע ushmá צַעֲקָתֵנוּ tsaakatenu.

יוֹדֵעַ yodea תַּעֲלוּמוֹת taalumot: שקו צית

יְהִי yehí רָצוֹן ratsón מהש ע״ה, ע״ב בריבוע וקס״א ע״ה, אל שדי ע״ה

מִלְּפָנֶיךָ milfaneja ס״ג מ״ה ב״ן יְהֹוָה Adonai אֱלֹהֵינוּ Eloheinu ילה

וֵאלֹהֵי veElohei לכב ; מילוי ע״ב, דמב ; ילה אֲבוֹתֵינוּ avoteinu. אֵל El יא״י (מילוי דס״ג)

מָלֵא malé רַחֲמִים rajamim. שֶׁתַּעֲשֶׂה shetaasé לְמַעַן lemaan

רַחֲמֶיךָ rajameja וּתְהֵא utehé וְחֲשׁוּבָה jashuvá וּמְקֻבֶּלֶת umkubélet

וּרְצוּיָה urtsuyá לְפָנֶיךָ lefaneja ס״ג מ״ה ב״ן הַקָּפָה hakafá שְׁבִיעִית sheviit

הָרוֹמֶזֶת harométzet לַמַּלְכוּת laMaljut. כְּאִלּוּ queílu כִּוַּנּוּ quivanu

בְּכָל bejol ב״ן לכב הַכַּוָּנוֹת hacavanot הָרְאוּיוֹת hareuyot לְכַוֵּן lejavén.

"Te rogamos, Señor: sálvanos ahora. Te rogamos, Señor: prospéranos ahora" (Salmos 118:25). *Porque Tú eres el Señor, bueno e indulgente, y abundante en misericordia para con todos los que te claman. "Tu Reino es un reino para todas las épocas, y Tu dominio perdura por todas las generaciones"* (Salmos 145:13). *"Tuya, Señor, es la grandeza, el poder, la gloria, la victoria y el esplendor, a lo largo de todo lo que hay en el Cielo y la Tierra; Tuyo, Señor, es el dominio y todos los que ascienden a dirigir".*

שקו צית *Acepta nuestro clamor y escucha nuestro lamento, Tú que conoces todo lo oculto.*

Que sea Tu voluntad, Señor, Dios nuestro y Dios de nuestros padres,

Padre Misericordioso, que sea considerada valiosa y aceptable y favorable ante Ti esta séptima ronda, la cual alude al Reinado, como si hubiésemos tenido todas las intenciones apropiadas para este fin.

וְאַתָּה veAtá בְּטוּבְךָ betuvjá לאו תְּרַחֵם terajem ג"פ רי"ו ; אברהם, וז"פ אל, רי"ו ול"ב

נתיבות החכמה, רמ"ח (אברים), עסמ"ב וט"ז אותיות פשוטות עָלֵינוּ aleinu. וְתִגָּלֶה vetigalé

וְתֵרָאֶה veteraé מַלְכוּתְךָ maljutjá עָלֵינוּ aleinu מְהֵרָה meherá.

מְלֹךְ meloj עַל al כָּל col ילי ; עמם הָעוֹלָם haolam כֻּלּוֹ culó

בִּכְבוֹדֶךָ bijvodaj ב"ן, לכב וְהָיְתָה vehaytá לַיהֹוָהאדניאהדונהי laAdonai

הַמְּלוּכָה hamelujá: יְהֹוָהאדניאהדונהי Adonai יִמְלֹךְ yimloj לְעֹלָם leolam ריבוע

ס"ג עם י' אותיות ; ר"ת יי"ל וָעֶד vaed: וְנֶאֱמַר veneemar: וְהָיָה vehayá יהה, יהוה

יְהֹוָהאדניאהדונהי Adonai לְמֶלֶךְ lemélej עַל al כָּל col ילי ; עמם הָאָרֶץ haárets

אלהים דההין ע"ה בַּיּוֹם bayom ע"ה נגד, מזבח, זן, אל יהוה הַהוּא hahú יִהְיֶה yihyé ייי

יְהֹוָהאדניאהדונהי Adonai אֶחָד ejad אהבה, דאגה וּשְׁמוֹ uShmó מהש ע"ה, ע"ב בריבוע וקס"א

ע"ה, אל שדי ע"ה אֶחָד ejad אהבה, דאגה: וַעֲשֵׂה vaasé לְמַעַן lemaan

דָּוִד David הַמֶּלֶךְ hamélej עָלָיו alav הַשָּׁלוֹם hashalom הֶחָתוּם hejatum

בְּמִדַּת bemidat מַלְכוּת maljut. וְתַשְׁרֶה vetishré שְׁכִינָתְךָ shejinatjá

עָלֵינוּ aleinu. יְהִי yehí יְהֹוָהאדניאהדונהי Adonai אֱלֹהֵינוּ Eloheinu ילה

עִמָּנוּ imanu ריבוע ס"ג כַּאֲשֶׁר caasher הָיָה hayá יהה עִם im

אֲבֹתֵינוּ avoteinu אַל al יַעַזְבֵנוּ yaazvenu וְאַל veal יִטְּשֵׁנוּ yitshenu:

Iniciales de *Maljut*—מלכות.

מְהֻלָּל mehulal אֶקְרָא ekrá יְהֹוָהאדניאהדונהי Adonai וּמִן umín אֹיְבַי oyvai

אִוָּשֵׁעַ ivashea: לְעוֹלָם leolam ריבוע ס"ג עם י' אותיות יְהֹוָהאדניאהדונהי Adonai

דְּבָרְךָ devarjá ראה נִצָּב nitsav בַּשָּׁמָיִם bashamáyim י"פ טל, י"פ כוזו:

כִּי qui חַסְדְּךָ jasdejá גָּדוֹל gadol להח, עם ד' אותיות מבה, יזל, אום

עָלָי alai וְהִצַּלְתָּ vehitsalta נַפְשִׁי nafshí מִשְּׁאוֹל misheol תַּחְתִּיָּה tajtiya:

Y que Tú, en Tu benevolencia, tengas misericordia de nosotros;

y permitas que Tu Reinado sea revelado y visto sobre nosotros prontamente. Reina sobre todo el universo con Tu gloria, y el Reinado será del Señor. El Señor será Rey sobre todo el mundo. Como está dicho: "En aquel día el Señor será Uno y Uno será su Nombre" (Zacarías 14:9). *Actúa por amor del Rey David, la paz sea sobre él, quien está sellado con el atributo del Reinado. Y que Tu Shejiná more sobre nosotros. "Que el Señor, nuestro Dios, sea con nosotros como Él fue con padres. Que no nos abandone ni nos olvide"* (1 Reyes 8:57). *"Entono alabanzas al Señor, y soy salvado de mis enemigos"* (Salmos 18:4). *"Por siempre, Señor, Tu palabra permanece firme en el Cielo"* (Salmos 119:89). *"Porque grande ha sido Tu misericordia para conmigo, y Tú has librado mi alma del abismo más profundo"* (Salmos 86:13).

וַאֲנִי vaaní אני כְּזַיִת quezáyit רַעֲנָן raanán בְּבֵית beveit ב"פ ראה אֱלֹהִים Elohim ילה
בָּטַחְתִּי batajti בְּחֶסֶד vejésed ע"ב, ריבוע יהוה אֱלֹהִים Elohim ילה עוֹלָם olam
וָעֶד vaed: תַּאֲוַת taavat עֲנָוִים anavim שָׁמַעְתָּ shamata יְהֹוָהאדניאהדונהי Adonai
תָּכִין tajín לִבָּם libam תַּקְשִׁיב takshiv אָזְנֶךָ ozneja יוד הי ואו הה:

רִבּוֹנוֹ ribonó שֶׁל shel עוֹלָם olam. הִנֵּה hiné אֲנַחְנוּ anajnu
בָּאִים baim בְּיִרְאָה beyirá רי"ו ראה וְאַהֲבָה veahavá אחד, דאגה
וְשִׂמְחָה vesimjá רַבָּה rabá. וּמוֹדִים umodim מאה ברכות אֲנַחְנוּ anajnu
לָךְ laj עַל al אֲשֶׁר asher קִדַּשְׁתָּנוּ kidashtanu בְּמִצְוֹתֶיךָ bemitsvoteja
וּבָחַרְתָּ uvajarta בָּנוּ banu מִכָּל micol הָעַמִּים haamim. אָהַבְתָּ ahavta
אוֹתָנוּ otanu וְרָצִיתָ veratsita בָּנוּ banu. וַתִּתֶּן vatitén ב"פ כהת לָנוּ lanu
אלהים, אהיה אדני אֶת et תּוֹרָתְךָ toratjá הַקְּדוֹשָׁה hakedoshá תּוֹרָה torá
שֶׁבִּכְתָב shebijtav וְתוֹרָה vetorá שֶׁבְּעַל shebeal פֶּה pe מילה ; ע"ה אלהים,
ע"ה אהיה אדני. וְקֵרַבְתָּנוּ vekeravtanu לַעֲבוֹדָתֶךָ laavodateja. מָה ma מ"ה
אֲנַחְנוּ anajnu. מָה ma מ"ה וְחַיֵּינוּ jayeinu. אֲשֶׁר asher עָשִׂיתָ asita
עִמָּנוּ imanu ריבוע ס"ג וַחֲסָדִים jasadim גְּדוֹלִים guedolim רַבִּים rabim
וַעֲצוּמִים vaatsumim כָּאֵלֶּה caele. לְפִיכָךְ lefijaj אֲנַחְנוּ anajnu
חַיָּבִים jayavim לְהוֹדוֹת lehodot לָךְ laj תָּמִיד tamid ע"ה קס"א קנ"א קמ"ג
וְלוֹמַר velomar לְפָנֶיךָ lefaneja ס"ג מ"ה ב"ן שִׁירָה shirá בְּכָל bejol ב"ן, לכב
יוֹם yom ע"ה נגד, מזבח, זן, אל יהוה תָּמִיד tamid ע"ה קס"א קנ"א קמ"ג:

"Soy como un olivo frondoso en la Casa de Dios; he confiado en la clemencia de Dios por siempre y para siempre" (Salmos 52:10). *"Los deseos de los humildes Tú has escuchado, Señor; prepara sus corazones, haz que Tu oído escuche"* (Salmos 10:17). *Señor del Mundo, venimos por este medio con reverencia y amor y gran alegría, y damos gracias a Ti porque nos has santificado con Tus mandamientos, y nos has escogido de entre todas las naciones. Nos has amado y favorecido, y nos diste Tu Santa Torá, la Torá escrita y la Torá oral, y nos acercaste a Tu servicio. ¿Qué somos nosotros? ¿Qué mérito tiene nuestra vida que has hecho tantas bondades grandes y poderosas para nosotros? Por lo tanto, es nuestro deber agradecerte de forma constante y entonar cánticos ante Ti, cada día, perennemente.*

אָמְנָם omnam גָּדַל gadal צַעֲרֵנוּ tsaarenu בְּהַעֲלוֹתֵנוּ behaalotenu

עַל al לְבָבֵנוּ levavenu כָּל col יכ״י אֲשֶׁר asher נִתְרַשַּׁלְנוּ nitrashalnu

מִלַּעֲסֹק milaasok בְּתוֹרָתְךָ betoratjá הַקְּדוֹשָׁה •hakedoshá וְכָל vejol יכ״י

אֲשֶׁר asher פָּגַמְנוּ pagamnu בְּלִמּוּדֵנוּ •belimudenu הֵן hen מִצַּד mitsad

לִמּוּד limud לְהִתְגַּדֵּל ,lehitgadel הֵן hen מִצַּד mitsad שֶׁלֹּא sheló

לָמַדְנוּ lamadnu בִּקְדֻשָּׁה bikdushá וְיִרְאָה veyirá רי״ו ראה כַּדָּת quedat מַה ma

מ״ה לַעֲשׂוֹת •laasot וְהֵן vehén שֶׁלֹּא sheló טָרַחְנוּ tarajnu לְהָבִין lehavín

דָּבָר davar ראה עַל al בּוּרְיוֹ ,buryó מִיצּוּי mitsui הַדִּין hadín וְעֹמֶק veómek

הַהֲלָכָה •hahalajá וְהֵן vehén אֲשֶׁר asher קָטַפְנוּ katafnu מַלּוּחַ malúaj

עֲלֵי alei שִׂיחַ •síaj וְהֵן vehén אֲשֶׁר asher לֹא lo תָמַכְנוּ tamajnu

בִּרְכֵּי birquei דְּרַבָּנָן derabanán דְּשַׁלְהֵי •deshalhei וְלֹא veló אִמַּצְנוּ imatsnu

בִּרְכַּיִם bircáyim כּוֹשְׁלוֹת •coshlot וְכָזֹאת vejazot וְכָזֹאת vejazot

פָּגַמְנוּ pagamnu בְּכ״ב bejafbet אכא אוֹתִיּוֹת otiyot תּוֹרָתֶךָ •torateja

וְטָעִינוּ vetaínu בְּלִמּוּד belimud וּבְהוֹרָאָה •uvehoraá וְלֹא veló נָהַגְנוּ nahagnu

בְּטַכְסִיס betajsís תַּלְמִידֵי talmidei חֲכָמִים •jajamim וְעוֹד veod

אַחֶרֶת ,ajéret אֲשֶׁר asher נָפְלוּ naflú נִיצוֹצֵי nitsotsei תּוֹרָתֵנוּ toratenu

וּמִצְוֹתֵינוּ umitsvotenu לְבוֹרוֹת levorot נִשְׁבָּרִים nishbarim וַיֵּשְׁבְּ vayishb

מִמֶּנּוּ mimenu שְׁבִי :shevi עַל al הַכֹּל hacol יכ״י בּוֹשְׁנוּ boshnu

וְנִכְלַמְנוּ venijlamnu וּבַמִּסְתָּרִים uvamistarim תִּבְכֶּה tivqué נַפְשֵׁנוּ •nafshenu

---

Sin embargo, nuestra angustia es grande cuando consideramos en nuestro corazón que hemos descuidado el estudio de Tu Santa Torá, y todo lo que hemos contaminado nuestro estudio; ya sea por estudiar en búsqueda de honra o estudiar sin santidad y reverencia, como es apropiado; o por no impulsarnos a entender claramente el asunto a tratar, escudriñar la ley y la profundidad de ésta; o por haber arrancado césped silvestre de los árboles; o por no haber apoyado y sustentado las rodillas cansadas de los estudiosos, no haber fortalecido las rodillas. Y de muchas formas similares hemos causado máculas en las veintidós letras de Tu Torá, y hemos errado en el estudio y en las reglas, y no nos hemos conducido según los asuntos de los estudiosos de la Torá. No obstante, hay algo más: las chispas de nuestra Torá y Preceptos que han caído en las profundidades, y han sido quebrantadas y que él las tiene cautivas. Por todo esto estamos avergonzados y humillados, y nuestra alma solloza en privado;

יראה yirá רי"ו ורעד varáad יבא yavó בנו banu ותכסנו vatjasenu

פלצות •palatsut והן vehén עתה ata בבשת bevóshet פנים panim

אנחנו anajnu שבים shavim ומתחרטים •umitjartim ואנחנו vaanajnu

רוצים rotsim לעשות laasot רצונך retsonjá כרצונך •quirtsonjá ויהי vihí

רצון ratsón מהש ע"ה, ע"ב בריבוע וקס"א ע"ה, אל שדי ע"ה מלפניך milfaneja ס"ג מ"ה ב"ן

יהוהאדניאהדונהי Adonai אלהינו Eloheinu ילה ואלהי veElohei לכב ; מילוי ע"ב, דמב ; ילה

אבותינו •avoteinu אל El ייא"י (מילוי דס"ג) רחום rajum וחנון vejanún

הטוב hatov והו והמטיב •vehametiv שתקבל shetekabel כונתנו •cavanatenu

כי qui אתה Atá בוחן bojén לבות •libot וידעת veyadata

שרצוננו sheretsonenu לעשות laasot רצונך retsonjá ולעסק velaasok

בתורתך betoratjá הקדושה hakedoshá כדת quedat מה ma מ"ה

לעשות •laasot ואתה veAtá הבטחתנו hivtajtanu על al ידי yedei

עבדיך avadeja וחכמי jajmei ישראל •Yisrael הבא habá לטהר litaher

מסיעין mesayín אותו •otó ובכן uvjén ע"ב, ריבוע יהוה יהמו yehemu נא na

רחמיך rajameja וראה uré ראה כי qui אזלת azlat יד yad ואפס veéfes

עצור atsur ועזוב •veazuv ואויר vaavir ארץ érets העמים haamim

ובטול uvitul הטהרה hatahorá ותקף vetókef גלות galut גוף guf ונפש •vanéfesh

הן hen הנה hena היו hayú בעוכרינו beojrenu כי qui גבר gavar

אויב oyev יצרנו yitsrenu הרע •hará ועשה veasá אשר asher זמם zamam

להדיחנו lehadijenu מתורתך mitoratjá ומעבודתך •umeavodateja

---

el temor y el temblor viene a nosotros y somos sobrecogidos por la agitación. Y he aquí que, con vergüenza en nuestro rostro, nos arrepentimos y lamentamos, y deseamos cumplir Tu deseo; y que sea Tu voluntad, Señor nuestro Dios y Dios de nuestros padres, Dios, Compasivo y Benévolo, quien es bueno y piadoso, que Tú aceptes nuestra intención, porque Tú escudriñas los corazones y Tú sabes que es nuestro deseo hacer Tu voluntad e involucrarnos en Tu Santa Torá, como es apropiado. Y Tú nos has prometido a través de Tus siervos, los sabios de Israel: Quien venga para ser purificado, será asistido. Así, que Tu compasión sea exaltada, y que veas que hay manos que se fortalecen y orientan ni guían a nadie. Y la atmósfera de la tierra de las naciones, y el fin de la pureza, y el exilio abrumador de cuerpo y alma, son ellos quienes han sido nuestra destrucción, porque el enemigo a triunfado, nuestra inclinación al mal, y él ha llevado a cabo su plan de alejarnos de Tu Torá y de Tu servicio.

mitsvat מִצְוַת aleinu עָלֵינוּ mekablim מְקַבְּלִים anajnu אֲנַחְנוּ vaharei וַהֲרֵי

:batorá בַּתּוֹרָה cacatuv כַּכָּתוּב .hateshuvá הַתְּשׁוּבָה shel שֶׁל asé עֲשֵׂה

ילה Eloheja אֱלֹהֶיךָ Adonai יְהֹוָהאדניאהדונהי ad עַד veshavta וְשַׁבְתָּ

anajnu אֲנַחְנוּ vaharei וַהֲרֵי .vekoló בְּקֹלוֹ veshamata וְשָׁמַעְתָּ

nitrashalnu נִתְרַשַּׁלְנוּ asher אֲשֶׁר al עַל mitjartim מִתְחָרְטִים

veAtá וְאַתָּה .hakedoshá הַקְּדוֹשָׁה betoratjá בְּתוֹרָתְךָ milaasok מִלַּעֲסֹק

והו hatov הַטּוֹב verajum וְרַחוּם הקם janún וְחַנּוּן (מילוי ד"ס"ג) יא"י El אֵל

galui גָּלוּי .ujlayot וּכְלָיוֹת libot לִבּוֹת bojén בּוֹחֵן vehametiv וְהַמֵּטִיב

laasot לַעֲשׂוֹת shertsonenu שֶׁרְצוֹנֵנוּ ב"ן מ"ה ס"ג lefaneja לְפָנֶיךָ veyadúa וְיָדוּעַ

hakedoshá הַקְּדוֹשָׁה betoratjá בְּתוֹרָתְךָ velaasok וְלַעֲסֹק retsonjá רְצוֹנְךָ

sheyitsrenu שֶׁיִּצְרֵנוּ ela אֶלָּא .laasot לַעֲשׂוֹת מ"ה ma מַה quedat כְּדָת

ein אֵין יהוה ריבוע ,ע"ב uvjén וּבְכֵן :meaquev מְעַכֵּב hu הוּא hará הָרַע

.bilteja בִּלְתֶּךָ umoshía וּמוֹשִׁיעַ goel גּוֹאֵל אדני אהיה ,אלהים lanu לָנוּ

jusá חוּסָה paolaj פָּעֳלָךְ vehaguf וְהַגּוּף laj לָךְ haneshamá הַנְּשָׁמָה

hakafot הַקָּפוֹת sheva שֶׁבַע uvejóaj וּבְכֹחַ .amalaj עֲמָלָךְ al עַל

.haTorá הַתּוֹרָה séfer סֵפֶר shebá שֶׁבָּה lateivá לַתֵּיבָה shehikafnu שֶׁהִקַּפְנוּ

.torateja תּוֹרָתֶךָ lijvod לִכְבוֹד vesimajtanu וְשִׂמַּחְתָּנוּ

hashivenu הֲשִׁיבֵנוּ .aleinu עָלֵינוּ rajamim רַחֲמִים titmalé תִּתְמַלֵּא

malquenu מַלְכֵּנוּ vekarvenu וְקָרְבֵנוּ letorateja לְתוֹרָתֶךָ avinu אָבִינוּ

.hadinim הַדִּינִים veyitmatkú וְיִתְמַתְּקוּ .laavodateja לַעֲבוֹדָתֶךָ

Aceptamos por este medio los preceptos positivos de arrepentimiento, como está escrito en la Torá: "Volverás al Señor, tu Dios, y escucharás Su voz" (Deuteronomio 4:30). *Y por este medio lamentamos haber sido negligentes en nuestro estudio de Tu Santa Torá. Y Tú, Dios Todopoderoso, Benévolo y Compasivo, quien es bueno y piadoso, que escudriñas los pensamientos y las emociones, es revelado y conocido ante Ti que nuestro deseo es hacer Tu voluntad e involucrarnos en Tu Santa Torá, como es apropiado; pero nuestra inclinación negativa lo evita. Y, por lo tanto, no tenemos otro redentor ni salvador sino Tú. El alma es Tuya y el cuerpo es Tu obra; apiádate de Tu labor. Y que con el poder de las siete rondas que hemos dado alrededor de la bimá, sobre la cual está el Rollo de la Torá, y donde nos hemos regocijado en honor de Tu Torá, Tú estés lleno de misericordia para nosotros. Vuélvenos, Padre nuestro, a Tu Torá; y acércanos, Rey nuestro, a Tu servicio. Que los juicios sean endulzados,*

ויכבשו veyijbeshú רחמיך rajameja את et כעסך caaseja
ויגלו veyigolu רחמיך rajameja על al מדותיך midoteja• ותוציא vetotsí
לאור laor רז, א"ס כל col ילי ניצוצי nitsotsei תורתנו toratenu
ומצותינו umitsoteinu• וישוב veyashuv הכל hacol לאיתנו leeitanó
הראשון harishón ולא veló ידח yidaj ממנו mimenu נדח nidaj•
ותזכנו utsaquenu לעסק laasok בתורה batorá לשמה lishmá ללמוד lilmod
וללמד ulelamed לשמור lishmor ולעשות velaasot• ולהוציא ulehotsí
לאור laor רז, א"ס כל col ילי חלקי jelkei פרד"ס pardés
תורתנו toratenu השייכים hashayajim לנפשנו lenafshenu רוחנו rujenu
ונשמתנו venishmatenu• ותחננו utejonenu מאתך meitjá חכמה Jojmá
במילוי תרי"ג (מצוות) בינה Biná ע"ה חיים, ע"ה אהיה אהיה יהוה ודעת vaDáat•
לחדש lejadesh י"ב הויות, קס"א קנ"א חידושים jidushim רבים rabim
אמתיים amitiyim בפרד"ס befardés תורתך toratjá הקדושה hakedoshá•
וקושיות vekushyot והויות vehavayot וישובים veyisuvim אמתיים amitiyim
וחדושי vejidushei דינים dinim לאמתה laamita של shel תורה torá•
וברב uverov ר"פ אהיה רחמיך rajameja תזכנו tezaquenu לזרע lezera
קדש kódesh• בנים banim חכמים jajamim וחסידים vajasidim• זרע zera
אנשים anashim ובריא uvarí מזליהו mazalayhu• ולא veló ימצא yimatsé
בנו banu ולא veló בזרענו bezarenu שום shum פגם pegam ושום veshum
פסול pisul• ולא veló יכרת yicaret זרענו zarenu וחס jas ושלום veshalom•

---

y Tu compasión elimine Tu ira, y que Tu compasión sea exaltada por encima de Tus atributos. Y que Tú regreses a la Luz todas las chispas de nuestra Torá y nuestros Preceptos, y permitas que todo regrese a su fuerza original, a fin de que nadie sea completamente desterrado. Y que Tú hagas que tengamos el mérito de involucrarnos en la Torá por amor de ésta, que la estudiemos y la enseñemos, que la guardemos y la cumplamos, y que regresemos a la Luz todas las partes del Pardés (acrónimo de los cuatro niveles de profundidad) de nuestra Torá, las cuales están vinculadas con nuestra Néfesh (alma inferior), Rúaj (espíritu) y Neshamá (alma superior). Y otórganos con benevolencia sabiduría de Ti, entendimiento y conocimiento, innovación y los muchos jidushim verdaderos en los Pardés de Tu Santa Torá, preguntas y consultas y verdaderas resoluciones y nuevas leyes conforme a la verdad de la Torá. Y que Tú, en la abundancia de Tu compasión, hagas que tengamos el mérito de tener una descendencia santa, hijos sabios y piadosos, hijos varones, con buena fortuna. Y que no se encuentre entre nuestra descendencia alguna mácula o defecto, y que nuestra simiente no sea desterrada, que el Cielo no lo permita.

וְאַתָּה veAtá בְּרֹב berov י״פ אהיה רַחֲמֶיךָ rajameja תִּתֵּן titén ב״פ כהת
בָּנוּ banu כֹּחַ cóaj וּבְרִיאוּת uvriut וִיכֹלֶת vijólet מַסְפִּיק maspik
וְחֹזֶק vejózek פהל וְאֹמֶץ veómets בְּאֵבָרֵינוּ beevareinu וְגִידֵינוּ veguideinu
וְגוּפֵנוּ vegufenu לַעֲמוֹד laamod עַל al הַמִּשְׁמָר hamishmar. וְלֹא veló
יֶאֱרַע yeerá לָנוּ lanu אלהים, אהיה אדני שׁוּם shum מֵחוּשׁ mijush וְשׁוּם veshum
כְּאֵב queev. וְנִהְיֶה venihyé שְׂמֵחִים semejim וְטוֹבִים vetovim וּבְרִיאִים uvriim
לַעֲבוֹדָתֶךָ laavodateja. וְתַצִּילֵנוּ vetatsilenu מִכָּל micol רָע ra.
אָמֵן Amén יאהדונהי כֵּן quen יְהִי yehí רָצוֹן ratsón מהש ע״ה, ע״ב בריבוע וקס״א ע״ה, אל שדי ע״ה:

אֱלֹהֵינוּ Eloheinu ילה וֵאלֹהֵי veElohei לכב ; מילוי ע״ב, דמב ; ילה
אֲבוֹתֵינוּ avoteinu. מְלוֹךְ meloj עַל al כָּל col ילי עמם הָעוֹלָם haolam כֻּלּוֹ culó
בִּכְבוֹדֶךָ bijvodaj ב״ן, לכב. וְהִנָּשֵׂא vehinasá עַל al כָּל col ילי עמם
הָאָרֶץ haárets אלהים דההין ע״ה בִּיקָרֶךָ bikaraj וְהוֹפַע vehofá בַּהֲדַר bahadar
גְּאוֹן gueón עֻזֶּךָ uzaj עַל al כָּל col ילי עמם יוֹשְׁבֵי yoshvei תֵּבֵל tevel ב״פ ריו
אַרְצֶךָ artsaj. וְיֵדַע veyedá כָּל col ילי פָּעוּל paúl (*Asiyá*)
כִּי qui אַתָּה Atá פְּעַלְתּוֹ pealtó. וְיָבִין veyavín כָּל col ילי יָצוּר yetsur (*Yetsirá*)
כִּי qui אַתָּה Atá יְצַרְתּוֹ yetsartó. וְיֹאמַר veyomar כָּל col ילי
אֲשֶׁר asher נְשָׁמָה neshamá (*Briá*) בְּאַפּוֹ veapó. יְהֹוָהאדניאהדונהי Adonai
אֱלֹהֵי Elohei מילוי ע״ב, דמב ; ילה יִשְׂרָאֵל Yisrael תרי״ג (מצוות)
מָלָךְ malaj (מֶלֶךְ). וּמַלְכוּתוֹ umaljutó בַּכֹּל vacol לכב, ב״ן מָשָׁלָה mashala.

Y que Tú, en la abundancia de Tu compasión,
nos infundas fortaleza, salud, destreza, sostén y fuerza en nuestros órganos, tendones y cuerpos para mantenernos vigilantes; y no permitas que nos ocurra ningún malestar ni dolor. Y que estemos seamos felices, buenos y saludables para Tu servicio; y que Tú nos rescates de todo mal. Amén, que así sea Tu voluntad.

Dios nuestro y Dios de nuestros antepasados, cubre todo el mundo con gloria y sé exaltado sobre toda la Tierra en Tu esplendor, y revélate en la grandeza majestuosa de Tu fortaleza por encima de todos los pobladores del mundo inhabitado, el cual es Tu tierra. Entonces todo lo creado sabrá que Tú lo has hecho; y todo lo formado reconocerá que Tú lo has formado; y todo lo que tenga un alma en su nariz proclamará: "El Señor, el Dios de Israel, ha reinado y Su Reino domina por sobre todas las cosas".

jelkenu וְחֶלְקֵנוּ ten תֵּן •vemitsvoteja בְּמִצְוֹתֶיךָ kadeshenu קַדְּשֵׁנוּ

saméaj שַׂמֵּחַ •לאו mituvaj מִטּוּבָךְ sabenu שַׂבְּעֵנוּ •vetorataj בְּתוֹרָתָךְ

libenu לִבֵּנוּ vetaher וְטַהֵר •bishuataj בִּישׁוּעָתָךְ nafshenu נַפְשֵׁנוּ

veal וְאַל •אהיה פעמים אהיה, ז״פ ס״ג veemet בֶּאֱמֶת פוי, אל יהוה leovdejá לְעָבְדָךְ

•shebaolam שֶׁבָּעוֹלָם nivrá נִבְרָא shum שׁוּם mipnei מִפְּנֵי tadijenu תַּדִּיחֵנוּ

ushnoteinu וּשְׁנוֹתֵינוּ והו batov בַּטּוֹב yamenu יָמֵינוּ vetaarij וְתַאֲרִיךְ

•והו batov בַּטּוֹב shenoteinu שְׁנוֹתֵינוּ umalé וּמַלֵּא •baneimim בַּנְּעִימִים

אהיה אהיה יהוה, בינה ע״ה jayim וְחַיִּים ushnot וּשְׁנוֹת נלך yamim יָמִים órej אֹרֶךְ

benei בְּנֵי יה אדני uljol וּלְכָל אלהים, אהיה אדני lanu לָנוּ tosif תּוֹסִיף

quenafeja כְּנָפֶיךָ uvetsel וּבְצֵל •laavodateja לַעֲבוֹדָתֶךָ ב״פ ראה veitenu בֵּיתֵנוּ

guezerot גְּזֵירוֹת ילי micol מִכָּל vetatsilenu וְתַצִּילֵנוּ •tastirenu תַּסְתִּירֵנוּ

יב הויות, קס״א קנ״א utejadesh וּתְחַדֵּשׁ •veraot וְרָעוֹת kashot קָשׁוֹת

sheketim שְׁקֵטִים venihyé וְנִהְיֶה •אכא tová טוֹבָה shaná שָׁנָה aleinu עָלֵינוּ

veraananim וְרַעֲנַנִּים deshenim דְּשֵׁנִים veshaananim וְשַׁאֲנַנִּים

mekor מְקוֹר imeja עִמְּךָ qui כִּי •ulyirateja וּלְיִרְאָתֶךָ laavodateja לַעֲבוֹדָתֶךָ

רז, א״ס: or אוֹר niré נִרְאֶה beorjá בְּאוֹרְךָ אהיה אהיה יהוה, בינה ע״ה jayim חַיִּים

Iniciales del Nombre יהוה.

caasher כַּאֲשֶׁר aleinu עָלֵינוּ Adonai יְהֹוָה אדני אהדונהי jasdeja חַסְדְּךָ yehí יְהִי

jasdeja חַסְדֶּךָ Adonai יְהֹוָה אדני אהדונהי harenu הַרְאֵנוּ :laj לָךְ yijalnu יִחַלְנוּ

אדני: אהיה אלהים, lanu לָנוּ כהת ב״פ titén תִּתֶּן veyeshajá וְיֶשְׁעֲךָ

Santifícanos con Tus mandamientos; danos nuestra providencia en Tu Torá; sácianos de Tu benevolencia; alegra nuestra alma con Tu salvación; y purifica nuestro corazón para servirte con sinceridad. No nos apartes debido a cualquier otra criatura del mundo. Alarga nuestros días en bondad y nuestros años en agrado, y llena nuestros años de bienaventuranza. Aumenta para nosotros y todos los miembros de nuestro hogar largos días y años de vida, a fin de cumplir con Tu servicio. Escóndenos bajo la sombra de Tus alas y rescátanos de todo decreto severo y maligno. Y renuévanos para un año bueno, y que estemos calmados y en paz, satisfechos y vigorosos, para Tu servicio y Tu reverencia. "Porque contigo está la fuente de la vida, a través de Ti veremos la Luz" (Salmos 36:10). "Que Tu misericordia esté sobre nosotros, Señor, conforme hemos puesto nuestras esperanzas en Ti" (Salmos 33:22). "Muéstranos Tu misericordia, Señor, y otórganos Tu salvación" (Salmos 85:8).

וַאֲנִי vaaní אני בְּחַסְדְּךָ bejasdeja בָטַחְתִּי vatajti יָגֵל yaguel להח לִבִּי libí
בִּישׁוּעָתֶךָ bishuateja אָשִׁירָה ashira לַיהֹוָה יאהדונהי laAdonai כִּי qui גָמַל gamal
עָלָי: alai הִנֵּה hiné אֵל El ייא״י (מילוי ס״ג) יְשׁוּעָתִי yeshuatí אֶבְטַח evtaj
וְלֹא veló אֶפְחָד efjad כִּי qui עָזִּי ozí אלהים ע״ה, אהיה אדני ע״ה וְזִמְרָת vezimrat
יָהּ Yah יְהֹוָה יאהדונהי Adonai וַיְהִי vayhí לִי li לִישׁוּעָה: lishuá

קוֹל kol מְבַשֵּׂר mevaser מְבַשֵּׂר mevaser וְאוֹמֵר: veomer (X7)

רִבִּי ribí חֲנַנְיָה Jananyá בֶּן ben עֲקַשְׁיָה Akashyá אוֹמֵר: omer
רָצָה ratsá הַקָּדוֹשׁ haKadosh בָּרוּךְ Baruj הוּא Hu לְזַכּוֹת lezacot
אֶת et יִשְׂרָאֵל. Yisrael לְפִיכָךְ lefijaj הִרְבָּה hirbá לָהֶם lahem תּוֹרָה torá
וּמִצְוֹת umitsvot שֶׁנֶּאֱמַר: sheneemar יְהֹוָה יאהדונהי Adonai חָפֵץ jafets
לְמַעַן lemaan צִדְקוֹ tsidkó יַגְדִּיל yagdil תּוֹרָה torá וְיַאְדִּיר: veyaadir

Aquí decimos *Kadish Al Yisrael* en las páginas 260-262.

"En cuanto a mí, en Tu misericordia confío.
Mi corazón se alegrará en Tu salvación. Cantaré al Señor, porque ha sido dadivoso conmigo" (Salmos 13:6). *"He aquí que Dios es mi salvación, confiaré en Él y no temeré, porque Dios, el Señor, es mi fortaleza, y mi canto es a Él, y Él se ha tornado en mi salvación"* (Isaías 12:2).

Una voz anuncia; anuncia y exclama. (x 7)

"Rav Hananyá ben Akashyá dice: El Santísimo, bendito sea Él, deseó otorgarle mérito a Israel. Por lo tanto, Él les dio una abundancia de Torá y Preceptos, como está dicho: El Señor deseó por amor de Su rectitud, Él hizo grande a la Torá y dio fortaleza" (Tratado Makot 23b).

<table>
<tr>
<td>3
Biná
Cerebro izquierdo
יֵהֵוֵהֵ</td>
<td>1
Kéter
Cráneo
יָהָוָהָ</td>
<td>2
Jojmá
Cerebro derecho
יַהַוַהַ</td>
</tr>
<tr>
<td>5
Ojo izquierdo
יהוה יהוה
יהוה
יהוה יהוה</td>
<td rowspan="2">9 8
Nariz
יוד הי ואו הי   יוד הי ואו הי</td>
<td>4
Ojo derecho
יהוה יהוה
יהוה
יהוה יהוה</td>
</tr>
<tr>
<td>7
Oído izquierdo
יוד הי ואו הה</td>
<td>6
Oído derecho
יוד הי ואו הה</td>
</tr>
<tr>
<td colspan="3">10
Boca
יוד הי ואו הי (אהיה)
אחה"ע גיכ"ק דטלנ"ת זסשר"ץ בומ"ף</td>
</tr>
<tr>
<td>12
Guevurá
Brazo izquierdo
יְהְוְהְ</td>
<td>13
Tiféret
Cuerpo
יֹהֹוֹהֹ</td>
<td>11
Jésed
Brazo derecho
יֶהֶוֶהֶ</td>
</tr>
<tr>
<td rowspan="2">15
Hod
Pierna izquierda
יֻהֻוֻהֻ</td>
<td>16
Yesod
Órganos reproductivos
יוּ הוּ וּוּ הוּ</td>
<td rowspan="2">14
Nétsaj
Pierna derecha
יִהִוִהִ</td>
</tr>
<tr>
<td>17
Maljut
עטרה
יהוהאדני</td>
</tr>
</table>

Domingo - יום אֶ

יֱהֹוִה

יַוַד הַי וַיַו הַי יֶוֶד הֶי וֶאֶו הֶי

אל שדי יאולדפההייויאוודההיי

אנא בכח גדולת ימינך תתיר צרורה

אֶבָגֶיתֶץ יְהָוֶה יֶהֶוֶה

סֶמֶטֶורֶיֶה גֶזֶרֶיאֶל וֶעֶנֶאֶל לֶמֶוֶאֶל

ר"ת סגול

Lunes - יום בְ

יֵוֵד הֵי וֵאֵו הֵי יְוְד הְי וְאְו הְי יֹוֹד הֹא וֹאֹו הֹא

אל יהוה יאולדפההאאויאוודההאא

קבל רנת עמך שגבנו טהרנו נורא

קְרְעְשְׂטָן יֲהֱוָה יְהְוְה

שְׁמְעְיְאְל בְרְכְיְאְל אְהְנְיְאְל

ר"ת שוא

Martes - יום ג

יוֹד הֹא וֹאֹו הֹא יוֹד הֵה וָו הֵה

אל אדני יאולדפהההויודההה

נא גבור דורשי יחודך כבבת שמרם

נַגְדֶיכַש יַהֱוִה יֹהֹוֹה

וחניאל להדיאל מוחניאל

ר"ת וחלם

Miércoles - יום ד

יוד הא ואו הא יוד הֵה וָו הֵה

אל אדני יאולדפההויודהההה

ברכם טהרם רוזמי צדקתך תמיד גמלם

בַטְרֶצְתְג יְהֱוְה יְהוִה

וְזְקְיאְל רְהְטְיאְל קְדְשְיאְל

ר"ת וזרק

Jueves - יום ה

יֵוֵד הֵי וֵאֵו הֵי יְוְד הְי וְאְו הְי יוד הא ואו הא

אל יהוה יאולדפההאאויאודההאא

וזסין קדוש ברוב טובך נהל עדתך

וַזְקֶבְטַנַע יְהֱוַה יְהוָה

שְמוְעְאְל רְעְמְיאְל קְנְיאְל

ר"ת שרק

(הקבוץ מלאכיו בר"ת שורק)

Viernes - יום וו

יַוַד הַי וַיַו הַי יֵוֵד הֵי וֵאֵו הֵי

אל שדי יאולדפההייויאודההיי

יוזיד גאה לעמך פנה זוכרי קדושתך

יָגְלֶפְזָק יְהֱוָה יוהווהו

שומושויואולו רופואולו קודושויואולו

ר"ת שרק

Ángeles del viernes en la noche

יוד הי ואו הי שועתנו קבל ושמע צעקתנו יודע תעלומות

שקוצית יהוה יהוה יהוה

שמעיאל ברכיאל אהניאל

ר"ת שוא

סמטוריה גזריאל וענאל למואל

ר"ת סגול

צוריאל רזיאל יופיאל

ר"ת צירי

Ángeles de *Shabat* (sábado) en la mañana

יוד הי ויו הי יוד הי ויו הי

שועתנו קבל ושמע צעקתנו יודע תעלומות

שקוצית יהוה יהוה יהוה

שמעיאל ברכיאל אהניאל

ר"ת שוא

קדמיאל מלכיאל צוריאל

ר"ת קמץ

Ángeles de *Shabat* (sábado) en la tarde

יוד הא ואו הא יוד הא ואו הא

שועתנו קבל ושמע צעקתנו יודע תעלומות

שקוצית יהוה יהוה יהוה

שמעיאל ברכיאל אהניאל

ר"ת שוא

פדאל תלמיאל (תומיאל) וזסדיאל

ר"ת פתוז

www.ingramcontent.com/pod-product-compliance
Lightning Source LLC
LaVergne TN
LVHW010934100826
845153LV00001B/24